中华人民共和国地方志丛书

郴州市志

（1989—2005）

郴州市地方志编纂委员会 编

（上卷）

方志出版社
Publishing House of Local Records

图书在版编目（CIP）数据

郴州市志：1989-2005 / 郴州市地方志编纂委员会编. --北京：方志出版社，2019.1
ISBN 978-7-5144-3610-5

Ⅰ. ①郴… Ⅱ. ①郴… Ⅲ. ①郴州—地方志—1989-2005 Ⅳ. ①K296.43

中国版本图书馆CIP数据核字（2019）第028117号

郴州市志（1989—2005）

编　　者： 郴州市地方志编纂委员会
责任编辑： 齐　笑
出 版 人： 冀祥德
出 版 者： 方志出版社
地址　北京市朝阳区潘家园东里 9 号（国家方志馆 4 层）
邮编　100021
网址　http://www.fzph.org
发　　行： 方志出版社图书经销中心
电话（010）67110500
经　　销： 各地新华书店
印　　刷： 郴州市天虹彩色印刷有限责任公司
开　　本： 889 × 1194　1/16
印　　张： 143
字　　数： 3850 千字
版　　次： 2019 年 1 月第 1 版　2019 年 1 月第 1 次印刷
印　　数： 0001 ~ 1500 册

ISBN 978-7-5144-3610-5　定价：896.00 元

郴州市地方志编纂委员会人员

（2009年5月—2013年3月）

顾　　　　问：赵毅拯　龙定鼎　杨重喜　易昌前　陶流贤　黄孝健　王新福
主 任 委 员：向力力
副主任委员：何文君　毕　华　李荐国　易佩康　夏礼民　何柏保
委　　　　员：曹卫国　袁佳游　刘少华　胡章良　雷和平　谢元安　马治平
罗海运　李查荣　匡初珅　刘志坚　刘洪书　周余武　邓广兴
谢革非　吴祥祥　卢少林　毛玉祥　黄峥嵘　邓述佑　刘开树
肖　坚　刘益红　欧阳志刚　张让前　李爱萍　刘洪杰

（2013年4月—2015年12月）

顾　　　　问：龙定鼎　王本义　瞿龙彬
名 誉 主 任：向力力
主 任 委 员：瞿　海
常务副主任委员：李　评
副主任委员：何文君　周迎春　郭玉锁　唐　璨
委　　　　员：徐本华　李五一　廖美琳　谷华雄　谢革非　雷和平　李志红
张　军　马治平　陈珊玲　许秀荣　朱孝党　向罗生　李被生
周余武　窦志杰　周范平　陈一华　胡国新　毛玉祥　谷坊生
高及红　肖　峰　陈　红　张让前　李爱萍　李嗣亮　杨继根

（2016年1月—　　　）

顾　　　　问：龙定鼎　王本义　瞿龙彬
主　　　　任：瞿　海
常 务 副 主 任：李　评
副　　主　　任：张希慧　蒲学联　郭玉锁　唐　璨

《郴州市志》编辑部

（2005年7月—2012年7月）

主　　编：何柏保

副 主 编：张让前　刘洪杰　李爱萍　李嗣亮

编　　辑：邓福良　胡承桂　邵国栋　贺湘汉　李启东　陈锡仁　朱泽民

参编人员：李小如　赵　诚　邓春阳　黄　昆　何冬元　何莉芳

（2012年8月—2015年12月）

主　　编：唐　璨

副 主 编：张让前　李爱萍　尹外平　何柏保　李嗣亮

编　　辑：刘洪杰　邓福良　胡承桂　王宗衡　谷安平　曾福查　邵国栋　贺湘汉　陈锡仁

参编人员：李小如　赵　诚　黄　昆　何冬元　何莉芳

《郴州市志》总纂编辑部

主　　编：唐　璨

执行副主编：张让前

副 主 编：尹外平　李嗣亮

编　　辑：刘洪杰　胡承桂　王宗衡　谷安平　曾福查　刘和平

数据审核：陈临轩

照片提供：段移生

参编人员：李小如　彭　婷　赵　诚　黄　昆　何冬元　何莉芳

《郴州市志》复审验收小组人员

赵毅拯　龙定鼎　杨重喜　王镇鑫　易昌前

周建国　王本义　易佩康

《郴州市志》终审验收人员

易介南　邓建平　杨盛让　隆清华　杨　帆

李章进　齐绍政　阳雍悦　谭文美　田　丰

《郴州市志》主要供稿人员名单

（排名不分先后）

邓福良　李图刚　廖唯芬　戴成辉　李佐汉　邹　萍　李发清　黄朱文　李一村　张晓棣
罗仲贵　许斌海　袁正新　李　青　周　军　谭礼根　邓正良　王正秋　陈泸生　欧新华
曾庆龙　柳培海　谷健葆　何田松　黄传德　龙岁新　叙立智　曹知法　陈堂承　李灵军
黄　毅　刘土成　萧定舟　朱路正　朱晓敏　何长立　邓献策　蒋瑞祥　张清杨　刘爱平
曹忠生　侯凯骞　雷绍宣　李诗军　李建亮　王宗衡　盘德新　扶　昆　卞才兴　袁　光
谭长红　何　健　李万忠　谷安平　曾广高　侯廉漫　肖贤武　彭有立　谷任成　胡承桂
肖成宏　范海清　谷学军　廖开慧　宁奠安　李土仁　陈录仕　左　虹　徐　扬　秦林威
黄柳华　何观盛　谭跃武　黄筱兰　杨晓元　萧罗华　陈丽娟　梁园宇　胡兴红　李凤华
欧阳希理　刘丙皇　曹忠生　刘子元　刘媛媛　唐孝敬　李桐生　李小勤　邓星高　侯昌群
雷纯琳　黄　君　谭树平　刘洪清　李锦威　向才轰　梁建华　侯俊儒　彭晓华　段志清
李向东　刘元生　李平学　陈建菲　曹文剑　王　昂　张式成

序　言

十年磨一剑。《郴州市志（1989—2005）》经数百人整理编校，历时十载，即将付梓。盛世盛事，可喜可贺。

郴州“北瞻衡岳之秀，南直五岭之冲”，自古以来为中原通往华南沿海的“咽喉”。从神农作耒耜的历史传说到桂阳龙泉洞发现旧石器时代晚期刻纹骨椎，从桂阳千家坪新石器时代遗址的发掘到永兴商代文物的出土，从楚国苍梧郡的设立到义帝徙都于郴县，千百年来，郴州以悠久的历史、古老的文明，为我们留下了丰厚的精神财富和物质文化遗产。“郴”字作为郴州独属的汉字符号，也铭刻着特有的历史文化记忆。

地方志书，是全面系统地记述一定区域自然、政治、经济、文化、社会历史和现状的资料性文献，为“一方之全史”。中国方志发轫于周秦，大体成型于赵宋，至清而极盛。我国修志传统代代相沿，历千年而不衰，遍神州而无遗。郴州亦然。至清同治七年（1868）的《桂阳直隶州志》和光绪三十三年（1907）的《郴州直隶州乡土志》，目前尚存的州志已有12种之多。至1996年，首部社会主义新方志《郴州地区志》出版发行。种种志书，揽时空于怀抱，叙历史沿革之要略，记先贤英杰之殊绩，昭社会历史之兴替，构成一道贯通古今的郴州历史文化根谱，承载着生生不息、薪火相传的浩瀚信息和丰富内容。

时光荏苒，斗转星移。1995年5月，经国务院批准，郴州撤地建市，历史的长卷由此翻开了崭新的一页。在省委、省政府的正确领导下，历届郴州市委、市人民政府团结带领全市人民，抢抓发展机遇，深化改革开放，全面加快政治、经济、文化、社会、生态等建设，发展的速度、质量、效益不断提升，城乡面貌深刻变化，社会事业全面进步，人民生活显著改善，推动郴州逐步实现从内陆山区到开放前沿、从农耕之乡到工业新城、从湘南小镇到现代城市的历史嬗变。这一时期的经验和收获、荣誉和得失、拼搏和奋斗，是值得载入史册的，我们也有责任和义务将这段历史轨迹定格下来，留存后照。

这部《郴州市志》承接《郴州地区志》，探史求真，据实立言，主要记载郴州1989年至2005年的发展历程，犹如一部郴州的“百科全书”，用翔实的资料记述郴州的历史巨变、世风民情，全面展示了这一阶段郴州改革开放的奋斗史、经济政治文化社会建设的发展史、各行各业的创业史；也像一组郴州建设与发展的年轮，汗迹犹温，足音未远，彰显鲜明的时代特征和浓郁的地方特色。

展阅这幅历史画卷，能够真实触摸到社会进步的脉搏，真切体会到改革开放大潮的震撼，深刻感受到郴州人民开拓奋进的昂扬精神。

“郡邑之有志，犹国之有史。”一志在手，洞烛市情；一志相传，教益世人。借由《郴州市志》，全市各级各部门可以汲取经验，通识规律，有助于科学决策；广大郴州人民可以领略乡土风情，培育乡土情感，更好地爱家乡爱郴州。同时，《郴州市志》的出版发行，也有益于向外界宣传展示郴州，让更多人认识郴州、关注郴州、爱上郴州。

编修郴州首部市志，工程之浩繁，工作之艰辛，非经历不知其难。值此，谨向参加编纂《郴州市志》并付出辛勤汗水的专家、学者、地方志工作者和所有参与编修的工作人员，致以崇高敬意！

以史鉴今，继往开来。透过历史的眼眸，站在历史的肩膀，我们会看得更清、看得更远。我们坚信，在习近平新时代中国特色社会主义思想指引下，郴州的明天一定会更加美好！

湖南省政协副主席，中共郴州市委书记、市人大常委会主任　易鹏飞

郴州市人民政府市长　刘志仁

2018 年 6 月

凡　例

一、本志依照国务院颁布的《地方志工作条例》组织编纂。坚持以马克思列宁主义、毛泽东思想、邓小平理论、“三个代表”重要思想、科学发展观和习近平新时代中国特色社会主义思想为指导，全面、系统、准确地记述和反映20世纪80年代末至21世纪初郴州在经济、政治、文化、社会、环境方面的发展变化，实事求是，秉笔直书，力求思想性、科学性和资料性相统一，突出时代特征和地方特色。

二、本志是首部《郴州地区志》(下限为1988年)后的续志，上限起自1989年，下限止于2005年。个别重大事项为保持其连续性和完整性，记述时限适当上溯。

三、本志记述的范围为郴州市行政区辖域范围。记述方法按照总述整体、详记市区、简介县情的原则进行。根据1995年5月地改市前后行政区划，在1989年至1995年4月这一时段，志中统称“郴州地区”，系指时辖郴县、桂阳、永兴、宜章、临武、嘉禾、桂东、汝城、安仁9县和郴州市、资兴市；1995年5月至2005年，志中统称“郴州市”，系指所辖北湖、苏仙2区和资兴市及桂阳、永兴、宜章、临武、嘉禾、桂东、汝城、安仁8县。

四、本志按事物性质和科学分类原则分设27篇，由篇、章、节、目、子目五个层次构成。志书采用述、记、志、传、图、表、录7种体裁，以志为主。总述统揽全志，提要钩玄。大事记采用编年体并辅之纪事本末体，简明扼要，依时纵贯。专志为全书主体，分门别类，据事直书各类史实。人物传记用纪传体；图、表分别插于志首或相关篇、章、节、目，图随义立，表随文走；末缀附录文字。

五、为彰显地方特色，本志对特事特例采取“以事聚焦”法酌情升格设置篇章。如专设“开放开发”篇。有存史价值而又不便直接记入正文的人和事，于相关章节之后简要附记其本末。

六、全志文体采用语体文、记叙体，力求准确、简明、朴实、流畅。除引用原文外，均以第三人称记述。计量单位名称、符号，采用中华人民共和国法定计量单位 、符号，个别计量单位沿用历史习惯表述。

七、本志纪年分历史纪年和公元纪年。中华人民共和国成立后以公元纪年。中华人民共和国成立前以历史朝代纪年，括注公元纪年。

八、本志人物部分以郴州籍人物及在郴州工作的人物为主，设传记、人物表。人物立传按“生不立传”原则设置。《郴州地区志》失记的重要历史人物，也一并补记。人物传以卒年为序排列。

九、本志涉及的机构、地名、文件、职务等均采用当时称谓，各节首次出现时用全称，继后用简称；志书中简称的“党”，均指中国共产党；简称的“省委、市委、县（市、区）委”，均指中国共产党地方组织。全志使用频率较高的“中国共产党郴州市委员会”简称“中共郴州市委”或“市委”，“郴州市人民政府”简称“市政府”。

十、本志文中注释采用文内括注，少数记叙事项随文予以底注。记述有争议的事物，一般以一说为主，他说附于内注。

十一、本志资料源自参编单位撰写的本志长篇资料稿，兼有档案部门档案资料、历届志书、报刊、专著及有关人士提供的资料，已经考证核对，除重大事项外一般不再注明出处。本志所用统计数据，凡涉及全市性统计数据，以郴州市统计部门公布的法定数据为准，统计部门没有统计的，采用业务主管部门的统计数据，个别数据为编者调查所得。

郴州地区中心城区（2005年）

郴州市中心城区夜景（2016年）

1991 年 12 月 14 日，中共湖南省委书记熊清泉（左三）在汝城县调研农业开发

1994 年 1 月，中共湖南省委书记王茂林（右一）到宜章县考察工作

1999年8月，中共湖南省委书记、省人大常委会主任杨正午（中）和省人民政府省长储波（左二）到郴州指导抗洪救灾工作

2004年10月，湖南省人民政府省长周伯华（右二）在郴州检查工作

2012 年 2 月，湖南省人民政府省长徐守盛（右四）在郴州调研

2017 年 8 月 3 日，中共湖南省委书记、省人大常委会主任杜家毫（中）在郴州调研

1995 年 4 月 18 日，中国共产党郴州市第一次代表大会会场

中共郴州市委书记梅克保在中国共产党郴州市第一次代表大会上作报告（1995 年）

中国共产党郴州市第一次代表大会投票选举现场（1995 年）

中共郴州市委机关（1995 年）

1998 年 3 月 16 日，湘南起义七十周年纪念大会在郴州隆重举行

毛泽东主席颁布《三大纪律八项注意》七十周年纪念大会在桂东县召开（1998 年）

2000 年 5 月 18 日，郴州市二届人大一次会议召开

2000 年 5 月 17 日，中国人民政治协商会议郴州市第二届委员会第一次会议

1991 年 10 月，中国女排老队员在郴州女排训练基地合影

1991 年 10 月 13 日，7 省 19 市商品交易会在郴州地区科技馆开幕

1994 年 7 月 28 日，资兴市鲤鱼江大桥通车典礼

1996 年，郴州市在深圳开展国际招商活动

1997 年 8 月 30 日，中国 · 郴州山水旅游节暨经贸洽谈会开幕

郴州市1997年度县级领导班子年度考核通报会

1999年，建设中的郴州五岭广场

郴州烈士碑廊揭幕仪式（1998年）

2000年7月28日，被1999年“3·13”洪灾冲毁的苏仙桥重建通车

2000年中国·郴州生态旅游节暨经贸洽谈会

2002年8月11日，郴州市北湖区四清水库抢险

郴州城区郴江河河堤整治工程（2003年）

桂阳县开展村级财务清理（2003年）

郴州政法干警大练兵活动（2003年）

2006 年郴州市洪灾后公路抢修

2008 年 4 月，湘南冰灾后郴州市苏仙岭开展植树造林

2009 年 12 月 26 日，武广高铁首发列车至郴州西站

东江湖移民区一角（1989 年，航拍图）

郴江河综合治理后景观一新（2001 年）

郴州市城区明桂园住宅小区（2002 年）

郴州市城区爱莲湖公园（2008 年）

武广高铁郴州西站（2009年）

郴州市体育中心（2010年）

郴州五岭阁 （2011年）

郴江河两岸绿化（2012年）

郴州南岭植物园一隅（2012 年）

郴州市城区道路小景（2012 年）

华灯初映的北湖公园（2012 年）

郴州市城区裕后街（2012 年）

郴州市青年路夜景（2012 年）

郴州市城区住宅小区（2013 年）

郴州大道小埠段（2013 年）

郴州国际会展中心（2013 年）

郴永大道苏仙区段风光（2014 年）

郴江夜色（2015 年）

郴州市城区石榴湾全景（2016 年）

北湖区塔水村（2012 年）

资兴市东江湾夜景（2006 年）

京港澳高速公路郴州入口处（2012 年）

北湖区小埠村（2011 年）

临武县城夜景（2013 年）

苏仙区和平村（2013 年）

桂东县沙田镇（2015 年）

汝城县大坪镇谭屋村（2015 年）

郴州西河风光带 苏仙区段（2015 年）

五岭飞霞（2015 年）

桂阳县优质烤烟种植（1993 年）

临武县香芋基地（1994 年）

资兴市杂交水稻种子（1999 年）

嘉禾县三味辣业公司（2001 年）

桂东县玲珑茶茶叶基地（2005 年）

安仁县油菜种植基地（2005 年）

资兴市人二桉树林基地（2005年）

临武县舜华鸭业发展有限公司（2005年）

北湖区草莓种植（2005年）

美国红提葡萄首次在北湖区华塘镇种植成功(2005年)

苏仙区花卉苗木基地（2006年）

资兴市七里洞蔬菜基地(2012年)

资兴市东江湖清江柑橘（2013 年）

北湖区华塘镇三合村观光农业（2014 年）

资兴市秀流养鸡场（2015 年）

东江湖渔汛（2015 年）

北湖区石墨出口产品（1995 年）

郴州八达玻璃股份有限公司（1995 年）

汝城县满天星电站第一台机组发电（1997 年）

联合国水电专家考察郴州小水电建设（1997 年）

桂东县竹胶板厂（1997 年）

郴州市红旗造纸厂（1998 年）

东江金磊水泥新型干法窑生产一线（1998 年）

郴州卷烟厂复烤车间（1999 年）

青岛啤酒（郴州）有限公司车间（2002 年）

郴电国际变电站（2009 年）

华润电力鲤鱼江 B 厂 （2009 年）

金贵银业白银生产新基地（2010 年）

郴州华塘变电站（2012 年）

北湖区仰天湖草原风力发电场（2015 年）

桂东至汝城扩改后的省道（1998 年）

107 国道改造苏仙区良田搅拌站（1998 年）

建设中的耒宜高速公路郴州市城区出入口（2000 年）

武广高铁 郴州段建设工地（2007 年）

武广高铁郴州段（2009 年）

厦蓉高速公路郴州段（2012 年）

郴永大道永兴段（2014 年）

京珠高速、厦蓉高速公路苏仙区水龙枢纽（2016 年）

中国人民银行郴州市中心银行（2001 年）

郴州城区步步高超市（2010 年）

郴州市八一路购物街（2015 年）

桂阳县乡村旅游（2011 年）

郴州电信营业厅（2015 年）

建设中的郴州出口加工区（2005 年）

永兴经济开发区（2005 年）

高斯贝尔郴州公司流水线（2006 年）

湘南国际物流园铁海联运（2009 年）

郴州出口加工区（2010 年）

台达（郴州）电子有限公司（2011 年）

郴州台湾工业园揭牌（2011 年）

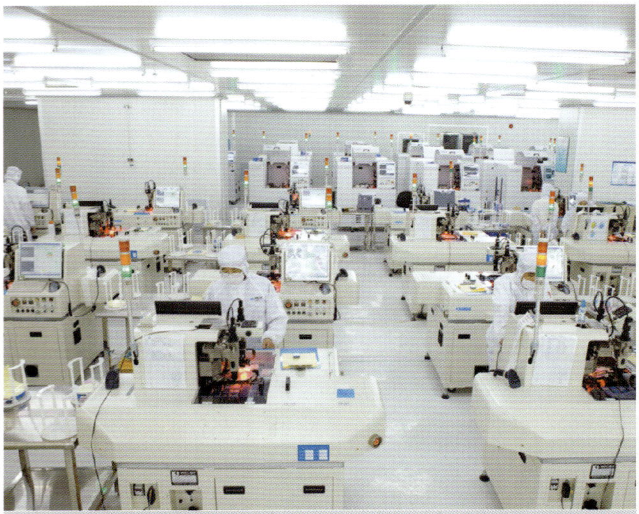

郴州华磊光电生产线（2011 年）

郴州粮油机械有限公司（2012 年）

郴州格兰博智能机器人生产线（2015 年）

第三届中国（湖南）国际矿物宝石博览会（2015 年）

汝城县向贫困家庭发放补助（1999 年）

郴州市城区绿化（2001 年）

苏仙区国税局在集市宣传税收政策（2004 年）

郴州市财政局税费征缴中心服务群众（2004 年）

临武县南塔社区干部给居民讲解政策（2005 年）

珠江流域宜章渔业资源人工增殖放流仪式（2005 年）

安仁县药王节集市交易(2010 年)

武警郴州支队操练（2014 年）

郴州明星学校在郴州经济技术开发区内创办（1993年）

郴州市第七届中小学生运动会（2001年）

烈士碑下祭奠先烈（2011年）

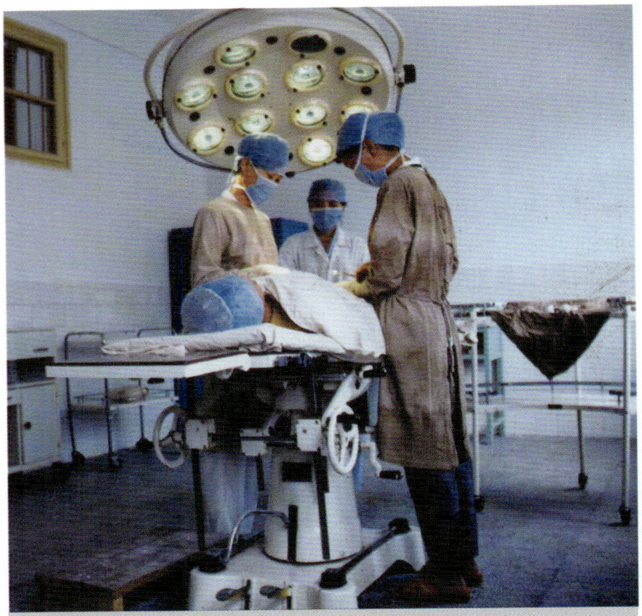

郴州市第四人民医院手术室（1998 年）

郴州市第一人民医院南院（2009 年）

郴州林邑讲坛进校园（2011 年）

湘南学院全景（2011 年）

中国女排老队员
郎平（右一）在郴州
向学生传授排球技术
（1991年）

资兴东江湖水上摩
托艇表演（1997年）

郴州市体育中心
（2010年）

2013 年 6 月，中国汽车拉力锦标赛在郴州举行

苏仙区栖凤渡镇农民龙舟赛（2014 年）

2015 年洲际篮球争霸赛郴州站

安仁县农村群众文化活动（2003 年）

郴州城区北湖公园小乐队（2003 年）

郴州市首届兰花节（2004 年）

永兴县花鼓剧团
送戏下乡（2005 年）

北湖公园晨练
（2005 年）

北湖区五岭社区
和美共建居民联谊活
动（2006 年）

湘昆剧会演（2007 年）

安仁县神农祭祀活动（2009 年）

国际超模大赛湖南郴州分赛区（2014 年）

东江湖（1996 年）

莽山风光（2005 年）

苏仙岭（2011 年）

飞天山（2003 年）

汝城热水温泉（2012 年）

仰天巨佛（2005 年）

雾漫小东江（2005 年）

仰天湖 （2005 年）

马踏飞燕——2003 年郴州市获中国优秀旅游城市标志（2006 年）

北湖区龙女温泉（2007 年）

王仙岭公园（2007 年）

中国永兴银楼 (2008 年）

资兴市汤市温泉(2011 年）

桂阳县南方红豆杉古树群落 (2005 年）

国外游客体验资兴东江漂流（1997 年）

红军长征在汝城突破第二道封锁线纪念碑（2006 年）

宜章年关暴动指挥部旧址（2005 年）

桂东县沙田“三大纪律六项注意”诞生地（2008 年）

永兴县板梁古村（2008 年）

苏仙区坳上村古民居（2005 年）

汝城县土桥广安所李氏宗祠（2008 年）

苏仙区良田骡马古道（2013 年）

汝城县绣衣坊（2006 年）

汝城“香火龙”民间祭祖祭祀活动（2011年）

嘉禾伴嫁歌(2009年）

临武民间傩戏（2009年）

郴州民间戏曲 （2007 年）

宜章民俗“夜故事”活动（2007 年）

桂东板凳龙表演（2012 年）

2016 年 11 月 29 日，《郴州市志（1989—2005）》稿评审会议领导、专家集体合影

2016 年 11 月 29 日，《郴州市志（1989—2005）》稿评审暨全省依法治志工作促进会议在郴州召开

总 目 录

总 述 …… 3

大事记 …… 19

第一篇 建置·地理

第一章 政 区 …… 81
第一节 区位·境域 …… 81
第二节 建置沿革 …… 82
第三节 行政区划 …… 85
第二章 自然环境 …… 87
第一节 地质·地貌 …… 87
第二节 气 候 …… 93
第三节 水 文 …… 99
第四节 土壤·植被 …… 104
第五节 自然灾害 …… 107
第三章 自然资源 …… 113
第一节 矿产资源 …… 113
第二节 水资源 …… 116
第三节 生物资源 …… 117
第四节 自然景观资源 …… 123
第五节 土地资源 …… 126

第二篇 人 口

第一章 人口概况 …… 132
第一节 人口普查 …… 132

第二节　人口数量……133
第三节　人口分布……135
第四节　人口变动……139
第五节　人口密度……143
第二章　人口构成……144
第一节　性别构成……144
第二节　年龄构成……145
第三节　文化构成……147
第四节　产业、行业、职业构成……149
第五节　民族构成……152
第六节　家庭与婚姻构成……152
第三章　人口与经济……157
第一节　人口与耕地、粮食……157
第二节　人口与地区生产总值……158
第三节　人口与消费……159
第四节　劳动年龄人口就业……159
第四章　计划生育……162
第一节　宣传教育……162
第二节　节制生育……165
第三节　晚婚晚育与优生优育……166
第四节　计生管理……168

第三篇　中共地方组织

第一章　组织机构……176
第一节　领导机构……176
第二节　工作机构……179
第二章　党的代表大会……181
第一节　党代表产生……181
第二节　历次党代会……181
第三章　决策纪要……183
第一节　政治体制改革……183
第二节　确立“开放兴郴”发展战略……187
第三节　鼓励扶持民营经济……188

第四节　优化经济发展环境…… 189
第五节　招商引资，开放带动 ……190
第六节　推进郴资桂经济一体化建设…… 191
第七节　创建全国双拥模范城…… 192
第八节　施行人才发展方略…… 193
第九节　城乡社会主义思想教育…… 194
第十节　党员干部队伍建设…… 194
第四章　纪检监察…… 197
第一节　党纪政纪教育…… 197
第二节　党风廉政建设…… 198
第三节　案件查处…… 203
第四节　纠正不正之风…… 205
第五节　纪检监察机构…… 209
第五章　组织工作…… 211
第一节　党员队伍建设…… 211
第二节　基层组织建设…… 214
第三节　领导班子和领导干部队伍建设…… 216
第四节　知识分子工作…… 217
第六章　思想工作…… 219
第一节　理论教育…… 219
第二节　新闻宣传…… 220
第三节　社会宣传…… 222
第四节　精神文明建设…… 223
第七章　统一战线工作…… 226
第一节　统战宣传教育…… 226
第二节　民主党派与工商联工作…… 227
第三节　培养和选拔党外干部…… 228
第四节　对台工作…… 229
第八章　党务综合工作…… 233
第一节　信息文秘…… 233
第二节　政策研究…… 234
第三节　党务督查…… 236
第四节　保密工作…… 239
第九章　其他党务工作…… 241
第一节　党校教育…… 241

第二节　老干部工作…… 243
第三节　机关党建…… 245

第四篇　人民代表大会

第一章　人大机构…… 252
第一节　权力机关…… 252
第二节　人大常设机构…… 253
第三节　人大工作机构…… 256
第二章　人民代表大会代表…… 259
第一节　人大代表产生…… 259
第二节　人大代表构成…… 262
第三章　人大重要会议…… 265
第一节　人民代表大会…… 265
第二节　市人大常委会会议…… 269
第四章　职能行使…… 271
第一节　重大事项决议决定…… 271
第二节　法律监督…… 272
第三节　工作监督…… 274
第四节　议案督办…… 276
第五节　代表视察与调研…… 277
第六节　国家机关工作人员选举与任免…… 279
第七节　联系代表和指导县（市、区）人大工作…… 281

第五篇　人民政府

第一章　政府机构…… 288
第一节　政府领导机构…… 288
第二节　政府工作部门…… 291
第三节　政府直属机构…… 292
第四节　驻外办事机构…… 293
第二章　重要会议与重大活动…… 295
第一节　政府重要会议…… 295
第二节　政府重大活动…… 299

第三章 施政举要……………………………………………………………………………… 304
第一节 深化改革……………………………………………………………………………… 304
第二节 实施“开放兴郴”发展战略………………………………………………………… 309
第三节 推进地方工业发展…………………………………………………………………… 311
第四节 加快中心城区建设…………………………………………………………………… 312
第五节 开发农业与农村经济………………………………………………………………… 314
第六节 强化财源建设………………………………………………………………………… 320
第七节 实行计划生育………………………………………………………………………… 321
第八节 加强环境保护………………………………………………………………………… 323
第九节 发展教育事业………………………………………………………………………… 324
第十节 施行“科技兴郴”方略……………………………………………………………… 326
第十一节 加速能源、交通、通信建设……………………………………………………… 327
第四章 其他政务工作…………………………………………………………………………… 331
第一节 综合政务……………………………………………………………………………… 331
第二节 信访工作……………………………………………………………………………… 336
第三节 行政监察……………………………………………………………………………… 340
第四节 法制工作……………………………………………………………………………… 342
第五节 外事、侨务及港澳事务……………………………………………………………… 346
第六节 民族·宗教…………………………………………………………………………… 350

第六篇 人民政协

第一章 政协机构………………………………………………………………………………… 361
第一节 政协湖南省郴州地区联络工作委员会……………………………………………… 361
第二节 政协郴州市委员会…………………………………………………………………… 362
第三节 政协工作机构………………………………………………………………………… 364
第二章 政协委员………………………………………………………………………………… 365
第一节 委员产生……………………………………………………………………………… 365
第二节 委员构成……………………………………………………………………………… 365
第三章 政协重要会议…………………………………………………………………………… 368
第一节 地区政协联工委（处）重要会议…………………………………………………… 368
第二节 市政协全体会议……………………………………………………………………… 369
第三节 市政协常委会议……………………………………………………………………… 374

第四章　职能履行……377
第一节　政治协商……377
第二节　民主监督……380
第三节　参政议政……381
第四节　提案工作……383
第五节　联络联谊……385
第六节　文史研究……387
第七节　指导县市区政协工作……387

第七篇　民主党派与社会团体

第一章　民主党派……393
第一节　中国民主促进会郴州市委员会……393
第二节　中国农工民主党郴州市委员会……396
第三节　九三学社郴州市委员会……398
第二章　社会团体……402
第一节　郴州市总工会……402
第二节　共青团郴州市委员会……406
第三节　郴州市妇女联合会……411
第四节　郴州市科学技术协会……415
第五节　郴州市归侨侨眷联合委员会……419
第六节　郴州市工商业联合会……421
第七节　郴州市社会科学界联合会……425
第八节　郴州市文学艺术界联合会……427
第九节　郴州市残疾人联合会……429
第十节　中国国际贸易促进委员会郴州支会……433

第八篇　军　事

第一章　军事组织……440
第一节　军事领导机关……440
第二节　武装部队……442
第二章　民兵建设……444
第一节　组织整顿……444

第二节 政治教育……………………………………………………………………………………… 444
第三节 军事训练……………………………………………………………………………………… 445
第三章 兵 役 ……………………………………………………………………………………… 448
第一节 兵役制度……………………………………………………………………………………… 448
第二节 兵役登记与征兵……………………………………………………………………………… 449
第三节 兵役机构……………………………………………………………………………………… 450
第四章 党管武装·国防动员 …………………………………………………………………… 451
第一节 党管武装……………………………………………………………………………………… 451
第二节 国防动员……………………………………………………………………………………… 453
第五章 人民防空……………………………………………………………………………………… 456
第一节 人防工程……………………………………………………………………………………… 456
第二节 组织指挥……………………………………………………………………………………… 457
第三节 机构队伍……………………………………………………………………………………… 458
第六章 参建参治……………………………………………………………………………………… 460
第一节 维护治安与扶贫帮困………………………………………………………………………… 460
第二节 抢险救灾……………………………………………………………………………………… 462
第三节 军民共建……………………………………………………………………………………… 463

第九篇 政 法

第一章 政法综治……………………………………………………………………………………… 471
第一节 维护社会稳定………………………………………………………………………………… 471
第二节 社会治安综合治理…………………………………………………………………………… 472
第三节 执法监督……………………………………………………………………………………… 475
第二章 公 安 ……………………………………………………………………………………… 477
第一节 治安管理……………………………………………………………………………………… 477
第二节 刑事侦查……………………………………………………………………………………… 482
第三节 户政与出入境管理…………………………………………………………………………… 488
第四节 交通管理与消防……………………………………………………………………………… 490
第五节 预审与监管…………………………………………………………………………………… 496
第六节 警务管理与科技强警………………………………………………………………………… 497
第七节 公安机构……………………………………………………………………………………… 501
第三章 审 判 ……………………………………………………………………………………… 504
第一节 审判制度改革………………………………………………………………………………… 504

第二节　刑事审判……505
第三节　民商事与行政审判……510
第四节　审判监督与国家赔偿……516
第五节　案件执行与司法鉴定……519
第六节　审判机构……521
第四章　检　察……524
第一节　刑事检察……524
第二节　职务犯罪侦查与预防……532
第三节　民事行政检察……537
第四节　监所检察……540
第五节　控告申诉检察与检察技术……543
第六节　检察机构……546
第五章　司法行政……548
第一节　普法与依法治理……548
第二节　人民调解与基层法律服务……552
第三节　律师与公证事务……555
第四节　监狱与劳教管理……561
第五节　司法行政机构……566

第十篇　民政·编制·人事·劳动

第一章　民　政……573
第一节　基层群众自治组织建设……573
第二节　拥军·优抚·安置……577
第三节　救灾·救助……582
第四节　社会福利……587
第五节　福利彩票发行……589
第六节　社会事务管理……591
第七节　民政工作机构……596
第二章　机构编制……598
第一节　市（地区）、县（市、区）机构编制……598
第二节　乡镇机构编制……601
第三节　事业单位机构编制……602
第四节　机构编制管理机构……604

第三章 人 事……………………………………………………………… 605
第一节 干部管理……………………………………………………………… 605
第二节 专业技术人员管理…………………………………………………… 610
第三节 军转干部安置与毕业生分配………………………………………… 612
第四节 人才流动与人才市场………………………………………………… 614
第五节 干部工资与福利……………………………………………………… 615
第六节 干部离退休…………………………………………………………… 617
第七节 人事工作机构………………………………………………………… 618
第四章 劳动与社会保障……………………………………………………… 620
第一节 劳动就业与再就业…………………………………………………… 620
第二节 职业技术教育与职业技能鉴定……………………………………… 624
第三节 职工工资与福利……………………………………………………… 627
第四节 劳动保护……………………………………………………………… 631
第五节 劳动监察与劳动仲裁………………………………………………… 633
第六节 社会保障……………………………………………………………… 634
第七节 劳动管理机构………………………………………………………… 640

第十一篇 经济综述

第一章 经济发展……………………………………………………………… 647
第一节 生产总值……………………………………………………………… 647
第二节 农业发展概况………………………………………………………… 649
第三节 工业发展概况………………………………………………………… 653
第四节 建筑业发展概况……………………………………………………… 657
第五节 交通运输、邮电业发展概况………………………………………… 658
第六节 商贸业发展概况……………………………………………………… 660
第七节 财政总收入…………………………………………………………… 662
第二章 经济结构……………………………………………………………… 664
第一节 产业结构……………………………………………………………… 664
第二节 所有制经济结构……………………………………………………… 669
第三节 投资结构……………………………………………………………… 671
第四节 劳动就业结构………………………………………………………… 673
第五节 县市区经济结构……………………………………………………… 675

第三章 人民生活……682
第一节 农村居民生活……682
第二节 城镇居民生活……685
第三节 物价运行指数……690

第十二篇 经济综合管理

第一章 计划管理……696
第一节 计划管理体制……696
第二节 计划编制与执行……697
第三节 固定资产投资管理……704
第四节 重点工程项目管理……704
第五节 经济信息服务……705
第六节 计划管理机构……707
第二章 国土资源管理……708
第一节 地籍管理……708
第二节 土地利用与保护……710
第三节 建设用地管理……712
第四节 矿产资源管理……715
第五节 测绘管理……717
第六节 国土资源使用制度改革……718
第七节 国土资源管理机构……720
第三章 工商行政管理……722
第一节 工商企业登记管理……722
第二节 经济合同管理……727
第三节 市场建设与监管……729
第四节 商标与广告管理……730
第五节 个体私营工商经济管理……732
第六节 消费者权益保护……733
第七节 工商行政管理机构……734
第四章 国有资产管理……736
第一节 资产评估与处置……736
第二节 清产核资登记与统计……737
第三节 资产保值增值……738

第四节　行政事业产权管理…………………………………………………………… 740
第五节　国有资产管理机构……………………………………………………………… 740
第五章　质量技术监督……………………………………………………………… 742
第一节　计量管理……………………………………………………………………… 742
第二节　标准化管理…………………………………………………………………… 743
第三节　产（商）品质量管理………………………………………………………… 744
第四节　质量技术监督管理机构……………………………………………………… 748
第六章　物价管理…………………………………………………………………… 750
第一节　价格管理体制改革…………………………………………………………… 750
第二节　价格调控……………………………………………………………………… 752
第三节　价格监督与检查……………………………………………………………… 759
第四节　行政事业性收费管理………………………………………………………… 761
第五节　价格服务……………………………………………………………………… 763
第六节　物价管理机构………………………………………………………………… 766
第七章　审计监督…………………………………………………………………… 768
第一节　国家审计……………………………………………………………………… 768
第二节　内部审计……………………………………………………………………… 776
第三节　社会审计……………………………………………………………………… 776
第四节　审计机构……………………………………………………………………… 777
第八章　统　计 ……………………………………………………………………… 779
第一节　统计制度和统计执法………………………………………………………… 779
第二节　统计报表……………………………………………………………………… 780
第三节　专项统计调查………………………………………………………………… 784
第四节　统计技术与统计服务………………………………………………………… 786
第五节　统计机构 ……………………………………………………………………… 788
第九章　食品药品监督管理 ………………………………………………………… 789
第一节　食品监督管理………………………………………………………………… 789
第二节　药品质量监督管理…………………………………………………………… 793
第三节　食品药品监督管理机构……………………………………………………… 795
第十章　安全生产监管……………………………………………………………… 797
第一节　安监教育与管理制度………………………………………………………… 797
第二节　矿业安全生产督查整治……………………………………………………… 799
第三节　特种行业安全治理…………………………………………………………… 800
第四节　安全生产监管机构…………………………………………………………… 801

第十三篇　农业与农村经济

第一章　农村经济改革与发展…………807
　第一节　农村经营方式改革…………807
　第二节　农村土地经营改革…………811
　第三节　乡镇企业体制改革…………812
　第四节　农业产业化经营…………814
　第五节　农村小康建设…………819
　第六节　农村扶贫开发…………822
第二章　农村经济管理…………829
　第一节　土地承包管理…………829
　第二节　农村财务管理…………829
　第三节　农民负担监管…………831
　第四节　农村合作基金会管理…………832
第三章　农业综合开发…………834
　第一节　农业资金投入…………834
　第二节　农业开发项目…………838
第四章　种植业…………844
　第一节　粮油作物…………845
　第二节　经济作物…………850
　第三节　农作物种子（种苗）…………856
　第四节　土壤保护与开发…………858
　第五节　植物保护…………861
　第六节　农　场…………862
　第七节　农业行政管理机构…………864
第五章　养殖业…………866
　第一节　畜牧业…………867
　第二节　水产产业…………872
　第三节　特种养殖…………877
　第四节　饲　料…………879
　第五节　疫病防治…………880
　第六节　管理服务与机构…………884

第六章 林 业…………………………………………………………………………………… 889
第一节 造林绿化…………………………………………………………………………… 890
第二节 林工生产…………………………………………………………………………… 896
第三节 森林资源保护……………………………………………………………………… 900
第四节 国有林场与森林公园……………………………………………………………… 909
第五节 林业执法…………………………………………………………………………… 912
第六节 林业管理与机构…………………………………………………………………… 914
第七章 水 利…………………………………………………………………………………… 918
第一节 农田水利与城市防洪工程………………………………………………………… 918
第二节 防汛抗旱…………………………………………………………………………… 923
第三节 农村饮用水工程…………………………………………………………………… 925
第四节 农村水电建设……………………………………………………………………… 926
第五节 水利工程移民……………………………………………………………………… 927
第六节 水利管理与机构…………………………………………………………………… 929
第八章 农业机械……………………………………………………………………………… 933
第一节 农机种类…………………………………………………………………………… 933
第二节 农机服务…………………………………………………………………………… 938
第三节 农机科研与新机具推广…………………………………………………………… 942
第四节 农机管理与机构…………………………………………………………………… 945
第九章 乡镇企业……………………………………………………………………………… 949
第一节 企业形式…………………………………………………………………………… 950
第二节 产业结构 ………………………………………………………………………… 952
第三节 企业选介…………………………………………………………………………… 957
第四节 企业扶持管理与机构……………………………………………………………… 960

第十四篇 工 业

第一章 国有工业体制改革…………………………………………………………………… 970
第一节 产权制度改革……………………………………………………………………… 971
第二节 经营体制改革……………………………………………………………………… 978
第三节 企业人事劳动制度改革…………………………………………………………… 983
第二章 电力工业……………………………………………………………………………… 990
第一节 发 电 …………………………………………………………………………… 991
第二节 供 电 …………………………………………………………………………… 998

第三节　用 电 ……1010
第四节　电力企业选介……1013
第五节　电力管理……1015
第三章　煤炭、石墨工业……1019
第一节　煤炭生产……1019
第二节　石墨生产……1022
第三节　矿山安全……1024
第四节　煤炭、石墨企业选介……1026
第五节　行业管理 ……1029
第四章　冶金工业……1036
第一节　有色金属矿采选……1037
第二节　有色金属矿冶炼……1040
第三节　中国银都……1042
第四节　冶金企业选介……1043
第五节　行业管理……1045
第五章　建筑材料工业……1047
第一节　砖瓦灰砂石……1047
第二节　水泥及其制品……1050
第三节　玻璃·陶瓷……1052
第四节　其他建筑材料工业……1054
第五节　建材企业选介……1055
第六节　建材行业管理……1058
第六章　机械电子工业……1060
第一节　机械制造……1060
第二节　电子工业……1070
第三节　机械电子企业选介……1078
第四节　行业管理……1080
第七章　化学工业……1083
第一节　化 肥……1083
第二节　农 药……1084
第三节　其他化工产品……1086
第四节　化工行业管理……1092
第八章　轻纺工业……1094
第一节　一轻工业……1094

第二节　二轻工业……1099
第三节　纺织工业……1103
第四节　轻纺企业选介……1107
第五节　轻工行业管理……1108
第九章　烟草工业……1111
第一节　烟叶生产……1111
第二节　卷烟生产……1114
第三节　烟草行业管理……1117
第十章　医药工业……1121
第一节　制药企业……1121
第二节　药品生产……1122
第三节　医药行业管理……1125

第十五篇　商　贸

第一章　商贸体制改革……1133
第一节　商业、物资企业体制改革……1133
第二节　供销合作企业体制改革……1134
第三节　粮食企业体制改革……1137
第四节　对外贸易体制改革……1139
第五节　其他商贸企业体制改革……1141
第二章　商贸市场建设……1144
第一节　市场网点建设……1144
第二节　边贸市场和新型市场建设……1145
第三章　国有商业和物资供应……1148
第一节　国有商业……1148
第二节　物资供应与特种物资回收……1150
第四章　供销合作企业经营……1153
第一节　农业生产资料经营……1153
第二节　农副产品经营……1155
第三节　生活日用品经营……1157
第五章　粮油贸易……1160
第一节　粮油收购……1160
第二节　粮油销售……1161

第三节　粮食储运……1166
第六章　医药商业……1169
第一节　药品购销……1169
第二节　医疗设备器械购销……1170
第七章　专营商品购销……1172
第一节　石油购销……1172
第二节　烟草专卖……1173
第三节　盐品购销……1178
第八章　对外贸易……1181
第一节　出口贸易……1181
第二节　进口贸易……1183
第三节　检验检疫……1184
第四节　海关监管……1185

第十六篇　旅游业·服务业

第一章　旅游业……1193
第一节　旅游资源……1193
第二节　景区建设与市场开发……1204
第三节　旅游服务……1210
第四节　旅游业管理……1213
第五节　创建“中国优秀旅游城市”……1217
第二章　服务业……1219
第一节　餐饮业……1219
第二节　旅馆业……1222
第三节　娱乐业……1223
第四节　其他服务业……1224
第五节　服务业行业管理……1227

第十七篇　开放开发

第一章　对外开放……1234
第一节　改革开放过渡试验区建设……1234
第二节　对外经济……1238

第三节 招商引资……1240
第四节 区域合作……1245
第五节 劳务输出……1249
第二章 开发区建设……1252
第一节 开发区建设与管理……1252
第二节 省级开发区……1255
第三节 市级、县级开发区……1262
第三章 重点工程建设……1266
第一节 工程项目建设……1266
第二节 工程项目监管……1268
第三节 工程项目选介……1270

第十八篇 财政·税务

第一章 财 政……1278
第一节 财政体制改革……1278
第二节 财政收入……1282
第三节 地方财政主要支出……1291
第四节 财政管理与监督……1298
第五节 财源培植……1307
第六节 财政管理机构……1309
第二章 税 务……1311
第一节 税务体制改革……1311
第二节 税收种类……1311
第三节 税务征收……1312
第四节 税务稽查……1323
第五节 税务管理……1324
第六节 税务机构……1330

第十九篇 金 融

第一章 金融改革及金融机构……1337
第一节 金融改革……1337
第二节 金融机构……1339

第二章　银行业务……1346
第一节　负债业务……1346
第二节　资产业务……1350
第三节　中间业务……1360
第三章　社会金融……1364
第一节　民间借贷与典当……1364
第二节　农村“两会一部”……1366
第三节　企业集资与融资担保……1367
第四章　保险业务……1369
第一节　财产保险……1369
第二节　人身保险……1373
第五章　证券业务……1377
第一节　债 券……1377
第二节　股 票……1379
第三节　其他业务……1381
第六章　金融管理……1382
第一节　货币发行与流通管理……1382
第二节　信贷管理……1385
第三节　国库、结算与账户管理……1387
第四节　金融业准入管理……1389
第五节　金融市场监管……1391
第六节　金融秩序治理……1394

第二十篇　交通运输

第一章　公 路……1402
第一节　公路建设……1402
第二节　公路运输……1415
第三节　公路管理……1420
第二章　铁 路……1430
第一节　铁路建设……1430
第二节　铁路运输……1436
第三章　水 路……1439
第一节　航道·码头·渡口……1439

第二节　水路运输……1442
第三节　水路管理……1444

第二十一篇　邮政·通信

第一章　邮　政……1452
第一节　邮路（网）……1452
第二节　邮政业务……1458
第三节　邮政管理……1468
第二章　通　信……1471
第一节　通信机构……1471
第二节　通信网络……1472
第三节　通信业务……1477
第四节　通信管理……1484
第三章　无线电管理……1488
第一节　无线电管理机构……1488
第二节　无线电设施建设……1488
第三节　无线电频谱资源管理……1489

第二十二篇　城乡建设·环境保护

第一章　城乡规划……1494
第一节　城市规划……1494
第二节　县城规划……1502
第三节　旅游景区规划……1504
第四节　建制镇规划……1506
第五节　村镇规划……1507
第六节　规划机构与管理……1508
第二章　市城区城市建设……1513
第一节　市政工程……1513
第二节　城区公共交通……1518
第三节　供水供电供气……1520
第四节　园林绿化……1522

第三章　市城区城市管理……1524
第一节　市容治理……1524
第二节　环境卫生管理……1527
第三节　城市管理机构……1530
第四章　县市城市、村镇建设……1533
第一节　县市城区建设……1533
第二节　建制镇建设……1538
第三节　乡村建设……1539
第五章　建筑业……1542
第一节　建筑业体制改革……1542
第二节　勘察设计……1547
第三节　建筑施工……1550
第四节　建筑业管理……1552
第五节　建筑企业与建筑工程选介……1555
第六章　房地产业……1558
第一节　房地产开发……1558
第二节　房地产交易……1563
第三节　房产管理……1566
第四节　房地产管理机构……1571
第七章　环境保护……1572
第一节　环境污染……1572
第二节　环境监测……1576
第三节　污染治理……1579
第四节　生态建设……1583
第五节　环境管理……1584

第二十三篇　教育·科技

第一章　教　育……1594
第一节　教育体制改革……1594
第二节　学前教育……1597
第三节　基础教育……1599
第四节　中等职业技术教育……1604
第五节　高等教育……1606

第六节 成人教育……1608
第七节 社会力量办学……1611
第八节 教 师……1612
第九节 教学研究与改革……1617
第十节 教育管理……1620
第二章 科 技……1624
第一节 科技改革……1624
第二节 科技研究……1627
第三节 科技推广……1634
第四节 高新技术产业及科技园区……1640
第五节 科技管理……1643
第六节 科技机构与科技队伍……1650

第二十四篇 文化·传媒

第一章 文化……1660
第一节 文化体制改革……1660
第二节 文学艺术……1661
第三节 戏剧艺术……1668
第四节 群众文化活动……1673
第五节 民间传统文艺……1676
第六节 地域文化遗产……1677
第七节 电 影……1679
第八节 图 书……1681
第九节 文化产业……1683
第十节 文 物……1685
第十一节 郴州市文物选登……1689
第十二节 文化管理……1700
第二章 广播电视……1705
第一节 广电节目……1705
第二节 广电设备技术……1711
第三节 广播电视管理……1713
第三章 报 刊……1716
第一节 郴州日报……1716

第二节 广电报·科技报·学院报……1723
第三节 报型资料……1725
第四节 期 刊……1729
第四章 史志·档案……1731
第一节 党史资料征集研究……1731
第二节 地方志编纂……1734
第三节 档案管理……1738
第四节 史志与档案开发利用……1740

第二十五篇 卫生·体育

第一章 卫 生……1748
第一节 卫生体制改革……1749
第二节 疾病预防与控制……1752
第三节 妇幼保健……1756
第四节 医 疗……1758
第五节 公共卫生……1765
第六节 卫生管理……1771
第七节 卫生机构……1773
第二章 体 育……1778
第一节 群众体育……1779
第二节 学校体育……1784
第三节 竞技体育……1786
第四节 体育场馆……1794
第五节 体育机构与管理……1798

第二十六篇 社会生活

第一章 居民生活状况……1804
第一节 城镇居民生活状况……1804
第二节 农村居民生活状况……1806
第二章 婚姻·家庭……1811
第一节 婚 姻……1811
第二节 家 庭……1814

第三章　老年人事业……1817
第一节　老龄工作……1817
第二节　老年人生活……1822
第四章　公民道德建设与文明创建……1826
第一节　公民思想道德建设……1826
第二节　文明创建活动……1828
第三节　军民警民文明共建活动……1832
第五章　社会风尚与社会问题……1834
第一节　美德新风……1834
第二节　社会陋习和社会新问题……1840
第六章　民间习俗……1843
第一节　劳动习俗……1843
第二节　生活习俗……1847
第三节　婚丧喜庆……1849
第四节　信仰习俗……1852

第二十七篇　县（市、区）概况

第一章　两区概况……1859
第一节　北湖区……1859
第二节　苏仙区……1868
第二章　县（市）概况……1877
第一节　资兴市……1877
第二节　桂阳县……1887
第三节　宜章县……1897
第四节　永兴县……1908
第五节　嘉禾县……1919
第六节　临武县……1928
第七节　汝城县……1940
第八节　桂东县……1951
第九节　安仁县……1959

人 物

一、人物传略……1971
二、前志人物补遗……2018
三、人物表……2037

附 录

一、文献选辑……2097
二、诗词碑文选录……2126
三、《郴州地区志》勘误……2131

索 引……2135

后 记……2151

CONTENTS

General Description ······3

Chronicle of Events······19

Part 1 Setting – up and Geography

Chapter 1 Administrative Divisions ······81
Section 1 Location and Area ······81
Section 2 Setting-up Evolution ······82
Section 3 Administrative Divisions ······85
Chapter 2 Natural Environment ······87
Section 1 Geology and Topography ······87
Section 2 Climate ······93
Section 3 Hydrology ······99
Section 4 Soil and Vegetation ······104
Section 5 Natural Disaster ······107
Chapter 3 Natural Resources ······113
Section 1 Mineral Resources ······113
Section 2 Water Resources ······116
Section 3 Biological Resources ······117
Section 4 Natural Landscape Resources ······123
Section 5 Land Resources ······126

Part 2 Population

Chapter 1 Population Profile ······132
Section 1 Population Census······132

Section 2 Population Size ······ 133
Section 3 Population Distribution ······ 135
Section 4 Population Change ······ 139
Section 5 Population Density ······ 143
Chapter 2 Population Composition ······ 144
Section 1 Gender Composition ······ 144
Section 2 Age Composition ······ 145
Section 3 Cultural Composition ······ 147
Section 4 The Composition of Industry, Trade and Occupation ······ 149
Section 5 Ethnic Composition ······ 152
Section 6 Family Marriage Composition ······ 152
Chapter 3 Population and Economy ······ 157
Section 1 Population and Cultivated Land & Grain ······ 157
Section 2 Population and Gross Regional Production ······ 158
Section 3 Population and Consumption ······ 159
Section 4 Employment of Working-Age Population ······ 159
Chapter 4 Family Planning ······ 162
Section 1 Publicity and Education ······ 162
Section 2 Birth Control ······ 165
Section 3 Late Marriage , Late Childbirth , Prenatal and Postnatal Care ······ 166
Section 4 Management of Family Planning ······ 168

Part 3 Local Organization of the CPC

Chapter 1 Organization ······ 176
Section 1 Leadership ······ 176
Section 2 Work Organization ······ 179
Chapter 2 The Party Congress ······ 181
Section 1 Representative Election ······ 181
Section 2 Successive Party Congress ······ 181
Chapter 3 Summary of Decision Making ······ 183
Section 1 Political System Reform ······ 183
Section 2 Establishing the Development Strategy of "Opening up to Develop Chenzhou" ······ 187
Section 3 Encouraging and Supporting Private Economy ······ 188

Section 4 Optimizing the Environment of Economic Development ······189
Section 5 Attracting Investment and Promoting Development ······190
Section 6 Promoting the Construction of Economic Integration of Chenzhou, Zixing and Guiyang ······191
Section 7 Creating a National Model City of Double Support ······192
Section 8 Implementing the Strategy of Talent Development ······193
Section 9 Socialist Ideological Education in Urban ······194
Section 10 Construction of Party Member Team and Cadre Team ······194
Chapter 4 Discipline Inspection and Supervision ······197
Section 1 Education of Party Discipline and Government Discipline ······197
Section 2 Construction of Party Conduction and Clean- Government ······198
Section 3 Case Investigation ······203
Section 4 Rectifying Malpractices ······205
Section 5 Discipline Inspection and Supervision Organization ······209
Chapter 5 Organizational Work ······211
Section 1 Construction of Party Member Team ······211
Section 2 Construction of Basic Organization ······214
Section 3 Construction of Leadership and Leading Cadre Team ······216
Section 4 Intellectual Work ······217
Chapter 6 Ideological Work ······219
Section 1 Theoretical Education ······219
Section 2 Press and Publicity ······220
Section 3 Social Publicity ······222
Section 4 Construction of Spiritual Civilization ······223
Chapter 7 United Front Work ······226
Section 1 Propaganda and Education of United Front ······226
Section 2 the Work of the Democratic Parties and the Federation of Industry and Commerce ······227
Section 3 Training and Selecting Non-party Cadres ······228
Section 4 Taiwan Affaires ······229
Chapter 8 Comprehensive work of Party Affairs ······233
Section 1 Information Secretary ······233
Section 2 Policy Research ······234
Section 3 Supervision of Party Affairs ······236
Section 4 Work of Keeping Confidentiality ······239

Chapter 9 Other Party Work ······241
Section 1 Party School Education ······241
Section 2 Veteran Cadre Work ······243
Section 3 Party Construction ······245

Part 4 People's Congress

Chapter 1 People's Congress Organization ······252
Section 1 Authority ······252
Section 2 Standing Body ······253
Section 3 Work Organization ······256
Chapter 2 Deputy to People's Congress ······259
Section 1 Selection of Deputy to People's Congress ······259
Section 2 Composition of Deputy to People's Congress ······262
Chapter 3 Important Meeting of the Municipal People's Congress ······265
Section 1 People's Congress ······265
Section 2 Meeting of the Standing Committee of the Municipal People's Congress ······269
Chapter 4 Function Performance ······271
Section 1 Decision on Major Matters ······271
Section 2 Legal Supervision ······272
Section 3 Work Supervision ······274
Section 4 Urge on Dealing with Proposals ······276
Section 5 Deputy Inspection and Investigation ······277
Section 6 Election , Appointment and Removal of the Staff of the State Organs ······279
Section 7 Representative Liaison ,Guiding the Work of NPC in County (City and District) ······281

Part 5 People's Government

Chapter 1 Government Agencies ······288
Section 1 Government Leading organ ······288
Section 2 Government Work Departments ······291
Section 3 Departments Directly under Administration of Governments ······292
Section 4 Overseas Offices ······293

Chapter 2 Important Meetings and Major Activities ……295
Section 1 Important Meeting of the Government ……295
Section 2 Major Government Activities ……299
Chapter 3 Summary of Political Affairs ……304
Section 1 Deepening the Reform ……304
Section 2 Implementing the Development Strategy of "Opening up to Develop Chenzhou" ……309
Section 3 Promoting the Development of Local Industry ……311
Section 4 Speeding up the Construction of Central City ……312
Section 5 Developing Agriculture and Rural Economy ……314
Section 6 Strengthening the Constructive of Financial Resources ……320
Section 7 Carrying out Family Planning ……321
Section 8 Strengthening Environmental Protection ……323
Section 9 Development of Education ……324
Section 10 Implementing the Strategy of Prospering Chenzhou by Relying on Science and Technolcgy ……326
Section 11 Accelerating the Construction of Energy, Highway and Communications ……327
Chapter 4 Other Government Work ……331
Section 1 Comprehensive Government Affairs ……331
Section 2 Work of Correspondence and Visitation ……336
Section 3 Administration Supervision ……340
Section 4 Legal Work ……342
Section 5 Foreign and Overseas Chinese Affairs, Hong Kong and Macao Affairs ……346
Section 6 Nation and Religion ……350

Part 6 People's Political Consultative Conference

Chapter 1 CPPCC ……361
Section 1 Regional Liaison Work Committee of the CPPCC in Chenzhou Hunan ……361
Section 2 Chenzhou Municipal Committee of the CPPCC ……362
Section 3 Work Organization of the CPPCC ……364
Chapter 2 CPPCC Members ……365
Section 1 Committee Members Selection ……365
Section 2 CPPCC Member Composition ……365

Chapter 3 CPPCC Important Conference ······368
Section 1 Important Conference of Regional CPPCC Joint Working Committee (Division) ······368
Section 2 Municipal Plenary Session of the CPPCC ······369
Section 3 Municipal Standing Committee Meeting of the CPPCC ······374
Chapter 4 Performance of the Function ······377
Section 1 Political Consultation ······377
Section 2 Democratic Supervision ······380
Section 3 Participation in the Administration of State Affairs ······381
Section 4 Proposal Work ······383
Section 5 Liaison and Friendship ······385
Section 6 Literature and History Research ······387
Section 7 Guiding the Work of CPPCC in the County(City and District) ······387

Part 7 Democratic Parties and Social Group

Chapter 1 Democratic Parties ······393
Section 1 Chenzhou Municipal Committee of China Association for Promoting Democracy ······393
Section 2 Chenzhou Municipal Ommittee of Chinese Peasants' and Workers'Democratic Party ······396
Section 3 Chenzhou Municipal Committee of the Jiusan Society ······398
Chapter 2 Social Group ······402
Section 1 Chenzhou Municipal Federation of Trade Union ······402
Section 2 Chenzhou Municipal Committee of the Communist Youth League ······406
Section 3 Chenzhou Municipal Women's Federation ······411
Section 4 Chenzhou Municipal Association of Science and Technology ······415
Section 5 Chenzhou Municipal Association of Returned Overseas Chinese and the Relatives ······419
Section 6 Chenzhou Federation of Industry and Commerce ······421
Section 7 Chenzhou Municipal Society of Social Sciences ······425
Section 8 Chenzhou Municipal Federation of Liberty and Art Circles ······427
Section 9 Chenzhou Municipal Association of the Disabled ······429
Section 10 Chenzhou Municipal Branch of China Association for the Promotion of International Trade ······433

Part 8 Military

Chapter 1 Military Organization ··········440
Section 1 Military Leading Organ ··········440
Section 2 Armed Forces ··········442
Chapter 2 Militia Construction ··········444
Section 1 Organizational Reorganization ··········444
Section 2 Political Education ··········444
Section 3 Military Training ··········445
Chapter 3 Military Service ··········448
Section 1 Military Service System ··········448
Section 2 Military Service Registration and Conscription ··········449
Section 3 Military Service Agency··········450
Chapter 4 Party-controlled Armed Forces & National Defense Mobilization ··········451
Section 1 Party-controlled Armed Forces ··········451
Section 2 National Defense Mobilization··········453
Chapter 5 Civil Air Defense ··········456
Section 1 Aired Defense Project ··········456
Section 2 Organization and Command··········457
Section 3 Institutional Team··········458
Chapter 6 Participation in Construction and Governance··········460
Section 1 Policy and Poverty Alleviation ··········460
Section 2 Emergency-rescue and Disaster-relief ··········462
Section 3 Construction Jointly by the Army and the People··········463

Part 9 Politics of Law

Chapter 1 Comprehensive Administration of Politics and Law ··········471
Section 1 Maintenance of Social Stability··········471
Section 2 Comprehensive Management of Social Security ··········472
Section 3 Law Enforcement Supervision··········475
Chapter 2 Public Security··········477
Section 1 Security Administration ··········477
Section 2 Criminal Investigation ··········482

Section 3 Household and Entry-Exit Administration ······488
Section 4 Traffic Management and Fire Fighting ······490
Section 5 Antecedent Trial and Supervision ······496
Section 6 Policing Administration and Strengthening the Police with Science and Technology ······497
Section 7 Public Security Organ ······501
Chapter 3 Trail ······504
Section 1 Reform of the Trail System ······504
Section 2 Criminal Trail ······505
Section 3 Civil and Commercial Matters and Administrative Trail ······510
Section 4 Trail Supervision and State Compensation ······516
Section 5 Case Execution and Judicial Expertise ······519
Section 6 Judicial Organ ······521
Chapter 4 Prosecution ······524
Section 1 Criminal Prosecution ······524
Section 2 Investigation and Prevention of Duty Crime ······532
Section 3 Prosecution of Administration of Civil Affair ······537
Section 4 Prosecution of Prisons and Detention ······540
Section 5 Accusation and Appeal Prosecution ······543
Section 6 Procuratorial Organ ······546
Chapter 5 Judicial Administration ······548
Section 1 Popularizing Legal Common Sense and Administering According to the Law ······548
Section 2 People's Survey and Grass-roots Legal Services ······552
Section 3 Lawyers and Notarial Affairs ······555
Section 4 Management of Prison and Reeducation Through Labor ······561
Section 5 Judicial Organ ······566

Part 10 Civil Affairs Establishment Personnel Labor

Chapter 1 Civil Affairs ······573
Section 1 The Construction of Grass-roots Mass Autonomy Organization ······573
Section 2 Supporting the Army and Preferential Treatment ······577
Section 3 Disaster Relief ······582
Section 4 Social Welfare ······587

Section 5 Welfare Lottery Issuance ······589
Section 6 Social Affairs Administration ······591
Section 7 Civil Affairs Office ······596
Chapter 2 Organization Establishment ······598
Section 1 Organization Establishment of Municipal (Regional, County, District) ······598
Section 2 Establishment of Township Institution ······601
Section 3 Establishment of Public Institution ······602
Section 4 Organization in Charge of Government Establishment ······604
Chapter 3 Personnel ······605
Section 1 Cadre Management ······605
Section 2 Professional and Technical Personnel Management ······610
Section 3 Placement of Military Cadres and Arrangement of Graduates ······612
Section 4 Talent Flow and Talent Market ······614
Section 5 Cadres' Salary and Welfare ······615
Section 6 Retired Cadres ······617
Section 7 Personnel Working Organization ······618
Chapter 4 Labor ······620
Section 1 Labor Employment and Reemployment ······620
Section 2 Vocational Technical Education and Identification ······624
Section 3 Worker's Wages and Welfare ······627
Section 4 Labor Protection ······631
Section 5 Labor Monitoring and Labor Arbitration ······633
Section 6 Social Security ······634
Section 7 Labor Administration ······640

Part 11 Economic Review

Chapter 1 Economic Development ······647
Section 1 GDP(Gross Domestic Product) ······647
Section 2 General Situation of Agriculture Development ······649
Section 3 General Situation of Industrial Development ······653
Section 4 General Situation of Development of Construction Industry ······657
Section 5 General Situation of the Development of Traffic, Transport, Postal and Telecommunications Industry ······658
Section 6 General Situation of Trade and Business Development ······660

Section 7 Total Fiscal Revenue ······662
Chapter 2 Economic Structure ······664
Section 1 Industrial Structure ······664
Section 2 Economic Structure of Ownership ······669
Section 3 Investment Structure ······671
Section 4 Labor Employment Structure ······673
Section 5 Economic Structure of County and Urban Area ······675
Chapter 3 People's Livelihood ······682
Section 1 Rural Residents' Livelihood ······682
Section 2 Urban Residents' Livelihood ······685
Section 3 Price Operation Index ······690

Part 12 Comprehensive Economic Management

Chapter 1 Planning Management ······696
Section 1 Planning Management System ······696
Section 2 Planning and Implementation ······697
Section 3 Management of Investment in the Fixed Assets ······704
Section 4 Management of Major Engineering Projects ······704
Section 5 Economic Information Service ······705
Section 6 Planning Management Department ······707
Chapter 2 Management of Land and Resources ······708
Section 1 Cadastral Management ······708
Section 2 Land Use and Land Conservation ······710
Section 3 Management of Construction Land ······712
Section 4 Management of Mineral Resources ······715
Section 5 Management of Surveying and Mapping ······717
Section 6 Reform of the System of Land and Resources use ······718
Section 7 Administrative Agency for Land and Resources ······720
Chapter 3 Industrial and Commercial Administration ······722
Section 1 Management of Business Enterprise Registration ······722
Section 2 Management of Economic Contract ······727
Section 3 Market Construction and Supervision ······729
Section 4 Management of Trademarks and Advertisements ······730
Section 5 Management of Individual Private Industrial and Commercial Economic ······732

Section 6 Protection of Consumers'Rights and Interests ······733
Section 7 Administrative Agency for Industrial and Commercial ······734
Chapter 4 Management of State-owned Assets ······736
Section 1 Asset Evaluation and Disposal ······736
Section 2 Registration and Statistics of Assets for Clearing Production ······737
Section 3 Maintenance and Appreciation of Assets Value ······738
Section 4 Administration Property Right Management ······740
Section 5 State-owned Assets Administrative Authorities ······740
Chapter 5 Quality and Technical Supervision ······742
Section 1 Management of Measurement ······742
Section 2 Management of Standardization ······743
Section 3 Product and Commodity Quality Management ······744
Section 4 Management Agency for Quality and Technical Supervision ······748
Chapter 6 Price Management ······750
Section 1 Reform of Price Management System ······750
Section 2 Price Regulation ······752
Section 3 Price Supervision and Inspection ······759
Section 4 Administration Charge Management ······761
Section 5 Price Service ······763
Section 6 Price Management Agency ······766
Chapter 7 Audit Supervision ······768
Section 1 State Audit ······768
Section 2 Inside Audit ······776
Section 3 Social Audit ······776
Section 4 Audit Institution ······777
Chapter 8 Statistics ······779
Section 1 Statistical System and Statistical Law Enforcement ······779
Section 2 Statistical Reports ······780
Section 3 Special Statistical Survey ······784
Section 4 Statistical Technology and Statistical Services ······786
Section 5 Statistical Agency ······788
Chapter 9 Supervision and Administration of Food and Drug ······789
Section 1 Food Supervision and Management ······789
Section 2 Drug Quality Supervision and Management ······793
Section 3 Food and Drug Supervision and Administration Agency ······795

Chapter10 Safety Production Supervision ······797
Section 1 Safety Supervision Education and Management System ······797
Section 2 Supervision and Regulation of Mining Safety Production ······799
Section 3 Special Industry Safety Management ······800
Section 4 Supervision and Management Agency for Safety Production ······801

Part 13 Agriculture and Rural Economy

Chapter 1 Rural Economy Reform and Development ······807
Section 1 Reform of Rural Management Mode ······807
Section 2 Reform of Rural Land Management ······811
Section 3 Reform of the System of Township Enterprises ······812
Section 4 Industrialized Operation of Agriculture ······814
Section 5 Rural Well-off Construction ······819
Section 6 Rural Poverty Alleviation and Development ······822
Chapter 2 Rural Economic Management ······829
Section 1 Land Contract Management ······829
Section 2 Rural Financial Management ······829
Section 3 Supervision and Management of Farmers'Burden ······831
Section 4 Management of The Rural Cooperation Foundation ······832
Chapter 3 Agriculture Comprehensive Development ······834
Section 1 Investment in Agricultural Funds ······834
Section 2 Agricultural Project Development ······838
Chapter 4 Planting Industry ······844
Section 1 Grain and Oil Crops ······845
Section 2 Economic Crops ······850
Section 3 Crop Seeds（Seedling）······856
Section 4 Soil Protection and Development ······858
Section 5 Plant Protection ······861
Section 6 Farm ······862
Section 7 Administrative Management Organization of Agriculture ······864
Chapter 5 Breeding Industry ······866
Section 1 Stockbreeding ······867
Section 2 Aquaculture Industry ······872
Section 3 Special Farming ······877

Section 4 Feed ……879
Section 5 Disease Prevention and Control ……880
Section 6 Management Service and Institution ……884
Chapter 6 Forestry ……889
Section 1 Forestation ……890
Section 2 Forestry Production ……896
Section 3 Forest Conservation ……900
Section 4 State-owned Forest Farm and Forest Park ……909
Section 5 Forestry Law Enforcement ……912
Section 6 Forestry Management and Institution ……914
Chapter 7 Water Conservancy ……918
Section 1 Farmland Water Conservancy and Urban Flood Control Project ……918
Section 2 Flood Control and Drought Relief ……923
Section 3 Rural Drinking Water Project ……925
Section 4 Rural Hydropower Construction ……926
Section 5 Water Conservancy Project Migration ……927
Section 6 Water Conservancy Management and Organization ……929
Chapter 8 Agricultural Machinery ……933
Section 1 Agricultural Machinery Species ……933
Section 2 Agricultural Machinery Service ……938
Section 3 Research on Agricultural and Extension of New Machinery ……942
Section 4 Agricultural Machinery Management and Organization ……945
Chapter 9 Township Enterprises ……949
Section 1 Enterprise Form ……950
Section 2 Industrial Structure ……952
Section 3 Selected Introduction of Enterprises ……957
Section 4 Enterprise Support Management and Organization ……960

Part 14 Industry

Chapter 1 Reform of State Owned Enterprise System ……970
Section 1 The Reform of the Property Right System ……971
Section 2 Reform of Management System ……978
Section 3 Reform of Enterprise Personal Labor System ……983

Chapter 2 Electric Power Industry ……990
Section 1 Power Generation ……991
Section 2 Power Supply ……998
Section 3 Power Utilization ……1010
Section 4 Selected Introduction of Electric Power Enterprises ……1013
Section 5 Power Management ……1015
Chapter 3 Coal and Graphite Industry ……1019
Section 1 Coal Production ……1019
Section 2 Graphite Production ……1022
Section 3 Mine Safety ……1024
Section 4 Selected Introduction of Coal- Graphite Enterprises ……1026
Section 5 Industry Management ……1029
Chapter 4 Metallurgical Industry ……1036
Section 1 Nonferrous Mental Ore Mining and Dressing……1037
Section 2 Nonferrous Metal Ore Smelting ……1040
Section 3 Silver City of China ……1042
Section 4 Selected Introduction of Metallurgical Enterprises ……1043
Section 5 Industry Management ……1045
Chapter 5 Building Materials Industry ……1047
Section 1 Brick、Tile、Lime and Sand ……1047
Section 2 Cement and Its Products……1050
Section 3 Glass Ceramics ……1052
Section 4 Other Building Materials Industry ……1054
Section 5 Selected Introduction of Building Materials Enterprises ……1055
Section 6 Management of Building Material Industry ……1058
Chapter 6 Mechano-electronic ……1060
Section 1 Machinery Manufacturing ……1060
Section 2 Electronic Industry ……1070
Section 3 Selected Introduction of Machano-electronic Enterprises ……1078
Section 4 Industry Management ……1080
Chapter 7 Chemical Industry……1083
Section 1 Chemical Fertilizer ……1083
Section 2 Pesticide ……1084
Section 3 Other Chemical Products ……1086
Section 4 Management of Chemical Industry ……1092

Chapter 8 Texti e Industry ······ 1094
Section 1 the first Light Industry ······ 1094
Section 2 the Second Light Industry ······ 1099
Section 3 Textile Industry ······ 1103
Section 4 Selected Introduction of Textile Enterprises ······ 1107
Section 5 Management of Textile Industry ······ 1108
Chapter 9 Tobacco Industry ······ 1111
Section 1 Tobacco Production ······ 1111
Section 2 Cigarette Production ······ 1114
Section 3 Management of Tobacco Industry ······ 1117
Chapter 10 Pharmaceutical Industry ······ 1121
Section 1 Pharmaceutical Enterprise ······ 1121
Section 2 Pharmaceutical Production ······ 1122
Section 3 Management of Pharmaceutical Industry ······ 1125

Part 15 Commerce and Trade

Chapter 1 Reform of Commerce and Trade System ······ 1133
Section 1 System Reform of Commercial and Material Enterprises ······ 1133
Section 2 System Reform of Supply and Marketing Co-operative Enterprises ······ 1134
Section 3 System Reform of Grain Enterprises ······ 1137
Section 4 System Reform of Foreign Trade ······ 1139
Section 5 System Reform of Other Business Enterprises ······ 1141
Chapter 2 Commercial Market Construction ······ 1144
Section 1 Market Network Construction ······ 1144
Section 2 Boarder Trade Market and New Market Construction ······ 1145
Chapter 3 State-owned Commerce and Supplies ······ 1148
Section 1 State-owned Commerce ······ 1148
Section 2 Material Supply and Special Material Recovery ······ 1150
Chapter 4 Management of Supply and Marketing Cooperation Enterprise ······ 1153
Section 1 Agricultural Production Materials Management ······ 1153
Section 2 Agricultural and Sideline Product Management ······ 1155
Section 3 Daily Necessities Management ······ 1157
Chapter 5 Grain and Oil Trade ······ 1160
Section 1 Grain and Oil Acquisition ······ 1160

Section 2 Grain and Oil Sales ······ 1161
Section 3 Food Storage and Transportation ······ 1166
Chapter 6 Pharmaceutical Business ······ 1169
Section 1 Purchase and Sale of Drug ······ 1169
Section 2 Purchase and Sale of Medical Equipment and Supply ······ 1170
Chapter 7 Purchase and Sale of Exclusive Commodities ······ 1172
Section 1 Purchase and Sale of Oil ······ 1172
Section 2 Tobacco Monopoly ······ 1173
Section 3 Purchase and Sale of Salt ······ 1178
Chapter 8 Foreign Trade ······ 1181
Section 1 Export Trade ······ 1181
Section 2 Import Trade ······ 1183
Section 3 Inspection and Quarantine ······ 1184
Section 4 Customs Supervision ······ 1185

Part 16 Tourism and Service Industry

Chapter 1 Tourism Industry ······ 1193
Section 1 Tourism Resources ······ 1193
Section 2 Scenic Area Construction and Market Development ······ 1204
Section 3 Tourism Services ······ 1210
Section 4 Tourism Management ······ 1213
Section 5 Creation of " Excellent Tourist City in China " ······ 1217
Chapter 2 Service Industry ······ 1219
Section 1 Catering Industry ······ 1219
Section 2 Hotel Industry ······ 1222
Section 3 Entertainment Industry ······ 1223
Section 4 Other Services ······ 1224
Section 5 Service Industry Management ······ 1227

Part 17 Opening up and Development

Chapter 1 Opening to the Outside World ······ 1234
Section 1 Reform and Opening up of Transition Pilot Areas ······ 1234
Section 2 Foreign Economy ······ 1238

Section 3 Attracting Investment ········1240
Section 4 Regional Co-operation ········1245
Section 5 Labor Export ········1249
Chapter 2 Construction of Economic Development Zone ········1252
Section 1 Construction and Management of Development Zone ········1252
Section 2 Provincial Development Zone ········1255
Section 3 Municipal and County Level Development Zone ········1262
Chapter 3 Key Project Construction ········1266
Section 1 Project Construction ········1266
Section 2 Project Supervision ········1268
Section 3 Project Selection ········1270

Part 18 Finance and Taxes

Chapter 1 Finance ········1278
Section 1 Reform of the Financial System ········1278
Section 2 Financial Revenue ········1282
Section 3 Main Expenditure of Local Finance ········1291
Section 4 Financial Management and Supervision ········1298
Section 5 Cultivation of Financial Resources ········1307
Section 6 Fiscal Authorities ········1309
Chapter 2 Taxes ········1311
Section 1 Reform of tax System ········1311
Section 2 Tax Type ········1311
Section 3 Tax Levy ········1312
Section 4 Tax Inspection ········1323
Section 5 Tax Administration ········1324
Section 6 Revenue Office ········1330

Part 19 Finance

Chapter 1 Financial Reform and Financial Institution ········1337
Section 1 Financial Reform ········1337
Section 2 Financial Institution ········1339

Chapter 2 Banking Business ··· 1346
Section 1 Liabilities Business ··· 1346
Section 2 Assets Business ··· 1350
Section 3 Intermediate Business ··· 1360
Chapter 3 Social Finance ··· 1364
Section 1 Private Leading and Pawn ··· 1364
Section 2 "Two foundations and a Service Department "in the Countryside ··· 1366
Section 3 Enterprise Fund-raising and Financing Guarantee ··· 1367
Chapter 4 Insurance Business ··· 1369
Section 1 Property Insurance ··· 1369
Section 2 Personal Insurance ··· 1373
Chapter 5 Securities Transaction ··· 1377
Section 1 Bond ··· 1377
Section 2 Stock ··· 1379
Section 3 Other Business ··· 1381
Chapter 6 Financial Management ··· 1382
Section 1 Issuance of Currency and Circulation Management ··· 1382
Section 2 Credit Management ··· 1385
Section 3 Treasury、Settlement and Account Management ··· 1387
Section 4 Admittance Management of Financial Industry ··· 1389
Section 5 Financial Market Supervision ··· 1391
Section 6 Financial Order Management ··· 1394

Part 20 Transportation

Chapter 1 Highway ··· 1402
Section 1 Highway Construction ··· 1402
Section 2 Highway Transportation ··· 1415
Section 3 Highway Management ··· 1420
Chapter 2 Railway ··· 1430
Section 1 Railway Construction ··· 1430
Section 2 Railway Transportation ··· 1436
Chapter 3 Waterway ··· 1439
Section 1 Channel、Wharf and Ferry ··· 1439
Section 2 Waterway Transportation ··· 1442

Section 3 Waterway Management ······1444

Part 21 Post and Communication

Chapter 1 Post ······1452
Section 1 Postal Route(Network) ······1452
Section 2 Postal Services······1458
Section 3 Postal Management ······1468
Chapter 2 Communication ······1471
Section 1 Communication Mechanism ······1471
Section 2 Communication Network ······1472
Section 3 Communication Service ······1477
Section 4 Communication Management ······1484
Chapter 3 Radio Management ······1488
Section 1 Radio Management Agency ······1488
Section 2 Construction of Radio Facilities ······1488
Section 3 Radio Spectrum Resource Management ······1489

Part 22 Urban and Rural Construction & Environmental Protection

Chapter 1 Urban and Rural Planning ······1494
Section 1 Urban Planning ······1494
Section 2 County Town Planning ······1502
Section 3 Tourist Areas Planning······1504
Section 4 Organic Town Planning ······1506
Section 5 Village and Town Planning ······1507
Section 6 Planning Institutions and Management ······1508
Chapter 2 Urban Construction ······1513
Section 1 Municipal Engineering ······1513
Section 2 Urban Public Transport ······1518
Section 3 Water、Electricity and Gas Supply ······1520
Section 4 Landscaping ······1522
Chapter 3 Urban Management ······1524
Section 1 City Image Governance ······1524
Section 2 Environmental Sanitation Management······1527

Section 3 Institution of Urban Management ······1530
Chapter 4 Village and Town Construction ······1533
Section 1 County town Construction ······1533
Section 2 Organic Town Construction ······1538
Section 3 Village Construction ······1539
Chapter 5 Building Industry ······1542
Section 1 Structural Reform of Building Industry ······1542
Section 2 Survey and Design ······1547
Section 3 Building Operation ······1550
Section 4 Construction Management ······1552
Section 5 Selected Introduction of Building Enterprises and Constructional Engineering ······1555
Chapter 6 Realty Industry ······1558
Section 1 Real Estate Development ······1558
Section 2 Real Estate Transaction ······1563
Section 3 Real Estate Management ······1566
Section 4 Real Estate management Agency ······1571
Chapter 7 Environmental Protection ······1572
Section 1 Environmental Pollution ······1572
Section 2 Environmental Monitoring ······1576
Section 3 Pollution Control ······1579
Section 4 Ecological Construction ······1583
Section 5 Environmental Management ······1584

Part 23 Education, Science and Technology

Chapter 1 Education ······1594
Section 1 Structural Reform of Education ······1594
Section 2 Preschool Education ······1597
Section 3 Elementary Education ······1599
Section 4 Secondary Vocational and Technical Education ······1604
Section 5 Higher Education ······1606
Section 6 Adult Education ······1608
Section 7 Running of school by Non-government Sectors ······1611
Section 8 Teacher ······1612

Section 9 Teaching Research and Reform ……1617
Section 10 Education Management ……1620
Chapter 2 Science and Technology ……1624
Section 1 Science and Technology Reform ……1624
Section 2 Science and Technology Research ……1627
Section 3 Science and Technology Popularization ……1634
Section 4 New High- Tech Industries and Science Park ……1640
Section 5 Science and Technology Management ……1643
Section 6 Science and Technology Institution and Team ……1650

Part 24 Culture and Media

Chapter 1 Culture ……1660
Section 1 Cultural System Reform ……1660
Section 2 Literature and Art ……1661
Section 3 Theatrical Art ……1668
Section 4 Mass Cultural Activities ……1673
Section 5 Folk Traditional Literature and Art ……1676
Section 6 Regional Cultural Heritage ……1677
Section 7 Film ……1679
Section 8 Book ……1681
Section 9 Cultural Industry ……1683
Section 10 Cultural Relic ……1685
Section 11 Selected Introduction of Cultural Relics of Chenzhou city ……1689
Section 12 Cultural management ……1700
Chapter 2 Radio and Television ……1705
Section 1 Radio and Television Program ……1705
Section 2 Radio and Television Equipment and Technology ……1711
Section 3 Radio and Television Management ……1713
Chapter 3 The press ……1716
Section 1 Chenzhou Daily ……1716
Section 2 Radio and Television, Science and Technology Newspaper, Journal of the College ……1723
Section 3 Newspaper Information ……1725
Section 4 Periodical ……1729

Chapter 4 Historical Record and Archives ……1731
Section 1 Collection and Research on the History Data of the CPC ……1731
Section 2 Compilation of Local Chronicles ……1734
Section 3 File Management ……1738
Section 4 Exploitation and Utilization of Historical Records and Archives ……1740

Part 25 Health and Sports

Chapter 1 Health ……1748
Section 1 Reform of Health System ……1749
Section 2 Disease Prevention and Control ……1752
Section 3 Maternal and Child Health Care ……1756
Section 4 Medical Care ……1758
Section 5 Public Health ……1765
Section 6 Health management ……1771
Section 7 Sanitary Institution ……1773
Chapter 2 Sports ……1778
Section 1 Mass Sports ……1779
Section 2 School Sports ……1784
Section 3 Competitive Sports ……1786
Section 4 Sports Venues ……1794
Section 5 Sports Organization and Management ……1798

Part 26 Social Life

Chapter 1 Living Conditions of Residents ……1804
Section 1 Living Conditions of Urban Residents ……1804
Section 2 Living Conditions of Rural Residents ……1806
Chapter 2 Marriage and Family ……1811
Section 1 Marriage ……1811
Section 2 Family ……1814
Chapter 3 Cause of the Elderly ……1817
Section 1 Aging Work ……1817
Section 2 Life of the Elderly ……1822

Chapter 4 Civic Ideological and Moral Construction & Civilization Creation ……… 1826
Section 1 Civic Ideological and Moral Construction ……… 1826
Section 2 Activities of Civilization Creation ……… 1828
Section 3 Civilization Construction Activities jointly by Soldiers, Polices and Civilians ……… 1832
Chapter 5 Social Customs and Social Problems ……… 1834
Section 1 Virtue and New Customs ……… 1834
Section 2 Corrupt Customs and New Social Problems ……… 1840
Chapter 6 Folk Customs ……… 1843
Section 1 Labor Customs ……… 1843
Section 2 Living Customs ……… 1847
Section 3 Weddings and Funerals ……… 1849
Section 4 Faith and Custom ……… 1852

Part 27 General Situation of County (City and Districts)

Chapter 1 General Situation of the Two Districts ……… 1859
Section 1 Beihu District ……… 1859
Section 2 Suxian District ……… 1868
Chapter 2 General Situation of the Counties (Cities) ……… 1877
Section 1 Zixing City ……… 1877
Section 2 Guiyang County ……… 1887
Section 3 Yizhang County ……… 1897
Section 4 Yongxing County ……… 1908
Section 5 Jiahe County ……… 1919
Section 6 Linwu County ……… 1928
Section 7 Rucheng County ……… 1940
Section 8 Guidong County ……… 1951
Section 9 Anren County ……… 1959

Outstanding Personage

一、Brief Biography of Personages ……… 1971
二、Complement of the Former Chronicles of Personages ……… 2018
三、Personage List ……… 2037

Appendix

一、Literature Selection ······2097
二、Selected Excerpt of Poetries and Epigraphs ······2126
三、Corrigendum of Chenzhou Regional Chronicle" ······2131

Index ······2135

Postscript ······2151

郴州市志（1989－2005）

总述

总 述

郴州市位于湖南省东南部，地处南岭山脉北麓与罗霄山脉西侧交错处，以及长江水系与珠江水系分流地带。东界江西赣州，南邻广东韶关，西接湖南永州，北连湖南衡阳、株洲。地理位置独特，自古为“湘粤孔道”、南岭要冲，邻近香港、澳门和亚洲东盟，素称湖南“南大门”。至2005年，辖2区、1市、8县，总面积19317平方千米，人口460.88万人（少数民族8.19万人）。境内山川形貌多样，丘陵山地起伏，山色青翠欲滴，湖光碧波荡漾。全市气候温和，物产丰饶，景色秀美，古迹众多。先后被评定为“湖南历史文化名城”“中国优秀旅游城市”。

一

境内气候温暖湿润。属亚热带季风性湿润气候区。地理坐标在北纬24° 53′ — 26° 50′、东经112° 13′ —114° 14′ 之间。境域东西宽194千米，南北长217千米。地貌复杂多样，其特点以山地、丘陵为主。地势东南高、西北低，呈阶梯形由东南部向西北部低降倾斜，总体地势差约400米。地处东南部的桂东县县城海拔824米，为湖南省海拔最高的县城。境内总体呈现两大地貌区：东南部以山地为主，群山连绵，地势高峻；西北部地势低平，以丘陵、岗地和盆地为主。因南北气流受南岭山脉屏障作用，呈现冬寒期短、夏热期长、无霜期久，气候湿润、四季分明的区域气候特征。常年年平均气温17.7℃、降雨量1504毫米、日照1490小时左右，年无霜期285天以上。是全省热量富集、雨水充沛的地区之一，具有光、热、水同季配合良好的气候特征。郴州地跨长江支流湘江和珠江支流北江两大流域，有8条河流干道及其支流423条，水系发达。因其有着多元化发展农业生产的自然生态条件，成为物产丰富、名优特产甚多之地。

地理位置独特，交通便捷。郴州踞扼湖广交界要塞“咽喉之地”，早在东汉时期即为“湘广商道”，成为南北货物之集散中心。郴州距广州市393千米，距省会长沙350千米，南贴华南沿海，北连华中内地；既为内陆经济与广东沿海经济交融的重要接合部，又是内陆与沿海对接互动的纽带和前沿阵地，有着优先承接广东沿海和“珠三角”经济辐射及产业转移的地缘优势。郴州历为“楚粤之孔道”，系南下北上的重要通道。境内已形成快速铁路、高速公路和国道纵贯南北，高等级公路和省道横卧东西的四通八达交通网络。其显要的地理位置和交通优势已渐成后发优势，1989年后，郴州先后成为国务院批准设立的“由沿海向内地改革开放过渡试验区”、湖南优先发展区域带、全国首批沿海产业转移承接地和国家级出口加工区。

自然资源得天独厚。郴州为湖南省资源富集市，素享“中国有色金属之乡”“华南能源基地”“南方重点林区”之美誉。其自然资源尤以矿产、水能和森林资源富有为甚。郴州地处南岭山脉成矿带的富集段，矿产资源种类多、分布广、储量大、质量好。境内发现各类矿物109种，其中，已探明矿产储量的有33种，矿产资源潜在价值2651亿元，人均5.8万元，比全省人均水平高4万元。有色金属矿产储量占全省2/3，成为中国主要的有色金属生产基地。钨、铋、钼、石墨四种战略性矿产资源储量居全国之首，锡、锌储量分居全国第三和第四位，并有多种稀有金属可供开采。地处苏仙区柿竹园的有色金属矿拥有世界最大的多金属矿床和矿产储量，被誉为“世界有色金属博物馆”。境内香花石、锂铍石、纤钡锂石、骑田岭石等矿石，被国际矿物学会认定为“世界稀罕矿物”。全市煤炭储量、原煤量占全省的1/4和1/3，为全国19个年产煤量逾1000万吨的地市（州）之一。郴州是“华南能源基地”。境内常年水资源总量在215亿立方米左右，由于地势、河流多级落差，形成的水能资源理论蕴藏量达151.13万千瓦，人均水能蕴藏量较之全省人均高30%。郴州是联合国国际小水电中心在中国设立的唯一小水电示范基地。地处南岭山脉的郴州还是一座“绿色宝库”，2005年森林覆盖率达64.5%，是湖南重点林区之一，有莽山、天鹅山两个国家级森林公园。列入国家重点保护野生植物有银杉、银杏、伯乐树、南方红豆杉等37种；列入国家重点保护野生动物有云豹、金钱豹、黄腹角雉、蟒蛇等49种。

旅游资源丰富。其蕴育出众多的汇山、水、洞、泉、石于一地，集奇、险、秀、美、幽于一体的独特景观。宜章莽山国家森林公园被誉为“第二西双版纳”和“世界珍稀野生植物基因库”，国家地质公园飞天山构成“百里画廊”丹霞奇观，古木参天的五盖山被辟为南方唯一的国际森林狩猎场，地下河溶洞万华岩有“世界洞穴奇观”之称，汝城热水温泉以其流量之丰和水温之高冠绝南部中国，160平方千米山青水碧的高峡平湖东江湖被誉为“东方瑞士”，天下第十八福地的苏仙岭以其风光绮丽和文化积淀深厚而享誉全国。至2005年，全市拥有110多处自然风景名胜区，有国家森林公园2个，国家地质公园1个，国家AAAA级景区3个、AAA级1个、AA级3个、A级1个，还被评为“中国温泉之乡”。隋唐以来，李白、韩愈、柳宗元、周敦颐、徐霞客、蒲松龄等历代贤士佳俊到此游览观赏，留下脍炙人口的绝句佳篇。

郴州历史悠久。境内桂阳县上龙泉洞遗址考古发现，旧石器时代就有先民在此繁衍生息，距今有万年以上的人类文明史。春秋战国，郴州属楚地苍梧。至秦，嬴政二十六年（前221）设郴县，属长沙郡。汉高祖五年（前202）始置桂阳郡。西晋建兴三年（315）析为桂阳、平阳，继而再析卢阳郡；隋开皇九年（589）复统三郡为郴州。尔后称郴州、桂阳州，或郴州军、桂阳军；元时亦曾以郴州军、桂阳路（府）称之。中华民国26年（1937）和29年（1940），分别设为湖南省第八和第三行政督察区。中华人民共和国成立后，先称郴县专区、郴州专区，继称郴州地区行政公署。1995年5月撤销郴州地区，设立地级郴州市，辖北湖、苏仙、资兴2区1市及桂阳、永兴、宜章、临武、嘉禾、桂东、汝城、安仁8县。

郴州，具有光荣的革命传统。近代以来，郴州英才辈出，留下无数英雄史诗。近代历史上，毛泽东、朱德、陈毅等老一辈革命家在郴州这片红色土地上留下行行革命活动的足迹。以邓中夏、黄静源、曾中生、黄克诚、萧克为代表的郴州优秀儿女在岁月峥嵘的历史画卷中，为郴州写下光辉的册页。郴州是著名的革命老区。宜章年关暴动旧址、湘南起义纪念塔、工农红军桂东革命活动纪念馆和毛泽东颁布“三大纪律六项注意”（后改为八项注意）旧址等革命纪念场所，成为中国革命史、建军史上激励后人不朽的丰碑。中华人民共和国成立后，以欧阳海为代表的优秀人物，为社会主义建设谱写一曲曲动人诗篇。1989—2005年，郴州人民在投身社会主义现代化建设中，接连涌现出王六秀、胡昭程、胡宗亮、吴娅莉等大批艰苦奋斗、无私奉献的英雄模范人物。在这片神奇的土地上，中国女子排球队从郴州起飞，连续勇夺五次世界冠军。郴州这块热土涌现的时代英杰，其奋发进取的精神成为郴州人民奋发向上的巨大财富。

二

1949年，中华人民共和国成立伊始，百废待举，百业待兴。郴州人民致力于新政权建设，努力恢复国民经济，稳定社会秩序。1953—1957年，根据党在过渡时期的总路线要求，开展对农业、手工业和资本主义工商业的社会主义改造。从1961年开始，用5年时间对经济进行调整、巩固、充实、提高。长达10年的“文化大革命”，给政治、经济、文化各个领域造成巨大损失。“文化大革命”结束后，郴州贯彻党的路线、方针和政策，实现指导思想上的拨乱反正。1979年冬，郴州境内农村出现联产承包，至1982年年底，有99.8%的生产队推行家庭联产承包责任制，农村经济体制第一步改革完成。与此同时，以扩大企业自主权、增强企业活力为中心的城市经济体制改革，从生产领域到流通领域全面开展，经济社会发展的活力极大释放。改革开放作为基本国策，在郴州从农村到城市，从农业到工业及其他各个领域得到全面贯彻落实。全方位的改革开放，成为郴州迅速发展崛起的原动力。

1988年5月，国务院批准郴州创办由广东向内地延伸的改革开放过渡试验区，郴州自此掀起新一轮改革开放大潮。全市人民弘扬“团结、拼搏、创新、图强”的郴州精神，始终不渝地坚持改革开放，扭住发展不放松，郴州呈现出改革开放与发展互动并进的良好局面。纵观1989年至2005年的17年，郴州改革开放与发展的历程，其总体经历三个持续递次推进的阶段：1989—1994年，郴州以创办改革开放过渡试验区为契机，实施“对接广东，开放开发”战略，各项改革应时而生，以放开放活生产经营机制推动经济发展，经济社会步入新的发展阶段。1994年，郴州生产总值、财政总收入由1989年的38.76亿元、3.19亿元分别增至95.26亿元、7.96亿元，均为1989年的2.5倍。1995—2000年，郴州抓住撤地建市的历史性机遇，立足“建设现代化开放城市”新的起点，实施“开放带动”首选战略，突出以经济体制机制改革和发展开放型经济为重点，全面推进改革开放，全市经济社会发展进入加速和提质阶段。2000年，全市生产总值、财政总收入增至231.55亿元、16.82亿元，分别为1994年的2.4倍和2.1倍。2001—2005年，全市围绕21世纪全面推进现代化建设的宏伟目标，实施郴资桂“三位一体”的发展思路，以深化经济体制改革及其他各项改革为突破口，驱动工业化、农业产业化、城镇化建设，改革开放向纵深发展，郴州经济社会发展迈上新台阶。到2005年，全市生产总值增至475.81亿元，财政总收入43.12亿元，分别为2000年的2.1倍和2.6倍。

农业与农村经济突出深化土地经营制度改革，由放宽放活土地承包经营权向发展农业产业化经营推进。1978年12月，中共十一届三中全会总结了中国革命和建设正反两方面经验教训，提出了党在农业和农村工作中的一系列正确的方针政策。中共郴州地委深入贯彻中共中央《关于加快农业发展若干问题的决定》精神，在农村开展推行以家庭联产承包责任制为主要内容的改革。这一改革措施极大地激发了农民的生产积极性，有效地促进了农业生产的发展，农民温饱问题基本得到解决。20世纪80年代后期，在稳定农村家庭联产承包责任制的基础上，着重推行家庭经营与集体经营相结合的“双层经营”责任制，发展和壮大集体经济。同时组建“公司加农户”的农民专业合作经济组织，起步实行农业产业化经营。其间，地、县两级先后选派干部下乡入村驻点，重点帮助解决集体经济“空壳村”问题；启动村级经济晋档升级评比活动，推进巩固、完善农村双层经营体制。1995—2000年，鼓励和引导农民进行土地经营流转，改革单一的家庭生产经营模式，倾力组织集“生产、加工、销售”于一体的农业产业化经营。2000年，全市拥有集体经济收益的行政村占行政村总数的比重较1989年提高50%；土地流转进行聚集经营的2.34万公顷，组建各级农业产业化龙头企业730家，农业经济展现由个体承包土地经营向集聚高效经营发展的新态势。2001—2005年，进一步变革农业经济发展方式，拓展产业化经营新路子。2001年10月，郴州下派工作组帮助农民依照相关法规和政策做好土地延包和使用权流转工作。2003年，市委、市政府启动市级5个试点镇、2个省级试点村的农村工作综合改革试点工作，以点带面重点深化农村经济体制改革，推动农业产业化集约经营。当年全市农业产业化龙头企业直接连接生产基地8.4万公顷，带动32万户农户投入农业产业化生产。随之各类新型经济组织相继涌现。到2005年，98%的行政村完成土地延包30年工作，集体、家庭承包土地趋向转让、转包、出租和合营等生产经营新模式，农民家庭耕地进行经营流转面积达9.37万公顷，占承包耕地总面积的33.6%；拥有市级以上农业产业化龙头企业36家，建立农民专业合作经济组织1744家，新建和扩建农贸市场268家，建立各级各类农产品销售协会1600多家，全市有10万农民“洗脚上岸”参与农产品营销大军。2005年，全市60%以上的农产品实现就地加工转化，农产品商品化率达71%。至此，过去单一的家庭联产承包转向聚集型、规模化、产业化经营，农业产业化经营推动着农村经济稳定发展。

工业领域改革面向市场，由放活经营机制向企业改制转体推进。1987—1994年，郴州在创办改革开放过渡试验区的热潮中，学习、借鉴广东沿海放开搞活企业经营的经验，打破计划经济时期生产经营方式单一僵化的旧体制，着力推进工业企业经营机制改革。1987年年初，地委、行署组织200多名干部下企业帮助转换经营机制，随之全区138家预算内国营企业和588家小型国营商业企业，除78家作停产停业处置外，全部转入一、二轮承包和集体、个体租赁等方式经营，激活了广大职工积极性，彰显新的发展生机和活力。1992年始，相继在一些小型企业推行“国有民营”“一厂两制”“脱壳经营”等资本经营形式。到1994年，国有工业企业开始向多层次的产权制度改革和企业破产迈进。1995—2000年，工业经济在扩大企业经营自主权的基础上，重点推进国有企业进行“两个置换”（置换企业产权、置换职工身份）的产权制度改革，大力推行股份制和股份合作制改造，加快企业改制转体步伐，此间，郴州深化企业改革，选择100家企业组织对外招商引资，先行进行嫁接做强改造示范。随后，组织企业实施“抓大放小”“退二进三”“改制脱困”，推行以合资经营、引资合营、入股联营、资本技术嫁接、产权转让等资本运作方式，帮助企业做大做强。在这5年，相继涌现一批改革、改组、改造成效凸显的企业。至2000年，全市有295家国有企业依法实施破产，有98家工业企业完成“两个置换”实行股份制和股份制改造，其中有72家劣势企业通过改组改造走出困境。2001—2005年，工业企业改革转入攻坚克难阶段，全市着力深化和完善企业股份制和股份合作制改造，建立现代企业制度。2001年4月，中共郴州市委、市人民政府出台《关于加快国有企业股份制改造的意见》，鼓励和扶持发展股份民营企业，要求在“国退民进”中将国有产权改制企业逐步改造为产权主体多元化的混合所有制有限公司和股份有限公司。随即，山河集团、郴化集团、郴电国际、郴汽集团、郴玻集团等大中型企业相继建立员工持股、多元化投资、法人治理等股份制体系，年内建立现代公司治理结构的公司制企业60家。2002年，郴州市人民政府组织工作组进驻工交企业，帮助改制企业盘活工业资产存量，当年全市改制企业通过产权转让、合资合作、租赁经营等方式引进外资11.41亿元。到2005年，全市改制企业通过盘活存量资产，其负债率由改制前的93%降至55%，改制重组企业安置职工2.64万人，招商引资到位资金达70.2亿元。市及县属国有工业企业进行产权制度改革的达820多家，改制面达92%。企业通过兼并重组和产权主体多元化做大做强，相继涌现三九南开、华明电力、东江金磊等一批体制新、活力强、效益好的强势企业群团。至此，工业经济所有制结构发生明显变化，全市国有企业比重锐降，私营、合营、个体工业企业比重剧升。

2005年，非公有制经济实现增加值、完成投资分别占全市的57.3%、53.8%。全市工业经济基本形成以民营经济为主体的格局，非公有制企业成为工业经济的支撑。

商贸、运输市场体制改革在创办改革开放过渡试验区中，以放开商品流通为突破口，率先在全省实行汽车养路费、客运和客运附加费收、管、用包干，放开物价和粮油购销体制等20项改革，14种主要生产资料初步建立双向衔接的价格、市场体系。同时，建立多种经济成分并存，多方式、多渠道流通的商贸新体系，以加快商贸流通拉动经济建设。全面推动农村税费改革和涉农收费公示制度。到2005年，实现农业税全免，先后取消和降低涉农收费项目123项，让农民在得到实惠中充分发挥生产潜能。与此同时，财税、投资、金融体制改革有新突破，资本、土地、技术、劳动力要素市场在改革中逐步完善。

伴随经济体制机制改革的步伐，政治体制改革和社会事业领域改革同步推进。这一时期，政治体制改革先后按照党政分开、职能分开和政企分开原则，深入进行党政机关机构改革。其间，市、县两级党政机构由457个精简至297个，减少35%，减少管理层次，改进管理方式，建立与社会主义市场经济相适应的上层建筑管理体制。教育、卫生、文化、体育等社会事业在推进内部结构和管理体制改革的同时，打破过去由政府“统包统揽”投资体制，开辟多形式的社会力量办学、办医、办文化体育事业的新途径，彰显加速发展的新局面。至2005年，民办学校增至36所，民办医院从无到有发展到11家，民办科研机构增至36个；农村新型合作医疗在试点的基础上逐步扩展，有45.6万人参加了新型农村合作医疗。以城乡低保、“五保”供养、大病救助、特困救助、灾民救助为主的城乡社会救助新体系初步建立，劳动就业、住房、医疗、养老保险等社会保障制度改革积极推进。至2005年，全市参与各类社会保险人口达26.1%。

敞开湖南“南大门”，加快对外开放步伐。1988年，郴州被国务院正式批准为沿海向内地改革开放的过渡试验区，实行类似广东有别于内地的开放政策。郴州得内陆地区改革开放风气之先，积极引进国外先进设备和技术，引进外资项目，建立出口基地，扩大对外贸易。当年，郴州地区建立第一家经济技术开发区。1989—1994年，郴州在创办改革开放过渡试验区的进程中，以放活商品流通为突破口，率先在全省放开粮油等农副产品和钢材、石油等生产资料购销价格，基本消除湘粤省际边境地区双轨价格差距。到1992年，郴州每年销往广东的农产品、工业品价值逾8亿元。同时，利用优惠政策吸引外资，郴州行署出台优先提供土地使用和税费减免等8条优惠政策，降低招商门槛，积极面向海内外举办经贸联谊洽谈会、商品交易会。境内经济技术开发区发展到14家。资兴东江开放开发区被列为湖南省“三来一补”加工基地，永兴县创办全省首家“三胞”（侨胞、港胞、台胞）经济技术开发区。1993—1994年，中共郴州地委、行署重点加强边贸市场开发助推边贸经济，先后组织撤除地方边境物流关卡85道，新建扩建省际、区际边贸市场110多个、商业网点9000多户，带动80%以上的能源、原材料产品流向境外市场，形成巨大的经济拉力。到1994年，郴州与30多个国家和地区建立贸易关系，引进内、外资项目510个，开办“三资”企业（中外合资经营企业、中外合作经营企业、外商独资经营企业）26家，与省内外475个企事业单位、科研机构和大专院校建立技术联合、协作关系。这5年，郴州借助对外开放的拉力和毗邻粤港澳的地缘优势，初步形成外向型农副产品、能源、建材、有色金属和土特产五大商品供应基地。1995年郴州撤地建市后，全市大力实施“开放带动”战略，成功举办“中国·郴州山水旅游节暨经贸洽谈会”“郴州商品交易会”“深圳招商周”等活动，兴起招商引资热潮，致力于把郴州建成粤港澳产业梯度转移承接基地。1996—2000年，市县两级举办招商引资活动264次，新批外资项目169个，实际利用外资3.35亿美元，外资利用在全省所占比重由第七位跃居至第三位。2001—2005年，市委、市政府继续施行

“开放带动”首选战略，突出优化经济发展环境。全市在“三资”企业中推行“一证一卡”收费制度，实行挂牌保护，用铁的纪律治理“三乱”；重点办好“中国·郴州生态旅游节暨经贸洽谈会”活动。这5年，全市实际利用外商直接投资8.6亿美元，引进内资201亿元，年均分别增长20%和60.4%。实际利用外资总量连续5年位居全省市、州第二位。至2005年，郴州与40多个国家和地区建立交流合作和经贸往来关系，建立加工贸易基地50多个，外贸进出口总额攀升至26214万美元，跨入全省第4位。2005年，全市外出务工人员88万人，实现劳务收入53亿元；经国务院批准建立全省唯一的国家级出口加工区——郴州出口加工区；郴建集团、郴电集团引导一批企业走出国门，开展境外工程承包。陆续有麦当劳、肯德基、本田汽车等世界500强企业，及华润电力、云南锡业、华泰数码、高斯贝尔等20多家国内上市公司及知名企业落户郴州。全市对外开放实现全方位、超常规发展，郴州成为全国有色金属深加工基地、全国出口加工基地、华南地区能源基地、全省第二大电子信息产业和沿海地区产业梯度转移承接基地。

三

1978年12月，中共十一届三中全会以后，郴州坚持以经济建设为中心，全力推进现代化建设。1988年与1978年相比，郴州社会总产值增长1.23倍；生产总值为20.57亿元，增长91%。1989—2005年，经历“七五”计划最后一年和“八五”“九五”“十五”期间3个五年计（规）划。17年间，随着改革的不断深入，开放力度愈益加大，经济体制实现计划经济向社会主义市场经济的历史性转变。各行各业发展步伐加快，综合经济实力明显增强，人民生活不断改善，开始进入全面小康社会建设的新时期。2005年，全市实现生产总值475.81亿元，为1989年38.76亿元的12.3倍，按可比价格计算年均增长11.0%；完成全社会固定资产投资191.82亿元，为1989年6.97亿元的27.5倍，年均增长21.5%；实现财政总收入43.12亿元，为1989年3.19亿元的13.5倍，年均增长16.6%；农村居民人均纯收入和城市居民人均收入分别由1989年的533元、1335元增至3506元、9179元，为1989年的6.6倍和6.9倍；社会消费品零售总额达177.76亿元，为1989年17.86亿元的9.95倍。1999—2005年，地方财政总收入总量连续7年居全省市、州第二位。至2005年，资兴、桂阳、永兴3县（市）率先进入全省首批县域经济10强县（市）行列。全市一、二、三产业在生产总值中所占比重由1989年的32.8∶36.5∶30.7调整为17.4∶47.4∶35.2，实现由传统农业地区向工业大市的转变。

农业经济稳定健康发展。这一时期，郴州突出农业的基础地位，分阶段、有重点地推进农业经济持续稳步发展，致力建设小康乡村。1989—1995年，结合湘南农业开发，加大对农田水利建设，优质农产品生产基地建设和土地改良等基础建设的投入，增强农业综合生产能力。到1995年，先后在第一、二期农业综合开发中完成土地治理、水利建设、多种经营和科技推广项目110多项，农业生产条件明显改善。1996—2000年，突出调整农业产业结构，提升农业科技含量，突出提高农业生产效益。全市在调减传统粮食品种播种面积的同时，依托郴州自然生态优势，增加烤烟、蔬菜、果、茶和药材等经济作物种植面积，扩张畜牧、水产养殖业，力推农业结构向多元化、优质型、高效益转变。5年间，先后组织实施“一优（优质）两高（高产、高效）农业开发”“高效林业基地开发”“丘岗山地开发”“中、高档优质稻生产开发”“吨粮田建设”“优势产业带建设”等项目建设，广泛开展“农业科技成果推广年”“评选养殖业‘七大王’”“乡镇企业发展年”等活动。优质稻、优质猪、东江鱼、临武鸭、桂阳烟、南竹笋、郴州果七大特色农业初具规模。2001—2005年，全市突出推进集生产、加工、销售于一体的农业产业化经营，加快农业发展方式转变。各地以“抓龙头、办基地、创品牌”为重点，不断推进农业产业化优化升级。5年间，全市财政投入扶持农业产业化经营资金4.51亿元。到2005年，市内农业产业化经营构架初步形成。以临武鸭、资兴东江鱼、桂阳烟叶、永兴冰糖橙、嘉禾三味辣椒、桂东玲珑茶、临武香芋等为代表的农产品，均形成以“公司+农户+基地”的链式经营模式和“生产、加工、销售”一体化产业链。建成粮、果、茶、烟、畜禽、水产、竹木、蔬菜、花卉、中药材十大优势产业基地，开发出裕湘面等十大农产品品牌。评定市级农业产业化龙头企业56家，其中进入国家级和省级9家。1989—2005年，全市通过努力，农业生产条件明显改善，产业结构不断调整优化，农业与农村经济得到空前发展。17年间，累计完成兴修水利骨干工程4900多项，2005年总蓄、引、提水能力达到96.42亿立方米，水库和山塘总容量111.58亿立方米，治理重点区域水土流失面积9.2万平方米，农田旱涝保收面积达78.8%。2005年农业机械总动力、机耕总面积、机电排灌面积分别达251.8万千瓦、21.3万公顷、105万公顷，分别为1989年的2.48倍、2.5倍和近1倍，农田全程机械化作业开始起步。农业结构在调减传统低效产业的同时，经济作物种植和畜禽水产养殖趋向规模化、特色化和品牌化发展，渐成境内强势产业。2005年较之1989年，全市经济作物产值占种植业产值的比重由36.78%提高到52.93%，增加16.15个百分点；养殖业产值占农业总产值的比重由32.5%升至47.3%，增加14.8个百分点；农业（农林牧渔）总产值由18.01亿元增至131.10亿元，农业增加值总量由12.71亿元增至81.52亿元，分别为1989年的7.3倍和6.4倍。17年间，先后有安仁县被农业部列为“全国商品粮基地建设县”，汝城县被国家杂交稻研究中心列为“全国超级杂交稻生产示范基地”，宜章县被农业部、国家计委纳入“全国旱作农业基地示范县”，桂阳、永兴县成为全国优质烟生产基地，资兴东江鱼制品公司、临武舜华鸭业有限公司被列入国家级农业产业化龙头企业。郴州农产品在湖南省第一届至第七届农博会累计获金奖87项，在全国及国际农博会获奖26项。

工业经济提速强势发展。1988年，郴州工业总产值19.74亿元，比1978年增长1.77倍。由于工业结构还不尽合理，缺乏支柱产业，加之设备、生产技术落后，企业经营机制不活，导致工业总体上还处于总量不大、经济效益差、发展后劲弱的状况。面对“工业资源大市、工业经济弱市”的现实，郴州坚持走“工业强市”之路，先后组织实施优化产业结构、培植优势支柱产业、开发高新技术产业、建设新型工业集群等战略工程，工业经济逐步进入强势发展时期。1989—1994年，重点对工业企业实施“治理、整顿”，优化产业结构，在更新改造传统产业的同时，淘汰一批高消耗、低效益，技术落后的生产企业。1995—2000年，突出改变工业增长方式，依靠技术创新改造传统产业，培植新兴产业，凭借郴州矿产、能源和建材等资源优势，致力开发优势支柱产业和新型产品。2001—2005年，结合企业改制，着重运用资本运作方式将企业做大做强，致力打造上规模、技术新、市场竞争力强的骨干企业群团，新型工业化建设步伐明显加快。17年间，郴州先后制定出台一系列扶持工业项目建设、企业自主创新和开发高新技术产业的优惠政策措施，相继组织开展“重点项目建设年”“工业科技年”“高新技术产业建设年”“新型工业建设年”等活动，并设立“高新技术产业引导资金”“科技进步奖”，引导工业经济向质量效益型转变，力推工业走科技内涵发展之路。全市工业经济通过转型升级，展现快速增质增效的良好态势。优势支柱产业不断壮大。到2005年，郴州已形成有色金属、能源、建材、医药食品、机械化工、电子信息六大优势支柱产业，规模以上企业完成工业增加值114.61亿元，占全市规模以上工业增加值的77.6%，比1989年提高40.2个百分点。郴州钻石钨制品公司成为当时世界最大的钨加工基地，永兴县的金银冶炼业、资兴市的电力能源产业、宜章县的石材业、临武县的食品加工业、嘉禾县的铸锻造业、苏仙区的电子信息业、桂东和汝城的小水电产业集群均初具雏形。永兴县因金银冶炼业驰名而被中国有色金属工业协会授予“中国银都”称号。与此同时，改变单一的资源型产业结构，发展一批新型规模企业，工业产品产量、质量显著提高。至2005年，全市工业企业“小、散、粗、弱”状况明显改变。拥有规模以上工业企业823家，其中产值过亿元的67家，全年规模以上工业实现增加值147.59亿元，为2000年的4.9倍，居全省14个市州第四位；涌现高新技术生产企业160家，其中省级11家。2001—2005年，全市高新技术产业产值年均增长39.3%。110种主要工业产品2005年较1989年有85种产量剧增，有12类产品从无到有。17年间累计投入技术改造资金342.2亿元，完成重点技改项目和新产品开发2200多项（种），开发高新技术产品456种，拥有自主知识产权的257种。获国家科技发明奖和科技进步奖4个（项），获国家、部、省优质产品称号产品630多种，产品质量标准覆盖率达80%以上。涌现郴州华润电力、郴电国际、东江金磊、柿竹园矿等标志性企业和永兴白银、金磊水泥、钻石钨、高斯贝尔电子等知名产品。这一时期，市内工业坚持走外延发展与内涵发展相结合的路子，采取多种形式进行资产重组，外资企业与非公有经济发展加快。工业经济在转型提质中实现快速增长。全市工业从传统产业（煤炭、水泥、有色金属、木材、化工等）向新兴行业（冶金、机械、医药食品、电子信息、电力、卷烟）发展。2005年较之1989年，第二产业增加值在生产总值中所占比重提高10.9个百分点，工业化水平提高13.9个百分点。2005年，全市工业总产值、增加值分别由1989年的32.88亿元、11.43亿元增至620.56亿元和207.46亿元，是1989年的18.9倍和18.2倍；规模以上工业实现利润总额27.47亿元，是1989年5.44亿元的4.5倍。当年工业经济对国民经济增长的贡献率达54.3%，总量跃居全省第五位。

第三产业快速发展壮大。自20世纪80年代以来，工农业生产的快速发展和人民物质生活水平的日益提高，城乡贸易日趋活跃。1988年，郴州地区商业网点近5万个、商业服务人员达9.05万人，分别比1978年增长8.5倍和4.8倍；社会商品零售总额达19.5亿元，比1978年增长3.47倍。随着改革开放的逐步深入和经济结构调整的深化，郴州第三产业得到快速发展。郴州制定实施“八五”计划，第三产业列为优先发展，商贸、交通、通信、旅游和生活服务业日趋兴旺。1991—1995年，第三产业增加值年均增长10.9%，总量由14.02亿元增至23.43亿元。1995年郴州撤地建市后，加快城镇和现代服务业基础设施建设，房地产业异军突起，交通、金融、通信服务业全面拓展，各类专业市场群、商贸超市、连锁经营店等现代商业相继涌现，文化娱乐、休闲游玩场所日益增多，带动第三产业进入繁荣阶段。“九五”时期，全市第三产业增加值年均增长12.5%，年增幅创历年最高水平。到2000年，其增加值总量由1996年的54.80亿元增加到92.13亿元，为1996年的1.7倍。之后，运输、邮政、餐饮业和商贸等传统行业趋于平衡协调发展，旅游、金融、房地产、物流、劳务、中介服务、信息传输等新兴产业则蓬勃扩展。在“十五”期间，全市旅游业发展愈加受到重视，采取“国家、集体、个体一起上”“内资、外资联合上”的多元化投资体制，强力拓展旅游景区开发和旅游设施建设，旅游业成为第三产业中的支柱产业。2005年全市接待国内外游客631.40万人次，旅游综合收入42.20亿元，分别位居全省市、州第二位和第三位。“十五”时期，旅游综合收入年均增长26.6%。2001—2005年，郴州第三产业增加值由104.84亿元增加到168.46亿元，年均增长10.7%。2005年，第三产业增加值为1989年11.9亿元的14.2倍，呈高速增长之势。

能源、交通、通信、水利基础设施迅猛发展。1989—1994年，郴州在创办改革开放过渡试验区中，完成电力、交通、通信和农田水利等基础设施重点工程138项。先后有石面坦水电站、华塘火电厂、永兴水电站和107国道郴州段扩建、郴桂（郴州至桂阳）公路改造、临连（临武至广东连州市）公路等能源、交通项目投建或竣工，同时全面启动县通乡公路建设。其间，程控电话工程竣工投入运营，成为湖南省第二个实现县、市国际国内电话直拨的地区。完成山丘病险水库整治478座，新修和整治农田排灌主渠道985条。1995年5月郴州撤地建市后，全市全社会固定资产投资高速增长，1995—2005年共投入920.21亿元，累计实施基础设施重点工程395项。其间，先后有湖南华润电力鲤鱼江有限公司、华明综合利用发电公司发电扩建改建工程，郴东（北）220千伏、两江口110千伏及农村电网改造输变电工程等能源骨干工程竣工投运；郴资桂公路、鲁永公路、桂嘉公路、临嘉公路、耒宜公路等高等级和高速公路建成通车，结束了郴州无高速和高等级公路的历史。1989—2005年，全市基础设施建设成效凸显。能源方面，到2005年有装机6000千瓦及以上水、火发电站（厂）28座，农村水力发电站由1989年的84座增至299座，为1989年的3.6倍。2005年全市水、火电装机总容量达214.24万千瓦，发电量85.71亿千瓦时，分别为1989年的1.22倍和2.4倍。汝城县被列为全国小水电代燃料试点县。交通方面，新修通车公路里程2650千米，新增公路大桥30座，到2005年，公路通车总里程6861千米，为1989年的2.2倍，其中等级公路4164千米。99.8%的行政村通公路，通达率居全省前列。通信事业方面，2005年固定电话用户发展到74.67万户，移动电话用户增至91.13万户，国际互联网用户从无到有发展到8.04万户。水利设施方面，新建中型水库9座、小型水库79座，水库总量由1989年的779座增至885座，改建、扩建和除险加固大中型水库21座。2005年全市水库蓄水总容量为1989年的11倍，农田旱涝保收面积达78.8%。完成9条主干河流的综合治理。郴州市和临武、资兴、永兴、宜章、桂东5县（市）完成城区防洪工程建设，城乡抗洪防灾能力明显增强。

城市建设日新月异。20世纪70年代郴州仍为湘南边陲的一座小山城，城市基础设施建设滞后。1989—1995年，郴州在创办改革开放过渡试验区中，采用市场运作方式，试行“以路养路”“以水养水”“以电养电”等筹资方式，共筹集资金5亿多元用于郴州城区基础设施建设。1995年郴州撤地建市后，全市围绕“建设现代化开放城市”目标，对郴州城区实施“南延东进”“西拓北扩”，展开大规模地扩容提质改造。1999年，中共郴州市委、市人民政府正式提出郴资桂一体化建设目标，启动规划工作，2002年正式提出实现郴资桂一体化区域优先发展的战略构想，城市扩容提质加速推进。在1995—2005年的11年间，郴州市中心城区基础设施建设累计投资35亿元，相当于前11年的3倍多，先后投建市政重大基础设施工程50多项。新修和改建青年大道、郴江路、燕泉路、国庆南路等16条高标准的城市主干道，完成107国道郴州城区段拓展改造，新建改建城市桥梁9座；建成同时期江南地区最大的城市广场——五岭广场。投资4.9亿元治理郴江河、燕泉河、同心河；实施城市绿化、美化、净化、亮化、硬化“五化”工程，加强生态环境和文化基础建设，突出打造“绿色城市”，提高城市文化品位，先后在郴州市城区新建、扩建生态公园及旅游景区（点）8个，建立花卉培植基地4个，城区道路绿化率达98.5%。至2005年，城市绿地面积1089公顷，郴州市城区绿地覆盖率、绿地率分别达到39.7%、33.8%，人均公共绿地面积7.35平方米。2005年，郴州市城市建成区面积由1989年的18.65平方千米扩大到37.5平方千米，扩容2倍多，城区建成区人口由1989年的10余万人增加到39.5万人；城市居民人均道路面积9.42平方米；人均居住面积19.1平方米，为1989年的4倍。其间，郴州市先后被评为“全省文明卫生城市”“全省园林城市”“全国园林绿化先进城市”“中国优秀旅游城市”。除中心城区外，郴州其他9县（市）城区占地面积由1989年的37.76平方千米增至2005年的79.81平方千米，增长111.4%。城镇化建设步伐加快。全市建制镇由1989年的39个增至2005年的86个，城镇化率由1989年的10%提升至36.8%。

四

1989年以来，伴随着经济的快速发展，郴州各项社会事业取得新的进步，经济与社会良性循环、和谐发展。

科技、教育事业长足发展。强力实施“科技兴业”方略，科技工作在发展中与经济结合日趋紧密。自1990年始，郴州先后设立“科技兴郴”“专业技术拔尖人才”奖，组织开展“乡镇和企业科技达标”“科技下乡”“科技成果转化年”“高新技术产业建设年”等科技兴业活动。至2005年，先后取得市级以上“科技进步奖”科技成果462项，其中达到国内先进水平的75项；全市高新技术生产企业发展到160家，累计开发高新技术产品456种，当年高新技术产业创利税8.5亿元；兴办市级科技工业园区5家，高新技术产业发展彰显勃勃生机。其间，全市11县（市、区）先后有10个通过全国科技进步县（市、区）考核验收，县、乡、村三级普遍建立健全科技推广服务网络，规模以上工业企业均建有科研开发机构。全市在实施科技计划中，科技成果转化应用率达75%，科技进步在工农业生产增值中的贡献率达52.3%。2005年，全市有独立专业科研机构31家（其中列入国家级2家）、企业和大专院校科研机构289家、登记注册民间科研机构36家，累计拥有各类专业技术人员71389人，为1989年的1.6倍。这一时期，郴州在全省最早提出“再穷不能穷教育，再苦不能苦孩子”的口号，全面实施教育优先发展战略。教育事业总体经历三个持续发展阶段：1989—1993年在巩固、发展普及小学初等教育的同时，进而转入全面启动普及九年义务教育；1994—1998年进入“两基”（基本普及九年义务教育、基本扫除青壮年文盲）攻坚加速阶段，实现提前国检达标；1999—2005年，调整教育结构和办学布局，全面推行综合素质教育，提高整体办学质量。17年间，教育事业发展成果显著。1989年郴县（苏仙区）改革农村办学体制，实行普教、职教、幼教“三教”统筹发展的经验在全国推广。1993年郴州市（北湖区）成为湖南省第一个普及九年义务教育合格市。1998年全市比国家规划提前两年实现“两基”教育目标。2001年郴州市获湖南省推进“两基”教育成就奖。到2005年，全市青壮年文盲控制在1%左右，“普九”教育地区人口覆盖率达100%，初中适龄少年入学率达96.6%，15岁以上人口平均教育年限达到9年。农村贫困学生在义务教育阶段普遍享受“两免一补”（免交教科书费、学杂费，补助生活费）优惠待遇。成功创办湘南学院和郴州职业技术学院以及郴州市老年大学，结束郴州无本科院校和高职院校的历史。2005年，全市有幼儿园（班）1589所（个），在园幼儿3.12万人；普通中小学2250所，在校生61.07万人；普通中等职业学校28所，在校生2.47万人；普通高等学校3所，在校学生2.04万人，为1988年高校在校生的12倍。全市普通教育办学机构中有社会力量办学机构378所。成人职业教育、成人高考、高等教育自学考试日渐拓展，逐步形成学前教育、基础教育、职业教育、高等教育、成人教育和终身教育全面协调发展的新局面。

卫生、文化、体育事业成绩斐然。加大医疗卫生事业投入，积极推行国家、集体、个体办医的新体制，城乡预防保健和医疗条件日益改善，医疗保健服务水平不断提升。1989年始在农村广泛开展“人人享有初级卫生保健达标”活动，到1997年，全市乡（镇）卫生院、县（市、区）卫生防疫站和妇幼保健站基本实现房屋、设备、人员“三配套”。1998年，郴州11个县（市、区）农村初级卫生保健工作均通过国家验收达标。2004年启动新型村级合作医疗试点工作。到2005年，全市甲、乙类传染病总发病率由1989年的203.16/10万降至170.11/10万。农村改水、改厕全面推进，90%以上农村人口饮上清洁卫生水，全市企业职业病防治监测覆盖面达85.5%。同时，致力医疗技术创新，诊治水平日益提高，先后完成心脏、肝、骨髓移植等高难度医疗技术项目。郴州市先后获“全国妇幼卫生项目先进市”“全国结核病防治工作先进单位”等称号。2005年，全市有医疗机构354个（不含诊所和村级卫生室），病床1.14万张；卫生技术人员1.41万人，其中副高级以上职称医技人员496人。城乡社会文化活动活跃，文化事业绽放活力。到1995年，实现乡乡建有文化站、站站配有文化专干，城市集镇普遍建有群众文化活动中心、图书馆。1999年始，郴州开展创建文化先进乡镇活动，到2005年全市兴建村级图书室489个、电影放映队85个、影剧院182个，涌现民间业余文艺团队1429个，先后评选“文化先进乡镇”21个。同时文艺演出、电影放映、图书发行、文娱活动面向社会拓展市场，加速发展文化产业。市域作者获省级以上奖项的各类作品2800多件。被称为“百戏之祖”的中国昆曲艺术（市直湖南省昆剧团表演艺术）被联合国教科文卫组织宣布为人类口述和非物质文化保护项目，有6个地方文化项目被批准为省级非物质文化遗产保护项目。史志工作成果丰厚，广播电视网络建设取得新进展。1999年广播电视率先在全省实现“村村通”。体育事业取得明显进步。全民健身活动广泛开展，全市常年参加体育活动人口由1989年的100余万人增至2005年的165万人。其间先后有桂阳、永兴、资兴、嘉禾4县（市）获“全国体育先进县（市）”称号。自1995年始，每年举办一届全市中小学生运动会，带动学校体育日趋活跃。竞技体育水平不断提高，农民体育在湖南省第三届农民运动会中获团体总分第一名，残疾人体育冲出国门在残奥会获铜牌3枚。多形式、多渠道地引入社会力量办体育，到2005年，全市拥有各类体育协会110个，业余和老年体育活动团队560多支，群众性体育健身场所260多处。

环境保护、计划生育强力推进。1989年后，郴州先后出台、实施“污染限期治理”“县级政府环保目标责任制”“环境影响评价”“建设项目三同时（环保设施与建设项目同时设计、施工、投产）”等项制度，加强生态环境建设。1989—2005年，郴州限期“关、停、转、迁”严重污染环境的企业或生产线1859家（条），取缔数千家非法开采的小矿山、小选厂和小冶炼厂。工业企业通过改造累计新增废水处理能力57.04万吨/日，新增废气处理能力375.54万标立方米/时，新增固体废物处理能力485万吨/年。与此同时，营造生态保护林21039公顷、水土保持经济林18192公顷，种植草地1431公顷，封山育林38997公顷。11县（市、区）均建立自然生态保护区（园）计6.47万公顷。至2005年，全市环境空气质量保持在国家二级标准以内，87.1%地表水水质达1~3类标准，区域环境噪声年均等效声级控制在55分贝内。计划生育工作转变工作方式，少生优育渐成风尚。计划生育坚持“村为主”管理，切实落实计划生育系列优惠政策，实施“计划生育金桥工程”，为计划生育家庭提供解困扶助和生育技术服务，引导和鼓励广大群众“少生快富”。2005年，全市人口出生率比1989年下降12.03个千分点，计划生育率达92.3%，计划生育综合治理率为97.31%。1992—2005年，郴州市连续14年被评为全省人口和计划生育工作先进单位，两次被中共湖南省委、湖南省人民政府授予“计划生育工作红旗单位”。

社会保障体系逐步健全完善，人民生活质量稳步提高。1989年始渐次实施社会保障制度改革，建立新型的社会供养、扶贫助困保障体系。到1995年，全市社会保障由过去单一的“企业养老保险”转为“国家、企业、个人”三方共同负担养老保险费用；1998年郴州在全省率先实行养老金社会化发放制度。2001年企业离退休人员养老保险金、国有企业下岗职工基本生活费和失业人员救济金按时足额发放率均达100%。城市特困户“低保”资金发放全面铺开。至2005年，全市参加养老保险、基本医疗保险、失业保险、工伤保险、生育保险等120.44万人，占全市总人口的26.1%。城镇居民登记失业率控制在4%以内。农村普遍实行养老保险、基本医疗保险和特困人口生活救助制度。城乡居民生活水平普遍提高，农民居民和城市居民人均年消费支出分别由1989年的497元、1350元增至2005年的2761元和8349元。国土管理依法推进，耕地总量动态平衡目标得到落实。民政事业不断加强城乡自治组织建设和拥军优属等工作。

五

17年间，郴州在深化改革开放、推进经济社会发展的同时，政治文明和社会主义精神文明建设得到加强。

党的领导和党的建设进一步加强。中共郴州市委（地委）坚持不懈地加强党的建设，深入开展“讲学习、讲政治、讲正气”专题教育活动和保持共产党员先进性教育活动，在党员干部中开展解放思想大讨论，精心组织开展“学理论、比团结、争贡献”、创建“三强五好领导班子”、党员“先锋工程”“形象工程”和评选“十佳廉政勤政公仆”等一系列活动，努力建设一支高素质党员干部队伍，凝聚党心民心；加强党风廉政建设，深入开展反腐败斗争；持续推进政治体制改革，加强党组织建设；认真落实人民代表大会制度，充分发挥各级人大及其常委会的职能作用；坚持和完善共产党领导的多党合作和政治协商制度，推进政治协商、民主监督、参政议政的规范化和制度化；巩固和发展广泛的爱国统一战线，加强与各民主党派、工商联及党外人士通力合作，做好民族宗教工作；加强对工会、共青团、妇联、文联、科协、残联、社科联等社会团体、群众组织的领导；加强法制建设，推进依法治市进程；积极推进城乡基层政权建设，搞好民主选举、民主决策、民主管理和民主监督，扩大基层民主；加强企业党组织建设。坚持党管武装，全面加强国防建设。郴州各界人民在各级党组织的引领下，同心同德、共谋发展，形成政通人和良好局面。

坚持不懈地建设民主政治。郴州市第一、二届人民代表大会及其常委会代表人民认真履行审议决定全市经济社会发展的重大事项、视察监督政府和检察院及法院（简称“一府两院”）工作、选举和评议国家工作人员等工作职权，形成常态化工作制度。此间，市、县两级“一府两院”接受同级人大常委会工作评议175次，政府及其组成部门领导人接受同级人大常委述职评议289人，累计办理人大代表议案、建议2.43万件，办结率达95%。政治协商、民主监督形成制度。各级政协积极开展政治协商、民主监督、参政议政活动，各民主党派、工商联、无党派人士积极参与民主监督、参政议政，巩固扩大爱国统一战线，在投身郴州建设中发挥重要作用。

政府工作全面进步。各级人民政府紧紧抓住经济建设这一中心，深化经济体制改革，扩大对外开放；积极调整工业结构，强化农业基础地位，大力发展非公有制经济，强力推进城镇化建设；实施科教兴市战略，发展旅游产业和文化、卫生、体育事业，推动经济建设与社会发展全面进步。积极转变行政职能和工作方式，依法行政，全面推行政务公开和政务为民服务，致力建设优质高效的服务型政府。其间，市政府取消行政审批事项593项，占原行政审批事项总数的40.2%；指导计划、工商行政、物价、审计、统计、质量技术监督、食品药品监督、安全生产部门认真履行经济综合管理职能，提高行政效能和质量。

社会主义精神文明建设取得丰硕成果。持续开展公民道德教育与文明创建工作，1989—2005年，郴州评选五好文明家庭、双文明户、遵纪守法户“三户”总数占参评总数的95.1%；评定市（地区）级文明村镇、单位、行业610个，省级（含创建先进个人）329个（人）、国家级文明单位33个。资兴市被评为“湖南省文明城市”，嘉禾县、永兴县、桂阳县跻身“湖南省文明县城”行列。2002年，郴州市被中共湖南省委、省人民政府授予“湖南省文明城市”称号。各行各业涌现出一大批先进集体和优秀个人。李常水、刘志艳、何贵平、胡昭程、盘振玉等一批全国先进典型，其精神激励着郴州人民开拓进取、奋发向上，努力建设美好家园。

法制建设不断加强。郴州从1986年“一五”普法开始，至2005年相继组织实施4个“五年普法”计划，全面开展法制宣传教育，广泛开展社会治安综合治理。广大群众学法用法，争做遵纪守法公民。其间，郴州按照“属地管理、分级负责”原则，率先在全省推行社会治安综合治理目标责任管理制，各级构建新型社会治安群防群治体系，建立健全“打、防、控”治安长效机制。政法机关在依法治市创建“平安郴州”中，联手严厉打击“两抢一盗”、黑恶势力、拐卖人口、涉毒犯罪、经济犯罪、职务犯罪等一系列严打整治专项行动。17年间累计查处治安案件21.6万起，破获刑事案件8.43万起。坚持司法公正、依法办案，先后查办一批有全国影响的大案要案。

1989—2005年，郴州人民在中国共产党领导下，以马克思列宁主义、毛泽东思想、邓小平理论、“三个代表”重要思想和科学发展观为指导，沿着中国特色社会主义道路前进，跨越世纪，继往开来，经受考验，战胜各种困难，取得巨大成就，创造辉煌业绩。这17年，历经“七五”“八五”“九五”“十五”4个五年计（规）划，改革开放进入新的发展时期。郴州面临的挑战和存在的主要问题是：

区域经济发展水平仍不高，经济仍属低基数上的快速增长，经济发展质量和效益还不高，一些地方经济增长方式依然粗放低效，经济结构尚不尽合理。城乡二元结构矛盾比较突出。

市属国有企业历史包袱重，相当部分老企业资产质量低、债务重、经济效益较差，转型困难，成为进一步发展的桎梏，众多国有企业、集体企业面临按市场经济规律改制，下岗职工再就业和分流安置难度大。

农村贫困人口较多，农民增收难度较大，边远贫困山区脱贫任务繁重。

可持续发展的水平还不高，水土污染较为严重，保护环境和建设生态的任务艰巨。

影响社会稳定之隐患未消除，社会恶习未根治，反腐败斗争形势依然严峻。

回顾郴州近代一百余年的发展历程，郴州人民历经曲折和苦难。1949年10月，随着郴州解放和人民政权的建立，郴州人民在中国共产党领导下，经济建设和各项事业取得巨大成就。中共十一届三中全会后，实现以经济建设为中心的工作重点转移。从1992年起，贯彻邓小平南方谈话精神，改革和发展取得新的突破。1995年以来，郴州抓住撤地建市的历史机遇，乘势而上，对外开放不断扩大，综合经济实力跃上新台阶，城乡面貌发生显著变化，社会事业全面推进。

岁月如流，春秋代序。在实现中华民族伟大复兴中国梦的征途上，郴州人民继续高举中国特色社会主义伟大旗帜，同心同德，励精图治，开拓创新，为建设社会主义现代化新郴州而努力奋斗。

郴州市志（1989—2005）

大事记

大 事 记

1989年

1月6日 中共郴州地委、郴州地区行政公署研究决定在嘉禾县进行乡镇放权试点工作。

1月10日 汝城县城镇住房制度改革方案经省、地房改领导小组批准模拟运转，次年1月实施。此为全省最早推出的县市住房制度改革方案之一。

1月23日 中共郴州地委、郴州地区行署决定从2月15日起至5月中旬，在全区范围打一场整顿社会治安和交通秩序、打击严重刑事和经济犯罪为主要内容的总体战。

1月24日 中共郴州地委、郴州地区行署召开地委工作会议，重点研究讨论深化改革、办好郴州改革开放过渡试验区等问题。

1月25日 中共郴州地委、郴州地区行署决定，创办地委机关报《郴州报》。

3月1日 中共郴州地委、郴州地区行署提出继续引导机关干部和科技人员下到商品生产第一线，完善企业承包经营责任制、稳妥推行股份制等14件实事。

4月16—17日 中共湖南省委书记熊清泉带领湘南农业开发协调小组一行12人到桂阳、嘉禾考察农业开发。

4月20日 中共郴州地委发出《关于撤销地委落实政策领导小组及其办公室的通知》。区内落实政策工作历时10年，复查53338人案件，平反纠正29702人错案。

4月28日 嘉禾县肖家镇河家山无证小煤窑发生特大瓦斯爆炸事故，死亡17人。矿区有关责任人被追究刑事责任。

5月8—9日 郴州地区遭受近10年间范围最广、来势最猛特大暴雨袭击。受灾面积5800平方千米，受灾乡镇121个，淹没早稻2.59万公顷、烤烟0.79万公顷、蔬菜2000公顷，冲毁山塘6688口、渠道5.9万处、河堤1042处、房屋3768间，冲走牲畜9.4万头，有9人丧生，直接经济损失4.3亿元。

5月10日 中共郴州地委领导带领机关干部，赴灾区指挥救灾，发动群众生产自救、渡过难关，并迅速组织一批救灾物资运往灾区。

5月13日 郴县廖王坪乡凉源村无证开采小煤矿发生特大瓦斯爆炸事故，死亡10人。

5月20日 中共郴州地委、郴州地区行署作出《关于命名表彰郴州地区首批文明建设先进单位的决定》，授予郴州市麻纺厂等100个单位为“郴州地区文明建设先进单位”称号。此后，每年开展一次表彰文明建设先进单位活动。

6月2日 中共郴州地委、郴州地区行署召开联席会议，根据区内计划生育工作处于全省倒数第一状况，决定采取十条措施，扭转计划生育工作被动局面。

6月8日 中共郴州地委、郴州地区行署召开县市委书记、地直部办委主要负责人电话会，传达省委关于稳定当前局势八点指示，并提出做好稳定郴州局势五点意见。

6月10日 资兴市少数不法分子煽动少数东江库区移民冲击资兴市委机关、市招待所和资兴市移民办。事件发生后，中共郴州地委、郴州地区行署领导急赴资兴，组织指导资兴市平息事态。

7月1日 中共郴州地委作出《关于表彰先进基层党组织、优秀共产党员和优秀党务工作者的决定》。表彰17个先进党支部，105名优秀共产党员，31名优秀党务工作者。此后，地委每年开展一次表彰先进党支部、优秀共产党员、优秀党务工作者活动。

8月5日 中共郴州地委、郴州地区行署印发《关于工交企业完善发展承包经营责任制若干问题的通知》，要求全面推行全员风险抵押承包，稳步推行优化劳动组合，深化企业内部工资分配制度改革。

8月17日 中共郴州地委、郴州地区行署发出关于贯彻落实最高人民法院、最高人民检察院《关于贪污、受贿、投机倒把等犯罪分子必须在限期内自首坦白的通告》的通知，要求各级党委、政府加强领导，查处一批大要案件，选准宽严对象，适时公开处理。

8月17—21日 湖南省中小学危房改造会议在郴州召开。省委常委、副省长王向天在会上号召"廉政兴教学郴县"。

8月30日 嘉禾县石桥乡石门村塘窝无证开采小煤矿发生特大瓦斯爆炸事故，死20人，重伤1人。矿区有关责任人被追究刑事责任。

9月12日 中共郴州地委、郴州地区行署印发《关于认真学习推广郴县教育工作经验的决定》。郴县1988年被列为"燎原计划"的全国农村教育综合改革实验县之一。

9月23日 中共郴州地委、郴州地区行署作出《关于加强地直机关廉政建设的若干规定》。其中就严禁党政机关经商办企业、查处干部建私房中的违章违纪违法问题等七个方面作出规定。

9月26日 嘉禾县肖家镇杨梅山煤窑发生特大瓦斯爆炸事故，死亡16人，重伤3人，轻伤1人。矿区有关责任人被追究刑事责任。

是月 中共湖南省委任命周时昌为中共郴州地委书记，免去胡梦其地委书记职务。

10月3日 湖南省人民代表大会常务委员会郴州地区联络工作委员会、中国人民政治协商会议湖南省郴州地区联络工作委员会成立。

10月28日 湖南省"五保"供养工作现场会在桂东县召开，推广桂东"五保"（对"五保户"实行保吃、住、穿、医、葬）供养承包责任制经验。

1990年

1月2日 中共郴州地委、郴州地区行政公署、郴州军分区发出通知，要求各县市、大中型厂矿组建民兵应急分队。

1月3日 中共郴州地委、郴州地区行署根据中共十三届五中全会决定，结合本区实际，作出《关于全区动员大办农业的决定》。

1月4日 中共郴州地委、郴州地区行署决定成立反贪污贿赂工作局。

1月15日 中共郴州地委、郴州地区行署作出《关于以郴县为榜样，进一步改革和发展农村教育的决定》。

1月29—31日 在湖南省政府召开的全省实施《中华人民共和国村民委员会组织法（试行）》工作总结表彰会上，郴州行署获"全省实施村委会组织法先进单位"称号。

1月31日 郴州行署派出农业技术协作组支援海南省澄边县发展杂交水稻生产。

3月3日 中共郴州地委组建农村社会主义思想教育工作队，帮助县市和乡镇发展乡镇企业，搞好物质文明和精神文明建设。

3月24日—4月3日 嘉禾、桂阳、宜章、郴县、资兴、郴州6县市30多个乡镇先后遭到飓风、暴雨和冰雹袭击。

5月5日 中共郴州地委、郴州地区行署为贯彻执行中共中央关于“尊重知识、尊重人才”方针，制定《关于专业技术拔尖人才管理的办法》。

5月13—15日 湖南省副省长董志文带领省直有关部门负责人，在郴州召开办公会议，要求结合郴州实际，办好改革开放过渡试验区。

5月18日 全国政协副主席王任重在湖南省政协主席刘正陪同下到郴州视察，强调抓好干部作风和基层组织建设两件大事。

5月31日 郴州市公安局发现被公安部通缉的盗枪抢劫杀人嫌疑人王彦青流窜到郴，经过连续24小时奋战．于6月1日将嫌犯王彦青擒获。

6月25日 经中共湖南省委常委会议研究决定，由省民政厅批复认定桂阳县、嘉禾县、郴州市为革命老根据地。至1994年7月，全区11县市均认定为革命老根据地。

7月1日 郴州地区第四次人口普查结束。全区总人口为421.2912万人（其中女性203.1215万人）。

7月19—20日 中共郴州地委、郴州地区行署在郴召开紧急会议，传达中共中央政治局关于抗灾救灾工作指示和中共湖南省委副书记杨正午在郴州考察旱情时讲话。

8月13日 中共郴州地委、郴州地区行署决定在全区对社会治安进行综合治理，建立健全治安联防网络，实行治安承包责任制，逐步实现综合治理社会化、规范化和制度化。

9月1—5日 湖南省农村教育工作会议在郴县召开。各地州市委书记和主管文教副专员、副州长、副市长，各县市委书记，省、地直有关部门负责人等400余人出席。会上宣读中共中央政治局委员、国务委员兼国家教委主任李铁映写给大会的信。

10月15日 中共郴州地委、郴州地区行署批转地区廉政建设领导小组《关于纠正行业不正之风的工作意见》，要求集中时间，清理和纠正乱罚款、乱收费、搞摊派（以下简称“三乱”）和“索拿卡要”等行业不正之风。

11月16日 中共郴州地委、郴州地区行署根据中共湖南省委关于1991年继续在全省农村开展社会主义思想教育的部署，地县两级共抽调600余人下农村参加社会主义思想教育。

12月26日 历时三年的郴州市东江给水第一期工程，提前9个月竣工。有80%项目达到质量优良要求。总投资6000多万元，管道总长34千米，日供水能力10万立方米。

1991年

1月1日 中共郴州地委、郴州地区行署制定十条进一步加快扶贫措施，以解决区内原有87个贫困乡29万贫困户117万人口实现脱贫致富问题。

1月19日 中共郴州地委、郴州地区行署提出1991年认真开展“质量、品种、效益年”活动。

2月7日 中共郴州地委、郴州地区行署批转地委计生领导小组《关于计划生育工作的四项制度》。

3月12日 中共郴州地委、郴州地区行署制定《郴州地区近期产业政策实施方案》。确定强化农业、交通、邮电、能源等基础产业，巩固和发展有色金属采选、卷烟、建材、化工、机械五大工业支柱产业。

3月13—15日 零陵、益阳、怀化、娄底、郴州行署专员和湘西自治州州长在郴州举行第一次专员州长座谈会。会议围绕“交流情况，探讨问题，增进友谊、互相促进”宗旨，就搞好边界贸易等问题求得共识。

4月7—9日 中共郴州地委、郴州地区行署在郴召开全区经济工作会议。会议提出要走出一条有郴州特色的工业发展之路。

4月13—19日 郴州地区农业综合开发现场经验交流会在郴召开。会议提出要建设15大片高标准、高质量、高效益万亩以上农业开发样板区。

4月16日 中共郴州地委、郴州地区行署制定《关于搞活企业的若干规定》，对稳定完善企业经营承包责任制，扶持特困企业，保护企业合法权益及企业经营者、改革者积极性等作出20条规定。

4月17日 郴州行署采取8条措施搞活流通：实行推销费用包干，适当放宽商品经营范围价格管理；从财税政策、金融等方面支持搞活国营和合作商业，逐步建立主要农产品、部分人民生活必需品和主要农业生产资料储备制度；加速商业基础设施建设，组建企业集团，加强社会商业市场管理，废止一切地区封锁的政策规定。

4月20日 中共郴州地委、郴州地区行署作出向焦裕禄式干部欧阳志忠学习的决定。欧阳志忠任安仁县禾市乡石玉村党支部书记25年，带领群众勤劳致富，呕心沥血，鞠躬尽瘁。

5月19日 中共郴州地委、郴州地区行署作出《关于依靠科技进步振兴农业的决定》。

5月21日 赵毅拯任中共郴州地委副书记、行署专员。次年3月1日，被中共湖南省委任命为中共郴州地委书记。

6月2日 郴州市5000门程控电话割接开通，实现国内、国际长途电话直拨。至1992年9月，郴州地区11县市电话均进入国际国内长途直拨网。

6月10日 中共郴州地委印发《关于加强各级领导班子集体领导制度建设的通知》，要求各级领导提高执行集体领导制度自觉性，建立、完善集体领导制度。

7月1日 《毛泽东选集》修订本第二版在郴州地区发行。

7月10日止 郴州境内有239个乡镇受旱面积10.7万公顷，184座水库、3.692万口山塘干涸，859条溪河断流，2201村民小组的21.39万人饮水困难。

7月14—18日 中共湖南省委副书记杨正午率省农经委、水电厅、民政厅、电力局等单位负责人，到嘉禾、桂阳、永兴、宜章、郴县、资兴、桂东等县16乡镇考察旱情，指导抗旱救灾。

7月19—20日 中共郴州地委、郴州地区行署在郴召开紧急会议，传达中共中央政治局关于抗灾救灾工作指示，号召全区干部群众振奋精神，团结协作，争取抗旱救灾和“双抢”（抢种、抢收）工作胜利。

7月下旬 旱灾日益严重，9600多名干部下乡，组织百万农民引水灌田，抢插晚稻。同时区内人民银行、工商银、农业银行安排抗旱救灾贷款5969万元。地区人民银行向省行争取1500万元专项贷款。

8月5日 长沙市捐赠的25万元救灾款至郴。随后，湘潭市捐赠的救灾款也至郴。至8月中旬，全区社会救灾募捐达200万元。

是月 中共郴州地委、郴州地区行署率先在全国和全省改革非义务教育招生体制，实行公费生、收费生、委培生、自费生多种招生形式，改变国家包办非义务教育单轨运行局面。

10月5—10日 在长沙举行的湖南省科技成果展示交易会上，郴州地区送展的科研成果及科技新产品，签订销售合同金额达670万元，居地州市榜首。

10月10—15日 郴州地区举办商品交易会。有湖南、广东、广西、云南、湖北等10省份40市县873家工商企业2000余名代表参会。展销商品4000余种，成交额达1.08亿元。

10月14日 中共郴州地委、郴州地区行署在郴州体育训练基地举行庆祝中国女排首次荣获世界冠军十周年纪念活动。中顾委常委萧克、中顾委委员曹里怀、湖南省与郴州地区有关领导人，中国女排原领队、教练、队员出席开幕式。

△ 在纪念中国女排首次荣获世界冠军十周年郴州经贸联谊洽谈会上，郴州地区签订引进外贸合同、协调项目15个，总投资额836万美元。

10月17日 中共郴州地委、郴州地区行署作出《关于进一步加强乡镇企业发展步伐的决定》。

11月11日 郴州柴油机厂新产品CZ175F柴油机在北京举行的全国"七五"星火产品博览会上获金奖。中共中央总书记江泽民听取讲解员介绍后说："类似农机产品很好，农村非常需要，应当大力开发。"

11月12日 107国道郴州地区线段竣工交付使用。

12月8日 中共郴州地委、郴州地区行署提出进一步搞好国有企业的十项措施。

1992年

1月4日 中共郴州地委在郴召开31乡镇党委书记座谈会，作出《郴州地区全面建设社会主义新农村示范乡镇工作方案》。

1月14日 中共郴州地委、郴州地区行署确定开发和建立以安仁、永兴、资兴等县市为主的优质粮油基地，桂阳、嘉禾、永兴等县为主的优质烤烟基地，汝城、桂东等县为主的优质茶果基地，桂阳、宜章、地区农科所等为主的优质畜禽特种生产基地。

3月1日起 郴州地区在湖南率先放开粮食购销价格。郴州市实施城镇住房制度改革。

3月5—6日 中共湖南省委常委、湖南省军区司令员、少将庞为强考察嘉禾、宜章等县民兵预备役工作。

3月25—30日 中共湖南省委副书记孙文盛到安仁、永兴、郴县、郴州市、嘉禾等县市考察乡镇企业工作。

3月26日 中共郴州地委在郴召开副处级及以上干部会议，学习中央2号文件，传达省委书记熊清泉在省委工作会议上讲话，动员全区党员干部开展解放思想大讨论。

是月 经湖南省体改委批准，全省第一个经济特区——汝城三江口边境经济特区建立。

5月12日 中共郴州地委、郴州地区行署研究，同意创办"宜章县南京洞边境经济技术开发区"。

5月18日 中共郴州地委、郴州地区行署制定《关于进一步加速农业开发的若干规定》，鼓励农民积极投入农业开发，鼓励党政机关、企事业单位及其干部、职工、待业青年到农村从事农业开发。

5月22日 郴县人民政府根据《中华人民共和国破产法》规定，宣布郴县棉纺厂破产。此为全区第一家破产企业。

5月23—26日 郴州地区农村奔小康流动现场会在郴召开。中共郴州地委、郴州地区行署领导与各县市委书记、县市长参观资兴、郴县、郴州市、桂阳、嘉禾等县市20多个乡镇企业和个体私营企业，部署全区农村奔小康工作。

6月1日 中共郴州地委、郴州地区行署印发《郴州地区鼓励外来投资优惠办法》《郴州地区鼓励引荐外来资金技术人才奖励办法》《关于鼓励行政事业单位转变职能兴办经济实体的暂行规定》《关于经济活动中几个问题的暂行规定》。

6月6—8日 中共郴州地委、行署、人大联工委、政协联工委领导人赴汝城三江口经济特区现场办公，就其管理权限、金融机构设置、外贸进出口权、商品经营权、税收、商检、海关等问题进行研究，并制定一系列优惠政策。

6月16—18日 郴州地区普降大雨和特大暴雨，降雨量普遍在100毫米以上，资兴市达197.8毫米。

6月16—20日 湖南省农业综合开发工作会议在郴州召开。第一期（1989—1991年）湘南农业开发投资，郴州地区为2.2亿元。

7月4—6日 郴州地区11县市普降暴雨，降雨量普遍在100毫米以上，最多达280毫米。区内249乡镇有217个遭受不同程度洪灾，伤亡人数430人。洪灾造成直接经济损失2亿余元。7日，中共郴州地委、郴州地区行署召开紧急电话会，部署抗灾工作。

7月20日 郴州八达玻璃有限公司成立，为区内第一家投资规模上亿元工业股份制企业。

8月3—7日 中共湖南省委副书记杨正午抵郴考察。

8月7日 郴州地区与广东省清远市结为友好地市协议签字仪式在清远市举行。

8月9—13日 中共郴州地委、郴州地区行署举办江南第一个国家级猎场——郴县五盖山森林旅游狩猎场试猎活动。湖南省内外22家新闻单位的30多名记者应邀参加。

8月24日 林业部批准宜章莽山为国家森林公园。

9月8日 林业部批准资兴天鹅山林场为国家森林公园。

9月15日 郴县人民法院审结郴州地区首起国有企业破产案——郴嘉棉麻纺织厂破产案，清理债权、债务402.3万元，安置职工105人。

10月11日 国家教委在郴县召开全国农村成人中专协作会。

10月31日 中共郴州地委、郴州地区行署在郴召开地方企业内部集资债券发行工作会议。决定以地方政府名义在全区范围内发行三年期债券，筹集社会闲散资金1.2亿元人民币，用于推动产业结构调整和发展外向型经济。

11月15—17日 中共中央政治局常委乔石视察郴州及资兴市，并为郴州地区题词：“加快建设步伐，促进郴州繁荣”。

11月20日 中共郴州地委、郴州地区行署印发《关于建立加快乡镇企业发展激励机制的规定》，鼓励城市企业、事业单位对口帮促、扶植乡镇企业，机关干部、科技人员和大中专毕业生到乡镇企业工作。

12月28日 郴州证券公司深圳、上海上市股票交易所开业。

1993年

1月31日 经湖南省政府批准设立的全省第一个“三胞”（港澳同胞、台湾同胞、海外侨胞）

经济技术开发区——永兴县“三胞”经济技术开发区挂牌办公。

2月8日 由地直机关组成11支农村奔小康支帮促工作队，奔赴11个示范乡镇，开展支帮促工作。

3月4日 永兴县亏损严重的县国营造纸厂租赁合同正式签字。对国有工业企业实行租赁经营，在郴州地区尚属首家。

3月20日 中共郴州地委、郴州地区行署确定在全区开展“三打两整一查禁”总体战。集中打击车匪路霸，打击抢劫等重大犯罪，打击拐卖妇女儿童犯罪，整顿交通秩序和重点地区、重点路段治安秩序，查禁卖淫嫖娼。31日，在全省统一的零时“金剑”行动中，全区破案108起。抓获涉嫌犯罪人员230人，破获团伙27个。

4月1日 郴州地区作家协会暨作家企业家联谊会在郴召开。中国作家协会党组书记马烽，作协党组成员、《文艺报》主编郑伯农，中共湖南省委书记熊清泉，省政协主席刘正，副省长周时昌等题词作画。

4月7日 中共郴州地区纪委、地区监察局正式合署办公。

4月23日 中共湖南省委、湖南省人民政府、湖南省军区在郴州召开全省人武系统和民兵为发展市场经济作贡献，促进民兵工作“三落实”（组织落实、政治落实、军事落实）现场经验交流会。

4月29日 郴州地区在郴城召开庆祝“五一”国际劳动节暨职工劳模表彰大会，行署授予杨辛牙等108名职工为“郴州地区职工劳动模范”称号。

5月5日 中共郴州地委、郴州地区行署批转地区房改领导小组《关于实施〈郴州地区住房制度改革指导性方案〉的请求》。区内住房制度第二步改革全面铺开。

5月8—12日 湖南省副省长周伯华抵郴现场办公，调研东江冶金化工厂、东江水泥厂、红旗造纸厂、郴州玻璃厂、桂阳铅锌锰矿、郴州碾米机厂等14家企业，解决8个重点项目、4个主要企业生产和铁路运输紧张问题。

5月24日 中共中央总书记、国家主席、中央军委主席江泽民为邓中夏故居题字——“邓中夏故居”。

7月1日 宜章县笆篱乡发生少数不法分子围攻、殴打执法干警和乡干部，打砸抢烧乡政府严重事件。次日，郴州地区党政主要负责人率地区政法委、公安处、检察分院等单位负责人，前往宜章调查处理。

9月8—14日 在第四届湘交会上，郴州地区与客商签订合同25项，总投资2.12亿元。外贸成交额508万美元，内贸成交额1690万元。

9月11日 永兴县马田村村民与井岗村村民发生宗族械斗，双方共出动3000余人，动用土枪土炮，打死1人，伤30余人。郴州地区党政军领导率领有关部门负责人赶赴现场，采取果断措施，平息事端。

10月8日 中共郴州地委、郴州地区行署在郴召开全区消灭宜林荒山总结表彰暨全面绿化发展高效林业动员大会。表彰消灭宜林荒山达标单位和造林绿化先进个人。确定从1994年起，用5年时间完成全区绿化任务，并与各县市签订全面绿化达标责任状。后每年召开表彰消灭宜林荒山达标单位和造林绿化先进个人。

10月17日 中共郴州地委、郴州地区行署发出《关于进一步加强全区武警部队建设的通知》。

12月9日 中共郴州地委制定《关于建立领导干部个人重大问题请示报告制度的若干规定》。

12月26日 郴州市北湖市场第一期工程竣工开业。北湖市场总投资3000万元，有门面、摊位1320个，是集贸易、住房、娱乐为一体的现代化综合市场，被誉为“南国第一市”。

1994年

1月10日 郴州地区以打击地痞地霸为主要内容的整治农村治安总体战拉开序幕。全区共出动7367人、622辆车，开展第一次集中搜捕行动，抓获各类犯罪嫌疑人366名。

1月11—16日 中共湖南省委书记王茂林率省直有关部门负责人，到郴州地区10县市考察工作。

1月中旬 经湖南省经济体制改革委员会批准，郴州地区化肥厂改为湖南郴州化工股份有限公司，成为全区第一家股份制企业、全省第一家实行存量经营性资产拆股转让企业。

1月20日 郴州地区人民医院高压氧仓起火，烧死病人8人。

3月2日 中共郴州地委、郴州地区行署、郴州军分区作出《关于开展向临危不惧、舍己救人的英雄刘志艳同志学习活动的决定》。

△ 中共郴州地委、郴州地区行署作出《关于鼓励发展个体私营经济的若干规定》。

4月11—17日 湖南省农业开发领导小组到郴检查农业综合开发情况。检查组对全区第二期农业综合开发给予肯定。

5月20日 湖南省军区、省公安厅、省武警总队和中共郴州地委、郴州地区行署、郴州军分区领导在郴州东风广场检阅郴州地区城市摩托化民兵应急分队。

6月3—7日 湖南省省长陈邦柱抵郴，深入5县市考察，勉励全区干部群众用好用活用足政策，把湖南“南大门”建设得更好。

6月9日 中共郴州地委、郴州地区行署发出《关于严明纪律保证机构改革顺利进行的通知》。

6月21日 中共郴州地委、郴州地区行署发出《关于动员全区广大干部群众抗灾自救恢复生产的紧急指示》。8月4—7日，郴州地区大部分县市再次遭受暴雨袭击，有90个乡镇、828个村、50.9万人受灾。

6月26日 中共湖南省委副书记杨正午到临武、宜章、汝城等重灾县察看灾情，慰问灾民。

7月13日 广州军区副政委、中将高天正到郴州地区检查民兵预备役工作和县市人武部建设情况。

8月3日 郴州地市领导陪同“杂交水稻之父”袁隆平对资兴市超高产杂交稻制种进行验收。验收结果为亩产452.3千克，处于世界领先地位。袁隆平挥毫题词“杂交制种，再创辉煌”。

8月7日 郴州市6000门数字程控交换机割接开通，市话通信实现程控化。

8月29—30日 中共郴州地委、郴州地区行署在郴召开整顿交通秩序紧急会议。会上传达国务院副总理朱镕基关于湖南境内“三乱”问题严重的重要批示，提出在全区打一场集中整治“三乱”、整顿交通秩序总体战。

8月 中共郴州地委、郴州地区行署在郴召开联席会议。一致同意组织具有郴州特色的教育改革，即对中小学现状进行分类定级，实施等级目标管理。

9月5—9日 在香港及深圳分会场举行的湖南省出口商品暨经济技术合作洽谈会上，郴州地区与客商签订合同、协议、意向、“三来一补”（来料加工、来样加工、来件装配和补偿贸易）项目52个，引进外资4.15亿美元。

9月16日 郴州医学高等专科学校挂牌，湖南省副省长潘贵玉等有关方面负责人参加挂牌仪式。

9月18日 全国计划生育财务基建工作会议在郴州召开。

9月22日　中共湖南省委任命梅克保为郴州地委委员、书记，龙定鼎、杨重喜为副书记，周政坤为地委委员、组织部部长，陈润儿、宋甲武为地委委员。

10月4—5日　中共中央政治局委员、中央书记处书记、中央纪律检查委员会书记、中华全国总工会主席尉健行在中共湖南省委书记王茂林陪同下抵郴考察。邓中夏诞辰100周年纪念大会暨邓中夏铜像揭幕仪式在宜章县举行，尉健行为邓中夏铜像揭幕。

10月14日　湖南省人民政府任命龙定鼎为郴州行署专员。

10月28日　中共郴州地委在郴召开农村奔小康和农村基层党组织建设与整顿工作会议。会后，从地、县两级党政机关抽调1384名干部，组成454个工作组，赴10县市的50个村，指导农村奔小康和农村党支部整顿建设工作。

12月13日　中共郴州地委、郴州地区行署批转《郴州地区社会治安综合治理一票否决权制实施办法（试行）》。

12月17日　国务院批准撤销郴州地区，设立地级郴州市；撤销原县级郴州市和郴县，改设北湖区和苏仙区，其他县市不变。

12月25日　中共郴州地委召开地直单位机构改革动员大会，公布经中共湖南省委、湖南省人民政府批准的机构设置方案，地直机关机构改革进入实质性阶段。

12月30日　中共郴州地委、郴州地区行署决定从1994年起，对全区财政工作实行一票否决权制。

1995年

1月3—5日　中共郴州地委、郴州地区行署成立“建立地级郴州市筹备工作委员会”，梅克保任筹委会主任。

1月8日　郴州市第一中学作为郴州地区第一所省重点中学、实验中学，举行挂牌仪式。

1月9—10日　中共郴州地委、郴州地区行署召开县级机构改革工作会议，全区县级机构改革工作全面铺开。

1月12日　郴州地区、零陵地区边界睦邻友好联谊会在桂阳县召开。

1月13日《郴州日报》被中共湖南省委宣传部、湖南省新闻出版局授予全省国内统一刊号一类报纸称号。

1月24日　由中国人民解放军总后勤部与安仁县共建的安仁大桥在永乐江畔举行奠基仪式。大桥全长212米、宽16米，总投资1100万元。

△　根据国务院国函〔1994〕136号文件精神，中共湖南省委同意“中国共产党郴州市委员会”（县级）更名为“中国共产党郴州市北湖区委员会”；“中国共产党郴县委员会”更名为“中国共产党郴州市苏仙区委员会”。

2月8日　北京、天津、河北、河南、湖北、云南、浙江7支全国甲级女排在郴州体育训练基地开始为期两月的集训。

2月8—9日　中共郴州地委召开工作会议，传达贯彻中央经济工作会议和省委工作会议精神，动员全区人民同心同德，团结干事，顺利实施撤地建市，全面完成“八五”计划，夺取改革发展稳定新胜利。

2月25日　资兴市东江湖清江乡湖面发生重大恶性翻船事故，溺死16人。郴州地区和资兴市党政领导亲临现场处理善后工作。

2月26日 郴州5000线程控交换局顺利割接开通，成为全省地州市城市第一个开通长途交换的局。

3月2日 在湖南省双文明（物质文明、精神文明）建设工作命名表彰大会上，资兴市荣获省委、省政府授予的“1994年文明单位建设工作先进县市”锦旗。

3月3—4日 中共湖南省委常委、省军区司令员庞为强在郴州地区考察民兵预备役工作。

3月5—7日 中共湖南省委书记王茂林抵郴调研，要求郴州改革开放力度再大些，经济发展速度再快些，真正发挥“南大门”作用。

3月7日 中共郴州地委、郴州地区行署作出《关于加快发展乡镇企业的决定》，把加强发展乡镇企业作为农村经济工作“重中之重”。

△ 资兴市种子公司获“全国农业科技推广先进单位”称号。

3月9日 鲤鱼江煤矿焦化厂2X20孔焦炉扩建工程投产。

3月15日 中共郴州地委、郴州地区行署作出《关于加快发展第三产业的决定》。

3月17日 中共郴州地委、郴州地区行署表彰全区1994年度乡镇企业产值过10亿元先进县，4乡镇企业为明星乡镇，12乡镇企业为产值过亿元先进乡镇，50乡镇企业为最佳经济效益单位和发展乡镇企业功臣。

3月28日 湖南南岭水泥厂15万吨悬窑水泥生产线点火生产。该厂于1993年10月动工兴建，总投资7500万元，年设计生产525高标号普通硅酸盐水泥15万吨，是湖南省水泥生产行业中最大乡镇企业。

4月6日 在北京召开的全国文化工作经验交流暨表彰大会上，桂阳县获“全国文化模范县”称号，永兴县电影公司经理李友湘获“全国文化系统先进工作者”称号。

4月8日 在国家科委主办的首届百名星火明星企业家评选中，郴县农药化工厂厂长杨辛芽榜上有名。

△ 资兴市东坪乡被林业部、全国绿化委员会授予“全国造林绿化百佳乡”称号。

4月18—20日 中国共产党郴州市第一次代表大会在郴召开。梅克保代表市委作题为《为把郴州建设成为社会主义现代化开放城市而努力奋斗》的报告。会议选举产生35人组成的中国共产党郴州市第一届委员会。梅克保为市委书记，龙定鼎、杨顺初、陈润儿为市委副书记。会议通过中国共产党郴州市纪律检查委员会第一次全体会议选举产生的纪委常委、书记、副书记名单。会议作出《关于在各级领导班子成员中开展“学理论比团结争贡献”竞赛活动的决定》。次日，中国共产党郴州市委员会和中国共产党郴州市纪律检查委员会同时挂牌。

4月24日 郴州市推荐评选的35名全国、全省劳动模范和先进工作者，启程赴北京和长沙接受表彰。

5月3—4日 中共湖南省委书记王茂林、省长杨正午、省委副书记储波率省直10余部门负责人抵郴现场办公，提出要解放思想，对接广东、加速发展，全力办好湘南改革开放过渡试验区。

5月5—8日 省委副书记储波，省委常委、省委秘书长胡彪率省直有关部门负责人到桂阳、汝城、临武等县调研农业和农村工作。

5月17—19日 政协郴州市一届一次会议在郴召开。会议选举产生政协郴州市第一届委员会。易昌前当选为市政协主席，李清生、张子朋、钟林章、石建农（苗族）、曾民生、唐展宜、余桂岩为市政协副主席。审议通过《中国人民政治协商会议湖南省郴州市第一届委员会第一次会议的政治决议》。

5月18—21日 郴州市第一届人民代表大会在郴隆重举行。大会选举产生郴州市人大常委会组成人员、郴州市人民政府（以下简称市政府）领导成员、市中级人民法院院长和市人民检察院检察长；选出3名省第十二届人大代表；审议并通过有关决议。郴州市人大常委会主任为杨重喜，副主任为钟亦京、白辉全、李文积、叶俊民、欧阳杰、刘广明、曹莲蓉（女）。大会选举龙定鼎为郴州市人民政府市长，黄孝健、宋甲武、刘佳义、瞿龙彬、蒋桃生、朱梅生为副市长。

5月22日 郴州市人民代表大会常务委员会、郴州市人民政府、中国人民政治协商会议郴州委员会同时挂牌。

5月25日 郴州市农业局和市茶叶学会联合举办全市首届“郴茶杯”名优茶评比会，评出名茶金奖6个、优质茶金奖1个、银奖6个、铜奖2个。

是月 郴州市兴办第一家民办医院——同仁医院（后更名为德仁医院）。

6月8日 郴州市治理公路“三乱”（乱设站卡、乱罚款、乱收费）现场经验交流会暨107国道文明路建设工作会在宜章县召开。

6月17—18日 湖南省副省长庞道沐在郴州考察灾情，检查抗灾救灾工作。

6月18日 全国第三家双甲工艺流程生产线——桥口氮肥厂甲醇生产线点火并试产。

△郴州市被湖南省委、省政府授予“社会养老保险先进单位”称号。11月，又被劳动部确定为“指导全国企业养老保险制度改革的49个重点联系城市”之一。

6月22—23日 中共郴州市委、市人民政府召开开放兴郴工作会议，制定和颁布《关于进一步扩大对外开放，加快发展外向型经济的决定》。

6月23日 郴州市人民政府举行第一届一次全体（扩大）会议。市长龙定鼎作题为《励精图治，再创辉煌》讲话。

6月25日 中共郴州市委、市人民政府作出《关于开展向李常水同志学习活动的决定》。9月26日，中共湖南省委组织部、宣传部发出《关于向模范共产党员李常水同志学习活动的通知》。

6月30日 郴州市中级技工学校荣获“湖南省重点技工学校”称号。

7月8日 中共郴州市委召开公开选拔市直部分单位县处级领导干部动员大会。公开选拔15单位的15个职位。9月1日选拔工作结束，15名干部到任。

7月11—12日 由交通部部长黄镇东率领的国务院检查组抵郴检查治理公路“三乱”和107国道文明路建设情况。

7月16日 郴州市组织100万元救灾款物，由36辆大小专车送往汉寿县、桃江县、岳阳市和麻阳苗族自治县等4重灾区。

8月3—4日 中国农工民主党郴州市第一次代表大会在郴州迎宾馆召开。大会选举产生中国农工民主党郴州市第一届委员会。

8月8日 中共湖南省委副书记储波，省委常委、省委秘书长胡彪在安仁考察商贸城、清溪特种水产养殖场、太平岭综合农场等企业。

8月16—17日 中国民主促进会郴州市第一次代表大会在郴州迎宾馆召开。大会选举产生中国民主促进会郴州市第一届委员会。

8月29日 中国共产党郴州市党员代表大会在郴召开。会议选举郴州市出席中国共产党湖南省第七次代表大会代表42名。

9月4—5日 郴州市乡镇人大换届选举工作会议在郴召开。全市乡镇人大换届选举工作于10

月全面铺开，12 月结束。

9月5日 中共郴州市委、市人民政府在郴召开筹措希望工程光彩基金动员大会。会后，梅克保、龙定鼎等 17 位市党政领导带头捐款 5100 元。

9月8日 东江水泥厂和美国海德国际投资集团公司合资兴建湖南海德水泥集团有限公司在长沙签约。

9月8—12日 在湖南省第五届湘交会上，郴州市代表团签约项目46个，签约总金额3.6亿美元，外资金额 3.049 亿美元。

9月11—12日 郴州市政法机关服务经济建设，依法开展“三清三打”（清收欠款、清收欠税、清收欠贷，打击贪污挪用公款、偷税抗税、金融诈骗犯罪活动）服务行动会议在郴召开。

9月13日 郴州市人大常委会在郴召开颁发任命书大会。向市人大常委会依法任命的 2 名市人大常委会工作机构负责人、22 名市政府组成人员、55 名市中级人民法院法官和 50 名市人民检察院检察官颁发任命书。后每年为依法任命人员颁发任命书。

9月14—15日 九三学社郴州市委第一次代表大会在郴州迎宾馆召开。会议选举产生九三学社郴州市第一届委员会。

9月19日 中共郴州市委、市人民政府在郴召开全市冬季农业和丘岗山地开发动员大会。

10月8日 郴州市荣畅食品有限公司经理作为法定代表人与本公司职工首席代表签订《郴州市荣畅食品有限公司集体合同》，从而产生郴州市首份私营企业集体合同。

10月16日 应中共郴州市委、市人民政府邀请，新华社、人民日报社、求是杂志社、中央电视台、经济日报社、光明日报社、法制日报社、湖南日报社等新闻单位 14 名记者和编辑抵郴，开始进行为期一周新闻采访。

10月17—20日 中共湖南省委书记王茂林到苏仙区和资兴、汝城、桂东等县市进行考察。

10月下旬至11月4日 在长沙召开的中国国际新产品新技术博览会上，“安仁毫峰茶”荣获金质奖。在农业部举办的第二届中国农业博览会上，安仁毫峰茶、资兴东江库区脐橙、永兴县冰糖橙获金质奖，资兴“东江椪柑”获银质奖。

10月23日 国家“两基”验收团郴州分团宣布嘉禾县“基本普及九年义务教育”验收合格。至此，市内最后一批接受国家“普九”验收的汝城、桂东、宜章、嘉禾 4 县全部通过验收。标志着全市已实现基本普及九年义务教育和基本扫除青壮年文盲。

11月2日 郴州市文物事业管理处会同苏仙区文物管理所，在苏仙区桥口镇窑坪村高坪组发现一处属于商周时期人类聚落古文化遗址。

11月4—10日 湖南省副省长唐之享带领省直机关 10 余部门负责人到郴州现场办公。

11月6—8日 郴州市第一次工会代表大会召开。大会选举产生郴州市工会第一届委员会和第一届经费审查委员会，协商产生第一届女职工委员会。

△ 原中国人民解放军总后勤部副部长、中央纪律检查委员会常委唐天际骨灰安放仪式在安仁县烈士公园举行。

11月8日 由省市纪委、监察、公安、工商、农业、农行等部门组成的联合调查组进驻汝城县，调查处理震惊全国的汝城县三江口农林牧种源公司非法销售假杂交稻种案。

11月15日 桥口氮肥厂尿素工程建成投产。该工程 1994 年 6 月动工兴建，总投资 7800 万元，年产尿素 4 万吨。

11月16日 郴州市第二批农村党支部建设整顿工作组 192 名干部奔赴农村第一线。

11 月 24—25 日 湖南省副省长庞道沐率全省“三冬”（冬修、冬造、冬种）工作检查组抵郴检查。

11 月 29 日 郴州市第一次工商联会员代表大会暨郴州商会成立大会在郴州迎宾馆召开。大会选举产生郴州市第一届工商联执行委员会，通过《郴州市工商联合会第一届会员代表大会政治决议》。

△ 郴州市第一次招商引资新闻发布会在深圳市芙蓉宾馆举行。

11 月 30 日 全国第一块金黄色浮法玻璃在郴州晶星玻璃有限公司浮法车间面世，并投入批量生产。

是月 郴州市谢作塘、段长生、谷松青、朱恩生 4 名教师获曾宪梓教育奖励基金民办教师奖。

12 月 1 日 郴州天气预报开始在中央电视台播报。

△ 郴州市文物事业管理处考古工作者在苏仙区农业局高山背基建工地发现 3 座战国、东汉时期墓葬。

12 月 4—9 日 湖南省人大常委会副主任吴运昌率驻长部分全国人大代表 15 人抵郴考察。

△ 中国平安保险公司郴州支公司挂牌运作。

12 月 11 日 苏仙区大奎上乡金狮岭一带发生大面积山火。郴州市党政军领导率广大军民迅速赶赴现场灭火，至次日，灭火结束。

12 月 12 日 中共郴州市委、市人民政府召开振兴湖南昆剧座谈会暨张富光荣获第 12 届戏剧梅花奖表彰大会。

12 月 15 日 香港远东（集团）公司和永兴县共同开发“中国便江奇观”旅游开发项目合同书签字仪式在苏仙宾馆举行。该项目计划投资 3000 万美元，工程分两期完成。

12 月 21—22 日 郴州市文学艺术界联合会第一次代表大会在郴召开。会议选举产生郴州市文联第一届委员会。

12 月 26 日 郴州冶炼厂锌冶炼生产线点火投产。该工程投资 1.18 亿元。一期工程年产电锌 1.05 万吨，硫酸 2.17 万吨，1993 年 3 月动工兴建。

△ 郴州市文物考古工作者在市湘林运输公司基建工地发掘出一面六山青铜镜。据考证，这面六山青铜镜是全国发掘的第三面，为战国时期珍贵文物。

是年 郴州市人民政府报湖南省人民政府批准，建立资兴东江、宜章南京洞、郴州城前岭 3 个省级“三来一补”基地。

是年 安仁县纪委、县监察局被评为全国纪检监察系统先进集体。安仁县科学技术协会被中国科协授予“全国农村科普工作先进单位”称号。

1996 年

1 月 4 日 中共郴州市委、市人民政府在首都北京饭店举行郴州市 '96 北京招商座谈会。6 日，在北京人民大会堂举行经济汇报会，汇报郴州撤地建市一年来改革开放与经济发展成果，聘请首都经济界、科技界专家和政府要员担任郴州市经济、科技顾问。

1 月 6—8 日 湖南省农村经营管理工作会议在郴州召开。

1 月 13 日 中共郴州市委、市人民政府作出《关于开展农村经济强镇（乡）、村竞赛活动的决定》和《关于开展“乡镇企业发展年”活动的决定》。

1 月 14 日 湖南省矿业秩序整顿暨地州市地矿局局长会议在郴州召开。

1月17日 受中共中央、国务院委托，中华全国总工会慰问团由全总书记处书记李永安带队到资兴矿务局走访慰问。

1月26—27日 湖南省第18次市长联席会议在郴州召开。会议主要研究如何立足资源优势、搞好丘岗山地开发、促进农村经济发展等问题。

2月1日 湖南省卫生厅计划免疫专家审评组代表卫生部对郴州市儿童计划免疫建卡建证、“四苗”（卡介苗、脊灰疫苗、百白破疫苗和麻疹疫苗）全程接种率进行为期9天的考核审评结束。郴州市儿童计划免疫建卡建证、“四苗”全程接种合格率为100%。

2月8日 国家工商局授予郴州市工商局外商投资企业核准登记权。市工商局举行新闻发布会。

2月13日 郴州市首家“爱婴医院”在郴州市妇幼保健站挂牌。

3月4日 郴州市举行'96元宵焰火晚会，10余万市民争相目睹焰火盛况。

3月5日 为配合中共湖南省委、省政府组织的“百乡千村万户大调查”，中共郴州市委、市人民政府派出的5个调查组，在6名市党、政领导带领下，分赴桂阳、嘉禾、宜章、桂东、安仁5县开展调查。

3月10日 郴州市旅游新闻发布会在广州迎宾馆松林厅举行。广东省旅游局、广州市旅游局负责人，《南方日报》《羊城晚报》、广东电视台、广州电视台、香港《文汇报》等新闻单位记者及40家旅行社代表应邀赴会。

△ 嘉禾县石桥乡长垄湾非法开采煤窑发生特大瓦斯爆炸事故，死亡23人。之后，相关责任人分别被追究刑事责任和给予党纪政纪处分。

3月27日 资兴市被全国绿化委员会授予“全国造林百佳县”称号，成为湖南省三个获此殊荣的县市之一。

是月 鲤鱼江煤矿煤气发电厂动工，12月31日并网发电。

4月9—10日 中共郴州市委、市人民政府领导出席郴州市第一次妇女代表大会。大会通过《全市广大妇女立即行动起来踊跃投入“巾帼系列行动”》倡仪书。

4月12—15日 原全国人大常委会副委员长廖汉生在湖南省人大常委会主任刘夫生陪同下，抵郴州视察。

4月12—15日 中共湖南省委常委、省纪委书记、省小城镇建设领导小组组长杨敏之抵郴考察小城镇建设和反腐败工作情况。

4月16—21日 湖南省省长杨正午率省直有关部门负责人对郴州农业综合开发、重点工程、乡镇企业、个体私营经济、基础设施建设等情况进行调研。

4月19日 资兴市广播电视局被广电部、人事部授予“全国广播影视系统先进集体”称号。

4月24日 首届郴州市艺术节在资兴市剧院开幕。

4月26日 郴州市外商投资企业协会成立暨“十佳”外商投资企业颁奖大会在苏仙宾馆举行。

△ 郴州市中级人民法院外商投资咨询服务中心挂牌运作。

4月28日 中共郴州市委、市人民政府召开全市“严打”（严厉打击刑事犯罪）斗争紧急会议，动员、部署“严打”工作。30日，由市委、市政府、市委政法委组织11个“严打”斗争专项督促检查工作组，分赴各县（市、区）督查、指导“严打”工作。

是月 国家教委、民政部、中残联共同授予资兴市“特殊教育先进市”称号。

5月6日 湖南省副省长庞道沐在宜章主持召开湖南“南大门”（宜章）发展外向型养殖业现场办公会。

5 月 9—10 日 共青团郴州市第一次代表大会在郴州召开。中共郴州市委、市人民政府领导出席大会。

5 月 14—16 日 中共湖南省委组织部部长、省人大常委会副主任罗海藩到郴州检查党建“先锋工程”实施情况。

5 月 18 日 郴州市 '96 深圳国际招商周乡镇企业项目新闻发布会在深圳市芙蓉宾馆举行。

5 月 18—19 日 全国政协常委、科教文卫体委员会常务副主任、中国奥委会名誉主席何振梁率全国政协科教文卫体委员会体育专题调查组抵郴调查体育工作情况。

5 月 21—22 日 煤炭工业部部长王森浩和中共湖南省委书记王茂林一行到郴州考察煤炭工作。

5 月 28 日 湖南省第一家烟草集团——湘南烟草集团及其核心企业湘南烟草集团有限责任公司在郴成立。

6 月 6 日 中共郴州市委在郴召开市直机关副处级及以上领导干部大会，动员和部署开展以“领导班子创先进、领导干部作表率，共产党员当模范”为主要内容的党建“先锋工程”建设。

6 月 9 日 中共湖南省委常委胡彪到桂阳县考察烤烟生产后期管理和收购准备情况。

6 月 13—14 日 郴州市老区建设 10 周年总结表彰会在郴召开。

△ 郴州市光彩事业推动委员会成立。

6 月 18 日 郴州广播电视新闻中心工程奠基。中心大楼设计建筑面积达 1.6 万平方米，主楼 18~20 层。

6 月 28 日 郴州市数字移动电话开通。

7 月 1 日 中共郴州市委、市人民政府决定实行市党政领导接待日制度，规定每月 18 日、28 日为接待日。

7 月 11—13 日 中共湖南省委副书记储波到郴州考察乡镇企业、丘岗山地开发和烤烟生产等工作。

7 月 16—19 日 中共郴州市委、市人民政府在郴召开全市科学技术大会。大会表彰获“科技兴郴奖”人员及获全国科技工作先进县（市）称号的原郴县、桂阳县和资兴市。

7 月 17 日 应中共郴州市委、市人民政府邀请，香港记者采访团一行 9 人抵郴。进行为期 5 天考察、采访。

7 月 28 日 郴州市出动 36 台大小车辆将赈灾款 80 万元和价值 70 万元尿素、布匹、木材、踏花被等赈灾物资，分别送往岳阳、常德、益阳、湘西自治州受灾区。

是月 郴州市石盖塘开发区被批准为省级乡镇工业小区。

是月 在文化部举办的哈尔滨 '96 全国歌剧观摩演出中，郴州市文化局选送的歌剧《无手的军礼》获“剧目奖”“优秀编剧奖”。

8 月 1 日 由郴州师范专科学校发起的全国高校邓小平理论研讨会在郴州召开。

8 月 1—3 日 汝城、桂东、安仁、资兴、永兴、宜章、苏仙等县（市、区）遭受罕见特大暴雨袭击。全市有 133 个乡镇、1422 个行政村、156.6 万人遭灾，7800 人无家可归；死亡 37 人，致伤致残 3780 人。造成直接经济损失 16.5 亿元。市党政军领导奔赴抗洪抢险第一线，组织、指挥抗灾救灾。

8 月 5—7 日 受中共湖南省委、省人民政府委托，副省长唐之享到郴州考察灾情，慰问灾民，指导救灾。

8 月 11—12 日 中共郴州市委一届三次全体（扩大）会议在郴召开。会议通过《中共郴州市委关于组织全市人民团结拼搏夺取抗灾救灾全面胜利的决议》。

8月22日 中共郴州市委、市人民政府收到国家体委训练局、中国排球协会和中国女排发来的感谢信。信中说："郴州是女排拼搏精神诞生地，'竹棚精神'仍是闪烁着时代精神的宝贵财富，是鞭策我们拼搏向上的动力。"

△ 郴州市市长龙定鼎于北京钓鱼台宾馆会见泰国和缅甸建设部部长和交通部部长，商议郴州筑路机械厂产品出口问题。

8月30日 郴州市档案局局长李启东赴北京参加十三届国际档案大会。

9月3—6日 郴州市公安局成功侦破首起境外人员渗透的特大制造"冰毒"案件。

9月4日 桂阳县洋市镇发生打砸抢烧严重事件。市、县党政领导及时赶赴现场，组织人员制止和平息事态。

9月5—7日 中共湖南省委统战部部长、省政协副主席石玉珍在郴州考察精神文明建设。

9月10—16日 在湖南省第四届港交会上，郴州市代表团共签订合同项目95个，招商引资总额排名全省第三位。

9月11日 郴州市公开选拔经济管理领导干部动员大会召开。中共郴州市委决定向全市公开选拔25名经济管理领导干部。

9月13日 中共郴州市委作出《关于开展向模范共产党员王六秀同志学习的决定》。是年，全国妇联追授王六秀为"三八红旗手"称号。

9月18日 永兴县获国家体委授予的"全国体育先进县"荣誉称号。

9月23日 广州军区政委史玉孝上将在省军区政委乔新柱少将陪同下，抵郴考察。

△ 东风汽车公司与永兴县协议共建全国第一家"东风汽车县"。

9月28日 历时3年，总投资1.21亿元的"三南路"（燕泉南路、环城南路、苏仙南路）建成通车，举行盛大通车典礼。

是月 历时10年编纂而成的《郴州地区志》，由中国社会出版社出版。这是湖南省首部整体出版的新编地（州、市）级志书。12月，该志获湖南省地方志优秀成果一等奖。

10月3—5日 郴州市农业产业化和冬季农业工作会议在郴召开。会议期间，与会人员参观资兴、安仁、北湖等8县（市、区）的19个农业现代化、丘岗山地开发、"三冬"农业工作典型现场。

10月7—8日 中共湖南省委常委、副省长周伯华在郴州考察经济工作。

10月9—14日 '96湖南"严打"成果展在郴州体育训练基地展出。

10月18日 由湖南省旅游局和湖南省14家新闻单位共同发起的"社会公众公开评选最佳旅游观光度假目的地和专项旅游活动"结果揭晓，资兴东江湖和东江漂流分别被评为"最佳旅游观光度假目的地"和"最佳专项旅游活动"。

10月25日 中共郴州市委、市人大常委会、市人民政府、市政协发出《致全市环卫工人的慰问信》，祝贺第一个"湖南省环卫工人节"。

10月26日 郴州师范专科学校赴桂阳县仁义镇扫盲与科技服务队被共青团中央和全国学联评为1996年度中国大中学生志愿者扫盲与科技文化服务行动"优秀志愿者服务队"。

10月30日 湖南省城市文明卫生检查团抵郴检查创建文明卫生城市工作。

10月31日 在湖南省社会治安综合治理工作表彰电话会上，汝城县被评为全省"治安模范县"。

同日 湖南省副省长潘贵玉到郴州边远农村考察计划生育工作。

同日 中共郴州市委、市人民政府联席会议决定，从市直机关确定30个有一定经济实力单位，对口扶贫30个特困村，实行定责任单位、定责任人、定脱贫时间，一包到底的"三定一包"责任制。

是月 嘉禾县龙潭乡荣获农业部、国家体委授予的“亿万农民健身活动先进乡镇”称号。

11 月 1 日 中共郴州市委宣传部、市委办、市国防教育委员会、市党史办和市教委在郴联合举行纪念红军长征胜利 60 周年暨红军长征挺进郴州 62 周年报告会。

11 月 6—7 日 中共湖南省委常委胡彪、副省长庞道沐一行对郴州林业生产进行考察。

11 月 8—14 日 湖南省人大常委会副主任董志文率省人大执法检查组，对郴州市贯彻实施《中华人民共和国预算法》和《湖南省预算外资金管理条例》情况进行检查。

11 月 9—10 日 国家农业综合开发办副主任韩连贵在郴考察汝城的官路，资兴的大石庵、西湖、坪石、厚玉等农业综合开发项目区。

11 月 11 日 107 国道苏仙、宜章两段共 32 千米文明路建设，受到省检查验收组好评，被评为合格达标文明路段。

△ 在广西恭城市举行的第四届全国柚类评比中，临武县高位嫁接成功的临武蜜柚，在全国 64 个参评品种中脱颖而出获金奖。

11 月 21 日 郴州市中级技工学校经国家级重点技校专家评估组检查评估，定为国家级重点技校。

11 月下旬 郴州市人民政府决定对市内部分污染严重、群众反映强烈，并严重影响国民经济持续发展的小型企业实行关停。

11 月 30 日 《郴州市城市总体规划》经市一届人大常委会第十一次会议审议通过，报湖南省人民政府批准。

12 月 2—3 日 中共郴州市委召开常委（扩大）会议，听取市党政代表团赴上海、张家港和华西村考察学习情况汇报，提出学习张家港，建设新郴州。

12 月 16 日 在湖南省计划生育工作会议上，郴州市获“全省 1996 年度计划生育工作红旗单位”称号。至 2005 年，郴州市连续 10 年被评为全省人口与计划生育工作先进单位。

12 月 22 日 “资—郴—桂”高等级公路郴—资公路开工。

12 月 24 日 嘉禾县通过省乡村中医工作评审委员会专家组评审验收，达到“农村中医工作先进县”标准。

12 月 26 日 在湖南长沙召开的 1996 年全国名优新产品博览会上，郴州市有 95 家企业产品参展。

12 月 31 日 汝城县满天星水电站第一台机组试运行发电成功。该电站于 1992 年 10 月动工，工程总投资 1.52 亿元，总装机容量 3 万千瓦，年发电量 1.29 亿千瓦时。1997 年 4 月 24 日，水电厂第二台 1.5 万千瓦机组并网发电。该工程总投资 1.52 亿元，2 台机组装机 3 万千瓦，年发电量 1.2 亿千瓦时。

是月 郴州市文物处考古工作者在郴州筑路机械厂基建工地发现 2 座西汉墓葬。从墓中挖掘出土青铜镜、青铜鼎、铜盆、铜壶、铁削、滑石壁、陶鼎、陶罐、陶方壶等珍贵文物 40 多件。

是月 桂东县罐头厂被省政府评为 1996 年度全省出口创汇先进企业。

是年 郴州市“三来一补”（来料加工、来料装配、来样加工和补偿贸易）企业增幅在湖南省排名第一。全年签订“三来一补”合同 27 项，实收工缴费 1097.75 万美元，出口产品创汇 2985.16 万美元。

是年 郴州市第一产业增加值增幅、工业总产值增幅、个体私营经济总产值增幅、财政收入增幅均居全省首位。

是年 资兴市被列为国家星火技术密集区示范县（市）、全国科技兴林示范县（市），获国家科委授予的“全国科技工作先进县（市）”称号。

是年 桂阳县被国家科委授予“全国科技工作先进县”称号。桂阳县人民医院被联合国儿童基金会和卫生部授予“爱婴医院”称号。

是年 郴州至广州火车专列开通。

是年 郴州市湘南技校建立。

是年 原郴州地区水泥厂实施“退二进三”，兴建同心住宅小区和同心商贸市场。

1997年

1月1日 中共郴州市委、市人民政府在郴州晶阳宾馆举行名牌产品汇报会暨新闻发布会。宣布在'96湖南省名牌食品评比中，郴州市相思鸟烟、晏乐牌系列面条、万华牌系列面粉、豪峰特种茶4种产品被评为湖南省名牌产品。

1月2日 郴州市首家农业政策性金融机构——中国农业发展银行郴州分行正式挂牌营运。

1月4日 宜章县一六镇观音寺村李某某私人鞭炮作坊发生特大爆炸案，造成3套房屋倒塌，2套房屋震裂，死亡8人、伤6人。市、县党政有关部门领导及时赶赴现场，处理善后事宜。

1月7日 中共郴州市第一届委员会第五次全体（扩大）会议在郴召开。会议酝酿推选郴州市出席中国共产党第十五次全国代表大会代表候选人预备人选。

1月8日 第四批全国重点文物保护单位由国务院核准公布。位于宜章县城关镇的湘南暴动指挥部旧址被列入其中。这是郴州市第一个被列入的全国重点文物保护单位。

1月17日 中共湖南省委书记王茂林抵郴考察。

1月20日 湖南省总工会领导将“模范职工之家”匾牌授予郴州市地方税务局北湖分局。这是全省地税系统第一家省级“模范职工之家”。

1月25日—27日 湖南省省长杨正午到桂东县考察，研究扶贫工作，指出扶贫工作要因地制宜，走开发型、产业化和科技扶贫路子。

1月26日 郴州市山河引水工程正式奠基动工。该工程是集供水、供电、灌溉于一体的中型水利枢纽工程。全国政协委员、香港中华总商会常务董事马志民为主要投资者。

1月29日 铁道部部长韩杼滨在广州铁路集团公路总经理廖济广陪同下抵郴考察铁路工务。

△ 郴州市公安局指挥中心及110报警服务台第一期工程开通，并投入运行。

2月6日 中共中央总书记江泽民题写书名、已故国家主席李先念生前题词并作序的《曾希圣传》，由安徽人民出版社出版发行，全书28万字。

2月10日 桂东籍海军某部战士郭虎平探亲途中遇上车祸，在身负重伤情况下，不顾个人安危，于水中来回几十趟，救出旅客32人。中共郴州市委、市人民政府作出《关于开展向舍己救人的模范战士郭虎平学习的决定》。海军后勤部为郭虎平记一等功。

2月21日 中共郴州市委、市人大常委会、市人民政府、市政协、军分区领导在郴举行座谈会，深切悼念邓小平逝世，缅怀邓小平丰功伟绩。

△ 市文物事业管理处工作人员在市收遣站宿舍基建工地，从一座汉代土坑墓发掘出一批泥质“半两钱”，经鉴定属西汉早期（距今2000多年）文物。

3月1日 '97中国郴州山水旅游节暨经贸洽谈会新闻发布会在广州广交会一楼新闻发布厅举行。中共郴州市委副书记张兴福代表中共郴州市委、市人民政府致词。

3月9日 中共郴州市委在郴召开1996年度县处级领导班子和领导干部考核情况通报会。表彰一批好的领导班子和领导干部，降免5名不称职县处级干部职务。

3月10日 香港苗圃行动成员到达郴州。共青团郴州市委、市教委、市文化局共同举办“希望工程”义演晚会，为“希望工程”募得资金2.51万元。28日该行动团与汝城县人民政府签订捐建古桥、深山、联丰、白沟、寨富5所苗圃希望小学协议。资助金额69.68万元。

3月11日 在湖南省公路工作会议上，郴州公路局在年末公路养护质量综合检查评比中荣获全省第一名。是年至次年，郴州公路局连获全省雨季养护竞赛第一名。

3月15日、31日和4月13日 安仁华王乡中心小学、华王中学先后三次发生师生集体食物中毒事件。中共郴州市委、市人民政府，中共安仁县委、安仁县政府组织教育、卫生医疗、防疫、公安等部门迅速抢救，使500余名中毒师生全部脱险。

3月21日 中共郴州市委、市人民政府和湖南省公安厅在市委人民会堂举行表彰大会。表彰汝城县看守所连续27年安全无事故，荣立公安部颁发的集体一等功。

3月26—28日 中共中央候补委员、湖南省政协副主席、省委统战部部长石玉珍到嘉禾、桂阳、北湖区考察统战工作。

是月 郴州市畜牧水产局等单位完成的“湘白猪新品种选题研究”课题获国家科技进步二等奖。

是月 轰动全国的“汝城三江口假种子案”由汝城县人民法院一审审结。被告人祝某财、朱某新、朱某斌因犯销售假种罪被依法分别判处有期徒刑15年、15年、8年。

是月 在中共湖南省委、省政府于长沙召开的全省乡镇企业工作会议上，宜章县被评为全省“乡镇企业发展十快县（市、区）”之一。

4月1日 郴州市人民政府发出通报，要求各地加大对乡镇煤矿和个体小煤窑整顿力度，坚决制止乱采滥挖和非法无证开采现象。

4月3日 临武县土桥、南强、广宜、武水、双溪、同益6乡（镇），遭受历史上罕见暴雨和冰雹袭击，造成直接经济损失2100万元。

4月4—7日 以湖南省人大常委会副主任罗海藩为组长的省委、省政府减轻农民负担督查组第三组深入郴州市部分乡镇，实地调查减轻农民负担工作情况。

4月8—12日 中共湖南省委副书记郑培民带领省委办公厅、省委农村部、省文明办负责人到郴考察经济建设、扶贫攻坚、维护稳定及精神文明建设情况。

4月14日 中共郴州市委、市人民政府下达“冻结令”。从即日起，除省以上重点建设工程、安居工程和解困房用地外，全面冻结非农业建设占有耕地一年。

4月21日 水利部副部长严克强到郴州市考察指导工作。

4月21—23日 湖南省人大常委会主任刘夫生到郴州就国有企业改革、人大工作等进行为期4天考察。

4月24日 汝城县三江口瑶族镇名特产品——“汝白银针”茶，在巴黎国际食品博览会上荣获“国际最高金奖”。

5月4—5日 郴州市一届人大常委会举行第十四次会议。会议经投票表决，同意免去蒋桃生郴州市人民政府副市长职务，通过任命周建国、李新泉为郴州市人民政府副市长。

5月5日 中共郴州市委在郴召开市直政法队伍集中教育整顿组织处理大会，对政法战线9名违法违纪干警进行公开处理。

△ 由江西赣江、湖南郴州、陕西延安等9省10地市共同举办的第三届“今日长征路”摄影艺术展览巡回展，在郴州科学馆展出，参展作品200多幅。

5月7日 中国湖南郴州'97浦东招商引资洽谈会在上海三湘大厦举行。会上郴州市与外商签订23个项目，引进外资1.2亿美元。

5月10日 总投资500万元的郴州师范学校图书馆开馆。该馆建筑面积5600平方米，实现采纳、编目、检索、流通自动化。

5月15日 在北京召开的人事部、全国供销合作总社劳模表彰大会上，苏仙区白露塘供销社雷健康被评为全国供销社系统劳动模范。

5月18日 郴州市人民广播电台开播。

5月19—21日 湖南省副省长唐之享、省长助理许云昭到郴州调研教育改革和发展情况。

5月28日 由中宣部、农业部、北京市委、湖南省委联合举办的李常水事迹报告会在北京人民大会堂举行。中共中央政治局委员、国务院副总理姜春云，国务委员陈俊生接见报告团成员。

是月 经湖南省绿化委员会验收，郴州市有嘉禾、桂阳、永兴、安仁4县实现全面绿化达标。至此，全市提前一年半实现全面绿化达标。

6月6—7日 中共湖南省委副书记胡彪在郴考察资兴丘岗山地开发，东江库区网箱养鱼及工程鲫、工程鲤育种基地，桂阳优质烤烟生产和丘岗山地开发工作。

6月7—8日 安仁县普降暴雨，其中受灾严重的禾市、军山、渡口等乡降雨量超过300毫米。全县因洪灾造成直接经济损失1.5亿元。市、县党政领导深入灾区，指挥抗灾救灾。

6月7—10日 在四川成都举行的'97全国首届百城手足健身操总决赛上，郴州市农行代表队获中年组一等奖，市化工集团代表队、永兴县代表队、北湖区地税局代表队分别获老年组、中年组、青年组二等奖；市体委获优秀推广组织奖。

6月11日 郴州市气象台“9210工程”——VSAT卫星通信小站安装调试成功。

6月15日 全国政协委员、香港中国旅游协会会长马志明到郴考察合资项目——山河水库引水工程和改建的五连冠宾馆。

6月15—18日 中共湖南省委副书记储波在郴州考察宜章县种植业、养殖业、丘岗开发和乡镇企业，苏仙区丘岗开发，资兴“三来一补”基地、东江开放开发区和丘岗山地开发情况。

6月18日 郴州化工集团有限公司成立。资产总值4.01亿元，员工3000人。

6月18—19日 湖南省开展学习邓小平理论“四进四入”（即进乡村入农户、进企业入班组、进街道入居民、进学校入课堂）活动交叉观摩与交流检查情况汇报会在郴州召开。

△ 郴州市首家“独生子女助学基金会”在北湖区人民路街道办事处成立。

6月19日 由香港亚太集团、深圳金言公司、郴州自来水公司、苏仙区高峰水电站组建而成的金亚公司，向'97中国郴州山水旅游节暨经贸洽谈会组委会捐赠人民币100万元。

6月26—28日 在长沙举行的湖南新技术新产品交易会暨乡镇企业对接洽谈会上，郴州市参展的车用空调座椅、红军宝饮料、CD-160F微型柴油机、穗丰土酒、龙须草席、金湘啤酒、复合合金钨渣新型耐磨材料等产品获好评，并获优秀组团奖。

7月6日 郴州市第四人民医院通过邮电局信息网络，与湖南医科大学附二医院3名专家，成功为一位郴州农民患者进行会诊，开全国县级医院远程会诊之先河。

是月上旬 郴州市罗家井农贸市场被国家工商行政管理局列为30个“全国精神文明建设示范点”集贸市场之一。

7月12—15日 中共湖南省委书记王茂林到郴州考察，先后考察桂东、汝城县扶贫开发，宜章养殖业、桂阳烤烟收购和企业情况。

7月16—17日 湖南省党校评估达标经验交流会在郴州召开。

7月17日 东江水泥厂通过ISO9002质量体系注册评审，成为郴州市首家获得ISO9002质量体系认证及产品出口国际市场通行证的企业。

7月17—20日 湖南省政协主席刘正、副主席范多富抵郴考察企业改革和对外开放工作。

7月18日 交通部副部长胡希捷沿107国道视察郴州公路建设情况。

7月27日 鲤鱼江电厂2×30万千瓦机组扩建初步可行性研究报告被审查通过。该厂2×30万千瓦机组扩建预计投资33.29亿元，投产后每年可创产值100亿元以上。

7月29日 来自全国各地的176名体育健儿聚集郴州，参加为期5天的全国无线电测向定向越野锦标赛和全国青少年无线电测向定向越野比赛。

8月8日 桂东县竹胶板厂被农业部确认为全国大中型乡镇企业，是全国第二批公布的1845家大中型乡镇企业之一。

8月上旬 1997年湖南省级科学技术进步奖揭晓，郴州市有11项科技成果获奖。

△ 桂东、资兴出现特大暴雨，引起山洪暴发，山体滑坡。受灾人口达9万多人，倒塌房屋1906间，农作物成灾面积0.16万公顷，直接经济损失1.2亿元。

△ 郴州市人民政府隆重举行火车站广场扩建改造一期工程奠基典礼。

8月13—14日 由新华社、《人民日报》、《光明日报》、中央人民广播电台、中央电视台、《经济参考报》、《中国贸易报》7家新闻单位组成的中央新闻采访团到郴采访。

8月16—18日 郴州市1000余名青年志愿者走上街头，擦洗栅栏，清除垃圾和非法张贴物，拉开全市青少年“讲文明、树新风”活动序幕。是年，郴州市被团中央确定为全国青少年“讲文明、树新风”活动100个重点城市之一。

△ 郴州市劳动力中心市场开业。市场面积1500平方米。场内有大型滚动式电子显示屏、计算机网络、信息库和人事档案库等设施，是当时湖南省最大的多层次、全方位、高起点综合性劳动力市场。

△ 郴州市劳动局在市劳动力中心市场举办'97供求职洽谈会，广东省中山、东莞、韶关、深圳等地和郴州市共119家单位提供供职岗位7800个，前往求职者达2190人，现场签订劳动合同者达1030人。

8月19日 郴州市党政联席会议确定“郴州精神”主题词为：团结、拼搏、创新、图强。

8月30日 '97中国郴州山水旅游节暨经贸洽谈会在郴州开幕。中共湖南省委副书记储波等省党政军领导，加拿大、美国、新加坡、澳大利亚、韩国、瑞士、泰国、日本、马来西亚、斯里兰卡等25个国家和地区客商、朋友、国家有关部门人士参加活动。31日闭幕。在“一节一会”签约仪式上，郴州签约48个项目，合同引资2083.7万美元。

△ 中共郴州市委常委、常务副市长黄孝健会见应邀参加“一节一会”的斯里兰卡邮电部副部长牙帕一行。

9月1—2日 因受14号台风影响，郴州市普降大暴雨、特大暴雨。永兴、安仁、苏仙区等地受灾，损失严重。

9月17—19日 由中共郴州市纪委牵头，会同市委督查室、市政府督查室，抽调126人，组成27个检查组，分赴各县(市、区)和市直各部门对清理规范通信工具工作进行为期3天的交叉检查。

9月18日 郴州市首条游览索道——苏仙岭游览索道于中秋节前竣工运营。

9月25日 郴州市持续5天的“扫黄、禁毒、禁赌、打流、清查流动人口”专项行动告一段落。

共清查公共娱乐场所、特种行业、出租房屋3428处，抓获各类违法犯罪嫌疑人616名。

是月 公安部授予宜章县林业公安分局为“全国林业公安基层建设工作标兵单位”。

10月初 郴州市环保局获“全国环保执法先进单位”奖牌。

10月9—26日 受国家教委委托，湖南省教育“两基”（基本实施九年义务教育、基本扫除青壮年文盲）评估验收团对临武、桂阳、永兴、安仁4县进行教育“两基”评估验收。认定四县已达到国家规定的“两基”标准。次年4月17日 接受国家“两基”评估验收的汝城、桂东、宜章、嘉禾4县全部顺利通过省级预检。

10月10—12日 中共湖南省委常委、副省长周伯华到郴州考察国有企业改革和城市建设情况。

10月15日 1997年普通高考录取工作圆满结束，郴州市普通高考本科录取人数为1559人，录取率为20.83%。其中国家计划本科录取率高出全省平均水平5.3个百分点，居全省第一位。

15日 资兴市市长黄诚被评为全国首届十名“人民满意公务员”之一，赴京出席表彰大会。31日市委、市政府发出《关于开展向“人民满意的公务员”黄诚同志学习的决定》。

10月17日 长征三号乙捆绑火箭发射升空的亚太二号R通信卫星整流罩坠地，被桂东县清泉镇大地村上洞组村民发现。

10月18日 '97全省新剧（节）目会演在长沙降下帷幕。郴州市参演的4个小戏均获奖。

10月23—24日 赣粤湘毗邻三地市道路交通联防会第十次会议在郴州召开。会议签订《韶关、赣州、郴州三地市道路交通安全联防协议》。

△ 资兴市获全省水利经济先进单位称号。

△ 湖南省人大常委会副主任罗海藩在郴州考察工业企业。

△ 郴州市法律援助中心挂牌成立。

下旬 经省人民政府批准，郴州市重点工程建设项目——山河引水工程和人民广场建设项目被视同省重点建设工程，享受省重点工程有关优惠政策。山河引水工程水库于1999年10月9日关闸畜水。第一期投资1.8亿元。

11月4—7日 湖南省技术监督局对临武县消灭无标生产工作进行检查验收，认为已基本达到消灭无标生产试点县要求，验收合格。

11月8日 投资1056万元的桂东县一中新校园落成庆典隆重举行。国家教委副主任周远清、省委副书记郑培民、副省长唐之享等领导分别发来贺电。

11月9—10日 中共湖南省委副书记胡彪就烟叶调销问题抵郴州现场办公。

11月上旬 汝城岭秀乡天然香料厂接到省外经贸委通知，该厂获进出口经营权，成为郴州市首家获进出口经营权的乡镇集体所有制企业。

11月10—17日 中共湖南省委、湖南省政府社会治安综合治理检查和创建高标准安全文明小区、高标准安全文明村镇、高标准治安模范单位验收组在郴州检查验收。郴州市创“三高”工作全部达标。

11月11日 郴州市地税系统12个县（市）局、城区分局和市局机关13个单位，有3个单位获省级“文明建设先进单位”称号。

11月18日 桂阳县敖泉乡七拱桥至余田乡斗余村路段发生特大车祸，一辆车号为湘L31163的中巴车坠入12米深舂陵河，死亡20人，伤10余人。

11月20日 郴州公众多媒体通信网——郴州信息港开通，此举标志着郴州通信网络由通信网向信息网迈进。

11月26—28日 郴州师范专科学校实施邓小平理论“三进”（进教材、进课堂、进头脑）工作在 '97 湖南省高校党建工作会议上被予以推介。

是月 郴州水利电力企业集团被水利部列入首批24个“百龙工程”实施范围。

12月上旬 湖南省 '97 科技管理工作总结表彰大会于郴州召开。郴州市科委介绍如何加强民营科技企业管理经验。

12月上旬 由郴州市人民政府主办、郴州市地方志办公室承编的首部《郴州年鉴（1996—1997）》出版发行。

12月11日 由香港华南旅行社和郴州湘南旅行社组织的19名香港居民旅游团到郴观光旅游。这是香港游客首次组团到郴观光旅游。

12月12日 湖南省爱卫会卫生县城考核组宣布：嘉禾县顺利通过省级卫生县城达标验收，成为郴州市第一个省级卫生县城。

△ 郴州水利电力企业集团挂牌成立。它由郴州市电力公司等16家国有企业组成，实行跨行业、跨地区、多元化、规模化经营。

△ 经国家计委、国家科委组建的中国21世纪议程中心专家评估组考察评估，资兴市被列为国家级社会发展综合试验区。这是湖南省唯一的国家级社会发展综合试验区。

12月22日 在1997年扶贫攻坚战中，郴州市又有8万人基本解决温饱问题，使未解决温饱的人口由24.26万人减少至16.26万人。

12月24日 湖南省办学水平等级评估组在郴州农校申报A级中专复评验收总结会上宣布，郴州农校办学水平已达A级。至此，郴州农校跻身省部级重点中等专业学校行列。

12月26日 湖南省最大“安居工程”项目——涌泉小区在郴州市奠基。小区占地7.33公顷，建筑面积36.8万平方米，可安排4000多住户。

12月29日 在全国环保工作暨表彰大会上，郴州市环保局被评为全国环保系统精神文明建设先进集体。

是年 郴州市被湖南省政府评为全省人口与计划生育工作先进单位，11县（市、区）全部进入一类行列。

是年 市公安局110报警服务台自1月开通后，一年内累计接警2.01万次，处理各类有效报警1.57万次。

是年 湖南省人民政府在对各地州市1997年经济工作综合评价中，郴州市位居全省第二名。在考核评价的41项主要经济指标中，郴州市有22项指标进入全省前五名。

是年 在湖南省人民政府召开的全省村务公开工作会议上，汝城县获“湖南省村民自治模范县”称号。

1998年

1月4日 郴州市国税局二分局良田税务所被国家税务总局授予“先进集体”称号。

△ 黄沙坪铅锌矿兼并郴州市林产工业公司交接仪式在郴州宾馆举行。标志着郴州市已开展实行跨行业、跨部门、跨地区企业兼并工作。

1月9日 安仁县灵官镇莽山村首期扶贫移民搬进新居，与扶贫移民工程相配套的灵官综合市场开业。省军区副司令员、少将蔡家作及市党政军领导出席庆典。

△　在湖南省城市学校爱卫工作检查评比中，郴州市被省教委、省爱卫办授予“全省城市学校爱卫工作甲级市”称号。

1月13日　国家旅游局在'98华夏城乡游“青山秀水”游中把东江湖作为湖南省4个主要景区之一，向国内外旅游市场进行整体促销。

1月15日　在全国广播电视先进县表彰大会上，嘉禾县被广播电影电视部授予首批“全国广播电视先进县”称号，为郴州市唯一获此殊荣县（市）。

1月27日　由中共湖南省委宣传部等单位联合举办的1997年湖南十大新闻和十大新闻人物评选揭选，宜章县笠头村党支部书记李常水和资兴市市长黄诚分别列湖南十大新闻人物第一名和第二名。

1月28日　苏仙岭银装素裹，一批批香港游客到郴享景。春节期间，香港有80个旅游观光团、1500多人到郴州旅游。

2月8日　在国家教委语言文字工作委员会和中国书法家协会共同举办的全国首届规范汉字书写大赛中，郴州师专学生参展作品获3项一等奖、6项二等奖、10项三等奖。

2月9日　一辆从桂东开往郴州的中巴车行至国道106线炎陵县境内2004千米处时，翻入左侧高坳下沟，造成死亡7人、重伤3人、轻伤26人的特大交通事故。

2月12日　中央电视台在新闻联播节目中对郴州市城前岭春节临时检查站个别执法人员只罚款不分流旅客行为曝光。新闻播出后，中共郴州市委、市政府领导明确指示虚心接受舆论批评，从严处理违纪人员。

2月16日　由中共郴州市委、市人民政府、市广播电视局（中心）与湖南省广播电视厅、湖南经济电视台、江西省广播电视厅、江西有线电视台联合摄制的大型电视专题片《湘南暴动》开拍。5月11日，在郴州举行首播式。

2月19日　中共郴州市委、市人民政府在郴召开动员大会，决定派出22个支帮促工作组，分别下到22户市属国有亏损工业企业，帮助开展扭亏工作。

2月26日　共青团郴州市委荣获团中央授予的“全国青年文明号活动先进组织单位”称号。

△　湖南省首家地市级交通建设工程监理公司——郴州交通建设工程监理有限公司成立。

2月27日　郴州市首届十大杰出青年表彰大会在市委人民会堂举行。

3月12日　湖南省各地州市1997年经济工作综合评价揭晓，郴州市得分再次名列第二。

△　在郴州市郊马头岭—许家洞附近发生3.2级地震。当地及711矿区群众普遍感到强烈震动、摇晃、颠簸，门窗玻璃及器皿震动作响。

3月13日　在1997年度全省公路系统公路雨季养护、工程质量、路政管理、公路养护质量、劳动管理和全国干线公路大检查等评比中，郴州市公路局获得所有奖项桂冠。

3月15日　中共湖南省委常委、省委宣传部部长文选德在宜章参观湘南年关暴动指挥部旧址。

3月16日　湘南起义70周年纪念大会在郴州举行。郴州烈士碑廊揭幕仪式在东塔公园举行。萧克、彭儒、谷子元、郑培民、文选德、唐之享、朱森泉等和市党政军领导参加纪念活动。

△　在湖南省城镇集体企业清产核资工作会议上，郴州市受到省政府和财政部表彰。郴州市清产核资办公室获1997年全国城镇集体企业清产核资工作先进集体称号。

3月18日　中宣部批准兴建的黄克诚公园奠基仪式于永兴县城举行。

3月25—26日　湖南省矿山安全卫生监察工作现场经验交流会于嘉禾县召开。

4月1日　在中共湖南省委、省政府于长沙召开的表彰大会上，郴州公路工程机械总厂厂长王抗援被授予“湖南省优秀中青年专家”称号。

4月3日　郴州医专附属一医院挂牌仪式郴州市第三人民医院举行。

4月7日　湖南省干部教育领导小组在中共永兴县委党校举行授牌仪式，授予中共永兴县委党校为“湖南省先进县级党校”铜匾。

4月8—13日　受科技部委托，湖南省科委组成创建全国科技工作先进县（市、区）验收委员会，对嘉禾县、桂东县、北湖区科技创先工作进行全面验收，确认三县（区）已达国家规定要求。至此，郴州市已有苏仙、资兴、桂阳、嘉禾、桂东、北湖6县（市、区）跻身于“全国科技工作先进县”行列。

4月9—12日　中共湖南省委副书记储波在郴考察工作。

4月9—13日　香港苗圃行动团一行7人到汝城、桂东采访。该团自1992年始，共资助郴州市600多万元，援建希望小学46所，为30所希望小学配备图书。

4月10—12日　中共湖南省委副书记胡彪在郴考察工作。

4月15日　湖南省人民政府对1997年年度国合商业盈利的郴州市和11县市、区予以通报表彰。

4月16—17日　中共湖南省委常委、组织部部长戚和平在郴州考察工作。

4月17—18日　中共郴州市委、市人民政府在桂东、汝城召开扶贫现场办公会。市直30多部门负责人表态，支持桂东资金3200万元，支持汝城资金2000余万元。

4月28日　湖南省教委、省计委联合下文，批准省中专办学水平评估专家组对郴州工业学校评审结论，宣布该校已达到A级办学水平。

4月29日　郴州市新闻工作者协会、郴州市新闻学会成立大会暨第一届理事会在苏仙宾馆举行。与会代表审议并通过《郴州市新闻工作者协会章程》《郴州市新闻学会章程》，选举产生“两会”第一届理事会领导机构。

5月4日　湖南卫视台、经济电视台、有线电视台、人民广播电台、《广播电视报》等单位记者一行12人到嘉禾县白觉村采访，宣传推介农民闯市场奔小康典型。

5月18日　郴州市自来水公司成立40周年庆典暨山河实业集团有限公司揭牌仪式在市自来水公司礼堂举行。

5月21日　中共郴州市委、郴州市人民政府决定，在全市2987村委会全面实行村务公开制度。

5月25日　郴州市麻制品厂1997年经营者年薪兑现大会在郴州宾馆举行。厂长陈平南年薪6.9万元得到兑现。该厂是郴州市属企业实行经营年薪制的第一家试点企业。

5月26日　湖南省国有资产管理局首次对地（州、市）国有资产管理工作实施目标管理考核，郴州市国有资产管理局名列全省第一。

5月28日　中共郴州市委、市人民政府在长沙湖南宾馆举行郴州旅游新闻发布会，省党政领导刘正、文选德、罗海藩、贺同新、陈彰嘉及省直有关部门负责人、新闻记者、各地（市、州）旅游局局长130余人出席新闻发布会。

5月30日　桂东县桥头乡侠头村和横店村发现发射“中卫一号”通信卫星的整流罩落体残骸。

△　在湖南省对外开放工作会议上，桂阳县人民政府被评为全省利用外资工作先进单位，郴州公路工程机械厂被评为全省进出口工作先进单位，郴州市人民政府被评为全省旅游工作先进单位。

6月3—4日　全国教育科研重点项目——“中学协同教学与心理发展”现场汇报暨研讨会在郴州市九中召开。会上，郴州市九中被授予“全国教育科研重点项目重点实验学校”称号。

6月4—7日　中共湖南省委书记王茂林在郴州考察工作。

6月5日　经湖南省人民政府批准，郴州市12项工程被列为1998年湖南省重点工程项目。

6月9日　湖南省政府在资兴市召开东江库区综合开发现场办公会。就东江库区优质脐橙基地、太湖银鱼繁殖、发展小体积高密度网箱养鱼和湘云鲫、鲤饲养及高效楠竹基地建设等项目进行研究。副省长庞道沐主持会议。

6月11日 汝城县科技局反季节蔬菜基地开发项目获全国“振华王义锡科技扶贫奖励基金”杰出贡献奖。

6月17日 湖南省人民政府体改委下文批复，同意桂阳县列入全省综合改革试点县，并原则同意《桂阳县综合改革试点总体方案》。

△ 郴州市城市基础设施建设重点项目——郴江西岸人行游道工程举行奠基仪式。

6月28日 以东江水泥厂为核心企业组建的湖南金磊水泥集团有限公司挂牌成立。

6月29日—7月2日 受中共湖南省委、省政府委托，副省长周时昌率省财办、水利厅、粮食局负责人到郴州检查工作，指导抗灾救灾。

6月下旬 郴州市遭受历史上罕见晴热高温干旱，致使农业生产乃至整个国民经济受到严重影响。至8月31日，境内有38万人饮水困难，农作物受灾面积达15万公顷，造成直接经济损失5.5亿元。

7月9日 世界卫生组织官员刚锤和洛凡先生在卫生部和省卫生厅领导陪同下，对郴州市承诺世界银行贷款结核病控制项目进行为期4天考察。

7月15日 资兴市黄草镇被全国绿化委员会授予“全国造林绿化百佳乡”称号。

7月21日 在湖南省农业厅举办的全省优质水果（葡萄）评比会上，郴州市农业局组织参评的苏仙区白鹿洞镇长冲铺村阳家组巨峰葡萄获金奖。

7月22—24日 在'98湖南产权招商（深圳）洽谈会上，郴州代表团与客商签订协议和意向项目4个，引进资金3.7亿元人民币。

7月30日 经湖南省科委批准，宜章县被列入湖南省科技成果推广重点示范县，这是全省“九五”期间确定的5个示范县之一。

△ 由省农科院副院长、研究员周坤炉任组长的专家验收组，受省及郴州市科委委托，对资兴市承担的大面积杂交水稻高产制种配套技术开发国家星火计划项目进行现场验收。资兴市大面积杂交水稻制种产量、质量居国内领先水平，成为世界上第一个在万亩以上连片区域内实现亩产超过300千克的制种基地。

△ 永兴县湘阴度大桥奠基开工，省道1833线鲁永公路改建工程启动。

8月1日 在甘肃省天水举行的'98全国无线电测向定向越野锦标赛上，郴州市三中夺取男子短距离定向越野第一名。

8月6日 郴州山河实业集团有限公司被授权经营国有资产。这是郴州市首家被授权经营国有资产的企业集团。

8月7日 湖南省数额最大的国家刑事赔偿案在郴审结，资兴市清江乡青草村大禾田组农民谭明生获得9.99万元国家赔偿金。

8月11日 中共资兴市委、市政府发出贺电，祝贺资兴籍青年科学家袁亚湘获第九届“中国杰出青年”称号。

8月12日 经湖南省科学技术进步奖评审委员会和省星火科技奖评审委员会分别评审公布，郴州市有10项成果获省级科学技术进步奖，2项成果获省级星火科技奖。

△ 湖南省爱卫会专家组宣布，郴州市5项灭蟑指标创下全省最优成绩，这标志着郴州市已通过“创建灭蟑先进市”考核验收。

8月13日 郴州市首次公开选拔县（处）级党外领导干部动员大会在竹园宾馆召开。对市教委副主任等5个职位面向全市党外干部实行公开考试选拔。

8月16日 湖南省最大的蔬菜水果专业批发市场——郴州农副产品批发市场开业。

△ 经湖南省星级宾馆评定小组评审，郴州金叶大酒店、晶星宾馆、五连冠酒店被评定为三星级旅游涉外宾馆，三家宾馆分别举行挂牌仪式。

8月17日 武警郴州市支队108名官兵分乘5辆汽车奔赴岳阳，支援抗洪救灾。

8月17—18日 全国对外经济关系跨世纪发展研讨会在郴州召开。

8月18日 '98郴州商品交易会在市体育场隆重开幕。出席开幕式的有省、市领导，来自美国、日本、加拿大、新加坡、菲律宾等20个国家和地区的客商，上海、广东等地客商、嘉宾参会。次日，交易会利用外资项目签订“三资”项目36个，其中合同项目22个，合同外资总额2.28亿美元。

8月24日 第八届中国新闻奖在福州评选揭晓，郴州电视台采拍的电视新闻《汝城县政府兑现63年前红军借据》获三等奖。

8月25—27日 中共湖南省委常委秦光荣到郴州察看灾情，指导抗旱救灾工作。

8月28日 中共郴州市委、市人民政府，桂东县委、桂东县政府，在桂东县沙田镇举行万人大会，纪念毛泽东颁布“三大纪律八项注意”70周年。中国人民解放军总政治部、国家文物局、广州军区政治部及萧克、邓力群等单位和个人发来贺电。

9月3日 湖南省人民政府市政重点工程——郴州市人民广场建设开工。广场占地13.33公顷。

9月7日 资兴狗脑贡茶、永兴龙华春豪、安仁毫峰茶荣获“湖南名优茶金牌杯”金奖；郴州市茶树良种繁殖示范场“南岭岚峰”荣获银奖。

9月9日 在昆明结束的'98全国青少年无线电测向定向越野比赛中，郴州市二中、三中两支队伍一举夺得本次大赛全部10枚金牌和6枚银牌、3枚铜牌。

9月16—19日 湘粤勘界第二次联席会议在郴州苏仙宾馆召开。经4天协商，汝城至仁化和乐昌、宜章和临武至连州等7条边界线完成勘界任务。

9月23日 1998年度湖南省“芙蓉杯”水利建设竞赛先进单位和“水利十佳”评选揭晓。郴州市获水利建设先进市称号。

9月27—28日 湖南省对外加工贸易座谈会在郴州召开，副省长唐之享出席会议并讲话。

9月28日 郴州市占地面积最大的市场——资兴大市场竣工开业。

10月1—2日 郴州市公安机关在全市范围内开展一场以打击流窜犯罪为重点的统一清查行动，抓获各类违法犯罪嫌疑人572名。

10月8—12日 农业部副部长路明抵郴考察抗灾补损和农田水利建设等工作。

10月12—14日 由湖南省人大常委会副主任谢佑卿率领的省执法检查组抵郴检查贯彻执行《中华人民共和国教育法》情况。

10月14—18日 '98亚太地区无线电测向定向越野锦标赛在北京举行。代表中国参赛的郴州市三中代表队夺得8块金牌、8块银牌、13块铜牌。

10月15日 郴州至桂阳高等级公路开工奠基庆典在城前岭隆重举行。

△ 湖南省人民政府举行新闻发布会，公布全省综合实力强县强乡评比结果。资兴市跨入1997年度全省综合实力十强县（市）行列。

10月18日 革命老前辈曾志捐资助学仪式在宜章县城关完小举行。中国市长协会秘书长、全国女市长协会会长陶斯亮亲赴宜章将母亲曾志的3万元工资积蓄和自己捐资的1万元捐赠给宜章县城关小学。

10月22—24日 由湖南省人大常委会副主任罗桂求带领的省消防执法检查组抵郴视察。

10月23日 投资8000万元、全国目前最大钨铋钼金金属采选工程在柿竹园有色金属矿投产运行。

10月28日 耒宜高速公路开工典礼在郴州举行。中共湖南省委、省人大常委会和郴州市党政领导，衡阳、韶关、清远等地有关领导出席开工典礼。耒宜高速公路设计全长135.4千米，总投资达39.27亿元，2001年竣工通车。

11月3日 在湖南省1997年度精神文明建设“五个一工程”（一部好的戏剧作品、一部好的电视剧作品、一部好的图书、一篇好的理论文章、一部好的电影）优秀作品暨第七届湖南新闻奖颁奖大会上，郴州市有5件作品获奖。

11月5日 全国10支优秀女排队伍：江苏队、浙江队、四川队、天津队、八一队、辽宁队、福建队、云南队、南京部队队及山东队抵郴，在郴州训练基地腾飞馆拉开秋训大会战序幕。

△ 郴州贸促会和郴州国际商会在苏仙宾馆举行成立大会。

11月8—10日 郴州市顺利通过湖南省爱卫会省级卫生城市考核组验收，跻身省级卫生城市行列。

11月10日 由湖南省经济贸易委员会、省企业管理协会、省企业家协会、省优秀企业、优秀企业经营者评选委员会评审、省政府批准，黄沙坪铅锌矿获1997年度湖南省优秀企业称号。

11月11日 湖南省价格信息中心郴州价格信息工作站挂牌成立。

11月12—16日 中共湖南省委书记杨正午在郴州考察工作。

11月13—16日 湖南省旅游市场开发与产品建设座谈会在郴州举行。

△ 在全国第五次柚类评比会上，临武县出产的甜酸型和蜜甜型柚分别获金杯奖和优质奖。

11月19—22日 中共湖南省委常委、省军区司令员张德仁少将到北湖区、苏仙区、资兴市、桂阳县、嘉禾县考察征兵工作和基层武装部建设情况。

11月26日 在第三届中华人口奖暨全国计划生育“双先”表彰会上，资兴市被国家计生委、人事部授予“全国计划生育先进单位”称号。

12月3日 郴州市种子管理站被农业部批准为农作物品种国家级区试站。

12月7—12日 湖南省人大视察组在郴州调查贯彻执行《中华人民共和国农业技术推广法》《湖南省实施〈中华人民共和国农业技术推广法〉办法》及桂阳县欧阳海库区移民生活情况。

12月8日 京汉广SDH数字微波电路开通运行。这是亚洲地区传输距离最长、通信容量最大的一条微波电路。该电路使郴州微波局实现遥控监测。

12月10日 郴州市中心血站大楼落成典礼举行。

12月16日 在泰国曼谷举行的第十三届亚运会上，资兴市运动员王海获4人皮划艇铜牌。

△ 省道1833线鲁永公路（鲁塘坳至永兴县城）改造工程奠基仪式在永兴县城举行。工程于2001年9月29日全面竣工。工程全长21.22千米，水泥混凝土路面宽14米，设计时速80千米，总投资概算8967万元。

12月17日 郴州市第一笔农村最低生活（人平年收入不足480元）保障金在苏仙区廖家湾乡公开发放。

△ 郴州市首家远程会诊中心于郴州市第一人民医院建成。

12月23—26日 湖南省劳教局创建现代文明劳教所考评验收小组对郴州市劳教所进行考评验收，一致通过郴州市劳教所为省级现代化文明劳教所，市劳动教养学校——“苏新学校”为省级劳动教养学校的考评验收。

12月25日 嘉禾县被中共湖南省委、省政府授予“湖南省小康县”称号。

12月26日 郴州市党政军领导出席郴州火车站广场一期改造工程竣工典礼。

12月30日 郴州建设工程集团暨郴州建设工程集团有限公司成立。

12月31日 郴州市重点工程建设项目——郴州师范专科学校体育馆竣工。

1999年

1月3—4日 中共中央研究室主任，原中国社会科学院院长、全国政协副主席胡绳，在省政协副主席陈彰嘉陪同下，对郴州进行考察。

1月6—16日 在泰国曼谷举行的第七届远东及南太平洋地区残疾人运动会上，由郴州市体校选送代表国家队参赛的3名运动员披金夺银。其中宁赛礼夺得3金1银，肖海鹰取得1金2银，张琼辉获柔道银牌。

1月7日 文化部第八届“群星奖”评选揭晓，北湖区文化馆孙纯田创作的油画《门坎》和郴州影剧院刘乐生创作的水彩画《仍在述说的故事》获铜奖。

1月9日 湖南省政府副省长郑茂清调研部分驻郴中央和省属企业。

1月15日 中共湖南省委、湖南省人民政府作出《关于表彰全省社会治安综合治理先进县（市、区）的决定》，郴州市嘉禾、临武2县受到表彰。

1月15日 湖南省“718”工程郴州工程中的数字移动电话交换局在市电信局开通。至此，郴州市已建立316个覆盖大部分县（市、区）通信网络，郴州信息高速公路初具规模。

1月18日 湖南省吨粮田开发领导小组组织有关专家对安仁县双季稻田成建制亩产过吨粮田进行验收。经专家鉴定，1998年安仁24.54万亩双季稻田，总产粮食24.68万吨，平均亩产1.005吨。湖南省人民政府作出决定：授予安仁县“双季稻成建制亩产吨粮先进县（市）”称号。

△ 郴州北湖综合农贸市场开业。该农贸市场总建筑面积1.6万平方米。由郴州市木业公司投资兴建，总投资1300万元。

1月中旬 由郴州市经济技术开发区管委会和郴州丰利金刚石股份有限公司联合兴建、日处理300吨生活废水工程建成并交付使用。

1月29日 郴州市站前商业步行街奠基。这是火车站广场扩建工程配套项目。全长270余米，设计300余商业铺位、100余套高级商品房，预算总投资3700万元。

2月3日 国土资源部党组成员、纪检组长董道华率慰问组抵郴慰问地矿职工。

2月5日 郴州市省名牌、省质量奖产品推介新闻发布会在郴召开。会上公布和推介1998年全市获“湖南省名牌产品”称号的5个产品和获湖南省质量奖的5个产品。

2月8日 中共郴州市委、市人民政府在北湖区燕泉路街道办事处举行郴州城区居民最低生活保障金首发式，给1131户28844人每人每月发放100元最低生活保障金。

2月9日 中共湖南省委、湖南省政府作出《关于表彰1998年湖南省文明建设先进县（市、区）、文明县城、文明建设先进系统（行业）、文明标兵单位、文明单位的决定》。资兴市被授予“全省文明建设先进县（市、区）”称号，嘉禾县城被授予“文明县城”称号，鲤鱼江电厂被授予“文明标兵单位”称号，郴州市财政局、郴州师范学校等16单位获“文明单位”称号。

2月12日 湖南省体改委发文批准北湖区鲁塘镇为湖南省山区小城镇综合开发与改革试点镇。

2月15日 分布于宜章县莽山的莽山烙铁头蛇被列入《中国濒危动物红皮书》，濒危等级为极危。

2月21日 107国道宜章沙坪乡路段发生3辆客车1台货车碰撞，造成9人死亡、受伤48人，直接经济损失20余万元的特大交通事故。郴州市、宜章县有关领导闻讯后迅速赶赴现场，组织和指挥抢救工作。

2月23日 资兴市《东江库区资源综合开发利用、生态环境保护与可持续发展》重点科技项目被科技部列入科技攻关计划，并安排科技引导资金30万元。

△ 郴州市超级杂交稻示范工程启动，示范面积13.3公顷，其中苏仙区和桂阳县各为100亩。此工程为袁隆平教授主持的农业部新世纪农业曙光计划项目。

2月28日 郴州市交警大队直属三大队教导员龙厚生在107国道马头岭路段疏导交通时，光荣牺牲。5月6日，省公安厅作出《关于在全省公安系统开展向龙厚生同志学习的决定》并颁发《关于给龙厚生追记一等功的命令》。

3月8日 中共郴州市委在郴召开领导干部会议，通过省委关于郴州市委主要领导职务变动的决定。中共湖南省委常委、组织部部长戚和平宣布：省委决定梅克保调任中共衡阳市委书记，李大伦任中共郴州市委书记。

3月上旬 在全国烟叶生产收购总结表彰会上，郴州市和桂阳县分别荣获全国烟叶生产收购先进市和全国烟叶生产收购先进县称号。

3月15—17日 联合国人口基金驻华代表彭炯和韩娜考察联合国人口基金第四周期生殖健康/计划生育项目湖南项目点——临武县。

3月16—17日 中共郴州市委副书记、市长龙定鼎，市委常委、资兴市委书记盛茂林率郴州访问团抵达广东省东莞市，访问广东宏远集团，并就双方巩固合作成果，拓宽合作领域进行友好洽谈。

3月26日 中共湖南省委、省人民政府作出《关于表彰1998年发展乡镇企业先进单位的决定》。临武县、嘉禾县被评为全省“乡镇企业发展速度最快县（市、区）”。

4月1日 中共湖南省委办公厅、湖南省政府办公厅发出《关于学习推广桂东县教育改革和发展经验的通知》。2—3日，湖南省贫困地区与少数民族地区农村教育现场会在桂东县召开。会议提出，要大力推广桂东经验，打好兴教脱贫攻坚战。

4月6日 汝城县被国务院授予“全国村民自治模范县”称号。

4月8日 广州军区副司令员、中将谭冬生抵郴州军分区考察工作。

4月10日 郴州市聘请著名经济学家厉以宁教授在市人民会堂作郴州旅游资源开发与利用报告。

4月8—12日 郴州市代表团一行79人参加第四届澳门国际贸易与投资展览会，并举行’99郴州市（澳门）投资说明会。会上，签订合同协议项目11个，合同协议外资8840万美元。

4月13—15日 中共中央统战部副部长朱维群到郴州市考察统战工作。

4月23日 郴州晶阳大酒店获“全省最佳星级饭店”铜匾。

4月30日 郴州汽车总站开业营运。该站占地3.08万平方米，功能齐全，设施先进，经交通部验收，被授予“一级客运汽车站”称号。

5月8—9日 '99生态环境旅游，郴州、韶关双向推介会在郴州举行。

5月10日 郴州市召开声讨大会，强烈谴责以美国为首的北约轰炸中国驻南斯拉夫使馆暴行。

5月14—16日 中共湖南省委常委、常务副省长周伯华在郴州考察工作。

5月15日 湖南省财源建设暨乡镇财政管理工作会议在郴州召开。省委常委、常务副省长周伯华到会讲话。

△　湖南省副省长潘贵玉视察郴州市中心血站，了解全市血液管理和无偿献血开展情况。

5月18—20日　湖南省农村卫生工作会议在郴州召开。会上，表彰了苏仙区等7个农村合作医疗普及试点县（市、区）。

5月20日　郴州市城区发生特大抢劫金行案。市华侨企业公司名表金行被劫金银首饰、玉镯、金表等价值70.96万元和现金1万元。10月12日，主犯首招凯在重庆市落网。

5月22—23日　湖南省中共党史人物研究会在嘉禾召开审稿会，对入选全国“八五”社科重点课题的大型革命丛书《中共党史人物传》郴州籍人士李韶九、邓毅刚、邓允庭、高静山、宋裕和、何昆等人物传记进行审议。

5月24日　受科技部委托，省科委组成临武县创建全国科技工作先进县验收委员会。对临武县科技创先工作进行检查后宣布，该县创造全国科技工作先进县已达到国家标准。

△　省政协副主席陈彰嘉到省政协驻宜章县新华乡建整扶贫点东山村检查工作。

5月25日　湘桂粤三省（区）毗邻县（市、区）政协工作联系协作会第二十次会议在宜章召开。

5月30日　中共郴州市委、市人民政府在北京召开郴州籍在京老乡代表座谈会。40多位与会老乡代表为家乡改革与发展献计献策。

6月5—6日　文化部振兴昆剧指导委员会工作会议在郴召开。文化部副部长、振兴昆剧指导委员会主任潘震宙率文化部门负责人，省委宣传部及省文化厅有关领导，老一辈艺术家郭汉城、刘厚生、范正明等，齐聚郴城，研讨昆剧发展问题。

6月6日　郴州化工集团20万吨复合肥项目开工典礼暨监督保护授牌仪式在资兴木材厂举行。项目总投资为6亿元。

6月7日　经国家经贸委批准的高新技术产业专项规划项目——柿竹园矿600吨/年铋矿矿浆电解工程可行性研究报告获通过。

6月24日　郴州市两区两县一市（北湖区、苏仙区、永兴、桂阳县、资兴市）禁毒扫黑公开处理大会在郴州城区东风广场举行。

△　中共郴州市委、市人民政府、郴州军分区批准市双拥（拥军优属、拥政爱民）工作领导小组制定的《郴州市“爱心献功臣行动”实施方案》。全市“爱心献功臣行动”启动。

6月25—26日　湖南省社会治安综合治理基层基础暨安全创建工作现场经验交流会在嘉禾县召开。省委副书记胡彪，省委常委、省委政法委书记李贻衡到会讲话。

6月28日　衡阳、郴州两市联合勘界协议书签字仪式暨总结表彰会议在郴州召开。双方签订边界线424千米。

6月29日—7月1日　中共中央候补委员、省政协副主席、省委统战部部长石玉珍在郴检查贯彻落实中共中央《关于坚持和完善中国共产党领导的多党合作和政治协商制度的意见》情况。

6月30日　位于郴州城区马家坪地段的万达市场发生特大火灾。火灾过火建筑面积1500平方米，28户受灾，损失237.8万元。

7月16日　中共郴州市委批转市委组织部《关于市管干部任职前公示的试行办法》，决定从8月1日起实施。

7月20日　中共郴州市委、市人民政府作出《关于发展旅游支柱产业 创建中国优秀旅游城市的决定》。

7月22日　中共郴州市委、市人民政府在郴州国际大酒店举行“崛起的郴州旅游业”新闻发布会。

7月27日　由省“两系办”、省农业厅科教处组织有关专家，对苏仙区栖凤渡“香两优68”

高产栽培示范片进行现场测产验收。从连片种植的10万亩中随机抽样两丘田，两丘田实际亩产分别为519千克、584千克，创造全国最高纪录。

是月 郴州市市长龙定鼎应澳大利亚首都堪培拉市首席部长邀请，带队赴澳进行友好访问，达成经贸合作和劳务出口意向。

8月10日 湖南省副省长贺同新到郴州市督查治理经济发展环境工作。

8月12—13日 郴州市区遭受特大洪灾袭击。城区降水量达295.3毫米，超出历史最高雨量140毫米。郴江河水暴涨，超出历史最高水位1.2米，两岸200~300米范围内街道、房屋全部进水，最深处达7米。城区7.78万群众被困。洪灾造成直接经济损失15亿元。

8月13日 苏仙公安分局许家洞派出所党支部书记胡宗亮和教导员吴娅莉（女）为疏散聚集在许家洞桥两端几十名群众而献身。9月14日，湖南省人民政府作出决定，追认胡宗亮、吴娅莉为革命列士。10月8日，公安部追授胡宗亮、吴娅莉公安战线一级英雄模范称号。

8月14—15日 中共湖南省委书记杨正午、省长储波、副省长庞道沐、郑茂清到郴州察看灾情，指导抗洪抢险工作。

8月17—18日 受党中央、国务院委派，民政部副部长杨衍银率领由国家计委、民政部、财政部、水利部、卫生部有关负责人组成的国务院工作组，抵郴察看灾情，慰问灾民。

△ 长560米，宽25米的郴州市东风路再就业一条街开业。可安置500名下岗职工，带动1000人再就业。

8月18日 郴州市经济工作暨救灾工作会议在郴州召开。山洪过后，市、区领导和各机关单位负责人带头，10万人上阵，出动车辆2809台，清淤9400多吨，清扫、清洗街道8000余米。

8月19日 市党政军领导在竹园宾馆进行赈灾捐款，39名在职副厅级及以上干部捐款3.32万元，拉开全市赈灾募捐活动序幕。

8月25日 越南农业部中央种子公司、中央种子检验中心5位专家受中国工程院院士袁隆平邀请，对苏仙区杂交水稻制种基地制种繁育等情况进行实地考察。

△ 永兴县被湖南省人民政府授予1999年全省“芙蓉杯”水利建设竞赛强县称号。

8月26日 中共郴州市委、市人民政府举行“8·13”抗洪抢险庆功表彰大会。决定授予郴州军分区司令部作训科等9单位为抗洪抢险先进单位称号。11月24日，公安部、湖南省人民政府在郴州召开“8·13”抗洪抢险郴州公安英烈命名暨功模表彰大会。副省长唐之享到会讲话。

8月30—31日 国际红十字联合会、国家红十字会和省红十字总会救灾代表和官员到郴察看灾情和灾民生活情况。

8月31日 受中共郴州市委、市人民政府委托，市政府驻京联络处组织部分在京郴州籍老乡、在郴工作过的领导人以及老一辈革命家后代召开郴州“8·13”灾情通报会。参会人员解囊捐款，表达对家乡一份爱心。

是月 被洪水冲毁后的新苏仙桥动工修建，次年7月28日竣工通车。

9月5日 郴州市龙门小区建设工程举行奠基开工典礼。该小区占地13.3多公顷，主要用于安置“8·13”洪灾水淹水毁房屋居民和郴江防洪规划控制区域需搬迁安置的居民。

9月6日 郴州市招商团一行100余人抵达厦门，参加第三届中国投资贸易洽谈会。

9月6—7日 中共湖南省委副书记吴向东在郴州市考察科技创新工作。

9月6—10日 省人大常委会副主任郭俊秀率省农业综合执法检查组在郴州开展执法检查。

9月12日 '99郴州旅游信息新闻发布会在广州花园酒店举行。

9 月 14 日　湖南省乡镇级最大水电站、汝城县最大扶贫项目——麻仔潭联营电站竣工发电。电站于 1996 年初动工兴建，总投资 2886 万元，装机容量 4800 千瓦。

9 月 16 日　在全国创建文明村镇文明行业表彰大会上，嘉禾县被评为全国创建文明村镇工作先进单位，该县交通规费征稽所被评为全国创建文明行业工作先进单位，塘村镇英花村被评为全国创建文明村镇工作先进村；北湖区郴江乡被评为全国创建文明乡镇工作先进乡；郴州建工集团有限公司被评为全国创建文明单位工作先进单位；

9 月 16—17 日　桂东、桂阳、汝城、北湖、临武、嘉禾等地遭遇暴雨、山洪袭击。死亡 11 人，因灾致伤病 272 人，受灾人口 86 万多人，农作物受灾面积 3.83 万公顷，毁坏耕地 758 公顷，倒塌房屋 1.63 万间，造成直接经济损失 13 亿元。

9 月 17—22 日　在湖南常德市举行的第八届亚洲皮划艇锦标赛暨第二届亚洲青年皮划艇锦标赛中，郴州市有 2 名运动员代表中国参赛。其中资兴市运动员王海一举夺得男子 500 米单人皮艇、男子 1000 米 4 人皮艇两枚金牌和男子 1000 米单人皮艇银牌。

9 月 25 日　来自全市各地的 39 位老红军、老战士、老游击队员、老地下工作者欢聚市委竹园宾馆，庆祝中华人民共和国成立暨郴州解放 50 周年。

9 月 27 日　由市委党史办编纂的《中共郴州党史大事年表》首发式在郴州举行。

△　资兴市最大移民工程——过船轮水电站并网发电。总投资 1 亿元，总装机 1.6 万千瓦，年发电量 8000 万千瓦时。

9 月 29 日　郴州国际大酒店举行四星级旅游涉外宾馆挂牌仪式，是为湘南地区首家高星级宾馆。国务院机关事务办公室、国家旅游局致电祝贺。

10 月 7—10 日　在湘潭市举行的湖南省第二届农民运动会上，郴州市代表队取得 2 金 8 银 5 铜好成绩。

10 月 10 日　中共郴州市委召开全市“三讲”（讲学习、讲政治、讲正气）教育动员大会，对市级领导班子和领导干部“三讲”教育进行动员和部署。12 月 3 日，市级领导班子和领导干部“三讲”教育结束。

10 月 13—16 日　中国人民解放军广州军区工作组对郴州市落实《县（市、区）人武部三年建设规划》情况检查验收。

10 月 18 日　中共郴州市委、市人民政府向市歌舞剧团赠送 1 辆流动舞台车，以方便该团到农村、工厂、学校、部队等基层单位演出。

10 月 28 日　湖南省人民政府宣布，郴州市为公路、水上无“三乱”（乱设卡、乱收费、乱罚款）市。

10 月 28—30 日　全国农技推广体系建设经验交流会在郴州召开。桂阳县农技推广中心及该县城郊乡农技推广站，永兴县马田镇农技推广站获全国农技推广先进单位称号。

△　广东韶关、清远，江西赣州，广西桂林，湖南永州、郴州等四省（区）六市体制改革信息交流会在郴州举行。

10 月 29 日　湖南省“九五”重点水利工程——嘉禾县观音水库电站关闸蓄水。

10 月下旬　《资兴市志》由湖南人民出版社出版。至此，郴州 12 部地、县（市）志全部出齐，首轮社会主义新方志编修工作提前一年完成。

是月　郴州市市长龙定鼎带队赴长沙参加省政府主办的与开发行签订贷款合同签约仪式大会，把郴州市“8·13”灾后重建、“三河”治理和旧城改造捆成一重大项目，申请签订贷款合同，争取资金 4 亿多元。

11月4日 郴州市第一所市民文明学校在北湖区人民路办事处挂牌成立。

11月2—5日 中共湖南省委副书记、省长储波到郴州市调研。

11月7—17日 全国排球锦球赛（女子组）在郴州体育训练基地举行，16支女排劲旅角逐郴城。

11月17日 在湖南省依法治县经验交流会上，省委、省政府表彰全省第二批阶段性普法依法治理工作成效显著的11县（市、区）。资兴市被授予“普法依法治理工作先进市”称号。

△ 在北京召开的全国民主管理先进单位暨全心全意依靠教职工办学优秀领导干部表彰大会上，作为湖南省唯一代表的桂阳三中被授予“全国民主管理先进单位”称号。

11月22日 郴州市法律顾问团成立。主要职责是为市级领导决策提供法律咨询服务和受市领导委托办理有关法律事务。

11月22—23日 湖南省农村消防工作经验交流暨冬防工作会议在嘉禾县召开。副省长唐之享出席会议并讲话。

11月26日 农业部下达“九五”第三批旱作农业示范基地计划，湖南省桂阳县被列为全国“九五”第三批旱作农业示范基地。

11月29日 经国家可持续发展实验区管理办公室组织的专家严格考察验收，资兴市可持续发展实验区各项建设指标达到国家级标准，国家科委批准资兴市为国家可持续发展实验区，成为全国首批授牌的5实验区之一。

12月1日 郴资高等级公路初步建成通车。全长25.58千米，总投资1.13亿元。

12月3—6日 湖南省人大科教文卫工作座谈会在郴召开。省人大常委会副主任谢佑卿到会讲话。

12月10—11日 由国务院发展研究中心、经济日报社举办、永兴县委、县政府承办的'99县市经济发展理论研讨会在永兴召开。

12月12日 投资100余万元的郴州首家花鸟集贸市场——飞虹花鸟市场开业。该市场占地4000平方米，设60个门面，1000平方米交易大厅。

12月13日 水利部副部长张基尧在郴州检查地方电力建设和农网改造情况。

12月15—25日 全国政协副主席毛致用到安仁、永兴、资兴、苏仙、北湖、桂阳、嘉禾、临武等8县（市、区）进行农村工作调研。

12月20日 在株洲召开的全省科技兴市（县）表彰大会上，永兴、临武被评为1999年全国科技工作先进县。

12月21日 在长沙召开的全省工业企业扭亏增盈总结表彰大会上，郴州市获地区扭亏增盈二等奖，受到省人民政府表彰。

2000年

1月8日 嘉禾县交通规费征稽所获“全国创建文明行业工作先进单位”称号，省交通厅为其授牌。

△ 郴州市砷制品责任有限公司发生砷制品污染事故，附近邓家塘乡邓家塘村16位农民因饮用砷制品污染水中毒住院。市、区两级有关部门采取紧急措施进行救治，并迅速成立专案调查组对现场进行勘查、处理。

1月10—11日 全国政协委员、原省政协主席刘正考察郴州市部分学校和企业。

1月14日 在郴州市“8·13”洪灾中阻水严重的白鹿洞河坝被定向爆破成功。郴州市对郴江河城区段碍洪建筑物拆除工作全面铺开。

1月15日 郴州市公安巡警支队二大队石盖塘中队被公安部授予全国“创建平安大道模范集体”称号，荣立集体一等功；郴州市公安局党组成员何怀贤被授予全国“创建平安大道先进个人”称号。

△ 武警湖南省总队党委决定，授予武警桂东县中队“标兵中队”称号。

1月23日 桂东县民工租乘广东省东莞汽车运输总公司大客车回家途经汝城县土桥镇银岭头106国道路段时，翻下120米深谷，死14人，伤25人。

1月27日 郴州电厂获水利部授予的1999年度“全国水利系统水电先进集体”称号。

1月31日 郴州市人大召开一届常委会第三十一次会议。审议郴州市人民政府《关于提请审议郴州市树市花的议案》，决定郴州市市树为樟树，市花为月季花。

△ 资兴市被农业部评为1999年度全国绿色证书工程先进集体。

2月13—14日 中共湖南省委书记、省人大常委会主任杨正午率省直部门负责人到桂东考察。

2月16日 在全国文化先进县、先进集体、先进工作者表彰大会上，安仁县花鼓戏剧团荣获全国文化工作先进集体称号。

2月19日 在湖南省教育科技工作大会上，郴州市北湖区被评为“普九”先进县（市、区）。

2月23日 在中共湖南省委、省人民政府召开的湖南省民营科技企业工作会上，郴州市湖南永怡印刷包装有限公司、怡丰（郴州）锡业有限公司、资兴市顺兴铁道线路器材厂获湖南省明星民营科技企业称号。

2月28日 在湖南省“双拥”模范城命名表彰大会上，郴州市被命名为全省双拥模范城。

△ 青岛啤酒（郴州）有限公司挂牌暨新生产线奠基仪式在资兴市举行。此生产线由青岛啤酒股份有限公司和中国铁道建设总公司运输处共同出资2618万元兴建。

3月4日和4月—2日、7日 汝城县岭秀乡、延寿乡和小垣镇因农民负担问题连续发生三次打、砸、抢、烧乡镇党政机关重大群体事件，给国家和人民生命财产造成重大损失。事件发生后，郴州市党政军领导率有关部门负责人前往处置。

3月6—7日 湖南省农村小康建设工作会议在资兴市召开。

3月14—17日 湖南省人大常委会副主任高锦屏一行11人到郴调查矿业秩序整顿、小城镇建设工作。

3月18—21日 国家煤炭行业关井压产工作验收组，对郴州市1999年煤炭行业关井压产工作进行全面检查验收。

3月20日 中国烟草郴州良种繁殖基地在郴州市农科所挂牌建立。

3月21日 湖南省广播电视厅就全省“村村通广播电视”工作发出通报：郴州市成为全省唯一实现全市“村村通广播电视”之市。

△ 在湖南省公路工作会议上，郴州市公路局获1999年度面上工程质量、年末公路养护质量、养护工程质量、107国道专项养护工程质量、“两费”征收管理、路政管理等7项全省评比第一名。次年，市公路局又在全省公路养护质量、路政目标管理和双文明建设中均获第一名。

3月29日 桂阳县、永兴县被湖南省委、省人民政府授予“发展乡镇企业先进县（市、区）”称号，嘉禾县塘村镇被授予“发展乡镇企业明星乡（镇）”称号。

3月31日—4月6日 应文化部等邀请，湖南昆剧团赴苏州参加首届中国（苏州）昆剧艺术节暨昆剧优秀古典名剧展演。其献演的大型传统昆剧《荆钗记》获优秀展演奖；演员张富光和傅艺萍荣获优秀表演奖。

4月6日 位于郴州市同心路繁华地段的同心兴隆批发市场开业。该市场总投资1000余万元，建筑面积1.3万平方米。

4月8日 由潇湘电影制片厂和中央电视台联合拍摄的电视戏剧片《乡里警察》在郴州市北湖区开拍。该剧被誉为"湖南花鼓戏发展第三个里程碑"。

4月10日 中共湖南省委副书记吴向东到郴州五岭广场视察工程建设情况。

4月16日 嘉禾县县城被全国爱国卫生运动委员会命名为"全国卫生城镇"。

4月25日 中南五省最大城市广场——五岭广场和湖南省规模最大、配套设施最齐全的标准化住宅示范小区安居工程——涌泉住宅小区竣工庆典在郴举行。

4月26—29日 中国共产党郴州市第二次代表大会在市委人民会堂召开。会议选举产生35名中国共产党郴州市第二届委员会委员，6名候补委员。产生新一届市委常委，市委书记为李大伦，市委副书记为龙定鼎、周政坤、盛茂林、张万才。

4月27日 原中央军委副主席张震到永兴县三塘乡下塘村，参观黄克诚故居。

4月28—30日 郴州市北湖区人民政府被国务院授予"民族团结进步模范集体"称号，郴州市苏仙区白露塘镇东波瑶族村党支部书记盘新才被授予"民族团结进步模范个人"称号。

4月30日 联合国国际小水电郴州基地建设协议签字仪式及基地奠基仪式在郴州市举行。

5月1—6日 广州军区副司令员谭冬生、副参谋长陈义春等抵郴州检查指导工作。

5月6—14日 在上海举行的第五届全国残疾人运动会上，郴州市伍发启、肖海英、宁赛礼3名运动员代表湖南参赛，夺得5金2银2铜，打破4项全国纪录，超2项世界纪录。

5月10日 郴州市城区国庆南路延伸暨香雪大道建设工程开工建设。

5月11日 中共湖南省委副书记吴向东、副省长潘贵玉在郴州调研。

5月12日 在湖南省农业产业化工作会议上，临武舜华鸭业有限公司被省政府列为全省23个重点扶持的农业产业化龙头企业之一。

5月12—14日 全国政协常委、原广州军区司令员李希林上将抵郴视察。

5月15日 隶属于香港怡联国际有限公司的怡丰锡业（郴州）有限公司桥口冶炼厂在苏仙区桥口镇建成投产。

5月17—20日 政协郴州市二届一次会议在市委人民会堂召开。大会选举新一届政协领导班子，周建国当选为市政协主席，李涛、李泽余、曹行达、石建农（苗族）、曾民生、唐展宜、李美蓉、谭凤姣为市政协副主席。

5月18—22日 郴州市人大二届一次会议在市委人民会堂召开。大会选举新一届市人大和市政府领导班子，王镇鑫当选为市人大主任，副主任为瞿龙彬、白辉全、曹莲蓉（女）、彭伟生、张雨清、罗相朝、曾来庆。大会选举周政坤为郴州市第二届人民政府市长，宋甲武、刘正华、刘清江、雷渊利、王贤国、潘碧灵为副市长。

5月23日 省市"创建全国科技工作先进县"验收组到宜章县检查验收，认定宜章县各项科技考核指标达标。该县迈入全国科技工作先进县行列。

5月25日 岳阳一惠州259/260次"相思鸟号"列车冠名暨首开剪彩仪式在长沙火车站隆重举行。这是郴州市工业产品首次冠名列车。

5月31日 湘南市场开业。这标志着郴州市最大扶贫养牛基地落户汝城县小垣镇大塘村。

9月14日 经国务院批准，嘉禾县被授予"全国体育先进县"称号。

△ 是月，郴州市“打拐”专项斗争集中统一行动取得重大成果。有325名被拐卖妇女，29名被拐卖儿童重返家园。

6月10日 郴州市农业科学研究所投资100万元、占地6.67公顷的农业科技园建成。该所在科技园内建立“国家农作物种子区试站”和“国家烟草良种繁殖基地”两个国家级科研基地。

6月18—20日 中共湖南省委副书记胡彪对郴进行为期3天的考察。

6月20日 郴州市综合职业中专晋升为国家级重点中等职业学校，是为郴州市唯一一所国家级重点职业高级中学。

6月21日 由全国爱卫会和省爱卫会分别组织进行的第四次城市卫生检查评比揭晓。嘉禾县城关镇被评为国家卫生镇；郴州市被评为全省先进卫生城市。省爱卫会授予资兴市为除“四害”省级先进市。

6月29—30日 安仁、桂阳、宜章召开“三讲”（讲学习、讲政治、讲正气）教育动员大会，省长储波、省委副书记胡彪、省委常委李贻衡等省市领导到会动员。7月1日，储波到桂阳、嘉禾考察。

7月1日 郴州市城镇职工基本医疗保险制度启动。

7月16日 公安部“平安大道”检查组抵郴检查107国道郴州段沿线交通情况。

7月18—20日 中共湖南省委常委、省委宣传部部长文选德到临武县、资兴市等地考察指导工作。

7月23—24日 省政协主席刘夫生，副主席、省委统战部部长石玉珍抵郴考察农村和企业工作。

7月25—30日 由全国政协委员、原国防科技大学政委、少将汪浩率领驻湘全国政协委员视察组一行14人对郴州旅游业进行考察。

8月4日 湖南省基本养老金社会化发放现场经验交流会在郴州召开。

8月3—6日 湖南省副省长庞道沐率省直有关单位负责人在郴考察三峡移民和农业工作。

8月11日 中国建设银行郴州市分行宿舍区大门工地发生坍塌事故，造成民工4死4伤。

8月13—26日 全国少年网球赛在郴州白晶宫网球俱乐部举行。有20省市80余名少年运动员参赛。

8月17日 省邮电管理通信建设监理公司在嘉禾县工商局进行通信电缆施工时，挖出4枚“六零”迫击炮炮弹。据初步鉴定，炮弹是抗日战争时期侵华日军所留。

8月22日 国务院三峡建设委员会办公室副主任、国家三峡移民局局长漆林等到郴州督查三峡移民新村建设情况。

8月25日 全国超级杂交稻现场验收组对苏仙区栖凤渡镇超级杂交水稻示范片（141.5亩）进行现场测产。平均亩产777.81千克，最高亩产达807.2千克，居全国低纬度低海拔地区100亩示范点之首。

8月25日 湘南地区最大金属材料交易市场——湘南金属市场在郴州开业。

8月26日 郴州汽车运输集团有限责任公司挂牌运行。

8月27—29日 湖南省副省长唐之享率省直有关单位负责人，就县域经济发展现状与对策，以及全面推进素质教育等问题抵郴开展调研。

8月28日 郴州市县（市、区）、市直第二批单位“三讲”教育总结大会在郴召开。为期两月的郴州市第二批县处级领导班子和领导干部“三讲”集中教育圆满结束。

8月31日 重庆市忠县移民经过3昼夜长途跋涉，抵达郴州。28台全新客车载着移民驶向苏仙区塘溪乡移民新村。9月1日上午郴州市欢迎三峡移民大会暨移民交接仪式在苏仙区塘溪乡龙塘移民新村举行。自此，重庆市忠县699名三峡移民落户郴州。

9月1—2日 郴州市资兴、桂东、宜章、安仁、永兴、汝城等县市由于受13号热带风暴影响，连续24小时遭受暴雨袭击，有8县（市、区）、145乡镇、142.5万人受灾。市、县（市、区）党政军领导及市武警支队官兵迅速赶赴重灾乡镇抗洪抢险，营救被困群众。

9月8日 在省广播电视中心演播厅举行的全省“中国加入WTO与湖南发展对策知识竞赛”总决赛中，郴州市交通局组成的郴州市代表队获第二名。

9月13日 郴州市老干部大学在郴举行成立大会暨开学典礼。

9月10—12日 为支援资兴灾区救灾工作，广州军区应湖南省军区请求，派出直升飞机对资兴市连坪、龙溪两重灾区的3000受困群众空运救灾物资。

△ 由少数违法犯罪分子挑头，北湖区鲁塘镇村头村与桂阳县清和乡长乐村发生严重边界械斗事件，在社会上造成恶劣影响。有关责任人被追究法律责任。

9月11—15日 中共湖南省委书记、省人大常委会主任杨正午在郴州考察。

9月16日 郴州市重点工程——郴仰公路动工兴建。公路全长51.99千米，总造价3000万元人民币。

9月18—20日 2000年中国·郴州生态旅游节暨经贸洽谈会在郴州举行。来自美国、英国、日本等17国家和地区客商先后与郴州各县、市、区和企业签订引资项目合同28项，合同利用外资9643万美元；技术交易和贸易合同26项，合同总金额2.38亿元，商品零售总额1000万元。

9月23日 北湖区公安局经过严密布控，一举将入室杀死2人、杀伤1人的犯罪嫌疑人王桂成抓获归案。至此，发生在郴州市湘运公司水果批发市场的“9·22”特大杀人案成功告破。

9月26日 由人民日报社和北京电影制片厂联合摄制的10集电视专题片《陈毅》在汝城县濠头、田庄、城关、城郊等乡镇拍摄有关湘南起义期间汝城农军活动的珍贵史料镜头。

△ 郴州市博物馆举行隆重奠基典礼。

9月27日 教育部副部长周远清到郴考察教育工作。

△ 中共郴州市委在人民会堂召开全市领导干部警示教育大会。3名服刑犯人现身说法，给700余名副处以上干部进行廉政警示教育。

10月1日 郴州市城市客货运输信息中心建成投入使用，是为全省首家现代化城市客货运输信息中心。

10月3—4日 国务院扶贫办主任高鸿宾、副主任王国良一行6人在郴考察扶贫工作。

10月6—8日 长、株、潭、衡、郴管道直饮水工程专家调研会在郴州召开。

10月10日 郴州火车站改造工程全面竣工。

10月11—14日 郴州代表团一行342人，参加第二届中国国际高新技术成果交易会。郴州市洽谈技术引进项目54项，签订意向和合同22项，合同金额1.1亿元。同时，还签订石墨产品出口合同1项，合同出口总额达4500万美元。

10月16日 湖南省检察院、省司法厅、团省委联合举行全省优秀“青少年维权岗”命名仪式暨现场推进会在郴州召开。郴州市15个单位被命名为全省优秀“青少年维权岗”。

10月25日 在浙江省桐庐结束的第三届国际风景旅游洞穴会议上，郴州市万华岩被国际风景旅游洞穴协会（ISCA）吸收为会员，成为“ISCA”的第7个中国洞穴会员。

△ 湖南省民政厅举行扶贫济困送温暖捐助仪式。10余家省直机关和中央驻长单位参加捐助仪式。捐款55万元，支援2000年受灾最严重的郴州市。

10月27日 中共汝城县委、县政府在汝城召开纪念上将朱良才诞生100周年大会。中央军委副主席、国防部部长迟浩田和北京军区等发来贺电。

10月30日 永兴县马田镇、嘉禾县塘村镇获农业部、国家体育总局、中国农民体育协会联合授予的“亿万农民健身活动先进乡镇”称号。

是月 在悉尼举行的第十一届残疾人奥运会上，郴州市残疾人运动员肖海英获女子跳远铜牌。

11月2日 代表中国戏剧创作最高水平的曹禺戏剧文学奖评选在西安揭晓。郴州市剧作家冯之创作的《乡里警察》获剧本奖。

11月3—6日 2000年“中国人寿保险杯”全省中学生田径运动会在郴州市二中举行。郴州市代表团夺得5金7银8铜奖牌，并获“优秀代表团奖”。

11月12—14日 中共湖南省委常委、省委秘书长谢康生率领检查组，对郴州市减轻农民负担、转变干部作风等方面情况进行抽查。

11月15—19日 由湖南省人大常委会副主任罗海藩带领的在湘部分全国人大代表在郴视察。

11月16日 中共湖南省委常委、省军区司令员张德仁抵郴考察征兵、部队建设和武器安全管理等工作。

11月18—27日 在长沙举行的湖南省第二届名优特新农副产品博览暨交易洽谈会上，郴州市组织10大类68个产品参展，获金奖15个、银奖11个、优质产品奖18个。农博会上，郴州市实现现货交易312万元，签订引资和产品销售合同27项，合同总金额3.5亿元。

11月24日 中国银行湖南省分行与郴州市人民政府签订银政合作协议。

11月29日 中共湖南省委、省人民政府作出决定：授予资兴市文明城市称号，湖南省东江水力发电厂为文明标兵单位，郴州交通局等7单位为文明单位，苏仙区塘溪乡、嘉禾县塘村镇为文明乡镇。

12月2—3日 中共湖南省委常委、常务副省长周伯华到郴州检查指导工作。

△湖南省城镇扩容提质及规划工作会议在郴州召开。

12月3—5日 中共湖南省委常委、省委组织部部长戚和平到郴，就干部人事制度改革和干部监督以及培养选拔年轻干部等工作进行专题调研。

12月8日 湖南省昆剧团参演的大型传统昆剧《荆钗记》获“湖南省第三届新剧（节）目会演”优秀新剧目大奖。

12月11日 郴州市种子公司参股的“隆平农业高科技股份有限公司”在深交所隆重上市。市种子公司占2%股份。

12月16日 经省人民政府批准，撤销北湖区安和乡，设立北湖区万华岩镇。

12月20日 郴州军分区司令部被评为湖南省军区年度先进司令部。

12月22日 临武、嘉禾、北湖和桂东4县（区）各项指标均达到农村水电初级电气化标准，顺利通过省农村电气化建设小组验收。

△ 郴州市劳动局获由人事部、劳动和社会保障部联合授予的“全国劳动和社会保障系统先进集体”称号。

是年 郴州市地方中小水（火）电生产创历史最高纪录，全年发电量突破16亿千瓦时。

是年 资兴市国税收入总额达1.3亿元，成为郴州市第一个国税收入总额突破亿元县级市。

2001年

1月5日 在北京召开的全国人民满意的好法院、全国人民满意的好法官表彰大会上，资兴市人民法院获“人民满意的好法院”称号。

1月7日、22日 中共郴州市委、市人民政府、中共湖南省委、省人民政府先后作出《关于在全市广大党员干部中开展向胡昭程同志学习的决定》。2月15日，胡昭程事迹报告会在省委礼堂举行。

1月18日 一辆车牌号为赣A60624的大型卧铺客车行驶至国道106线汝城县银岭头石壁下2106KM+300M路段时，撞倒路边护墩，翻下78米深山谷，造成死亡9人、重伤3人、轻伤34人的重大交通事故。

△ 由交通部副部长胡希捷率领的国家安全生产暨春运检查组到郴州市检查春运工作。

1月21日 湖南省人民政府通报表彰2000年全省工业企业扭亏增盈暨“三年两大目标”工作先进单位。郴州市荣获扭亏增盈暨“三年两大目标”工作二等奖。

1月22日 江西萍乡与娄底安化两辆长途客车在107国道郴州境内段1970处相撞，死亡7人，重伤9人，轻伤35人。

2月2—6日 中共湖南省委书记、省人大常委会主任杨正午对郴州市农村“三个代表”重要思想学习教育活动和扶贫工作进行考察。

2月18—19日 中共湖南省委副书记、省人大常委会副主任郑培民率省委党风廉政建设责任制考核小组在郴考察郴州贯彻执行党风廉政建设责任制和开展农村“三个代表”重要思想学习教育活动情况。

2月20—25日 湖南省省立法调研组在郴对东江湖水环境保护进行考察，把《湖南省东江湖水环境保护条例（草案）》列入2001年省人大常委会立法计划。

2月21日 郴州市18家县属以上建筑施工企业的6000多名职工已全部由行业劳动保险转为参加社会基本养老保险，实现全行业行保转社保。

2月26日 中共郴州市委、市人民政府在长沙华天大酒店召开教育工作汇报会。教育部副部长周远清、副省长唐之享等领导专题听取汇报。

3月6日 总投资22亿元的资兴鲤鱼江电厂2×30万千瓦机组扩建工程项目获国家计委批准。年内动工兴建。

3月8日 山河引水工程输水管道和城区管网沟通，山河引水工程向市区通水。4月14日，山河引水工程全面竣工投产。

3月12日 临武县被中共湖南省委、省政府评为社会治安综合治理先进县。

3月13日 临武县水东煤矿发生一起特大瓦斯爆炸事故，井下15人死亡、4人重伤。事后，相关责任人分别受到党纪政纪处分。

3月14—17日 湖南省副省长贺同新一行对郴州外经外贸和旅游工作进行考察。

3月15日 湖南省地质勘探开发局副局长黄永南向新闻界宣布：在郴州市千里山—骑田岭一带，发现世界上最大锡矿带，长90千米，宽80余千米，面积达7000平方千米以上，已探明储量50万吨。

3月16日 由中国电信集团承建的国家“十五”期间一级重点工程，高速信息传输骨干网，新京汉广光缆“大动脉”郴州段建设工程，从3月中旬开始全面铺开动工。

3月21日 湖南省统计局公布2000年湖南省市州经济社会发展考核评价结果，郴州市在全省

14市州中综合评分居第三位。

△　郴州市和桂阳县公安民警、武警近400人，对湘南地区黑恶势力何天明团伙盘踞的桂阳县方元镇长汾村进行搜捕，一举抓获该团伙头目何天明及主要团伙成员。

3月23日　湖南省人民政府在郴州市召开耒宜高速公路建设工作会议。省委常委、常务副省长周伯华在会上就耒宜高速公路建设提出“五个确保”（确保年底通车、工程质量、资金专用、环境优良、文明施工）要求。

3月24—25日　湖南省250亿千克仓容国家储备粮库建设项目竣工验收工作会议暨郴州项目竣工验收会在郴召开。郴州粮库扩建工程通过验收。

3月24—26日　郴州（东莞）“三来一补”招商代表团在广东东莞市开展招商引资活动，签约44项目，总金额达7275万美元。

3月27日　郴州市机构改革领导小组成立，全市机构改革拉开序幕。

4月8日　菲律宾康达（湖南）水泥有限公司奠基仪式在宜章县太平里乡举行。

4月20日　郴州市八一路“购物放心街”授牌仪式在八一路举行。省质量技术监督局受国家质量技术监督局委托向八一路授牌。

4月21日　民办中学郴州市菁华园中学正式挂牌成立，从而结束郴州市无全日制民办高级中学历史。

4月27日　湖南省人民政府作出《关于表彰2000年度发展乡镇企业先进单位的决定》，其中桂阳县、临武县被授予“发展乡镇企业先进县（市、区）”称号；湖南省郴州良田水泥厂被评为“乡镇企业纳税大户”；湖南临武舜华鸭业发展有限责任公司、桂东县竹胶板厂被评为“乡镇企业农产品加工大户”。

4月30日　湖南省重点工程——郴化集团方舟公司年产20万吨复合肥一期工程联动试车。

5月11—12日　在长沙召开的湖南省党管武装工作会议上，中共资兴市委、中共宜章县委获“党管武装工作先进单位”称号。汝城、临武、北湖区人民武装部获“全面建设先进人武部”称号。

5月22—23日　中共湖南省委副书记、省人大常委会副主任吴向东在郴考察全面清理整顿文化市场，确保文化市场健康有序发展情况。

5月23日　国家环保总局、国家经贸委、监察部、国家林业局召开“全国严肃查处环境违法行为专项行动”电视电话会议，郴州市欧阳海灌区和芙蓉地区乱采滥挖被列为全国和省第一批“严查”对象。

△　郴州市人民政府根据《湖南省地名管理办法》规定作出决定，将东江水库命名为东江湖。

6月5日　郴州市获全省“三五”普法、依法治理工作先进市称号。

△　湖南省电力公司与香港华润（集团）有限公司在长沙签订关于鲤鱼江电厂2×300兆瓦机组扩建项目投资协议。

6月11—12日　湖南省检察机关预防职务犯罪工作会议在郴州市召开。

6月19日　应联合国际小水电中心邀请，郴州市市长及有关人员赴印度喀拉拉邦参加联合国国际小水电网第七届年会。

6月20日　根据省委组织部和省援藏援疆领导小组安排，新疆维吾尔自治区吐鲁番地区13名干部抵达郴州，开始在郴州市为期半年挂职锻炼。

△　苏仙区林业局被国家林业局评为“全国绿化先进集体”。

6月25日　2001年度湖南省“卫生城市”“卫生县城”考核评选揭晓，资兴市被授予省级“卫生城市”称号，桂阳县被授予省级“卫生县城”称号。

6月26日 总投资4.2亿元、全长65千米的郴资桂高等级公路全线通车。

△ 总投资1.8亿元的郴州五岭大市场在郴州市经济技术开发区五岭大道南端举行奠基典礼。

△ 历时2年零6个月，耗资300余万元的郴州市城市雕塑暨五岭广场主雕塑《创·神农作耒耜于郴》落成。

6月30日 以“共产党好、社会主义好、改革开放好”为主题的庆祝中国共产党建党80周年郴州市百万群众歌咏比赛“华人杯”决赛在五岭广场举行。

7月1日 中共中央发出《关于表彰全国先进基层党组织和优秀共产党员优秀党务工作者的决定》。郴州市宜章县新华乡党委获全国先进党组织称号。9月20日，在北京召开的全国“人民满意的公务员集体”表彰大会上，宜章县新华乡政府被评为全国“人民满意的公务员集体”。

7月4日 湖南省青年职工工作委员会下发《关于命名表彰湖南省青年文明号、青年岗位能手的决定》。郴州市临武县公安局刑侦大队和中国人寿郴州分公司营销部被授予“第二届湖南十大杰出青年文明号”称号。

7月10日 2001年湖南（香港）投资贸易洽谈会在香港展览中心举行。郴州招商在全省独占鳌头，签约5个项目，总投资3.21亿美元。

7月11日 按照中共湖南省委、湖南省人民政府统一部署，重点整治衡阳、郴州两市耒阳、常宁、永兴、桂阳4县（市）边界接合部社会治安统一行动拉开序幕。

7月26日 湖南省第一家综合性民营医院——郴州市明华医院开业。

7月29日 中共湖南省委常委、常务副省长周伯华到耒宜高速公路建设工地调研。

8月1—3日 中共湖南省委常委、省委政法委书记李贻衡一行在郴州市考察政法综治工作。

8月3日 中国人民武装警察部队司令员吴双战中将抵武警郴州市支队考察工作。

8月8—11日 在常德举行的2001年全国中学生田径锦标赛中，作为湖南代表队选手的郴州市五中学生邓仁辉夺得男子铅球（乙组）冠军。

8月10日 莽山国家森林公园发现扬子鳄化石。此化石在莽山系首次发现，为研究莽山和开发莽山提供新线索。

8月20日 湖南省工商行政管理局代表国家工商行政管理总局向郴州市八一路授予全国“打假维权消费者满意街”牌匾。

8月27日 汝城县抢救维修千年书院——濂溪书院工作启动。濂溪书院位于汝城西郊，是公元1041年为纪念北宋理学鼻祖周敦颐而兴建的宋代古典建筑群。10月29日，为期3天的全国周敦颐学术思想研讨会在汝城县落下帷幕。

8月27日—9月1日 由中央、省22家新闻单位组成的新闻采访团一行30余人在桂东县采访胡昭程优秀事迹。11月29日，胡昭程先进事迹报告会在北京人民大会堂举行。

8月31日 郴州市依法治市领导小组办公室被评为全国“三五”普法、依法治理优秀办公室，市林业局、市统计局分别被国家林业局、国家统计局评为“三五”普法依法治理先进单位，郴州市被评为全省“三五”普法依法治理先进市。

9月6—9日 中共湖南省委书记、省人大常委会主任杨正午在郴州进行为期4天考察。强调要大力推进工业化进程，对经济结构进行战略性调整，全面实现郴州经济跨越性发展。

9月9日 庆祝2001年教师节暨教育基金募捐大会在市人民会堂隆重召开。各单位和部门为教育基金现场捐赠140万元。

9月10日 中共湖南省委、省政府发出《关于表彰全省“两基”工作先进典型的决定》。郴州市被授予“推进‘两基’成就奖”称号，北湖区被评为“两基”工作先进县（市、区）。

9月12日 湖南省重点建设项目、西电东送重点工程之一的湖南郴州资兴鲤鱼江电厂扩建前期工程，鲤鱼江片110千伏及以下电网改造工程竣工。

△ 湖南省人民政府发出《关于表彰全省绿化先进集体、先进个人的决定》。临武县人民政府、郴州市公路局获全省绿化先进集体称号。

9月26日 在湖南省体育学院党委书记冯湘红和前世界冠军、省体育局羽毛球管理中心主任唐九红率领下，省羽毛球队到郴州体育训练基地，开始为期45天的封闭式强化集训。

10月12日 在长沙市举行的全省精神文明建设“五个一工程”第七届表彰大会上，郴州市选送的昆剧《荆钗记》、歌曲《大神州》两件作品获全省“五个一工程”第七届入选作品奖。

10月14—15日 郴州市政府领导率领市计委及鲤鱼江电厂、湖南省电力勘测设计院负责人到韶关市参加鲤鱼江—韶关（曲江）500千伏送电线路路径方案协商会议。双方就鲤鱼江电厂扩建工程向广东地区送电于韶关市境内路径定向问题达成协议。

10月18日 郴州市创建湘南学院奠基仪式在郴州市城区王仙岭下、郴资高等级公路旁举行。

10月26日 共青团中央、司法部命名全国司法行政系统57个优秀“青少年维权岗”。郴州市桂阳监狱榜上有名。

10月28日 桂嘉二级公路奠基仪式在桂阳举行。

11月1日 中共郴州市委、市人民政府在郴召开打击袁学明黑恶团伙及保护伞新闻发布会。

△ 桂东县被教育部、民政部评为全国“普九”巩固提高工作先进县。

11月16日 郴州市检察院和郴州市一中被评为第三届湖南省未成年保护工作先进集体。

11月19—20日 湖南省推进工业化进程座谈会在郴州召开。

11月25日 作为湖南省境内唯一的“西电东送”项目、省“十五”计划重点建设项目，鲤鱼江电厂两台30万千瓦发电机组扩建工程在郴州资兴开工。

11月25—28日 由市政府领导带队，市直有关部门和各县（市、区）政府主要负责人组成的代表团，赴北京举办郴州市赴京建设项目恳谈汇报活动。

11月26日 第七届中国戏剧节暨第十八届中国戏剧梅花奖颁奖典礼在广西省柳州落下帷幕。湖南省昆剧团演出的大型传统昆剧《荆钗记》获中国曹禺戏剧奖优秀剧目奖。

11月30日 湖南省第九届人大常委会第二十六次会议审议通过《湖南省东江湖水环境保护条例》。

12月4日 中共郴州市委主要领导在郴州国际大酒店会见在郴考察的罗马尼亚园艺产品研究所所长马伦、多哥斯库一行。双方就罗马尼亚与郴州合作建设蔬菜和果汁加工企业问题进行会谈。

12月9—15日 郴州市党政代表团赴广东省考察学习，重点考察广州、顺德、中南、东莞等市工业发展和城市建设，历时6天。

12月12日 经过5天激烈角逐，湘粤赣闽4省6市“华人杯”篮球锦标赛在郴州女排训练基地腾飞馆落下帷幕。

12月24日 郴州市社会科学界联合会第一次代表大会在郴州南苑宾馆召开。

12月27日 湖南省农业厅发布《关于开展无公害农产品示范基地（县）建设的通知》。永兴县无公害冰糖橙示范基地被列为全省15个无公害农产品示范基地之一。

12月28日 国家及湖南省“九五”重点工程——京珠国道主干线耒阳至宜章高速公路竣工通

车。该工程于1998年11月1日开工，设计全长135.4千米，总投资39.27亿元。

12月30日 株洲硬质合金厂和柿竹园有色金属矿共同出资1.46亿元组建的郴州钻石钨制品有限责任公司冶炼生产线技改项目在柿竹园矿奠基。

2002年

1月9—10日 中共湖南省委常委、省委组织部部长戚和平一行到郴州市察民情、送温暖，开展调研。

1月11日 湖南省人大常委会副主任郑培民、秘书长刘永寿一行到郴考察人大工作。

1月13—15日 湖南省副省长唐之享就中小学德育工作和教师工资发放问题到郴州市开展调研。

1月15日 郴州市首次举行考试选拔党校中青班学员，全市各县（市、区）和市直单位经过组织推荐的150名青年干部参考。

△ 中共郴州市委、市人民政府在郴州国际大酒店举行郴州市经营项目新闻发布会。公布2002年首批11项城市经营招商项目。

1月21日 郴州市电业局塘溪220千伏输变电工程投入运行。这是郴州市第一座高科技无人值守变电站，标志着市电网建设迈上新台阶。

2月7日 在全国检察机关第五次“双先”表彰暨基层检察院建设总结表彰电视电话会议上，永兴县人民检察院荣记集体一等功。

2月10日 经国务院批准，郴州市桂东县和汝城县为国家新一轮扶贫开发重点扶持县。

2月19日 中国女排到郴州体育训练基地集训，为2002年世界女排锦标赛备战。

3月3—5日 国家人民防空办公室副主任王胜利到郴州考察人民防空工作。

3月14日 由韩国通信中国首席代表赵默根为首的韩国商务考察团一行在郴州进行商务考察。

3月28日 总投资3.23亿元的郴州市城区四大基础设施建设工程：环城东路（郴江大道段）建设工程、环城南路配套设施建设工程、107国道城区段拓宽改造四期工程、燕泉商业广场建设工程同时破土动工。

3月29—31日 代号为“破冰行动”的禁毒专项斗争在郴州市展开，打响郴州市禁毒严打整治第一仗。

3月30—31日 首次国家司法考试举行。郴州考区有1173人报名参考。

4月8日 郴州市、永州市第9次边界睦邻友好联谊会在新田县召开。

△ 郴州市连续20年被评为湖南省信访工作先进单位，成为全省唯一连年获此殊荣的市。

4月10—13日 中共湖南省委常委、省政协副主席、省委统战部部长石玉珍在郴考察非公有制经济发展情况。

4月11—14日 中共湖南省委副书记文选德到郴州市就如何优化经济环境，加快县域经济发展步伐等进行专题调研。

4月13日 郴州市城管支队4名队员在北湖市场门口执行公务时，将占道经营水果的摊贩陈某生两筐芒果收缴于车厢内。因城管人员处理失当，陈从车上跌下当场死亡。少数不法分子趁机煽动实施“打、砸、抢、烧”，造成6辆汽车被推翻或烧毁，18名武警、2名公安民警被打伤。29日，郴州市城区在东风广场举行公捕公判大会。公开逮捕15名在“4·13”事件中的犯罪嫌疑人。

△ 总投资近1亿元的环城东路（城区段）和汽车东站在原郴州市汽修厂内奠基。路长765米，宽62米，按城市二级主干道设计。

4月15—19日 在山东省济南举行的“鲁能杯”全国残疾人田径、柔道、举重锦标赛暨世界锦标赛选拔赛上，郴州市残疾人运动员肖海英、宁赛礼、伍发启、欧静玲、雷涛共获7枚金牌、3枚银牌，奖牌数居湖南全省第一。

4月16日 郴州市农村税费改革全面铺开。

4月17日 桂阳县流峰镇卫生院清资盘点工作完成。至此，全县39乡镇卫生院全部完成运行机制改革，成为湖南省农村卫生机制改革第一县。

4月19日 中国第一幅用汉白玉雕刻而成的古典名画《清明上河图》长卷在郴州问世。全画高1米、长20米，用30块优质汉白玉石料，按宋代画家张择端原作以1:4比例，由中国东方雕塑工艺家王立卿等5人，耗时3年手工雕刻而成。

4月20日 2002年湖南郴州投资环境介绍会在深圳市举行，签约48个项目，引进资金2.3亿美元。

4月21日 湖南省妇联、省直机关工委联合主办“春蕾计划”数据管理系统启动暨新一轮救助失学儿童仪式。北湖区王书华成为郴州市唯一受助对象。

4月21日—5月3日 郴州市经贸考察团到南非访问并进行经贸考察。

4月24—27日 桂阳县荷叶镇河里金叉石墨矿发生透水事故，波及相邻荷叶镇煤矿，致使两矿20人被困井下。27日，除4名矿工失踪外，16人被救出。

△ 湖南省私营企业10大行业500强暨10大突出贡献私营企业家授牌颁奖典礼在省军区大礼堂举行。郴州市汝城县三星矿业有限公司等16家企业被评为省500强私营企业。

5月2—5日 郴州市在城区举办4省10市乒乓球邀请赛。

5月6日 郴州市在城区举行“华人杯”青年歌手电视大赛。

5月10—12日 全国农村水电现代化建设工程现场会在郴召开。会上，水利部决定向全国农村推广郴州发展农村小水电经验。

5月13日 湖南省农民健康教育行动示范点在郴州市北湖区启动，卫生部有关领导出席启动仪式。

5月13—17日 由湖南省政协副主席范多富带队的省“三湘环保世纪行”生态环境调查组在郴州调研采访。

5月17日 由郴州市美术家协会、群艺馆、书画院共同组织选送到省会参评的54件各类美术作品，有37件入选全国纪念毛泽东《在延安文艺座谈会上的讲话》发表60周年湖南展区美术作品展览，入选作品名列全省榜首。

5月18日 由全国性救援服务机构——华保学生紧急救援中心捐赠的一辆价值20万元的救护车在市第一人民医院投入使用。

5月26—28日 郴州市代表团到上海参加2002湖南（上海）经贸合作活动周活动，先后参观考察上海市奉贤区和卢湾区，召开郴州市情介绍暨投资说明会和旅游推介会，举行重大项目签约仪式。

△ 中共湖南省委常委、省委宣传部部长黄建国在郴州考察工作。

△ 郴州市定向越野运动员在全国第二届体育大会获3枚金牌、1枚银牌、2枚铜牌。

5月29日 国土资源部副部长寿嘉华到资兴市考察半垅灌区土地开发整理项目。

6月6日 中国太平洋人寿保险股份有限公司郴州支公司挂牌开业。

6月13—16日 郴州市普降大暴雨，大部分地区形成特大洪灾。因灾倒塌房屋8678间，致伤535人，死亡3人；冲毁公路、桥梁、电力设备等基础设施损失计2.76亿元。全市农作物受灾面积9.23万公顷，成灾面积6.25万公顷，造成直接经济损失5676万元。全市因灾停产工矿企业349家，直接经济损失8293万元。

6月14日 郴州市召开动员大会，部署对市直行政、事业单位全面推行会计集中核算。

6月14—16日 湖南省法院刑事审判改革现场经验交流会在资兴召开，推介资兴市人民法院"简便审理"经验。

△ 湖南省副省长庞道沐深入郴州市受洪灾袭击严重地区，慰问奋战在一线的干部职工和受灾群众，调研郴州"6·16"洪灾情况。

6月18日 中共湖南省委、湖南省政府作出《向何贵平同志学习的决定》。

6月20日 中共湖南省委副书记、常务副省长周伯华到郴州检查指导工作。次日，国家农业部部长杜青林，常务副省长周伯华率领农业部和省直有关部门负责人到郴州察看灾情，指挥救灾。

6月24日 中共湖南省委常委、省委宣传部部长黄建国到临武县考察。

6月25日 经省公安厅和中共郴州市委、市人民政府批准，公安机关依法查封涉嫌构成赌博罪的"足球竞彩俱乐部"。

6月25—26日 湖南省市州人大常委会工作联席会议在郴州召开。

6月27日 国际红十字会与红新月会联合会东亚地区办事处主任理查德·希尔斯、中国红十字总会赈灾救护部副部长杨会新、香港红十字会女士苏婉娴、澳门红十字会女士刘慧菁以及湖南省红十字会有关负责人等一行12人，到郴察看灾情。

6月28日 《中国郴州》互联网站开通。

6月29日 《人民日报》头版以《郴州涉农收费实行公示制》为题，推介郴州市实行涉农收费公示制作法。

6月30日—7月1日 安仁、永兴、桂阳、嘉禾、临武、北湖、苏仙等地出现大暴雨，造成大范围山洪灾害，局部地区出现山体滑坡。全市11县（市、区）有164乡镇受灾，造成直接经济损失5.44亿元。

7月3—4日 郴州人防办在中南五省人防机关"准军事化"建设研讨会上作典型发言。其准军事化建设经验被广州军区全面推广。

7月5日 郴州市个体劳动者私营企业第一次代表大会在郴城召开。

7月10—11日 全国涉农价格和收费公示工作经验交流会在郴州市召开。

同日 由原省人大常委会副主任朱东阳率领的省委督查组到郴考察打黑除恶、重点整治、政法机关优化经济环境和禁毒等工作。

7月10—12日 湖南省政协主席王克英、副主席陈彰嘉到郴州考察。

7月11日 湖南省计划生育流动现场会在郴州市永兴县、苏仙区召开。

7月12日 浙江千岛湖集团公司与资兴市旅游局签订合同，投资2000万元开发东江湖厚玉一带6大岛屿景点景观旅游。

7月13日 中共郴州市第二届委员会在郴召开第六次全体会议，对即将进行换届的部分县（区）党委、政府正职拟任人选进行投票表决。

7月18日 中国社会调查事务所郴州工作站成立。

7月18—21日 中共湖南省委书记、省人大常委会主任杨正午率省直有关部门负责人到郴州考察。

7月20日 国家AA级旅游区（点）授牌仪式在北湖公园举行。这是郴州第一个国家AA级旅游区（点）。

7月26日—8月6日 应罗马尼亚科技教育部邀请，郴州市政府代表团赴罗马尼亚就中罗两国在北湖区和资兴建年产万吨浓缩果蔬汁生产项目进行商务考察。

8月6—7日 湖南省高新技术及产业和民营科技工作研讨会在郴州召开。

8月7—8日 郴州市连降特大暴雨。郴州中心城区降雨量达到211.8毫米。11县（市、区）大部分地区降雨量在150毫米以上。郴江河水陡涨至6.8米，接近历史最高水位，沿岸街道、村庄被淹。中共郴州市委、郴州市人民政府召开抗洪救灾紧急会议，成立抗洪救灾指挥部，对抗洪抢险救灾工作实行领导分工负责制。

△ 受连日大量降雨影响，四清水库大坝外侧出现大面积滑坡。其险情为新中国成立后至今湖南省水库险情最大的一次，堪称“湖南第一险”。

8月9日 到郴州指挥抗洪救灾的省委副书记、常务副省长周伯华，省军区副司令员黄明开，带领省直有关部门负责人亲临四清水库一线督阵。13日，省委副书记胡彪到郴看望慰问受害群众。

8月10—11日 国家防汛办副主任田以堂视察郴州市北湖区江口乡江口村、月峰乡介禾山村、苏仙区马头岭乡钟家村等地灾情。

8月11日 中共湖南省委书记、省人大常委会主任杨正午和省长张云川到郴后，立即赶赴四清水库现场督战，指挥抢险工作。

8月12—13日 中共中央政治局委员、国务院副总理温家宝深入郴州灾区视察抗洪救灾工作，慰问受灾群众，要求全市军民夺取抗洪救灾全面胜利。

8月16日 郴州市举办2002年中国湖南旅游节郴州（飞天山）生态旅游节。全国政协副主席毛致用参加旅游节并在郴州考察。期间郴州市签订招商合同、协议项目61个，总投资3.7亿美元，利用外资金额3.2亿美元。

8月19日 最高人民检察院督办、郴州市检察院提起公诉的欧涛等27人组织参与黑社会性质组织一案，由市中级人民法院在汝城县公开审理。11月30日，首犯欧涛被判处无期徒刑，剥夺政治权利终身，并处罚金200万元。

8月21日 由重庆市国际实业投资股份有限公司和郴州山河实业集团有限公司共同组建的南方水务有限公司在郴州挂牌成立。

8月28日 香花岭锡业有限责任公司挂牌成立。该公司是对原国有中型一档企业香花岭锡矿实施关破重组后设立。

9月4—6日 在呼和浩特市召开的中国首届白银年会上，永兴县以其悠久金银冶炼历史和巨大白银、黄金生产加工能力，被世界白银协会、中国有色金属工业协会认定为“中国银都”。

9月11日 由省政府办公厅、省建设厅、省重点办、省煤炭厅及电力公司等部门和单位组成的省政府电力建设考察组，对鲤鱼江电厂2×30万千瓦扩建工程在建项目进行考察。

9月12日 原教育部副部长、国家高教学会会长周远清到郴州考察湘南学院建设情况。

△ 郴州城区国庆南路延伸段暨香雪大道竣工通车。

9月25日 中共长沙市委、市政府向郴州市灾区捐赠100万元仪式在郴州市竹园宾馆举行。

△ 山河实业集团负责建设的郴州市污水处理厂项目正式奠基开工。

9月26日 桂嘉高等级公路全线开工。该公路东起桂阳县城，西至嘉禾县城，全长40.7千米，路宽 15.5 米，总投资 3.42 亿元。

△　湖南省副省长唐之享到郴州考察湘南学院筹建工作。

9 月 27 日　建设部城乡规划司副司长孙安军受国务院副总理温家宝委托，现场勘查郴州城镇山洪灾害情况。

9 月 29 日　天堂温泉度假山庄开业迎宾。度假山庄位于苏仙区许家洞镇内，其泉水是 711 矿地下温泉，距地表 800 米深。

10 月 9—11 日　国务院扶贫领导小组副组长、国务院扶贫办公室主任吕飞杰受国务院副总理温家宝委托，带领国务院扶贫办一行 6 人，对郴州市扶贫工作进行考察。

10 月 11—14 日　郴州市代表团参加在深圳举行的第四届中国国际高新技术成果交易会，并开展招商活动，达成 13 项合作意向。

10 月 16 日　应"霍英东基金会"邀请，中共郴州市委副书记宋甲武带领市外经局、市建设局、市农业局、市文联以及"山里来"州特产超市等一行 12 人赴广东南沙考察，并专程拜访全国政协副主席、著名实业家霍英东先生。

10 月 21 日　世界宣明会向郴州市灾区捐赠 134 万元人民币。

10 月 29 日—1 月 3 日　全国政协委员、原省政协主席刘夫生到郴州考察城镇建设、旅游资源开发、私营企业发展状况。

10 月 30 日　郴州市下岗失业人员再就业"绿色通道"开通。

11 月 7 日　武警总部副参谋长冯守正少将到郴州武警支队检查部队在中共十六大期间安全保卫工作。

11 月 8 日　郴州市农业产业化龙头企业——资兴市东江鱼集团有限公司挂牌。该公司总资产 6000 万元，年产值 1.1 亿元，创利税 1200 万元，连农户 1.5 万户。

11 月 10—12 日　由国家煤矿安全监察局副局长王浩带队的国家煤矿安全督查组对郴州市煤矿安全工作进行督查。

11 月 12—13 日　湖南省副省长庞道沐到郴州考察农业产业化和抗洪救灾工作。

11 月 22 日　苏仙岭风景区、万华岩风景区分别通过国家 AAAA、AAA 级旅游景点（区）验收。

12 月 13 日　郴州市城区客运出租汽车经营权举行公开拍卖，每辆的士 8 年经营权，卖价突破 10 万元。

12 月 20 日　湖南省人民政府命名郴州市为"湖南省园林城市"。

12 月 24 日　郴州市二中综合体艺馆落成。该馆建筑面积 1.01 万平方米。内设篮球馆、排球馆、乒乓球馆、体操馆、标准游泳池、舞蹈馆、美术馆、器乐馆等。

12 月 24—25 日　中共湖南省委书记、省人大常委会主任杨正午，省委常委、省委秘书长谢康生率省委政研室、省劳动厅、省民政厅、省委办公厅领导到郴"送温暖、献爱心"。

12 月 25 日　"湖南郴州宜章'7·9'特大制贩冰毒案新闻发布会"在郴州国际大酒店举行。

12 月 26—27 日　郴州市遭遇多年未遇大雪天气，最大积雪深度达 16 厘米，局部地区暴雪，并出现灾情，造成直接经济损失 4860 万元。

2003 年

1 月 4—5 日　全国总工会书记处书记董力率中办、国办督查组一行 7 人深入到北湖区石盖塘、月峰两地爱民新村走访，调查受灾群众生产生活情况。

1月5—6日 郴州市普降大雪。11县(市、区)不同程度受灾。安仁、永兴等7县(市)受灾严重。

1月9日 湖南省人大常委会副主任罗海潘率由省委政研室、省建设厅、省交通厅等部门有关人员组成的联合调查组到郴州调研城市规划和建设工作。

1月19日 在湖南省人大十届一次会议第四次全会上，郴州市王镇鑫、李常水、邓中华、匡妹子当选为全国人大代表。

2月8—10日 全国政协副主席张思卿在郴州考察工作。

3月1日 在福建省厦门召开的全国高校设置委员会四届一次会议上，湘南学院正式通过国家评审，结束郴州无本科院校历史。

3月2日—6月20日 香港"健康快车"抵郴。其间对1317名白内障患者进行复明手术。

3月6日 郴州五岭大市场举行竣工开业新闻发布会。该市场位于郴州市城南新区，总投资1.6亿元人民币，占地10公顷，建筑面积13.6万平方米，是湘南地区规模最大、功能最全、配套设施完善的综合性大型市场。

3月7日 湖南省副省长贺同新到郴州市调研产业项目发展情况。

3月8日 上海市第一人民医院郴州市联合医院在郴州市第一人民医院挂牌成立。

3月10日 郴州市人民政府与深圳禾之禾环境发展有限公司利用BOT(投资—建设—运营—移动)方式，建设郴州市倒窝里生活垃圾处理场特许权合同签约仪式在北京举行。

3月27日 郴州举行联合国工发组织国际小水电郴州基地15名工程技术人员赴印度承担卡拉拉邦乌鲁米一、二级电站安装任务欢送仪式。

3月30日 湖南省副省长甘霖到郴州体育训练基地看望在此进行封闭集训的20名中国女排教练员和运动员。

3月30—31日 原九届全国人大常委会副委员长、全国妇联主席、中国红十字会会长彭佩云到郴考察。

4月1日 中国有色金属行业协会副会长、世界银协会主席、世界钨协会主席周秋菊一行8人到郴州考察柿竹园有色金属有限公司、有色金属科技工业园、石盖塘金贵有色金属加工厂及钻石钨制品有限公司等单位。

4月2日 中共郴州市委出台《关于郴州市党政领导干部引咎辞职暂行规定》。

4月4日 京珠高速公路粤北段开通，自此郴州可沿高速公路直达广州、珠海。

4月6日 郴州市经贸代表团参加在陕西国际展览中心召开的第七届中国东西部合作与投资贸易洽谈会。郴州市在洽谈会设4展区，为湖南展区最多之市。

4月15—17日 中纪委、中组部巡视组到郴州市巡视。

4月18—19日 湖南省政协副主席谢勇一行9人到郴州市进行"加快湖南开放型经济发展"课题调研。

4月20日 由中共郴州市委、市人民政府主办的湖南省首场省级市(州)专场人才招聘会——2003年湖南人才市场郴州市人才招聘会在长沙举行。

4月21—25日 湖南省人大常委会副主任庞道沐一行到郴州市考察农产品质量安全和小康建设情况。

4月25—27日 以人事部党组副书记、副部长戴光前为组长的国务院"非典"(非典型性肺炎)防治工作督察组，在湖南省副省长甘霖陪同下到郴州市检查"非典"防治工作。

4月30日 在湖南省公安厅刑侦局直接指挥下，郴州市公安局刑警支队与广东警方和铁路公安联手出击，在K517次列车上成功抓获公安部通缉的A级逃犯、澳门赌场特大抢劫案主犯唐少华。

5月16日 中共湖南省委副书记、省纪委书记孙载夫到郴州市调研党风廉政建设及反腐败工作。

5月15—16日 湖南省副省长杨泰波到临武、永兴考察农业产业项目建设及水利工程建设情况。

5月18日 中共湖南省委常委、省军区司令员郑治栋少将率工作组到郴州市考察党管武装和军分区、人武部全面建设等工作。

5月20—21日 中共湖南省委常委、省委宣传部部长黄建国考察郴州市防治"非典"、防汛抗灾、外向型经济、民营经济工作。

5月27日 郴州市荣获"全国推行厂务公开先进单位"称号。

6月7日 集"健康、自然、环保、家庭"四位一体的旅游项目"梦里故乡行"生态农业观光园在郴举行奠基仪式。

6月8日 郴州市首家港资出租车公司——郴州永昌兴出租车有限公司在永兴县城挂牌成立。

6月10日 郴州市第一条县乡公路改造样板路桂浩公路——桂阳县城至仁义镇大坊金矿段8.5千米高标准水泥路全线竣工通车。

6月13日 在郴考察的中共湖南省委书记、省人大常委会主任杨正午为郴州促销旅游，亲自到东江漂流体验。

6月17日 郴资桂高等级公路以3.85亿元转让给上海华龙企业（集团）有限公司举行签字仪式，这是全省交通系统第一大产权交易项目。

6月18日 郴州市最大水电资产重组项目签约，广东韶能集团股份有限公司注入1.61亿元资金重组苏仙区石面坦水电站。

6月19日 国际小水电郴州基地——万国大厦落成。该大厦总投资9000万元，共16层，建筑面积1.8万平方米。

7月1日 国家"西电东送"重点项目湖南华润电力鲤鱼江有限公司扩建工程一号机组，顺利通过规定的168小时满负荷运行，运行技术参数达到优良，顺利移交生产。

7月10日 湖南省首家县级公安机关刑事技术中心在宜章县公安局挂牌成立。

7月11日 郴州市第一人民医院顺利通过中国方圆标志认证中心广东分中心专家对ISO90000标志体系的认证。

7月22—24日 湖南省人大常委会副主任王四连一行到郴州检查城市垃圾、污水处理等情况。

7月24—26日 14省（直辖市、自治区）31地区（盟、市）人大工作联席会第16次会议在郴州召开。

7月25日 中华人民共和国第五届城市运动会排球竞赛委员会成立大会在郴州召开。

7月28—29日 中共湖南省委副书记戚和平赶赴郴州督促检查抗旱救灾工作。

8月1—2日 湖南省副省长甘霖考察郴州市高新科技工业园建设情况和新型农村合作医疗试点工作。

8月4日 中共湖南省委副书记、代省长周伯华等省领导率省有关部门负责人到郴州考察抗旱救灾工作。

8月18—27日 郴州市组织43名民营企业家赴中山大学培训。

8月20日 比利时赛得克萨公司副总裁Marc Binet等考察柿竹园有色金属科技工业园。这是首批考察该园的外国客商。

8月21—30日　全国乡镇煤矿安全集中监察执法组对郴州市乡镇煤矿安全生产进行集中监察。

8月22—29日　全国第五届城运会女子排球比赛在郴州体育训练基地举行。

9月16日　中国湖南旅游节·郴州“拥抱青山绿水，走进健康郴州”系列活动之湘粤赣“红三角”旅游发展研讨会暨项目签约仪式在郴州举行。

9月18日　中共湖南省委党校（郴州）2003级党员领导干部在职研究生班在中共郴州市委党校举行开学典礼。

9月19—21日　在长沙举行的全省新技术新产品展示交易会上，郴州有19项目获省新技术新产品科技创新金奖，金奖总数在全省各市州中名列第三。

9月23—24日　中共湖南省委副书记、常务副省长于幼军到郴调研。

9月29日　郴州市第一家历史展览馆——资兴历史展览馆举行开馆仪式，向游人开放。

10月2—3日　国家农业开发办副主任韩国良到郴考察农业产业龙头企业建设情况。

10月15—17日　在2003年湖南（深圳）投资洽谈会上，郴州市代表团签约项目21个，金额达19.7亿美元，引进外资19.34亿美元，签约项目和金额居全省第一。

10月16日　（香港）华润电力控股有限公司投资52亿元人民币，建设2×600兆瓦华润郴州发电厂，与郴州市苏仙区政府签订工程合同。

10月16日　由中共郴州市委、郴州市人民政府和中国新闻社、中国城科会中小城市委员会联合举办的“生态郴州”摄影展在北京国家博物馆举办。全国政协副主席周铁农和中宣部、国务院办公厅、国家旅游总局、建设部、中国市长协会等部门负责人200多人出席开幕式。

10月16—18日　全国治理教育乱收费专项检查组到郴进行治理教育乱收费专项检查。

10月21日　韶关、赣州、郴州三市环保联谊活动在郴举行。

10月22日　郴州市被建设部评为“全国园林绿化先进城市”。

△　在建设部举行的2002年度中国人居环境、国家园林城市、全国园林绿化先进城市等集体及个人颁奖仪式上，郴州市获“全国园林绿化先进城市”奖牌，郴州市园林管理处获“创建园林城市先进集体”奖牌。

10月26—30日　全国中小城市发展研讨会暨中国城科会中小城市委员会第十四次年会在郴州召开。

10月30日　首届中国“红三角”特产展销暨经贸洽谈会在广东南沙海滨新城举行。郴州与韶关、赣州携手合作，共建“红三角”经济区。

11月6日　湘南学院成立庆典在郴州城区王仙岭新校区隆重举行。

11月7—8日　全国政协原副主席万国权率部分全国政协常委、委员抵郴，对湖南昆剧团进行专题考察。

11月10—11日　湖南省副省长郑茂清对郴州市企业改革、就业再就业和社会保障及安全生产等工作进行考察。

11月12日　郴州市物价局就桂阳县工商局扩大范围向非广告经营单位收取广告管理费行为进行价格行政处罚一案举行听证会，首开郴州市价格行政处罚听证会之先河。

11月16日　全国人大常委会委员、农业与农村委员会委员刘振伟一行6人抵郴，就农民专业合作经济组织情况进行立法前调研。

11月18日　中共郴州市委、郴州市人民政府派王镇鑫等作代表，出席中国女排夺取第九届女排世界杯冠军庆祝晚会，并代表郴州市向中国女排赠送一幅湘绣锦屏——《国色天香》。

11月22—23日　中共湖南省委副书记、代省长周伯华到郴州全面考察经济发展工作，并就如何加快发展县域经济等问题进行调研。

12月4—5日　原全国人大常委会副委员长、中国科学院院长、中国科协主席周光召到郴考察生态环境状况。

12月10日　郴州市被国家旅游局命名为“中国优秀旅游城市”。

12月12日　郴州市第一座污水处理厂投入运行。郴州无城市污水处理厂历史宣告结束。

12月17日　郴州市与澳大利亚新南威尔士州教育合作项目签约。

12月24—29日　郴州市文物考古工作者在郴州城区东门口龙门世家建筑工地发现10口古井，并从4号古井中挖掘出约500枚简牍。经专家考证，这些古简年代为东汉末年至三国初期。

12月27日　临武至嘉禾高等级公路开工。

2004年

1月1日　资兴市对全市公务用车制度试行改革，取消所有领导干部配备的公务用车。

1月1—10日　郴州市五中在全国田径传统学校冬令营田径赛中，获女子100米、800米、跳远、投掷金牌各1枚，4×50米接力银牌1枚，女子投掷银牌1枚；男子获投掷银牌1枚、800米银牌1枚。获比赛金牌总数第一名，团体总分第一名。

1月3日　湖南省副省长贺同新到汝城考察旅游景点建设。

1月6日　宜章县梅田镇罗卜远煤矿发生一起特大瓦斯爆炸事故，死亡10人。

1月9日　在全国“双拥”工作会议上，郴州市被全国双拥工作领导小组、民政部、中国人民解放军总政治部授予“全国双拥模范城”称号。

1月10日　被列为省、市重点水毁危桥改建工程的嘉禾县新车头大桥竣工通车。

△　在2004年中国湖南省旅游节开幕式、闭幕式申办仪式上，郴州市获得2004年湖南旅游节闭幕式举办权。

2月21日　郴州市、永州市、衡阳市三市人民政府在长沙联合召开“大湘南”旅游圈区域旅游合作座谈会。

2月25日　湖南省人民政府与中共郴州市委、市人民政府在郴州五连冠酒店举行酒会，欢送中国女排赴深圳参加雅典奥运会热身赛。

△　由中国女排捐资兴建的中国女排万花岩希望小学举行揭牌仪式。

3月25日　郴州市二届人大五次会议在市人民会堂举行第三次全体会议。大会选举戴道晋为市人民政府市长。

3月26—28日　以“生态郴州、文化永州”为主题的“中国大湘南旅游推介会”在广州举行。

3月31日　郴州燕泉河治理工程开工。

3月31日　全国首批生态电站之一，湖南省最大扶贫电站——汝城县万年桥水电站成功并网发电。

3月31—4月2日　中共湖南省委常委、省委宣传部部长李江到郴州市考察宣传思想文化工作。

4月2—4日　中共中央候补委员、省委统战部部长石玉珍抵郴考察统战工作。

4月6日　郴州市倒窝里垃圾填埋场举行开工仪式。

4月8日　湖南郴电国际发展股份有限公司在上海证券交易所挂牌上市，成为全省第41家上市公司，郴州市第一家上市公司。

4月10日 郴州市第一批粮食直补资金1907万元和早稻良种补贴资金1152万元全部发放到农民手中。

4月14—17日 由湖南省人大常委会副主任王四连带队的省环保执法检查组到郴检查环保执法工作。

4月18日 湖南省副省长许云昭到湘南学院新校区就第二期工程建设情况进行调研。

4月18—21日 第二届联合国工发组织国际小水电南南合作会议在郴州召开。

△ 湘南火电厂项目建设投资协议签约仪式在郴举行。

4月24—26日 在宜章县一中体艺馆举行的第25届湖南省青少年科技创新大赛上，郴州市宜章县一中、苏园中学选送的《船用垃圾清扫装置》《郴州旅游业的调查与思考》等55项优秀活动项目及两幅优秀科幻绘画获一等奖。

4月28日 大型综合连锁超市“新一佳”郴州世贸店开业。

4月29日 湖南省资兴焦电股份有限公司21万吨焦炉改扩工程竣工试产。

5月5日 中共湖南省委常委、长沙市委书记梅克保到郴州考察城市建设、项目工程、旅游等工作。

5月10日 参加“湖南非洲艺术节·郴州活动区”演出访问的刚果（金）、埃塞俄比亚国家艺术团在郴州举行首场演出。

5月14日 中共郴州市委、市人民政府举行新闻发布，颁布《关于深化户籍管理制度改革实施意见》，宣布从2004年5月1日起，取消农业户口和非农业户口之分，统称“居民户口”。

5月19日 郴州市“创业之星”蒋从宝、周继亭、罗建平赴京受奖。此次“创业之星”评选活动由劳动和社会保障部举办。

5月22日 “湖南郴州百万亩生态林示范基地”项目签约仪式在郴举行。中华环保基金会将投资6亿元，在郴州市造林110万亩。

5月24—26日 劳动和社会保障部副部长王东进抵郴州检查劳动和社会保障工作。

5月26日 湖南省政协副主席章锐夫率视察组对郴州市名人故居保护建设与开发情况进行视察。

6月4日 中央电视台《新闻联播》播出国务院常务工作会议对郴州市嘉禾珠泉商贸城违法违现拆迁事件的处理决定。

6月11日 湖南省有色地质勘查局一总队在郴州挂牌成立。

6月18日 郴州市首家社区工会苏仙区南塔街道社区工会成立。

6月22日 郴州市“110家庭暴力举报中心”挂牌成立。

6月29日 郴州市农校更名为郴州市理工职业技术学校，成为全市唯一一所综合性中专学校。

△ 在湖南省金融创安工作阶段性总结表彰大会上，郴州市被授予“全省金融安全区创建工作先进单位”称号。

6月30日 湖南省第六届老年人运动会在长沙闭幕。郴州代表团以258分优秀成绩获团体总分第三名。

△ 根据铁道部统一部署，郴州境内铁路医院、铁路中学、铁路小学成建制移交郴州市地方政府管辖。

6月29日—7月14日 郴州市领导率团赴欧洲参加“湖南（欧洲）经贸洽谈周”，与国际四大知名企业签订4100万美元投资和贸易合同。

7月1日 郴州卷烟厂被长沙卷烟厂兼并。

7月6日 郴州玛（玛瑙山）槐（槐树下）公路改造工程开工。

7月17日 由郴州市牵头主办的第二届中国“红三角”经贸洽谈会暨旅游推介会在广州南沙举行，郴州签约69亿元。

7月21日 郴州市中级人民法院依法审结新中国成立以来郴州市最大毒品案(“7·9”冰毒大案)，台湾大毒枭肖传新、杨泰光等10名罪犯被判死刑。

7月31日 黄沙坪铅锌矿与有关单位合作开发巴基斯坦铅锌矿合同签字仪式在郴州举行。

8月7—9日 湖南省人大常委会副主任高锦屏率省人大常委会、省农业厅、省国土资源厅有关人员到郴，检查土地管理和基本农田保护情况。

8月13日 郴州市第一个基层信用社全国“青年文明号”授牌仪式在桂阳县农村信用联社营业部举行。

8月16—21日 湖南省高校、中共湖南省委组织部纪念邓小平诞辰100周年理论研讨会在郴举行。

8月21日 郴州市第一家五星级大酒店——郴州华天大酒店项目签约。

8月23—25日 郴州、永州、韶关、清远、赣州、桂林、贺州七市重大动物疫病联防会议在郴州召开。

8月27日 在中央组织部纪念党员电化教育二十周年暨全国党员电化教育工作会议上，郴州市委组织部远教管理中心获“全国党员电化教育工作先进单位”称号。

9月6日 “全国十佳师德标兵”“全国模范教师”盘振玉在京参加全国十佳师德标兵座谈会。9日，中共郴州市委、市人民政府下发《关于开展向盘振玉同志学习的决定》。

9月10日 郴州市司法局被司法部授予“全国法律援助工作先进集体”称号。

9月16—17日 2004年中国郴州（莽山）生态旅游节暨经贸洽谈会在宜章县举行。会上签约项目24个，项目投资22亿元人民币，合同引进外资19亿元人民币。

9月16—18日 湖南省人大常委会副主任吴向东带领省人大农业综合执法检查组到郴检查农业综合执法工作。

△ 湘南起义馆开馆。

9月20日 曾希圣之女、中国人民解放军总政联络部少将曾小东和总参谋部高级工程师曾小红等到郴，参加曾中生、曾希圣故居揭牌仪式。

9月22日 中共湖南省委常委、省军区司令员郑治栋少将，省军区参谋长吴晓伟少将到郴视察郴州陆军预备役工兵团组建工作。

10月2日 国土资源部岩溶地质研究所在万华岩风景区举行科研授牌仪式，将“岩溶地质万华岩研究基地”“岩溶动力万华岩观测站”两块科研牌匾授予万华岩景区管理处。

10月10日 临武县金江镇银地煤矿第二工区发生一氧化碳中毒事件，14名井下作业人员遇难。事后，相关责任人分别受到党纪政纪处分。

10月12日 中央军委原副主席张震题写书名的《唐天际传》一书，由湖南省人民出版社出版发行。

10月19—21日 湖南省政协主席胡彪、副主席李贻衡等到郴调研。

10月20日 在长沙华天大酒店举行的第三届中国国际白银年会开幕仪式上，永兴县获“中国银都”称号。

△ 在北京召开的全国无偿献血工作表彰大会上，郴州市第二次被授予“全国无偿献血先进城

市”称号。

10月22日　安仁举行纪念唐天际将军诞辰100周年活动。

10月28日　郴州市统计局在国家统计局和人事部每四年举行一次的“全国统计系统表彰大会”上，获“全国统计系统先进集体”称号。

10月28—30日　中共湖南省委常委、省委政法委书记、省公安厅厅长李江到郴调研。

10月29日　郴州市人民政府召开全市学校安全管理整治工作电视电话会议，这是全市政府系统电视电话会议系统首次投入使用。

10月31日—11月2日　中共湖南省委副书记、省长周伯华到郴调研检查工作。

11月7日　在长沙召开的中国记者节暨湖南新闻奖颁奖大会上，《郴州日报》2003年刊发的通讯《突出重围——看临武县民营经济如何解决“三农”问题》获三等奖。

11月9—10日　中央纪委、中央组织部和公安部联合督察组在省相关部门负责人陪同下到郴就治理党员干部参与赌博工作情况进行督查。

11月10日　在北京召开的全国亿万农民健康促进行动10周年座谈会暨第六次全国“行动”领导小组扩大会议上，郴州市北湖区被国务院七部委命名为“全国亿万农民健康促进行动”县（区）。

11月13—26日　中共郴州市委副书记、市长戴道晋赴奥地利维也纳出席联合国工发组织国际小水电工作年会。

11月15日　湘南技工学校与河南省南乐县劳动和社会保障局在湘南技校签订联合开办湘南技校南乐分校协议书，在全市同类学校中迈出跨区域办学第一步。

11月24日　为期一周的中国湖南省第六届（国际）农博会在长沙红星大市场闭幕。郴州市在该会中参展位数和获奖数居全省第二。

12月1—2日　中共湖南省委常委、省委宣传部部长蒋建国到郴考察宣传思想文化工作。

12月2日　桂阳欧阳海广场系列工程竣工。该工程于2002年6月动工，历时两年。总投资1.6亿元，占地53.3公顷。

12月5日　在农业部召开的定点市场工作会上，郴州七星大市场被农业部批准为定点市场。

12月13日　中共郴州市委、市人民政府在郴召开全市政府机构改革工作会议，启动新一轮政府机构改革。

2005年

1月8日　在江西省南昌召开的2005年全国旅游工作会议上，资兴市被国家旅游局评定为“中国优秀旅游城市”。

1月9—11日　中共湖南省委书记、省人大常委会主任杨正午到郴州市调研。

1月14日　中国工商银行郴州市分行与湘南学院签订国家助学贷款合作协议。首批9名贫困学子签订助学贷款协议，是为全市第一批国家助学贷款受益者。

1月24日　郴州首例心脏移植手术在郴州市第一人民医院成功实施。

2月11—13日　原国内贸易部部长、全国政协常委陈邦柱抵郴考察调研。

2月2—4日　中共湖南省委副书记、常务副省长于幼军对郴州经济社会发展情况进行调研。

2月25日　中美联合探险队再探万华岩，成功攀越“世纪谜洞”内7千米处13米多高瀑布。

3月7日　苏仙区香山坪什景埔山、廖家湾菜岭村十里香山上发生大火。郴州市2000多军民英勇顽强抗击火魔，至22时30分，大火全部扑灭。

3月10日 中国女排在市人民会堂为郴州市2000多名党员干部作优秀事迹报告。

3月12日 一列满载700余名旅客的旅游专列驶进郴州火车站。这列从广东茂名市驶来的列车是郴州市建市后接待的第一列旅游专列。

3月13日 由全国政协副主席霍英东倡议郴州市承办的中国"红三角"地区项目汇报会在北京召开，戴道晋、潘碧灵介绍郴州市有关情况。

3月22日 总投资4.9亿元人民币的郴州金海岸生态渔业项目签约仪式在郴州举行。

3月27日 桂嘉高等级公路竣工通车。

3月27—28日 湖南省副省长甘霖率队到资兴、北湖、苏仙、安仁等地计生部门进行调研。

3月29日 湖南省政协副主席章锐夫在郴主持召开部分省、市政协委员座谈会，就如何保持共产党员先进性，加强和改进政协工作，听取委员们意见和建议。

4月2日 产妇李女士在郴州市妇幼保健院通过水中分娩顺利产下1名男婴，标志着全省首例水中分娩成功。

4月5日 在湖南省精神文明建设表彰会上，永兴县被授予"省级文明县城"称号。

4月6日 由珠海伶仃洋海上游乐有限公司与东江湖旅游（集团）公司共同投资兴办的东江湖旅游开发有限公司揭牌并营业。

4月13日 莽山烙铁头蛇人工繁殖成功，并通过省级科技成果鉴定。专家鉴定，该成果达到国际领先水平。

4月15—20日 中央军委原副主席张震到郴州视察。

4月16—19日 政协郴州市第二届委员会第六次会议补选刘广明为市政协主席，并通过有关决议。

4月20日 中共湖南省委副书记、常务副省长于幼军到安仁县调研。

4月21—22日 郴州市第二届人民代表大会第六次会议选举刘湘娥为市人大常委会主任，并通过有关决议。

4月27—29日 湖南省工业化汇报会在郴州召开。胡彪、于幼军、孙载夫、戚和平、梅克保等省领导出席大会。

4月30日 在上海举行的第十二届中国（上海）茶文化节、新品名茶国际博览会上，资兴狗脑贡茶获金奖。

5月3—11日 湖南昆剧团一行32人赴爱沙尼亚参加东方国防音乐节，随后到拉脱维亚等国5市演出。

5月11—12日 湘、赣2省5市21县（市、区）灭疟联防第二届十三次会议在宜章莽山召开。

5月下旬 在全国综治工作表彰大会上，资兴市被授予全国社会治安综合治理先进集体称号。

6月8日 中国华录集团有限公司董事长王松山、总经理袁义祥一行到郴州考察。

6月13日 在湖南省2001—2003年度无偿献血表彰大会上，郴州市获无偿献血先进单位和个人奖共106个，获奖数量名列全省第一。

6月14日 郴州市桂阳籍选手李萍在世界女子青年举重锦标赛上获53千克级抓举、挺举、总成绩三项冠军，实现郴州人在国际大赛中金牌"零"的突破。

6月15日 湖南省政协主席胡彪、副主席章锐夫到安仁县考察扶贫工作。

6月26日 郴州出口加工区获国务院批准，成为湖南省第一家出口加工区。

7月1日　中国人民解放军全军肝病中心协作医院在郴州市第四人民医院举行揭牌仪式。

7月26—28日　在四川成都世纪新国际会展中心召开的第二届泛珠三角区域经贸合作洽谈会上，郴州市有13个项目签约，合同金额29亿元，列全省之首。

7月27日　郴州市青少年宫选送的独舞《山妞》在中国澳门（香港）青少年“金莲花奖”艺术大赛中荣获表演金奖、编导金奖，市青少年宫荣获组织金奖。

7月28日　郴州市首个博士后工作站——湖南大学工商管理学院管理科学与工程博士工作站，在市有色科技工业园挂牌成立。

7月28—8月3日　湖南省政协副主席姚守拙，省政协原副主席、省旅游协会会长游碧竹等率领的“新潇湘八景”评审团一行到郴，对该市2004年入选“湖南百景”的11景点进行调研。

7月31日　郴州龙女广场竣工。该广场位于北湖区市郊乡铜坑湖村，占地面积1.53公顷，建筑面积1.5万平方米，总投资约300万元人民币。

8月4日　总投资1.5亿元，占地面积14.67公顷的郴州义捷现代物流园奠基。湖南地区最大粮油物流中心和粮油集散地由此落户郴州。

9月11—13日　“云锡杯”第七届亚洲游泳锦标赛跳水比赛暨中国国际跳水邀请赛在郴州游泳跳水中心举行。

9月15日　2005年中国·郴州生态（温泉）旅游节暨经贸洽谈会在郴州游泳跳水中心开幕，18日在汝城县举行闭幕式。全国政协原副主席毛致用及省市有关领导出席。

8月24日　郴州市住房公积金管理中心原主任李树彪贪污、挪用上亿元住房公积金一案，在郴州市中级人民法院审判庭第二次公开开庭审理。李树彪犯贪污罪、挪用公款罪、赌博罪，数罪并罚。决定执行死刑，剥夺政治权利终身。

8月25日　郴州日报社收到市政府办公室交办的国务院总理温家宝阅批的邱斐、邱志豪姐弟（系2002年“8·8”洪灾中的孤儿）的一封信。温家宝在信笺上批示：“请正午、伯华阅转郴州，地方这项工作做得好。”

9月2日　汝城县隆重集会纪念李涛将军诞辰100周年。

9月2—4日　十届全国政协委员、水利部原副部长敬正书到郴考察水利建设与农村小水电发展情况。

9月6—7日　湖南省政协副主席王汀明到郴考察，并看望驻郴省政协委员。

9月10日　在北京人民大会堂举行的“2004年度中国纳税500强”授牌会上，长沙卷烟厂郴州分厂以纳税5.54亿元成绩位居214位，国家税务总局领导亲自为企业授牌。

9月10—11日　中共湖南省委常委、常务副省长肖捷到郴调研。

9月14日　全国人大常委会委员、民进中央副主席王佐书，省政协副主席、民进湖南省委主委谢勇一行到郴，就民主党派基层组织建设工作进行调研。

9月15日　2005年中国·郴州生态（温泉）旅游节暨经贸洽谈会在龙女温泉景区开幕，18日闭幕。旅游节期间，同时举行生态（温泉）旅游节经贸洽谈会，签约合作项目58项，投资总额29亿元，引进资金27.4亿元人民币。

9月15—16日　全国政协原副主席毛致用到郴参加2005年中国郴州生态（温泉）旅游节，并到经济技术开发区等地实地考察。

9月16日　“中国银都”省级工业旅游在湖南鑫达银业有限公司举行首游式。

9月25日　中共湖南省委副书记、省长周伯华到郴调研。

△ 湖南华润鲤鱼江发电B厂2×60万千瓦机组开工典礼在郴举行。省长周伯华、香港华润集团总经理宋林及国家、省、市有关方面负责人出席开工仪式。

9月26日 在长沙召开的全省防汛抗旱工作总结暨水利建设动员会上，资兴市被省政府评为2005年年度全省“芙蓉杯”水利建设先进县（市、区），成为郴州市唯一获此殊荣县（市、区）。

9月29日 全国昆曲工作会议在郴州召开。

9月30日 纪念中国人民抗日战争暨世界反法西斯战争胜利60周年史诗性大型影片《太行山上》在郴举行首映式。

△ 占地近10公顷、总投资1.4亿多元的郴城爱莲湖环境工程揭牌。

10月10日 郴州市桂阳籍运动员李萍夺得十运会女子举重53千克级金牌，同时超过该级别挺举及总成绩两项世界纪录。嘉禾籍运动员邓建英获得该级别银牌。

10月11—12日 湖南省副省长杨泰波到郴调研农业农村工作。

10月15日 郴州燕泉河综合治理二期工程全面启动。

10月24—30日 全国生物网络教学比武在河南省开封市举行。郴州市三中教师李荣辉代表湖南省参赛，获一等奖。

10月26日 在全国精神文明建设工作表彰大会上，郴州市地税局、交通局分别被评为“全国文明单位”，东江水力发电厂被评为“全国精神文明建设工作先进单位”。

10月28日 国务院参事、中矿联地热专业委员会总顾问王秉忱代表中国矿业联合会宣布：命名郴州市为“中国温泉之乡”。郴州成为全国第五个“中国温泉之乡”。

10月31日 嘉禾籍运动员邓建英在第四届东亚运动会上获得女子举重53千克级冠军。

11月4日 在湖南省农村固定观察点会议上，桂阳县荷叶镇新市村固定观察点被农业部、中央政策研究室评为全国先进观察点。

11月10—11日 国家安监总局局长李毅中到郴督察煤矿安全生产工作。

11月10日 在卡塔尔首都多哈进行的世界举重锦标赛女子53千克级比赛中，桂阳籍小将李萍以224千克的总成绩夺得该项冠军。

11月11日—15日 中共中央委员、广州军区司令员刘镇武上将抵郴州市视察。

11月18日 兴业银行长沙分行举行郴州市产品推介暨银企洽谈会，并与郴电国际发展有限公司等4家郴州企业签订总金额为4.45亿元银企合作协议。

11月18—21日 在长沙举行的2005年中国·湖南第七届（国际）农博会上，郴州市有8种产品获省农博会金奖。

11月19日 郴州市第一人民医院、第三人民医院被评为“全国百姓放心示范医院”。

11月21日 桂东县沙田镇的“三大纪律六项注意”颁布旧址被列为第三批全国爱国主义教育基地。

11月30日—12月2日 在长沙红星国际会展中心召开的第四届中国优质稻米博览交易会上，代表郴州市参评的中央储备粮郴州直属库津裕牌雪丝米获金奖。

12月7—8日 美国商务考察团到郴州市进行商务考察和经贸洽谈。

12月19日 在湖南省“双联”（党政机关和干部联系困难企业、困难职业）工作经验交流表彰会上，郴州市连续5年被评为全省“双联”工作先进市。

12月22日 在共青团中央十五届四中全会上，北湖区获“全国团建先进县（市）”称号。

△ 以湖南省人大常委会副主任吴向东为组长的十届全国人大代表视察组到郴进行集中视察。

12月26日 湖南省内首家市级社情民意调查中心——郴州市统计局社情民意调查中心成立。

郴州市志（1989—2005）

第一篇

建置·地理

郴州市位于湖南省东南部，地处南岭山脉与罗霄山脉交错、长江水系与珠江水系分流地带。东接江西，南连广东，西与永州为邻，北与衡阳、株洲接壤。面积19317平方千米，占湖南省国土总面积的9.2%。辖2区1市8县，有257个乡镇（街道办事处）。2005年，全市总人口460.88万人。

郴州春秋战国时期属楚地，自秦代劈五岭，建驰道，始置郡县。境内独特的地理位置、丰富的自然资源、良好的自然生态环境，历为世人所瞩目。

郴州具有得天独厚的区位优势。“北瞻衡岳之秀，南直五岭之冲”，扼湖广要塞，处湘粤赣三省交界处，为湖南“南大门”，故称“湘粤要衢”。郴州南邻华南沿海，北连华中内陆，是中原内陆通往华南沿海的“咽喉”，既为中国内陆经济与广东沿海经济交融的重要接合部，又是内陆与沿海对接互动的纽带和桥梁。经济社会发展的地缘优势明显。

郴州地势东南高、西北低，由东南向西北呈低降倾斜。境内地貌复杂多样，其特点以山地、丘陵为主，岗地、平原相当，水面较少。山地丘陵面积约占总面积的四分之三。境内总体呈现两大貌区：东南部以山地为主体，群山连绵，地势高峻；西北部以丘陵、岗地和盆地为主，地势低平。丰富多姿的地域环境，为多层次发展农业生产提供了适宜的自然生态条件。

郴州属中亚热带季风性湿润型气候区。因南北气流受南岭山脉的屏障作用，呈现冬寒期短，夏热期长，无霜期久，气候湿润，四季分明的区域气候特征。年平均气温17.7℃，年降水量1504毫米，年日照1493小时，年无霜期在285天以上。是湖南省热量富集、雨水充沛的地区之一，且具有光、热、水同季，配合良好的大气候特征。郴州地跨长江和珠江两大流域，分属湘江、北江、赣江三大水系。境内水系发达，主要河流有耒水、舂陵水、白宜潭、东江、武水、湞水、永乐江、集龙河、泉江，其支流423条，集雨面积大，2005年天然水资源总量达311.79亿立方米。郴州物产丰富，名优特产甚多。烤烟产量居湖南省之首，“临武鸭”“东江鱼”“酥油茶”“冰糖橙”“三味椒”“苡米”“花豆”等地方名优特产久负盛名。至2005年，农产品商品率达71%，水稻产量优质率达52%。

郴州自然资源丰富，是湖南省乃至全国的资源富集市，素有“中国有色金属之乡”“华南重要能源基地”“南国天然动植物园”“三湘风光明珠”之称。境域地处南岭山脉矿带富集地，矿产资源潜在价值人均占湖南省第一位，已发现的矿物质种类达109种，成为国内矿种比较齐全的地区之一。其中钨、铋、钼储量居全国第一，锡、锌储量分别居全国第三、第四位，石墨蕴藏量占全国一半以上，煤炭储量占湖南省的四分之一。境内河网密布，水资源充足。常年水资源径流总量215.06亿立方米，人均水能蕴藏量比全省人均高30%。郴州是座天然的绿色宝库，至2005年，全市森林覆盖率达64.5%，系湖南省重点林区和第二大产材区。有国家级自然保护区1处、国家级森林公园2座。广袤的东南部山深林密，珍藏着许多珍禽异兽、孑遗植物。全市列入国家重点保护的野生植物37种，占全国国家重点保护植物总数246种的15%；有野生陆栖脊动物385种，占全国此类总物种数的15.9%，占湖南省的63.7%。境内还拥有良好的原生态山水环境，构成丰富多姿的旅游资源。

其汇山、水、洞、泉、石于一地，集奇、险、秀、美、幽于一体的自然景观100多处。温泉资源尤为丰富。全市已开发温泉旅游保健场所29处，郴州被认定为“中国温泉之乡”。至2005年，被评为国家A~AAAA级景区8处，郴州市和资兴市先后跻身“中国优秀旅游城市”行列。丰富的自然资源，为郴州经济社会发展提供了丰厚的物质基础。

第一章 政区

第一节 区位·境域

一、区 位

郴州市位于湖南省东南部。地处罗霄山脉西侧、南岭山脉北麓，地跨长江支流湘江和珠江支流北江两大流域，分属湘江、赣江、北江三大水系。居东经112°13′—114°14′，北纬24°53′—26°50′之间。东界江西省赣州市和吉安市的遂川、上犹、崇义、大余4县（市），南邻广东省的韶关市和清远市的仁化、乐昌、乳源、连县、阳山5县（市），西接省内永州市的蓝山、宁远、新田、祁阳4县，北交衡阳市的衡东、衡南、耒阳、常宁4县（市）和株洲市的炎陵、茶陵、攸县3县。郴州地处湘、粤、赣三省交汇地带。

郴州北连湘楚和中原内地，南贴广东沿海，是中国南北交通的重要孔道，居独特的边界地理区位。北距湖南省会长沙市350千米，南距广州市393千米、香港573千米。与广东、江西两省交界的9个县（市）均有公路、铁路相通，宜章、汝城、临武3县从不同方位与广东省接壤，边界线长达370多千米。有“楚尾粤头”之称的宜章县27个乡镇有16个与广东相连。

境内京广铁路复线、京珠高速公路、106国道和107国道贯穿南北，1803线等10条省道及资郴桂高等级公路和郴三铁路专线横穿东西，遍布全市的县、乡、村公路及300千米东江湖航道干支相连，构成布局合理、便捷畅通的交通网络。随着交通运输条件的逐年改善，郴州已成为打通华中地区和华南地区之间屏障的主要交通要道。

二、境 域

1949年，郴州总面积约2.12万平方千米。1954年，划入耒阳、安仁、酃县（今炎陵县，下同）、新田4县，面积扩大到2.83万平方千米。1962年，蓝山、新田划归零陵地区。1983年，耒阳县划归衡阳市。至2005年，境域东西极宽194千米，南北极长217千米，境内土地总面积19317平方千米，占湖南省总面积的9.2%。

全市平均海拔400米左右。地势东南部高西北部低，呈阶梯形由东南部往西北部逐降，总体地势高差为400米。最高处是桂东县与江西省上犹县交界的诸广山（海拔2061.3米），最低处是安仁县渡口乡蔡家湾村（海拔70米），相对高差1991.3米，地势坡降为30%。郴州市最东端在桂东县清泉镇中坑村，最西端为桂阳县杨柳瑶族乡民族村，最南端系宜章县莽山林场担杆岭，最北端即安仁县渡口乡坪口村。桂东县城海拔824米，为湖南省海拔最高的县城。

郴州大部为山地、丘陵，呈“八山半水分半田”格局。境内有山地11705平方千米，占总面积60.6%；丘岗盆地面积7683.82平方千米，占总面积35.98%；水域面积662.7平方千米，占总面积3.42%。土壤以红土壤和山地黄土壤为主，有机物质含量丰富，多为宜农宜林地。森林植被主要是常绿阔叶林、常绿阔叶混交林、苔藓矮林和藻草林，以及乡土树种杉木、马尾松、毛竹、柏木、樟林、楠木、茶林等。林业用地136.49万公顷，占土地总面积70.4%。宜章县莽山国家级自然保护区总面积2万公顷，是世界湿润亚热带常绿阔叶林保存最完好、面积最大、最具代表性的地域，属典型的南岭区系。资兴市天鹅山国家森林公园有世界规模最大且被誉为“植物熊猫”的银杉群落。

第二节　建置沿革

一、上古至清代时期

郴州历史悠久。境内桂阳县樟木乡上龙泉溶洞发掘人类刻纹骨椎，属旧石器时代晚期遗物，表明1万多年以前郴州先民就在这块土地上繁衍生息。桂阳县千家坪遗址出土大量陶器和石器，距今约8000年。安仁何古山、临武陶家等新石器时代晚期遗址的发现，亦印证郴州先民的繁衍。

《史记·五帝本纪》记载舜帝“南巡狩，崩于苍梧之野，葬于江南九嶷，是为零陵”。即指舜帝葬地九嶷山，《水经注》所记西汉元鼎六年（前111）“分桂阳置”的零陵郡；《山海经》记“南方苍梧之丘，苍梧之渊，其中有九嶷山，舜之所葬……”晋代训诂学家、史学家郭璞注：“山今在零陵营道县南，其山九谿，皆相似，故云九疑。古者总名其地为苍梧也。”南宋地理总志《方舆胜览》记“九疑山，亦名苍梧山”。即在西汉元鼎六年（前111）之前的漫长时光，九嶷山、零陵，属于西汉桂阳郡、秦郴县、战国以前“总名其地为苍梧”之邦。

大禹时期，古郴之地成“禹贡”方邦，《尚书·禹贡》记“荆及衡阳唯荆州……三邦底贡厥名，包匦菁茅……”。西晋名文《三都赋》注语：“《尚书·禹贡》曰‘包匦菁茅’。菁茅生桂阳，可以缩酒，给宗庙。”

商周时，《商书》中有南方“桂国”之名；而《逸周书·王会篇》记载西周初周成王会见诸侯，及各方国贡献方物的盛况，有“自深，桂”的内容，即桂产自深水地域并从深水（今潇水）运出上贡。东汉文字学家许慎的《说文解字》解释为“深水，出桂阳南平”；桂阳郡南平县即今蓝山县。《中国历史地图集》将“深（自深）”，标示于方林、郴州旁边。

从西周到战国，楚国延续八百年，苍梧由独立的方国变成楚国附庸。《春秋左氏传》记“赫赫楚国……奄征南海，以属诸夏”；《战国策·楚策》记“楚，天下强国也，南有洞庭、苍梧”。

《史记》记战国时，楚悼王拜军事家吴起为相，“于是南平百越……”。《后汉书》记“及吴起相悼王，南并蛮越，遂有洞庭、苍梧”。2002年，湘西龙山县里耶镇在考古出土大批战国秦简中发现第14-177号残简上，有“苍梧郴县……”的内容记载，出现“苍梧郴县”的政区建置名称。

楚置苍梧郡。

秦（前221—前207），置郴县、耒阳，属长沙郡。

西汉元鼎四年（前113），桂阳郡辖郴县、临武、南平、便县（今永兴）、耒阳、桂阳、阳山、阴山、曲江、浛洭、浈阳11县。新始建国元年（9），王莽称帝，改桂阳郡为南平郡，改郴县为宜风、临武为大武、便县为便屏、曲江为除虏、浈阳为基武，并移郡治于耒阳（改名南平亭）。

东汉建武中(35)还郡治于郴县,恢复郡县原名。永和元年(136),分郴县地置汉宁县,省阴山县。

三国吴建兴元年（252），改汉宁为阳安县。甘露元年（265），分南境曲江、桂阳、阳山、浛洭、浈阳县置始兴郡，度属交州，桂阳郡则余6县。

晋太康元年（280），阳安县更名晋宁。建兴三年（315），陶侃分郴县地立平阳郡领平阳县，始一分为二郡。升平二年（359），析晋宁县地置汝城县。

南朝梁天监六年（507），初置郴县，不久撤销；耒阳县度属湘东。陈天嘉元年（560），以桂阳郡之汝城县置卢阳郡领卢阳县，则一地三郡。

隋开皇九年（589），三郡合为郴州，平阳县、便县均省入郴县。大业三年（607），南平省入临武县，晋宁县更名晋兴。大业十三年（617），析郴县南为义章县，分郴县西复置平阳县。

唐武德四年（621），复置南平县。贞观元年（627），卢阳县更名义昌。咸亨三年（672），晋兴县更名资兴。如意、长寿元年（692），分义章南置高平县。开元十三年（725），分郴北置安陵县，此时桂阳郡领9县。开元二十三年（735），改桂阳郡为郴州，高平县省入义章，徙义章县治于高平旧址。天宝元年（742），始称郴州桂阳郡，安陵县改名高亭，八月，南平县改名蓝山。乾元元年（758），郴州移治于平阳县。贞元二十年（804），置桂阳监于平阳，专理采铜铸钱。元和十五年（820），郴州还治于郴县。

后唐同光三年(925),义昌县更名郴义县。后晋天福元年(936),改郴州为敦州,郴县为敦化,资兴为资兴寨、属敦化县，省平阳县入桂阳监。天福四年（939），省临武县入桂阳监。后汉乾祐三年（950），郴州、郴县复名，资兴县恢复县制，改名泰县。

宋乾德元年（963），设郴州军。太平兴国元年（976），泰县并入郴县，郴义县改名桂阳县，义章县改名宜章县。景德二年（1005），蓝山县划入桂阳监。天禧三年（1019），复置平阳县属桂阳监。熙宁六年（1073），高亭县改名永兴县。绍兴三年（1133），桂阳监升为桂阳军。绍兴十年（1140），复置临武县属桂阳军。嘉定二年（1209），析郴县之资兴、程水二乡置资兴县，属郴州军。嘉定四年（1211），析桂阳县之零陵、宜城二乡置桂东县，郴州军辖6县。绍定二年（1229）资兴县改名兴宁县，徙县治于管子濠。

元至元十三年（1276），改军为路，郴县改名郴阳。

明洪武元年（1368），改路为府，蓝山县复归郴州府，府辖7县；桂阳府辖常宁、耒阳2州及平阳、临武2县。次年，蓝山复归桂阳府；常宁、耒阳均复为县，度属衡州府。洪武九年（1376），撤销桂阳府，平阳、临武、蓝山3县归衡州府辖；郴州撤府设直隶州，郴阳县并入郴州，辖5县。洪武十三年（1380），升平阳县为桂阳州，仍辖2县，隶于衡州府。崇祯十二年（1639），析桂阳州西南之禾仓堡置嘉禾县，并析临武县上乡八里属该县。

清康熙十七年(1678),吴三桂称帝于衡州,改桂阳为义昌县、桂阳州为南平州。次年均复原名。雍正十年(1732),桂阳州改属州为直隶州,辖临武、嘉禾、蓝山及附廓平阳县,与郴州直隶州并列。郴州直隶州辖永兴、兴宁、桂东、桂阳、宜章及附廓郴县。

二、中华民国时期

中华民国元年（1912），废府、州，存道、县。次年2月，桂阳县复名汝城。9月，郴州直隶州改为郴县，郴县划县城环城5公里（2.5千米）设城区。桂阳直隶州改为桂阳县。民国3年（1914）

1月，因兴宁县与广东兴宁县重名，故复名资兴县。各县设知事公署，委知事治。民国11年（1922），撤销道制，存省、县两级，郴属各县直属湖南省。民国14年（1925）6月，郴属各县知事改称县长，知事公署称县长公署。民国26年（1937）12月，设置湖南省第八行政督察区。民国29年（1940），改第八区为第三区，辖郴县、资兴、桂东、汝城、宜章、临武、蓝山、嘉禾、桂阳、永兴10县，154乡，1892保，25307甲。

三、中华人民共和国时期

中华人民共和国建立初，原湖南省第三行政督察区所辖各县由衡阳专区代管。1949年11月25日，成立郴县专区。辖郴县、桂阳、永兴、资兴、宜章、临武、蓝山、嘉禾、汝城、桂东10县。治所“郴县专员公署”驻郴县城关区。

1950年11月2日，郴县专区更名郴州专区。1952年11月13日，郴州、零陵、衡阳3个专区合并为湘南行政区，合署办公于衡阳；1954年7月6日撤销湘南行政区，改设衡阳、郴县两个专区。郴县专区在原辖10县基础上，增辖耒阳、安仁、新田、酃县（今炎陵县）4县计14县。1958年9月6日，郴县城关镇改为郴县郴州市；郴县专区驻郴州市，仍辖14县，共15个行政区。

1959年3月，郴县专区改名郴州专区，酃县划属湘潭专区并入茶陵县，郴州市11月升为县级市，规划东江市（鲤鱼江—三都工业区）建设；资兴并入郴县，临武并入宜章，新田并入桂阳，蓝山、嘉禾合并为蓝嘉县，汝城、桂东合并为汝桂县。1962年12月，恢复资兴县，撤销建立东江市，新田、蓝山划属零陵专区。郴州专区辖1市11县。1963年，郴州市改为郴县郴州镇（县级）。1966年“文化大革命”开始，郴州专区行政公署受冲击而瘫痪。1967年3月，按国务院的精神成立郴州地区生产领导小组，代行专署职权。继而先改称郴州地区抓革命促生产指挥部，后称郴州地区抓革命促生产领导小组。1968年2月，郴州地区革命委员会成立，简称“地革委”，行使郴州专署职权。各县也相继成立革委会。

1976年年底“文化大革命”结束。1977年年底，郴县郴州镇恢复为郴州市。1979年3月，撤销郴州地区革命委员会和各县级革委会，成立郴州地区行政公署，辖1市11县。1983年，耒阳县划属衡阳市。1984年12月资兴县撤县设市。至此，郴州地区行署辖郴州、资兴2市及郴县、桂阳、永兴、宜章、临武、嘉禾、汝城、桂东、安仁9县。

1988年5月，经国务院批准，郴州地区列为广东沿海向内地改革开放延伸的过渡试验区。郴州成为敞开门户对接广东沿海，加快改革开放的“南大门”，掀起推进经济社会发展的新热潮。为适应改革开放新形势，加快郴州发展步伐，自1990年始，郴州地委、郴州行署组织地区民政、建委、国土等部门开始进行撤销郴州地区，建立地级郴州市的调查论证工作。1992年9月，成立郴州地区设立地级市预测与规划领导小组。1993年3月，《郴州地区设市预测与规划》通过湖南省设市预测与规划领导小组评审，报至湖南省政府并报民政部备案。同4月，郴州撤地建市领导小组办公室成立。4月25日，郴州行署向湖南省政府呈报《关于撤销郴州地区设立省辖地级郴州市的请示》。1994年12月17日，国务院下达批复《关于同意湖南省撤销郴州地区设立地级郴州市的报告》。1995年1月24日，湖南省人民政府下发《关于撤销郴州地区设立地级郴州市的通知》。

1995年4月18日，中共郴州市委第一次代表大会召开，选举梅克保为中共郴州市委第一任书记；同年5月17日、18日，政协郴州市第一届委员会第一次会议和郴州市第一届人民代表大会第一次会议相继召开。在郴州市第一届人民代表大会上，龙定鼎当选郴州市人民政府第一任市长。5月22

日上午，郴州市人大常委会、郴州市人民政府、政协郴州市委员会举行成立挂牌仪式。新设郴州市人民政府驻北湖区人民东路原行署机关院内（2003年迁至郴州市五岭大道）。郴州地改市后，撤销原县级郴州市设北湖区，撤销原郴县设苏仙区。全市辖北湖、苏仙、资兴2区1市及桂阳、永兴、宜章、临武、嘉禾、桂东、汝城、安仁8县。实行市领导县（区、市）体制，市与区部分职能和机构进行调整和重组。至此，郴州行政体制实现撤地建市重大转变。

第三节 行政区划

1989年，郴州地区辖郴州市、资兴市2市和郴县、桂阳、永兴、宜章、临武、嘉禾、汝城、桂东、安仁9县，全区设39个镇、209个乡（其中5个民族乡）、6个街道办事处，2969个村委员会、144个居民委会会，30194个村（居）民小组。1995年撤地建市。按照地级郴州市的建制要求，对行政区划进行调整，将原县级郴州市设为北湖区，原郴县设为苏仙区，并相应调整归并两区工商、国土、财政、公安、人防等部门及郴州市城区学校、医院、广播电视等单位的管理体制和工作范围。同年5月，郴州地改市后，辖北湖区、苏仙区、资兴市2区1市及桂阳、永兴、宜章、临武、嘉禾、汝城、桂东、安仁8县。

2005年，郴州市仍辖2区1市8县。全市有257个乡镇（民族乡镇13个）和街道办事处，其中设164个乡、86个建制镇、7个街道办事处，2957个村委会、458个居委会，33679个村（居）民小组。

1989—2005年郴州市（地区）行政区划一览表

表1-1-3-1 单位：个

年份	县市区	乡镇街道				村（居）委会
			镇	乡	街道	
1989	11	254	39	209	6	3113
1990	11	255	40	209	6	3131
1991	11	255	40	209	6	3227
1992	11	255	41	208	6	3138
1993	11	255	60	189	6	3116
1994	11	255	62	187	6	3129
1995	11	257	66	185	6	3200
1996	11	258	71	180	7	3204
1997	11	258	79	172	7	3144
1998	11	258	83	168	7	3420
1999	11	258	83	168	7	3420
2000	11	258	84	167	7	3419

续表 1-1-3-1

年 份	县市区	乡镇街道				村（居）委会
			镇	乡	街 道	
2001	11	258	85	166	7	3425
2002	11	258	86	165	7	3425
2003	11	257	86	165	7	3415
2004	11	257	86	164	7	3415
2005	11	257	86	164	7	3415

第二章　自然环境

第一节　地质·地貌

一、地 质

（一）地层

郴州地处罗霄山脉与南岭山脉交汇处，受多次构造运动的影响，境内地层发育较完全，至今发现最古老的地层为震旦系，从元古界震旦系至新生界第四系各时代地层，除志留系外，其余各类地层系均有出露。

震旦系　分布于境区东部桂东至汝城一带。其次在临武县西山、苏仙区五盖山，桂阳县泗洲山等地也有出露。岩性主要为灰绿色浅变质厚层至巨厚层石英砂岩，灰绿色和紫红色板岩，砂质板岩、硅质岩，含微古植物化石。全系厚度在 4277 米以上。

寒武系　分布于苏仙区和资兴市东部、桂东至汝城一带。其次在桂阳县泗洲山、临武县香花岭、西山等背斜轴部。沉积物以碎屑为主，岩性为灰绿色浅变质石英砂岩、长石石英砂岩、板岩、炭质板岩、硅质板岩，底部有含磷结核和含磷砂岩，顶部有含锰灰岩和白云岩。全系厚度 1621~4728 米。

奥陶系　以黏土、杂屑和硅质为主，分布于东北角的桂东西北、资兴东北等地。主要岩性为灰绿色浅变石英砂岩，粉砂岩、板岩、砂质板岩、条带状板岩、硅质岩，含笔石化石。全系厚度 2516 米 ~2996 米。

泥盆系　分布在境内东部和西部，南部有小面积出露。含腕足类、珊瑚类化石，岩性为灰白色和紫红色石英砂岩、粉砂岩、砂质页岩，为含铁、锰、铅、锌、银、硫的重要赋矿地层，另有泥灰岩、钙质砂岩等。全系厚度 1160. 7 米 ~2046.3 米。

石炭系　分布于境内中部和西部，东部出露较少。岩性为深灰色灰岩、白云质灰岩、白云岩，灰岩、石英砂岩、砂质页岩。灰岩和白云岩，为赋存铜、铅、锌、金、钨、锡、铋、钼等矿的主要地层，石英砂岩、砂质页岩夹煤 2~3 层。全系厚度 865 米 ~1966 米。

二迭系　三迭系　二迭系分布于境内中部和西部。岩性为厚层灰岩及硅质岩，含锰硅质岩、硅质页岩、砂岩、粉砂岩、页岩、钙质页岩、白云质灰岩。锰硅质岩和硅质页岩为境内主要产淋滤型锰矿层，砂岩、粉砂岩和页岩含煤层 2~20 层，为境内主要产煤地层。全系厚度 855 米 ~1324.7 米。三迭系分布于永兴西部和北部、资兴北部，宜章南部。岩性主要为泥质页岩、泥质灰岩、白云质岩灰，灰岩含菊石、砂砾岩、石英砂岩、粉砂质页岩。其砂砾岩、石英砂岩、粉砂质页岩夹煤层，并含菱铁矿结核，系产煤重要地层。全系厚度 1554 米 ~2040 米。

侏罗系　零星分布于汝城延寿圩、资兴三都、永兴东北、宜章南部、苏仙区东南部等局部地域。

岩性为红色石英砂岩、粉砂质泥岩、泥岩，含双壳类、植物化石，有的夹不稳定的煤线。全系厚度1390米~1445米。

向垩系 分布于境内北部茶永盆地，以及宜章中南部、临武南部盆地。岩性为紫红色巨厚层状砾岩、石英砂岩夹砾岩、石英砂岩夹钙质砂岩，含介形成虫及轮藻化石，在资兴、宜章形成一些雄伟奇特的丹霞地貌。全系厚度2624米~5130米。

下第三系　第四系 下第三系分布于安仁南渡口、桂东文溪等地。岩性为厚层砾岩、紫红色泥质粉砂岩和钙质粗砂岩，含孢子粉化石。厚度1015米。第四系为松散的陆相沉积，底部为砾岩，上部为棕色黏土，厚度0~30米。另有洞穴堆积物、冰川堆积物。岩性主要为巨砾、砾石、砂、黏土、亚黏土等。在资兴古楼洞堆积物中发现有虫类遗迹，在桂阳上龙泉溶洞堆积物中发现东方剑齿象、大熊猫、中国犀牛等古脊椎动物化石及旧石器晚期古人类刻纹骨椎，在骑田岭地区见冰川砾石。分布于河溪流域，系洪积、冲积物。全系厚度5米~15米，含钨、锡、钛砂矿。

（二）构造

境域处于南岭东西向构造带中段北侧，经多期地壳变动，地质构造错综复杂，按构造形迹和展布方向分为：

东西向构造 以隆起和坳陷相间出现为特征，地层褶皱、断裂、岩浆岩均大致呈东西向分布。境内主要有3条东西向构造带：桂东至塔山东西向隆起带横亘境内北部，以塔山复式背斜及其岩体、上堡岩体、五峰仙、彭公庙和桂东岩体呈东西向分布，岩体外围分布的地层形成东西褶皱或穹窿；雷公仙至桂阳东西向褶陷带横亘境内中部，带内出露黄沙坪、宝山、千里山、瑶岗仙，雷公仙岩体，为境内主要的多金属蕴矿带；诸广山至西山东西向褶皱带横亘境内南部，带内出露西山岩体和诸广山南岩体，早古生代地层形成褶皱和断裂，呈东西向串珠状断续分布，有金、锡、钨、水晶矿藏。

南北向构造 境内主要有2条南北向构造带：临武至耒阳南北向坳陷带，位于境内西部和中部，由袁家岭至香花岭坳陷带、耒阳至临武坳陷带和安仁至宜章坳陷带组成。出露岩浆岩有香花岭、黄沙坪、宝山、千里山、王仙岭、骑田岭等侵入岩体，为境内钨、锡、铋、钼、铅、锌等有色金属和稀散元素金属矿产最重要的成矿带；汝城至炎陵南北向隆起带，位于境内东部，从桂东至汝城由桂东岩体、寨前岩体、诸广山南体（潘亚山）组成隆起主体，由古生代地层组成背斜和向斜，由上三迭统和侏罗系组成含煤盆地。

华夏构造和新华夏系构造 境内主要有3条此类构造带：资兴至永兴华夏系复式向斜带，以北东45°分布于茶陵至永兴断裂以东，发育上古生界，呈下三迭统一系列北东向复式褶皱，主要有和平圩复式向斜、桐木桥复式向斜、水口八面山复式向斜、田庄至延寿复式向斜；茶陵至桂阳新华夏式断陷带，北起安仁东部，南至桂阳，呈北东20°~25°分布，由中、新生界地层形成的向斜及两侧的断裂组成，茶（陵）永（兴）断陷盆地主要有管洞盆地、山塘盆地、龙海盆地、苏仙岭盆地，断裂带有茶陵—临武断裂带，宁岗—苏仙断裂带；炎陵至宜章新华夏系褶断带，分布于资兴彭公庙、宜章以东区域，隆起与断陷相间出现，由北东20°~25°的褶皱、断裂和盆地组成，含煤盆地有三都盆地、瑶岗仙盆地、长城岭盆地、杨梅山盆地、沙田至汝城盆地，另有白石渡、文明、沙田等盆地，大的断裂带有资兴至杨梅山断裂带、彭公庙至瑶岗仙断裂带、桂东至汝城断裂带、热水断裂带。

旋卷构造和弧形构造 有香花岭旋卷构造和宜章狗牙洞弧形构造：香花岭旋卷构造由3条扭形断裂由北向南，走向为北北东、北东、南东东分布，向东作放射状排列，内旋面作反时针扭动，外旋作顺时针扭动，砥柱为香花岭穹隆；宜章狗牙洞弧形构造由上古生界组成，以弧形褶皱为主体，伴以少数断裂，弧顶连线指向 290°，两翼基本对称，北翼褶皱紧密，南翼稀疏，显示南北挤压应变图案。

（三）岩浆岩

郴州境内岩浆活动频繁，出露的岩石主要有岩浆岩、变质岩、砂页岩、红岩、碳酸盐岩、松散岩六大类。以岩浆岩为最，出露面积 3500.5 平方千米，约占全市面积 18.1%。北部呈南西向分布于大义山、沤洲山、塔山一带，中部呈东西向分布于雷公仙、瑶岗仙、千里山、黄沙坪一带，东部呈南北向分布于汝城、桂东一带，南部呈东西向分布于大东山、诸广山、西山一带。成岩时期主要有 3 期：

加里东期岩浆岩 成岩期在早古生代的地壳运行后期，中泥盆统跳马涧组沉积之前，岩浆活动时限 530 百万 ~360 百万年。有彭公庙、雷公仙、东洛、桂东岩体，呈岩基、岩株状产出。单个岩体面积 3.5~818 平方千米，以酸性岩类为主，中酸性岩类为次。岩性有黑云母花岗岩、花岗闪长岩，石英闪长岩，与之有关的矿化为钨、锡。

印支期岩浆岩 成岩期主要发生在三迭系，侵入最新地层为石炭系的二迭系，岩浆活动时限为 250 百万 ~190 百万年。有塔山、大义山、五峰仙、骑田岭、王仙岭、寨前等岩体，呈岩基、岩株状产出。单个岩体面积 30~517 平方千米，为酸性岩类。岩性有黑云母花岗岩、再闪石黑云母花岗岩、二云母花岗岩，与之有关的矿化有钨、锡、钼、铋、铜 、铅、锌、砷等。

燕山期岩浆岩 成岩期主要发生在侏罗系至白垩系，早期岩浆活动最强，活动时限为 188 百万 ~136 百万年。早期岩浆分布于香花岭、尖峰岭、黄沙坪、宝山、千里山、杉山岭、宝峰仙、瑶岗仙及诸广山南体的东岭、潘亚山等地，呈岩基、岩株、岩瘤状产出。单个岩体面积 0.1~394 平方千米，为酸性岩类。岩性有黑云母花岗岩、二云母花岗岩、正长岩、花岗斑岩、石英斑岩。与之有关的矿化有钨、锡、钲、铋、铜、铅、锌、金、银、铌、钽、硫等，为境内有色金属和稀散元素金属矿床的主要成矿期。晚期岩浆分布于各岩体之中或其附近，呈岩精、岩脉、岩瘤状成群成带分布，群（带）面积小，与其有关的矿化物有钨、锡、铅、锌、锑等。

（四）地震

1989—2005 年，据郴州地震台测报并经湖南省地震台测定，郴州境内发生震级 2.6~4.2 级地震 3 次。其中，1992 年 2 月，汝城境域发生 4.2 级地震；1998 年 3 月 6 日和 12 日，北湖区许家洞镇和马头岭一带相继发生 2.6 级和 3.4 级地震，最大有感面积达 126 平方千米，局部地方有震感；2003 年 5 月 23 日，永兴县高亭乡板梁村发生 3.0 级地震。

1997 年后境内小震活动频繁，小震次数约占全省每年地震数的 40%。东江大型水库自 1986 年关闸蓄水至 2005 年，已发生仪器可辩认的地震 3000 余次，其中距大坝 2 千米处，发生 2.0 级左右有感地震达 20 次。

二、地 貌

（一）地貌轮廓

郴州市地貌分区明显，形成东南部和西北部两大地貌区。东南部面积 1.17 万平方千米，占全市总面积 60.6%，属罗霄山脉和南岭山脉系。以山地为主体，群山连绵，万木葱茏，山体高峻，地域广阔，海拔 500 米以上的山地占 62.6%，展现一派气势磅礴的山川林海之貌；西北部面积 7683.82 平方千米，占全市总面积的39.4%。地势低平，除小部山区外，均为丘陵、山岗和盆地地形，海拔300米以下的面积占79.6%。西北部丘岗、平原绵延相间，地势平缓，别具一派秀丽多姿的江南山水地貌景观。境内总体东南山区高，西北岗平区低，大部地域地面坡度在35°以上，由东南向西北低降倾斜，整体地貌呈“中山—中低山—低山—丘陵—岗地—平原”阶梯型逐层下降的基本轮廓。

（二）地貌类型

郴州市域地貌复杂多样。按地貌形态分，主要有山地山原、丘陵岗地、平原盆地、溶岩丹霞4大类及附属水面。

山地·山原 境内有海拔300~800米以上的低山、中低山、中山的山地面积10542平方千米，占全市总面积54.37%。东南部山区系南岭穹窿构造剥蚀切割中山、中低山区，其面积占东南山区的94.5%，为典型的山地貌区。主要集中分布于桂东、汝城、宜章、资兴绝大部，其中桂东县中山、中低山占全县总面积91.9%。市内有海拔300~500米的低山2120平方千米，宜章县最多，桂东县无低山。灰岩低山山体不完整，山顶奇形怪状，交展现峰林、峰丛、溶沟、溶洞和暗河；砂页岩低山多为山脊圆滑，脉胳较清楚，坡度平滑，冲沟多而短。市内有海拔500~800米的中低山面积1606平方千米，资兴市最多，嘉禾县无中低山。中低山有明显山脊、山岭陡峭，形成峡谷或局部盆地。市内有海拔800米以上的中山区面积6815.8平方千米，汝城县面积最大，次为资兴市、桂东县。中山呈现山体高大，峰峦连绵，山脊尖峭，脉络清楚的地貌特征。全市有主要山体15座，含1000米以上的山峰1135个，1000米以上的山脊71条，总长1234千米。其中有12座集中连片分布于东部和南部，形成起伏如浪，高峻险要的地势。

境内某些山地的山间、顶部地势平坦，呈现典型的高岭山原地貌特征。北湖区境内海拔1350米的骑田岭腰部仰天湖，展现连片1000余公顷“风吹草低见牛羊”的开阔草地，被誉为“高峡草原”。

丘陵·岗地 境内丘陵面积3971平方千米，占全市总面积20.6%，仅次山地面积。桂东县丘陵面积最小，仅占全县面积4%。按形态分为低丘陵和高丘陵，其面积分别占53%、47%。丘陵地貌由红岩、砂页岩、灰岩、灰岩红土、花岗岩、砂砾岩、变质岩组成。其主要为：红岩丘陵面积969.13平方千米，集中连片略呈长方形，以永兴面积为最，安仁次之；砂页岩丘陵面积684.16平方千米，多呈南北伸长的垄岗状排列，主要分布于苏仙、北湖、永兴、临武一带；灰岩丘陵面积1492.46平方千米，岩石裸露约40%~50%，丘体零乱，主要分布于舂陵河，武水及其支流两侧；灰岩红土丘陵面积331.71平方千米，坡面平滑度大，土壤黏性重，表面红土深2米以上，主要分布于桂阳、永兴西部、嘉禾南部和宜章中部；花岗岩丘陵面积331.1平方千米，坡度平缓，一般20°以下，风化壳很厚，资兴面积最大，桂东次之。境内丘陵多呈弧立状，具有丘体起伏、丘脊平缓、丘角较陡、脉络不明显的特点。

境内岗地面积2065平方千米，占全市总面积10.7%。主要分布于西北部丘岗平区，地表物质以红土、灰岩红土、红岩、灰岩4类岗地为主。岗地面积占总面积的比重，嘉禾最大占30%，桂东最小占1%。按形态分为低岗地和高岗地，分别占岗地面积的44.1%和55.9%。岗地多为起伏和缓，顶平浑圆的小山包。境内西北部为丘岗地貌主要分布区。丘陵、岗地面积分别占33.9%、21.6%。丘岗地相对高度一般小于200米，地面坡度在20°以内。集中分布于嘉禾全部，北湖区及桂阳、安仁、永兴3县的绝大部，资兴、临武的小部，苏仙西北小半部。丘岗地区地势波浪起伏，丘陵、岗地相间，形体多椭圆状，大小不一，形成宽窄各异的各种冲垄和多种坡向，丘顶、岗顶呈浑圆状平台如馒头形。惟红岩组成的丘、岗体多为壁陡如墙，顶平如台，冲垄如巷的丹霞地形。灰岩丘岗区则出现孤峰林立的另一番岩溶地貌。

平原·盆地 境内平原面积23.55万公顷，占全市总面积的12.15%，其中西北部丘岗平原区占70%，东南部山区占30%。地貌形态主要表现为溪谷平原和坡积平原，地面均相对平坦，比高一般少于10米，地面坡度少于5°。溪谷平原面积13.76万公顷，主要分布于安仁永乐江、永兴便江、苏仙西河、桂阳官溪河、嘉禾钟水、临武武水、汝城浙水上游等溪河两岸的谷地一带；坡积平原面积30.98万公顷，属洪水泥沙淤积平原，主要分布于永兴及北湖区等局部地带。

市域盆地可分为山间盆地和丘间盆地，广出露于碳酸盐类地区，形成大小不一的溶洼、溶盆。溶蚀盆地多分为封闭式洼地，面积大小不一，主要分布于桂阳西部、南部，嘉禾的石羔、行廊，临武的北东部，宜章的南部、东北部，汝城、资兴亦有小部。溶蚀盆地面积最大的是桂阳，次为嘉禾。

岩溶·丹霞 岩溶、丹霞地貌为境内一种奇特的地貌形态。岩溶出露面积738.03平方千米，占全市面积3.9%，集中分布于境内西南部和偏东部，遍及桂阳、嘉禾、临武、宜章县的大部地域和苏仙区、资兴市、汝城县一带。具有鲜明的溶沟、石芽、石株多，孤峰、峰林多、溶洼、漏斗多和溶洞、暗河多等喀斯特地貌特点。宜章平和落水洞可容上万人马。境区红岩形成的丹霞地貌发育典型，但分布不广。苏仙区的飞天山、资兴市的黄草，永兴县城郊东部及宜章白石渡、安仁渡口一带绿水红山，石寨耸立，寨顶平坦，四周悬崖陡壁，为典型的丹霞地貌。苏仙区境内的飞天山50平方千米内呈现一派红山绿水的丹霞地貌。2001年，被批准为第二批“国家地质公园”。

（三）地表演变

郴州境内地表形态主要有山地、丘陵、岗地、平原4大类。出露的地表物质分布为7类：灰岩占25.4%，变质岩占18.8%，花岗石占18.1%，第四纪松散物占16.1%，砂页岩占10.7%，红岩占8.7%，砂砾岩占2.2%。出露地表物质面积随海拔增高而逐次减少，300米以下占38.6%，海拔至1200米以上减至仅占5.3%。1989年后，郴州域内因受山洪地质灾害，人类工程活动及流网冲沟的影响，境内地表状况渐次发生微弱演变。

水力地表演变 境内雨量充沛，地面坡度较大，洪水冲力及水的浸蚀力量造成地质演变。尤在东南部，山洪引发的山体滑坡、崩塌、泥石流及地面塌陷，带来地表的结构、形态、物质的改变。东南部为南岭穹隆构造剥蚀切割的中山、低山区。西北部地势低平，水冲力的地面作用减弱，则为轻微切割的丘陵盆地区。

工程活动地表演变 郴州矿产丰富，常年有证开采的矿点达1000多处。因大多数矿井成为采空区后都没有回填，部分矿山开采过程中强排地下水形成地下水“漏斗”，以及有的地方在城市建设和基础工程建设中，随意开挖山体。诸如此类人类工程活动，均造成地质结构空虚、松散，导致境内一些地方发生地面塌陷和下沉的地表演变。

流网冲沟演变 全市流网冲沟总长度达7.6万千米。较大的干流水系有耒水、舂陵水、永乐江、武水、集龙河5条，呈放射状分布，加之山洪冲击，使得地表切割破碎，沟纹满布，冲垄络绎，在水系渐趋发育的同时亦造成地面结构演变。耒水在资兴木根桥以上的支流，对地壳的作用力为深切割，切深为300~600多米，其以下支流对地壳的作用则表现为密度切割，使地面破碎，河网密度每平方千米达3~4千米。舂陵水系地面冲沟和小溪的密度为每平方千米4~7千米。永乐江上游、永兴区间主要表现为深切割，一般切深200米左右。武水上游支流，在莽山、西山、骑田岭、狮子山地区的流水作用下，主要以底蚀为主的深切割，莽山最大的切割深度达650米。集龙河系呈叶脉状，河网表现为深切割，一般切深300~400米。

郴州市主要山体基本情况表

表 1-2-1-1

山体名称	坐落地区	主山脊走向及长度（千米）	次山脊条数及总长度（千米）	主峰海拔高（米）	山体跨连面积（万公顷）	分水河流
金子山	永兴、安仁、资兴、炎陵县交界地带	北东走向，25千米	9条62千米	1401.0	6	斜濑水、永乐江
八面山	资兴、桂东交界地带	北东走向，85千米	11条110千米	2042.1	10.3	资兴市、淇江
贝溪山	桂东流源到贝溪一带	东北走向61千米	4条102千米	1879.8	7.63	淇江、沤江
诸广山	桂东与江西上犹交界地带	北东走向，85千米	14条72千米	2061.3	8.63	湘江、赣江
东岭	汝城与江西、广东交界地带	东西走向，102千米		1559.0	6.7	湘江、北江、赣江
五指峰	汝城与广东仁化交界地带	东西走向，40千米		1726.0	8.44	湘江、北江
狮子山	资兴、苏仙区、宜章交界地带	南北走向，45千米		1913.8	3.03	滁水、山河水
回龙山	资兴市境内	东西走向，28千米		1419.0	4.5	耒水、永乐江
莽山	宜章南部与广东交界地带	东西走向，45千米		1902.0	5.3	武水、连水
西山	临武西南角与广东交界地带	东西走向	计33条，共889千米	1711.8	3.12	武水、连水、湘江
骑田岭	苏仙区南部与宜章、临武交界地带	南北走向，32千米		1628.0	9.1	武水、湘江
香花岭	临武西北角	南北走向，11千米		1594.0	5.3	武水、湘江
泗洲山	桂阳西北部	南北走向，45千米		1428.0	3.7	桥市河、莲塘水
塔山	桂阳西北角与衡阳常宁交界地带	近东西走向，33千米		1415.0	3.3	舂陵水、白水
王毛岭	安仁境内	北东走向，21千米		944.0	1.3	醴攸盆地、茶永盆地分界线

第二节 气 候

一、气候特征

（一）气候温和，四季分明

郴州市属中亚热带季风性湿润型气候区。境内多数山脉呈东北、西南走向，对南下北上的冷暖气流起到阻挡减弱的屏障作用，因而气候温和，一般冬少严寒，夏稀酷暑，无霜期长。全市多年平均气温15.8℃~18.5℃，常年最热月7月平均气温27.8℃，最冷月1月平均气温6.4℃。年无霜期一般为260~300天。

一年春、夏、秋、冬四季分明，具有“春早多变，夏热期长，秋晴易旱，冬寒期短”的特点。春季，西南季风活跃北上，冷空气活动频繁，冷暖气流常在湘南交汇拉锯，南岭静止锋徘徊，形成春日早，阴湿多雨，气温升降易“一日三变”的特征。全市日平均气温稳定通过10℃进入春季的平均日期为3月22日，比湖南省内其他市州早1~5天。夏季，受副热带高压的控制和影响，加之西南季风活跃，形成高温重湿的季节。境内除桂东、汝城和其他县市区海拔较高的山区外，常年夏季日最高气温在35℃以上高温天数有30天左右，高温暑热伏旱期长。秋季，气温仍高，蒸发旺盛，久晴易旱，直至深秋趋凉，气爽宜人，出现“十月小阳春”气候。冬季，境内多层山脉阻挡冷空气长驱直入，加之地处中亚热带和南亚热带气候分界线附近，常有山地逆温层存在，温度一般高于全省冬季平均温度1℃~2℃，形成冬暖气候区。

（二）热量、雨量丰沛，光、温、水同步

郴州属逆温层暖区，热量、雨量丰沛。全市年平均太阳总辐射为97.0~106.8千卡/平方厘米，年平均日照时数1434.6小时。多年平均降水量1534.2毫米，年雨日171天。域内光、温（热）、水基本同季，农业气候资源的利用率高，能满足亚热带各类农作物植物生长和农业发展的需要。因受季风影响，开春以后，日照时数增多，气温回升快，降水量随之增加，形成有利于春播作物生长的光、温、水同步的气候环境。5—6月由春入夏，境内常年月日照时数值由80小时以下增至100小时以上，平均气温由12℃左右升至20℃以上，又时值第一个降水高峰时段到来，光、温、水形成同步高峰期，遂使农、林作物在生长旺季得到充分热量和水量；7月气温最高，有利早稻成熟；8月通常为降雨的第二峰值，满足晚稻栽培和其他农作物生长的需水量；9月，日照时数仍然充足，气温仍然较高，降水量减至80毫米左右，适宜秋收作物生长；10—11月，月日照时数值在100小时以上，光照仍然充足，但昼夜温差加大，宜于各种农作物的营养积累和成熟。

（三）气候变化明显，地域差异大

20世纪80年代以来，人类经济活动对自然界的干预越来越大，特别是工业生产中大量释放的污染物和工程建设对植被的破坏，以致境内出现气温升高，强降雨增多的气候变化。1989—2005年全市年平均气温为17.7℃，比1951—1980年的平均气温高0.5℃；尤其是1998—2005年，平均气温较之1951—1980年高0.6℃；有7个县（市）的历史极端最高气温出现在1998年以后，而历史极端最低气温有9个县则出现在1991年之前，气候变暖趋势明显。同时，气温变暖幅度亦增大，1989年前，年平均气温年际变化均≤1℃，起伏不大，但在1989年后的1997年、1998年，较之前一年的年平均气温变化均≥1℃；1998年全市年平均气温达18.8℃，为有气象记录以来最高。另强降雨天气增多，据桂东、宜章、嘉禾、安仁4县气象资料统计，1995—2002年7年间6—9月平均暴雨日数，分别比1988—1994年7年间6—9月的暴雨日数多0.7天、1.4天、0.3天、0.9天。

郴州地貌多样且海拔高度差异大。不同地形、不同海拔地区因气温、降水量、日照、风等气候因素的不同带来气候差异，形成区域山地“小气候”，有的地区甚至呈现“十里不同天”的气候特点。总体郴州东南部的桂东、汝城气温低雨水多，易涝；西南部的临武、嘉禾、桂阳雨水较少，易旱。在常年4—9月汛期，东部的桂东县降水量为1200毫米左右，而西南部的嘉禾县只有900毫米左右，相差约300毫米。在广袤的东南部山区，即使是同一海拔高度的山体，其南坡面与北坡面的气温、降水量、光照也不尽相同。郴州各异的区域小气候，为各类生物生长提供了适宜的气候生态环境。因郴州地处低纬地区，春寒冷害，春夏洪涝，夏伏干旱，秋寒低温，冬寒冰冻等气象灾害，历年均有不同程度的发生，尤在雨季汛期，局部强降水在山区极易引发山洪和泥石流、地陷、塌方、山体滑坡等地质灾害。

二、气象要素

（一）气温

气温地域分布　1989—2005年，郴州气温地域分布为，海拔较高的桂东、汝城县，年均气温在17℃以下，属全市低温区；郴州城区、安仁、宜章、嘉禾、临武县，年均气温在18℃以上，属全市高温区。市内年平均气温由东部、东南部往北向、西向增高，呈现东部、东南部低，中部、西部高的地域特征。境内海拔600米以上山区的气温明显低于平地丘陵区，海拔较高的桂东、汝城县极少出现高于35℃以上的高温日，而其他地区的平地丘陵区高于35℃的高温日大都在30天以上。域内气温的高低主要取决于海拔高度、地形及城市“热岛效应”。一些地域由于山体的屏障作用和盆地的聚热效应，形成“小暖区”。如宜章城关、梅田、栗源，临武的南强等地，因有骑田岭屏障，以及资兴的渡头、滁口、东坪，宜章的长策、里田、赤石，汝城的文明、田庄、南洞等一带，因北部受狮子岭的阻挡，其1月平均气温均比相近海拔地区气温高出0.5℃~1℃。永兴盆地中部一带因地势较低，地形封闭，常年10℃以上的积温达5599.6℃，属全市积温最高之地；茶永盆地南缘之安仁县也是全市夏季最热地区之一。

气温月、季分布　境内月平均气温一年中1月最冷，4月升温最快，7月气温最高，9月后降温加大。1月气温为6.4℃，2月始气温渐升，至下旬升温明显，上升幅度一般为2.1℃。3月气温比2月升高3.6℃，全市3月平均气温12.1℃，其中桂东11.4℃，宜章12.8℃，相差1.4℃。4月气温较之3月一般上升达6.3℃之多。6—7月升温平缓，全市7月气温平均高达27.8℃，并呈明显海拔增高气温递减特征，海拔最高的桂东、汝城在25.5℃以下，其他各地为27.5℃（临武）~29.4℃（安仁、郴州市区），且为月平均气温差异最大的月份，各地月平均气温相差可达5.2℃。8月开始小幅降温，9月加大降温，但太阳辐射仍强，气温依然较高，月平均气温23.7℃。10月、11月、12月降温均匀，均比前一个月降温4℃~5℃，至12月降至8.4℃。随之因强寒流入侵，1月气温呈急剧性下降。全年除1月外，各月均为桂东县气温最低，表明海拔高度对全市气温分布的作用最明显。

全市季温多年春季平均气温17.6℃，各地平均在16.2℃（桂东）~18.2℃（宜章）之间，呈东部低、南部高的地域分布。夏季平均气温26.8℃，各地平均在23.6℃~28.2℃之间，气温分布变为东部低西部高、南部低北部高。北部茶永盆地南缘的安仁县内陆性气候特征突出，郴州城区因城市“热岛效应”明显，故两地为夏季两个高温中心；高海拔的桂东、汝城县夏季则是全市最为凉爽之地。秋季全市平均气温 18.7℃，各地在 16.5℃（桂东）~19.8℃（宜章）之间，气温分布又恢复东低西高、北低南高的特点。冬季平均气温 7.8℃，各地在 7.1℃（桂东）~8.6℃（宜章）之间，呈西南部高，东北部低的地域分布。在冬季最冷的 1 月，由于山地经常存在逆温层，海拔 600 米以上地区的月平均气温反比丘陵平地区高出 0.3℃ ~1.1℃。高海拔地区冬暖现象明显，气候优势独特。

1989—2005 年郴州各地逐月平均气温一览表

表 1-2-2-1　　单位：℃

月份 单位	1	2	3	4	5	6	7	8	9	10	11	12	全年
郴州	6.6	8.8	12.6	19.0	23.3	27.0	29.4	28.0	24.5	19.2	14.1	8.7	18.4
安仁	5.8	8.0	11.7	18.4	22.8	26.5	29.4	28.1	24.5	19.0	13.4	7.9	18.0
永兴	6.3	8.4	12.0	18.4	22.6	26.3	28.7	27.6	24.1	18.8	13.5	8.2	17.9
资兴	6.1	8.4	12.1	18.6	22.7	26.3	28.6	27.3	23.8	18.5	13.4	8.0	17.8
桂阳	5.6	7.9	11.5	18.1	22.3	25.9	28.2	27.1	23.7	18.6	13.5	8.0	17.5
嘉禾	6.6	8.9	12.5	18.9	23.0	26.4	28.5	27.7	24.4	19.3	14.2	8.7	18.3
临武	6.8	9.0	12.5	18.8	22.6	25.8	27.5	26.8	23.9	19.2	14.2	8.9	18.0
宜章	7.2	9.3	12.8	19.0	23.0	26.3	28.1	27.5	24.8	19.9	14.7	9.4	18.5
汝城	6.7	8.6	11.9	17.6	21.3	24.0	25.4	25.0	22.5	18.0	13.3	8.5	16.9
桂东	6.1	7.9	11.4	16.8	20.1	23.0	24.2	23.4	20.9	16.5	12.0	7.5	15.8
全市	6.4	8.5	12.1	18.4	22.4	25.8	27.8	26.9	23.7	18.7	13.6	8.4	17.7

说明：“郴州”指郴州城区，北湖、苏仙归郴州市区作 1 个单位统计。本节后表同

极端温度分布　全市 1989—2005 年极端最高气温出现在 7 月或 8 月，2003 年 7 月底 8 月初，境内大部分地方最高气温突破 40℃，刷新当地历史气象纪录，资兴市 2003 年 7 月 31 日出现郴州有气象记录以来的极端最高气温值 42.0℃。最高气温的地域分布呈现中、北部高，东部低的特点。极端最低气温出现在 1 月或 2 月，1991 年，均低于 -5℃，北部安仁县与全市海拔最高的桂东县，成为两个极端最低气温极点，分别为 -11.9℃、-9.5℃。气温最低值的分布呈北部低、南部高的特点。

（二）降水

降水年内分配　1989—2005 年，郴州市年平均降水量为 1534.0 毫米，比全省年平均多 72.8 毫米，是全国同期平均年降水量的 2.3 倍。丰水年年降雨量达 2133.5 毫米。一年之内，降水量多集中于春夏两季，春夏两季雨量占全市雨量 70% 以上，秋冬两季不足 30%。且夏多于春，秋多于冬。在一年的月降雨量中，5 月和 6 月是两个降雨高峰月，降雨量均在 200 毫米以上；11 月和 12 月为降雨的低谷月，降水量均少于 50 毫米。4—9 月是汛期，其中 6—8 月为主讯期，汛期降雨量多集中在 4—6 月，占汛期降水量的 60%。汛期降雨高峰月为 5 月、6 月，次高峰出现在 8 月，7 月则为汛期降雨低谷月。9 月底进入秋雨期，降雨量明显递减；9—11 月降雨量为全年的 14%。12 月至次年 1 月，是郴州干冬期，月降水量一般年份在 40~90 毫米之间，总降水量不到全年降水量的 9%。此间大部分年份后汛期降水偏多，且暴雨频繁。据市气象局统计，1999—2002 年出现的 8 次暴雨洪灾

中，前汛期（5—6月）2次，占25%；后汛期（7—9月）5次，占62.5%；秋汛（10月）1次，占12.5%。2002年共出现大暴雨18站次，其中出现于后汛期12站次，占66.7%。

1989—2005年郴州各地逐月平均降水一览表

表1-2-2-2　　单位：毫米

月份 单位	1	2	3	4	5	6	7	8	9	10	11	12	全年
郴州	95.8	111.1	164.4	178.7	192.5	193.7	108.7	198.1	99.8	87.0	52.6	53.4	1535.8
安仁	104.7	109.5	185.2	166.8	206.8	215.8	128.0	145.5	77.0	83.4	64.9	60.7	1548.3
永兴	90.2	109.4	166.7	169.6	201.0	211.3	132.5	157.9	79.2	80.2	58.5	50.6	1507.1
资兴	99.0	117.0	179.3	177.2	198.2	197.3	110.7	194.3	88.7	83.7	59.4	60.1	1564.9
桂阳	95.3	106.6	171.7	172.3	200.8	198.3	134.8	178.8	80.9	86.1	50.7	49.8	1526.1
嘉禾	86.1	97.8	148.4	175.0	214.1	185.4	135.0	149.1	80.2	77.7	51.4	47.6	1447.8
临武	76.7	85.3	141.3	191.7	203.1	232.8	139.9	132.8	67.4	67.8	45.2	43.4	1427.4
宜章	88.9	99.6	152.5	183.1	218.1	218.4	145.4	158.6	60.7	66.2	44.1	41.1	1476.7
汝城	80.5	99.5	154.3	174.4	190.4	230.4	167.1	180.7	104.3	66.5	38.9	42.9	1529.9
桂东	96.3	112.6	181.8	172.8	215.9	250.4	200.5	239.1	135.1	73.2	49.0	49.6	1776.3
全市	91.4	104.8	164.6	176.2	204.1	213.4	140.3	173.5	87.3	77.2	51.5	49.9	1534.0

降水地域分布　境内受地形影响，年降水量的地域分布很不均匀，总体上东部山区年降水量多于西部平地丘陵区，降水量等值线与地形等高线呈同步递增趋势。常年东部年降水在1520毫米以上，降水充沛；西部降水量较少在1450毫米以下。平均年降水量最多的是海拔最高的东部桂东县为1776.3毫米，最少的则是西部嘉禾县为1427.4毫米，两地相差348.9毫米。年降水量在全市呈现自东向西，从山区往丘陵平地区逐渐递减的特征，东部为多雨洪涝灾害易发区，西部为少雨易旱区。郴州境内有气象记录以来年降雨量最大的是桂东县，年雨量曾达2590.8毫米（1961年）；年降雨量最少的是资兴，年雨量少至899毫米（1966年）。

降水强度分布　郴州属全省四个汛期降水高值区之一。境内暴雨、大暴雨和特大暴雨多出现于5月、6月、7月、8月。春夏降水强度明显大于其他季节。气象统计显示：1989—2005年，郴州市多次出现时段性、区域性强降水现象。暴雨多出现在6月，占暴雨总数的四分之一，次为5月和8月；大暴雨在5—9月都有出现，6月出现最多，约占全年的30%。境内大暴雨日数以北部地区较多，中部、西南部地区次之。安仁县大暴雨出现日数最多，年平均为0.8天，永兴次多为0.6天，郴州市区、资兴、临武为0.5天。1小时、3小时最大降水量都出现在桂阳，分别为117.2毫米、139.5毫米；6小时最大降水量出现在郴州城区，降水量为207.1毫米；24小时降水强度最大的是1999年8月13日，郴州城区降水量322.3毫米，为百年罕见的特大暴雨日。

（三）日照

郴州市多年的年平均日照时数为1434.6小时，居全省第九位。各县（市、区）年日照时数在1294.5小时~1566.5小时之间。东南部的汝城县年均日照时数最多，为1566.5小时，次为桂阳县1542小时；中部郴州城区和北湖、苏仙两区最少，均为1294.5小时。全市各地的年日照百分率的平均值在29%~35%之间，以汝城、桂阳最高，郴州城区最低。海拔600米以下地区的日照百分率，随高度增加而加大，600米以上则因山区多雨雾和阴天，日照百分率随海拔递增反而减少。夏季，平地丘陵区的日照百分率高于山区；秋季，则山区的日照百分率比平地丘陵区要高。

一年中各月平均日照时数以7月居多，为216.7小时，占全年的15.1%，8月次之；1月、2月最少，仅各占全年的4%。1—4月，由于冷空气活动，降雨日和阴雨天日数增多，月日照都不足100小时。一般年份从5月起，月日照时数增加到100小时以上，7月达210小时以上，8月减至170~190小时之间，9—12月，日照时数逐月递减，但月均仍在100小时以上。

1989—2005年，郴州境内的年平均日照时数，较之1989年之前20年的年平均日照时数减少85小时，年日照百分率减少4%，太阳辐射总量也相应微减。

1989—2005年郴州各地逐月日照时数一览表

表1-2-2-3 单位：小时

单位＼月份	1	2	3	4	5	6	7	8	9	10	11	12	全年
郴州	45.6	50.0	56.8	91.5	110.4	134.0	213.5	159.5	122.0	120.7	105.2	85.3	1294.5
安仁	46.9	49.0	57.0	89.2	126.9	143.8	235.0	187.9	147.2	132.4	112.4	95.8	1423.5
永兴	47.7	55.9	60.3	89.6	123.8	155.2	239.4	186.4	145.7	134.3	113.7	92.1	1444.2
资兴	46.8	55.3	60.6	97.6	124.8	151.4	225.2	175.5	138.5	127.9	110.3	88.2	1402.4
桂阳	62.0	64.4	72.4	109.9	137.8	158.3	237.2	189.9	140.0	137.4	126.3	106.4	1542.0
嘉禾	52.9	54.8	57.9	91.3	121.3	150.9	222.6	181.0	138.3	135.7	118.4	100.5	1438.3
临武	65.5	61.3	56.5	89.5	117.7	146.0	216.8	191.3	155.1	152.0	133.5	114.6	1499.6
宜章	53.1	52.3	49.9	76.8	98.8	127.0	199.7	171.9	147.3	141.1	122.0	104.2	1344.1
汝城	76.8	68.4	65.1	96.3	123.4	140.0	208.0	182.9	160.0	165.4	150.1	130.3	1566.5
桂东	78.8	70.3	64.9	86.5	102.0	113.4	169.2	143.6	133.3	145.7	147.3	136.0	1391.1
全市	57.6	58.2	60.1	91.8	118.7	142.0	216.7	177.0	142.7	139.3	123.9	105.3	1434.6

（四）风向风速

郴州一年中除5—8月以偏南风为主外，其他季节多为偏北风向。春季气温始升，偏南风逐渐增多，但仍以偏北风占主导地位。至3月，偏南风频率增至7%~10%，接近北风频率。4月，全市无风频率在28%以上，宜章达51%；桂阳、汝城、桂东则以南风为主，其频率分别为15%、26%、14%。夏季气温速升，气压降低，境内盛行偏南风。7月南风频率最大，然因山地阻挡，市内无风频率仍有20%左右，宜章达44%。秋季开始受冬季风的影响，中秋、末秋风向以偏北风为主，10月全市北风频率平均为22%，无风频率为36%，桂东以东风为主。冬季因受自冷高压的控制，各地以偏北风居多，其他风向频率均在10%以下。1月全市的偏北风最大频率达30%，无风频率为36%。

1989—2005年，全境平均年风速为1.5米/秒，各县（市、区）年平均风速介于0.9（永兴）~2.8米/秒（临武）。其中春季、夏季较大，均为1.6米/秒，秋季较小，为1.3米/秒，冬季为1.4米/秒。风速最大的月份是7月，为1.8米/秒，4月、6月次之，为1.7米/秒，8—12月均为风速最小的月份。临武、桂阳处泗洲山与骑田岭之间，因山脉相间产生的狭管效应，年平均风速分别达2.8米/秒、1.9米/秒，为全市风速高值区；位于罗霄山脉西麓的永兴和位于南岭山脉北麓的宜章，因风受山脉阻挡，年平均风速仅为0.9米/秒和1.0米/秒，为全市风速低值区。

1989—2005年郴州各地逐月平均风速一览表

表1-2-2-4　　单位：米/秒

单位＼月份	1	2	3	4	5	6	7	8	9	10	11	12	全年
郴州	1.0	1.1	1.3	1.5	1.3	1.6	1.7	1.1	1.0	0.9	0.9	0.9	1.2
安仁	1.3	1.3	1.4	1.5	1.3	1.4	1.6	1.3	1.4	1.3	1.2	1.2	1.4
永兴	0.8	0.9	0.9	0.9	0.8	0.9	1.0	0.9	0.9	0.7	0.7	0.8	0.9
资兴	1.3	1.4	1.6	1.7	1.6	1.8	2.2	1.6	1.3	1.1	1.1	1.1	1.5
桂阳	1.7	1.9	2.2	2.4	2.1	2.3	2.6	1.8	1.7	1.6	1.5	1.5	1.9
嘉禾	1.6	1.7	1.9	2.0	1.8	2.0	2.1	1.7	1.5	1.3	1.4	1.4	1.7
临武	3.2	3.3	3.2	3.2	2.5	2.6	2.6	2.1	2.3	2.6	2.9	3.1	2.8
宜章	1.1	1.0	1.0	0.9	0.8	0.9	1.0	0.9	1.0	1.0	1.0	1.0	1.0
汝城	1.2	1.4	1.4	1.6	1.4	1.7	1.5	1.2	1.0	1.0	1.1	1.1	1.3
桂东	1.3	1.3	1.4	1.4	1.2	1.4	1.2	0.8	0.9	1.1	1.1	1.2	1.2
全市	1.5	1.5	1.6	1.7	1.5	1.7	1.8	1.3	1.3	1.3	1.3	1.3	1.5

（五）雾

郴州市多年平均年雾日14.7天，各县（市、区）雾日在5.2天（临武）~32.5天（永兴）之间。一年中，雾日以冬季居多，春季次之，夏季最少。地域分布为：永兴、资兴、安仁为多雾区，临武、宜章、嘉禾为少雾区；雾日数还随海拔高度上升而递增，山区的雾日是平地丘陵区雾日的一倍有余。桂东、汝城部分海拔800米以上山地的雾日数多达80天~100天，最多的年云雾天数达120天。水面宽阔地带因水气充足易形成大雾天气，资兴东江库区和永兴便江沿线一年的雾日明显偏多。境内雾日季节分布为平地丘陵区多在秋末至春末，海拔600米以上的山区则在夏末初秋；平地丘陵区雾日最多月份是1月，最少为7月，山区最多则为8月，最少为2月。两种海拔高度出现的大雾时段基本相反。境内南岭山脉、罗霄山脉等地因海拔高雾日多，生产的“云雾茶”品质优良。

（六）霜

境内多年年平均霜日为13.8天，山区与平地丘陵区霜期长短，初、终霜日差异均较大。桂东县平均霜日为27.3天，最多年霜日达44天；永兴霜日最少，年平均霜日9.4天。全市年平均无霜期，平地丘陵区达288天，山区则为256天。平均初霜日，山区一般比丘陵平地区出现早，多在11月上旬末，丘陵平地则多在11月底出现最早霜日，同比始日相差20天左右；平均终霜日，丘陵平地区多在2月下旬，山区则多为3月上旬。

（七）雪

郴州市降雪日数少、雪量小、积雪日数不多。多年平均降雪日数为4.7天。降雪日最多的为东部桂东县，平均日数为5.9天，最少是西南部临武县，为3.4天。各地平均初雪日为1月3日，终雪日在2月15日；桂东县初雪较早，终雪较迟。全市平均积雪日数为2.9天，最多积雪日数为桂东县达8天，最大积雪深度为桂阳县达14厘米。

（八）冰冻

郴州冬季受北方冷空气影响，遂形成雨雪交加、低温寒冷冰冻天气。全市多年平均冰冻日数为2.1天，最多的年份（2003年）出现11天（桂阳）。冰冻的地域分布桂阳最多，桂东、汝城次之，宜章最少。冰冻主要出现在12月至次年2月，1月最多，2月次之，汝城、桂东山区有的年份3月上旬仍有冰冻发生。

第三节 水 文

一、地表水

（一）河道

郴州地跨长江和珠江两大流域，分属湘江、赣江、北江三大水系。境内有河流水域面积199.9平方千米，占水域总面积33%，主要河流有耒水、舂陵水、永乐江、武水、集龙河、洣水，其支流共423条，受地形影响，呈扇形展布。耒水、舂陵水、永乐江从东、南、西三面汇入湘江；武水从南面汇入珠江；集龙河从东面汇入赣江。河流集水面积1000平方千米以上的有6条，500—1000平方千米的7条，100—500平方千米的48条，50—100平方千米的60条，10—50平方千米的286条。

境内湘江水系流域面积1.5万平方千米，占全市流域总面积的77.1%；珠江水系流域面积3674.5平方千米，占18.4%；赣江水系流域面积691.5平方千米，占4.5%。集水面积最大的为湘江水系的耒水（4657平方千米），最小为北江水系的武水（880平方千米）。

耒水 湘江水系一级支流，为境内最长的河流。发源于海拔1566米的桂东县黄洞乡，流经桂东县、汝城县、资兴市、苏仙区、永兴县、耒阳市、衡南县、衡阳市，由耒河口汇入湘江，平均坡降0.77%。从源头至桂东段称沤江，桂东至资兴黄草段称北水，黄草至鲤鱼江段称东江，永兴境内一段称便江，入境耒阳后称耒水。1989—2005年，耒水年平均流量上游15.4立方米/秒，中游146.8立方米/秒，下游173立方米/秒。境内河长234.1千米，控制流域面积8929平方千米，沿途有支流192条，主要支流有浙水、资兴江、郴江、程河、西河、淝江等6条。耒水资兴东江段蓄有东江大型水库（又称东江湖）。

舂陵水 湘江水系较大支流之一。源出湖南省永州市蓝山县南风坳，自南向北流入嘉禾、新田、桂阳、耒阳、常宁，衡南菱河口汇入湘江。流经嘉禾县境内称钟水，入桂阳县境内后称舂陵水。境内流域面积3326.5平方千米，河段长116.9千米，控制嘉禾、桂阳县大部分地区灌溉用水。1989—2005年，舂陵水年平均流量上游105立方米/秒，下游120立方米/秒。2002年8月8日下游高洪时最大流量达3620立方米/秒。在桂阳飞仙镇境内成为欧阳海大型水库的主要蓄水区。沿途主要支流有石燕河、新田河、黄狮江、高平河4条。

永乐江 又称小江，为洣水下游一大支流。源出资兴市烟坪乡毛鸡仙（海拔1714.9米）。境内流域面积2572平方千米，干流长193.6千米，平均坡降1.9‰。沿途汇入永兴县、资兴市小部分和安仁县大部分地区径流，积雨面积2321.8平方千米。1989—2005年，永乐江年均流量43.2立方米/秒。有各级支流57条，呈树枝状河系。主要支流有小浪江、莲花江等。河段在永兴县境内蓄有青山垅大型水库。

武水 珠江流域北江水系一级支流。发源于临武县武源乡三峰岭（海拔1509.1米），流经临武、宜章县，进入广东省乐昌市后汇入北江。境内流域面积2303平方千米，河段长93.2千米，平均坡降1.49‰。1989—2005年，干流年均流量25.2立方米/秒，最大洪峰流量为1990立方米/秒。有各级支流38条，为栅栏状河系，主要支流有长乐河、玉溪河、章水、鱼溪河等。

集龙河 属赣江水系。源出汝城县土桥乡天柱山清风岩。境区流域面积501.78平方千米，干流长46.08千米，平均坡降0.83‰。流经汝城县东坑、塔桥、益将、集龙入江西崇义县。主要支流有上黄江、热水河，为树枝状河系。干流多年平均流量为16.3立方米/秒。

其他主要河流 宜水：境内流域面积143.9平方千米，流经长度20千米，发源于桂阳县天子地，流经桐树下、炉下、炭隆上。洣水：境内流域面积213.3平方千米，全长26千米，源出资兴市垄头上，流经谷洞、皮石、马鞍草、鸡公仁。滇水：境内流域面积308.8平方千米，全长30千米，发源于汝城县九龙源。

径流 河川径流主要为雨水补给，多年平均年径流总量184.92亿立方米，其中境内自产水量165.6亿立方米，入境客水量19.32亿立方米。

由于地形和降水状况不同，年内径流分配差异较大。东南山丘区，年降水深和径流分别大于1500毫米和800毫米；西北丘岗平区，年降水深和径流深分别小于1450毫米和750毫米。河流汛期开始早，一般汛期长达4~5个月。洪峰流量多出现在5—8月，为丰水期，其径流量约占全年径流量50%~60%；10月到次年2月为枯水期，径流量占全年的20%左右，最小流量多出现在12月至次年1月。境内水均流量最大和最小比值均在3~6倍之间。年际径流量相差较大，全市最大径流量为最小年径流量的2倍多。境内湘江、北江和赣江流域，其径流量占全市年径流总量40%~50%。1994年、1996年、1999年、2002年全市发生高洪水位和特大洪峰流量，超过警戒水位1.6~4.83米。最高水位除1994年6月发生于北江水系河流外，其他3年均发生在当年8月湘江水系河流。出现最大流量的为北江水系的武水河（1994年6月16日洪峰流量为1990立方米/秒），其他3年出现的最大流量为1500立方米/秒至1900立方米/秒之间。

（二）水库

1989年，郴州地区共建水库779座，其中，大型水库1座，中型22座，小(一)型123座，小(二)型633座，总库容9.40亿立方米。之后，郴州在湘南农业综合开发中筑库蓄水，大兴水利建设。到2005年，全市建成各类水库885座，其中大型水库有“东江湖水库”“欧阳海水库”“青山垅水库”3座，中型水库29座，小（一）型水库132座，小（二）型水库721座。水库总库容103.84亿立方米。

东江水库(又称东江湖)，湖岸线738千米，湖区总面积160平方千米，库容蓄水量91.5亿立方米。为中南地区第一大次生水体的高峡人工湖泊，常年蓄水量80亿立方米左右，仅次省内洞庭湖，有“湘南洞庭”之称。

（三）水质

郴州境内地表水环境质量总体较好。2005年，地表水监测断面达标率100%，郴州市13个饮用水源保护区水质保持在国家二级标准以内。东江湖、山河水库水源水质常年较好，非汛期和汛期均达Ⅱ、Ⅲ类水质标准。

耒水东江水文站以上河段全年水质为Ⅱ类，以下河段为Ⅲ类，多年平均水温13.3℃，上游郴江河污染严重，为超Ⅴ类水质，河水不能饮用；春陵水流域自欧阳海水库以上河段水质符合国家饮用水标准，飞仙站至欧阳海大坝河段水质为Ⅲ类，以下河段污染较为严重；永乐江流域污染较轻，全河段全年水质为Ⅲ类；武水全河段水质为Ⅲ类，汛期比非汛期水质略好；集龙河除部分矿区流域超过饮用水标准外，其他河段均符合国家饮用水标准。

2005年郴州市流域情况统计表

表1-2-3-1　　单位：条

流域名称	河流条数	支流级别					集雨面积（平方千米）				
		一级	二级	三级	四级	五级	50~100	100~500	100~500	500~1000	1000以上
全市	423	6	127	185	88	15	296	66	48	7	6
湘江水系	319	4	90	137	73	15	225	49	35	6	4
耒水	192	1	58	85	42	6	134	32	20	4	2
春陵水	61	4	26	17	10	7	45	6	7	2	1
白宜潭	9	2	4	3	—	—	6	2	1	—	—
永乐江	57	—	2	32	21	2	40	9	7	—	1
北江水系	84	1	26	43	14	—	57	15	10	—	2
武水	75	1	25	39	10	—	51	13	9	—	2
浈水	9	—	1	4	4	—	6	2	1	—	—
赣江水系	20	1	11	7	1	—	14	2	3	1	—
集龙河	13	1	7	4	1	—	8	2	2	1	—
泉江	7	—	4	3	—	—	6	—	1	—	—

说明：湘江水系的白宜潭含白水、宜水、潭水

2005年郴州市水库基本情况表

表1-2-3-2　　单位：座

项目 地点	大型水库		中型水库		小型水库		水库总容量（万立方米）
	座数	库名及库容量	座数	水库名称	小（一）型	小（二）型	
北湖区	—	—	2	四清、仙岭	3	8	4235
苏仙区	—	—	4	高峰、大头垅、柳泉、长青	3	39	9309
桂阳县	1	欧阳海水库（4.2亿立方米）	4	莲圹、贤江、方元、肖家山	27	228	17289
永兴县	1	青山垅（1.14亿立方米）	2	龙潭、黄口堰	20	101	27073
嘉禾县	—	—	3	泮头、盘江、观音山	18	45	10620

续表 1-2-3-2

项目 地点	大型水库		中型水库		小型水库		水库总容量（万立方米）
	座数	库名及库容量	座数	水库名称	小（一）型	小（二）型	
宜章县	—	—	3	黄沙溪、黄岑、林子冲	12	56	8790
临武县	—	—	1	长河	9	54	8561
桂东县	—	—	—	—	7	13	2049
汝城县	—	—	5	龙虎洞、文明、沙田、满天星、山店江	11	36	13776
资兴市	1	东江湖（91.5 亿立方米）	2	杨洞、半垅	9	48	921228
安仁县	—	—	3	茶安、大源、大石	13	93	15515
合 计	3	96.88 亿立方米	29	—	132	721	1038445

说明：库容量 1 亿立方米以上为大型水库，1000 万至 1 亿立方米为中型水库，100 万至 1000 万立方米为小（一）型水库，10 万至 100 万立方米为小（二）型水库

二、地下水

（一）类型与分布

境内地下水资源丰富，含水岩层自下古生界震旦系到新生界第四系均有出露。地下水呈与地表水同步变化的规律，其分水岭也与地表水分水岭基本一致。全境地下水多年平均补给量为 53.76 亿立方米，其中可开采量为 27.14 亿立方米。境内地下水主要分四大类型：

松散岩类孔隙水 含水层面积 430 平方千米，占全市总面积 2.2%，其水层埋于水质黏土、沙卵石之下，总含水量 0.65 亿立方米，占地下水总量 1.2%，其中可开采量为 0.38 亿立方米。主要分布在耒水、舂陵水、永乐江的漫滩、阶地、河谷平原及山间平原地带。

基岩裂隙水 含水层总面积 1.26 万平方千米，占全市总面积的 65.3%，由元古板岩、泥盆系砂岩、奥陶系五峰组页岩等岩组成，裂隙发育，水量多为中等。总含水量 17.16 亿立方米，占地下水量 31.9%，其中可开采量为 9.3 亿立方米。主要分布在山地、丘陵区。

碳酸盐岩类岩溶构造水 含水层面积 6395 平方千米，占全市总面积的 33.1%；含水量 35.95 亿立方米，占地下水总量 66.9%，其中可开采量为 16.98 立方米。岩性较纯的碳酸盐层中，含岩溶水较富集，不同岩层，富水性差异较大。裸露型岩溶水有的发展成地下暗河。主要分布在境内各丘岗地区。

地热水 1989—2005 年，郴州市（地区）发现出露的地热水天然泉点 38 处，总流量约每秒 1860.23 公升，温度在 23℃ ~99.5℃，多属于中温热水。主要分布在宜章、永兴、汝城、资兴、安仁、临武、嘉禾、北湖和苏仙 9 个县（市、区），其中泉涌量最大的汝城热水温泉流量达 1.5 万吨 / 日，水温高达 98℃ ~99.5℃，为中国华南地区四大热田之一，居湖南省热泉流量之首。郴州地热水具有分布广、流量大、富含微量矿物元素等特点，具有健身医疗功效。

郴州市地下热水主要泉点涌水量（2升以上/秒）水文特征统计表

表 1-2-3-3

位置和名称	水温℃	涌水量（升/秒）	矿化度（克/升）	总硬度（德度）	pH 值	附注
汝城县热水镇热田	98~99.5	139	0.1604	—	8.8	含氟 10 毫克/升
汝城县暖水镇罗泉	50	46	0.282	10.82	7.5	
资兴市汤市乡小河	44~53	3.5	0.174	1.78	7.7	含氟 4.0~5.5 毫克/升
安仁县龙海镇万田	38	80	0.343	23.98	7.6	—
临武县金江镇尹家温泉	45	15	0.148	1.35	7.1	—
苏仙区农垦场	33	2.6	—	—	—	—
北湖区仙岭水库后岸	40	34.72	—	—	—	—
郴州城区北湖	30	122.93	小于 0.252	小于 12	—	—
北湖区铜坑旱塘	38	3.85	小于 0.252	小于 12	—	—
苏仙区七一一矿井下	46	8.52	0.145~0.523	19	—	—
永兴县悦来乡玉泉村	31	59.03	—	—	—	—
永兴县悦来村温泉头	51	34.72	—	—	—	—
永兴县太和乡太和村	40	34.72	—	—	—	—
永兴县太和乡双和村	40	23.23	—	—	—	—
宜章太平里乡吊钟岭	45	15.5	0.596	16.3	7.2	—
宜章县太平里乡蓝家	38	5.6	0.102	19.24	7.5	—
宜章县城南乡温塘口	33	2.5	0.188	11.38	7.2	—
宜章县麻田镇温塘	43	2.18	0.102	2.07	7.5	—
宜章麻田镇开山寺	43	2.54	0.218	12.85	7.1	—
宜章县关溪乡沙市	35	4.43	—	—	—	—
宜章县栗源镇甘棠湾	34	7.35	—	—	—	—
宜章县栗源镇复源	36	3.61	—	—	—	—

（二）水质

地下水以岩溶泉及地下暗河为主要排泄方式。郴州境内各类型地下水含水岩组的含水程度，分为丰富、中等、贫乏三级。地下水以重碳酸钙、重碳酸钙镁、硫酸钙、重碳酸钾钠 4 个化学类型为主。矿化程度小于 0.4 克/升，总硬度小于 21 德度，pH 值在 5~9 之间，一般适合于饮用。711 矿铁石垄、苏仙区东波矿野鸡尾、资兴三都宝源煤矿等部分矿区地下水，和汝城热水、宜章太平、资兴汤市少量热泉的个别元素，如 As、F、Ste 及 SO_4，超过饮用水标准。绝大多数地下水起泡总数小于 60，属不起泡水。北半部部分区域内，除部分碳酸盐类岩溶水和砂页岩分布区的基岩裂隙水为半腐蚀性水，其他一般为非腐蚀性水。南部部分区域内地下水，一般为半腐蚀性水。地下水中钠盐含量小于 20 毫米/升，不产生盐碱化。

郴州市地下水含水岩组合程度参数指标统计表

表 1-2-3-4

分级参数	含水级别	地下水类型			
		松散岩类孔隙水	红色碎屑岩层间水	基岩裂隙水	碳酸盐岩溶水
泉水流量（升/秒）	丰富	—	—	>1.0	>10
	中等	—	—	0.1—1	110
	贫乏	—	—	<0.1	0.1—10
8”口径单井涌水量（立方米/日）	丰富	1000~5000	>1000	—	—
	中等	100~1000	100~1000	—	—
	贫乏	10~100	＜100	—	—
暗河流量（升/秒）	丰富	—	—	—	100~1000
	中等	—	—	—	10~100
	贫乏	—	—	—	<10
地下径流模数（枯期）升/秒平方千米	丰富	>3.5	—	3~6	>6
	中等	1.5~3.5	—	1~3	3~6
	贫乏	<1.5	—	<1	<3
多年平均渗入系数	丰富	>1.5	>0.15	>0.15	>0.4
	中等	0.05~0.15	0.05~0.15	0.05~0.5	0.3~0
	贫乏	<	<0.05	<0.05	<0.3

第四节　土壤·植被

一、土　壤

2005年，郴州市土类总面积165.20万公顷，占全市总面积的85.5 %。土壤类型划分为10个土类，23个亚类，102个土属，349个土种，呈地带性和非地带性分布。境内东南部山丘以黄壤、黄棕壤为主；西北部丘盆区以红壤为主，沿河谷地带多为潮土，山地有草甸土。丘岗平地水田经长期水耕已化成水稻土。

郴州市土壤分类概况统计表

表 1-2-4-1

土　类	亚　类	面积（万公顷）	占土类总面积（%）
红　壤	红壤、黄红壤、红壤性土	81.73	49.50
山地黄壤	黄壤、黄壤性土	26.32	15.90
黄棕壤	黄棕壤、山地黄棕性土	15.14	9.20
山地草甸土	山地草甸土	1.47	0.90

续表 1-2-4-1

土 类	亚 类	面积（万公顷）	占土类总面积（%）
水稻土	淹育、潴育、渗育、潜育、沼泽、矿毒水稻土	17.85	10.80
菜园土	新菜园土、菜园土	0.55	0.30
潮 土	河潮土	0.16	0.09
黑色石灰土	黑色石灰土	1.77	1.10
红色石灰土	红色石灰土、黄色石灰土	6.89	4.20
紫色土	酸性、中性、石灰性黄色土	13.32	8.10

主要土壤特性与分布 境内成土母质可分为灰岩、变质岩、花岗岩、砂页岩、红岩、砂砾岩风化物和第四纪松散堆积物 7 大类。地带性土壤主要有红壤、山地黄壤、黄棕壤、山地藻丛草甸土；非地带性土壤以水稻土、紫色土为主，次为石灰土、菜园土和潮土。

红壤 为市内主要土类，面积 81.73 万公顷，占全市土地总面积 42.3%。红壤系红颜色，呈酸性反应，pH 值 4~6，质地较黏重；红壤虽地层深厚，土质黏细，但肥力不高，土壤中有机质，氮、磷、钾养分和微量元素偏低，适宜于作林地、菜园地和果园地。广泛分布于海拔 800 米以下的岗地、丘陵、低山及中低山地区。桂阳、永兴、嘉禾 3 县红壤占总面积 70% 以上，安仁、宜章、资兴等县（市）亦占总面积的 50% 以上。

山地黄壤 面积 26.32 万公顷，占全市土地总面积 13.6%。质地多为中壤和沙壤土，土层一般深厚，土体呈黄棕色，酸性强，pH 值 4.5~6，一般有机质和氮、磷、钾含量比红壤高，肥力较好，适宜林业垦植。主要分布于海拔 800 米 ~1000 米的中山地区，土壤面积以汝城、桂东、资兴为多。

黄棕壤和山地藻丛草甸土 面积分别为 15.14 万公顷和 1.47 万公顷，占全市土地总面积的 7.8% 和 0.76%。黄棕壤土体较疏松，有机质含量高，多在 5~10% 之间，矿化率低，土壤养分较丰富，呈酸性，pH 值 4.9~5.5，适作林业园地，主要分布于桂东、汝城、资兴和苏仙区境内 1000 米 ~1800 米的中山地带。山地藻丛草甸土土层浅薄，表层有机质含量高，呈黑色或暗棕至暗黄棕色，草根盘层发育，软而具弹性，适宜发展草本植物，以桂东、汝城境内 1200 米以上的中山顶部为多。

水稻土 面积为 17.85 万公顷，占全市土地总面积的 9.8%。水稻土是经长期水耕熟化过程而形成，为土体中特定的发育土层。境内主要有淹育性、潴育性、潜育性及沼泽性水稻土亚类。全市潴育性水稻土占水稻土总面积 72.85%。其次为潜育性和淹育性水稻土，分别占水稻土面积 12.5% 和 9.01%。水稻土中大部分肥力和土壤结构较好，有机质含量一般在 2%~4%，但有部分耕作层浅薄、质地黏重、排水困难、泥温太低，或矿毒危害，或氮、磷、钾养分及泥沙含量失调。水稻土主要集中于丘陵岗地及溪谷平原地带，以安仁、永兴、嘉禾、桂阳县、苏仙区和北湖区水稻土占有面积比例居大。

紫色土 · 石灰土 紫色土是由紫色砂页岩形成的土壤，面积 13.32 万公顷，占全市总面积 8.1%。以永兴、安仁、临武县面积最大。一般性状是土层薄，有机质含量低，氮素养分贫乏，但磷、钾含量丰富，保水性差。石灰土包含黑色石灰土、红色石灰土，是一种发育在石灰岩上的岩成土壤，土层浅薄，土壤酸性变化大，矿质养分较丰富，pH 值 7~7.5，有机质含量高，质地较粘重，含有少量的碳酸钙。石灰土面积 1.77 万公顷，占全市土地总面积 5.3%，以临武、宜章、苏仙区为多。分布于石山岩隙、石间洼地或山丘坡脚地。

菜园土排 · 潮土 这两类土壤分布面积小。菜园土只占全市总面积 0.3%。潮土由近代河流冲积物母质发育而成，分布在沿河两岸，面积占全市土地总面积0.09%。两类土壤均土层深厚，质地疏松，肥力较高，呈酸性反应，pH值6~7.5。

二、植被

（一）植被分布

郴州山地广袤，植被繁茂，有林地面积113.06万公顷，在全省14个市（州）林业用地面积中居第三位。全市天然植被覆盖率达49%。境区除安仁县外，均属中亚热带绿阔叶林地带，为湖南山地丘陵的栋栲、马蹄荷、华南五针松、福建柏林、杉木林、油茶林、毛竹及丛竹林植被区。

地域分布 境内因气候差异和地形的丰富多样，孕育和演化成3个地带性天然植被区：罗霄山—诸广山植被区，包括桂东、汝城、资兴，区内除杉木、马尾松、竹林外，还有大量热带区系植物分布；阳明山—湘南丘陵植被区，包括桂阳、永兴、苏仙区、北湖区等地，为油茶集中产区，丘地为马尾松、疏矮林，林下植被物为南岭荛花、毛冬青、南方荚蒾、白栎、腺毛杜鹃等；南岭山地植被区，包括宜章、临武、嘉禾等地。宜章为全市热带植物区系最集中的地区。位于宜章南部的莽山，是热带与亚热带之间的过渡地带，为南北植物的汇集区，林中有植物2700多种，保存着完整原始次生林和多种古树名木。

垂直分布 境内不同类型的地貌和海拔高度，呈现光、热、水和大气条件在空间分布上的差异，植被垂直分布变化明显。植被的垂直分布为4个层次：海拔1200米以下山地，以喜温性常绿阔叶林为主，并间有落叶阔叶林。常绿阔叶林多为栲类、青冈栎、楠木、润楠、木荷等。海拔1200米~1400米山地以中山针阔叶混交林和暖性针叶林为主，如福建柏、南方铁杉、粤松、黄山松、多脉青冈、银木荷、缺萼枫香、槭树、包石栎等。海拔1200米~1600米山地以耐低温、抗风力强的常绿、落叶阔叶树种为主，如包石栎、根木荷、金叶白兰、巴东栎、甜槠、水青冈桦木、鹅掌楸等。海拔1500米以上为高山矮林，以杜鹃、栎类、青冈、越橘、交让木等耐寒风树及箭竹类为主。

地带性天然植被尤其是低山常绿阔叶林，由于人为影响，经多次采伐后变为次生林和人工林，改变了原来森林生态环境。除局部地区及自然保护区、森林公园外，一般土地植被垂直分布往往缺乏连续性和完整性。

（二）植被特征

境内自然植被分为阔叶林、针叶林、竹林、藻丛草甸和水生植被5个植被型组，主要由常绿阔叶林、常绿落叶阔叶混交林、落叶阔叶林、山顶矮林、竹林、低山针叶林、中山针叶林、灌丛灌草丛、草甸、沼泽、水生植被12个植被型组成。呈现南岭植物区系的明显特征。

起源古老 古老树种多分布在宜章县莽山国家级自然保护区和桂东八面山省级自然保护区内，历史悠久，植被区系保留了第三世纪植物区系的基本成份。其起源古老的裸子植物达8科75种（含引种），分别占全国裸子植物的科、种的73%、29.5%，是裸子植物富集之地。同时尚大量存在木兰科、毛茛科、五味子科、八角科、睡莲科、水青树科、杜仲科、大血藤科、木通科等天然植物，展现郴州植被的古老性和子遗性。

种类繁多 全市植物区系中，主要种类有种子植物176科836属2367种（包括变种和栽培种），被子植物168科812属2296种。植物科类中，38种植物以上的科有9科568种。仅蔷薇科有104种，樟科93种。

特有种类丰富 境内特有野生植被树种中，既有古老植物类型的银杏属、观光属、水杉属（引进）、银杉属，也有在系统发育中进化的石笔木属及五加科人参属等，特有种类较为丰富。已发现国家一级保护的“活化石”——银杉，分布群落344处；仅宜章县莽山国家级自然保护区就有珍稀植物300余种，区内天然植被覆盖率94%。

郴州市（地区）历次林业普查森林覆盖率对比图

表1-2-4-2 单位:%

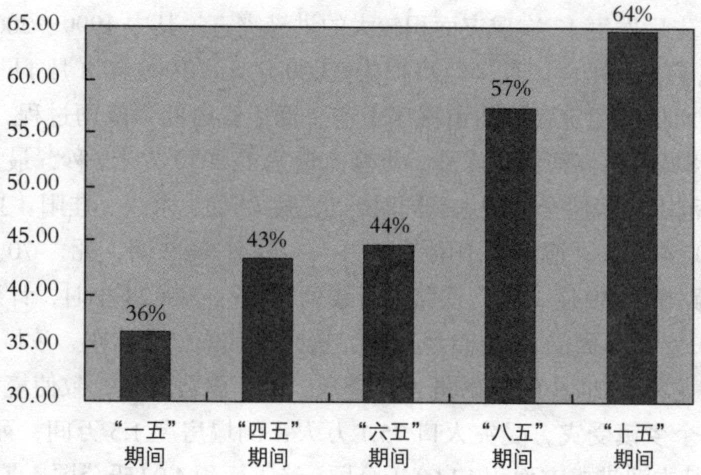

说明：图内只列入组织林业普查期间的森林覆盖率

第五节 自然灾害

一、暴雨山洪与地质灾害

郴州地处低纬度地区，且紧邻广东沿海，因受太平洋副热带高压、锋面、切变线、气旋和入境台风等影响，在5—8月汛期往往暴雨频发。各地多年年平均暴雨日数3~4天，最多年暴雨日达5~9天。山区暴雨日多于丘陵平地。境内山谷积水容易出水难，加之山区河道较窄，暴雨山洪极易导致河水暴涨外溢出现涝害，故涝多于旱。同时，大部地区山高坡陡，多为粘性差的岩体构造，又因20世纪80年代后矿产开采和其他动土工程增多，浮土松散层失去林草防护，暴雨山洪的冲毁力更易诱发山体滑坡、泥石流及地面塌陷等地质灾害。90年代后，干旱灾害比过去明显减少，而暴雨山洪与其诱发的地质灾害明显增多。90年代至2005年，每年均有1~3次地带性的洪涝灾害发生。尤以宜章、桂东、汝城、桂阳、安仁5县洪涝次数为多。境内暴雨山洪与地质灾害表现为“多发性、突发性、汛期性、地域性”的特点。

多发性、突发性 郴州市1981—2005年共发生轻度以上洪涝灾害96次，年均3.84次，为洪涝多发地区。1994—2002年洪涝尤为多见，发生56次，年均6.2次，其中重度洪涝12次，占总数的21.4%。尤其盛夏季节，暴雨来势快，降雨强度大。如2002年8月7日傍晚，北湖区江口乡始为零星小雨，当晚21时过后，突然电闪雷鸣，暴雨倾盆如注，仅3小时降雨量达178毫米，河水猛涨，沿河两岸的农田和房屋、道路瞬间被洪水冲毁淹没，山岭不断出现山体滑坡。

汛期性、地域性 20世纪90年代后，郴州大部分年份后汛期降水偏多，且强度也大。1999—2002年出现的8次暴雨洪灾中，前汛期（5—6月）2次，占25%；后汛期（7—9月）5次，占62.5%；秋汛1次，占12.5%。2002年出现大暴雨18站次，其中后汛期出现大暴雨12站次，占66.7%。境内暴雨山洪与地质灾害的地域差异明显，其主要分布在中、南部，尤以汝城、临武、宜章等南部地区降雨高值区为甚。1999—2002年发生的8次暴雨洪灾中，南部地区5次，中部地区3次。暴雨山洪引发的地质灾害主要集中于山体地表易于风化或植被防护层遭破坏的山区。

1989—2005年，先后发生13次成灾面积较大的洪涝灾害。其中1999—2005年4次为罕见的特大洪涝灾害。共造成512人死亡，直接经济损失93.09亿元。1999年8月11—13日，因受西南气流影响，高空切变锋面持续稳定在郴州市城区上空，形成长时间强降雨过程，其间24小时降雨量高达295.3毫米；郴州城区郴江河河水暴涨，洪峰流量达1200立方米/秒，最大水深9.04米，城区沿河两岸200~300米范围内房屋全部进水。同时，北湖、苏仙、永兴、桂阳4县区83个乡镇受灾。全市受灾人口共计105.4万人，遭洪水围困11.6万人，倒房6442间，死亡70人，农作物受灾面积38.2千公顷，冲毁公路桥梁39座，京广铁路上行线列车运行中断24小时，计造成直接经济损失15亿元。2000年9月1—2日，因受13号台风影响，资兴市和安仁、桂东、汝城、宜章县遭受特大暴雨袭击，其中资兴市龙溪乡24小时降雨量456毫米。由于雨势迅猛，致使境内多处山洪暴发。全市有8个县市区125个乡镇受灾，受灾人口75.1万人，倒塌房屋1.5万间，死亡52人，农作物受淹面积27.4千公顷，其中溃涝成灾面积13.68千公顷，绝收面积4.93千公顷，直接经济损失9.6亿元。2002年8月5—8日，郴州境内受12号台风和南下冷空气双重影响普降暴雨，局部地区剧降特大暴雨，暴雨中心日降雨量高达230毫米。全市有10个县市区170个乡镇受灾，受灾人口142.51万人，洪水围困村庄349个人口7.62万人，紧急转移安置人口6万余人，死亡99人，直接经济损失14.17亿元。2003年5月13日，临武县北部连降暴雨，有香花岭、万水、麦市等8个乡镇形成山洪暴发，引发山体滑坡和地面塌陷。全县受灾人口4.2万人成灾2.4万人，死亡24人，失踪6人，受伤7人，直接经济损失2500万元。

1999—2002年郴州市八次重大暴雨洪灾情况统计表

表1-2-5-1

洪灾日期	重灾地区	天气系统	气象灾害	暴雨站次	大暴雨站次	连续暴雨站次	最大降雨（毫米）	死亡人数	直接经济损失（亿元）
1999年8月13日	郴州市区	冷锋切变线	山洪、泥石流	3	2	2	294.6	70	15
1999年9月17日	汝城县	10号台风	山洪、山体滑坡	5	1	1	100.9	11	13
2000年9月2日	资兴市汝城县	13号热带风暴	山洪、山体滑坡、泥石流	6	1	—	456.1(资兴龙溪乡)	52	9.6
2001年6月16日	永兴县桂阳县	静止峰	山洪	10	1	3	123.7	5	5.3
2002年6月16日	永兴县桂阳县	静止峰切变线	山洪	7	3	3	256.6	3	4.8
2002年7月1日	桂阳县嘉禾县	冷锋变切线	山洪	10	5	4	18.30（嘉禾）	2	5.4

续表 1-2-5-1

洪灾日期	重灾地区	天气系统	气象灾害	暴雨站次	大暴雨站次	连续暴雨站次	最大降雨（毫米）	死亡人数	直接经济损失（亿元）
2002 年 8 月 8 日	北湖区 临武县	静止锋热带低气压	山洪、山体滑坡	10	3	4	253.5	99	14.2
2002 年 10 月 30 日	汝城县 宜章县	冷锋 切变线	山洪、山体滑坡	10	3	6	135.1（宜章）	—	2.3
合 计	—	—	—	61	19	23	—	242	58.9

资料来源：郴州市气象局统计报表

二、高温·旱灾

郴州夏热期长、秋晴多旱。每年 7 月中下旬至 8 月上旬的盛夏，通常出现连续 20 天以上、日最高温度大于或等于 37℃的酷热天气。高温以 7 月中、下旬为最，8 月上旬次之。夏秋高温在平地、丘陵、山地有较大差异，苏仙区、永兴、安仁为高温期多发地区，年均 2~3 次；嘉禾、宜章县为次，约三年两遇；资兴市、桂阳、临武县较少，年平不到 1 次。高温酷热，易使农作物产生热害、“高温逼热”或“日烧”现象。海拔较高的山区县桂东、汝城则无高温期，常年很少出现≥ 35℃的高温日。

境内夏秋高温酷暑造成的干旱，成为郴州市的主要气象灾害之一。1989—2005 年，全市共出现较大干旱 10 次，发生干旱灾害 12 次（轻旱 6 次、中旱 2 次、重旱 4 次），不少水库干涸，溪河断流，造成农作物缺水成灾面积 775.07 千公顷，减收粮食 17 万吨。其中两次为特大旱灾。干旱年份几率为 59%。发生较大干旱 10 次，其中夏旱 4 次，秋旱 4 次，冬旱 2 次，无春旱。夏旱一般始于雨季结束的 7 月上中旬，秋旱始于 8 月中下旬，一般均维持 30 天左右，夏秋连旱一般维持 70 天以上。夏旱多为局部地区出现，秋旱面积广，发生的县份多。郴州北部盆地的安仁和西南部喀斯特地貌的临武、嘉禾等地是干旱多发区域；汝城、桂东山区县则为少干旱地区。1998 年境内发生中华人民共和国成立后最为严重的一次旱灾。是年 6 月下旬至 10 月下旬 4 个月间，持续高温少雨，全市农作物受旱田土面积占农作物总面积的 55%，其中绝收面积 70.08 千公顷。至 10 月初，全市可供灌溉水量只 0.6 亿方。干涸水库 601 座、山塘 7.51 万口，先后受灾 243.6 万人，成灾人口 174.42 万人，粮食减收 43.68 万吨，直接经济损失 5.3 亿元。全市 11 个县（市、区）均遭旱灾，嘉禾、临武、桂阳、安仁、苏仙、宜章 6 县区受旱尤甚。2003 年 6 月中旬至 8 月上旬，全市 252 个乡镇均不同程度受旱。受灾人口 227 万人，38.11 万人饮水发生困难，受旱农作物面积 169.64 千公顷，占农作物总面积的 56%，其中失收面积 64.18 千公顷，粮食减产 28.6 万吨，直接经济损失 7.2 亿元。永兴、嘉禾、北湖、临武、宜章 5 县区受旱为重。

三、寒潮、冰冻灾害

“倒春寒”与“五月寒”　郴州市春季气候多变，寒流频繁，常出现剧烈降温和阴雨低温的冷害天气。3—4 月份冷空气南下入侵后，常在南岭一带静止摆动，形成较长时间阴雨低温的寒潮天气，气温常在 4℃ ~12℃之间，俗称“倒春寒”。全市出现“倒春寒”的几率为 40%，一般为 2~3 年一遇，

3月下旬和4月中旬发生机会更多，多为出现7天以上日平均气温≤11℃的阴雨无日照寒潮天气。此时正值早稻浸种育秧期间，寒潮冷害易造成早稻生产大量霉种烂秧。

历年5月中、下旬，境内气温波动大，有些年份由于强冷空气入侵，造成6天以上日平均气温低于15℃~20℃的低温阴雨天，影响早稻早期田间发育，造成大面积减产。历年出现“五月寒”的几率为32%，平均3年一遇，多集中在5月中、下旬。5月低温具有群发性和间歇性的特点，出现几率最高的是桂东县为86%。

冰冻 郴州出现冰冻灾害的年份频数在0.4左右。一般在12月底至次年1月出现，2月下旬结束，以1月下旬至2月上旬出现最多。有的年份冰冻期长达20天以上。全市历年出现中等强度以上的冰冻，平均约四年一遇；中等偏弱冰冻平均约三年两遇。山区冰冻几率比平地丘陵大，桂东、汝城和资兴、桂阳境内山地的机率最大，在80%以上。冰冻期多值冬寒期，境内大部份地区出现≤0℃冷冻天气。长期的寒冻结冰，易损害供水、供电、道路交通和通信设施及农作物，危害人们的工作和生活。

四、风、雹灾害

台风 郴州紧邻华南沿海，台风入境风力强劲，导致发生暴雨洪灾和摧毁地面财产物质。1995—2002年，从广东、福建和海南省登陆境内的台风16次，5次为致灾台风。其中有3次先后导致8个县（市、区）出现暴雨洪灾，成灾乡镇110个以上，死亡35人，直接经济损失超10亿元。5次成灾台风有1次出现在7月，8月和9月为2次。8—9月中旬为全市预防台风灾害的重要时段。

火南风 郴州火南风多发于6月中旬至7月。在副热带高压控制下，出现日平均气温大于或等于30℃、风力大于或等于3级且为时3天以上的火南风。苏仙区、北湖区、嘉禾县多年出现机率较高，安仁、永兴、宜章、临武等县次之，汝城、桂东、资兴等地极少出现。农谚道“小暑南风十八期，吹得南山竹也焦”，火南风加速干旱，农作物易因此而枯萎死亡。

冰雹 郴州冰雹多出现在春季，2—4月为多，春分至谷雨尤甚。发生的频数达0.6。下冰雹时间不长，每次约4~5分钟，多为间续性降落状态。冰雹路径多由西南向东北方向移动，人云“雹打一条线”，来势快，降雹猛，常伴狂风暴雨，易造成局部地区人身、财产受损。

附：

郴州市山地洪涝灾害调查①

（二〇〇三年一月）

一、近年来我市山地洪涝灾害的主要特征

（一）山地洪涝灾害发生频率呈增高趋势

据《郴州地区志》记载，过去我市境内的主要自然灾害是干旱，“四季有旱，夏秋最盛，干旱

①2002年郴州市“8·8”洪灾后，市政府办公室、市政府经研室组织开展防御山地洪涝灾害的调查研究。此调查报告原题为《郴州市山地洪涝灾害的特征、成因和防治对策》，摘录时标题作改动，“防治对策”内容作删减。

频繁”。而洪涝灾害一般为1.9~2.3年一遇。近年来，这种状况有所改变，干旱灾害比过去明显减少，而洪涝灾害明显增多，几乎每年都有1~3次较大范围、比较严重的山地洪涝灾害发生。1995年至2002年8月间，全市发生山地洪涝灾害17次，平均每年2次以上。其中，2002年6—8月就连续发生3次大的洪涝灾害，11个县（市、区）均受到不同程度的损失。

（二）山地洪涝灾害发生的时间和地域相对集中

从时间来看，境内山地洪涝灾害主要发生在每年的5月至9月间。1995年以来，17次较大的山地洪涝灾害的发生时间分别是：5月份2次，6月份6次，7月份2次，8月份4次，9月份3次。尤以6月、8月见多。从地域来看，山地洪涝灾害主要集中发生在四类区域。一是山高洞深坡陡地区。主要有东部的诸广山、贝溪山、八面山，中部的狮子山、骑田岭，西北部的泗洲山、塔山等，这些地区容易发生山洪、泥石流和山体滑坡。2002年“8·8”洪灾的重点受灾乡镇北湖区芙蓉乡、月峰乡，桂阳县清和乡，临武县金江镇都处在骑田岭一带。二是沿河沿江地带。主要分布在舂陵江、耒水、武水等河流的干流与支流沿岸。这类地带由于河床淤塞，行洪受阻，水位升高，容易遭受洪涝灾害。1999年发生在耒水上游郴江河两岸的“8·13”洪灾造成市城区三座桥梁倒垮，沿岸大面积农作物被冲毁。三是土质疏松地区。主要分布于桂东、资兴等山区及骑田岭、莽山、西山、塔山等地。这类地区成土母质多为花岗岩风化物，土壤土层深厚，砂质偏重，一旦遭受暴雨侵蚀，极易形成山体滑波、崩塌、泥石流及地面裂缝等灾害。近些年来，桂东、资兴等地出现的大面积山体滑波，崩塌、泥石流及地面裂缝，都发生在土质疏松地区。四是采矿挖掘地段。这类地段由于乱采滥挖等人为破坏行为，造成地质构造松动，地表植被毁坏，河道砂土淤塞，极易形成山洪、滑坡、泥石流及地表塌陷等灾害。

（三）山地洪涝灾害损失程度越来越大

一是受灾人口增多。全市洪劳灾害造成受灾人口1997年至2002年分别为152.10万人次、55.95万人次、193.79万人次、192.28万人次、229.41万人次、640.37万人次，总体上呈增加趋势。因灾死亡人口1997年39人，1999年93人，2002年117人。二是农作物受灾程度加大。农作物受灾面积、成灾面积、绝收面积1997年分别为74400公顷、45200公顷、8100公顷，1998年分别为33156公顷、14926公顷、4055公顷，1999年分别为93111公顷、60389公顷、19420公顷，2000年分别为96780公顷、66262公顷、12530公顷，2001年分别为131748公顷、78958公顷、19970公顷，2002年分别为272086公顷、187878公顷、61992公顷。除1998年受灾程度较轻外，其他年度受灾程度呈不断增强趋势。三是洪涝灾害造成的直接经济损失严重。1997—2002年，洪涝灾害造成全市直接经济损失分别为7.99亿元、2.25亿元、21.44亿元、11.26亿元、10.56亿元、26.42亿元。

二、山地洪涝灾害发生的主要成因

（一）气候变化和特殊地形地势的影响

20世纪下半叶以来，人类经济活动对自然界的干预越来越大，特别是工业生产中大量释放CO_2，致使地球频繁出现“温室效应”“厄尔尼诺”现象。在全球气候变化的大背景下，南岭地区地理位置特殊，地貌活跃、复杂，高差起伏大，坡陡谷深，便形成了降雨强度大、持续时间长和汇流猛急的趋向。气象部门的资料显示，1971—2000年30年间，我市境内的郴州（北湖）、桂东、宜章、嘉禾、安仁5个区域年平均降雨量分别为1494.3毫米、1699.5毫米、1475.0毫米、1404.0毫米、1462.0毫米。而1995—2001年七年间，上述5个区域年平均降雨量分别增加到1597.1毫米、1869.0毫米、1567.8毫米、1470.0毫米、1609.0毫米，比1971—2000年30年间的平均年降雨量分别增长5.67%、9.97%、6.27%、4.70%、10.05%。从暴雨日数的对比还能发现这种变化：上述5个区域1971—2000年每年6—9月平均暴雨日数分别为2.0天、2.3天、2.2天、1.7天、1.8天。而1995—2001年七年间每年6—9月平均暴雨日数则分别是2.0天、3.0天、3.6天、2.0天、2.7天。境内气候变化、地形复杂、降雨量增多和汇流集中，无疑成为山地洪涝灾害的主要原因。

（二）人类工程活动的影响

在调研中，我们发现山洪灾害致灾因素既有自然属性，又有社会经济属性。随着国民经济的发展和山区经济开发活动的增强，人为对自然环境的严重破坏，已成为诱发、影响和加重山地洪涝灾害的重要因素。

1. 植被损坏严重。我市境内山地丘陵面积大，植物种类多，丰富的森林资源本有利于抑制山地洪涝灾害的发生。然而，由于受短期利益驱动的影响，一些地方乱砍滥伐森林、过度开发土地、上山挖掘古树大树等现象也比较突出，以致森林、植被遭受严重破坏，土壤蓄水保水能力下降，林草防护功能极差，极易造成水土流失。现全市有水土流失面积4000多平方千米，每年土壤侵蚀量约1500万吨。大量雨水携带泥沙直下江河，淤塞河道，导致发生洪涝灾害。据临武县反映，由于该县武水河上游山地植被遭到破坏、水土流失严重，县城河段每年淤积泥沙5万~7万立方米，河床不断垫高，水位暴涨致灾。

2. 乱采滥挖破坏地质环境。有色金属工业和煤炭采掘业是我市两大重要的支柱产业。近年来，一些地方忽视了经济的可持续发展，乱挖滥采矿产现象比较严重，废弃矿物乱倒乱放，又无防护处理，导致地质空虚和河沟淤积，形成洪涝灾害隐患。北湖区鲁塘矿区，桂阳县黄沙坪矿区、宝山矿区，临武香花岭矿区，苏仙区玛瑙山及东波矿区和宜章县梅田矿区等造成的地质破坏比较严重。鲁塘矿区近年来几乎每年都出现因山洪诱发的山体滑坡、矿井崩塌、矿渣泥石流等灾害。桂阳县城西面的宝岭处在宝山矿的露天采矿区，20多年的露采在宝岭上形成了一个堆高20米、长1000米的废土堆放场，堆积废土石800万立方米，植被毁坏、裸露面积达2平方千米，暴雨常引发废土石冲泻而下，直接威胁着城西宝岭脚下近千户居民生命财产安全。

3. 工程和民宅建设不合理。从洪涝灾害中暴露出的问题看，不合理的工程和民房建设，是加大洪涝灾害损失的又一重要因素。调查中发现，一些工程建设依山傍水，酿成山地破坏和侵占流域。此外，规划不合理的拦河建坝及工程质量低劣的小水电站也是导致洪涝灾害发生的隐患。苏仙区栖河栖风渡段由于下游为抬高水位灌溉违规建筑拦坝，致使河面上升，一遇暴雨河水便暴涨成灾。2002年“8.8”洪灾中，桂阳县清河乡西水上游5座水电站因选址不合理造成水毁垮坝，以致该乡大面积出现泥石流。有的地方在修建山区公路时，将泥土石倾倒于河溪之中，一遇暴雨就有可能酿成河溪下游泥石流。不少村民建房选址不科学，或把房屋建在洪水汇集的山谷之地、高坡陡山之下，或建在河沿边，一遇暴雨，极易因山体崩塌、滑坡、泥石流造成灾害损失。临武县金江镇林森村桐木辽组由于建房于山冲里，2002年“8·8”洪灾中，因山冲洪流汇集袭击全组村庄，倒塌房屋19间，毁坏房屋20多间。

（三）抗洪防灾设施老化，工程抗洪能力减弱

全市32座大中型水库、132座小（一）型水库和721座小（二）型水库，绝大多数是合作化和人民公社时期修建的，且大部分是土坎，建设标准不高，现已登记在册的险病水库263座。此外，我们在调查中发现，广大农村的小型水利设施，由于管理技术薄弱，年久失修，老化严重，一些水毁工程又得不到及时修复，水利工程的排洪调洪能力下降。还有些地方人为毁坏水利设施现象比较突出，以致许多河道崩塌、淤塞，河床抬高，丧失行洪能力，等等。

郴州市政府办公室、市政府经济研究室

第三章 自然资源

第一节 矿产资源

一、蕴 藏

郴州地处南岭山脉多金属成矿带，为湖南省矿产资源高度密集的区段。截至 2005 年，全市发现各类矿种 109 种，占全省矿产 120 种的 90.8%，其中探明蕴藏储量的矿种 33 种，占全国已探明储量矿种 156 种的 21.2%；全市矿产储量居全省前 5 位的矿种有 30 种（含亚种）。境内发现各类矿（化）点 570 处，探明矿产地 150 处，上规模的矿床 86 处。其中特大型矿床 3 处，大型矿床 9 处，中型矿床 22 处，小型矿床 52 处。

按 2005 年不变价，郴州市矿产资源储量潜在价值 1456.85 亿元，地均潜在价值 751 万元 / 平方千米，人均潜在经济价值 3.22 万元，均高于全省平均水平。在湖南省 15 种大宗重要矿产中，郴州市有 9 种探明储量，其中储量居全省 3 位的矿产有钨、锡、铋、锑、黄硝、隐晶质石墨和重晶石 7 种。

郴州矿种蕴藏主要有能源、黑色金属、有色及贵金属、稀有稀土金属和非金属 5 大类，其中尤以有色金属驰名。境内探明有色金属储量占湖南省的 2/3，成为中国主要的有色金属生产基地。其中钨、钼、铋储量分别居全国第一位，锡储量居全国第三位，锌储量居全国第四位。郴州市柿竹园有色金属矿（今为柿竹园有色金属有限责任公司）探明蕴藏钨、铋、钼、铅、锌、锰、锡、铍、钽等矿物 143 种，占世界已发现的 163 种矿物的 89%，享有“世界有色金属博物馆”之称。

非金属矿产蕴藏也极为丰富。至 2005 年已发现的有石墨、稀土、黏土、重晶石、萤石、白云石、花岗石、大理石、硅灰石、红柱石、高岭土、冰川石、水晶、石英石等。其中隐晶质石墨居全国地带储量之首。被命名为“中国第四红”的宜章红花岗石系列，储量达 30 多亿立方米。“香花石”“锂铍石”“纤钡锂石”“骑田岭石”等矿石，经国际矿物学会确认为“世界稀罕矿物”。郴州还是湖南能源基地，煤炭保有储量占全省 1/4。

根据国家 2010 年 45 种矿产资源的需求分类，湖南省在全国构成国家优势的矿产有钨、锡、铋、锑、隐晶质石墨、萤石、重晶石 7 种，而其中郴州就有钨、铋、隐晶质石墨、萤石 4 种。郴州在湖南具有储量品质优势的矿产有金、银、铀、铅、钼、水泥灰岩、红柱石、煤及不成全优势矿产萤石、钨、锡、铋和隐晶质石墨 13 种。

郴州市矿种蕴藏数量表

表 1-3-1-1　　单位：种

矿产类别	发现矿种	数量	探明储量矿种	数量
能源	煤、石煤、铀	3	煤、铀	2
黑色金属	铁、锰、钛、钒	4	铁、锰	2
有色及贵金属	铜、铅、锌、镁、镍、钴、锡、钨、钼、铷、铋、汞、锑、金、银、铂、铱、钯、锇、钌	21	铜、铅、锌、钨、锡、铋、金、银	9
稀有稀土金属	铌、钽、铍、锂、锆、锶、铷、铯、稀土、锗、镓、铟、铊、铪、铼、镉、钪、硒、碲	19	铌、钽、铍、锂、铷、稀土、镓、铟、镉、铼	10
非金属	石墨、压电水晶、熔炼水晶、工艺水晶、硫铁、磷、砷、钾、碘、重晶石、红柱石、硅灰石、钠硝石、滑石、石棉、云母、长石、石榴子石、透辉石、沸石、透闪石、石膏、方解石、冰洲石、萤石、宝石、玉石、玛瑙、灰石、泥灰岩、白垩、白云石、石芙石、砂岩、脉石芙、粉石芙、含钾砂页岩、页岩、高岭土、陶瓷土、耐火粘土、粘土、橄榄岩、蛇纹岩、辉绿岩、玄武岩、辉长岩、闪长岩、二长岩、花岗岩、珍珠岩、粗面岩、正长岩、凝灰岩、大理岩、板岩、片麻岩、石灰岩、饰面大理石、泥岩	62	石墨、硫铁、砷、黏土、大理石、萤石、石灰岩、红柱石、压电水晶、熔炼水晶	10
合计	—	109	—	33

郴州市探明储量居全省前五位矿种表

表 1-3-1-2　　单位：种

位种	第一位	数量	第二位	数量	第三位	数量	第四位	数量	第五位	数量	合计
矿种	钨、锡、铜、铋、铅氧化铌、氧化钽、砷、萤石、石墨、压电水晶、熔炼水晶、镓铟、铼、红柱石	14	煤、金、银、铜、水泥用泥岩、饰面大理石岩、铍、锂、铷、铁、稀土	11	锌、硫铁矿、水泥配料黏土	3	水泥灰岩	1	镉	1	30

资料来源：湖南省国土资源厅《湖南矿产资源储量表》

二、主要矿藏

郴州市矿藏有能源、金属、非金属三大类。能源类矿藏主要有煤炭、铀2种；金属类矿藏主要有钨、锡、钼、铋、铅、锌、铜、锑、金、银、铁、锰、钛及稀有金属铌、钽、铍、锂、和镓铟、稀土17种；非金属类矿藏主要有石墨、硫铁、萤石、红柱石、含钾岩石、水泥灰岩、水泥配料黏土8种。另外，还有水汽矿藏资源。

煤　全市保有煤炭储量5.71亿吨，居湖南省市、州储量第二位。

铀　发现矿床20处，其中大型矿床3处，中型5处，小型12处，矿点分布于苏仙区、桂阳县、嘉禾县、汝城县、桂东县境内，以苏仙区、汝城县居多。

钨　以白钨为主，储量居全省市、州之首。探明矿产区22处，有钨矿床（点）48处，其中特大型矿床2处（苏仙区柿竹园、北湖区新田岭），大型矿床4处，中型8处，小型8处。矿藏地主要分布在宜章瑶岗仙，苏仙区柿竹园、红旗岭，北湖区新田岭、水湖里，资兴滁口、杨梅坑，桂阳黄沙坪、宝山，临武东山、太龙山、香花铺深坑里，汝城大蒲、将军寨、斗天门、高坳，桂东青洞等地。

锡 储量居全省市、州首位。探明矿藏区19处，有大型锡矿床2处、中型8处、小型9处。主要分布于苏仙区山河、红旗岭、柿竹园、安源、野鸡尾，桂阳大顺窿、绿柴坳，宜章瑶岗仙，临武铁砂坪、香花岭、茶山，汝城将军寨、塘丘，桂东流源等地。

钼、铋 主要分布于苏仙区柿竹园，北湖区新田岭，桂阳黄沙坪、宝山等地。仅柿竹园探明钼储量占全市储量的75.1%，铋储量占全市储量的91.4%。

铅、锌 有伴生矿藏区25处，矿床（点）91处，其中有大型矿床（点）2处，中型3处。主要分布在桂阳黄沙坪、宝山、白面城、大坊，苏仙区柿竹园、野鸡尾、红旗岭、南凤坳、山河、横山岭、金狮岭、玛瑙山，临武铁砂坪、泡金山、香山岭、新凤、茶山，塘官铺等地。黄沙坪是郴州最大的铅锌矿产地，铅、锌储量占全市储量的45.5%。

铜 保有矿藏储量居全省市、州储量第二位。有铜矿区9处，铜矿床（点）33处。主要分布于苏仙区红旗岭、野鸡尾，桂阳宝山、大顺窿、绿柴坳、白面城，宜章瑶岗仙，汝城白云仙等地。

锑 有矿（化）点22处，分布于苏仙、资兴、桂阳等县（市、区）。

金 有金矿（床）点20处，伴生金矿5处。主要分布于苏仙区红旗岭、南凤坳、天字号三角架，均为红土型金矿。桂阳宝山、大坊矿区产有砾岩金。

银 有伴生石矿矿区9处。主要分布于苏仙区玛瑙山铁锰矿、红旗岭银多金属矿区、柿竹园野鸡尾铅锌矿区、水湖里铁铋锡矿区、南凤坳银铅锌矿区，桂阳宝山铅锌银矿、大坊银铅锌矿，宜章瑶岗仙钨矿区。

铁 保有矿藏储量居全省市、州第二位。有铁矿（床）点130处，探明矿藏区6处，主要赋存于苏仙区东波、玛瑙山、水湖里，桂阳黄沙坪南部矿区，汝城太坪里矿区，安仁九家坳铁矿。

锰 保有矿藏储量居全省市、州第七位。有矿床（点）49处，储矿区9处。主要分布于苏仙区天字号、玛瑙山，桂阳半边山、六合、上银山、沙坪、柳塘、樟树下、莲花等地。

钛 矿体规模较大，主要分布在苏仙区良田钛铁矿，宜章太坪里钛铁矿，安仁含金红石矿。

氧化铌、钽、锂、铍、铷 均为境内稀有金属。铌矿区2处；铍矿区2处；锂矿区1处；铷矿区1处。主要分布于苏仙区柿竹园矿区，临武香花铺尖峰铌钽矿区，资兴滁口，汝城白云仙、将军寨矿区。

稀土、镓、铟 稀土保有储量居全省市、州第二位。发现矿床（点）6处，多布于宜章、汝城、桂东3县；镓、铟各探明矿产区3处，主要储于苏仙区红旗岭、玛瑙山矿区，北湖区新田岭。

石墨（隐晶质） 有矿区2处，矿床（点）3处。主要分布于北湖区鲁塘镇、桂阳荷叶镇，安仁、临武、宜章县有零星矿藏。

硫铁、砷 硫铁矿藏区7处。主要分布在苏仙区东波金船塘、荷树垅，桂阳黄沙坪等地；砷矿藏区4处，大型矿床3处，中型1处。主要分布于桂阳、宜章、苏仙3县（区）境内。

萤石、红柱石、含钾岩石 萤石矿藏区4处。主要分布于苏仙区柿竹园，桂阳黄沙坪，临武香花铺深坑里等地，柿竹园萤石藏量占全市储量的95.8%；红柱石矿矿床（点）4处，多分布于安仁、桂阳境内。安仁县长江矿段区为全市红柱石储量最大矿产地。含钾岩石多分布于北湖区、桂阳县、汝城县境内，尚未大量开发利用。

水泥灰岩、水泥配料黏土（泥岩） 水泥灰岩保有储量2.40亿吨，居全省市、州储量第四位，有大型矿床1处、中型3处、小型1处，分布于宜章县太平里，资兴市木根桥，北湖区骡仙岭，桂阳县宝桥、下溪，永兴县观音岩、羊冲、枣子，汝城县土桥等地；水泥配料黏土和水泥配料泥岩储量分别约为401万吨和478万吨，占湖南省总量的10.15%和6.7%，储量居全省市、州第三位和第四位。市内有水泥配料黏土矿3处，水泥配料泥岩1处，主要分布于苏仙、资兴、北湖等地。

水汽矿藏 探明矿泉水点30处，总流量123.81立方米/秒，以锂泉、锌泉、偏硅酸泉为主。主要分布于苏仙、桂东、汝城、桂阳、宜章等县（区）境内。

第二节 水资源

一、水资源总量

郴州雨量充沛，河网集水面积大，属于水资源富有区。境内多年平均年降水总量301.62亿立方米，产生河川径流总量165.60亿立方米，加上地下水可采量27.14亿立方米和外来客水19.32亿立方米，年均水资源总量约为212.06亿立方米。其中经勘查可供工农业生产、公益用水和居民生活用水的采用量约为177.5亿立方米，可利用率为水资源总量的83.5%。

全市常年人均水资源量3980立方米，是全省人均年水资源量2999立方米的1.33倍，为全国人均年水资源量的1.83倍。然由于降雨时空分布不均，年际丰枯交替变化频繁，且境内大部山地河流坡降大，径流天然储量少。为此，全市依然存在季节性、区域性水资源紧缺的状况。

二、水能资源量

郴州境内多为起伏山地，河流多，流域落差大，造就了极为丰富的水能资源。全市勘察水能理论蕴藏量为151.13万千瓦，水能蕴藏量比全省人均高30%。水能资源按水系分，属湘江水系为118.76万千瓦，占全市总蕴藏量的78.6%；属北江水系27.66万千瓦，占18.3%；属赣江水系4.71万千瓦，占3.1%。在水能总蕴藏量中，可开发利用量为138.58万千瓦左右，占水能总蕴藏量的91.7%。

三、水资源利用

1988年，郴州地区有水力发电站1238处，装机总容量60.67万千瓦，利用率占全区水能资源理论蕴藏量的41.14%。之后，郴州合力开发水资源利用，振兴经济。到2005年，郴州市蓄、引、提水能力96.42亿立方米，灌溉面积172.22千公顷，有效实灌面积158.57千公顷，旱涝保收面积138.07千公顷；全市规模以上工业企业水消费1.60亿立方米，水力发电36.71亿千瓦时。境内小水电建设已成为农村经济发展的支柱产业。全市乡村两级兴建水电站1202座，年发电量19.3亿千瓦时。郴州为联合国国际小水电中心设在中国的唯一小水电开发示范基地。全市水利工程年蓄水均在50亿立方米以上，一批大、中型水库在干旱期基本缓解生产、生活用水困难。全市生产、生活、生态实际用水量较前略有增加，万元国内生产总值和万元工业产值用水量分别达515立方米和240立方米。2005年，全市水资源利用率为10.9%，在全省尚属中等偏低水平。

第三节 生物资源

一、野生植物

郴州属亚热带向热带过渡的植被区，原生珍贵稀有植物种类繁多，为湖南省重点保护野生植物地区之一。全市有成地带分布的原生天然林植被保护区面积7.16万公顷，占林地面积的63.2%。有原生和次生种子植物176科836属2367种，其中裸子植物8科24属71种，被子植物168科812属2296种，多分布于郴州东南部山区的国家级、省级自然保护区和森林公园。

（一）重点保护野生植物

按国家重点保护野生植物一、二级分类，至2005年，郴州列入国家一、二级重点保护野生植物37种，占全国国家重点保护植物总数246种的15.0%。其中，一级保护植物6种，占国家一级保护植物总数48种的12.5%；二级保护植物31种，占国家二级保护植物总数198种的15.7%。国家级重点保护野生植物按类别分：蕨类植物工科2种，裸子植物6科10种，被子植物16科25种。列入省级重点保护野生植物有狭基巢蕨、中华双扇蕨、台湾松、南方铁杉、中华猕猴桃、刺楸、罗汉竹、黑竹、猴樟、木荚红豆、多花含笑、睡莲、青檀紫茎等95种。其中，有蕨类植物6科7种，裸子植物3科10种，被子植物27科78种。

境内重点保护野生植物中，有世界罕见的银杉群落和“水松王”。在资兴市烟坪乡顶寮村与桂东交界的八面山西坡，生长着第四纪冰川遗留下来的“活化石”，享有国家“植物熊猫”之称的银杉群落，共365株，聚居于3个分布点。其最大一株，胸径44厘米、树高24米，树龄在300年以上。此为世界上已发现的生长最集中、数量最多、保存最完整的银杉群落。银杉系世界珍稀树种，属国家一级保护植物，国内发现的不逾5000株。湖南省林业厅1986年将这一带划为“顶寮自然保护区”。此外，在八面山燕子窝，还有一株国内最大、世界罕见的国家一级保护植物水松，其胸径1.85米、高23米，树冠直径平均12.2米。古老苍劲，枝叶繁茂，傲然挺拔，被誉为“水松王”。此外，八面山还有国内保存数量最多，地段最完整的省级重点保护野生植物“南方铁杉”1.3公顷。

（二）药材植物 原生古树

郴州境内有野生中草药168科1415种，其中植物药材207种，珍稀药材植物主要有黄莲、大叶一枝、杜仲、鸡血藤、麦冬、山药、伏苓、薏苡、玉竹、白术、汝升麻、使君子、石药等。全市有天然生长的古树[①]95科、98属、150种计12131株（不含莽山、八面山自然保护区古树），其中列为国家一级古树63株，二级926株，三级11142株[②]。古树株数排在前10位的树种有枫香、马尾松、柏木、椤柘楠、苦槠、樟树、南方红豆杉、甜槠、木荷、银杏，计有8184株，占全市古树12131株的67%。至2005年，境内树龄最长的古树系资兴市一株水松和北湖区一株柏木，树龄均约在1000年以上。

①树龄100年以上的树木。

②国家一级古树为树龄500年以上，二级300~499年，三级100~299年。

郴州市国家重点保护野生植物名录

表 1-3-3-1

中　名	学　名	保护级别	
	蕨类植物　Pteridophytes		
水韭科	Isoetaceae		
中华水韭	Isoetes Sinensis palmer	I	
蚌壳蕨科	Dicksoniaceae	—	
金毛狗	Cibotium barometz	—	Ⅱ
	裸子植物　Gymnospermae		
银杏科	Ginkgoaceae		
银杏	Ginkgo biloba	I	
松科	Pinaceae		
银杉	Cathaya argyrophylla	I	
华南五针松（广东松）	Pinus kwangtungensis		Ⅱ
红豆杉科	Taxaceae		
南方红豆杉	Taxus wallichiana Zucc.var mairei	I	
白豆杉	Pseudotaxus chienii		Ⅱ
榧树	Torreya grandis		Ⅱ
巴山榧树	Torreya fargesi Franch		Ⅱ
杉科	Taxodiaceae		
水松	Glyptostrobus pensilis	I	
三尖杉科	Cephalotaxaceae		
篦子三尖杉	Cephalotaxus oliveri		Ⅱ
柏科	Cupressaceae		
福建柏	Fokienia hodginsii		Ⅱ
	被子植物　Angiospermae		
伯乐树科	Bretschneideraceae		
伯乐树（钟萼木）	Bretschneidera sinensis	I	
蓝果树科	Nyssaceae	—	
喜树（旱莲木）	Camptotheca acuminate		Ⅱ
禾本科	Gramineae		
※ 普通野生稻	Oryxa rufipogon	—	Ⅱ
※ 中华结缕草	Zoysia sinica		Ⅱ
金缕梅科	Hamarnelidaceae	—	
长柄双花木	Disanthus cercidifolius var.longipes	—	Ⅱ
半枫荷	Semiliquidambar cathayensis		Ⅱ
樟科	Lauraceae		
樟树（香樟）	Cinnamomum camphora	—	Ⅱ
闽楠	Phoebe bournei		Ⅱ
楠木	Phoebe zheman		Ⅱ
苏木科	Caesalpiniaceae		
绒毛皂荚	Gleditsia japonica var.velutina	—	Ⅱ
任豆（任木）	Zenia insignis		Ⅱ
蝶形花科	Papilionaceae		
※ 野大豆	Glycine soja	—	Ⅱ

续表 1-3-3-1

中 名	学 名	保护级别	
花榈木（花梨木）	Ormosia henryi	一	Ⅱ
红豆树	Ormosia hosiei		Ⅱ
木兰科	Magnoliaceae		
鹅掌楸（马褂木）	Liriodendron chinense		Ⅱ
厚朴	Magnolia officinalis		Ⅱ
凹叶厚朴	Magnolia officinalis subsp.biloba		Ⅱ
水青树科	Tetracentraceae	一	
水青树	Tetracentron sinense		Ⅱ
楝科	Meliaceae		
毛红椿	Toona ciliata var.pubescens		Ⅱ
蓼科	Polygonaceae	一	
※ 金荞麦	Fagopyrum dibotrys		Ⅱ
茜草科	Rubiaceae	一	
香果树	Emmenopterys henryi		Ⅱ
芸香科	Rutaceae	一	
川黄檗（黄柏）	Phellodendron chinense		Ⅱ
无患子科	Sapindaceae	一	
伞花木	Eurycorymbus cavaleriei		Ⅱ
安息香科	Styracaceae	一	
长果秤锤树（长果安息香）	Changiostyrax dolichocarpa		Ⅱ
榆科	Ulmaceae	一	
榉树	Zelkova schneideriana		Ⅱ

资料来源：1999 年 8 月国务院批准公布的《国家重点保护野生植物名录（第一批）》
说　明：“※”为农业行政主管部门主管野生植物

二、野生动物

（一）动物分类

郴州野生动物资源按动物地理区划划分，陆栖脊椎动物分属于东洋界的华中区，接近华南区；其生态地理动物区划属亚热带林灌、草地、农田动物群。2005 年，郴州确认有陆栖脊椎动物 385 种，其中，兽类 63 种，隶属 8 目 19 科；两栖类 38 种，隶属 2 目 8 科；爬行类 67 种，隶属 3 目 13 科；鸟类 217 种，隶属 13 目 33 科。陆栖脊椎动物数占全国物种的 15.9%，占湖南省物种的 63.7%。

（二）国家重点保护野生动物

郴州市境内列入国家重点保护动物 49 种。其中，国家Ⅰ级保护动物有云豹、豹(金钱豹，下同)、华南虎、林麝、蟒蛇、黑鹳、黄腹角雉、白颈长尾雉 8 种，占湖南省列入国家Ⅰ级保护动物数种的 47.1%。列入国家Ⅱ级保护动物有藏酋猴、穿山甲、黑熊、大灵猫、小灵猫、水鹿、虎纹蛙、白鹇、红腹绵鸡、草鸮等 41 种，占湖南省列入国家Ⅱ级重点保护动物数种的 56.2%。其中：水鹿、虎纹蛙、白鹇、红腹绵鸡、草鸮分布于全市各县（市、区）。享有“天然动植物博物馆”之称的莽山国家自然保护区，有国家Ⅰ、Ⅱ级重点保护动物 40 种，占全市国家Ⅰ、Ⅱ级重点保护动物数的 81.6%。

境内列入国家Ⅰ级保护的 8 种野生动物，有的种类处于濒危或临近灭绝境地。其生存现状与分布（Ⅱ级保护动物略）：

云豹、豹和华南虎 这3种大型猫科动物仅分布在宜章莽山和桂东八面山两处，且极为罕见。1991年6月，美国爱达荷大学野生动物专家科勒（caiY.M.Koeher）教授在莽山发现华南虎的踪迹。1993年和1996年，湖南师范大学和莽山林业管理局科研人员在莽山国家自然保护区野生动物资源考察中发现云豹、豹和华南虎的活动足迹。1996年，有猎户在桂东县八面山与资兴市交界处目击华南虎；1997年，有护林员在八面山护林防火瞭望台见过华南虎。

林麝 为偶蹄目麝科动物。一般单独活动在山区，夜间出来觅食，以青草、苔藓为食。胆小，视觉和听觉灵敏，善于跳跃和奔跑。主要分布于资兴市和宜章、汝城、桂东、临武、永兴县森林区。

蟒蛇 为爬行纲蟒科动物。栖息于山林中，喜潮怕冷。主要分布于资兴市和宜章县。2000年5月22日，资兴市东江库区村民黄信林捕捉一条重17.5千克的蟒蛇。

黑鹳 为鸟纲鹳科动物。常单独栖息于开阔河流、湖泊、沼泽等湿地，在浅水处觅食。主要分布于资兴市东江湖库区。为候鸟。

黄腹角雉 栖息于海拔800米~1600米亚热带林丛中。主要分布于资兴、桂东、汝城、宜章、临武、苏仙、北湖、安仁、永兴9县（市、区）。为鸟纲雉科动物，系留鸟。

白颈长尾雉 栖息于海拔300米~1500米的山地灌丛、常绿林、落叶阔叶混交林、针叶林林中。主要分布于资兴、桂东、汝城、宜章4县（市）。为鸟纲雉科动物，系留鸟。

（三）湖南省重点保护野生动物

郴州境内省级保护野生动物主要有刺猬、普通伏翼、华南兔、花松鼠、中华竹鼠、貉、赤狐、猪獾、果子狸、豹猫、赤麂、白鹭、绿头鸭、中华鹧鸪、鹰鹃、蓝翡翠、红嘴相思鸟等195种。隶属22目63科，占湖南省重点保护动物的53.42%。其中：兽纲6目14科25种，鸟纲11目30科84种，爬行纲3目12科56种，两栖纲2目7科30种。

1989年，宜章莽山首次发现莽山烙铁头蛇，被列入《中国生物多样性保护行动计划》（1994年颁布），定为省级爬行类一级优先保护种，1996年列入国际组织IUCN《红色名录》，引起国内外相关专家学者的特别关注。1998年，莽山又出现一新蛇种，经中国科学院成都生物研究所赵尔宓院士鉴定，为游蛇科后棱蛇属的一个新种，定名“莽山后棱蛇”（OpistnoYo-Pischeni），列为省级重点保护动物。

郴州市国家重点保护野生动物名录

表1-3-3-2

中名	学名	保护级别		分布
		兽纲 MAMMALIA		
灵长目 PRIMATES				
猴科	Cercopithecidae			—
藏酋猴 ※	Macaca thibetana	—	Ⅱ	宜章、桂东
鳞甲目 PHOLIDOTA				
鲮鲤科	Manidae			—
穿山甲	Manis pentadactyla	—	Ⅱ	全市各地

续表 1-3-3-2

中 名	学 名	保护级别		分 布
食肉目 CARNIVORA				
犬科	Canidae			—
豺	Cuon alpinus		Ⅱ	永兴、安仁
熊科	Ursidae			—
黑熊	Selenarctos thibetanus		Ⅱ	宜章
鼬科	Mustelidae			
水獭	Lutra lutra		Ⅱ	宜章、资兴
灵猫科	Viverridae			—
大灵猫	Viverra zibetha		Ⅱ	安仁、永兴、桂东、宜章、临武、资兴、汝城
小灵猫	Viuerricula indica		Ⅱ	安仁、宜章、永兴、桂东、临武、资兴、汝城
斑林狸	Prionodon pardiacolor		Ⅱ	宜章
猫科	Felidae			—
金猫	Felis temmincki		Ⅱ	宜章
云豹	Neofelis nebulosa	Ⅰ		宜章、桂东
豹(金钱豹)	Panthera pardus	Ⅰ		宜章
华南虎	Panthera tigris	Ⅰ		宜章、桂东
偶蹄目 ARTIODACTYLA				
麝科	Moschidae			—
林麝	Moschus berezovskii	Ⅰ		临武、汝城、桂东、资兴、宜章
鹿科	Cervidae			—
水鹿	Cervus unicolor		Ⅱ	全市各地
河麂	Hydropotes inermis		Ⅱ	永兴、资兴、汝城
牛科	Bovidae			—
鬣羚	Capricornis sumatraensis		Ⅱ	桂东、临武、宜章
斑羚	Naemorhaedus goral		Ⅱ	桂东、临武、宜章

注："※"藏酋猴在宜章县莽山称"短尾猴"。

两栖纲 AMPHIBIA				
有尾目 CAUDATA				
隐鳃鲵科	Cryptobranchidae	—	—	—
大鲵	Andrias davitianus	—	Ⅱ	临武、资兴

续表 1-3-3-2

中 名	学 名	保护级别		分 布
无尾目 ANURA				
蛙科	Ranidae			—
虎纹蛙	Rana tigrina	—	Ⅱ	全市各地
爬行纲 REPTILIA				
蛇 目 SERPENTIFORMES				
蟒科	Boidae			—
蟒蛇	Python molurus	Ⅰ	—	资兴、宜章
鸟纲 AVES				
鹳科	Ciconiidae			
黑 鹳	Ciconia nigra	Ⅰ		资兴
隼形目 FALCONIFORMES				
鹰科 Accipitridae				
苍鹰	Accipiter gentilis	—	Ⅱ	资兴
赤腹鹰	Accipiter soloensis	—	Ⅱ	全市各地
凤头鹰	Accipiter trvirgatus	—	Ⅱ	宜章
普通鹰	Buteo buteo	—	Ⅱ	全市各地
雀鹰	Accipiter nisus	—	Ⅱ	宜章、桂东、苏仙、临武
蛇雕	Spilornis cheela	—	Ⅱ	宜章
松雀鹰	Accipiter virgatus	—	Ⅱ	资兴、宜章
[黑]鸢	Milvus migrans	—	Ⅱ	全市各地
隼科	Falconidae			
游隼	Falclo peregrinus	—	Ⅱ	宜章、苏仙
燕隼	Faco subbuteo	—	Ⅱ	宜章、桂东、苏仙、临武
红隼	Falco tinnunculus	—	Ⅱ	全市各地
鸡形目 GALLIFORMES				
雉科	Phasianidae			
红腹角雉	Tragopan temminckii	—	Ⅱ	全市各地
黄腹角雉	Tragopan caboti	Ⅰ		宜章、临武、桂东、安仁、汝城、资兴、苏仙、北湖
白鹇	Lophura nycthemera	—	Ⅱ	全市各地
勺鸡	Pucrasia macrolopha	—	Ⅱ	临武、宜章
白冠长尾雉	Symaticus reevesii	—	Ⅱ	宜章、桂东、资兴、汝城
白颈长尾雉	Symaticus ellioti	Ⅰ		宜章、桂东、资兴、汝城
红腹锦鸡	Chrysolophus pictus	—	Ⅱ	宜章、临武、桂东、安仁、汝城、资兴、桂阳、永兴

续表 1-3-3-2

中名	学名	保护级别		分布
鸮形目 STRIGIFORMES				
草鸮科	Tytonidae			
草鸮	Tyto capensis	—	Ⅱ	全市各地
鸱鸮科	Strigidae	—		
斑头鸺鹠	Glaucidium cuculoides	—	Ⅱ	全市各地
雕鸮	Bubo bubo	—	Ⅱ	宜章、桂东
短耳鸮	Asio flammeus	—	Ⅱ	全市各地
红角鸮	Otus scops	—	Ⅱ	宜章、桂东
灰林鸮	Strix aluco	—	Ⅱ	宜章
领角鸮	Otus bakkamoena	—	Ⅱ	宜章
领鸺鹠	Glaucidium brodiei	—	Ⅱ	宜章
鹰鸮	Ninox scutulata	—	Ⅱ	宜章、桂东
雁形目 ANSERIFORMES				
鸭科	Anatidae			
鸳鸯	Aix galericulata	—	Ⅱ	宜章、资兴

郴州市陆脊椎动物种数与全省比较表

表 1-3-3-3

类别	目数		科数		种数	
	湖南省	郴州	湖南省	郴州	湖南省	郴州
兽类	9	8	25	19	92	63
两栖类	2	2	8	8	60	38
爬行类	3	3	14	13	89	67
鸟类	18	13	54	33	400	217
合计	32	26	101	73	641	385

第四节 自然景观资源

郴州市山青水秀，原始自然景观资源保持良好，具有“丰、朴、俊、奇、神”的特点。东南部群山绵延，山体奇特，石景各异，茫茫林海，一派壮丽多姿的南国风光；西北部丘陵、山岗交相辉映，气象万千，一幅秀媚多姿的江南景象。境内有供游览观赏的奇山怪石、神洞飞瀑、秀水名泉等自然景观155处；有宜章莽山，资兴天鹅山，桂东八面山，苏仙区飞天山、五盖山、王仙岭，北湖区苏仙岭、仰天湖，永兴便江，桂阳春陵江等天然生态风景区和旅游休闲度假区30处。此外，还有林木繁茂、翠谷鸣泉的自然生态景区和水岸相间、地异水美的湿地生态景貌。境区天生奇伟和丽质，构成以山、石、水、洞、林为特色，集雄、奇、秀、旷、幽、美于一体的自然美景仙境。

一、天然山体地貌景观

郴州市奇山怪石甚多，山形地貌千姿百态，别具特色。有由天然山体构成的象形地貌景观38处，岩溶和丹岩形成的自然地貌景观26处。

天然山体形成的奇山怪石地貌景观，多聚集于山区和丘岗地带。世界自然山体地貌奇观——仰天巨佛，其构成山体于骑田岭中部，巨佛山体身长3000余米，从头到脚身连桂阳县、北湖区和临武县交界地境山体。佛脸朝长空，头顶至下鄂高300余米，头部五官轮廓清晰，形态逼真，栩栩如生，其额头是海拔1283.7米的桂阳县荷叶镇金仙寨顶端。据考证，它是目前世界上最大的天然山体佛头。境内形成的天然奇异象形山体，还有飞天山景区若雄牛席地而卧的“卧牛岗”、仰天甜眠的“睡美人”、如雄狮憩息于江岸的“雄狮卧江”，以及宜章莽山形状酷似的“岭南雄狮”“金鞭神柱”，资兴、汝城、桂东境内的“蘑菇山”“天柱山”“玉女山”等。位于北湖区江口乡景观“七姊石”系七块巨石有六石相依耸立于壁如刀削海拔1400多米的山顶，另一块则稳立于陡峭的半山腰。七块巨石长年云遮雾绕，时隐时现，宛如从天而降的七仙下凡。这些由天然山体构成的自然地貌景观，远望形象逼真，活灵活观，宛如鬼斧神工。

由岩溶形成的地貌景观在郴州分布亦广，形状多样，发育较好。全市岩溶山露面积约750平方千米，占全市面积的3.9%。集中分布于境内的西南部和偏东部，是有鲜明的溶沟、石芽、石峰、石林、洼溶和溶洞暗河多的喀斯特地貌特点。溶洞多深幽，构造奇特，怪石嶙峋，洞洞皆景。如驰名的万华岩溶洞、东江湖兜率灵溶洞、临武的风岩洞、嘉禾的飞来山岩洞、宜章的三仙洞等。红岩形成的丹霞地貌景观发育亦典型，特征鲜明。苏仙区的飞天山、喻家寨，永兴便江岩坦，宜章白石渡等地，其丹霞地貌形态各异，红岩绿林相映，翠江石寨相依，既有悬崖陡壁、奇山怪石、峰林石柱，又有草木繁茂的寨顶平坦、鳞次栉比的红岩石群，构成奇巧壮丽的天然丹霞地貌风景画卷。

郴州市主要山形地貌、溶洞景观一览表

表1-3-4-1

山形地貌景观			溶洞景观		
景点名称	位　置	特　征	景点名称	位　置	特　征
仰天巨佛	骑田岭中部	天然象形山体	万华岩	北湖区安和乡境内	暗河洞穴
安源石林	北湖区仰天湖景区	天然象形石体	兜率灵岩	资兴东江库区	岛屿岩洞
睡美人、卧牛岗、雄狮卧江、飞天航母等	苏仙区飞天山景区	天然红岩山形地貌	黑坦、盐坦	永兴便江景区	丹霞地貌岩洞
将军石、金鞭神柱、岭南雄狮、仙掌峰、金龟探海等	宜章莽山国家森林公园	天然象形石体	法官坦、三仙洞	宜章太平里乡、沙坪乡境内	法官坦为暗河溶洞，三仙洞为多层溶洞
天柱山	汝城土桥镇境内	天然象形石山	飞来山岩洞	嘉禾广发乡境内	岩溶洞穴

续表 1-3-4-1

山形地貌景观			溶洞景观		
景点名称	位　置	特　征	景点名称	位　置	特　征
玉女山	桂东黄洞乡境内	天然象形山体	龙洞、秀岩	临武花塘、南强乡境内	岩溶洞穴
石虎山	宜章浆水乡境内	天然象形山体	龙女岩	桂阳桥市乡境内	岩溶洞穴
蘑茹山	资兴市境内	天然象形石山	落地十八坑	桂阳正和乡境内	多洞、暗河洞穴
七姊石	北湖区江口乡境内	天然象形石体	仙人石田碧洞	桂东四都乡境内	岩溶洞穴
一线天	永兴便江景区	对峙岩山石缝	白石岩	汝城外沙乡境内	岩溶洞穴

二、自然生态景区

郴州市植被繁茂，自然生态旅游资源丰厚。全市有国家和省级自然生态保护区 2 处（宜章县莽山、桂东县八面山）；有国家级森林公园 2 座（宜章县莽山、资兴市天鹅山），省级森林公园 3 座（郴州市区苏仙岭、苏仙区五盖山、汝城县九龙江）；有县级自然生态保护区（森林公园）14 座。总面积 12.72 万公顷，多为原始次森林，空气质量达国家优良标准，被誉为“天然氧吧”；境内野生动植物生存繁衍，“山、水、林、禽、兽”共生共荣。全市已开发建设以自然生态游览休闲为主的著名旅游区（点）21 个，成为人们回归自然、领略天然生态之美的理想之地。

宜章县莽山为湖南省面积最大的国家级森林公园及自然保护区，山奇林幽，绿海茫茫，汇山、水、洞、泉、石自然奇特景点 100 余处，有林中植物 2700 余种，野生动物 300 多种，享有“中国原始生态第一山”之称；资兴市天鹅山国家森林公园，面积 6851 公顷，森林覆盖率 96.8%，峰林耸立，郁郁葱葱，云海峰群瞬时万变，自然人文景观交错，其拥有世界规模最大的被誉为“植物熊猫”的银杉群落；桂东县八面山省级自然保护区面积 4913 公顷，高峻磅礴，最高主峰 2042 米，区内保持原始次森林植被风貌，有植物 1182 种，野生动物 136 种，森林覆盖率 86%，一派“山间云雾缭绕，山中溪鸣鸟唱”的奇景；苏仙区五盖山国际狩猎场面积 6443 公顷，群山起伏，山中有水鹿、野猪、鹿子、野鸡等 30 多种可猎动物，是中国南方唯一对外开放的国际狩猎场；北湖区有“江南内蒙古”之称的仰天湖，海拔 1350 米，40 平方千米区域内绿茸茸一派高山草原风情；苏仙区王仙岭翠峰层摺，林泉共鸣，树生岚烟，呈现一派藤萝攀附，根葛缠绕，植物寄生绞杀的原始植被特有景观。永兴县百里便江沿江碧水丹崖、茂林修竹，显现出典型的山奇水秀的湘南风景。

三、湿地生态风貌

郴州市有常年积水和季节性积水的天然湿地、人工湿地面积 236.34 千公顷，占全市国土面积的 12.2%。其中，由河流、地下水（含地热水）、湖泊、沼泽等构成的天然湿地 20.32 千公顷；由水库山塘等蓄水工程构成的人工湿地 175.5 千公顷。这些河流两岸和凸现的河床，以及地热水、水库山塘、蓄水坝等周边形成的面积较为集中、范围较大的滩涂、草地、森林地带，花鸟竞枝，加上环绕的水面，景观万千。湿地区域林木生长繁茂，分布大量越冬水禽和依赖湿地生存的其他动物，同时也为鸟类迁徙主要停歇地。

境内东江湖是湖南省人工湿地面积最大的山地湖泊。最大水域面积160平方千米，湖岸线738千米。湖区沿岸湿地及周边山林野生动物生存环境优良，有脊椎动物221种。在国际贸易协定规定的保护动物名录中，东江湖水库区域有14种；在列入中国濒危动物红皮书濒临灭绝的物种中，东江湖湿地及湖周山林有4种。东江湖湿地山环水绕，水木清华，草长莺飞，空气清新，独具旅游佳境。2005年，资兴市编制《东江湖国家湿地公园总体规划》，着手开发利用湖区湿地生态旅游资源。

第五节　土地资源

一、面积与分类

1985年，按全区年末总人口计算，人均土地7.49亩，比全省人均多1.9亩，居全省市州第三位；到1988年，土地总面积中有耕地21.18万公顷，人均耕地0.77亩，已越过国际人均耕地0.86亩的警戒线。

2005年，郴州市拥有土地面积193.17万公顷。按国土资源部2001年颁布的《全国土地分类标准（试行）》分类，2005年，全市分为农用地、建设用地和未利用地三大类①：有一类属农用地面积173.56万公顷，占土地总面积89.8%；二类宜建设用地9.88万公顷，占土地总面积5.11%；三类尚未利用土地9.72万公顷，占土地总面积的5.09%。人均耕地面积0.70亩，较之1988年减少0.07亩。

全市土地面积具有以山地、丘陵为主，平原、盆地较少的明显特点。其中山地10542平方千米，占土地总面积54.37%；丘陵39.71平方千米，占20.5%；岗地2065平方千米，占10.6%；平原2355平方千米，占12.15%。其余为山间盆地和丘间盆地。山丘土地面积占全市土地总面积的74.69%，按农业人口人均6.5亩，同比高于全省4.1亩水平，排全省市州第二位。郴州山地、丘陵土地资源开发潜力巨大。

2005年郴州市土地面积分类表

表1-3-5-1　　单位：亩

单　位	总　计	农用地	建设用地	未利用地
郴州市	28975988.7	26035054.4	1465796.6	1475137.7
市辖区	692940.6	598454.2	76858.8	17627.5
北湖区	1029645.4	976736.8	30399.3	22509.3
苏仙区	1536064.9	1431939.1	69135.7	34990.1
桂阳县	4430510.1	4000330.4	240724.0	189455.7
宜章县	3128647.2	2777211.0	134199.3	217236.9
永兴县	2968506.8	2642176.0	163370.7	162960.1
嘉禾县	1044360.8	835267.4	79219.3	129874.1

说明：①一类农用地含耕地、园地、林地、牧草地、其他农用地；二类建设用地含居民、工矿、交通运输用地和水利设施用地；未利用地含荒草地、盐碱地和水泊、滩涂地等。

续表 1-3-5-1

单位	总计	农用地	建设用地	未利用地
临武县	2062850.2	1747104.7	71472.4	244273.1
汝城县	3637439.8	3479802.2	74713.4	82924.2
桂东县	2179670.8	1961343.0	50265.0	168062.8
安仁县	2191724.9	1953174.8	126433.6	112116.5
资兴市	4073627.2	3631514.8	349005.0	93107.4

说明：本表资料源自郴州市统计局统计表

市辖区包括市城区各办事处、市郊乡、郴江镇、白露塘镇、石盖塘镇、万华岩镇、白鹿洞镇、许家洞镇

二、土地质量

郴州市土地面积按海拔高度分：海拔 300 米以下 74.87 万公顷，占土地总面积 38.6%；300~800 米有 28.03 万公顷，占土地总面积 14.5%；1200 米以上 10.27 万公顷，占土地总面积 5.3%。

山地区土地以山地黄壤、黄棕壤为主。土壤有机质含量较高，多为中性砂壤土，有一定肥力，且雨水较丰。同时山地气温、降雨和日照随着海拔高度的差异呈不同分布，其生育环境适宜发展林业和特种经济作物。故 800 米以下山地，杉木林园生长条件好，达速生丰产林标准。然随着海拔增高坡面趋陡，水土易于流失，土地利用难度加大。

丘陵岗地区主要有红岩丘陵、砂页岩丘陵、灰岩丘陵、灰岩红土丘陵、花岗岩丘陵 5 种，是发展旱粮、经济作物和茶、果等经济林的适宜地带。红岩丘陵面积为 9.96 万公顷，土壤顶层较薄，一般厚 30~40 厘米，底部土壤光照不足，潜育化较重，多分布于苏仙区许家洞、五里牌，永兴碧塘、城郊、鲤鱼塘、太和、柏林、洞口及安仁县新洲、坪上等乡镇；砂页岩丘陵面积 6.84 万公顷，多为砂壤质红壤，多酸性，有自然肥力，主要分布于苏仙、北湖、永兴的中部和北部；灰岩丘陵面积为 15.28 万公顷，近半土地岩石裸露，发育土壤多为红色石灰土，多黏质至重黏质，表层被淋溶呈酸性，底部呈碱性，多分布在春陵河、武水河及其支流两侧；花岗石丘陵面积 3.31 万公顷，其表层土壤砂重，保水保肥性能差，有机质少，水土易流失；灰岩红土丘陵面积最少，土壤黏性重，部分裸露土层被侵蚀。

平原盆地区多为溪谷、河滩淤积的泥沙地，土质泥沙结构多适中，透气性能好，但河滩地砂性偏重，保水保肥能力弱，土壤肥力较差。溪谷河滩平原主要分布于安仁永乐江、永兴便江、嘉禾钟水、宜章武水、桂阳官溪河、汝城浙水上游等溪河两岸，面积最大的为安仁县。盆地有山间盆地和丘间盆地，广泛出露于碳酸类地区，主要分布在桂阳、嘉禾、临武、宜章、汝城、资兴境内小部地区。

郴州 173.56 万公顷宜农地多为光、热、水组合相宜之地。尤是多梯级复合式丘陵峡谷地带，适应多种植物生长，且产出丰，开发利用价值高。1989—2005 年，通过加大农业投入，改善水利设施和进行土壤改良，优质、稳产、高产耕地面积逐年扩大。桂阳县、永兴县成为全国优质烟叶生产基地，苏仙区、资兴市成为全国杂交稻制种基地之一。至 2005 年，全市建立优质稻生产基地 14.33 万公顷，水稻优质率 52%。优越的土地条件，使郴州物产丰富，已形成粮油、水果、烤烟、蔬菜、茶叶、竹木六大优势产业。

全市土地质量亦出现下降趋势。20 世纪 80 年代，郴州工业污染源逐步形成和扩展。进入 90 年代，随着矿产开采和小型工业企业的快速发展，所排放的“三废”（废水、废渣、废气）对土地的污染

渐趋加重。至2005年，全市有5.41万公顷林草地、1.67万公顷耕地遭受“三废”污染，占全市土地总面积的0.36%。其中有1346.5公顷耕地因污染过重不能耕作而废弃。水土流失面积4534.88平方千米，占全市土地总面积23.5%，其中强度流失面积641.11平方千米。土地质量保护已成环境保护中的重要项目。

三、后备土地资源

1989年以后，郴州加强后备土地资源管理，将土地资源开发、使用纳入国民经济和社会发展统筹计划。至2005年，先后4次组织编制全境国土资源开发利用总体规划，推动后备土地资源开发与保护齐头并进。到2005年，经土地调查，查明郴州境内尚待开发利用土地资源丰富。全市有未利用土地面积97248公顷。其中有荒草地、盐碱地、沼泽地、沙地和裸土地8.11万公顷，河流湖泊水面、草地、滩涂地1.61万公顷。后备土地资源中宜利用开发为水田1.49万公顷、旱土2.36万公顷、果园2.67万公顷、林地1.83万公顷，牧草场1.86万公顷、养殖水面1180公顷、建设用地543公顷，其他可利用地941公顷。

第二篇 人口

自20世纪70年代始，郴州地区着力实施计划生育基本国策，注重控制人口生产规模和速度。人口与计划生育工作逐步步入规范化、制度化、科学化、常态化轨道。到21世纪初，郴州市人口与计划生育已呈良性发展态势，人口质量不断提高，计划生育工作在湖南省名列前茅。郴州人口出生率逐年下降，由1991年的22‰下降到2005年的11.87‰，低于全省平均水平。计划生育率逐年上升。1992年前计划生育率未超过70%，1993年至2005年计划生育率一直保持在90%至97%之间。多孩生育率和意外妊娠率减少，人口增长速度较为缓慢。1989年前多孩生育率为6%以上，1993年至2005年多孩生育率和意外妊娠率一直控制在1%以下。郴州市常住人口：1989年为418.72万人，2000年为452.96万人，2005年为460.88万人，比1989年增加42.16万人，年均增加2.64万人。城镇人口逐年增加，人口性别比发生变化。2005年，郴州市总人口中，城镇居民人口为169.42万人，占总人口的36.76%；农村人口为296.46万人，占总人口的63.24%；与2000年比，全市城镇人口占总人口比重上升10.96个百分点。2005年郴州市户籍人口中，男性为240.63万人，占总人口的52.21%；女性为220.25万人，占总人口的47.79%。家庭规模缩小，人口老龄化渐显。2005年，全市有家庭户145.09万户，人口为460.88万人，平均每个家庭户人口为3.18人。城镇平均每个家庭户人口为3.06人，农村为3.26人。人口受教育程度提高。2005年，郴州市具有大学（含大专）文化程度人口为14.15万人，具有高中（含中专）文化程度人口为53.08万人，具有初中文化程度人口为162.92万人。与2000年相比，大专以上文化程度人口增加3.98万人；具有高中文化程度人口增加6.86万人，具有初中文化程度人口增加7.81万人。

劳动人口的产业、行业、职业构成发生显著变化。2005年第一产业131.65万人，比1989年减少20.59万人；第二产业59.4万人，比1989年增加28.88万人；第三产业83.31万人，比1989年增加62.77万人。在职业构成中，从事农业人口由1990年的81.14%下降到2000年的77.1%。从事工业和运输业人口由1990年的8.82%上升到2000年的9%。从事商业、服务业人口由1990年的3.67%上升到2000年的6.18%。人口与经济发展的内在联系日益增强，农业、工业、商贸经济呈强劲发展势头。

1992—2005年，郴州市连续14年被评为“全省人口与计划生育工作先进单位”。曾被评为“全国婚育新风进万家活动先进单位”“全国计生协会先进单位”“全国计生工作先进单位”。郴州计划生育经验在全国得到推广，并涌现一批优秀计生工作先进人物。

郴州人口生产与经济社会的协调发展，为加快提高境内人口整体素质、推进城乡小康建设提供了重要保证。

第一章　人口概况

1990—2010年，郴州市（地区）先后依法开展第四、五、六次人口普查。境内人口数量、人口分布、人口结构发生新变化。总人口从1989年的418.72万人上升到2005年的460.88万人。全市土地总面积1.93万平方千米，人口分布主要集中在市城区北湖、苏仙两区和桂阳、宜章、资兴、永兴等地。人口自然分布主要集中在市境中部、东南部中丘区和西北面丘盆区。全市家庭户呈增加趋势，集体户相对减少。人口自然增长率年均在6‰左右。户籍人口迁移从1990年的12.01万人上升到2000年的28.84万人。人口流动因建设改革开放过渡试验区、撤地建市、全面建设小康社会和融入长三角、珠三角经济圈，人口流动出现高峰期。2005年全市流动人口由1995年的19.2万人上升到70.21万人，人口密度由1988年的212人/平方千米上升到2005年的239人/平方千米。

第一节　人口普查

1990年开展全国第四次人口普查，郴州地区行政公署成立人口普查领导小组，领导小组组长由行署专员赵毅拯兼任，行署巡视员，行署办、统计局、计生委、公安处等部门有关领导为普查领导小组副组长。领导小组成员除组长、副组长外，还有地委宣传部、财政局、地区计委、教委、民政局等16部门和单位领导。领导小组下设第四次人口普查办公室，地区统计局局长兼任办公室主任，计生委、公安处领导为副主任。从行署所属有关部门和单位抽调33名人口普查工作人员，分别任人口普查员、普查指导员和普查数据处理组录入成员。全地区筹措资金329万元用于人口普查。经普查前户口整顿、调查摸底、普查登记、复查汇总等阶段，全面完成此次普查任务，查清自1982年第三次人口普查至1990年第四次人口普查时郴州地区人口数量、人口分布、人口结构和素质等方面变化。

2000年第五次人口普查，郴州市政府成立第五次人口普查领导小组，由市政府办、市纪委、市委宣传部、市计生委、统计局、公安局、财政局等26个相关成员单位组成，由一名分管统计工作副市长任组长，政府办、市纪委、市委宣传部、市计委、统计、公安、计生、财政等部门和单位有关领导任副组长。普查领导小组下设办公室，负责人口普查日常行政工作。各县（市、区）成立相应人口普查领导小组和办公室，各乡镇（街道办事处）、村（居）民委员会组建人口普查机构。普查工作人员和协助普查工作基层干部群众2.64万人直接参与第五次人口普查。市县（市、区）两级第五次人口普查筹措经费511.5万元。为保证第五次人口普查顺利实施和普查质量，郴州市制定第五次人口普查宣传工作规划、人口普查、评比考核办法、普查专干管理办法、第五次人口普查工作定期报告工作岗位责任、工作联系等12项规章制度。按照国家规定，经普查前户口整顿、调查摸底、普查登记、复查登记和补漏等环节，全面完成市内人口普查各项任务。查清自 1990 年第四次人口普查后至 2000 年第五次人口普查时人口总量、出生、死亡、分布、构成、素质、流动、家庭、婚姻、家庭户和人口与经济等方面情况。

1990—2010 年郴州市（地区）全国人口普查总人口与人口增长统计表

表 2-1-1-1　　单位：万人、%

普查次序	普查登记标准时间	总人口	与上次普查相隔时间	比上次普查增加人数	增长	年均增加人口	年均增长率
第四次	1990 年 7 月 1 日零时	421.29	8 年	53.15	14.44	6.64	1.70
第五次	2000 年 11 月 1 日零时	432.48	10 年零 4 个月	11.22	2.66	1.09	0.27
第六次	2010 年 11 月 1 日零时	458.18	10 年	25.70	5.94	0.59	0.58

说明：以上资料来源全国第四次、第五次、第六次人口普查资料

郴州市（地区）各县（市、区）第四次至第六次全国人口普查户籍人口统计表

表 2-1-1-2　　单位：万人

次别＼单位	合计	北湖区	苏仙区	桂阳县	宜章县	永兴县	临武县	嘉禾县	汝城县	桂东县	安仁县	资兴市
第四次普查人口（1990年）	421.29	23.39	33.63	71.66	50.89	58.38	29.35	30.08	34.38	16.37	37.06	36.08
第五次普查人口（2000年）	432.48	31.45	34.05	75.52	53.43	57.68	30.33	30.77	34.29	16.70	36.11	35.16
第六次普查人口（2010年）	458.18	42.05	40.33	69.59	57.96	57.30	33.19	19.60	33.03	23.09	38.23	33.75

说明：以上资料来源于全国第四次、第五次、第六次人口普查资料

第二节　人口数量

1989—2005 年，郴州市人口数量继续增长。从 1989 年 418.72 万人增加到 2005 年年末 460.88 万人，增长 42.16 万人，年平均增长率为 6.3‰。

从 1990 年起，《湖南省计划生育条例》正式实施，计划生育政策全面推行，郴州市人口过快增长势头得到有效控制。郴州人口出生率由 1990 年 27.03‰下降到 1992 年的 15.35‰，到 2005 年，下降至 11.87‰。1992 年人口自然增长率下降到 7.87‰，1993 年到 2005 年人口增长率除 2000 年是 8.95‰外，其余年份基本上控制在 6‰以内。

1990 年 7 月 1 日，第四次全国人口普查郴州地区总人口为 421.29 万人，比 1982 年第三次全国人口普查时总人口增加 53.15 万人，增长 14.44%，平均每年增加 6.64 万人。全区总人口中，常住本县（市）和户口在本县（市）人口 412.95 万人，占总人口的 98.02%；常住本县（市）一

年以上，户口在外县（市）人口 6.2 万人，占总人口的 1.48%；人住本县（市）不满一年，离开户口登记地一年以上人口 0.37 万人，占总人口的 0.89%；人住本县（市）户口待定人口 1.7 万人，占总人口的 0.41%；原住本县（市）、现在国外工作或学习、暂无户口的人口 61 人，占总人口的 0.001%。

2000 年 11 月 1 日第五次全国第五次人口普查，郴州市总人口为 432.48 万人（包括外来居住半年以上人口，不包括外出半年以上人口），同第四次人口普查时 421.29 万人相比，10 年间共增加 11.22 万人，增长 2.66%。平均每年增加 1.09 万人，年均增长率为 0.27%。按郴州市行政区域人口计算，2000 年末在册人数为 452.96 万人。这一时期人口出生率为 11.1‰，死亡率为 5.63‰，自然增长率为 5.47%，比 1990 年分别下降 16.05、1.4 和 14.66 个千分点。户籍人口迁移大幅度上升，10 年间户籍净迁入（减去迁出）人口达 12.01 万人。

1989—2005 年郴州市（地区）总人口、市镇人口、乡村人口统计表

表 2-1-2-1　　单位：万户、万人

年份	总户数	总人口			市、镇人口	乡、村人口
		人数	男	女		
1989	106.67	418.72	216.71	202.01	136.43	282.29
1990	108.71	421.29	219.72	204.55	132.64	291.65
1991	110.39	428.52	222.03	206.49	57.60	370.92
1992	112.34	429.98	223.03	206.95	59.09	370.88
1993	114.79	432.20	224.12	208.08	67.43	364.77
1994	115.92	434.79	226.05	208.74	64.80	369.99
1995	119.99	438.21	227.92	210.28	103.96	334.25
1996	120.67	441.69	229.83	211.86	106.73	334.96
1997	121.99	444.76	231.46	213.30	108.86	335.90
1998	123.41	447.52	234.48	214.04	112.11	335.41
1999	123.67	450.03	234.49	215.54	113.92	336.11
2000	125.56	452.96	236.04	216.92	114.64	338.32
2001	127.17	455.46	238.48	216.98	121.59	333.87
2002	131.80	458.24	239.70	218.54	134.20	324.04
2003	135.20	455.27	238.10	217.17	145.72	309.55
2004	140.50	457.71	238.99	218.72	156.74	300.97
2005	145.09	460.88	240.63	220.25	169.42	291.46

说明：以上资料来源于《郴州统计年鉴》

第三节 人口分布

一、行政区域人口分布

1989年，郴州地区土地总面积1.93万平方千米，辖郴州市、郴县、资兴、桂阳、永兴、宜章、嘉禾、临武、汝城、桂东、安仁11县（市）。全区有乡、镇和街道办事处254个，其中乡209个，镇39个，街道办事处6个；村（居）委会3113个，其中村委会2969个，居委会144个；村民小组30194个。全区总人口418.72万人，其中男216.7万人，占总人口的51.75%；女202.01万人，占比48.25%。男女性别比为107.8。

1995年郴州地区撤地建市前仍辖郴州市、郴县等11县（市），全区有乡、镇和街道办事处257个，其中乡185个，镇66个，街道办事处6个；村（居）委会3200个；村民小组31330个。全区总人口438.21万人，比1989年增加19.49万人，增长4.65%。其中男227.92万人，占总人口的52.01%；女210.28万人，占比47.98%。男女性别比为108.38。

2000年，郴州市辖北湖、苏仙、资兴、宜章等11县（市、区），全市有乡、镇、街道办事处258个，其中乡167个，镇84个，街道办事处7个；村（居）委会3419个（其中村委会2968个，居委会451个）；村（居）民小组33633个。全区总人口452.96万人，比1995年增加14.75万人，增加3.87%。其中男236.04万人，占总人口52.11%；女216.92万人，占47.89%；男女性别比为108.81。

2005年郴州市辖北湖、苏仙、资兴、桂阳、永兴、宜章、嘉禾、临武、汝城、桂东、安仁等2区、1市、8县。全市有257乡镇和街道办事处，其中乡164个、镇86个、街道办事处7个；村委会2957个，居委会458个；村（居）民小组33679个。全市总人口460.88万人，比2000年增加7.92万人。总人口中其中男240.63万人，占52.21%；女220.25万人，占47.79%。男女性别比为109.25。

郴州市（地区）行政区域部分年度人口分布统计表

表2-1-3-1　　　　单位：万人、%

区域别			合计	郴州市（北湖区）	资兴市	郴县（苏仙区）	桂阳县	永兴县	宜章县	嘉禾县	临武县	汝城县	桂东县	安仁县
一九八九年	总人口		418.72	22.51	35.20	32.93	71.63	58.26	50.88	30.73	29.24	34.11	16.27	36.97
	其中	男	216.71	11.98	18.46	17.13	37.15	29.98	25.82	15.75	15.08	17.88	8.50	18.98
		占比	51.75	2.86	4.40	4.10	8.87	7.12	6.17	3.76	3.60	4.27	2.03	4.53
		女	202.01	10.53	16.74	15.80	34.48	28.28	25.06	14.98	14.16	16.23	7.77	17.99
		占比	48.25	2.52	4.00	3.77	8.23	6.75	5.99	3.58	3.38	3.88	1.86	4.30
一九九六年	总人口		441.69	27.27	35.81	33.10	75.41	61.52	53.83	32.79	30.58	35.77	16.85	38.75
	其中	男	229.83	14.32	18.74	17.38	39.46	31.91	27.39	17.02	16.06	18.79	8.79	19.97
		占比	52.03	3.24	4.24	3.93	8.93	7.23	6.20	3.85	3.64	4.25	1.99	4.52
		女	211.86	12.95	17.07	15.72	35.95	29.61	26.44	15.77	14.52	16.98	8.06	18.78
		占比	47.97	2.93	3.87	3.56	8.14	6.70	5.99	3.57	3.29	3.84	1.82	4.25

续表 2-1-3-1

区域别		合计	郴州市（北湖区）	资兴市	郴县（苏仙区）	桂阳县	永兴县	宜章县	嘉禾县	临武县	汝城县	桂东县	安仁县
二〇〇〇年	总人口	452.96	28.68	36.46	34.01	77.35	63.32	55.17	33.65	31.26	36.46	17.03	39.57
其中	男	236.04	14.95	19.00	17.72	40.31	33.00	28.75	17.54	16.29	19.00	8.87	20.62
	占比	52.11	52.13	52.11	52.10	52.11	52.12	52.11	52.12	52.11	52.11	52.08	52.11
	女	216.92	13.73	17.46	16.29	37.04	30.32	26.42	16.11	14.97	17.46	8.16	18.95
	占比	47.89	47.87	47.89	47.90	47.89	47.88	47.89	47.88	47.89	47.89	47.92	47.89
二〇〇五年	总人口	460.88	30.75	34.58	79.72	55.97	63.61	35.21	31.51	36.19	17.13	39.91	36.30
其中	男	240.63	15.85	17.95	41.50	29.23	33.34	18.50	16.61	19.17	8.91	20.78	18.79
	占比	52.21	3.44	3.89	9.00	6.34	7.23	4.01	3.60	4.16	1.90	4.51	4.08
	女	220.25	14.90	16.63	38.22	26.74	30.27	16.71	14.90	17.02	8.22	19.13	17.51
	占比	47.79	3.23	3.61	8.29	5.80	6.57	3.63	3.23	3.69	1.78	4.15	3.80

说明：以上资料来源于1990年、1997年、2001年、2006年《郴州统计年鉴》

1989年、1995年、2000年、2005年郴州市人口分布有所变化，但变化不大。人口分布主要集中在郴州市城区北湖、苏仙两区和市城区周边桂阳、宜章、资兴、永兴等县市。1989年和2005年，北湖、苏仙、桂阳、宜章、资兴、永兴6县（市、区）总人口，分别占全区、全市总人口64.82%和65.6%。

二、自然区域人口分布

郴州属亚热带丘陵区，地处中亚热带和南亚热带过渡地带，土地总面积1.93万平方千米，山地、丘陵、岗地、平原、水域面积比例为5.4∶2.1∶1.1∶1.2∶0.2。山地、丘陵面积最大，平原岗地面积次之，水域所占比例最小。山区丘陵的特点，决定郴州自然区域人口分布的特点：山区丘陵地带人口分布多，平原岗地人口分布次之，江河水域人口分布较少。

郴州市1995年总人口为438.21万人，人口自然分布主要集中在市境中部、东南部山丘区和西北面丘盆区。其区域主要分布在北湖、苏仙、桂阳、永兴、资兴5县（市、区）。五县（市、区）土地面积为10618平方千米，只占全市土地面积的54.9%，而人口分布为290.50万人，却占全市总人口的66.29%。

平原岗地西南面嘉禾、临武县境内，北面安仁县境内人口分布有102.1万人，占1995年全境总人口的23.30%。

郴州市江河水域人口分布是自然区域人口分布的重要组成部分。郴州市境内最长河流东江，发源于桂东黄洞乡，由东南流经桂东、汝城、资兴、苏仙、永兴等县（市、区）。永乐江经资兴市、永兴、安仁县，由衡东县草市入洣水。武水系珠江水系北江一段支流，发源于临武县武源乡三峰岭，经临武、宜章县进入广东省乐昌市汇入珠江，还有集龙河从郴州东面汇入赣江。江河之水是人们生活中不可缺少的自然交通资源，加上人们有依山傍水生活习惯，境内嘉禾、临武、永兴、安仁、桂东等县府驻地就选择在上述江河岸边城关镇，五城关镇共计总人口为15.43万人，占全市总人口的3.57%。

境内东江，永乐江、春陵水、武水、集龙河等主要江河流域的 37 乡镇，人口分布为 67.78 万人，占全市总人口的 15.68%。人口分布最少区域是边远山区八面山主峰外围桂东县青山乡和资兴市东坪、连坪乡。青山乡土地面积 111.40 平方千米，6 个行政村，48 个村民小组，总人口 4486 人；东坪乡土地面积 146.70 平方千米，7 个行政村，43 个村民小组，总人口为 3826 人；连坪瑶族乡土地面积 117 平方千米，4 个行政村，24 个村民小组，总人口只有 2083 人。

三、户籍人口分布

1990 年，郴州地区 11 县市有家庭户 105.79 户，集体户 6648 户。家庭户人口为 410.01 万人，占总人口的 97.32%，平均每个家庭户人口为 3.88 人，比全省 3.76 人多 0.12 人；比 1982 年第三次人口普查时每家庭户 4.47 人减少 0.59 人。

1990 年郴州地区县（市、区）户数、人口数性别比统计表

表 2-1-3-2

单位：人、%

区域别	户数			人口数												家庭户口平均人数
	合计	家庭户	集体户	合计				家庭户				集体户				
				合计	男	女	性别比	小计	男	女	性别比	小计	男	女	性别比	
总 计	1061084	1054415	6669	4212611	2181448	2031163	107.40	4099498	2089741	2009757	109.71	113113	91707	21406	428.42	3.89
郴州市	63371	62555	816	233917	123013	110904	110.92	204848	102389	102459	99.93	29069	20624	8445	244.22	3.27
资兴市	93019	92080	939	360813	189162	171651	110.20	342970	174929	168041	104.09	17843	14233	3610	384.27	3.72
郴 县	83498	82724	774	336286	175209	161077	108.72	324118	165242	158876	104.0	12168	9967	2201	452.83	3.92
桂阳县	187989	187411	578	716564	370473	346091	107.04	707426	362184	345242	104.90	9138	8289	849	976.33	3.77
永兴县	146476	145725	751	583820	301477	282343	106.78	572996	292050	280946	103.95	10824	9427	1397	674.80	3.93
宜章县	115855	115249	606	508900	260380	248520	104.77	500298	252958	247340	102.27	8602	7422	1180	628.98	4.34
嘉禾县	81824	81388	436	300763	154168	146595	105.17	295394	149474	145920	102.44	5369	4694	675	695.41	3.63
临武县	75192	74875	317	293534	152100	141434	107.54	289211	148392	140819	105.38	4323	3708	615	602.92	3.86
汝城县	83532	82996	536	343762	180559	163203	110.63	337166	174857	162309	107.73	6596	5702	894	637.80	4.06
桂东县	39355	38954	401	163664	85371	78293	109.04	159792	82202	77590	105.94	3872	3169	703	450.78	4.10
安仁县	90973	90458	515	370588	189536	181052	104.69	365279	185064	180215	102.69	5309	4472	837	534.29	4.04

说明：以上资料来源于 1990 年第四次人口普查资料

2000 年第五次全国人口普查数据表明，郴州市有家庭户 123.25 万户，家庭户人口为 357.01 万人，占总人口 97.97%. 平均每家庭户人口为 3.44 人，比 1990 年第四次人口普查的 3.88 人，减少 0.44 人。

2010 年，第六次全国人口普查，郴州市有家庭户 134.56 万户，家庭户人口 441.24 万人，平均每个家庭户人口为 3.28 人，比 2000 年第五次全国人口普查每家庭人口 3.44 人减少 0.16 人。

2000年郴州市县（市、区）户数、人口数、性别比统计表

表2-1-3-3　　单位：人、%

区域别	户数			人口数												家庭户口平均人数
	合计	家庭户	集体户	合计				家庭户				集体户				
				合计	男	女	性别比	小计	男	女	性别比	小计	男	女	性别比	
合计	1247988	1232524	15464	4324812	2263546	2061266	109.81	4235629	2203958	2031671	108.48	89183	59588	29595	201.34	3.44
北湖区	101412	97695	3717	314477	164141	150336	109.18	290290	148775	141515	105.13	24187	15366	8821	174.2	2.97
苏仙区	105190	102114	3076	340537	176658	163879	107.8	319823	164300	155523	105.64	20714	12358	8356	147.89	3.13
桂阳县	205771	204521	1250	725168	381851	343317	111.22	717852	375939	341913	109.95	7316	5912	1404	421.08	3.51
宜章县	138446	137117	1329	534250	279400	254850	109.63	526683	274136	252547	108.55	7567	5264	2303	228.57	3.84
永兴县	163283	162004	1279	576848	302600	274248	110.34	572546	293437	273109	109.64	4302	3163	1139	277.7	3.53
嘉禾县	91298	90164	1134	307657	162221	145436	111.54	302844	158686	144158	110.08	4813	3535	1278	276.6	3.36
临武县	87189	86721	468	303290	160077	143213	111.78	298987	156854	142133	111.36	4303	3223	1080	298.43	3.45
汝城县	98219	97241	978	342861	180779	162082	111.54	338438	177418	161020	110.18	4423	3361	1062	316.48	3.48
桂东县	44971	44877	94	167045	86508	80537	107.41	166677	86205	80472	107.12	368	303	65	466.15	3.71
安仁县	101285	100636	649	361098	187678	173420	108.22	357154	185146	172008	107.64	3944	2532	1412	179.32	3.55
资兴市	110924	109434	1490	351581	181633	169948	106.88	344335	177062	167273	108.85	7246	4571	2675	170.88	3.15

说明：以上资料来源于2000年第五次全国人口普查资料

1990年与2000年两次人口普查表明，2000年集体户人口比1990年少66547人，少58.8%。家庭户人口均比集体户人口多。2000年家庭户人口为357.01万人，是集体户人口的7.8倍。

两次人口普查集体户人口男性比女性多。1990年男性人口比女性人口多70301人，男性人口是女性人口的2.33倍；2000年男性人口比女性人口多9126人，男性人口是女性人口1.49倍。2010年第六次全国人口普查，郴州市家庭户为134.56万户，比第五次人口普查增加11.31万户；集体户18681户，比第五次人口普查减少3217名。

四、城乡人口分布

郴州市（地区）1989—2005年城乡人口分布，由于郴州城乡计划生育政策推行效果的不平衡性和特殊性，按市统计局和两次人口普查统计口径计算，发生一些变化。

1989年，郴州地区总人口418.72万人，其中乡村人口282.29万人，占总人口的67.42%；市镇人口136.43万人，占总人口的32.58%。乡村人口是市镇人口的2.07倍。

1996年，郴州市总人口441.69万人，其中乡村人口334.96万人，占总人口的75.84%；市镇人口106.73万人，占总人口的24.16%，乡村人口是市镇人口的3.14倍。市镇人口比1989年减少29.7万人。2000年，全市总人口452.96万人，其中乡村人口338.32万人，占总人口的74.69%；市镇人口114.64万人，占总人口的25.31%。乡村人口是市镇人口的2.95倍。是年，乡村人口比1996年乡村人口减少3.36万人。市镇人口与1996年比增加7.91万人。

2005年，郴州市乡村人口为291.46万人，比2000年减少46.86万人；市镇人口169.42万人，

比 2000 年增加 54.78 万人。

1995—2005 年郴州市（县市区）人口分布情况表

表 2-1-3-4 单位：万人、%

县市区名称	分年度人口分布										
	1995 年	1996 年	1997 年	1998 年	1999 年	2000 年	2001 年	2002 年	2003 年	2004 年	2005 年
郴州市	432.21	441.69	444.76	447.52	450.03	452.96	455.45	458.24	455.27	457.71	460.88
北湖区	26.55	27.27	27.48	28.17	28.48	28.68	28.84	29.82	29.87	30.11	30.75
苏仙区	32.70	33.10	33.76	33.55	33.79	34.01	34.17	34.59	33.86	34.04	34.58
桂阳县	74.72	75.41	75.97	76.48	76.85	77.35	77.80	78.20	78.71	79.2	79.72
宜章县	60.84	61.52	54.13	62.51	62.92	63.32	55.52	55.53	55.57	55.9	55.97
永兴县	53.24	53.83	62.02	54.49	54.83	55.17	63.66	63.80	63.33	63.49	63.61
嘉禾县	32.45	32.79	33.02	32.23	33.43	33.65	33.87	34.67	34.48	34.74	35.21
临武县	30.50	30.58	30.69	30.87	31.05	31.26	31.39	31.42	31.1	31.36	31.51
汝城县	35.72	35.77	36.02	36.16	36.23	36.46	36.7	36.19	35.8	35.89	36.19
桂东县	16.85	16.85	16.85	16.89	16.92	17.03	17.09	17.60	16.95	17.05	17.13
安仁县	38.74	38.75	39.00	39.18	39.32	39.57	39.82	39.83	39.49	39.74	39.91
资兴市	35.89	35.81	35.82	36.00	36.21	36.46	36.59	36.59	36.11	36.19	36.3

说明：以上资料来源于《郴州统计年鉴》

第四节 人口变动

一、人口总量变动

1982 年全国第三次人口普查时，郴州地区总人口为 372.64 万人。自 1978 年始，郴州地区全面推行计划生育，人口总量增长速度开始放缓。1989 年全区总人口为 418.72 万人，比 1982 年增加 46.08 万人，增幅 12.36%，年平均增加 6.58 万人，年均增长 1.76%。

1990 年，全区总人口 421.29 万人。到 1995 年，全市总人口为 438.21 万人，比 1990 年增加 16.92 万人，增幅为 4.02%，年均增加 3.38 万人，年均增幅为 0.8%。

2000 年郴州市总人口 452.96 万人，比 1995 年全市总人口增加 14.75 万人，年均增加 2.95 万人，年均增幅为 0.67%。

2005 年郴州市总人口 460.88 万人，比 2000 年增加 7.92 万，年均增加 1.58 万人，年均增幅为 0.34%。

1989—2005年郴州市（地区）人口变动情况统计表

表2-1-4-1 单位：万人、‰

年份	总人口	净增人口	出生人口	死亡人口	自然增长人口	其中	
						自然增长率	净增率
1989	418.72	8.27	12.3	2.93	8.37	20.12	19.75
1990	242.29	5.57	11.45	2.97	8.44	19.93	13.12
1991	428.52	4.23	9.42	3.21	6.26	14.60	9.87
1992	429.97	1.45	6.45	3.22	3.40	7.87	3.37
1993	432.20	2.23	5.62	3.30	3.37	5.21	5.16
1994	434.79	2.59	6.10	3.13	2.87	6.60	5.96
1995	438.21	3.42	5.26	3.16	1.88	4.33	7.80
1996	441.69	3.48	5.30	3.27	1.92	4.29	7.87
1997	444.76	3.07	4.89	3.11	1.73	3.90	6.90
1998	447.52	2.76	4.02	2.42	1.79	3.99	5.07
1999	450.03	2.51	4.05	2.21	1.80	3.96	5.58
2000	452.96	2.93	5.44	3.17	2.08	4.62	6.47
2001	455.46	2.50	5.47	3.19	2.51	5.53	5.49
2002	458.24	2.78	5.49	3.12	2.75	5.98	6.06
2003	455.27	2.97	5.46	3.05	2.46	5.35	6.52
2004	457.71	2.44	5.49	3.07	2.43	5.33	5.33
2005	460.88	3.17	5.53	3.13	2.53	5.53	6.88

说明：以上资料来源于2006年《郴州统计年鉴》

二、自然变动

20世纪80年代末90年代初，国家计划生育政策在郴州普遍实施，促使全地区人口自然增长开始回落。自1989年始，郴州地区历年人口自然增长变化较大。1989年7月1日至1990年6月30日人口净增81345人，人口自然增长率为19.5‰。11县（市）人口自然增长率悬殊较大，低于全区平均水平的有郴州市（北湖区）、资兴市、郴县3县（市），其中郴州市自然增长率较低，为10.69‰，其余8县人口自然增长率都大于全区平均增长水平。永兴、桂阳、宜章、临武、桂东5县人口自然增长率都在20‰以上，桂东县最高，为23.18‰。1991年区内人口自然增长率为14.60‰。

1990年第四次全国人口普查时人口自然增长率下降至13.31‰。但由于人口出生惯性以及受人口基数影响，全地区人口自然增加仍达17.51万人，年均人口增长率为8.12‰。1992—2005年，除1992年与1994年这两年为6‰以上外，其余年份均为6‰以下。

1992年前，郴州地区由于计划生育工作在全省处于落后状况，人口出生率在20‰以上，1992年为15.35‰。1995年至2005年，连续11年人口出生率控制在13‰以下，低于全省平均水平。人口死亡率有所下降。1982年第三次人口普查，郴州人口死亡率为6.88‰，1989年、1990年全区人口死亡率分别降到6.2‰和6.6‰。1991—2005年人口死亡率一直在5‰~7‰之间波动。

1989—2005年郴州市（地区）人口自然增长统计表

表2-1-4-2　　单位：万人、‰

年份	总人口	市镇人口	乡村人口	出生率	死亡率	自然增长率
1989	418.72	136.43	282.29	27.15	7.03	20.12
1990	424.29	132.64	291.65	27.03	7.07	19.93
1991	428.52	57.60	310.92	22.13	7.53	14.6
1992	429.97	59.09	370.88	15.35	7.48	7.87
1993	432.20	67.43	364.77	12.55	7.34	5.21
1994	434.79	64.80	369.99	13.83	7.23	6.60
1995	438.21	103.96	334.25	11.52	7.19	4.33
1996	441.69	106.73	334.96	11.66	7.37	4.29
1997	444.76	108.86	335.90	10.87	6.97	3.90
1998	447.52	112.11	335.41	9.35	5.36	3.99
1999	450.03	113.92	336.11	8.81	4.85	3.96
2000	452.96	114.64	338.32	11.59	6.97	4.62
2001	455.46	121.59	333.87	12.32	6.79	5.53
2002	458.24	134.20	324.04	11.56	6.78	5.98
2003	455.27	145.72	309.55	12.04	6.69	5.35
2004	457.71	156.74	300.97	12.00	6.67	5.33
2005	460.88	169.42	291.46	12.32	6.79	5.53

说明：上述资料来源于2006年《郴州统计年鉴》

三、户籍人口迁移

根据1990年全国第四次人口普查提供的资料，按“现住地、常住地分的人口迁移”计算，郴州地区有12.01万人迁入，其中省内迁入10.61万人，省外迁入人口1.40万人，其他25人。

郴州是湖南省改革开放前沿阵地，人们思想活跃，商品经济比较发达，人口流动变化大。尤其是1995年撤地建市后，人口迁移提速增长。根据2000年全国第五次人口普查资料显示，按“现住地、户口登记地分的人口”（以普查时出生地与登记地是否相同计算迁移人口）计算，郴州迁移人口达28.84万人，占全市总人口6.35%。人口迁入最多的北湖区有8.51万人，最少的桂东县也有933人。按“现住地、户口登记地分的人口（市）”计算，全市迁移人口为12.45万人，北湖区、苏仙区、资兴市最多，分别为7.65万人、3.24万人、1.57万人。按“现住地、户口登记地分人口（镇）”计算，全市迁移人口为7.92万人；桂阳县最多，有2.11万人，桂东县最少，只有442人。按“现住地、户口登记地分的人口（县）”计算，全市迁移人口为8.17万人。迁移人口超过1万人的3县（区）为，桂阳县1.50万人，永兴县1.13万人，苏仙区1.14万人。最少仍为桂东县，只有491人。按“现住地、户口登记地在外省分的人口”计算，全市迁移人口为 2 万人。

四、人口流动

（一）流入人口

1984—2005 年，郴州市（地区）经历 3 次人口流动高峰期。第一次是 1988 年 5 月国务院批准郴州地区为改革开放过渡试验区。随着过渡试验区的创建，郴州经济技术开发区、工业园区、出口加工区以及商贸流通领域北湖市场、马家坪市场、七星大市场、165 水果批发市场、郴江商贸城几大市场的建立，市场经济和商品经济迅速发展，郴州地区外地流入人口由 1985 年的 12.01 万人增至 1995 年的 19.20 万人，比 1985 年增加 7.19 万人，增长 59.87%。

1995 年郴州撤地建市，随着建筑业、交通运输业、房地产业、金融业、酒店餐饮业、信息传输、计算机行业、社会保险业、休闲娱乐业、旅游业等行业的迅速发展，郴州市出现第二次人口流动高峰期，流入人口由 1995 年的 19.20 万人增至 2000 年的 50.11 万人，增加 30.91 万人，增长 1.61 倍。

自 2000 年始，随着郴州市小康社会的全面建设，新型工业化、城镇化、农业产业化建设的发展，郴州人口流动再次出现高峰。2005 年郴州市流入人口增至 70.21 万人，比 2000 年增加 20.10 万人，增长 40.11%。

（二）流出人口

1990 年全国人口普查时，郴州地区户口在外地常住地一年以上者 42423 人，占总人口的 1.48%；人住本地不满一年，离开户口地一年以上者 37410 人，占 0.89%；人住本地，户口待定者 1712 人，占 0.41%。1993 年 12 月，全区有外出 3 月以上者 24.5 万人，占总人口的 5.7%。

2000 年第五次人口普查时，郴州市居住在本乡（镇、街道）半年以上、户口在外乡（镇、街道）人口 16.65 万人。离开户口所在地乡（镇、街道）从事务工，经商或以生育为目的流出人口 33.46 万人。其中已婚育龄妇女 41537 人，未婚女性 89531 人。2000 年全市流向其他省、市人口为 43.69 万人，占户籍人口的 6.9%；在本地居住半年，同时离开户口所在地不满半年暂住人口为 52.02 万人。此后，随着深圳、珠海经济特区和珠江三角洲地区经济的迅速发展以及上海浦东新区等地的开放开发，郴州市流入广州市、深圳、珠海等经济特区和上海市等地务工人员增多。2005 流出人口 43.19 万人，比 1995 年的 15.96 万人增加 27.23 万人，增长 170%。

1995—2005 年郴州市（地区）流动人口基本情况表

表 2-1-4-3　　单位：人、%

年份	合计	流入人口						流出人口				流动人口计划生育数	占计划生育比例
		流入人数				外省流入	省内流入	流出人数					
		合计	已婚育妇	未婚女性	男性			合计	已婚育妇	未婚女性	男性		
1995	192042	32428	6954	8673	16801	9687	22741	159614	10523	80311	68780	—	89
1996	210517	36558	7096	10217	19245	9465	27093	173959	12031	75478	86450	—	88
1997	279170	63493	10637	13216	39640	9479	54014	215677	19478	87653	108546	4097	87
1998	356885	102564	13585	18412	70567	16151	86413	254321	26786	45972	181563	4012	85
1999	419554	127985	18324	25038	84623	19769	108216	291569	29873	62348	199348	3998	86

续表 2-1-4-3

年份	合计	流入人口						流出人口				流动人口计划生育数	占计划生育比例
		流入人数				外省流入	省内流入	流出人数					
		合计	已婚育妇	未婚女性	男性			合计	已婚育妇	未婚女性	男性		
2000	501105	166527	21156	19752	125619	17157	14970	334578	41537	89531	203510	3917	84.07
2001	570689	203564	26253	29504	147807	17042	186522	367125	47255	89574	230296	4707	83.85
2002	641090	239511	26925	31922	180664	18951	220560	401579	48746	956725	257108	4946	82.09
2003	693103	250167	27235	29756	193176	10794	239373	442936	51297	113257	278382	4931	80.19
2004	717153	263938	36958	30937	205043	10578	253360	453215	50577	108363	294275	3602	78.29
2005	702093	270167	44531	52865	172771	9717	260450	431926	85432	133670	212824	2112	76.08

说明：①以上资料来源于郴州市计生委
② 1995 年未撤地建市之前，郴州地区未建立流动人口计划生育管理机构，未对 1989—1994 年流动人口进行统计，因此缺统计数据

第五节　人口密度

1988 年，郴州地区总人口 410.45 万人，人口密度 212 人 / 平方千米。

1990 年第四次人口普查时，区内 11 县（市、区）总人口为 421.29 万人，人口密度为 219 人 / 平方千米，低于全省 353 人 / 平方千米，高于全国 118 人 / 平方千米。比第三次人口普查时，郴州 189 人 / 平方千米增加 30 人。人口密度超过 200 人 / 平方千米的县（市）由第三次人口普查的 6 个增加到 7 个；各县之间人口密度差异较大。郴州市 844 人 / 平方千米，比第三次人口普查时 771 人 / 平方千米增加 73 人；嘉禾县为 430 人，比第三次人口普查 386 人增加 44 人；永兴、安仁、桂阳、宜章、临武 5 县都在 200~300 人之间；郴县、汝城、桂东、资兴 4 县市人口密度不足 200 人 / 平方千米；桂东人口密度最小，为 113 人 / 平方千米。2000 年第五次人口普查时，全市总人口为 432.48 万人，223 人 / 平方千米，比 1990 年第四次人口普查时 217 人 / 平方千米，增加 6 人 / 平方千米，低于全省 499 人 / 平方千米，高于全国 118 人 / 平方千米；北湖、苏仙两区人口密度 302 人 / 平方千米，比全市多 79 人 / 平方千米。

2005 年郴州市人口密度 239 人 / 平方千米，北湖区 327 人 / 平方千米，苏仙区 257 人 / 平方千米，桂阳县 270 人 / 平方千米，宜章县 268 人 / 平方千米，永兴县 321 人 / 平方千米，嘉禾县 506 人 / 平方千米，临武县 229 人 / 平方千米，汝城县 149 人 / 平方千米，桂东县 118 人 / 平方千米，安仁县 273 人 / 平方千米，资兴市 134 人 / 平方千米。人口密度最大的是嘉禾县，为 506 人 / 平方千米；最小的是桂东县，118 人 / 平方千米。

第二章　人口构成

20世纪80年代始至21世纪初，郴州市（地区）推行计划生育基本国策，优化管理、完善制度，人口增长速度得到有效控制。人口构成发生新变化。性别构成从1990年的（以女性为100）107.4上升到2005年的109.25；年龄构成方面，劳动年龄人口、老龄人口呈上升趋势，但婴幼儿呈下降趋势。百岁老龄人口118人。高中（中专）及大学文化程度人口数量上升，初中及小学以下文化程度人口下降。在产业、行业、职业构成方面，第一、二产业人口日趋下降；第三产业人口逐步上升；从事农业、工业和水利管理等行业人员占行业总人口的比例相对下降，交通运输、邮政电信、社会事业等行业人员占行业总人口的比例呈上升趋势。民族构成方面，以汉族人口为主，少数民族人口也有所增长。大部分家庭规模偏小，从1990年的三人户、四人户、五人户为主转至以二人户、三人户、四人户为主格局。婚龄人口、未婚人口、已婚人口呈下降趋势。离婚人口中男多女少。丧偶人口中，中老年以女性为主。

第一节　性别构成

“八五”时期，郴州地区落实计划生育基本国策，人们落后生育观念开始转变，但重男轻女思想仍然比较严重，造成男女性别比失调。1990年，郴州地区总人口424.29万人，其中男性219.14万人，女性204.55万人，性别比（以女性为100）为107.4；男女性别比基本平衡。1995年全市总人口438.21万人，其中男性227.92万人，女性210.28万人，性别比为108.38，男性多于女性，性别比失衡。

“九五”时期，郴州市各级政府采取由行政手段转向行政手段与利益导向相结合方法抓计划生育工作，人们生育观念有所转变，人口性别比例趋于正常。1996年，全市总人口441.69万人[①]，其中男性229.83万人，女性211.86万人，性别比为108.5；2000年全市总人口452.96万人，其中男性236.04万人，女性216.92万人，性别比为108.81。“九五”期间，全市男女性别比在108左右之间波动。

“十五”期间，郴州市坚持以人为本，依法行政，建立计划生育工作新机制。但随着B超技术广泛使用，一些重男轻女生育对象进行胎儿性别鉴定，加之流动人口计划生育难度加大，从而导致性别比偏高。2001年，全市总人口455.46万人，其中男性238.48万人，女性216.98万人，性别比为109.9。2005年全市人口460.88万人，其中男性240.63万人，女性220.25万人，性别比为

① 2000年、2001年、2005年全市人口数来源于2006年《郴州统计年鉴》。

109.25。“十五”期间，市内男女性别比在109左右波动。

职业劳动人口中，2000年人口普查时服务业、商业女性劳动力超过劳动力总数一半，性别比分别为86.68和89.33。其余行业性别比例依次是：农业111.08、其他行业116.92，各类技术人员202.11、生产运输工人318.12、党政群办事员283.83、党政群企事业领导岗位619.96。

在行业中，性别比依次为：服务业90.11，卫生98.39，商业供销104.57，农业（含林牧副渔）113.18，制造业159.38，科研技术183.35，金融保险187.65，教育文化艺术167.76，电煤水供应212.65，交通邮电215.54，矿业343.32，木材、运输489.6，地质勘探500.43，建筑业589.12。女性在矿业、木材、运输、地质勘探、建筑业中所占比例最小。

1989—2005年郴州市（地区）年度人口性别比统计表

表2-2-1-1　　　　单位：万人、%

年度	全市总人口	总人口中				性别比
		男	占	女	占	
1989	418.72	216.71	51.76	202.01	48.24	107.27
1990	424.29	219.74	51.79	204.55	48.21	107.42
1991	428.52	222.03	51.81	206.49	48.19	107.53
1992	429.97	223.03	51.87	206.95	48.13	108.01
1993	432.20	224.12	52.00	208.08	48.00	107.70
1994	434.79	226.05	52.00	208.74	48.00	108.29
1995	438.21	227.92	52.01	210.28	47.99	108.39
1996	441.69	229.83	52.03	211.86	47.97	108.48
1997	444.76	231.46	52.04	213.30	47.96	108.51
1998	447.52	234.48	52.40	214.04	47.60	109.54
1999	450.03	234.49	52.11	215.54	47.89	108.79
2000	452.96	236.04	52.11	216.92	47.89	108.81
2001	455.46	238.48	52.36	216.98	47.64	109.90
2002	458.24	239.70	52.27	218.54	47.73	109.68
2003	455.27	238.10	52.30	217.17	47.70	109.63
2004	457.71	238.99	52.21	218.72	47.79	109.26
2005	460.88	240.63	52.21	220.25	47.79	109.25

说明：以上资料来源于2006年《郴州统计年鉴》

第二节　年龄构成

1990年第四次人口普查，郴州地区总人口421.29万人，其中0岁人口为10.99万人，占总人口2.6%，比第三次人口普查上升0.05个百分点；0~14岁组为131.73万人，占总人口的31.27%，比第三次人口普查下降 4.59 个百分点；15~64 岁劳动年龄组人口 268.21 万人，占总人口的 63.67%，比第三次人口普查上升 4.38 个百分点；65 岁以上老年人口 21.32 万人，占总人口的 5.06%，比第三次人口普查上升 0.2 个百分点。年龄中位数为 22.47 岁。

2000 年第五次人口普查，郴州市总人口 432.48 万人，0~14 岁组为 99.31 万人，占总人口的 22.96%；比第四次人口普查下降 7.49 个百分点；15~64 岁劳动年龄组人口 303.09 万人，占总人口的 70.08%，比第四次人口普查上升 6.41 个百分点；65 岁以上老年人口 30.08 万人，占总人口的 6.95%，比第四次人口普查上升 1.89 个百分点。年龄中位数为 30.1 岁。

1990 年、2000 年郴州市（地区）人口年龄结构比例统计表

表 2-2-2-1　　单位：人、%

年龄组	1990 年						2000 年					
	人口数			占总人口数的百分比			人口数			占总人口数的百分比		
	合计	男	女	小计	男	女	合计	男	女	小计	男	女
全市合计	4212611	2181448	2031163	100	51.78	48.22	4324812	2263545、	2061267	100	52.34	47.66
0~4	489935	253137	236798	11.63	6.01	5.62	219985	126355	93630	5.09	2.92	2.17
5~9	442690	229724	212966	10.51	5.45	5.06	259708	142001	117707	6.01	3.28	2.73
10~14	384649	198895	185754	9.13	4.72	4.41	513451	266415	247036	11.87	6.16	5.71
15~19	463432	240802	222630	11.00	5.72	5.28	419121	221374	197747	9.69	5.12	4.56
20~24	458952	236128	222824	10.89	5.61	5.29	328495	171574	156921	7.60	3.97	3.63
25~29	383589	199946	183643	9.11	4.75	4.36	411937	218579	193358	9.52	5.05	4.47
30~34	317312	166134	151178	7.53	3.94	3.59	443418	230277	213141	10.25	5.32	4.93
35~39	286394	148734	137660	6.80	3.53	3.27	390900	203082	187818	9.04	4.70	4.34
40~44	187366	100318	87048	4.45	2.38	2.07	298590	155712	142878	6.90	3.60	3.30
45~49	150250	80604	69646	3.57	1.91	1.65	278919	143745	135174	6.45	3.32	3.13
50~54	161780	86267	75513	3.84	2.05	1.79	183111	96377	86743	4.23	2.23	2.01
55~59	148349	78382	69967	3.52	1.86	1.66	134161	70447	63714	3.10	1.63	1.47
60~64	124712	65145	59567	2.96	1.55	1.41	142255	73698	68557	3.29	1.70	1.59
65~69	87800	43172	44628	2.08	1.02	1.06	121935	61542	60393	2.82	1.42	1.40
70~74	61739	28792	32947	1.47	0.68	0.78	90868	44976	45892	2.10	1.04	1.06
75~79	39389	16717	22672	0.94	0.40	0.54	50403	22946	27457	1.17	0.53	0.63
80~84	17615	6489	11126	0.42	0.15	0.26	24911	10111	14800	0.58	0.23	0.34
85~89	5684	1811	3873	0.13	0.04	0.09	9824	3484	6340	0.23	0.08	0.15
90~94	804	217	587	0.02	0.01	0.01	2250	673	1577	0.05	0.02	0.04
90~99	154	32	122	—	—	—	531	168	363	0.01	—	0.01
100 及以上	16	2	14	—	—	—	39	9	30	—	—	—

说明：以上资料来源于第四次、第五次郴州市人口普查资料

2010年全国第六次人口普查，郴州市总人口458.18万人，0~14岁100.40万人，占总人口的21.91%；15~64岁人口320.4万人，占69.93%；65岁及以上人口37.38万人，占8.16%。同2000年第五次全国人口普查相比，0~14岁人口比重下降1.05个百分点，15~64岁人口比重下降0.15个百分点，65岁及以上人口比重上升1.21个百分点。

附：

2002—2005年郴州市百岁老人统计表

表2-2-2-2 单位：人

地区别	2002年	2003年			2004年			2005年		
	2001年年底前满百岁老人数	小计	2001年年底满百岁健在老人数	2002年新增百岁老人数	小计	2002年年底满百岁健在老人数	2003年新增百岁老人数	小计	2002年年底满百岁健在老人数	2003年、2004年年底满百岁健在老人数
合 计	54	88	46	42	100	72	28	118	54	64
北湖区	—	—	—	—	—	—	—	8	1	7
苏仙区	6	7	6	1	9	6	3	15	5	10
桂阳县	6	14	8	6	16	10	6	16	8	8
宜章县	4	10	3	7	8	6	2	7	4	3
永兴县	11	13	10	3	14	12	2	14	8	6
嘉禾县	10	11	6	5	10	7	3	10	4	6
临武县	3	5	3	2	6	3	3	11	3	8
汝城县	3	4	—	4	6	4	2	6	2	4
桂东县	8	11	7	4	15	11	4	15	11	4
安仁县	2	10	2	8	12	10	2	11	5	6
资兴市	1	3	1	2	4	3	1	5	3	2

说明：本表中资料由郴州市老龄委提供

第三节 文化构成

1990年第四次人口普查，郴州地区小学以上文化程度人口295.97万人，占总人口的70.25%。其中：大专文化程度3.23万人，占总人口的0.76%；中学文化程度111.23万人，占总人口的26.4%；小学文化程度181.53万人，占总人口的43.09%。

2000年第五次人口普查，郴州市总人口中，小学及以上文化程度人口占总人口比重由1990年的70.25%上升到87.92%，增加17.67个百分点。6岁及6岁以上人口中，大专以上文化程度10.17万人，占2.50%；中专文化（含高中）程度45.02万人，占11.08%；初中文化程度150.64万人，占37.07%；小学文化程度174.44万人，占42.91%（以上各文化程度均包括各类学校的毕业生、肄业生和在校学生）。与第四次人口普查相比，高中及以上文化程度人数逐年增加；初中文化程度以下和文盲、半文盲人数在不断减少。具有大学文化程度由 767 人上升到 2352 人，增加 1585 人；高中文化程度由 7653 人上升至 10410 人，增加 2757 人；初中文化程度由 43147 人减至 40327 人，减少 2820 人；全市 15 岁以上人口中，文盲半文盲人口 19.78 万人，粗文盲率由 1990 年的 19.98% 下降为 5.94%，下降 14.04 个百分点；受文化教育人口，女性低于男性，文化愈高，女性所占的比重愈小。具有小学以上文化程度人口中，男性占 52.77%，女性占 47.23%；15 岁以上文盲、半文盲人口中，女性占 76.56%，男性只占 23.44%。

2000 年郴州市人口文化程度统计表

表 2-2-3-1　　单位：人

年龄组	合计			未上过学			扫盲班			小学			初中		
	合计	男	女	小计	男	女	小计	男	女	小计	男	女	小计	男	女
总计	4064136	2114899	1949237	197997	48396	149601	63730	18168	45562	1744074	828694	915380	1506404	871314	635090
6~9	219018	119711	99307	268	148	120	—	—	—	—	—	—	204	109	95
10~14	513451	266415	247036	76	40	36	—	—	—	356569	183455	173114	155750	82426	73324
15~19	419121	221374	197747	74	35	39	—	—	—	54008	22228	31780	276698	150599	126099
20~24	328494	171573	156921	938	428	510	331	130	201	59745	24351	35394	190985	103903	87082
25~29	411937	218579	193358	1722	683	1039	1118	413	705	112638	46466	66172	217962	123451	94511
30~34	443418	230277	213141	2334	772	1562	2022	583	1439	156198	61417	94781	215692	124330	91362
35~39	390900	203082	187818	2537	659	1878	2587	587	2000	119866	42290	77576	175250	100453	74797
40~44	298590	155712	142878	5133	1079	4054	5386	998	4388	120945	45725	75220	95339	60199	35140
45~49	278919	143745	135174	8205	1606	6599	7676	1454	6222	156913	68294	88619	72872	48571	24301
50~54	183111	96377	86734	9333	1820	7513	5113	1110	4003	112295	53457	58838	41071	28399	12672
55~59	134161	70447	63714	14324	2698	11626	5426	1282	4144	76070	38819	37251	27433	19329	8104
60~64	142255	73698	68557	30143	6954	23189	9096	2746	6350	77724	44770	32954	16601	12428	4173
65 以上	300761	143909	156852	122910	31474	91436	24975	8865	16110	122557	77968	44589	20547	17117	3430

续表 2-2-3-1

年龄组	高中			中专			大学专科			大学本科			研究生		
	合计	男	女	小计	男	女	小计	男	女	小计	男	女	小计	男	女
总计	304376	202519	101857	145820	76746	69074	81461	53583	27878	19724	15015	4709	550	464	86
6~9	—	—	—	—	—	—	—	—	—	—	—	—	—	—	—
10~14	864	427	437	192	67	125	—	—	—	—	—	—	—	—	—
15~19	50646	32375	18271	31891	13834	18057	5298	1991	3307	505	311	194	1	1	
20~24	22247	14888	7359	37249	17999	19250	15007	8647	6360	1978	1219	759	14	8	6
25~29	30797	20327	10470	24885	12721	12164	18614	11645	6969	4141	2834	1307	60	39	21
30~34	34924	23139	11785	12510	6543	5967	15213	10060	5153	4419	3346	1073	106	87	19
35~39	67054	42955	24099	9093	5307	3786	10984	7919	3065	3371	2771	600	158	141	17
40~44	57760	37809	19951	7267	4556	2711	5341	4160	1181	1306	1085	221	113	101	12

续表 2-2-3-1

年龄组	高中			中专			大学专科			大学本科			研究生		
	合计	男	女	小计	男	女	小计	男	女	小计	男	女	小计	男	女
45~49	20755	15110	5645	7273	4550	2723	4089	3244	845	1065	849	216	71	67	4
50~54	6592	5036	1556	5362	3756	1606	2660	2208	452	674	583	91	11	8	3
55~59	4934	3764	1170	3867	2740	1127	1369	1171	198	733	640	93	5	4	1
60~64	2976	2370	606	3421	2449	972	1415	1215	200	873	762	111	6	4	2
65 以上	4827	4319	508	2810	2224	586	1471	1323	148	659	615	44	5	4	1

说明：以上资料来源于 2000 年郴州市第五次人口普查资料

2001 年后，由于郴州市各级各类教育提速发展，全市人口文化素质相应提高。2005 年，全市未上过学人数 17100 人，小学文化程度 148.8 万人，初中文化程度 166.02 万人，高中（含中专）文化程度 164.49 万人，专科文化程度 12.15 万人，本科文化程度 40273 人，研究生文化程度 1231 人。

第四节　产业、行业、职业构成

一、产业构成

20 世纪 80 年代后，随着改革的深入发展，郴州市（地区）产业结构不断调整与优化，行业、职业人口构成也在不断发生变化。从事第一产业（农、林、牧、渔、水利行业）人数不断减少。1990 年为 190.22 万人，2000 年下降至 163.42 万人，在总人口中所占比例由 45.1% 降至 37.79%；从事第二产业（工业）人数相应减少。1990 年 19.02 万人，2000 年下降至 16.34 万人，在总人口中所占比例由 1990 的 4.52% 下降至 2000 年的 3.78%；从事第三产业（交通运输、仓储、邮电通信业，批发、零售贸易、餐饮业，房地产业、社会服务业，卫生体育社会福利业，教育文化艺术、广播电视业；科研、技术服务业）人数不断增加。1990 年 16.71 万人，2000 年上升至 23.6 万人，在总人口中所占比例由 1990 年的 3.97% 上升至 2000 年的 5.46%，上升 1.49 个百分点。

2005 年，郴州市从业人员 274.36 万人，其中第一产业 131.65 万人，比 1989 年减少 20.59 万人；第二产业 59.4 万人，比 1989 年增加 28.88 万人；第三产业 83.31 万人，比 1989 年增加 62.77 万人。

1989—2005 年郴州市（地区）产业从业人员统计表

表 2-2-4-1　　单位：万人、%

年 份	从业人员	一产业	二产业	三产业	所占比例		
					一产业	二产业	三产业
1989	203.30	152.24	30.52	20.54	74.89	15.01	10.10
1990	215.63	163.48	30.16	21.99	75.82	13.99	10.19
1991	221.85	164.49	31.05	26.31	74.14	14.00	11.88
1992	224.44	163.54	32.25	28.65	72.87	14.39	11.86

续表 2-2-4-1

年份	从业人员	一产业	二产业	三产业	所占比例		
					一产业	二产业	三产业
1993	226.48	158.80	33.33	34.35	70.12	14.72	12.07
1994	231.68	157.92	34.60	39.10	68.16	18.04	15.17
1995	234.87	155.16	33.90	45.81	66.06	14.43	16.90
1996	244.73	154.82	32.22	57.69	63.26	13.17	19.50
1997	243.62	153.48	31.76	58.38	65.30	13.04	23.57
1998	249.42	153.50	31.74	64.18	62.98	13.02	25.73
1999	249.64	153.82	30.52	65.30	61.62	12.22	26.16
2000	250.20	155.27	36.72	58.21	62.06	14.68	23.21
2001	256.48	152.51	38.04	65.93	59.46	14.82	25.70
2002	261.25	144.04	43.58	73.63	55.13	16.68	28.18
2003	262.68	133.89	50.70	78.09	50.97	19.3	29.73
2004	267.34	130.11	55.92	81.31	48.67	20.92	30.41
2005	274.36	131.65	59.40	83.31	48.00	21.60	30.40

说明：以上资料来源于 2006 年《郴州统计年鉴》

二、行业构成

从 20 世纪 90 年代初至 2000 年，郴州人口行业构成发生很大变化。从事农林牧渔业、工业、地质勘查、金融保险、水利管理行业人员占行业总人口的比例相对下降。交通运输、邮电通信业、房地产业、建筑业、卫生体育社会福利业、教育文化电视业、服务业等从业人员所占比例呈上升趋势。

1990—2000 年郴州市（地区）行业人口构成情况表

表 2-2-4-2　　单位：人、%

行业分类	1990 年				2000 年			
	小计	比例	男	女	小计	比例	男	女
合 计	2334962	100	1284785	1050177	2120130	100	1166463	953667
一、农林牧渔业	1902231	81.47	997282	904849	1634166	77.08	857448	776718
二、工业	190240	8.15	127355	62885	163440	7.71	113472	49968
三、建筑业	21671	0.93	17851	3820	21861	1.03	18720	3140
四、地质勘查业、水利管理业	5426	0.23	4061	1365	2529	0.11	1836	693
五、交通运输、仓储和邮电通信业	34857	1.49	26697	5160	46053	2.17	38799	7254
六、批发零售贸易餐饮业	63291	2.71	30430	32861	49275	4.45	50382	8343
七、金融保险业	6076	0.26	3659	2417	4419	0.20	3924	1665
八、房地产业	11276	0.48	5964	5312	26577	1.28	14256	12321

续表 2-2-4-2

行业分类	1990年				2000年			
	小计	比例	男	女	小计	比例	男	女
九、卫生、体育和社会福利业	13475	0.58	6351	7124	20664	0.97	8739	11925
十、教育、文化艺术、广播电视业	43255	1.85	27922	15333	46980	2.21	26163	20817
十一、科研技术服务业	958	0.04	603	355	1476	0.07	936	549
十二、党政机关和社会团体	41755	1.79	33385	8370	44775	2.11	32283	12492
十三、其他行业	451	0.02	225	226	7830	0.37	4842	2988

说明：①工业包括采掘业、制造业、电力、煤气、水的生产供应业；房地产业包括社会服务业
②以上资料来源于郴州市第四次、第五次人口普查资料

2005年，郴州市社会从业人员274.36万人。其中国有和集体职工20.9万人，农村劳动者219.78万人，城镇个体劳动者21.37万人，城镇私营企业劳动者5.17万人，各类专业技术人员71389人。

三、职业构成

1978年12月推行改革开放政策后，郴州工业化进程加快，就业人口职业分布随着行业结构的变化而变化。在从业人口中，从事农业人口逐年下降，由1990年81.14%下降到2000年的77.10%；从事工业与运输业人口，由1990年8.82%上升到2000年的9%；从事商业、服务业人口由1990年的3.67%上升到2000年的6.18%。

2005年从事农业人口131.65万人，占从业人口的47.98%。从事工业和运输业人口59.40万人，占从业人口的21.65%。

1990—2000年郴州市（地区）从业人口职业构成统计表

表 2-2-4-3　　单位：人、%

职业分类	1990年				2000年			
	小计	男	女	比例%	小计	男	女	比例%
合 计	2334962	1284785	1050177	100	2120130	1166463	953667	100
一、国家机关党群组织、企事业单位负责人	30198	28043	2155	1.29	26541	22239	4275	1.25
二、专业技术人员	90467	54262	36205	3.87	94329	48141	46188	4.45
三、办事人员和有关人员	27768	21542	6226	1.19	48852	28890	11862	1.92
四、商业、服务业人员	85671	37353	48318	3.67	131004	162055	68949	6.18
五、农林牧渔、水利业生产人员	1894593	990322	904271	81.14	1634166	857448	776418	77.10
六、生产运输操作人员及有关人员	205831	153021	52810	8.82	190944	145728	45216	9.00
七、不便分类的其他劳动者	434	242	192	0.02	1872	1071	801	0.09

说明：以上资料来源于第四次、第五次全国人口普查资料

第五节　民族构成

郴州市居住人口以汉族人口为主。全国56个民族中郴州有41个民族分布，世居少数民族有瑶族、土家族、苗族、蒙古族和畲族。

在原已建立的资兴市团结瑶族乡、宜章莽山瑶族乡、北湖区大塘瑶族乡、桂阳县华山、杨柳瑶族乡的基础上，1991年郴州又新建立汝城县延寿、岭秀、小垣、盈洞瑶族乡，东岭瑶族乡合并为三江口瑶族镇。这些瑶族乡镇是瑶族人口主要集居地。1991年有53911人恢复瑶族和畲族身份。其中瑶族12611户53070人；畲族235户841人。是年全区少数民族人口增至75086人，占总人口的1.75%。其中瑶族人口增至71146人，畲族人口1064人。其他少数民族人口较少。其人口分布情况千人以上的有：土家族1274人；苗族1991人；蒙古族1094人；畲族1064人。百人以上的有：侗族466人；壮族403人；回族402人；满族323人；彝族197人；藏族173人；朝鲜族172人；布依族116人。百人以下的有：维吾尔族80人；白族77人；土族40人；哈尼族33人；黎族25人；傈僳族17人；塔吉克族13人；仡佬族11人；傣族10人；8人民族有鄂温克族、仫佬族；6人民族有佤族、纳西族；5人民族有水族、撒拉族；4人民族有羌族；3人民族有东乡族、达斡尔族、乌孜别克族；2人民族有赫哲族、景颇族、高山族；1人民族有柯尔克孜族、普米族。未识别民族1人。

境内少数民族人口最多的是瑶族，人口70513人，比第四次人口普查增加52437人，增加290.09%。瑶族主要分布：汝城县52955人；资兴市4284人；宜章县4004人；北湖区3921人；苏仙区2124人；桂阳县1991人。郴州市辖区有13瑶族乡（镇）、50民族村。

2000年，郴州市总人口432.48万人，其中汉族人口424.71万人，占总人口的98.20%，比第四次全国人口普查时下降1.3个百分点；少数民族人口7.77万人，占总人口的1.80%，比第四次人口普查上升1.30个百分点。

2005年，郴州市少数民族由1990年的30个增加到40个，新增少数民族有：塔吉克族、鄂温克族、羌族、乌孜别克族、达斡尔族、景颇族、赫哲族、柯尔克孜族、普米族、基诺族。

第六节　家庭与婚姻构成

一、家庭规模

1990年，郴州地区家庭1054415户，其中：一人户占家庭总户数的7.77%，二人户占11.49%，三人户占19.36%，四人户占27.69%，五人户占20.48%，六人户占8.34%，七人户占3.16%，八人户占1.13%，九人户占0.38%，十人及以上户占0.2%。全地区家庭户中，四人户所占比例最大，五人户次之，三人户又次之。北湖、苏仙两区三人户所占比例最大。

1990年郴州地区家庭规模与类别情况表

表2-2-6-1

单位：户

项目		地区合计	北湖区	苏仙区	桂阳县	宜章县	永兴县	嘉禾县	临武县	汝城县	桂东县	安仁县	资兴市
总户数		1054415	62555	82724	187411	115249	145725	81388	74875	82996	38954	90458	92080
规模	1人户	81925	4863	5161	19353	8024	10515	6122	6329	7111	3018	4790	6639
	2人户	121102	10343	9275	22002	10752	16908	10904	8504	8282	4031	9230	10871
	3人户	204089	23896	15730	33495	17138	26309	17497	13476	12600	6189	15077	22682
	4人户	291959	13915	25583	51009	25097	40777	26597	21431	22615	10138	28314	26483
	5人户	215962	6654	16469	39419	27469	31158	14815	15638	18503	8516	20887	16434
	6人户	87929	1986	6792	15228	14611	12834	4082	6362	8112	4198	7888	5836
	7人户	33358	603	2494	4922	6917	4922	1046	2129	3478	1784	2938	2125
	8人户	11892	186	834	1432	3069	1627	253	720	1458	662	961	690
	9人户	4050	67	252	402	1321	483	55	212	526	248	261	223
	10人及以上户	2149	42	134	149	851	192	17	74	311	170	112	97
类别	单身户	66971	3173	4307	15360	6553	9108	5444	5251	6105	2735	3907	5028
	1代户	71579	6406	5501	13152	6288	10149	7145	5063	4554	2086	5623	5612
	2代户	753436	42648	59866	135964	80334	105760	61580	53777	56050	26509	66349	64599
	3代户	114155	5743	9451	14347	16164	15304	5403	7440	11372	5583	11588	11760
	4代以上户	2772	99	212	269	543	271	85	180	344	189	310	270
	其他户	14954	1690	854	3993	1471	1407	678	1078	1006	283	883	1611

说明：上述资料来源于郴州市第四次全国人口普查资料

2000年，郴州市家庭户有1232524户。一人户占家庭总户数9.83%；二人户占15.26%；三人户占27.86%；四人户占25.74%；五人户占14.52%；六人户占4.56%；七人户占1.51%；八人户占0.47%；九人户占0.16%；十人户占0.1%。2000年家庭户中所占比例最大的家庭户与1990年比发生一些变化。1990年所占比例最大的是四人户，而2000年所占比例最大的是三人户。随着计划生育的不断深入，郴州市一对夫妇拥有一个孩子的家庭在家庭规模中成为主流。全市家庭户中，三人户、四人户所占比例最大；二人户所占比例次之。县（市、区）家庭户中，三人户家庭所占比例最大的是北湖区、苏仙区、资兴市；四人户家庭所占比例最大的是嘉禾县、安仁县。全市家庭户中，一代户占家庭总数20.86%；二代户占65.39%；三代户占13.43%；四代户占0.33%；五代及五代以上户只有7户。

2000年郴州市各县（市、区）家庭户类别情况表

表2-2-6-2

单位：户、%

地区别	合计户数	一代户		二代户		三代户		四代户		五代及五代以上户	
		户数	百分比	户数	百分比	户数	百分比	户数	百分比	户数	百分比
合计	1232524	257066	20.86	805905	65.39	165494	13.43	4052	0.33	13	—
北湖区	97695	28441	29.11	61210	62.65	7919	8.11	124	0.13	7	—

续表 2-2-6-2

地区别	合计户数	一代户		二代户		三代户		四代户		五代及五代以上户	
		户数	百分比	户数	百分比	户数	百分比	户数	百分比	户数	百分比
苏仙区	102114	25928	25.39	64349	63.02	11626	11.39	210	0.21	1	—
桂阳县	204521	40479	19.79	137178	67.07	26276	12.85	587	0.29	1	—
宜章县	137117	22440	16.37	93044	67.86	20974	15.30	657	0.48	1	—
永兴县	162004	29957	18.49	107022	66.06	24540	15.15	484	0.30	2	—
嘉禾县	90164	23424	25.98	56912	63.12	9596	10.64	231	0.26	1	—
临武县	86721	18292	21.09	57446	66.24	10739	12.38	244	0.28	1	—
汝城县	97241	18833	19.37	63735	65.54	14195	14.60	478	0.49	—	—
桂东县	44877	6532	14.56	29751	66.29	8327	18.56	267	0.59	—	—
安仁县	100636	17079	16.97	66903	66.48	16203	16.10	451	0.45	—	—
资兴市	109434	25661	23.45	68355	62.46	15099	13.80	319	0.29	—	—

说明：①全市家庭户类别户数百分比为 100%；②资料来源于郴州市第五次人口普查资料

2005 年，郴州市家庭户为 1287078 户。其中一代户 321202 户，占家庭户总数 24.96%；二代户 755762 户，占 58.72%；三代户 193694 户，占 15.05%；四代户 5426 户，占 0.04%。

二、人口婚姻

（一）婚龄人口

按全国人口普查规定，15 岁以上为婚龄人口。1990 年郴州地区婚龄人口 2895337 人，占总人口的 68.73%，其中，男 1499692 人，占 51.80%；女 1395645 人， 占 48.20%。性别比为 107.46，属正常比例。是年全国人口普查统计，郴州地区 15 至 19 岁人口 463432 人。其中：男 240802 人，占 51.96%；女 222630 人，占 48.04%。按第五次全国人口普查规定，2000 年郴州市婚龄人口有 2756529 人，占全市总人口的 63.74%。其中男 1424295 人，占婚龄人口 51.67%；女 1332234 人，占婚龄人口 48.33%，性别比为 107。2000 年婚龄人口与 1990 年比，减少 138808 人，减少 5.04%。其中男性减少 75397 人，女性减少 63411 人。

（二）未婚人口

1990 年，郴州地区未婚人口 754848 人，占婚龄人口的 26.07%，其中男 457505 人，占 60.61%；女 297343 人，占 39.39%。未婚男性占男性婚龄人口的 30.51%，未婚女性占女性婚龄人口的 21.31%。2000 年，郴州市未婚人口有 626922 人，占婚龄人口的 22.74%。其中男 397512 人，占未婚人口 63.41%；女 229410 人，占 36.59%。同 1990 年比，未婚人口减少 127926 人，减少 16.95%。其中男减少 59993 人，占 7.95%；女减少 67933 人，占 9%。

（三）已婚人口

1990 年郴州地区已婚人口 2140485 人，占婚龄人口 73.92%。其中男 1042187 人，占 48.69 人；女 1092298 人，占 51.31%。全地区已婚人口中，有配偶人口 1937043 人。其中：男 969814 人，占 50.07%；女 967229 人，占 49.93%。丧偶人口 187135 人。其中男 59404 人，占 31.74%，女 127731

人，占68.26%。离婚人口16311人，其中男12969人，占79.51%；女3342人，占20.49%。全区婚龄人口早婚现象比较突出。15至19岁未到法定婚龄而已婚的18027人。其中男3576人，占19.84%；女14451人，占80.16%。早婚人口占该年龄组婚龄人口的3.89%。其中男性早婚占该年龄组男性婚龄人口的1.48%，女性早婚占该年龄组女性婚龄人口的6.49%。2000年全市已婚人口为1877301人，占婚龄人口的68.10%。其中男929763人，占49.52%；女947538人，占50.48%。同1990年比，已婚人口减少263184，减少12.30%。其中男减少112424人，占5.25%；女减少144760人，占7.05%。已婚人口中，有配偶者61101人，占已婚人口的3.25%。其中男29988人，占49.08%；女31113人，占50.92%。丧偶者170604人，占已婚人口的9.08%。其中男53325人，占31.26%；女117279人，占68.74%。离婚20601人，占已婚人口的1.09%。其中男13707人，占66.54%；女6894人，占33.46%。

（四）丧偶人口

1990—2000年，郴州丧偶人口有明显变化。20~34岁段丧偶人口为男多女少，35~59岁段是女多男少，60岁以上人口年龄越大，女性丧偶者越多，并有守寡习俗；且年龄越大，守寡人数越多。丧偶人口中，各年龄组都是女多男少。随着年龄组提高，45岁以上丧偶人口中女多于男现象尤为突出。

（五）离婚人口

1990—2000年，郴州离婚人口状况发生变化。除15~24岁组离婚人口女多男少外，其他年龄组均为男多女少，且人口年龄越大性别比越高。离婚后女性再婚者多，而男性再婚者少。

1990年郴州地区婚龄人口婚姻状况表

表2-2-6-3

单位：人

年龄别		总计	15~19	20~24	25~29	30~34	35~39	40~44	45~49	50~54	55~59	60~64	65~69	70~100及以上
婚龄人口	合计	2895337	463432	458952	383589	317312	286394	187366	150250	161780	148349	124712	87800	125302
	男	1499692	240802	236128	199946	166134	148734	100318	80604	86267	78382	65145	43172	54060
	女	1395645	222630	222824	183643	151178	137660	87048	69646	75513	69967	59567	44628	71242
未婚	小计	754848	445305	232938	44263	11714	6694	4171	3076	2761	1782	1045	568	531
	男	457505	237199	151327	37579	11275	6542	4101	3047	2716	1729	1003	522	475
	女	297343	208106	81621	6684	439	152	70	29	45	53	42	46	56
有配偶	小计	1937043	18027	224797	336080	301150	273859	176589	138598	143583	124187	94350	56343	49479
	男	969814	3576	84210	160457	151974	138737	92756	73549	76995	68033	53902	33086	32538
	女	967229	14451	140587	175623	149176	135122	83833	65049	66588	56154	40448	23257	16941
丧偶	小计	187135	42	452	1317	2230	3738	4921	7082	13686	20765	28065	30153	74669
	男	59404	12	225	751	1263	1822	2021	2669	4959	7137	9131	8927	20607
	女	127731	30	227	566	967	1916	2900	4413	8727	13628	18934	21226	54062
离婚	小计	16311	58	765	1929	2218	2103	1685	1494	1750	1615	1252	736	706
	男	12969	15	376	1157	1622	1633	1440	1339	1597	1483	1109	637	559
	女	3342	43	389	770	596	470	245	155	153	132	143	99	147

说明：以上资料来源于郴州市第四次人口普查资料

2000 年郴州市婚龄人口婚姻状况表

表 2-2-6-4　　　　　　　　　　　　　　　　　　　　　单位：人

年龄组别		总计	15~19	20~24	25~29	30~34	35~39	40~44	45~49	50~54	55~59	60~64	65 以上
婚龄人口	合计	2756529	322920	238716	327708	365526	329292	255465	244854	162099	119853	127647	262449
	男	1424295	177003	124758	169893	188460	168084	131805	124650	84672	62532	66582	125856
	女	1332234	145917	113958	157815	177066	161208	123660	120204	77427	57321	61065	136593
未婚	小计	626922	322083	174636	77967	23121	8703	5760	4608	3240	1989	2160	2655
	男	397512	176922	109161	62532	21024	8235	5517	4446	3150	1980	2061	2484
	女	229410	145161	68148	15435	2097	468	243	162	90	9	99	171
初婚有配偶	小计	1877301	819	63675	245484	330939	304038	233703	221067	140274	99738	96300	141264
	男	929763	81	15516	105525	162054	151776	118800	112086	73737	153541	53343	83304
	女	947538	738	48159	139959	168885	152262	114903	108981	66537	46197	42957	57960
再婚有配偶	小计	61101	—	198	1638	5418	7578	6984	7569	6354	5085	6489	13788
	男	29988	—	45	468	2115	3465	3186	3519	2988	2493	3456	8253
	女	31113	—	153	1170	3303	4275	3798	4050	3366	2592	3033	5535
离婚	小计	20601	—	108	1665	3600	4671	3078	2430	1602	990	936	1521
	男	13707	—	27	936	2232	2799	2061	1674	1206	765	783	1224
	女	6894	—	81	729	1368	1872	1017	756	396	225	153	297
丧偶	小计	170604	18	99	954	2448	4302	5940	9180	10629	12051	21762	103221
	男	53325		9	432	1035	1809	2241	2925	3591	3753	6939	30591
	女	117279	18	90	522	1413	2493	3699	6255	7038	8298	14823	72630

说明：以上资料来源于第五次全国人口普查资料

2005 年，按总人口的 10% 统计，郴州市 15 岁及以上婚龄人口 325242 人，其中未婚 69710 人，有配偶者 23115 人，离婚 3206 人，丧偶 20898 人。

第三章 人口与经济

20世纪末21世纪初，随着改革开放的持续推进和现代化建设的发展，产业结构的调整以及人口、土地、环境等方面基本国策的全面实施，郴州市人口与经济发展的内在关系发生明显变化。人口、耕地总面积和人均耕地面积、人平均粮食产量均有不同程度增加。2005年，全市农业人口为291.46万人，比1989年282.29万人增加9.17万人；耕地面积、人均耕地面积分别比1989年增加24.53万亩、0.05亩。粮食总产量、人均粮食分别比1989年增加48.52万吨、179.19千克。工业增加值占国内生产总值的比例由1990年28.81%提高到43.43%；人均国内生产总值由1989年958元上升到1.04万元。城镇居民消费率由1989年的114.60%下降至113.50%；农业居民消费率由94.70%提高至110.70%。城镇居民、农村居民人均储蓄金额分别由1989年628.80元、149.6元增至13250元、2148元。劳动年龄人口构成和农业劳动年龄人口负担均出现新变化。全市劳动年龄人口就业274.36万人（第一产业131.65万人，第二产业59.40万人，第三产业83.31万人），比1989年增加66.06万人。劳动人口就业方面，第一产业比1989年减少20.59万人，第二产业增加28.88万人，第三产业增加62.77万人。

第一节 人口与耕地、粮食

1990年郴州地区农业人口291.65万人，耕地210.17千公顷，人均耕地1.08亩。粮食总产量158.02万吨，人均粮食占有量0.54吨。是年，郴州地区农业总产值（按当年不变价计算）占国内生产总值（GDP）的比例为45.58%。二、三产业发展开始起步。二、三产业总产值分别为14.64亿元和12.26亿元，分别占国内生产总值（GDP）24.71%和20.69%。

1989—2005年，郴州市乡村人口与耕地面积、粮食产量均有所变化。人口在逐年增加，耕地总面积和人均耕地面积逐年减少。但随着杂交水稻的推广应用，粮食单位产量提高。粮食总产量和人均粮食占有量略有增加。

1989—2005年郴州市（地区）农业人口与耕地、粮食变化表

表2-3-1-1

统计年份	农业人口（万人）	耕地面积（万亩）	人均耕地面积（亩）	粮食产量（万吨）		人均粮食（千克）	
				总产量	其中稻谷	总数	其中稻谷
1989	282.29	315.74	1.12	152.65	144.56	512.09	512.09
1990	291.65	315.26	1.08	158.02	149.23	532.95	511.67

续表 2-3-1-1

统计年份	农业人口（万人）	耕地面积（万亩）	人均耕地面积（亩）	粮食产量（万吨）		人均粮食（千克）	
				总产量	其中稻谷	总数	其中稻谷
1991	370.92	316.13	0.85	151.75	141.74	382.21	382.13
1992	370.88	316.13	0.85	155.62	146.36	419.60	394.62
1993	364.77	314.83	0.86	158.80	147.48	435.34	404.30
1994	369.99	313.30	0.85	159.06	146.01	429.90	394.63
1995	334.25	312.26	0.93	171.25	157.49	512.34	471.17
1996	334.96	311.27	0.93	180.48	162.89	538.81	486.29
1997	335.90	310.60	0.93	170.76	149.69	508.36	445.63
1998	335.41	310.12	0.93	187.30	164.63	558.42	490.83
1999	336.11	309.28	0.92	195.02	166.16	580.23	494.36
2000	338.32	348.66	1.03	192.85	162.12	570.02	479.19
2001	333.87	346.96	1.04	194.10	161.75	581.36	484.47
2002	324.04	334.57	1.03	192.21	155.85	593.16	593.17
2003	309.55	329.85	1.07	181.17	144.52	585.27	466.87
2004	300.97	340.74	1.13	194.71	156.97	646.94	521.55
2005	291.46	340.27	1.17	201.17	164.72	690.28	565.14

说明：以上资料来源于2006年《郴州统计年鉴》；人口及耕地、粮食人均指标按户籍人口计算

第二节　人口与地区生产总值

1989年后，以农业为主的郴州经济逐步向工业经济过渡。1990年第一产业总产值在国民经济中所占比例下降，第二、三产业上升。第一、二、三产业增加值占国内生产总值比例分别为45.58%、24.71%、20.69%。随着改革开放不断深入，以工业为主的郴州经济初步形成，工业增加值占国内生产总值比例，由1990年28.81%提高到2005年的43.43%，工业已成为郴州国民经济支柱产业。

郴州市（地区）经济结构调整，经济格局改变，整体经济实力增强，人均国内生产总值增长较快。1989年，郴州地区国内生产总值（按当年不变价计算）38.76亿元，总人口418.72万人，人均国内生产总值925.68元。1990年，郴州市国内生产总值42.55亿元，总人口424.49万人，人均1002.36元。1995年，国内生产总值118.99亿元，总人口438.21万元，人均2715.36元，比1990年增加1713元，增长170.89%。2000年，国内生产总值231.55亿元，总人口452.96万元，人均5112元，比1995年增加2396.64元，增长88.24%。2005年，国内生产总值477.69亿元，总人口460.88万元，人均10364.74元，比2000年增加5252.74元，增长102.75%。

第三节 人口与消费

自20世纪80年代始，郴州改革开放不断深入，国民经济持续发展，居民收入增加，人民生活水平不断提高。职工人平均工资收入1989年2003元，2005年13951元，年平均递增35.09%。农村居民人均纯收入1989年405元，2005年3506元，年均递增45.03%。

城市居民消费水平明显高于农村。1989年，城镇居民消费率114.60%，农业居民消费率94.7%。随着郴州经济和社会的发展，城镇居民消费观念转向“理性消费型”，而农业居民消费观念仍然停留在感性消费阶段。至2005年，城市居民消费率降至113.50%，农业居民消费率提高到110.70%。同时出现收入增加，消费时高时低，储蓄余额起伏现象。1989年城镇居民、农业居民人均储蓄余额分别为628.80元和149.60元，2005年分别为13270元和2148元。

第四节 劳动年龄人口就业

一、劳动年龄人口构成

1990年，郴州地区劳动年龄人口（男16~59岁，女16~54岁）2397788人。其中男性129.01万人，占劳动年龄人口的53.80%；女性110.70万人，占46.17%。2000年劳动年龄人口275.65万人。其中男性1424295人，占51.67%；女性133.22万人，占48.33%。

20世纪90年代中后期，随着工业化、城镇化和市场经济的发展，市外大量劳动人口涌入市内就业人口行列。2000年全市人口总量比1990年增加11.2万人，增长11.2%；劳动年龄人口增加35.87万人，增长14.96%。劳动年龄人口增长快于总人口增长3.76个百分点。

二、劳动年龄人口就业

1990年，郴州地区就业总人口233.50万人。其中从事农业劳动190.22万人，占就业总人口的81.47%；从事第二、三产业43.27万人，占18.53%。随着城乡一体化的发展，从事农业劳动人口呈下降趋势。2000年，郴州市就业总人口212.73万人，从事农业劳动163.42万人，占77.08%；从事第二、三产业45879人，占22.92%。从事农业劳动人口比1990年减少4.39个百分点。

2005年，劳动年龄人口中从事农业劳动人口131.65万人，占全市就业总人口的47.98%。

三、劳动年龄人口负担

1990年，郴州地区劳动适龄人口占总人口的58.68%，未达到劳动年龄和退出劳动年龄人口占总人口的41.34%，劳动年龄人口负担系数为57.06%[①]。2000年，劳动适龄人口占总人口的63.37%，未达到劳动适龄人口和退出劳动适龄人口占总人口的36.63%，劳动适龄人口负担系数为42.69%。2000年与1990年相比，劳动适龄人口占总人口比例上升4.69个百分点。而未达到劳动年龄和退出劳动年龄人口比例上升4.71个百分点。劳动适龄人口社会负担系数下降6.71个百分点。

四、劳动年龄人口就业文化构成

据全国人口普查统计，1990年，郴州地区15岁以上在业人口为233.50万人，占总人口的55.42%。其中男128.48万人，占在业人口的55.02%；女105.02万人，占44.98%。2000年，全市15岁以上在业人口275.67万人，占总人口的63.74%。其中男142.47万人，占51.68%；女133.20万人，占48.32%。2000年与1990年相比，在业人口增加42.17万人，增长18.06%。

2000年郴州市在业人口文化程度，具有大学（含大专）以上文化程度人口为7.25万人，占在业人口2.63%；高中（含中专）文化程度人口26.14万人，占在业人口9.48%；初中文化程度人口87.33万人，占31.68%；小学文化程度人口80.55万人，占29.22%；文盲、半文盲人口10.74万人，占3.90%。对比1990年大专以上文化程度上升0.56个百分点；高中（含中专）上升3.14个百分点；初中下降7.9个百分点；小学上升13.74个百分点；文盲、半文盲下降1.26个百分点。郴州市在业人口文化程度以初中、小学为主，小学文化程度呈上升趋势。在业人口文化素质普遍偏低。

1990年与2000年两次人口普查在业人口，1990年趋向年轻，与2000年基本持平。在业人口1990年其年龄中位数是30岁；2000年其年龄中位数是30~34岁。1990年15~19岁年龄组人口占在业人口的13.71%；2000年15~19岁年龄组人口占在业人口的7.50%，在业人口年轻现象有所缓解。女性在业人口年龄中位数较男性低，1990年女性在29岁左右，男性在31岁左右。女性就业比男性早。

在业人口年龄中位数2000年女性是34岁，男性是35岁。第四次与第五次两次人口普查在业人口，除1990年15~19岁组女性多于男性外，所有年龄组均是男性多于女性，尤其是50岁以上男性比女性成倍增多（1990年，50~54岁组多1.5倍；55~59岁组多2倍，60~64岁组多3倍）。

2005年，郴州市16岁及以上在业人口274.36万人，占总人口的59.53%。

1990年、2000年郴州市（地区）在业人口年龄及性别比例表

表2-3-4-1　　　　单位：人、%

年份	年龄组(岁)	在业人口数	比例	男性人数	比例	女性人数	比例	性别比
1990	合计	2293816	100	1284758	56.00	1050177	44	122.33
	15~19	314466	13.71	150246	47.78	164220	52.22	91.49
	20~24	429870	18.74	222390	51.73	207480	48.27	107.91
	25~29	371229	16.18	197466	53.19	173763	46.81	113.64
	30~34	308314	13.44	164501	53.36	143813	46.64	114.39
	35~39	275664	12.02	147435	53.48	128229	46.52	114.98

①劳动年龄人口负担系数是指人口总体中非劳动年龄人口数与劳动年龄人口数之比（劳动年龄人口是指男16岁至59岁，女16岁至54岁），即100个劳动年龄人口负责多少个非劳动年龄人口。

续表 2-3-4-1

年 份	年龄组(岁)	在业人口数	比例	男性人数	比例	女性人数	比例	性别比
1990	40~44	175683	7.66	99141	56.43	76542	43.57	129.52
	45~49	134256	5.85	78811	58.70	55445	41.30	142.21
	50~54	126363	5.51	79696	63.06	46667	36.94	170.78
	55~59	97887	4.27	66332	67.78	31555	32.22	210.21
	60~64	60084	2.62	45201	75.23	14883	24.77	303.70
	中位数	30	—	—	—	—	—	—
2000	合计	2042217	100	1120473	55.04	921744	44.96	121.56
	15~19	153225	7.50	82701	54.91	70524	45.09	117.26
	20~24	204669	10.20	109629	53.56	95048	46.44	115.35
	25~29	296568	14.52	162405	54.76	134163	45.24	121.01
	30~34	336978	16.50	182313	54.82	154665	45.18	117.88
	35~39	306270	15.00	162927	53.20	143343	46.80	113.66
	40~44	236817	11.60	127323	53.78	109494	46.22	118.48
	45~49	219177	10.73	120015	54.76	99162	45.24	121.02
	50~54	131751	6.45	76545	58.10	55206	41.90	138.65
	55~59	84753	4.15	50571	59.67	34182	40.33	147.95
	60~64	72009	3.53	43614	60.57	28395	39.43	153.60
	中位数	30—34	—	—	—	—	—	—

说明：以上资料来源于郴州市全国第四次、五次人口普查资料

第四章 计划生育

郴州计划生育工作自20世纪70年代始，经过30多年时间，至2005年，已建立较为系统、完整、规范、科学的管理体制和运行机制。人口发展得到有效控制，人口质量提高。境内人口自然增长率从1989年20.12‰下降到2005年的5.53‰。1996—2005年，郴州计生工作连续10年受到省政府表彰与奖励。全市普遍建立领导机构、管理机构和专业技术服务机构。郴州市（地区）、各县（市、区）均组建计划生育领导小组和计划生育委员会及计生协会。市建有计划生育宣传技术指导站、药具管理站、干部培训中心、流动人口计划生育管理站、计划生育服务中心。县（市、区）有计划生育技术服务站，乡镇有计划生育技术服务所。计划生育工作队伍数量相对稳定，素质不断提高。县、乡、村三级兼职业余队伍不断壮大，计划生育齐抓共管局面形成。计划生育经费投入逐年增加。到2005年市财政安排市本级计生经费589.97万元，年均增加18.56万元。全市安排中央转移支付用于计生事业经费1230万元，确保人口计生事业稳步发展。计划生育宣传教育形式多样，内容丰富多彩，计生政策深入人心，“重男轻女，多子多福”传统生育观念逐步改变，婚育新风逐渐形成。计划生育已步入良性发展时期。生殖保健机构与优育幼教组织健全。

第一节 宣传教育

一、宣传教育形式

自1989年始，郴州地区计划生育宣传教育主要是采取资料印发、报刊宣传、广播影视宣传、各种赛事和文艺演出等群众喜闻乐见宣传教育形式，寓教于乐、于行。

1990年，郴州地区印发《湖南省计划生育条例》（以下简称《条例》）单行本62万册，印发《条例》资料汇编22.9万本，开设《条例》广播讲座5200次，书写相关标语1.2万条（幅），放映幻灯片5600场（次）。次年，为深入宣传贯彻中央、省委关于计划生育决定，全区举行声势浩大宣传教育活动。组织宣传队伍达5万人，出动宣传车750辆，印发宣传资料8万份，书写标语口号14万条（幅）。

1996年，郴州市已建成计生宣传一条街63条，计生宣传一条路126条，计生宣传一条巷2950条，计生宣传一条墙1070条。次年，为让计划生育宣传教育活动进村入户，全市印发《人口与计划生育基础知识应知应会20题》宣传资料150多万册（份），在郴州电视台、《郴州日报》《郴州通讯》开辟“人口与计划生育专栏”，刊发（播报）计划生育稿件210篇。举办“恩威杯”生殖健康知识竞赛活动，全市组织13万人参加此次活动，2590名基层计生专干和育龄群众参加“应知应会”知识考试，成绩合格率为90%。

1998年为全面贯彻计划生育工作“三为主”（宣传教育为主、避孕为主、经常工作为主）方针，市计生委编印应知应会知识手册120万册（份）、育龄妇女人手一册。为加大计划生育宣传力度，市计生委在107国道沿线永兴、北湖、苏仙、宜章等县（区）共21乡镇建立百里计生宣传长廊，悬挂制作广告宣传牌500块。次年，为开展“婚育新风进万家”活动，郴州创作编排大型舞蹈《警钟长鸣》，参加湖南省“生命之火”计生文艺汇演，获金奖。

2000年，重点宣传计生政策法规优生优育、节育避孕、生殖健康知识。全年省、市级新闻媒体刊发计生新闻文章591条（篇），其中省级新闻媒体刊发43条（篇）。北湖区月峰乡瑶族男到残疾女青年家落户专题新闻在中央4台播出。为宣传贯彻中共中央、国务院《关于加强人口与计划生育工作稳定低生育水平的决定》，郴州市印发宣传资料180万份，办专栏580期，开展咨询活动230次，制作永久性标语15万条，接受宣传教育群众达200万人次。

2002年，为继续开展“婚育新风进万家”活动，市计生委下发《关于“十五”期间广泛深入开展婚育新风进万家活动的意见》，调运宣传品22吨，发放宣传资料28万份，举办文艺演出活动726场（次），电影宣传126场（次）。

2004年为开展“5·29”协会活动日、“7·11”世界人口日、“12·4”全国法制宣传日，郴州市全年编发人口计生新闻稿件300条（篇）。

二、宣传教育内容

1989年始，郴州人口计划生育宣传工作突出重点，结合实际，贴近生活，以弘扬主旋律为主要内容。是年，省地县（市）三级在资兴市厚玉、高码两乡镇进行人口与计划生育基础知识教育试点。取得成功后，在全国、全省人口与计划生育知识教育经验交流会上分别介绍郴州地区进行人口与计划生育基础知识教育经验。

1990—1995年，郴州计生宣传主要内容是宣传贯彻《湖南省计划生育条例》，提高人民群众依法自觉执行计划生育思想观念，解决城镇一对夫妇只生一个孩子问题。这期间郴州能自觉接受只生一个孩子城镇夫妻达90%。全区计划生育率达95%。

1996—1998年，为贯彻落实中共郴州市委、市政府提出的“狠抓两年打基础，发展两年上水平，争取五年创一流”计生工作目标，全市计生工作者开展“解放思想、争创一流”大讨论活动。解决“固步自封、安于现状、墨守成规”、思想跟不上形势问题，发扬开拓进取、争创一流精神。

1999—2003年，郴州市计生宣传教育主要是开展“婚育新风进万家”活动。市委宣传部、市计生委、团市委、市妇联联合制定《实施方案》。并在北湖、资兴、桂阳、临武、苏仙、汝城、安仁等县（市、区）举办“婚育新风进万家”试点。全市试点乡镇128个，试点村476个。“婚育新风进万家”活动的广泛开展，促进广大群众转变传统婚育观念，涌现一批先进典型。苏仙区“中心户长唱主角，婚育新风进万家”经验在全省计生会议上作典型发言。北湖区月峰瑶族乡一男青年到残疾女青年家落户专题新闻，在中央电视台国际频道播出。

2004—2005年，郴州市开展“关爱女孩行动”。宜章县拨专款50万元，用于“关爱女孩行动”试点工作，特困女学生每人每年给予100至200元扶助金。汝城县设立“关爱女孩行动”基金，第一次募集基金50万元。汝城、宜章“关爱女孩行动”试点经验，在《中国人口报》《湖南日报》进行专题报道。

三、计生业务培训

（一）专业技术人员培训

“九五”期间，郴州计生专业技术人员培训对象主要是市、县、乡三级计生技术服务机构专（兼）职工作人员，采用脱产、半脱产、岗位培训、定期不定期等多种形式，进行计生基础知识和专业技能训练及学历教育，以提高专业技术人员专业水平和操作技能。全市举办岗位培训班390期，年均办班78期；培训35421人次，年均培训7084人次；组织干部参加国家、省计生委调训360人次，占计生人员总数的21.5%；参加人口与计生专业大、中专学历教育985人，占计生人员总数的28%。

为加强培训的计划性、针对性、可行性，郴州市成立计划生育专职干部岗位培训工作领导小组，制定不同时段、不同对象、不同内容培训计划。培训工作由市、县计生培训中心组织实施。1997年，市计生委筹资120万元，改造和装修培训基地，并成立微机培训站，配置新型微机20台。全市编印各类计生基础知识教材35万册，参考资料29万份。至2005年，全市举办计生业务培训班7302期，参训人员达37万人次。同期，市法制办与市计生委联合举办8期计生行政执法培训班，全市754名计生干部参加培训，经培训考核后全部合格。

选送21名科级干部和15名县级分管领导参加省计生委和市委党校举办的培训班。选送51人参加国家、省计生委调训。市计生委与市人事局举办5期计生系统公务员业务培训班，培训市计生系统公务员294人次。选送计生干部、技术人员到省培训学习103人次。

（二）村干部培训

村干部培训对象主要是对村级专干、中心户长、村民小组计生指导员。采取集中面授、分散自学、巡回辅导、就地复习与考试相结合形式，开展生殖健康服务知识的培训。1995年开始对全市村委会计生专干、村民小组计生指导员分期进行培训，培训4600人次。1997年，苏仙区、资兴市、安仁县对村组“中心户长进行培训”，桂阳县培训村级专干485人次。1999年，全市各县（市、区）对村级专干进行2至3次培训，共培训1000人次。

（三）生育对象培训

1995年，开展人口与计划生育基础知识教育，郴州市参加培训育龄夫妇达50万人次，占应培训人员87.80%。其中新婚培训2.67万人次，培训率为100%。避孕育儿期培训35.19万人次，培训率91.60%。次年，全市各级共办计划生育对象培训班6388期，培训育龄夫妇3.19万人次；办青春期培训班1058期，参加培训52947人次；举办新婚期培训班2392期，参加培训26315人次。

（四）学历教育培训

1998年，郴州市开办人口经济等函授大专班2个，招收大专新生98名。1999年全市组织195人参加省举办的人口与计生专业学历教育。次年全市参加人口与计生大专学历自学考试255人次，已取得毕业证81人次。2001年全市有191名计生干部职工参加高等教育自学考试和函授学习，已先后取得不同学位毕业文凭。

第二节 节制生育

一、措施与效果

1988 年，郴州地区人口自然增长率为 23.93‰，比全省平均水平高 6.58 个千分点，多孩率为 26.7%，比全省平均水平高 13.87 个百分点，在全省计划生育抽样调查综合评分排名为第 13 位，居全省倒数第二。次年，为改变计划生育落后状况，中共郴州地委下发《关于紧急动员起来，把我区计划生育工作搞上去》文件，郴州地区 11 县 (市) 有 10 县（市）建立计划生育服务站，全区落实节育措施比上年同期增加 2600 例；使用避孕药具 4.28 万人，比上年增加 2 万多人。全区人口自然增长率、多孩率分别由 1988 年的 23.93%、26.7% 下降到 18%、21%，接近于省下达目标任务。

1990 年，中共郴州地委、地区行署下发《切实担负起历史责任，扎扎实实搞好计划生育》（〔1990〕40 号）文件，全区完成四项节育措施比上年同期增加 6.89 万例，增长 77.96%。

1994 年，中共郴州地委、行署下发《关于实施计划生育"四四金桥"工程的决定》。按照此要求，全区上下狠抓计划生育措施落实，取得明显效果。区内人口出生率，计划生育率、多孩控制率等项指标均控制在省下达计划指标之内。人口出生率由 1990 年 26.78‰下降到 12.56‰，下降 14.22 个千分点；计划生育率由 1990 年 45.43% 上升到 88.87%，上升 43.44 个百分点；多孩率由 1990 年 20.80% 下降到 0.87%，下降 19.97 个百分点。是年，全区人口出生约 6.2 万人，计划生育率 90.25%。

1995 年，郴州撤地建市，计划生育工作面临新的发展机遇。中共郴州市委、市政府对节制生育提出新要求：坚持中共中央提出的"既要抓紧又要抓好，既要完成人口计划，又要密切党群关系"方针；坚持与发展经济相结合，与农村奔小康、整顿建设农村经济组织结合，与妇女"双学双比"活动结合；达到查环制度化、节育避孕经常化、各项管理制度化、宣传教育法制化等"四化"要求。是年，全市加强"四位一体"计生服务网络建设，全市人口出生 3.74 万人，比 1994 年少生 2.46 万人；出生率为 8.59‰，比 1994 年降低 5.41 个千分点；多孩率为 0.59%，比 1994 年下降 0.72 个百分点；计划生育率为 96.17%，比 1994 年提高 5.92 个百分点。年末全市总人口控制在 438.21 万人。

1996 年，郴州市计划生育工作是"狠抓两手打基础，发展两手上水平，力争五年创一流"三步走目标的开局之年。全市以实施"三三金桥工程"为主线，力争实现在全省排位保"六"争"五"目标。是年，全区完成年度人口计划目标任务。全市年末总人口为 442.82 万人，人口自然增长率为 4.29‰，人口出生率为 11.66‰，计划生育率为 94.37%，多孩率为 0.48%，综合节育措施落实率为 98%。全省抽样调查考核评估综合得分为 95.17 分，在 14 个地、州、市排队中名列第五，并获"全省计划生育工作红旗单位"称号。次年，全市人口出生率为 10.87‰，计划生育率为 95.53%，多孩率为 0.11%，节育措施及时率为 78.20%。经省考核评估，全面完成人口计划目标任务，11 县（市、区）首次全部进入全省计划生育一类行列。

1998 年，郴州市计划生育工作坚持一个"严"字，围绕一个"实"字，突出一个"优"字。全年人口出生率为 10.38‰，计划生育率为 95.77%，避孕药具及时率为 90.52%。经省综合评估得分

97.18分，被评为全省计划生育工作先进单位。

2000年，郴州市夯实基层工作，广泛开展“婚育新风进万家”活动。全市计生工作在全省抽样调查中，出生率为11.59‰，计划生育率为96.07%，多孩率为0.40%，意外妊娠率为0.32%，综合治理到位率为66.71%，再次被评为“全省计划生育先进单位”。

2002年，郴州市围绕宣传贯彻人口与计划生育法，稳定低生育水平，突出“村为主”和流动人口计划生育管理“两个重点”，完善“领导责任、依法行政、技术服务”三项制度，郴州市计生工作被中共湖南省委、省政府评为人口与计划生育目标管理先进单位。全市人口出生率为12.76‰，比省计划低0.74个千分点；计划生育率为91.74%，比省计划高0.04个百分点；多孩率为0.95%；实现“村为主”管理的村80.09%；意外妊娠率为0.85%；综合到位率为88.83%。次年，全市人口出生率为11.30‰，比省计划低2.20个千分点；计划生育率为95.11%，比省计划高3.37个百分点；多孩率为0 .58%，比上年低0.37个百分点；“村为主”比率达85.33%，比省计划高3.73个百分点。

2005年，郴州市始终把人口计生工作作为持续发展、构建和谐社会重要内容，纳入全市经济社会发展总体战略，统一部署、统筹安排，确保人口计生工作继续保持健康发展良好势头，被评为全省人口和计划生育工作先进单位，实现郴州市计生工作连续10年被评为全省先进单位。

二、技术措施与药具管理

1989—2005年，郴州市（地区）计划生育在技术上采取多种措施，切实利用宫内节育器、避孕套、避孕药、皮下埋植避孕等现代医疗器具器械和药物服务节制生育。同时，加强药具管理和术后并发症鉴定。郴州从20世纪80年代末开始使用避孕药具到2005年，常用避孕药具有口服避孕片0号、1号、2号、三相片、短效十八甲片、短效十八甲滴丸、甲地孕酮片、探亲丸、53号抗孕片，长效十八甲片、长效避孕针、妻之爱避孕栓、外用避孕药膜、炔雌醇片、抗副反应片、避孕套、皮下埋植剂、速效十八甲片等20来种避孕药具。郴州市计划生育药具管理站未建立之前，避孕药具管理与发放由计划生育委员会统一负责，业务指导由业务科负责。全市药具管理、供应、发放、随访、复查、效果评估、业务培训、新药具推广均由药具管理站承担。药具供应实行有计划免费发放和市场零售相结合的“双轨制”，形成机构网络完整、药具齐全、人员到位药具管理服务体系。

第三节　晚婚晚育与优生优育

一、晚婚晚育

20世纪60年代初，郴州地区宣传推广晚婚晚育。80年代初，郴州地区根据湖南省规定，以法定婚龄推迟3年结婚为“晚婚”，已婚妇女24周岁以上生育第一个孩子为“晚育”；实行干部职工晚婚者增加婚假12天，实行晚育者增加产假30天；在产假期间领取“独生子女父母光荣证”者另增加产假30天，男方享受护理假15天。增加产假和护理假视为出勤。从1989年起至2005年，郴州境内育龄夫妇实行晚婚晚育者逐年增加。

二、优生优育

（一）优生

1989 年，按照《中华人民共和国婚姻法》规定，郴州地区禁止近亲或患有医学上不能结婚疾病的人结婚，各县（市、区）普遍实行婚前检查，婚姻登记部门与医疗部门严格把关。1999 年郴州市接待优生遗传检测和病残儿检查鉴定 1608 人次，发现染色体变异 329 例，有 2.45 万人接受优生优育咨询，有效降低病残儿的出生率。

1995 年 6 月《中华人民共和国母婴保健法》颁布实施，郴州市开展广泛宣传教育活动，制定《母婴保健法实施办法》，举办学习贯彻《中华人民共和国母婴保健法》培训班。次年，对全市各医疗机构从事技术服务医务人员，进行母婴保健专项技术理论考试与操作考核。对考试合格的技术服务人员，颁发母婴保健技术考核合格证书；所有接生员、妇幼保健员均持证上岗。同时，实施避孕节育优质服务、出生缺陷干预、生殖道感染干预“三大”工程，开展青春期、新婚期、孕产期、育儿期、更年期“五期”保健教育。1989 年至 2005 年，郴州有 23560 名新婚夫妻、8760 名孕妇、13610 名育龄夫妇接受优生教育，占应受教育人员 98%。

（二）优育

1989 年，根据《全国计划免疫工作条例》中关于 1~7 岁儿童预防接种“四苗”率 85% 以上规定，郴州市制订《郴州市儿童计划免疫保偿制度实施方案》，规定全程免疫收取一定保偿费。经卫生部和世界卫生组织巡视员和湖南省卫生厅等抽样调查，郴州地区儿童接种率 1989 年达到全国计划免疫第一个目标 85%（以地区为单位）；1991 年达到第二个目标 85%（以县为单位）；1996 年达到第三个目标 85%（以镇为单位）。

2005 年，郴州市、县两级建立妇幼保健院 22 所，实有保健床位 336 张。其中市、县（市区）妇幼保健院分别为 30 张和 306 张；标准床位 191 张，市、县各 30 张和 141 张。市妇幼保健院购置先进新生儿复苏、监护设备，有保健医务人员 508 人。各综合医院先后设立妇幼保健机构。从而，为优育提供重要保证和条件。

三、“独生子女优待证”办理

1996 年，根据国家和湖南省关于“提倡一对夫妇只生育一个孩子”规定，郴州市有 9.44 万人办理“独生子女优待证”。1997 年后人数逐年递增，至 2005 年办理“独生子优待证”达 10.27 万人。

1994—2005 年郴州市（地区）晚婚、晚育独生子女情况统计表

表 2-4-3-1　　单位：人、户、%

项目 年度	女性初婚数	其中		办理独生子女证人数
		23 岁以上人数	晚婚率	期末
1994	43498	17391	39.98	—
1995	37731	16412	43.50	—
1996	25749	12940	50.25	94443
1997	26590	13914	52.33	99933

续表 2-4-4-1

项目/年度	女性初婚数	其中		办理独生子女证人数
		23 岁以上人数	晚婚率	期末
1998	24488	13667	55.81	99419
1999	23500	12811	54.51	100479
2000	23092	12501	54.14	133438
2001	22293	12182	54.64	104957
2002	22370	11855	53.00	105851
2003	21273	11142	52.38	113415
2004	23937	12398	51.79	109552
2005	24748	12695	51.30	102727

说明：①以上资料来源于计划生育各年度报表；②“期末”数指 1~14 岁止

第四节　计生管理

一、机构与队伍

（一）机　构

领导机构　郴州地区计划生育领导小组成立于 1990 年。领导小组组长由中共郴州地委副书记、行署专员赵毅拯担任，地委委员、常务副专员刘学文任副组长，领导小组成员由地委咨询小组、地区人大联工委、政协联工委、地委办、行署办、地纪委、政法委、计生委等部门有关领导组成。此后，根据计划生育工作发展需要和地委、行署领导更替变化情况对领导小组成员进行调整。领导小组成员开始时仅有 10 人。自 1995 年始，因撤地建市，计生领导小组改称郴州市计划生育领导小组。至 2005 年，领导小组成员增至 25 人。领导小组属非常设机构，不列编挂牌，主要对郴州市计划生育工作中重大问题进行决策，协调各有关部门形成齐抓共管体制机制。领导小组办公室，由同级计划生育委员会负责办公室日常工作。各县（市、区）相应成立计划生育领导机构，在同级党委、政府领导下和市计生领导小组指导下开展工作。

管理机构　郴州地区计划生育委员会成立于 1964 年，办公室设郴州地区行政公署院内。1966 年因“文化大革命”机构被冲散，1981 年 1 月，地区计生委与地区卫生局合署办公，计生委主任由卫生局副局长兼任。1981 年 1 月后，地区计生委与地区卫生局分离，仍设行署机关院内，为县级行政机关，隶属地委宣传部领导。地区计生委下属 2 个二级机构，即郴州地区计划生育宣传技术指导站、郴州地区计划生育干部培训中心。1995 年撤地建市后，机构设置有所变化，郴州地区计生委更名为郴州市计生委，属政府组成部门，接受市计划生育领导小组和市委宣传部双重领导。郴州市计生委职能科室由原办公室、宣传科、业务科 3 科室增加到 6 科室，增加计划统计科、财务资产管理科和人事科技科。二级事业单位由 2 个增至 4 个，即计划生育技术指导站、计划生育干部培训中心、计划生育药品药具物资站和流动人口计划生育管理站。2005 年 11 县（市、区）计生机构设置也有所增加。

股室由39个增加到50个；二级事业单位由原26个增加到44个；各乡镇工作机构和村级工作网络得以巩固和完善。

1989—2005年郴州市（地区）计生委主要负责人名录

表2-4-4-1

单 位	姓 名	职 务	任职时间
郴州地区计划生育委员会	朱忠懋	主 任	1983.09—1990.10
郴州地区计划生育委员会	李柏华	主 任	1990.10—1995.05
郴州市计划生育委员会	余亚军	主 任	1995.06—1998.02
郴州市计划生育委员会	陈莹花	主 任	1998.03—2003.06
郴州市人口和计划生育委员会	朱民权	主 任	2003.07—

专业技术服务机构 1995年前，郴州市未组建计划生育技术服务机构，计划生育手术主要由市、县人民医院妇产科和妇幼保健院承做。1995年郴州市有计划生育技术服务中心、县（市区）有计划生育技术服务站，乡镇有计划生育技术服务所。乡镇计生服务所基本实现“三有一配套”。(有符合规定工作用房，有2~3名专业技术人员，有B超仪等专用设备)及开展查环、查孕、查病和实施简单节育手术及药具管理所需配套条件，计生手术逐步由医疗部门改由计生服务站（所）负责。2002年，郴州市236计生所站获得执业许可证，并办齐事业法人、药具调剂、收费价格、医疗保健、计生技术等6个执业许可证。不合格15乡镇服务站被限期整改到位。新建和改造计生服务站(所)1.30万平方米，添置微机、B超设备168台。全市建成省级甲级计生服务站9个，省级示范县（市、区）计生服务站1个，省级示范乡镇计生服务站11个，市级甲级计生服务站165个。全市251乡（镇）计生服务站中能做“四项手术”的占96.8%。

计划生育协会 郴州地区计划生育协会是1986年7月经郴州地区民政局批准成立的社会民间组织，会长由分管计划生育工作的行署副专员兼任。协会办公室设在地区计生委，协会依照协会章程行使管理、工作、服务三项职能，协会以基层会员单位为基本活动单位，引导会员开展计划生育自我教育，自我管理，自我服务，不断完善协会管理职能和服务职能，促进计划生育工作全面发展。计生协会成立时，有会员125人，理事52人，常务理事21人，会长、副会长6人，秘书长1人。至1993年，全区有各级计生协会4182个。其中：县（市、区）级协会11个，乡（镇、街道办事处、开发区）级协会256个，村级协会3090个，机关、企事业单位协会组织725个。2005年，郴州市有计生协会组织4022个。其中县（市、区）级协会11个，乡镇级协会264个，村级协会3261个。为保障计生协会工作正常运转，市、县（市、区）两级计生活动经费按照同级计生事业经费6%~8%比例，乡级按10%比例纳入财政预算。2005年，市、县两级安排计生协会活动经费计220万元。同时设立“救助计划生育贫困母亲、关心女孩专项基金”。市财政安排10万元启动资金。

1992—1993年，地区计生协会被评为省计生协会先进单位。截至2005年，全市各级计生协会不断巩固提高。2005年，市计生协会被评为“全国计划生育协会先进单位”。

（二）队 伍

管理队伍 1989年，郴州地区计生委行政编制12人，实有18人，所属两个二级机构事业编制16人。继后，计生机构不断得到充实和加强，至2005年，市计生委和所属二级机构人员编制增至61人。其中市计生委由12人增至22人，二级机构增至39人。

2000年，郴州市11县（市、区）和257乡（镇、街道）2965村（居）委会充实计划生育工作队伍。县（市、区）计生委人员编制由84人增加到149人，县（市、区）所属二级机构事业编制由124人增至226人；乡镇工作网络配有5至7名工作人员，全部列入当地事业编制。村级工作网络由村（居）委副主任或村党支部副支书、计划生育专干、计生协会会员组成，人员全部落实到位。

2005年，郴州市计生委配有编制21人。其中行政人员编制19人，事业编制2人。

技术服务队伍 2002年，市计生委对全市919名计划生育专业技术人员进行考试、考核，为884名合格者颁发技术人员执业资格证书，对35名不合格人员作离岗处理。2005年，郴州市本级有计划生育专业技术服务人员6人，二级机构管理人员15人。其中：药具管理站4人，干部培训中心4人，流动人口计生管理站7人。

二、管理规定与制度

（一）管理规定

1989—2005年，郴州市计划生育管理工作实行由主要领导负责的目标管理责任制，一级抓一级，层层管理，层层负责。

1992年，为贯彻落实计划生育统计制度，地委办、行署办下发《关于加强计划生育统计管理，确保计划生育统计质量的通知》。次年，地委、行署下发《关于把计生工作的重担落实到村级的决定》。

1996年，市政府出台《关于加强城区计划生育工作的决定》。

1998年，市委办、市政府办联合下发《关于加强城市计划生育和流动人口管理》，加强流动人口综合治理。

2000年，为增强考核评估科学性和透明度，打击虚报瞒报现象，基本消除人口数据弄虚作假行为，市政府下发《关于在计生工作中坚持打假治假，求真务实的通知》和《郴州市计划生育统计平时调查实施方案（试行）》两个文件。

2001年，市政府办下发《关于切实加强计划生育收费管理的通知》，市计生领导小组下发《2001年度计划生育综合治理工作目标管理考核评估方案》，规范计生收费行为，加强计生综合治理工作目标管理。

2002年，市委办、市政府办转发《郴州市人口与计划生育工作目标管理奖惩办法（试行）》。市计生委下发《关于“十五”期间广泛深入开展婚育新风进万家活动的意见》文件，制定婚育新风进万家活动方案。为减轻农民负担，开展清理计划生育“乱收费、乱罚款、乱摊派”专项整治行动，计生委先后下发《关于计生工作严格依法行政的规定》《关于切实减轻群众负担，认真治理计划外收费和罚款的通知》等文件。

2004—2005年，市委、市政府先后下发《优化计生调查环境有关规定》《优化计生调查环境十条禁令》。

（二）管理制度

1991—2005年，郴州先后制定实施计划生育奖励、保险制度、流动人口计生管理制度、“村为主”制度、人口计划统计信息化”管理制度、“计生绿卡”制度、“中心户长”责任制。

流动人口计生管理制度 流动人口计划生育管理面广、线长、难度大。主要是用制度管人、管事。1996年，郴州市建立由市政府办牵头、市计生委、公安局、工商局、建委、劳动局、民政局、卫生局等有关部门和北湖、苏仙两区政府主要领导参加的流动人口计生综合治理联席会议制度。2001年，郴州市建立实行流动人口计划生育“八个一”管理模式，即“办理一张有效的流动人口婚育证明，签订一份流动人口计划生育合同，收存一份合同保证金，找准一个合同担保人，落实一项有效的节育避孕措施，建立一条工作联络线，建立一张流动人口计生管理卡，定时寄回一张有效查环孕检证明”。2005年，在“八个一”管理模式基础上，郴州市建立和推行城市流动人口“五种管理服务责任制”，即：楼栋长责任制、出租房房东责任制、部门联动责任制、企业分流人员移交社区管理责任制、经营场所（市场）流动人口属地管理责任制。中央电视台在郴州拍摄流动人口计划生育管理专题片，介绍推广郴州加强流动人口计生管理经验。

“村为主”制度 “村为主”制度是郴州市执行计划生育的工作制度。计划生育工作重心下移至村民委员会或村民小组。对农村育龄夫妇实行面对面管理。“村为主”制度从1998年开始，到2005年，全市3372村民委员会全部落实 “村为主”制度。

人口计划统计信息化管理制度 通过《编码或计划生育报告单》《计划外生育个案分析报告制度》，人口计划生育管理更科学。1999年，经年终计生考核评估，郴州市计生统计准确率为98.8%，排全省第一。

“计生绿卡”制度 主要是对农村独子女户和二女结扎户实行优抚扶助。2005年，郴州市发放独生子女保健费、自愿放弃再生育奖励金、独生子女父母退休金三项刚性计生优惠金额135万元；对全市2499名困难家庭农村计生对象发放生产生活扶助金180万元。资兴市规定凡农村独生女户和2003年10月后生育第二孩纯二女结扎户，分别按每年600元、300元标准给予奖励，将奖励金由市财政存入指定银行，待受助对象满14周岁时一次性发放。市政府还安排25.5万元专项资金，用于奖励农村自愿终身放弃再生育家庭每个家庭户3000元奖励。北湖区实施计生“阳光扶助”工程，对未满60周岁但家庭困难的农村计生对象，每户每年发给不低于800元生产生活扶助金；宜章县对农村年满60周岁独生子女户和无子女夫妇每年发放1320元扶助金。临武县对持有《计生优待卡》农村独生子女、纯二女结扎户的女孩每人发给100~200元奖励扶助金。

“中心户长”责任制 为适应“九五”期间计生工作发展需要，中共湖南省委、省政府要求各地开拓创新，摸索出一条由群众参与管理计划生育工作新路子，建立“中心户长”责任制。郴州市从1998年实施到2005年，市内配有“中心户长”村达98%。

三、行政执法

（一）奖罚办法

1989—2005年，郴州市对实行计划生育先进单位与领取独生子女证个人实行奖励，对违法计划生育政策单位和个人实行处罚。违法违规多生育子女的，由县级人民政府计划生育行政部门或者受其委托乡（镇）人民政府、街道办事处按下列规定对生育者征收社会抚养金。符合规定可再生育子女的夫妻，自愿不再生育的，是农村居民的按照不低于所在乡（镇）上年度农村居民人均纯收入标准发给奖金，是城市居民的按照不低于所在市、县上年度城镇居民人均可分配收入标准发放奖金。依法领取退休金的独生子女父母，自法定退休年龄退休之日起，按本人基本工资5%增发退休金。实行计划生育的育龄夫妻免费享受基本项目的计划生育技术服务。

（二）查处案件

1989年，郴州地区为纠正病残儿鉴定的不正之风和二胎生育指标审批循私舞弊行为，依法开展病残儿鉴定复查工作，复查审核122人，对不合格的38例进行查处，结案率为100%。

1995年，郴州市清查1979—1995年超生干部职工，清查处理农村超生人员，查处违纪违法案件949件，结案859件。

1999年，郴州市对127个药具零售店进行清理，查处假冒伪劣药具14种计22015元；非法渠道进货药具15个品种，价值26120元；违反物价政策药具6个品种，价值11795元。次年，郴州市对1990至2000年计划外生育的3868名中共党员和干部依法依规全部处理到位。

2003年，郴州市受理计生行政诉讼案件221起，非诉执行案件194起，执行标的345.58万元，执行到位81.04万元，采取强制措施127起，采取诉前财产保全74起。

2005年，郴州市接受“两非”（非医学需要进行胎儿性别鉴定、非法选择性别的人工流产）举报案件34件，立案查处22件，对78名严重失职和违法生育党员干部给予党纪政纪处分。

（三）治理乱收费乱罚款

1997年，郴州市依法清理计划生育方面不规范文件34份，取消不合理收费项目22个，清退不合理收费及罚款140万元，纠正执法不准、程序不当案件15件。2000年，对1998至2000年因计划生育乱收费和乱罚款进行清理，全市清理乱收费、乱罚款项目64起，金额58万元，全部款额按规定如数清退给收、罚没款对象。2004年，市内清理历年违规收取的实行计划生育合同保证金1150.59万，全部清退到位，清退率达100%。

郴州市志（1989–2005）

第三篇

中共地方组织

1989年至1995年4月，中共郴州地区委员会（简称郴州地委）为中共湖南省委派出机构。在此期间，郴州地委在省委的领导下，加强党组织思想作风建设，率领全区各级党组织和广大干部群众解放思想，改革创新，全力办好改革开放过渡试验区。郴州在全省率先推行一系列改革开放举措，扩大对外开放，加快建立社会主义市场经济体制。同时大力组织创建经济技术开发区，创立农产品商品基地，加强湘南农业综合开发。全区上下通过6年多的艰辛努力，经济综合能力增强，社会主义物质文明和精神文明建设全面推进。郴州地区至1994年实现三个突破：工农业总产值突破100亿元，农民人均纯收入突破1000元，城乡人均储蓄余额突破1000元。

1995年5月郴州撤地设市。至2005年，郴州市先后召开两次中共党的代表大会，选举产生中共郴州市第一届、第二届委员会和中共郴州市第一届、第二届纪律检查委员会。10年间，中共郴州市委围绕实施把郴州建设成社会主义现代化开放城市的战略目标，致力加强党的组织和党员干部队伍思想作风建设，先后组织创建"五好"村党支部、"六好"乡镇党委、"三强五好"领导班子，开展党组织"龙头工程""先锋工程"等活动。与此同时，积极推进全市民主政治建设、社会主义精神文明建设、法制建设以及干部人事制度改革，倾力为郴州经济社会发展提供坚实的政治保障。其间，党的领导作用进一步加强。郴州市委先后作出"开放兴郴""开放带动""科教兴业"和经济发展"一三五"方略（即坚持以经济工作为中心，实施开放带动、科技兴郴、可持续发展三大主体战略，实现在城镇化建设、所有制结构调整、重点区域发展、增加投资和扩大内需五个方面有新的突破）等一系列重大决策部署。各级党组织带领广大人民群众弘扬"团结、拼搏、创新、图强"的郴州精神，牢牢把握发展第一要务，以改革开放总揽全局，创新务实，奋发进取，推动郴州经济社会发展呈现新的飞跃。2005年，全市完成生产总值475.81亿元，地方财政收入总量43.12亿元。地方财政收入自2000年连续6年排全省市州第二位。资兴、桂阳、永兴3县（市）进入全省首批县域经济10强县（市）。郴州先后成功创建中国优秀旅游城市、全国"双拥"模范城市和省级文明城市、卫生城市、园林城市。

1989—2005年，郴州市（地）委纪检监察机关和市（地）委办公室、组织部、宣传部、统战部、政法委、政研室、直属机关工委、编制办、党校等党委工作机构，不断改革和创新工作机制和方式，围绕市委决策和全市中心工作努力工作，充分发挥各自职能作用，积极为推进郴州经济社会发展作贡献。市纪委组织实施的党风廉政建设"三想三看"教育活动，市委组织部组织开展的共产党员"争贡献、作表率"竞赛等做法与经验，先后被推介到全省、全国。市委宣传部坚持用先进思想和崇高精神教育人、激励人，先后组织宣传推介出李常水、刘志艳、胡昭程、盘振玉等一批成为全国先进典型的郴州先进楷模人物。

第一章　组织机构

第一节　领导机构

一、中共郴州地区委员会

1971 年 4 月，召开郴州地区第一届党员代表大会，正式成立中共郴州地区地方委员会（不属省委派出机构）。1989 年 1 月至 1995 年 4 月，中共郴州地区级地方组织领导机构设中共郴州地区委员会（简称郴州地委），为中共湖南省委派出机构，实行委员会制，组成人员由省委直接任免。其职责是：根据省委的授权，领导郴州地区的工作。辖郴州市（县级市，今北湖区）、资兴市（县级市）和郴县（苏仙区）、临武、永兴、桂阳、汝城、宜章、桂东、嘉禾、安仁 9 县。其间，中共湖南省委先后任命 4 位郴州地委书记，地委领导成员也相应进行了调整。1995 年 5 月郴州撤地建市，原地委机构相应改为市委工作机构。

1989—1995 年中共郴州地委书记、副书记、委员名录

表 3-1-1-1

职务	姓名	性别	出生年月	籍贯	文化程度	任职时间
地委书记	胡梦其	男	1941.08	湖南桃江	大学	1988.01—1989.09
	周时昌	男	1942.10	福建同安	大学	1989.09—1993.03
	赵毅拯	男	1935.06	浙江缙云	大学	1993.03—1994.09
	梅克保	男	1957.03	湖南汉寿	研究生	1994.09—1995.04
副书记	周时昌	男	1942.10	福建同安	大学	1988.04—1989.09
	周名修	男	1934.07	湖南安仁	大专	1988.04—1990.07
	陶流贤	男	1929.11	湖南临武	大专	1988.04—1990.07
	陈叔红	男	1952.01	湖南株洲	研究生	1989.09—1992.11
	赵毅拯	男	1935.06	浙江缙云	大学	1990.05—1993.03
	杨重喜	男	1941.10	广东普宁	大专	1990.07—1995.04
	周江源	男	1948.11	湖南衡东	大学	1991.04—1993.05
	唐见奎	男	1939.12	湖南祁东	大学	1993.02—1994.09
	刘学文	男	1943.01	湖南浏阳	大学	1993.05—1994.09
	龙定鼎	男	1943.02	湖南东安	研究生	1994.09—1995.04

续表 3-1-1-1

职务	姓名	性别	出生年月	籍贯	文化程度	任职时间
副书记	陈润儿	男	1957.10	湖南茶陵	大专	1994.09—1995.04
	杨顺初	男	1949.09	湖南华容	大专	1995.02—1995.04
委员	周光国	男	1930.07	湖南安仁	初中	1985.02—1990.10
	丁连方	男	1932.08	湖南醴陵	初中	1988.09—1992.05
	曹德华	男	1948.11	湖南永兴	大专	1985.04—1990.07
	刘政（臻）	男	1944.12	湖北襄阳	大学	1985.04—1989.09
	王月清	男	1938.10	湖南双峰	大专	1988.04—1994.08
	周名修	男	1934.04	湖南安仁	大专	1988.04—1992.05
	赵毅抷	男	1935.06	浙江缙云	大学	1989.09—1990.05
	许永善	男	1952.01	湖南永兴	大学	1989.09—1991.03
	刘学文	男	1943.01	湖南浏阳	大学	1990.07—1993.05
	王本义	男	1936.01	湖南资兴	中专	1990.07—1994.09
	易昌前	男	1940.02	湖南邵阳	大专	1990.10—1995.02
	黄孝健	男	1941.02	湖南永兴	大专	1992.05—1995.04
	李　涛	女	1946.04	湖北宜昌	大学	1992.05—1995.04
	陈润儿	男	1957.10	湖南茶陵	大专	1992.09—1994.09
	龙定鼎	男	1943.02	湖南东安	研究生	1993.07—1994.09
	彭长鸿	男	1935.04	湖南宜章	大专	1994.02—1995.04
	黄景贤	男	1942.08	湖南永兴	高中	1994.08—1995.04
	周政坤	男	1953.07	湖南沅江	大学	1994.09—1995.04
	宋甲武	男	1954.05	湖南永州	大学	1995.02—1995.04
	曾锦春	男	1945.08	湖南汝城	大学	1995.02—1995.04
	张万才	男	1947.10	湖南安仁	大专	1995.02—1995.04

二、中共郴州市委员会

1995 年 4 月 18—20 日，中国共产党郴州市第一次代表大会召开。大会选举产生中共郴州市第一届委员会委员 35 名，候补委员 6 名，组成中共郴州市第一届委员会。第一届市委第一次全会选举产生常委 10 名，书记 1 名，副书记 3 名，梅克保当选为书记。届中 1999 年 3 月，中共湖南省委决定由李大伦接任市委书记。2000 年 4 月 26—29 日，中共郴州市第二次代表大会选举产生市委委员 35 名，候补委员 6 名，组成中共郴州市第二届委员会。第二届市委第一次全会选举产生常委 10 名，书记 1 名，副书记 4 名，李大伦当选为市委书记。届中 2006 年 6 月，中央纪委对李大伦严重违纪问题进行立案审查，省委决定由葛洪元接任市委书记。

中共郴州市委第一届（1995.04—2000.04）书记、副书记、常委名录

表 3-1-1-2

职务	姓名	性别	出生年月	籍贯	文化程度	任职时间
市委书记	梅克保	男	1957.03	湖南汉寿	研究生	1995.04—1999.03
	李大伦	男	1950.10	湖南桃源	研究生	1999.03—2000.04（届中接任）
副书记	龙定鼎	男	1943.02	湖南东安	研究生	1995.04—2000.04
	杨顺初	男	1949.09	湖南华容	大专	1995.04—2000.04
	陈润儿	男	1957.10	湖南茶陵	大专	1995.04—1997.08
	张兴福	男	1955.09	河南新密	研究生	1995.08—1997.10
	周政坤	男	1953.07	湖南沅江	大学	1997.01—2000.04
委员	曾锦春	男	1945.08	湖南汝城	大学	1995.04—2000.04
	黄景贤	男	1942.08	湖南永兴	高中	1995.04—1998.07
	黄孝健	男	1941.02	湖南永兴	大专	1995.04—1999.02
	李　涛	女	1946.04	湖北宜昌	大学	1995.04—2000.04
	张万才	男	1947.10	湖南安仁	大专	1995.04—2000.04
	王镇鑫	男	1944.03	湖南南县	大学	1995.04—2000.04
	刘湘娥	女	1950.06	江西安福	大专	1997.08—2000.04
	钟六华	男	1949.06	湖南新邵	大专	1998.07—2000.04
	盛茂林	男	1960.01	湖北黄石	研究生	1998.07—2000.04
	宋甲武	男	1954.05	湖南永州	大学	1998.12—2000.04

中共郴州市委第二届（2000.04—2006.10）书记、副书记、常委名录

表 3-1-1-3

职务	姓名	性别	出生年月	籍贯	文化程度	任职时间
市委书记	李大伦	男	1950.10	湖南桃源	研究生	2000.04—
副书记	龙定鼎	男	1943.02	湖南东安	研究生	2000.04—2003.04
	周政坤	男	1953.07	湖南沅江	大学	2000.04—2003.12
	盛茂林	男	1960.01	湖北黄石	研究生	2000.04—2003.02
	张万才	男	1947.10	湖南安仁	大专	2000.04—2005.02
	宋甲武	男	1954.05	湖南永州	大专	2001.12—
	曾锦春	男	1945.08	湖南汝城	大学	2001.12—
	刘湘娥	女	1950.06	江西安福	大专	2003.04—2005.03
	李新泉	男	1951.06	湖南耒阳	研究生	2003.04—
	戴道晋	男	1957.03	湖南汉寿	研究生	2004.02—
	谭　平	男	1962.10	湖南芷江	研究生	2004.11—

续表 3-1-1-3

职务	姓名	性别	出生年月	籍贯	文化程度	任职时间
常委	刘湘娥	女	1950.06	江西安福	大专	2000.04—2003.04
	钟六华	男	1949.06	湖南新邵	大专	2000.04—2004.07
	李新泉	男	1951.06	湖南耒阳	研究生	2000.04—2003.04
	李日顺	男	1948.01	湖南嘉禾	大专	2000.04—2005.03
	刘广明	男	1952.12	湖南汝城	研究生	2000.04—2005.03
	戴道晋	男	1957.03	湖南汉寿	研究生	2000.06—2004.02
	刘清江	男	1949.12	河南泌阳	大学	2002.04—
	樊甲生	男	1954	湖南资兴	研究生	2003.06—
	何文君	男	1962.03	湖南汉寿	研究生	2003.06—
	易佩康	男	1949.02	湖南衡阳	大学	2004.06—
	潘兴国	男	1952.12	重庆市	大专	2004.07—
	赵立民	男	1956.10	湖南湘潭	研究生	2005.05—
	毕 华	男	1958.09	湖南株洲	大学	2005.10—

1989—2005 年中共郴州市委（地委）秘书长名录

表 3-1-1-4

单 位	姓 名	职 务	任职时间
中共郴州地委	李亚水	秘书长	1989.01—1992.05
中共郴州地委	黄孝健	秘书长	1992.05—1995.04
中共郴州市委	张万才	秘书长	1995.04—2000.04
中共郴州市委	李新泉	秘书长	2000.04—2003.07
中共郴州市委	何文君	秘书长	2003.07—

说明：市委（地委）办公室主任均由秘书长兼任

第二节 工作机构

一、地委工作机构

1989 年，中共郴州地委工作机构设 7 个：地委办公室、组织部、宣传部、统战部、政法委、农村工作部、政策研究室。1994 年机构改革中，增设直属机关工委、机构编制委员会办公室；郴州地区纪律检查委员会机关与郴州地区监察局合署办公，地委政法委与地区社会治安综合治理委员会办公室、地委农村工作部与行署农村工作办公室均实行一个机构两块牌子。此后，郴州地委工作机构设为 9 个：地委办公室、组织部、宣传部、统战部、政法委、农村工作部、直属机关工委、政策研究室、机构编制委员会办公室。1995 年 5 月，郴州撤地建市，地委工作机构随之自然消失。

二、市委工作机构

1995 年 4 月，撤地设市新设立的中共郴州市委工作机构为市委办公室、组织部、宣传部、统战部、政法委员会、政策研究室、市直机关工委、机构编制委员会办公室；直属机构有机要保密局、党史办、信访办、老干局、党校、对台工作办公室、档案局、讲师团、郴州日报社、接待处。市委政法委与郴州市社会治安综合治理委员会办公室、市委农村工作部与市政府农村工作办公室实行一个机构两块牌子，市纪律检查委员会与市监察局合署办公。同年，地区保密局改称郴州市国家保密局，归口市委办公室管理；政策研究室改为市委办内设职能机构；直属机关党委归并组织部，对外保留牌子。

2001 年，在机构改革中，市委工作机构维持 8 个未变，调整了管理职能和机构管辖序列。市委办归口管理政策研究室、保密局、党史办、档案局、接待处；市委组织部归口管理老干局；市信访局由市委办、市政府办管理，以市政府办管理为主，列入市委机构序列；统战部归口管理市委台湾工作办公室、市社会主义学院；市委政法委归口管理市委处理法轮功问题领导小组。2005 年，市委工作机构仍设为 8 个：市委办公室、组织部、宣传部、统战部、政法委、直属机关工委、政策研究室、机构编制委员会办公室。直属机构和归口管理序列没有大的变化。

第二章 党的代表大会

第一节 党代表产生

1995年1月，中共郴州地委印发《关于召开中国共产党郴州市第一次代表大会的决定》和《关于中国共产党郴州市第一次代表大会代表选举工作的通知》，确定中共郴州市第一次代表大会代表400人和代表条件。全区将代表名额分配到85个选举单位，各选举单位按分配名额，自下而上经酝酿协商，提出代表候选人初步人选上报地委审查批复后，继而各选举单位召开党员大会或党员代表大会，采取差额选举和无记名投票方式，选出并上报正式代表人选。经大会代表资格审查委员会审查，上报的400名代表的代表资格全部有效。当选的400名代表，各级领导干部代表282名，占代表总数的70.5%；各类专业技术人员代表78名，占总数的19.5%；先进模范人物代表36名，占总数的9.0%；解放军、武警部队代表4名，占总数的1.0%。代表中有妇女代表63名，少数民族代表10名，大专文化以上265名，50岁以下302名。

1999年12月28日，中共郴州市委一届十次全会确定并报中共湖南省委批准，2000年4月召开中国共产党郴州市第二次代表大会。市委印发《关于中国共产党郴州市第二次代表大会代表选举工作的通知》，确定代表名额400名，并提出代表构成的指导性比例和代表条件，将代表名额分配到71个选举单位。各选举单位在自下而上提名、充分酝酿协商的基础上提出代表候选人人选。报市委审查后，各选举单位召开党员大会或党员代表大会，选出正式代表。大会代表资格审查委员会经对上报的400名代表进行审查，有2名因违纪涉案被取消代表资格，确定出席代表大会代表398名。其中领导干部代表277名，占代表总数的69.6%；专业技术人员代表81名，占总数的20.4%；先进模范人物代表36名，占总数的9.0%；解放军和武警部队代表4名，占总数的1.0%。代表中有妇女代表63名，少数民族代表8名，大专以上文化程度代表333名，50岁以下代表313名。

第二节 历次党代会

一、中共郴州市第一次代表大会

1995年4月18—20日，中国共产党郴州市第一次代表大会在市人民会堂召开。出席会议代表400名，列席代表88名，代表全市16万多名党员。这次大会是郴州撤地建市后党的首次代表大会，是郴州发展史上的一件大事。梅克保代表中共郴州市委作题为《为把郴州建设成为社会主义现代化开放城市而努力奋斗》的工作报告。会议审议并通过中共郴州市第一届委员会工作报告和中共郴州市委《关于在各级领导班子成员中开展“学理论、比团结、争贡献”竞赛活动的决定》。大会确定之后五年着重实施“重农富民、兴工强市、科技兴业”三个战略重点，和推进基础设施建设、支柱产业、农产品商品基地建设、科技开发、旅游开发五大战略工程，要求经过15年或更长一些时间把郴州建设成社会主义现代化开放城市。大会按照《中国共产党章程》，采取无记名投票、差额选举的方式，选举产生中共郴州市第一届委员会委员35名、候补委员6名，中共郴州市纪律检查委员会委员25名。中共郴州市第一届委员会第一次全体会议，选举第一届市委常务委员会委员10名，书记1名、副书记3名。梅克保当选为市委书记。

二、中共郴州市第二次代表大会

2000年4月26—29日，中国共产党郴州市第二次代表大会在市人民会堂召开。出席会议代表398名，列席人员141名，代表全市18万多名党员。大会的主要任务是回顾总结撤地建市五年来郴州改革开放、经济社会发展的经验，同时根据中共第十五次全国代表大会提出的跨世纪发展的战略部署，精心谋划郴州跨世纪发展的目标和任务。大会审议并通过市委书记李大伦代表中共郴州市第一届委员会所作的题为《迈向新世纪，实现新跨越，为建设社会主义现代化新郴州而努力奋斗》的工作报告、市纪委书记曾锦春代表市纪律检查委员会所作的纪律检查工作报告，和中共郴州市委《关于制定郴州市国民经济和社会发展第十个五年计划的建议》。会议确定“十五”计划期间实施“一三五”经济工作总体方略和目标是：坚持以经济工作为中心，实施开放带动、科技兴郴、可持续发展三大主体战略，实现在城镇化建设、所有制结构调整、产业结构优化、重点区域经济发展、增加投资扩大内需五个方面有新的突破。大会按照《中国共产党章程》，采取无记名投票、差额选举的方式，选举产生中共郴州市第二届委员会委员35名、候补委员6名，中共郴州市纪律检查委员会委员25名。中共郴州市第二届委员会第一次全体会议，选举产生第二届市委常务委员会委员10名，书记1名、副书记4名。李大伦当选为市委书记。

三、党员代表会议

1995年8月29日，中共郴州市党员代表会议在郴州召开，选举郴州市出席中共湖南省第七次代表大会代表。到会代表182人，会议由市委书记梅克保主持。会议采用直接差额选举方式，选举产生出席中共湖南省第七次代表大会代表42名。其中各级领导干部30人（含省委领导代表2人），各类专业技术人员8人，先进模范人物4人。

2001年9月4日，中共郴州市党员代表会议在郴州召开，选举郴州市出席中共湖南省第八次代表大会代表。到会代表189名，会议由市委书记李大伦主持。会议采用分类直接差额选举的办法，选举产生郴州市出席中共湖南省第八次代表大会代表42名。其中各级领导干部28名（含省级领导代表2人），各类专业技术人员8名，先进模范人物6名。

第三章 决策纪要

第一节 政治体制改革

一、民主政治建设

1989年11月2日，中共郴州地委召开全区县（市）乡镇人大换届选举工作会议，要求健全完善民主选举制度，充分尊重广大选民选举意愿，推进民主政治建设。地委即时在汝城县泉水乡办试点，并于12月中旬在汝城县召开全区选举工作经验交流会，现场参观该县泉水乡25个选区严格施行选民直接投票选举制度的做法。此后在历届各级换届选举中，中共郴州地方组织坚持依法健全和完善民主选举制度。先后推行选民联名提名并与政党和人民团体推荐一视同仁，和直接选举、差额选举以及村（居）委干部由村（居）民直接选举产生等民主选举制度，实现党委意图与依法民主选举的最佳结合。1989—1990年，地委、行署在推进民主决策制度建设中设立“献计献策和民主监督奖”，其间，地委、行署采纳人民群众、民主党派和人民团体提出的工作建议和民主监督意见245条。

1991年9月，郴州地委、地区行署在汝城县召开全区基层民主政治建设工作会议，推广该县建立村民代表议事会，和组织驻乡镇各级人民代表评议上级部门派驻单位、乡镇职能部门工作的作法与经验。会议研究部署建立健全村民民主议事、人大代表视查评议制度工作。1992年，地委决定建立每半年向民主党派、工商联和无党派人士通报一次全区工作情况的政治协商制度，倾听意见，改善工作，强化与党外协作和党外监督机制。

1995年4月，中共郴州市第一届委员会第一次全体（扩大）会议将加强民主政治建设，努力推进决策民主化和科学化列为工作重点。同年，经市委常委会研究决定形成13条转变领导方式，加强民主决策制度，如规定市委、市政府对全市每一项重大工作决策在出台之前，都须在调查研究的基础上，事先拿出草案提供市人民代表大会或人大常委会讨论审议，或召集政协有关人士征求意见。有的还应组织专家、学者和咨询机构进行论证，坚持按民主决策程序办事。此后，郴州市委不断加强民主决策制度建设，到2000年，先后制定实施“市委常委会议制度”“市党政联席会议制度”“市委、市人大常委会、市政府、市政协四家领导联席会议制度”“现场办公会议制度”等。

2001年，市委决定推行农村党支部换届选举“两推一选”制度，即先由村民代表对党支部书记和委员的产生推选出“信任票”，继从“信任票”中推选出候选人，之后再由党员从候选人中进行党支部委员选举。当年全市2878个村党支部有2374个实行“两推一选制”，由村民先“两推”选举产生的新支委4446人。“两推一选制”进而逐步推广至学校、社区及企事业单位的党支部换届选举中，促使按民主意愿调整好基层党组织班子。

郴州市委在建立健全民主监督制度中，先后建立向民主党派、工商联、无党派人士定期召开工作通报协商议事会议、邀请其参与政府职能部门行风评议，以及市党政领导与党外人士“交净友、听心声”等制度。1995—2005年，中共郴州市委先后召开向民主党派、工商联和无党派人士征求意见的政治协商议事会议25次，各民主党派和工商联就市委、市政府重大工作决策提交调查报告205份，市委、市政府采纳其建议和意见260多条。其间，市委在领导干部选拔、任用和管理中，相继制定实施“民主推荐”“任职前公示”“民主测评”等制度，强化对领导干部选拔任用和管理的民主监督，推进领导班子队伍建设。

二、法治建设

1989年，中共郴州地委下发通知，部署在全区深入推进第一个五年普及法律常识教育（1986—1990年），号召广泛开展“学法、懂法、用法”活动，组织推行普法与依法治理相结合，推进依法治县（市）、依法治乡（镇）、依法治村、治厂、治街、治校等法制建设工作。当年11月22日，郴州市郴江乡农民起诉市政府封停王仙岭矿一案，在郴州地区中级人民法院开庭审理，此为区内首例农民状告政府案。

郴州地委在推进法治建设中，注重发挥人大、政法、纪检、行政监察等机关（部门）和人民群众的监督作用。1990年6月，在地委的支持下，地区人大联工委与公安、检察、法院、司法机关，联合组织对政法系统执法情况进行为期3个月的检查。地委根据检查中发现的以罚代刑、徇私枉法、超期羁押等8个方面的问题，及时督促复查和整治到位。1991年1月，地委、行署召开全区减轻农民负担工作会议，部署依法清理涉农负担文件。当年，地、县两级先后撤销、停止和废止涉及农民不合理负担的文件936件，取消农民不合理负担项目110项，年减轻农民各种不合理负担近3000万元。

1993年7月，郴州地委根据一些地方和单位社会治安管理责任不明、尽职不到位的情况，决定按照“属地管理，分级负责”的原则，在全省率先推行对县（市）及地直综治成员单位实行社会治安综合治理目标责任管理。同月，地委、行署与11个县（市）委、政府签订《社会治安综合治理目标管理责任状》，实行社会治安依法综合治理“一票否决制”。推动全区落实依法治理工作。

1995年6月，中共郴州市委下发《批转市综治委、市委政法委关于〈郴州市社会治安“长治久安工程”实施方案〉的通知》，部署组织开展创建“平安郴州”“安全文明小区”“治安模范单位”等依法治市活动，突出加强基层法治建设。到2000年，全市258个乡镇（街道办事处）均建立综治办和矛盾纠纷调处中心，创建安全文明乡镇、小区、治安模范的单位分别达单位总数的84.0%、79.0%和75.0%。

1996年4月，市委印发《批转〈关于在全市公民中开展普法和依法治理工作的第三个五年规划〉的通知》，推进公民普法和依法治市。当年在依法治市中，市政府成立郴州市行政执法证和行政执法监督证管理领导小组，制定《行政执法证和行政执法监督证管理办法》，全市随即实行“持证上岗，亮证执法”制度和行政执法特约监督员制度，行政执法部门普遍推行依法行政目标管理责任制。在法制建设中着力规范行政执法管理。

2000年，市委、市政府两次召开全市“三五”（1996—2000）普法和依法治市工作电视电话会议，并专门召开全市县（市、区）委书记、县（市、区）长会议安排普法用法工作，部署各级领导干部采取包县、包片、包村的办法，广泛组织深入开展“送法下乡”活动。年内，市、县两级共派出机关干部和普法骨干8000多名进村入户送法下乡，帮助群众提高法治素质。

2003年，市委下发《关于进一步加强和推进依法治市的意见》，明确将社会治安综合治理、依法治市工作列入各级党委工作的一项重要考评内容，严格落实治安工作责任和责任追究制，推进依法治市工作常态化和法制化。2004年，市委、市政府部署宣传贯彻《中华人民共和国行政许可法》和国务院《全面推进依法行政实施纲要》。市、县两级举办《行政许可法》培训班220场次。1995—2005年，市委坚持凡需按法定程序经人大常委会决定的问题，坚决按程序办，并积极支持市人大常委会行使法律监督职能。其间，市人大常委会组织执法检查51次，市委均及时听取检查情况汇报和部署解决检查中发现的问题。

三、机构改革

（一）党政机关机构改革

1989年，中共郴州地委在全面推进经济体制改革的同时，加快党政机关机构改革，建立与经济社会发展相适应的机构设置体系。当年，地委进一步理顺党委与政府的关系，按照党政分工和政企分开的原则部署启动调整机构设置工作。1992年，地委、行署先在汝城、永兴两县进行政企分开，转变政府机构职能改革的试点。1993年，以点带面，按照政企分开的原则，逐步把属于企业的各项权力从政府管理职能部门下放给企业，同时全面推行厂长（经理）负责制。1995年1月，郴州地委制定出台《郴州地区党政机构改革方案》，召开党政机关机构改革动员大会，启动党政机关机构改革。

1995年5月，郴州撤地建市后，中共郴州市委加快党政机关机构改革，突出解决机构设置重叠臃肿、管理层次繁多，人浮于事的问题。市委迅速组织实施定职能、定机构、定编制的“三定”工作，进一步理顺党委与政府、块块与条条、部门与部门的关系，精减机构设置和管理层次。到1996年10月，市、县（市、区）两级党政机关机构经撤减归并、转体分流，由1991年的702个减至452个，精减35.6%，其中市直精减29.8%。2001—2002年，市委进而组织新一轮党政机关机构改革，再一次调整机构管理职能、精简机构设置。到2002年，市直党政机关机构调整兼并管理职能152项，简政放权下放管理职能42项；机构设置由1996年的452个又精减至297个，精减分流行政人员22.0%。其中市直党政机构由原来的56个减至43个，机关行政编制减少359名，精减26.5%。初步形成精干高效、协调运转的机构设置体系，政府机构管理职能进一步由微观管理转向宏观指导。2004年8月至2005年10月，市委、市政府组织进行以调整和优化政府职能为重点的政府机构改革。改革中，组建市政府国有资产监督管理委员会，以改变国有资产多头管理和出资人不到位的状况；将市发展计划委员会改组为市发展和改革委员会，把改革与发展融为一体筹划推进；成立城市管理执法局，把环卫、规划、绿化、市政、建设、殡葬等方面的城市管理处罚权相对集中，理顺郴州市城区范围内市、区之间的执法关系。此次政府机构改革，市直单位进行职能整合的8个，新组建机构2个。各县（市、区）政府机构设置亦作相应调整。

（二）事业单位机构改革

1990—1994年，中共郴州地委、地区行署通过办试点、树样板，组织逐步推开事业单位机构改革。全地区先后有340多家经营性单位由事业性质改为企业经济主体，步入市场实行企业化经营，逐步脱离靠财政供养的“铁饭碗”，增强自主发展活力。1995—1996年，市委、市政府部署按照政事分开的原则，先行对一批市直单位界定机构性质和职能，进行转体和过渡工作。其间，市档案局、广播电视局等5个具有部分行政职能的单位改为事业单位；对市直16个副处级以上事业单位重新调整界定机构职能，核编减员，使之逐步实现由财政全额拨款过渡为差额拨款或自收自支。

1997年，中共郴州市委、郴州市人民政府下发《郴州市事业单位机构改革实施意见》，确立按照“脱钩、分类、放权、搞活”的总体原则，着重分类推进以“事业型行政机关改制转体，公益型事业单位优化结构布局控编减员，经营型事业单位剥离脱钩，创收型公益事业单位向自收自支过渡”为主要内容的事业单位体制改革。全市采取“分类试点，成批推进”的办法，循序渐进地转入全面启动事业单位机构改革工作。至1999年底止，市直8个事业型机关单位调整合并，组建为4个行业办，分流人员50%；公益型事业单位重点调整优化学校布局，控编减员，1999年全市学校数由1995年前的3990所调整为3523所，减少11.7%；先后对创收型、经营性的律师事务所、会计事务所、党政机关所属宾馆，采用转体股份合作、租赁、整体拍卖等方式，进行剥离改制，使其真正成为自主经营、自负盈亏的企业法人实体。逐步取消事业单位行政级别，统一规范使用名称。2000年后，事业单位改革渐次深入。到2002年，全市70%的事业单位初步形成责、权、利相结合的岗位管理新格局。

2003—2005年，市委、市政府部署进一步做好事业单位撤并归类工作，规范事业单位财政供养范围，逐步将经营性事业单位推向市场自谋发展。2003年5月，市政府决定撤销市医药集团和9个县（市）医药公司，其管理职能归类移交医药行业管理办公室履行。继后又撤销商业物资行管办下属6家名存实亡的事业单位。到2004年，全市经营性事业单位采取股份合作、化转、租赁、整体拍卖等方式，均剥离改制实行企业化管理；公益性事业单位普遍精减和减员；公益型又有创收能力的事业单位推行宏观监控，放权搞活，基本退出财政供养范围。2005年，全面推行事业单位人员聘用制和改革分配制度，全市有2357个事业单位7万多名工作人员试行聘用制管理，有1400多家事业单位实行“结构工资制”“岗位工资制”“绩效工资制”等分配形式。对市级纳入国家行政编制的机关和具有公共事务管理职能的事业单位，新增人员实行面向社会公开招聘，择优录用。

至2005年年末，全市共有各类事业单位6817个，比1994年的8095个减少1278个，减少15.8%。其中列入财政拨款单位5831个、经费自理单位942个、企业化管理单位44个。全市事业单位主要为教育、卫生、农林牧水三大类：各级各类学校占事业单位总数的35.9%，医疗卫生机构占事业单位总数的4.6%，农、林、牧、水行业事业单位占事业单位总数的18.9%。

四、干部人事制度改革

1989年，郴州地委启动企事业单位干部管理制度改革，推行政企分开，打破企业领导干部统配、统管的旧体制。当年，地委决定下放市属企业干部管理权限，即除地属县级企业党政正职由地委管理外，其他领导干部下放委托地委工交政治部、地区经委部门管理。1991年，面向社会拓宽干部吸收录用渠道，按照“德才兼备，择优录用”的原则，从优秀产业工人、农村基层干部中招考录用国家干部122人。当年，地委决定以党政群团机关、检察院、法院为重点，启动领导干部交流。年内交流县级领导干部55人，其中异地横向交流41人，上级机关与基层单位上下交流14人。同时从基层选用提拔县级领导57名，从机关选择68名干部流向基层挂职锻炼，创新方式全方位地培育干部的工作适应能力。1991年起，国有企业领导干部由过去单一的组织考察任命，改为民主推荐与组织考察相结合的办法选拔产生。同时，推行企业干部聘用制、企业自主选聘制。企业对行政中层干部有任免权。从1994年开始，地委决定推行公开选拔领导干部制度，建立干部选拔的破格、竞争、激励、制约机制。1994年公开招考5名非中共党员任市教委副主任、市卫生局副局长等副处级领导干部。

1995年6月，中共郴州市委、郴州市人民政府作出《关于改革干部人事制度的规定》，决定扩大公开选拔领导干部的范围和对象。这一年，从1000余名报名者中公开选拔15名正、副处级领导干部，其中在省内率先面向全省选拔市体改委主任、规划建设局局长、旅游局局长等6名正处级干部。

1999年6月，市委制定出台《关于市管干部任职前公示的试用办法》，继后又下发《关于对市管领导干部任职前实行试用期的规定》，相继启动市、县两级干部任前公示制、试用制。2000年，市、县两级在当地报纸、电视台公示拟任县处级干部49名、科级干部175名。根据群众反映查证后，延期任用副处级干部2名，未被任命科级干部6名。同时，对县处级领导干部任职前推行一年试用期，当年经跟踪管理和考察，有3名干部延长任前试用期半年。同时大胆启用年轻干部。1995—2000年，全市有161名35岁左右的年轻干部走上县处级领导岗位，占其间选任县处级干部的40.2%。2001年全面推行党政机关中层干部竞争上岗制度，全市有326个单位中层领导职位通过民主推荐、考评，实行竞争上岗。期间，全市事业单位人事管理逐步与党政机关脱钩，独立门类，渐次向全员聘（任）制转变。

2002年9月，中共湖南省委确定郴州市为党委（党组）讨论任免干部实行票决制的试点单位。10月29日，市委常委会分别对42名拟任县处级领导干部的任免首次进行无记名投票表决。其后，市委将永兴县县委，市统计局、审计局党组和市第一人民医院党委，列为任免干部实行票决制试点单位。2003年，市委组织部制定实施《郴州市党政领导引咎辞职暂行规定》，推行“能者上、平者让、庸者下”的用人机制。新华社政治时事杂志《半月谈》全文转载该“规定”。2004年，全市在公开选拔61个科（局）级以上职位人员中，探索实行“百分制”量化考核办法，推行定性分析与工作实绩考核相结合，科学“公选”干部。

2005年，市委加大票决制推行力度，市、县两级干部任免全面实行当级常委会无计名票决制。同时，扩大民主推荐制和任前公示制实行面，凡调整重用干部必须与提拔干部一样，在拟任后向社会公示，接受社会评审。是年，全市对134名县处级拟任干部进行公示，其中属调整重用的38名。至此，全市干部人事制度改革初步打破按领导意图的“任命制”，形成广纳群贤、公平竞争、能上能下、社会监督的用人机制。

1989—2005年，郴州行政机关、事业单位和企业先后选拔录用干部63722人（含事业单位管理人员和专业技术人员）。至2005年末，全市拥有干部102721名。干部人事制度的改革，驱使干部队伍结构呈现“一升三降”的明显变化：2005年较之1989年，郴州女性干部占干部总数的百分比上升14.6%，56岁以上人员同比占干部总数的百分比下降8.5%、高中以下文化程度干部同比下降45.1%、党政机关干部占干部总数的比例下降19.6%。

第二节 确立“开放兴郴”发展战略

1989年6月，中共郴州地委召开县（市）委书记会议，研究办好郴州改革开放过渡试验区的工作方针，会议提出“开放兴郴”的理念，确定“以改革促开放，以开放促开发”的工作方略。接着地委组织全区上下致力探索和建立适合外向型经济发展的经济体制，起步以放活商品市场流通为驱力拉动郴州经济增长。1990年后，废止计划经济时期形成的地区物流封锁的政策规定，拆除阻碍市场商品流通关卡，郴州销往广东和港澳市场的工农业产品价值年逾8亿元。1992年3月，地委召开副处级以上干部会议，动员在全区党员干部中开展“解放思想大讨论”活动，促进经济发展走出“闭门自守”的禁锢。

1995年4月，中共郴州市第一次代表大会确立将“开放兴郴”作为促进郴州发展的总体战略，确定了把郴州建设成社会主义现代化开放城市的宏伟目标，建成湖南进入国际经济大循环的南部门户的工作方针。6月17日，市委、市政府召开联席会议，研究实施开放兴郴战略的四个问题：决定将郴州经省政府批准的6个经济技术开发区作为开放兴郴的试验区，带动外向型经济的增长；确定发展外向型经济的重点领域；制定发展外向型经济的优惠的政策；议定出台营造开放兴郴良好环境的举措。6月30日，市委印发《关于进一步扩大对外开放加快发展外向型经济的决定》。不久，市委、市政府出台“百家工业企业计划”，即选择100家企业实行引进资金、技术、设备，或采用一厂多制、产权出让等形式，进行嫁接改造。1997年，市委、市政府决定每1～2年举办一届山水旅游节暨经贸洽谈会，借此带动全市进行大规模招商引资。1998年7月，市委、市政府确定将北湖区石盖塘工业小区建成全市第一个“无费区”（无行政事业性收费区），带动全市为入境外资企业创造良好的发展环境。

1999年年初，郴州市委经济工作会议继续将“开放带动”确立为开放兴郴的首选战略工程，要求以扩大对外开放为主线，带动郴州发展。3月，市委、市政府召开全市对外开放工作会议，动员全市“南下、北上、东进、西行”地拓展外向型经济发展领域。2000年，安仁县政府领导带队赴广东、深圳引进资金1000万元兴办食用菌开发公司，并在广州、长沙、深圳等地兴建10个食用菌销售市场。至2002年，全县年产食用菌超过1.5万吨，开放带动使该县一跃成为中南地区最大的食用菌生产基地。

到2002年，市委、市政府确立以加强优化经济发展环境为重点，推进开放兴郴发展战略的实施。当年，市委、市政府先后颁发《关于加大招商引资力度鼓励外来投资的若干规定》《关于进一步优化经济环境的若干规定》。制定出台实行“一个窗口”办事、“一站式”审批，有关部门受理外来投资者来郴投资置业一般应在3个工作日办好有关手续，和对外来投资项目用地、租赁厂房、厂房建设实行优惠收费，以及对来郴州投资企业实行合法权益保护的“一牌一证一卡”收费等制度规定，全市发展开放型经济环境日臻趋好。在此期间，市委、市政府先后精心举办郴州（东莞）投资环境说明会、郴州（北京）经济社会发展汇报会、香港（郴州）市情介绍会，并在广州、珠海、上海、香港等地开展一系列招商引资活动，牵动各地广开对外经济大门。继后，郴州市委利用郴州地处华南沿海尤其是“珠三角”经济区对外辐射的第一梯度区的优势，作出“把郴州建设成为珠三角等沿海区域产业梯度转移承接基地”的决策，先后从广东沿海地区引进一批产业项目移师落户郴州，开放兴郴延展新的领域。2005年6月，全省唯一的国家级出口加工区郴州出口加工区获国务院批准，启动投建。当年，全市仅新批外商投资项目就达52个，实际利用外资2.44亿美元；内联引资项目689个，实际到位内资人民币82.40亿元，均创历史新高。同年11月，市委、市政府下发《关于加快引进战略投资者的若干意见》，作出强力引进国内外实力雄厚的大企业、大集团、大公司的决策，以促进全市产业升级和区域经济发展品位，整体提升开放兴郴的发展水平。

第三节　鼓励扶持民营经济

1989年3月，中共郴州地委、地区行署印发《关于鼓励扶持城乡个体私营经济发展的若干规定》，明确规定个体私营企业在经营范围、名称场地、资金筹措、税费减免、员工子女入学等方面享有13

条优惠政策，并决定将民营经济列入考评县域经济发展一大主要项目。1994年，地委、行署发出《关于加快发展个体私营经济的决定》，确立对个体私营经济在管理中抓发展，在发展中抓管理的工作方针，决定建立个体私营经济奖励制度。成立郴州地区个体私营经济发展领导小组，加强做好个体私营经济发展的组织、协调、督促和扶持工作。

1996年，郴州市委、市政府将当年定为“个体私营经济发展年”，年内新出台对个体私营企业实行放宽登记注册手续、经营范围、经营地域，和对从业人员提供优质服务等规定。组织督查组到县（市、区）督促解决民营经济在发展中存在的问题。当年全区个体工商户、个体私营企业发展到13.51万户。

1997年12月，中共郴州市委、市人民政府印发《关于进一步加快发展个体私营经济的决定》，确立个体私营经济发展方向与目标，就放宽政策、优化服务、规范管理、加强领导、建立激励机制等出台19条新规定。2002年1月，市委、市政府在下发《关于鼓励和推动民营经济发展的若干意见》中，提出“企业以民营为主、经济以民有为主”的发展思路，并将发展民营经济纳入对各县（市、区）工作目标考核的主要指标之一，要求对重点民营企业项目实行市领导分工联系、部门协同扶助责任制。当年在全省率先成立市民营经济发展局，对民营企业发展所需提供全程服务。并由市财政每年安排400万元作为民营企业的贷款贴息资金。当年全市民营企业实现增加值109.27亿元，占全市国内生产总值的42.0%。

2005年11月，市委、市政府印发《关于鼓励支持和引导个体私营经济等非公有制经济发展的实施意见》，要求各地帮助个体私营经济优化产业结构，拓展新兴行业，引导民营企业由数量型向规模效益型转变，并依法加强对个体私营经济的监督管理。至年底，全市城乡拥有个体工商户、私营企业82312户，非公有制经济增加值占全市生产总值的57.3%，上缴税金占全市财政收入的45.8%。全市民营经济成为发展国民经济的主力军，财政收入的重要来源。

第四节 优化经济发展环境

1989年，中共郴州地委、地区行署在组织全区创办改革开放过渡试验区的进程中，倾力创造良好的经济发展环境。1990年，地委、行署部署组织清理一些部门违规开办的经商公司，严禁国家工作机关滥办经营机构扰乱社会市场经济秩序。1991年12月，地委、行署领导带队上路督查撤除擅自设置的各种非法检查站（所），保障发展对外经济中物流畅通。1992—1994年，全区逐步放开食油、粮食和民用棉等农产品购销价格，放开钢材、石油等14种主要生产资料价格，全面组织撤除物流关卡，商品经济发展环境日愈宽松。到1994年，境内涌现10万名体商品运销人员闯市场、跑营销的活跃局面。

1995年5月郴州撤地设市，中共郴州市委、市人民政府年内出台改善经济发展环境、扩大对外开放的8条决定。根据市委、市政府的决定，随即组建市招商局，对招商引资实行办事便捷的“一个窗口”服务；由市监察局等单位对“三资”企业生产经营秩序实行挂牌保护；成立市外商投诉协调中心和法律服务中心，依法保护外来投资者的合法权益；在全省率先实行凭卡收费的收费卡制度，规范对“三资”企业的收费行为。1996年，市委书记梅克保先后5次主持召开县（市、区）党政主要领导人会议，专题研究优化经济发展环境，扩大招商引资工作。会议研究决定实行市、县两级党政领导治理经济环境责任制，凡出现损害经济发展环境的重大事件，一律追究相关领导责任。梅克保还跟踪联系3个“三资”项目，年内接待外商60多人次，帮助“三资”企业和外商解决20多个实际问题。之后，市委、市政府围绕优化经济发展环境，制定出台一系列政策规定和制度。

2001年9月，郴州市委办公室、市政府办公室印发《关于实行治理经济发展环境责任追究制度的通知》。当年，在治理经济发展环境工作中，全市取消收费项目169项，减少收费6180万元；降低收费项目287项，减少收费7690万元。2002年3月，市委、市政府下发《关于进一步优化经济环境的若干规定》，同月专门召开全市优化经济发展环境、整顿经济秩序大会。会议公布一批聘任为治理经济环境督办员的名单，并宣布凡一个单位一年内发生两起以上严重影响经济环境的典型案件，除严厉查处直接责任人外，主要领导人要引咎辞职或责令辞职的纪律规定。2003年，被市委、市政府定为“优化投资环境发展年”，8月，市委办下发《关于全市优化经济环境工作的意见》，对推进“提供优越条件，制定优惠政策，开展优质服务”三项对外开放重点工作，提出具体要求。2000—2003年，市委、市政府召开协调会调处涉及经济发展环境的重大问题410多个，全市各级立案查处违规乱收费、乱罚款、乱集资，破坏和阻碍项目施工、黑恶势力垄断市场经营等涉及经济发展环境案件3100多起。其间，市政府大力推进行政审批制度改革，简化办事程序，提高办事效率，先后向社会公布取消和不再审批事项593项。全市日趋转好的经济发展环境，产生良好的对外开放集聚效应。2005年，全市仅内联引资项目就达689个，实际到位内资82.40亿元，到位内资总量和综合排位均列为全省市州第二位。

第五节　招商引资，开放带动

1995年4月，中共郴州市第一次代表大会将“开放兴郴”列为促进郴州发展的总体战略，提出以招商引资发展外向型经济为主线，牵动全市经济发展。是年，中共郴州市委、市人民政府制定出台8条扩大招商引资的鼓励优惠决定；并将资兴东江、宜章南京洞、郴州城区城前岭定为对外加工装配的“三来一补”招商引资基地；制定出台对出口创汇的扶持政策和规范“三资”企业收费管理的规定。随即全市兴起“三重两新”（重大项目、重要对象、重点地区，新领域、新方式）的开放引进热潮。当年资兴东江开发区兴办4个“三来一补”企业，由资兴市供销社与香港嘉强针织有限公司合作投资1000万元人民币开办的郴州东江嘉禾针织厂，时为全省最大的来料加工项目。1997年，市委、市政府决定每1~2年举办一届郴州山水（生态）旅游节暨经贸洽谈会，带动全市展开大规模招商引资活动。

1999年年初，郴州市委经济工作会议进而确立以全面拓展招商引资为重点带动郴州经济发展的开放带动工作方略。2001年，市委、市政府推行以“领导带动，活动推动，部门联动，企业主动”的“四轮”驱动举措，扩展招商引资。到2002年，全市年实际利用外资1.54亿美元，利用资金额仅次于长沙居全省第二位。2002年，市委、市政府先后印发《关于加大招商引资力度鼓励外来投资的若干规定》《郴州市鼓励投资暂行规定》，相继制定出台对外资企业实行凭证收费的收费卡制度，对外商投资项目提供全程优质服务和建立外商投诉处理机制等规定。此间，郴州市接连组织在东莞、广州、珠海以及上海浦东等地展开大型招商引资活动。

同年，市委、市政府为推进“招商引资，开放带动”工作方略的实施，部署对市、县两级领导干部实行招商引资目标管理，做到层层有任务、人人有责任。并组织在深圳举行湖南·郴州投资环境介绍会，签订经贸合同48项，年内引进资金人民币2.30亿元。市、县两级领导分工负责，组织广泛开展招商引资活动，各县（市、区）纷纷组织招商引资“小分队”上门招商引资。年内，世界500强企业之一的麦当劳有限公司确定在郴州投资200万美元开办连锁店，实现世界500强企业在境内投资“零”的突破。2003年5月，市委、市政府在全市外向型经济暨民营经济工作会议上，重奖为招商引资作出贡献的单位和个人。10月，市委、市政府批准将郴资桂高等级公路经营权以3.85亿元的价格转让给上海华龙企业集团，时为湖南省交通系统最大一宗产权转让项目。转让所得资金立即投入到桂嘉（桂阳至嘉禾）高等级公路建设中，此举使郴州成为全省当时投建高等级公路里程最长的地区。

2004年后，郴州实行市级领导定人挂项目，跟踪负责的办法推动招商引资，重点组织引进大型新兴企业和高新技术产业项目，以带动郴州工业经济发展转型升级。到2005年，先后有本田汽车、华润集团、韶能集团、华录数码、三九医药、云南锡业等26家世界500强企业和国内知名企业落户郴州兴业。2001—2005年，全市通过招商引资利用市域境外资金总量，连续5年居全省市州第二位，带动郴州实施“大项目、大产业、大企业、大品牌”经济建设成效明显。2005年，全市引进30个重大项目，完成投资39.70亿元；有色金属、能源、电子信息、食品医药、建材、化工机械6大优势产业对规模工业增长的贡献率达77.1%，年产值过亿元的企业增至67户；桂阳金叶烤烟、永兴白银、临武舜华鸭、资兴东江鱼等10大品牌产品实现年产值81亿元、税收3.90亿元。全市年经济总量上升到全省市州第六位。

第六节　推进郴资桂经济一体化建设

1999年，中共郴州市委正式提出郴资桂经济一体化建设目标，启动规划工作。2000年3月26日，市委常委扩大会议面对全国经济加速发展的新形势，专题研究“郴资桂经济一体化”建设工作。会议决定以郴资桂高等级公路为载体，利用沿路郴州、资兴、桂阳城区“三点一线”良好的基础和设施，打破行政区划束缚，以经济合作为纽带，将其沿线区域实行一体化的统一规划、管理、运作，合力办成新型工业化示范带、农业产业化样板区、城市化中心区和文化旅游走廊，培育成为郴州市经济发展的核心增长极。4月，中共郴州市第二次代表大会经审议，作出经3～5年的努力，使郴资桂区域成为城市化水平高、市场竞争力强、经济带动作用明显的示范带的决定。市委、市政府精心组织，强力实施郴资桂经济一体化区域基础设施和产业项目建设，当年，加快郴资桂高等级公路砼路面建设和一体化区域青啤年产10万吨啤酒扩建等重点工程项目建设。2001年全市组织“百日攻坚”重点工程建设，重点推进郴资桂经济一体化区域项目建设，在其区域投建重点工程14个。2002年，市委、市政府部署开展“郴资桂经济一体化重点项目建设年”活动，全市确定重点建设项目68个，其中列入郴资桂一体化建设项目46个（投建生产经营性项目42个、基础设施项目4个）。重点在此区域实施优势工业产业集群、高效农业示范带和城镇一体化工程项目建设。

2004年7月，中共郴州市委、市人民政府下发《关于加快郴资桂经济一体化建设的决定》，进一步明确沿郴资桂高等级公路的两区一市一县（苏仙区、北湖区、资兴市、桂阳县）和市本级三个开发区（市经济技术开发区、市有色金属科技工业园、市农产品加工示范园）的建设目标和投建工程项目，还规定了一体化区域的领导机构、财税体制、行政行为和考核目标等。随之，“郴资桂经济一体化”建设步伐加快。至2005年，该区域共投建重大项目72项，竣工48项，其中产业项目占70%。先后有鲤鱼江电厂、钻石钨冶炼、富雷数码电器、北湖区农产品系列加工、稻仙园和苏仙区现代农业示范园等一批建设项目竣工；有高斯贝尔、华录电子、冷杉空调等20多家新兴产业企业落户郴资桂经济一体化区域。区域内城镇建设普遍扩容提质。其间，以郴资桂经济一体化为龙头的优势区域，对全市经济发展的引擎作用渐趋增强。2001—2005年，郴资桂经济一体化区域生产总值年均增长12.8%，高于全市平均增幅0.9个百分点，其年均带动全市经济增长6.4个百分点。

第七节　创建全国双拥模范城

郴州是朱德、陈毅等老一辈革命家发动著名的湘南起义、红军进行举世闻名的长征途经之地，又是湘南游击斗争的根据地，历来有拥军优属、拥政爱民的光荣传统。

1995年4月，中共郴州市第一届一次全会提出，将郴州市创建为“全国双拥（拥军优属、拥政爱民）模范城”的奋斗目标。1998年，中共郴州市委、市人民政府、郴州军分区联合制定印发双拥创建工作规划，将创建工作纳入全市经济社会发展及部队建设的总体规划，成立双拥创建工作领导小组。全市随之形成上下配套、军地协调、条块结合的双拥组织领导机构和工作网络。郴州市党、政、军主要领导经常深入部队调研，帮助解决部队建设中的实际困难。同时，全市广泛组织创办双拥模范小区和双拥宣传一条街，以及到部队慰问人民子弟兵等活动。2000年，郴州市被授予“全省双拥模范城”。郴州军分区系统和驻郴部队发扬“拥政爱民”的光荣传统，积极主动参与地方精神文明和物质文明建设，为郴州创建全省“文明卫生城市”“园林绿化城市”及全国“优秀旅游城市”“双拥模范城”做出突出贡献。尤其是当人民遭灾遇险的时候，部队官兵全力投入抢险救灾，患难与共。

2002年8月8日，郴州市遭受特大暴雨袭击，位于北湖区市郊乡的四清水库外坡出现大面积滑坡。驻郴部队广大官兵和民兵预备役人员3000余人在第一时间赶到现场，置个人安危于不顾，夜以继日搬石填土，全力护坝，经过7天6夜的顽强奋战，筑起一道坚固的护库大坝，保护了水库周边数万人民群众生命财产和京广铁路、京珠高速公路等交通大动脉的安全。8月12日下午，国务院副总理温家宝到水库察看灾情时，一再称赞部队官兵英勇无畏、拥政爱民的精神。驻郴部队和民兵预备役人员每年还配合地方完成春运及一些重大节庆活动的安全保障任务。1995—2003年，郴州军分区与驻郴部队组织官兵参加扑灭山火行动285次，抗洪抢险68次，挽回经济损失上千万元。驻郴部队支持和参与“两个文明”项目建设854项。

到2003年，全市先后投资3000万元在革命纪念地修建修复爱国主义教育基地15个，设立军民双拥共建工作示范点83个；市财政投资2000万元帮助军分区兴建专职武装干部培训中心，11个县（市、区）资助人民武装部全部达到正规化建设要求。全市还先后多次拨款用于补贴部队营房建设和添置设备器材。市委、市政府相继配套制定下发12个拥军优属的地方性政策法规文件，在全市推行“以县统筹，五个统一”的城乡一体化拥军优属模式。先后对驻郴5000名部队义务兵予以补贴优待金总额达600万元。重点确保优抚的烈、军属对象生活水平均高于当地群众平均生活水平；

对1.2万名在乡老复员军人实行医疗优待补助办法，其中还重点扶助4000多户发展生产，摆脱贫困。与此同时，实施“优扶安居工程”，累计拨款300万元资助400多户在乡老复员军人住房特困户新建住房。全市军人转业退伍就业安置工作一直居全省先进行列。

2004年1月9日，郴州市被全国双拥模范城命名表彰大会授予“全国双拥模范城”荣誉称号。

第八节　施行人才发展方略

1990年，郴州地区完成企事业单位职称改革工作，地（市）、县两级建立健全专业技术人员档案，实行技术职务等级管理。当年，中共郴州地委、地区行署决定自始开展评选专业技术拔尖人才工作，并召开郴州地区首届专业技术拔尖人才颁证大会，首章北等33位为郴州发展做出突出贡献者获“郴州地区专业技术拔尖人才”称号。

1991年11月，郴州柴油机厂科技人员研发的CZ175F柴油机在北京举行的全国“七五”星火产品博览会上获金奖。该机节能、高效、安全、轻便，深受农民欢迎。会展期间，中共中央总书记江泽民在参观中听了讲解员对该产品的介绍后说：类似的农机产品很好，农村非常需要，应大力开发。1993年3月，地委、行署发出通报，授予郴州市（北湖区）玻璃厂等28个单位为“知识分子工作先进单位”，周和平等78人为“优秀知识分子”，刘湘萍等20人为“优秀知识分子工作者”。

1995年4月，中共郴州市一届一次全会确立在全市实施人才发展方略，要求造就一支以教育科技和经济管理人才为主体的全方位、多层次、高素质的专业人才队伍。1996年2月，中共郴州市委印发《关于培养选拔跨世纪学术和技术带头人及后备人选的意见》，就培养目标、推荐领域，和选拔对象的基本条件、选拔程序、工作措施及组织管理等作出具体规定，决定在工学、农学、哲学、经济学、法学、教育学、文学、理学、医学9大学科门类的98个二级学科领域，推荐45岁以下的学术技术带头人及40岁以下的后备人选。将选拔出来的人员列入专业技术拔尖人才管理范围，每年考核一次，实行优胜劣汰的动态管理。

1996年7月，郴州市委、市人民政府作出《关于进一步推动科学技术进步的决定》，规划5年内造就100名市内拔尖的学术、技术和产业带头人；建立100名跨世纪的学术、技术管理带头人后备队伍。1997年12月，市委、市政府印发《郴州市专业技术拔尖人才选拔与管理办法》，进一步明确对各行各业专业技术拔尖人才推行“重点培养，两级（市与拔尖人才就职单位）共管，跟踪考核、重奖重用”的管理办法。

1990—2005年，郴州先后五批次选拔专业技术拔尖人才152名。1996—2005年，先后3批次选定市级学术、技术带头人52名、后备人选70名。入选人员享有优先学习深造、优先安排科研课题和经费、优先改善工作生活条件等待遇。2004年11月，郴州市还从全省首届“走向成功”大型人才招聘会上引进高层次紧缺人才27名，作为专业技术拔尖人才的后备人选。此间，凡被选为专业技术的拔尖人才，经业绩考核，由市委、市政府分期分批授予“郴州市有突出贡献的专业技术拔尖人才”称号，颁发“专业技术拔尖人才证书”。从而促使郴州渐而形成一支全身心投入科技兴郴的专业技术人才队伍。被选为郴州市第三批、第四批专业技术拔尖人才的高级农艺师黄四齐，长年扎根山乡研究杂交水稻制种技术。1993年他在资兴市州门司乡主持的杂交稻高产制种试验项目，亩产最高达496.4千克，时创国内外杂交水稻制种单产之冠，获得“杂交水稻之父”袁隆平的赞誉。

第九节　城乡社会主义思想教育

1990年1月，郴州地委成立农村社会主义思想教育领导小组，下设办公室。1990—1992年，地委根据省委决定启动全区农村社会主义思想教育（简称社教）工作。全区农村先后分三批（每批一年）组织开展，共抽调机关干部8372人（地直机关732人，县(市)直机关7640人），分期分批进驻248个乡镇2071个村展开社会主义思想教育。主要开展国情和四项基本原则（坚持社会主义道路、人民民主专政、中国共产党领导、马列主义毛泽东思想）的宣传学习和教育；加强以村党支部为核心的基层组织建设，完善家庭联产承包与发展集体经济相结合的双层经营体制。到1992年末，地、县两级抽样对1035个驻点村进行检查验收，社教工作达标的921个，占89.0%。地委、行署通报表彰资兴市七里乡等农村社教先进单位58个，桂阳县财政局等支持农村社教单位10个。三年社教，坚定了农民群众走社会主义道路的信念，基层党组织的战斗力和感召力增强，社会风气好转，农村经济社会发展加快。1992年，全区实现粮食总产量155.62万吨，乡镇企业总收入20.04亿元，农民人平均收入667元，较之1989年，分别增长1.9%、67.0%和25.0%。

1991年9月23日，地委召开全区城市社会主义思想教育动员大会。至1992年，地委同时部署在全区分两批进行城市社会主义思想教育。重点抓好社会主义思想教育，促进各级领导班子建设，推动社会秩序好转和各项工作发展。1991年9月至1992年1月，在地、县(市)党政机关和事业单位、乡镇机关、大中专学校共1517个单位展开第一批社教。此批社教在整顿领导班子阶段中，召开大会公开宣布对6名违法违纪人员予以党纪政纪处分。1992年2月至11月，在工商企业、街道居委会、个体工商企业、中小学校和乡镇站（所）共2630个单位展开第二批社教。其间，地委安排地级领导下到11个县（市）联系、指导城市社教工作，并派出6个督导组进行巡回督查。1992年末经考核验收，两批4147个城市社教单位中合格3697个、基本合格387个、不合格63个。合格率和基本合格率达98.5%，达到城市社教工作预期目的。

第十节　党员干部队伍建设

一、领导干部“学理论、比团结、争贡献”竞赛

1995年4月20日，中共郴州市委下发《关于在各级领导班子成员中开展“学理论、比团结、争贡献”竞赛活动的决定》，推动领导班子干部学好政治理论，提高执政水平和领导能力；通过比团结，坚持和健全民主集中制；通过争贡献，做到辖地和部门工作改革开放好、经济发展好、党风和社会风气好。市委成立竞赛活动指导委员会，制定活动实施考核和市级党政领导抓点带面工作细则。1994—1995年在开展“学、比、争”活动中，市委和11个县（市、区）党委中心学习组成员

每次集中理论学习，参学成员均在90%以上，重点学习邓小平关于建设有中国特色的社会主义理论。市党政领导班子成员在学习中亮思想、讲团结，求实干，争贡献，普遍实行联县、定点、抓项目建设的工作责任制。其间，市委领导注重发挥表率作用。市委书记梅克保挂点联系全市亏损大户湘南氮肥厂，他经常下到企业调查研究、抓领导班子建设，为企业发展生产排忧解难。1995年湘南氮肥厂扭亏为盈创利润36万元。1995年年底，市委对11个县（市、区）和118个市直党政机关和事业单位进行年度考核，印发《关于表彰1995年度"学理论、比团结、争贡献"竞赛优秀领导班子和领导干部的通报》，表彰优秀领导班子19个，优秀领导干部138名。

二、领导班子"三讲"集中教育

2000年4月，郴州市委部署从当月起至年底，在县（处）级领导班子和领导干部中分三批开展"三讲"（讲学习、讲政治、讲正气）集中教育，推动党员干部队伍建设。参加"三讲"集中教育的有11个县（市、区），167个市直单位和郴州师专、郴州医专两所高校的县（处）领导班子，及其领导干部1400余人。

"三讲"集中教育分为"思想发动，学习提高""自我剖析，听取意见""交流思想，开展批评""认真整改，巩固成果"四个阶段，要求将完善监督机制，开展"扬廉惩腐、端正党风"专项活动结合起来。市委先后派出78个巡视督导组。在"三讲"集中教育中，各领导班子举办专题辅导报告，深刻领会"三讲"的精神实质，同时结合实际开展"当官为什么，掌权为什么，身后留什么"的专题讨论，促动广大党员干部以"三讲"正"三观"（世界观、人生观、价值观），重点抓了领导干部工作圈、生活圈、社交圈的自我剖析和整改工作。北湖、苏仙、永兴等县（市、区）推行领导干部"8小时以外"廉洁自律情况跟踪检查和形象公开测评等监督制度，市、县两级都开通"110"党风廉政举报电话。此间，北湖区原副区长谢某某收受贿赂7.5万元，原桂东县委副书记、县人大常委会主任罗某某接受下属单位红包礼金8850元，涉权营商谋私，均被严肃查处并公开通报。在7—11月以"三讲"为标准进行整改阶段，全市领导干部退出红包礼金20多万元。市、县、乡三级招待费比上年同期下降30%，党员干部公款吃喝、娱乐和参与赌博，公车迎亲，红白喜事大摆酒席等不正之风基本刹住，出现纷纷深入农村为群众办实事，到困难企业排忧解难的新气象。

年底，领导班子"三讲"集中教育经民主评议和民主测评，除一个领导班子和8名领导干部（其中科（局）级干部5名）的满意和基本满意率未达到2/3以上，被进行组织调整或免职降职外，其余领导班子和领导干部全部达到考评要求。

三、党风建设"三看三想"教育

2003—2004年，中共郴州市委决定在全市党员领导干部中开展党风建设"三看三想"教育活动，市委成立"三看三想"教育领导小组，安排由市纪委、市监察局具体牵头组织实施。"三看三想"教育活动即为到农村贫困地区看一看电不通、路不通、饮水困难的状况，想一想自己应尽的责任和义务；到企业去看一看下岗职工和贫困家庭的生活现状，想一想自己该怎样廉政勤政为民；到警示教育基地（监狱）去看一看服刑人员失去自由的境况，想一想自己该怎样珍惜自己手中的权力，牢筑拒腐防变防线。

其间，按照市委部署选择郴州监狱作为警示教育基地、4个贫困县和42个企业、街道办事处为"看一看”走访地点。市委要求各单位在“三看三想”活动中为贫困村、贫困家庭解决一些实际困难，每位领导干部写两篇“想一想”体会文章。宜章县圣公坛村长枧组地处湘粤边界高山之中，自然条件恶劣，经济贫困，2003年人均收入还不足300元。在此两年间，从市委领导到科级干部先后有790人到此亲眼“看一看”村民的生活困境，在“想一想”中进行对照反思，洗礼心灵，增强党风党纪建设的自觉性。

2003—2004年，全市2.76万名各级党员领导干部参加此项活动，其中处级以上领导干部1440人（厅级58人）。活动中，通过“三看三想”的启迪，市直单位普遍完善勤政廉政规定，制定扶贫帮困措施。其间，市直单位向帮扶对象捐款840万元，党员个人捐款621万元，扶助贫困乡村解决饮水、通电、通路等实际困难680多个，帮扶1500多名农村和城镇困难户解决生活困难。在这一活动中，全市还帮助670名犯错误的党员放下思想包袱，重新发挥党员模范带头作用。有20名党员领导干部主动退出接收的“红包”“礼金”27万元。2004年，中央纪委、组织部联合调查组到郴州调查后称郴州市“三看三想”活动是党风建设的新举措、党员干部勤政廉政教育的好课堂，并将其经验向全国推广。

四、党建“先锋工程”

1996年年初，中共郴州市委决定在全市实施党组织建设“先锋工程”，即按照“领导班子创先进、领导干部作表率、共产党员当模范”的标准推进各级党组织建设，充分发挥党员干部的先锋模范作用。市委随后确定3个县（市、区）、2个市直机关单位和2个市属企业进行“先锋工程”先行试点。

4月，市委成立党建“先锋工程”领导小组办公室，各级各部门相继成立“先锋工程”活动指导机构，由各级党委书记负总责，层层制定实施方案，一级抓一级铺开党建“先锋工程”活动。并组建联络组巡回抓督导。市委根据农村、企业、机关的不同特点，分别提出党建“先锋工程”不同的考核评比标准，实施目标管理。年内，全市各级党组织负责人建立党建“先锋工程”工作联系点360多个，重点推进党组织建设比较薄弱的乡（镇）、村和企事业单位的党建工作，实行包联系、包整改、包创先的“三包”工作责任制。全市先后有1460名党员干部下到基层帮助党组织抓工作落实，有220名党员国家干部到后进村担任党支部领导等职务。党建“先锋工程”活动突出学习邓小平理论和进行党性教育，对照党员标准找差距，围绕创建先进领导班子抓整改，促使各级党组织的战斗力和凝聚力得到加强，党员干部的先锋模范作用进一步发挥。6月11日、12日两日，桂阳县部分乡镇遭受特大暴雨和冰雹袭击，全县1000多名党员干部迅速赶赴重灾区，带领群众日夜抢险救灾，重建家园。年内，全市有458个后进基层党支部工作有了明显进步，有2.5万人写了入党申请书，全年新发展党员4021人。

1996年年底，市委按照党建“先锋工程”考评标准，组织对全市191个县级以上领导班子及其成员进行考评。共评选表彰优秀领导班子26个，优秀领导干部139名；同时对5个考评不达标的领导班子予以黄牌警告，对10名不称职票达20%以上的领导干部实行诫勉，另按相关程序免去不胜任现职的5名县处级领导干部职务。

第四章 纪检监察

第一节 党纪政纪教育

1989年7月，中共郴州地区纪律检查委员会（简称地纪委）召开全区党纪教育工作座谈会，学习《中国共产党章程》和《关于党内政治生活的若干准则》（简称准则），号召必须坚定不移地坚持“四项基本原则”，坚决反击国内外敌对势力妄图颠覆社会主义制度的图谋。是年，地、县（市）纪委培训理论骨干2217人，地委组成讲师团分赴厂矿、学校、街道、机关和乡镇举办党风党纪学习班计467期，同时全区放映《越轨》等党纪政纪教育电视录像片60部。

1991年后，郴州多形式地推进党纪政纪教育。1991年，地、县两级纪委编印下发党纪政纪学习教材4万册，组织上党纪政纪课364场（次），并举办党纪政纪知识竞赛。1993年4月，全区纪检、监察机构合署办公。年内，全区开展“执法监督部门为经济建设服务优秀事迹”宣讲活动，组织党员干部观看《新中国第一大案》《贿赂忧思录》等反腐倡廉电视教育片。1995年，中共郴州市委召开全市县（处）级以上领导干部会议，学习传达中共中央办公厅《关于党政机关县（处）级以上领导干部收入申报的规定》和省委《关于领导干部遵守经济纪律的若干规定》。中共郴州市纪律检查委员会（简称市纪委）、市监察局与市委组织部、宣传部及总工会，联合推选李常水等6人组成英模报告团，在全市举行12场“讲人生、比贡献”英模事迹报告会，并将其事迹编印成《光彩人生》一书发至全市党员干部。市纪委、市监察局还组织开展第二期“电教月”活动，让广大党员干部观看《敬业者之歌》《公仆风情录》《周恩来在大连》《铁窗泪》等62部电教片。

自1997年开始，全市结合整治奢侈浪费、贪污受贿、收受红包礼金、涉权经商等以权谋私腐败之风，理论联系实际地开展党纪政纪教育。1997年8月，中共郴州市委、市人民政府印发《关于贯彻〈中共中央、国务院关于党政机关厉行节约制止奢侈浪费行为的若干规定〉的实施意见》（简称“八条规定”），随之市、县（市、区）和116个市直机关、企事业单位制定贯彻执行“八条规定”的实施意见。年底，全市7万多名党员干部参加全省纪检监察“六部法规”考试，县（处）干部和科级干部参试率98%。1999年1—8月，全市党纪政纪教育重点学习《邓小平论党风廉政建设和反腐败斗争》一书，和中共中央、国务院《关于实行党风廉政建设责任制的规定》。学习中，结合湘南烟草集团原董事长黄某某收受贿赂、包养情妇等4起典型案例，举办“郴州市违法违纪典型案例剖析报告会”14场（次），参会受教育的各级领导干部1.5万人次。10月，全市重点开展“讲学习、讲政治、讲正气”党纪政纪教育，市纪委、市监察局将评选为全国人民满意公务员、资兴市市长黄诚的先进事迹，与原任湘南烟草集团董事长黄某某的堕落轨迹形成对比，拍摄制作电视专题片《反差》在“三讲”教育中播放。并将1995—1998年郴州查处的16起党员干部违法违纪典型案例和评析文章，编印成《郴州市违法违纪典型案例剖析材料——身边的反面镜》一书作为警示教育教材。

2002年后，重视多形式地开展党纪政纪警示教育。2002年1月春节来临之际，市纪委给全市1500名处级领导干部发送警示贺年卡，提醒在春节腐败"易发期"更要注意清正廉洁，拒收红包礼金。从4月起，市纪检、监察机关向全市8000名科、处级领导干部每月发送一条廉政提醒手机短信，9月初，还给全市处级领导干部邮送一封警示清正廉洁的公开信。9月中旬，市委召开全市处级以上领导干部大会，通报市环保局领导班子集体受贿案，部署开展经常性的党纪政纪警示教育，组织观看《蒋艳萍案警示录》《全省现身说法说纪大会》等警示教育片。12月6日，市委、市政府召开"十佳勤政廉政公仆"和"勤政廉政先进个人"表彰暨先进事迹报告会，表彰何贵平等10名"勤政廉政公仆"和张长发等10名"勤政廉政先进个人"。

2003年，市委将党纪政纪教育纳入全市宣传教育工作的总体部署，纳入各级党委（党组）中心学习组学习计划，纳入各级党校教学内容。市纪委、市监察局组织全市党员干部观看《为民书记——郑培民》等推介党风党纪建设先进典型的电视教育片。市、县两级评选勤政廉政先进个人110名、先进单位32个，郴州电视台开辟《"三个代表"重要思想红旗飘》专题、《郴州日报》开设"公仆颂"专栏，推介党风建设先进单位和个人。全市纪委监察机关同下级党政主要负责人进行党纪政纪谈话338人次、任职提拔前廉政谈话1465人次。2004年，加强党风建设理论学习，组织党员干部重点学习《江泽民论党风廉政建设和反腐败斗争》一书、胡锦涛在中纪委第三次全会上的讲话和党纪政纪条例。结合学习实际组织全市开展县处级领导干部反腐倡廉理论征文活动，全市收到征文800余篇，评选优秀论文50篇。是年，全市还组织党纪政纪理论和法规知识竞赛，市、县两级有512支党员代表队伍参赛。

2005年，全市在开展"保持共产党员先进性教育"活动中，党纪政纪教育重点组织1.3万名党员干部系统地学习贯彻《建立健全教育、制度、监督并重的惩治和预防腐败体系实施纲要》《"三个代表"重要思想反腐倡廉理论学习纲要》。学习中，各级党委主要领导走上讲台上辅导课326场（次），市、县（市、区）纪委领导上辅导课267场（次）。市纪委、市监察局选编印发《郴州市违纪违法典型案件剖析——警钟长鸣》1万册。各级党员干部在学习中力求见实效，累计为贫困乡村解决水、电、路、房等方面的困难680多个，帮扶城乡困难户1500多家；帮助670名犯过错误的党员干部卸下思想包袱，重新振作精神工作。

第二节　党风廉政建设

一、推行党风廉政建设责任制

1989年9月28日，中共郴州地委、地区行署召开地直机关党风廉政建设动员大会，宣布地委、行署清廉为政6条规定：地委、行署不购进口高级轿车、不建高标准楼堂馆所，领导成员不接受招待宴请、不接受礼品、不为子女和亲友招工招干招生谋照顾、不对紧俏物资和资金乱批条子。并宣布实行"谁出问题谁负责"的责任制管理。1990年初，地委、行署制定《关于加强廉政建设的若干规定》。9月，成立地区廉政建设工作领导小组，下设办公室（简称廉政办）。1995年，郴州党政机关企事业单位严格执行市纪委监察机关制定下发的《关于廉洁自律工作实行分级负责责任制的通知》，逐级督促干部清退红包礼金17.9万元、港币3000元。

1997年，安仁县县纪委、县监察局制定《安仁县党风廉政建设和反腐败工作目标管理责任制》《安仁县党风廉攻建设目标管理考核实施细则》。将部门、行业反腐倡廉工作目标细化分解到分管县、乡（镇）党委和政府领导班子成员，实行由分管领导负总责的责任制，年终进行量化计分考核，奖惩兑现。市委、市纪委遂在全市推广安仁县的作法与经验。

1999年年初，中共郴州市委、市人民政府相继颁布《关于贯彻落实中共中央、国务院〈关于实行党风廉政建设责任制的规定〉的实施办法》和《贯彻落实党风廉政建设责任制的考核细则》。确定全市各级领导班子和领导干部抓党风廉政建设的领导责任和评价、惩戒制度，实行集体领导与个人分工负责相结合。县（市、区）所属986个科局和251个乡镇（街道）、11个县（市、区）和112个市直单位，分别向县（市、区）委、政府和市委市政府递交《1999年度党风廉政建设责任书》。经年中检查、年末总评，当年全市有89名党员干部因落实责任制不力造成单位严重违规违纪而受到党纪政纪处分，其中县处级干部8人、乡科级干部81人。

2000年6月，市委、市政府调整市党风廉政建设责任制工作领导小组，由市委书记任组长，市长和市纪委书记任副组长，各级党委、政府主要领导为本级党风廉政建设第一责任人。7月，市委、市政府制定推行党风廉政建设“报告制度”“分解制度”“追究制度”“考核制度”与“考核方案”五项制度。12月，市党风廉政建设责任制领导小组对11个县（市、区）和20个市直战线的党政班子及其307名领导干部进行考评，全年全市因落实党风廉政建设责任制不力而受到党纪政纪责任追究的领导干部81名，其中县（处）级干部13人、乡（科）级干部68人。自2002年始，市、县（市、区）纪委、监察局分别建立科级以上领导干部廉政档案室，将其年度执行党风廉政建设责任制考核结果予以存档，作为对领导干部业绩评定和选拔任用的重要依据。当年全市对84名党风廉政建设责任制考核不合格的领导干部进行责任追究。

2003年3月，全市各级党委、政府和市、县（市、区）直单位向上级党委、政府签订《2003年党风廉政建设责任书》。4月，市纪委向41个市直单位及其党政主要领导下达《2003年党风廉政建设和反腐败工作任务交办书》，明确其整改任务，有重点地推进党风廉政建设。12月，市委、市政府启动对市、县、乡三级149个党政领导班子及其成员开展“述廉、评廉、考廉”（简称“两述一考”）工作，领导班子中评为优秀的40个、合格125个、基本合格4个；795名领导成员中评为优秀者156人、合格634人、基本合格1人、不合格4人。全市共对146名领导干部进行党风廉政建设责任制责任追究，各级纪委负责人对其进行诫勉谈话235人次。2004年，全市落实党风廉政建设责任制愈加严明，有123人因违反党风廉政建设责任制受到责任追究，其中受到党纪政纪处分61人，受到组织处理8人。

2005年，郴州市党风廉政建设责任制工作领导小组下发《2005年党风廉政建设责任制考核细则》，明确定性和定量考核的具体标准。12月，组织对全市11个县（市、区）和市直158个机关事业单位的党政领导班子及其成员执行党风廉政建设责任制情况进行专项考核。11个县（市、区）党政领导班子经考核定为优秀6个（北湖、苏仙、资兴、汝城、永兴、宜章），无不合格班子，211名党政领导班子成员优秀、合格率合为98.9%；158个市直机关事业单位考核，44个定为优秀班子、不合格班子3个，720名党政领导班子成员优秀、合格率全为97.7%。全年全市受到责任追究的领导干部有51人，其中处级干部6人、科级干部45人，给予纪律处分33人；市、县（市、区）纪委负责人对受到责任追究的领导干部进行诫勉谈话165人次。

二、干部廉洁自律监管

1989年，郴州地区以清理党政干部违法违纪建私房为突破口，加强对干部廉洁自律的监督与管理。中共郴州地委、地区行署成立清房工作领导小组，并由地纪委牵头，从地直机关抽调100名干部组成调查组分赴宜章、桂阳、安仁3个重点县督导自查自纠违规建房，带动各地自查自纠清房。经查，自1986年来，全区党政干部违法违纪建房699户，主要为少批多建，在建房中出现贪污受贿、挪用公款、倒卖牟利等行为，涉及金额52.78万元。后依法依纪将全部违纪金额收缴入财政，拆除、没收房屋14栋，退出公房51套，共收回补、退、罚款41万元；给予党纪政纪处分17人、移送司法机关15人。

1991—1994年，地、县（市）纪委、廉政办在推进干部廉政自律中，重点针对公款消费、拖欠公款和收受红包礼金等突出问题，部署各级各单位展开自查自纠。1991年，地委、行署先后两次在县（市）委书记、县（市）长会议上下令领导干部要从“我”做起，严禁公款吃喝风。11个县（市）和地属178个县级单位在自查自纠中均制定规范公务接待的具体制度。当年9—12月与5—8月相比，月均接待费用下降46.0%。1992年，全区在自查自纠中清理出拖欠公款干部8569人，至年底，清还1930.49万元，占应还数的98.6%。1993年，地纪委、廉政办在督促开展自查自纠中，清查和处理1989—1993年党员干部违规用公款送子女上大中专院校读书的776人、清退金额1078万元；查出1992年7月至1993年8月区内党政机关违纪违规购买轿车18辆、清退向下属单位及企业摊派购车款449.15万元；县处级以上领导干部清退1992年7月至1993年12月在公务活动中收受红包礼金、信用卡和贵重物品折价计14.08万元。

1995—1996年，市纪委、市监察局力抓开好领导干部专题民主生活会，以“会”促“查”督促党员干部开展自查自纠，强化廉洁自律意识。1995年市纪委、市委组织部联合印发《关于在全市县（处）级以上单位党委（党组）召开“学党章、学条例、找差距、做合格共产党员”专题民主生活会的通知》，自此，全市178个县（处）级以上单位党组织在每年“七一”前后均召开学党章、找差距专题民主生活会。两年间，全市党员干部通过民主生活会共自查自纠清退红包礼金人民币66.75万元、美金1000元、港币3000元；还自查自纠违规超标购置小汽车、违纪使用军警及外籍车号牌、用公款和公车学习驾驶等问题。同时在全面展开自查自纠清房中，查出单位超面积建住房4798户74340.49平方米；干部多占住房85户6633.13平方米；超标装修房屋975人、涉及违纪金额216.34万元。同时还查处单位在公房出售中弄虚作假、隐瞒面积、虚报工龄、用公款补贴购房款等问题。

1997年，着重组织贯彻落实中共中央、国务院《关于党政机关厉行节约制止奢侈浪费行为的若干规定》。全市纪检、监察机关督促停建、缓建、停购办公楼48栋，节约经费6900万元；取消办公楼装修62栋，节省开支760万元；禁止公费出国（境）考察参观6批108人次，节约资金207万元。同时，将用公款购置配备给个人的4504部移动电话、7536部住宅电话全部折价处理给个人，收回处理价款742.36万元；党政领导干部主动上缴礼金28.80万元；全市有83个市直单位和586个县直单位及乡镇恢复机关食堂，全年党政机关公款接待费用较上年压减22.3%。

1999年以后，市纪委、监察局突出监管干部公款旅游、公车私用和收受“红包礼金”等违纪行为。1999年6月，市纪委、市监察局查处市审计局、市招商局违反中央规定组团用公款变相到香港、澳门地区和新加坡、马来西亚、泰国三国旅游事件，有关责任人受到党纪政纪处分。市纪委、市委组织部继而下发通知，严格因公出国（境）事项的审批程序。2000年初，市委、市政府召开全市清理红包礼金电视电话会，严明纪律，限期上交。全市全年177名党员干部登记上缴和清退红包礼金74.88万元。9月，市纪委、市委组织部等9部门联合印发《关于严禁共产党员、国家公务员参与赌博的暂行规定》；市廉洁自律办对禁止用公车迎亲组织3次突击检查。

2001年7月，市委、市政府举行“廉内助”先进事迹报告会，表彰全市在开展争当“廉内助”、树立好家风活动中涌现的十佳“廉内助”和先进“廉内助”，动员领导干部配偶当好“家庭纪委书记”，将干部廉洁自律监管延伸到家庭。组织十佳“廉内助”先进事迹报告团进行巡讲，将其事迹编印成党员干部党风廉政教育读本，引导扩大监管空间。2002年，随着党员干部廉洁监管力度的增强，全市175名领导干部主动上缴元旦和春节期间所收红包礼金67.02万元，485名领导干部自觉拒收红包礼金146.54万元。

2003年年初，市纪委制定实施《关于党员领导干部廉政自律“十不准”规定》，按照“十不准”规定组织专项治理党政机关和党政领导干部存在的违规违纪行为。年内动员各级领导干部自查自纠、主动上缴礼金和有价证券61.10万元，查处收受红包礼金未予上缴的党员干部36人金额21万余元。与此同时，下力治理超编超标购置小汽车、党政机关违规建房、党员干部涉赌等有违“十不准”的行为。查处涉赌中共党员和国家公务员31人，给予党纪政纪处分17人，追究刑事责任1人。2004年，资兴市、郴州市第一人民医院、湘运集团在全省率先对公务用车实行职务消费货币化改革。

2005年4月，郴州市委转发市纪委、市委组织部、市监察局联合印发的《关于清理和查处党政干部违反规定入股办矿的紧急通知》。至10月底，11个县（市、区）和153个市直单位完成自查自纠，随继纪检监察机关立案查处违规入股办矿案件38件，处理党员干部31人。是年，对市本级机关事业单位接待超额费实行征收10%的政府调节资金，全年共征收调节资金345万元，促使接待费比上年减少22.0%。全市258个乡镇（街道办）均建立机关内部食堂，推行每人每餐不超过10元的公务接待用餐标准。

三、廉政制度建设

（一）公开办事制度

1989年5月，中共郴州地委、地区行署作出《关于实行办事公开，推动廉政制度建设的决定》，要求党政事业单位和乡（镇）机构由“封闭办事”向“公开办事”转变，遏止违法违纪办事和以权谋私行为，推进党风廉政建设。1992—1994年，全区组织、劳动人事、民政、教育等有关职能部门在招干、招工、招生、征兵、“农转非”等工作中，全程向社会公开政策原则、办事规则、程序和结果，接受群众监督。1995年，中共郴州市委、市人民政府选择资兴市作为推行办事公开制度誉之“阳光行动”的试点。1996年3月，市委办公室、市政府办公室下发《关于学习推行资兴市办事公开制度的决定》，全市11个县（市、区）和158个县（处）级以上单位随之建立健全办事公开制度。1996年，市、县两级党政机关36个单位共调进干部282名，全部实行公开招考、选调情况实行三榜公布制。

1998年，郴州市纪委监察机关对全市推行办事公开制度实行专项督查。检查显示，实行办事公开制度的市直单位占应公开单位的85.3%；县（市、区）实行办事公开制度的单位占应公开单位的94.3%；全市254个乡镇机关全部实行办事公开制度。同时办事公开制度向农村村一级和厂矿、国有企业及学校延伸，先在91个建制村试行村务公开制度，到年底，全市2987个村委会实行村务公开的 2942 个，占 98.5%；国有企业实行厂（矿）务公开的占 97.8%。

2000 年 5 月，郴州市成立以市长龙定鼎为组长的政务公开工作领导小组，全面启动政务公开办事工作。2001 年，公开选拔乡镇企业局局长、市检察院副检察长、市公安局副局长等 19 个领导干部职位，选拔中做到全程公布每个程序的选取情况，接受社会监督。全市随即推开校务、医务和店务等公开办事制度。

2002 年后，市和县（市、区）相继建立政务服务中心，公安、工商、农林、城建、国土、环保、技监、卫生、民政等具有审批职能的政府部门，实行集中在政务中心公开办理审批事项。全市还设立部门公开办事服务窗口 320 个。2002 年，市、县（市、区）政府机关及所属部门和单位公开办事覆盖面为 95.0%，乡镇（街道）、村（居）委会政务村务公开面达 100%，校务公开面 95.0%，国有、集体及国有集体控股企业厂务公开面为 98.0%。2003 年，市政府又将供水、供电、供气、公交、广播、电视等社会服务公共部门也纳入公开办事监管范畴。

2005 年，为进一步规范政务公开办事行为，市、县两级组织清理行政审批项目 16773 项，减少审批项目 3443 项，减少 22.5%。市政府审定后编印《郴州市实施行政许可证项目目录》，向社会公开指定的行政审批项目。市直政府职能部门对施行行政审批、执法、收费等政务事项，一律实行政务职能、依据、条件、程序、时限、结果、纪律、制度、投诉、责任追究“十公开”，让公开办事明明白白接受社会监督。

（二）政府集中采购

自 1999 年始，郴州市政府推行政府集中采购，制定出台《政府采购工作制度》，防止公款采购中出现腐败现象。2000 年，市、县（市、区）两级政府成立政府采购中心，采取管理、采购分离的办法实行政府集中采购。是年，全市组织集中采购 525 次，采购金额 4660.68 万元，比原预算资金节省 13.0%，比市场价格节省资金 17.7%，为财政节省资金 713.72 万元。2001 年，市纪委、市监察局发出通知，要求行政机关、事业单位使用财政资金购买大宗物资，及国有企业购买小汽车等物资均须实行政府集中统一采购。当年全市进行政府集中统一采购金额 1.80 亿元，比原预算资金节省 500 万元。2002 年，市本级累计组织政府集中采购活动 941 次，同比增加 394 次，采购资金达 1.35 亿元，累计节省财政资金 1617 万元。部分县（市、区）机关、事业单位，还将小车维修、加油、保险和装潢工程等纳入政府集中采购范围。

2003 年，各政府采购中心与主管部门脱钩，建立健全政府采购评标办法、操作规程、信息公告、专家咨询、廉政监督、资金管理、岗位职责等制度体系。采购的范围也由单一的购置货物类扩大到公用服务类及工程类。当年，全市实现政府采购资金 3.55 亿元。2004 年，全市进一步扩大政府采购范围，理顺采购监管和运行程序，全市采购额达 4.70 亿元。2005 年政府集中采购资金增至 7.40 亿元，经评估节省财政资金 8200 万元。

（三）财务收支管理

从 1995 年起，市政府启动财务“收支两条线”制度改革。1997 年，市委、市政府根据国务院《关于加强预算外资金管理的决定》，决定从 9 月 1 日起对市直单位行政事业性收费、罚没收入实行委托银行代收代缴制度。1998 年，全市取消执收执罚单位的收入过渡帐户 384 个，仅保留一个预算外资金支出帐号，使行政事业性收费和罚没收入统一纳入财政管理。当年，市本级财政专户资金收入达 2.63 亿元，比 1997 年增加 1.73 亿元，增长 52.0%。自此，行政财务一律实行“收支两条线”管理。

2002 年，市、县两级建立会计核算中心，全面推行会计集中核算制度，遏制单位随意花钱、私设“小金库”、记“账外账”等违纪现象。市直和 11 个县（市、区）党政机关共取消单位会计人员1000余名，取消单位银行帐户1358个，清理各项往来账目近5000万元。当年市、县（市、区）会计核算中心拒绝单位不合法开支1万余笔，核减各种超标违纪开支5000余笔，节省财政资金3000万元。2003年，会计核算中心加强财务审核监督，重点规范单位接待费、会议费、采购资金等财务的开支报销，仅市本级会计核算中心审核出不合理或违纪金额500万元。2004年，拒付不合理报账200笔，拒付金额300万元。是年，全市全面推行村账乡镇代管制度，会计集中核算制度得到延伸。

2005年，市财政局、市监察局联合印发《郴州市进一步规范会计集中核算工作的若干规定》《关于进一步严格支出报账审核的通知》，强化核算中心监管职能。当年，市本级会计核算中心拒付违规支出票据金额700万元。

（四）基建工程招标投标管理

自1995年始，全市启动推行基建工程公开招标投标制度，市、县两级相继成立建筑工程招标领导小组（下设办公室，简称招标办）。明确郴州市城区造价150万元以上，县（市、区）20万元以上的建筑工程都必须实行公开招标，严禁领导干部利用职权干预和插手工程招标活动，防止滋生腐败。当年在嘉禾县、郴州市城区5个城建项目进行招标试点。至年底，全市建设工程应发包项目56个，根据公开招标条件实行公开招标54个，工程造价4.32亿元，比预算造价节省工程造价1900万元，比国家定额工期缩短4.4%。1996年9月，市监察局会同市建设局对市内1995年后的建筑项目进行全面清理，受理举报案件40起，年内立案查处单位领导干部插手工程招投标案4起。省纪委书记孙载夫来郴州考察时称赞：郴州公开招标制度执行好，要在全省推广。

2000年，郴州市人民政府先后下发《关于建设工程项目邀请招标、直接发包实行审批制度的规定》《关于政府投资工程投标单位管理暂行规定》。将建设工程交易中心与招标办机构分设，实行政事职能分离，调整管辖范围。从5月起，所有招标项目招标人与投标人都须签订《工程建设项目廉政责任书》。是年，郴州市城区公开招标工程13项，邀请招标单位26个，应公开招标工程实行公开招标率达100%，比原预算工程造价节省4670万元，比国家定额工期缩短7.9%。

2003年，市纪委、市监察局、市建设局制定《郴州市房屋建设和市政基础设施工程招标评标定标管理办法》。2004年，市纪委监察机关与市计委、市建设局等7部门制定《郴州市国有投资工程建设项目施工招标评标合理定价评定抽取法》，当年，符合条件的国有投资工程建设项目施工招标，全部采用抽取法。2005年，市纪委等7部门修改和完善工程项目招标"合理定价评定抽取法"。至此，全市在防止"工程腐败"中，基本建立一套完善的基建工程招投标制度管理体系。

第三节 案件查处

1989年8月，最高人民法院、最高人民检察院发布《关于贪污受贿投机倒把等犯罪分子必须在限期内自首坦白的通告》（简称两院通告），郴州地区纪委、地区监察局召开专题会议，部署做好宣传、贯彻执行两院《通告》工作，促使地直单位有77名党员干部在通告规定时限内向纪检监察机关坦白自首经济问题。经调查核实，分别对77名党员干部作出党纪政纪处分，收缴赃款10.93万元。

1991—1992年，郴州地区各级纪检监察机构重点查处以权谋私、贪污受贿、生活腐化、违反计划生育政策、失职渎职等案件。两年间，地区纪委立案1026件，结案826件，其中经济案件421件，占41.0%；地区监察局受理查处要案30起，结案23起，行政处分干部24人，收缴违纪金额126.20万元上缴地区财政。

1993年4月地区纪委、地区监察局实行合署办公。着重查处涉及党政机关、司法机关、行政执法机关和经济管理部门（简称"三机关一部门"，后同）人员的违法违纪案件。全区纪检监察机关立案的527件案件涉及"三机关一部门"案件175件，办结给予党纪政纪处分95人。地区纪委、监察局直接查办案件44件，予以党纪政纪处分12人。1995—1996年，立案查处"三机关一部门"违法违纪案件864件，结案712件，给予党纪处分423人、政纪处分415人，移送司法处理22人。1998年，市纪委、市监察局自办案件57件，其中办结大要案39件，涉及副处级以上干部29人，移交司法机关8人。是年，市纪委、监察局立案查办违法违纪数、查处大要案数，处理县（处）级领导干部数，移送司法机关处理人数，均为1993年纪检、监察机关合署办公后最多的一年。

1999年，加强对行业违法乱纪案件的查处。当年纪检监察机关共查处全市粮食部门案件22起，给予党纪政纪处分31人，移送司法机关处理8人。其中查处永兴县马田、宜章县白石渡、汝城县马桥等9个粮站共挤占挪用125.4万元粮食收购资金的重大案件。

2000—2002年，全市纪检监察机关组织精干队伍，集中力量、集中时间查处一批涉及"三机关一部门"的大案要案。2000年，先后查处北湖区原副区长谢某某收受贿赂案，桂东县原县人大常委会主任罗某某参与赌博、收受红包礼金、利用职权涉商谋利等案件。2001年查处原市政法委副书记谢某某等人包庇、纵容黑社会性质团伙案。2002年，市纪委、市监察局全年自办大要案16件，涉及县处级干部37人。其中查处原汝城县委常委、政法委书记朱某某和原汝城县三江口开发区管委会党委书记、主任谭某某（副处级干部）包庇黑社会性质组织案，原桂阳县委常委、政法委书记陈某某贪污公款、收受红包礼金案等一批大要案。

2003年以后，加强群众来信来访举报受理工作，拓宽党员干部违法违纪案件查处渠道。当年纪检监察机关共受理群众来信来访4337件（次），从中立案886件（含上年移留案件83件）全部办结，处分党员干部825人，其中地厅级干部1人、县处级干部18人、乡科级干部168人。年内办结一批大要案，查处桂阳宝山铅锌银矿原矿长魏某某（副厅级）等17名矿级领导干部和相关工作人员的违法违纪案，政协资兴市委员会原主席朱某某受贿案等一批有影响的大要案；立案审结涉及土地使用权转让违法违纪案件41件，查处共产党员和国家公务员涉赌案件45起，重大安全事故违纪渎职案10起。2004年，市纪委监察机关自办案件35件全部结案，处分党员干部36人、其中县处级干部25人，移送司法机关8人。是年，在上级纪检机关查办市住房公积金管理中心原主任李树彪贪污挪用巨额住房公积金一案时，市纪委、市监察局及时立案集中力量对其13名涉案人员展开调查取证，并速将其中8人移送检察机关，对该案的侦破起到重要作用。

2005年，郴州市纪检监察机关共受理群众来信来访3858件（次），从中查结案件782件，处理违法违纪人员784人，其中移送司法机关38人。年内，拓宽案件查处面。查处党政领导干部违规入股办矿案件38件，处分党员干部31人；查处单位私设"小金库"案件5件，收缴违纪金额412万元；查处损害经济发展环境案件82起，涉案责任人均受到党纪政纪处分。

1995—2005 年郴州市纪检监察机关查处案件统计表

表 3-4-3-1

项目 年度	受理来信来访（件）	初查案件（件）	年度立案（件）			案件查处（件）			年度移留案件（件）	违法违纪人员处理（人）				收缴违纪金额（万元）	挽回经济损失（万元）
			小计	其中		结案	移送司法机关	结案率		党纪政纪处分			移送司法机关		
				本年立案	上年移案					小计	其中：处级干部	其中：科级干部			
1995	3416	679	344	283	61	217	9	63.08	127	353	24	104	12	656.8	1692.58
1996	4355	770	520	393	127	495	10	95.19	25	485	18	143	10	767.3	1788.90
1997	5301	1005	604	579	25	574	16	95.03	30	665	25	173	20	922.4	5552.70
1998	5980	1081	453	423	30	348	16	76.99	105	434	30	182	21	1163.56	1913.82
1999	3561	1027	601	496	105	551	11	91.68	50	581	35	196	14	968	1081
2000	4912	820	505	455	50	474	20	93.86	31	572	35	203	36	827.4	3279.81
2001	5539	1143	904	873	31	875	26	96.79	29	907	32	190	31	1044.7	3067.70
2002	4735	973	837	808	29	754	24	90.08	83	926	27	155	39	636.26	2504
2003	4337	1017	886	803	83	886	30	100	0	825	19	168	35	720.8	3063.50
2004	3806	1246	888	888	0	800	29	90.09	88	773	21	223	37	852.68	1681.14
2005	3858	974	782	694	88	782	32	100	0	784	22	247	38	976.54	3311
合计	49800	10735	7324	6695	629	6756	223	100	568	7305	288	1984	293	9536.44	28936.15

第四节 纠正不正之风

一、党政机关和行政部门行风建设

1990 年，郴州地区廉政建设工作领导小组下设纠正不正之风办公室（简称“纠风办”）。9 月，中共郴州地委、地区行署召开全区纠正部门和行业不正之风动员大会，同时批转地区廉政建设工作领导小组《关于纠正不正之风的工作意见》。1991—1992 年，在重点清理违规违纪购买专控物品、行政执法乱着装、“索拿卡要”和用公款送子女读书等不正之风问题中，全区抽调 104 人组成 12 个组到党政机关和行政部门，督促进行自查自纠。1993 年 9 月，地委、行署批转地区廉政办公室《关于对乱收费、乱罚款、乱集资摊派问题的具体处理方案的报告》，要求问题处理和思想教育“双从严”，力促党政机关和行政部门行风建设。1994 年至 1995 年 4 月，地区纪委、监察局会同财政局、物价局重点整治地直 117 个有收费职能单位的“三乱”（乱收费、乱罚款、乱摊派）行为，协同建立健全行风廉政建设规章制度。

1996 年 5 月，中共郴州市委办公室、市人民政府办公室批转市廉政办公室《关于郴州市行风评议工作实施方案（试行）》。各级党政机关、行业随即普遍开展年度行风评议，找问题、查根源、正行风。2000 年，市纪委、市监察局将制止行政事业单位“三乱”和“索拿卡要”等不正之风，列入单位行风建设考核目标内容。当年，市、县两级对909个执收执罚单位一一进行行风建设考评。

2002年,市委、市政府在推进党政机关和行政部门行风建设中,决定自当年起连续三年对全市“三机关一部门”进行行风评议，并明确由纪检监察机关将评议结果录入领导班子和领导成员年度考核的廉政档案，对行风评议不合格的单位和责任人视情况予以通报批评、黄牌警告、就地免职，直至追究刑事责任。10月，市委办公室、市政府办公室印发《郴州市民主评议行风工作暂行办法》和《郴州市2002年民主评议行风工作实施方案》。11月12日，市纠风办召开全市民主评议行风工作动员大会。会后聘请45名行风评议代表分成12个组，明查暗访，对首批参评的52个行政单位进行行风考察评价。11个县（市、区）陆续开展多形式的行风评议工作。全市开展以党政机关和行政部门为主的行风评议单位1323个,社会各界参加评议人数达8.53万,突出查找问题落实行风建设制度。2003年，市委将市纪委、市委办、市委组织部、市委宣传部、市委政法委、市直工委、市委编办7个党委工作部门，列入本年度行风评议范围，加强党委部门的作风建设。2004年在行风评议中，全市下力整治行政执法部门违反规定乱着装现象，全市减少统一着装人数7159人，收缴私自制作的制式标志服装13515套。

2005年，全市11个县（市、区）组织开展涉农单位行风测评活动，通过测评，重点清理整改涉农乱收费和利用行业特权损害农民利益等问题。全年为农民减轻负担1.60亿元，全市没有发生一起涉农收费恶性案（事）件。行风评议促进了党政机关和行政部门的行风好转，年内全市取消公路收费站（点）6个，党政机关乱办班、乱收费、乱发证现象明显减少。

二、教育乱收费整治

1989年，治理中小学乱收费主要是督促学校自查自纠。1990年始，郴州地区纪检监察机关、地区纠风办，地区物价、财政、教育部门在联动部署全区中小学校开展收费自查自清的同时，多形式地组织进校抽查学校收费情况。至1991年，全区共清查出中小学擅立收费项目，擅自提高标准收费及行政性搭车收费等乱收费1019.6万元，其中清退给学生971.30万元，上缴财政48.30万元。经清理取消教育收费项目21项。1993年5月下旬，嘉禾县车头镇镇干部因强行收取建校集资款而引发的非法拘禁群众事件，经地纪委调查督办，中共嘉禾县委作出决定，对该镇三名责任领导分别予以党纪政纪处分。1995年，郴州市纪委、市监察局、市纠风办组织对全市3643所学校收费情况进行清查，查处违规收费2447.60万元。1996年3月和9月，市纪委、市监察局会同市教委、市物价局和市财政局，对460所乡镇中小学和郴州城区8所重点中小学进行收费抽查，查处各种乱收费557.01万元。

1997年后，加强发挥市人大代表、市政协委员以及相关部门的监督作用，合力治理中小学学校乱收费行为。1997年，市、县两级纪委、监察局、教育局聘请人大代表、政协委员和离退休老干部计1500余人，在开学之际分赴中小学校现场监督收费；3月和9月上旬，市纪检、监察机关会同物价、审计、财政部门在开学时和学期中途抽查中小学校收费情况。全市全年查处学校违规收费2954.49万元。1998年，市纠风办、物价局、教委、财政局和市政府督查室协同组织进校检查收费情况，共查出乱收费1600万元，清退给学生1340万元，收缴财政260万元。2000—2001年，全市纪检监察机关立案查处违纪违规收费案件126件，给予68名责任人党纪政纪处分。

2003年，市委、市政府成立治理教育乱收费工作领导小组。全市学校普遍开展“自查自纠、督促检查、整章建制”三个阶段的教育收费整治。纪检监察机关加强查办教育收费违纪违规案件，是年，全市清查出违纪违规收费项目10项，清退所涉金额391万元；查处教育乱收费案件34起，给予36名责任人党纪政纪处分。2004年，郴州市实行九年制义务教育收费“一费制”，各校实行收费标准张榜公示制度，郴州市被评为全省“治理教育乱收费工作先进市（州）”。2005年，市纪委、监察局会同市教育局对全市中小学校评先奖优推行收费“一票否决”，和教育收费“三公开”（公开收费项目、收费标准、举报电话）制度。并明确学校按“一卡一证”（交费明白卡、收费许可证）收费。教育乱收费行为被遏制。

三、涉农收费监管

1989年，中共郴州地委、地区行署部署重点清理有关涉及农民负担的文件，废止加重农民不合理负担的文件。地纪委、地区监察局开展减轻农民负担监督检查，督促把减轻农民负担落在实处。到1993年，全地区有关部门清理涉及农民收费文件2077件，其中废止、撤销、停止执行、部分修改1137件，继续执行的940件。当年地委、行署成立减轻农民负担工作领导小组，下设办公室（简称“减负办”）。地区纪委、监察局和减负办联合印发《关于对减轻农民负担开展执法监察的通知》，全区在执法监察中督促各地取消收费项目2894项，年减少收费金额2500多万元，降低收费标准项目1216项，年减少收费金额逾400万元。地、县（市）纪委受理有关农民负担投诉案51起，其中地纪委受理18起，立案查结6起，处分13人。

1995年，全市组织宣传贯彻《湖南省实施〈农民承担费用和劳务管理条例〉细则》，开展以减轻农民负担为主要内容的执法执纪监察。1996年，全市为75.5万农户发放农民负担监督卡，市纪检监察机关重点对农用生产资料价格、生猪屠宰税征收、婚姻登记搭车收费等问题进行监管。查处涉农收费案件63件，给予责任人党纪处分8人，政纪处分10人，移交司法机关处理7人。1997年，市纪委、市监察局在清理涉农收费文件中，经上报审定撤销不合理收费文件89件，停止执行文件5件，取消收费项目144项。1998年，全面推行农民负担预结算、监督卡和专项审计三项制度，发放《农民负担监督卡》91万张，基本做到一户一卡。1999年，减轻农民负担推行各级主要领导负责制，进一步规范征收农村税费行为，逐步纠正按人口、田亩平均摊派税费、代扣代缴提留统筹以及各种搭车收费行为。全市农民乡村统筹提留人均费额控制在国务院规定限额内。

2000年以后，全市纪检监察机关采取措施着力治理农村“婚姻登记搭车收费”“农用计划物资乱涨价”“电价高收费”“强行摊派征订报刊”等增加农民不合理负担的行为。2000年全市农民减负1.31亿元。2001年9月，市委、市政府下发《关于切实做好当前减轻农民负担工作的意见》，明确对农民负担问题实行“一票否决”、黄牌警告、重点管理三个层次的监管。全年全市纪检监察机关根据市委市政府部署，查处涉农负担违法违纪案件和问题208起。

2002年，突出加强对农民减负工作的监督。市监察局协同有关部门督促普遍推行农民负担和涉农收费公示制、村级财务公开制、报刊费用限额制，全市农村设立涉农收费项目（价格）固定公示栏2700个。聘请涉农收费监督员1100多名，农民负担监督卡入户率达到100%，农民按卡明明白白缴费，全年减轻农民负担达4300万元。是年，国家计划和发展改革委员会在郴州召开减轻农民负担工作现场会。2003年，市监察局协同普遍建立农民收入和负担监测点，及时掌握农民负担动态。市纪委、市纠风办对11个县（市、区）的涉农收费进行13次督查，未发现一起因农民负担问题而引起的群体性闹事事件。2005年，通过进一步检查、清理涉农乱收费，全年为农民减轻负担1600万元。1995—2005年，全市为农民减负4.56亿元，查处涉农收费违纪违规案件451件。

四、涉企负担“三乱”治理

1989年，郴州地区展开宣传贯彻国务院1988年2月发出的《禁止向企业摊派暂行条例》。1990年9月16日，中共中央、国务院颁发《关于坚决制止乱收费、乱罚款和各种摊派的决定》后，郴州地区纪委、地区纠风办制定出台一系列规定和制度，着力纠正行政部门向企业乱收费、乱罚款和乱摊派（简称“三乱”）、加重企业负担不正之风。1993年，地、县（市）纪检监察机关建立280个企业联系点，开展向企业送党纪政纪咨询服务和设立企业合法权益重点保护单位挂牌活动。全年共清理涉企“三乱”收费277.80万元，均退还给企业。

1996年3月，郴州市人民政府转发《市监察局关于严禁向外商投资企业乱收费乱罚款乱集资摊派的通知》。郴州市纪委、市监察局规定行政收费单位收费时须向企业明示收费项目、标准，并向其发放收费卡，凭卡规规矩矩收费。当年，省纪委、省监察厅对湘南烟草集团郴州卷烟厂技改项目工程实行挂牌保护，禁止各级各部门向工程乱收费、乱罚款、乱集资摊派。市纪委、市监察局对该工程实施跟踪保护。1997年，市委、市政府成立清理规范企业税外收费工作领导小组。取消企业收费项目27项，降低收费标准项目71项，减轻企业负担计2300万元；市、县（市、区）两级纪委、监察局会同有关部门对市内44家乡镇企业收费实行挂牌重点保护，不让“三乱”进企业。1998年，市纪委、监察局督促落实中央、省已公布取消的收费项目，全年全市22个重点企业共抵制各种乱收费89起，累计减负934万元。同时组织清理个体工商户的税外收费，共清理收费单位31家、收费类别120个、项目330个。经清查上报审定撤销收费文件14份、规范收费项目5个、宣布失效收费文件2件。市纪委、监察局并向市政府写出报告，建议撤销“非机动车证明工本费”等9个项目的收费。

从2000年起，全市推行企业收费“一证”（收费许可证）、“一书”（进企业收费批准通知书）制度，对向个体户征收税外费实行《个体工商户税外费登记卡》制度。2000年，市纪委、市监察局，先后四次参与对1993年以来出台的各项收费文件和项目进行清理，市本级和市直机关规范、降低收费标准项目182项，注销行政事业性收费许可证66件。

到2001年，市委、市政府为企业减负先后出台“六个严禁”“十五个不准”和对企业收费实行“一证一书一卡”（收费许可证、收费批准通知书、收费项目标准卡）制度，并聘请一批监督员协助监督。市纪委、市监察局紧扣这些规定，年内跟踪监察共查处违规增加企业负担案件和问题297件（起）；制定《关于对部分私营企业实行挂牌保护和建立联系制度的暂行办法》，对8家私营企业实行挂牌保护，同57家私营企业建立减负联系制度，以及时发现和查处“三乱”行为。2002年，市、县两级纪检监察机关组织力量重点清理企业收费项目，督促有关部门取消违规收费项目和依规降低收费标准，累计减少向企业收费金额7909万元；查处加重企业负担的违纪违法案件和问题540件（起），予以党纪政纪处分68人。2005年，郴州市、永兴县两级纪检监察机关联合查处永兴柏林镇政府违规收取冶炼整治费一案，依纪依规处理该镇主要负责人和相关责任人，清缴违纪违规金额48万元。

五、交通和医药市场不正之风查处

1993年，针对境内公路“三乱”（乱设卡、乱收费、乱罚款）现象，郴州地区纪检监察机关牵头组织地区、县（市）处级干部521人次上路，清理查处国道省道路卡121个，流动站卡15个；

撤除非法设置站卡55个，放行非法被扣车辆33辆。1995年，郴州市纪委、市监察局联合市审计局，对107国道沿线19个工商局所设经检队（经济检查队）自1994年以来的财务进行审计，收缴违纪金额130万元。

1996年，市纪委、市监察局会同市卫生局在全市开展医药回扣专项治理工作。市、县两级查处医药回扣案件37起，予以清退、上收缴财政的医药回扣金额1165.68万元。是年，全市撤除公路非法设置站卡54个，对经省政府批准设置的公路收费站、检查站进行收费整顿和规范，并由市廉政办牵头进行不定期上路暗查。全市因公路“三乱”顶风违纪而受党纪政纪处分10人，其中行政撤职6人。1997年5月，市廉政办与省政府公路“三乱”督查组联合执法，撤销嘉禾县境内非法公路收费站6个。

1999年，全市重点治理医药市场购销中的不正之风。市监察局会同卫生医药监管部门取缔无证和转让证照的药材批发和零售企业50家，查处流动购销涉药案件28起，涉及金额268万元，给予37人党纪政纪处分或移送司法机关处理。同年市、县两级纪检监察机关会同公安、交通、工商等部门进行交通环境整治，严肃查处公路（水上）“三乱”案件。10月，湖南省人民政府授予郴州市为“公路（水上）无三乱”市称号。

2000年8月，市监察局、纠风办、医药整治办、药监局联合对郴州城区内医药市场进行检查，查处无证经营户10户，查出违法经营药品470个品种，封存涉案药品金额8.76万元。2001年，市医药整治办会同市监察局重点查处郴州市第一人民医院药剂科人员在药品购销中受贿串窝案。同年，市纪委、市监察局、市交通交警部门联动开展畅安工程行动，及时撤除已过收费期限的梁（梁家湾）马（马头岭）公路收费站、鲤鱼江大桥收费站、万金公路收费卡等5个收费站、检查站卡。

2003年6月下旬，郴州市人民政府在桂阳县召开全市治理公路、水上“三乱”工作会议。会后，市纪检监察机关对重点路段、河流、库区“三乱”易发地多次组织督查，立案查处案件8起，6人受到党纪政纪处分。全市立案查处违法违纪购销药品、医疗器械案件148件，涉及金额256万元。次年2月，在查处医疗服务开单提成，收受回扣、红包礼金案件中，给予19人纪律处分，主动上缴收受回扣、红包费126人次。2004年，市、县两级纪检监察机关认真受理群众的来信来访，全年办结公路（水上）“三乱”投诉案18起。

2005年，市、县（市、区）监察部门督促建立公路、水上“三乱”治理网络，重点抓好交通执法人员执法监管和整顿。通知市内撤除原“贷款修路，收费还贷”到期的三条线路6个收费站（点），查处公路“三乱”案件2起，纠正市城管局违规上路执法问题。同时，督促建立健全县、乡、村三级医药购销监管网络，全市聘请医药购销协管员、信息员2071人，基层医疗单位医药购销监管覆盖面达95.3%。

第五节 纪检监察机构

一、中共郴州地区纪律检查委员会

1950年6月，成立中共郴州地委纪律检查委员会（简称纪委）。此后，先后改称中共郴县地委纪律检查委员会、中共郴县地委监察委员会、中共郴州地委监察委员会、中共湖南省委监察委员会驻郴州地委监察组。“文化大革命”中机构瘫痪。1978年10月，重新建立中共郴州地区纪律检查委员会，有委员8人。1993年4月，中共郴州地区纪委、郴州地区监察局实行合署办公。1995年4月，郴州撤地建市成立新的中共郴州市纪律检查委员会，原中共郴州地区纪委机构消失。

二、中共郴州市纪律检查委员会

1995年5月，中共郴州市第一次代表大会选举并经省委同意，产生中共郴州市纪律检查委员会，委员25名。同月，中共郴州市纪委第一次全体会议选举曾锦春、李香兆、李绵林、雷纯勇、刘登武、刘茂西、曹玉莲7人为市纪委常委，曾锦春为市纪委书记，李香兆、李绵林、雷纯勇为副书记。

2000年4月，中共郴州市第二次代表大会审议通过《中国共产党郴州市第二次代表大会关于中共郴州市纪律检查委员会工作报告的决定》。大会选举并经省委同意，产生新一届郴州市纪律检查委员会，委员25名。5月，中共郴州市纪律检查委员会第一次全体会议，选举产生新一届中共郴州市纪律检查委员会常务委员和书记、副书记，曾锦春当选书记，雷纯勇、刘家祥、刘登武当选副书记，曹玉莲、邓友文、彭哲明、徐述富、段新忠当选常委。

1989—2005年郴州市（地区）纪委监察局主要负责人名录

表3-4-5-1

单位	姓名	职务	任职时间
中共郴州地区纪律检查委员会	周光国	书记	1983.12—1990.10
中共郴州地区纪律检查委员会	易昌前	书记	1990.10—1995.04
中共郴州市纪律检查委员会	曾锦春	书记	1995.05—2006.10
郴州地区监察局	易昌前	局长	1987.12—1990.10
郴州地区监察局	周忠禹	局长	1991.03—1995.04
郴州市监察局	李香兆	局长	1995.05—

第五章 组织工作

第一节 党员队伍建设

一、党员发展

1989年年初，中共郴州地委组织部下发《关于当前认真做好新党员发展工作的几点意见》，明确在加快经济发展的新形势下，党员发展的重点是生产一线文化程度较高的先进中青年，以改善党员队伍中的文化、年龄结构。是年，全地区发展新党员2191名，其中具有高中以上文化的1430人，占总数的65.3%；年龄在35岁以下的1338人，占总数的61.1%。有340人分别是各战线各单位的先进工作者。

1990年，地委在组织对全区2949个农村党支部党员发展情况进行调查时发现，近5年内未发展新党员的支部有743个，占农村党支部的25.2%，少数村支委成员平均年龄偏大。随即，要求全区注重在农村生产第一线发展壮大党员队伍。1991年，全区发展党员3620人，其中农村和其他行业生产第一线发展党员2551人，占总数的70.4%。到1993年，农村未发展党员的党支部从1990年的25.2%降至8.0%以下，农村支部成员中年龄老化现象随之有了改变。

1993年，按照“坚持标准、保证质量、改善结构、慎重发展”的建党方针，地委组织部对建党对象的选择、人员结构、培养、质量标准及党员发展步骤均作出规定，确保党员发展的质量。是年，全区有建党积极分子18336人，地、县两级举办培训班358期，培训建党积极分子17213人，参训率达93%。年内经严格按照组织程序发展党员4344人，其中35岁以下2625人占60.4%，高中（含中专）文化程度以上2958人占68.1%。与此同时，党员发展的行业、性别、文化、民族结构不断改善。1995年发展党员5387名，其中工交、教学、科研一线党员3593人，其所占同年党员发展的比例由1993年的60.0%千至66.7%。1996年全市发展党员7021名，其中发展女性党员1354人占19.3%，大专以上学历党员1583人占22.3%，少数民族党员78人占1.1%。党员队伍结构不断改善。

1998年后，全市非公有制经济快速发展，各级党组织日趋重视在非公有制经济组织（单位）中发展党员，延展党的队伍建设，1999年，市委组织部召开全市新经济组织党建工作座谈会，商议制定《关于加强新经济组织党的建设工作的意见（讨论稿）》。各级党组织还根据党员发展“向一线倾斜”的方针，注重在生产一线经济能人中发展党员。当年，全市发展党员5324人，其中非公有制经济组织（单位）和在农村经济能人中吸收入党898人，占全年党员发展总数的16.9%。资兴市切实做好非公有制组织发展党员工作的经验，在全省发展党员工作会上被交流推介。

从2000年开始，市委组织部相继出台发展党员公开制、审查制、票决制等建党工作规章制度，致力提高党员发展质量。2001年制定《关于发展党员实行公示制的办法》，2003年又推出《关于支部大会决定预备党员接收和转正实行票决制的方法（试行）》。各地按照相关规定公示预备党员相关情况，并将其相关材料呈报上级党组织接受审查，预备党员转正时均经党支部党员大会投票表决，如出现“带病”入党现象即追究相关责任人的责任。2005年，市委组织部又统一修订制作《发展党员情况登记表》《预备党员转正审查呈报表》，进一步规范发展党员工作程序，细化完善党员发展工作。1989—2005年，全市（地区）共发展党员83770人。至2005年年底，全市计有中共党员205731人。

二、党员教育与管理

（一）党课教育

1989年，全地区各级党组织普遍推行党课制度，一般以基层党支部为单位，每月上一次党课。重点学习《中国共产党章程》、党的方针政策和党的基本知识等内容。是年，全区90％的党支部坚持对党员进行党课教育，乡镇和企事业单位业余党校在党员轮训中均安排党课教育课程，全年接受党课教育的党员22.95万人（次），党员参课率90.0%。1992年，中共郴州地委成立党员电化教育工作领导小组，电化教育这一现代化教学手段开始进入党课课堂，全区自始每年在党课课堂上放映党教片5000场次、观看党教片15部以上。至1996年，全市95%以上的农村党支部建有标准化党员活动室，党课教育以党员活动室为学习场所，做到“四有”（有课桌、有黑板、有学习资料、有固定兼职教师）。同年，市委组织部编印党课教材《城镇党员教育读本》，并由中共中央党校出版社出版发行。1998年，市直机关各级党组织在推进党风廉政建设中，普遍开展以“反腐治奢、艰苦奋斗”为主题的党课教育，全年上党课1256场次。2001年后，各基层党支部将中共中央总书记江泽民提出的“三个代表”（中国共产党始终代表中国先进生产力的发展要求、代表中国先进文化的前进方向、代表中国最广大人民的根本利益，下同）重要思想列入党课的重要学习内容。2003年，全市在对党员和党员领导干部开展党风廉政建设“三想三看”教育活动中，市、县（市、区）及所属科局、乡镇的党政主要领导进课堂讲党课1700场次。2005年，各地党课普遍以全市先进模范人物事迹为学习内容，对照身边的“活榜样”，进行保持共产党员先进性教育。在这一期间，全市普遍将党课教育纳入“三会一课”（支部委员会、支部党员大会、党小组生活会，按时上党课），纳入考核各级党组织建设的范畴。

（二）培训学习

1989年，全地区开始形成各级党校集中办班轮训骨干，各基层党组织就地组织党员受训的党员培训学习格局。11所县（市）委党校和247所乡镇业余党校举办农村党支部委员以上党员短期轮训班303期，培训1.24万人次，占应参训人数的95%；农村党支部举办党员短训班1006期，培训党员22.95万人次，党员参训率91.0%。基层党组织党员短期训练班一般每年一次，时间5~7天，农村多在冬季农闲办班施训。党员培训突出结合党的中心工作学习党的方针政策，提高党员的工作政策水平。

进入20世纪90年代初，全区兴起开放兴郴，振兴经济高潮，党员培训既进行政治教育，又学习市场经济知识和实用生产科学技术。1993年，全区各级党组织举办邓小平理论培训班，轮训党员14.22万人次；举办党员实用生产技术培训班1228期，培训农村党员12.34万人次。同时，抓好各级党校党员培训基地建设，增加党员培训数量。1995年，各县（市、区）委党校办班61期，3552名党员参训，比1994年增长141.0%，郴州被评为全省党校建设先进单位。1996年，在全省5所达标县级党校中，宜章、永兴县县委党校榜上有名。

此后，电化教育日渐成为党员培训的重要手段，市、县、乡三级逐步形成编辑、复制、播放电化教育网络。到1998年，全市有254个乡镇建立电教播放点，2333个农村党支部建立电教室。市委组织部党员电化教育中心组织拍摄的7部党教片，均被省电视台采用播放，其中《风险人生路》在全省第三届党员电教专题片观摩评比中获一等奖。1999年，围绕党员开展“四个观念”（政治组织观念、群众观念、政策法制观念、勤政廉政观念）教育培训，播放党教片21部7599场次，观看党员34.22万人次。1999至2000年间，根据市委“科技兴业”决策，组织开展“党员电教科技扶贫年”活动，播放实用技术科教片4.5万场次，市、县（市、区）聘请115名专业技术人员为“电教科技顾问”，提供电教技术咨询服务。两年间，有6万多名农村党员、基层干部通过电教培训拿到农村实用技术培训合格证。

2001年，在学习“三个代表”重要思想活动中，中共郴州市委党校在党员培训中进行模拟教学、对口辩论、调查研究等教学改革，提升培训质量。当年，市委党校举办县（市、区）委书记、市直单位党政主要负责人专题研究班7期，举办各系统科级干部和理论宣传骨干专题培训班27期。2003年在全市启动农村党员干部现代远程教学工作。2005年，市委在经济发达地区的深圳市市委党校建立党员干部培训基地，全年逐批组织500名学员到基地进行强化培训，接受新的经济发展理念教育。同年，全市257个乡镇（街道）、所有全日制中学和60%的行政村建立党员远程教育站（点），推开农村党员干部现代远程教育工作。

（三）民主评议

1989年初，中共郴州地委在桂阳县六合乡、郴州市（北湖区）郴江乡、国营711矿开展党员民主评议试点工作。5月中旬，地委召开全区党员民主评议工作会议，推介711矿从思想、作用、作为三方面开展民主评议党员的作法，动员各级党组织通过民主评议促进党员教育与管理。随即党员民主评议形成制度在全地区推行。是年，全区有81个单位民主评议党员12.35万人，党员参评率85.2%。评选优秀党员13469人，合格党员10.81万人，基本合格285人；处置评为不合格党员1618人，其中开除党籍61人、劝退除名209人、予以其他党纪处分111人，限期改正1237人。

1991年，郴州地区把民主评议党员与创先争优、党员目标管理工作结合起来，评议的内容和标准趋向细化量化。当年，全区民主评议党员13.72万人，党员参评率达93.4%，评出优秀党员24425人，处置不合格党员1304名。到1996年，进而将党员民主评议制度延伸至外出打工党员。乡镇、村级党组织普遍建立流动党员登记卡，在外出党员中建立临时党支部，组织进行党员民主评议。

2000年后，注重结合各项专题教育活动进行党员民主评议。当年，全地区在开展“三讲”教育中，全市18万名党员对照“三讲”标准展开民主评议，评出不合格党员579名，分别予以相应的处置。2005年，在保持共产党员先进性教育活动中，各级党组织采取设岗定责的办法，加强对党员施行岗位目标民主评议。是年，经党员民主评议，全市有不完全履行党员义务、不完全具备党员条件的“两不”党员626名，党支部根据评议中查摆出来的问题，在党员中开展“一帮一”谈心、交心活动，经过帮促591名“两不”党员进步明显。有的党员感触地说：“民主评议就像洗了个热水澡，洗掉身上的脏东西，打起精神好朝前走！”

三、党员“争先创优”活动

自1989年始，中共郴州地委在推进党员队伍建设中，动员部署全区8900个基层党组织、14.4

万名共产党员参与“创先进党支部，争当优秀党员”评选活动。至1990年“七一”前夕，经评选，郴州地委表彰先进党组织10个，优秀党员65名，优秀党务工作者15名。各县（市）表彰先进党组织1449个，优秀党员14979名，优秀党务工作者1828名。并将其优秀事迹编印《郴州先锋谱》一书，发至各级党组织。

1992年年初，根据少数党员在市场经济大潮中出现的“重物质利益追求，轻党员作用发挥”的党性观念淡薄现象，地委组织部下发《关于在全区开展“共产党员在改革开放和经济建设中争贡献、作表率”活动的通知》（简称“争贡献、作表率”活动）。各级党组织将这一活动列入党员目标管理，形式多样地组织党员参与这一活动。是年，永兴县有8428名党员联系17952户贫困户，实行上门“五包”（包发展生产、包增收、包计划生育、包治安、包完成上交任务）的帮扶服务。郴县（苏仙区）在党员中开展为改革开放和经济建设“提建议、献义工”活动，全县党员提出各种建议8902条，为开荒造林、筑路建桥和兴修水利工程投入义务工工日2854.4万个。1992年，在“争贡献、作表率”活动中获地区表彰的先进基层党组织49个、优秀党员178名。1994年在推进这一活动中，全区农村党员建立扶贫帮困联系户5.87万户，帮助联系户解决实际困难19.76万件；工业企业在党员中开展争当“技术能手”“增产节约标兵”，和争创“党员手下无次品”等评比活动；党政机关在党员中普遍开展以“优质服务，廉洁高效”为主题的竞赛活动。当年，地委表彰10个红旗党组织和10名模范共产党员。其中东江水泥厂党委被中共湖南省委授予“红旗党组织”称号，农民李常水、工人陈庚初被省委授予“全省模范共产党员”称号。

1998年，中共郴州市委决定开展评选领导班子、党组织、党员“三十佳”活动。各地围绕这一活动，加强党员教育和培训。全市举办党员培训班2200多期，党员参训率97.5%；同时采取自查自纠与民主评议相结合的方式，促进党员践行党员标准，推动全市党组织显现出“领导班子创先进，领导干部作表率，共产党员当模范”的竞争氛围。当年，郴州市委表彰红旗领导班子、先进党支部、优秀共产党员各10个（名），受省委表彰的先进党组织3个、优秀共产党员7名。

2000年后，市委在促进党员队伍建设中，持续组织开展一系列党组织“争先创优”活动。2000年5月，郴州市委下发《关于开展创建“五好”村党支部、“六好”乡镇党委和农村基层组织建设先进县活动的意见》（“五好”即好班子、好队伍、好路子、好作风、好制度，“六好”即好班子、好队伍、好路子、好作风、好体制、好的工作）。这一创建活动激发了广大党员奋发求进，为创“五好”“六好”党组织争作贡献的积极性。至2003年，全市有792个农村党支部逐年升级达到“五好”标准，有56个乡镇党委达到“六好”标准。2004—2005年，全市又相继在党员队伍中开展“兴学习高潮，树模范形象”等创先争优活动，促使涌现大批先进模范共产党员。两年间，先后有陈桂成、何贵平、周少华、占小春等9名中共党员分别被评为“全国劳动模范”“全国先进工作者”“全国巾帼建功标兵”和获“全国五一劳动奖章”。

第二节　基层组织建设

1989年，郴州地区设立各级党组织8918个，其中党委428个、党组146个、党总支285个、党支部8059个。是年7—8月，中共郴州地委对全区8059个基层党支部进行摸底考核时发现，尚有班子松散、工作平庸的后进支部376个，占调查对象的4.7%，其中农村后进支部305个。9月，召开全区组织工作会议，部署整顿后进党支部工作。地委随即派出工作队员 110 人下乡驻村开展后进党支部整顿工作。经思想作风整顿，调整支部班子成员 1605 人，同时建立健全支部成员工作目标管理责任制，使后进支部逐年减少。至 1991 年，原有的 305 个后进村支部工作面貌接踵好转，其中有 79 个跃入先进党支部行列。其间，组织国有企业党组织普遍健全完善定期议党、定期工作报告、定期开展民主评议和过好民主生活会等制度，推进企业党组织建设。

从 1993 年开始，地委对党的基层组织建设推行目标管理责任制，即从“组织、思想、作风、业绩”方面将其分解量化为具体的工作管理目标，逐年组织达标考评。全区层层签订基层党组织目标管理责任书，各级党委主要领导均为组织实施的第一责任人。1994 年年底，经检查考评，评出党的基层组织建设达标县（市）5 个，组织工作先进县（市）3 个、先进个人 65 名。1995 年，中共郴州市委对县（市、区）委、市直机关、市属以上企事业单位的 81 个党委的党建工作，直接实行目标考评管理。到 1996 年，全市 11 个县（市、区）委、市直机关党建工作全部考评达标；市属以上厂矿企业党建工作达标或基本达标 53 户，达标率为 88.3%，其中涌现党建目标管理先进单位 15 个。是年，全省国有企业党建工作会议在郴州召开，推介了郴州对基层党组织建设目标管理实行“抓党委，促基层”的作法。

1998 年，全市非公有制经济组织（单位）发展到 3913 家（不含个体工商户），有中共党员 9733 人。为此，郴州市委将加强非公有制组织（单位）党组织建设作为年内党建工作重点之一。市委组织部采取“先调研，后规划；先试点，后铺开；先重点，后一般”的方法，按照《中国共产党章程》对基层党组织的设置原则，在非公有制经济组织（单位）中陆续建立党委 2 个、党总支 17 个、党支部 453 个。是年，郴州在非公有制经济组织（单位）建立党组织的比例，居全省先进行列。1999 年，市、县两级组织部门采取“属地、归口、挂靠”的管理方式，理顺全市 2157 名下岗职工党员组织隶属关系，建立专人联系跟踪管理责任制，使下岗职工党员下岗不脱管。

1995—2001 年，全市结合农村扶贫攻坚全面开展农村党支部建设整顿工作。此间，市、县两级连续 6 年共从直属机关单位抽调干部 5900 多名，组成建整扶贫工作组，分批进驻 956 个建整村。按照“五个好”（好的领导班子、党员队伍、经济发展路子、经营机构、管理制度）的要求，重点抓好农村党支部和党员队伍思想作风建设，促脱贫致富。在这一期间，全市驻点村经“五个好”量化考核，先后进入一类党支部 680 个，原属三类的 202 个村支部相继升级进入一、二类。驻点村在党支部、村委会的带领下，大力发展农业和农村经济，村村集体经济实力增强，农民收入增加，原有特困村实现全部脱贫。

2002—2005 年，市委抓住党建薄弱环节，着力推进破产企业、街道社区和非公制经济组织的基层党组织建设，同时以创建党建示范点带动基层党组织建设。2002 年 6 月，市委组织部通过调研停产、关闭、破产企业党建工作，形成《关于郴州市兼并破产、停产、关闭企业党组织建设状况的调查报告》，并对这些企业党组织的隶属关系进行调整。年内将兼并、停产、改制企业的党组织关系下放到县（市、区）管理的企业有 4 家，移交给市直工委管理的有 9 家，移交主管局委管理的有 3 家，均组建新的党委。是年，组织 39 个社区联点扶建工作组，分赴北湖区、苏仙区帮助指导社区党组织建设工作。2003 年，北湖区和资兴市被评为“全省农村基层组织建设先进县（市、区）”。2004 年，创办的省、市、县三级 245 个基层党建示范点，采取建立临时党组织和挂靠托管方式，在外出务工经商党员较多的地区建立临时党支部（党小组）309 个，临时托管流动党员 2603 人，加强和改进对基层党组织流动党员的监督管理。2005 年 4 月，郴州市委办公室转发市委组织部《关于进一步加强和改进街道社区基层组织建设的若干规定》。6 月，市委办印发《关于进一步加强和改进非公有制经济和社会组织党的建设工作的意见》，全市随后选派610名党建工作指导员，到964家非公有制经济与社会组织帮助新建立党组织315个。至年底，全市非公有制经济和社会组织（不含个体工商户）建立党的基层组织1259个，占应建数的96.7%，其所占比例居全省市州第一。2005年，全市创办的省、市、县三级245个基层党建示范点，经逐级检查验收全部达标合格。

至2005年年底，全市有各级党组织9659个，其中设立党委541个、党总支456个、党支部8662个。在541个党委中，有乡镇（街道）党委257个、市、县（市、区）直机关党委85个、企业单位党委81个、事业单位党委46个、其他单位党委72个；在456个党总支中，有机关单位总支180个、企业单位总支140个、事业单位总支116个、其他单位总支20个；在8662个党支部中，有农村建制村党支部2940个、城市与建制镇社区党支部148个、机关单位党支部1779个、企业单位党支部1757个、事业单位党支部1760个，其他单位党支部264个。

第三节　领导班子和领导干部队伍建设

1989年，中共郴州地委安排举办领导干部培训班4期，培训地直部、办、委、局和11个县（市）副处以上领导干部500人，培训乡（镇）长、科技副镇长468人。重点提高其政治理论素质和工作管理水平。

进入20世纪90年代后，面对以经济工作为中心的现代化建设新形势，地委加大选拔领导干部改革力度，力破“论资排辈、平衡照顾、求全责备”的旧观念，致力建立一支“革命化、年轻化、知识化、专业化”，适应新形势所需的领导干部队伍。1991年，地委组织部科学部署，周密做好翌年县（市）领导班子换届选举的干部考察、推荐工作，派出3个考察组，对全区11个县（市）的420名推荐对象一一进行考察，精心挑选、推荐县级领导干部。使1992年换届后的县（市）党政领导班子成员中懂经济、有专业知识者增多，形成以40岁左右干部为主体的年龄结构层次，其中具有大专以上学历者占61.0%。与此同时，全区干部工作的重点，转向优化副处级以上党政机关和事业单位领导班子的配备和管理。1993—1994年，地委部署每年对县处级干部进行年度考核，召开民主测评会，开展领导干部述职评议，及时发现和纠正领导班子人员中存在的问题，适时对班子进行调整、充实。

1995年5月郴州撤地建市后，中共郴州市委相继推出一系列改革举措，加力建设高标准的领导班子。是年，经市委研究决定，拿出6个正处级和9个副处级职位面向全省公开选拔。1996年，市委决定又面向全市公开选拔副处级经济管理领导干部25名。市委还推出干部“上挂下派”“任前试用”制度，在全省率先选派8名干部到省直机关“上挂”跟班学习，选取35名市直单位年轻干部“下派”到乡镇、厂矿挂职实践锻炼。1996年，对新选派的25名副处级经济管理干部试行“任前试用”制，将其分派到外地大型企业和经济发达地区挂职或跟班学习半年，经考察合格后，再正式任职。此后，80%的年轻干部经“上挂下派”和“任前试用”等方式的锻炼培养，被选入县（市、区）、市直单位、乡镇、企事业单位领导班子任职。领导班子素质随之提高。

1997年，郴州市委制定出台《郴州市行政企业事业单位领导干部任期经济责任制暂行规定》，推行对各级领导干部进行任期经济责任审计制度。1997—1999年，先试行摸索经验，渐次扩大审计范围。2000年9月27日，郴州市委结合推行领导干部任期经济责任制，召开全市警示教育大会。

会上由黄某、周某、黄某3名曾担任过领导职务而蜕变成服刑的犯人进行拒腐防变的现身说法。2000年至2005年间，全市共对1839个单位（企业）的1926名领导干部进行任期内经济责任审计。依据审计发现的经济问题，向纪检监察和司法机关移送案件135件；给予党纪政纪处分40人，降、免、撤职180人；进行诫勉谈话单位3个；提拔和重用53名廉洁守纪严格执行经济责任的领导干部。促进了领导班子党风廉政建设。

自2001年4月始，郴州市委组织广泛开展创建“三强五好”（创造力、凝聚力、战斗力强，政治思想、务实创新、团结协作、联系群众、廉洁自律好）领导班子活动，和“艰苦创业、建功立业”竞赛。2002年，市委、市政府在实施领导班子“龙头工程”建设中，设立“十佳勤政廉政公仆”评选活动。12月5日，召开全市“十佳勤政廉政公仆”和勤政廉政先进个人表彰暨先进事迹报告会，市委、市政府主要领导上台给这些先进人物披红戴花。2003年，市委出台《关于郴州市党政领导干部引咎辞职暂行规定》，决定层层建立领导干部岗位责任追究制度，对严重失职违纪的领导干部予以引咎辞职的处理；先后举办市、县两级领导班子成员学习贯彻“三个代表”重要思想专题报告会18场，专题研讨班7期。全市领导班子“龙头工程”建设活动凸显成效。当年，在各级领导干部的带领下，全市上下齐心协力战胜“非典”（非典型性肺炎）和特大干旱的影响，实现经济工作综合指标考核排全省第一，地方财政收入居全省市州第二。市委表彰县处级干部494人，予以记功人员154人。在此期间，郴州先后宣传推介胡昭程、何贵平，宜章县新华乡党委等一批克己奉公、勤政廉政的先进典型，总结推广市人防办、地方税务局等6个市直单位创建“三强五好”领导班子的经验，带动领导干部队伍思想作风建设。

到2005年，全市在推进领导班子和领导干部队伍建设中，先后推行任前公示、领导干部民主评议、个人重大事项请示报告、任期经济责任审计和末位淘汰等制度。2005年，全市审查审批处级领导干部个人重大事项107项，对10个未经审批外出考察的领导干部予以通报批评；查处违规领导干部1名。郴州市被评为全省领导干部经济责任审计工作先进单位。在全市领导班子和领导干部年度考核中，有76个县处级领导班子被评为优秀领导班子，332名县处级干部被评为优秀领导干部。

第四节 知识分子工作

1989年，中共郴州地委设知识分子工作领导小组，负责知识分子管理工作。年内，对全地区全民事业单位1042名具有高级技术职称的科技干部建立“人才卡”，并从各县（市）推荐的126名知识分子后备干部中考察选择55名作为县级后备干部，建立“人才储备库”。全区抓落实知识分子政策，当年为知识分子家庭解决“农转非”户口1190人。

从1990年起，地委加强对列入地管（地区管理）专业技术人才的管理，予以优惠待遇。是年，经单位推荐、组织部门考察选定的首批32名专业技术拔尖人才，由地区实行统一目标管理。专业技术拔尖人才根据自我专长和单位所需，制定出3年科技创新工作目标，由地委组织部对专业技术人员实行定期考核。地委将地区直管专业技术拔尖人才的优秀者优先列入党员发展、选用提拔的对象，在工资待遇、住房、用车、医疗、深造学习、科研项目扶助等方面，出台“优先解决，特殊办理”的优惠政策，激励和扶持知识分子为郴州发展做出积极贡献。1990年被列为首批地管专业技术拔尖人才的桂阳县农业局干部李汉英，长年带病扎在田间地头攻克烤烟优质高产技术难关，为该县跃居全国八大产烟县起到重大作用，获得“全国先进工作者”称号，1992年当选为中共第十四次代表大会代表。1993年，郴州地区选聘第二批地管专业技术拔尖人才22名，推行动态目标管理，其目标管理期3年为一届，届满对业绩平平者予以淘汰。

1996年，中共郴州市委组织部制定《关于培养选拔郴州市跨世纪学术和技术带头人的意见》，实施跨世纪知识分子人才队伍培育工程。年内选择36名列为郴州市跨世纪学术和技术带头人培养对象。1997年初，市委组织部印发《关于跨世纪学术和技术带头人培养措施》，确定实施分类培训计划，进行新理论、新技术、新方法、新知识的培训。各行各业加强对跨世纪学术和技术人才的培育，至2000年，全市各级培训各类技术人才9万人次，培训专业技术人员和管理人才14.4万人次。同时，积极做好列入郴州市跨世纪学术和技术带头人的推荐工作。

2002年，市委组织部会同市人事局、教育局、科技局、农业局、卫生局等单位，先后召开3次人才座谈会，盘清各类专门技术人才家底，联合制定《郴州市2000—2005年人才队伍建设规划纲要》。自2002年起，市委党校每年举办一期为期一个月的专家培训班，采取与高等院校联合办班的形式，对专业技术拔尖人才和副高以上职称的专业技术人才分期进行MBA、MPA学历教育。2003年举办全市首届青年科技奖评比活动，从中选拔20名拔尖人才为郴州市第一批学术带头人。截至2004年底，全市选送各类专门人才至高等院校培训800多人次，3100人被评为乡镇企业技术人员职称，评定农业专业技术人员职称1.7万人。

2004年，市委、市人大常委会、市政府、市政协领导干部同各行各业工作一线的18名专家、学者联系“结对”交朋友，了解心声，及时帮助解决其工作、生活上的实际问题。市委倡导生活待遇向高、尖、精人才倾斜，推行“一流人才、一流业绩、一流报酬”的分配制度。湘南学院对本校获得教授职务的人员一次性奖励8万元；对获得国家级、省级、市级科研项目立项者分别奖励4万元、2万元和2000元，并予资助科研经费；对引进的博士、硕士予以住房奖励，还一次性分别给予安家费4万元和2万元。

2005年，注重选拔和引进有突出贡献的知识分子和专业技术人才。郴州市委组织部会同相关部门积极推荐省管优秀专家、享受政府特殊津贴专家和全省第五届青年科技奖人选；组织评选第三批学术和技术带头人15名、第四批后备人选57名；与有关部门联合开展“郴州市第二届青年科技奖”“郴州市十佳高技能人才”“郴州市技术能手”评选表彰活动。是年，全市还结合“新型工业建设年”活动，从郴州境外引进企业高新技术产业人才180名、企业经营管理人才125人。至年底，全市拥有专业技术人才22624人，其中具有高级技术职称的2144人，中级技术职称的20480人。

1989—2005年中共郴州市（地）委组织部主要负责人名录

表3-5-4-1

单　位	姓　名	职　务	任职时间
郴州地委组织部	曹德华	部　长	1985.04—1990.07
郴州地委组织部	王本义	部　长	1990.07—1994.09
郴州地（市）委组织部	周政坤	部　长	1994.09—1997.08
郴州市委组织部	刘湘娥（女）	部　长	1997.08—2003.06
郴州市委组织部	刘清江	部　长	2003.06—

第六章 思想工作

第一节 理论教育

1989年，中共郴州地委安排地委党校举办3期县（市）委和地区直属宣传战线领导干部学习班，重点学习马克思主义哲学、政治经济学、科学社会主义和中国革命史4门理论课程。1990—1991年，地委部署全区干部学习马克思主义哲学关于群众观点、实践观点、辩证观点的理论，以及《关于社会主义若干问题学习纲要》（简称《纲要》），树立“人民群众是创造历史的主人”“实践是检验真理的唯一标准”的思想理念。此间，地委讲师团举办理论骨干培训班2期，全区举办科级以上干部学习《纲要》读书班172期，248个乡镇业余党校举办学习班1800期。

自1992年始，围绕邓小平南方谈话，重点学习建设有中国特色社会主义理论。全区以党校轮训、地、县（市）市中心学习组集中学习为主要形式，组织县以上领导干部进行系统理论学习；以农村冬训、基层党校培训的方式，组织农村基层干部开展理论教育。学习书目有《邓小平文选》（第三卷）、中国共产党第十四次全国代表大会文件及市场经济理论读本。地、县（市）委中心学习组坚持每季度集中学习一次，时间3～4天。至1994年年底，全区有5万名基层党员干部参加《邓小平文选》（第三卷）的集中学习培训，参学率100%。全区在理论学习中联系郴州创办改革开放过渡试验区的变化，开展“进一步解放思想”大讨论，加深对邓小平南方谈话精神和建设有中国特色社会主义理论的理解，推动思想解放，加快发展经济。其间，相继涌现汝城县三江口边境经济特区、宜章县南京洞边际经济开发区和桂阳县流峰镇边贸市场等一批对外开放的经济开发基地。

1995年5月，中共郴州市委组织各级领导班子开展“学理论，比团结，争贡献”竞赛活动，举办“撤地建市与区域经济发展和社会进步”理论研讨会，启动学习邓小平理论“四进四入”（即进农村入农户、进企业入班组、进学校入课堂、进街道入居民）活动。当年，郴州市委宣传部和讲师团在郴州师范专科学校进行政治理论教学改革试点，开设《邓小平理论概述》教学课程。1996年2月，召开全市大中专学校学习邓小平理论座谈会，组织大中专学校展开邓小平理论进学校入课堂活动。11月，举行大中专学校邓小平理论教育教学经验交流会。随即《中国教育报》《湖南日报》在头版头条推介郴州开展邓小平理论学习进学校入课堂的作法，全国高校邓小平理论教育教学研讨会在郴州召开。1997年，市委宣传部主编的全市大中专学校学习邓小平理论教材《邓小平理论青年读本》，获全省精神文明建设“五个一工程”奖。1999年，全市开展以《建设有中国特色社会主义若干理论问题学习纲要》为基本教材的学习活动，组织4.1万名党员干部参加学习邓小平理论考试。

2000年后，全市的理论教育重点把中共中央总书记江泽民提出的“三讲”和“三个代表”重要思想，作为广大干部群众理论学习的重要内容。当年，各地在学习中理论联系实际，力求学习实效。安仁县用“三个代表”重要思想作指导，组织开展“安仁向何处去”的讨论；临武县党政机关结合理论学习组织实施“为民服务工程”。2001年，全市结合学习江泽民“七一”讲话，铺开用“三个代表”重要思想指导“以德治国、依法治国、经济强国”的学习活动；举办全市经济工作总体构思理论研讨活动，评选76篇优秀论文编印成《郴州经济发展的理性思考与实践》一书。2002—2003年，成立郴州市邓小平理论研究中心，在《中国郴州》新闻网页开辟“理论学习园地”栏目。举办中共十六大会议精神学习班、“三个代表”重要思想研讨班11期，发行《“三个代表”重要思想学习纲要》6万册。在开展“实践‘三个代表’重要思想，促进郴州发展”理论研讨活动中，收到专题调研文章113篇。

2004年，全市用“三个代表”重要思想指导开展“立党为公，执政为民”“创建学习型党组织、争当学习型党员”学习教育活动，活动中先后组织4万名干部参加理论学习考试。2005年在学习“三个代表”重要思想和开展保持共产党员先进性教育活动中，市委召集县（市、区）委中心学习组交流保持共产党员先进性理论学习经验，市直单位组织专题理论辅导报告会50场次，市委宣传部及时编撰印发《新时期理论学习读本》。11月19日至21日，市委、市人民政府与中央理论刊物《求是》杂志社，一同在郴州举办有来自全国各地50多名专家学者参加的“以科学发展观指导和谐社会建设”理论研讨会，评选优秀论文71篇，汇编成《红旗文稿》专辑向全国发行。

1989—2005年，全市理论研究活动日趋活跃，成果丰硕。此间，举办全市理论研讨会98次、开展理论研究课题120项，获市级以上各项理论研究优秀成果奖125项（篇），在省级以上报刊发表理论文章1500多篇，市（地区）、县两级宣传部门编印大众理论读本118种。

第二节 新闻宣传

一、宣传阵地

1989年前，郴州地区经新闻出版部门批准登记出版的报纸有《郴州科技报》，开办有郴州地区和11个县（市）广播电台。1989年7月1日，经新闻出版署批准，中共郴州地委、地区行署机关报——《郴州报》正式出刊。同年，郴州地区和郴州市（北湖区）合办的郴州电视台成立开播。1991年，郴州电视台上收地区，归口地委宣传部管理。同年，11个县（市）建立《郴州报》通讯联络站，地直机关和地属以上企业配有《郴州报》兼职通讯员。1992年10月《郴州广播电视》报（内刊）创刊。1995年地改市后，郴州市组建“郴州有线广播电视台”，后与郴州电视台、郴州人民广播电台、郴州广播电视报合并组建郴州广播电视新闻中心，与地级郴州市广播电视局实行局台合一管理体制，两区（北湖区、苏仙区）广播电视台并入郴州广播电视新闻中心。1996年，《郴州报》由周报改日报，报名改称《郴州日报》，当年发行量达4万份。市委为集中人、财、物办好《郴州日报》，《郴州科技报》随即停刊。1997年，11个县（市、区）广播电台与有线电视台合并为广播电视台。乡镇设广播电视站，为县（市、区）广播电视局派设机构。1998年12月，《郴州广播电视报》并入《湖南城市广播电视报》。2000年，全市无线调频广播停止使用，只在有线电视网络中传播或插播节目。2001年4月，《郴州师专报》创刊（湘南学院组建后改办湘南学院报）。2002年2月，市广电中心实行频道负责制，设置新闻综合频道、经济生活频道和图文信息频道（后改为信息文艺频道）。6月，组建“郴州新闻网站”，由市委宣传部主管、郴州互联网新闻宣传管理中心承办，是市委、市政府的对外宣传平台。

至2005年，郴州市公开出版发行的报纸有《郴州日报》《湘南学院报》；广播电视、互联网办有郴州广播电视新闻中心、郴州新闻网站以及各县（市）广播电视台。共有专职新闻工作者980人，其中市级450人。湖南日报社、湖南电视台在郴州各设有记者站。

二、舆论宣传

1989年，全区各新闻媒体坚持把坚定的政治方向和正确的舆论导向放在新闻宣传的首位，以反映中华人民共和国成立40周年成就为主题，组织新闻舆论宣传。同时大力宣传郴州坚持走社会主义道路所取得的巨大成果。1990—1991年，面对苏联解体、东欧剧变和国内外敌对势力企图通过和平演变颠覆中国的严峻形势，组织报刊、广播电视重点开展“社会主义好”“只有社会主义能解救中国”的宣传教育，及时报道全区举办“坚持共产党领导，坚持社会主义道路”形势报告会等新闻消息。

1992年，郴州新闻宣传的重点是围绕邓小平南方谈话和中共第十四次全国代表大会精神，在郴州日报社、郴州广播电视台组织专版或专题开展姓“资”姓“社”的大讨论，引导增强发展社会主义生产力的理念，积极推进郴州改革开放过渡试验区建设。配合《湖南日报》先后推出《来自郴州改革开放试验区的报道》《“南大门”走笔”》等推介郴州对外开放的系列报道。到1994年，郴州地区新闻宣传稿件质量有了新的突破，一大批稿件被国家级新闻单位采用。是年，郴州市（北湖区）电视台摄制的电视专题片《跨向壮烈的瞬间》、桂阳县电视台摄制的整治矿山秩序的报道在中央电视台播出。《郴州日报》记者和通讯员采写的《郴州玻璃厂技改拓出新天地》《永兴县从“希望工程”之外找希望》先后被《人民日报》和新华社采用，报道桂东县扶贫经济开发和郴县农村教育改革的新闻，分别在《中国科技报》《中国教育报》刊发。

1995年以后，郴州新闻宣传注重紧紧围绕中共郴州市委、市人民政府的工作思路，及时报道郴州的大事、要事和新事，助推郴州改革和发展。1995年5月郴州撤地建市，全年紧扣郴州发展历程中的这件大事，组织《郴州报》、郴州广播电视台刊发和播出有关撤地建市、郴州巨变和市委、市政府发展蓝图决策的通讯、图片、评论文章等稿件1200条（篇），其中中央、省级报刊、网站上稿380余条（篇）。1996年，郴州召开纪念红军长征胜利60周年暨红军挺进郴州62周年大型专题报告会，《郴州日报》开辟专栏宣传红军长征途经郴州的英雄故事和光辉壮举，突出新闻舆论鼓励人、教育人的社会作用。1997年根据市委的部署，《郴州日报》组织开展“郴州精神”全民大讨论，确立“团结、拼搏、创新、图强”为郴州精神的主题词。1998年，郴州新闻宣传媒体大力宣传报道郴州市小康建设目标、郴州举行对外经贸研讨会洽谈会、商品交易会等大事要事。当年，郴州人民广播电台的专题报道《阳明壮和他的小二型水库》、郴州电视台的电视新闻《汝城县政府兑现六十三年前红军借据》及电视纪录专题《爷爷、孙子和船》均获湖南广播电视好新闻评选一等奖。文字报道《汝城县政府兑现六十三年前红军借据》还获得湖南好新闻二等奖和中国好新闻三等奖。1999年8月13日，郴州遭受特大洪灾，市委宣传部紧急召开郴州各新闻媒体负责人会议，部署抢险救灾新闻宣传工作。市直新闻单位迅即出动24个报道组深入灾区一线采访，《郴州日报》摄影记者朱明辉为抢拍水中转移受困群众镜头，将自己捆绑在树上一个多小时进行抓拍。市委宣传部还组织人员通宵达旦制作出向上级汇报灾情的两部电视专题片。及时快捷的新闻宣传，为抗洪救灾提供了精神动力。

2000年，郴州市委办、市政府办印发《关于切实加强当前新闻宣传工作的紧急通知》《关于加强新闻宣传工作管理的若干规定》，进一步健全完善新闻宣传目标管理和新闻报道送审、评选奖励等制度，激发广大新闻工作者的积极性和奉献精神。5月，在市人大、市政协"两会"召开期间，郴州日报社、郴州电视台、郴州互联网等新闻媒体新闻工作者，不分昼夜争分夺秒地对会议进行及时、准确、深入的全程报道。2001年，市委宣传部、市人事局、市新闻工作者协会联合开展首届优秀新闻工作者评选活动。

2002年，新闻宣传深化理论研究，强化舆论的引导作用。《郴州日报》开辟《学习与探索》理论专版，郴州人民广播电台和郴州新闻网相继开辟《理论学习园地》栏目，共刊载和播发有关改革开放、经济社会发展和精神文明建设理论探讨文章218篇。2003年后，组织开展评选"重稿、优稿"活动，着力提高新闻宣传的质量。2004年，《人民日报》头版头条刊发《在保护中开发，在开发中保护——郴州合理利用资源发展经济》的报道。市委宣传部通报表彰《发展劳务经济，加快小康步伐》等63篇重稿、优稿，并对选入2004年全市重要新闻的稿件予以奖励。2005年，郴州组织20多次重大专题宣传报道，在省级以上报刊发表报道600多条。其中《盘老师的星期一》获全国广播电视奖少儿类提名一等奖，《郴州日报》报送的《人民卫士的卫士》等36篇稿件，分别在中国地市报好新闻、省报系统好新闻评选中获奖。郴州新闻网自2002年6月成立至2005年年底止日均点击量5万余次。其中郴州新闻网刊发的《郴州惊现东汉简牍》一文，当日网文点击数达8万次。是年，郴州协同中央电视台摄制的电视片《走遍中国·郴州专题》，在中央电视台国际频道播出7集，第一次系统地向国内外宣传郴州丰富的地方文化和厚重的历史文化底蕴。

1989—2005年，郴州新闻媒体注重发现、采访和推介代表时代精神的郴州先进人物，坚持以弘扬崇高的时代精神为舆论宣传的主题。17年间，先后报道和推介在省内外产生重大影响的先进模范人物欧阳志忠、李汉英、杨天才、李金龙、李常水、王六秀、刘志艳、胡昭程、匡妹仔、盘振玉、何贵平等，其中相继有35位被郴州市（地）委、政府（行署）授予各种荣誉称号。

第三节　社会宣传

1989年，是中华人民共和国成立及湖南和平解放40周年纪念之年。中共郴州地委部署有关部门通过举办第三届"五岭"艺术节、形势报告会、电影汇演月、文学征文和美术、摄影、书法展等形式，进行颂扬中国革命巨大成就的社会宣传。

1990—1993年，结合国际国内形势，重点在全区开展社会主义思想、"三个有利于"（有利于发展社会主义社会的生产力，有利于增强社会主义国家的综合国力，有利于提高人民的生活水平）标准的宣传教育。1991年面对苏联解体、东欧巨变和国内外敌对势力企图通过和平演变，颠覆中国社会主义制度的严峻形势，各级组织党员干部观看形势教育录像片，举办形势教育报告会进行国情教育。在纪念中国共产党建党70周年期间，举办"党史、国情"知识竞赛和"社会主义好""共产党人颂"征文活动。1992年，在打破计划经济旧体制大力发展非公有制经济中，有少数干部群众出现怕变、怕乱、怕犯错误的"三怕"思想，地委以报刊、广播电视为阵地，组织展开"解放思想大讨论"，引导用"三个有利于"标准衡量是非，鼓励干部群众在改革求发展中变"三怕"为"三敢"：敢闯、敢干、敢冒。1993年，在纪念毛泽东诞辰100周年活动中，地委宣传部与地区文联、地区文化局联合举办宣传毛泽东光辉业绩的美术、书法、摄影、新闻图片展览，以及颂扬一代伟人毛泽东的文艺晚会和学习毛泽东选集征文竞赛。增强人们热爱毛泽东思想，坚持“四项基本原则”的信念。

1995年，郴州围绕撤地建市新的发展目标开展社会宣传。重点组织开展对中共郴州市委、市人民政府确立的“把郴州建设成现代化开放城市”“开放兴市、工业强市、旅游名市”等工作战略的宣传；在全市开展“我看郴州”大讨论，激发民众献计献策建设新郴州的参与意识。当年中共中央颁发《爱国主义教育实施纲要》后，全市普遍开展“升国旗、唱国歌、建基地（爱国主义基地）、讲国史、争国光”系列活动，引导人们以新的精神面貌投入郴州建设。

1996—1999年，结合纪念红军长征胜利60周年、迎香港回归、纪念湘南起义70周年及声讨北约袭击中国使馆等重大事件，面向社会进行形式多样的爱党爱国的主题宣传教育。1996年，召开纪念红军长征胜利60周年暨红军长征挺进郴州62周年大型专题报告会，《郴州日报》开设专栏宣传红军长征途经郴州的英雄足迹。1997年，开展“迎接香港回归爱国主义宣传月”活动，举办形势报告会、电影电视剧展播、图片展、专题文艺晚会、知识抢答赛等系列活动，激发人们迎回归、爱祖国的爱国之情。1998年，市委、市政府举行纪念湘南起义和毛泽东在桂东颁布“三大纪律六项注意”（后发展为“三大纪律八项注意”）70周年系列活动，进行革命历史和革命传统教育。1999年5月，以美国为首的北约悍然轰炸中国驻南斯拉夫大使馆后，各地即时组织宣传学习国家副主席胡锦涛的电视讲话，举办声讨会、座谈会、形势报告会和各种形式的悼念活动，展开全民爱国主义教育。

2000年，全市开展“回顾百年沧桑，展现美好未来”为主题的经济形势宣传，相继举办“回首百年话巨变”“从‘九五’看‘十五’经济发展”“‘十五’规划展望”等经济形势报告会。2001年以纪念中国共产党建党80周年为契机，广泛开展“党在我心中”读书活动、“三爱”（爱党、爱国、爱社会主义）演讲比赛及“共产党好、社会主义好、改革开放好”（三好）征文大赛，举办城乡百万群众唱“三好”大型歌咏活动。2002年，围绕创建文明城市、文明村镇、文明行业活动，以新闻媒体为阵地开展公民道德建设大讨论，推进各地制定和完善市民文明公约和行业道德规范。2003年，市委组织宣讲团分赴11个县（市、区）巡回宣讲中共十六大精神，举办全市党员干部“学习党的十六大文件”知识竞赛。之后，全市新闻单位围绕宣传贯彻中共十六大会议精神和市委、市政府的中心工作，推出发展郴州开放型经济、重点项目建设、建设生态郴州等专题内容的大型社会宣传。

2005年，在开展保持共产党员先进性教育活动中，市、县两级举办以“形势、责任、使命”为主题的宣传教育报告会280多场次，宣讲保持共产党员先进性的政治内涵和具体要求。同时，推出何贵平、谢家振等一批先进共产党员典型，树立保持共产党员先进性的楷模。

第四节　精神文明建设

1989年3月，中共郴州地委成立“郴州地区精神文明建设工作指导委员会”，下设办公室（简称文明办），为日常办事机构，归口地委宣传部。是年，全区组织开展创建精神文明单位活动，郴县（苏仙区）人民法院、嘉禾县委机关获“全省精神文明先进单位”称号，郴州市（今北湖区）郴江乡获“全省精神文明乡镇”称号，受到省委、省政府授牌表彰。

1990—1992 年，地委部署在全区城乡开展社会主义教育（简称社教），推动城乡社会主义物质文明与精神文明齐抓并进。各地在社教中组织开展创建“五好文明家庭”“遵纪守法户”活动，由当地乡镇（街道）组织评选并授牌。3 年间，全地区共评选五好文明家庭 20 万户、遵纪守法户 76 万户。许多地方村（居）委会干部敲锣打鼓上门给评选为“两户”的家庭挂牌，营造精神文明建设良好氛围。

1993—1994 年，郴州地区围绕“创建文明单位，争当文明公民、树立文明风尚”这一主题，持续开展创建“文明单位”“双文明户”“五好文明家庭”“遵纪守法户”的年度评选活动。11 个县（市）相继修订完善和颁布“公民文明卫生公约”“公民文明守则”。1994 年，全区有 9 个单位被省委、省政府授予年度“全省文明单位”称号。

1995 年，中共郴州市委、市人民政府部署学习贯彻中共中央《爱国主义教育实施纲要》，在全市开展以“爱国主义、集体主义、社会主义”为主题的精神文明教育。市委宣传部、市文明办组织在机关、学校、乡镇（街道）开展“升国旗、唱国歌、忆国史、争国光”活动，建立并授牌爱国主义教育基地 14 个。同时组织播映百部爱国主义优秀影片，举办全市“国旗在我心中”“艰苦创业、建功立业”征文。郴州军分区干休所在与郴州市少管所共创精神文明中成效显著，被中共中央宣传部、解放军总政治部评为“全国军民共建文明单位”。

1996 年中共十四届六中全会作出《关于加强社会主义精神文明建设若干重要问题的决议》后，全市在行业服务岗位大力推进文明用语，提升文明服务质量。市委宣传部、市文明办启动文化、科技、卫生、理论、法律“五下乡”活动，市直相关单位开展“五下乡”活动 78 次。开展“提倡文明用语、杜绝服务忌语”“学济南交警，树警察形象”和青年志愿者活动。同时在城镇社区加强以“为人民服务”为核心的社会公德、职业道德和家庭美德教育，开展争当“文明职工”“文明个体工商户”“双文明家庭”评选活动。全市年内共评选市级文明单位 97 个、“双文明家庭户”505 户。10 月，市委在宜章县召开全市农村思想政治工作经验交流会暨农村思想政治工作研究会成立大会，宜章县委、永兴县马田镇等 9 个单位介绍经验。1997 年，市文明办牵头编印下发《郴州市民“十要十不要”基本行为规范》《文明用语、文明忌语 50 例》宣传册，促进市民施行文明行为和用语。1998 年，在纪念改革开放 20 周年、郴州撤地建市 3 周年之际，组织开展“从身边看祖国发展”“从身边看郴州变化”等宣传活动，培养广大干部群众“爱党、爱国、爱家乡”的思想情操。

2000 年 4 月，中共郴州市二届一次全会提出沿郴（州）、资（兴）、桂（阳）高等级公路建设经济走廊工程后，市文明办随之规划在该沿线建设百里文明示范长廊工程，在沿线 10 个乡镇 29 个村铺开精神文明建设“创星”工作。对公路进行绿化、亮化和美化，设置公路社会文明宣传广告牌。相继搬迁造成环境污染的工业企业，陆续兴建一批整洁、亮丽的农村新村，并组织开展文明新风进村入户活动。到 2001 年，郴资桂沿线的资兴市、桂阳县被评为省级文明城市（县城）；北湖区郴江镇、资兴市罗围村被授予“全国文明村镇”称号；苏仙区良田镇和塘溪镇、北湖区梨树山村被授予“全省文明村镇”称号。

2001 年，市委宣传部、市文明委下发《关于深入开展市民文明素质教育活动的通知》，编写印发《郴州市民文明读本》，全市掀起“四创一争”（创文明城市、文明乡镇、文明行业、文明家庭，争当文明市民）热潮。郴州城区和 11 个县（市、区）均组织“争做文明市民”万人签名游行活动。2002 年，郴州成功创建省级文明城市。2003 年 3 月，在纪念毛泽东题词“向雷锋同志学习”发表 40 周年之际，市文明办与共青团市委联合开展“青年送温暖工程”，市、县（市、区）城区

5000名青年志愿者上门为老干部、残疾人、军烈属、特困户做好事2800多件。继后，市委宣传部、市文明办、市爱卫会联合发出《郴州市“改陋习树新风”活动工作方案的通知》，郴州电视台开设“陋习曝光台”栏目。6月，全市启动争创全国百城万店无假货市级示范店（街、市场）活动，郴州市城区八一街被评为全国“百城万店无假货”示范街和“价格诚信示范街”。9月20日以全国首个“公民道德宣传日”为契机，集中开展“讲文明，树新风”活动，当日全市设立义诊、健康咨询、科普教育、法律服务点35个，成立志愿者服务队190支。自始全市每年皆开展“公民道德宣传日”活动。2003年，郴州汽车修理厂下岗女职工何跃兰被评为全省“十佳道德标兵”，郴州市中小学开展的“校园道德教育”活动被评为全省十佳道德建设实践活动。

2004年3月，中共中央颁发《关于进一步加强未成年人思想道德建设的几点意见》。6月，市委召开全市加强和改进未成年人思想道德建设工作会议，将未成年人思想道德工作任务细化落实到市内45个单位。重点开展网吧专项整治，强化建设未成年人活动场所和构建学校、家庭、社区相结合的道德教育网络。2005年，全市围绕“建设和谐郴州”目标，扎实推进公民道德建设特别是未年成人思想道德建设。市、县两级文明委（办）共组织400多名退休老干部、老教师开展未成年人思想道德建设督查与调研；团市委组织开展青少年“重走红军长征路、弘扬革命传统”活动；市教育局拓展“校园文化建设样板学校”创建面、市妇联组织“家庭道德实践月”等活动；市主流媒体开设未成年人思想道德建设专栏、专题节目。市文明办先后组织2万名志愿者服务队开展“送温暖、献爱心”集中行动。桂阳县开展的《“两让”（让路、让座）我为先》活动、郴州市五中建立法制教育基地的作法均受到省文明委的通报表彰。2005年，郴州市八一路社区被授予“全国军民共建社会主义精神文明先进单位”称号，成为全省当年惟一获此殊荣的基层社区。

1989—2005年，全市（地区）获全国社会主义精神文明建设先进单位和先进个人称号33个（人），获省级社会主义精神文明建设荣誉称号329项，获市级表彰的社会主义精神文明建设先进单位和先进个人833个（人）。其中郴州市获湖南省“文明城市”称号，嘉禾、桂阳、临武获湖南省“文明县城”称号，郴州市、资兴市成功创建“中国优秀旅游城市”。

1989—2005年中共郴州市（地）委宣传部主要负责人名录

表3-6-4-1

单位	姓名	职务	任职时间
郴州地委宣传部	黄章孝	部长	1987.01—1993.01
郴州地（市）委宣传部	李涛（女）	部长	1993.01—2000.12
郴州市委宣传部	刘广明	部长	2000.12—2005.12
郴州市委宣传部	樊甲生	部长	2005.12—

第七章　统一战线工作

第一节　统战宣传教育

1989—1991 年，中共郴州地委统一战线工作部（简称统战部）采取会议学习、办班讲课和举办重大宣传活动等形式，向社会宣传统一战线（简称“统战”）理论、方针和政策。自 1992 年起，统战理论和统战工作实践被列为地委、县（市）委党校教学课程，成为各期主体班学员的必修课。1995—1996 年，市、县两级党校进行统战内容授课 185 场，听课学员 5500 人次。在全市“统战、政协工作宣传教育月”活动中，统战部门印发统战宣传资料 1.22 万份、举办统战教育电视讲座课 45 场（次）和统战知识竞赛 12 场次，重点宣传中国共产党与民主党派合作共事，坚持“长期共存、互相监督、肝胆相照、荣辱与共”的方针。

1998 年，成立郴州市统战理论宣传教育工作领导小组。中共郴州市委举办市直机关副处级以上领导干部统战理论宣传教育报告会，北湖区、苏仙区、桂东县组织副科级以上干部参加“新时期爱国统战知识竞赛”活动，永兴县举办全县统一战线理论学习演讲赛。全市注重结合重大节庆活动和重大时事形势，组织开展统战宣传教育工作。1999 年，在庆祝中华人民共和国和人民政协成立 50 周年、湖南和平解放 50 周年和迎澳门回归祖国活动期间，中共郴州市委统战部采取印发资料、举办讲座、知识竞赛和举办书画展等形式，开展统战工作宣传。市、县（市、区）委学习中心组还集中学习讨论统战理论。市、县（市、区）统战部部长分别到党校讲课 85 场（次）。在全市统战系统举办的“迎澳门回归”演讲活动中，大力宣传“和平统一，一国两制”方针。全年市、县两级新闻媒体刊登和播发统战工作新闻 425 条（篇）。

2000 年，全市推广桂阳县委坚持“五学”（领导干部带头学、党员冬训结合学、干部培训专题学、统战干部自觉学、广泛宣传普遍学）统战理论的做法。2002 年，中共郴州市委召开全市统战宣传工作会议，部署宣传、学习贯彻中共十六大关于统战工作重要论述的工作。市、县（市、区）统战部门注重发挥新闻媒体的宣传作用，统战工作宣传做到电视上有图像、广播里有声音、报纸上有文章。2003 年，全市统战宣传被列入宣传部门和新闻媒体宣传计划，市本级组织播放统战专题电视讲座 15 场（次），在市级以上新闻宣传媒体刊播统战工作新闻、研讨文章 130 篇；全市上省委统战部信息网页信息 282 条，被中央统战部采用信息 4 条，有 4 篇统战调研报告获全省统战系统调研报告优秀成果奖。

2005 年 11 月，中共郴州市委下发《关于贯彻落实〈中共中央关于进一步加强中国共产党领导的多党合作和政治协商制度建设的意见〉的通知》，随后又邀请省委常委、省委统战部部长石玉珍到郴州作学习辅导报告。《郴州日报》、郴州广播电台、市电视台、郴州新闻网等主流媒体均开辟专栏、专题，大力宣传中共中央文件精神，市委书记、政协郴州市委员会主席、市委统战部部长先后在《郴州日报》发表署名文章。市委常委、市委统战部部长钟本强到县（市、区）作专题辅导报告12次。

1989—2005年，郴州市（地）委统战部先后有14年被湖南省委统战部评为全省统战宣传工作先进单位。

第二节　民主党派与工商联工作

1989年，郴州地区有中国民主促进会（简称“民进”）、中国农工民主党（简称“农工党”）、九三学社3个县级民主党派组织和1个地区工商联组织。地、县（市）工商联组织分别归口地、县（市）委统战部。3个民主党派的大多数成员分布于郴州市（今北湖区），其中九三学社资兴小组成员5人直属九三学社湖南省委，民进永兴支部直属民进湖南省委。1990年，全区着力加强工商统战工作，发展以国营企业为主的工商联会员448人，扶助统战对象兴办个体工商企业413户、发展生产经营专业户890户。

1994年年初，中共郴州地委召开全区统战工作会议。会议决定地、县（市）委要定期向民主党派、工商联和无党派人士通报情况，进行政治协商、征求工作意见，要求每半年至少召开一次情况通报会或征求意见会。5月，地委召开非中共党员人士（下称“党外人士”）代表座谈会，通报全区机构改革方案并征求意见。当年，地、县（市）115名党政领导与党外人士“结对子、交诤友”，常上门走访，密切联系，倾听意见，交流心声。

1995年5月，市委统战部帮助郴州市民主促进会、郴州市农工民主党、郴州市九三学社建立市级党派组织机构和郴州市工商业联合会，并协商建立完善共产党领导的多党合作政治协商制度。同时争取市财政拨款27万元用作民主党派和工商联的工作经费。中共郴州市委、市人大常委会、市人民政府相继形成邀请民主党派和工商界人士召开政治协商通报会、参加市人大专题会议、评议政府部门行风和参与政府工作督察等制度。1996年，市委统战部与民主党派蹉商，制定《郴州市民主党派组织发展的协议》，规范组织成员发展标准和要求。6月，成立郴州市企业统战工作研究会。8月，组织民主党派成员和工商联会员开展“三讲三献”（讲政治、讲团结、讲作为，献计、献策、献力）活动，活动中民主党派成员和工商联会员写出调查报告20份，向各级人大提交议案、政协提交提案计156件，还广泛开展为贫困山区送医送药送科技等活动。10月，举办撤地建市首期民主党派骨干人员培训班，中共郴州市委批准成立民主党派行政事务办公室。当年，市财政拨款35万元改善民主党派办公条件。

1997年后，进一步支持和协助民主党派和工商联加强组织建设，重视发挥其政治协商、参政议政的作用。1997年，市委统战部帮助民进成立民进永兴总支、农工党组建农工资兴支社；在市人大、政协“两会”期间，动员和支持各民主党派、工商联的人大代表、政协委员提出提案议案125件。1998年，市委统战部协同各民主党派把好组织发展质量关，全年民主党派发展成员23名。2000年，全市续聘、新聘240名民主党派人士担任特约“四员”（监察员、检察员、审计员、教育督导员），充分发挥其对政府工作部门和司法机关的民主监督作用。2001年，中共郴州市委及市委统战部领导走访民主党派和工商联主要成员，就全市经济社会发展的一些重大问题进行座谈商议，增进共识。是年，中共郴州市委4次召集民主党派、工商联、无党派人士召开情况通报协商会。1995—2005年，中共郴州市委及相关部门先后与民主党派、工商联和无党派人士召开政治协商通报会65次，征求他们对政党建设、郴州经济社会发展的意见和建议400多条。

2003年，中共郴州市委、郴州市人民政府邀请民主党派、工商联成员，参加市人大常委会对政府10个职能部门的行风评议专题会议。是年冬，市委、市政府支助建成民主党派机关办公楼，结束其靠租房办公的历史，为民主党派增拨办公经费和配置工作用车。2004年4月，中共郴州市委召开全市中共党员领导干部与非中共党员领导干部合作共事经验交流会，会议表彰统战工作先进单位17个、非中共党员领导干部22名。是年，市委统战部会同市委组织部做好各民主党派市委、市工商联领导班子人选的举荐工作，按照选拔程序举荐民主党派市委主委新任人选2名，市工商联兼职副会长新任人选10名，帮助完成3个民主党派和工商联的换届工作。年内，市委统战部按省社会主义学院统一战线调训计划送训27人，市社会主义学院举办一期有58人参加的民主党派骨干人员培训班；县（市、区）举办中共党外干部培训班11期参学920人次。当年，市委统战部获全省统一战线干部调训工作一等奖。

2005年，在全市银（行）企（业）合作洽谈会中，市委统战部会同市工商联协调、帮助非公有制企业签订合同承诺贷款资金1.2亿元，联合相关部门为非公有制企业解决生产经营中的困难和经济纠纷305件，力助非公有制经济发展；动员非公有制企业参加“十万招工扶贫光彩大行动”，全年安排下岗职工和农村剩余劳力5800多人。当年，市委组织部下文明确县（市、区）人大、政协领导班子成员中党外干部的政治待遇。各民主党派、工商联年内为郴州发展组织调研活动12次，形成调查报告14篇，提出提案、议案70件。其中农工党郴州市委在政协郴州市二届六次会议提出的《切实改善投资环境，加快郴州经济发展》提案，被列为大会一号提案。

第三节　培养和选拔党外干部

1989年5月，中共郴州地委下文转发地委组织部《关于重视党外后备干部选拔的意见》，要求注重选拔政治上有代表性和业务上有专长的党外人士担任行政领导职务，或举荐推选在人大常委会、政协委员会工作。是年，全市统战部门推选130名党外优秀人士作为县处级后备干部培养，221名作乡（科）级后备干部培养；经推荐，有34名党外人士当选为11个县（市）市人大常委会、人民政府和政协副职。自后，这些领导岗位缺一个补选一个，使之无党外干部“空白点”。至1994年，在全区6836名党外中、高级知识分子中，选择245名列为重点联系培养对象。当年，党外人士中有21人当选省政协委员，占郴州省政协委员的80.0%；911人当选县（市）政协委员，占县（市）政协委员的61.0%；808人当选县（市）以上各级人大代表，占代表人数的29.0%。

1995年年底，郴州市召开自20世纪50年代以来首次党外干部培养选拔座谈会。1996年3月，市委统战部在市委党校举办郴州撤地设市后第一期党外中青年干部培训班，培训学员46人。至1996年底，全市推荐安排副科级以上党外干部916名，其中副处以上95名，11个县（市、区）均选拔党外副县（市、区）长，市本级1人被选为人大常委会副主任、1人被选为政府副市长、4人被选为政协副主席。1997年6月，中共郴州市委印发《郴州市培养选拔跨世纪党外干部规划》，明确培养选拔党外干部的指导思想、目标和规划。市、县两级统战、组织部门即时做好调查摸底，为培养跨世纪党外干部建档立卡，推行“共同考察、跟踪培养、推荐补充、动态管理”的工作机制。

至2000年，全市有党外后备干部1200多名。

1998年，重点做好政府职能部门、司法机关以及乡镇换届中党外干部的推荐选拔工作。8—10月，按照市委、市政府决定，在全市范围内首次公开选拔5名党外干部担任市中级法院、市教委、科委、卫生局、司法局的领导副职。全市推选党外正副乡（镇）长候选人246人，当选227人，当选率为92.3%，全市251个乡镇有199个乡镇选配党外正副乡镇长，占乡镇总数79.3%。年内，市、县（市、区）两级共举办各类党外干部培训班12期，参训人员517人。1999年，公开选拔2名党外干部担任宜章县和桂阳县科技副县长。

2000年5月，郴州市人大常委会、市政府、市政协委员会领导班子换届选举，中共郴州市委要求市委统战部、组织部认真做好党外人士的遴选推荐工作。此次换届有256人党外人士担任市二届政协委员，其中市政协常委50人；115人担任市人大代表，占代表总数的28.5%，其中市人大常委5人。市人大常委会、市政府、市政协委员会领导班子均选配党外领导干部，其中1名党外人士当选人大常委会副主任、1名担任市政府副市长、5名担任政协委员会副主席。至2001年年底，全市共配选副科级以上党外领导干部1287人，其中副处级以上126人。

2001—2005年，多形式地加大党外干部培训力度，施行培养与选用工作并举。在此5年间，分期分批选送450名（次）年轻和文化程度较高的党外干部到中央党校及省、市社会主义行政学院学习；举办民主党派骨干和党外干部培训班、研讨班79期，参训人员2100多人次。2003年6月，市本级和永兴、宜章、安仁、资兴等县（市）相继成立党外领导干部联谊会，搭建党外干部相互交流、共同提高的平台。至2003年年底，全市11个县（市、区）人大、政府、政协领导班子中党外领导干部45岁以下的占70%，市直政府职能部门和司法机关党外领导干部45岁以下的占75%；90%以上的党外领导干部具有大专以上文化学历，其中还有从事专业研究的专家、学者。全市党外领导干部配备选用逐步形成“年轻化、知识化”结构。

截至2005年年底，全市有1700余名党外人士担任副科级以上领导职务或非领导职务，其中副厅级8名、处级106名。市直司法机关、11个政府工作部门均按要求配备党外领导干部；县（市、区）政府工作部门和司法机关配备党外领导干部136名，其中行政正职11名；全市257个乡镇（街道）领导班子全部配备党外领导干部，其中党外乡（镇）长18名；市、县两级有建档立卡培养的党外后备干部1400名。

第四节 对台工作

1984年5月，成立中共郴州地委对台工作领导小组，下设办公室（简称对台办），为正科级机构，是年，全区11个县（市）委均相继设立对台办。1989年4月，地委对台办加挂“郴州地区行署台湾事务办公室”（简称台办），实行“一套班子、两块牌子”合署办公。同年，郴州地区设台胞台属联谊会办公室，定事业编制3人，归口行署台办管理。1990年6月地委对台办升格为副处级机构。1992年2月，中共郴州地委对台办公室更名为中共郴州地委台湾工作办公室。

1995年郴州撤地建市后，中共郴州市委台湾工作办公室和郴州市人民政府台湾事务办公室为两块牌子合署办公。2004年11月，郴州市台办升格为正处级，系市委、市政府机构序列，归口市委统战部管理。市台胞台属联谊会办公室挂靠市委统战部，保留市台湾同胞接待处。到2005年，北湖、苏仙、资兴、桂阳、宜章、永兴、汝城、安仁8县（市、区）委、政府分别设立台湾工作、台湾事务办公室。临武、嘉禾、桂东3县未设台湾工作专门机构，其工作职能分由县委办公室、县政府办公室行使。

一、对台宣传与涉台教育

1989年，郴州地区有定居台湾的郴州籍人员1.14万人，台属6.36万人。1990年，郴州地委党校、县(市)委党校开设涉台教育课36场(次)。1991年，地委对台办部署在全区台属中试行《台属公约》。1993年，贯彻中共中央"寄希望于台湾当局，更寄希望于台湾人民"的对台工作方针，地、县（市）台办举办台湾形势报告会14场（次）、台胞台属座谈会43次，发放《涉台知识100问》7200册。1989—1994年，郴州地区多形式地开展群众性的对台宣传教育工作。地、县两级召开台湾形势报告会60多场、听众逾万人；印发涉台宣传资料14万多份，举办对台工作座谈会、台湾知识演讲赛和涉台教育图片展览110场（次）；召开台胞台属座谈会138次。广泛宣传"和平统一、一国两制"对台工作的方针，进行涉台知识和促进祖国统一大业的理念教育。

1995年1月30日，中共中央总书记、国家主席江泽民发表《为促进祖国统一大业的完成而继续奋斗》的讲话。2月初，郴州地委办公室下发认真组织学习贯彻江泽民重要讲话精神的通知。7月，郴州市委举行学习贯彻讲话精神辅导报告会。全市围绕学习贯彻江泽民讲话精神在新闻媒体发表新闻、理论稿120篇，向台胞赠送各类宣传资料3500多份，组织台属书写邮台家信6450封。1996年，郴州市台办组织反映郴州改革开放与发展的文章与图片，在台湾《天下日报》设专版刊载，此为郴州首次直接组稿在台湾报纸进行宣传。同年，资兴市台办主编的《回龙山乡情录》上、下集两本书被直接带入台湾发送。

1999年，郴州市采取开设专题课程、举行报告会、座谈会和利用新闻媒体宣传等形式，开展反"台独"、反分裂的宣传教育。北湖区在145所中小学校开设"爱我宝岛台湾"课程教育，70个区直机关党组织均安排"学政策、强认识，反台独、促统一"专题教育。12月，郴州市委组织全市1500名县处级以上干部参加台湾工作知识考试，优秀率达90%。

2000年以后，全市对台宣传工作立足突出郴州特色，宣传方式和途径日趋更新和丰富。2000年，市、县两级编印和制作的《情系故月》《东江风光》《武水情怀》《苏仙之光》《金色的永兴》《汝城行》《今日桂东》等书籍、画册和光盘被送到台湾。永兴县、桂阳县在中国台湾地区《天下日报》载文宣传当地巨变新貌。2001年，北湖区、苏仙区中小学举办《爱我宝岛、爱我台湾》演讲和文艺晚会。2002—2005年，汝城县举办"海峡两岸诗书画印大型展览"，桂东县举行"两岸情书法、美术、奇石、盆景、根雕艺术展"等活动，资兴、苏仙、临武、永兴、桂阳等县（市、区）还在华夏经纬制作专页，展开网络涉台宣传与教育。

1989—2005年，郴州始终按照"和平统一、一国两制"的基本方针思想，积极开展对台宣传和涉台教育。市（地）、县（市、区）台办共举办台湾形势报告会513场（次），召开台胞台属座谈会438场（次），在党校开设专题授课616场（次）；在市级以上报刊发表对台宣传和涉台教育稿件3100多篇，在台湾报刊和广播电视台上稿800余篇。

二、对台联络与交流

1989 年，郴州地区接待台胞 2950 人，其中外地在郴州中转 1136 人，返往郴州探亲 1814 人；批准回郴州定居 11 人。同时，落实台胞台属政策事宜 151 件。各级各地热诚做好台湾同胞返乡接待服务工作，尽力提供方便、悉心照顾，让其在郴州过得舒心安适。

1990 年，地、县两级成立“台胞台属联谊会”，乡镇（村）建立台属联谊小组 251 个，对台联络、联谊、交流活动日趋活跃。1992 年，永兴县台胞台属联谊会在永兴县第一中学校庆 80 周年之际，会同学校特邀邓永增等 8 名台胞抵母校参加校庆活动。8 月，台湾“中山大学”教授洪维柱到郴州交流昆剧艺术。1994 年 8 月，桂东县台属发起成立“桂东县教育基金会”，台胞朱仿勋、李本杰被选为理事，年内台胞 55 人次向县基金会捐款 2.29 万美元，台胞陈祥乾还捐赠图书、文物 360 册（件），在县图书馆设立“陈祥乾图书陈列室”。1995 年，郴州办理台胞遗产继承事宜 4 起折合人民币 250 万元，受理台胞捐赠 43 起折合人民币 131 万元，为台胞办理延期签证、寻找亲人等事宜 142 起。1997 年 5 月，中国台湾地区《天下日报》社社长薛人豪偕家人到郴州旅游观光，自摄自编风光图片在该报设专版宣传。

1999 年，资兴、北湖、苏仙、桂阳、永兴、临武、桂东等县（市、区）台胞陆续在台湾地区建立旅台同乡会。桂阳县旅台同乡会会长张祖仁收到县台办的新春贺信后感慨地写道：“吾桂阳旅台同乡，一生流寂在外，形单影只，孤苦寂寥，能得到乡亲关怀，无限欣慰！。”在台湾“9·21”地震期间，市、县两级台办积极与旅台同乡会联系，多形式地慰问安抚受灾台胞。2001 年，市、县两级台办为台胞排忧解难办实事 159 件。宜章县台胞谢元熙夫妇一行 9 人回乡探亲，县委、县政府主要领导登门看望，县台办工作人员还陪同游览，令其感动不已。

2001 年之后，随着海峡两岸交往的进一步加强，郴州对台联谊与交流活动日渐增多。2002 年 1 月下旬，市委副书记、市长龙定鼎一行 8 人参加湘台交流团赴中国台湾参观交流。4 月上旬，汝城县在县城、三星镇、井坡乡举办“海峡两岸诗、书、画、印展览”，前来参展台胞 116 人次、台属 380 人次。2003 年 4 月，桂阳县在清明节期间接待由 17 名台胞组成的回乡观光团。8 月下旬，受郴州市台办邀请，台湾“东森电视台”派驻北京首席记者李雅惠、张保忠到郴州，采访推介郴州经济建设和旅游业发展新貌。2004 年 2 月，资兴市、永兴县组团赴台参观访问，此为郴州市首次单独组团赴台开展的联谊交流活动。两团先后到台湾“统一集团”“力霸集团”“旺旺集团”等知名企业参访，发布招商引资项目，相互交流企业发展体会。

2005 年，郴州籍居住在台人员（包括二、三代）计 2.05 万人，境内有台属 8 万余人。1989—2005 年，全市台办接待台胞 10271 人次，组织台属赴台探亲、理事 530 人次。17 年间，全市（地区）为台胞办理寻找亲人、遗产继承事宜 410 宗，落实台胞台属政策解决实际问题 580 个，受理台胞捐赠人民币 1851 万元、美元 2.30 万元。

三、对台经贸

自 1989 年始，郴州地区逐步建立健全台资企业报批代办、归口管理、税费减免、治安环保、依法维权等项制度，积极引进台资投入郴州建设。1990 年 10 月，郴州行署下发《关于鼓励台湾同胞投资的若干规定》，出台允许选择多种形式进行投资，给企业充分自主权，实行减免税收、降低收费标准，奖励牵线搭桥者等优惠政策。

1992 年，全区在台属人员中开展“三个一”（给台湾亲人写一封信、提供一条经济信息、引进一个台资项目）活动，共寄出信件 2400 多封。引进台资项目 13 个，利用台资 236 万美元。1993—1994 年，全区在贯彻实施“互利互补，共同发展”的对台经济工作方针中，引进台资企业 48 户，实际利用台资 1637 万美元。1995 年，在台属中开展“四个一”（即引进一批台资、办好一批台企、联络一批台友、写好一组对台宣传文章）竞赛活动。至 2001 年，全市引进台资项目 28 个，其中桂阳县引进台湾“正荣置业有限公司”开发项目的资金达 118 万美元。

2001 年后，郴州市优化为台企服务工作，多形式地拓展对台经贸往来渠道。2001 年，市委、市政府和市台办领导走访台资企业 28 户，为其协调解决生产经营中的困难 54 个。2002 年 9 月 15—17 日，郴州市举办“中国·郴州（飞天山）生态旅游节暨经贸洽谈会”，郴州市台办广邀台胞到郴州观光旅游和投资兴业，成功引进台商投资项目 5 个、增资项目 2 个，合同总投资 1278 万美元。临武县通过湖南上海招商会，引进台湾“恒盛宝石有限公司”投资人民币 300 万元兴建珠宝加工项目。2005 年 5 月，市长戴道晋、副市长潘碧灵带队前往珠三角地区走访台商，在深圳宝安举行招商引资台商座谈会。是年，全市引进台资项目 7 个，总投资 6045 万美元，年内实际到位台资 845 万美元。

1989—2005 年中共郴州市（地）委统战部主要负责人名录

表 3-7-4-1

单　位	姓　名	职　务	任职时间
郴州地委统战部	王俊义	部　长	1985.12—1995.05
郴州市委统战部	钟林章	部　长	1995.05—2000.04
郴州市委统战部	李美蓉	部　长	2000.04—2004.12
郴州市委统战部	许立程	部　长	2004.12—2005.05
郴州市委统战部	钟本强	部　长	2005.05—

第八章 党务综合工作

第一节 信息文秘

1989年后，中共郴州地委（市委）办公室及时收集、筛选工作信息向地（市）委和省委办公厅呈报，先后编印《信息快报》《专报》《原件送阅》《内参》等信息简报。地（市）、县两级逐步建立健全信息工作网络体系，实行“定岗、定责、定任务”目标管理，严格做到突发事件和紧急情况在2小时之内报告本级党委领导，4小时之内报告上级党委办公室。工作信息的快速呈报，使领导能及时了解工作动态调整工作部署，以及即时处置突发事件。1989年2月26日下午5时许，嘉禾县塘村镇清水村与零陵地区蓝山县大洞乡大洞村发生边界纠纷械斗，使清水村农民造成人员伤亡。为报复对方，清水村100多名村民涌入嘉禾县武装部，强行抢走民兵装备仓库枪支共41枝备用械斗。郴州地委办公室立即将这一信息向地委、行署领导和省委办公厅呈报。郴州地委、行署和郴州军分区旋即召开紧急会议，研究应急处置措施。地委副书记、行署专员周时昌等领导于27日凌晨4点赶至现场处理纠纷，迅即控制事态。继经4天耐心细致工作，被抢枪支于3月2日14时全部收回，随后做好化解两地纠纷及善后处理工作。1989—1994年，郴州地委办公室共向地委、省委办公厅呈报信息3345条，年均558条。

1995年，中共郴州市委办公室注重围绕市委中心工作和关系群众利益的社会问题，加强信息调研，及时、准确、有深度地为领导提供调研情况和工作信息服务。1996年初，市委办公室对收集的信息进行综合分析，发现农村主要出现农民负担反弹、社会化服务体系滞后、集体经济薄弱等热点问题。3月，郴州市委、市政府根据市委办提供的信息和调查情况，决定在全市开展一次农村大调查，组成7个调查组，由6位市级领导带队，深入7个县（区）的20个乡镇进行为期1个月的调查。4月25日，市委、市政府召开联席会议听取调查组汇报，研究加强农业、农民、农村工作的措施。市委、市政府印发《关于切实做好减轻农民负担工作的意见》，并在桂东县召开农村减负扶贫工作现场办公会。与此同时，市委办公室围绕市委、市政府确定的为民办实事这一年度重点工作，先后从大量的信息中，选择带全局性、政策性、民生性的问题开展专题调查，及时为领导指导为民办实事工作提供社会实情。1995—2005年，郴州市委办公室呈报信息7720条，年均702条。其中以经济体制改革为主的工商企业信息1305条，占总数的13.4%；以社会化服务和乡镇企业为主的农村经济信息1423条，占总数的18.4%；以民间纠纷为主的社会治安信息1383条，占总数的17.9%；以农民负担和群众需求为主的民情民生信息1338条，占总数的17.3%。此四类信息共5449条，占总数的70.6%。

1989—2005年，地委、市委办公室先后呈报工作信息11065条，年均621条。其中紧急和重大事件信息478条，占4.3%。此间，地（市）、县两级党委办公室认真做好办文、办会、值班、文书档案管理、起草公文和办理群众来信来访等文秘工作。地委、市委办公室公文处理坚持施行公文保密、制作、审签、登记分发、传阅传递、清退销毁、立卷归档六项制度。1989—2005年，地（市）委办公室将文件、资料等整理立卷归档并移交地（市）档案馆1137卷（盒），其中永久860卷（盒）、长期277卷（盒）；认真处理群众给地（市）委领导的来信，建立《群众来信登记本》，实行登记、呈阅、交办、督办、办结5个办理程序；办公室坚持24小时轮流值班制，及时做好上传下达、传递信息、联络督办、工作沟通和接待来访工作。

第二节 政策研究

一、调查研究

1989—1995年，郴州地委（市委）政研室围绕郴州创办“改革开放过渡试验区”“对接广东加快湖南‘南大门’建设”等重大工作，组织地、县（市）政研部门完成大型调研课题82个。其中针对创办试验区的必要性和政策性问题进行系统调研，调查报告《把握机遇，办好改革开放试验区》所提出的12项放权搞活的举措，均被地委、行署吸纳应用于正式文件下发实施。1995年市委政研室撰写的《敞开南大门，对接广东》的调研报告，获湖南省首届县处级领导干部调研报告评选优秀奖，并被选入湖南人民出版社出版的《求实之光》一书。

1996—1998年，紧扣“开放兴郴”和发展经济两大战略问题进行系统调查研究，先后完成专题调研课题35个。1996年2—6月，市委政研室会同市直相关部门、资兴市和郴州公路工程机械厂等单位，组成“郴州实施开放带动战略”课题组赴深圳、珠海、汕头、厦门等经济特区和开放前沿地区考察学习，结合郴州实际形成的《把郴州建设成为湖南通粤达海的南大门》研究报告，被省社会科学规划办、省委政研室评为优秀调研报告一等奖，资兴市的《开放带动县域经济发展研究》、郴州公路工程机械厂的《开放带动企业发展研究》调研报告被评为优秀调研课题；这三篇调研报告均被编入《三湘大趋势》一书。1997年，桂阳县、北湖区、资兴市开展“调研月”“调研年”活动。桂阳县3—9月开展“两个根本性转变与加快桂阳县经济发展”的大型调研活动，由县委领导任课题组长，组织全县各级领导干部参与，所形成的调研报告编辑成《奔向新世纪的桂阳》一书，其中40篇调研文章在刊物公开发表。1998年，全国对外经济关系跨世纪发展研讨会在郴州召开。会上，市委政研室协助市委、市政府领导撰写的《全面实施“开放兴郴”战略，加快郴州外向型经济发展步伐》《郴州市跨世纪的开放战略应当是通粤达海战略》《关于提高利用外资质量和效益问题的探讨》三篇论文获特等奖，市委政研室主任罗海运撰写的《亚洲金融危机对我市外向型经济发展的影响和对策》获二等奖。是年，市、县（市、区）政研室还开展扩大对外开放、区域财源建设等课题调研，撰写调研报告和论文238篇。

1999年以后，政策调研注重从剖析、解决实际问题入手组织开展。1999年，市委政研室会同市财政局深入永兴进行乡镇削赤减债调查研究，对乡镇赤字负债的现状、特点、原因进行深层次地剖析，形成调研报告提出建设性建议和对策。调研报告先后在省委《内参》《领导参阅》《省委通报》和中央政研室、国务院经研室主办的《学习·研究·参考》等内刊刊载。当年，市委、市政府应用调研报告作出《关于认真做好乡镇财政清赤减债工作的决定》，调研成果被直接转化为领导决策。年内，由市委政研室主任罗海运和副处级研究员包国民撰写的《必须用新的思路解决农民增收问题》的调研文章，被省委主办的《领导参阅》刊发。全国政协副主席毛致用到郴州调研时阅读该文后称“很受启发”。2001年，市委政研室深入多家企业走访、座谈，所形成的调研文章《加快郴州工业化进程调研报告》，详尽分析郴州市工业化取得的成绩、存在的问题，提出推进全市工业化进程的战略思路。市委政研室坚持调研成果“来自实践，指导实践”的工作思路，会同市委组织部、市委宣传部组织全市乡镇干部参加“乡镇工作征文”活动，共收到调研文章200篇，评出一等奖9篇，二、三等奖36篇，并将获奖文章汇编成《乡镇工作探索》一书，用以指导全市乡镇工作。

2002年8月上旬，郴州遭受特大洪涝灾害。市委政研室人员火速赶至灾区了解灾情，赶写出《郴州市“8·8”特大洪灾情况汇报》，及时让到郴州视察灾情的国务院副总理温家宝了解郴州灾情，对抗洪救灾工作作出指示。2004年，全市政研机构紧扣经济发展这一主题制定调研工作实施方案，重点围绕全市推进外向型经济、民营经济、城镇经济、农村税费改革、特色经济、劳务经济、郴资桂经济一体化建设等12个课题展开调研。至年底，共完成调研报告和论文300余篇。其中市委政研室形成调研报告和论文25篇，为市委、市政府科学决策提供了前瞻性的意见和建议。调研报告《郴资桂一体化经济文化建设》引起市委、市政府重视，促成市委、市政府制定出台《关于加快郴资桂经济一体化建设的决定》。

2005年，市委政研室完成新型工业化、城镇化、循环经济、农业产业化、构建和谐社会等12个重点课题调研。其中，关于发展循环经济的调研形成领导文稿在中央级刊物发表；基层党的建设调研课题为推进第二、三批共产党员先进性教育活动提供了第一手材料。1995—2005年，市、县两级党委政研室共承担和完成综合性与专题性调研课题558项，撰写调研报告和论文3398篇约1859万字。在市委政研室完成的调研文章中，有32篇直接转化为市委、市政府文件内容；有378篇成为市委、市政府领导工作报告或署名文章的主题内容，有170篇被省、市相关研讨会评为优秀论文或被收入文集及在省内外刊物发表。

二、文稿起草与党刊编辑

（一）文稿起草

1989—2005年，中共郴州地（市）委政研室在担负调研任务的同时，先后完成历次党务工作会议、历次党代会、每年经济工作会、三级扩大会等一些全区（市）性工作会议的报告、讲话稿，以及地（市）委文件的起草1500多篇（件）。此外，还承担总结和推介郴州工作经验及先进典型等文稿的撰写任务。其中1997年，市委政研室撰写的推介郴州工作和先进典型的文稿，在省级以上刊物发表150篇。1999年7月，在起草的市委经济工作会议工作报告中所提出的全市经济发展思路，成为市委重大决策而普遍实施。

2000年，市委政研室总结历年文稿起草的经验，实行文稿“接受任务→了解情况→起草文稿→领导审阅→修改完善”的流程管理制度，有的文稿在“审阅反馈→修改完善”的环节要经数次反复方能定稿。同时对每件文稿都实行“集体讨论、个人负责”制，促使文稿起草的质量愈益提高。2004年协助市委领导起草的《发展劳务经济，加快小康步伐》一文，发表在中共中央理论刊物《求是》上。2005年，在推介郴州先进经验上有重大突破，撰写的《求真务实抓好工作落实》《循环经济地方可为》《郴州市开展“三看三想三帮”活动取得党员先进性教育活动实效》三篇稿件，分别发表在国家级刊物《红旗文稿》《瞭望》《综合研究》上。

1995—2005年，郴州撤地建市后改革开放与发展步伐加快，文稿起草的范围和内容随之扩展。其间，市委政研室起草各类文稿1688篇，约1220万字。其中有261篇文章分别在《求是》《人民日报》《半月谈》《湖南日报》等20余家中央和省级以上报纸杂志发表；有286篇文稿被入选结集成书出版发行。

（二）党刊编辑

1989年，中共郴州地委办有机关刊物《郴州工作》，1993年更名为《郴州通讯》。1995年郴州撤地建市后，《郴州通讯》为市委机关月刊，内部发行，由市委主办，市委办公室和市委政研室承办。市委政研室办刊谋求集理论性与实践性、指导性与可读性于一体，办出郴州党刊特色。《郴州通讯》辟有"重要言论""领导论坛""调研工作""研究与探讨""经验交流""典型介绍"等20余个栏目，突出反映郴州改革开放与发展的新特色、新进展、新问题。1998年，深入实际采访，挖掘工作特色，先后组织在《郴州通讯》推介嘉禾县小康建设、永兴县小城镇建设、苏仙区财源建设、市自来水公司资本营运等60多个单位的典型经验。1999年，《郴州通讯》将标准16开改为大16开，及时与出版市场接轨。同时围绕市委、市政府中心工作，适时更新栏目设置。自2000年始，《郴州通讯》编辑工作实行责任主编制，并根据全市的大事要事，适时增编一些特刊。至2005年，先后增编专题反映"党代会""财源建设""推进工业化进程""生态旅游节"等内容的特刊。

1995—2005年，郴州市委政研室共编辑《郴州通讯》正刊132期，特（增）刊14期，刊发各类文章6560篇约1716万字，其中有822篇被市级以上报刊转载或被选用结集公开出版。至2005年，《郴州通讯》已与全国200多个地州市进行交流发送。

1989—2005年中共郴州市（地）委政研室主要负责人名录

表3-8-2-1

单位	姓名	职务	任职时间
郴州地（市）委政策研究室	杨振凯	主任	1987.08—1996.04
郴州市委政策研究室	罗海运	主任	1996.04—2000.06
郴州市委政策研究室	曹修松	主任	2000.06—2005.07
郴州市委政策研究室	李小华	主任	2005.07—

第三节　党务督查

一、决策督查

1990年4月，中共郴州地委办公室设立督查室（对外称郴州地委督查室），内设专项查办组和决策督查组。行使决策督查、专项查办、督查调研和民情调查工作职能。全区11个县（市）委均相继设立督查工作机构。

1991年，郴州地委督查室根据地委工作部署，重点就改进工作作风、克服"三多"（会议多、文件多、领导人员事务性活动多）的问题开展督查。1992年年初，在督促落实地委、行署下发的《关于进一步加快发展乡镇企业步伐的决定》中，地委办公室组织80名干部，深入到11个县（市）的130多个乡镇企业和有关部门开展调查，形成《进一步发展我区乡镇企业亟待解决的几个问题》的督查报告。地委、行署采纳督查报告建议，印发《关于进一步建立健全发展乡镇企业激励机制的决定》。1993年，地委督查室围绕农村奔小康这一工作重点，先后5次组织督查，推进农村奔小康工作。

1995年，市委督查室锁定市委确定的抓好计划生育、社会治安综合治理、财源建设、基础设施建设、企业扭亏为盈等12件大事开展督查。在企业扭亏为盈督查中，着力督查督促解决国有企业资金紧张、企业内部管理差、收费项目增多等问题，促取成效。年终经全省考评，郴州市企业扭亏成为全省两个盈利地市州之一和全省亏损面最小的地市州。1996年，不断改进督查方式，采取微服私访、重点抽查等形式，提升督查工作质量。年终在市委、市政府管理目标综合督查中，全市组织召开各类座谈会292次，深入基层走访群众2000多人次，重点抽查现场261个。督查中发现推介各类先进典型单位30个，针对督查发现的问题提出工作建议230条，当场解决实际问题70个。1997年，市委、市政府对全市重大经济工作进行量化管理，明确目标任务和责任领导。市委督查室就此先后3次组织督查，驱使全市圆满完成年度重大经济工作任务。1999年，市委督查室围绕市委重大决策，就国有企业改革、个体私营经济、农业产业化、经济发展环境治理、下岗职工安置等工作开展督查。在“8·13”抗洪救灾期间，市委督查室多次深入灾区，督查市委、市政府对抗灾救灾所作部署的落实。

2000年后，党务督查工作加强督促解决在落实市委决策中存在的问题。2002—2003年，市委督查室根据市委关于整治经济发展环境的决定，采取明查暗访与督促整改相结合的办法，会同有关部门查处影响经济环境案件516起；经督查上报审定取消行政审批事项797项、清理文件4652件废止319件，撤销检查、评比、表彰项目295项。2004年，全市开展打击地下“六合彩”行赌专项行动，市委督查室牵头组织相关部门，深入11个县（市、区）“六合彩”重点整治乡镇一一督促。还会同有关部门查处影响经济环境案件69起，其中严肃查处市有色金属科技工业园、华鹤龙庭、宜章玉溪河综合改造等重点建设工程遇到的阻工、乱搭乱建、强装强卸建筑材料等问题。2005年，围绕市委经济工作会议部署，开展对新型工业建设、优化经济环境、加快重点工程建设等工作进行督查，查找问题，督促解决。当年还组织督查工作人员多次进村入户调查了解，对防控高致病性禽流感开展专项督查。1989—2005年，郴州地（市）委督查室开展决策实施督查163次，及时发现推介工作经验和督促解决党委决策在实施中存在的问题。

二、专项查办

1989年，郴州地委督查室主要就社会关注的“三乱”（乱收费、乱罚款、乱摊派）问题，组织开展专项查办。继后，着重围绕保障和改善民生、依法行政、优化经济发展环境等问题开展专项查办工作。

1990年，地委书记周时昌对《关于地区职防所等5个单位反映饮水困难的报告》作出批示，要求尽快解决其饮水困难问题。地委督查室即时组织专项查办，协同解难，促使该区域5个单位解决了饮用水困难。1996年，市委督查室根据群众反映，会同相关部门对部分地方粮食定购层层加码、结婚登记搭“车”收费、建校修路集资过重，少数市直部门对个体工商户乱收费等问题，一一立项进行专项查办。当年还深入到林区调查，就林业部门公路出现的“三乱”（乱收费、乱设卡、乱扣车）

问题，责成林业部门抓好整改。

1997年5月，国务院总理朱镕基对反映嘉禾县塘村镇个别镇干部殴打国税干部事件的来信作出批示后，市委督查室配合湖南省委督办组立时进行专项查办。经查实督办，在此次事件中负有直接责任的5名镇干部分别受到党纪政纪处分，其中撤职2人，党内严重警告处分2人，警告处分1人。1999年，市委督查室根据市委领导批示，专项查处宜章县梅田镇违规收取车辆过路费且殴打司机、市公安局干警丁某执行公务时打人等案件26起。在专项督办中，还协同临武县对20多名异地安置的离退休老干部落实房改政策、查处桂阳县黄沙坪镇村民乱采滥挖矿石等问题。2001年，在查办郴州市中心城区重点项目施工环境存在的问题中，查办人员先后深入到53个项目施工进行现场调查，督促处理影响施工环境问题82个，确保郴州市中心城区建设“百日攻坚”活动顺利推进。

2003年，紧扣市委明确要投建的17个经济发展项目进行专项查办，促使项目按期投建达到预期建设目标。2004年，省委书记杨正午就永兴县塘门口镇沙桥村村民上访反映不服当地行政执法问题作出批示，市委督查室当即组织查办。查办中分清行政执法单位与村民双方的责任，提请分别依法依纪予以处置。2005年，根据群众来信来访，先后专项查办宜章县一村民反映的林权问题、一外商反映的在苏仙宾馆被打事件等8起问题。

1989—2005年，郴州地委（市委）督查室专项承办各级领导批示件870件，做到件件有落实、事事有回复。

三、督查调研

1989年后，郴州地区（市）党委督查机构在开展党务督查的同时，注重调查研究，提升党务工作督查质量。1990年，地委督查室深入到桂阳、郴县（今苏仙区）、宜章、资兴等7县（市）调查了解农村贫困乡村现状，形成调查报告《我区扶贫工作亟待解决的几个问题》，所提出的一些建议被领导工作决策时采用。1991年5月，围绕制约企业经济发展的问题进行督查调研，形成调查报告《要注重解决制约企业经济发展的几个非经济因素问题》，其中提出的一些建议被地委、行署采纳在下半年工作的部署中。1995年下半年，市委督查室对少数地方丘岗山地开发进展缓慢问题进行督查调研，对其提出的一些改进意见被市委、市政府采纳。1996—2001年，重点开展社会民情调查。1996年，围绕农民和个体工商户负担过重问题展开调查，经进村入店座谈、走访，形成《我市农民负担存在的几个问题》《关于对个体户乱收费情况的调查》的调查报告。市委书记梅克保、市长龙定鼎阅后立时下基层督导解决农民负担过重和对个体户乱收费问题。2001年，结合农民减负督查，又进村入户开展减轻农民负担的民意调查，将农民群众对规范涉农收费的心声和要求整理成文，呈送供领导决策参考。2002—2004年，着重围绕财源项目及产业化项目建设、转变干部作风、国有企业改制转体、发展民营经济等热点问题开展督查调研，形成一批质量较高的调研成果。2005年，全市县、乡两级开始设立党务督查调研点，聘请兼职民情调查员，起步建立民情调查工作网络。

第四节 保密工作

1989年设中共郴州地委保密委员会（简称保密委），履行全区保密工作管理职能。当年，全区重点推进《中华人民共和国保守国家秘密法》的学习贯彻，依法完善、规范保密工作管理。6—8月，分期分批对市直单位副科级以上干部和保密人员学习保密法进行考试。年底，地、县两级组织开展保密工作执法检查评比，地本级评选先进单位15个，先进个人30名。

1990年4月，设立郴州地区保密局，与地委保密委实行两块牌子一套人马，合署办公。地区保密局依照保密法，制定出台《印刷复印等行业复制国家秘密载体暂行管理办法》《县（市）保密工作责任目标》《地属以上厂矿企业单位保密工作责任制》等规范保密工作管理条文。1991年，对全区地师级领导干部进行保密检查，为主要领导干部、涉密人员配备文件保密报警箱400个。1992年，组织完成地直80个单位文件的依法划密任务，规范国家秘密密级。1993年，采取“看、查、议、评”的办法，对全区22个定点印刷、复制国家秘密的单位及地直15个涉外、科技单位进行保密检查，查处地区供销学校丢失秘密文件和地区煤炭局丢失“内参”资料2起泄密事件，责成单位制定和完善保密管理制度。当年，开始推行保密持证上岗制度；将保密法的学习纳入地、县两级党校、纳入大中专学校和公务员培训教学课程。到1995年全市参加“二五”（1991—1995年）保密普法学习达60万人次，经验收210个县级单位的保密普法教育全部合格。1995年11月，郴州地区保密局更名郴州市国家保密局。

1996年，全面加强保密工作法制建设。在大专院校和各级党校及200所普通中学开设保密法制教育课；全面推行保密持证上岗制度。市、县两级保密局有14名干部获省保密局、法制局颁发的“行政执法证”，市直单位107名保密员实行持证上岗。1997年，举办涉秘人员培训班10期，全面介入中考、高考涉密监管工作；加强对特种行业及对外经济技术合作的保密监督。郴州市国家保密局获“全省保密工作目标管理综合考评优胜单位”称号。1998年，以纪念《中华人民共和国保守国家秘密法》颁布10周年为契机，将1998年列为全市保密法规宣传教育年。全市保密系统除张贴标语、宣传画、悬挂横幅和出宣传栏外，印发《郴州市保密规章制度汇编》及其他学习资料1.3万册，组织放映保密教育录像822场次；市、县两级召开贯彻落实保密法座谈会、研讨会和报告会57场（次）；组织2.3万名干部参加“奥士达”杯保密法规知识竞赛，参赛人数为全省市州之首，受到湖南省保密委员会通报表彰。与此同时组织对市直30个业务主管部门、11个县（市、区）的400个机关单位进行保密工作检查。1992—1999年，郴州市国家保密局连续8年被评为“全省保密宣传教育工作先进单位”。

1999年以后，随着信息传播、通信领域现代高科技的发展，重点加强对计算机信息系统、传播渠道的保密管理，加大机要通讯保密技术改造力度。重点把好全国统考、涉外活动、宣传报道、对外经济技术合作等要害环节的保密关。1999年，市保密委制定《入网计算机保密管理八条规定》，对郴州城区3家书刊批发店、206家销售点进行清查，收缴《中国最新军情》《军事热线》等泄密非法出版物24册，查处《郴州文学》刊载“10·20”刑侦案一文的泄密事件。2000年依法审核多项保密建筑工程，督促按保密技术要求设计施工。2001年12月，市保密委员会办公室并入市委办公室，对外保留“郴州市国家保密局”牌子，11个县（市、区）保密局随之均实行与县（市、区）

委办公室机要科合署办公。2002—2003年，对市政府网站、郴州师专校园网等26家网站上网信息，和4192台上国际互联网及联网计算机、涉密计算机进行涉密检查；审批保密建设项目6个，批建4个；制定下发《郴州市涉密计算机信息系统保密管理暂行规定》《郴州市办公自动化设备保密管理暂行规定》。2003年，郴州市国家保密局副局长刘士成获“全国先进保密工作者”称号。

到2004年，全市保密技术防范能力明显提高。当年，加大全国高考、研考（研究生招生考试）等统一考试保密技术设备的配备力度，全市在国家统考考场保密室均安装指纹防盗锁，在各考室安装会议保密机，此作法创全国统考保密工作之先河，中央电视台对此予以报道。临武县国家保密局派员参与舜华鸭业公司招商引资活动，对涉外资料严格施行保密检查。举办市直单位“保密技术防范设备知识”培训班，同时市财政投入100万元，添置会议保密机210台、碎纸机和文件防弹衣100台（套）、计算机隔离卡180块、密码保险柜30个。2004年郴州市国家保密局获全省“保密工作综合考评先进集体”称号。2005年8—10月，对县（市、区）、市直150个重点党政机关开展保密大检查，督促提高保密技术防范能力。至年底，市委、市政府和11个县（市、区）委、政府以及10个市直单位重要会议室，均安装会议保密机，市委、市政府和县（市、区）委、政府领导办公室均安装计算机隔离卡、文件碎纸机、文件防弹衣等保密技术防范设备。市国家保密局还配备一台涉密计算信息系统保密检查设备。

第九章　其他党务工作

第一节　党校教育

一、干部培训

自 1983 年始，中共郴州地委党校由短期轮训干部为主转向以干部长训为主，确定党校为大学专科体制，实行王规化学历教育，主要为开办两年制大专脱产培训学历班。到 1989 年，招收最后一届脱产学历班。至 1991 年，两年制大专脱产学历班全部毕业。1983—1991 年，共培训大专学历学生 427 名。

1991 年下半年后，郴州地委党校干部教育由正规化学历教育向短期培训、轮训转轨。自此恢复主体班和非主体班干部培训教学，主要开办处级干部班、科长班、乡镇党委书记（乡镇长）班、党外干部班、高级知识分子班、少数民族干部班、共青团干部班等。凡属党校干部教育计划内的轮训班均为主体班，一般学制 1~2 月；未列入组织部门年初培训计划，而由市直机关企事业单位委托开办的培训班以及由党校自办的专题研讨班为非主体班，学制多为半个月左右（1994 年始开班）。1991 年，开办主体班 8 期，培训学员 451 人。当年，始办中青年干部培训班，学制半年。

1995 年 5 月，中共郴州地委党校更名为中共郴州市委党校。1999 年 1 月，湖南省委干部教育小组批准郴州市委党校为“湖南省合格地（市）级党校”。2005 年 3 月，郴州市委党校升格为副厅级单位。11 月，郴州市社会主义学院并入市委党校，实行市委党校、郴州行政学院、市社会主义学院三块牌子一班人员的办学体制。

1989—2005 年，郴州地委（市委）党校共举办主体班 142 期，培训党政干部 5715 人次，完成市委下达的调训任务；举办非主体班 342 期，轮训党政干部 38916 人。其间，学校先后获“全省干部教育工作先进单位”“全省党校系统教学工作先进单位”等称号。

二、函授教育

1988 年，郴州地委党校列为湖南省委党校教育郴州学区教学基地。1988—1989 年，通过成人高考，学校招收省函大专学员 772 名。1990 年，地委党校经申报开办中央党校函授本科班，1997 年又开办省行政学院函授大专班。后于 2000 年开办省委党校、省行政学院函授本科班。当年，在校函授本科、专科学员共 1707 人。2003 年开办省委党校党员领导干部函授在职研究生班，招生 33 人，皆为市内县处级以上领导干部。在校函授研究生、本科、专科学员增至 2315 人。1999—2003 年，市委党校累计招收函授学员 27859 人，其中大专函授生 16558 人、本科函授生 11228 人、在职函授研究生 73 人。

三、教学工作

1983 年至 1991 年，地委党校在实行两年制大专脱产培训时期，主要开设哲学、政治经济学、科学社会主义、党史党建等基础理论课程。20 世纪 90 年代，市（地）委党校的教学内容突出学习马列主义、毛泽东思想、邓小平理论和党的基本知识、路线、方针、政策，以及行政管理学基本常识。2000 年后，市委党校教学内容重点调整为以邓小平理论为中心、以“三个代表”重要思想为主线，突出抓好理论基础、世界眼光、战略思维、党性修养、执政能力五个方面的教育。2004 年 11 月，按照市委指示，将主体班教学课程按理论武装、知识拓展、能力提升、党性修养、社会实践五个板块设置课程。非主体班则重点安排专业性培训课程。其间，在教学方式上，逐步改变单一由教师课堂讲授的传统方式，采用研讨式、案例式、辩论式、答疑式、情景模拟式和实地教学式等多种方式方法进行教学。同时改变过去单一的“一块黑板、一支粉笔”的教学模式，实现 80% 以上的课程均运用电子多媒体手段教学。与此同时，党校先后制定实施《函授办学目标管理办法》《函授科全员上岗实施办法》等规章，规范函授教学管理，致力提高函授教育教学质量。

至 2005 年，学校教学条件日臻完善，图书馆藏书达 8 万多册，建立自动化查阅网络系统。还建有电脑室、语音室、总控室，多媒体教学厅等，在此期间，党校牵头成立郴州地区（市）党校系统社会科学研究会，每年举行一次党校系统教学理论研讨会；学校内设理论研究室组织管理教学人员的教学科研工作，出台《科研管理办法》和增加科研经费投人，定期举办教学科研成果评奖，促使出现教学、科研相互联动、相互促进的新态势。

1989—2005 年，郴州地委（市委）党校在全省党校、行政学院系统教学比赛中获一、二、三等奖 8 项，获市级以上社会科学科研成果 410 项。学校教师出版个人学术专著 19 本、与他人合著 8 本，参与（未署名）合编著作 26 本；教学科研论文在国家级公开出版刊物发表 4 篇，被国家级专业学会授奖 8 篇，其中《增加农村公共产品供给》一文被国家计委专业学会评为二等奖，作者应邀参加制定国家“十五”规划座谈会。其间，学校承担省社科基金科研课题 6 项，省级其他科研课题 19 项，学校和教师在省级报刊发表社会科学论文（含调研报告）257 篇。

1989—2005 年中共郴州市委（地委）党校主要负责人名录

表 3-9-1-1

单　位	姓　名	职　务	任职时间
郴州地委党校	刘笃年	校　长	1989.01—1994.01
郴州地委党校	李白均	校　长	1994.01—1995.05
郴州市委党校	刘松贤	常务副校长	1995.06—2001.08
郴州市委党校	王发堂	常务副校长 校　长	2001.08—2002.06 2002.07—

说明：1995.06—2002.06 校长由中共郴州市委分管领导兼任

第二节 老干部工作

一、老干部待遇

1989年，全地区共有离休干部1733人。中共郴州地委老干部工作局（简称“老干局”）负责离休老干部日常管理和服务工作。至2005年，郴州遵照中共中央、国务院关于离休干部“基本政治待遇不变”“生活待遇略为从优”的原则，始终坚持落实好老干部的政治待遇和生活待遇。

（一）政治待遇

1989年，地委离退休干部工作领导小组制定离休干部“阅文日”和离休干部“接待日”制度。定时定点地让老干部阅读党内文件和接待离休干部，倾听他们的意见和要求。同时建立和完善走访慰问老干部、邀请他们参加重大会议和活动等一系列制度。地、县（市）普遍按战线或部门（单位）建立离退休老干部党支部或党小组。1991年起，坚持每年举办1~2期地（市）直机关老干部读书班，通报经济社会发展情况、作形势报告宣讲政治时事。1996年，郴州市委办公室、市政府办公室印发《关于切实做好新形势下老干部工作的通知》，要求落实老干部政治待遇，加强老干部学习和思想政治工作。2001年，建立市级领导联系离退休老干部制度，推行老干部“三优先”制度：重大问题优先解决，重要活动优先安排，政治待遇优先解决。市委老干局常组织市直单位老干部代表参观市内建设工作或到外地考察学习。2002年11月，全省第十二次老年教育工作会在郴州召开，郴州市老年大学在会上介绍组织老干部参学的经验。至2004年，市、县两级腾地盘、拨专款开办老年大学12所，设立老干部党校8所（市本级1所，县（市、区）7所），建立老干部远程网络教育中心10处。当年全市对离退休干部党支部书记普遍进行一次轮训。截至2005年，全市共举办老干部读书班26期，参学8000余人次；建立离退休干部党支部267个，其中企业离退休干部党支部72个，普遍建立政治学习、民主生活会等制度。2005年，郴州市委老干局被评为全省“老年教育工作先进单位”。

（二）生活待遇

从1989年起，在适时增发老干部生活补助费的同时，确保离休干部离休费、医药费（简称“两费”）的发放。地、县两级均设立定点医院，每年组织离休干部进行一次健康检查。1994年，老干部的护理费、特需经费分别由原50元、150元提高到90元和250元。1995年，郴州市第一人民医院专设老干病房。1997年8月，市委专门召开离休干部“两费”清欠工作会议。1998年，市委、市政府将老干部工作列入当年的为民办10件大事，实行目标管理，并规定从7月起，由各级劳动保障部门全额发放企业单位老干部的离休金（统筹部分），由同级财政解决特困企业老干部“两费”的发放。全年市、县两级财政为特困企业下拨离休干部“两费”资金73.4万元。1999年郴州虽遭受百年不遇的“8·13”特大洪灾，市、县两级财政仍拨款175.9万元兑现离休老干部“两费”的发放。2000年7月，全省落实离休干部“两费”经验交流现场会在郴州召开。2002年，市委办、市政府办下文规定建立落实离休干部生活待遇财政支持机制。2002—2005年，市、县两级财政共下拨解决老干部生活待遇资金3510.02万元。2003年，全市离休干部医疗费用开始实行社会统筹管理。县（市、区）先后将一批特困企业离休干部“两费”划归财政直接供给。到2005年，市属困难企（事）业单位离休干部非统筹部分的离休费，和对离休干部无固定收入配偶、遗孀生活费的补助，均由财政统一拨款发放，并为其建立个人银行存折直接到银行领取。1989—2005年，郴州先后三次为离休老干部增发生活补助费、特需经费，和为其遗孀及无固定收入的配偶增发生活补助费。2005年，全市1131名离休干部无固定收入的配偶、遗孀，其生活补助费均做到按月发放。

二、老干部文体生活

1989年3月，建成郴州地区老干部活动中心，内设阅文室、图书室、乒乓球室、书画室、桌球室、棋牌室、健身室和门球场等活动场所。1996年，市委、市政府在市老干部休养所内新建一栋建筑面积4500平方米的老干部活动中心大楼。其间，各县（市、区）相继建立老干部活动中心，每年投入老干部文体活动费用都在10万元以上，1998年市本级此项投资达50万元。各行业、各部门亦相继设立老干部活动场所。1999年，市、县（市、区）分别举办老干部迎澳门回归知识竞赛、书画展览，和举行国庆50周年老干部茶话会、座谈会、文艺晚会等活动。2000年9月，郴州市老年大学开学，开设保健、诗词、绘画、书法、舞蹈、音乐6门专业课程。2001年6月，市委组织部、宣传部、老干局共同举办"郴州市老干部庆祝中国共产党建立80周年文艺会演"，颂扬党的光辉历史和离休干部的历史功绩。2003年为湖南省第十五个"老人节"，市委组织部、市委老干局举办市直单位老干部重阳（老人）节北湖公园游园联欢活动。至2005年，全市共建立老干部活动中心（站）135个，老干部文体活动实现有组织、有场地、有经费地经常性开展。

三、老干部作用发挥

1987年12月，郴州地区以老干部为主体成立"关心下一代工作协会"（简称"关协"）。到1990年，全区各级老干局（科）动员组织成立"关协"组织655个，有会员16255人，其中"五老"（老党员、老红军、老八路、老干部、老知识分子）成员550名。1992年后，关心下一代工作协会更名为关心下一代工作委员会（简称"关工委"）。1997年12月，市委召开"关工委"成立十周年庆祝暨"双先"表彰大会，授予高兆勋、龚杰、范志德、王川飞等11位老干部为"郴州关心下一代工作积极倡导者"称号。1998年，全市各级关工委组织发展到1558个、会员2.5万名；校外辅导站2469个、校外辅导员3469人。

各级党委、政府充分利用老干部政治性强、工作经验丰富的优势，发挥其在推动政治、物质、精神"三个文明"建设中的作用。地（市）委邀请老干部参加一些重要会议和重大活动，请其为郴州发展出谋划策。2000年，在县处级以上单位和县处级领导干部"三讲"教育活动中，市委聘请一批德高望重的离退休老干部为"三讲"教育巡视员，巡查、指导这一教育活动。至2005年，全市各级党委和政府先后聘请360多名德高望重的老干部担任行风评议员、纪检监察员、校外辅导员、综合治安监管员等。

2002年，市委、市政府将市关工委每年4万元工作经费列入财政预算。是年，还为关工委拨会议费、活动经费5万元。全市各级关工委积极组织广大青少年开展科普知识竞赛和扶贫助学活动，举办"中国人寿杯·爱我家园、保护环境"征文活动和"老少同乐演唱会"。2003年，各级关工委组织中小学生开展"学雷锋、见行动、树新风"和"红领巾学雷锋助残"活动。汝城县关工委号召学生广泛开展"珍惜生命、远离毒品"宣传教育活动，助推汝城县当年成为全省两个"无吸毒贩毒县"之一。安仁县关工委建立扶助贫困学生基金会，每年资助30名贫困学生就学。2005年，全市各级建立关工委组织3000多个，加入关心下一代工作队伍的老干部达4.63万人，初步形成市、县、乡三级工作网络体系。当年各级关工委组织扶助贫困学生3560人，提供扶助资金累计达71万元。

1989—2005年中共郴州市委（地委）老干局主要负责人名录

表3-9-2-1

单 位	姓 名	职 务	任职时间
郴州地委老干部工作局	陈仲时	局 长	1985.12—1990.05
郴州地委老干部工作局	李 丰	局 长	1990.06—1993.11
郴州地委老干部工作局	张绪敏	局 长	1993.12—1994.12
郴州地（市）委老干部工作局	姚凯泉	局 长	1994.12—1997.3
郴州市委老干部工作局	谢铁云	局 长	1997.04—2003.11
郴州市委老干部工作局	钟秀萍	局 长	2003.12—

第三节 机关党建

一、思想组织建设

1989年，中共郴州地区直属机关工作委员会（简称工委）辖20个机关党委、8个机关总支委员会、320个党支部，有中共党员6103名。

1990年，地直工委为加强地直机关党组织建设，制定机关基层党组织设置、换届选举和发展新党员审批权限等规章；推行基层党组织目标管理制度，目标管理设组织、思想、党风、自身建设四大项14条考评记分项目。当年，经目标管理考评，地直机关评选先进党组织18个，优秀党员133人。1990—1991年，在开展马列主义、毛泽东思想和党的基本路线教育中，地直处级以上单位党组织举办辅导课205次，形势教育课295次，到课参学党员15.6万人次。1992—1999年，地（市）直机关各级党组织重点组织学习邓小平理论，加深对建设中国特色社会主义理论的理解。1994年始，在深入学习邓小平南方谈话的基础上，组织学习《邓小平文选》（第三卷）。当年地直工委组织培训学习辅导骨干657人，组织党员参加邓小平理论、党章知识考试1.14万人次。1999年，市直机关在组织学习邓小平理论推进党组织建设中，评选党建目标管理先进单位16个，先进个人17名。其间，地（市）直工委就党费收缴管理作出规定。

2000年始，市直机关党组织在进行“三讲”学习教育中，组织开展以精神文明建设为主要内容的“创先争优”活动，推进党员思想道德教育。2000—2001年，市直工委系统评选精神文明建设先进（标兵）单位13个、文明单位17个，评选文明行业2个。2001年，全省市州机关党建工作座谈会在郴州召开，会上郴州市直工委作经验交流发言。2002年，拟定市直机关党组织“创先争优”活动方案，量化考核评分内容18项。当年评出市直工委红旗党组织14个，模范党员41名。年内成立郴州市机关党建学会。

2003年，市直工委制定创建“基层党建示范点”的基本标准，推行机关党建工作制度化、规范化。2005年，组织市直机关开展共产党员先进性教育，先后对81个市直单位进行巡查，发送《保持共产党员先进性教育读本》2000册，举办新时期机关党建工作征文。是年，市直单位创建机关基层党组织建设示范点18个。1995—2005年，市直工委系统举办预备党员和建党积极分子培训班119期次，参训5621人，发展新党员3307名；市直工委共表彰优秀共产党员757名、优秀党务工作者160名，先进党组织（党委、总支、党支部）303个。2005年，市直机关党支部发展至741个，中共党员发展至13517人，党员人数为1989年的2.2倍。

二、党风廉政建设

1990年，中共郴州地区直属机关工委要求地直属机关党员每年下基层至少劳动20天，并作为年终考核党员作风的内容之一。1992年，开展以“看党风、查党纪”为重要内容的党员评议活动，评选优秀党员529名，评定不合格党员13名，查处违纪案件12起，开除党员6人，劝退除名4名，给予其他处分15人。1993年在“正党纪、反腐败”教育中，市直机关各党支部采取“自学与集中学”相结合的方式，系统地展开党风党纪教育。同时对违反党纪党规行为进行“查、纠、帮”，市直机关有150名处级干部清退礼金5.18万元，清缴私设“小金库”金额5.90万元，清退“三乱”（乱罚款、乱收费、乱摊派）款62万元。

1995年6—8月，市直机关集中整顿干部思想作风，重点整治党员“浮、空、懒、散、私”现象。各党支部开好民主生活会，进行民主评议党员活动，揭摆问题332个，征求整治意见2966条；帮助重点整改单位16个、重点对象68人；给予党纪政纪处分29人，其中开除出党6人、其他处分23人。同时，推介树立思想作风建设先进典型单位18个。1999年分期分批开展以“讲学习、讲政治、讲正气”为主题的党纪党风教育，市直工委先后组织100名党务工作者到市直机关巡查、督导。

2000年在贯彻执行中共中央、国务院《关于实行党风廉政建设责任制的规定》中，组织市直机关党员干部观看反腐败警示片，加大违纪案件查处力度。全年接待来信来访200余件（次），查处违纪案件16件19人（市直纪工委自办案件5件8人），予以党纪及其他处分19人，为国家和集体挽回经济损失100余万元。当年市直工委推选6名对象参加全市“十佳”贤内助评选活动。2001年，对1998年以来市直机关落实违纪违法案件处分情况进行核查，督促复查落实8起处分未到位的违法违纪案件。2003年，组织市直机关党员干部参加“三看三想”党风廉政建设活动，推进市直机关党风廉政建设。

2004年，郴州市直工委组织市直机关党组织进行为期一个多月的党员干部作风整顿。聘请15位德高望重的老干部担任巡视督查员，分赴各单位指导督促干部作风整顿。市直各单位召开民主生活会、党员组织生活会和行政生活会735次，收集意见2103条，制定完善改进机关作风和防腐倡廉工作制度325项。2005年，市直纪工委审结各类违纪案件12件，给予党纪处分12人，为国家挽回经济损失300万元。1995—2005年，市直工委配合市纪委以及市直纪工委办结案件192起，处分党员195人。其中开除党籍17人、予以其他党纪政纪处分176人、移交司法机关处理2人。

三、“双联”工作

从2000年起，郴州市按照中共湖南省委、省人民政府部署，开展党政机关联系困难企业、党政机关干部联系困难职工（简称“双联”）的帮扶工作。当年，全市党政机关向217户企业派驻“双联”工作组，其中市直109个机关联系困难企业20户，200名机关干部“结对”联系困难职工。年内，市直参联机关帮助企业解困筹措资金1010.89万元，为企业办实事和协调解决问题123件，使7家企业扭亏为盈；机关干部为困难职工捐助30.50万元，“双联”工作组还帮助部分下岗职工重新走上工作岗位。

2001 年始，中共郴州市委将“双联”工作列入密切联系群众、加强机关思想作风建设的一项重要工作加力推进。2001—2002 年，按照“协助、指导、服务”的工作职责和帮促工作任务，全市有 1464 个机关单位向 697 家企业（含上年派驻企业，下同）派驻“双联”工作组，14087 名机关干部联系困难职工 17764 人。两年间，全市党政机关“双联”单位筹资向企业注入资金 350.2 万元，协助引进资金 14561 万元，帮助企业解决实际问题和办实事 7856 件；工作组先后帮助 449 家企业减亏增效，3159 名下岗职工实现再就业。“双联”单位发动机关干部为困难职工捐款 427 万元。2003 年，市“双联”工作领导小组印发《市直机关“双联”工作目标考核评比细则》，年底派出考核工作组考核“双联”工作。当年全市 767 个党政机关联系困难企业 211 家，机关干部联系企业困难职工 7890 人。

2004 年，郴州市委、市人民政府将“双联”工作列入 2004 年为民办实事内容之一，明确各“双联”牵头单位主要领导为第一责任人，由驻企业“双联”工作组向市双联工作办公室签订目标责任状。当年，全市 858 个机关单位向 240 户困难企业派驻“双联”工作组，机关干部联系困难职工 9900 名，其中市直机关向 22 户困难企业派驻工作组。全年全市“双联”工作组为企业和职工办实事解难题 1300 多件。2005 年，全市各参联单位把“双联”工作作为保持共产党员先进性的具体行动，进一步抓好抓实。全市 909 个机关联系困难企业 306 户，向 169 户困难企业派驻“双联”工作组；12874 名机关干部“结对”联系困难职工，为困难职工送温暖、为贫困子弟送助学、为下岗职工送技术活动。全年为困难企业举办技术培训班 93 期，培训下岗失业人员 5500 多人次；为困难企业职工捐款 338.30 万元；捐款 285.34 万元资助 2975 名困难职工子女就学。

2000—2005 年，全市“双联”工作累计帮助困难企业筹措资金 7.48 亿元，协调解决问题和办实事 4800 多件，机关单位和干部职工资助困难职工生产生活及其子女就学 1537 万元。先后帮助 787 户企业扭亏为盈摆脱困境，扶助 2.15 万名困难职工基本脱困或实现再就业。在此 6 年间，郴州市 5 次获全省“双联”工作先进市称号。

1989—2005 年中共郴州市委（地委）直属机关工委常务负责人名录

表 3-9-3-1

单　位	姓　名	职　务	任职时间
郴州地区直属机关工作委员会	萧清华	常务副书记	1983.09—1994.12
郴州地区（市）直属机关工作委员会	李刚亮	常务副书记	1994.12—1998.12
郴州市直属机关工作委员会	李秀仙	常务副书记	1998.12—2001.08
郴州市直属机关工作委员会	谢孔彬	常务副书记	2001.08—2001.10
郴州市直属机关工作委员会	何雪君	常务副书记	2001.10—

说明：市直（地直）机关工委书记由市（地）委分管领导兼任

第四篇

人民代表大会

1989年10月3日，湖南省人民代表大会常务委员会郴州地区联络工作委员会（简称“地区人大联工委”）成立，为湖南省人大常委会在郴州地区的常设联络机构。地区人大联工委联系和组织驻郴全国、省人大代表开展各项活动，指导县、市人大工作，检查宪法、法律法规和省人大及其常委会的决议、决定在本地区的贯彻实施情况，围绕省人大及其常委会的议题进行调查研究，向省人大常委提出报告，承办省人大常委会交办的有关事项，推进郴州地区改革开放和民主与法制建设，促进郴州地区经济社会发展。

1995年5月18—21日，郴州市第一届人民代表大会第一次会议召开，会议选举产生郴州市第一届人民代表大会常务委员会，选举产生郴州市人民政府市长、副市长和郴州市中级人民法院院长、郴州市人民检察院检察长（须报省人民检察院提请省人大常委会批准）及审议和批准其他事项。2000年5月18—22日，郴州市第二届人民代表大会第一次会议召开，会议选举产生郴州市第二届人民代表大会常务委员会，选举产生郴州市人民政府市长、副市长和郴州市中级人民法院院长、郴州市人民检察院检察长（须报省人民检察院提请省人大常委会批准）及审议和批准其他事项。市二届人大延期于2006年底换届。1995年5月至2006年12月，郴州市共召开12次市人民代表大会会议，其中市一届人大召开5次，市二届人大召开7次。市两届人大常委会共召开常委会会议86次，其中市一届人大常委会召开会议33次，市二届人大常委会召开会议53次。

市人民代表大会和人大常委会依法履职，在本行政区域内，保证宪法、法律、行政法规和上级人民代表大会及其常务委员会决议的遵守和执行；保证国家计划和国家预算的执行；积极支持和监督“一府两院”（市人民政府、市中级人民法院、市人民检察院）工作。市人大常委会围绕市委、市政府的中心工作，抓住郴州经济社会发展中的重大问题和人民群众普遍关心的热点、难点问题，在充分调查研究的基础上，作出重大决议、决定21项；组织人大代表开展视察和调研，代表们提交议案209件（经审查立案19件），提出建议、批评和意见2220件（含议案转建议、批评和意见的）；组织人大代表对市政府工作进行5次评议，提出建议、批评和意见358件，促进市人民政府依法行政；组织全市性专项执法检查51次，对“两院”工作进行评议，促进“两院”严格执法、公正司法；采取代表督察、电话催办、现场检查、代表与整改单位面商等办法，督办人大代表议案、建议、批评和意见，19件立案议案全部得到落实，2220件建议、批评和意见，得到解决或基本解决的1713件。两届市人大常委会先后邀请驻郴全国人大代表25人次、省人大代表138人次列席市人大会议；邀请驻郴全国、省人大代表和市人大代表153人次列席市人大常委会会议，致力于拓宽人大代表调查研究、履行职责、参政议政的渠道。

第一章 人大机构

第一节 权力机关

一、郴州市人民代表大会

郴州市人民代表大会是郴州市地方国家权力机关。市人民代表大会选举产生的市人民代表大会常务委员会是市人民代表大会的常设机构，对市人民代表大会负责并报告工作，在市人民代表大会闭会期间行使市人民代表大会的职权。根据《中华人民共和国宪法》和《中华人民共和国地方各级人民代表大会和各级人民政府组织法》的规定，市人民代表大会在本行政区域内，保证宪法、法律、行政法规和上级人民代表大会及其常务委员会决议的遵守和执行；保证国家计划和国家预算的执行；审查和批准本行政区域内的国民经济和社会发展计划、预算及其执行情况的报告；讨论、决定本行政区域内的政治、经济、教育、科学、文化、卫生、环境和资源保护、民政、民族等工作的重大事项；选举市人民代表大会常务委员会的组成人员；选举市长、副市长、市中级人民法院院长和市人民检察院检察长（须报省人民检察院提请省人大常委会批准）；选举郴州市参加省人民代表大会的代表，推荐郴州市参加全国人民代表大会代表人选；听取和审查市人民代表大会常务委员会工作报告；听取和审查市人民政府和市中级人民法院、市人民检察院工作报告；改变或者撤销市人民代表大会常务委员会不适当的决议；撤销市人民政府不适当的决定和命令；保护社会主义全民所有的财产和劳动群众集体所有的财产，保护公民私人所有的合法财产；维护社会秩序，保障公民的人身权利、民主权利和其他权利；保护各种经济组织的合法权益；保护少数民族的权利；保障宪法和法律赋予妇女的男女平等、同工同酬和婚姻自由等各项权利。

二、县（市、区）人民代表大会

县（市、区）人民代表大会是县级地方国家权力机关。1989—1993年，县（市）人民代表大会每届任期三年。1993年3月，全国人大通过的《宪法》修正案，将县、自治县、不设区的市、市辖区的人民代表大会由每届任期三年改为五年。

1989—2007年，郴州市（地区）县级人民代表大会历经4次换届。县（市、区）人民代表大会行使宪法、法律和人民赋予的各项职权。

三、乡镇人民代表大会

乡镇人民代表大会是乡镇地方国家权力机关，代表乡镇人民行使管理国家的权力。

乡镇人民代表大会每届任期3年(2004年《组织法》修正后,乡镇人大每届任期由3年改为5年)。1989—2008年,郴州市(地区)乡镇人民代表大会历经5次换届。乡(镇)人民代表大会行使宪法、法律和人民赋予的各项职权。

第二节 人大常设机构

一、湖南省人大常委会郴州地区联络工作委员会

1989年10月3日,湖南省人民代表大会常务委员会郴州地区联络工作委员会成立,地厅级建制。地区人大联工委受省人大常委会和中共郴州地委双重领导,其主要职能为代省人大及其常委会行使职权,联系驻郴全国、省人大代表,组织人大代表开展视察调研,收集人大代表的议案、建议、批评和意见,督促郴州地区行政公署和郴州地区中级人民法院、湖南省人民检察院郴州分院依法行政、公正司法,指导县(市)人大工作,向全国人大常委会和省人大常委会报告工作。

地区人大联工委主任、副主任由中共湖南省委任命。地区人大联工委由主任1人、副主任若干人组成主任会议,按照民主集中制原则,实行集体领导。地区人大联工委设办公室、一处、二处,定编23名,1993年,增编至31名。1995年5月,地区人大联工委正、副主任5名。

1995年5月18—21日,郴州市第一届人民代表大会召开,大会选举产生郴州市第一届人大常委会。地区人大联工委随即撤销。

湖南省人大常委会郴州地区联络工作委员会正、副主任名录

表4-1-2-1

职 务	姓 名	性别	出生年月	籍 贯	任职时间
主 任	丁连方	男	1932.08	湖南醴陵	1989.10—1994.02
主 任	杨重喜	男	1941.10	广东普宁	1994.02—1995.05
副主任	刘声贵	男	1931.10	湖南安仁	1989.12—1992.04
副主任	王绍宗	男	1931.04	湖南嘉禾	1990.03—1991.08
副主任	陈仲时	男	1932.01	湖南汨罗	1990.03—1992.06
副主任	张 杰	男	1930.08	辽宁庄河	1990.03—1991.09
副主任	雷纯章	男	1932.09	湖南蓝山	1990.12—1993.06
副主任	罗 瑶	男	1932.03	湖南临武	1991.08—1992.07
副主任	黄章孝	男	1933.12	湖南苏仙	1992.04—1994.07
副主任	谢国交	男	1935.01	湖南永兴	1992.07—1995.05
副主任	唐铭植	男	1946.12	湖南道县	1992.07—1994.02
副主任	李义友	男	1936.10	湖南长沙	1993.06—1995.05
副主任	李文积	男	1938.02	湖南桂阳	1994.02—1995.05
副主任	叶俊民	男	1938.12	湖南汝城	1994.04—1995.05

二、郴州市人民代表大会常务委员会

郴州市人大常委会系市人民代表大会的常设机构。市人大常委会由市人民代表大会选举产生的主任、副主任和秘书长、委员若干人组成。

市一届人大常委会 1995年5月20日，市第一届人民代表大会第一次会议选举产生市一届人大常委会，由29人组成。其中主任1名：杨重喜；副主任7名：钟亦京、白辉全、李文积、叶俊民、欧阳杰、刘广明、曹莲蓉；秘书长1名：欧阳兆田；委员20名（以姓氏笔画为序）：孔锡煌、冯腾铭、刘开树、刘承禄、刘湘娥、杨书月、李超、李可权、李宗劭、李美蓉、何诚正、张亚明、陈哲余、唐清生、涂尧山、梅荣保、黄大康、彭有立、鲁政良、谢景庭。

常委会组成人员中：中共党员22名，占75.86%；非中共党员7名，占24.14%；妇女4名，占13.79%。平均年龄为47.6岁，其中45岁以下8名，占27.59%；46~55岁的17名，占58.62%；56~60岁4名，占13.79%。具有大学本科文化9名，占31.03%；大学专科文化的19名，占65.52%；中专文化1名，占3.45%。

届内先后接受钟亦京、李文积、叶俊民辞去人大常委会副主任职务，梅荣保、唐清生辞去人大常委会委员职务；委员病逝1名（孔锡煌）；撤销委员职务1名（黄大康）。补选彭伟生、张雨清、罗相朝为常委会副主任，补选朱祖楞、彭兆薇、黄景贤为常委会委员。

市二届人大常委会 2000年5月21日，郴州市第二届人民代表大会第一次会议选举产生市二届人大常委会，由32人组成。其中主任1名：王镇鑫；副主任7名：瞿龙彬、白辉全、曹莲蓉、彭伟生、张雨清、罗相朝、曾来庆；秘书长1名：段太林；委员23名（以姓氏笔画为序）：王春陪、王成泰、宁宪、刘冬凤、刘承禄、何诚正、陈哲余、陈海平、范秀珠、周贤斌、郑云淇、徐哲贤、唐利如、凌波、涂尧山、梅国庆、曹知法、彭有立、彭兆薇、鲁政良、曾繁芬、谢景庭、窦翔燕。

常委会组成人员中：中共党员25名，占78.13%；非中共党员7名，占21.88%；妇女7名，占21.88%。平均年龄50.70岁，其中30岁以下1名，占3.13%；31~45岁7名，占21.88%；46~55岁16名，占50%；56~60岁8名，占25%。具有大学本科文化的12名，占37.50%；大学专科文化20名，占62.50%。比一届常委会组成人员，妇女增加3名；大学本科以上文化的由31.03%升至37.50%。常委会组成人员中一、二届连任的13名，占40.63%。

届内先后接受王镇鑫辞去常委会主任职务；瞿龙彬、彭伟生、白辉全、张雨清、罗相朝、曹莲蓉辞去常委会副主任职务；唐利如、陈哲余、刘承禄、曾繁芬、彭兆薇、梅国庆、陈海平、彭有立、鲁政良辞去常委会委员职务。选举刘湘娥为常委会主任；补选黄诚、赵运明、李和平、王碧元、陈社招、李熙平、樊忠达为常委会副主任；补选龙能芽、钟本强、刘家祥、李评、段广慧、曾果、黄庆南、曾凡春、周文斌、廖仁招、彭生智、涂清明为常委会委员。

郴州市第一、二届人大常委会正、副主任名录

表 4-1-2-2

届别	职务	姓名	性别	出生年月	籍贯	任职时间
市一届人大常委会（一九九五年五月—二〇〇〇年五月）	主任	杨重喜	男	1941.10	广东普宁	1995.05—2000.05
	副主任	钟亦京	男	1937.12	湖南汝城	1995.05—1999.02
	副主任	白辉全	男	1942.09	四川蓬溪	1995.05—2000.05
	副主任	李文积	男	1938.02	湖南桂阳	1995.05—1999.02
	副主任	叶俊民	男	1938.12	湖南汝城	1995.05—1999.02
	副主任	欧阳杰	男	1940.09	湖南汝城	1995.05—2000.05
	副主任	刘广明	男	1952.12	湖南汝城	1995.05—2000.05
	副主任	曹莲蓉	女	1947.07	湖南宜章	1995.05—2000.05
	副主任	彭伟生	男	1943.06	湖南安仁	1999.03—2000.05
	副主任	张雨清	男	1945.10	湖南常宁	1999.03—2000.05
	副主任	罗相朝	男	1945.04	湖南安仁	1999.03—2000.05
市二届人大常委会（二〇〇〇年五月—二〇〇六年十二月）	主任	王镇鑫	男	1944.03	湖南南县	2000.05—2005.04
	主任	刘湘娥	女	1950.06	江西安福	2005.04—
	副主任	瞿龙彬	男	1945.10	湖南醴陵	2000.05—2003.01
	副主任	白辉全	男	1942.09	四川蓬溪	2000.05—2005.04
	副主任	曹莲蓉	女	1947.07	湖南宜章	2000.05—2005.11
	副主任	彭伟生	男	1943.06	湖南安仁	2000.05—2003.09
	副主任	张雨清	男	1945.10	湖南常宁	2000.05—2005.04
	副主任	罗相朝	男	1945.04	湖南安仁	2000.05—2005.04
	副主任	曾来庆	男	1948.04	湖南汝城	2000.05—2006.12
	副主任	黄诚	男	1955.10	湖南资兴	2001.01—2006.12
	副主任	赵运明	男	1949.06	湖南资兴	2003.01—2006.12
	副主任	李和平	男	1955.08	湖南安仁	2004.03—2006.12
	副主任	王碧元	男	1954.11	湖南永兴	2005.04—2006.12
	副主任	陈社招	女	1956.08	湖南苏仙	2005.04—2006.12
	副主任	李熙平	男	1955.10	湖南桂阳	2005.04—2006.12
	副主任	樊忠达	男	1957.09	湖南资兴	2006.04—2006.12

三、县（市、区）人民代表大会常务委员会

郴州市（地区）县（市、区）人大常委会是县（市、区）人民代表大会的常设机构，在县（市、区）人民代表大会闭会期间，依法行使县（市、区）人民代表大会的职权。县（市、区）人大常委会由主任 1 人、副主任 4 ~ 6 人、委员 13 ~ 17 人组成，多为专职，一般设兼职副主任 1 名，兼职委员约三分之一。

1989年换届后，各县、市人大常委会设“一办三委”，即办公室和法制、财政经济、教科文卫三个工作委员会。1993年换届后，各县、市人大常委会增设代表联络工作委员会或选举任免工作委员会。1997年，县级人大常委会机关机构改革后，设“一办五委”，即：办公室、选举任免联络工作委员会、财政经济工作委员会、内务司法工作委员会、教科文卫工作委员会、农业委员会或农业城建环保工作委员会。

2005年，11个县（市、区）人大常委会机关机构改革后，人员编制由1989年的308名精减至287名，减少6.82%。

四、乡镇人民代表大会主席团

1989年，郴州地区乡镇人民代表大会设立人大主席团，乡镇人民代表大会闭会期间，人大主席团行使乡镇人民代表大会的职权。人大主席团由5～7人组成，其中设常务主席1人，常务副主席1人。全地区248名主席团常务主席中，参加同级党委的245名。

1995年4月，乡镇人大主席团成员由之前的5～7人调整为5～9人，配主席、副主席2～3人。即3万人口以上的乡镇，配主席团成员9人，其中主席1人，副主席2人，秘书1人；3万人口以下、1万人口以上的乡镇，配主席团成员7人，其中主席1人，副主席1人，秘书1人；1万人口以下的乡镇，配主席团成员5人，其中主席1人，副主席1人。至2005年，全市250个乡镇均按上述要求配备人大主席团成员，主席团主席均兼任乡镇党委副书记。

第三节　人大工作机构

一、郴州地区人大联工委工作（办事）机构

1989年11月，郴州地区人大联工委下设办公室、一处、二处，为地区人大联工委的工作（办事）机构。

办公室系地区人大联工委综合办事机构，内设秘书科、联络科，定编19名。主要负责会务、办文、收集编印人大工作信息、接待处理人大代表和人民群众来信来访、对外联络及联工委行政事务等工作。一处定编4名，负责了解全区国民经济和社会发展计划的制定及执行情况，地本级财政预算及执行情况、工业交通工作情况，提出意见和建议。二处定编4名，负责了解全地区司法机关执法和县（市）人大常委会法制工作情况，提出意见和建议，将执法检查中发现的重要问题向主任会议报告。

郴州地区人大联工委工作（办事）机构主要负责人名录

表4-1-3-1

单位	姓名	职务	任职时间
办公室	欧淑忠	主任	1990.06—1992.08
	文辉	主任	1992.08—1995.05
一处	欧阳兆田	处长	1992.08—1995.05
二处	欧阳毅	处长	1990.06—1994.05
	冯腾铭	处长	1994.05—1995.05

二、郴州市第一、二届人大常委会工作（办事）机构

郴州市第一届人民代表大会常委会工作机构设“一办一委”，即办公室和选举任免联络工作委员会。办公室是人大常委会综合办事机构，定编28名，下设秘书、综合调研、信访、老干、行政事务5个科室。选举任免联络工作委员会是人大常委会业务办事机构，定编4名，主要办理全国、省、市人大代表换届选举及市人大常委会指导县、乡两级人大换届选举的有关事宜，负责联系人大代表和督察人大代表议案、建议、批评和意见的办理情况，办理市人大常委会决定的人事任免工作。

市二届人大常委会工作机构仍设“一办一委”。办公室内设科室和职能未变，人员编制由28名增至36名；选举任免联络工作委员会职能基本未变，编制仍为4名。

郴州市第一、二届人大常委会工作（办事）机构主要负责人名录

表 4-1-3-2

届别	工作（办事）机构名称	姓名	职务	任职时间
市一届人大常委会	办公室	欧阳兆田	秘书长	1995.05—2000.05
		刘开树	主任	1995.06—2000.03
	选举任免联络工作委员会	彭有立	主任	1995.06—2000.05
市二届人大常委会	办公室	段太林	秘书长	2000.05—2006.12
		陈哲余	主任	2000.07—2001.11
		段太林	主任	2002.07—2006.12
	选举任免联络工作委员会	彭有立	主任	2000.07—2004.02
		段广慧	主任	2004.02—2005.12

三、郴州市第一、二届人民代表大会专门委员会

郴州市一届人大一次会议根据有关法律规定和工作需要，决定市人大设立5个专门委员会，即内务司法委员会、财政经济委员会、教育科学文化卫生委员会、农业委员会、城乡建设环境保护委员会，计定编17名。各专门委员会正、副主任及委员由大会主席团在代表中提名，大会通过。市人大专门委员会受市人民代表大会领导，大会闭会期间，受本级人大常委会领导。其主要工作职责是：研究、审议和拟定有关议案；对本级人民代表大会及其常委会职权范围内的工作，进行视察和调查研究，开展执法检查，提出建议，为常委会决议决策提供依据。

市二届人大一次会议决定市人大设立5个专门委员会，即内务司法委员会、财政经济委员会、教育科学文化卫生委员会、农业与农村委员会、环境与资源保护委员会，定编19名。其职责与上一届相应的专门委员会相同。

郴州市第一、二届人大专门委员会主要负责人名录

表 4-1-3-3

届别	专门委员会名称	姓名	职务	任职时间
市一届人大	内务司法委员会	欧阳杰	主任委员（兼）	1995.05—2000.05
	财政经济委员会	孔锡煌	主任委员	1995.05—1995.12
		彭兆薇（女）	主任委员	1996.03—2000.05
	教育科学文化卫生委员会	刘承禄	主任委员	1995.05—2000.05
	农业委员会	陈哲余	主任委员	1995.05—2000.05
	城乡建设环境保护委员会	冯腾铭	主任委员	1995.05—2000.05
市二届人大	内务司法委员会	曾繁芬	主任委员	2000.05—2002.03
		龙能芽	主任委员	2002.03—2006.12
	财政经济委员会	彭兆薇（女）	主任委员	2000.05—2002.03
		鲁政良（女）	主任委员	2002.03—2005.04
		曾果	主任委员	2005.04—2006.12
	教育科学文化卫生委员会	宁宪	主任委员	2000.05—2006.12
	农业与农村委员会	徐哲贤	主任委员	2000.05—2004.03
		曾果	主任委员	2004.03—2005.04
		曾凡春	主任委员	2005.04—2006.12
	环境与资源保护委员会	谢景庭	主任委员	2000.05—2006.12

第二章　人民代表大会代表

第一节　人大代表产生

1989—2006年，郴州市（地区）按照《中华人民共和国全国人民代表大会和地方各级人民代表大会选举法》（简称《选举法》）《中华人民共和国全国人民代表大会和地方各级人民代表大会代表法》（简称《代表法》）的规定，先后选举产生5届乡镇人大代表、4届县级人大代表、2届市人大代表；由县级人民代表大会选举产生驻郴第七、八届省人大代表，由市人民代表大会选举产生第九、十届驻郴省人大代表；地区人大联工委和市人大常委会提名考察推荐驻郴第七届至第十届全国人大代表人选。

一、县、乡级人大代表

代表名额　1989年至1995年2月，郴州地区每个乡镇人民代表大会的代表名额以40名为基数，再按乡镇总人口计算，每1000人增加一个代表名额，但代表名额总数不得超过100名。少数民族聚居的地方，代表名额按有关法律法规确定。县级人大代表名额以20万人口选举180名代表为基数，总人口超过20万的县（市），超过部分每5000人增加1个代表名额，但代表名额总数不超过400人；总人口不足20万的县市，不足部分按每3000人从代表名额基数中减少1个名额。

1995年3月至2005年，乡镇人大代表的名额以40名为基数，再按乡镇总人口计算，每1500人增加1个代表名额，人口超过9万的乡镇不得超过100名；人口超过13万的乡镇不得超过130名；人口不足2000人的乡镇可以少于40名。少数民族聚居或人口居住分散的乡镇，经报请省人大常委会批准，代表名额另加增5%。县级人大代表名额以120名为基数，然后按县（市、区）总人口计算，每5000人增加一个代表名额。

代表选举　1992年年底以前，县、乡两级人大代表选举同步进行。1993年3月以后，按照《宪法》修正案，县级人民代表大会的任期由3年改为5年，县乡人大代表选举分别进行。县、乡两级人大代表均由选民直接选举产生，实行差额选举，候选人须多于应选名额的1/3至1倍。选民10人以上联名提出的候选人及政党和人民团体提出的候选人，均列入候选人名单。经各选区充分酝酿协商，根据多数选民的意见，确定正式候选人。选举程序包括准备工作、选区划分、选民登记公布、确定代表候选人、投票选举等。

按照《宪法》《组织法》《选举法》《代表法》的规定，1989—2007年，全市（地区）县级人大进行4次换届选举，共选举产生县（市、区）人大代表9782名；1989—2008年乡（镇）人大进行5次换届选举，共选举产生乡（镇）人大代表64942名。

1989—2002年郴州市（地区）乡镇人大代表换届选举选民参选情况表

表 4-2-1-1　　单位：人

换届选举时间	人口总数	登记选民人数	选民参选人数	参选率（%）
1989.11—1990.02	4120767	2597112	2372020	91.33
1992.09—1993.01	4347951	2754011	2614050	94.92
1995.09—1996.01	4418013	2587732	2456101	94.91
1998.10—1999.01	4425646	2744989	2580289	93.99
2001.09—2002.01	4529632	2752177	2612103	94.91

1989—2003年郴州市（地区）县级人大换届选举选民参选情况表

表 4-2-1-2　　单位：人

换届选举时间	人口总数	登记选民人数	选民参选人数	参选率（%）
1989.11—1990.02	4120767	2597112	2372020	91.33
1992.09—1993.01	4347951	2754011	2614050	94.92
1997.09—1998.01	4425646	2943639	2785087	94.61
2002.09—2003.01	4554641	3141447	3001390	95.54

二、市人大代表

第一届市人大代表　第八届湖南省人大常委会第十四次会议决定，郴州市第一届人民代表大会代表名额412名，保留机动名额22名，实际分配代表名额390名。1995年3—4月，按照《宪法》和法律的有关规定，全市11个县（市、区）和军队、武警共12个选举单位，选举产生郴州市第一届人民代表大会代表390名。以后陆续增补选代表至401名。

第二届市人大代表　第九届湖南省人大常委会第二十八次会议决定，郴州市第二届人民代表大会代表名额417名，保留机动名额5名，按412名分配到11个县（市、区）和军队、武警共12个选举单位。2000年1—4月，选举单位选举产生郴州市第二届人民代表大会代表409名，以后陆续增补选代表至417名。

三、驻郴省人大代表

湖南省第七届人大（1988.1—1993.1）驻郴人民代表　1987年8月，湖南省人大常委会按农村每12万人口、城市每2.4万人口选举1名省人大代表的比例，分配郴州地区各县市省七届人大代表名额共65名。1987年12月—1988年1月，11个县（市）分别召开人民代表大会，共选举产生驻郴省七届人大代表65名。

湖南省第八届人大（1993.1—1998.1）驻郴人民代表　1992年8月，湖南省人大常委会分配郴州地区省八届人大代表名额63名，其中安排省直11名，按郴州地区人口分配49名，照顾名额3名。地区人大联工委考察省人大代表候选人72人。1992年12月至1993年1月，11个县（市）分别召开人民代表大会，共选举产生省八届人大代表62名。1994年，安仁县省八届人大代表刘冠群逝世，后补选李维国为省八届人大代表。1995年1月，嘉禾县选举龙定鼎为省八届人大代表。2月，杨顺初从湘西自治州凋郴州工作后，仍担任省八届人大代表。5月，市一届人大一次会议选举省人大常委会推荐的庞道沐、袁家兴、梁锦仁为省八届人大代表。1996年11月，市一届人大常委会第十一次会议决定罢免宜章县王良先省八届人大代表职务，后补选蒋长春为省八届人大代表。

湖南省第九届人大（1998.1—2003.1）驻郴人民代表 1997年9月，湖南省人大常委会分配郴州市省九届人大代表名额49名，其中安排省直6名，按郴州市人口分配43名。1998年1月5日，市一届人大四次会议选举产生省九届人大代表49名。2000年11月，市二届人大常委会第三次会议决定，接受罗庭前辞去省九届人大代表职务。12月，市二届人大常委会第四次会议补选王镇鑫为省九届人大代表。2001年1月，市二届人大二次会议，选举李大伦和孔庆玲（女）为省九届人大代表。

湖南省第十届人大（2003.1—2008.1）驻郴人民代表 2002年10月，湖南省人大常委会分配郴州市省十届人大代表名额50名，其中安排省直7名，按郴州市人口分配43名。市二届人大常委会考察省十届人大代表候选人85人。2003年1月3—7日，市二届人大四次会议选举产生省十届人大代表50名。2004年8月，市二届人大常委会第三十五次会议罢免李世栋省十届人大代表职务。10月，市二届人大常委会第三十六次会议补选省人大常委会推荐的朱光葵为省十届人大代表。2005年6月，市二届人大常委会第四十二次会议补选刘湘娥（女）为省十届人大代表。同年，郴州选举的省直单位的代表周本顺调中央政法委工作。2006年，市二届人大常委会第四十九次会议决定罢免李大伦省十届人大代表职务；第五十次会议罢免黄兆林省十届人大代表职务；第五十二次会议补选葛洪元、戴道晋为省十届人大代表。

湖南省第七至十届人民代表大会郴州市（地区）代表名录

表4-2-1-3　　单位：人

届别	届期	郴州市（地区）代表姓名（以姓氏笔画为序）
省第七届人大	1998.1至1999.1	原县级郴州市8名：马英才（壮族）、伍宜玲（女，回族）、李刚铤、范秀珠（女）、郑立三、单泽周、姚幕钟、梁中维；郴县5名：邓永高（瑶族）、李田耕、谷志恩、姜玉霞（女）、廖明生；资兴市9名：马庆云、刘玉京（女）、张积文、陈绪龙、袁佳游、黄科武、黄爱华、傅学俭、瞿龙彬；桂阳县8名：丁连方、王爱仁、刘炳宏、刘秋英（女）、杜连祥、李熙义、徐虹（女）、唐朝周；永兴县8名：刘至硕、刘声贵、杨香海、李方月、吴道荣、周白菊（女）、曹承麒、谢曼玲（女）；宜章县7名：朱光生、张静贤（女，满族）、范光华、欧阳祖仪、郑卓钟、唐孝葵、谭丙生；嘉禾县4名：王玉芳（女）、李知成、唐金胜、雷衍志；临武县4名：邝生普、陈运兴、周素钦（女）、黄程金。汝城县4名：邓训贤、许岳松、余奇俊、钟县花（女）；桂东县4名：朱紫珍（女）、周干儒、黄先文、普广章；安仁县4名：刘长明、肖清茹、欧阳志忠、唐森林
省第八届人大	1993.1至1998.1	原县级郴州市6名：朱华雄、李言新、汪文恺、宋甲武、范秀珠（女）、周政坤；郴县5名：何周生、陈哲荣、周时昌、曾锦春、盘振翠（女）；资兴市8名：杨重喜、李永良、李素军（女）、何立春、陈绪龙、罗珊英（女）、黄诚、傅学俭；桂阳县8名：丁人、刘西平、江元保、张谋、张桂英（女）、陈龙、欧阳玉模、谭家驹；永兴县8名：刘广明、刘炳生、李庭、李友湘、李彩香（女）、张雨清、曹玲华（女）、喻昭永；宜章县7名：王良先、刘景桂（女）、汤开明、李常水、欧国春、赵运明、黄亨禄；嘉禾县4名：毛石生、孙之镐、李光球、黄社荣（女）；临武县4名：文春香（女）、陈运兴、周德元、黄朱元；汝城县4名：邓训贤、朱攸凤（女）、许岳松、何志高；桂东县4名：王章玲（女）、刘善斌、黄文广、曾广章；安仁县4名：李年妹（女）、刘冠群、余有亮、樊甲生。 补选李维国、龙定鼎、庞道沐、袁家兴、梁锦仁、蒋长春

续表 4-2-1-3

届别	届期	郴州市（地区）代表姓名（以姓氏笔画为序）
省第九届人大	1998.1至2003.1	省直单位6名：孙之镐、孙振华、杨文俊、周时昌、彭浪清、熊赤泉；市直单位7名：龙定鼎、白辉全、江元保、杨重喜、周和平、梅克保、曹秋生；北湖区4名：李雪莲（女）、肖柏龙、段太林、范秀珠（女）；苏仙区3名：朱国华、孙建湘、颜志芳（女）；资兴市3名：罗珊英（女）、黄诚、曹孟飞；桂阳县5名：王东、王碧元、尹爱清（女）、何昌亮、钟解盛；永兴县3名：马云峰、李友湘、曹社文；宜章县4名：欧良才、黄庆南、曹长健、熊初利（女）；嘉禾县3名：毛石生、李六霞（女）、何建湘；临武县3名：刘土莲（女）、周德元、廖桂生；汝城县3名：朱跃进、杨琼珠（女）、何志高；桂东县2名：王章玲（女）、罗庭前；安仁县3名：刘黑姑（女）、陈塘发、樊秋生 补选王镇鑫、李大伦、孔庆玲
省第十届人大	2003.1至2008.1	省直单位7名：王刚、孔庆玲（女）、孙振华、张建国、季益贵、周本顺、梁肇洪；市直单位8名：王镇鑫、许永善、李大伦、李步凡（女）、周政坤、周贤斌、周和平、樊忠达；北湖区3名：李世伟、黄兆林、彭秀芝（女）；苏仙区3名：马建湘、邝晓芬（女）、刘潭爱；资兴市3名：刘凡顺、钟芸兰（女）、袁生权；桂阳县4名：吴章钧、陈远永、陈瑞琳（女）、廖晓军；宜章县3名：刘光洪、张长发、欧良才；永兴县4名：刘国庆（女，土家族）、李文元、曹彦富、廖帮文；嘉禾县3名：李世栋、周秀娟（女）、雷井杏；临武县4名：付国、陈社招（女）、胡建文、骆生加；汝城县3名：刘裔厚、宋桥英、张建兰（女，瑶族）；桂东县2名：李上德、郭垂桂；安仁县3名：何贵平、陈塘发、周漫娇（女） 补选朱光葵、刘湘娥、葛洪元、戴道晋

四、驻郴全国人大代表

驻郴州市（地区）全国人民代表大会代表名额，由湖南省人大常委会分配。省人大常委会分配给郴州第七、八、九、十届全国人大代表名额分别为5名、4名、4名、4名，由郴州市（地区）提名推荐，经湖南省人民代表大会选举产生。

第七至十届全国人民代表大会驻郴州市（地区）代表名录

表 4-2-1-4

届 次	届 期	代表姓名
第七届	1988.03—1993.03	杨正源、周时昌、黄益民、黄碧梧（女）、蒋富平（壮族）
第八届	1993.03—1998.03	赵毅拯、李仁善、张剑、黄宗英
第九届	1998.03—2003.03	杨重喜、李常水、王抗援、陈晓芳（女）
第十届	2003.03—2008.03	王镇鑫、邓中华、李常水、匡妹仔（女）

第二节 人大代表构成

郴州市（地区）各级人民代表大会代表的选举，严格按照《宪法》《选举法》《代表法》的规定进行，充分保障公民选举权和被选举权，把好代表性别、年龄、民族、政治、职业、文化结构关。市、县两级人大常委会会同组织、纪检部门对代表候选人进行全面考察，广泛听取各方面的意见，保证代表的素质和代表的广泛性。

一、乡镇人大代表构成

1989—2002 年，郴州市（地区）乡镇人民代表大会进行 5 次换届选举，选民直接选举产生乡镇人大代表 64942 名。乡镇人大代表中少数民族、知识分子、工人、妇女代表逐届增加，文化程度逐届大幅提高。

1989—2002 年郴州市（地区）乡镇历届人大代表构成情况表

表 4-2-2-1

单位：人

选举时间	代表人数	性别		民族		政治面貌		职业				文化	
		男	女	汉族	少数民族	中共党员	非中共党员	工人	农民	干部	其他	大专以上学历	中专及高中以下学历
1989.11—1990.02	13553	11057	2496	13413	140	7431	6122	290	10785	2478	—	589	12964
1992.09—1993.01	13647	11098	2549	13298	349	7441	6206	377	10733	2537	—	687	12960
1995.09—1996.01	12579	9542	3037	12203	376	6878	5701	363	9986	2138	92	1225	11354
1998.09—1999.01	12564	9301	3263	12176	388	7209	5355	424	9573	2256	311	1692	10872
2001.09—2002.01	12599	9355	3244	12223	376	7107	5492	1394	9576	1629	—	1993	10606

二、县（市、区）人大代表构成

1989—2003 年，全市（地区）县（市、区）人民代表大会先后进行 4 次换届选举，共选举产生县级人大代表 9782 名。人大代表中性别、民族、职业、文化和年龄结构不断优化，代表的文化程度逐届普遍提高。

1989—2003 年郴州市（地区）县（市、区）历届人大代表构成情况表

表 4-2-2-2

单位：人

选举时间	代表人数	性别		民族		政治面貌		职业					文化	
		男	女	汉族	少数民族	中共党员	非中共党员	工人	农民	干部	军人	其他	大专以上学历	中专及高中以下学历
1989.11—1990.02	2716	2171	545	2678	38	1954	762	108	1342	1253	—	13	399	2317
1992.12—1993.01	2715	2146	569	2642	73	1927	788	131	1330	1223	6	25	504	2211
1997.12—1998.02	2166	1675	491	2110	56	1548	618	103	968	764	11	320	700	1466
2002.12—2003.02	2185	1686	499	2126	59	1552	633	145	713	1173	12	142	1095	1090

三、市人大代表构成

郴州市第一、二届人民代表大会共有人民代表 799 名。市二届人大代表较之市一届人大代表，妇女、少数民族、工人、农民代表人数增加较多，文化结构和年龄结构有较大改善。

郴州市第一、二届人大代表构成情况表

表 4-2-2-3　　　　单位：人

届别	总人数	性别				民族				政治面貌				职业					
		男		女		汉族		少数民族		中共党员		非中共党员		工人		农民		干部	
		人数	%	人数	%	人数	%	人数	%	人数	%	人数	%	人数	%	人数	%	人数	%
第一届	390	306	78.46	84	21.54	381	97.69	9	2.31	255	65.38	135	34.62	55	14.1	84	21.54	135	34.62
第二届	409	303	74.08	106	25.92	397	97.07	12	2.93	292	71.39	117	28.61	73	17.85	93	22.74	126	30.81

续表 4-2-2-3

届别	职业				文化								年龄							
	军人		其他		大专以上		中专（高中）		初中		小学		35 岁以下		36 至 55 岁		56 至 60 岁		60 岁以上	
	人数	%	人数	%	人数	%	人数	%	人数	%	人数	%	人数	%	人数	%	人数	%	人数	%
第一届	5	1.28	111	28.46	218	55.9	62	15.9	108	27.69	2	0.51	75	19.23	299	76.67	15	3.85	1	0.26
第二届	6	1.47	111	27.14	291	71.15	102	24.94	16	3.91	—	—	73	17.85	320	78.24	16	3.91	—	—

第三章 人大重要会议

第一节 人民代表大会

一、郴州市人民代表大会会议

（一）郴州市第一届人民代表大会

第一次会议 1995年5月18—21日在郴州举行。会议应到代表390人，实到代表390人。会议听取和审议地区人大联工委主任、市一届人大筹备委员会主任杨重喜所作的郴州市第一届人民代表大会筹备工作报告和地区人大联工委副主任叶俊民所作的代表资格审查报告。会议通过《郴州市第一届人民代表大会第一次会议选举办法》《关于授权郴州市第一届人民代表大会常委会审议郴州市1995年国民经济和社会发展计划、财政预算的决议》。会议选举产生郴州市第一届人民代表大会常务委员会，杨重喜为常委会主任，钟亦京、白辉全、李文积、叶俊民、欧阳杰、刘广明（兼）、曹莲蓉（女）为常委会副主任，欧阳兆田为秘书长，孔锡煌等20人为常委会委员；选举龙定鼎为郴州市人民政府市长，黄孝健、宋甲武、刘佳义、瞿龙彬、蒋桃生、朱梅生为副市长；选举李日顺为郴州市中级人民法院院长，齐大德为郴州市人民检察院检察长（须报省人民检察院提请省人大常委会批准）。选举省直机关庞道沐、袁家兴、梁锦仁为湖南省第八届人民代表大会代表。会议决定市人大设立内务司法、财政经济、教育科学文化卫生、农业、城乡建设环境保护5个专门委员会，并通过各专门委员会主任委员、副主任委员、委员任职名单。闭幕式上，新当选的市人大常委会主任杨重喜、市人民政府市长龙定鼎作任职讲话。

第二次会议 1996年3月26—30日在郴州举行。会议应到代表391名，因病因事请假24人，实到代表367人，符合法定人数。会议听取和审议郴州市人大常委会工作报告、郴州市人民政府工作报告、郴州市中级人民法院工作报告、郴州市人民检察院工作报告、郴州市1995年国民经济和社会发展计划执行情况和1996年国民经济及社会发展计划报告、郴州市1995年财政预算执行情况和1996年财政预算报告（以下简称6项工作报告），并作出相应决议；审议和批准郴州市国民经济及社会发展“九五”计划和2010年远景目标纲要。会议通过市人大财政经济委员会主任委员、副主任委员任职名单，补选朱祖楞、彭兆薇为郴州市第一届人大常委会委员。会议审议通过市人民政府《关于兴建资兴—郴州—桂阳高等级公路的议案》，决定将人大代表《关于提请审议加大对农业综合性投入的议案》《关于理顺城区流动人口计划生育管理体制的议案》予以立案办理。大会期间，代表们就发展农业经济、建立现代企业制度、依法行政和控制物价涨幅等议题踊跃建言献策。大会收到代表建议、批评和意见274件，均交有关部门或单位研究办理并负责答复。

第三次会议 1997年3月26—29日在郴州举行。会议应到代表395人，因病因事请假19人，实到代表376人，符合法定人数。会议听取和审议6项工作报告，并作出相应决议。经大会主席团审议决定，将《关于落实屠宰税收入的60%用于发展养殖业的议案》《地方财政在3年内分期投入资金兴建郴州博物馆的议案》予以立案办理。大会收到代表建议、批评和意见197件，均交有关部门或单位研究办理并负责答复。

第四次会议 1998年1月3—8日在郴州举行。会议应到代表401人，因病因事请假30人，实到代表371人，符合法定人数。会议听取和审议6项工作报告，并作出相应决议。会议补选黄景贤为郴州市第一届人大常委会委员，选举省直机关孙之镐、孙振华、杨文俊、周时昌、彭浪清、熊赤泉和郴州市龙定鼎、杨重喜等49人为省九届人大代表。会议收到10名以上代表联名提出的议案22件，经大会主席团审查，决定将《关于彻底整治杨家河污染的议案》《关于治理黄岑水库污染保护宜章10万群众身体健康的议案》予以立案办理，其余20件议案转作代表建议办理。大会收到代表建议、批评和意见169件，均交有关部门或单位研究办理并负责答复。

第五次会议 1999年3月4—8日在郴州举行。会议应到代表396人，因病因事请假20人，实到代表376人，符合法定人数。会议听取和审议6项工作报告，并作出相应决议。会议选举彭伟生、张雨清、罗相朝为市一届人大常委会副主任，段光忠为市中级人民法院院长。大会收到议案24件，经大会主席团审议，决定将《关于明确郴州市市树市花的议案》予以立案办理，其余23件转作代表建议办理。大会还收到代表建议、批评和意见66件，均交有关部门或单位研究办理并负责答复。

（二）郴州市第二届人民代表大会

第一次会议 2000年5月18—22日在郴州举行。会议应到代表409人，因病因事请假14人，实到代表395人，符合法定人数。会议听取和审议6项工作报告，并作出相应决议。会议选举产生郴州市第二届人民代表大会常务委员会，王镇鑫为常委会主任，瞿龙彬、白辉全、曹莲蓉（女）、彭伟生、张雨清、罗相朝、曾来庆为副主任，段太林为秘书长，王春陪等23人为常委会委员。选举周政坤为郴州市人民政府市长，宋甲武、刘正华、刘清江、雷渊利、王贤国、潘碧灵为副市长。选举李晓龙为郴州市中级人民法院院长，贺茂林为郴州市人民检察院检察长（须报省人民检察院提请省人大常委会批准）。会议通过《关于设立郴州市第二届人民代表大会专门委员会的决定》，决定设立内务司法委员会、财政经济委员会、教育科学文化卫生委员会、农业与农村委员会和环境与资源保护委员会5个专门委员会，并通过各专门委员会主任、副主任、委员任职名单。会议收到代表议案37件，经大会主席团审议决定，将《关于加强环境治理的议案》《关于改建1803省道赤杨路段的议案》予以立案办理，其余35件转作代表建议办理。会议收到代表建议、批评和意见109件，均交有关部门或单位研究办理并负责答复。

第二次会议 2001年1月4—8日在郴州举行。会议应到代表409人，因病因事请假15人，实到代表394人，符合法定人数。会议听取和审议6项工作报告，并作出相应决议。会议收到市政府和代表议案12件，经大会主席团审议，决定将市人民政府提出的《关于加强东江湖水资源保护的议案》予以立案办理，其余11件转作代表建议办理。会议收到代表建议、批评和意见112件，均交有关部门或单位研究办理并负责答复。

第三次会议 2002年3月12—16日在郴州举行。会议应到代表413人，因病因事请假17人，实到代表396人，符合法定人数。会议听取和审议6项工作报告，并作出相应决议。会议听取市人民政府副市长宋甲武、刘正华、易佩康、刘清江、雷渊利、王贤国、潘碧灵的述职报告。会议补选龙能芽、钟本强为市二届人大常委会委员，接受曾繁芬、彭兆薇（女）分别辞去市二届人大内务司法委员会主任委员、财政经济委员会主任委员职务；会议通过内务司法委员会主任委员、财政经济委员会主任委员和副主任委员、教育科学文化卫生委员会委员任职名单。会议表彰先进市人大代表小组4个、市人大代表活动积极分子30名，表彰议案、建议办理先进单位11个、先进个人32名。会议收到代表议案26件，经大会主席团审议，决定将《关于加强动物防疫工作确保畜禽产品质量安全的议案》《关于加强飞天山国家地质公园保护和建设的议案》予以立案办理，其余24件转作代表建议办理。会议收到代表建议、批评和意见202件，均交有关部门或单位研究办理并负责答复。

第四次会议 2003年1月2—7日在郴州举行。会议应到代表417人，因病因事请假18人，实到399人，符合法定人数。会议听取和审议6项工作报告，并作出相应决议。会议接受瞿龙彬辞去市人大常委会副主任职务，补选赵运明为市人大常委会副主任，补选3名常委会委员。大会选举省直机关王刈和郴州市王镇鑫等50人为省十届人大代表。会议收到代表议案24件，经大会主席团审议决定，将《关于加快治理燕泉河中心城区段的议案》予以立案办理，其余23件转作代表建议办理。会议收到代表建议、批评和意见192件，均交有关部门或单位研究办理并负责答复。

第五次会议 2004年3月21—26日在郴州举行。会议应到代表415人，因病因事请假19人，实到代表396人，符合法定人数。会议听取和审议6项工作报告，并作出相应决议。会议选举李和平为市人大常委会副主任，补选3名常委会委员；选举戴道晋为郴州市人民政府市长，许庆生为郴州市人民检察院检察长（须报省人民检察院提请省人大常委会批准）；会议通过市人大农业与农村委员会正、副主任委员和2名市人大内务司法委员会委员任职名单。会议表彰市人大优秀代表小组4个、市人大代表活动积极分子46名，表彰市人大代表优秀议案2件、建议37件和办理议案、建议先进单位11个以及先进个人43名。会议收到代表议案30件，经大会主席团审议决定，将《关于加强对吸毒人员依法矫治的议案》《关于加强农产品质量安全工作的议案》予以立案办理，其余28件转作代表建议办理。会议收到代表建议、批评和意见220件，均交有关部门或单位研究办理并负责答复。

第六次会议 2005年4月18—22日在郴州举行。会议应到代表415人，因病因事请假16人，实到代表399人，符合法定人数。会议听取和审议6项工作报告，并作出相应决议。会议接受王镇鑫辞去郴州市第二届人大常委会主任职务；接受白辉全、张雨清、罗相朝辞去郴州市第二届人大常委会副主任职务；接受鲁政良辞去财政经济委员会主任委员、曾果辞去农业与农村委员会主任委员职务。会议选举刘湘娥为市人大常委会主任，王碧元、陈社招、李熙平为副主任，补选3名常委会委员。会议通过市人大财政经济委员会主任委员、农业与农村委员会主任委员任职名单。会议收到代表议案21件，经大会主席团审议决定，将《关于开发振兴郴州市下湄桥老工业区的议案》《关于尽快建设好义帝陵并对外开放的议案》《关于尽快解决临武三十六湾采选矿严重污染湘江二级支流陶家河问题的议案》予以立案办理，其余18件转作代表建议办理。会议收到代表建议、批评和意见252件，均交有关部门或单位研究办理并负责答复。

第七次会议 2006年4月20—24日在郴州举行。会议应到代表415人，因病因事请假10人，实到代表405人，符合法定人数。会议听取和审议6项工作报告，并作出相应决议。会议听取和审议市人民政府市长戴道晋关于郴州市国民经济和社会发展第十一个五年规划纲要的报告。会议补选樊忠达为市二届人大常委会副主任，补选陈敏为市人民政府副市长。大会收到代表提出的议案8件以及建议、批评和意见237件，全部作建议、批评和意见交有关部门或单位研究办理并负责答复。

二、县（市、区）人民代表大会会议

县（市、区）人民代表大会会议议程一般为听取和审议县（市、区）人大常委会、人民政府、人民法院、人民检察院工作报告；审议县（市、区）国民经济和社会发展计划、财政预算以及执行情况报告，对上述报告作出决议。选举或补选县（市、区）人大常委会组成人员、人民政府正副县（市、区）长、人民法院院长和人民检察院检察长（须报上一级人大常委会批准）。郴州撤地设市之前，会议选举产生参加湖南省人民代表大会代表；郴州撤地设市后，选举出席郴州市人民代表大会代表。县级人民代表大会设主席团，主持代表大会会议，提出各项决议、决定草案，提出县（市、区）人民政府正、副县（市、区）长、人民法院院长、人民检察院检察长及省、市人大代表候选人等。大会设立秘书处，负责各项会务工作。

1989 年 11 月—1990 年 2 月，11 个县（市）人大换届召开的第一次人民代表大会，分别就加快农业发展，减轻农民负担，强化农村教育事业附加费征收，禁止向农民乱收费、乱摊派，治理县城“脏、乱、差”等重大事项，作出 14 项决议、决定。

1992 年 12 月—1993 年 1 月，11 个县（市）人大换届召开的第一次人民代表大会，分别就加快发展高效优质农业和乡镇企业、加强社会治安综合治理、消灭宜林荒山和保护森林资源等重大事项，作出 11 项决议、决定。

1997 年 12 月—1998 年 2 月，11 个县（市、区）人大换届召开的第一次人民代表大会，分别就科教兴农、创建卫生文明城镇、调整和改善农业产业结构、搞好丘岗山地经济开发等重大事项，作出 16 项决议、决定。

2002 年 12 月—2003 年 2 月，11 个县（市、区）人大换届召开的第一次人民代表大会，分别就依法治县（市、区）、优化经济发展环境、推进“三化”（工业化、农业产业化、城镇化）进程和国有工业企业改革等重大事项，作出 19 项决议、决定。

1989—2005 年，全市（地区）各县（市、区）人民代表大会召开 192 次会议，听取和审议工作报告 1588 项。同时，根据本地实际，抓住经济社会建设中带全局性、根本性、长远性的问题，经过民主讨论，广泛征求意见，作出 346 项决议、决定。

三、乡镇人民代表大会会议

郴州市（地区）乡镇人民代表大会每年至少召开一次会议。经过 1/5 以上代表提议，可临时召开人民代表大会会议。代表大会的主要议程是：听取和审议乡镇人大主席团、乡镇人民政府的工作报告；审议和批准乡镇财政预决算；讨论、决定本行政区域内的重大事项；审议人大代表和乡镇人民政府提出的议案（乡镇人民政府和乡镇人大代表 5 人以上联名提出的议案须列入大会议案）；罢免乡镇人大代表，增补选乡镇人大主席团及政府组成人员。

1989—2005 年，全市（地区）乡镇人大会议就本行政区域内的重大事项，先后作出决议、决定 5167 项，其中关于乡镇经济社会发展的决议、决定 4083 项，包括发展农村经济、调整产业结构、加强水利建设、兴办乡村公益事业、减轻农民负担、制止乱占滥用耕地、加强社会治安综合治理、发展乡村科技教育和卫生事业等。其间，各乡镇人大会议共收到代表提出的建议、批评和意见 85347 件，其中列为议案的 4252 件。代表大会闭幕期间，乡镇人大主席团依法行使职权，组织代表视察调研，做好人大会议决议、决定及代表建议、批评和意见的交办、督办工作。

第二节 市人大常委会会议

一、市一届人大常委会会议

1995 年 5 月—2000 年 5 月，郴州市第一届人大常委会召开会议 33 次，听取和审议市“一府两院”关于农业、工业、第三产业、财政、教育、科技、卫生、文化、体育、计划生育、城市建设、社会治安、重点建设项目、环境保护、执法等方面的工作报告和议案 151 项。

市一届人大常委会议听取和审议的报告和议案主要有：1995—1999 年郴州市每年国民经济和社会发展计划与财政预算及执行情况的报告，关于兴建“资兴—郴州—桂阳”高等级公路的报告，关于扫除“黄赌毒”情况的报告，关于《中华人民共和国妇女权益保障法》执法检查情况的报告，关于全市发展乡镇企业情况的报告，关于严厉打击严重犯罪活动情况的报告，关于审判方式改革和加强基层法院基础建设情况的报告，关于开展土地执法检查情况的报告，关于抗洪救灾工作情况的报告，关于《理顺城区流动人口计划生育管理体制的议案》，关于郴州市减轻农民负担情况的报告，关于《落实 60% 的屠宰税用于发展养殖业的议案》，关于农业产业化建设情况的报告，关于贯彻实施《中华人民共和国人民警察法》《中华人民共和国法官法》《中华人民共和国检察官法》情况的报告，关于办理黄岑水库和杨家河污染治理议案情况的报告，关于郴州市建筑工程质量状况及治理措施的报告，关于全市宗教工作情况的报告等。市一届人大常委会根据这些报告和议案，组织人大代表开展视察调研，先后就其中的重大事项作出决议、决定 10 项。

市一届人大常委会行使法律赋予的国家机关工作人员任免权，先后研究决定任免国家机关工作人员 375 人次。决定罢免驻郴省八届人大代表职务 1 人，罢免市一届人大常委会委员职务 1 人，同意由原选举单位罢免市一届人大代表 2 人，许可市人民检察院对市一届人大代表依法采取强制措施 3 人，撤销郴州市人民检察院反贪局局长职务 1 人。

二、市二届人大常委会会议

2000 年 5 月—2006 年 12 月，市二届人大常委会共召开会议 53 次，先后听取和审议市“一府两院”工作报告和议案 204 项。

市二届人大常委会听取和审议的报告和议案主要有：2000—2006 年郴州市每年的国民经济和社会发展计划与财政预算及执行情况的报告，关于市本级 2000—2001 年城建资金安排情况的报告，关于环境保护工作情况的报告，关于“九五”时期财政对农业投入情况的报告，关于全市砷制品行业整治情况的报告，关于“九五”计划执行情况和“十五”计划纲要（草案）的报告，关于全市医疗保险制度改革情况的报告，关于调整全市大中专院校布局情况的报告，关于调整农业结构和农业产业化情况的报告，关于实施《东江湖水环境保护条例》准备工作的报告，关于市本级 2002 年城建项目和城建资金安排情况的报告，关于全市重要区域流域与行业环境污染整治情况的报告，关于科技兴郴战略实施情况的报告，关于全市农村村委会和城镇社区居委会建设情况的报告，关于《中国人民共和国义务教育法》《中国人民共和国行政复议法》《中国人民共和国人口与计划生育法》《中国人民共和国农业法》《中国人民共和国环境保护法》《中国人民共和国科学技术进步法》《中国人民共和国劳动法》《中国人民共和国矿山安全法》《中国人民共和国土地承包法》等法律法规执法检查情况的报告，关于郴州市新农村建设工作情况的报告，关于武广铁路客运专线郴州站片区（高铁新区）控制性详细规划编制情况的报告，关于郴州市经济社会发展"十一五"规划纲要（草案）和编制说明等。市二届人大常委会根据市"一府两院"的报告和议案，及时开展视察调研，先后就其重大事项作出决议、决定11项。

市二届人大常委会先后听取5名副市长、2名市中级人民法院副院长、5名市人民检察院副检察长、30名市政府组成部门主要负责人的述职报告。

市二届人大常委会先后研究决定任免国家机关工作人员445人次。决定罢免驻郴省十届人大代表职务2人，同意由原选举单位罢免市二届人大代表职务6人，许可省人民检察院对市二届人大代表依法采取强制措施4人，许可市人民检察院、市公安局对市二届人大代表依法采取强制措施2人。

第四章 职能行使

第一节 重大事项决议决定

一、郴州市人大及其常委会决议决定

（一）郴州市一届人大及其常委会决议决定

1995年5月—2000年5月，市一届人大及其常委会就全市改革开放、经济社会发展、民主与法制建设、民生等方面的工作，先后依法作出重大决议决定10项。1995年12月，市一届人大常委会第五次会议作出《关于加大扫黄禁赌禁毒执法力度的决定》。1996年3月，市一届人大第二次会议作出《关于兴建资兴—郴州—桂阳高等级公路的决议》；7月，市一届人大常委会第九次会议作出《关于对市“一府两院”组成人员开展述职评议的决定》；9月，市一届人大常委会第十次会议作出《关于继续深入开展普法教育积极推进依法治市的决定》；11月，市一届人大常委会第十一次会议作出《关于同意〈郴州市城市总体规划〉的决定》。1998年9月，市一届人大常委会第二十二次会议作出《关于组织人大代表评议教育、卫生、技术监督部门收费问题的决定》。1999年6月，市一届人大常委会第二十七次会议作出《关于依法治市的决议》；8月，市一届人大常委会第二十八次会议作出《关于调整郴州市国民经济和社会发展“九五”计划部分指标的决定》。2000年1月，市一届人大常委会第三十一次会议作出《关于郴州市市树市花的决定》，决定樟树为市树，月季花和紫薇为市花。

（二）郴州市二届人大及其常委会决议决定

2000年5月—2006年年底，市二届人大及其常委会为推进依法治市、加强矿藏资源保护、创建全国优秀旅游城市、加强财政监督等工作，先后作出重大决议决定11项。2001年7月，市二届人大常委会第八次会议作出《关于组织人大代表评议市中级人民法院工作的决定》；9月，市二届人大常委会第十次会议作出《关于认真开展“四五”普法进一步加强依法治市的决议》和《关于严格查处违法建筑遏制违法建设行为的决定》；11月，市二届人大常委会第十一次会议作出《关于建立1999·8·13洪灾永久性警示标志的决定》；2002年2月，市二届人大常委会第十五次会议作出《关于对市人民政府四个工作部门负责人进行述职评议和对市工商局进行工作评议的决定》；4月，市二届人大常委会第十六次会议作出《关于批准郴州市旅游发展总体规划的决定》和《关于批准郴州市创建中国优秀旅游城市的决定》；9月，市二届人大常委会第十九次会议作出《关于加强石墨资源保护和生产经营监督管理的决定》；11月，市二届人大常委会第二十次会议作出《关于加强郴州市本级财政预算超收收入使用监督的决定》；2004年7月，市二届人大常委会第三十四会议通过《郴州市人民代表大会常务委员会讨论、决定重大事项的规定》；2005年8月，市二届人大常委

会第四十四次会议作出《关于加强郴州市城区绿化工作的决定》；2006年8月，市二届人大常委会第五十次会议作出《关于进一步加强法制宣传教育的决定》。

二、县（市、区）人大及其常委会决议决定

1989—2005年，郴州市（地区）县级人大举行192次会议，听取和审议县级人大常委会、人民政府和计划、财政、法院、检察院工作报告1588件。按照法律规定，县级人大常委会每两个月至少召开一次会议。11个县（市、区）人大常委会召开1498次会议，听取和审议各项工作报告3554件。县（市、区）人大及其常委会讨论决定重大事项719项。

1993年5月，桂阳县十二届人大常委会第三次会议通过《关于建立执法责任制度的决定》，决定在“一府两院”实行执法责任制。要求国家机关工作人员忠于职守、廉洁奉公、依法行政。县人民政府所属57个行政司法单位和39个乡镇的负责人向县长递交《执法责任书》；县人民法院、人民检察院内部职能机构负责人分别向院长、检察长递交《执法责任书》。1999年，资兴市人大常委会作出《关于3517线天宇段扩改工程有关问题的决议》，资兴市人民政府多渠道筹措建设资金，扩、改、建工程迅速动工，2003年竣工通车，解决了资兴市北片区乡镇交通瓶颈问题。是年，安仁县人大常委会坚持实事求是原则，作出《关于削减安仁县财政水分2980万元的决定》，及时纠正县财政虚报收入的错误行为，严肃了财经纪律。县（市、区）人大及其常委会的决议决定促进了“一府两院”工作，推进当地经济发展和社会事业建设。

第二节　法律监督

一、执法检查

1990年6月—1991年2月，郴州地区人大联工委组织56名驻郴全国、省人大代表和司法机关工作人员，历时8个月，对全区11个县（市）人民法院、基层法庭、公安局、派出所、乡镇治安队等126个单位进行执法检查，查出侵犯公民权利、以罚代刑、徇私枉法、超期羁押、乱罚款等8个方面的问题。地区人大联工委将这些问题向中共郴州地委专题汇报，并会同行署和县市人民政府督促有关部门和单位调查处理。

1991年至1994年年底，郴州地区人大联工委就贯彻执行《湖南省人大常委会关于减轻农民负担的决议》《湖南省禁止向农民乱收费、乱罚款的规定》的情况，组织专项执法检查，形成专题汇报材料报地委，地委、行署针对执法检查中发现的问题，迅速组织力量清理地本级有关文件，停止执行涉及农民负担的文件24件，撤销不合理收费项目156项。全区有8个县（市）、82个乡镇人大先后作出减轻农民负担、严禁向农民乱收费、乱摊派的决定和决议。1995年，全市各级政府全面清理涉及农民负担的文件、规定，废止不合理收费项目，减轻农民负担3000多万元。

1999年5月，郴州市人大常委会开展国土管理执法检查以后，向市人民政府提出关于建立土地开发垦复专项资金、加强耒宜高速公路郴州区段征地所收取的耕地开垦费管理、理顺市本级与两区国土管理体制等意见，市人民政府迅速组织有关部门落实。

1996—2000 年，郴州市一届人大常委会组织人大代表开展对《中华人民共和国企业法》《中华人民共和国环境保护法》《中华人民共和国矿产资源法》等 46 部法律法规的执行情况进行 23 次检查。每次检查后，撰写专题报告，对检查中发现的问题，提出整改意见，交市人民政府和有关部门单位研究处理。

2000 年 6 月，郴州市二届人大常委会开展治理和优化经济环境综合执法检查。对香港金马企业贸易公司反映的经济纠纷，市人大常委会召开三次主任会议，听取汇报，分析案情，研究措施，责成市公安局和市中级人民法院限期依法办结此案。9 月，市中级人民法院对此案进行最终审理和执行。

2003 年，市二届人大常委会组织力量，深入 11 个县（市、区）开展《中华人民共和国义务教育法》执法检查，提出加强中小学危房改造、增加初中学校学位、控制中小学辍学率、优化学校周边环境等建议。市人民政府根据人大常委会的建议，作出《关于进一步加强教育工作的决定》，针对义务教育中存在的问题，制定了一系列整改措施。

2004 年，市二届人大常委会组织在全市开展《中华人民共和国农业法》执法检查后，召开各县（市、区）和市直 16 个涉农部门负责人参加的农业综合执法检查情况汇报会，将检查中发现的问题一一向有关部门交办解决。同时向市委作专题汇报。市委据此特发《市委通报》，要求各部门认真落实市人大常委会的意见。检查中发现资兴市何家山等乡镇 157.7 公顷杂交水稻制种田，因制种花期不遇，造成严重减产，其中 7.8 公顷基本失收。资兴市人民政府根据郴州市人大常委会的意见立即组织调查核实，进行责任划分，决定由责任单位对受损农户进行补偿。

2005 年，市二届人大常委会组织开展《中华人民共和国劳动法》《中华人民共和国矿山安全法》执法检查，督促市人民政府加强社保扩面和保险费征缴工作，加大矿山安全生产执法力度。是年，全市企业养老保险、医疗保险新增参保人数均超额完成目标任务。市人民政府加强社保基金征管，纠正个别地方挂空社保基金的做法，启动煤炭行业养老、医疗、失业、工伤、生育保险。是年，全市 129 个乡镇成立安全生产监督管理站，市安全生产监管部门对 290 个不具备安全生产条件的矿井下达停产整顿通知书。

1995 年 5 月—2006 年 12 月，郴州市一届、二届人大常委会先后组织执法检查 52 次，检查 102 部法律法规的执行情况。

二、司法监督

郴州市一届、二届人大常委会对群众反映司法机关执法不严、司法不公和违法执法的问题，及时组织调查，对一些确有疑问的案件即时交有关部门或单位查处，并跟踪督办。1995 年 10 月，市一届人大常委会就桂阳县方元乡代和铺村村民不服山林土地权属纠纷终审判决一案，听取市中级人民法院审理情况汇报，查看案卷材料，发现该案判决确有疑问，遂督促市中级人民法院重新审理，依法作出公正判决，使申诉 3 年的老案得到纠正。1996 年，宜章县发生一起造成重大经济损失的毁坏果林案，肇事者逍遥法外。市人大常委会主任会议对此案进行专题研究后，向有关部门交办，并跟踪督办，使 4 名涉案人员被追究法律责任。2002 年 5 月，临武县一双目失明的村民到市人大常委会反映，他于 1996 年将 2.2 万元借给村委会办企业，村委会长期拖欠不还，临武县法院判决生效两年多，村委会仍未偿还分文。市人大常委会领导当即批示交临武县人大常委会督办。在市、县两级人大常委会的督促下，县法院于 2002 年 7 月执行该案。2002 年，群众来访反映嘉禾县某学校三名教师强奸一女学生，只受到行政处分，社会反响强烈。市人大常委会将此案交嘉禾县人大常委会督办，三名教师终被绳之以法。2005年，在全省集中清理法院执行积案专项活动中，郴州市人大系统联系督办的积案执行率列全省市、州人大系统第一位。1995年5月—2006年12月，郴州市一届、二届人大常委会督查执法不严案85件、司法不公案96件，其中依法纠正137件，部分纠正44件。

三、信访案件督办

郴州地区人大联工委、郴州市人大常委会先后建立“主任信访接待日制度”“代表信访接待日制度”“主任处理来信来访制度”“处理和督办人民群众来信来访制度”。1989年10月—1995年5月，地区人大联工委受理人大代表和人民群众来信1653件、接待来访873人次，对人大代表和人民群众反映的问题，及时交有关部门和单位处理。

1995年7月，驻郴省八届人大代表刘西平到桂阳县樟市乡调查了解计划生育情况，乡党委主要负责人拒绝接待且扣押其代表证。市一届人大常委会接访后，与桂阳县纪委组成联合调查组，查明事实真相后，责成该负责人写出检讨并向刘西平道歉，县纪委就此向全县通报批评。1995年5月—2000年5月，市一届人大常委会收到人大代表和人民群众来信3621件、接待来访4518人次，向市“一府两院”和各县（市、区）交办信访案3797件。其中“主任信访接待日”接待来访379次1021人，处理信访506件，督办大要信访案135件。

2000年10月，市人大常委会内务司法委员会接访郴州市中心城区某发廊少女李某反映北湖派出所无据将其作卖淫女送劳教，并收缴发廊存款5.4万元一事后，立即将此案交市公安局办理。市公安局经调查此案证据确不实，遂撤销处罚，并责令派出所向当事人道歉，赔偿经济损失，退还收缴款。2000年5月—2006年12月，市二届人大常委会收到人大代表、人民群众来信5892件、接待来访8784人次，向市“一府两院”和各县（市、区）人大常委会交办信访案14027件。其中“主任信访接待日”接待来访354次2752人，交办信访案1685件。人大常委会督办重大信访案件64件，纠正错案24件，部分纠正38件。

第三节　工作监督

一、经济社会发展计划及财政预算执行监督

1989年10月，郴州地区人大联工委成立后，每年组织驻郴全国、省人大代表听取和审议郴州地区行署关于国民经济和社会发展计划实施、财政预算执行情况的汇报，提出意见和建议。1990年12月，地区人大联工委与行署建立工作联系制度，将人大代表的建议、意见及时交行署及有关部门和单位办理，要求件件有答复。

1995年5月—2000年5月，市一届人大常委会听取和审议市政府及有关部门关于农业、工业、服务业、财政、教育、科技等工作汇报82次；听取和审议市人民政府关于国民经济和社会发展“八五”“九五”计划，以及乡镇企业发展、减轻农民负担、抗洪救灾、农业产业化、基本农田保护、增加农业投入、水利建设等专题工作报告58项，其中就调整郴州市国民经济和社会发展“九五”

计划的部分指标作出决议。1998年11月2日，市一届人大常委会第二十三次会议听取和审议市人民政府议案后，作出《关于郴州市人民政府将20万吨/年复合肥生产项目配套资金列入财政预算的决定》，同意市人民政府调整部分财政预算指标。

2000年5月—2006年12月，市二届人大常委会听取和审议市人民政府关于计划、财政、农业、民营经济、资源保护、城市建设、重点项目建设等工作情况报告117项；听取和审议市人民政府关于市本级城建项目安排、全市村委会和城市社区建设、全市重点区域流域环境污染整治、科技兴郴战略实施、优化经济发展环境、"十五"规划中期评估、人口与计划生育等工作报告125项，提出一系列意见和建议交市政府研究办理。2004年3月18日，市二届人大常委会第三十二次会议听取和审议市人民政府关于郴州市2004年国民经济和社会发展计划（草案）报告，作出《关于调整郴州市2004年度国民经济和社会发展计划部分指标的决议》，使郴州经济社会发展计划更切实可行。

二、国家机关工作监督

1992年4月，地区人大联工委组织驻郴全国、省人大代表对行署及其部分工作部门的工作开展评议。代表们认为郴州改革开放步子还不快、经济决策不够民主、产业结构尚不合理、企业负担重、有些部门不严格依法行政，据此提出72条意见和整改方案。行署认真研究，督促有关单位逐件整改落实。如郴县黄沙岭矿申请加入鲁塘石墨集团公司，地区有关部门拖延五年无答复。此次评议提出意见后，有关部门考察后认定两矿合并双方受益，遂予批准。5月，地区人大联工委组织驻郴全国、省人大代表对地区中级人民法院、湖南省人民检察院郴州分院开展工作评议，对少数执法人员弄权渎职、办案久拖不决的行为进行严肃批评，提出89条意见。地区司法机关对这些意见一一进行整改，并回复整改结果。是年，全区794名各级人大代表参加县（市）政府工作评议，共提出建议、批评和意见812条，64名正、副县（市）长当场表态接受评议，承诺认真整改。

1996年7月，市一届人大常委会作出《关于对郴州市"一府两院"组成人员开展述职评议的决定》，成立以市人大常委会主任为组长的述职评议领导小组，组织人大代表深入各单位开展调查研究，听取各方面的意见。11月，市一届人大常委会会议对市教委主任和市公安局局长的工作进行评议。人大代表对市教委领导班子不和谐、机关财务管理不严格、中小学校乱收费和市公安局缴赃放人、以罚代刑、违法违规收费等问题提出批评。在市人大常委会的督促下，被评单位认真进行整改。市教委领导开展交心谈心活动，开展批评与自我批评，增强了领导班子的团结，科室预算外资金全部纳入机关财务统一管理。同时，市教委会同有关部门组织对11个县（市、区）的460所学校进行收费检查，查出并清退学校违规收费159万余元。市公安局加强干警教育，严肃查处3起违法违规办案行为。

1998年9—12月，市一届人大常委会就人民群众反映强烈的中小学校、卫生医疗部门、工商管理部门乱收费、乱罚款问题，组织人大代表开展调查和评议。评议会上，代表们提出102条意见，市人大常委会交市人民政府办理。市人民政府取消相关收费项目38项。年底全市清理中小学违规收费1142.9万元，其中退还学生883.5万元，上缴财政105.7万元。

2001年7月，市二届人大常委会组织人大代表评议市中级人民法院的工作，将代表们提出的20条意见交市中级人民法院办理。市中级人民法院逐一整改，使渎职人员受到党纪、政纪处分，有的被移送检察机关查处。

2002年2月，市二届人大常委会第十四次会议决定对市劳动和社会保障局、市计划生育委员会、市物价局、市规划局主要负责人进行述职评议，推进对国家机关工作的监督。市人大常委会向社会公布评议工作办公室举报电话，向各级人大代表及市直单位发出征求对被评对象意见函600份，组织5个调查组到被评对象所在部门和11个县（市、区）调查，收集各方面建议、意见106条，形成评议材料8份。7月，市人大常委会第十八次会议对上述4个部门的主要负责人进行“面对面”述职评议和无记名测评。年底，市人大常委会对四个部门工作整改情况进行检查，整改和基本整改到位的92条，其余14条意见，待条件成熟再行整改。

2003年3月，市二届人大常委会安排市政府2名副市长、10个部门的主要负责人和市人民检察院2名副检察长述职评议。5—7月，市人大常委会和县（市、区）人大常委会组织21个小组，对评议对象履职情况进行考查。7月，市二届人大常委会召开第二十六次会议，并邀请10位公民参加旁听，对10个部门主要负责人进行大会述职评议和无记名测评。9月，市二届人大常委会召开第二十七次会议，并邀请11位公民参加旁听，对2名副市长和市人民检察院2名副检察长进行大会述职评议和无计名测评。

2004年10月，市二届人大常委会第三十六次会议对市政府3名副市长和市科技局、监察局、司法局、财政局、林业局局长，以及市中级人民法院2名副院长、市人民检察院2名副检察长进行书面述职评议和无记名测评。是年12月，市二届人大常委会第三十七次会议，对市人民政府市长、市中级人民法院院长和市人民检察院检察长的书面述职报告进行评议，并于市二届人大常委会第三十九次会议专门听取上述述职人员工作整改情况汇报。

1995年5月—2006年12月，市一届、二届人大常委会开展市“一府两院”工作评议5次，提出建议、批评和意见358条，经主任会议研究交办156条；开展“一府两院”及其部门主要负责人述职评议52人次，其中地厅级领导7人次、处级领导45人次，共提出建议、批评和意见550多条。

第四节　议案督办

1989年至1995年5月，第七、八届全国人大常委会交郴州地区人大联工委办理的建议、批评和意见115件；驻郴全国、省人大代表视察郴州工作时提出建议、批评和意见346件。地区人大联工委均一一进行督办。1990年，在督办省七届人大交办的驻郴县省人大代表《关于恢复解决我县四个国营农场职工家属城镇户口和吃商品粮的意见》时，省人大代表对郴县公安、粮食部门的答复不满意。地区人大联工委又与地区公安、粮食部门联系督办。地区公安、粮食部门进一步调查后，将调查情况和不宜恢复解决的依据再次向省人大代表作答复，取得了代表的理解和支持。1991年，省七届人大代表杨香海等4人提出“请省人民政府对永兴县马田镇自来水工程给予支持”的建议。地区人大联工委负责人会同行署和地区建委负责人到马田镇现场办公，协助永兴县人民政府做好取水方案论证、资金筹集、工程设计等工作，并建议省直有关部门将这座日供水7000吨的水厂建设项目列入1992年建制镇水厂建设计划，并给予资金支助。这一建议得到省直有关部门支持，水厂于1992年动工，一年后竣工营运，使马田镇3万多居民喝上了清洁的自来水。

1995年5月—2000年5月，市一届人大一至五次会议，共收到代表议案51件，经审议立案8件，收到建议、批评和意见706件，市人大常委会对这些议案和建议、批评、意见一一进行督办。1996年4月，市一届人大常委会将《关于加大对农业产业化投入的议案》交市人民政府办理，市人民政府立即组织调查研究，制定出台关于推进农业产业化投入的计划和措施。1998 年 8 月，市一届人大常委会在督办《关于彻底整治杨家河污染的议案》和《关于治理黄岑水库污染保护宜章 10 万群众身体健康的议案》中，会同市人民政府及有关部门和单位负责人，实地查看杨家河和黄岑水库污染情况，共同商讨整治方案。12 月，又组织驻郴全国、省人大代表和市人大代表，市政府及有关县（区）负责人共 75 人，实地视察这两个议案的办理情况，督促有关部门加大整治力度，加快排污治理进度。

2000 年 5 月—2006 年 12 月，市二届人大一至七次会议，共收到代表议案 158 件，经审议立案 11 件，收到建议、批评和意见 1324 件。对这些议案和建议一一进行督办。2000 年，在督办《关于加强环境治理的议案》中，二届人大环资委进行项目跟踪督办，使省、市监控的 24 家重点排污工业企业在年内实现排污达标。2002 年，在督办《关于加强动物防疫工作确保畜禽产品质量安全的议案》中，市人大常委会实行全程跟踪督办，使市人民政府建立动物防疫责任制，加大防疫经费投入，完善防疫组织体系。2005 年，市二届人大常委会主任刘湘娥在督办《关于尽快建设好义帝陵并对外开放的议案》《关于开发振兴郴州市下湄桥老工业区的议案》《关于尽快解决临武三十六湾采选矿严重污染湘江二级支流陶家河问题的议案》《关于办好广场文化活动的建议》中，带领有关人员深入现场了解情况，检查进度，并及时向市委作专题汇报。年底，义帝陵主体工程竣工，下湄桥老工业区改造规划付诸实施，三十六湾采选矿染污整治工程部分完成，郴州城区广场文化活动日益活跃，五岭广场被评为全省先进文化活动广场，成果进一步巩固。

在此期间，地区人大联工委和两届市人大常委会主要采取代表视察、电话催办、现场督察、代表与整改单位面商等形式，督办人大代表议案及建议。行署和市人民政府及有关部门将人大议案办理工作纳入单位工作目标管理内容，19 件议案件件得到落实，办复率 100%；督办的 2681 件建议、批评和意见，得到解决或基本解决的 2105 件，因现行政策不允许或暂时难以解决的 576 件。

第五节　代表视察与调研

一、代表视察

1990 年 2 月，郴州地区人大联工委组织驻郴全国、省人大代表视察东江供水工程，工程主管部门反映尚缺建设资金 879.54 万元。省人大代表在省七届人大三次会议期间提出关于请求省人民政府资助东江供水工程建设的建议，引起省人民政府高度重视，遂与省建行协商，解决贷款 550 万元。1993 年，地区人大联工委组织驻郴全国、省人大代表和部分县（市）人大代表，深入郴州“老、少、边、穷”地区视察，就改变这些地区的贫困状况提出 13 条建议。地委、行署根据代表建议联合发出通知，要求各级党委、政府加大“老、少、边、穷”地区开发扶贫力度。年内，全区组织地直党政机关干部职工向贫困地区捐款 93.5 万元，衣物 43027 件。地直 47 个机关单位对 90 个贫困乡镇开展对口扶贫工作。汝城、桂东、资兴、宜章等县（市）政府制订帮扶 90 个贫困乡镇 1093 个贫困村的脱贫规划。1994 年，地区人大联工委组织驻郴全国、省人大代表对东江水库库区、欧阳海灌区移民生产、生活情况进行专题视察，撰写专题视察报告，向地委、行署提出 46 条建议和意见。同时向全国人大常委会和省人大常委会报告，争取国家移民补助资金 1.28 亿元，用于改善库区、灌区移民的生产、生活条件。1989 年 10 月—1995 年 5 月，地区人大联工委组织驻郴全国、省人大代表开展视察活动

5次，提出建议9件，件件得到落实。

1995年5月，市人大常委会成立后，人大代表视察活动更为频繁。1996年12月，市一届人大常委会和县市区人大常委会组织全市人大代表225人，分组深入城乡基层就物价、医疗费用、社会治安、企业下岗职工生活状况、抗灾救灾等9个方面进行视察，撰写9个视察专题报告，提出多项建议和意见，交市人民政府研究办理。1998年下半年，市人大常委会和县市区人大常委会组织人大代表533人，分成14个组，采取综合视察与专题视察、集中视察与分散视察相结合的方式，对全市经济社会发展计划实施、财政预算执行、"两院"执法、重点项目建设、冬修水利、抗旱救灾物资管理使用等10个方面的情况进行视察，提出100多条建议和意见，督促市政府和有关部门及时研究制定整改措施，落实整改方案。

2000年11—12月，市二届人大常委会组织驻郴全国、省人大代表和市人大代表，视察郴州"四河两库"（郴江河、东河、西河、杨家河，黄岑水库、东江水库）的污染综合治理进展情况。2001年，在省九届人大四次会议期间，驻郴45名省人大代表联名向大会提交《关于制定湖南省东江湖水环境保护条例的议案》，经大会审议列入省人大立法计划。随后，市人大常委会、市人民政府联合成立"东江湖立法协调小组"，开展立法调研，起草《湖南省东江湖水环境保护条例（草案）》，提交省人大常委会。2001年11月30日，湖南省第九届人民代表大会常务委员会第26次会议通过，自2002年3月1日起施行。

2003年6月，市二届人大常委会组织市人大代表对全市教育工作进行视察。8月，市党政联席会议听取视察情况汇报，随后制定和部署整改方案，着重解决规范教育收费问题。宜章县人民政府决定从当年9月1日起，不再收取中小学学杂费，纠正县教育局、乡镇学区提取学杂费用于办公经费的做法；全县教职工生活补贴、误餐补贴全部纳入县财政预算。永兴县人民政府自查自纠，将2002年违规收取的122.4万元政府统筹基金全部返还永兴县一中，用于学校改善办学条件。

2005年12月，市人大常委会组织驻郴全国、省人大代表和市人大代表，集中视察郴州市2005年经济社会发展计划执行情况和市人民政府为民办"八件实事"的实施情况，提出42条建议。各县（市、区）人大常委会受市人大常委会委托，也在域内组织人大代表集中视察为民办实事的落实情况。

市一届、二届人大常委会先后组织驻郴全国、省人大代表和市人大代表采取听汇报、开座谈会、列席会议、查阅资料、走访调查、实地考察等形式，开展视察活动18次，提出建议、意见485条。

二、代表调研

1991年2月，地区人大联工委组织驻郴全国、省人大代表深入农村，开展"减轻农民负担，维护农民合法权益"专题调研，与地区减轻农民负担办公室一道，将调查报告和8个反映加重农民负担情况的典型材料送地委、行署。行署据此组织整改，撤销由农民负担的农村治安队50个，清退向农民乱收费131.56万元，清退乡镇临时雇用人员651人，督促农村信用社退还多收利息23.62万元，以及责成林业部门减少种苗销售环节违规收费308.5万元。是年，全区累计减轻农民不合理负担1958万多元。

1998年4—6月，市一届人大常委会组织人大代表和有关人员，就乡镇财政资金管理、农村合作基金管理、住房公积金管理进行调研，撰写调研报告15篇，向市人民政府提出建议和意见40多条。

2003年初，市二届人大常委会组织人大代表对全市经营性用地、石墨资源保护进行专题调研。

提出加大土地收购储备、规范土地交易行为、做好土地入市前期工作等建议。针对石墨开采和销售中存在的问题，撰写《关于请求立法保护微晶石墨资源的报告》，促成省人大常委会法工委多次到郴州调研，于2004年拟定《湖南省石墨管理条例（草案）》，准备提交省人大审议。

2005年7月，市二届人大常委会组织驻郴全国人大代表，专题调查宜章县梅田、坪石煤矿区地面沉陷的情况，将矿区地面沉陷的原因、治理目标和存在困难向全国人大常委会报告。全国人大常委会将报告批转国家发改委，促使国家发改委将梅田、坪石两矿区地面沉陷治理纳入国家计划，下拨治理资金1.3亿元。

1989—2006年，郴州地区人大联工委和市一、二届人大常委会组织人大代表集中调研35次，提出建议638条。人大代表调研的主要内容是郴州市国民经济和社会发展计划执行、财政预算执行、湘南农业开发、扶贫开发、东江库区移民生产生活、国有企业改革、减轻农民负担、新农村建设、矿产资源保护、农产品质量安全、土地管理、法律法规执行等20多个方面的情况。

第六节 国家机关工作人员选举与任免

一、市级国家机关工作人员选举、任免

（一）国家机关工作人员选举

1995年5月—2000年5月，市一届人大召开5次代表大会，先后选举产生市人大常委会组成人员35名（主任1名，副主任10名，秘书长1名，委员23名），决定专门委员会主任委员6名、副主任委员7名、委员10名；选举市长1名、副市长6名；选举市中级人民法院院长2名，市人民检察院检察长1名。2000年5月—2006年12月，市二届人大召开7次代表会议，选举产生市人大常委会组成人员52名（主任2名、副主任14名、秘书长1名、委员35名），决定专门委员会主任委员10名、副主任委员7名、委员15名；选举市长2名、副市长6名，市中级人民法院院长1名，市人民检察院检察长2名。

（二）国家机关工作人员任免

1999年8月6日，市一届人大常委会第28次会议审议通过《郴州市人民代表大会常务委员会人事任免办法》；2003年11月7日，市二届人大常委会第28次会议审议通过《郴州市人民代表大会人事任免办法修正案》。市人大常委会在行使人事任免权过程中，坚持党管干部原则和民主集中制原则，严格依法办事，坚持任前考核、法律知识考试、公示、集体审议、投票表决等程序。

1995年5月—2000年5月，市一届人大常委会依法任免国家机关工作人员375人次。其中，任免市人大各专门委员会和常委会工作（办事）机构负责人15人次；任免市人民政府领导成员9人次、市政府组成单位负责人57人次，任免市中级人民法院工作人员158人次、市人民检察院工作人员90人次；批准县（市、区）人民检察院检察长任职19人次，批准县（市、区）人民检察院检察长辞职27人次。依法罢免驻郴省八届人大代表职务1人，依法罢免市一届人大常委会委员职务1人，同意由原选举单位罢免市一届人大代表2人；许可检察机关依法对市人大代表采取强制措施3人，撤销市人民检察院反贪局局长职务1人。

2000年5月—2006年12月，市二届人大常委会任免国家机关工作人员445人次。其中，任免

市人大专门委员会和常委会工作（办事）机构负责人31人次，任免市人民政府领导成员5人次、市政府组成单位负责人97人次，任免市中级人民法院工作人员157人次、市人民检察院工作人员124人次。批准县（市、区）人民检察院检察长任职17人次，批准县（市、区）人民检察院检察长辞职14人次。依法罢免驻郴省十届人大代表职务2人，同意由原选举单位罢免市二届人大代表职务6人；许可省人民检察院对市二届人大代表依法采取强制措施4人，许可市人民检察院对市二届人大代表采取强制措施2人。

1995年5月—2006年12月，郴州市一、二届人大常委会建议提请单位撤回提请或暂缓任命11人，调整拟任职务5人，未通过任命4人。

二、县（市、区）国家机关工作人员选举、任免

（一）国家机关工作人员选举

1990年1—3月，郴州地区11个县（市）人民代表大会换届，选举产生县（市）人大常委会正、副主任68名，委员111名；正、副县（市）长67名；县（市）人民法院院长、人民检察院检察长各11名。本届选举产生的268名县级人大、政府和"两院"负责人中，中共党组织推荐的260名，占97.01%；代表依法联合提名的8人，占2.99%，其中县（市）人大常委会副主任2名、委员1名、正、副县长3名、县人民法院院长1名、县人民检察院检察长1名。

1992年12月—1993年1月，11个县（市）人民代表大会换届，选举产生县（市）人大常委会正、副主任68名，委员114名；正、副县（市）长64名；县（市）人民法院院长、人民检察院检察长各11人。当选的268名县级人大、政府和"两院"负责人全部为中共党组织推荐人选。

1997年12月—1998年2月，11个县（市、区）人民代表大会换届，选举产生县（市、区）人大常委会正、副主任75名，委员118名；正、副县（市、区）长75名；县（市、区）人民法院院长、人民检察院检察长各11名。当选的290名县级人大、政府和"两院"负责人中，中共党组织推荐的286名，占98.62%；代表依法联合提名的4名，占1.38%，其中县人大常委会正、副主任3名，县人民检察院检察长1名。

2002年12月—2003年2月，11个县（市、区）人民代表大会换届，选举产生县（市、区）人大常委会正、副主任74名，委员123名；正、副县（市、区）长84名；县（市、区）人民法院院长、人民检察院检察长各11名。当选的303名县级人大、政府和"两院"负责人，全部为中共党组织推荐的人选。

（二）国家机关工作人员任免

各县（市、区）人大常委会按照《宪法》《组织法》和市人大常委会制定的《人事任免办法》，对拟任人员进行任前考核、法律知识考试、公示、从政发言、常委会审议、投票表决，然后颁发任命书。1989—2005年，11个县（市、区）人大常委会共任免国家机关工作人员9667人次，其中任命6694人次，免职2973人次。在任命人员中，人大专门委员会（含常委会办公室）负责人688人次、政府负责人326人次、政府组成单位负责人2278人次，法院工作人员2296人次、检察院工作人员1106人次。在免职人员中，人大专门委员会（含常委会办公室）负责人388人次、政府负责人189人次、政府组成单位负责人830人次、法院工作人员1085人次、检察院工作人员481人次。11个县（市、区）人大及其常委会接受辞职396人，其中县（市、区）人大常委会负责人78人、政府负责人232人、法院院长45人、检察院检察长（经郴州市人大常委会批准）41人。县（市、区）

人大常委会通过审议，建议收回任命提请报告或暂缓任命41人，建议更换拟任人选7人，未通过任命审议表决11人。

三、乡镇国家机关工作人员选举、任免

1990年1—3月，郴州地区各乡镇人民代表大会换届，选举产生乡镇人大主席团成员1735名，正、副乡镇长858名。其中，由10名以上代表联名提名当选正、副乡镇长8名。

1992年12月—1993年1月，全地区各乡镇人民代表大会换届，选举产生乡镇人大主席团成员1723名，正、副乡镇长926名。其中，中共党组织推荐当选的正、副乡镇长902名，占97.41%，代表联名提名列为候选人当选的10名，占1.08%，非候选人当选的14名，占1.51%。

1995年12月—1996年1月，全市各乡镇人民代表大会换届，选举产生乡镇人大主席团正、副主席466名，正、副乡镇长1010名。新当选的正、副主席中，平均年龄38.5岁，比上届下降6.5岁，具有中专以上文化的315人，占67.60%。新当选的正、副乡镇长中，35岁以下的709人，占70.20%，具有大专以上文化的426人，占42.18%。当选的乡镇人大主席团正、副主席和正副乡镇长，中共党组织推荐当选的占92%，代表联名提名当选的占7.8%，非候选人当选的占0.2%。妇女干部115名，占7.80%，非中共党员干部212名，占14.36%，少数民族干部33名，占2.24%。

1998年12月—1999年1月，全市各乡镇人民代表大会换届，选举产生乡镇人大主席团正、副主席481名，正、副乡镇长1134名。新当选的250名乡镇人大主席团主席中，35岁以下的78名，占31.20%，具有大专以上文化的139名，占55.60%；新当选的250名乡镇长中，35岁以下的156名，占62.40%，具有大专以上文化的199名，占79.60%；有少数民族乡镇长14名，占5.60%。在1615名乡镇人大、政府领导成员中，有非中共党员209名，妇女干部186名。中共党组织推荐当选的占95.2%，代表联名提名当选的占4.5%，非候选人当选的占0.3%。

2001年12月—2002年1月，全市各乡镇人民代表大会换届，选举产生乡镇人大主席团正、副主席480名，正、副乡镇长978名。新当选的251名乡镇人大主席中，具有大专以上文化的由上届的55.60%上升至76.1%；新当选的251名乡镇长中，具有大专以上文化的由上届的79.60%上升至90.40%；乡镇长中41岁以下的243名，占96.81%，少数民族乡镇长14名，占5.58%。新当选的1458名乡镇人大、政府领导成员中，中共党组织推荐当选的1404名，占96.3%；代表联名提名当选的46名，占3.16%；非候选人当选的8名，占0.55%。

1989—2005年，各县（市、区）人大常委会配合党委组织部门，先后查处乡镇人大选举违法案12件，撤销7起10人当选资格，督促乡镇召开人民代表大会重新选举5人。

第七节 联系代表和指导县（市、区）人大工作

一、联系代表

（一）联系代表方式

1989—2006年，驻郴七届至十届全国人大代表，每届成立1个代表小组；驻郴的第七届至第

十届省人大代表，每届成立郴州市（地区）省人大代表联组，按县（市、区）成立11个代表小组。1995至2006年，市一届、二届人大代表按选举单位建立12个代表小组，其中按县（市、区）成立11个代表小组，驻郴中国人民解放军和武警部队成立1个代表小组。各代表小组推选正、副组长1～3人。地区人大联工委、市人大常委会每年组织、指导代表小组开展各项活动。

驻郴全国人大代表小组一般由省人大常委会或委托地区人大联工委、市人大常委会联系和组织开展代表活动；驻郴的省人大代表一般由地区人大联工委、市人大常委会联系和组织开展活动。根据工作需要，地区人大联工委、市人大常委会委托各县（市、区）人大常委会，联系和组织在其行政区域内的省、市人大代表开展活动。各乡镇区域内的全国、省、市、县、乡镇人大代表组成代表联组，由乡镇人大主席团联系和组织开展活动。每年初，各代表联组和代表小组制订学习和工作计划，每季度至少组织集中学习或开展一次活动，每年进行代表履行职责情况考核。

（二）联系代表制度

地区人大联工委、市人大常委会先后制定联系人大代表和组织人大代表开展活动的制度和办法。其领导成员每年联系或走访驻郴全国、省人大代表和市人大代表1~2次；地区人大联工委、市人大常委会各工作（办事）机构、市人大各专门委员会按照各自工作职责，经常联系和走访代表。1994年7月，中共郴州地委批转地区人大联工委党组《关于切实保障人民代表合法权益的报告》，要求各级人大机关加强同人民代表的联系，各级党委和政府切实保障人民代表的合法权益，为人民代表履行职责提供良好条件。1995年5月，市一届人大常委会建立邀请人大代表列席常委会会议制度，并督促市"一府两院"建立联系人大代表的制度。2000年6月，市二届人大常委会出台《郴州市人民代表大会常务委员会关于人民代表列席常委会会议暂行办法》。1995—2006年，市一届、二届人大常委会先后邀请驻郴全国人大代表25人次、省人大代表138人次列席市人大会议，邀请驻郴全国、省人大代表和市人大代表153人次列席市人大常委会会议。此外，市人大常委会还建立了常委会组成人员参加代表小组活动、向代表发电子邮件、寄送资料和接待处理代表来信来访等制度，联系人大代表工作逐步走向经常化、制度化、规范化。

（三）组织代表活动

除组织人大代表视察调研以外，还组织代表开展培训代表、交流工作经验、表彰先进代表等活动，先后组织培训驻郴省七届、八届人大代表68人次，连续5年在人大代表中开展"人民选我当代表，我当代表为人民"的争先创优和经验交流活动。1991年，地区人大联工委总结推广驻郴省六届、七届人大代表安仁县禾市乡石玉村党支部书记欧阳志忠带领群众共同致富的经验，大力宣传他无私奉献、长期带病工作、一心一意为人民造福的优秀事迹。中共郴州地委、行署作出《关于开展向人民的好代表焦裕禄式干部欧阳志忠学习的决定》，并授予他"人民的好代表""焦裕禄式干部"的称号。1992年4月18日，地委、人大联工委召开表彰大会，总结交流当好人大代表的工作经验，表彰21名驻郴省七届人大代表。

1995年5月—2006年12月，市一届、二届人大常委会先后组织培训驻郴省八届至十届人大代表153人次，培训市一届、二届人大代表198人次，召开代表工作座谈会、工作经验现场交流会10次，先后有33个代表小组、9名全国人大代表、21名省人大代表、128名市人大代表分别在座谈会、经验交流会上介绍（或书面介绍）自己认真履行代表职务的作法与经验。先后评选表彰资兴市、北湖区、苏仙区、桂阳县等先进市人大代表小组和王小平等127名人大代表活动积极分子。2001年，市人大常委会向省人大常委会推荐何志高为"省九届人大代表活动积极分子"，受到省人大常委会表彰。市一届、二届人大常委会组织撰写49名优秀人大代表的事迹，其中14名省人大代表的优秀事迹材料，被省人大常委会分别收录于《代表颂》《代表风采》两书，向全省推介。

此间，地区人大联工委和市一届、二届人大常委会，先后主办《郴州人大工作》《人大工作动态》《郴州人大》《郴州人大工作通讯》等刊物和简报，为代表建言献策、交流工作经验提供园地，推进人大工作。

二、指导县（市、区）人大工作

地区人大联工委、市人大常委会每年将市委（地委）批转的市（地区）人大工作年度计划要点，下发到11个县（市、区）人大常委会；至2005年，先后16次将地区人大联工委、市人大常委会党组关于加强人大工作、推进民主法制建设和搞好县乡人大换届选举工作的意见或方案，下发县（市、区）委，指导和推动县、乡（镇）人大工作；召开4次全市（地区）人大工作会议，交流人大工作经验，研究讨论社会主义市场经济条件下加强党对人大工作领导、加强地方人大工作等重大问题；召开全市（地区）乡镇人大工作经验交流会或座谈会9次，印发介绍工作经验材料150多份。

地区人大联工委、市人大常委会在市委（地委）的领导和统一部署下，按照《组织法》《选举法》《代表法》等法律法规的要求，精心组织和指导县、乡两级人大换届选举，抓好换届选举前人大干部的学习和培训，共组织培训县、乡两级人大干部997人次。县（市、区）和乡（镇）召开人代会期间，地区人大联工委、市人大常委会正、副主任均分别到各县（市、区）、乡镇进行工作指导。

郴州市一、二届人大常委会各专门委员会与县（市、区）人大对口工作委员会注重联合组织调查研究，开展经验交流活动。市人大内务司法委员会与县（市、区）人大对口工作委员会召开工作经验交流会、座谈会9次，组织外出学习培训考察12次；市人大财政经济委员会就全市预算外资金管理、屠宰税的征管和使用、住房公积金管理等工作组织县（市、区）人大对口工作委员进行专项调查16次，撰写调查报告16篇，提出建议64条，印发视察通报8份；市人大教育科学文化卫生委员会召开县（市、区）人大教科文卫委工作经验交流会、座谈会11次，培训县（市、区）人大教科文卫委干部40人，组织外出学习考察45人次，总结推介典型经验材料13份；市人大农业与农村委员会会同县（市、区）人大对口工作委员会为省人大制定《湖南省种子管理条例》《湖南省农业投资条例》等15部地方法规进行立法调研，提出86条修改意见；市人大城乡建设环境保护委员会联合县（市、区）人大对口工作委员会开展全市城乡建设环境保护情况调查11次，撰写调查报告9篇、议案8件，督办议案8件，督办建议27件。

第五篇

人民政府

郴州市志（1989-2005）

1989年至1995年4月，郴州地区行政管理机构设郴州地区行政公署，系湖南省人民政府派出机构。在这一时期，中共郴州地委、郴州地区行政公署抓住创办改革开放过渡试验区这一历史性机遇，做出打开“南大门”，对接广东扩大开放的决策。1992年2月，郴州行署召开专员现场办公会议，专题研究招商引资、发展郴州外向型经济工作。1994年9月行署专员办公会就改进行署政务工作适应对外开放进行专题研究和决策。此间，郴州行署积极引导摆脱计划经济体制的羁绊，放活物价和商贸流通市场，推进经济所有制结构、生产经营及社会事业体制机制改革；着力组织实施农业综合开发、扶贫开发、发展地方工业、科教兴业等重大工作部署，推动全区经济社会加速发展。迄1994年，全区年生产总值达95.26亿元，为1988年35.42亿元的2.7倍；多项经济指标年增长幅度高于全省平均水平。农业商品基地初具规模，地方优势工业迅速崛起，初步形成冶金、电力、煤炭、建材、化工、食品、烟草等十大地方支柱产业。全区社会事业进步加快，人民生活水平显著提高。

1995年5月，郴州撤地建市实现历史性转变。中共郴州市委、郴州市人民政府高起点谋划郴州市经济社会发展规划。郴州建设和发展跨入新的阶段。

在“九五”期间（1996—2000年），市委、市政府制定出台一系列“开放兴郴”的政策措施，确立“重农富农、兴工强市、科教兴市”战略，坚持“农业调优、工业调强、三产调高”经济发展路子。此间，市政府突出引导转变传统粗放式经济增长方式，相继组织实施“新型工业建设”“一优两高农业开发”“农业产业化建设”“高新技术产业建设年”等一系列重点战略工程，聚力提升经济发展质量和效益。并出台一系列鼓励发展外向型经济的政策措施。同时力推政企分开、政事分开，推行政务公开和行政审批制度改革，进一步简政放权、依法行政。在此5年间，全市综合经济实力明显增强，社会事业加快发展。到2000年，全市生产总值231.55亿元，为1995年的1.95倍；财政总收入达16.82亿元为1995年的1.74倍。科技事业取得县级以上各类科技成果275项，教育工作提前两年实现国家“双基”目标。城乡人民生活水平进一步提高。

在“十五”时期（2001—2005年），郴州市政府强力组织实施“开放带动、科教兴郴、可持续发展”三大主体战略。在这一时期，突出改善经济发展结构、模式，加快发展集约型、效益性经济。先后制定出台加快新型工业化、农业产业化和城镇化建设的一系列政策措施，倾力引导产业结构调整，做大做强优势产业，改革国有企业产权制度，推行土地流转聚集经营，组织招商引资、引智引技扩大对外开放。与时同时，切实改进政府工作，加力推行行政执法责任制、减少行政审批事项；设立市长公开电话接受社会对政府工作的监督，建立市政府政务中心实行政务“一站式”服务，并组织开展“依法行政年”活动等。全市经济社会实现持续、稳健发展。2005年，生产总值达475.81亿元，为1989年的12.3倍；财政总收入达43.12亿元为1989年的13.5倍；全市粮食产量创新高达201.19万吨。全市城镇居民人均可支配收入和农民人均纯收入分别为1989年的7.0倍和6.6倍。其间，全市共取得县级以上科技成果310多项；“以县为主”的义务教育管理体制得到落实，全市适龄儿童入学率达到100%，成功创办湘南学院和郴州高等职业技术学院。卫生、文化、体育、社会保障事业蓬勃发展。郴州日渐呈现经济繁荣、社会进步、政治稳定、人民安居乐业的新局面。

第一章 政府机构

第一节 政府领导机构

一、郴州地区行政公署

中华人民共和国成立后，郴州地区历设“郴县专员公署”“郴州专员公署”“郴州地区革命委员会”。1979 年 3 月 24 日，郴州地区行政公署（简称郴州行署）成立。1989 年，郴州行署行政机关设郴州市人民东路行署院内。行署行政领导称专员，时任专员为周时昌，常务副专员丁连方，副专员刘学文、赵毅拯、龙定鼎、彭铁干、陈叔红、杨重喜。

郴州行署辖县级郴州市（北湖区）、郴县（苏仙区）、桂阳、嘉禾、临武、宜章、汝城、桂东、永兴、安仁和资兴市（省辖县级市，委托代管）11 个县市。1989 年，行署下设行署办公室、计划委员会、经济委员会、经济体制改革委员会和财政局、人事局等 51 个工作部门。之后，郴州行署进行机构改革工作，到 1994 年年底，行署工作机构精简为 36 个。

郴州行署为省人民政府派出机构，实际行使一级地方政府工作职权。行署定期和不定期地召开行署常务会议、专员办公会议，议定政务工作，决定全区经济社会发展重大事项。

1989—1995 年郴州地区行政公署领导名录

表 5-1-1-1

姓名	职务	籍贯	文化程度	任职时间	备注
周时昌	专员	福建同安	大学	1985.04—1990.06	
赵毅拯	专员	浙江缙云	大学	1990.06—1993.03	1984.06—1990.06 任副专员
唐见奎	专员	湖南祁东	大学	1993.03—1994.09	
龙定鼎	专员	湖南东安	研究生	1994.10—1995.05	1990.08—1994.09 任副专员
丁连方	常务副专员	湖南醴陵	初中	1988.09—1989.10	
刘学文	常务副专员	湖南浏阳	大学	1989.10—1993.06	
黄孝健	常务副专员	湖南永兴	大专	1995.01—1995.05	
彭铁干	副专员	湖南汨罗	大专	1985.03—1989.03	
陈叔红	副专员	湖南湘潭	研究生	1987.03—1989.09	
杨重喜	副专员	广东普宁	大学	1989.10—1990.08	

续表 5-1-1-1

姓 名	职 务	籍 贯	文化程度	任职时间	备注
吴开达	副专员	湖南宜章	高中	1990.03—1994.11	
曹德华	副专员	湖南永兴	大专	1990.08—1995.01	
李刚铤	副专员	湖南嘉禾	大学	1990.08—1992.06	
白辉全	副专员	四川蓬溪	大学	1992.02—1995.05	
钟亦京	副专员	湖南汝城	大专	1992.07—1995.05	
瞿龙彬	副专员	湖南醴陵	大学	1994.04—1995.05	
蒋桃生	副专员	湖南耒阳	大学	1994.09—1995.05	
刘佳义	副专员	湖南桃源	研究生	1995.01—1995.05	

二、郴州市人民政府

（一）郴州市第一届人民政府

1994年12月17日，国务院下函批准撤销郴州地区，建立地级郴州市，撤销县级郴州市和郴县，分别设立郴州市北湖区和郴州市苏仙区。1995年1月5日，成立“设立地级郴州市筹备工作委员会”，由行署专员龙定鼎任筹委会主任，全面开展撤地建市工作。5月18—21日，郴州市第一届人民代表大会第一次会议召开。大会选举龙定鼎为郴州市第一届人民政府市长，黄孝健、宋甲武、刘佳义、瞿龙彬、蒋桃生、朱梅生为副市长。

同年5月22日，郴州市人民政府正式挂牌办公，办公地点设原行署大院。郴州市人民政府辖北湖区、苏仙区及桂阳、嘉禾、临武、宜章、汝城、桂东、永兴、安仁10个县、区，代管省辖县级市资兴市。1995年5月29日，郴州市人民政府办公室印发《关于原行署机关、事业单位改冠名称的通知》，明确政府机构序列：市政府组成机构24个，市政府工作机构13个，委办局归口管理机构5个，议事协调机构常设办事机构2个，改为事业单位仍赋予行政职能机构5个，归并或转体后保留牌子机构4个。

（二）郴州市第二届人民政府

2000年5月18—22日，郴州市第二届人民代表大会第一次会议召开。大会选举周政坤为郴州市第二届人民政府市长，宋甲武、刘正华、刘清江、雷渊利、王贤国、潘碧灵为副市长。新一届市人民政府辖区不变。新一届市人民政府成立后，根据湖南省人民政府的统一部署，坚持“精简、统一、效能”的原则，开展市直机关机构改革，进行政府机关“三定”（定职能、定机构、定编制）工作。2001年8月28日，中共郴州市委、郴州市人民政府印发《关于中共郴州市委、郴州市人民政府机构设置的通知》，明确市人民政府设工作部门31个、政府部门管理机构1个、议事协调机构常设办事机构1个。2005年，市政府机构经改革、调整，设市政府工作部门32个，市人民政府直属特设机构1个，市人民政府部门管理机构2个。

郴州市人民政府议事决策机制方式，主要有市政府常务会议、市长办公会议、市政府全体会议，以讨论、审定重大政务工作，议定全市经济社会发展重大工作决策。

郴州市人民政府第一届（1995.05—2000.05）市长、副市长名录

表 5-1-1-2

姓　名	职　务	籍　贯	文化程度	任职时间	备注
龙定鼎	市　长	湖南东安	研究生	1995.05—2000.05	
黄孝健	副市长	湖南永兴	大专	1995.05—1999.02	常务副市长
宋甲武	副市长	湖南永州	大学	1995.05—2000.05	1999 年 2 月后任常务副市长
刘佳义	副市长	湖南桃源	研究生	1995.05—1996.05	
瞿龙彬	副市长	湖南醴陵	大学	1995.05—2000.05	
蒋桃生	副市长	湖南耒阳	大学	1995.05—1997.04	
朱梅生	副市长	湖南汝城	大学	1995.05—1997.01	
曹行达	副市长	湖南苏仙	大专	1996.01—2000.01	
刘正华	副市长	湖南益阳	大学	1997.01—2003.05	
周建国	副市长	湖南祁东	大学	1997.04—2000.05	
李新泉	副市长	湖南耒阳	研究生	1997.04—2000.04	
李日顺	副市长	湖南嘉禾	大专	1999.07—2000.04	

郴州市人民政府第二届（2000.05—2006.12）市长、副市长名录

表 5-1-1-3

姓　名	职　务	籍　贯	文化程度	任职时间	备注
周政坤	市　长	湖南沅江	大学	2000.05—2004.03	
戴道晋	市　长	湖南汉寿	研究生	2004.03—2006.12	2002.06—2004.03 任常务副市长
宋甲武	副市长	湖南永州	大学	2000.05—2002.06	常务副市长
刘正华	副市长	湖南益阳	大学	2000.05—2003.05	
刘清江	副市长	河南泌阳	大学	2000.05—2002.04	
雷渊利	副市长	湖南嘉禾	大学	2000.05—2006.04	（届中撤职）
王贤国	副市长	湖南嘉禾	大学	2000.05—	
潘碧灵	副市长	湖南石门	研究生	2000.05—	
易佩康	副市长	湖南衡阳	大学	2000.09—	2004.06—2006.10 任常务副市长
毕　华	副市长	湖南株洲	大学	2002.04—	
陈海平	副市长	湖南宜章	大学	2005.06—	
陈　敏	副市长	湖南汉寿	研究生	2006.04—	

1989—2005 年郴州市人民政府（行署办）秘书长（主任）名录

表 5-1-1-4

单位名称	姓 名	职 务	任职时间
郴州行署办公室	宋甲武	主 任	1985.12—1990.08
郴州行署办公室	黎承文	主 任	1990.08—1994.10
郴州行署（市政府）	唐振华	行署办主任 市政府秘书长	1994.10—1995.05 1995.05—2000.07
郴州市人民政府	许立程	秘书长	2000.07—2004.12
郴州市人民政府	袁佳游	秘书长	2004.12—

说明：其间地区行署未设秘书长，地改市后政府办主任由秘书长兼任

第二节 政府工作部门

一、行署工作部门

1989 年，郴州地区行政公署设工作部门 51 个：行署办公室、计划委员会、经济委员会、经济体制改革委员会、经济技术协作办公室、科学技术委员会、财政局、劳动局、人事局、科技干部局、编制委员会、建设委员会、公安处、司法局、民族宗教事务委员会、民政局、行政监察局、审计局、物价局、工商行政管理局、税务局、标准局、计量局、环境保护局、国土管理局、机械电子工业局、冶金工业局、煤炭工业局、化学工业局、交通局、轻纺工业局、财贸委员会、商业局、粮食局、乡镇企业局、农村经济委员会、农业局、林业局、水利水电局、对外经济贸易委员会、物资局、建材工业局、医药管理局、文化局、教育委员会、卫生局、计划生育委员会、体育运动委员会、广播电视局、档案局、旅游局。

1994 年 10 月，地委、行署对地级党政机构进行改革。12 月 22 日，中共郴州地委、郴州地区行政公署印发《关于郴州地区地级党政机构设置的通知》。改革后，行署设工作部门 36 个：行署办公室（含经济研究室），计划委员会、经济委员会、经济体制改革委员会、教育委员会、科学技术委员会、建设委员会、对外经济贸易委员会、农村工作办公室、财贸工作办公室、公安处、国家安全处、监察局、审计局、民政局、司法局、财政局、人事局、劳动局、地质矿产局、交通局、水利水电局、农业局、林业局、文化局、卫生局、计划生育局、统计局、工商行政管理局、国土管理局、环境保护局、煤炭工业局、乡镇企业局、粮食局、地方税务局、外事侨务办公室。另有属地区经委管理的技术监督局、属地区财政局管理的国有资产管理局。

二、政府工作部门

1995 年 5 月 29 日，郴州市人民政府办公室印发《关于原行署机关、事业单位改冠名称的通知》，将原行署工作机构、归口机构、办事机构和直属事业单位名称中的“郴州地区”统改为“郴州市”。并明确市政府组成机构 24 个：市政府办公室（含经济研究室）、计划委员会、经济委员会、经济

体制改革委员会、教育委员会、科学技术委员会、建设委员会、对外经济贸易委员会、计划生育委员会、公安局、国家安全局、监察局、审计局、民政局、司法局、财政局、人事局、劳动局、交通局、农业局、林业局、水利水电局、文化局、卫生局。市政府工作机构13个：农村工作办公室、财贸工作办公室、外事侨务办公室、地质矿产局、统计局、工商行政管理局、国土管理局、环境保护局、煤炭工业局、乡镇企业局、粮食局、物价局、地方税务局。

2001年8月28日，中共郴州市委、郴州市人民政府印发《关于中共郴州市委、郴州市人民政府机构设置的通知》，明确郴州市机构改革后，市人民政府设工作部门31个：市政府办公室（含经济研究室）、发展计划委员会、经济贸易委员会、教育局、科学技术局、公安局、监察局、民政局、司法局、财政局、人事局、劳动和社会保障局、国土资源局、建设局、交通局、水利局、农业局、林业局、对外贸易经济合作局、文化局、卫生局、计划生育委员会、审计局、环境保护局、统计局、粮食局、煤炭局、乡镇企业局、物价局、旅游外事侨务局、规划局。

2004年12月10日，中共郴州市委、郴州市人民政府对市级党政机构再次进行改革，印发《郴州市人民政府机构改革方案的实施意见》，明确郴州市人民政府工作部门32个：市政府办公室（含经济研究室）、发展和改革委员会、经济委员会、教育局、科学技术局、公安局、监察局、司法局、民政局、财政局、人事局、劳动和社会保障局、国土资源局、建设局、交通局、水利局、农业局、林业局、商务局（加挂郴州市招商合作局牌子）、文化局（加挂郴州市新闻出版局、郴州市版权局牌子）、卫生局、人口和计划生育委员委、审计局、煤炭局、环境保护局、粮食局、物价局、统计局、旅游外事侨务局、安全生产监督管理局（加挂郴州市安全生产委员会办公室牌子）、规划局、城市管理行政执法局。郴州市监察局与中共郴州市纪律检查委员会机关合署办公，机构列入政府工作部门序列，不计政府机构个数，编制列入市委机构序列。郴州市人民政府直属特设机构有国有资产监督管理委员会。

迄2005年年底，郴州市人民政府工作部门设置无变动。

第三节　政府直属机构

一、行署直属机构

1989年，郴州地区行政公署下设机构统称行政公署工作机构，未分“工作部门”“工作机构”“政府组成机构”和“直属机构”类别。

1994年12月22日，中共郴州地委、郴州地区行政公署印发《关于郴州地区地级党政机构设置的通知》，明确行署设36个工作机构外，行署直属机构有：由行署办管理的议事协调机构郴州地区调处纠纷领导小组办公室，地委办和行署办共同管理以行署办管理为主的地委行署联合信访办公室，改为事业单位的有地区档案局、广播电视局、体育运动委员会、旅游局。至此归并后仍保留行署直属机构现状的还有行署台湾事务办公室（归并到地委统战部）、行署法制办公室（归并到行署办公室）、地区物价局（归并到郴州地区计划委员会）。

二、政府直属机构

1995年5月，郴州市人民政府直属机构有委办局归口管理的机构5个：市技术监督局、国有资产管理局、法制办公室、规划建设局、市政管理局；有议事协调机构常设办事机构2个：郴州市调处纠纷领导小组办公室、市委市人民政府联合信访办公室；有改为事业单位仍赋予一定行政职能的机构5个：市档案局、广播电视局、体育运动委员会、旅游局、市委市政府接待处；有归并或转体后保留牌子的机构4个：台湾事务办公室（与市委台湾工作办两块牌子，合署办公）、医药管理局、二轻工业局（转体后加挂郴州市手工业联社牌子）、供销合作联社。自2001年8月市级党政机构再次进行改革后，市政府直属机构调整精简为3个：市政府法制办公室、市民族宗教事务办公室、市人民防空办公室。

2004年12月10日，中共郴州市委、市人民政府印发《郴州市人民政府机构改革方案的实施意见》。明确郴州市人民政府直属特设机构有市人民政府国有资产监督管理委员会，市人民政府议事协调常设办事机构有市人民防空办公室，市人民政府部门管理机构有市人民政府法制办公室、市民族宗教事务局。

迄2005年底，郴州市人民政府直属机构无变动。

第四节 驻外办事机构

1986年6月，郴州行署开始向郴州地区境外派驻（简称驻外）办事机构。至2005年，郴州行署、郴州市政府先后在深圳、上海、海口、青岛、北京、长沙、东莞市及国外南非设立联络（办事）处8家，当年有驻外工作人员30多人。驻外办事机构主要围绕市委、市政府“开放兴郴”战略，与驻地各方广泛联络，密切交往，主要为郴州开展对外经济技术协作和商品流通、引资引智工作铺路架桥；宣传推介郴州经济社会事业建设进程，争取国家、省和驻地对郴州建设事业的支持；及时传递驻地经济信息，推进郴州改革开放和发展经济。

驻深圳办事处 1986年8月，郴州行署在深圳市设立“郴州地区行政公署驻深圳联络处”，正处级事业单位，编制5名，隶属行署，归口行署办管理。1995年5月郴州撤地建市后，改称市政府派驻机构，仍为正处级事业单位，编制未变，隶属市政府，归口市政府办管理。

驻上海联络处 1986年10月，郴州行署在上海市设立“郴州地区行政公署驻上海联络处”，副处级事业单位，编制4名，隶属行署，归口行署办管理。1995年5月郴州撤地建市后，改称市政府派驻机构，仍为副处级事业单位，编制未变，隶属市政府，归口市政府办管理。

驻海口办事处 1988年6月，郴州行署在海南省海口市设立“郴州地区行政公署驻海口办事处”，副处级事业单位，编制4名，隶属行署，归口行署办管理。1995年5月郴州撤地建市后，改称市政府派驻机构，仍为副处级事业单位，编制未变，隶属市政府，归口市政府办管理。1997年3月，郴州市政府撤销该派驻机构。

驻青岛办事处 原为县级郴州市（今北湖区）人民政府所设。1992年2月改为“郴州地区行政公署驻青岛办事处”，加挂“郴州市人民政府驻青岛办事处”牌子，副处级事业单位，编制2名，隶属行署，归口行署办管理。1995年5月郴州撤地建市后，改为市政府派驻机构，仍为副处级事业单位，编制未变，隶属市政府，归口市政府办管理。2005年，该办事处被青岛市人民政府授予“全国驻青岛机构先进单位”称号。

驻北京联络处 1993年2月，郴州行署在北京市设立“郴州地区行政公署驻北京联络处”，正处级事业单位，编制5名，隶属行署，归口行署办管理。1995年5月，郴州撤地建市后，改称市政府派驻机构，机构级别、编制未变，联络处主任由市政府副秘书长兼任。隶属市政府，归口市政府办管理。

驻长沙办事处 1992年3月，郴州行署在长沙市设立“郴州地区行政公署驻长沙办事处”，正科级事业单位，办事处主任高配副处级干部，编制3名，隶属行署，归口行署办管理。1995年5月郴州撤地建市后，改称市政府派驻机构，机构级别、编制未变，隶属市政府，归口市政府办管理。1996年10月撤销该派驻机构。

驻东莞联络处 1997年设立，正科级事业单位，编制3名，隶属市政府，归口市政府办管理。联络处的设立，重在加强郴州市人民政府与东莞市宏远集团的经贸合作和人才技术交流。

驻南非商务联络处 2003年4月设立，系郴州市第一家派驻国外的联络机构。该联络处采取政企共建的模式运作，日常工作由郴州建工集团负责。2004年10月，联络处与企业剥离，为副处级事业单位，有自收自支事业编制5名，隶属市政府，归口市政府办管理。该处重在沟通和促进郴州市建筑企业和优质农产品进入南非市场。

第二章 重要会议与重大活动

第一节 政府重要会议

一、行署重要会议

1989年至1995年4月，郴州地区行政公署重要会议主要有行署常务会议、专员办公会议。会议召开均不定期。

行署常务会议由专员或由专员委托常务副专员主持，行署领导成员参加，行署办公室主任列席。会议一般由专员决定召开。主要讨论、决定各阶段行署重大工作决策和实施方案，研究解决重大行政事务问题，会后即形成会议纪要。专员办公会议由专员或由专员委托常务副专员主持，行署领导成员参加，行署办公室正副主任以及与会议内容有关的行署委、办、局和地区财政、监察、审计局的主要负责人列席会议。会议原则上每月召开两次，主要是讨论要制定、修改或废止的行署有关规章制度；议定国民经济计划及实施举措，研究解决经济社会发展中出现的重大实际问题；审议本行政区域内区域变更、行署财政预算决算方案和所属工作部门、企事业单位机构、人事变动等事项。

在此期间，行署常务会议、专员办公会议就推进郴州经济社会发展，适时议定领导决策，制定出台一系列解决重大工作实际问题的政策措施，加快了郴州各项事业的发展。1990年4月17日，行署召开专员办公会议议定：扶持少数民族地区发展，督促全面落实对民族地区实行的农业税和屠宰税减免政策，把有条件的民族乡列为林业基地实行林粮挂钩，安排100万千克救济粮救济少数民族缺粮地区；采取措施帮助少数民族地区解决缺生产资金、交通不便和子女入学难等实际问题。1992年2月17日，行署在地区外经外贸委员会召开专员现场办公会议，专题研讨加快郴州外经外贸发展问题。会议议定加快出口商品生产基地建设，在郴州市（北湖区）、郴县（苏仙区）、桂阳和宜章县建立年产5万头良种猪出口基地，确定郴县、安仁县作为全省25个外向型经济发展重点县予以重点扶持；对轻工、食品加工、机电产品等出口生产企业实行政策倾斜；发挥广东沿海的窗口和桥梁作用，行署同意外经贸委到深圳市、珠海市设窗口办实业，年内争取在深圳举办1~2次较有影响的外经外贸项目发布会。会议还议定了改革外经外贸经营体制机制和予以政策扶持等重大事项。1994年7月2日，行署召开专员办公会议听取地区重点办关于全区19个重点项目建设情况汇报，重点研究解决东江VC工程和锌冶炼工程所需建设资金问题。1994年9月29日召开行署专员常务会议，着重讨论研究行署领导成员分工、规范行署机关工作、改进工作作风等问题。1995年3月25日，行署专员办公会议重点研究1995年农业开发工作。议定在全区掀起“吨粮田”开发热潮，尽快做好40万亩玉米开发前期准备和报省立项工作；打好丘岗山地经济开发攻坚战，组建由专员龙定鼎担任指挥长的省级丘冈开发示范样板带指挥部，连续3年由地区农行发放全区丘冈开发贷款100万元，地、县两级财政分别贴息40%和60%，3年内地区财政每年划拨丘冈开发目标管理奖10万元。会议还就推进改革土地使用制度议定具体实施意见。

行署常务会议、专员办公会议议定的工作决策，和对重大事项的处理意见，均以书面文件（会议纪要）和会议形式传达贯彻。由分管相关工作的行署领导和行署办公室具体组织实施和进行检查督促，使之贯彻落实到位。

二、市政府重要会议

（一）市政府常务会议

1995年5月，郴州市人民政府常务会议由市长或由市长委托常务副市长主持。市长、副市长，市政府巡视员、助理巡视员、市长助理、秘书长、市监察局局长参加。根据会议内容需要，邀请市委、市人大常委会、市政协、郴州军分区及有关部门负责人列席会议。会议任务有：传达和讨论贯彻中共中央、国务院，中共湖南省委、省人民政府和中共郴州市委的重要指示、决定；讨论决定市政府工作中的重大问题，部署阶段性重要工作；讨论通过需要上报国务院有关部门及省政府的请示事项或工作报告，以及提交市人大及其常委会审议的报告、议案；讨论通过由市政府制定和发布的重要规范性文件；讨论决定市政府各部门、各县（市、区）人民政府的重大工作，和市政府各部门机构调整、人事任免及奖惩等事项；通报和讨论市政府其他重要事项。

郴州市政府常务会议原则上每月召开1~2次。会议议定的重大工作决策和事项，均明确其抓落实的责任领导、责任单位，由市政府分管领导检查督导，市政府督查室督查实行。

1995年5月至2000年5月，郴州市第一届人民政府召开政府常务会议51次，讨论、决定的重大事项140件。其中：1995年5月29日，召开市政府第一次常务会议，新当选的市政府领导成员参加会议。会议研究、议定的重要事项有：加强政府领导成员的分工协作，实行首长负责制、推进政府工作作风和廉政建设；在1995年6月底前结束北湖区、苏仙区地界划定，及其两区财政体制等方面的调整；1995年7月底前结束市政府机关内部“三定”工作及机构改革中9个行政局的改制转体。还决定加快企业债务偿还和东江水泥厂产权出让等事项。1996年所召开的市政府常务会议议定的主要事项有：加快郴州市城区建设，当年安排城建资金4380万元；调整市城区“农转非”人口城市配套增容费的收取标准；加强郴州火车站广场改造等工程建设，市财政安排火车站广场建设资金500万元；力争通过市场运作手段和财政扶持，到1997年完成火车站广场改造、经济大道建设、人民广场拆迁、山河水库引水四大项目工程；加强重点建设项目管理、推进住房制度改革和城区中小学学校扩容。1999年8月召开的市政府1999年第九次常务会议，重点就如何落实当年“8·13”洪灾补损工作进行讨论研究。协商决定将修编郴州地区防洪规划、修复水毁桥梁、郴江河整治、灾民新街新村建设、灾后疫病防治、灾民救济及稳定等11项工作，分别由正副市长和郴州军分区领导分管负责。

2000年5月至2005年年底，郴州市第二届人民政府召开市政府常务会议58次，讨论、决定的重大事项182件。其中：2000年9月30日，市政府召开2000年第五次常务会议，重点议定做大做强经济开发产业工作，即农业以培植30家龙头企业为突破口，带动加工项目建设，推进农业产业化；工业围绕做大做强骨干企业，着重抓好郴化20万吨复合肥、711矿PVC糊树脂生产线、郴烟联合工房、青岛（郴州）啤酒厂、湘南水泥厂、锡铋和石墨深加工等项目建设。旅游、商贸流通等第三产业着重抓好旅游资源开发和集贸市场建设。会议还议定年内组团参加深圳高新技术招商会，召开产业建设座谈会、治理经济环境情况通报会等项工作。2001 年召开市政府常务会议 11 次，议定的主要事项有创造性地开展政府工作，年内形成规范化操作运行机制；切实抓好安全生产，集中整治重点县（市、区）、重点行业安全隐患；创办郴州学院（后称湘南学院）。2002 年，召开的市政府常务会议议定主要事项有：分期分批完成当年三次洪灾水毁工程修复和灾民新居建设，尽快帮助灾民恢复正常生产生活；推进新型工业化建设，力争 2003 年实现全市工业增加值增长 13%；技术改造投资争取完成 16 亿元。2003—2004 年，市政府常务会议研究决定的主要事项有：在全市范围内开展“年创税收过千万元产业化项目建设攻坚活动”，力争 3 年内建成 25 个年创税过千万元项目；着力把桂阳县办成全市新型农村合作医疗制度示范点；推进农村小康示范村建设，全市规划建设农村小康示范村 30 个；启动燕泉河治理工程，按“50 年一遇”防洪标准规划建设；在市有色金属工业园设立出口贸易加工区。2005 年，市政府常务会议把关注民生、工业发展及机关廉政效能建设列为重点议题。主要审议并原则通过如下事项：审议《郴州市人民政府突发公共事件总体应急预案》；将加快全市农村中小学危房改造、寄宿制学校建设及中小学贫困学生助学工作列入当年市委市政府为民办的八件实事之一；加快煤矿安全整改、达标、办证进度；审议同意印发《关于集中力量抓好大产业、大项目、大企业、大品牌的若干意见》。当年政府常务会议还议定改革和完善政府决策机制，推进行政机关效能建设工作。

（二）市长办公会议

郴州市政府市长办公会议为正、副市长研究处理市政府日常工作中重大问题，审议决定各县（市、区）和市政府各部门、各单位向市政府请示的重要事项的会议。市长办公会议由市长或市长委托主持市政府日常工作的副市长主持召开，参加会议人员为市长、副市长，市政府巡视员、市长助理、分管议定工作的秘书长，以及市监察局长和与会议内容有关的部门、单位主要负责人。市长办公会议根据工作需要不定期召开，重大问题、重要事项有时到现场召开。会后一般在 2 天内将会议纪要送审签发，会议研究决定的事项，由有关县（市、区）或有关部门、单位承办落实，并及时向市政府秘书长或市政府办公室反馈落实情况。

1995 年 5 月至 2000 年 5 月，郴州市第一届人民政府召开市长办公会议 72 次，及时议定处理政府日常工作及各行业的重大工作事项。其中：1995 年 6 月 9 日召开市人民政府第一次市长办公会议。有关教育工作：议定教师节前召开全市教育工作暨优秀教师、优秀教育工作者表彰大会；同意下发市教委提请市政府审议的《进一步拓宽教育经费渠道，加快普及九年义务教育步伐的若干规定》（讨论稿）；议定由市政府牵头组织协商调整北湖、苏仙两区学校和市直大中专院校的区划、归属。有关流通体制改革、物价综合调控工作：议定同意成立连锁经营工作协调小组，对财贸系统亏损企业实行市政府领导联系挂点帮扶制度，组织完善物价控制目标责任制和价格调节基金征收工作。1996 年召开的市长办公会议议定主要事项有：6 月底前完成北湖、苏仙两区微利和亏损企业改制工作；郴江河治理由市环保局具体制定实施意见，市财政从 1997 年起每年安排 100 万元支助治理工程；城建工作采取招商引资和“以地生财”等办法，弥补建设资金不足，同意成立创建国家卫生城市工作领导小组，下设创建办公室；建立住房公积金制度，5 月底前建立个人账户；抓好市本级财源建设，严格压缩非生产性开支，继续对县（市、区）财税工作执行奖优评先“一票否决”制。1997 年 6 月 23 日召开的 1997 年第五次市长办公会议，主要审议粮食、社会保障和国家安居工程建设工作。议定将安排消化粮食的亏损挂账数额下达至各县（市、区），如数落实1997年定购粮任务。机关企事业单位干部职工养老保险基金只移交个人帐户部分，社会统筹部分不予划转。国家安居工程建设成本价要控制在每平方米600元以内，按成本价出售。1998年12月召开的市政府1998年第七次市长办公会议，主要就煤矿开采关、压工作议定成立市煤矿行业关井压产工作领导小组，按省定计划关闭非法和布局不合理的煤矿540处，压减采煤产量342万吨。

2000年5月至2005年底，郴州市第二届人民政府召开市长办公会议88次。其中审议和议定的重大事项主要有：2001年3月召开的市政府2001年第三次市长办公会议，就年内重点建设项目审议决定：郴化集团20万吨复合肥生产线一期工程须在4月18日前竣工投产；加快康达（湖南）水泥有限公司项目前期准备工作进度，确保4月8日奠基开工；协调落实临武县与宁夏合作开发钽铌矿项目，及郴玻集团日产140吨超薄玻璃生产线的建设用地；落实云南锡业（集团）公司来郴州投资办厂的规模、形式等。2002年11月召开的市政府2002年第七次市长办公会议，就农业产业化工作议定成立郴州市推进农业产业化领导小组，十大农业产业中每一产业项目均成立工作管理班子，采取招商引资、联大靠强等多种形式发展壮大农业龙头企业，把农业产业项目、工业产业项目以及城镇产业项目统一纳入全市产业项目引导资金扶持范畴。2003年2月召开的市政府2003年第二次市长办公会议，重点讨论研究市有色金属工业园建设及招商引资和引企入园问题。同年10月召开的2003年第十三次市长办公会议，专题研究郴州市中心城区现代商务、文化休闲、高科技产业“三大中心”工程建设工作，议定“三大中心”建设中保障资金、技术、管理三到位，工程进度、质量、安全三确保的实施意见。

（三）市政府全体会议

郴州市政府全体会议参会人员有市政府全体领导成员、市政府组成单位主要领导，必要时扩大到各县（市、区）长、市政府工作机构和委、办、局归口管理单位的主要负责人。还根据需要安排有关部门、单位负责人列席会议。全体会议原则上每半年召开一次。会议内容主要是通报市政府近期工作目标和市内外经济社会发展形势，讨论决定市政府工作带全局性的重大事项，及其他需要市政府全体会议讨论的事项，协调各部门工作。市政府全体会议纪要由市长签发。从1995年5月至2005年12月，先后召开市政府全会23次。

1995年6月23日，召开市政府第一届一次全体（扩大）会议。首任市长龙定鼎作题为《励精图治、再创辉煌》的讲话，突出阐述任期目标和工作任务，以及市政府工作职责和对市政府领导成员的要求。市委书记梅克保到会强调新一届市政府要团结务实、开拓创新、廉洁高效，各项工作创一流，致力实现经济社会超常规发展。2000年7月31日，召开新一届市政府第一次全体（扩大）会议。会上，市长周政坤作题为《抓住机遇、加快发展、创造性地做好跨世纪的一届政府工作》的主体报告，常务副市长宋甲武作题为《关于今年上半年经济运行情况和下半年经济工作的意见》的讲话。会议确定今后五年此届政府的主要任务是组织构建社会主义市场经济体制框架，基本形成与广东全面对接跟进的外向型经济运行机制，和建立凝聚力、辐射力明显增强的城镇体系。使全市基本跨入小康富裕型阶段，逐步实现经济、社会、人口、环境协调发展。2004年4月28日，召开的市政府第二届第七次全会动员部署建设“亲民、务实、法治”政府的工作。市政府领导成员结合各自分管工作作专题发言，市政府工作部门负责人分别作表态发言。会议审议通过《郴州市人民政府关于建设“亲民、务实、法治”政府的若干意见》。

第二节 政府重大活动

一、对接广东，开放兴郴

1988 年 5 月，郴州地区在被国务院批准列为改革开放过渡试验区后，湖南省人民政府给予相应的放宽放活的“弹性政策”，扶植郴州建成全省对接广东改革开放的“示范园”。然而受计划经济时期“统揽统管”的影响及其旧管理体制的束缚，有些政策在放宽放活中受到部门行政干预，以致时放时收。尤其在引资兴业、商品流通、劳务经济等方面还处“封闭自守”状态。

1989 年年初，面对毗邻广东沿海地区全方位开放搞活加速发展的冲击，中共郴州地委、郴州地区行署决定实施“对接广东，开放兴郴”的工作战略，即把广东及沿海发达地区开放搞活的政策、经验和办法，引进来进行对接发展，藉以形成与广东全面对接跟进的外向型经济发展机制。自 1990 年始，郴州兴起赴广东沿海地区考察取经、转变观念的热潮。郴州行署领导先后多次带队赴广东沿海地区学习的经贸、政务考察活动，查找思想观念差距，并寻找合作机会，放宽政策与之达成多项经贸往来协议。当年 10 月 23 日，郴州行署下发《关于鼓励台湾同胞投资的若干规定》，借鉴广东开放政策，制定出台允许台胞多形式投资，给台资企业充分自主权，以及对投资兴业实行减免税收等扶持优惠政策。到 1992 年，牵动全区年内多形式、多层次地引进外资逾 1 亿美元；学习广东开办经济技术开发区的做法，全区县级以上经济开发区由 1988 年的 1 个增加到 14 个；各级政府和劳动部门学广东放宽劳务限制，引导和组织南下务工人员达 10 多万人，敞开劳务经济大门。

自 1992 年起，郴州行署加力组织部署与广东开展各类经贸活动，谋求以广东为跳板，拓展通向港澳及海外的开放渠道。1992 年，郴州市（今北湖区）学广东树立“无外不快”的理念，组织南下广东寻找合作伙伴，引进资金、技术、人才和产业项目，当年该市市属国有企业产值较上年实现净增 1 个亿。同年 8 月，郴州地区与广东省清远市结为友好地市，双方协议在“优势互补、互利互惠、共同发展”的原则下，多形式地进行资源开发、商品流通、技术交流、市场拓展等方面的协作。9 月，地委、行署精心组织在深圳市举办郴州深圳（含香港）经贸洽谈会，接洽海外和中国港台地区客商 350 余人，签订经贸合同 48 个，合同利用外资 4326.45 万美元。当年郴州利用广东外贸市场的桥梁作用出口商品达 1000 万元，占全区出口收购额的 20%。

1993 年，郴州行署面对广东强烈的开放意识，决定冲破闭关自守的禁锢，“以放对放，以活对活”大力开拓湘粤边界贸易，组织广泛开展“边贸经济”活动。年内动员部署撤除地方物流关卡 57 道，安排扩建、新建边贸市场 60 多个，全年流向广东市场的工农业产品价值达 8 亿元，拉动了郴州经济发展。同年 1 月 31 日，经湖南省人民政府批准，全省第一个“三胞”（台胞、港胞、侨胞）经济技术开发区在永兴县挂牌建立。与此同时，借助紧邻广东沿海优势，郴州行署组织不断拓宽通向港澳及海外市场渠道。至 1993 年底止，全区以广东沿海为对外经济的“窗口”建立外贸出口生产基地 20 多个，与 30 多个国家和地区建立贸易关系，全年全区外贸收购总值、自营出品创汇分别比上年增长 35.0% 和 41.0%；全区批建“三资”企业 40 家，总投资 5000 万美元，达成合同外贸额 2500 万美元。

到 1994 年，郴州地区在对接跟进广东改革开放的实践中勇于创新，先后出台 30 多条推进改革开放的政策措施：率先在全省实行石油购销放开，公路养路费、客运附加费收、管、用包干，生产资料价格并轨，放开食油、粮食购销价格和推进医疗、住房、社会劳动保险制度改革等，以及扩大招商引资，在全省率先创办汝城三江口“内地经济特区”；清理取消对“三资”企业100多个收费项目；撤除边境物流关卡，提升境内商品流通率和价值率。等等。郴州面向广东沿海市场发展外向型经济，初步形成农副产品、能源、建材、有色金属和名优土特产品五大外向型商品供应基地。至此，郴州全面取消计划供应，市面上已同广东一样，生活购物再没有任何票证。有群众说，郴州的“广味”越来越浓了。

此间，郴州在创办改革开放过渡试验区的进程中，通过倾力组织开展一系列“对接广东，开放兴郴”工作，解放思想，转变观念，陆续出台各项开放搞活举措，经济发展环境日益宽松放活，郴州起步迈入一个全方位多功能对外开放的新阶段。

二、消灭宜林荒山与绿化达标

1989年4月12日，中共郴州地委、郴州地区行政公署作出《关于五年消灭宜林荒山，八年绿化郴州的决定》，全区随即启动五年消灭宜林荒山（简称“灭荒”）达标活动。郴州行署与县（市）政府签订限期“灭荒”达标责任状，全区上上下下、各行各业总动员，铺开声势浩荡的以消灭宜林荒山为重点的群众性造林运动。1991年10月，地委、行署又发出《关于进一步动员全社会大办林业，确保“五年消灭宜林荒山八年绿化郴州”战略目标实现的通知》，地、县两级即时动员组织1280多名机关干部深入山头地块兴办植树造林示范点，其中地、县两级领导干部办示范点172处。年内全区灭荒造林6786公顷。桂东县各级领导齐抓共管，各行各业紧密配合，率领山区广大群众历经3年奋战，到1991年经省、地验收，在全区率先实现“灭荒”达标，该县副县长李辉雄被林业部评为“全国造林绿化劳动模范”。资兴市自1989年采取市、乡（镇）及市属部、办、委、局领导包乡包镇驻点及国家、集体、个人一起上的办法灭荒造林，于1991年实现“灭荒”达标，年均营造新林1.33万公顷，获“全国造林绿化先进单位”称号。1989—1993年，全区投资1.23亿元，投劳3亿工日，人工造林10.10万公顷，飞播造林10.07万公顷，新增封山育林面积33.34万公顷，义务植树1.50亿株。1993年6月，经湖南省绿化委员会、林业部分期分批验收，全区11个县（市）均实现消灭宜林荒山达标。

1993年11月，地委、行署继而作出《关于实现全面绿化，发展高效林业的决定》，要求到1998年全地区（市）实现植树造林绿化达标。全区随即广泛动员，兴起面上造林、工程造林、基地造林、部门造林和全民义务植树合力齐上的热潮。郴州行署即时部署层层建立健全领导干部造林绿化目标管理责任制，广泛开展争创全国绿化“十佳城市”“百佳县”“百佳乡”“千佳村”和部门造林绿化“400佳”单位活动。并决定实施征收全民义务植树以资代劳绿化费，多形式地推进造林绿化工作。1994—1996年，全区（市）每年参加春季植树绿化人员均超60万人次，植树逾1000万株。至1997年5月，经省绿化委员分期检查验收，郴州11个县（市、区）先后达到绿化标准，全市比原定时间提前一年半实现绿化达标。至此，全市森林覆盖率达58.5%，森林蓄积量达3000万立方米。郴州市（北湖区）、资兴市、苏仙区被评为“全国造林绿化百佳县（市）”，还有一批机关企事业单位和乡村跻身全国绿化“400佳”和“千佳村”行列。

三、农村经济强镇（乡）、村竞赛

1996年1月，中共郴州市委、市人民政府下发《关于开展农村经济强镇（乡）、村竞赛活动的决定》，部署在全市开展农村经济强镇（乡）、村竞赛活动，带动农村经济上台阶。市财政拨出50万元专项经费月于开展此项活动。竞赛活动规定：对乡镇主要考核国内生产总值、农村社会总产值、财政收入3个经济指标的总量，以及农民人均纯收入及增长速度；对村级（行政村）主要考核农村社会总产值和村（组）集体积累的总量，以及农民人均纯收入及增长速度。全市11个县（市、区）共推荐参赛种子镇（乡）57个，种子村165个。随即，各县（市、区）政府成立竞赛活动领导小组，选派三分之一的干部下乡入村组织活动的开展。各地将增产增收计划任务逐级分解落实，组织产业结构调整，大力发展优势产业，尤其是做强做优乡镇企业。当年5月中旬，郴州市在深圳市举办国际招商周，乡镇企业单独组团参加发布招商项目80个，合同利用外资额916万美元。这一年，全市新建、扩建、改建乡镇企业生产项目9376项，总投资15.74亿元。全年乡镇企业创产值203.60亿元，同比年增长幅度列全省市州第一名。

年末，市政府组织采用统计和抽查相结合的办法，评选出经济强镇（乡）10个，经济强村99个。按照竞赛规定，市委、市政府分别给10个经济强镇（乡）、99个经济强村颁发奖牌和奖金。

四、村级经济晋档升级考评

1993年年初，郴州行署组织按村级经济现状，将全区2971个行政村分别划定为一、二、三、四档四个档次，尔后据此按人平均农村社会总值、人平均村办企业纯收入确定晋档升级的经济指标，部署在全区开展村级经济晋档升级考评活动。1993—1999年，郴州地区（市）连年组织展开这一考评活动。其间，中共郴州地（市）委、郴州地区行署（市政府）先后动员组织建立“高效农业开发区”，开展“乡镇企业发展年”、创办“七大外向型养殖基地”等活动，引导强化农村经济目标管理，调整优化农业产业结构，注重发展经济效益好的产业项目。安仁县1994—1996年每年投入农村生猪产业专项资金都在1500万元以上，使养猪业一年上一个新台阶。资兴市对村级养殖生产实行优先扶持政策，在农村开展“万、千、百、十”（分别依次为鸡鸭、猪、羊、牛养殖数）养殖竞赛活动，到1996年，该市涌现年出栏万头猪的村4个，年出栏2万头猪的乡7个。1997年后，全市在村级经济晋档升级中重点发展特色养殖业，开发优质稻生产和兴办村办集体企业。村级经济呈现强劲增长势头。

在此7年期间，行署（市政府）逐年组织对村级经济晋档升级状况进行考评。经考评，1999年较之1993年，村级经济达小康标准的由2个晋升为422个，一档村由58个晋升为908个，二档村由76个晋升为703个，三档村由180个晋升为469个；村级经济滞后的四档村则由2657个降至474个。全市实现消灭集体经济“空白村”的目标。带动全市农业总产值由1992年的28.62亿元增至1999年的91.48亿元，增长2.2倍。

五、“新型工业建设年”活动

2004—2005年，郴州市人民政府连续两年组织在全市展开“新型工业建设年”活动，促进工业企业转变发展方式，走低投入、低消耗、低污染、高产出的新型工业化道路。2004年2月，市政府在桂阳县召开专题会议，研究、部署新型工业化建设及创办新型工业示范带工作。当年全市34个新型工业建设项目完成投资17.50亿元，其中有21个项目年内竣工投产或部分竣工；完成技术改造投资26.20亿元，是“七五”“八五”计划时期技改投资总和的3.9倍。是年，企业技术进步能力增强，新型工业化建设初显成效，全市涌现年度纳税过千万元的企业28家，过500万元的企业622家。2005年，市政府组建“新型工业建设年”工作协调小组和督查组，完善新型工业企业建设考核标准。2月，市委、市政府召开全市工业经济工作暨推进新型工业化现场经验交流会，授予湖南华润电力鲤鱼江有限公司、黄沙坪铅锌矿、郴州八达玻璃股份有限公司等10家企业为2004年新型工业建设“十大标志性企业”称号，重点推介其依靠技术创新提高生产能力的做法与经验。

2005年，随着新型工业建设年活动的驱动，工业企业力求走技改内涵发展之路，生产效益愈益趋好。2005年，全市企业技术改造投资34.07亿元，比上年增长29.7%；当年实现工业增加值206.63亿元，是2000年的2.98倍，占全市生产总值的比重达43.4%；当年，产值过亿元的企业新增19户，纳税过千万元的企业新增13户。全市年工业总产值首次突破600亿元大关达620.56亿元，工业经济总量跃居全省市（州）第五位。

六、“支、帮、促”亏损困难企业

1994年初，中共郴州地委、郴州行署为帮助亏损困难企业扭亏为盈走出困境，决定自当年起派驻工作组对困难企业开展“支、帮、促”活动。当年，全区由99名地、县级领导干部率领39个“支、帮、促”工作组到106个亏损困难企业蹲点。主要做好协调服务工作，协同企业解决生产发展中的实际困难，启动停产企业生产，指导做好扭亏为盈工作。1995年5月地改市后，市政府将扭亏增盈的具体指标落实至每个到企业挂点的领导头上，实行首长负责制，并制定具体的奖罚措施。当年所派驻的工作组帮助国有企业冲销历史旧账1.10亿元，使一批企业甩掉债务包袱实现产销两旺。工作组还竭力帮助企业做好盘活资产发展生产、转化冗员和化解工农矛盾等工作。当年，充分发挥企业、政府和职工三个方面的积极性，经多方协调组织，共帮助企业剥离的后勤服务人员和富余人员计2500人兴办第三产业，全年除解决其生计外，还给企业上交利润700多万元。1995年，全市解困企业盈亏相抵净盈1998万元，其盈额在全省企业扭亏为盈的3个地州市中排名第二位。继后，郴州不断更新“支、帮、促”工作方式，持续组织开展这一活动。

七、“财源建设重点年”活动

1998年年初，中共郴州市委、市人民政府决定在全市开展“郴州财源建设重点年”活动。重点扶持科技含量高、附加值高、上缴利税高的产业项目。强化对财税目标管理，确定市级主要领导为财源建设课题负责人，相关部门、单位为财源建设项目牵头单位及参与单位。市、县（市、区）两级领导普遍实行财源建设项目联系责任制。市政府设立财源建设扶助基金。2—7月，市政府牵头组织23个部门开展财源建设调查研究活动，市委书记梅克保、市长龙定鼎参与调研，并撰写专题调研报告指导财源建设工作。

在当年财源建设中，市人民政府要求各县（市、区）选准主攻方向和路子，提高“培财、聚财、理财”能力。先后组织23个工作组帮助重点企业盘活资金增效增税。苏仙区突出依靠发展农业产业化、培植有色金属深加工开辟新兴财源，培植“活水”“长流水”优质财源，全区财政收入均衡入库和增幅列全市11个县（市、区）第一名。资兴市根据本地资源大力发展林业经济，全年林工产业创产值1.2亿元，成为该市一大支柱财源。嘉禾县大力发展种养业和个体私营企业，全县新辟财源建设培植点150个。是年，全市乡镇企业和个体私营经济成为财税收入的重要源体，全市乡镇企业实缴税金、个体私营经济缴税，分别比上年增长 18.1%、27.1%。1998 年，全市财政总收入 144915 万元，比上年增加 18626 万元，增长 14.7%；其中地方一般预算收入在全省 14 个地州市中排名第三，过亿元的县（市）由 1 个增至 4 个。是年，郴州市财政局局长江元保获“湖南省财贸系统十佳个人”称号。

八、“科技推广年”活动

1999 年 1 月，中共郴州市委、市人民政府下发《关于开展“科技推广年”活动的若干意见》。2 月，召开全市开展“科技推广年”活动动员大会，各县（市、区）政府与市政府签订科技进步目标管理责任书。随即，全市筛选 408 项科技成果进行推广，按照总体布局、分层管理、协同作战、集中实施的原则，上下合力抓好科技成果的推广与应用。11 个县（市、区）落实科技推广重点项目领导责任制，分项确定曰一名县级领导干部牵头组织实施。是年，市、县两级共投入各类科技推广开发资金 12.5 亿元，其中科技三项经费比上年增长 30.4%。“科技推广年”活动的开展，加速了科技成果向现实生产力转化。当年，资兴市州门司镇黄旗洞村宋辉煌一家在科技人员的帮助下通过应用先进的制种技术，所种的 1.2 亩杂交水稻制种田经现场验收，亩产达 494.60 千克，创该品种制种世界亩产新纪录。宜章县大面积推广玉米种植良种良法，种植的 1.07 万公顷玉米平均每公顷产量达 6840 千克，经省农业厅组织旱粮专家考察，认为宜章县时为国内南方玉米大面积高产第一县。郴州筑路机械厂立项承担国家重大引进技术的消化吸收，经吸收应用美国先进技术，成功开发出多功能滑模式水泥混凝摊铺机，达到 20 世纪 90 年代国际先进水平，产品销至全国及 22 个国家和地区。1999 年，经评测实施“科技推广年”活动，驱动全市推广应用科技成果实现新增产值 35 亿元、利税 4.20 亿元。

九、举办“中国·郴州生态旅游节暨经贸洽谈会”

自 1997 年始，郴州市委、市人民政府决定每 1~2 年主办一次“中国·郴州生态旅游节”暨经贸洽谈会。市政府精心策划这一节会的举办，实行政府领导分工负责，周密组织客商的邀请、旅游观光和招商引资项目，藉以扩大对外开放，实现旅游搭台，经贸唱戏。当年 9 月上旬举办的 '97 中国·郴州山水生态旅游节暨经贸洽谈会，郴州同来自 25 个国家和地区的客商签约招商项目 47 个，协议（合同）引资 3778.70 万美元。2000 年 9 月 18—20 日，'2000 中国·郴州生态旅游节吸引美国、德国、日本、意大利、泰国等 17 个国家和中国香港、台湾地区的客商参加节会。合同引进内资 9643 万元人民币，外资 2354 万美元，还签约技术引进和转让项目 17 个。节会期间商贸流通总额超 1000 万元。'2002 中国·湖南旅游节郴州（飞天山）生态旅游节举办期间，同海外客商签订招商合同、协议项目 61 个，总投资 3.70 亿美元，实际利用外资金额 1.54 亿美元；在 '2004 中国·郴州（莽山）生态旅游节，签约外资经贸合作项目 24 个，项目总投资折合 22 亿元人民币，合同引进外资折合 19 亿元人民币；在 '2005 中国郴州（龙女、热水温泉）旅游节，签约外资经贸合作项目 58 个，投资总额折合 29 亿元人民币，引进資金折合 27.40 亿元人民币。1997—2005 年，郴州市政府先后组织、筹备举办 5 次中国·郴州生态旅游节暨经贸洽谈会，在促进招商引资发展外向型经济的同时，还促进了郴州旅游产业的发展，使全市旅游经济发展水平由 1995 年的全省第 9 位跃居 2005 年的第 3 位。

第三章　施政举要

第一节　深化改革

一、国有企业体制机制改革

1989年，郴州行署组织200多名机关干部下企业，重点帮助国营企业进一步打破生产经营方式单一的旧体制，推进经营机制改革。全区138户预算内的国营工业企业，实行风险抵押承包经营的由上年的123户增至136户；588户小型国营商业、饮食、服务企业，实行承包经营228户、国有集体经营和集体（个体）租赁经营282户；其余78户进行拍卖或尚待转制。1990年后，在一些小型企业推行“国有民营”“一厂两制”“脱壳经营”等多种资产经营形式，对扭亏无望的企业则实行资产转让或破产重组。继后，国有企业改革逐步延伸到多形式、多层次的产权制度改革。

1995年8月，市委、市政府召开全市企业改革暨社会保险制度改革工作会议。会议提出全市国有企业改革的思路是以建立现代企业制度为目标，以转换企业经营机制为中心，多方式、多层次地推进企业的改制、改组、改造。年内，市政府组织在郴州玻璃总厂进行建立现代企业制度试点工作。相继有郴州化肥厂兼并永兴氮肥厂，郴州丰利金刚石股份有限公司成为全省第一家国有资产股权成功转让的国有企业，东屋机电厂将存量资产量化到职工个人实行股份合作经营，市润发实业公司实施母子公司资产经营制等。到1996年，全市股份制企业发展到120户，股本总额2.80亿元；进行股份合作制改造企业41户，实施破产重组和分离经营企业30多户。1996年9月，《中国改革报》头版以《郴州多形式进行企业改革》为题进行报道。这一年通过改革，全市预算内国有企业由年初的119户减少到年末的80户。

自1997年始，全市加快国有企业股份制和股份合作制改造。当年，市政府分期分批引导全市国有工业企业进行股份制改造54户，增加社会资本金5400万元，核销债务2亿元，盘活存量资产1.42亿元，至年末有30户走出亏损困境，24户效益起步好转。1998年，国企改革在跨区域、跨部门资本营运上有新突破。市政府支持、协调市电力公司加入中国水电股份有限公司，支持和协调南开制药厂、市林产公司分别被三九集团和黄沙坪矿兼并。南开制药厂被三九集团实施整体承债式兼并后，市政府又采取对企业新增所得税实行先征后返等扶持措施，支持企业技术改造创品牌。1999—2001年，新组建的湖南三九南开制药公司，3年间不但消债500多万元，还完成入库税收1396万元，比1998年兼并前的28年纳税总和还多200余万元。

2001年8月，郴州市人民政府印发《关于加快国有企业股份制改造的意见》，要求以改革产权制度和置换职工身份为目标，促使国有企业改制向广度和深度发展。山河集团、郴化集团、郴电国际、郴汽集团、郴玻集团等大中型企业致力完善员工持股、多元化投资、法人治理结构等股份制工作；采用股份制的方式，新组建医药、石墨集团公司；商业、物资等8个行政性公司改制转体进入实施企业化运作。全年发展公司制企业60户，国有中小企业转体改制率达到46.4%。

2002年，市政府组织工作组下到市直国有工交企业抓产权制度改革，重点推进企业置换产权、置换国有职工身份（两个置换）。全市244户国有企业实行“两个置换”。通过产权制度改革，山河集团、东江冶炼厂、市麻织品厂等10户国企资产负债率平均下降42.0%；郴柴、郴建、郴汽等10户国企盘活存量资产2.25亿元。到2003年，全市各类国有企业实行“两个置换”改制企业达696户，占全市国企的77.1%，共分流职工5.84万人。是年，市政府下拨2000万元作为国有企业改制过渡扶持补偿。2004年，全市国有企业“两个置换”改革面增至82.1%，企业置换改制后多转入重组为民营企业。企业在改制中通过转让股权、合资合作、租赁经营等方式，累计引进聚集郴州境外资金7.18亿元发展生产。广大职工通过身份置换，增强了企业主人翁责任感，使企业焕发生机和活力。

到2005年年底，郴州市市属国有企业“两个置换”改革面达83.0%，县属国有企业改革面92.0%。当年安置分流职工2.64万人，占应安置职工总数的71.7%。至此，郴州国有企业在改制中先后累计盘活存量资产19.52亿元，化解债务包袱18.45亿元，资产负债率由改革前的93.0%下降到55.0%。相继涌现出三九南开、华明电力、东江金磊等一批体制新、活力强、效益好的强势企业群体。

二、发展非公有制经济

1989年年底，郴州个体私营非公有制经济发展初具规模，有登记办证经营户5.43万户。1990年3月，郴州行署召开全区个体劳动者第二次代表大会，会议针对时在清理整顿非公有制经济发展秩序中出现的“不敢放手发展非公制经济”的思潮，明确提出民营经济既要强化管理，更要鼓励、扶持其加速发展。

1994年，地委、行署把发展个体私营经济列入全区督办的19件大事之一，作为改革经济所有制结构的重点予以扶持。先后下发《关于鼓励发展个体私营经济的若干规定》《关于对全区个体私营经济发展情况实行考核评比的通知》，明确对其发展实行“四个放宽”（登记条件、经营范围、经营地域、从业人员放宽），和“四个不限制”（性质、比例、规模、速度不限制）政策，并制定出台15条具体扶持措施。各级政府部门竭力帮助个体私营户解决在经营场地、资金、子女上学入托等方面存在的问题，下力治理对其乱收费、乱罚款、乱设卡现象。全年全区财政投资1.49亿元，新建、扩建市场22处，新增营业面积10.92万平方米。至1994年年末，全区注册个体工商户和私营企业由1988年底的5万多户增至10.31万户，当年个体私营企业缴纳税金占全区财政总收入的18.5%。

1995年后，全市非公有制经济转入优化升级阶段。1995年6月，郴州市政府第一届一次全体（扩大）会议明确提出各地既要大胆放手发展非公有制经济，又要帮助企业做大做强上档次。1997年12月，市委、市政府作出《关于进一步加快发展个体私营经济的决定》，随后又召开全市私营经济工作会议。强调非公有制经济要实现“四个转变”（由小打小闹向上规模、上档次、上水平转变；由流通服务型向生产经营型转变；由单一分散型向联合型和混合型转变；由小区域地方型向跨区域型转变）。2002年年初，市委、市政府又出台《关于鼓励和推动民营经济加快发展的若干意见》，要求全面放宽民营经济市场准入条件，减少民营企业行政审批事项，创造宽松环境，扶持民营企业改变“小、散、差”的状况，提高市场竞争力。5月，郴州市委办公室、市政府办公室通报表彰段发洪等郴州市首批十佳民营企业家，号召全市民营企业改善产业结构，延长产业链条，像十佳民营企业家那样将企业做大做强。是年，民营企业上缴税金占财政总收入的比重由1994年的18.5%升至40.1%。规模以上民营企业发展到320户，金贵有色金属、永怡包装、西河铅业、湘达贵金属4家民营企业年销售收入突破亿元大关。全市民营企业初步转入规模型、效益型发展新格局。

2003年5月，市委、市政府下发《关于进一步加快民营经济发展的实施意见》，确定将发展民营经济纳入各县（市、区）工作考核的主要指标之一。组织对重点民营企业项目实行市领导联系、部门联办责任制。郴州率先在全省成立市民营经济发展局。6月，市政府召开全市民营经济工作会议，重点部署有关职能部门对民营企业提供全程优质服务工作。2003年，全市规模以上民营企业发展到450户。2004年民营经济增加值同比增长23.7%，实缴税金占全市财政总收入的比重升至42.5%。

到2005年，郴州非公有制经济提速提质明显奏效。2005年，全市共有工商个体户78963户，私营企业3349户，计有从业人员26.82万人。全市非公有制经济实现增加值、完成固定资产投资分别占全市57.3%、53.8%；实交税费22.5亿元，同比增长43.9%，占当年全市财政总收入比重由1994年的18.5%升至52.4%，提高33.9个百分点；有纳税过500万元的企业42户，其中过千万元的22户。全市涌现华润电力、怡丰锡业、金贵有色金属、高斯贝尔电子等一批规模大、效益好的优势骨干民营企业。

三、农村经营体制改革

1989年，行署致力巩固完善家庭联产承包责任制，部署大力发展农技推广服务体系，全区70%以上乡镇建立农技推广中心（农技推广站）。1993年，行署提出实施“一乡一品，一村一品”生产工程，创新农村生产经营模式，打造特色农业品牌。到1995年，全市初步形成“猪、牛、羊、鸭、兔、鸡、鱼”七大区域性商品养殖基地。1996年市委、市政府部署贯彻国家关于土地延包30年政策，并组织工作组下到嘉禾县开展农村土地延包和流转经营试点工作。到年底，全市2900多个行政村有541个完成土地延包工作；有1.78万户采取转让、转包、入股、互换、出租等形式实行土地流转经营。农村土地流转聚集经营起步发展。

1997年，市政府结合村级经济晋档升级活动，引导和壮大建立农村统分结合“双层经营”的经济体制，倾力在发展家庭承包经营的同时巩固壮大集体经济组织经营。是年起，市财政每年安排50万元作为乡村企业和农业产业化扶持资金，并在企业所得税、农业特产税等方面给予适当减免。到1998年，全市有集体经济收益的行政村2229个，占总村数的74.6%；无集体收入的村由1997年的933个减至756个，同比减幅19.0%。全市农村股份合作制企业发展到6563家，比上年增长27.3%。

1999年，为改变农村“小、散、弱”的传统经营模式，市政府组织调研，推广桂阳县创建的“市场连企业、企业连基地、基地连农户”的农业产业化组织结构模式，部署发展新型产业化生产基地。2001年，郴州市政府下发《郴州市农村集体土地延包及土地经营权流转管理办法》，市、县两级抽调人员进村入户督导土地延包和土地流转经营工作。是年，全市有2593个村完成土地延包，占总村数的87%；土地经营流转面积达2.57万公顷，形成聚集开发规模生产效益。永兴县在土地流转中集中连片开发50公顷以上的冰糖橙基地18处。到2002年，全市土地流转面积达到4.33万公顷。

2003年，在推进农村经营体系改革中，郴州市政府组织加速发展“生产、加工、供销”一条龙的农业产业化经营。这一年，市政府为助推农业产业化，选定推出农业产业化项目 70 个对外进行招商引资，引进资金 13.40 亿元投入发展农业规模化专业生产和农业加工龙头企业。当年全市 20 户省、市级农业产业化龙头企业实现销售收入 8.92 亿元、税金 3790 万元，分别比上年增长 42.0%、65.0%。全市农民专业合作经济组织发展到 2170 家。2004 年，郴州市委、市人民政府下发《关于深化农村经济体制改革的实施意见》，进一步部署发展"公司 + 基地 + 协会 + 农户"的农业产业化经营模式。当年 34 户市级以上农业龙头企业销售收入和税金同比分别增长 26.0%、16.0%。

2005 年，全市持续建立健全土地承包经营权有偿流转机制，引导土地向种植能手、养殖能手、农业龙头企业聚集。全年全市土地经营流转面积 12.74 万公顷，农业加工企业和各类农民专业合作经济组织带动 22 万户农户发展种植、养殖业专业生产，转入专业生产的农户占全市农户总数的 31.0%。市级以上农业龙头企业增至 36 家。至此，农村渐趋由过去单一的家庭联产承包转向聚集型、规模式、产业化经营，农业经营体制步入新的变革。

四、社会保障制度改革

1989 年，郴州地区仅实行单一的"企业基本养老保险"。1990 年起，社会保障拓展实行"企业补充养老保险"和"职工个人储蓄保险"。1993 年，郴州行署部署进行社会养老保险、企业养老保险试点，启动由过去单一的"企业基本养老保险"改为建立"国家、企业、个人"三方共同负担养老保险费用的社会保障体系。

从 1995 年起，按照市政府部署，改革单一的、分散的管理形式，对各类企业不同身份的职工，均实行统一制度、标准、管理和统一调剂使用基金的综合性养老保险管理模式。1996 年 11 月，郴州市被劳动部确定为全国企业养老保险制度改革的 49 个重点联系城市之一。市人事局出台《郴州市机关事业单位工作人员养老保险实施细则》，完善机关事业单位养老保险工作。1997 年，推行失业保险制度改革，全市失业保险统筹范围由全民所有制单位扩大到集体单位和其他经济类型企业；失业救济对象由原来 4 种扩大到 8 种人员，其统筹基金在企业征集的基础上实行职工个人缴纳制度。与此同时，在农村，普遍推行对"五保"老人实行"以乡统筹，县、乡、村三级供养"的保障体系。

1998 年 1 月，郴州在全省率先进行基本养老金社会化发放，即实行养老金全额收缴全额拨付，由社保机构委托银行统一发放。市政府决定对养老金不足的县（市、区），可先动用财政专户储存养老基金，或由当地财政安排一定资金给予补贴。市长与各县（市、区）长签订养老金社会化发放目标管理责任状。从 6 月份起，全市 30773 名离退休职工养老金实现全部按时足额社会化发放，月人均 378.8 元。1999—2001 年，郴州市"两个确保"（确保企业离退休人员养老金按时发放、确保国有企业下岗职工基本生活费）工作，连续 3 年被评为全省先进单位并获综合考评考核第一。2001 年 1 月，郴州市成为全省惟一获得"全国劳动和社会保障系统先进集体"奖牌的市（州）。这期间，市政府下力抓好企业养老保险金和企业下岗职工失业保险金"两金"的收缴，先后 10 多次召集相关部门和单位研究部署征缴工作，市政府领导还以身作则下企业抓"两金"收缴。到 2001 年，全市实现下岗职工基本生活费、企业离退休人员养老金发放率、企业离退休人员养老金社会化发放率、失业人员救济金发放率"四个" 100%。2002 年，全市享受城市低保对象计 69463 人，人均月发放低保资金 41.90 元。

2004 年 8 月，市政府出台《郴州市市直下岗失业人员小额担保贷款实施办法（试行）的通知》，帮助失业人员再就业解决资金困难。全市城乡劳动力市场进一步完善，至年底有职业介绍机构 43 家，

258 个乡镇（街道）和 113 个社区建立劳动保险机构。是年，市政府在农村推行养老保险、特困人口生活救助制度的基础上，组织在桂阳县和资兴市开展农村合作医疗保险试点工作，实行以政府为主筹集合作医疗资金，农民交纳部分入合资金（“五保”对象免交），可选择不同定点医院就诊（贫困户可获一定医疗救助）的农村医疗保险制度。2005 年年底，全市全面启动推行这一新型农村医疗保险体制。到 2005 年，全市社会保险覆盖面继续扩大。参加养老保险、基本医疗保险、失业保险、工伤保险、生育保险者 120.44 万人，占全市总人口的 26.1%。

五、住房制度改革

1988 年 8 月，郴州行署制定印发全区住房制度改革规划。11 月，全省第一个县级“城镇居民住房制度改革方案”，即汝城县城镇居民住房制度改革方案经省改房领导小组批准实施。1991 年 4 月，地委、行署审定全区城镇居民住房制度改革方案，10 月经报省人民政府获批后予以实施。1993 年 5 月，地委、行署批转地区房改领导小组《关于实施〈郴州地区住房制度改革指导性方案〉的请示》。其间，郴州开始推行单位自管公房出售、集资建房、城镇公有住房小步提价的住房制度改革。至 1993 年底，全区出售单位自管公房 5.57 万套，职工集资建房 82.06 万平方米。职工住房打破过去长期来“公建私用”的旧模式。

1995 年 5 月，郴州市政府制定下发《郴州市深化城镇住房制度改革实施方案》和三个配套执行方案，随即全面铺开房改工作，重点推行公房出售、建立住房公积金和集资建房三种方式。1995 年 6 月至 1996 年底，市本级按 100% 产权出售公有住房 19485 套，回收住房资金 3000 万元；136 个单位建立住房公积金制度，1.55 万人建立公积金卡，归集公积金计 827.70 万元。在继续做好公房出售、归集住房公积金的同时，发展集资建房和安居工程建设。1998 年，市直单位采取以个人集资为主、单位自筹资金为辅的办法，完成集资建房投入 7411 万元，竣工建筑面积 5.45 万平方米计 1138 套住房。同时开展住房公积金贷款业务，带动住房消费。城镇住房停止住房实物分配，实行住房货币分配，对最低收入家庭则实行廉租住房制度。

1999 年 7 月，郴州市政府颁布《郴州市进一步深化城镇住房制度改革，加快住房建设实施方案》和《郴州市职工住房分配实施细则》，要求注重解决贫困家庭住房和发挥住房公积金在住房制度改革中的作用。当年，市级安居工程完成投资 7200 万元，竣工 29 栋建筑面积 9.30 万平方米的经济适用住房，全部按成本价出售，解决中低收入家庭住房问题。市直建立住房公积金的单位由上年的 330 个增加到 344 个，公积金归集率和归集面分别为 87.0%、92.0%；全年为市直单位发放职工住房公积金购房贷款 3499 万元，较上年增长 12%。至此，全市存量公房出售率达 90%。

2000 年，市政府强化住房公积金的归集力度，加大住房改革力度。全市 4564 个单位、19.96 万职工施行公积金制度，交纳住房公积金 8278.56 万元。全年发放住房资金委托贷款 5414.20 万元。全市完成经济适用住房投资 3.20 亿元。同时严格企业集资建房审批，全市年内审批 164 个单位集资建房，建住房 4061 套。2001 年，全市住房交易二级市场开始启动，个人购置公有住房和经济适用住房上市交易实现“零”的突破。此后，城镇住房全部转入社会化市场消费，住房制度改革带来房地产业的蓬勃兴起。

六、行政审批制度改革

1989 年后，郴州在创办改革开放试验区实施省委、省政府给予的一些放活政策中，常因行政审批程序和事项过多，发生“块块放政策，条条收政策”的现象，成为开放搞活中的“中梗阻”。为此，至1994年郴州行署先后两次组织精简行政审批程序，简政放权。1995年郴州地改市后，市政府结合政府机构改革转变政府职能，对一些行政审批程序、事项进一步进行兼并和精简。到2000年，市本级精减行政审批层次、事项均在三分之一以上。地直机关取消行政审批事项达35%。2001年11月，郴州市人民政府下发《关于郴州市深化行政审批制度改革工作实施方案的通知》。经组织清理，继建立避免多头审批、多层次审批和违规审批的制约制度。2002年3月，市政府向社会公布第一批取消和不再审批的行政审批事项593项，占清理项目总数的40.2%。促使市级政府机关转变职能，由微观管理转入宏观调控，由直接管理变间接管理，2003年8月，市政府将审定的市直部门（含省以上垂直管理单位）550项行政审批项目，编印成《郴州市行政审批工作手册》，发至各县（市、区）及市直机关单位和市属企事业单位执行，依法统一规范行政审批程序和事项。

2004年5月，郴州市政府政务中心投入运行，市直机关在政务中心设立财政税费征收、会计核算、工商注册、车辆驾证照办理、下岗再就业中心等政务服务窗口。7月，市政府印发《郴州市政务中心集中统一联合办理行政审批服务事项暂行规定的通知》，规定实行“一门受理、规范审批、限制办结、一口收费”的原则，使行政审批做到“公开、规范、公正、高效”。至2005年，全市11个县（市、区）政府均相继建立政务服务中心，设立服务窗口320多个。公安、工商、城建、房产管理、国土资源等具有审批职能的部门，均集中在政务中心集中统一办理审批事项，改变过去行政审批“多层次、多环节、效率低”的状况。

第二节 实施“开放兴郴”发展战略

1988年5月，郴州被国务院批准列为由沿海向内地改革开放的过渡试验区。郴州地委、郴州行署随即作出实施“开放兴郴”发展战略的决策，动员全区解放思想，扩大对外开放，走出封闭借助外力发展郴州。

1989年，郴州行署采取一系列重大工作举措，强力组织实施“开放兴郴”战略。9月，郴州行署成立“郴州地区改革开放与发展研究会”。1990年3月，行署召开专员办公会议，研究郴州市与美国本顿港市进行友好交往等外事。10月，行署制定出台鼓励台湾同胞投资的若干规定。1991年4月，郴州行署出台放宽商品经营范围和价格管理、加速商业基础设施建设、发展社会商业市场、废止一切地区封销的政策规定及拆除阻碍商品流通的各种关卡等8条扩展开放的措施。1991年10月，行署牵头组织举办中国女排首次夺冠十周年纪念活动和经贸联谊洽谈会，与海外客商签订外经外贸合同金额700多万美元，达成意向性协议金额3亿美元。年内，行署相继组织举办有7省19市工商企业参加的商品交易会、深圳（香港）经贸洽谈会等招商活动。1992年5月，支持和协调桂东县创办郴州第一家与台、港合资的农产品开发企业。6月，郴州海关、郴州进出口商品检验局挂牌办公。9月，在湖南深圳（香港）经贸洽谈会上，行署组织推选一批有发展潜力的老企业供外商选择投资改造，与外商签约项目75个，合同引进外资6612.13万美元。12月，郴州证券公司深圳、上海上市股票交易所开业。其间，郴州招商引资在用地价格、劳动用工、征税、利润分成、产品销售和产业扶持等方面，逐步与广东政策接轨实行优惠；借鉴广东经验兴办各类经济技术开发区，建立“开放兴郴”产业开发基地。全年，自营出口创汇突破1亿元，在湖南省14个地州市中居第一位。

自1993年始，郴州行署组织实施“边贸经济”工作方略，拓展郴州边境商贸流通和经济合作。到1994年，郴州在与湘粤赣相接的边境地区建立商贸市场80多个，零散商业网点9000多个，涌现跨省际经济联合体417户。80%以上的能源、原材料等物资流向广东，同广东的经济依存度达30%。边贸经济的活跃拉动了郴州经济的发展，是年，郴州创造“三个全省第一”，即乡及乡以上的工业总产值增幅、预算内工业企业盈亏相抵利润总额、自营出口创汇总额在全省均居第一位。

1995年5月，郴州市委、市政府面对郴州经济外向度较低的情况（至1994年全区外向型经济占国民生产总值还不到10%），决定将“开放兴郴”列为郴州发展的首选战略。6月，市委、市政府召开开放兴郴工作会议确定“开放兴郴”的总体方略，即坚持以全方位开放为驱动，以招商引资和出口创汇为重点，以资源开发为依托，以参与沿海经济乃至国际经济循环为基本途径，加速郴州经济发展。会上还表彰1994年利用外资和出口创汇的17个先进单位。市委、市政府作出关于进一步扩大对外开放，加速发展外向型经济的8条决定。郴州市政府选择100家企业向外招商引资，进行引资引技嫁接改造，并出台对招商引资、出口创汇的奖励政策和对“三资”企业收费实行规范管理的规定。市政府支持协调东江水泥厂与美国海德国际投资公司合资兴办时为湖南省最大的中外合资企业——金磊水泥集团。1996年1月，郴州赴北京举行经济工作汇报会和上门招商活动。市委书记梅克保、市长龙定鼎上门聘请19位国家机关和金融机构的高级经济研究和技术人员，担任郴州市发展外向型经济顾问。5月、9月，由市政府领导带队举办深圳国际招商周活动和参加湖南省第四届港交会。全年全市共签订“三来一补”合同27个，实收工缴费1097.75万美元，出口产品创汇2189万美元，比上年增幅在全省各地、市、州中排名第一，实收工缴费占全省总额的一半。

从1997年起，市委、市政府将发展外向型经济纳入各级党政目标管理，市、县、乡三级党政主要领导为第一责任人。市、县两级每年对引进外资、外贸出口、劳务输出、“三来一补”四大项指标均进行综合考核，检查督促领导责任的落实。1999年，市委、市政府推出“开放带动”发展战略，即以开放带动开发、以开发带动发展。随之，全市掀起新一轮“开放兴郴”高潮。市委、市政府相继下发《关于发展开放型经济的有关意见》《关于加大招商引资力度鼓励外来投资的若干规定》《关于奖励招商引资有功人员的暂行规定》，重点部署建立和完善吸引外资的良好政策和环境体系。1996—2000年，郴州各级共举办招商引资活动264次，其中由县（市、区）和乡镇村组织的分别达到94次和108次。2000年，全市国内劳务输出47万人，海外劳务输出640人，对外劳务经济规模扩大。

2000年后，郴州市在实施“开放兴郴”战略中，突出优化经济发展环境，使外商进得来、留得住、发得起。市政府部署市监察局、招商局、物价局联合在“三资”企业中，全面推行凭统一制发的“一证一卡”进企业收费制度；市纪委、市监察局对其合法权益实行挂牌保护。2001年5月，市委、市政府在全市治理经济发展环境暨保护私营企业合法权益工作会议上，明确宣布凡一个单位一年内违纪违规发生两起以上严重影响经济环境的典型案件，除严厉查处直接责任人外，其主要领导要引咎辞职或责令辞职。当年，市政府牵头召开各种协调会，调处招商引资、发展对外经济中的实际问题250多个，全市立案查处阻挠重点工程施工和乱收费等破坏经济发展案件788起。2001年，郴州市实际利用外资10953万美元，利用外资绝对数增长幅度居全省市（州）第二位。2002年，全市享有出口经营权的企业76家，郴建集团、郴电国际、郴州粮机等企业进入南非、印度、印尼办企业11户。是年，郴州市政府在南非设立办事处，促进外经贸往来。

2005年3月，市委、市政府出台《郴州市鼓励投资暂行规定》，推进和组织以企业为主体的专业招商，突出优势产业招商，主动承接国际产业与沿海产业向内地梯度转移。年内，市政府着力抓好举办香港招商周、东莞招商会、台湾农业招商会和第二届东盟博览会等招商活动，以及组织参加第十三届坎帕拉国际贸易展销会、印度孟买中国商品展、东盟博览会、加沙中国商品节等海外经贸交易活动。2005年，全市进出口额首次突破2亿美元达2.47亿美元，比上年增长59.4%，大幅超过当年全国23.2%的增长率。实际利用外资总量自2001年至2005年共8.65亿美元，连续5年位居全省市州第二，引进国内资金193.6亿元人民币，年均递增81.1%，海外承包工程营业额和输送劳务人员逐年增多。全市对外开放实现全方位、超常规发展。

第三节 推进地方工业发展

1989年以前，作为湖南有色金属工业基地、煤炭工业基地和电力工业基地的郴州，虽工业资源丰足，但由于工业结构不尽合理，缺乏地方优势支柱产业，加之设备陈旧、生产技术落后，导致工业总体上还处于经济效益差、发展后劲不足的状况。

1990年4月，郴州行署在全区经济工作会议提出工业要切实做好向产品调整、向强化管理、向技术创新要效益的三篇文章，产品结构调整总的原则是“五保五压”，即保证能源及原材料产品、支农产品、日用必需品、出口产品、轻纺机电优质名牌产品；压滞积、高消耗、效益差、技术落后、污染严重五类产品。会后，行署实行倾斜政策，确定重点支持对稳定全区经济有重大意义的22家骨干工业企业。1991年，地委、行署在全区开展“质量、品种、效益年”活动。各县（市）主管工业的副县（市）长及地直工交战线各局局长，分别向行署签订工业目标管理责任书。成立郴州地区调整工业生产结构领导小组，统筹解决优化地方工业结构、重大技术改造和重点工业项目建设问题。1992年，全区施行工业技术改造项目24项，投入资金7亿元，其中完成十大合资技改项目，年内新增产值10亿多元。1993年，行署动员多方筹集资金11.74亿元，投入工业产业项目建设和支持9个重点新产品开发。全区乡及乡以上工业产值完成40.50亿元、地区与县级预算内企业实现利税1.95亿元，同比分别增长10.9%和1.7倍。全区工业企业亏损面、亏损额为全省最小的地区。然后由于郴州工业经济基础薄弱，至1993年，郴州人平工业产值只有1226元，比全国低89.2%，比全省低48.0%。

1995年5月地改市后，郴州市政府面对郴州“工业资源大市，工业经济弱市”的现实，及时采取措施组织实施“兴工强市”战略，决定着力抓好地方支柱产业基础设施建设、科技开发和加速工业化进程等五大战略工程，立足地域比较优势，重点培育年产值在10亿元以上的能源、冶金、建材、轻工、化工五大工业支柱产业。是年，市、县两级选派工作组到106个困难企业帮助发展生产。全市完成企业技术改造项目投资5.73亿元，开发新产品72项，其中填补国内空白和达到国内先进水平的42项。全年实现新产品产值5.86亿元。临武县在培植地方工业中依托本土煤炭资源优势，竭力发展煤炭工业。1995年全县产煤100多万吨，拥有5000多台汽车拉煤炭跑销售，形成“煤炭生产—运输—销售”的经济联动效应，当年全县煤炭产业收入达3亿多元，成为地方工业一大支柱产业。

1997年6月，市委、市政府召开全市深化国有企业改革和扭亏增盈活动月动员大会。会后，市政府经组织调查研究，部署在全市110多户国企进行多形式的改革，因“企”制宜地分类倡导企业实行股份有限公司、分体经营、合资联营、产权转让、破产重组等新体制、新机制。1998年后，市政府采取“先试点、后推广、再完善”的办法，引导工业企业进行资产重组，多形式展开联大靠强，优化企业生产要素的配置，一批企业合并组建集团公司，出现企业优势互补、做大做强的新局面。

2000年7月31日，郴州市政府第二届第一次全体会议重点部署发展地方高新技术产业、改造“小、散、差、弱”的工业企业，多方式地推动改革企业产权制度和工业化工作。11月，全市11个县（市、区）委书记和相关市直部门负责人，赴长沙市考察学习高新技术产业发展经验。至年底，经市政府支持和协调，原年产量仅7000~8000吨的资兴啤酒厂，与青啤公司合资组建青岛啤酒（郴州）公司建成年产10万吨啤酒生产线，成为华南地区最大的啤酒生产基地；柿竹园矿与株洲601工厂合作投资1.4亿元，建成当时全国年生产能力最大的钨加工基地。2000年，市政府利用贴现、承兑等货币政策，协助投入11亿多元支持工业企业联大靠强，形成五指并拢的“拳头效应”。同时市级财政先后拿出2000万元，投入重点企业技改和专项资金贴息，扶持企业走内涵发展之路。全市全年完成经济工作综合指标跃居全省市州第三位。

2004—2005年，全市开展“新型工业建设年”活动，推动地方工业走科技含量高、资源消耗低、环境污染少、经济效益好的新型工业化发展之路。两年中，市政府确定的72个市级重点建设项目完成投资63.93亿元，其中投入企业技术改造项目60.41亿元。2002年下半年，市政府派出调查组到全市23个改制转体富有成效的企业调研取经，形成《企业联大靠强典型集》一书，推介企业做大做强做优，转向新型工业化建设的经验与作法。“十五”期间（2001—2005年），全市完成技改投资103.50亿元，是“九五”时期（1996—2000年）的3倍；完成技术创新项目293项（产品），其中填补国内空白36项。

到2005年，全市一、二、三产业结构中工业比重由2000年的29.9%调整到43.4%，工业增加值完成225.83亿元；形成有色、能源、医药食品、建材、化工机电、电子信息六大地方优势支柱产业，全年完成增加值113.9亿元，拉动规模以上工业经济增长18.5个百分点。全市规模以上独立核算工业企业发展到767户，其中年产值过亿元的企业67户；高新技术产品生产企业发展到160家，完成产值72.28亿元，是2000年的5.25倍。全市工业化水平达到43.4%。

第四节　加快中心城区建设

1989年，郴州市还是一座湘南边际小城，城区基础设施建设滞后，难以适应经济社会发展需求。自1990年始，中共郴州地委、地区行署先后多次向湖南省人民政府提出撤地建市设想。1995年5月，经国务院批准郴州实现撤地建市。市政府召开城镇建设工作专题会议，提出将市委、市政府确立的“经过15年或更长一些时间把郴州建设成为社会主义现代化开放城市”的宏伟目标，列为郴州实现未来发展目标的八件大事之一，动员聚力加快郴州中心城区建设。会后，组织有关部门负责人到张家港、大连、青岛等市，考察学习城市建设经验。

1995年8月成立市城乡建设规划局。10月，郴州市城市总体规划工作组与中国城市规划设计研究院制定出《郴州市城市总体规划编制计划（1995—2015）》。1996年11月，郴州市第一届人大常委会第一次会议审议通过编制计划。规划确定远期（2015年）城市人口规模为60万~65万人，城市规划范围面积为1313平方千米。建成以有色金属、建材、轻化、电子为主导，商贸和旅游业发达的湘南地区重要中心城市，具备带动和辐射各县（市、区）经济社会发展的功能。

1996—1999年，郴州从改善基础设施入手铺开中心城区建设。先后开工投建郴州城区贯通东西的交通要道“资（兴）—郴（州）—桂（阳）”高等级公路；开通程控电话，成为全省第二个实现县、市国际国内电话直拨地区。此间，郴州市政府按照以郴州市区为中心，近期向南、远期向东发展的“南延东进”战略，以及在全市形成东南西北十字架经济大走廊的建设框架，分步组织工程实施。在组织开展郴州城区改造开发建设中，市政府确立“人民城市人民建”和“谁投入、谁所有、谁收益”的原则，引入市场机制，形成以政府筹集资金为主、招商引资、吸纳社会资金参与城市建设的多元化投资格局。四年间，市政府积极运作，经多方筹措共投入郴州中心城区基础建设资金近9亿元，启动道路改扩建、公共设施、街容改造、园林绿化和防洪排水等重大工程60多项。五岭广场原是一片荒草之地，市政府没有划拨资金，而是引导以资本手段经营城市，采取土地出让的办法筹资8380万元，历经两年时间，将此建成总面积达13.69万平方米，集休憩、游览、文体活动和商务于一体的多功能广场。市、区两级政府先后制定和出台城市管理行政规章36项，重点整治城区“脏、乱、差”。1998年郴州市进入省级卫生城市行列。到1999年，郴州城区市政公用事业能力明显提升，累计投入资金2250万元添置公共汽车，城区日供水能力增至28万吨。市政府还安排资金先后在郴州城区建成烈士公园、湘南起义纪念塔等革命纪念地，新建、改建郴州博物馆、图书馆、群众文化活动中心等文化基础设施，提升城市文化品位。

2000年10月，郴州市政府召开中心城区建设与管理动员大会，研究和部署用5至8年时间扩容再造一座郴州城工作。市政府确定在增加财政投入的同时，通过招商引资助建城南新区。当年支持和协调引进由香港丰生国际发展有限公司投资1.80亿元独资建成五岭大市场，成为郴州市城区服务业扩容提质新品牌。2001年，市政府围绕创建国家卫生城市、园林城市、中国优秀旅游城市和文明城市的目标，组织开展市城区建设“百日攻坚”活动。全年市政府筹划组织多方融资3亿多元投入城区建设，相继完成107国道城区段二、三期及燕泉路、飞虹路扩宽改造等一批重点建设工程。

2002年1月，郴州市人民政府举行城市经营新闻发布会，公布当年郴州中心城区首批面向社会融资投建的11个城市经营招商项目，并将当年定为“城市经营管理效益年”活动。市政府通过推介经验、组织参观等方式，倡导把城市基础设施建设推向社会市场，允许采取买断、转让、租赁经营使用权等办法，面向社会筹集工程建设资金。全年累计投入城建资金5亿元，其中75%为市场运作集资，完成中心城区基础设施新建、续建工程23项。2003年，市委、市政府部署全市开展“重点项目建设年”活动，其中郴州市中心城区完成新建、改建工程32项，累计投资9亿多元。相继有引进港资2.20亿元投建的样板工程兴隆步行街竣工，投资7000万元兴建的郴州市首座污水处理厂一期工程完工投入试运行，郴州城区商务、文化休闲和高科技产业“三大中心”建设整体推进。

2004年，重点转向打造绿色生态城市建设。市政府组织审定郴州市中心城区生态建设项目，安排部署城区生态旅游走廊（苏仙岭、王仙岭森林公园）建设；启动城区三河（郴江河、燕泉河、同心河）治理、两湖（北湖、爱莲湖）改造、一园（湘南风情园）建设。2005年3月，郴州市政府召开“城市生态项目建设年”活动动员大会，部署构造“园林式、生态型、现代化”相结合的生态城市的工作。郴州市城区苏仙岭、北湖、王仙岭、爱莲湖、南塔、五岭阁六大公园和南岭植物园绿化全面进入提质改造。到2005年底，郴州市中心城区建成区面积由2000年的25平方千米扩大到37.5平方千米，初步形成“山水旅游、生态宜居、商贸发达、新型工业”的城市风貌。

在这一时期，郴州先后成功创建中国优秀旅游城市、全国园林绿化建设先进城市、全国双拥模范城、湖南省园林城市和文明城市。

第五节　开发农业与农村经济

一、农业结构调整

1990—1995年，行署在组织实施湘南农业综合开发项目中，积极调整农业结构，把发展“一优两高”（优质，高产、高效，后同）农业作为主攻方向。全区广泛推广优质稻、优质烟名优特果种植，和良种畜禽水产养殖，各业比例关系趋向合理。1995年，全市农业总产值55.85亿元（现价），按可比价格计算比1989年增长38.4%。农业总产值中种植业占52.6%，林业产值占6.9%，牧业产值占37.4%，渔业产值占3.1%。

1996年在农业结构调整中，郴州市政府把产值率高的养殖业作为农业结构调整的支柱产业来抓，列为全市10件督办大事之一。市、县两级成立由政府领导负总责的养殖业开发领导小组，从上到下层层签订目标管理责任状。当年，全市猪、牛、羊、禽、鱼生产增长速度跻身全省前列，养殖业新增产值占全市农业新增产值的51.2%。1997年加大发展优势农产品力度，增加优质稻、烤烟和蔬菜、果茶等作物种植比重，扶助发展规模型畜禽、水产养殖。当年春，市政府牵头组织农业、粮食部门引进种植“台A101”优质稻1396公顷，部署在全市开展评选“养殖大王”“种植能手”活动，籍以带动农业结构向调优调强扩展。

1998—2000年，市委、市政府坚持以市场为导向，着力引导农业结构调优调特，加快发展高效特色农业。全市推行由农业产业化龙头企业与农户签订农产品购销合同，按订单组织生产，促进农业结构面向市场需求调整。1999年，市委、市政府对全市农业发展目标实行考核，其中将调整农业生产内部结构列为考评的一项重要内容。全市根据“订单农业”的需求，组织发展优质稻种植，经济作物则按照“压烟、优果、扩茶、兴菜”的要求进行调整。到2000年，全市常规水稻品种种植大幅下降，优质稻种植面积率达40%；蔬菜、名优果茶、油料作物等经济作物和优势特种养殖，在农业生产结构中所占比例明显扩大，市场竞争力增强，2000年农产品商品率达64%。农业产业结构实现进一步调优，2000年在种植业产值中，传统粮食作物产值下降9.7%，经济作物产值则增长9.6%；渔业产值占农业总产值的比重同比增长1.6%。2001—2005年，市政府在执行“十五”规划中，大力组织发展“三高”（高产、高收、高效）和外向型农业，实施“一县一品”工程。此间，市政府强力组织加快优势产业带和特色产业带建设，部署集中力量建设优质稻、果茶、蔬菜、烟草、畜禽水产等十大优质农业和基地。并要求所有乡镇干部掌握3门以上农业先进技术，为发展“三高”农业提供技术服务。

到2005年，全市农业产业结构不断优化，传统低效的种养门类基本淘汰，初步形成优质稻，高产玉米、优质畜禽水产、果茶、烤烟等十大优势农业产业。2005年，全市农业总产值131.10亿元，按可比价格计算是1989年的1.56倍，年均增长6.1%。经济作物、牧业、渔业占农业总产值比重上升较快，其中畜牧业产值占农业总值的比重比1989年提高13.7个百分点。随着发展第三产业，农林牧渔和服务业产值占农业总产值比升至1.9%。

二、农业产业化建设

1990年，郴州地区国家、集体、农民共投入资金3950万元，开发建设商品粮、水果、瘦肉型生猪、速生丰产林、水产、茶叶、油茶等16大农业商品基地，基地面积达20.67万公顷。1992年2月，郴州行署提出农业产业化商品基地建设要“以优取胜，重点发展优质烟、粮油、果茶菜、畜禽水产”，成立优质农业产业基地建设指挥部。当年，全区新增优质烟、油茶林种植5.66万公顷，优质畜禽水产养殖亦有发展。农业产业化建设初露端倪。

1996年10月，郴州市委、市人民政府召开全市农业产业化和“三冬”工作会议，提出农业产业化要以本地资源为基础，发展区域性主导产业；要推行“产、供、销”一体化经营，实行社会化服务，企业化管理。全市突出发展十大区域性主导产业（木材、烤烟、楠竹、油菜、药材、畜禽、水产、蔬菜、优质稻），十一大农业商品基地（木材、烤烟、果茶、畜禽、水产品、油茶林、楠竹、药材、杂交水稻制种、优质稻、蔬菜），六大农业加工龙头企业（饲料、胶竹板、木材、肉类、水产品、板鸭加工）。农业产业化初具雏形。

1997年，市委、市政府出台《关于推进农业产业化的实施意见》，重点部署推行以工业带动农业，形成农业产业链。1998年，市政府重点扶持郴州种业集团、湘南烟草集团、郴州市牧工商总公司，和桂东、汝城、资兴竹胶板厂等农业龙头企业的建设。湘南烟草集团以郴州烟草公司为龙头，以桂阳、永兴、嘉禾、临武县为基地，形成“公司+烟厂+基地+农户”的一体化经营，带动烤烟生产进入产业化运作。同时，市政府还重点支持郴州市罗家井农副产品批发市场、宜章县生猪中转站、临武县土桥农副产品边贸市场等五大农副产品批发（中转）市场的改造和扩建，以市场促销带动产业扩张。各县（市、区）政府致力兴办集“生产、加工、销售”于一体的农业产业化实体，相继涌现桂阳县湖南天韵银杏实业有限公司、临武县舜华鸭业有限公司、北湖区大光华畜牧有限公司等一批“内连基地和农户，外连市场和供销”的农产品加工企业。到1998年底，全市建成综合性的集贸市场268个。郴州还在境外城市广辟农产品销售网点，拉动农业产业化发展。当年，全市66%的生猪、30%的山羊、25%的家禽销往粤港澳市场。全市还成立各类农产品销售协会1600多个，组织销售全市65%的农产品。

2000年，市、县两级共选择730家农产品加工企业作为龙头企业培育和扶持对象。自当年起，市政府安排市财政每年拿出300万元扶持市级龙头企业。市政府年内在3家农业龙头企业召开现场办公会，协调解决有关生产基地、资金等问题。当年，市级农业龙头企业临武舜华鸭业有限公司（鸭业加工企业）采取“公司带基地、基地连农户”的模式，和签订包购养鸭的契约方式，形成产、供、销，科、工、贸农业产业一体化运作，至年底带动全县兴建养鸭基地56个，创产值2273.60万元。县级龙头企业嘉禾县三味食品有限公司与700户农民签订三味辣椒种植合同，牵动发展辣椒生产基地1.33万公顷。2001年，市政府重点扶持20家农业龙头企业。2002年，市委、市政府把农业产业化建设纳入全市经济社会发展综合目标管理，组织评选创农业产业品牌“一品工程”项目20个。当年，全市15家市级农业龙头企业，连接农业生产基地5.4万公顷，直接牵引带动15万农户投入产业生产。裕湘面业公司继临武舜华鸭业公司被认定为省级龙头企业。

2003年，全市突出招商引资助推农业产业化建设。市政府组织选定农业产业化对外招商引资项目70个，引进郴州境外资金13.4亿元；全年投入扶助20家省、市级龙头企业发展生产项目资金达4.23亿元，同比增长40%；引导龙头企业连接32万农户建立专业生产基地8.4万公顷。是年，全市主要农产品的优质品率达59.0%。农业产业化反哺农村劳务经济，全市年内向农产品生产基地、加工企业、运销行业转移农村劳动力 71.4 万人，创劳务收入 43 亿元。

2004 年，市政府制定出台《市级农业产业化龙头企业认定监测办法》《农业产业化工作年度考核办法》。2005 年，市政府及有关部门先后组织县（市、区）和农业龙头企业参加省内外经贸洽谈会和农博会，推介郴州农业企业和品牌产品，引进到位资金 9.3 亿元，助推农业产业化建设。至年底，全市培育市级以上农业产业化龙头企业 55 家，其中国家级 2 家（资兴东江鱼业集团、临武舜华鸭业有限公司），省级 9 家。全市初步形成粮、果、茶、烟、畜禽、水产、竹木、蔬菜、花卉、中药材十大特色优势产业，创立临武鸭、东江鱼、裕湘面、桂阳烟叶、永兴冰糖橙、桂东玲珑茶等十大农业品牌。当年市级以上农业产业化龙头企业实现销售收入 23.60 亿元、税金 9650 万元，同比增长 21.0%、18.0%。

三、农业与农村经济能力开发

（一）改善农业生产基本条件

1989 年 7 月，国务院把郴州列为全国 18 片农业区域第一期湘南农业综合开发重点项目区。1990 年 1 月，中共郴州地委、地区行署发出《关于全区动员大办农业的决定》，强调增加投入，在农业综合开发中组织以水利建设、土地治理、扩大耕地和增加有效灌溉面积为主的农业综合项目工程开发，改善农业生产基础条件，增强农业经济发展能力。1991 年 4 月，地委、行署召开全区农业综合开发现场经验交流会，巡回观摩学习全区 11 个县（市）、52 个农业综合开发的先进典型。至 1992 年 6 月，全区第一期农业综合开发完成改善农业生产基本条件的工程项目 63 项，投资 2.20 亿元，投入产出比为 1∶2.58。之后至 1998 年，郴州连续实施第二、第三期湘南农业综合开发项目。其间，郴州行署（市政府）组织在项目区建立项目工程管护制度、领导督促责任制，明确县、乡两级主要政府领导担任项目区负责人。市政府督促组织各县（市、区）加快资金配套，作好区域规划，落实开发项目。6 年中，全市投入项目配套开发资金 7.6 亿元，竣工土地改良、兴修水利、农产品基地建设等重大开发建设工程项目 89 个，全市农业生产条件有了根本性变化。之后，列入国家农业综合开发项目改为一年一定的立项制度。

与此同时，市委、市政府结合农村中心工作，采取下派工作队（组）的作法，在推进农村中心工作的同时，突出组织改善农业基本生产条件。1995—2001 年，市、县两级下派建整（建设整顿村级领导班子）扶贫工作组进驻 956 个行政村。驻点村累计完成治山、治水、治田等改善农业生产条件项目 8700 多项。

2001 年 2 月，郴州市政府下发《关于实行农业综合开发工作责任制的通知》，强化各级政府农业综合开发责任目标管理。随即县、乡两级政府领导分别在农业综合开发项目区挂点联系精品项目工程，重点督导增强农业抗灾保丰收能力。当年全市完成国家农业综合开发配套投资 5908.90 万元（未含地方开发项目投资），当年项目区随着农业生产条件的改善，人平新增纯收入 172.43 元。投入产出比达到 1 ∶ 2.63。

1989—2005 年，郴州实施市（地）级以上农业综合开发工程项目 313 项，主要为土地改良、水利治理、生产与加工基地开发、扩大机耕面积及科技成果应用等。全市（地区）改造中、低产田 15.16 万公顷、新增稳产高产田 3.93 万公顷。此间，投入产出比为 1 ∶ 2.72。

（二）发展乡镇企业

1989 年，行署针对国家治理整顿中银根收缩、产品滞销给乡镇企业带来的困难，决定每年财政拨款100万元，用于乡镇企业的贷款贴息。1991年，行署成立乡镇企业领导小组，地区乡镇企业局改为地区乡镇企业委员会，由归口地区农委管理改为行署直接管理。11月，郴州地委、地区行署下发《关于进一步加快乡镇企业发展步伐的决定》，要求各地重点抓好一批骨干项目的改建、扩建、新建工作，确定将31个乡镇列为发展乡镇企业示范乡镇。1992年，郴州行署下发《关于建立和加强乡镇企业发展激励机制的决定》，部署在全区开展乡镇企业"质量、品种、效益年"活动。全年乡镇企业总产值、利润、上缴税金比上年分别增长34.9%、48.7%、34.5%。

1993年2月，地、县两级从党政机关抽调干部1448名，组成168个农村奔小康帮促工作队进驻110多个乡镇，重点帮助发展乡（镇）、村办企业。是年，全区乡镇一级的股份合作制企业发展到1128户，乡镇企业总产值首超农业总产值。1994年2月，地委、行署召开全区乡镇企业工作会议，提出当年全区要完成乡镇企业总产值60亿元的总体目标。各县（市）长在会上与行署专员签订乡镇企业目标管理责任状。是年，全区乡镇企业新建、改建、扩建项目348个，新建乡镇企业工业小区5个。全区乡镇企业创总产值69.60亿元，比年初计划超产值9.60亿元，年增幅居全省市州第一位。1995年3月，地委、行署召开全区乡镇企业工作会议，兑现1994年乡镇企业目标管理奖。会议着重研究解决乡镇企业存在的产品结构不合理、产品档次低、市场竞争力差和发展不平衡等问题。

1995年6月，郴州市人民政府一届一次全体（扩大）会议提出：各级政府要引导、扶持乡镇企业优化结构，上规模、上水平、上档次，使乡镇企业转入大发展大提高阶段。1996年，市委、市政府决定全市开展"乡镇企业发展年"活动。市政府主要领导到乡镇企业现场办公15次，市和县两级机关单位实行挂钩帮助乡镇企业开展招商引资、产权改革工作。当年全市乡镇企业实施新建、扩建、改建项目9376个，总投资15.74亿元，乡镇企业实现总产值203.60亿元，比上年增长82.4%，年增幅继居全省市州第一位。

1997年1月1日，《中华人民共和国乡镇企业法》正式实施。市委、市政府以此为契机，组织在全市开展"乡镇企业效益年"活动。市政府先后5次召开有县级领导参加的乡镇企业工作会议，全市276名县级以上领导，75个市直部门定点联系乡镇企业，帮助解决乡镇企业发展中的实际问题。1998年，两次召开有乡（镇）党委书记、乡（镇）长参加的全市乡镇企业工作会议，研究、部署乡镇企业改制和发展外向型产业工作，学习交流乡镇企业改革经营体制机制的作法。年内，全市有2264家集体乡村企业采用组建集团、股份合作、兼并、租赁、出售、破产等方式创新经营机制，新上"三资"项目16个，自营出口实现零的突破。临武县、嘉禾县被评为"全省乡镇企业十优单位"；郴北石墨加工厂和汝城长江有色金属冶炼有限责任公司被评为"全省乡镇企业自营出口先进单位"。

1999年，市委、市政府先后出台18条鼓励、扶持发展乡镇企业的政策措施，4次召开会议研讨乡镇企业发展，突出部署和组织发展多元化、多形式所有制乡镇企业。至2001年底，个体、私营企业发展至占乡镇企业总数的96.8%，其总产值占乡镇企业总产值的77.2%。个体、私营企业成为乡镇经济的增长点。2002年1月市委市政府下发《关于鼓励和推动民营经济加快发展的若干意见》，2003年6月市委市政府又出台《关于进一步加快民营经济发展的实施意见》。到2005年，全市全年乡镇企业实现增加值159.49亿元，为2000年的两倍；乡镇企业工业创增加值103.80亿元，实缴税金12.34亿元，分别比上年增长31.3%和30.4%；安置就业71万人，比上年增长19.1%。乡镇企业成为推进农业产业化和振兴农村经济的主力军。

（三）培植林业经济

郴州地区林地面积占土地面积的67%，气候温润，发展农业林业经济极具优势。1993年，全区经5年辛努力消灭宜林荒山达标后，市委、市政府于11月作出《关于实现全面绿化，发展高效林业的决定》，提出要下力培育有广阔市场前景的速生、丰产、优质用材林和名、特、优、稀经济林，使林果、林副产品等绿色产业增加的收入占农村人均新增收入的50%以上。1995—1996年，全市完成丘岗山地综合开发面积19.05万公顷，开发一批名特优水果、茶叶、油茶、大径材、楠竹、药材等种植基地。

1996年4月，市政府召开全市林业工作暨林业科技会议，部署以“绿山头、富林农、活行业”为林业工作的出发点，以发展林业基地、龙头企业、多种经营、林业市场“四轮驱动”提高林业经济效益。各地随即组织大造用材林、食用原料林、水果、药用、林化原料林等商品林和经济林。1998年，全市年内林业总产值(含木材销售，林产品加工、林果产品)8.02亿元，比上年增长13.9%。到2000年，全市营造商品林72.21万公顷。同时，市政府部署对油茶、楠竹经济林普遍实施“低改”（低产改造），发动组织森林食品与森林药材逐步由单纯生产原料向生产、贮藏加工、销售一条龙方向发展。宜章县引进技术生产的粉状松针膏饲料添加剂、胡萝卜素软膏、松针维生素粉产品，技术标准达到国家专业规定的I级品标准，桂东县罐头厂、郴州天湖绿色食品有限公司生产的山野菜系列产品远销至日本等国家。

2001年后，随着木材经营的全面放开，市政府出台放宽市场准入、优先解决生产用地等政策措施，鼓励和支持个体、私营、外商等非公有制经济投资林业工业建设。2001年5月，郴州创兴人造板有限公司在资兴租赁东江木材厂场地兴建纤维板厂，次年建成投产年产3万立方米的高密纤维板生产线。到2003年，全市实现林业年总产值27.48亿元。

2004年10月，中共郴州市委、郴州市人民政府出台《关于加快林业发展，努力建设生态大市的意见》，要求逐步建成完备的森林生态体系和发达的林业产业体系，推进郴州林产品经济和生态旅游经济。市政府决定2004年，市财政对林业的投入增加至100万元，并逐年增加，重点扶助高效林业基地和林业产业。全市相继开发一批经济林基地，资兴市的脐橙、永兴县的冰糖橙均形成规模种植。2004年，资兴市被国家林业局命名为“第三批中国名优经济林之乡”。到2005年，全市营造商品林地79.29万公顷、经济林12.7万公顷，分别占林业用地的58.1%和9.3%；建有林业加工企业850余户。郴州海华竹木制品有限公司是落户郴州的外商独资企业，公司生产的高档豪华竹地板和竹装饰板材，全部出口美国、日本及欧洲市场。2005年被省林业厅评为“湖南省林产工业龙头企业”。

1989—2005年，郴州走出山林经营粗放、林产工业发展滞后的境况，累计完成林业工业产值241.50亿元。2005年林工企业创产值38.99亿元，为1989年2.04亿元的19.1倍。全市形成以人造板、竹胶板、竹地板、细木工板和松脂加工为主的五大支柱产业。与此同时，相继推出一批森林旅游景点景区，生态旅游提速发展。2005年森林公园入园人数40万人次，旅游收入1374万元，比上年增长62.6%。林业产业和森林旅游业已成为郴州新的经济增长点。

四、扶贫开发

郴州大部地处湘南山区，因受交通、自然生产条件和文化发展水平等因素的制约，经济社会发展总体较缓慢，扶贫任务一直较为艰巨。1988年底，郴州地区有贫困乡镇89个，贫困户29.63万户，贫困人口119.69万人，贫困人口占全区总人口的28.4%。

1989年，郴州地委、郴州行署动员部署地直机关对口扶贫，驻郴部队就近扶贫，厂矿企业挂钩扶贫，并分别建立扶贫目标管理责任制。1991年1月，郴州地委、行署发出《关于加快贫困地区乡村脱贫致富步伐若干措施的通知》，提出全社会参与、加大资金和技术投入等10条扶贫措施。地委、行署主要领导随即分赴贫困乡村驻点扶贫。1991年3月，汝城、桂东县列入国家科委井冈山科技扶贫开发区。1993年，国务院制定《国家八七扶贫攻坚计划》。行署结合实际制定相应的科技扶贫攻坚计划，部署由农村、农业、科技等部门组织实施。

1995年5月，郴州市委、市政府将桂东、汝城、宜章、安仁4县列为扶贫攻坚的重点，并组织向335个特困村派出驻村扶贫工作组。桂东县是全省13个国家重点扶持贫困县之一。市委、市政府主要领导带队对桂东县实行驻乡定点挂钩扶贫。1996年，市政府动员组织市计委、教委、科委、财政局、农业银行、交通局、水电局等部门想方设法落实到位扶贫资金5000万元，实施扶贫开发项目30个。1997年，市委、市政府作出《关于切实打好扶贫攻坚战的决定》，明确对确定重点扶持的30个特困行政村，由市财政连续三年每年每村（行政村）安排5万元、对口扶贫单位支持5万元，用于农业开发项目和发展村级集体经济，确保村级集体经济年纯收入在1万元以上。是年，全市投入各类扶贫资金8135.44万元，开发各类生产项目949项；帮助267个特困村、贫困村普遍善生产生活条件，有8万贫困人口解决温饱问题。

1998年，全市层层建立扶贫攻坚党政一把手负责制，进一步健全对口单位定点扶贫目标管理制。市直单位重点扶持桂东、汝城县，对口扶贫单位一定三年不变，实行定责任单位、定责任人、定脱贫时间，一包到底，不脱贫不脱钩。市县乡三级还广泛号召社会各界出钱出力开展扶贫。1995—1999年，全市各级各方共投入兴修水利、农田改造、产业开发、通电通路及科技普及、兴办教育等各类扶贫资金2.85亿元。

2000年是实施国家“八七”扶贫攻坚计划的最后一年。市委、市政府明确全市扶贫攻坚重点，11名市级领导挂钩联系特困村办扶贫示范点，市、县两级有541个机关企事业单位组建工作组进驻240个贫困村开展“一对一”攻坚扶贫。全市全年筹集投入各类扶贫资金8915万元（不含群众自筹），组织实施扶贫开发项目479个，覆盖农户3.5万户，当年扶贫行政村基本消灭集体经济“空白村”，全市未解决温饱的农村人口占全市农村人口的比率降至1.5%，实现了国家“八七”扶贫攻坚计划提出的2000年基本解决农村贫困人口温饱问题的目标。

2001年，是全面实施《中国农村扶贫开发纲要（2001—2010年）》开局年。是年，桂东、汝城县列入新一轮国家扶贫开发重点县，宜章县列入省级扶贫开发重点县。市政府加大投入，把扶贫工作中心转移向扶贫产业开发和扶贫科技开发。2001年全市向130个特困村派驻工作组，9名市级党政领导深入特困村办点，县级领导人人办有扶贫点。年内省、市、县三级投入扶贫资金43673万元，全市实施扶贫经济产业开发和科技普及项目200个。2002年，新增安仁县为省级扶贫开发重点县。2002—2004年，省、市、县三级先后派出扶贫工作组200多个，实施省定市定扶贫开发项目880个。到2004年，全市农村贫困人口减至11万人，未解决温饱的人口减至1.2万人。

2005年，市委、市政府部署扶贫工作以行政村覆盖整体推进、以开发农业产业化增效为重点，加快贫困地区脱贫致富步伐。全年共投入各类扶贫资金1.04亿元，对全市122个重点扶贫村统一调整完善村级扶贫规划，完成山、水、田、林、路综合治理和发展农、工、贸产业化项目103个。市、县两级共派驻118个工作组开展包村（行政村）扶贫，市级领导挂点联系18个扶贫示范村。至2005年末，全市贫困人口由1989年的119.69万人减至8.30万人，贫困人口占全市总人口的比率由1989年的28.4%降至1.8%，减少26.6个百分点。

第六节　强化财源建设

1989年，郴州行署在创办改革开放过渡试验区中，实行“收支挂钩，定额上缴（补贴），递增（减）包干，一定三年”的财政管理体制，支持和鼓励各级行政事业单位开展有偿服务和多种经营，增加财政收入。1991年，行署在加强财源建设中首次发行郴州地区企业建设债券750万元，帮助企业增收增税。1992年，行署再次面向全区发行债券9763.56万元，支持桂阳县铅锌锰矿、郴州市管材厂、郴州市化工厂等企业兴建和改建生产项目，以发展生产开辟财源。是年，郴州市（北湖区）财政总收入完成1.01亿元，突破亿元大关，成为全地区第一个财政收入过亿元的县市。

1994年，国税、地税分家，郴州行署从全区实际出发，全面实施分税制财政体制，出台《郴州地区财政工作一票否决权实施办法》，加强地方财政收入目标管理。行署在安仁县召开全区财源建设现场工作会议，推广安仁县发展“三叶”（烟叶、茶叶、桑叶）、“三果”（万寿果、小水果、油桐果）、“三特”（特种木、特种养殖、特种药材）的财源建设经验。全区随即出现发展优势产业增财源的新局面。是年，全区财政收入达到7.96亿元。1995年郴州地改市后，市政府成立市财源建设办公室。1996年，全市财政总收入首次突破10亿元大关，达11.38亿元，比上年增长18.0%。

1998年年初，市委、市政府决定从当年起连续三年在全市开展“财源建设重点年”活动。市委、市政府主要领导带队进行财源建设调研，探求财源建设新路子，确立了从“强收费”转向“强产业”增税的新思路。1999年，市政府重点扶持一批财源产业建设项目。临武舜华鸭业有限公司被列为省级农业产业化项目，市政府争取省财政投入资金330万元，安排市财政配套投入120万元、农业开发立项投资500万元用于支持临武舜华鸭业有限公司发展产业，助推增收增税。同年，永兴冰糖橙基地被列为全省耕作制度改革示范点，省、市财政计投资600多万元用于该县扩展冰糖橙种植。2000年，市委、市政府将6月定为“财税建设活动月”。市、县两级领导分别联系44个重点项目和34个纳税在100万元以上的重点税收企业，实行挂点挂项目帮助工作保税收责任制。是年，全市财政总收入达16.81亿元。

2001年，全市坚持以开发产业项目为载体，努力培植壮大财源，优化财源结构。市政府部署安排重点扶持有色金属、能源、建材、食品加工、化工工业和农业产业化龙头企业六大产业项目建设，促使形成支柱财源。全市新上建设项目670个，总投资达76.90亿元。是年，全市地方财政收入15.24亿元，仅次于长沙市再居全省第二位。2002年2月，市政府安排产业建设引导专项资金1200万元（其中项目贷款贴息600万元），投入财源建设项目28个。是年，裕湘面业有限公司被列为省级农业产业化龙头企业，市财政配套投入贴息资金15万元扶持其开发生产经营项目，2003年该公司实现缴税180万元。当年，市本级还通过拍卖城市客运出租车牌、国有资产转让等盘活国有资产资源渠道，扩大财政收入。

2003年市政府安排产业建设引导资金2400万元，牵动推进财源优势产业重点项目建设。其中项目贷款贴息600万元，支持44个财源建设项目。全市加大农业增税项目建设，扶持扩大烤烟、果茶、花卉苗木等优势农业生产基地。年内，全市农业四税收入首过5亿达5.59亿元，其中农业特产税达3.28亿元。与此同时，地税部门积极牵线搭桥引进外资项目培养地方财源。当年市地税局引进的外资项目（兴建郴州城区兴隆步行街）总投资 2.30 亿元，一次性为郴州市增加税收 2700 万元。2003 年，全市地方财政收入首破 20 亿元，达 21.49 亿元。

与此同时，市、县两级政府在加强财源建设中，加大国有资产经营和“两个盘活”（盘活国有资产、资源）工作力度，变潜在资源为现实财源。2004 年 3 月，成立郴州市国有资产经营中心。是年，全市进行国有资产经营交易 759 宗，成交 5.23 亿元，直接为财政创收 1.49 亿元。市本级国有资产经营与“两个盘活”为财政创收 1.13 亿元。

2005 年，市政府安排产业引导资金 3000 万元，支持财源建设项目 47 个。同时为资助企业做大做强，市财政返还企业税收 1443.60 万元，兑现企业纳税贡献奖 391 万元，减免规费 5000 多万元，返还土地出让金 2 亿元；财政贴息扶持企业项目 151 个。市、县两级还通过清收各类欠缴税费等渠道增加财政收入。是年，全市财政总收入破 40 亿元大关达 43.12 亿元，比上年增长 23.8%，为 1989 年的 13.5 倍；地方财政收入 27.36 亿元，为 1989 年的 8.6 倍，居全省市州第二位。

第七节　实行计划生育

1989 年 6 月，地委、行署下发《关于紧急动员起来，把我区的计划生育工作搞上去的决定》，重点要求地、县、乡三级领导实行计划生育（简称“计生”）分片定点包干工作负责制，亲自抓负总责。但由于当时基层计生工作网络尚不健全，落实节育措施多靠组织“一阵风”式的突击行动，全区计划生育在全省仍处落后状态。1989 年全区人口出生率 23.9‰，多孩率 18.2%，均超过湖南省计划生育委员会下达的控制指标。1990 年 2 月，地委、行署下发《关于切实地担负起历史责任，扎扎实实搞好计划生育的通知》，推动各地重点调整和充实基层计生队伍，转变计生工作方式。3 月，全区各县（市）组织计划生育工作队，3000 多名机关干部深入农村宣传动员，工作上变压服为说服，提高群众实施计划生育的自觉性，遏止个别地方出现的“强迫命令”式的过激行为。当年全区人口出生率降到 18.2‰，然仍高于全省 2.52 个千分点，在全省人口计划目标考核中列 14 个地州市倒数第二位。

1991 年 5 月下旬，郴州行署在资兴市召开计生基层网络建设现场会，地委书记周时昌请参会的县（市）党政领导到其农村工作蹲点的高码乡，现场参观乡、村两级计生工作网络建设，带动各地建立健全基层计生工作网络，转入靠常态化工作促计划生育。会上，各县（市）长与行署专员签订人口目标管理责任书，行署决定地区财政当年增加计生经费 147.50 万元，资助基层计划生育工作网络建设。年内，全区建立“四位一体”（乡镇计生办公室、计生协会、计生学校、计生服务站）乡镇计生机构 180 个，成立村级计生协会 3266 个，初步形成计划生育基层工作网络，改变单靠一时“突击”的做法，主要转入靠基层计生组织开展经常性的教育、服务和监管工作。1992 年，行署决定对 1991 年全区多胎生育率高的 50 个乡镇实行计划生育重点监督管理。是年，郴州地区首次实现完成省下达的人口计划，在全省人口计划目标管理考核中排 14 个地州市的第 9 位，比 1990 年前移 4 位。

1993 年 5 月，地委、行署在全区县（市）主要党政领导会议上，决定围绕“保类进位，全面上水平”目标，广泛开展“四无一好”（无早婚早育、无计划外生育、无大月份引产、无统计误差，晚生少生优生好）竞赛活动。9 月，行署在永兴县、资兴市召开全区计划生育工作现场会议，学习交流建立健全基层工作网络的做法与经验。是年，郴州地区地、县（市）投入计划生育经费名列全省地州市之首，促成全区249个乡镇均建立计生技术指导站，3300多个村民委员会有2800多个建立计生服务室。计生工作日趋转向日常性和服务型。当年，全区较之上年人口出生率下降2.79个千分点，计生率提升19.65百分点，多孩率下降5.84个百分点，节育措施落实率提高1.12个百分点。计生工作又迈进一大步。

从1994年起，全区计划生育工作进入全面转变工作方式、提升工作质量的转轨阶段。地委、行署两次召开党政联席会议研究计生工作，并作出《关于切实加强计划生育工作的决定》。重点组织推广郴州市（北湖区）、资兴市计生工作转入“三为主”（即宣传教育为主、经常工作为主、避孕节育为主）的经验和作法。当年，郴州地区计划生育率达90.4%，在全省人口计划目标管理考核评估中，由1990年的全省倒数第二名跃居前第三名。

1995年5月，郴州市委、市人民政府强力引导通过宣传教育和计生优质服务，转变群众婚育观念，促使计划生育变为群众的自觉行为。当年，部署全市广泛实施计划生育“三三金桥工程”（即加强基础基层工作、人口计划、计生法制三项管理；推行计生工作与发展经济、引导农民致富、建设文明幸福家庭三个相结合；实行宣传教育、避孕、节育经常性工作三为主），在计生工作中架起密切党群干群关系、少生优生快致富的“金色桥梁”。1996年3月下旬，市委、市政府在嘉禾县召开有各县（市、区）党政主要领导参加的全市计生“三三金桥工程”经验交流会。会后，嘉禾县率先建立“金桥工程发展基金”，把帮扶资金送到计生户，把帮扶措施落实到计生对象贫困户。全市4181个各级计生协会40多万会员上门进户宣传计生政策，讲解优生优育知识。普遍推行在扶贫资金、生产资料等方面，对独生子女、纯二女结扎户予以优先提供的作法，激励群众少生脱贫，少生快富。各级计生技术服务站开展“三优”（优生、优育、优教）服务工作，年内全市接受生殖健康监测育龄妇女达40多万人。同年，市委、市政府建立流动人口计生综合治理联席会议制度，市政府出台《关于加强城区计划生育工作的决定》，确定由市政府办牵头定期组织对城区流动人口计生情况进行巡查，加强城区流动人口计生管理。1996年，全市年人口出生率下降到11.66‰，计划生育率94.37%。郴州被省委、省政府授予“全省计划生育工作红旗单位”称号。

1997年，全市开展计划生育工作“规范化管理年”活动，力促依法规范计生工作管理。全市对86.23万名已婚育龄妇女进行电脑管理；清理计划生育不规范文件34份，取消违规收费22项；纠正执法不准、处理程序不当计生案件15起。8月初，市委、市政府在临武县召开全市计生“村为主”工作现场会，部署建立以“村为主”的经常性、规范化管理的基层基础工作体系。年底，全市69.9%的行政村实现“村为主”的日常规范管理，比全省高出10.51个百分点。1999年，市委、市政府确定将计划生育列为全年8件大事督查的第一位。年终，在省考核的计生9项主要工作中，郴州市党政领导“亲自抓、负总责”一项得分排全省第一。人口与计划生育综合考核总分，实现由1990年的全省倒数第二转为第二位的巨变。郴州市又一次被省委、省政府授予“全省计划生育工作红旗单位”称号。

2001年3月，市政府召开全市计划生育综合治理工作会议，部署推行计生工作社会化综合治理。会议印发计生综合治理工作目标管理考核评估方案，市计生委、公安局、建委、药品监督管理局等28个市直单位向市长递交计生综合治理目标管理责任书。市公安局全年配合市计生委清查流动人口16次，查出无婚育证6101人、违反法规计生案件11起。各级医院妇产科均悬挂严禁非医学需要进行胎儿性别鉴定警示牌。2002年，全市计生、公安、卫生、工商等部门联合对城区流动人口开展3次大清查，督促育龄妇女落实计生政策。

2004年，强化建立健全对计划生育对象实行扶助的利益导向机制。市政府用中央转移支付经费的8%～10%用于计生事业，实行农民免费接受节育手术；完善关爱计生对象的“计生绿卡”制度，督促对计生对象在资金上形成集奖、补、免、减、扶、保“六位一体”的计生利益导向机制。2005年，市委、市政府把推行和落实计生服务、奖励制度列入2005年为民办8件实事之一，全市对2499名计生扶助对象发放扶助费180万元；实行将流入人口纳入常住人口管理范围，组织整治“两非”（非医学需要进行胎儿性别签定和非法选择性别的人工流产）集中行动39次，全市年内人口出生性别比降幅居全省市州之首；各级政府组织开展送计生政策、送少生优生技术服务、送家庭帮困解难的“三上门”活动。当年，郴州市被评为“全国计生协会工作先进单位”。2005年，经省考核验收，全市人口出生率11.87‰，与1989年相比下降12.03个千分点。计划生育率、出生婴儿性别比、计生工作“村为主”比率、统计准确率、计生综合治理率均达到或超额完成省下达工作指标。1992—2005年，郴州市连续14年被湖南省计生委评为全省人口和计划生育工作先进单位。

第八节　加强环境保护

郴州地区素有“有色金属之乡”之称。20世纪80年代在放开矿产资源开发和发展工业经济中，境内非法采、选、炼矿藏和兴办小制革、小冶炼、小造纸业的现象屡禁不止，环境污染渐趋严重。1989年，行署对造成环境污染的“污染源”，施行由各级人民政府限期治理制度。1990年初，11个县（市）政府向郴州行署签订环境保护目标责任书。签订责任目标管理时期为3年，分年度由行署牵头、地区环保部门具体组织进行考核，并自当年开始实行排污申报制度。自是年始，地委、行署将环境保护工作纳入县市政府年终综合目标管理考核内容。1991年，郴州行署批转《郴州地区主要水域功能区划》，颁布《东江水库水质量保护管理办法》；责令郴县（苏仙区）、临武、宜章3县政府拆除无废水处理系统的大理石加工厂24家，全区取缔土法冶炼砒砷炉灶23座。1993年，行署下发《关于加强砒砂和砷制品生产经营管理的意见的通知》《批转地区环保局关于暂停审批兴办砷制品厂的意见的通知》，加强对生产砒砂、砷制品污染的治理。

1990—1995年，郴州地区地方财政投入环境治理资金1081.1万元，完成限期治理项目96项。此间，行署和县级政府在部署开展的环境污染集中整治行动中，仅拆除土法冶炼砒砷火炉就达2268座。全区生态环境恶化趋势初步得到遏制。

1995年5月，郴州市政府将水面面积达160平方千米的东江水库（湖）划定为饮用水保护区，制定《东江水源管理办法》。资兴市据此制定《东江水库水质保护规划》，1995年投资115万元进行区域治理，在水库沿岸植树造林净化水源。

1996年年初，中央电视台《中国环保世纪行》专栏批露郴州土法烧砒炼砷“反弹”严重污染环境后，市政府随即召开紧急整治电话会，部署采取堵、疏结合的办法取缔无证土法烧砒炼砷小企业。是年，市政府制定下发《郴州烟尘控制区管理办法》《郴州市城区环境噪声管理办法》；下达环境建设及污染防治项目66项，年内投入资金3995.15万元完成治理项目60项，减少排放废气0.65亿标/年、废水245万吨/年、废渣36万吨/年。11月，市政府分三批取缔关停污染严重的郴州第一造纸厂、汝城热水造纸厂等57家企业。1997年，郴州市人民政府颁布《郴州市环境综合整治定量考核实施方案》，具体量化各项环境保护考核指标。

自1998年起，市政府突出抓好重点区域和重点行业的环境污染治理。1998年，全市财政对重点区域、重点行业污染治理投资达6172万元，有23家企业新建环保设施。市、县两级政府组织在烧砒炼砷集中区域摧毁土法烧砒炼砷炉灶122座，取缔关停非法采选矿点，无证小煤窑、小冶炼、再生纸厂、石材加工厂、小铀矿、小铸造等2280处。至2000年年底，全市实现废气、废水、废渣（简称“三废”）达标排放，纳入统计的468家工业污染源，有467家治理达标或关停。1998—2000年，市、县两级政府组织集中整治污染严重的流域、区域、行业167次。全市环境质量渐趋好转。

2001年，郴州市人民政府下发《郴州市环境与生态保护发展“十五”规划》《关于进一步做好环境污染综合整治工作的通知》。并对郴州城区郴江河水污染进行全面治理。郴江河综合整治累计完成投资2.54亿元，使之由“脏、乱、臭”变成一条“净、亮、美”的河道风景带。市政府年内组织会同省有关部门草拟《郴州市东江湖水质保护条例》，2005年11月湖南省人大常委会第26次会议审议通过郴州市第一部环境保护地方性法规，即《湖南省东江湖水环境保护条例》。2002年，市政府下发《郴州市水环境综合整治纲要》《郴州市生态建设和环境保护规划》。市本级财政环保投资4939.30万元，全市35个重点环保整治项目完成27项。新增废气处理能力42.50万标立方米/时，废水处理能力3923吨/日。

2003年，全市以创建国家卫生城市、园林城市和优秀旅游城市为契机，带动环境污染整治工作。市政府部署以优化郴州城区环境质量为重点，先后组织相关部门检查工商企业763家，立案查处违法排污企业101家。是年郴州市城区环境质量经监测上升为全省市州第一名。2004年3月，市政府下发《关于做好2004年度环境污染综合整治工作的通知》，全年完成环境污染综合整治项目36个。将郴州市城区下湄桥老工业区环境污染综合整治列为政府一大工作目标，组织制定出台综合整治实施方案，规划整治的28个项目年内完成15项。

2005年，郴州市政府组织实施《郴州市2005—2007年环境保护三年行动计划》。年内全市22个环保行动计划项目开工12个，省三年行动计划项目中的郴州倒窝岭无害化垃圾处理场建成投入试运行；对43家重点挂牌督办污染治理的企业依法取缔或停产治理42家；全市审批建设项目81个，项目建设环保投资4795.58万元；新上建设项目环评率和工程建设环保“三同时”（同时设计、同时施工、同时投产）制度执行率，分别为98%和95%。当年，全市环境空气质量保持在国家二级标准以内。15个饮用水源保护水质达标率100%，区域环境噪声和交通噪声排放达到国家规定标准。2005年与1988年相比，全市生产总值按现行价格计算增长12.4倍，其中第二产业增长18.9倍，但工业废水排放量减少41.7%，规模工业企业的固体废物达到“零”排放。到2005年，新增资兴市、桂东县和汝城县3个国家级生态示范区县（市）。全市有自然保护区7个，总面积6.47万公顷，森林覆盖率达64.5%。

第九节　发展教育事业

1989年10月，国家教委和科委在郴县（苏仙区）召开全国“燎原计划”和农村教育综合改革实验县现场会议后，中共郴州地委、郴州地区行署立即作出《关于以郴县为榜样，改革和发展全区农村教育工作的决定》，部署全区面向新时期经济社会发展需求，推行普通教育、职业教育和幼儿教育“三教”统筹发展的农村教育改革。1990年2月，地委、行署召开农村全区教育工作会议，动员各级各部门党政领导要像重视抓经济工作样重视抓教育工作，表彰了85个教育工作模范乡镇。随后全区逐步建立健全政府领导"议教、管教、联系学校"三项制度。1992年，全市实施"科教兴郴"战略，为筹集资金大办教育，地区行署审议同意在非义务教育阶段适度引入市场机制办学。是年，区内大中专院校用国家安排招生任务的30%，招收统招统分（分配）的中专收费生856名，筹集400余万元用于改善学校办学条件。

1992年，地委、行署推介贫困县桂东党政班子紧缩行政费用廉政办学的事迹与做法，动员在全区弘扬桂东县"再穷不穷教育，再苦不苦孩子"的理念，倾力发展教育事业。行署专员赵毅拯、分管教育工作副专员曹德华多次到县（市）农村调查教育工作，寻求创新办学体制的途径。后经行署审议，决定在农村推行"地、县、乡、村四级办学，地、县、乡三级管理，地、县两级统筹，普教、成教、职教同时发展"的"四三二三"办学体制。从而增强了各级政府办好教育的责任感，增加办学投入，农村教育条件日趋改观。教育部向全国推介郴州这一新型农村办学体制。

1995年9月，在资兴市召开全市教育工作会议，推介资兴市聚资优先发展教育的经验。会后，郴州市政府下发《关于进一步拓宽经费渠道和加快普及九年制义务教育的若干规定》，决定为增加教育投入新开征三个地方教育附加费（市本级机关、团体与事业单位在职干部职工每人每月按基本工资1%征收；工商企业按注册资金0.2%～0.5%一次性征收；城市建设增容费按20%征收）。并要求各地根据经济状况，分别采取"群众献工献物代资建校，发动个体户、干部职工捐款办学，由集体出资办学"等办法，加快改善办学条件。1996年4月23日，市政府市长办公会议确定，全市在1998年前建成12所市、县（市、区）示范性职业学校，在建校期间，市、县两级政府主要领导和分管教育领导分别担任学校名誉校长和校长，确保建校进度和质量。到1998年底，经省教委分批验收，郴州市创办的12所示范性职业学校全部合格达标。

1998年5月，郴州市人民政府出台《郴州市学校内部管理体制改革实施意见（试行）》，部署实行以校长为核心，以岗位责任制、教职工聘任制、结构工资制、后勤分离制为主要内容的学校内部管理体制改革，激活学校内在发展活力。9月在教师节前夕，市委、市政府召开庆祝暨表彰大会，表彰"十佳重教功臣""十佳教育公仆""十佳校长""百佳教师""优秀教育工作者"计346名。是年，市政府强力推进"两基"教育（基本扫除青壮年文盲、基本普及九年义务教育）"攻坚"工作，使"双基"教育还未验收达标的4个县经省和国家组织验收认定合格。至此，全市11个县（市、区）全部实现"两基"教育达标目标。

2001年1月，郴州市委、市政府作出《关于在全市共产党员和干部中开展向胡昭程同志学习活动的决定》，弘扬教育战线先进模范人物，形成尊师重教社会新风。全市各行各业掀起学习胡昭程热潮，教育工作进一步受到社会的关爱和崇敬。2月，市委、市政府出台《关于教育改革和发展若干问题的决定》，确定"十五"期间（2001—2005年）教育改革和发展的目标、措施、要求，以及完善"以县为主"的基础教育管理体制。4月，市政府组织编制《郴州市"十五"期间中小学布局规划》《郴州市中小学危房改造规划》。是年，各级政府为改变农村中小学"散、小、弱"的状况，筹划和协调撤并中小学329所（含教学点），教育资源得到整合利用；完成中小学危房改造20万平方米。2002年，全市中小学按市政府部署推进创建校园文化建设样板学校活动，省教育厅推介了郴州这一做法。

在2001—2003年，郴州市政府为创办湘南学院先后主持召开相关会议15次，及时协调解决建校中的实际困难和问题。市政府安排市级财政累计投放建校资金2.3亿元，动员、组织全市干部职工为建校捐资2800余万元。2003年4月16日，经教育部组织评审，批准成立全日制省属普通本科院校——湘南学院，结束了郴州没有本科院校的历史。2004年，市政府下发《郴州市义务教育阶段贫困家庭学生入学救助实施办法》，决定建立郴州市中小学救助中心和助学联席会议制度，推进资助贫困家庭孩子接受九年义务教育工作。2005年，市委、市政府将改造农村中小学危房列入年内为民办8件实事之一，动员组织改造危房超过省下达任务数10.1万平方米，新建扩建校舍17万多平方米，是全省超额完成学校危改面积最多的市（州）。

2005年5月，市政府教育督导室针对群众反映强烈的教育收费问题，会同市政府办牵头组织对教育收费公示、公办高中招收择校生和义务教育阶段学校收费进行专项检查。是年，市政府部署在郴州市城区完成中小学扩容面积10万平方米，增加学位2万多个，加快解决城区就学难的问题。市、县财政投入资金3277.60万元，完成1642所学校的远程教育网点建设，全市中小学校远程教育覆盖率达90.0%以上。市、县两级政府通过增加财政投入和发挥教育基金会的作用，使全市13.53万名贫困家庭学生享受免交教科书费、学杂费和补助生活费的“两免一补”教育。

第十节 施行“科技兴郴”方略

1989—1990年，行署决定在全区开展乡镇、厂矿企业科技达标活动，以科技进步推动工业振兴。经考核，两年间有126个乡镇和82个厂矿企业在科技投入、科技队伍建设、科技开发等方面实现达标。1991年4月，行署确定在郴州市（北湖区）、汝城县、郴县进行创建科技型乡镇、企业试点工作。5月，地委、行署作出《关于依靠科技进步振兴农业的决定》。

1992年7月上旬，召开全区科技兴郴大会，行署提出以科技普及为基础，以高新技术产业开发为重点，以科技成果转化为主体的科技兴郴工作方略及实施办法。地委、行署设立“科技兴郴奖”。科技兴郴工作全面铺开。年内，全区4766名科技人员分期分批到农村和企业开展科学技术培训与普及，或领办承办乡镇企业；地委、行署对在科技兴工、科技兴农中作出突出贡献的王智等6人颁发“科技兴郴”奖。1993年，行署安排专项资金扶助资兴市在东江湖推广网箱养鱼技术，全年发展网箱养鱼900多口，库汊拦网养鱼1487公顷，累计年产鲜鱼100万多千克，产值逾500万元。渔民说，科技养鱼真是好，一口网箱脱贫，二口网箱致富，三口网箱成万元户。

1995年4—5月，中共郴州市第一届委员会第一次全体（扩大）会议和郴州市人民政府第一届一次全体（扩大）会议，把“科技兴郴”列为郴州三大工作方略之一。市政府引导以微电子、新材料、新生物工程和机电一体化为主的高新技术产业开发，组织加快107国道栖凤渡—郴州—石盖塘“三点一线”高新技术开发区建设步伐，全市高新技术年产值过5亿元，苏仙区被国家科委评为“全国科技工作先进县”。1997年，全市开展“科技成果转化年”活动，市、县两级安排科技三项经费613.6万元，落实科技贷款5460万元，组织实施科技成果转化298项，年创产值6.93亿元、利税1.43亿元。科技兴郴方略进入全面强劲实施阶段。

2000年，全市开展“科技创新年”活动，重点组织实施一批技术创新开发项目。市委、市政府将发展技术创新、高新技术产业列入全年经济工作11件大事之一。各级党政领导在“科技创新年”活动中，主动上门与科技人员交朋友，“一对一”地帮助解决科技创新工作的实际困难。是年，全市初步形成以“高科技＋资源”，走产、学、研相结合的科技开发模式。全市全年高新技术产品实现总产值15.09亿元，比上年增长50.5%。

2001年，市委、市政府在全市开展“引智引技年”活动，增强科技兴郴的技术实力和后劲。全年市政府牵头举办技术交易会、组织科技企业代表队参加第四届亚太经济合作组织（APEC）技术交易暨展示会等技术交易活动，促成全市100家企业与郴州境内外580所高等院所建立技术合作关系，带动成立企业技术研究开发机构50多个。2002年，全市乘势而上开展“工业科技年”活动，先后举办首届自有新技术新产品展示展销会、“科技周”院士学术报告会、郴州科技论坛等以推介、交流、合作工业科技为主的大型活动。是年，全市高新技术生产企业发展到162家。其中郴州筑路机械厂被认定为国家火炬计划重点高新技术企业，金箭、金旺、圣大、湘晨、鸿达5家企业被认定为省级高新技术企业。

2003年全市开展“高新技术产业建设年”活动，市、县两级政府积极引导开发高新技术产业和产品，市政府设立高新技术产业发展引导奖励基金。到年底，经省科技厅鉴定，全市被认定为湖南省省级高新技术企业6家、高新技术产品15个，全年实现高新技术产值3.78亿元、利税总额2020.4万元。同年，市政府出台《关于贯彻〈井冈山老区湖南五县科技扶贫2001—2005年〉实施意见》，组织资助被列为井冈山老区科技扶贫的桂东、汝城县推进科技普及，依靠科技脱贫致富。2004年，市委、市政府以开展“园区科技年活动”为主线，进一步组织让高新技术产业进园入驻，驱动“园区兴科、科技兴园”，致力把工业园区办成科技开发示范基地。至年底，先后有中彩视讯、冷杉空调、汇源纳米、东润制药等30家科技型企业落户郴州境内经济技术开发区和工业园区，全市园区有高新技术产品生产企业128家，年产值突破亿元的企业12家。当年园区高新技术产业拉动工业经济增长的贡献率达9.5%。全市基本形成以郴资桂高等级公路沿线工业带，市高新产业开发区，市科技工业园、市有色金属科技工业园、市农产品加工示范园“一带一区三园”为重点的高新技术产业集群。

2005年，全市科技兴郴方式、内容不断拓展创新。年初，市政府部署科技部门为桂阳县1330公顷脆蜜桃、1.67万公顷名贵中药材等种植基地提供专项技术服务；安排市财政重点扶持实施嘉禾三味辣业、临武金福薯业、资兴东江渔业等农产品加工科技工程。11个县（市、区）农村相继开通免费为农户提供技术咨询的“96318”服务热线。资兴市政府率先开展科技特派员试点工作，聘请省直科研院所8名专家到乡镇和企业担任科技特派员，推行“专家+产业基地+龙头企业”“专家+协会+农户”科技产业经营模式。2005年，全市农业高新技术产业产值突破70亿元，比上年增长80%。推广科技成果计划320项，其中有3项列入国家科技推广计划，26项列入省级科技推广计划。2005年，全市省认定的高新技术企业发展到10家，高新技术产品总产值6.9亿元，出口创汇2107.9万美元，利税总额8192.1万元。

第十一节　加快能源、交通、通信建设

一、能源建设

（一）电力建设

20世纪80年代末，郴州行署组织开展创建农村初级电气化县工作。1989年12月经省水电厅组织考核验收，郴县成为郴州地区第一个初级农村电气化县。同时，引导多方式、多层次聚力发展

地方电力建设。1994年1月，全区首座农民股份制电站即桂阳县清和乡烟村电站开机发电。4月，中共永兴县委、县政府多方组织筹资自建装机容量2.5万千瓦的水电站一号机组投产发电。

1995年后，郴州市政府立足市域水能资源优势，加大电力建设投入，动员组织民间、社会多方式参与办电，扩大电力规模。年底，全市有县、乡、村三级地方小水（火）电站577处，年发电量突破10亿千瓦时。1997年12月，郴州市政府引导和协调郴州市电力公司、郴州电厂、苏仙区石面坦电站和临武、资兴、汝城、宜章县水电公司等16家国有电力企业，组成湖南郴州水利电力企业集团，形成电力规模经营效益。1998年12月，市政府启动地方农网第一批建设改造计划，累计投资9840万元。到年底，全市地方电力新增装机容量1.27万千瓦，新增110千伏线路57.75千米，年发电量达12.36亿千瓦时。

1999年6月，成立郴州市农村电网"两改一同价"（改造农村变电站、农村电力网络，实行城乡同电价）领导小组，全年各级财政投资6.59亿元，全面启动农村电网改造。2000年4月30日，郴州市政府与联合国工业发展组织国际小水电中心签订共同建设国际小水电郴州基地协议，促成国际小水电中心在郴州设立地方水电股份发展基地（时为该中心在中国设立的惟一基地，简称"郴电国际"）。同时，市、县两级政府放宽政策，鼓励以个人和单位融资等形式创办股份制水电企业，2001年全市电力工程投资达2.51亿元。至此，郴州建成初级农村电气化县（市、区）8个，地方电力总装机容量达43.40万千瓦，年发电量18.20亿千瓦时，占湖南省地方电力生产80亿千瓦时的22.8%。水利部水电局局长程回洲来郴州考察时称赞说：近10年来，郴州小水电发展速度走在全国前面。

2002年，市政府将推行小水电代燃料生态工程和农网"两改一同价"列为民心工程，精心谋划，强力组织实施。全市投资3.53亿元完成742个行政村的低压配电网改造。年内9个实现农村初级电气化的县（市、区），累计完成各项水电建设投资4.30亿元，新增装机容量5.06万千瓦。5月，全国农村小水电现代化建设工作现场会在郴州召开。2004年，全市地方小水电建设投建219处，完成建设投资4.93亿元。4月8日，郴电国际在上海证券交易所挂牌上市，成为湖南省水利系统水电第一股。2005年，市政府加大对水电建设的财政投入，带动全市完成地方小水电工程建设投资3.74亿元，投建水电工程342处，其中竣工投产的小水电站94座。至此，郴州市地方中小水（火）电装机容量77.41万千瓦，年发电量达20.23亿千瓦时。

（二）煤炭工业建设

1989—1994年，郴州行署坚持以煤养矿、自我发展的煤炭生产发展方针，部署抓好煤炭开发基金的征收与管理。6年间，全区共征收煤炭开发基金4800多万元，除按规定部分基金上缴省外，投资建设煤炭产业勘探、基建、技改、运输等项目150多项。

1996年，郴州市政府着力抓好煤炭行业深化改革，转换经营机制。全市国有煤炭企业推行"一业为主、多种经营"，创多种经营收入3730万元。1997年，市政府采取"产、销"目标管理到县（市、区）的办法，组织完成煤炭"双控"（控制生产总量、控制库存总量）目标，实现产销基本平衡。全市投入煤炭建设资金4000万元，重点改善生产安全条件和进行生产项目技术改造。

1999年，煤炭市场持续走低，煤炭行业效益低落。市政府据此重点部署开展抓好"安全生产、经济效益、文明创建"三大工作，颁发《郴州市煤炭准销证管理暂行办法》，以市场准入为切入点，堵塞非法煤炭产品的流通。全年关闭无证开采小煤矿596处，原煤产量按省下达指标控制在604.29万吨。2000年9月，市政府印发《郴州市煤炭经营管理实施细则的通知》，部署在全市煤炭行业推行煤炭行政执法和煤炭准销证制度。2001年5月，市委、市政府召开有县（市、区）党政主要领导参加的全市安全生产工作紧急会议，部署安全生产治理和安全生产设施设备建设工作。当年累计投入安全生产设施设备建设资金 9100 多万元。

2003 年，市政府对煤炭行业提出“三增（增加煤炭产量、销售收入、税费）二降（降低事故起数、百万吨死亡率）一消灭（消灭特大事故）”的总体工作目标。规范煤炭生产管理，印发《郴州市乡镇煤矿矿长管理制度》《郴州市乡镇煤矿管理制度》。当年，各县（市、区）长向市长递交《郴州市煤炭行业规范管理工作责任状》。2004 年，郴州在全省率先推行煤矿安全生产管理领导责任追究制。全市投资 700 万元建设煤矿安全监控系统联网工程。2005 年，全市批复煤矿技术改造和生产建设项目 43 项。全市有地方煤矿 548 个，生产原煤 1285.60 万吨、完成销售收入 23.40 亿元，发生煤矿事故起数同比下降 50%，产煤百万吨死亡率同比下降 3.2%。

二、公路建设

1989 年 5 月，郴州行署在全省率先与湖南省交通厅签订《郴州地区汽车养路费、客运附加费收管用承包协议》（第一期承包至 1991 年 12 月底，二、三期协议延续至 2000 年年底止）。行署和交通部门充分用好用活省里给的“两费”收、管、用包干政策，抓好征管工作，加大公路建设资金投入。从是年始，全区每年多渠道投入 1 亿元以上改善交通状况，同时发动各地群众自筹资金修公路。当年 11 月，郴州地区第一条由农民集资 66 万元修建的桂阳县清和乡 6 千米油路竣工通车。12 月底，嘉禾县成为郴州地区第一个村村（行政村）通公路的县。

1993 年始，郴州行署部署在各主要公路干线周边发展商贸市场和工业企业，以活跃经济流通带动公路建设。1993 年，行署向省政府和省交通厅争取有关优惠政策，推进建设“南北配套、东西拓宽、建设港站、连接老边（革命老区，边远地区）、畅通广东”的交通基础设施框架。1996 年 7 月，为加快“完善南北，拓宽东西”公路路网的改造和建设，郴州市委、市政府作出《关于兴建资郴桂高等级公路的决定》，成立资（兴）—郴（州）—桂（阳）高等级公路工程建设指挥部。市政府放权松绑，支持工程实行项目业主负责制，加快了工程建设步伐。1998 年 4 月，市政府与省交通厅签订《湖南省交通建设投入产出目标承包责任制第三承包期责任书（1998—2000）》。6 月，郴州市被省政府评为“全省交通道路建设投入产出目标承包优胜单位”（第二期承包），获奖金 100 万元。是年，市政府向上级争取和向外引资共筹措资金 1.29 亿元用于交通建设。郴州市交通部门投放扶贫公路建设资金 213 万元，采取民工建勤、民办公助的方式帮助扶贫地区整修村级公路 431.49 千米。至 1998 年，全市拥有公路 8571 千米，98.3% 的行政村通公路。

自 1999 年，市政府做好组织、协调和监督工作，加大主干公路建设和干线公路拓宽升级工作力度。2001 年 6 月 26 日，奋战五年，总投资 4.26 亿元，全长 65.36 千米的由郴州自行筹资、自行兴建、自行管理的第一条高等级公路——郴资桂公路全线通车，完善了郴州现代化交通网络的主框架。2002 年年初，郴州市人民政府支持、引导在全市交通系统干部职工中进行增资扩股，筹集资本金 7271 万元，为桂（阳）嘉（禾）高等级公路顺利开工奠定基础。

2003 年 6 月，召开全市通乡公路建设工作动员大会，各县（市、区）长向市政府递交通乡公路改造目标责任状，全面启动通乡公路提质改造工程。继后，市政府和桂阳县政府又在桂阳县组织启动郴州首条农村公路改造示范样板路的建设。至 2004 年，全年通乡公路完成砼（油）路面 551 千米，完成投资 2.73 亿元，有 72 个乡镇实现通砼（油）路。2005 年，市政府加大公路交通基础设施投入，鼓励多方聚资，突出重点公路工程和农村公路建设。全市全年完成基本建设总投资 5.30 亿元，使桂阳至嘉禾高等级公路、临武至嘉禾二级公路一期工程竣工通车。农村公路建设里程超额完成任务。

1989—2005 年，市委、市政府放宽放活政策，支持和引导全区（市）逐步形成“国家投资、地方筹集、社会融资、利用外资”和“贷款修路、收费还贷、滚动发展”的投融资机制，推进公路交通建设。此间，郴州通过引进外资、银行贷款、集纳社会资金、争取上级补助、地方政府投入和交通系统筹资等方式，投入公路建设资金 15.01 亿元；全市建、改、扩通车公路里程总计 1.63 万千米，实现 99.8% 的行政村通公路，89 个行政村通客运班车。境区形成以京珠高速公路和 107 国道纵贯南北，以郴资桂和桂嘉高等级公路横穿东西的公路主骨架网络。

三、通信建设

1989 年至 1991 年，郴州地委、郴州行署制定一系列优惠政策，发动社会各界多形式筹集通信建设资金。1989 年 7 月，郴州地区第一个农村自动电话工程在郴县（苏仙区）栖凤渡镇竣工。1990 年 8 月，京（北京）—汉（武汉）—广（广州）1800 路中同轴电缆载波通信干线湖南郴州段扩容工程竣工。1991 年全区筹资 2290 万元用于城乡通信建设，11 个县（市）实现市话自动化，电话机普及到 242 个乡镇的行政村。1992 年，郴州行署组织实施郴州“7293”通信工程计划（发展市话 7 万户，农话 2 万户，无线寻呼 9000 户，移动电话 300 户）。年末，“7293”各项计划均超额完成。至 9 月初，全地区 11 个县市电话进入国内国际长途直拨网，是全省第二个实现县（市）电话长途直拨的地区。1993 年，全区投资 1.46 亿元用于通信工程建设。到 1994 年，全区 11 个县（市）无线寻呼业务全部开通。

1995 年后，郴州市政府从实际出发，上下联动，加大投入，会同电信部门推进通信事业发展。1995 年，郴州市筹资建设光缆 2376 千米。1996—1997 年，全市完成通信投资 14.20 亿元，全市电话普及率城市 11.1 部 / 百人、农村 1.3 部 / 百人。1999 年 10 月至 2000 年 6 月，市政府精心部署与电信部门一道如期完成全省实施“百万电话大行动”的任务。此间，全市固定电话期末户数由 20.90 万户增加到 39.18 万户。2000 年，建成 18 个现代通信网络，光缆覆盖全市各县（市、区）和一些乡镇、村，实现电缆进入的行政村 1400 个。2001 年，市政府又组织全市如期完成全省“百万电话大行动”第二次战役任务。是年，郴州通信从无线传统业务向移动数据、多媒体等新业务拓展。全市电话入户率 10.4%，比上年提高 0.93 个百分点。2004 年，全市全年完成通信固定资产投资 1.33 亿元，新建和完善一批通信设施建设。

到 2005 年，11 个县（市、区）均进入长话自动风和分组交换网数字数据网，以及自动转报网系统，开通电子信箱、电子数据交换。乡镇程控电话覆盖率达 100%，已通电话行政村达 94.0%，全市固定电话和移动电话用户达 74.67 万户、91.13 万户，分别占总户数的 51.5% 和 62.8%。电信光缆铺设到县（市）城区和部份乡镇，实现与国内、国际城市及乡村的网络连接。

第四章 其他政务工作

第一节 综合政务

一、经济研究

1986年4月，郴州行署单设经济研究室（副县级，简称“经研室”）。1988年，行署经研室与郴州地区经济体制改革委员会实行两块牌子合署办公。经研室重点是组织调查研究全区（市）重大经济工作，及时反映经济运行情况，为政府领导提供经济政策建议和咨询服务。同时做好郴州政府系统经济调查研究工作的分工协调和业务指导。

1989—1994年，全区经济研究工作突出围绕郴州创建“改革开放过渡试验区”开展一系列调研活动。1989年9月，行署经研室承办行署机关刊物《过渡试验区探索》，并牵头成立“郴州地区改革开放与发展研究会”。5年间，经研室工作人员下农村、入企业开展调研活动90多次，形成经济工作专题调查报告150多篇，举办经济调研学术活动16期。其在郴州创建改革开放过渡试验区的比较优势与制约因素、打开南大门对接广东经济发展、市场体系培育、产业结构调整选择等专题调研活动中，所形成的一批调查报告对当时推进“开放兴郴”、办好试验区起到造势和引导作用。

1996年3月，郴州市人民政府单设经济研究室（简称市经研室，正县级，归口市政府办）。1996年，市政府经济研究室全力组织针对经济社会中热点、难点问题开展综合调研，及时策划展开“农业经济调研”“工业经济调研”等专项调研。3—5月，市经研室联合市委政研室、市计委、市经委、市外经委开展“郴州实施开放带动战略”课题调研，形成5万多字的调研报告，全面分析评估本市实施开放带动战略的环境，提出开放带动的战略目标、战略重点和战略措施。此课题获当年省调研成果一等奖，并载入《湖南实施开放带动战略》一书。8—12月，市经研室在开展郴州产业结构专题调研、参与全省“百乡千村农村状况调查”活动中，所撰写的《开展产业结构调整，开创郴州经济新优势》《郴州农村调查》报告，为市政府制定产业调整规划和“三农”（农村、农业、农民）扶持政策提供参考意见。

1997—1998年，市政府办、市经研室重点组织开展“工业经济调研”活动。1997年5月，调研人员对全市工矿企业改革和生产经营情况进行调研，形成一组调研报告，先后有《国有企业必须在三个方面进行突破》《如何加大企业改革力度》《郴州城市经济发展战略思考》等10篇调研论文在省级以上报刊发表。1998年，市经研室工作人员随市、县两级政府领导赴广东考察后，所撰写的《关于广东工业品市场的考察报告》，印发供全市工业系统各部门各单位学习参考。1999年，市经研室就“十五”计划（2001—2005）与“郴资桂一体化建设实施方案”，组织开展综合调研。

“十五”计划调研分为农业产业化、经济结构调整、城镇建设三大课题和国企改革、财源建设、金融、旅游等11个小课题，调研成果为制定郴州市“十五”计划和15年远景目标纲要提供了重要资料。是年，市经研室人员深入全市经济技术开发区调研，根据调研实际为市政府草拟文件《关于加快开发区建设的决定》。

2002年上半年，市政府系统、农业部门在开展农业经济专题调研中，特别突出“农业结构战略性调整”的研究。市委、市政府利用调研成果制定出台《关于加快农业产业结构调整，努力增加农民收入的若干意见》《郴州市实施〈农业科技发展纲要（2001—2010年）〉的意见》。是年，市政府办、市经研室根据境内山地洪涝灾害严重的情况，组织调研并编印《防御山地洪涝灾害调研论文选集》一书，供各地为防御这一自然灾害作参考借鉴。当年，全市政府系统围绕市委、市政府的中心工作开展调研，先后编印《赴粤考察报告集》《良好的经济环境从何而来》《企业联大靠强典型集》《探索再就业之路》等专集，供各级领导、各部门参阅。

2003年初，市政府提出经济研究工作要紧扣改革、发展、维稳大局，力争“当高参、出大谋、创精品”。并进一步明确，未经调查研究并形成调研意见或比较方案的事项，一般不列入政府决策程序。市经研室为此印发《关于推进政府系统调查研究工作规范化制度化的意见》，初步建立政府系统调研课题申报、立项、评审、奖励机制，致力提高调研质量。全年市级政府部门以改革发展和经济工作为轴心，开展专题调研210次，撰写调研报告240篇。市委、市政府利用这些课研成果，先后制定出台《关于进一步加快民营经济发展的意见》和《关于大力发展劳务经济，实现社会充分就业的意见》等文件。同年，市经研室协同财政系统开展“调整财政收入分配体制”和“创新国有资产管理体制”等课题调研，汇编成11万字的《财税工作“六个如何”专题调研》专辑，发至全市财税系统各单位。

2004年后，全市政府系统突出将经济调研成果向应用性转变，提高调研成果的实际效应。市政府办、市经研室在全市性重大会议、重大决策出台前都安排专项调研，提高经济调研成果融入政府工作部署、决策的转化率。是年，全市政府系统根据市政府编制“十一五”（2006—2010年）规划以及编修新一轮城市建设总体规划需求，提前组织系列重大课题调研，撰写调研报告280篇。其中将《“十一五”郴州经济社会发展思路的研究报告》《郴州全面建设小康社会战略和预期目标的研究》《关于我市交通区位优势的战略研究》等调研报告汇编印发，提高调研成果在编制这些规划中的应用率。

2005年，全市政府系统组织大型经济调研11次，其中市级重点调研课题6个。市政府办和市经研室拟定加快发展欠发达地区、郴资桂等优势地区发展、发挥县城在县域经济中的龙头作用等课题并展开调研。在欠发达地区经济状况的调研中，调研组人员先后深入汝城、桂东、安仁、宜章县革命老区的乡镇、村组访问，爬山涉水实地考察群众的生产生活条件，取得大量第一手资料，所形成的《关于欠发达县经济社会发展情况的调查》引起省、市领导的高度重视。当年《试探县城建设的社会调控与政府行为》《丘陵山区县域经济发展的实证分析与探讨》在湖南省加强县城建设壮大县域经济研讨会上分获一、二等奖。在工业经济专题调研中，市长戴道晋带队调研全市电子信息产业发展状况。在开展服务业经济调研中，市政府办、市经研室组织对烟叶、食品、药品市场开展调研，草拟市场整治方案，促成市政府出台《关于印发〈郴州市烟叶专卖市场管理暂行办法〉的通知》、市政府办下发《关于印发〈2005年食品、药品专项整治工作方案〉的通知》。

1996—2005年郴州市人民政府经研室主要负责人名录

表5-4-1-1

单位名称	姓 名	职 务	任职时间
市政府经济研究室	李芝生	主 任	1996.03—2000.09
市政府经济研究室	刘少华	主 任	2000.09—2003.04
市政府经济研究室	罗贞礼	主 任	2003.04—2005年后

二、政务信息

1989年3月，郴州行署办公室设立综合信息科，负责向行署、省政府办公厅（简称省办）和国务院办公厅（简称国办）收集选送经济社会信息，组织、指导全区政府系统政务信息网络及电子政务建设，采集、管理供市政府决策服务的系统数据。全区政府系统建立信息工作目标管理责任制，制定信息工作考核办法。是年，省办采用郴州地区信息148条，由省办报送国办15条，采用7条。当年行署办被评为全省政府系统信息工作先进单位。

1990年10月上旬经查实：宜章县第一中学为提高高考升学率和收费“创收”，采取按考试成绩排队划线的方法，将本为计划内招生的高三女生邓某转为计划外的超招生，并规定凡转为计划外的超招生须加收超招费。邓某因家庭贫困无力交付加收的超招费而深感愧疚，便于当晚服农药死亡。10月15日，郴州行署办公室以《学校乱收费造成严重恶果，宜章一高三学生含愤自杀》为题，向国务院办公厅报送信息。10月22日，国务院总理李鹏就此批示：“请熊清泉、陈邦柱同志调查处理。”随即省委书记熊清泉、省长陈邦柱就查处此事分别作出批示。地委、行署对查处这一事件相继召开专题会议、联席会议进行研究部署。行署组织调查组到宜章县深入调查邓某死亡事件。1991年2月4日，中共郴州地委、郴州行政公署就宜章一中学生邓某死亡事件发出查处通报，要求各地吸取这一教训，端正办学方向纠正片面追求升学率现象，并组织全面开展清理整顿学校办学和收费行为。当年上报的这一信息，在全市乃至全省引起强烈反响，有效地遏制了教育界的办学不正之风。

自1991年始，行署办建立信息工作奖励制度，设立全市年度“优秀信息奖”奖项。1991年，全地区编发政务信息847条，省办采用192条，国办采用29条，行署办获全省政府系统信息工作一等奖。桂阳县政府办、地区公安处等31个单位被评为全区政府系统信息工作目标管理先进单位。1992年，全区超额完成省办下达的上报政务信息的目标管理任务，行署办又获全省政府系统信息工作一等奖。1993年，省办信息刊物采用郴州上报信息722条，居全省市州第一位；国办采用郴州信息124条，在国办160个信息联络点中排名第一。当年，郴州行署办被邀请到国办介绍采集政务信息的经验。

1995年市政府办公室对省办下达的信息工作目标管理任务进行逐项分解，实行定任务、定责任、定奖励措施，制定印发信息审检把关、信息报送制度。1996年，市政府拨专款推广WEB页面的政务信息管理与服务平台，政务信息报送愈加方便快捷。1997年，市政府办收集报送各类信息7000条，被省办采用174条、国办采用96条，采用量居全省市州第一。1998年，市政府办建立连接省办和各县（市、区）、市直各单位办公室的计算机网络，全面使用ZOTUS NOTES软件网络传送。同时利用网络创办《电子特刊》，政务信息传递效率明显提高。

自2000年，市政府办狠抓政务信息的真实性、时效性和全面性，要求既报喜又报忧，敢于反映工作中存在的主要问题和重大突发性事故。同时，建立信息工作人员跟班学习、信息条目会审及信息采用通报制度。2001年，市政府办与各县（市、区）政府办实现电脑联网。当年市政府办信息资料科更名秘书二科。2002年，市政府办在市直有关单位、乡镇、企业建立直接信息联系点20多个。同时编辑《每周要情》《内部情况通报》《前沿信息》等内刊计93期，为政府和政府部门提供各类重要信息3000多条。

2003年，市政府投资300万元建立电子政务中心平台，实现公文、信息、会议通知无纸化传递。2004年，政务信息工作密切关注改革开放、社会稳定、郴州特情、突发事件等方面的信息，收集处理各类信息8000条。其中市政府办报送的《郴州农资价格上涨情况》《国务院出口退税政策对郴州的影响及对策》《关于农村土地使用权流转的调查与思考》等228条信息，先后被国办、省办采用。其《关于国有企业中小学退休教师待遇情况》的信息被国办评为全国优秀政务信息。是年，市电子政务内网平台基本建成，其应用系统是全省惟一与国家标准接轨的市级网络系统，实现与省办、国办宽带联接。当年郴州市被省办评为全省政府系统信息化建设先进单位。2005年，全市政务信息工作围绕贯彻落实中央1号文件、“三化”（工业化、农业产业化、城镇化）建设、为民办实事、重点项目建设等工作采集信息，先后举办政务信息业务培训班4期。当年郴州市政府办公室被国办定为信息直报点。

1989—2005年，郴州行署办公室（市政府办公室）政务信息工作紧扣当地中心工作和社情民意，累计收集、整理、报送政务信息10万多条，其中被国办采用600多条，省办采用1.2万多条。先后创办《原件呈阅》《郴州快报》《郴州快讯》《电子特刊》《每周要情》《内部情况通报》《前沿信息》《政务信息》8种信息内刊，计编发2万多期。在此17年间，信息发送量有9年排名全省第一，5次获全省政务信息工作一等奖。

三、政务督查

1989—1995年，郴州地（市）、县两级政府系统均未设立政务督查专门机构。此间，郴州行署政务督查形式主要有季度、半年、年度工作检查或专项工作检查。1996年2月，市政府成立督查室，主要为督查政府工作方针政策和重大工作部署的贯彻落实；督办政府领导重要批示以及上级领导机关交办事项的实施；督办反映强烈的社会问题的整改。同时协调、指导全市政府系统政务督查工作。1996—2005年，市政府督查室组织和参与全市性的政务督查活动113次，会同省委、省政府及有关部门来郴州进行政务督查68次，督办各级领导交办的重要事项176起。2002—2004年，市政府督查室连年被省政府评为全省政务督查工作先进单位。

（一）重大工作部署落实督查

1989年后，郴州地区行署（市政府）对重大工作部署的落实，均要组织进行专项检查督促，查找问题及时帮助整改。1994年12月，由行署领导分头带队至11个县（市）对当年行署部署的主要工作进行综合督查，发现存在的突出问题有地区和县（市）财政支农支出减少，预算内工业企业利润下降，一些县因财政困难长期拖欠教师工资等。督查后，地委、行署立即召开专题会议，逐一研究解决的办法。1999年，市政府督查室对市政府部署的治理经济发展环境、整顿农村金融秩序、郴江河综合整治、煤炭行业关井压产等7项工作的落实，先后组织专项督查。在治理经济发展环境督查工作中，市政府受理群众来信来电来访210件（次），督促全市依法依规清理取消或降低收费标准的收费项目822项，责成侦破一批涉及重点工程建设的刑事案件。市政府督查室会同有关部门清缴“三乱”（乱收费、乱罚款、乱摊派）资金596.6万元，上交财政252万元。在督查整顿农村金融秩序中，督促苏仙、嘉禾、临武、安仁、桂阳5县（区）28个乡镇农村基金合作会并入农村信用社，并入资产总额1.11亿元，清收欠款2.42亿元，清退存款2701.98万元。2000年，市政府督查室根据市政府工作部署，重点抓了依法治市、中小学收费项目治理、企业产权制度改革、乡镇消赤减债、重点工程建设、减轻农民负担等12项工作的专项督查。牵头组织市物价、税务等部门再次清理1993年以来全市（地区）有关税费政策的文件，取消和规范各类收费项目237项。先后督促查处市交警大队擅自收取道路安全设施费，市城管部门和北湖区反贪局向郴柴集团索要赞助费等典型违纪案件。2003年，市政府部署整顿矿业生产秩序确保安全生产后，市政府督查室配合安监部门调查桂阳河里金叉矿2002年“4·22”透水事故原因，封闭杨家河320窿道。还会同市委督查室督查国有企业改革改制工作，促使高亭司煤矿、玛瑙山锰矿加快完成股份制改造，促成栖凤渡煤矿、鲤鱼江煤矿、鲁塘石墨矿、桥口铅锌矿适时进入破产重组程序。2004年，对贯彻落实市委经济工作会议精神、转变党政机关干部作风、发展民营经济、城区重点工程项目建设等情况进行专项督查。2005年，市政府督查室对落实市政府重大工作部署组织督查12次，编发《政务督查通报》12期。

（二）督查为民办实事工程

2000年7月，郴州市人民政府启动政府为民办实事工程。自2001年始，每年初市政府召开全体扩大会议，根据人民群众普遍关注和渴求解决的困难和问题，确定年内为民办实事的重点项目、目标任务、责任单位、协办单位和责任人等，再由新闻媒体向社会公布，接受全市人民的监督。2001年，市政府督查室会同市直有关部门、单位，将市政府确定年内为民要办的扶贫帮困、改善农村人畜饮水、推广新技术新品种和加快市政建设等15件实事工程共97个项目，具体细化量化到市直39个责任单位。是年12月，经市政府督查室组织全面督查，表明除跨年度项目和因政策性原因有9个项目只完成部分任务外，其余88项为民办实事项目均圆满完成达到工作要求。市政府及时通报督查情况，受到社会好评。2002年，市政府要求在继续实施2001年未完成项目外，另增加为民办实事18件，分解为扶贫帮困、劳动就业、市政建设、邮电通信、改善城乡生活环境等129个项目。9月，市政府经组织督查，通报了1至8月“为民办实事工程”项目实施进度。年终，各项目实施经市政府督查室检查验收均保质保量完成。2004年，市委、市政府确定为民办8件实事共39项工作内容，计划投入资金7.27亿元。11月底，经市政府督查室会同省考核办检查，有38项完成或超额完成目标任务。2005年，市政府全年投入资金6.77亿元，部署为民办实事8件。市政府督查室牵头组建为民办实事考核办公室。6月，考核办组织5个督查组进行年中督查督促，年底开展全面检查验收。2005年，郴州市被湖南省人民政府评为为民办实事先进市。

（三）年办十件大事情况督查

1995年郴州撤地建市后，每年根据市委、市政府年初选定的年内要办好的十件大事进行政务督查。1996年年初，市委、市政府确定年内要抓好计划生育、社会治安综合治理、财税增收、发展乡镇企业、深化企业改革、城镇建设、壮大个体私营经济、外经外贸与招商引资、农业与丘岗山地开发、发展科技与教育10件大事。12月初，市委、市政府召开全市综合督查预备会，继而组成11个督查组下基层对10件大事的落实情况铺开综合督查。经督查表明，当年市委、市政府部署的年办10件大事件件富有成效。1999年，由22名市级领导带队，分别对各县（市、区）落实10件大事的情况进行综合督查，发现问题及时帮助纠改。2002年，市政府督查室联合市委督查室根据市委、市政府确定年办大事的内容，对历年来全市性名目繁多的195项检查、评比、表彰活动进行清理，经报市委、市政府审定，将此类活动合并、精简为17项。此后，每年年终经对年办10件大事落实情况进行检查验收后，综合评分评出先进单位。2005年1月，市委、市政府召开2004年度10件大事考核动员会。会后组织4个督查组，深入全市11个县市区对上年10件大事实施情况进行考核评比，在此期间，郴州市坚持年年以政务督查督办促进年办十件大事的落实，推动经济社会的发展。

（四）解决社会热点、难点问题督查

市政府督查室自1996年成立后，还重点督查解决人民群众关注的热点、难点问题。1998年，群众反映郴州市城区一些区域居民饮用水受到污染，市政府督查室即时调查，督促关闭污染郴州城区饮用水水源的资兴市东坪金矿，拆除设在饮用水周边的北湖区郴江乡高壁村非法洗车场。此外，根据社会反映，对各行业违规收费行为开展重点督查。1999年，市政府督查室接到国务院副总理李岚清对桂阳县十字乡群众反映的农民负担重、土地水利纠纷解决难、非法集资办学等8个问题所作的批示后，立时到该地进行调查，逐项督促该乡整改存在的问题。年内还就减轻农民负担和土地延包落实等社会热点问题进行督查。2000年，市政府督查室对郴州市五中、市一完小、市九完小，永兴县高亭中学等学校乱收费，和永兴县砷中毒事件及南塔市场经营环境差等问题，均一一进行督查，使之及时得以解决。2001年，市政府督查室还对市长公开电话转办的群众反映的44件事项分别予以督办，所涉问题在限期内基本得到整改。仅在2002—2005年，市政府督查室受理群众来访90多次，经督查对实属存在的问题，一一立项进行督办解决。先后督办解决金贵公司冶炼废气污染、市开发区大北农工地施工受阻、郴州城区香雪路建设拆迁安置用地纠纷等问题。

第二节　信访工作

1989年，地委、行署设联合信访办公室，由地委办公室和行署办公室共同管理。县级信访机构设置与此一致。1995年5月撤地建市，原地区联合信访办更名为郴州市委、市政府联合信访办公室。到1997年，市、县两级信访专职干部增至71人。全市258个乡镇（街道办）配备专、兼职信访员698名，初步构建市、县、乡三级信访网络格局。2001年1月，中共郴州市委、市人民政府联合信访办公室更名为郴州市信访局，列入政府机构序列，仍由市委办、市政府办共同管理，以市政府办管理为主。另保留所属单位郴州市信访咨询服务所。2005年，市信访局定编16名，县（市、区）信访局定编100名，257个乡镇（街道办）配备专、兼职信访员415名，每个乡镇配备专职信访员1~2名。

1989—2005年，全市（地区）先后有900多名信访干部经过省、市信访培训班专职培训，信访队伍思想、业务素质逐步提高。在此期间，市（地区）、县两级信访局部门认真受理群众来信来访、承办各级领导机构转办的信访事项，及时综合群众来信来访意见、建议，为市委、市政府工作决策做好提供信访信息服务。

一、信访工作责任制度

（一）领导责任制度

1989年1月，郴州行署发出《关于加强思想政治工作，预防集体上访闹事的通知》，明确各级领导和信访工作部门工作职责，要求对可能进行集体上访和上访老户的情况进行摸底排查，关心群众利益，依靠思想政治工作就地做好协调、化解矛盾工作，维护社会稳定大局。年内地委、行署成立信访工作领导小组，建立信访联席会议制度，协调解决重大信访事项和信访工作部门存在的问题。1990年郴州地委办公室、郴州行署办公室下发《关于加强乡镇信访工作的通知》，启动建立乡镇“党政一把手包总责、分管领导具体负责、全体领导成员人人有责”的齐抓共管信访工作的领导责任制度，实行分工负责合力把信访问题化解在基层。1994年5月，地委办、行署办印发《郴州地区控制和处理集体上访暂行办法》，就处理集体上访案件中的预测监控、上访接待、立案交办、领导督办等工作，按属地管理的原则，规范当地领导的应负责任。1999年12月，市委、市政府印发《郴州市委、市政府领导同志接待处理群众来信来访制度》，确定建立市党政领导信访接待日制度。自此，郴州市普遍推行市党政领导每月两日（次）、县（市、区）党政领导每月2~4日（次）、乡镇党政领导于“赶集日”接待受理信访的“接待日”制度。随后，全市对“大、要、难”信访案件推行落实责任单位和责任人，实行党政领导“包案查办”的工作责任制度。2005年，市委、市政府进而制定市委、市政府领导“包县联线”“领导包案”责任制，同时细化“属地管理、分级负责；谁主管、谁负责”的信访工作领导责任机制。当年，市委、市人大常委会、市政府、市政协领导成员对26个信访突出问题分别实行包案调处，均在限期内妥善办结。

（二）警示卡制度

2001年10月，郴州市委办公室、市政府办公室印发《关于实行“信访工作警示卡”制度的通知》，启动实行“信访工作警示卡”制度。即对凡因信访受理工作不力，导致出现群体罢工、闹事、上访或越级上访等九种情形之一的县（市、区）和单位，市委、市政府将签发“信访工作警示卡”，责令限期整改。30天内整改到位的撤销警示，60天内仍不能解除警示的将追究领导责任。2001年11月，市委、市政府对郴州纺织厂签发第一张信访工作警示卡，使之在责令限期内解决了信访反映的遗留问题。2002—2003年，市、县两级发出“警示卡”127份，对63个单位的114名领导进行警示谈话，责令限期整改信访工作中的问题。2004年，市委、市政府对“信访工作警示卡”发出后信访工作仍不力的54个单位予以通报批评，予以党纪政纪处分25人。2005年，继续实行“信访工作警示卡”制度，并对出现重复上访、集体上访、群体上访事件的单位进行通报批评。

（三）目标管理考评制度

从1989年起，郴州地区（市）对各县（市、区）和市直单位的信访工作，实行目标管理考评制度。即对领导重视信访工作程度、办理信访事项速度和质量、控制集体上访和越级上访、提供信访信息等工作提出具体要求，规定量化标准，分项制定评分和评比办法。每一至两年组织一次检查考核评比，驱动不断提高信访工作质量。1989—2005年，郴州市（地区）信访局（办）四次被评为全省信访工作先进单位；北湖区、永兴县、桂阳县、桂东县、资兴市、汝城县先后被评为全省信访工作先进县市区；17名信访工作干部被评为全省信访系统先进个人。

二、来信来访办理

1989年起，郴州地区（市）信访部门在做好日常接访工作（登记、转批信访事项及督促办理）的同时，加强对信访重大事项调查、呈报，对不符合法规和政策的诉求做好说服息诉等工作。1989—1994年，郴州地区信访办受理来信11443件，接待来访2092人次，来信来访内容多为献计献策郴州发展和批评监督当地工作。其间，永兴县悦来乡玉泉村农民邓国文给地委、行署领导写信，反映农村修路建房占地增多，耕地面积减少，提出应“奖励垦荒，扩大耕地”的建议，地区信访办人员即赴该乡调查。行署采纳来信建议，遂制定《关于加速农业开发的若干规定》中出台鼓励垦荒扩大耕地面积的政策和措施。此间，还有群众来信反映少数县、乡镇干部在城镇违规征地建私房的情况。经地区信访办调查核实，行署速即发出《关于加强城镇私房建设管理的紧急通知》，全地区查处1986年至1994年在城镇违规违法征地建私房的党政干部132名。

1995年后，随着广大群众民主法治意识的增强和法规政策水平的提高，加之在加快各项改革和调整社会利益的进程中，各种矛盾一时增多，群众来信来访随之逐增。主要涉及山林土地权属纠纷、经营违规收费、企业破产改制纠纷、下岗职工再就业困难、征地拆迁纷争和乱收费、乱摊派、乱集资等问题。市、县两级信访部门积极妥善地进行认真处理。1995年至1996年，市信访部门立案办理信访案件1373件，结案率为100%。1998年4月5日，郴州市中心城区出租车司机100多人集体到市政府上访，反映收费项目多，收费标准高，司机负担重。市信访办热诚接待，立时受理和呈报。市长龙定鼎和市委副书记杨顺初知道后马上赶至信访办会见上访群众，召集市直有关部门负责人开会，逐项审查收费项目和标准，决定取消1项收费项目，降低6项收费标准，使每车每年减少缴费3575元。上访司机对此深为满意。1999年，市中心城区出租车、摩托车司机多次集体到市政府上访，反映“黑的”（私车）非法营运问题。市政府连续发布三个整顿城区客运市场秩序的通告，部署有关部门展开取缔非法营运车辆行动。1995—2000年，郴州及时认真处理群众来信来访，实现全市无集体进京上访事件。

到2001年，市委、市政府面对社会利益变革，经济体制转型中群众来信来访仍呈增多趋势，提出各级党政机关、部门和企事业单位要进一步重视做好信访工作，齐抓共管形成“大信访”工作格局。2001年汝城县委、县政府认真吸取2000年延寿、小垣两乡镇因违规集资造成的“4·2”“4·7”群众上访闹事事件的教训，统一认识，摒弃把群众来信来访看成是“找麻烦”“添乱子”的错误认识，实行“三个优先”：信访机构经费优先安排、信访工作困难优先解决、信访问题优先研究处理。全县建立健全县、乡、村三级信访工作网络，将大量信访问题解决在基层。当年县委、县政府根据信访反映的违规涉农收费这一问题，部署在全县普遍实行涉农业收费公示制，组织4个督查组到各乡镇访问检查涉农收费情况，年内砍掉农民不合理负担600多万元。农民对收费集资心明了、气顺了，激发了为国作贡献的热情。2001年全县23个乡镇到9月全部完成全年的财税任务。全县至2005年再未出现群体性上访闹事事件。2002年8—10月，全市加强重复信访案件整顿清理，妥善处理重复信访案190件。2003年7—11月，全市对重复上访问题进行专项治理，市信访局督促有关单位办结重复信访案116件。

2004年9月，市委办公室、市政府办公室下发《关于建立市处理信访突出问题及群体性事件联席会议制度的通知》和《关于市级领导包案解决信访突出问题的安排意见》，市、县两级随继建立信访工作联席会议制度。市联席会议下设办公室和农村土地征用、城镇房屋拆迁、国有企业改制、矿山污染纠纷、军转干部及复员退伍军人安置、涉法涉诉6个信访专项工作小组，年内处理信访突出问题和群体性事件计126件。对一些“大、要、难”信访案件和上访老户案件，全市采取党委、政府领导牵头，成立包案小组，实行包调查、包处理、包稳定的工作责任制。是年，市、县两级领导包案491件，妥善处理办结239件，基本稳定案情166件。宜章县白石渡镇白石渡村一些村民因周边筑英白水泥有限公司生产造成污染环境问题，越级去北京上访，被国家信访局立案交办。市委常委、市委政法委书记李日顺包办此案后，带领市环保局、宜章县等有关部门负责人进行实地查看，确认反映问题属实，遂协调由该公司投入资金70多万元改进环保设施，解决了这一环境污染“老大难”问题。

2005年，全市各级加大对信访工作的领导力度。郴州市委全年召开5次市委常委会议、市委市政府召开2次信访工作领导小组会议和5次信访工作联席会议，研究部署信访工作。市委、市政府还出台《郴州市处理群众来信来访工作规则》，进一步完善信访工作“属地管理、分级负责、谁主管、谁负责”，和市委、市政府领导“包县联线”“领导包案”的工作制度。县（市、区）将信访工作纳入年度工作考核内容，层层签订信访工作责任状。年内市、县两级领导包案596件，带动全市解决信访突出问题670件。全市全年受理群众来访2199件次，比上年减少12.4%。但是越级上访现象依然无明显减少，集体上访批（次）增多。

三、信访信息综合

全市信访工作部门对群众来信来访情况，按月、季、年度进行统计、综合、分析、通报，重要信访信息（事项）及时向上级呈报。1989—2005年，郴州市（地区）信访局（办）累计收到群众来信31883件，接待群众来访44702人（次），其中集体上访1191批25817人次。市（地区）信访局（办）及时分析研究和综合来信来访情况，先后编发《信访信息》400多期，主要反映信访动态、信访热点、信访工作主要问题、信访批评建议以及信访问题解决难点等信息，还向市委（地委）和市政府（行署）领导和有关部门呈送专题信访信息和信访调研材料1450多件，为其及时掌握社情动态和群众需求，进行科学工作决策提供参考依据。

1989—2005年郴州市（地区）信访局（办）接处信访统计表

表5-4-2-1

项目 年度	信访数量（件）	其中		来访中集体上访		立案、办理（件）
		来信（件）	来访（人次）	批	人次	
1989	2493	2026	467	4	40	357
1990	3556	3130	426	2	12	372
1991	2168	1824	344	2	40	910
1992	1549	1404	145	3	18	248
1993	1817	1512	305	5	75	247
1994	1952	1547	405	11	191	200
1995	2970	1886	1084	25	753	101
1996	4194	2299	1895	59	1385	235
1997	3859	1893	1966	48	1390	244
1998	6662	1982	4680	90	3819	256
1999	5083	1967	3116	110	2047	278
2000	4834	1496	3338	141	1811	259
2001	8098	1960	6138	156	1728	135
2002	4537	1213	3324	101	1688	156
2003	4887	2301	2586	75	1407	680
2004	10443	1890	8553	172	5977	739
2005	7483	1553	5930	187	3436	1044
合计	76585	31883	44702	1191	25817	6461

2001—2005 年郴州市信访局主要负责人名录

表 5-4-2-2

单 位	姓 名	职 务	任职时间
郴州市信访局	王章斌	局 长	2001.01—2003.07
	李仁生	党组书记	2001.01—2004.12
	曹卫国	局 长	2003.07—
	黄胜发	党组书记	2004.12—

第三节 行政监察

一、行政法规执行监察

1989—1991 年，郴州地区行政监察局（1988 年 12 月成立，简称监察局）会同有关部门，对清理整顿部门自办公司进行执法监察。其间，全区清理公司 421 家，撤销违规设立的公司 84 家。1990—1991 年，地、县两级监察局还组织 40 多个检查组，下村入户对年度救灾款物发放使用情况进行跟踪检查，纠正违规违纪问题 7 起，查处所涉违纪案件 2 起。1992 年 3 月，召开全区监察工作会议，着重研究如何全面发挥监察职能，推进监察行政法规执行工作。1992 年组织对全区 64 个乡镇财政工作进行重点检查，查出截留、坐支、滥发救灾款物、挪用公款等问题 119 个，清退违纪金额 622.5 万元，立案查处 23 起，处分违纪人员 11 人。1993 年地区监察局与地委纪律检查委员会合署办公，实行“一套工作机构，两个机关名称”体制，地区监察局仍属政府序列工作机构。1995 年 5 月郴州地区监察局更名为郴州市监察局。

1995—1998 年，全市监察工作主要查处侵犯企业合法权益，扰乱资金管理及工程建设秩序等违法违纪行为。其间，市纪检监察机关对 93 家企业和重点工作实行挂牌保护，遏制行政部门对企业的乱集资、乱罚款、乱摊派行为。1995 年共查处市直单位和各县（市、区）预算外违纪金额 2.61 亿元，责令上缴财政 2081.32 万元、存入财政专户金额 5575.88 万元。1997 和 1998 年，全市监察机关开展基建工程竣工项目专项审计，审计工程投资 1.15 亿元，审减投资 1306.33 万元，审减率为 11.4%。对省级重点工程临连（临武—连州）公路、郴资（郴州—资兴）公路工程开展行政执法监察，对发现的工程质量和财务管理问题提出监察建议。在此四年间，监察机关还加强对各项公用资金使用、管理的监察。1998 年查处永兴、临武、宜章、嘉禾 4 个重点产煤县煤炭税费征管违纪违章金额 500 万元一案。

1999 年，监察工作以促进行业廉政建设为重点，突出查处违反国家政策法规，徇私舞弊，侵占、损害群众和国家利益等违法乱纪行为。1999 年，市监察局会同粮食部门查处粮食仓储企业短亏粮食、挤占挪用粮食收购资金案 22 起，给予 31 人党纪政纪处分，8 人移送司法机关处理。同年，市、县两级纪检监察机关对“8 · 13”特大洪灾后接收的 600 万元捐赠款物及下拨的 3000 万元救济金，实行发放全程监督，及时公开监察情况。2000 年，查实全市被挪借挤占的社会资金和养老保险、失业保险及下岗职工保障资金 1248.80 万元，除责令限期归还，还发出监察建议即建议将养老保险资金全部纳入财政专户实行收支两条线管理。其间，持续执行对减轻农民负担，农林专项资金及农业特产税征管使用的行政执法监察。

自2001年始，市监察局在对行政法规执行的监察中，加强对在建重点工程项目的专项稽查。至2005年，先后组派稽查组36个，稽查重点工程77项，立案调查37件。查处贪污私分公款33万元、虚列工程款174万元、偷漏税款201万元。处理违法违纪人员37人，移送司法机关查处28人。同时对大中型水库除险加固项目，二期农网和县、乡公路改造工程进行稽查，发现问题及时发出稽查通报，限期整改。

2004年，对建设项目、土地出让、土地整理和国有产权转让等专项资金运转开展财务监察。查处违法违纪金额2100万元，收缴418万元，为国家挽回经济损失600万元；给予党纪政纪处分38人，移送司法机关处理3人。2001—2004年，全市监察机关还参与查处重特大安全责任事故87起，处理事故责任人员268人，其中移送司法机关查处24人。

2005年，各级监察机关重点围绕贯彻国家行政许可法、土地管理法、招标投标法、环境保护法，和落实省委省政府部署的为民办“八件大事”等工作开展监督检查。全年开展监察项目205项，查出各类违纪违法金额5827万多元，挽回经济损失3311万元；提出工作监察建议和整改意见498条。全市设立优化经济发展环境企业联系点43个，受理投诉106起，协同查处损害经济发展环境案件82起。

二、行政效能监察

1990年4月，郴州地区监察局、郴州行署法制办举行行政监察工作座谈会，着重商讨党政机关行政效能监督检查工作。其后，地区监察机关采取明查暗访、重大节日前后重点监察等方式，组织行政效能监察，突出查处作风散漫，违规办事的人和事。1993年9月，地区监察局推介安仁县给全县800多名副科级以上干部建立“勤政廉政档案”的做法，推进 全区党政机关行政效能建设。1995年下半年，市政府选择资兴市作为推行政务公开的“阳光行动”的试点。翌年，全市11个县（市、区）和市直150余个县（处级）以上单位先后制定公开办事制度。市工商局将会议室改为公开办事大厅，实行柜台式快捷、便利、公开办事。

1996年5月，郴州市委办公室、市政府办公室批转市廉政办《关于郴州市行风评议工作实施方案（试行）》。12月中旬市监察机关选聘评议代表16名，组织启动对首批评议单位的行风评议。是年，全市政务机关推行领导干部离任考廉、社会服务公开承诺、重点岗位转换、公物统一拍卖等廉政勤政制度。1997—1999年，市纠风办聘请代表组成行风评议小组，广泛收集社会意见，明查暗访，重点对市公安局110报警台、市第一人民医院“120”急救中心等社会服务承诺单位进行行风评议。

2000年，纪检、监察机关对嘉禾县高考舞弊、北湖区“5·24”堵塞国道、汝城县延寿和小垣两乡镇群体上访闹事、苏仙区“11·15”破坏外商投资事件立案查处，负有领导责任的4名县、乡、村三级党员领导干部，分别给予党纪和政纪处分。同时，查处三起重大安全责任事故案，对在事故中犯有工作不力、敷衍塞责严重错误的55名人员，分别予以党纪政纪处分。

2002年10月，郴州市委办公室、市政府办公室下发《郴州市民主评议行风工作暂行办法》《郴州市2002年民主评议行风工作实施方案》，部署重点考评党政机关工作作风和行政效能。据此，市监察局组织对48家市直单位进行行风评议，评出优秀单位17个、合格单位24个、基本合格单位4个、暂不合格单位3个。是年底，全市各级参加行风评议单位扩展至1332个，社会各界参加评议人数达8.52万人（次）。自此，全市所有党政机关、司法机关、行政执法机关和经济管理部门均实行年终行风考评制，对评议不合格的单位，分别给予通报批评、黄牌警告，和对其责任人予以就地免职的处分。

2004年，针对少数单位作风散漫、工作效率低下的状况，郴州市监察局组织开展“加强行政效能监察，提高政府整体效能”专题调查研究。之后制定有关行政效能监察工作的暂行规定、投诉暂行办法、监察职责、工作纪律、办事程序等9项工作制度；印发行政效能监察专项检查和行政效能投诉处理流程图，以及行政效能监察通知书、监察建议书、监察决定书、投诉转办函、投诉交办函、监察立项报告、监察结项报告、文书送达回证10种规范化行政效能监察文书。其被湖南省监察厅作为监察文书范本印发向全省监察系统推广。是年，郴州市监察局以暗访为主，对市直32个具有行政审批职能单位的工作纪律、办事效率、公开公正办事等情况进行专项监察，跟踪录制《群众利益无小事——郴州市直机关行政效能暗访实录》专题片，作为警示教育教材。市纪委对暗访中发现的办事拖拉、违规办事、上班聊天、玩弄它物及迟到早退等问题，及时向有关单位发出整改通知书，对性质严重的玩忽职守事项进行立案查处。省委纪委推广了郴州这一做法。2004—2005年，市监察局聘请机关作风群众代表评议员70名，先后组织评议市本级49个单位优化经济发展环境工作，评议市、县两级93个单位的工作作风。

2005年年初，市监察局在市烟草专卖局、市交通局、市房产局开展行政效能建设试点工作。2月28日，《郴州效能监察》创刊。3月，全市行政效能监察工作会议在桂阳县召开，会议决定在桂阳、嘉禾和宜章3县实行“行政过错责任追究制”工作试点。同月，市长戴道晋签发“市长令”，颁布八号令《郴州市行政效能监察工作暂行规定》、九号令《郴州市行政过错责任追究暂行办法》。尔后，市委纪委、市监察局印发《郴州市行政效能投诉处理暂行办法》，为规范行政许可项目，并以市长令向社会公布《郴州市继续实施的行政许可证项目目录》，凡未纳入此目录的行政许可项目一律停止实施。是年，对市公安局、工商局、劳动和社会保障局等市直单位效能建设进行专项检查，责成市公安局纠正该局经税支队的乱作为行为。12月，召开全市行政效能监察建设试点工作总结会，市烟草专卖局、交通局、房产局和宜章县、桂阳县、嘉禾县等试点单位在会上介绍经验。

第四节　法治工作

1989年12月，郴州行署办公室法制科更名行署法制办公室（简称法制办）。1990年10月，法制办升格为副处级单位，列为行署直属机构。是年，全区各县（市）政府先后设立法制办公室。地区公安处、工商局、财政局、卫生局、计量局、林业局、税务局、公路总段也相继内设法制办公室或政策法规科。1991年，行署和各县（市）政府先后成立行政复议办公室，与法制办公室合署办公。一些负有行政执法职能的工作部门也陆续设立行政复议委员会。自1994年2月始，各县（市）政府法制办更名法制局，调整为正科级政府直属机构。1995年5月撤地建市，郴州行署法制办公室更名为郴州市人民政府法制办公室，为正处级单位，加挂“郴州市人民政府行政复议办公室”牌子。9月，郴州仲裁委员会成立，下设秘书处与市政府法制办合署办公。1989—2005年，市政府（行署）法制办公室加强政府法制工作的规划、指导、监督、协调；做好本级政府规范性文件起草、审查和备案工作，适时组织行政执法监督检查；及时办理行政复议与应诉案件及民商纠纷仲裁案件。积极推进依法行政工作。此间，李启温任行署（市政府）法制办主任。

一、规范性文件拟制、备案与清理

（一）规范性文件草案审核

1989 年，行署在下发的《关于加强政府法制工作的决定》中明确规定：凡是以行署、行署办，县（市）政府、政府办名义制发的规范性文件文稿，须先送行署法制办、县（市）政府法制办进行法律、法规、政策的审核把关，未经法制办审核的，行署办、县（市）政府办不予核稿，分管领导不予签发。1990 年，行署法制办审核规范性文件草案 120 件，修改 7 件。审核中对每一文件草案，严格依照有关法律法规和政策，逐件逐条逐句逐字地进行认真审查。看是否超越法定的行政管理权限，以保证政府行政行为合法有效。到 1994 年，全区形成严格的行政规范性文件草案审核制度。行署规定法制办对不符合法律法规、不符合本地实际或可能产生负面影响的文件草案，须提出具体修改意见，凡与法律法规相悖或无法律法规依据的应建议不予发文。是年，地县两级法制办审核行政规范性文件草案 208 件，提出修改意见 1000 多条，建议不予发文 52 件。1996 年，全市政府法制部门审核文件草案 1200 多件。其中，市政府法制办审核市政府、市政府办规范性文件草案 77 件，建议不予发文 3 件，退回由原起草单位重新起草 1 件。2005 年，市政府法制办召开文件草案审核协调会 16 次，听取意见，共同协商，确保规范性文件文稿符合法律规定和具有可操作性。1989—2005 年，行署 、市政府法制办审核规范性文件草案 1344 件，其中因不符现行法律法规和政策不予发文的 38 件，其余进行修改后予以报送下文或退回重新起草修正后再予发文。

（二）规范性文件备案审查

1990 年 12 月，郴州市（今北湖区）政府办公室下发《关于实行规范性文件备案工作的通知》，决定从 1991 年起实行乡镇、街道办和市直委、办、局（公司）、社的规范性文件报市政府法制办备案审查，率先在全地区实行政府规范性文件备案审查工作。1992 年 3 月，行署法制办转发这一通知，要求各县（市）和地直各部门开展规范性文件报送备案审查工作。1992 年 7 月中旬，全区政府法制工作经验交流会召开，会议要求从当年起，地、县两级要逐步建立规范性文件备案审查制度。1994 年 2 月，郴州行署明确规定，各县（市）人民政府和地直机关各部门制发的规范性文件，必须自印发之日起 10 日内送 3 份报行署备案，备案审查工作由行署法制办承担，及时纠正或撤销其不当的决定、命令、规定、办法等。1996 年，市政府法制办收到县（市、区）报送备案的规范性文件 100 余件，经审查，撤销 4 件、条文变更 3 件、建议发文单位自行撤销 5 件。此后，这一备案审查制度逐步推行实施。同时，市政府开始向省政府报送备案规范性文件。2005 年，市政府法制办根据国务院《法规规章备案条例》，下发《关于进一步做好规范性文件备案审查工作的通知》，编制印发《规范性文件自行纠正通知书》《规范性文件修改意见书》《规范性文件撤销通知书》，全面启动全市规范性文件备案审查工作。是年，接受县（市、区）政府报送备案审查规范性文件 70 件，市直各部门及中央、省属驻郴单位报送备案审查规范性文件 51 件。经审查，未发现重大问题。1996—2005 年，市政府法制办受理政府规范性文件备案审查 372 件，经审查，撤销 7 件，条文变更 3 件，建议发文单位自行撤销 5 件。

（三）规范性文件清理

1990 年，行署召开全区清理行政规范性文件暨行政执法监督检查工作会议。部署清理 1986 年后政府下发的规范性文件，修改过时的条文，废止有违法规的文件。当年，行署法制办清理 1986 年行署和行署办发布的规范性文件 252 件，其中需修改和废止的 27 件。各县（市）政府法制办清理政府规范性文件2629件，其中继续有效1720件、自动失效470件、废止338件，需经修改重新予以发文的101件。1991年12月，行署办公室印发《关于废止和修改部分规范性文件的通知》。1990—1994年，全区先后组织2次大规模的文件清理活动。1995年5月郴州撤地建市以后，市政府要求市政府法制办和市直各部门全面清理已发布的规范性文件，符合现行法律法规需要保留的，以市人民政府的名义重新颁发；凡与现行法律法规、规章相悖或不适应当前形势的文件报市政府批准予以废止。至年底，市政府法制办清理规范性文件56件，其中废止失效5件，重新起草以市政府名义发文的5件。自此，对行政规范性文件，推行“一年一小清，三年一大清”制度。2002年，为确保各级各部门制定的规范性文件不与世贸组织（WTO）规则相冲突，市委、市人大常委会、市政府清理与WTO规则相关的文件635件，对其中与WTO规则不相符、与上位法相冲突和存在地方保护主义的305份文件，分别作出废止、失效和进行修改的处理。1995年至2005年年底，市本级组织展开清理范性文件8次，清理规范性文件3100多份。

二、行政执法监督检查

1989年至20世纪90年代初，行署法制办对行政执法的监督检查，多以配合参与一些执法检查活动为主，主要协同纠正违法或不当的行政执法行为。1993年后，行政执法监督检查工作转入经常化、制度化、规范化轨道。是年，行署先后在安仁县、临武县召开行政执法经验交流会议，要求逐步建立行政执法考核评议机制，推行过错责任追究制。全市依法调处行政执法部门因执法管理权限而引发争议的事件3起。桂阳县在全区率先实行行政执法人员持证上岗，亮证执法制度。1996年，市政府成立郴州市行政执法证和行政执法监督证管理领导小组，制定《行政执法证和行政执法监督证管理办法》，全面推行“持证上岗，亮证持法”制度。全年全市政府法制部门举办执法人员培训班24期，培训2387人（次）；组织和参与行政执法检查40多起，处理部门行政执法矛盾20起；与31家企事业单位建立执法监督联系点，加强沟通，共同配合规范行政执法行为。

自1997年始，对行政执法主体资格和执法人员定期进行全面清理审核。1997年审核81个单位，确认获准具有行政执法主体资格的单位57个，受委托执法单位16个，清减不符合执法主体资格单位8个。市政府在全市实行行政执法特约监督员制度，年内办理第一批行政执法监督证100件。1998年，市政府法制办受理群众行政执法投诉50件，将投诉较多的城管、环卫执法人员乱罚款、乱扣车、乱没收财物等问题，及时反馈给有关执法机构督促整改。2000年，市、县两级政府法制办（局）会同有关部门，对107国道和省道所经9个县（市、区）的交通行政执法情况进行检查；结合矿山秩序整顿，对全市9个产煤大县进行执法情况检查；调查农民负担情况，受理群众涉农收费投诉73起。是年，对全市具有行政执法主体资格单位新调入的1199名工作人员集中进行执法培训。年检年审行政执法证10244件，注销137件、吊销5件，新签发执法证1442件。

2001年，全市开展“依法行政年”活动。市、县两级成立以市长、县（市、区）长为组长的依法行政工作领导小组。市政府出台《郴州市行政执法责任制暂行办法》，11个县（市、区）长和市直64个行政执法部门负责人向市政府市长递交依法行政责任书。是年，市政府组织对24个市直行政执法机关、16个乡镇行政执法进行检查，提出整改意见165条。2002年，结合全市机构改革，全面清理行政执法主体，确认市直部门具有行政执法主体资格的单位61个。全市调处执法争议31起，检查市本级各执法部门实施行政处罚处理案3652件。2003年，国务院《关于进一步推进相对集中行政处罚权工作的决定》颁布实施后，市政府法制办与市城管综合执法支队等单位开展调查研究，草拟关于在郴州市城区进一步推进相对集中行政处罚权工作的实施方案。同时重点检查行政复议案件的受理、审理、结案和查处行政执法违规行为；对行政执法证进行年检年审，注销执法证400多件。是年经市人民政府常务会议审议通过，决定保留市级行政机关行政审批项目502项，市行政审批改革工作办公室印发《郴州市人民政府行政审批工作手册》，依法规范行政审批工作。

2004—2005年，全市倾力宣传贯彻《中华人民共和国行政许可法》和国务院《全面推进依法行政实施纲要》。2004年，市长戴道晋就贯彻实施行政许可法发表电视讲话。全市开展街头圩场宣传咨询活动110场，印发行政许可法及其配套学习资料10万册，市、县两级举办学习班、培训班220场次，市政府法制办编印下发《行政执法人员法律知识读本》。2005年，以贯彻落实国务院《全面推进依法行政实施纲要》为中心，完善行政执法责任制的考核内容、考评方法，着力提高行政执法监督检查工作质量。全市培训执法骨干883人次，开展执法证年检年审7827本，注销200本，换发和新签发行政执法证1853本，发放行政执法监督证40本。

1989—2005年，郴州地区（市）政府法制部门开展行政执法专项监督检查310次，纠正违法和不当行政执法行为225起，提出整改意见1800条。

三、行政复议与应诉

自1991年1月始，郴州地区启动贯彻实施国务院颁布的《中华人民共和国行政复议条例》工作。当年，地、县两级政府法制办和地直行政执法部门复议委员会配备专职兼职复议、应诉工作人员179人；行署法制办制定行政复议审查方案和行政应诉授权委托、领导审批、调查取证、结案归档四项制度，统一印制15种法律文书式样，全区举办行政复议应诉培训班20期；全区全年受理因不服政府作出的纠纷争议处理决定，及行政执法机关作出的行政处罚和行政不作为的行政复议申请33件。1992—1993年，全区受理行政复议案284件，其中行署法制办受理36件，均一一作出裁决。工作人员在复议审理山林、土地案中，爬山涉水进行实地查访，力求依法公正结案。1995年，市政府行政复议办公室编印下发《企业如何运用行政复议手段维护经营自主权》等学习资料，指导企业运用行政复议方式维护自身合法权益。

1997年，郴州市行政复议工作建立和完善“立案审查制”“承办人负责制”“开庭审理制”“集体合议制”和“决定备案制”等规章制度和运作规程。与此同时，加强法制宣传，沟通与行政执法部门的联系，多方面地拓展复议案源。是年，全市受理行政复议案831件，为1992—1993年两年受案数的2.9倍。政府法制机构注重提高行政应诉工作质量，此间经市政府法制办出庭应诉，大多行政诉讼案维持法制办行政复议决定，少数经法院审理被判决撤销或要求重新处理。

1999年10月1日《中华人民共和国行政复议法》颁布实施，扩大了行政复议范围，同时该法规定行政复议机关不得向申请人收取任何行政复议费用。当年成立郴州市人民政府行政复议应诉工作领导小组，市政府决定从2000年起将行政复议经费列入财政预算，每年拨款20万元。市政府法制办在受理行政复议案中，力求依法结案，处理完善。2000年，桂阳县方园镇长汾村肖守孝等23位村民，因不服永兴县烟草局扣押其价值14万元烟叶并罚款2.8万元的处罚，向市政府法制办申请复议。法制办调查审理后认为：永兴县烟草局行政处罚认定事实不清，证据不足，适用法律错误，且处罚程序违法，便即时作出撤销原处罚决定，并出面督促永兴县烟草局退回扣押的烟叶和罚款。

2003年，市政府法制办制定《郴州市行政复议案件立案程序》，进一步简化立案审批手续。2004年，全市政府法制办受理行政复议案由上年561件增至805件，并实现当年受理当年全部审结。

1991—2005年，郴州行署、市政府法制办共受理行政复议案件1234件，其中作出维持的复议决定1120件，作出撤销的复议决定67件，变更行政处罚案47件；办理行政诉讼应诉案件37件，经出庭应诉和法院审理，维持原行政复议决定的32件。1995—2005年，代理政府办理国家赔偿案件4件。

四、民商事纠纷仲裁

1995年9月《中华人民共和国仲裁法》颁布实施，郴州市全面启动民商事纠纷仲裁工作。9月28日，组建郴州仲裁委员会（简称仲裁委）。11月，仲裁委制定出台《郴州仲裁委员会仲裁人员暂行守则》《郴州仲裁委员会仲裁收费标准》。次年初，仲裁委从法学理论研究、教学和经贸界聘请兼职仲裁员44名。

1996年8月，郴州仲裁委秘书处组建仲裁庭，对外受理民商事纠纷仲裁案件。是年，受理仲裁案3件，标的额209万元，其中建筑合同纠纷案2件，工贸供销合同纠纷案1件。仲裁人员悉心调查研究，组织双方协商调解，均依法裁决结案。1997年，郴州市人民政府下发《关于进一步贯彻实施〈中华人民共和国仲裁法〉的通知》，郴州仲裁委出台仲裁员工作章程、考核标准及办法等规章制度。

2000年，为方便民商事纠纷当事人申请仲裁，郴州仲裁委在桂阳县设立仲裁办事处，在郴州建工集团设仲裁联络站。随后，下设仲裁办事处（联络站）逐年增多。至2002年，仲裁委秘书处全年受理房地产买卖、房地产租赁、工商贸易、建筑合同纠纷案22件，为1996年的7倍多，其争议标的额1023万元，审结20件，其中调解结案7件，裁决结案10件，当事人撤回仲裁申请3件。2004年，受理仲裁案增至38件，涉案标的额1890万元，全部调解或裁决结案。其中郴建集团与某冶金实业公司建筑合同纠纷一案，经仲裁庭查明事实后组织双方调解，冶金公司同意以其房地产作价抵偿给郴建集团，为郴建集团挽回经济损失511万元。

2005年7月，郴州仲裁委第六次会议审查通过《郴州仲裁委员会仲裁案件程序》《郴州仲裁委员会仲裁员守则》等10个仲裁工作文件。当年，受理仲裁案58件，涉案金额3615万元。案件涉及房地产、保险、建筑工程、商贸等经济领域。经审理结案51件，其中调解结案34件，裁决结案17件，当事人均表示满意。

1996年8月至2005年年底，郴州仲裁委秘书处共受理各类民商事纠纷仲裁案192件，标的额1.04亿元，案件全部审结。其中，调解结案128件，占受案总数的66.7%；当事人自动履行裁决的145件，占受案总数的75.5%。郴州仲裁委所作出的裁决，没有一件被人民法院裁定撤销或裁定发回仲裁庭重新仲裁。

第五节　外事、侨务及港澳事务

一、外　事

1980年3月设立郴州地区外事办公室。1989年首批被公安部门列入郴州地区外事开放的9个县（市）皆成立外事办公室，次年设立郴州地区对外友好协会。1995年撤地建市后，郴州地区外事侨务办公室改称为郴州市外事侨务办公室，与市旅游局合署办公。

1989—2005年，郴州先后实施"开放兴郴""开放带动"发展战略，外事工作日趋活跃。其间，郴州先后制定出台《关于加强对外工作领导的通知》《郴州市因公出国审批办法》《关于进一步简化和规范国家机关工作人员因公出国（境）审批手续的通知》。既打开大门加强对外往来，又严格出国审批制度。17年间，各地本着"扩大开放，友好往来，经贸合作，互利互赢"的宗旨，和"从严审批，确保成效"的原则，全市（地区）共批准出国（境）209批2259人次，主要进行经贸洽谈、文化科技交流和访问联谊等外事活动。

（一）经贸洽谈

1989年12月初，郴州地区林机厂厂长王抗援赴美国与密执根州本顿港市特力斯公司总裁B. 杰克逊，洽谈来图加工技术合作项目。1990年5月，B. 杰克逊来郴州与郴州地区林机厂签订进口钢架桥合同。是年8月，其再次来该厂签定200万美元的来图加工技术合作项目。1992年7月，郴州行署副专员吴开达、地区林机厂厂长王抗援赴英国，就向英国出口钢架桥等产品与英方进行洽谈。1993年12月，应行署邀请，德国勃兰登宝州经济部部长海尔史一行20人到郴州，与郴州地区对外经济贸易委员会洽谈经贸合作事宜。1996年12月，市工商联、市园林处派员赴哈萨克斯坦奇卡特市设立对外工作窗口，开展经贸合作事项。

随着对外经济的推进，郴州对外经贸往来活动逐渐增多。1997年4月，市经贸委主任张雨清、桥口氮肥厂厂长肃铁春前往美国参加国际进出口商品大会，洽谈商贸合作事宜。5月，市粮油批发市场服务中心曾凡荣、张振华随粮食部组团赴美国执行粮食贸易洽谈任务。11月，郴州金峰农药化工有限公司董事长杨辛牙赴缅甸洽谈农药生产、出口等事宜。1998年4月，郴州黄麻制品厂厂长陈平南随中国包装进出口总公司组团，赴英国参加国际包装品展销会及洽谈黄麻制品出口业务。9月，市国盛皮革有限公司总经理李洪洲赴意大利开展皮革制造技术交流和贸易洽谈。

2000年后，民营企业跨国开展经贸洽谈活动也愈益增多。2000年12月，市经济开发区主任率民营企业代表一行赴美国洽谈铸铁材料、铁合金艺术建材生产与出口事宜。2004年3月，民营企业郴州金贵有色金属有限公司董事长曹永贵赴美国参加"国际锌银年会"，并考察美国锌银企业生产情况。6月，郴州市政府副市长潘碧灵一行赴法国参加"湖南（欧州）经贸洽谈周"活动，与法国4大知名企业签订经贸和投资协议计4100万美元。2005年，全市出国进行经贸考察洽谈321人次，引进外资项目45个；接待国外客人、客商1292人次。其中多为民营企业对外开展经贸洽谈活动。

（二）技术、文化交流

1989年10月，世界著名地热专家、联合国地热学院副院长、新西兰大学教授弗里斯顿及夫人到汝城县热水镇考察地热资源。1990年5月，亚太地区17个产铀国的32名铀科技工作者到711矿考察，相互交流铀矿开采技术。6月，国际地质学会第十五届年会在湘南地质队召开，18个国家的34名地质专家与会。1991年12月从瑞士布勒公司引进的技术水平先进的饲料生产线，在郴州饲料厂竣工投产。1993年2月，应美国《亚美日报》董事长邀请，《郴州报》社名誉社长、郴州新闻协会会长周时昌，《郴州报》社社长郭章印随中央新闻考察团，赴美国考察交流新闻业务工作。1997年5月，美国"穿越亚州历险采访团"来郴州采访郴州经济和社会文化事业发展状况。1998年5月，旅美华侨科学家谷继承抵郴州考察矿藏资源，交流矿藏资源科技开发信息。2000年4月，意大利SEPT集团总经理拿破仑一行8人到郴州考察，洽谈经贸合作和技术交流事项。2001年6月，加拿大自然资源部考察组一行4人到郴州考察小水电综合自动化系统项目技术。9月，澳大利亚、马来西亚6位土壤和桉树植被专家到郴州，考察交流土壤改良和桉树育苗技术。2002年3月，郴州华湘化工有限责任公司总工程师李复乔赴日本参加中日聚氯烯工业会议，学习交流化工生产技术。

其间，教育文化事业对外交流亦不断扩展。2002年8月，郴州市教育局、郴州市第一中学派员赴澳大利亚考察大学中学外语教学和学校管理模式。10月，郴州派员赴德国和法国传播郴州瑶族传统文化、体育项目。2003年10月，市残疾人联合会理事长赵昌华赴澳大利亚、新西兰考察，相互交流开展残疾人特殊教育的做法。

（三）访问联谊

1992年7月，郴州地区旅游局局长、外事办公室主任吴大强一行9人，随湖南省对外友好协会赴日本访问团至日本进行友好访问。11月，应俄罗斯莫斯科州诺金斯科市市长邀请，郴州行署副专员吴开达（兼任郴州市对外友协顾问）和郴州市（今北湖区）副市长黄端贵，赴俄诺金斯科市进行友好访问、交流联谊。2000年10月，市外事侨务办应邀派员赴美国拉雷多市访问，商谈两市结为友好城市事宜。2002年4月，经中国人民对外友好协会批准，郴州市与美国拉雷多市正式结为友好城市。郴州市与国外城市结好实现“零”的突破。2002年6月，应美国哈密尔顿市市长邀请，资兴市政府代表团赴哈密尔顿市访问，洽谈两市结为友好城市事宜。2004年9月资兴市政府举行撤县建市二十周年庆典，美国拉雷多市派出代表团到资兴市参加庆典活动，并签订《中国资兴市与美国拉雷多市经贸和文化交流合作协定》。2005年5月，市旅游外事侨务局组团前往日本、韩国温泉企业进行友好访问联谊，相互交流温泉旅游开发建设与管理的做法与体会。

二、侨务及港澳事务

1988年，郴州地区在海外华侨、华人2478户11498人（包括二、三代华裔），分布于世界五大洲40多个国家；有港澳同胞1077户6213人（包括二、三代）；有归侨122人，海外华侨华人和港澳同胞眷属2303户17148人。2005年末，全市有侨务和港澳事务对象5万多人，其中祖籍在郴州的海外华侨华人和港澳同胞3万多人，其在郴亲属2万多人。1989—2005年，郴州本着“争取侨心，凝聚侨力，维护侨益”的宗旨，爱侨护侨，动员和团结华侨华人、港澳同胞支持和参与郴州的各项建设事业。

（一）宣传联谊 维护权益

1989年元旦、春节期间，外事侨务工作部门向海外华侨、华人和港澳同胞寄送贺卡、贺信；郴州行署和县（市）政府召开茶话会、座谈会或联欢会，慰问归侨及侨（胞）眷，宣传党的侨务政策及家乡的发展变化，共叙友情。1990年9月，地区外事侨务办（简称“外侨办”）、归侨侨眷联合委员会（简称“侨联”）组织归侨、侨（胞）眷属代表，到县（市）检查走访落实侨务政策的情况。全地区查处侵侨权益事件52起，帮助解决归侨和港澳同胞眷属子女入学、就业等方面的问题213个，为23名退休归侨落实每人每月50元的生活补助费。

1995—1996年，全市查处侵犯归侨、侨眷和港澳同胞眷属合法权宜事件30起。其中，宜章县侨联企业即宜韶化工厂积存3年未结的债权案，经市外侨办、侨联协调和督促，宜章县人民法院于1995年末依法判决执行，为该厂挽回经济损失27万元。

1998年，市外侨办、市侨联配合市人大常委会开展侨务执法检查，督促有关部门和单位解决10多起久拖未决的侵犯归侨、侨眷权益的事件。全年帮助归侨、侨（胞）眷解决子女升学、就业、出国、继承侨业等210件次。市外侨办与3家海外华人社团及60多位有影响的人士建立联系，组织编写《郴侨风采》一书，宣传郴州侨界为家乡建设积极出力的典型人物。全年接待至郴州旅游观光、探访的华侨、华人、港澳同胞158人次。

1999年，市外侨办、市侨联印发《湖南省归侨侨眷权益保护法实施办法》，召开座谈会组织归侨、侨眷代表学习《实施办法》。年内全市外侨办、侨联办理归侨、侨眷来信39件，接待来访1802次。解决侵犯归侨、侨眷权益事件7起，帮助270名下岗归侨和侨眷职工再就业，为35名归侨、侨眷解决生活、工作方面的实际困难。宜章县外侨办、侨联为帮助落实侨眷白国祥在老坪石镇的祖屋所有权，先后奔波走访辗转行程500多千米。2000年9月7日，郴州市举办“纪念《中华人民共和国归侨侨眷权益保护法》颁布10周年电影招待会”，会上市委、市政府表彰一批华侨、华人，归侨、侨眷和优秀侨务工作者。当年办理归侨、侨眷及港澳同胞眷属来信238件，接待其来访630人（次），处理侵侨权益事件12起，帮助归侨、侨眷及港澳同胞眷属解决各种困难131件。

2001年，郴州市人大常委会组织开展侨务及港澳事务政策执行情况检查，查处侵犯归侨、侨眷和港澳同胞眷属合法权益的人和事10多起。2004年，全市外事侨务系统聘请5名归侨、侨眷人员为行风建设监督员。2005年，全市外侨事务部门督促相关单位按时足额为80多位老年归国华侨发放困难生活补助。

（二）扶助归侨、侨眷

1990年，全地区有归侨贫困户25户28人，贫困侨眷227户1278人。年内，外侨部门筹集资金15万元，扶助25户贫困归侨发展生产，脱贫12户；扶助贫困侨眷80户，脱贫45户。1995—1996年，政府注重从资金和技术上帮扶贫困归侨、侨眷，经扶持，21户贫困归侨、侨（胞）眷家庭实现脱贫。侨务部门多次组织为特困企业和受灾的归侨、侨眷捐献款物。1999年8月上旬，郴州市城区遭受百年不遇的特大洪灾。郴州市及北湖、苏仙两区政府领导和侨务部门负责人，深入受灾严重的罗家井、裕后街等地看望受灾侨眷家庭，侨务部门干部职工为其捐款1.2万元，衣物105件。至2000年，经当地政府部门和外侨部门的扶助，全市70%以上的贫困归侨、侨眷家庭实现脱贫。嘉禾、安仁两县的贫困侨眷全部达到当地中上生活水平。2002年12月，成立“郴州市侨务扶贫基金会”。基金会以发放无息或低息贷款的形式，帮助贫困归侨、侨眷发展生产或经商办企业，当年给40多名侨眷发放无息或低息贷款200万元。至2005年，全市有85%以上的贫困归侨、侨眷家庭达到脱贫生活标准。

（三）引资引智

1992年2月，行署成立引进国（境）外资金智力工作领导小组，向侨界发放介绍郴州地区招商引资宣传资料1000份。1995年，全市在归侨、侨眷中开展“六个一”活动：为家乡建设给海外侨胞写一封信、为家乡建设献一条计、提供一条经济科技信息、引进一项生产建设项目、举荐一个创业人才、推介一个家乡新产品。1995—1996年，通过开展这一活动，全市归侨、侨眷引进“三资”企业65户，引进外资6815万美元。其中永兴县侨眷引进外资兴办1家外资企业，兴办公益事业6项。宜章县外侨办引进外资项目3个，协议利用外资1080万美元，实际到位380万美元。

1997年后，市、县两级外事侨务部门和侨眷、港澳同胞眷属利用自身优势，积极为经济发展牵线搭桥，外引内联。1997年市外侨办协助郴州工程机械进出口集团公司引进英国钢桥贝雷架生产技术，产品打入国际市场。1998年，临武县外侨办引进外资折合人民币1000多万元，兴建“中德贸易大厦”。1999年，全市外侨部门引进外资项目4个，引进到位外资1400万美元。苏仙区圣大磁材有限公司通过外侨部门牵线搭桥，聘请美籍华人磁材专家汤姆来公司解决“高纯碳酸锰和四氧化三锰性能一致”的技术难题，产品质量提高后畅销，年创汇超300万美元。

2003 年，全市外侨部门开展“以侨为桥、引智引资，服务经济”活动，全市侨（胞）界招商引资折合人民币 2 亿元，先后兴办休闲旅游度假山庄和九九超市等经济实体。2004 年，全市外侨部门引资签约项目 37 个，协议引资 27.9 亿元，实际到位资金 6.27 亿元。2005 年，全市加强海外联络联谊和招商引资工作，引进项目 45 个，引进外资折合人民币 11 亿元。至 2005 年，郴州市的“三资”企业经归侨、侨眷和港澳同胞眷属引资引智办成的占 40% 以上。

（四）发展侨眷企业

1989 年，全区兴办侨眷企业 17 家，总资产 1939.89 万元。主要经营业务有商贸食宿、房产租赁及建筑业等。1993 年 1 月，永兴县率先在全省建立“三胞”（港澳同胞、台湾同胞、海外侨胞）经济技术开发区。发挥侨乡优势，大力发展侨眷企业。至 1996 年年底，该开发区侨眷企业引进外资折合人民币 6150 万元，实现年产值 6500 万元、利税 660 万元，受到湖南省人民政府表彰。1997 年，北湖区侨眷刘爱环、刘际辉夫妇创办中美合资的旭辉化工实业有限公司，实现年产值 1006 万元，上交税金 76 万元，年内还投资 800 万元增建一条氧气生产线。1999 年，市外事侨务办建立干部蹲点包干制度，帮助侨眷企业解决困难，全年为侨眷企业解决合同纠纷 8 起，挽回经济损失 15 万元。同时筹措资金 9.6 万元，帮助 6 户侨眷解决经营设点的资金困难。2000 年，市政府和司法部门帮助侨眷企业解决合同纠纷 6 起，挽回经济损失 43 万元；为侨眷企业解决经营门面、产品上市、资金不足等困难 36 件。2003—2005 年，外侨部门把握全市大力发展个体私营经济的机遇，鼓励兴办侨眷企业，全市先后投入兴办侨眷企业的资金折合人民币 2 亿多元。

第六节 民族·宗教

一、民族工作

郴州境内世居者为汉族、瑶族和畲族。其他少数民族因婚姻、工作、经商、办企业等原因渐入郴州。到 2005 年，全市有 41 个民族 460.88 万人。其中 40 个少数民族 8.3 万人，占全市总人口的 1.8%。全市设有民族乡镇 13 个，另有散居少数民族自然村 50 个。全市有 70% 的少数民族人口居住于汝城县，少数民族人口最少的为安仁县。少数民族人口最多的为瑶族，占少数民族总人口的 98.7%。

（一）落实民族区域自治政策

1989 年 1 月，郴州地区各县（市）按照全国人大常委会颁布的《村民委员会组织法（试行）》，认真组织民族村民主选举产生村委会，村委会主要干部均为少数民族。民族乡镇领导班子中少数民族干部都占有一定的比例。1991 年 11 月，郴州地委、行署召开郴州地区首次民族团结进步工作会议，会议提出要认真落实国家民族法规，实施民族区域自治政策。行署决定对汝城部分地域的民族成分重新进行认定和登记，经报审批准，53911 人恢复少数民族成分，成立延寿、岭秀、盈洞、小垣、三江口 5 个瑶族乡镇。1992 年上半年，地委书记周时昌和行署专员赵毅拯分别赴桂阳县杨柳瑶族乡和汝城县延寿、岭秀、盈洞瑶族乡现场办公，研究解决瑶族乡村基层组织建设和落实民族区域自治政策的问题。7 月，地委、行署召开全区少数民族工作会议，着重研究部署加强少数民族乡（村）自治组织建设和培养少数民族干部工作。到是年底，全区少数民族乡（镇）机关中有少数民族干部 75 人，其中 12 人担任县以上人大常委会委员、政协委员或政协常务委员。乡镇党委、政府领导班子组成人员中少数民族干部占30%以上。1990—1995年，郴州选派少数民族干部参加学历教育180人，接受中、短期任职前业务培训200人。加强少数民族干部培训，提高自治执政能力。

1993年至2002年，郴州民族乡镇村委会先后进行四次换届选举。其间，各级党委、政府鼓励村民参加选举和竞选村委会成员，充分尊重选民意愿，坚持“直选、差额、无记名”的公平选举原则，村民参选率达95%以上。2002年，市委组织部、统战部和市民族宗教局（简称民宗局）等6家部、委、局制定《2003—2005年郴州市培养选拔少数民族干部工作意见》。2004年5月，市委、市政府召开全市民族工作会议，部署加强落实民族区域自治政策工作，表彰一批民族自治工作先进单位和个人。6月中旬，郴州市人大常委会组织检查执行《湖南省散居少数民族工作条例》情况。8月，市人大常委会第44次会议听取检查组专题汇报，提出对散居少数民族乡村实行优惠政策，大力培养和使用本地少数民族干部的意见。2005年，全市13个民族乡镇中有少数民族干部112人，其中21人担任党委领导，19人担任政府领导。全市有4名乡镇党委书记、13名乡镇长、6名乡镇人大联工委主席系少数民族；有少数民族人大代表43名，其中省人大代表2名、市人大代表6名、县（市、区）人大代表35名，有市（县）人大常委会委员5名；有少数民族政协委员35名，其中市政协常委1名，县政协常委5名。

（二）发展民族区域经济

1989年5月，郴州地区民族工作委员会（简称“民委”）与地区扶贫办制定少数民族乡（镇）扶贫方案，经地委、行署同意，自1991年始，地、县两级组建建整扶贫工作队（组）进驻民族乡镇、村，实行挂钩对口扶贫、一定三年不变。汝城县延寿瑶族乡在建整扶贫工作队的引导和支助下，到1992年新开稻田41公顷，兴修水利工程150处，新增受益灌溉面积390.2公顷、旱涝保收面积140公顷，当年增产粮食20万千克。帮助1100多户农家安装自来水解决饮水困难。同时，该县县、乡政府安排资金和采取农民以工代赈的办法修筑村级公路，全乡17个行政村有14个村实现通公路。

各级政府根据少数民族地区自然资源丰富的优势，大力扶助少数民族地域发展乡镇企业。到1992年，全区结合扶贫开发兴建起一批效益较好的少数民族乡镇企业。汝城县岭秀瑶族乡兴办的乡香精厂，年产值70多万元，利用境内水电资源丰沛的优势，先后建成村办小水电站17座。宜章莽山瑶族乡兴建的工业硅厂年创利润20余万元。1992年，全区民族乡镇工业实现产值790.12万元，盈利90.94万元。1993年，地、县两级财政向少数民族乡镇投入扶贫开发资金400万元。全区民族乡镇工农业年总产值比1988年增长195.2%；人平年收入同比增长3.8倍。

1995年10月，郴州市委、市政府制定《关于对少数民族乡村实施优惠政策的若干规定》，出台对少数民族地区发展生产经营，在财政税收、金融信贷、民族贸易等方面给予扶助的优惠政策。当年，全免桂阳县、北湖区、汝城县境内8个民族乡镇和桂东县散居少数民族村的农业税；半免宜章县、资兴市、临武县境内5个瑶族乡镇的农业税。1995—1996年，各级政府投入少数民族乡村的扶贫资金计800万元，安排少数民族乡（镇）以工代赈资金726.70万元。1996年，13个民族乡镇实现工农业总产值12208.90万元，乡财政收入2680.58万元；全年人均产粮293千克，人均纯收入821.30元。1997年，全市向少数民族乡镇投放帮扶资金260万元，启动农业开发项目12项，兴建农产品加工场9处，修筑村级公路8条110千米。1999年，市政府将少数民族扶贫发展资金列入财政预算，各县（市、区）安排相应配套资金。

2000年，郴州市政府挑选郴州烟厂、郴州电业局等有经济实力的单位对13个少数民族乡镇实行挂钩对口扶贫，重点帮助改善通电、通路、通电话等生产生活基本条件。1996—2000年，市民委牵线搭桥引进资金7200万元，帮助宜章县莽山瑶族乡兴建小水电站10座，总装机容量7185千瓦，帮助资兴市团结、连坪2个瑶族乡兴建小水电站11座，装机容量2000多千瓦。2000年年底，13个民族乡镇均实现工农业生产总值过2亿元，财政收入超4000万元，农民人均收入近1300元。总贫困人口减至3万人。

市、县两级政府加力推进民族区域商品流通和特色产业发展。2001年5月，市政府组织瑶族乡镇12家企业参加深圳"中国少数民族地区名优特产交易会"，参展品种67种。2002年，仅汝城县就扶助5个瑶族乡新建扩建农贸市场。市民宗局组织少数民族地区招商引资引进资金7000多万元人民币，投建开发水能资源项目60项。扶持少数民族地域发展特色农业，年内列入市、县两级政府和民宗部门扶助开发计划的水果、药材、茶叶、经济林、蔬菜等优势资源开发项目68项。2004年，资兴市政府投资帮助团结瑶族乡发展黑山羊养殖，存栏数超万头。

到2005年，全市13个民族乡镇经济发展取得明显成效，生产生活条件显著改观。较之1992年，2005年民族乡镇工农业生产总值由6474.30万元增至88649.61万元、粮食产量由24257.16吨增至31326.95吨、财政收入由293.90万元增至1781.80万元、人均纯收入由318元增至2484.30元，同比分别为1992年的13.7倍、1.3倍、6.1倍和7.8倍。2005年，民族乡镇（村）集体、私营个体企业由1992年的164家发展到1227家，当年企业产值占乡镇总产值的52.8%。通公路、通自来水、通电、通电话的行政村均从1992年的"零"分别达到77个、60个、103个和77个。

（三）发展民族区域社会事业

1989年，郴州地区少数民族乡镇有中小学59所。1990年，全区实施扶持少数民族乡镇教育三年计划，加快发展少数民族区域教育事业。至1992年末，全区少数民族乡镇建成中小学学校141所，为1989年的2.4倍；有教师618人，在校学生5060人。1993年，由省、地两级教育、民委部门扶助，先后建成瑶族乡镇寄宿制中心完小8所。北湖区大塘瑶族乡山高路陡，居住分散，学龄儿童因之入学率低，巩固率也低。1989—1993年，乡政府在上级有关部门的扶助下自筹资金61万元，同时发动群众出工捐物，建成学生寄宿设施配套的中心完小和初级中学，1993年小学入学率达98%、合格率97.7%、巩固率92.3%，在校生初中入学率达97%。当年，重视发展教育事业的大塘瑶族乡受到省民委、省教委的通报表彰。

自1994年起，省、市财政每年分别给郴州少数民族乡镇和散居少数民族村组增拨教育补助资金10万元。1996年，市教委、市民委组织郴州市中心城区和县（市）城区17所中小学学校，与民族乡镇学校开展"手拉手，校帮校"支教帮教活动。各县（市、区）同时开始施行从城市学校选派优秀教师去少数民族乡镇学校任教的支教帮教制度。自是年起，北湖区政府设立少数民族教育助学基金，桂阳县政府对就读普通高中和中等专业学校的农村少数民族学生，给予每年每人补助助学费300元的帮扶措施。

与此同时，各级政府部门重视发展少数民族地区医疗卫生、文化体育及科学技术事业。每年政府相关部门均组织市、县级医院医疗人员到少数民族乡镇（村）开展医疗服务，优先选送少数民族高考考生进入医学专业就学，采取优惠政策鼓励高学历的医学专业毕业生去民族乡镇卫生院工作。市政府多次部署组织考察采集优秀民族文化成果，到1997年，全市累计搜集整理少数民族古籍资料20万字进行集中保护。2001年举办全市少数民族文艺汇演，选送的独舞《傣女》在湖南省少数民族文艺调演中获一等奖。1989—2005年，先后举办全市性（地区）民族工艺品展览，少数民族运动会及文艺汇演、瑶族长鼓舞培训班、瑶族传统工艺刺绣培训班、民族乡镇农业技术人员培训班计56期（次）。

2005年，全市少数民族乡镇共有学校222所。桂阳县、汝城县和北湖区的少数民族乡镇学校还开展瑶语和汉语“双语”教学。13个少数民族乡镇均建立乡镇卫生院，有电影院6个，实现电视广播接收全覆盖；有少数民族乡镇农技服务站（所）32个，中高级职务技术人员22人，农民科学技术素质普遍提高。少数民族乡村人口自然增长率控制在5.2‰内。

2000年全国第五次人口普查郴州市各民族人口分布情况表

表5-4-6-1　　单位：人

序号	民族	合计	北湖	苏仙	资兴	桂阳	永兴	宜章	嘉禾	临武	汝城	桂东	安仁
1	汉族	4247076	308688	337527	346758	722500	576290	529930	307143	302163	288775	166428	360874
2	瑶族	70513	3921	2124	4284	1991	109	4004	63	914	52955	128	20
3	畲族	1064	10	6	15	—	—	2	—	—	696	335	—
4	苗族	1167	296	161	119	86	128	47	167	40	84	13	26
5	土家族	1274	755	207	80	47	46	32	39	27	23	9	9
6	侗族	466	92	71	66	86	10	30	11	27	49	19	5
7	壮族	403	141	65	32	41	23	19	17	7	37	8	13
8	满族	323	83	77	28	40	9	26	17	9	18	5	11
9	回族	402	96	71	32	43	33	44	18	11	30	12	12
10	布依族	116	12	11	15	14	11	9	18	4	9	1	12
11	蒙古族	1094	221	127	59	188	98	54	90	48	73	56	80
12	白族	77	22	9	8	17	10	3	—	1	5	—	2
13	彝族	197	40	21	15	23	21	12	24	12	19	5	5
14	黎族	25	1	3	1	4	1	—	3	—	9	3	—
15	仡佬族	11	—	3	2	6	—	—	—	—	—	—	—
16	哈尼族	33	2	8	7	7	—	1	—	1	6	—	1
17	水族	5	—	—	5	—	—	—	—	—	—	—	—
18	朝鲜族	172	31	16	10	25	20	8	9	7	31	6	9
19	仫佬族	8	2	—	—	1	1	—	—	1	—	—	3
20	傈僳族	17	—	—	—	—	—	1	—	—	14	2	—
21	维吾尔族	80	12	6	4	12	7	9	9	6	5	4	6
22	塔吉克族	13	—	—	10	2	—	1	—	—	—	—	—
23	乌孜别克族	3	—	1	—	—	—	—	—	—	2	—	—
24	藏族	173	19	12	17	27	20	16	25	8	9	10	10
25	鄂温克族	8	—	4	—	—	—	—	—	—	4	—	—
26	京族	2	2	—	—	—	—	—	—	—	—	—	—
27	佤族	6	—	1	1	1	—	1	1	—	1	—	—

续表 5-4-6-1

序号	民族	合计	北湖	苏仙	资兴	桂阳	永兴	宜章	嘉禾	临武	汝城	桂东	安仁
28	纳西族	6	3	—	—	2	—	—	—	1	—	—	—
29	傈族	10	—	1	2	—	—	1	1	2	2	1	—
30	普米族	1	—	—	—	1	—	—	—	—	—	—	—
31	羌族	4	—	—	1	2	—	—	—	—	1	—	—
32	高山族	2	—	—	—	—	1	—	—	—	1	—	—
33	拉祜族	3	1	2	—	—	—	—	—	—	—	—	—
34	土族	40	15	3	7	2	10	—	2	1	—	—	—
35	撒拉族	5	5	—	—	—	—	—	—	—	—	—	—
36	达斡尔族	3	—	—	3	—	—	—	—	—	—	—	—
37	东乡族	3	3	—	—	—	—	—	—	—	—	—	—
38	景颇族	2	2	—	—	—	—	—	—	—	—	—	—
39	柯尔克孜族	1	—	—	—	—	—	—	—	—	1	—	—
40	基诺族	1	1	—	—	—	—	—	—	—	—	—	—
41	赫哲族	2	—	—	—	—	—	—	—	—	2	—	—
少数民族人口小计		77735	5788	3010	4823	2668	559	4319	514	1127	54086	617	224
各民族合计		4324811	314476	340537	351581	725168	576849	534249	307657	303290	342861	167045	361098

2005 年郴州市 13 个瑶族乡镇基本情况统计表

表 5-4-6-2

单位＼项目	人口（人）		村民委员会（个）			村民小组（个）	瑶族人口占比（%）
	总数	其中少数民族	总数	其中			
				民族村	居委会		
北湖区月峰瑶族乡	6142	2024	9	8	1	95	32.9
北湖区大塘瑶族乡	4096	705	5	4	1	41	17.2
资兴市连坪瑶族乡	1910	985	5	4	1	24	51.6
资兴市团结瑶族乡	2602	1065	7	7	0	45	40.9
桂阳县华山瑶族乡	3014	822	7	6	0	34	27.3
桂阳县杨柳瑶族乡	2408	540	3	3	0	36	22.4
宜章县莽山瑶族乡	6295	3965	7	7	0	53	63.0
临武县西山瑶族乡	2458	980	6	6	0	36	39.9
汝城县三江口瑶族镇	8777	6034	12	11	1	77	68.8
汝城县小垣瑶族镇	10821	7043	8	7	1	63	65.1
汝城县延寿瑶族乡	16082	13446	18	17	1	137	83.6

续表 5-4-6-2

单位＼项目	人口（人）		村民委员会（个）			村民小组（个）	瑶族人口占比（%）
	总数	其中少数民族	总数	其中			
				民族村	居委会		
汝城县岭秀瑶族乡	10400	7850	13	12	1	152	75.5
汝城县盈洞瑶族乡	6933	5893	12	11	1	63	85.0
合 计	81938	51352	112	103	8	856	62.7

二、宗教工作

20世纪80年代，郴州各级党委和政府日益重视依法保护宗教信仰自由，各地民间宗教信仰活动依法受到保护和发展。先后有永兴县和尚释止菲、桂阳县太和莲花庵尼姑何来喜、郴县（苏仙区）尼姑钏成明、临武县东林庵监院释宏扬等，相继被推荐为县政协委员。针对境内一些农村和旅游区内亦出现乱建庙宇和乱造神像之风的现象，1989年2月，郴州地区行署着手依法专项治理“两乱”（乱建庙宇、乱修神像）行为，对宫观寺庙教堂实行“三定”（定量、定人、定法）的清理整顿，严禁擅自滥建庄宇、乱修神像行为。与此同时，对民间本教守法的宗教活动予以支持。当年，经郴州行署批准，全区开放寺观教堂148处，其中聚会点1处。1990年，公安部门依法取缔桂阳县城关镇一冒用佛教的非法宗教组织。1991年上半年，行署抽调干部深入城乡基层了解宗教工作，取缔两个非法组建的宗教组织，查处永兴县龙华寺宗教场所利用封建迷信活动敛财的行为。

1992年，郴州地区宗教办在安仁县开展寺观教堂发证试点工作。1996年，经普查、审核、清理、登记，全市依法登记和批准开放的宗教场所共166处，其中佛教129处、道教11处、基督教26处。通过年检认定合格宗教人员274人，其中僧尼176人、道士（姑）73人、基督教牧师和教师25人。1997年，市、县两级成立专项治理“两乱”工作领导小组，组织清理庙宇344座（处），其中拆除191座（处）、改作他用127座（处）、合并26处。拆除露天佛像2尊，土地庙163座。自此，郴州市宗教活动场所实行年审年检制度。

自1998年始，全市开展“五好宗教活动场所”创建活动，力促宗教活动依法优质管理。1998年，举办三期执事进修班和两期基督徒义工训练班，组织学习国家宗教政策和相关法律法规，帮助树立正确的宗教信仰理念。各教派依法行教，还积极开展社会公益事业。1999年12月8日，召开全市“五好宗教活动场所”表彰大会，15个宗教活动场所受到表彰。桂东县宗教干部邓瑞霞获“全国宗教工作先进个人”称号。郴州市政府还热诚支持宗教部门开展涉外宗教活动，多次接待美国、德国、加拿大基督教人员到郴州访问考察，并先后接受其支持兴教办学和基督教堂建设的捐赠资金折合人民币48.25万元。2004年2月，市基督教协会会长陈郅与副会长陈盛松应邀访问美国沃伦教会。

郴州市将创建“五好宗教场所”与创“五好宗教个人”结合起来，推进宗教活动健康发展。2004年3月，召开全市“宗教工作‘双五好’表彰大会”，表彰“五好宗教场所”14个，“五好宗教个人”29名。2005年11月，市委统战部、市公安局、市民宗局召开全市抵御境外渗透工作座谈会，要求在支持对外宗教友好往来的同时，做到宗教外事接待工作事前有报告、事中有陪同、事后有小结，加强涉外宗教管理。是年，根据市政府部署，清理查处未经登记的非法宗教场所240处、未经批准乱建的宗教场所30处。

1989—2005年，郴州落实国家宗教政策，维护宗教合法权益。市政府先后多次牵头组织协调，妥善处理苏仙岭两庵权属纠纷、市基督教和天主教堂房地产遗留问题，竭力帮助解决兴建宗教活动场所的选址、建设资金短缺等实际困难，受到宗教界人员的称赞。

1995—2005年郴州市民族事务宗教办（局）主要负责人名录

表5-4-6-3

单位	姓名	职务	任职时间
郴州市民族事务办	田世雄	主任	1995.05—2002.02
郴州市民族宗教事务办	田世雄	主任	2002.02—2003.04
郴州市民族宗教事务局	田世雄	主任	2003.04—

附

宗教教别和场所

宗教教别 郴州有佛教、道教、伊斯兰教、天主教和基督教五个教别，主要为道教、佛教、基督教三大教别。至2005年，全市有佛教、道教和基督教信教人员42.5万人，有宗教教职人员244人。伊斯兰教和天主教信教人员较少，尚未形成宗教团体。郴州市成立佛教、道教、基督教协会和天主教爱国小组。

佛教在隋唐时期传入桂阳郡。1989年后境内僧尼人数逐有增加，佛教活动日益渐兴。1993年3月，郴州地区第一届佛教代表大会召开，成立郴州地区佛教协会。到2005年，全市有佛教教职人员155名。

道教源远流长，系本土宗教。20世纪90年代后，道教活动迅速恢复。2003年10月，郴州市召开道教代表大会，成立郴州市第一届道教协会。市、县道教协会每半年召开一次理事会，协调道教教务及重要法事（会）庆典活动。2005年末，有道教教职人员58人，其中，全真派道士3人，正一派道士（道姑）55人。

基督教于光绪二十年（1894）传入郴州。20世纪80年代后基督教活动逐渐恢复。1996年1月，郴州市召开基督教会代表大会，成立郴州市第一届基督教“三自”爱国运动委员会和郴州市基督教协会。2005年底，有教牧人员31人，其中牧师2人、教师9人、长老3人，有义工传道员120多人。

此外从1990年始，境内开始流入回族、维吾尔族伊斯兰教徒。主要集中在郴州市中心城区和资兴、桂阳、永兴、宜章等县（市）城区。郴州尚无伊斯兰教教职人员和清真寺。2005年3月，成立郴州市伊斯兰教联络小组。天主教于1979年传入郴州境内。1999年12月天主教召开信徒大会，成立郴州市城区天主教爱国小组。境内除郴州市城区外尚无天主教组织。

宗教场所 1989—2005年，全市修缮、扩建和重建道教宫观8处，境内较为著名的宫观有苏仙岭景星观、安仁县老君观、永兴县三侯祠、安仁县城隍庙共四处；修缮、扩建、重建佛教宗庙136处，较为著名的寺庙有苏仙岭南禅寺、王仙岭普济寺、永兴县观音阁、临武县东林寺、北湖区龙女寺、桂阳县回龙庵、安仁县万佛寺等14处；修缮、扩建、重建基督教堂（聚会点）15处，较为著名的教堂有郴州市基督教世光堂、桂阳县基督教福音堂、郴州市基督教复兴堂3处。其他著名寺观均集于安仁县，县内有神农殿、雄峰寺、阳升观、义海寺四处有名的寺观。至2005年，全市经登记批准开放的寺观教堂7处，宗教活动场所271处（佛教228处、道教17处、基督教25处、天主教1处）。

第六篇

人民政协

1989年10月，中共湖南省委和中国人民政治协商会议湖南省委员会作出决定，成立政协湖南省郴州地区联络工作委员会。1995年5月16—19日，政协郴州市第一届委员会第一次会议在郴州举行，市政协正式成立。

20世纪80年代末90年代初，郴州地区政协联工委贯彻执行《中国人民政治协商会议章程》和中共中央《关于坚持和完善中国共产党领导的多党合作和政治协商制度的意见》，根据中共郴州地委发展战略，按照“议大事、抓重点、办实事、讲实效”原则，围绕郴州地区中心工作选择经济和社会发展中的重点、难点、热点，开展调研，为党委、政府提供决策依据。地区联工委按照地委关于“办好郴州地区改革开放过渡试验区”总体要求，参政议政，发挥驻郴省政协委员作用，调动县市政协委员积极性，向省政协提交提案45件。同时，开展“三胞”联谊、视察调研等工作，加强对县市政协工作的指导，协同推进郴州改革开放和现代化建设。

1995年5月，政协郴州市第一届委员会成立。围绕中共郴州市委提出的“开放兴郴、兴工强市、重农富民、科教兴业”发展战略，履行政治协商、民主监督、参政议政职能，为市委、市人民政府各项工作建言献策。至2000年5月，届内召开5次全体会议、21次常委会议。提案征集1238件，立案1147件，年平均立案率为92.56%；提案办理1136件，年平均办理率为98.96%，促进郴州政治、经济、文化、社会及生态文明建设提速发展。

2000年5月—2005年12月，市政协工作进入继往开来重要时期。市政协第二届委员会，围绕中共郴州市委提出的“把郴州建设成粤港澳后花园”发展战略，开拓进取，求真务实，先后召开6次全体会议、31次常委会议，各项工作取得新成效，实现新突破，获得新成果。提案征集1066件，立案979件，年平均立案率为91.86%；提案办理978件，年平均办理率为99.8%。

此间，市政协在履职过程中，把握团结和民主两大主题，团结全市各民主党派、无党派人士、人民团体、少数民族和各界爱国人士，组成广泛统一战线，投入郴州改革和建设事业。尊重和保障各民主党派、无党派人士、人民团体、少数民族和各界爱国人士委员开展视察调研、提出提案、举报控告、反映社情民意权利，并重点办理其提案和意见。至2005年12月，市政协先后组织开展各类视察和调研125次。组织政协委员对市政府工作报告和国民经济与社会发展规划、财政预决算报告及重大方针政策的制定进行协商讨论，提出意见和建议；对市委、市政府及人民团体实施宪法、法律和法规、贯彻国家重大方针政策和国家机关及其工作人员工作进行民主监督；对全市政治、经济、文化和社会生活中重要问题及人民群众普遍关心问题开展调研。通过提交调研报告、提案、建议案或其他形式，向市委、市政府提出意见和建议。积极宣传中国共产党的政协工作方针政策，加强同各民主党派、无党派人士、人民团体、少数民族和各界爱国人士的联系，加强同港澳同胞、台湾同胞和海外侨胞的联络联谊，争取“三胞”为祖国统一和经济社会发展贡献力量。开展政协工作横向联系，学习外地政协工作经验，为外商提供经济信息、牵线搭桥到郴投资兴业。加强自身建设。举办政协委员培训班，编发《郴州政协工作》和《委员进言》刊物，先后制定《郴州市政协提案工作细则》《郴州市政协建议案、提案办理操作规程》《领导联系县市区政协工作制度》《邀请各县市区政协主席列席市政协常委会议制度》等一系列规章制度。树立为人民群众服务宗旨，机关工作效率不断提高。注重文史资料征集、整理、出版、发行工作，发挥文史资料“存史、资政、育人”作用。市政协系统建成一支500多人的文史工作队伍。征集郴州各历史时期文史资料，整理、编辑、出版、发行5万多册，为全国政协、省政协编纂大型文史刊物供稿40篇。完善指导县（市区）政协工作制度，注重发挥基层政协在地方党委领导下的职能作用，为县市区科学发展提供全方位多层次支持。

第一章 政协机构

20世纪80年代，根据政协湖南省委员会的决定，在中共郴州地委统战部设立政协联络机构，政协工作联络机制日趋完善。1995年5月，中国人民政治协商会议郴州市委员会成立。市政协成立专门委员会，全面展开政协各项工作，为市政协履行职能提供根本保证。

第一节 政协湖南省郴州地区联络工作委员会

1984年5月，中共郴州地委统战部设立政协工作联络科。1985年1月，改设郴州地区政协联络员办公室。1987年5月，改设政协湖南省郴州地区联络处。

1989年10月，根据政协湖南省第六届委员会常务委员会《关于将地区政协联络处改设为政协湖南省地区联络工作委员会的决定》精神，中共郴州地委研究并报请中共湖南省委同意，设立中国人民政治协商会议湖南省郴州地区联络工作委员会（简称地区政协联工委），为地厅级建制，内设办公室、业务处，暂定编7名。1990年2月，编制增至17名。办公地点在郴州市苏仙北路26号中共郴州地委院内。地区政协联工委主任先后由周名修、易昌前担任；副主任先后由陈宝勇、王俊义、黄由亮、王典富、吴继尧、李亚水、叶家隆、李清生、卓志诚、张子朋担任。地区政协联工委是省政协常设派出机构，在湖南省政协和中共郴州地委领导下开展工作。其主要工作职能是：贯彻落实全国政协和省政协会议、决议、决定；承办全国政协和省政协交办的工作；负责对县市政协工作的检查、指导；组织驻郴省政协委员开展学习和视察调研活动，开展政治协商、民主监督和参政议政；发挥政协组织优势，开展联络、联谊、咨询活动；协助地委考察县市政协领导班子成员；协商推荐省政协委员。

1989—1995年政协郴州地区联络工作委员会主任、副主任名录

表6-1-1-1

职务	姓名	性别	籍贯	文化程度	任职时间
主任	周名修	男	湖南安仁	大专	1989.10—1994.09
	易昌前	男	湖南邵阳	大专	1994.09—1995.05
副主任	陈宝勇	男	河北唐山	大专	1990.02—1995.05
	王俊义	男	湖南慈利	高中	1990.02—1995.05
	黄由亮	男	湖南汝城	初中	1990.02—1991.08
	王典富	男	湖南沅陵	大专	1990.02—1993.10

续表 6-1-1-1

职　务	姓　名	性别	籍　贯	文化程度	任职时间
副主任	吴继尧	男	湖南湘潭	初　中	1991.08—1992.05
	李亚水	男	湖南宜章	初　中	1992.05—1993.10
	叶家隆	男	湖南新田	高　中	1992.06—1993.10
	李清生	男	湖南衡南	大　学	1992.06—1995.05
	卓志诚	男	湖南慈利	中　专	1993.08—1994.09
	张子朋	男	湖南安仁	大　学	1994.01—1995.05
	钟林章	男	湖南耒阳	高　中	1995.02—1995.05

第二节　政协郴州市委员会

1994 年 12 月 17 日，国务院下发《关于撤销郴州地区设立地级郴州市的批复》，中共郴州地委根据中共湖南省委、省政协指示，与各民主党派、工商联、无党派知名人士协商，于 1995 年 2 月 20 日成立政协郴州市第一届委员会筹备委员会，筹备市政协成立工作。5 月 16—19 日，政协郴州市第一届委员会第一次全体会议召开。会议选举产生市政协第一届委员会主席、副主席、秘书长和 33 名常务委员，中国人民政治协商会议湖南省郴州市委员会正式成立。

2000 年 5 月 16 日至 20 日，政协郴州市第二届委员会第一次全体会议召开。会议选举产生市政协第二届委员会主席、副主席、秘书长和 40 名常务委员。

2005 年 4 月 15 日至 20 日，政协郴州市第二届六次全体会议召开。因为推迟换届，会议同意即到退休年龄的周建国辞去市政协主席职务。同意已到或即到退休年龄的石建农、曾民生、唐展宜、李美蓉辞去市政协副主席职务，同意接受张登际、曹清、刘城煦、李光学、李熙平辞去市政协常务委员职务。补选刘广明为市政协第二届委员会主席，补选钟本强、李庭、王东、李永辉为市政协第二届委员会副主席，补选刘爱环、许立程、陈珊玲（女）、曹华明、潘执坤为市政协第二届委员会常务委员。

政协郴州市第一、二届（1995.05—2006.12）委员会主席、副主席、秘书长和常务委员名录

表 6-1-2-1

届别	职务	姓　名	性别	籍　贯	文化程度	任职时间	备注
政协郴州市第一届委员会	主席	易昌前	男	湖南邵阳	大　专	1995.05—2000.05	—
	副主席	李清生	男	湖南衡阳	大　学	1995.05—2000.05	—
		张子朋	男	湖南安仁	大　学	1995.05—2000.05	—
		钟林章	男	湖南耒阳	高　中	1995.05—2000.05	—
		石建农（苗族）	男	湖南吉首	大　学	1995.05—2000.05	—
		曾民生	男	湖南耒阳	大　专	1995.05—2000.05	兼职

续表 6-1-2-1

届 别	职务	姓 名	性别	籍 贯	文化程度	任职时间	备注
政协郴州市第一届委员会	副主席	唐展宜	男	湖南永州	大 学	1995.05—2000.05	兼职
		余桂岩	男	湖南耒阳	大 学	1995.05—2000.05	兼职
		李泽余	男	湖南安仁	研究生	1999.03—2000.05	兼职
		潘碧灵	男	湖南常德	大 学	1999.03—2000.05	补选兼职
	秘书长	张登际	男	湖南宜章	大 专	1995.05—2000.05	补选兼职
	常务委员	王成泰、王抗援、朱忠懋、刘茂西、刘洪秀（女）、刘城煦、李一伦、李水德、李仕全（瑶族）、李芝生、李江兴、李先学、吴盛灿、何广斌、何鑫生、张明心、陈第雄、陈海平、欧羡如、周卓诚、周忠禹、郑先童、钟复生、袁守尹、袁湘生、莫仲齐（壮族，女）、殷芝万、黄志鑫、曹兴诗、彭兆薇（女）、谭凤姣（女）、熊波、缪存修、李晓东、曹清、邹云峰、唐光龙、潘碧灵、朱礼生					
政协郴州市第二届委员会	主席	周建国	男	湖南祁东	大 学	2000.05—2005.04	届中退休
		刘广明	男	湖南汝城	研究生	2005.04—	补选
	副主席	李 涛	女	湖北宜昌	大 学	2000.05	—
		李泽余	男	湖南安仁	研究生	2000.05—	—
		曹行达	男	郴州市苏仙区	大 学	2000.05—2005.04	—
		石建农（苗族）	男	湖南吉首	大 学	2000.05—2005.04	—
		曾民生	男	湖南耒阳	大 专	2000.05—2005.04	兼职
		唐展宜	男	湖南永州	大 学	2000.05—2005.04	兼职
		李美蓉	女	湖南宜章	中 专	2000.05—2005.04	—
		谭凤姣	女	湖南衡阳	大 专	2000.05—2005.04	兼职
		柳志明	男	湖南长沙	大专	2004.03—2005.04	补选
		钟本强	男	湖南桂东	研究生	2005.04—	补选
		李 庭	男	湖南永兴	大学	2005.04—	补选兼职
		王 东	男	湖南桂阳	大学	2005.04—	补选兼职
		李永辉	男	湖南资兴	大学	2005.04—	补选兼职
	秘书长	许时典	男	湖南永兴	大学	2000.05—	—
	常务委员	马治平、王东、王召大、王玉峰（女）、邓礼峰（瑶族）、邓桂蓉（女）、卢碧蓉（女）、刘冬娥（女）、刘城煦、刘登武、刘路辉（女）、许立程、杨名武、李评、李庭、李永辉、李芝生、李先学、李国恒、李晓东、李熙平、肖新泽、吴盛灿、何鑫生、邹亚超、汪本信、张登际、陆恒玉、陈庆林、范江源、周友才、郑继红（女）、袁湘生、唐超、唐光龙、曹清、梁肇洪、谢元安、缪存修、黎千驹、王毅力、刘中华、刘建荀、何小平、湛阳明、黎光德、罗发旺、袁顺友、谢革非、黄志峰、李雪莲、周松青、周海林、雷衍斌、袁佳游、陈寿峰、喻广德、刘爱环、许立程、陈珊玲（女）、曹华明、潘执坤					

第三节 政协工作机构

1989年10月，郴州地区政协联工委成立，内设办公室、业务处，编制7名，属政协内设工作机构。1990年2月，郴州地区政协联工委内设机构未变，编制增加到17名。12月，人员编制增至21名。至1995年5月19日前，机构人员无变化。

1995年5月19日，政协郴州市第一届委员会成立。下设办公室和提案委员会、经济科技委员会、学习与文史委员会、文教卫体委员会、社会群团法制委员会、三胞联谊委员会6个专门委员会。1室5委为正处级机构。其中办公室下设4个科室，均为正科级机构。委员会机关工作人员编制45名，其中行政编制37名、事业编制8名。

2000年5月20日，政协郴州市第二届委员会成立。下设办公室和提案委员会、经济科技委员会、学习与文史委员会、文教卫体委员会、社会群团三胞联谊委员会5个专门委员会。原社会群团法制委的工作职责、职能划入社会群团三胞联谊委。市政协机关人员编制35名，其中行政编26名、事业编9名。2005年8月，办公室下设的人事老干科更名为人事科，增设离退休人员管理办公室，增加事业编制2名。10月，撤销经济科技人口资源环境委员会，新设经济科技委员会和人口资源环境委员会。办公室下设老干部工作办公室（主任高配副处级）。委员会机关工作人员定编35名，其中行政编制26名、事业编制3名、离退休管理服务人员事业编制3名、后勤服务人员事业编制3名。单列后勤服务人员事业编制不变。

1995—2006年郴州市政协机关委办主要负责人名单

表6-1-3-1

单 位	姓 名	职 务	任职时间	备注
办公室	李腊廷	主 任	1995—2000	政协郴州市第一届委员会
学习与文史委员会	刘城煦	主 任	1995—2000	
提案委员会	唐光龙	主 任	1995—2000	
经济科技委员会	缪存修	主 任	1995—2000	
文教卫体委员会	唐 清	主 任	1995—2000	
社会群团三胞联谊委员会	邹云峰	主 任	1995—2000	
办公室	湛阳明、许时典	主 任	2000—	政协郴州市第二届委员会
学习与文史委员 （2002年更名为学习文史委）	刘城煦、湛阳明 喻广德	主 任	2000—	
提案委员会	唐光龙、雷衍斌	主 任	2000—	
经济科技委员（2002年更名为 经济科技人口资源委）	缪存修、黎光德 李熙平、周海林	主 任	2000—	
文教卫体委员会	曹 清、黎光德	主 任	2000—	
社会群团三胞联谊委员会	李熙平、曹华明	主 任	2000—	

说明：有关办委按任职先后排序

第二章 政协委员

1995年2月，政协郴州市第一届筹委会根据政协章程规定，结合郴州实际，决定市政协设24个界别，由261名委员组成。经历次调整，至2000年，委员达241名。第一届委员会委员由中共、民主党派、群团、经济、文化、少数民族等24个界别组成。在241名委员中，中共党员96名，占39.83%；非中共人士145名，占60.17%。第二届委员会256名委员中，中共党员100名，占39.06%；非中共人士156名，占60.93%。省政协第六届委员会驻郴委员28名。其中中共党员6名，占21.43%；民主党派、无党派人士22名，占78.57%。

第一节 委员产生

按照《中国人民政治协商会议章程》规定，政协组织由中国共产党、各民主党派、无党派民主人士、人民团体、各少数民族和各界代表、台湾同胞、港澳同胞和海外侨胞代表以及特邀人士组成。1995年2月，政协郴州市第一届委员会设24个界别，由261名委员组成。一届一次会议安排241名，预留20名。政协委员产生采取民主协商方式，筹委会将委员名额分配到市直各部门和各县市区，在广泛征求各民主党派、人民团体和各界人士意见基础上，自下而上提出推荐名单，经反复协商，综合平衡，形成建议名单，最后经市政协筹委会会同中共郴州地委协商决定。1999年7月，市政协换届工作领导小组第一次会议商定，政协郴州市第二届委员会仍设24个界别，由265名委员组成。二届一次会议安排256名，预留9名。第一届届末委员会有委员256名。换届工作领导小组对政协郴州第一届委员会委员进行全面调查，除因工作变动、年龄过限和其他原因不再任委员外，能继续留任106人。将需要重新推荐产生的名额分配到市直部门和县市区。经过基层提名推荐，民主协商，综合平衡，形成建议名单，最后由政协郴州市第一届委员会常委会协商确定。第二届政协委员届中经过几次调整，至2005年12月，有委员281名。

第二节 委员构成

一、市政协委员构成

（一）政协郴州市第一届委员会委员构成

政协郴州市第一届委员会设24个界别，即中共、民主促进会、农工民主党、九三学社、工商联、无党派人士、工会、共青团、妇联、科协、文艺、科技、经济、社科、农林、教育、体育、新闻、医卫、社会福利、少数民族、侨联、宗教、特邀人士。

市政协一届一次委员会241名委员中，中共党员96名，占39.83%；非中共人士145名（其中民主党派成员24名），占60.17%；妇女36名，占14.94%；少数民族8名，占3.32%。30岁以下12名，31岁至40岁52名，41岁至50岁66名，50岁至60岁109名，61岁以上2名，平均年龄47.8岁。具有大专以上文化165名，占68.46%；具有中专和高中文化58名，占24.07%；具有初中文化18名，占7.47%。具有副处级以上干部职务112名，占46.47%。界别人数占委员总人数10%以上为特邀人士界，共47人，占19.50%；经济界25人，占10.37%。

（二）政协郴州市第二届委员会委员构成

政协郴州市第二届委员会仍设中共、民主促进会、农工民主党、九三学社、工商联、无党派人士、工会、共青团、妇联、科协、文艺、科技、经济、社科、农林、教育、体育、新闻、医卫、社会福利、少数民族、侨联、宗教、特邀人士24个界别。

市政协二届一次委员会256名委员中，中共党员100名，占39.06%；非中共人士156名（其中民主党派成员24名），占60.93%；妇女49名，占19.14%；少数民族6名，占2.34%。30岁以下7名，31岁至40岁68名，41岁至50岁108名，51岁至60岁68名，61岁以上5名，平均年龄42.6岁。具有大专及以上文化210名，占82.03%；具有中专和高中文化39名，占15.23%；具有初中文化7名，占2.73%；具有高级技术职称55名，占21.48%。具有副处级以上干部职务129名，占50.39%；科技拔尖人才、跨世纪学科技术带头人、劳动模范和各类先进人物61名，占23.82%。界别中委员为特邀人士者53名，占委员总数的20.70%，其次是经济界29名，占委员总数的11.33%。

二、驻郴省政协委员构成

郴州地区（市）省政协委员由湖南省政协分配名额，经郴州地区联工委、市政协中共郴州地（市）委统战部、中共郴州地（市）委组织部联合提名推荐、组织考察，然后报中共郴州地（市）委审查，再报湖南省政协常委会会议协商决定。

省政协第六届委员会（1988—1992年）驻郴州地区委员28名。其中中共党员6名，占21.42%；民主党派、无党派人士22名，占78.57%；男性22名，占78.57%；女性6名，占21.43%；少数民族2名，占7.14%。

省政协第七届委员会(1993—1997年)驻郴州地区（市）委员27名。其中中共党员6名，占22.22%；民主党派、无党派人士21名，占77.78%；男性25名，占92.59%；女性2名，占7.41%；少数民族2名，占7.41%。

省政协第八届委员会（1998—2002年）驻郴州市委员26名。其中中共党员5名，占19.23%；民主党派、无党派人士21名，占80.77%；男性24名，占92.31%；女性2名，占7.69%；少数民族1名，占3.85%。

省政协第九届委员会（2003—2007年）驻郴州市委员25名。其中中共党员6名，占24.0%；民主党派、无党派人士19名，占76.0%；男性20名，占80.0%；女性5名，占20.0%；少数民族1名，占4.0%。

1988—2007年郴州市（地区）湖南省政协委员名录

表6-2-2-1

届别	届期	姓名
省政协第六届委员会	1988—1992年	张健、李焱义、马素霞（女）、刘邦本、李美蓉（女）、邓礼旺（瑶族）、李先学、陈传礼、戴世辉、宋孚康、陈第雄、袁伯霖、杜用宽（女）、邓春满（女）、吴文刚、肖仰高、石建农（苗族）、彭兆薇（女）、陈照明、曹行达、王当章、郁黎民（女）、卢国瑞、白辉全、朱洪洲、王俊义、郭名善、江芳信(1991年3月免)、周名修(1991年3月任)
省政协第七届委员会	1993—1997年	易昌前、王俊义、白辉全、马素霞（女）、朱洪洲、石建农（苗族）、曹行达、吴文刚、陈第雄、袁伯霖、肖仰高、李先学、何储金、兰盛荣、江本信、刘仕录、雷仲仙、首章北、吴远松、谢鹏程、曾民生、余桂岩、何鑫生、罗宪敏、王凡（女）、李加友（瑶族）、何文鑫
省政协第八届委员会	1998—2002年	周建国、钟林章、曹行达、石建农（苗族）、唐展宜、余桂岩、曾民生、潘碧灵、闵新立、朱洪州、张富光、黄志鑫、黎千驹、吴远松、杨名武、黄维意、侯小明、卢泽民、李庭、雷仲仙、朱海燕（女）、王凡（女）、高战军、赖发明、杨成星、吴盛灿
省政协第九届委员会	2003—2007年	周建国、刘广明（瑶族，2005年4月任）、钟本强、潘碧灵、谭凤姣（女）、石建农（苗族，2005年4月离任）、李庭、王东、李永辉、刘邦翼、陈宜玲（女）、朱海燕（女）、王尤仁、刘爱环（女）、张富光、李希发、黄维意、陆恒玉、李国亮、文胜、吴光辉、郑祖凌、高战军、曹迎春（女）、黄明、黄志峰

第三章　政协重要会议

1989—2005年，郴州地区联工委、郴州市政协先后召开8次政协重要会议，11次市政协全体会议，52次政协常委会议。这些会议主要学习中国特色社会主义理论、中共中央和国务院重大方针政策、全国和湖南省政协有关规定和意见，以及市委市政府重要决定、决议、发展战略等。协商产生历届政协委员会委员，选举常委、政协正副主席及秘书长，通过会议有关决议；听取和审议市政协常委会工作报告及提案办理情况等报告；列席参加市人民代表大会，听取和讨论政府工作报告和其他报告，总结、研究和部署全市政协工作，表彰政协系统先进集体和个人。依法依规免去和罢免有关政协委员、常委、正副主席；制订全面科学的工作计划。

第一节　地区政协联工委（处）重要会议

1989年1月，《中国人民政治协商会议全国委员会关于政治协商、民主监督的暂行规定》（以下简称《暂行规定》）颁布实施。政协郴州地区联络处（简称地区政协联络处）把《暂行规定》印发给全体政协委员、政协工作干部和党政各部门学习和宣传。2月21日，地区政协联络处邀请驻郴湖南省政协委员中非中共人士和各民主党派、工商联、侨联、台联负责人座谈《暂行规定》，中共郴州地委副书记陶流贤到会讲话。参会人员就如何贯彻执行《暂行规定》，开展政治协商，加强民主监督，积极参政议政，实现中共湖南省委、省人民政府提出的1989年三项任务发表意见。是年9月20日，是中国人民政治协商会议成立四十周年纪念日。地区政协联络处协助中共郴州地委在地委礼堂召开庆祝大会，驻郴省政协委员、各民主党派、无党派爱国人士、工商联、人民团体负责人和地直副处级以上干部800多人参会。会议由中共郴州地委副书记、行署专员周时昌主持，政协联工委主任周名修作《人民政协前程远大，大有作为》报告，宣传人民政协性质、地位和作用。

1990年1月11日至12日，经中共郴州地委批准，郴州地区政协联工委召开全区政协工作经验交流暨先进政协委员表彰会。中共郴州地委、郴州地区行署、郴州人大联工委、郴州政协联工委、中共郴州地委咨询委员会、郴州军分区主要负责人出席会议。中共郴州地委书记周时昌、地区政协联工委主任周名修分别讲话。会议印发11个县市政协工作经验总结和24名委员典型材料，有4个县市政协和5位政协委员介绍经验，表彰73名先进政协委员，给先进政协委员颁发荣誉证书。

是年6月13日，地委召开全区政协工作会议，各县市委书记、政协主席参会。会议认真学习中共中央《关于坚持和完善中国共产党领导的多党合作和政治协商的意见》，提高对政协工作性质、地位和作用的认识，研究加强和改善党对政协工作的领导。会上，地委书记周时昌、行署专员赵毅拯分别讲话，政协联工委主任周名修作工作报告。会后，各县市中共党委均召开常委会，党委、人大联工委政府和政协联席会、政协常委会；乡镇及县直各部门召开领导会议，研究加强政协工作。《湘声报》头版头条刊登《政协兴旺，我们的国家就大有希望》文章，报道郴州地区县市委书记学习贯彻中共中央文件情况。

1991年10月10日，是辛亥革命八十周年纪念日。中共郴州地委、行署和地区政协联工委召开纪念大会。大会由地区政协联工委主任周名修主持，地委、行署、人大联工委和军分区主要领导出席会议。大会赞扬孙中山先生领导辛亥革命的伟大功绩，号召全区人民学习革命先辈革命英雄主义精神，发展广泛的爱国统一战线，促进改革开放和经济建设。同月，地区政协联工委和地委统战部召开纪念辛亥革命80周年茶话会，邀请各民主党派和无党派人士代表、参加辛亥革命人士的后裔代表以及研究辛亥革命学者参会，座谈辛亥革命伟大意义。嘉禾、桂阳、郴县等县政协组织各届代表祭扫辛亥革命仁人志士李国柱、彭邦栋、谢凤池、刘重陵墓。

1992年12月，地区政协联工委召开全区政协工作表彰会，表彰先进政协委员49人，先进县市政协委员会6个，先进政协机关委、办、组12个，先进政协工作干部13人，支持政协工作先进单位13个。大会向先进个人、先进集体颁发荣誉证书。

1994年9月20日，地区政协联工委召开座谈会，隆重庆祝人民政协成立45周年。在郴新老省政协委员以及各界人士代表，政协联工委离退休老领导，地委、行署、人大联工委领导欢聚一堂，畅谈人民政协光辉历史。

第二节 市政协全体会议

一、政协郴州市第一届委员会全体会议

第一次全体会议 政协郴州市第一届委员会第一次全体会议于1995年5月16日至19日于郴州举行。市政协实有委员241人，出席会议241人。会议听取地区政协联工委主任、市政协第一届委员会筹委会主任易昌前所作筹备工作报告和地区政协联工委副主任、筹备委员会副主任王俊义所作市政协第一届委员会委员安排情况说明。全体委员列席郴州市第一届人民代表大会第一次会议，参加协商郴州市人大常委会主任、副主任，市人民政府市长、副市长，市中级人民法院院长，市人民检察院检察长人选。通过政协郴州市第一届委员会第一次全体会议政治决议和委员提案审查情况报告。会议选举易昌前为市政协第一届委员会主席，李清生、张子朋、钟林章、石建农、曾民生、唐展宜、余桂岩为副主席，张登际为秘书长；选举王成泰等33人为市政协常务委员。会上有11名政协委员分别作题为《关于加快郴州市国有工业企业扭亏增盈步伐的几点建议》《加强城市环境综合整治，建设社会主义现代化开放城市》《关于集资建房中的问题和建议》《浅谈预算外资金的管理》《整顿医疗市场，保护人民健康》《关于进一步加大三江口经济特区开放开发力度的建议》《大力发展养猪规模，促进经济再上台阶》《加快改革开放步伐，用好用活用足“过渡试验区”政策》《尽快建设郴资新公路，加速发展郴州—资兴城镇群》《不能忽视粮食生产的稳定增长》等大会发言。委员们围绕开放兴郴、重农富民、兴工强市、科教兴业等工作撰写提案207件，经审查立案203件。

第二次全体会议 政协郴州市一届二次全体会议于1996年3月24日至29日于郴州举行。市政协实有委员251人，出席会议251人。市政协主席易昌前主持开幕式，并在闭幕会上讲话。会议

听取和审议通过市政协常务副主席李清生所作《政协郴州市第一届委员会常务委员会工作报告》，副主席张子朋所作《市政协一届一次全体会议以来提案工作情况的报告》。全体委员列席市一届人大二次会议，听取和讨论市长龙定鼎所作《政府工作报告》及市计委《郴州市国民经济和社会发展“九五”计划及2010年远景目标纲要（草案）报告》和其他报告；听取副市长刘佳义《关于办理市政协“办好现有三资企业”和“丘岗山地开发中进一步坚持实事求是，注重效益原则”建议案的情况》报告；通过《政协郴州市第一届委员会第二次会议政治决议》和提案委员会《关于一届二次会议提案审查情况的报告》。会上有13名委员分别作题为《关于加强郴州市“菜篮子工程”建设的建议》《对发展高效农业的几点思考和建议》《要为个体私营经济的发展优化环境》《加强村级财务管理，确保村级经济健康发展》《必须大力发展郴州的教育事业》《加强政协法制工作，促进社会主义民主法制建设》《充分认识老区现状，加大老区开发扶贫力度》《实施“科技兴业”战略面临的矛盾与建议》《浅谈郴州市养猪的产业化问题》《关于进一步加强卫生防疫工作的建议》《郴州市的麻疯病防治工作亟待加强》《防止假冒伪劣商品泛滥，提高郴州经济整体素质》大会发言。委员们围绕如何加快国有中小型企业改革、强化农业综合开发项目工程管理、大力发展旅游业和职业技术教育、扫除黄赌毒工作撰写提案284件，经提案委员会审查立案267件。大会增选李晓东为市政协第一届委员会常务委员。

第三次全体会议 政协郴州市一届三次全体会议于1997年3月15日至19日于郴州举行。市政协实有委员251人，出席会议251人。会议听取和审议通过市政协主席易昌前所作《政协郴州市第一届委员会常务委员会工作报告》、提案委员会主任唐光龙所作《关于市政协一届二次会议以来提案工作情况的报告》。全体委员列席市一届人大三次会议，听取并讨论市长龙定鼎所作的《政府工作报告》和其他报告；通过《政协郴州市第一届委员会第三次会议政治决议》和提案委员会《关于一届三次会议提案审查情况的报告》。会上有11名委员分别作题为《加强青少年思想道德教育刻不容缓》《发展文化事业面临的问题与建议》《必须为个体私营经济营造一个宽松的外部环境》《狠抓公款吃喝玩乐、超标准高消费，促进社会主义精神文明建设》《大力发展乡镇企业，振兴郴州经济》《加强政协民主监督工作》《重视农村教育存在的问题，加大农村教育发展力度》《企业办子弟学校矛盾多，建议逐步移交政府或社会办》《“红包”现象不可忽视》《城区饮用水源污染严重问题亟待解决》《同心协力，提高乡镇企业效益》等大会发言。委员们围绕发展郴州经济、治理郴江河、保护环境、加强医药市场和农贸市场管理等工作撰写提案256件，经提案委员会审查立案235件。大会增选曹清、邹云峰、唐光龙为市政协第一届委员会常务委员。

第四次全体会议 政协郴州市一届四次全体会议于1998年1月3日至6日于郴州举行。市政协实有委员255人，出席会议255人。市政协主席易昌前主持开幕大会，并在闭幕会上讲话。会议听取和审议通过常务副主席李清生所作《政协郴州市第一届委员会工作报告》、提案委员会主任唐光龙所作《关于市政协一届三次全体会议以来提案工作情况报告》；全体委员列席市一届人大四次会议，听取和讨论市长龙定鼎所作《政府工作报告》和其他报告；通过《政协郴州市第一届委员会第四次会议政治决议》和提案委员会《关于一届四次会议提案审查情况的报告》。会上有11名委员分别作题为《加强引导，规范政府行为，是大力发展个体私营经济的当务之急》《加大对郴州市建筑电器市场的打假力度刻不容缓》《出租汽车行业的管理亟待规范》《党政有关职能部门要与政协专委会加强对口联系》《创卫生城市，展郴州雄姿》《加大旅游业发展力度，促进郴州经济快速发展》《加大普法和执法力度，促进依法治市》《关于政协学习工作的几点思考》《高度重视郴州市文化基础设施建设》《保护农业环境刻不容缓》《切实解决乡镇计生技术人员待遇，促进郴州市计生工作健康稳定发展》大会发言。委员们围绕工业企业改革、发展非公有制经济、加快农业综合开发、创建文明卫生城市、加强社会治安综合治理工作撰写提案211件，经提案委员会审查立案184件。大会增选潘碧灵、朱礼生为市政协第一届委员会常务委员。

第五次全体会议 政协郴州市一届五次全体会议于1999年3月3日至6日于郴州举行。市政协实有委员254人，出席会议254人。市政协主席易昌前主持开幕大会，并在闭幕会上讲话。会议听取和审议通过常务副主席李清生作《政协郴州市第一届委员会常务委员会工作报告》、提案委员会主任唐光龙所作《关于市政协一届四次全体会议以来提案工作情况的报告》。全体委员列席郴州市一届人大五次会议，听取和讨论市长龙定鼎所作《政府工作报告》和其他报告；通过《政协郴州市委员会第五次会议政治决议》和提案委员会《关于一届五次会议提案审查情况的报告》。会上有14名委员分别作题为《郴州市企业职工保险基金必须规范缴纳，加强管理》《加快开发莽山旅游资源，促进郴州进一步开放发展》《采取果断措施，防治职业病危害》《采取治安综合措施，彻底铲除毒害》《充分发挥同业公会、行业商会的作用，促进非公有制经济的发展》《采取积极措施，迎接知识经济时代》《要进一步重视和大力发展郴州市老龄工作和老龄事业》《依靠科技推动郴州市农业的快速发展》《关于扶贫工作的两点思考》《郴州市农村合作基金经营管理亟待整顿和规范》《推进产业化进程，必须加强社会化服务体系建设》《呼应"开放兴郴"战略，发展东江库区经济》《关于国有中小企业改革的思考与建议》等大会发言。委员们围绕国有企业改革、大力发展非公有制经济、建立社会保障体系、规范和整顿农村合作基金会等工作撰写提案196件，经提案委员会审查立案175件。会议增选李泽余、潘碧灵为市政协第一届委员会副主席。

二、政协郴州市第二届委员会全体会议

第一次全体会议 政协郴州市二届一次全体会议于2000年5月16日至20日于郴州举行。市政协实有委员256人，出席会议256人。市政协主席周建国主持开幕大会，并在闭幕会上讲话。会议听取和审议通过市政协副主席李泽余所作的《政协郴州市第一届委员会常务委员会工作报告》、市政协一届委员会提案委员会主任唐光龙所作《关于市政协一届五次全体会议以来提案工作情况的报告》。通过《政协郴州市二届委员会一次会议政治决议》和提案委员会《关于二届一次会议提案审查情况的报告》。会议选举周建国为市政协第二届委员会主席，李涛（女）、李泽余、曹行达、石建农（苗族）、曾民生、唐展宜、李美蓉（女）、谭凤姣（女）为副主席，许时典为秘书长，马治平等40人为常务委员。会上有15名委员分别作题为《必须有效保护、合理开发鲁塘石墨资源》《努力实现旅游与文化融合，有效促进郴州市旅游业发展》《优化外部环境，推进郴州市民营科技企业大发展》《非公有制经济业主热切企盼优化环境》《加强品牌意识，应对WTO挑战》《加快郴州东部经济发展，推进郴资桂一体化进程》《创建郴州大学要有紧迫感、危机感和使命感》《全面提高市民素质，争做现代郴州人的几点建议》《依法治教是振兴郴州的希望之路》《管理建设名城，应高度重视历史文化遗产、科学配置人文资源》《关于大力发展境外加工贸易的建议》《提高乡镇干部政策法律水平，规范乡镇干部行政执法行为》《加大治乱减负力度，切实改善企业环境》《加快农电体制改革，切实减轻农民负担》《发展民营科技，迎接市场挑战》等大会发言。委员们围绕保护和合理开发矿产资源、发展非公有制经济、改善企业环境、纠正行业不正之风、促进郴州旅游业发展、调整郴州城区学校布局和教育结构等工作撰写提案248件，经提案审查委员会审查立案238件。

第二次全体会议　政协郴州市二届二次全体会议于2001年1月3日至6日在郴州举行。市政协实有委员269人，出席会议265人。市政协主席周建国主持开幕大会，并在闭幕会上讲话。会议听取和审议通过市政协常务副主席李涛所作的《政协郴州市第二届委员会常务委员会工作报告》、李泽余副主席所作《关于市政协二届一次会议以来提案工作情况的报告》。通过《政协郴州市第二届委员会第二次会议政治决议》和提案委员会《关于市政协二届二次会议提案审查情况的报告》。会上，有14名委员分别作题为《实现郴州市国有矿山企业整体脱贫的建议》《切实加强郴州市中心城区管理的建议》《公交隐患堪忧，整治刻不容缓》《郴州市私营经济发展问题不容忽视》《发展优质肉牛的几点建议》《应建立农民负担监督“一票否决”制度》《农村税费改革势在必行》《积极推动郴州市“两网”（城市和农村电网）建设与改造》《努力把“东江湖”打造成郴州旅游品牌》《加快发展桂东小水电支柱产业的建议》《治理经济环境刻不容缓》《优化个私经济经营环境的思考与建议》《必须加大〈工会法〉的实施力度》《发展农村职业教育的建议》大会发言。委员们围绕加强中心城区管理、优先发展城市公共交通、发展民营经济和改善治理经济发展环境等工作撰写提案205件，经提案审查委员会审查立案182件。会议增选王毅力（女）、刘中华、刘建荀、何小平、湛阳明、黎光德为市政协第二届委员会常务委员。

第三次全体会议　政协郴州市二届三次全体会议于2002年3月10日至14日在郴州举行。市政协实有委员267人，出席会议266人。市政协主席周建国主持开幕大会，并在闭幕会上讲话。会议听取和审议通过市政协常务副主席李涛所作《政协郴州市第二届委员会常务委员会工作报告》、副主席李泽余所作《关于市政协二届二次会议以来提案工作情况的报告》。审议通过《政协郴州市第二届委员会第三次会议政治决议》和提案委员会《关于市政协二届三次会议提案审查情况的报告》。会上，有14名委员分别作题为《稳步推进郴州市城镇职工医保制度改革的建议》《信息化带动工业化实现郴州经济跨越式发展》《再就业时不我待，除隐忧稳定大局》《规范城管执法，提高城管水平》《民营企业的发展环境有待改善》《优化非公有制经济发展环境的几点建议》《以农经管理电算化为切入点，推动农村各项管理信息化工程》《加强全市普法和依法管理工作的建议》《改建彭炎公路，扩展黄金旅游路线》《加快郴州市旅游产业提质的建议》《加强农村基层基础建设工作的建议》《采取有力措施，继续整治“三乱”》《适应世贸规则，优化经济环境》《加速少数民族地区经济发展的思考与建议》大会发言。委员们围绕加快发展民营经济、治理和优化经济发展环境、推进工业化、农业产业化和城镇化建设等工作撰写提案206件，经提案委员会审查立案185件。会议同意王召大、李芝生、谢元安因工作异动而辞去常务委员职务，补选罗发旺、袁顺友、谢革非、黄志峰为市政协第二届委员会常务委员。

第四次全体会议　政协郴州市二届四次全体会议于2003年1月1日至5日于郴州举行。市政协实有委员280人，出席会议280人。市政协主席周建国主持开幕大会，并在闭幕会上作讲话。会议听取和审议通过市政协常务副主席李涛所作《政协郴州市第二届委员会常务委员会工作报告》、副主席李泽余所作《关于市政协二届三次会议以来提案工作情况的报告》。通过《政协郴州市第二届委员会第四次会议政治决议》和提案委员会《关于二届四次会议提案审查情况的报告》。会议同意梁肇洪、邹亚超、唐光龙、卢碧蓉（女）因工作异动辞去常务委员职务，补选李雪莲、周松青、周海林、雷衍斌为市政协第二届委员会常务委员。会上，有17名政协委员分别作题为《治理经济环境要标本兼治》《为提高郴州市水库的防洪抗洪能力鼓与呼》《对郴州小煤矿安全专项整治的思考与建议》《发展非公有制经济需要再鼓劲》《推进农业产业化、标准化、信息化，提高郴州市农业整体水平》《农村税费改革后乡镇面临的困难与建议》《抓住扶贫机遇，打造支柱产业》《应尽快建设好高标准农业生态科技园》《郴州市农业行政执法体系建设亟待加强》《加强青少年法制道德教育刻不容缓》《城镇规划工作要切实加强》《切实把握郴州市农村全面奔小康的着力点》《职业教育亟待改革和发展》《努力推动民办教育事业快速健康发展》《破旧观念，创新优势，走生态强市之路》《精神文明建设经济化的原因与对策》《推进贫困山区基础教育事业发展的建议》大会发言。委员们围绕全面建设小康社会、加快工业化进程、深化企业事业单位改革改制等工作撰写提案 205 件，经提案委员会审查立案 195 件。

第五次全体会议 政协郴州市二届五次全体会议于 2004 年 3 月 20 日至 24 日于郴州举行。市政协实有委员 277 人，出席会议 277 人。会议听取并审议通过市政协主席周建国所作《政协郴州市第二届委员会常务委员会工作报告》和副主席李泽余所作《关于市政协二届四次会议以来提案工作情况的报告》。通过《政协郴州市第二届委员会第五次会议政治决议》和提案委员会《关于二届五次会议提案审查情况的报告》。会议增选柳志明为市政协第二届委员会副主席，同意李评因工作异动、湛阳明因提前退休而辞去常务委员职务，补选袁佳游、陈寿峰、喻广德为市政协第二届委员会常务委员。会上，有 17 名委员分别作题为《走生态建设之路是城市化进程的必然选择》《进一步优化郴州市招商引资环境》《做大做强郴州市劳务经济，实现劳务经济的跨越式发展》《切实加强工商联在市场经济中的中介服务职能》《加强郴州市畜禽水产品质量安全工作的建议》《燕泉河沿岸综合治理刻不容缓》《适应市场经济，打造“诚信政府”》《关于建设“郴资桂文化长廊”的建议》《应加快郴州市农村公路建设步伐》《加强基层政权建设，推行村干部职业化管理》《桂东老区的交通建设急需加强》《完善行政执法监督体系的建议》《发展农村合作经济和各类农产品行业协会，要注重发挥好供销社的作用》《农村电网“两改一同价”工作仍需加大力度》《加速郴州市主要交通要道沿线宜林荒山绿化的建议》《整合“福”、“寿”文化资源，打造郴州旅游国际品牌》《提倡艰苦奋斗，遏制奢侈浪费》大会发言。委员们围绕优化招商引资环境、确保产业可持续发展、发展旅游业、加快县市区基础设施建设等工作撰写提案 209 件，经提案委员会审查立案 191 件。

第六次全体会议 政协郴州市二届六次全体会议于 2005 年 4 月 15 日至 20 日于郴州举行。市政协实有委员 281 人，出席会议 281 人。会议听取并审议通过市政协常务副主席李涛所作《政协郴州市第二届委员会常务委员会工作报告》和副主席李泽余所作《关于市政协二届五次会议以来提案工作情况的报告》。通过《政协郴州市第二届委员会第六次会议政治决议》和提案委员会《关于二届六次会议提案审查情况的报告》。会议同意周建国辞去市政协主席职务，同意石建农、曾民生、唐展宜、李美蓉辞去市政协副主席职务，同意张登际、曹清、刘城煦、李先学、李熙平辞去市政协常务委员职务。补选刘广明为市政协第二届委员会主席，补选钟本强、李庭、王东、李永辉为市政协第二届委员会副主席，补选刘爱环、许立程、陈珊玲（女）、曹华明、潘执坤为市政协第二届委员会常务委员。会上，有 26 名委员分别作题为《关于加快电子信息产业基地建设的建议》《大力发展农民专业合作组织，努力构建农民增收长效机制》《切实改善投资环境，加快郴州经济发展》《加快发展行业组织，促进市场经济体制完善》《加大矿业秩序整治力度，促进矿业经济健康发展》《构建与优化全市有色金属产业链的对策建议》《加强郴州市教师队伍建设的建议》《珍惜资源，维护历史文化名城形象》《抓住关键环节，提高郴州市招商引资的质量和水平》《强化大旅游理念，加快建设旅游名市步伐》《“免税时代”呼唤乡镇新政》《加快循环经济发展，实现产值郴州向效益郴州转变》《进一步规范和鼓励社会力量办学的建议》《推行农村低保，构建和谐社会》《整顿农村市场秩序，切实保护农村消费者权益》《企业改制后应引起高度重视的几个问题》《发展沼气，造福农民》《发挥山区优势，开发花卉苗木产业》《提高农民参与率，稳步推进新型农村合作医疗》

《建议加大培育本土民营企业的力度》《农村基础教育面临的问题与对策》《农村中小学教师继续教育工作亟待加强》《加大无偿献血工作力度，促进公共卫生事业发展》《当前农村教育面临的困难及对策》大会发言。委员们围绕把发展作为第一要务、促进区域经济协调发展、增强县域经济实力、加快城镇化步伐等工作撰写提案212件，经提案委员会审查立案196件。

第三节 市政协常委会议

一、第一届常委会议

1995年6月，政协郴州市第一届委员会第一次常委会议于竹园宾馆举行。会议主要讨论市政协1995年工作要点、市政协机构、各专门委员会人事任免事宜，审议政协委员活动小组分组名单，专门委员会组织通则、常委会工作规则，协商讨论郴州市国民经济“九五”计划和2010年长远规划。同年10月和12月，先后召开第二、三次常委会。会议主要听取市农村工作部有关丘岗山地开发报告，审议《丘岗山地开发注重实效议案》（草案）；听取市外经委有关全市招商引资工作情况介绍，修订《办好现有“三资企业”建议案》（草案）；通报市政协委员视察提案办理和对农村卫生调查情况；传达湖南省政协工作会议精神，听取市财办、市物价局有关春节物资供应情况通报；增补市政协委员。

1996年3月，市政协一届委员会第四次常委会议于竹园宾馆举行。会议主要讨论《市政协工作报告》和《提案工作细则》。6月，召开第五次常委会。会议主要通报郴州市严厉打击违法犯罪活动和创建全国卫生城市情况，讨论和修改《关于加强政协工作的决定草案》。9月，召开第六次常委会会议，主要传达中共郴州市委政协工作会议精神，学习市委《加强政协工作的决定》。12月，召开第七次常委会会议，主要传达中纪委四次全会精神，市纪委通报全市廉政建设情况；讨论《关于进一步加强精神文明建设的建议案》和《关于推动我市旅游事业迅猛发展的建议案（草案）》，通报提案工作办理情况。

1997年2月，市政协一届委员会第八次常委会议于竹园宾馆举行。会议主要讨论一届二次常委会工作报告和一届二次全会以来提案工作报告，讨论一届三次全体会议议程和增补政协委员事宜。继后，分别于6月、8月、10月、12月召开4次常委会议。会议主要研究协助市委、市政府办好“一带一会”工作和开放兴郴、营造良好发展环境、推动私营经济发展建议，商议一届四次委员会工作报告和提案委提案工作报告；学习中共中央十五大精神，研究全市政协系统学习中共十五大精神的计划安排；通报发展民营经济调查报告和市文教工作。

1998年3月，市政协一届委员会第十三次常委会议于竹园宾馆举行。会议主要学习全国政协九届会议精神，研究1998年常委会工作报告。同年，先后于6月、9月、12月召开3次常委会会议。会议主要通过《关于加强我市殡葬管理，推进殡葬改革的建议案》和市下岗职工再就业情况调查报告、城镇建设调查报告；听取城市建设视察小组汇报，市政府关于全市科技兴农情况通报；研究1999年市政协工作要点。

1999年2月，市政协一届委员会第十七次常委会议于竹园宾馆举行。会议主要听取和审议政协郴州市第一届委员会工作报告，一届四次会议以来提案工作报告，增选市政协副主席，协商议定表彰先进事宜。同年，分别于6月、7月、9月、12月，先后举行4次常委会议。会议主要学习中共中央总书记江泽民重要讲话；通报市重点工程视察、抗洪救灾重建家园、郴州治安形势等情况；学习中共郴州市委扩大会议精神，揭批“法轮功”邪教组织；听取和审议城市建设与环境保护报告、关于扩大农村消费需求调查报告，听取年度提案办理情况汇报，审议汇编《郴州市政协言论集萃》等事项。

届内，市政协举行21次常委会议，审议政协视察、调查组15个视察和专题调查报告。

二、第二届常委会议

2000年6月29日至12月，市政协二届委员会先后于竹园宾馆举行第一次至第三次常委会会议。会议主要听取市政府及组成部门关于郴州市2000年1至8月经济运行情况通报、旅游资源开发情况通报、提案办理情况汇报，听取市政协社会群团“三胞”联谊委关于发展旅游业发言及市政协主席总结讲话。

2001年3月29日，市政协二届第四次常委会议于竹园宾馆举行。会议主要传达省委政协工作和全国统战工作会议精神，协商通过市政协2001年工作要点，讨论关于开展评选“先进委员活动小组”“优秀政协委员”活动有关文件，通报市政协二届二次会议委员提案办理情况，通过有关人事任免事项。会议要求始终把工作重点放在经济建设上，树立整体意识，为经济建设建言献策。同年，市政协于7月18日举行二届五次常委会。会议主要听取市政府关于2001年上半年全市经济运行情况通报，审议通过市政协向市委、市政府提交的《关于改善郴州市个体私营经济发展环境的建议案》《关于国有矿山企业整体脱困的建议案》。

2002年2月4日，市政协二届七次常委会议于竹园宾馆举行。会议主要听取市委办、市政府办关于政协提案办理情况汇报，审议通过市政协第二届常务委员会工作报告和提案办理情况报告，协商通过召开市政协二届三次会议决定（草案）及有关人事任免等事项。同年，市政协分别于4月、7月、10月、12月举行第八至十一次常委会议。会议主要审议和通过政协郴州市委员会2002年工作要点，通报市政协二届三次会议提案办理情况，协商通过有关人事任免事项，听取市政协视察、调查组关于郴州市城区食品卫生工作视察情况、关于做大做强全市民营企业调查情况汇报，审议通过市政协《关于做大做强我市民营企业向中共郴州市委、市人民政府建议案》。学习中共十六大会议精神，听取市委办、市政府办关于提案办理情况通报，研究召开市政协二届四次会议有关事项。

2003年3月25日，市政协二届第十二次常委会议于竹园宾馆举行。会议主要学习全国政协十届一次会议精神，审议通过政协郴州市委员会2003年工作要点和关于加强市政协委员活动小组工作意见。同年，市政协分别于7月、10月、12月召开第十三次至十五次常委会议。会议主要听取市政府关于2003年上半年经济运行情况通报，听取关于加快开发区发展，提升开发区品位专题调研情况汇报；通报市政协二届四次会议提案交办情况，审议通过《关于加快开发区发展，提升开发区品位向中共郴州市委、市人民政府的建议案》；市政府通报《关于做大做强民营企业建议案》落实情况，市政协通报全市公安执法视察情况，通报郴州各县（市区）贯彻落实郴发〔2001〕15号文件和2001年市委政协工作会议精神督查情况；就加大莽山旅游开发力度，创建莽山旅游品牌进行专题协商；市委及政府组成部门通报全市2003年国民经济和社会发展，党委系统、政府系统政协提案办理等情况；学习中共十六届三中全会关于可持续发展战略思想，市委市政府2003年提案办理情况及经济运行情况通报。

2004年2月27日，市政协于常委会议室举行第二届十六次常委会议。会议主要协商通过关于召开政协二届委员会第五次会议的决定、会议议程、日程、大会秘书处正副秘书长、秘书处工作机构负责人；特邀人员、列席人员范围；协商通过市政协常务委员会工作报告，常委会关于二届四次会议以来提案工作情况的报告；协商通过政协郴州市委员会2004年度工作要点；协商通过增补市政协二届委员会委员。3月20日，召开市政协二届委员会常务委员会第十七次会议。会议递补1人为市政协二届委员会委员；决定撤销因违法和经济犯罪的3位市第二届委员会委员职务；同意柳志明和陈寿峰、袁佳游、喻广德4人分别为政协郴州市第二届委员会副主席和常务委员候选人，以提交政协郴州市二届五次会议选举产生。5月6日，市政协二届委员会常务委员会议第十八次会议于汝城县召开。会议审议通过市政协《关于进一步加快旅游业发展把郴州建成旅游名市向中共郴州市委、市人民政府的建议案》。同年12月14日，举行第十九次常委会议。会议主要听取市委宣传部领导关于学习中共十六届四中全会精神辅导报告，协商通过三届市政协委员名额和分配及界别设置方案，由市委办公室、市政府办公室通报办理政协提案情况，审议《关于农民增收情况》调查报告。

2005年4月7日，市政协于常委会议室举行市政协二届二十次常委会会议。会议协商通过关于召开市政协二届六次会议有关事项，增（递）补市政协二届委员会委员、常务委员和正副主席建议名单、政协二届常委会工作报告和提案工作情况报告。同年5月23日、9月26日、12月21日先后举行第二十二至二十四次常委会议。会议主要学习《中共中央关于进一步加强中国共产党领导的多党合作和政治协商制度建设的意见》，协商通过政协郴州市委员会2005年工作要点，通报政协郴州市二届六次会议提案审查和交办情况；审议通过市政协《关于构建和谐郴州向中共郴州市委、市人民政府的建议案》，协商通过《政协郴州市委员会提案工作细则》，协商开展优化经济发展环境民主评议活动及人事任免等问题；审议通过市政协《关于郴州市中心城区建设"园林式、生态型、现代化"城市向中共郴州市委、市人民政府建议案（草案）》；听取市党委、政府系统办理市政协二届六次会议委员提案情况和2005年经济运行情况通报。

2006年2月28日，市政协于常委会议室举行二届委员会第二十五次常委会议。会议主要审议政协郴州市第二届委员会常委会工作报告和提案工作情况报告及市政协2006年工作要点，审议关于召开郴州市第二届委员会第七次会议的决定、日程、机构负责人建议名单，以及人事任免等事项。听取市政府关于建设社会主义新农村专题报告。同年4月、6月、9月、11月、12月先后举行第二十六次至第三十次常委会议。会议主要听取市政府上半年经济运行情况通报和市政协二届七次会议提案交办情况汇报，听取市工商和城管部门民主评议整改情况汇报及《加强思想建设，树立社会主义荣辱观》讲座；听取市政府关于抗灾救灾及重建工作情况通报，协商通过《政协郴州市委员会全体会议工作规划》《政协郴州市委员会常务委员会工作细则》，通报和协商讨论《市政协换届筹备工作方案》《关于建设社会主义新农村的调研报告》；听取市委办、市政府办关于提案办理情况通报，审议通过建设社会主义新农村建议案（草案），讨论市政协二届一次会议以来提案工作情况报告，审议通过市政协二届委员会常务委员会工作报告，审议决定市三届政协委员和常务委员会组成人员建议名单；听取市中级人民法院、市人民检察院工作情况通报。12月22日，市政协二届委员会第三十一次常委会议于市政协常委会议室召开。会议主要协商决定政协郴州市第三届委员会委员名单（第三批）并安排吴章钧为政协郴州市第三届委员会第一次会议主席团成员人选。

届内，市政协召开31次常委会议，审议政协视察和调研组15个视察报告和专题调研报告。

第四章 职能履行

1989—2005年期间，郴州地区政协联工委、郴州市政协依法行使政治协商、民主监督、参政议政三大职能。在政治协商方面，就郴州发展战略和发展规划、工农业生产、文化教育、农业开发、科技兴农、郴资桂经济一体化、抗灾救灾、深化国企改革、招商引资、治理“三乱”、创建文明卫生城市、发展旅游、加强生态保护、完善收费管理体制、安全生产、信息产业基地建设、下岗职工再就业、发展个体私营经济、做大做强民营经济、加快开发区建设、建设“园林式、生态型、现代化”城市等问题提出意见和建议48件，向市委、市政府提交18个建议案。市政协主席会议历经两届，先后召开142次会议，围绕全市大局，就郴州改革开放和现代化建设提出大量建议和意见。在民主监督方面，市政办先后组织驻郴省政协委员、市政协委员及县市区政协委员开展视察调研活动，形成建议和研究成果，为郴州开发开放、发展特色经济、实施民生工程、改善生态环境、廉政建设、工业化、农业现代化、城镇化、信息化、市场化建设服务。在参政议政方面，政协委员通过多种途径，积极为郴州经济发展献计，为社会发展献策，为改善民生建言。就有关郴州如何科学发展、和谐发展、提速发展等重大问题提出意见和建议，得到市委、市政府重视，并形成意见、规定、决定，付诸实施，取得明显实效。

第一节 政治协商

一、地区政协联工委会议政治协商

1989年，郴州地区各县市政协进行换届选举，地区政协联络处向中共郴州地委、湖南省政协党组呈报《关于县市政协换届的几点建议》，对各县市政协换届指导思想、政协规模、参加政协单位和界别、人事安排原则、政协机构设置和换届工作程序方面问题提出意见。中共郴州地委、郴州行署认真听取和研究地区政协联络处意见。为落实省、地两级县市人大政协换届选举工作会议精神，地区政协联络处深入县市检查指导，与县市党委、政府协商研究解决换届工作中出现的问题，保证换届工作顺利进行。是年12月，地区政协联工委向中共郴州地委提出县市政协主席参加同级党委常委问题。次年2月，经湖南省委同意，全区县市政协主席进入同级党委常委领导班子。

1990年，中共郴州地委听取地区政协联工委建议，加大对政协工作支持力度，批准地区政协联工委机关设一处一室，增加人员编制，调入6名具有大学文化程度干部。6月中旬，地委召开全区政协工作会议，要求各级党委政府发挥政协协商监督职能，重大问题主动与政协协商，同时确定一名政府领导成员负责与政协经常保持联系与沟通。地委对县市党委、人大常委会、政府、政协干部实行交流，对德才兼备者予以重用。桂东县政协副主席蒋兴文被选拔到临武县任县长，打破政协干部是“二线干部”的偏见。

1991年，郴州地区行署《关于国民经济与社会发展八五计划与十年规划（草案）》出台，地区政协联工委举办研讨会，组织驻郴省政协委员和县市政协委员开展讨论，政协委员联系本地区、本县市、本单位实际提出100多条修改意见和建议，大部分被行署有关部门采纳。1989年至1995年4月，湖南省政协郴州地区联络处、联工委围绕郴州发展战略、工农业生产、文化教育发展众多问题召开协商会议28次，提出意见和建议48件，其中影响较大意见和建议45件。

二、市政协全体会议政治协商

1995年5月—2000年5月，一届市政协召开政协全体委员会议5次，先后协商重要议题有“九五”计划和2010年远景规划；“一三五”发展战略，郴资桂经济一体化；搞好丘岗由山地开发，加速科技兴农步伐，减轻农民负担，启动农村市场、加强防灾、抗灾、救灾；深化企业改革，加强扭亏增盈，实施下岗职工就业；举办“一节一会”，抓好现有“三资企业”，扩大对外开放和招商引资；治理“三乱”，优化环境，发展非公有制经济；整治郴江河，加强城市建设与管理，创建文明卫生城市，加速发展旅游业；加强生态保护，实施可持续发展；深入开展严打，加强社会治安综合治理，维护政协委员合法权益；规范中小学合理布局，加强中小学生教育等。1997年3月15日至19日召开的市政协一届三次全体会议，委员发言《关于推动郴州市旅游业迅速发展的建议》提出：统一认识，把发展旅游业作为实施“开放兴郴战略”突破口；制订实施整体规划，搞好旅游资源开发；实行政策倾斜，大力扶持旅游业发展；强化旅游行业管理，塑造好旅游行业整体形象；抓好旅游商品生产和销售，扩大创收渠道；加大宣传力度，拓展旅游客源市场等一系列建议和意见，得到市委、市政府领导重视。中共郴州市委书记梅克保批示：“旅游业应作为郴州市支柱产业和第三产业龙头来抓。”市政府组织有关部门进行研究，采纳相关意见，出台《中共郴州市委、郴州市人民政府关于加快发展郴州旅游业的决定》，促进郴州市旅游业发展。

二届市政协成立至2005年，召开政协全体会议6次，先后协商重要议题有：搞好国企改革、应对入世挑战、改善困难企业职工生活、打造“东江湖”旅游品牌、促进郴州市旅游业发展、推进郴资桂经济一体化、深化小煤矿安全生产监管、加快电子信息产业基地建设等问题，并就相关问题提出对策和建议。在市政协二届一次会议上，委员黄昌祯代表市政协民进活动小组作《加大治乱减负力度，切实改善企业环境》大会发言，提出加大治乱减负和对重大典型案件查处力度，落实“收支两条线”规定，完善收费管理体制，加强依法行政，依法收费等建议。市政府主要领导作出指示，市直各有关部门根据领导批示精神，从解决乱收费乱摊派、改善治安管理、保障电力供应方面入手，优化企业特别是“三资”企业和个体私营企业外部环境。与此同时，在“三资”企业中开展“创优秀三资企业、争当优秀总经理”活动，在个体私营企业中推行《收费登记卡》和《税外费负担卡》制度，使生产经营环境改善，企业得到健康发展。

三、市政协常委会议政治协商

1995年6月，市政协召开一届一次常委会议，各县市区政协主席列席会议。会议就市政府提出的《郴州市经济和社会发展九五计划和2010年远景发展规划》进行讨论协商，提出70条修改意见。

其中关于"九五"计划要从旧的计划经济体制中走出，体现社会主义市场经济客观要求，以及关于发展个体经济要列入"九五"计划，国有大中型企业扭亏增盈要列入计划等意见，得到市委、市政府领导重视，被计划部门采纳。

1998年6月11日，市政协一届十四次常委会议听取市政府关于全市下岗职工再就业情况的通报，向市政府提交政协调研组撰写的《关于郴州市下岗职工再就业情况的调查与思考》调研报告。调研报告提出解决下岗职工再就业措施大多数被市委、市政府采纳，被吸纳进中共郴州市委《关于切实做好国有企业下岗职工生活保障和再就业工作的意见》。调研报告总结郴州市"五转一优再就业民心工程"之经验，得到湖南省政协领导肯定，并在省政协《湘声报》刊载推介。

2001年7月18日，市政协二届五次常委会议，听取市政府关于郴州当前经济运行情况及个体私营经济发展情况通报，向市政府提出《关于优化郴州市个体私营经济发展环境的建议案》（以下简称《建议案》）。《建议案》针对全市个体私营经济发展战略意识不强、融资渠道不畅、政策落实不够、主管部门服务不优四方面问题，建议市委、市政府切实把发展个体私营经济作为发展区域经济重大战略，为个体私营企业提供宽松融资渠道，落实各项政策，规范政府行为。市委、市政府召开党政联席会议，认真研究《建议案》，采纳市政协意见，决定成立郴州市民营经济发展局，制定《关于鼓励和推动民营经济加快发展的若干意见》，作为2002年市政府第一号文件下发全市。

2002年10月25日，市政协二届十次常委会议再次听取市政府关于民营企业发展情况通报，审议通过市政协《关于做大做强郴州市民营企业向中共郴州市委、市人民政府的建议案》。针对郴州市做大做强民营企业面临思想不够解放、战略意识不强，民营经济发展外部环境欠佳，民营企业家整体素质偏低问题，建议各级党委政府更新观念，从战略高度把经济工作转移到以发展民营经济为主体上来，进一步落实政策，优化环境，强化服务意识，切实帮助民营企业解决困难，提高民营企业竞争力，造就一批优秀民营企业家。市政府主要领导作出批示，要求市政府各有关部门积极组织落实，切实推动民营经济快速发展。市政府重点走访裕湘、民生、润发等民营企业，为其出主意，解决具体困难。市委、市政府制定颁布《关于对部分私营企业实行挂牌保护和建立联系制度的暂行办法》，对8家重点私营企业实行挂牌保护，与7家重点私营企业建立联系制度。

2003年7月25日，市政协二届十三次常委会议听取市政府关于上半年经济形势的通报和有关部门关于开发区建设情况的汇报，审议通过《关于提升开发区品位，加快开发区建设向中共郴州市委、市人民政府的建议案》。建议市委、市人民政府着力解决开发区目前存在体制不顺、资金短缺、发展环境有待完善的问题，争取在较短时间内把开发区建设成为特色鲜明、经济发展、示范作用明显、融林邑文化精髓与现代科技文明于一体的一流工业园区。

2005年12月21日，市政协二届二十四次常委会会议讨论市政协调研组和有关专家历时四个月形成的专题调研报告，审议通过《关于把郴州市中心城区建成"园林式、生态型、现代化"城市向中共郴州市委、市人民政府的建议案》，提出"科学规划、构筑中心城区园林化、生态型、现代化"城市的基本框架，建议市委市政府突出重点，构筑高质量生态环境保护系统；加强引导，构筑循环经济系统；完善配套，构筑现代交通网络；整体联动，构筑人文生态环境。市委、市政府把这项建议作为编制郴州市"十一五"规划重要内容。

1995—2005年，市政协召开52次常委会议，向市委、市政府提交16个建议案。

四、市政协主席会议政治协商

1997年4月，市政协对全市“双拥”工作进行专项调查，写出调查报告。6月2日，市政协一届二十二次主席会议对“双拥”（拥军优属、拥政爱民）工作中存在的问题提出解决办法。市政协将调查报告和主席会议建议转给中共郴州市委、市政府。7月31日，市委书记梅克保带领市城管局、民政局、财政局等市直有关部门和北湖区委负责人，到解放军198医院召开现场办公会，解决北湖区郴江乡七里洞村肖家组在该医院后面开办采石场和砖厂，影响医院正常工作和环境卫生问题。8月2日，市长龙定鼎带领市直有关部门和苏仙区负责人到53712部队驻地召开现场办公会，研究解决该部队营地大门前公路塌陷修复问题。

第二节　民主监督

1991年6月，郴州地区政协联工委针对全区改革开放步子不大，吸引外资成效不显著，区位和资源优势未得到较好发挥状况，组织驻郴省政协委员和县市政协委员开展视察调研，并到外地参观访问，学习外地经验，撰写《关于郴州地区“三资”企业与“三来一补”企业现状和发展的调查与建议》，提交中共郴州地委和郴州地区行署，并在行署主办的《过渡试验区探索》上发表，引起全区上下重视。地委、行署采纳地区政协联工委意见和建议，组织地区计委、体改委、财政局、国土局、税务局等有关部门研究，制定《郴州地区引进外资二十条优惠措施》。

1992年6月，地区政协联工委针对区内农业生产发展滞后状况，组织27名政协委员到宜章、永兴、临武、郴县、桂东、资兴6县（市）开展调查研究，走访上百名果茶种植大户，实地考察56家果园、茶场，并向湖南省茶叶进出口公司、广东省科技情报所进行国内外果茶市场信息咨询11次，认识到郴州农业发展“优势在山、失误在山、希望也在山”，撰写《郴州地区发展水果、茶叶生产的调研报告》。中共郴州地委、郴州地区行署主要领导认为调研报告“对郴州地区果茶生产历史和现状分析透彻，发展果茶生产的思路正确，办法可行”，指示地区农委、农业局、科委、供销社有关部门研究，制定全区果茶生产规划和措施。随即，宜章、永兴、临武、郴县、桂东、资兴等县市积极建设果茶生产基地，引进优良果茶品种，掀起果茶种植热潮。先后有宜章脐橙、乌梅，永兴冰糖橙、桂东玲珑茶远销省内外。

1994年，地区政协联工委了解地区四项重点工程（VC工程、桥口氮肥厂尿素工程、锌冶炼工程、红旗造纸厂技改工程）进度缓慢和区内烤烟生产滑坡问题，组织驻郴省政协委员分成4个小组，分别开展视察调研，听取企业职工和乡镇村民意见，掌握四项重点工程上不去真实原因和烤烟生产中困难，提出解决问题对策和建议21项，供各级党委、政府和有关部门参考。

1995年，政协郴州市委员会成立，为加大民主监督力度，推荐10名思想水平较高、业务能力较强政协委员应聘担任公安、检察、法院特约执法监督员，推荐43名政协委员担任财政、工商、审计、教育、卫生、交通运输部门作风监督员。政协监督员深入基层，走访群众，对有关部门思想、作风、工作效能、依法行政、勤政廉政情况进行监督检查，发现问题及时反馈给有关部门进行整改。

1996年，针对市内国有工业企业严重亏损情况，市政协组织6个调查组，深入全市7个行业

24户国有亏损企业进行调查，了解企业亏损主要原因，撰写《关于郴州市国有工业企业经营亏损的调查报告》，提出“深化企业改革，转换经营机制，明晰产权关系，减轻企业社会负担，切实帮助企业解决资金紧缺”等意见和建议，被市委市政府及有关部门采纳。

1997年3月，针对农民反映负担过重问题，市政协组织调查组深入乡镇，进村入户进行专题走访调研。根据农民关于上交乡村费用多，农副业税费重，农资价格上涨快，农业生产成本高，“种田不如打工，种粮不如买粮”，造成一些地方良田荒芜等意见，向市委、市政府提出《减轻农民负担必须解决农村深层次问题的建议》。市委、市政府据此作出减轻农民负担决定，促使各级党委和政府采取一系列减轻农民负担措施。

1998年，为加大民主监督力度，市政协推荐3名政协委员担任中小学收费监督员，3名政协委员担任防疫医疗服务收费特邀社会监督员，5名政协委员担任社会群团方面执法监督员。

2001年，市政协把全市环境保护和生态建设作为民主监督一项重要内容，组织调查组开展为期6个月视察调研活动。调查组深入工矿企业和农村实地察看，发现很多地方环境被污染、生态被破坏，给群众生产、生活造成严重影响。11月21日，市政协组织召开有市委、市人大常委、市政府领导及有关部门负责人参加的环境评议会，8名省市政协委员对市内环境与生态保护面临的严峻形势直言不讳，并向市委、市政府提交《关于郴州市环境与生态保护问题的建议案》。随后，市委、市政府召开党政联席会议专题研究环保问题，又召开全市整治重点区域、流域环境污染工作会议。12月5日，市政府批转市环保局《关于全市整治重点区域、流域与矿业环境污染的意见》，市环保局对郴州城区郴江河、燕泉河综合治理8个突出环境问题逐项进行研究，制定近、中、长三期治理规划。各县市区均确定重点治理方案，着力整治环境污染、保护生态环境。

2002年3月，在市政协二届三次全会上，市政协委员周志祥反映嘉禾县一民营企业运输材料和产品途经临武县境时，被该县质量技术监督部门强行检查、罚款。市委、市政府派出督查员，市纪委、市质量技术监督局工作人员会同临武县有关部门对周志祥反映的问题进行调查核实和妥善处理，并将处理结果向大会报告。

2003年，市政协采取“主席会议确定主题，有关专委会牵头组织督查小组，政协领导带队进行视察调研”的方式，分别对民营经济、公安执法、农村义务教育投入、民族宗教工作、农村电网改造、新型农村合作医疗、烤烟生产收购、城区重点工程建设、桂嘉高等级公路建设等进行专题视察调研。继而向市委、市政府提出一系列意见和建议，部分建议被采纳。

2005年，坚持把民主评议党政机关及其工作人员工作作为民主监督重要形式。市政协组织专门班子收集各种资料，发放调查问卷，听取群众意见，然后召开有市委、市政府及有关部门负责人参加的评议会。对市工商局、市城管局领导及其工作人员履行职责、依法行政、廉洁自律方面情况进行评议，并将评议结果和被评议单位整改承诺向社会公布，接受群众监督。

第三节 参政议政

1989年，在湖南省政协六届二次会议召开前，郴州地区政协联工委组织驻郴省政协委员开展调查研究，撰写提案45件。其中以28位委员联名向大会提交《关于进一步办好郴州改革开放过渡试验区的建议》，向中共湖南省委、省人民政府反映郴州改革开放成绩、经验和存在问题，得到省委、省政府和省政协重视，省体改委对“建议”中提出的问题一一回复，切实帮助解决郴州地区粮食、烤烟、煤炭等产品生产、购销及出口问题，对予以郴州地区过渡试验区各项优惠政策的形成起到推进作用。

1992—1993年，地区政协联工委曾组织区内8县（市）政协对全区农业种植业和畜牧水产业进行调查，先后向中共郴州地委、郴州地区行署提出《关于发展畜牧水产品出口创汇的建议》、对安仁县农业大县调整结构，改变“稻谷加稻草”单打一生产局面意见，得到地委、行署和当地县委、县政府重视，促进区内农业生产多种经营计划和措施实施。

1995年年初，郴州地区政协联工委与地区科委、科协联合召开全区科技人员座谈会，学习贯彻全国科技大会精神，就郴州如何实施“科教兴业”战略进行探讨，提出128条建议和意见，供地委、行署参考。是年，郴州市政协组织部分政协委员深入临武、安仁县实地考察乡镇、村两级卫生医疗工作，撰写《农村医疗卫生工作亟待升温的调查报告》，提出农村医疗卫生事业要与农村经济建设同步发展，以满足广大农民群众基本医疗需求的建议。建议得到郴州市有关部门重视，湖南省政协还向全国政协推荐这份调查报告。

1995年9月，市政协针对农业开发中出现的新情况和新问题，组织部分省市政协委员对市内丘岗山地农业开发工作进行视察，向中共郴州市委、市人民政府提交《关于在丘岗山地开发中要进一步坚持实事求是、注重效益的建议案》。市丘岗山地开发领导小组根据《建议案》，重新调整开发思路和工作部署，制定9条改进措施。在“开放兴郴”中，市政协对“‘三资’企业”“民营经济发展”“旅游业发展”课题深入调研。其中提出的《关于推动郴州市旅游业迅速发展的建议案》，尤其对莽山旅游业开发建设提出新思路。继驻郴省政协委员就发展莽山旅游业在省政协八届二次会议上进行大会发言，得到中共湖南省委、省人民政府领导和有关部门重视和支持，推动郴州旅游业发展。同年，为整治严重污染的郴江河，在市政协一届一次全会上，政协委员陈第雄等人向市政府提交《关于全面治理郴江的建议》，促使治理郴江河成为当年改善民生一号工程。郴江河整治累计完成投资2.54亿元，重点治理铁卢冲至化肥厂9.2千米河段，河段面貌有很大改善。1996年1月，在市政协一届二次会议上，欧振昌等10名委员为民生安全联名提交《关于整治S1806线车匪路霸的建议》。市政府根据这一建议成立打击车匪路霸领导小组，组织市县两级60多名公安干警在S1806公路沿线整治，两月内摧毁抢劫犯罪团伙8个，抓获车匪路霸95人，破获各类刑事案件125件。

1996—1997年，在全国提倡学校素质教育背景下，市政协召开全市政协文教卫体专门委员会主任会议，学习贯彻汨罗县素质教育经验，研究制定学校素质教育计划和措施，总结交流北湖区素质教育经验。此间，市政协并就健全完善精神文明建设领导体制和运行机制，加强党风廉政建设和社会公德、职业道德、家庭美德建设等工作，提出意见和建议。

1998年2月，市政协就企业职工下岗再就业问题，组织政协委员深入厂矿企业进行调研，形成《关于郴州市下岗职工再就业情况的调查与思考》的调查报告，总结一些单位“五转一优再就业”经验，推介市政协委员临武县活动小组撰写的《关于香花岭锡矿再就业情况的调查》和永兴县政协总结的《发挥政协优势推动再就业工程》经验。市委市政府根据市县政协意见和建议，研究出台《关于切实做好国有企业下岗职工基本生活保障和再就业工作的意见》并下发全市。市政协总结“五转一优再就业工程”经验被省政协主办的《湘声报》刊载推广。

1998年9月，市政协组织50多名委员，分别到郴州城区和桂阳、嘉禾、永兴、安仁等县进行城镇建设视察，参观近百处城镇基础设施竣工工程和在建项目，获取各级政府城镇建设信息，广泛收集各界人士意见，形成《关于我市城镇建设视察情况的报告》。市委、市政府对此报告以郴委〔1998〕110号文件予以转发，要求各级政府和城建部门落实报告中提出的意见与建议。

2000—2005年，市政协第二届委员会就“改变郴州市教育结构和学校布局”“创办湘南学院”“保护世界文化遗产——湖南昆剧”“莽山野生动植物保护与开发利用”“湖南古民居保护与开发利用”“农村新型合作医疗”“增强科技自主创新能力”“民族团结与宗教管理”“把中心城区建成园林式、生态型、现代化城市”“殡葬改革”课题，组织政协委员进行调研。许多意见和建议，均被市委、市政府及有关部门采纳。为方便市民出行，市政协在调研基础上向市政府提交《关于延长市城区主干道公交车运行时间和增加班次的建议》，被转至城管和城市公交部门及时采纳，于当年5月31日增开16路、18路、26路、32路公交线晚班车。其间，市委市政府采纳市政协委员提出的《关于加快燕泉河治理的建议》，将燕泉河治理列为重点民生工程，投入1.35亿元，分三期治理。市政协组织全体机关干部和部分政协委员对全市农民增收情况进行调研，深入县市区乡镇和村组，走访农民，与农民座谈，撰写《关于郴州市农民增收情况的调查报告》，向市委、市政府提出一些建设性意见和建议。该报告获湖南省政协系统优秀调研报告三等奖。同时针对郴州市中心城区环境卫生、垃圾清运、道路维护、路灯维修、排水防涝问题，市政协向市政府主管部门提出意见和建议，使问题迅速得到解决，促进郴州“两城（卫生城市、文明城市）建设”创建工作，全国政协主办的《人民政协报》以“郴州政协建议决定城建主旋律”为题对此进行专题报道。此外，市政协提交的《关于对重点民营企业实行挂牌保护和建立领导联系制度的建议案》，促进对私营企业实行挂牌保护和建立联系制度办法的实施，促成建立市领导与重点私营企业联系制度，并在所有个体私营企业推行“税外费负担卡”和“收费登记卡”制度，制止有关部门向企业乱收费乱摊派行为。市委、市政府还根据市政协提出的意见和建议，于2005年先后制定印发《郴州市鼓励投资暂行规定》和《关于加快引进战略投资者的若干意见》，促进改善郴州投资环境，加快落实引进战略投资者工作。

第四节 提案工作

一、提案工作制度

1995年，政协郴州市委员会自成立始，根据全国政协提案工作条例，参考外地做法，结合郴州实际，制定《郴州市政协提案工作细则》。在此基础上，又相继制定《重要提案征集办理制度》《选送提案呈市领导阅示办法》《提案办复反馈制度》《评选表彰优秀提案和办理提案先进单位先进个人办法》，使提案工作各环节有章可循。1997年，市政协出台《提案办理工作目标考核评估办法》《市政协领导联系重点提案办理责任制》。市政协提案委每年从政协全会提案中选出一批分量较重或群众反映强烈的问题作为督办重点，经与市委办公室、市政府办公室协商，明确由市委、市政府、市政协分管领导督办。2000年，市政协编印《提案工作学习参考资料》，帮助委员们提高提案撰写水平。2001年，市政协提案委在计算机上建立政协委员基本情况、委员调研撰写提交提案情况、提案办理情况数据库，实现提案工作信息化、网络化管理。2004年，市政协提案委制定《郴州市政协建议案、提案办理操作规程》，提案办理工作日趋规范化、制度化、程序化。同时建立提案办理反馈制度，要求委员收到提案办理回复后，及时反馈对提案办理情况意见，对办理结果不满意的，要求有关单位重办。1995—2005年，两届政协期间向市委市政府提交16件建议案和2530件提案，绝大多数意见和建议被市委、市政府采纳。市政协多次在省政协提案工作会议上介绍经验。

二、提案办理

一届市政协期间，征集到委员提案1202件，经提案委员会审查立案1098件。其中交市党政有关部门办理1083件。办理结果：提案所提问题当年已解决或基本解决的479件，占交办数44.2%；正在解决或列入计划准备解决的412件，占交办数38.0%；因条件限制或其他原因待后研究解决195件，占交办数14.7%；只作参考或不可行33件，占交办数3.0%。由市政协常委会议通过后提交市委、市政府办理的5件建议案，全部得到办理回复。市政协第二届委员会征集提案1328件，经提案委员会审查立案1228件，其中交市委、市政府有关部门办理1222件。办理结果：提案所提问题当年已解决或基本解决548件，占交办数44.8%；正在解决或列入计划准备解决539件，占交办数44.1%；因条件限制或其他原因待后研究解决135件，占交办数11.1%。政协委员对办理结果满意和基本满意率98.8%。1996年，市政协委员提出《关于郴资桂公路郴州市东面出口路线选址的建议》，市交通局采纳委员建议，新设计方案选定郴资桂高等级公路交接口在京珠高速公路郴州出口处，形成郴州市新外环线，扩大城区架构。这一提案为郴资桂高等级公路在市区选择最佳线路，为工程节省资金2000多万元。1999年3月举行的郴州市政协一届五次全会上，委员李衍寿代表市政协委员宜章活动小组作《加快开发莽山旅游资源，促进郴州进一步开放发展》大会发言，引起市委、市政府重视，加快了莽山旅游资源开发。宜章县委、县政府把莽山旅游资源开发纳入县十年远景规划，市委、市政府把莽山开发作为发展旅游支柱产业、创建中国优秀旅游城市的一件大事抓实。国家林业局对莽山森林公园重新进行总体规划。这一系列运作推动莽山国家森林公园建设和旅游业发展。2004年3月，市政协委员通过提案提出《关于采取切实措施，促进农民增收的建议》，市委、市政府采纳委员建议，研究制定《关于切实做好农民增收工作的实施意见》。2005年，农工民主党郴州市委员会通过提案提出《关于改善投资环境的建议》。根据这一建议，市委、市政府先后制定《郴州市鼓励投资暂行规定》和《关于加快引进战略投资者的若干意见》，加快全市招商引资步伐。1995—2005年，市政协征集提案2530件，办理提案2305件。

1995—2005年郴州市政协提案征集与办理情况统计表

表6-4-4-1

项目 年份	提案征集数			提案办理数										
	提案数	立案数	立案率（%）	办理数	办理率（%）	A类		B类		C类		D类	
						件数	占比（%）	件数	占比（%）	件数	占比（%）	件数	占比（%）
1995	221	216	97.8	214	99.1	71	33.2	82	38.3	43	20.1	18	8.4
1996	291	270	92.8	270	100	131	48.5	91	33.7	33	12.2	15	5.6
1997	256	226	88.3	225	99.6	96	42.7	97	43.1	32	14.2	—	—
1999	208	186	89.4	183	98.4	78	42.7	81	44.3	24	13.1	—	—
2000	262	249	95.0	244	98.0	107	43.9	105	43.0	32	13.1	—	—
2001	215	191	89.0	191	100	106	55.5	58	36.4	27	14.1	—	—
2002	208	189	90.9	188	99.0	98	52.1	73	38.8	17	9.0	—	—

续表 6-4-4-1

项目 年份	提案征集数			提案办理数									
	提案数	立案数	立案率（%）	办理数	办理率（%）	A类		B类		C类		D类	
						件数	占比（%）	件数	占比（%）	件数	占比（%）	件数	占比（%）
2003	211	201	95.3	201	100	85	42.3	93	46.3	23	11.4	—	—
2004	220	202	91.8	202	100	65	32.2	119	58.9	18	8.9	—	—
2005	212	196	92.5	196	100	87	44.4	91	46.4	18	9.2	—	—
合计	2530	2318	91.6	2305	99.4	1027	44.6	951	41.3	294	12.8	33	1.4

说明：A类：提案所提问题已解决或基本解决；B类：正在解决或列入计划准备解决；C类：因条件限制或其他原因待以后研究解决；D类：只作参考或不可行

三、提案质量

1995年政协郴州市委员会成立后，始终把提高提案质量和提案办理质量作为提案工作的重中之重。市政协指导政协委员抓重点、热点问题撰写提案。每次市政协全会前数月，向全体委员发出关于征集大会提案书面通知并附提案参考选题。在提升提案质量中，市政协分批召开小型征集提案座谈会，举办市情通报会和提案业务知识讲座，组织委员视察了解市情，提出提案。同时，组织召开提案工作经验交流会，开展优秀提案评选活动，在每年政协全会上进行表彰。2000—2005年评选表彰优秀提案65件。开展提案办理面商，即提案人主动与提案承办单位面商，研究提案办理具体措施。建立提案办理情况反馈制度，及时反馈对提案办理意见，对于办理情况不满意的进行调查分析，要求有关单位重新办理。

第五节　联络联谊

一、各界联系

20世纪80年代末至21世纪初，郴州各级政协组织加强同各民主党派和无党派人士、人民团体、少数民族和各界爱国人士联系。经常举办各种形式报告会、座谈会，组织各民主党派和无党派人士学习中共中央、省、市党委和各级人民政府重要文件、会议精神，了解党和政府大政方针和各时期中心工作。每年中秋、国庆、春节等重大节日，召开联谊会、茶话会，邀请民主党派、无党派人士代表参加，畅谈国事，共叙友谊，增强团结。邀请政协委员参加市委、市政府举办的重大活动，组织政协委员参观市内重大工程建设项目，让委员们了解郴州经济建设情况，感受经济社会发展形势。市政协组织重要视察调研、政治协商、民主评议都邀请民主党派和无党派人士参加。同时，尊重和保障各民主党派和无党派人士开展调研、提出提案、控告举报、反映社情民意、提出批评建议的权利。尊重和保障各民主党派政协委员在市政协各种会议上以本党派名义发表意见之权利。1995—2005年，全市各民主党派和无党派人士政协委员在市政协全体会议上发言59次，提出各种提案1000余件，件件得到办复。

二、“三胞”联谊

自20世纪80年代始，随着中国大陆深入开展改革开放，经济社会快速发展，“三胞”（港澳同胞、台湾同胞、海外侨胞，下同）迫切希望回家乡寻根问祖、探亲访友、经商办企业，或为家乡建设贡献力量。市政协（地区政协联工委）本着“广交朋友、加强团结、宣传政策、促进统一”“引资引智、发展经济”原则，积极开展“三胞”联络联谊活动。据不完全统计，1990—2005年，市政协接待“三胞”1460人次，通过“三胞”人士引进重点项目80多项，引进资金24亿元人民币。

1990年，郴州地区各级政协组织接待或参与接待“三胞”910人次。政协组织和党政领导热情接待“三胞”，介绍郴州发展变化，组织其参观访问；为在郴亲属排忧解难，落实各项政策。曾任国民党军队中将司令的李定，过去曾下决心“生不去香港，死不回大陆”。在党和政府政策感召下，1992年10月回到郴州。他接触郴州地区党政部门领导，参观郴州城乡建设，走访亲朋好友后，深受感动。表示回台湾后要用现身感受，动员家人和亲朋回家乡看看。

1995年8月，市政协在永兴县召开全市政协联络联谊工作座谈会，邀请政协工作者、政协委员和侨眷侨属参会，相互交流发挥“三胞”在完成祖国统一大业和开放兴郴中积极作用的经验。1996年4月，市政协领导应邀访问香港，与市政协港籍委员吴盛灿联谊，商谈港商到郴投资事宜。同年9月，市政府在香港举行招商引资新闻发布会，5名市政协港籍委员联名在香港《文汇报》上刊登广告，祝贺香港彩云制衣厂8个项目落户郴州。1997年春，市政协配合省政协制作《香港回归与祖国开放》大型宣传画册，宣传郴州。9月，在中国·郴州山水旅游节暨经贸洽谈会上，市政协港籍委员联络26名海外客商到郴，签订投资协议10项。

2001—2002年，市政协多次接待湖南省政协港澳委员视察团到郴州考察。2003年12月，市政协领导率市直有关部门负责人赴香港开展联络联谊和招商引资活动，引进资金4.6亿元人民币。2005年，市政协邀请港商到郴州考察，引进中地行国际（香港）有限公司投资1.2亿元人民币，开发郴州憩园新村房地产项目。

三、横向联系

1991年5月，郴州地区政协联工委领导赴湖南零陵（今永州市）首次参加11省12地市盟（郴州、零陵、遵义、锡林郭勒、延安、宜宾、哈尔滨、伊犁、思茅、巢湖、宁德、桂林）政协工作横向联系会议。会议确定该会议每年召开一次，12个地市盟政协轮流举办主持。是年，郴州地区政协联工委还与广东韶关市共同发起建立湘粤赣3省12县市政协横向联系会议、湘粤赣鄂闽边际5省26县市政协横向联系会议、湘粤桂3省毗邻26县市政协联系会议的倡议，促进各地经济、文化、政治交流。

1992—1994年，郴州地区政协联工委和县（市）政协参加省内、省际政协横向会议50多人次，接待到郴参观访问人员130批1500人次，牵线搭桥引资2800多万元，引进技术32项。郴州地区政协联工委接待来自广东、广西、江西及省内兄弟地市县政协部门客人30多批200多人次。

1995年5月，郴州市政协成立后，加强政协工作横向联络，同市外、省外32个市级政协组织长期保持友好往来。1997年6月，市政协成功举办11省12地市盟政协工作横向联系会议。向与会者介绍郴州市情，组织参观郴州著名景点和重大工程，扩大郴州影响。2001年10月，市政协领导赴永州首次参加全国“红军长征沿线政协联谊会”，交流工作经验。2005年10月，在江西赣州“红军长征沿线政协联谊会”第3次会议上，市政协代表作《弘扬长征精神，发挥政协人才和人脉资源优势，做好政协工作，为本地区经济社会发展多做贡献》的主题发言，受到与会者称赞。

第六节 文史研究

1989年，郴州地区政协联工委设立档案室，配备专人管理政协工作文史档案，并撰写《郴州地区政协志》内部资料稿。1990年春，全国第三届秦少游学术研讨会在郴州召开。秦少游学术研讨会副会长、秦少游33代孙、扬州师院（现扬州大学）教授秦子卿与会，并为秦少游纪念馆撰写门匾“淮海遗芳”及楹联：策论济时艰词宗誉满三千界，江淮存世泽学士风流九百年。郴州市（北湖区）政协组织学者注释秦少游《策论》50篇16万多字，印刷1000册，发给与会人员。是年，全地区政协系统狠抓文史资料抢救工作，征集文字资料2.18亿多字，整理、编辑、出版7集。其中地区政协联工委征集文史资料32篇9万多字，收集历代文人描写郴州诗词420多首。1991年，资兴市政协征集资兴籍中国现代著名女作家白薇事迹，编辑出版《你没有倒下，白薇同志》专辑。郴籍省政协委员、作家陈第雄创作的电视连续剧《白薇》，由潇湘电影制片厂拍摄，在中央二台播出。1989—1992年，全地区征集“三胞”有关史料1200多万字，编辑31辑250多万字，出版发行4.14万册。

1995年，市政协组织写作班子广泛征集资料，撰写出《郴州瑶族经济社会发展状况》《莽山瑶族今夕》《资兴瑶族风情》《汝城三江口瑶族乡巨变》《瑶族上将李涛》和《瑶王赵循阳》等瑶族文史著作。1996年，市政协制定《郴州市新中国成立后文史资料征集大纲》，把文史资料征集时限从中华人民共和国成立前延伸到成立后，征集地域由大陆扩展到港澳台和海外其他地方，征集内容从政治、军事、文化扩大到经济、社会各方面。是年，市政协文史委访问郴州各界知名人士52人，征集中华人民共和国成立期间文史资料11篇4万多字。1997年，市政协组织编写反映优秀政协委员事迹的《同舟——市政协委员风采录》。1998年，市政协经过两年努力，征集有关中国女排在郴州文字资料300余篇51万多字、图照220篇、题词留言80多条，整理编辑成《从秘密基地起飞——中国女排在郴州》，出版发行6000册。该书被收入省政协编纂的《二十世纪湖南文史资料文库》。1999年，全市政协系统编辑出版文史资料18种近300万字，为省政协编纂《湖南瑶族》供稿12篇。2000年，市政协组织编纂《托起湘南明珠的人们——东江湖库区移民》，也被收入《湖南二十世纪文史资料文库》。2001年5月，为配合市委、市政府实施郴州“大旅游、大产业、大发展”战略，市政协编纂《天下第十八福地——郴州》旅游专辑，25万多字，出版发行8000册。2004年3月，市政协编辑《商海中的郴州人》报告文学专辑，选介29位在商海中奋斗的郴州人和外地置业郴州人士，出版发行4300册。2005年，市政协参加全国政协组织的“共和国名人故居”大型资料征集活动，撰写提供郴州籍黄克诚、萧克、邓华、李涛、朱良才等15位共和国英才及其故居资料。

第七节 指导县市区政协工作

1989年10月，郴州地区政协联工委成立后，把提高县市政协和政协委员参政议政能力作为业务指导重点，特别把做好提案工作作为重中之重，经常组织政协委员学习全国政协提案工作制度和国务院有关文件。1990年，郴州地区政协联工委制定《郴州地区政协联工委领导联系县市政协工作制度》。地区政协联工委正副主任分别联系一个县市政协，及时了解县市政协工作情况，帮助解决工作中的问题。1991年5月，地区政协联工委举办为期一月县市政协主席、副主席和委办主任学习班，帮助其提高对政协工作重要意义认识和了解政协工作任务。8月，地区联工委举办“郴州地区实施“八五”计划与十年规划研讨班”，帮助政协干部了解全区经济与社会发展情况。1995年，市政协成立后，立即制定《邀请县市区政协主席列席市政协常委会议制度》。市政协还规定每年初召开一次县市区政协秘书长会议和专门委员会主任会议，总结交流上一年工作，安排部署新一年工作。制定《郴州市政协提案工作细则》，印发给县市区政协和省市县政协委员。举办政协委员培训班，指导政协委员抓住党委工作重点、政府工作难点、群众反映热点问题开展调研，撰写调研报告和提案，为党委和政府出谋划策。1996年，市政协在苏仙区召开全市提案工作经验交流会，推介苏仙区政协精选调研课题、引导撰写提案和领导督办提案办理方面经验。1997年，市政协提案委联合市委办公室、市政府办公室在资兴市召开全市提案工作现场会，推广资兴市政协在提案办理中政协与承办单位实行办理措施面商、办理过程督查、办理结果检查的经验。1998年，市政协成立市提案研究会，每年召开一次会议，研究、总结、交流提案工作经验，开展业务培训，对典型课题调研报告进行分析。次年7月，市政协组织部分县市区政协领导赴北戴河参加全国政协干部培训中心学习。2000年，市委办公室、市政府办公室、市政协办公室联合制定《郴州市提案工作细则》，各县市区参照市提案工作细则，规范县市区提案工作。2002年，市政协制定《郴州市县市区政协工作目标管理考核办法（试行）》，2003年进一步修订考核办法。每年，市政协针对考核中发现的问题提出建议性意见和建议，要求县市区政协及时改进，同时提交县市区党委和政府，争取县市区党委和政府对政协工作支持。2004年12月，市政协在县市区政协工作考核中发现仰天湖开发与保护问题建议未落实，之后，市政协会同北湖、苏仙两区政协，对仰天湖风景区联合开发与保护问题作专题调研，写出调研报告，向中共郴州市委、市政府及市财政局、市旅游局、市环保局等有关部门反映该景区旅游资源利用和保护急需解决的困难和问题。通过共同努力，仰天湖风景区被列为湖南省省级重点湿地保护区和国家重点生态公益林保护区。市政协还组织县市区政协之间进行交叉考核，互相学习，取长补短，共同提高。从2005年起，市政协组织县市区政协各专门委员会开展专项工作检查评比，每年评出先进予以表彰。

第七篇

民主党派与社会团体

1989—2005年，郴州的多党合作工作，在中共郴州市委（地委）的领导下，郴州市（地区）坚持和完善多党合作制，牢牢把握中国共产党的领导和发扬社会主义民主这两条主线，努力营造团结、民主、和谐的政治局面。中国民主促进会郴州市委员会（简称民进郴州市委）、中国农工民主党郴州市委员会（简称农工党郴州市委）、九三学社郴州市委员会（简称九三学社郴州市委）始终坚持与中国共产党“长期共存，互相监督，肝胆相照，荣辱与共”的方针，充分发挥各自在教育、文化、卫生、科技等方面的人才优势和特长，围绕中国共产党郴州各级党委和人民政府的大政方针，郴州的改革开放、经济建设等重大问题积极参政议政。此17年间，民主促进会郴州市委提出议案提案468件、农工民主党郴州市委提出议案提案841件、九三学社提出议案提案871件。郴州市工商业联合会（简称市工商联），作为统一战线性质的社会团体和民间商会组织，与各民主党派一起，为郴州经济社会事业发展发挥了积极作用。

郴州市（地）级机构中有总工会、共青团、妇女联合会、科学技术协会、工商业联合会、社会科学界联合会、文学艺术界联合会、归侨侨眷联合委员会、残疾人联合会、国际贸易促进委员会10个社会团体。1989—2005年，各群众团体按照上级主管部门的部署，主动接受和维护中共郴州市（地）委和郴州行署（市人民政府）领导，从郴州实际出发开展卓有成效的工作。郴州市总工会，组织企业职工开展劳动竞赛，增加产值24亿元、节约原材料费11.27亿元；维护职工权益，推行职代会制度；关心职工生活，组织帮扶再就业及职业病防治，开展文体活动；表彰先进，评选全国劳动模范38名、省级劳动模范215名、市级劳动模范249名。共青团郴州市委员会，团结带领广大团员和青少年，学习宣传共青团（少先队）工作方针政策、法律法规；开展“跨世纪青年人才工程”活动；探索新形势下团（队）组织建设新方法，开展形式多样内容丰富竞技竞赛及救助活动；维护青少年合法权益，与劳动部门一起查处非法使用童工286家、解教童工364名；帮助指导青联、学联及少先队健全组织，开展各种活动。郴州市妇女联合会，组织广大妇女开展“双学双比，巾帼建功”竞赛活动，先后评选出市（地）级以上标兵322人，28个岗位（单位）获全国“巾帼文明示范岗”称号，260个岗位获湖南省示范岗位称号，维护妇女合法权益，经维权合议庭审理侵害妇女儿童权益案9100件；组织接受各界人士捐助350万元，援建贫困山区小学20所，资助6000名女童入学。郴州市科学技术协会，开展优秀学术论文、青年科技奖评审，共征集论文876篇，评出获奖作品521篇，先后有23名青年科技工作者获奖。开展科技下乡612次。郴州市社会科学界联合会，组织会员撰写各种理论文章7589篇，在省级以上报刊发表2642篇；办社会科学知识培训班115期，培训53500人次。郴州市文学艺术界联合会，举办迎香港、澳门回归诗书画展、千人书画长卷展，郴、韶、赣三地举办“红三角诗歌节”系列活动，与辽宁锦州市举办“锦州—郴州”书法联展，举办首届矿物晶体奇石展；全市作家年均出版文学著作30余部。一批优秀文学艺术作品在国家、省级受到表彰。郴州市归侨侨眷联合委员会，查处侵侨事件64起，帮助侨眷子女升学、就业、继承侨业480人次；引进外资企业（项目）147个。郴州市残疾人联合会，帮助14476名残疾人康复治疗，7392名适龄儿童入学接受特殊教育，资助贫困残疾儿童2319名；组织残疾人艺术团参加湖南省表演比赛和赴台湾参加“弦月之美”人才大展9次；组团参加国内外射击、田径比赛，获奖牌172枚；市残联兴办福利企业65家，安置残疾人920人就业。郴州市贸易促进委员会，组织多家企业到日、韩招商引资签约10个，引进资金7830万美元；组织28家企业参加国际商品博览会、技术合作洽谈会，参展营业额47万元，签订经贸合同11个金额610万美元。

第一章 民主党派

第一节 中国民主促进会郴州市委员会

一、组织与机构

1982年4月起，中国民主促进会开始在郴州发展会员。6月，原民进郴州市（北湖区）第一小组成立。1983年9月，民进会员第一小组发展到10人后即成立民进郴州支部，下设3个小组。1986年3月，召开民进郴州市会员大会，选举产生民进郴州市第一届委员会。这是民进在郴州建立最早的基层组织，也是郴州地区第一个成立的民主党派基层组织。

1989年，民进组织会员发展到116人。5月20日，在民进郴州市委筹委会主持下，在郴州召开第二次会员代表大会。出席会议代表60名，全体会员列席大会，李宗劭代表民进郴州市第一届委员会作《加强自身建设，提高政党意识，在深化改革中前进》工作报告。大会选举产生9名委员，组成民进郴州市第二届委员会。李欹义当选为主任委员，李宗劭为副主任委员，曹兴诗为专职副主任委员兼秘书长。委员会下设郴州师专、郴州师范、郴州市一中等13个基层支部、4个直属小组。其成员主要为教育、文化出版界中级知识分子。是年，民进组织在永兴县发展会员10人，5月24日成立民进永兴县支部，李凌汉任支部主委。永兴县支部直属民进湖南省委领导。

1992年2月，民进郴州市委在郴州召开第三次代表大会，57名代表出席会议，代表郴州市12个支部、4个小组120名会员。民进湖南省委副主任周衍桐、王果到郴州参加会议。郴州市党政领导，各民主党派、工商联代表到会祝贺。民进全体会员列席会议。李宗劭代表民进郴州市二届委员会作《坚持共产党领导，致力于稳定和发展》工作报告。大会选出8名委员（尚留1名职数，届内待增）组成第三届委员会。李宗劭任主任委员、曹兴诗任专职副主任委员兼秘书长，周贤斌任副主任委员。

1995年3月，民进湖南省委与中共郴州地委协商，作出《关于成立民进郴州地级市委员会筹备委员会的决定》。4月1日，组成由石建农为主任委员、李宗劭为副主任委员、曹兴诗为专职副主任委员的民进郴州市委员会筹备委员会。民进湖南省委将民进永兴县联合支部划归民进郴州市筹备委员会领导。是年8月，民进郴州市（地级市）第一次代表大会召开。45名代表出席会议，来自郴州市北湖区、苏仙区、永兴县17个基层支部143名会员参会。民进湖南省委专职副主委严尧卿、副主委王治来到会指导。中共郴州市委副书记陈润儿及全市各县（市、区）的党政领导和政协领导及各民主党派、工商联负责人到会祝贺。会议总结民进郴州各级组织成立10年来工作，选举产生委员10名，组成民进郴州市第一届委员会。石建农任主任委员，李宗劭任副主任委员，曹兴诗任专职副主任委员。1999年9月12日，民进郴州市一中总支部委员会成立，下设3个支部，有会员29名。

2000年1月，民进郴州市第二次代表大会在郴州迎宾馆召开。出席会议代表59名，来自25个基层组织，代表全市208名会员。民进湖南省委专职副主委杨方俊到会指导。大会选举产生9名委员（尚留2名职数，届期待增），组成民进郴州市第二届委员会。石建农继任主任委员，周贤斌、曾黔湘任副主任委员（专职副主委暂缺）。2000—2004年，5年共发展会员74名，新成立2个总支部、12个支部。

2005年1月，民进郴州市第三次代表大会在郴州苏仙宾馆召开。到会代表78名，代表全市236名会员。民进湖南省委主委（湖南省政协副主席）谢勇到会指导。中共郴州市委、市人大常委会、市政府、市政协领导以及市民主党派、工商联有关单位负责人到会祝贺。王毅力代表第二届民进郴州市委作《求真务实，开拓创新，为建设高素质参政党地方组织而奋斗》的工作报告。大会选举产生12名委员组成民进郴州市第三届委员会。王东任主任委员、王毅力任专职副主任委员兼秘书长、周贤斌任副主任委员。民进第三届委员会成立教育委员会、文化委员会、社会法制和经济科技委员会；有基层支部22个，会员252名。其中女性会员81名；教育界会员181名，文艺界会员21名，其他界别会员50名；会员中具有高级职称的111人。他们中85%以上是单位业务骨干，至2005年，会员共获得国家级荣誉6人次，获得省级荣誉40人次，在国家、省、市级刊物上发表论文、文章并获奖作品316篇。1989—2005年，郴州民进成员中担任省人大代表3人次，市人大常委3人次、代表6人次，县级人大代表12人次；担任省政协常委3人次，省政协委员9人次，市政协副主席3人次、市政协常委15人次、市政协委员45人次；担任县级政协常委12人次、委员66人次；在市级机关中担任地（市）级职务1人次，县处级职务2人次。

1989—2005年民进郴州市委主要负责人名录

表7-1-1-1

单位	姓名	职务	任职时间
民进郴州市委第一届委员会	石建农	主任委员	1995.08—2000.01
民进郴州市委第二届委员会	石建农	主任委员	2000.01—2005.01
民进郴州市委第三届委员会	王　东	主任委员	2005.01—

说明：1.1995年地改市前民进郴州市委为县级地方组织，地改市后为地级地方组织；2.民进郴州市委（县级）第一届委员会于1986年3月由民进会员大会选举产生

二、主要工作与活动

（一）参政议政

1989年，中国民主促进会郴州市委员会积极参政议政。5月，在郴州市政协三届三次会议上，政协委员、民进会员陈士洪提出“增加郴州师范教学经费”的建议，郴州地区教委就此提案答复，当年即按师范学生人平900元拨给教学经费，达到湖南省平均水平，并积极与有关部门联系，力争为师范学生增加生活补贴费用。1994年，在郴州市政协五届二次会议上，政协委员、民进会员李宗劭和曹兴诗提出“进一步关心重视市电大工作站”的建议。郴州地区教委答复：电大工作站经费在开办新专业补助经费中列支，用于改善办学条件；农广校是否搬出电大院内的问题，教委需请示郴州市政府由政府通盘考虑。是年5—6月，民进部分会员就廉政建设问题走访中共郴州市纪委、市监察局，以及市检察院、市反贪局，市税务局、市技术监督局、市交警大队，针对存在的问题提出“加强纪检监察体系建设，人大要对政府组成人员行使权力履行监督职能，进一步抓好民主政治建设，

完善群众、民主党派对新闻舆论监督作用，建立各部门内部监督机制”的提案，得到中共郴州地委、郴州行署领导重视。

1995年，新成立的民进郴州市委领导，带领20多个基层组织负责人深入10个行业的30个单位，开展社会调研，组织基层支部参加调研400余人次。先后对郴州市素质教育、职业教育、农村教育、社会力量办学、精神文明建设、文化市场建设与整顿问题提出建议。1996年3月，在郴州市政协一届二次会议上，民进郴州市委提出《全市麻风病防治工作亟待加强》的议案，市卫生局对此作出答复。当年通过红十字会，给麻风病人分发大米、棉被和绒衣裤；资兴市、汝城县为麻风村修整道路与房屋，让病人享受新农合低保最高金额待遇；对接触病人的人员和疑似病人实行免费检查；利用电视、报纸等媒体加强对麻风病“可防可治不可怕”的宣传，此后郴州麻风病发病率呈下降趋势，麻风病患者稳定在国标十万分之一之内。1997年3月，在郴州市政协一届三次会议上，市政协委员、民进会员曹兴诗提出《市统计工作要加强执法力度》的提案，中共郴州市委常委、常务副市长黄孝健召集市编办、市财政局、市统计局等部门负责人研究此事。市编办确定先在统计局法规科加挂稽查队牌子，待后考虑增编。1999年，在郴州市政协一届五次会议上，市政协委员、民进会员曾黔湘提出，东江旅游开发与环境保护要同步进行。对此，资兴市人民政府、资兴市环保局向提案人通报采纳此案开展的工作。1995年至1999年的5年间，民进郴州市委及其会员共提交提案、议案、大会发言、调查报告、意见建议近300件（条），其中集体提案26件。

自2000年始，在教育文化、社会法制和经济科技界的民主促进会的会员，充分发挥其在各界别工作的专业优势，参政议政，至2005年这5年间，共提交提案152件，大会发言16件，有9件得到中共郴州市委主要领导批示，被党政领导及有关部门采纳。13件被评为重点提案，8件被评为优秀提案。其中《合理开发有效利用石墨资源》《关于加快郴州电子信息产业基地建设》建议上报后，中共郴州市委副书记、市长戴道晋、市政协副主席李涛逐一到郴州市所属电子信息企业调研，并采取措施落实解决问题。

（二）民主监督

1989年，民主促进会郴州各级组织应市、县两级政府及有关部门邀请，推荐会员担任民主监督员。至1997年，有5人被政府部门聘为特约教育督导员、15人（次）被聘为行风特约监察员，6人被聘为特约审计员。其间，特约人员在参加《电力法》实施情况督察和城市基础设施建设督察中，在参与出租车价格、自来水价格、香山陵园殡葬服务价格调整听政会上，积极维护广大消费者的利益。1998年5月，民进郴州市委员会代表在参加全市执法检查中，协助执法部门查处建筑电器市场上无生产许可证、无质量合格证的假冒伪劣产品。

2000年11月，民进会员视察郴州市第一人民医院收费情况，向有关部门和第一人民医院提出建立明码标价、住院费“一日一清单制”的建议，被采纳执行，并在全市各大医院推广。2003年至2005年，市民进委员会组织会员参与“党风廉政建设责任落实情况”评议、“市司法行政队伍教育整顿”评议、郴州市副市长述职评议、郴州市规划局调查评议、市国土资源局调查评议、市民政局调查评议。参加调查评议的特约人员认真负责发表意见。

（三）社会服务

民进郴州市委注重社会服务工作。1989年至1994年，结合郴州当地中心工作，发挥民进组织专业技术人员作用，服务社会和经济建设，多次在文化教育界开展义演义卖和支教活动。

自1995年始，民进郴州市委开展为农村教育做贡献、办实事“农村教育支帮促”活动。民进北湖区活动组多次深入北湖区保和乡，对学校办学经费、师资水平进行详细调查，写出《关于乡村教育经费落实情况的调查》，受到北湖区人民政府的重视，区财政当即为保和乡拨款10万元，用于乡村小学校舍维修。至1999年，民进郴州市委先后组织全国优秀教师李德秀和其他教师，为保和乡中心完小上教学示范课和专利法讲座；为保和乡10个困难家庭的孩子提供2000元的助学资金，使这些因贫困而辍学的儿童重返校园。

其间，民进郴州市委为桂东县贫困山区学校赠送校服100套、优势课件10套和100套教材，并派优秀教师前往讲授4堂示范课。民进郴州市委先后开展“送书进高墙”“送药品进高墙”“送政治思想教育进高墙”“送法律知识进高墙”“送文艺节目进高墙”帮教活动，共向桂阳监狱、郴州市劳教所捐赠图书4000册，举行思想教育报告会10场，演出文艺节目一台。

2000年春节期间，民进郴州市委组织会员为下岗职工义务送春联2000幅，宣传社会团结和谐、繁荣进步。又多次组织医疗队到少数民族乡村为瑶族同胞送医送药义诊。2000年至2005年民进会员共向灾区捐款14080元。

第二节　中国农工民主党郴州市委员会

一、组织机构

1982年，中国农工民主党开始在郴州地区发展农工党员，至1987年区内党员人数增至45人。是年12月5日，中国农工民主党郴州市第一届委员会（简称农工党郴州市委）成立，委员5人，余桂岩任主任委员，下设5个支部。1989年，郴州地区共建立支部10个，小组1个，有党员126人，主要为医药卫生界的高、中级知识分子。

1990年11月，农工党郴州市委召开第二次代表大会。出席会议党员代表62人。大会选举产生9名委员，组成农工党郴州市第二届市委会，余桂岩继任主任委员，谭凤姣任专职副主任委员兼秘书长，张学洪、罗顺任副主任委员。党员人数和组织机构没有变化。农工党郴州市委在庆祝建党60周年系列活动中认真贯彻中共中央指示，对全体党员开展农工党的光荣历史和优良传统教育，要求党员坚决服从中国共产党的领导，与中国共产党荣辱与共。

1995年，郴州撤地建市，农工党原郴州市委升格为地级郴州市委，为正处级机构，参照公务员法管理；机关编制4人，内设办公室，专职工作人员2人。遵照农工民主党湖南省委的决定，于1995年8月3—4日在郴州召开农工民主党郴州市第一次代表大会，出席会议党员代表63人，全体党员参加大会开幕式。大会号召农工党员坚持发扬农工党的优良传统，为郴州的改革和发展作贡献。大会选举产生中国农工民主党郴州市第一届委员会，余桂岩任主任委员，谭凤姣任专职副主任委员兼秘书长，何诚正、熊波任副主任委员。当年全市有党员146名，党支部11个，党小组2个。1999年末，党员人数增至163名，党支部和党小组数未变。

2000年1月6至7日，中国农工民主党郴州市第二次代表大会在郴州召开。出席会议党员代表61人，全体党员参加大会开幕式。大会主题是“继往开来，团结奋进，努力开创工作新局面”。大会选举产生11名委员，组成农工民主党郴州市第二届委员会。谭凤姣任主任委员，何诚正、熊波任副主任委员，聘请余桂岩为名誉主任委员。是年8月4日，在纪念农工党建党70周年大会上，谭凤姣作《继承发扬我党光荣传统，充分发挥地方组织参政职能》的主题报告。中共郴州市委常委、市委秘书长李新泉在纪念会上发表《回顾历史，展望未来，共同谱写郴州跨世纪发展新篇章》讲话。同年12月，根据代表大会授权届中调整，补选何小平为专职副主任委员，桂智明为副主任委员。

2004年12月28—29日，中国农工民主党郴州市第三次代表大会在郴州召开，出席会议党员代表63人。谭凤姣在大会上作《与时俱进、奋发有为，为建设适应新世纪要求的参政党地方组织而努力奋斗》报告。大会选举产生农工党郴州市委委员13人，谭凤姣续任主任委员，何小平任专职副主任委员，熊波、桂智明、周祥任副主任委员。委员会内设参政议政、社会服务、妇女工作三个专门委员会。至2005年底，农工党郴州市委辖13个支部、1个直属小组；216名党员来自郴州市37个单位和部门。党员中具有高级职称的49人，占22.7%，中级职称163人，占75.4%，中级以下职称4人，占1.9%；主要分布在医药、卫生和教育界。医药、卫生界党员132人，占党员总数61.1%；教育界党员42人，占党员总数19%；其他界别42人，占19.9%。

农工党郴州市委注重党的思想建设和组织建设。1989—2005年，农工党共60余人次参加中央、省、市社会主义学院培训班；农工党郴州市委举办党员培训班32期，培训党员1380人次。农工党郴州市委建立和坚持日常工作例会制、每季一次市委扩大会制、每年一次全体党员大会制，不断增强党员参政意识和与中国共产党合作共事能力。2005年9月14日，农工党郴州市委召开纪念建党75周年暨抗日战争胜利60周年大会，回顾农工党在艰苦卓绝的抗日战争中与中国共产党同舟共济并肩战斗的光辉历程，激发全体党员在中国共产党领导下，共同建设祖国，振兴郴州的革命热情。1989—2005年，农工党员在政府各部门（单位）担任处级干部5名，科级干部65名。被农工党湖南省委评为“先进地方组织”3次，先进党支部13个，优秀党员45人（次）；被中国农工党中央委员会评为先进基层组织1个，优秀党务工作者1名，优秀宣传干部1名。

1989—2005年中国农工民主党郴州市委主要负责人名录

表7-1-2-1

单 位	姓 名	职 务	任职时间
农工民主党郴州市第一届委员会	余桂岩	主任委员	1995.08—2001.01
农工民主党郴州市第二届委员会	谭凤姣	主任委员	2001.01—2004.12
农工民主党郴州市第三届委员会	谭凤姣	主任委员	2004.12—

二、主要工作与活动

（一）参政议政和民主监督

自1989年始，中国农工民主党郴州市委员会主要负责人及有关专家、学者每年均应邀参加中共郴州市委、市人民政府民主协商座谈会，参加市人大、市政协重大项目视察、调研活动，推荐农工党党员担任省、市、县（市、区）人大代表、政协委员，提交各级人大议案、政协提案。1989年，中共郴州地委为农工党郴州市委顾问吴树勋颁发“献计献策”奖。1992年农工党郴州市委提交的《市政府“信息中心”的工作亟待整顿、充实、完善》、1993年《关于严厉打击市场掺假不法行为的建议》提案，均被政府部门采纳。1994年2月，农工党郴州市委提出《关于郴州市吸毒贩毒情况的调查报告》，引起郴州地委统战部的重视。地委统战部将调查报告上报省委统战部转呈中共湖南省委，中共湖南省委书记王茂林批示：“省公安厅要专门和郴州市公安局从重从严进行集中打击。”省公安厅禁毒办公室领导亲自来郴州督办，推动郴州禁毒工作取得实效。对此事，中共郴州市委副书记陈润儿在党外代表人士座谈会上称赞："农工党市委为郴州人民办了一件好事"。1995年1月，农工党郴州市委提出《关于加快郴州市国有企业扭亏增盈步伐的意见》，被郴州市政协一届一次会议列为1号提案，提案即时被市经委采纳，全市加大扭亏增盈工作的力度，亏损企业制订扭亏指标，市级领导分别到亏损企业挂点，组织银行、财政、税务部门成立支帮促服务队帮助企业解困，促进郴州市的经济发展。

1996年2月，农工党郴州市委《关于加强我市医药市场管理整顿的调查和建议》，作为重点提案印发给中共郴州市委、市人大、市政府、市政协"四大班子"领导参阅，市政府即时采纳建议，成立郴州市医药市场整顿领导小组，开展对医药市场的整顿；1997年，《关于企业分离学校势在必行的建议》，得到中共郴州市委、市人民政府的高度重视和社会各界广泛赞同，推动郴州企业教育加快办学改革；1998年，《关于我市企业职工下岗再就业问题的调查和建议》，真实反映出郴州企业面临的困境以及职工再就业的症结，其中所提出的建议与措施均被郴州市人民政府和有关部门采纳；1999年，《关于建立市社会福利院的建议》，促成全市社会福利院的兴办和建设；2000年，《努力实现旅游与文化的融合，有效促进我市旅游业的发展》得到广泛的认同，并被郴州市政府列为重点提案，优先办理；2005年，《关于进一步改善投资环境，加快我市经济发展的建议》，被列为郴州市政协二届三次会议的1号提案，为中共郴州市委、市人民政府科学决策提供科学依据。

多年来由18名农工党员担任的政府教育督导员、审计员、行风评议员等，尽职尽责，发挥积极作用。据统计1989年至2005年，农工党党员被选举为省、市、县三级人大代表、政协委员共75人次。其中担任政协副主席5人，政协常委15人。他们参加历届人大、政协调研、视察活动890次，提交议案、提案841件，被评为优秀议案、提案45件。

（二）服务社会

自1989年始，农工党郴州市委每年坚持有计划、有重点地组织党内专家、医务人员深入到边远乡村、社区街道、企业厂矿、灾区，开展医疗咨询、送医送药、防病科普宣传，捐款捐物活动。尤其是在每年的"国际科学与和平周"义诊活动中，在郴州中心城区开展"中小学生近视治疗与预防科普"大型义诊。首创"大篷车"医疗队下乡义诊，创造条件开设外科小手术。20世纪90年代，农工党郴州市委与中国初级卫生保健基金会、美国视博恩公司联合开展三次大型农村卫生保健义诊送药活动；1998年，配合卫生部"985肝病康复工程"在郴州市中心城区开展大型义诊、咨询、送药活动。

1989—2005年，农工党郴州市委共组织党内专家和医务人员开展医疗咨询活动36次，发放医学科普资料10.6万份，先后有378人次参加义诊，共诊治患者2.18万人次，赠药品价值119万元。同时发动党员捐款捐物30万元，帮助贫困地区解决缺医少药问题。

第三节　九三学社郴州市委员会

一、组织机构

九三学社最早在郴州发展社员是1981年。到1986年，组成原九三学社湖南省直属郴州市小组。

1986年9月，九三学社湖南省郴州市支社成立。次年10月10日召开社员大会，成立九三学社郴州市第一届委员会，选举委员5人。有会员54人。宾石麟任主任委员。

1989年，九三学社湖南省委在资兴市发展社员5名。至此，九三学社在郴州市、资兴市两地均有社员和基层组织。是年年底，共有会员96名，其中原郴州市91名，资兴市5名。1990年5月，九三学社郴州市委组织全体委员学习江泽民关于纪念“五四”运动的讲话，开展“看我九三”活动。11月，九三学社郴州市第一次代表大会召开，选举产生第二届委员会，李超任主任委员，委员会内设组织、宣传、妇女、联谊、科技5个专门委员会，1990年7月，九三学社湖南省直属资兴市小组成立大会在资兴召开，潘兴友被选为组长。1991年8月7日至8日，九三学社郴州市委举办自身建设学习班，就坚持中国共产党的领导，紧密团结在共产党周围，坚定走社会主义道路进行讨论。1993年九三学社资兴小组升格为支社，有社员12人。是年，九三学社郴州市委把学习《邓小平文选》第三卷作为当年搞好自身建设的主要学习内容。此期间，九三学社郴州各级组织每年举办社庆活动，加强对九三学社历史回顾和宣传，先后表彰优秀社员近40名。1994年7月，九三学社郴州市委邀请中共郴州市委宣传部领导，给社市委委员和支社负责人上学习《邓小平文选》辅导课。

1995年5月，郴州撤地建市，九三学社湖南省委决定郴州组建地级市九三学社组织。在中共郴州市委支持下，9月在郴州召开九三学社郴州市第一次代表大会，选举产生九三学社郴州市第一届委员会，唐展宜任主任委员，聘请白辉全为委员会顾问。内设参政议政，科教文卫，经济建设和妇女老龄等4个专门委员会。与此同时，资兴市九三学社支社划归郴州市九三学社委员会领导。在1997年的“三讲三献”竞赛活动中，表彰资兴市支社、郴州医专支社2个先进集体和11个先进个人。

2000年1月8—9日，九三学社郴州市第二次代表会在郴州召开，选举产生九三学社郴州市第二届委员会，唐展宜继任主任委员，白辉全继任委员会顾问。委员会内设专门机构与第一届相同。是年3月，资兴市支社社员人数发展到43人，经九三学社郴州市委批准于2000年6月成立九三学社资兴市基层委员会。当年8月29日，九三学社郴州市委在郴州迎宾馆举行九三学社建社55周年纪念大会，大会表彰3个支社为先进集体，23名先进个人。中共郴州市委、市人民政府领导应邀出席。2001年，九三学社郴州市委白辉全、唐展宜、王成泰、李永辉与中共郴州市委领导交朋友结对子，一帮一，促进九三学社组织建设。2003年12月，九三学社湖南省委表彰学习中国共产党第十六次全国代表大会精神征文活动获奖单位与个人，九三学社郴州市委获征文活动组织奖，2名二等奖，7名三等奖。2004年，中共郴州市委召开全市共产党同党外人士合作共事经验交流会，王成泰、刘建平受到表彰。

2005年1月8—9日，九三学社郴州市第三次代表会在郴州召开，选举产生九三学社郴州市第三届委员会，李永辉任主任委员，内设机构仍不变。是年，九三学社资兴市基层委员会被九三学社中央委员会授予先进基层组织称号，曹世香、潘执坤、陈临轩被授予全国优秀社员称号。九三学社郴州市委被授予先进集体称号，9人授予全省优秀社员称号。九三学社郴州各级组织不断壮大，社员整体素质不断提高。到2005年底，九三学社郴州市委员会基层组织共设1个基层委员会、13个支社，有社员205名，其中女社员50名；社员中有中、高级知识分子203名，占社员总数99%。其中具有正高职称14名。社员大多分布于医卫、农林、水电、气象、交通、科技部门。1989—2005年，先后有14名社员参加郴州市社会主义学院为期一个月的培训学习，22名社员参加中共郴州市委民主党派骨干培训班学习。九三学社郴州市委坚持每年对新发展的社员进行培训，让他们早日进入角色，履行参政党的职能。

1989—2005 年九三学社郴州市委主要负责人名录

表 7-1-3-1

单　位	姓　名	职　务	任职时间
九三学社郴州市第一届委员会	唐展宜	主任委员	1995.09—2000.01
九三学社郴州市第一届委员会	白辉全	顾　问	1995.09—2000.01
九三学社郴州市第二届委员会	唐展宜	主　任	2000.01—2005.01
九三学社郴州市第二届委员会	白辉全	顾　问	2000.01—2005.01
九三学社郴州市第三届委员会	李永辉	主任委员	2005.01—

二、主要工作与活动

（一）参政议政

1989 年，九三学社郴州市委在参政议政中，注重组织调研活动，形成提案和建议，为郴州的经济社会发展献计献策。1990 年 12 月，九三学社郴州市委成立参政议政小组，由李超、黄志鑫负责，各支社主任委员及学社中的人大代表、政协委员参加。1993 年 11 月，政协九三学社活动组对郴州市公共汽车线路进行调查，提出新增 6 条公交线路和新增 33 台公交车的建议；1994 年 6 月，郴州市政协组织对市肉食品加工情况进行调查，九三学社活动组写出《肉类熟食品加工状况的专题报告》，均被有关部门采纳。

1995 年，在郴州市政协一届一次会议上，九三学社社员唐展宜代表社市委作的提案发言《浅谈预算外资金管理》，以充实的调查资料证明，郴州每年有数亿元各种“收费”“罚款”“创收”资金因缺乏管理而流失。该提案引起郴州市党政领导的高度重视，随即全市在市、县两级均制定和完善预算外资金管理的制度和办法。1996 年 12 月，郴州市政协九三学社活动组会同市环保部门就市民反映强烈的饮水污染严重问题专题调研，撰写《对我市水环境、水质量情况的调查报告》，引起相关部门的重视，促进工作改进。1999 年 12 月，九三学社郴州市委与中共郴州市委宣传部、市教育局、市文化局在郴州女排基地联合举办迎澳门回归郴州市“千人书画长卷迎回归”活动，九三学社郴州市委领导豪情勃发，临场挥毫泼墨，抒发和盛赞祖国统一大业。

2000 年 4 月，九三学社郴州市委主任李永辉被人事部聘为中国西部地区经济开发顾问，任期三年。2001 年，针对全市国有矿山经济效益滑坡问题，九三学社郴州市委组织社员深入到 33 个国有矿山企业，历时 3 个月调查，形成《实现我市国有矿山企业整体脱困的建议》的政协会议发言，被大会列为一号提案并提升为政协的建议案。当年在政协湖南省第八届四次会议上，唐展宜提出《精减文山会海》提案，引起中共湖南省委、湖南省人民政府重视。8 月，九三学社湖南省委召开参政议政工作研讨会，九三学社郴州市委介绍经验。2002 年 10 月，九三学社郴州市委以郴州市政协九三活动组名义，组织社员中的市政协委员在桂阳、永兴两县对中小型病险水库开展调查。2004 年 3 月，九三学社湖南省委召开参政议政工作会议，九三学社郴州市委以题为《与时俱进履行好参政职能》的报告介绍经验。

1989—2005 年，九三学社郴州市委有 14 人次担任全国、省、市、县（市、区）四级人大代表、人大常委会委员。其中担任全国人大代表 1 人，湖南省人大代表 2 人；市人大代表 1 人、市人大常委会委员 3 人次，县（市、区）人大代表 7 人次。社员白辉全曾任郴州市人大常委会第一、第二届专职副主任。李永辉当选政协郴州市第二届委员会副主席。其间，有107人次担任省、市、县（市、区）政协委员，其中担任省政协常委1人，市政协常委6人，市政协副主席2人。

1989—2005年，九三学社郴州市委共提出提案议案871件，其中41件列为重点提案，40件评为优秀提案。期间，九三学社郴州市委先后应邀参加各级党委、人大常委会、政府、政协召开的民主协商会、情况通报会、意见征询会、座谈会68次，提出210条意见和建议，被政府采纳率达80%以上。

（二）民主监督

自1995年始，九三学社郴州市委加强民主监督工作，有17人次先后被政府部门聘为“特约监察员”“行风评议员”“特约教育督导员”“特约审计员”。参与公安、教育、质检、卫生等职能部门组织的执法检查5次，维护公民、消费者合法权益；参加司法、规划、国土、民政、计划生育、卫生各部门的党风廉政建设和行风评议活动9次；参与市人大常委会组织的对政府副市长述职的评议，履行咨询、检查、监督的权力。2001年，郴州籍省政协委员黄志鑫提出《要求省政府批准在宜章设立省境动物防疫监督站的提案》，提案中关于整治生猪饲料瘦肉精的问题，引起湖南省人民政府重视，并被采纳。黄志鑫被评为湖南省参政议政民主监督先进个人。2003年3月，九三学社郴州市委特约监察员李永辉在参加郴州城区自来水价格调整听证会上，根据水价行情和群众承受能力，提出水价调整宜适度的建议被采纳。

（三）社会服务

1989年5月4日，九三学社湖南省委委员、中南工业大学胡熙庚教授应九三学社郴州市委邀请来郴州东波矿考察，并为东波矿与法国驻华参赞搭桥洽谈有关引进外资事宜。1991年5月19日，九三学社郴州市委组织医疗卫生界会员前往郴州敬老院义诊，6月2日，在北湖公园门前开展多学科“科技咨询义诊”活动，咨询诊治人员5000余人。1992年，九三学社郴州市委设立科技咨询部和德赛科技开发部，面向社会，为国营企业和乡镇企业提供科技咨询服务。1996年，成立九三学社郴州市专家咨询服务中心，设计算机应用、矿产地质、畜牧养殖、医疗保健等18个社会服务组有专家学者技术人员62名。土木建筑组高级工程师杨淑嫒为桂东县第一中学免费提供8000平方米教学楼设计图纸；社员李志藩编著出版42万字《资兴方言》受到资兴市人民政府表彰，并获奖金2万元。1989—1996年，活动组共向各界各单位提供咨询服务512次；举办科技培训班、成人高考复习班10期，学员1500人（次）。1998年10月，九三学社矿产地质组对资兴市东坪乡金矿开展调查，提供矿区远景开采评估报告，帮助改进老式选矿法，降低选矿废水污染程度。1998—1999年，九三学社畜牧养殖组4次到北湖区月峰乡、保和乡进行山羊养殖调查，帮助这两个乡制订养殖规划，为他们举办山羊养殖技术培训班，赠送《山羊饲养与疾病防治技术问答》100册，帮助引进黑山羊种羊50头。为保和乡争取科技扶贫资金1.2万元。2000年6月3日，社员蒋三俊将新著《常用昆虫图册》与《中国药用昆虫集成》两书共22册赠送给郴州市图书馆。2002年3月27日，在九三学社郴州市委倡议下，各民主党派机关干部职工到南塔岭公园开展义务植树活动，种植樟树40余棵。2003年社员周一平、张朝辉发挥医技专业优势，参加抗击“非典”斗争，受到湖南省人民政府表彰。2005年12月13日，九三学社郴州市委在苏仙区白露塘镇塘湾村开展“建设社会主义新农村”帮扶活动。据统计，1996—2005年，九三学社郴州市委组织医疗专家分赴北湖区、苏仙区农村及郴州市敬老院进行义诊和健康咨询服务，累计义诊服务3000余人，赠送药品3.8万元，分发医疗保健知识宣传资料2000份。

第二章　社会团体

第一节　郴州市总工会

一、组织机构

（一）市（地）级总工会组织

1989年，郴州地区工会组织机构称“湖南省总工会郴州地区工作委员会”（简称郴州地区总工会），编制24人，内设办公室、组织宣传科、生产保护科、民主管理社会保障科。

1995年11月6—8日，郴州市总工会第一次工会代表大会在郴州召开。参加会议正式代表238名，列席代表40名，特邀代表10名。大会选举产生郴州市工会第一届委员会，委员29名，常委会委员5名，工会主席1名，副主席3名。粟克良当选主席。1998年，郴州市总工会机关干部职工20名，下设9个部室：办公室、组织宣传部、民主管理社会保障部、生产保护技协部、女工部、法律部、财务部、经费审查办、实业部。

2000年12月18—20日，在郴州召开郴州市第二次工会代表大会。参加会议正式代表238名，列席代表20名，特邀代表10名。大会审议郴州市总工会第一届委员会工作报告、财务工作报告、第一届委员会经费审查委员会工作报告。选举产生郴州市工会第二届委员会，委员31名、常务委员会委员9名。工会主席1名、副主席4名，曾来庆当选为主席。选举产生工会第二届委员会经费审查委员会、女职工委员会。市总工会机关内设机构未变，与第一届工会委员会相同。2002年机构改革，郴州市总工会由9个部室精简为6个，即办公室、组织宣传部、法律保障民主管理部、生产保护技协部、财务部（加挂郴州市工会经费审查委员会办公室牌子）、女工部（加挂郴州市总工会女职工委员会办公室牌子）。2005年，郴州市总工会机关内设机构仍与2002年机构改革时一致，即为“五部一室”；市总工会机关核定编制19名，其中行政编制17名，后勤服务人员事业编制2名；另市总工会下辖2个二级事业单位：郴州市总工会职工生产技术交流服务站、郴州市总工会干部培训中心。两个二级机构共有事业编制8名。

（二）基层工会组织

1989年，郴州地区有基层工会组织1950个，会员21万人，11个县（市）均设立工会组织。1996年底，郴州市127个外资企业，有21个建立了企业工会；全市788个乡（镇）企业，建立企业工会26个；195个私营企业，建立企业工会1个；开发区有企业256个，建立企业工会49个。1998年，郴州市新经济组织建立工会组织78个；乡（镇、街道办事处）建立工会组织131家；党政机关新建工会组织59个，总计新增会员3000名。1999年，郴州市新建工会组织254个，新入会会员8000人；新建企业工会组织共有会员14466名，改制企业建立工会率98%。2003年，11个县（市、区）工会主席全部高配副处级。全市256个乡（镇）全部建立工会组织，乡（镇）工会主席由同级党政副职担任，工会干部配备率100%。2004年4月，宜章县笠头村4个村办企业分别建立工会组织，有会员108名，为湖南省首批村级工会。2005年，郴州市共有基层工会5615个，工会会员36.85万人。其中，非公有制企业工会组织1025个，会员11.02万名；进城务工人员工会组织29个，会员4325名。

1989—2005年郴州市总工会主要负责人名录

表7-2-1-1

单 位	姓 名	职 务	任职时间
湖南省总工会郴州地区工作委员会	蒋丁宝	主 任	1989.01—1992.11
湖南省总工会郴州地区工作委员会	粟克良	党组书记	1993.05—1995.11
郴州市工会第一届委员会	粟克良	党组书记、主席	1995.11—1999 .08
郴州市工会第一届委员会	雷衍雄	党组书记	1999.08—2001.08
郴州市工会第一届委员会	刘湘娥	主 席	1999.08—2000.12
郴州市工会第二届委员会	曾来庆	主 席	2000.12—
郴州市工会第二届委员会	窦翔燕	党组书记、副主席	2001.08—

二、主要工作与活动

（一）劳动竞赛

1989年，郴州地区总工会与地区经委联合组织开展以“节约挖潜度难关，增产超收争贡献”为主题的劳动竞赛活动，参赛职工2.96万人。1990年，地区总工会在全区组织开展“学长炼、赶先进、做铁人、争贡献”劳动竞赛，87家地属以上企业15.8万名职工参加竞赛活动，参赛职工占全区职工总数的65%。1991年至1994年，郴州地区总工会组织开展“芙蓉杯”女职工素质达标竞赛和“正通杯”女职工工艺作品大赛，展出工艺作品186件。

1995—1996年，郴州市总工会组织开展“当家作主献良策，兴工强市争贡献”劳动竞赛，参赛单位241个、职工10.79万人。黄沙坪铅锌矿等10家企业获“劳动竞赛一等奖”，王抗援等9人获优秀经营管理者称号，王爱仁等5人被评为优秀科技工作者，刘付云等10人被评为优秀工人。

2000年，郴州市总工会与市经委组织市属以上35家国有大中型企业开展以“节能、降耗、增效”为主题的劳动竞赛，提出合理化建议2.84万条，实施合理化建议创造价值6384万元，节约各种原材料、能源价值10.53亿元。2001年始，全市130家企事业单位开展以安全生产为主要内容的“安康杯”竞赛活动，黄沙坪铅锌矿、资兴矿务局、郴汽集团荣获优胜单位称号。喻应志、刘富国、李海斌等204人获先进个人称号。2003年5月，市总工会与市经贸委、市科技局、市劳动和社会保障局举办全市职工职业技能大赛，83名选手参赛，朱泽兵获“郴州市技术能手”荣誉称号。是年，市内各级工会开展形式多样、内容丰富的技术练兵、技术比武活动。湖南银光炭素有限公司成功解决“石墨电板数据控梳刀机加工技术”等7个科研项目；鲤鱼江煤矿发明创造项目技术3项，依靠技术创新创价值23.4万元。2005年10月，市总工会与市劳动和社会保障局、共青团郴州市委在市技术学院举办钳工、电焊工、维修电工、计算机4个项目的职业技能竞赛，42家机关企事业单位25支代表队156名选手参加决赛。大赛组委会为获奖选手分别授予“郴州市技术能手”和“郴州市职工创新能手”荣誉称号。是年，全市举办“流动课堂”70余场，培训女职工2万人次。全市8.83

万名女职工有 7.63 万名参加素质达标竞赛活动，占女职工总数的 86.4%，达标女职工 31404 人，占参赛女职工 43.7%。

1989—2005 年，郴州市（地区）累计参加劳动竞赛单位 3022 家，参赛职工 131.34 万人次，提出合理化建议 21.36 万条。其中已实施的 9.12 万项，进行技术改造 1264 项，技术革新 3626 项，技术开发 439 项，技术攻关 956 项，技术推广 968 项，增加产值 241.63 亿元，节约原材料价值 11.27 亿元。

（二）民主管理

1989 年，随着企业改制，股份制企业逐渐增多，郴州地区总工会印发《郴州地区贯彻〈企业法〉加强职工民主管理实施细则》《车间、职工代表大会工作细则》《班组管理工作细则》等文件，开展有 8 万人参加的《中华人民共和国企业法》和《职代会条例》知识答卷赛。全地区 1095 个单位建立职工代表会议制度。是年，全区工交企业推行集体合同用工制度，各企业工会组织职工代表审核合同书，再经职代会或职工大会讨论、修正、通过。全区当年推行合同制企业 50 家，1990 年达到 74 家。1992 年，全区企业普遍推行职代会领导下的厂长负责制，厂长、经理、副厂长、副经理全部由职代会民主选举产生或罢免；企业的一切重大问题由职代会决定，厂长组织实施；企业工会成为职代会的常设工作机构，负责职代会的日常工作。是年年底，全区有职工代表 2.47 万名（其中全民职工代表 21500 名，集体职工代表 3200 名）。

1995 年，郴州市总工会以实施《中华人民共和国劳动法》为契机，推进各类企业建立协商谈判制度、集体合同制度、职工董事制度、职工监事制度、职工持股会制度等 5 项民主管理制度。1996 年底，全市 1006 家企业全部采取合同工制，签约职工 17.95 万人，覆盖面为 71.3%。1999 年，市工会在企业建立和推行厂务公开、民主监督两项制度。2001 年，《职代会暂行条例》颁布 20 周年，各级工会组织在企业普遍开展职工代表培训，提高职工代表业务素质。年内郴州市国有及国有控投企业和事业 389 家开展民主评议企业干部工作，268 家将业务招待费向职代会报告。2002 年，郴州市应建立职代会制度单位 1287 家，已建立职代会制度的 1237 家，建制率为 96.1%；开展民主评议干部的单位 1212 家，共评议 1.23 万名中层以上管理人员，评议后受表彰奖励的 1830 人，被调离或降免的 134 人；业务招待费向职代会报告的 886 家，实际开支招待费同比下降 16.9%。2005 年，郴州市总工会把职工代表大会制度作为维权的主要载体。年底，全市企事业单位建立职工代表大会制度 2466 家，其中公有制单位 1336 家，非公有制单位 1130 家，建制率达 100%。

（三）职工帮扶

1989 年，郴州地区停产、半停产企业 116 家，待业人员 1.68 万人。1991 年，区内半停产、停产企业有增无减，少数企业进入破产程序，企业职工下岗，家庭生活困难。为此，郴州地区总工会开展“国家有困难、企业有困难，我们怎么办”的讨论及救济慰问活动。1992 年，地（县、市）总工会发动职工成立职工互助互济会，共筹集资金 129 万元，开展互济活动。1992 年至 1994 年，地、县两级工会走访慰问困难企业 1644 家。1994 年 6 月，临武县、宜章县遭受特大暴雨袭击，郴州地区总工会组织企事业单位及职工捐款 33.15 万元，粮票 2.66 万千克，衣物 8890 件，支援灾区。1998 年，郴州市总工会在资兴矿务局建立解困和再就业工程联系点，在资兴市建立实施“再就业工程”试点；宣传下岗女职工李建纯“下岗不落志”的事迹，推荐她参加湖南省总工会组织的下岗职工再就业先进事迹报告团，到各地巡回报告，鼓励下岗职工自我创业，实现社会再就业。2002 年“三八”节前后，郴州市总工会女工委员会开展迎“三八”送温暖活动，慰问特困单亲女职工 120 人，举办女职工生理保障和知识巡回讲座，2 万名女职工受益。是年 9 月，全市工会组织共募捐 89.34 万元，开展“金秋助学”活动，资助特困大学生新生 286 人，中小学生 1816 人。

2003年，健全完善工会救济机制。2003年，市、县（市、区）成立“郴州市困难职工帮扶中心”“市工会职业介绍所”“市总工会培训中心女职工学校”，并建立政府与工会联席会议制度。市总工会培训中心女职工学校，是年6月，举办首期下岗特困女职工家政培训班。8月市级联席会上，郴州市人民政府决定每年向市总工会帮扶中心拨款30万元，市总工会在铺底60万元的基础上，每年再拨10万元，共100万元作为帮扶资金。11月，郴州市总工会再次举办“让郴州充满爱，为困难职工献爱心”募捐活动晚会，共募集帮扶资金139万元，给12名特困职工子女（大学生）发放“爱心助学金”，为108人颁发特困职工证。年内郴州市通过“结对帮困”活动，70多个单位或个人与70多名单亲特困女职工结成帮扶对子。市总工会职业介绍所成功推荐2100人到外地就业。2004年，资兴市总工会在资兴城内打造“就业一条街”，创造就业岗位482个。郴州市总工会帮扶中心和市劳动保障部门联合韶关市举办大型劳动招聘会，组织两地140家企业提供近11.5万个就业岗位，招聘会为郴州7813名下岗职工解决再就业。2004年市总工会被湖南省政府评为“湖南省再就业工作先进单位”，资兴市总工会被全国总工会授予“全国工会就业基地示范点”称号。

2005年8月，市、县两级职工帮扶中心为400名困难职工免费购买大病保险，发放“爱心保险卡”，为第二批110名职工颁发特困职工证。据统计，2003—2005年，郴州市帮扶中心共筹集送温暖资金300万元，走访慰问困难职工2万人次。其间，市、县两级工会职业培训中心、职业介绍所共兴办职工消费合作社92个，创就业岗位200个，建立职工技协20个，发展技协会员9000名，创就业岗位2690个；建立再就业基地25个，创造就业岗位2710个。

（四）职工权益维护

1989年，郴州地区总工会将维护职工权益列为工会工作重点，要求地、县两级工会对此项工作有安排、有布置、有要求、有检查。1990年10月，地区总工会成立职工法律顾问委员会，下设法律顾问处，工作进入常态化。1995年，全国总工会颁发《劳动法律监督试行办法》，郴州地、县两级工会和各企业工会认真贯彻学习执行。1996年，按照全国总工会《劳动法律监督试行办法》规定，郴州市总工会及11个县（市、区）总工会相继组建劳动法律监督委员会，28家大型企业有26家也建立劳动法律监督委员会，729家中小型企业建立劳动争议调解委员会。1999年，郴州市开展对县属以上工业企业职工尘肺病状况调查，建卡单位48个，制作悬挂信息卡标牌379块。郴州市总工会推广有毒有害物质信息卡工作在全国和全省工会经验交流会作重点交流，获全国总工会一等奖。郴州电业局、七一一矿、市冶炼厂获“全省推广实用有毒有害物质信息卡”先进单位。至2000年，市总工会劳动法律监督委法律顾问处接待处理职工来信来访2212人次，调解各类劳动纠纷625起，为职工提供法律咨询服务205人次，代理职工诉讼20起。2001年，郴州市人大常委会开展工会法执法检查，市总工会认真办理市人大执法检查《交办意见函》，办理结果获得市人大满意。2002年，市、县（市、区）工会机构配备劳动争议调解员1649人，劳动争议监督员1944人，受理劳动争议791起，其中集体劳动争议案68起；受理违法违规案件81起，其中由工会劳动法律监督委组织调解处理的52起。2003年，全市工会组织进一步建立健全劳动法律监督网络，共配备劳动法律监督员2014人。2004—2005年，市、县两级工会劳动法律监督委员会主动参与全市农民工工资支付情况专项执法检查和劳动合同工资支付、社会保险扩面专项执法检查，认真维护职工的合法权益。

（五）职工文体活动

1989年，郴州地区总工会组织17个单位开展唱厂歌比赛活动，并推荐7个单位参加湖南省总工会、湖南省广播电台、湖南省《工人音乐报》联合举办的《厂歌展播》活动，其中6个单位获奖；推荐9个单位参加湖南省“龙凤杯”职工交谊舞电视大赛，其中6个单位获奖。1990年，地区总工会发出倡议，在全区职工中开展读书自学活动，鲤鱼江电厂工人李仁善被评为“全国自学成才者”，郴州市财政局与桂阳县文化馆被评为湖南省职工读书自学活动先进集体，有7人被评为湖南省职工读书积极分子和优秀辅导员。是年，各级工会组织在职工中开展以“迎亚运，庆国庆”为主题的各种文体活动。1992年4月，地区总工会与地委宣传部、地区广播电视局等8个单位联合举办《中华大家唱（卡拉OK）曲库》群众歌唱比赛。1995年，郴州市总工会与市体委组队参加湖南省第三届工人运动会，郴州市代表队男篮和桥牌项目分获银牌，健美操项目获第三名。1998年10月，郴州市举办首届职工歌手大赛。1999年10月，市总工会组织开展全市职工“歌颂祖国”演讲比赛。2000年至2003年，开展全市女职工干部风采赛、“红五月暨欢乐的劳动者职工趣味竞技表演赛”、庆祝中国共产党建党80周年“党在我心中”职工演唱晚会、“树行业形象，展示职工风采”“民营企业文化艺术节”等各种赛事，活动精彩纷呈。2004年，郴州市总工会举办的全市女职工“花棍健身操”比赛，参赛单位35个、400名女职工参赛。2005年8月16日，湖南省第四届工人运动会举行，郴州市总工会组织78名运动员参加六个项目比赛，夺得奖牌22块，其中6块金牌，9块银牌，7块铜牌，总分名列全省第三。

（六）劳动模范管理

1989年10月，郴州地区总工会组织全国劳动模范先进事迹报告团，在地区内机关、厂矿巡回作报告15场次，印发先进事迹材料3000份，听众近2万人。1990年，郴州地区总工会与地委组织部联合编印《郴州先锋谱》一书2万册，发到基层单位。地区总工会还举办劳模事迹巡回展览，展览历时一个月。1991年，为全地区的全国劳模、省部级劳动模范其配偶和16周岁以下子女户籍在农村的办理“农转非”。1992年，安排50名劳模赴湖南省总工会灰汤温泉疗养院疗养。1995年，郴州市总工会与郴州市纪委、市委组织部、市委宣传部联合组织“讲人生、比奉献”英模事迹巡回报告团，到各县（市、区）和大中型企业作报告。自2000年始，每年的“五一”节前夕，市总工会组织新评选的全国和省级劳模赴北京、长沙受奖。同时通过各地媒体宣传其先进事迹。2003年，市总工会筹集资金20万元，解决困难企业30名劳模养老保险及劳模待遇，为5名劳模解决大病医疗费用，向72名劳模一次性发给生活困难补助金。2004年，郴州市人民政府、市总工会走访慰问劳模423人次，发放慰问金68.25万元。2005年3月，市总工会向市人民政府提出为改善提高特困企业劳模待遇，实行低收入生活困难补助和劳模荣誉津贴制度的建议，被市委、市政府采纳，决定从2006年起，凡市级职工劳模月收入不足1000元的，由市政府补足1000元；凡保持荣誉称号的市级职工劳模，每年享受360元的荣誉津贴。

1989—2005年，全市（地区）共推荐、评选全国劳模38名，省部级劳模215名，市级劳模249名。

第二节　共青团郴州市委员会

一、组织机构

1989年，中国共产主义青年团郴州地区委员会（简称团地委）内设办公室、组织科、宣传科，定编10名，实有10人。全地区各县（市）均设有共青团县（市）委；共有基层团组织5014个，其中团委753个、团支部4261个，团员22.6万人。1995年5月，共青团郴州地委更名为共青团郴州市委员会。1996 年 5 月，中国共产主义青年团郴州市第一次代表大会召开，到会代表 214 名，代表全市 24 万名共青团员。大会确定今后 5 年的工作，部署实施跨世纪青年人才工程、跨世纪青年文明工程，深化服务万村行动、振兴国家行动、雏鹰行动。大会选举产生共青团郴州市第一届委员会，常委 7 人，委员 31 人，唐利如当选为团市委书记。

2001 年 5 月 27—29 日，中国共产主义青年团郴州市第二次代表大会召开，到会代表 218 名，代表全市 25 万名共青团员。大会由唐利如作共青团第一届委员会工作报告，会议确定今后 5 年工作，推动共青团事业全面发展，进一步加强共青团组织自身建设。大会选举产生第二届委员会，常委 9 人，委员 31 人，彭生智当选为团市委书记。8 月，团市委机关内设机构与上届有所变化，设办公室、组织宣传部、青工青农部、学校少年部 1 室 3 部，定编 12 名，实有 12 名。郴州团市委另有直属单位 2 个，即郴州市青少年发展基金会和郴州市青少年文化中心，为事业单位，正科级。

2002 年 3 月，郴州团市委机关内设机构编制有所调整，设办公室、组织宣传部、青工青农部、学校少年部 (加挂联络部牌子)，核定编制 11 名，实有 12 名。保留所辖的事业单位，即郴州市青少年发展基金会、郴州市青少年文化中心，均为正科级，单位经费自收自支。至 2005 年，团市委内设机构维持未变。全市 11 个县（市、区）均为县级团委，全市有基层团组织 6357 个，其中团委会 826 个，团支部 5531 个，共青团员 25.6 万名。

附：

郴州市少年先锋队

1989 年，郴州地区各中小学均建有少年先锋队（简称“少先队”）组织，小学年满 6 岁，中学 14 岁以下的青少年，都可根据少年先锋队组织章程自愿申请加入少先队组织。各中小学少先队组织在郴州地区团委和郴州地区关心下一代协会的辅导下开展工作，组织活动。20 世纪 90 年代初期，少先队活动主要配合学校教育，培养德智体全面发展的青少年，为共青团组织输送优秀青年。1990 年 1 月，共青团郴州地委、中共郴州地委宣传部、郴州地区教委、郴州地区关心下一代协会，在全区少年中开展学习赖宁活动，评出先进少先队中队 52 个，先进少先队员 233 人，优秀少先队辅导员 34 人。全地区各中小学适龄少年入队率为：城市 100%、农村 90%。是年，全区 11 万名青少年参加“保护森林造福人类万人签名”活动；开展宣传税收法律活动，近 100 万青少年上街道、上舞台、上讲台、上电台（送稿件）、上门户、上墙报（出墙报）宣传税法。

1993 年，在庆祝中国少年先锋队建队 48 周年活动中，郴州地区举办 500 名小学生参加“全区少儿书画大赛”，375 幅作品参加决赛，100 名少先队员现场作书画，观众逾 9000 人。年仅 8 岁的湖南省“十佳少先队员”莫屹的书法作品被一日本收藏家收购珍藏。1994 年 3 月底，28 个地属单位 700 多名团员青年到刘志艳家乡慰问英雄母亲，团地委聘请刘志艳担任全地区少先队校外总辅导员。次年，全地区共举办学刘志艳英雄报告会、演讲会、座谈会 126 场。团地委授予少先队员彭波“舍己救人好少年”和湖南省第四届“十佳少先队员”称号。

1995 年，郴州撤地建市，共青团郴州市委加强对各学校少先队组织工作指导。各校均成立少先队大队，每个学级班、组分别设有少先队中队、小队。是年，在“手拉手”活动中，由团市委推选，苏仙区一完小优秀总辅导员李顺梅老师、校外优秀总辅导员姜魁元受邀出席全国第三次少先队代表大会。1997年10月，郴州市第一次少先队代表大会在郴州召开，大会选举产生第一届少先队工作委员会，唐利如任主任。至此，郴州建立统一的少先队工作机构。少先队工作委员会为青少年（群众性）组织，设有常设机构，接受团市委的指导。2001年，共青团郴州市委、郴州市少工委在郴州五岭广场举办郴州首届少年鼓号大赛。2003年7月4日，在郴州召开郴州市第二次少先队代表大会，大会选举产生郴州市第二届少先队工作委员会，李小军任主任。大会通过致全市少先队员《告别陋习从我做起》倡议书。大会表彰"十佳少年""十佳中学生""十佳优秀少先队辅导员"。2005年，全市评出市级红领巾示范学校22所，省级红领巾示范学校3所，50名辅导员分别获湖南省、郴州市优秀少先辅导员称号。郴州市第九完全小学少先队大队辅导员郭阳峰获全国优秀辅导员称号，郴州市第三完全小学学生段文斐获湖南省"十佳少先队员"称号，北湖区月峰瑶族乡中心学校学生曾赵超受邀参加全国第五次少先队代表大会，郴州市第九完全小学彭嘉璇以小记者身份采访全国少代会。

郴州市青年联合会

1997年5月，郴州市青年联合会（简称"青联"）第一届委员会第一次会议在郴州召开，158名青年代表出席会议。会议选举产生市青联第一届委员会，刘志伟任主席。2002年12月，选举产生市青联第二届委员会，黄峥嵘任主席。郴州青年联合会积极开展各项活动，动员、组织广大青年投身社会主义两个文明建设。1997年7月，市青联与中国人民大学联合举办马克思哲学专业、农业经济管理专业硕士研究生主要课程班。1998年5月4日，组织纪念"五四"运动79周年座谈会，郴州市党政领导出席会议。2001年6月，市青联召集各界优秀青年举行"庆祝建党80周年"座谈会。2002年12月，市青联联合有关单位授予田训平等10人为"郴州市青年经济能人"称号，表彰郴州市第二届"十大杰出青年"雷竹生、李新娟、罗志卫、刘运华、廖帮文、李鹰、刘劲松、陈国宏、窦金平、胡建平。2003年3月，市青联与共青团郴州市委联合创办《郴州青少年》杂志。3—5月，团市委、市青联联合举办首届"神州青年五四奖章"评选活动，雷冬竹等18人获该项奖章。2005年12月，应香港青运会邀请，市青联组织郴州市10名运动员参加心系奥运——首届两地青年学生同一颗心运动会，市青联代表队获得3金1银、3个团体奖。

郴州市学生联合会

1997年5月，郴州市第一次学生代表大会在郴州召开，108名代表参会。大会选举产生郴州市学生联合会（简称"学联"）第一届委员会，郴州师专学生会当选为主席单位，郴州医专、郴州师范、郴州商校、郴州农校、郴州农机化学校、郴州工业学校、郴州幼师、郴州市一中8校的学生会当选为副主席单位。2000年，市学联联合湘南烟草集团团委开展"华人申奥游行暨义卖"活动，义卖"华人"牌烟获2万元用于助学金，支持申奥资助贫困学生。2002年12月，市学联第二次代表大会在郴州举行，大会听取并通过第一届学联委员会的工作报告，大会选举产生市学联第二届委员会。2005年，开展评选郴州市优秀大学生社团和优秀中学生活动。郴州市职业技术学院贾艺书法协会获湖南优秀大学生社团称号，李诗凡等10人获郴州市优秀中学生称号。

1989—2005年共青团郴州市（地）委主要负责人名录

表7-2-2-1

单 位	姓 名	职 务	任职时间
共青团郴州地区委员会	李白钧	书 记	1989.01—1991.06
共青团郴州地区委员会	盛茂林	书 记	1991.06—1991.11
共青团郴州地区委员会	李世栋	副书记、书记	1992.04—1996.05
共青团郴州市第一届委员会	唐利如	书 记	1996.05—2001.05
共青团郴州市第二届委员会	彭生智	书 记	2001.05—2004.12
共青团郴州市第二届委员会	黄峥嵘	书 记	2004.12—

二、主要工作与活动

（一）团员青年教育与团组织建设

1989年，共青团郴州地委在广大团员、青年中开展“坚持四项基本原则，反对资产阶级自由化”教育活动。是年，正值“五四”运动70周年，全区各级团组织以“爱国、改革、创业、奋进”为主题，开展“形势教育、革命传统教育、热爱家乡教育”。团地委举办20世纪50年代至80年代新老团干部座谈会，讲传统话改革，共同探讨新形势下团的工作和青年运动。1991年，全区团组织开展“党在我心中”教育活动，听党课、开展党的知识竞赛，参观革命纪念地、走访身边优秀共产党员。团地委组织79家企事业单位给农村“青年之家”捐书7万册；开展青少年法制教育，成立帮教小组3700个，确定帮教对象2430人。1994年，全地区有7个县（市）设立团委“见义勇为奖励基金”。是年，区内受到共青团中央表彰的先进集体6个、先进个人4名；受到共青团湖南省委表彰的先进集体18个、先进个人43名；团结教育青少年、组织支帮促的4项经济建设方面的工程被共青团湖南省委命名为省级“共青工程”。

1995年，郴州市团员青年广泛开展学习中国特色社会主义理论、学习中共中央关于共青团工作的方针政策，组织庆祝世界反法西斯战争暨中国抗日战争胜利50周年等活动。1997年，共青团郴州市委组织评选郴州市首届十大杰出青年活动，收到选票12822张，选出毛东庆、李雪莲、吴小波、张扬平、肖海英、徐勇、曹雪飞、曹长健、曹敏亚、曹秋生为郴州市首届十大杰出青年。1998年9月，共青团郴州市委联合郴州市科委在368名农村科技星火带头人中评选出郴州市首届“十佳农村青年星火带头人”，宜章县曹长佳等10人获此殊荣。

2003年11月16日，团市委、市教育局组织全市4000名年满18周岁的中学生在市一中体育场举行“18岁成人宣誓”仪式。2004年10月，创办郴州市共产主义青年团学校，举办全市团干学习班。当年选送到共青团中央、共青团湖南省委学习100人次。2004年6月，共青团郴州市委构建青年志愿者服务网络，成立郴州市志愿者服务中心，努力探索基层团组织建设新形式，总结村校联建、乡企共建、村村合建、协会建团、市场建团、行业建团多种模式作法和经验。年内，全市11人受到共青团省委或省级以上表彰。2005年，共青团郴州市委组织全市团员青年开展“举团旗、戴团徽、用团证、学团章、读团史、上团课、唱团歌、过团日、交团费”活动。同时做好“双推”工作，推荐96名优秀青年入党，推荐42名优秀团员上岗。彭生智被评为全国优秀共青团干部。

（二）技能竞赛

1989—1993 年，共青团郴州地委联合郴州地区经委持续开展“岗位学雷锋争当主人公，质量品种、效益年”竞赛活动，先后授予柿竹园矿四九零青年突击队等 43 支突击队为“新长征突击队”；分别授予陈东、冷永进、罗佑国等 132 名高产能手、节约能手、革新能手、安全能手、管理能手、操作能手、质量能手、服务能手称号；授予资兴矿务局唐洞煤矿等 6 个单位先进集体称号。

2000 年 2 月，共青团郴州市委、韶关市委、广州市委、赣州市委和广东电视台团委联合制定“三省四市团组织实施‘保护母亲河行动’方案”。7—8 月，共青团郴州市委联合有关部门举办“郴州新青年形象”大赛、郴州企业青工技能比武赛，鲤鱼江电厂青工获湖南省焊接比武第一名，姜建国获首届湖南企业经营者“鲲鹏奖”，黄志峰被评为湖南省十大杰出青年兴业领头人。

2005 年 10 月，共青团郴州市委联合郴州市委组织部举办全市职业技能大赛，43 家企事业、23 支代表队、150 名代表参赛，历时 6 个月，组织 4 个项目（工具钳工、焊工、维修电工、计算机操作）的理论考试和现场操作比赛，评定团体奖 3 个，组织奖 11 个，个人奖 22 个。对在理论与操作两种比赛中获第一名的选手授予“郴州市技术能手”和“郴州市职工创新能手”称号，并办理技师职业资格证书。

（三）救助与公益

1989 年 5 月中旬，郴州地区遭受特大洪灾，共青团郴州地委组织广大团员青年投入救灾活动。郴县村级团支部成立救灾互助小组 127 个，捐款 25. 9 万元、捐粮 2. 9 万千克、衣物 1.2 万件、文具 4000 套。共青团郴州地委在全地区组织帮工助耕队 1700 个，帮助困难户抢种早稻 380 公顷。郴县、郴州市、郴州卫校团组织，组织 500 名青年、学生到火车站、汽车站清理灾后淤泥垃圾。

1993 年，共青团郴州地委组织实施“温暖工程”，全区确定帮扶对象 2.3 万名（户），服务项目有助耕、捐钱捐物、法纪教育，希望工程多个项目。参加者由起初的 687 人增至 3355 人，参加单位由 4 县（市）扩大到 10 个县（市），覆盖到 110 个乡的 380 所学校。从是年起至 1995 年，团市（地）委接待香港苗圃行动访问团 9 次，接受捐款 143 万元，兴建和改善 67 所学校的办学条件，救助失学儿童 9171 名。

1995 年暑假，郴州市境内 13 所大中专院校共青团组织成立 17 支扫盲队，奔赴 11 个县（市、区）开展扫盲。郴州师专赴桂阳仁义镇扫盲科技服务队被共青团中央和全国学联评为中国大、中学生志愿者扫盲与科技文化服务行动优秀志愿者服务队。1996 年，郴州遭遇“8・2”和“9・1”洪灾，共青团郴州市委开展“郴州青年救灾奉献行动”，全市团员交纳特殊团费 35 万元。当年团员、青年捐款 84.7 万元，援助希望小学 10 所，救助贫困儿童 3500 名。1999 年，郴州遭遇“8・13”特大洪灾，共青团郴州市委组织 21 个青年突击队，6 天清运垃圾 800 车。是年，“希望工程”引进资金 430 万元，援建希望小学 23 所，援助失学儿童 1 万名。

2000 年 9 月，郴州市二中学生李宣霖患尿毒症，团市委衔接湖南卫视、湖南日报、郴州电视台、郴州日报社等新闻煤体发起社会求助活动，又求助广州军区广西肾病研究所无偿为李宣霖换肾，手术获得成功，还筹集捐款 8000 元用于李宣霖的后续治疗。2001 年 11 月，共青团郴州市委、市劳动局联合开展非法使用童工大检查，全市共查处非法使用童工 286 家、辞退童工 364 名。2002 年，共青团郴州市委联合市检察院、市司法局成立维权领导小组，为刑满释放、解除劳教和失足青少年的帮教挽救工作提供帮助。是年 5 月，共青团郴州市委与中国女排联合开展希望工程爱心拍卖活动。女排捐出有全体队员签名的排球、球衣，拍卖款 12. 71 万元援建北湖区万华岩中国女排希望小学。2002年年末，共青团郴州市委发动团员、青年捐款11万元，在苏仙岭栽种面积6.67公顷“郴州共青林”。

2005年6月，共青团郴州市委、市残联联合开展青年志愿者“残健爱心牵手，共建和谐郴州”助残活动，郴州市5500名青少年学生走进敬老院、福利院、特教学校、残疾人家庭慰问和帮扶，为1000余名残疾人送去温暖和帮助。

第三节 郴州市妇女联合会

一、组织机构

1989年，湖南省妇女联合会郴州地区办事处为湖南省妇联派出机构。区内11个县（市）设有妇女联合会。254个乡（镇、街道）均成立妇联组织，配备妇女主任，村委会和城镇居委会配备妇联主任、村民小组均选举妇联小组长。国营集体企业均成立妇女组织（一般为工会内的女工委员会）。郴州地区妇联机关内设机构1室2部，即办公室、儿童工作部（与郴州地区少年工作委员会一套人马）、维护妇女儿童合法权益部（与郴州地区妇女联合会法律顾问室合署办公），定编6名，实有6名。主要职能是维护妇女儿童权益，加强儿童保护工作。1993年，郴州地区成立少年儿童工作协调委员会（简称少委会），少委会下设办公室，办公室与地区妇联儿童部合署办公。是年9月，根据全国妇联章程规定，地区妇联正副主任改称正副主席。1995年，郴州地区儿童少年工作协调委员会更名为郴州市妇女儿童工作委员会，与地区妇联两块牌子一套人员合署办公。

1996年4月，郴州市第一次妇女代表大会在郴州召开。参会代表300名，特邀代表10名，列席代表40名，大会通过《给全市妇女倡议书》、选举产生郴州市妇女联合会（简称市妇联）第一届执行委员会。执委委员35名，主席1名，副主席2名，常委11名。郴州市妇联机关内部机构未变，定编6名，实有工作人员6名。

2001年5月18日，郴州市第二次妇女代表大会在郴州召开，参会正式代表300名，特邀代表10名、列席代表40名。大会审议通过市妇联第一届执委会工作报告，选举产生第二届妇联执委会，委员35名；主席1名，副主席2名，常委11名。市、县、乡、村四级妇联组织得到进一步巩固。全市11个县（市、区）有9个县村妇代会主任全部进入村支两委领导班子，其他2个县村级妇女干部进入村支两委的达96%。2002年3月，郴州市党政机关机构改革。郴州市妇联内设机构调整为办公室、组织宣传部、维权部（加挂法律顾问室牌子）、少儿部；核定编制11名，实有11名。另下设妇女儿童事业发展中心，为市妇联二级机构，事业单位。编制2名，实有1名。

2005年，郴州市有妇联组织4223个，其中市、县两级妇女联合会12个，乡镇街道妇联组织257个、单位妇联组织581个（其中140个县以上非公有制经济组织成立妇委会45个），村级基层妇女组织3373个；专兼职妇联干部4016名，另有26个女企业家协会和1个女干部联谊会。

1989—2005 年郴州市妇联（湖南省妇联郴州办事处）主要负责人名录

表 7-2-3-1

单　位	姓　名	职　务	任职时间
湖南省妇女联合会郴州办事处	李美蓉	主　任	1989.01—1990.12
湖南省妇女联合会郴州办事处	欧阳玉	主　任	1991.06—1994.12
郴州市妇联第一届执行委员会	鲁政良	主　任	1994.12—1996.04
郴州市妇联第一届执行委员会	鲁政良	主　席	1996.04—2001.05
郴州市妇联第二届执行委员会	廖仁招	主　席	2001.05—

二、主要工作与活动

（一）竞赛活动

1989 年，中共郴州地委、地区行署成立郴州地区“双学双比”（学文化、学技术、比生产、比贡献）活动协调领导小组，各县（市）亦组建对应领导机构。区内各级妇联举办妇女文化夜校、扫盲识字班、妇女文化技术学习班，开展以文化学习为主、兼学技术的妇女“双学”运动。桂东、汝城县一些居住分散的偏僻农村，妇女扫盲由全日制学校老师当“送字先生”送教上门，包教包学。1991 年，郴州地区妇联响应全国妇联号召，在全国城镇妇女中开展“做四有（有理想、有道德、有文化、有纪律）、四自（自尊、自信、自立、自强）女性，为国民经济建设‘八五’计划建功活动（简称“巾帼建功”活动）。1992 年，郴州地区成立“巾帼建功”竞赛活动领导小组，制订《“巾帼建功”竞赛活动五年计划》。全地区“双学双比”“巾帼建功”妇女竞赛活动在郴州广大农村、城镇全面铺开。

1994 年，全区妇联组织开展“巾帼建功‘中行杯’，爱国爱家储蓄竞赛”，参赛妇女 10 万人，增储 500 万元。1995 年，全市开展以“岗位建功，岗位成才”为主题内容的“巾帼建功”竞赛，并将竞赛重点放在工业、交通、经贸、教育、税务、卫生和党政机关。根据各自工作性质和特点，工业交通系统女职工开展技术比武，优质高产竞赛；金融商业行业女职工开展规范化、优质服务竞赛；科技教育战线女职工开展科教兴郴献计出力竞赛；医疗卫生战线女职工开展护理百日质量竞赛；党政机关女职工开展勤政廉政、争当优秀公仆竞赛。1996—1998 年，配合全市“讲文明、树新风”活动，郴州市妇联选择在女职工相对集中的政法、卫生、教育、税务、电信、旅游、商业服务行业和部门开展“巾帼建功示范岗”创建活动，各单位把创建活动列入“两个文明建设”规划，制定实施方案，确定目标任务，使创建活动成为“巾帼建功”活动服务于两个文明建设新切入点，起到“设一个岗，带一片人，挂一块牌，树一面旗”的示范带头作用。

为使“双学双优”活动持续深入开展，市、县两级妇联按照湖南省妇联提出的“百万妇女学技术、十万妇女受培训、万名妇女进学校”的技术培训计划（简称“百十万计划”），将“百十万计划”为主要内容的妇女“双学双比”竞赛活动纳入农业产业开发和科教兴农项目，先后组织妇女设教学点 115 个，开办文化技术班 8328 期，培训妇女 36.5 万人次。通过组织妇女开展“庭院经济开发赛”“三八绿色工程赛”“种植、饲养效益赛”，全区以妇女为主发展庭院经济 86.8 万户，占总户数的 40.6%，年创庭院经济产值 2.63 亿元。竞赛中以妇女为主建成 378 个“三八”绿色基地，造林面积达 2020 公顷。宜章县白石渡镇龙桥村妇女刘丽克服丈夫久病欠债 2 万元的困难，借贷 500 元办起养鸡场，至 1996 年发展存栏 2 万羽的大型养鸡场。1998 年，刘丽再一次扩大养鸡场规模，年出栏肉鸡45万羽，实现产值600万元，创利润100万元，1999年她荣获全省“十大农家女状元”，全国“双学双比能手”称号。

2000年，郴州市“巾帼建功”活动实施以“巾帼创业行动”“巾帼助困行动”“巾帼社区行动”为主要内容的再就业工程，涌现出一批“巾帼创业明星”“巾帼企业家”“巾帼服务标兵”。桂阳县组织“优质烟种植赛”，引导妇女学习烤烟栽培新技术，开发国际型优质烟1267公顷。资兴市黄草镇金腊村党支部书记袁美香带领全村脱贫致富，其种植的柑橘连续两年夺得湖南省小水果评优第一名。宜章县梅田镇上寮村党支部书记刘贤玉，致富不忘乡亲，带领全村村民由黑色产业（煤炭）转向绿色产业（水果），2001年，创办上寮生态农庄，投资300万元，种植脐橙3000亩，成为湖南省级科普示范基地，2003年她被评为全国“双学双比女能手”。郴州湘淼人家餐饮文化连锁店董事长卢建萍被评为“全国三八红旗手”，出席全国第九次妇女代表大会。是年，市内有60个非公有制经济组织建立“巾帼文明示范岗”，受到来郴州考察的全国人大副委员长、全国妇联主席彭佩云的赞赏。2005年，经全市层层评选，占小春、卢建萍、刘红玲等10人被评为郴州首届“十佳巾帼标兵”，由市人民政府通报表彰并荣记二等功。2005年，全市妇女“双学双比”活动向学科学、学经营、学管理、争创业的深层次发展。全市以妇女学校、农业广播学校为阵地举办妇女创业技能学习班36期（班）次，培训妇女1165人。

1989—2005年，郴州在“双学双比”活动中，共举办生产技术培训班1.8万期，68.4万名农村妇女掌握1~2门实用技术，6450名女农业技术员和7850户以妇女为主体的科技示范户，以女性为领头人的农民专业协会200个，参会农户8万户。全市有128人获全国、省、市“双学双比”女能手、“科技致富带头人”称号。郴州市妇联被评为全国农村妇女“双学双比”竞赛活动先进单位（1998年度）。在“巾帼建功”竞赛中，郴州市（地区）先后评选出市（地区）级以上”巾帼建功”标兵322人次，市公证处、竹园宾馆、苏仙区国税局、市交通征稽直属所等28个岗位（单位）获全国“巾帼文明示范岗”称号，260个岗位（单位）获省、市级“巾帼文明示范岗”称号。

（二）创建文明家庭

1990年3月开始，郴州地区妇联在全区开展创建“五好家庭”活动，并将创“五好家庭”活动与学雷锋活动结合起来，编印《五好家庭知识选编》，举办“五好家庭知识”大赛，参赛者12万户48万人。1991年，地区妇联总结推广嘉禾县石桥乡将创建“五好家庭”与创建“遵纪守法户”“双文明户”结合起来的作法和经验，推动全区创建活动开展。1992—1994年，每年利用“5·15”国际家庭日举办“妇女发展与市场经济演讲赛”“家庭风采赛”“五好家风讲座”系列活动，丰富充实创建活动内容。

1996年，全国妇联将创“五好家庭”活动改为“五好文明家庭”创建活动，郴州市妇联向全市城镇、农村印发《家庭文明建设知识问答选编》8万套，在郴州市开展“家庭文明知识竞赛”。8月中旬，郴州境内发生特大洪灾，市妇联发出“抗洪救灾献爱心，争当五好文明户”的倡议，82万名妇女踊跃捐款捐物，共捐款511万元，捐物1.45万件。1997年，中共郴州市委办公室、郴州市人民政府办公室转发中共郴州市委宣传部、市妇联及相关单位《关于深入持久地开展创建“五好文明家庭”活动的意见》（简称《意见》），成立郴州市“五好文明家庭”创建活动协调小组，将传统美德和社会文明新风融入创建活动中。1998年，郴州启动“家庭义助”宣传日活动，宣扬桂阳县浩塘乡鲤鱼村妇代会主任雷雨时和丈夫何光林17年如一日，赡养照顾孤寡老人何九元、刘梅香的事迹，推动全市开展评选“好婆媳、好夫妻，贤内助、廉内助”活动。

2000年，中共中央颁发《关于公民道德建设实施纲要》（简称《实施纲要》），郴州市妇联认真贯彻实施纲要，将家庭美德作为公民道德建设的具体内容之一，融入“五好文明家庭”创建活动，制定“好儿女、好婆婆、好儿媳、好丈夫、好妻子”的具体标准。2001年，市妇联联合市纪委、市委组织部、市委宣传部开展“廉内助”评选表彰活动，全市评选出“十佳廉内助”和12名先进廉内助，其中侯小菊、何长珍被评为湖南省“十佳廉内助”。2003年，郴州市先后举办城乡百户家庭参加的庆“三八”家庭风采大赛和首届家庭科普知识电视竞赛，组织郴州代表队参加湖南省赛事，获一等奖。2004年，市妇联将家庭美德建设列入“五好文明家庭”创建活动考核内容，设立“美德在农家”示范点257个，在桂阳县樟市乡樟市村召开“美德在农家”现场演讲会。2005年，市妇联组织对市级35个“美德在农家”示范点验收挂牌。至2005年，郴州市在开展“五好文明家庭”创建活动16年间，先后开展5届评选表彰活动，表彰市级“五好文明家庭”641户，“五好文明家庭标兵”50名，先进协调组织36个。其间，李常水、刘贤玉家庭被评为“全国五好文明家庭标兵户”。

（三）选拔女干部

1989年，郴州地区妇联开始建立全区内妇女人才档案，实行跟踪培养、重点考察，及时向组织部门推荐优秀妇女人才。1990年初，地区妇联与地委组织部召开培养选拔女干部座谈会，制订培养选拔女干部的具体规划和措施，当年，全市提拔副科级以上女干部56名，其中副处级女干部3名。1991年，由地区妇联与所在单位联合推荐，地委组织部在中共郴州地委党校首次开办中青年女干部培训班。

1995年，郴州市委组织部、市妇联制订《郴州市培养选拔女干部工作规划（1995—2000年）》，印发《关于在乡镇换届选举中大力做好女干部配备工作的意见》。是年，市、县两级妇联向组织部门推荐女干部515名，郴州市提拔科级女干部295名，处级女干部15名，副厅级女干部1名。1996至1997年，市妇联先后举办培养选拔女干部理论研讨会和研讨征文活动，召开女乡（镇）党委书记、女乡（镇）长座谈会。1998年，在全市乡（镇）领导班子换届中，女乡（镇）党委书记、乡（镇）长增至35名，96%的乡（镇）党政领导班子配备女干部。是年，郴州市、县两级成立女领导干部（副处级以上）联谊会，共有96名会员。2002年，11个县（市、区）出台《培养选拔女干部工作规划》。市、县两级妇联分类完善副科级以上女干部、妇联专职干部、女后备干部档案。各县（市、区）党政班子至少配有1名女干部，市直单位领导班子中女干部任正职13名。非公有制经济组织中涌现出一批女经济能人。2003年9月，市妇联成立郴州市女企业家协会，全市87名担任非公有制企业的女性董事长、总经理成为协会会员。

2005年，郴州市有副处级以上女干部228名、科级女干部2400名；市、县两级党政班子中配备女干部50名；全市257个乡（镇、街道）领导班子中配备女干部410名，其中，担任乡镇（街道办）主要领导的45名；进入村支委、村委会班子女性5229名，其中有186人担任支部书记或村委会主任。

（四）维护妇女儿童权益

1989年，地、县两级妇联组织配备专职信访干部，建立来信来访接待、登记、承办、复信、回访制度，为妇女儿童维权开辟“绿色通道”。1990年新《婚姻法》颁布10周年，全地区妇联印发宣传资料15万份，举办婚姻法学习培训班622期，培训妇女2.92万人次。1992年4月，《中华人民共和国妇女权益保障法》颁布实施，地、县两级召开妇女权益保障法学习宣传动员大会，举办学习培训班。是年，资兴市木根桥乡在全地区首创“妇女疾苦接待日”制度。

1995年《湖南省实施〈中华人民共和国妇女权益保障法〉办法》颁布，郴州市印发宣传资料11万份，举办广播、电视专题宣传讲座422期，在城镇、集市设点开展法律咨询活动68次，举办学法维权培训班309期，8万人参加保障法知识竞赛。1997年，郴州市妇联与郴州市中级人民法院联合设立全国首家“妇女维权合议庭”，聘请妇联干部为“特约陪审员”参与案件审理。

2000年，11个县（市、区）人民法院建立“妇女维权合议庭”，34名妇联干部担任特约陪审员。是年，市妇联开设“148”维权热线电话，宣传婚姻法、保障法、未成年人保护法等法律法规，市、县两级妇联均聘请律师建立法律服务所，依法协助有关部门查处残害妇女儿童案，解决出嫁女落实责任田、宅基地，查处包办婚姻、家庭暴力以及学龄儿童失学、辍学等问题。是年，永兴县发生震惊全国的“阿华”案，县妇联干部不畏威胁和压力，艰辛奔波于海南、湖南两省协助公安人员调查取证，同时争取新闻舆论支持，最终挖出该县一组织、引诱、拐卖妇女的犯罪团伙，保护被迫卖淫女阿华（化名）的合法权益。2002年9月，成立郴州市市妇女儿童权益工作协调组，各县（市、区）亦建立相应机构。《郴州日报》开辟“妇女与法”专栏、郴州电视台开播“女性与维权”专题节目，进行妇女维权宣传和监督。2004年6月，郴州市公安局接警调度指挥中心挂牌成立“郴州市110家庭暴力举报中心”，接报即时处理家庭暴力事件。从1997年成立妇女维权合议庭至2005年，郴州市人民法院各维权合议庭共审理侵害妇女儿童权益案件9100件，审结率98%；市、县（市、区）两级妇联接待妇女儿童维权来信来访12695件（次），办结案件12060件，办结率95%。

（五）儿童教育与援助

1989年，郴州地区各级妇联创办家长学校和广播家长学校133所，培训家长20751人，普及儿童家庭教育知识。永兴县广播家长学校辅导分站当年获湖南省“家长学校广播辅导先进集体”称号。1991年，地区妇联制定“九十年代儿童发展规划纲要实施纲要”和“家庭教育工作‘十五’发展计划”。

从1995年起，郴州市妇联组织实施以帮助贫困家庭失学辍学女童复学的“春雷计划”行动。是年，市妇联通过社会各界多渠道筹集资金183万元，帮助978名辍学女童重返校园就读。在帮助贫困女童就学工作中，各级妇联采取发动社会团体、工商企业、机关单位“结对”定点的方式，仅1999年社会各界就为“结对”资助的1000名女童送去学费和学习用品。到2000年，累计“结对”扶助贫困家庭女童就学2100人。1995—2000年，各级妇联多方集资400万元，资助6000名女童入学就读。2000年，市妇联被评为湖南省实施“春蕾计划”先进单位。2003年，全市妇联儿童少年工作加强家庭教育指导，提高家庭教养质量。是年6月，郴州创办湖南省首家“妈咪宝贝婴幼儿早教中心”，该中心被列为全国“0~6岁婴幼儿远程家庭教育指导”课题合作单位。2004年，市妇联发出《立足家庭教育，推进未成年人思想道德建设》的倡议书和《致全市家长的一封公开信》。是年9月，成立郴州市家庭教育指导中心，组建家庭教育讲师团。2005年8月，启动“母亲教育工程”，挂牌成立郴州市“阳光家庭”家长联谊会。是年，家庭教育讲师团巡回讲学40场次。郴州市妇联被评为“全国‘双合格’家庭教育工作”先进单位。

第四节　郴州市科学技术协会

一、组织机构

郴州地区科学技术协会是1959年5月由郴县专署自然科学联合会和科学普及会合并组成，属行政编制。1981年10月，郴州地区科学技术协会第一次代表大会在郴州召开。刘钧当选科协主席。科协机关定编5名，实有5人。挂靠郴州地区科委。至此，郴州全地区12个县（含耒阳县）全部建立科协组织。地区科协各类专业学会由原来8个发展到16个，并新成立7个厂矿科协；永兴、郴县、临武3县各建立一个人民公社科协。全区有科协会员1763人。1984年11月，郴州地区科学馆划归郴州地区科协领导，属科协二级机构，正科级，行政编制7人。1987年，地区科协机关设办公室、科普学会部。当年年末，郴州地区科技咨询中心、地区科技进修学院相继成立。1988年8月，郴州地区科学技术协会第二次代表大会既表彰会在郴州召开，选举产生第二届科协委员会。刘钧当选主席。机关编制17人，设办公室、科普部、学会部。下设二级机构未变。但地区科学馆编制从7名增至19名。是年，全地区11个县（市），252个乡镇均成立科协，市直学会增至54个，厂矿企业科协增至17个，会员总数1万余人。1994年1月31日至2月1日，郴州地区科学技术协会第三次代表大会在郴州召开，到会代表109名，选举产生第三届科协委员会。钟木荣当选科协主席。

1995年，郴州地区科学技术协会更名为郴州市科学技术协会。在机构改革中，各县（市、区）科协（除安仁县外）与郴州市科委合并。1997年3月30日至4月1日，郴州市科协召开撤地建市后第一次代表大会，到会代表194名，选举产生郴州市科学技术协会第一届委员会。段荣生当选主席。当年，全市进行党政机关机构改革，乡（镇）科协被裁撤。2002年6月6日至7日，郴州市科协第二次代表大会在郴州召开，到会代表189名，选举产生第二届委员会。陈铁丁当选主席。到2005年，全市11个县（市、区）、乡（镇、街道办事处）恢复科协组织。市直企业有科协组织20个，学会39个，科协会员近2万人。

1989—2005年郴州市（地区）科协主要负责人名录

表7-2-4-1

单位	姓名	职务	任职时间
郴州地区科协第二届委员会	刘钧	主席	1988.08—1994.01
	钟木荣	党组书记	1993.05—1994.01
	黄友敦	主席	1990.05—1994.01
郴州地区科协第三届委员会	钟木荣	主席	1994.01—1995.03
	段荣生	主席	1995.03—1997.03
郴州市科协第一届委员会	段荣生	主席	1997.03—1999.01
	陈铁丁	主席	1999.01—2001.10
	李建牙	党组书记	2001.10—2002.06
	陈铁丁	主席	2001.10—2002.06
郴州市科协第二届委员会	陈铁丁	主席	2002.06—2005.12
	李建牙	党组书记	2002.06—2005.12

二、主要工作与活动

（一）科学技术普及

自1989年始，郴州地委宣传部、郴州地区科协联合在农村开展“讲精神文明、比科技致富、建设科普文明乡（村）”竞赛活动。通过活动，至1993年，全地区科协系统引进和推广新技术、新品种、新成果等479项；表彰李承文等76名学科学、用科学，为促进农村物质文明和精神文明建设作出贡献的科技示范户。

1995年至1996年，郴州市科协举办科技成果展，利用宣传车、展板和举办讲座等形式进行碘缺乏病防治宣传，印发资料4万份，为群众提供咨询服务1.5万人次。1997年3—5月，郴州市首届大型科技成果展在市科学馆举行，展出展板530块，图版文字说明4000张。参展单位共300个，参观人数2万人。1998年，郴州市科协组织开展科普示范创建活动。宜章县被确定为全国科普示范县创建单位。宜章县城南乡、梅田镇、天塘乡、东风乡、长策乡被确定为湖南省省级科普示范乡（镇）。市科协组织开展"创百优十佳科技示范户"活动，全市173户科技示范户与帮带对象签订协议。在"创百优十佳"活动中，市科协审定一批科技示范户。11月初，市科协组织29个学会以及北湖区、苏仙区科协共127名专家，在郴州中心城区开展"科技与生活"为主题的科普宣传活动。活动共展出展板113块，发放科普资料3万份，接待群众咨询1万余人次。

1999年5月22日，郴州市科协邀请中国工程院院士、湖南省科协主席何继善到郴州作题为《现代高科技发展与对策》报告，市委、市人大、市政府、市政协领导和市直各单位党政主要负责人共260人参加报告会。是年，市内各企业科协，组织企业科技人员开展"讲理想、比贡献"竞赛活动，湖南宝山铅锌银矿科协和唐洞煤矿蒋佳荣等3人分别被评为湖南省企业科协"讲理想、比贡献"竞赛活动先进集体和先进个人。

2000年，郴州市科协会同市专利局，开展迎接加入WTO知识产权保护宣传活动。举办"崇尚科学文明，反对迷信愚昧"大型科普展览和巡回展览宣传活动，参观展览者达82.6万人次。是年，市科协开展科技下乡和科教进社区活动，印发《关于组织千名科技人员进村入户，实践"三个代表"重要思想要求、帮助农民致富活动的通知》。2001年3月，宜章县创建全国科普示范县通过验收，取得湖南省总分第一名的佳绩。是年，郴州市科协与市文明办公室联合印发《关于开展"科教进社区"活动的通知》，科技进社区进一步深入开展。2002年，资兴市被确定为省级科普示范城区创建单位，苏仙区南岭山庄等8个社区、北湖区委机关100个"大院"确定为湖南省级科普文明社区和科普文明"大院"创建单位。2003年，开展抗"非典"科普宣传活动，全市各级科协组织共印发科普宣传资料18.5万份，张贴抗"非典"挂图2万张，并给各县（市、区）发放防"非典"科普宣传光盘；5月1日，市科协举办以"依靠科学，战胜'非典'"为主题的科普宣传活动。是年，6月15日，市科协联合市文明办公室、市妇联举办主题为"普及科学知识，提高生活质量"的郴州首届家庭科普知识电视竞赛活动，桂东县、北湖区、安仁县代表队分别获一、二、三等奖；9月，在湖南省第二届家庭科普知识电视竞赛活动中，郴州市代表队获得湖南省第一名。2004年2月，市科协组织市畜牧水产学会专家在宜章县岩泉镇开展以防治禽流感为主题的科普宣传活动；6月，组织全市科协系统开展以"科学普及，你我同参与"为主题的"6·29"全国科普日系列活动。全市围绕科学发展观宣传行动、服务"三农"行动、百姓健康行动、科学体验行动、讲科学文明反对生活陋习行动等5个方面开展67项活动，参与的科技人员和科普志愿者5000人次，展出展板、挂图1000块（张），出动宣传车56台次，推广新技术40项，发放科普资料32万份，受益群众65万人次。市科协被评为"全国科普日"活动组织工作先进单位，受到湖南省科协和中国科协的表彰。

2005年9月，郴州市各级科协组织围绕"倡导科学文明风尚，共建美好和谐郴州"的主题开展"全国科普日"活动。全市开展各种科普活动87项，参与的科技人员、科普志愿者5000余人，展出展板、挂图2100块（张），发放科普资料32万份，接受群众咨询15万人次，受益群众达48万人次；10月，郴州市科协会同郴州市委共产党员先进性教育活动办公室举办"科学发展观"大型展览，观展者1万人次。12月，资兴市创建湖南省级科普示范城区通过验收。

（二）青少年科技教育

1989年，郴州地区科协、科学馆出动科普宣传车，深入桂东、汝城、嘉禾县贫困乡村学校开展科普宣传，放映科普影视片50余场次，向中小学生发放科普资料2万余份，受到山区师生的欢迎。1990年，地区科协会同地区教委组织在湖南省青少年科技发明创造和科学讨论会竞赛活动中获奖的中小学生，举办科普夏令营活动。1991年，在湖南省和国家青少年生物科技知识抢答赛中，郴州市获湖南省一等奖，全国二等奖。1992年3月，郴州地区组队参加湖南省环保知识竞赛，获集体一等奖；青少年科普美术评选赛，获湖南省一等、二等奖各1个；青少年生物百项科技活动，获湖南省一等奖1个，二等奖2个，三等奖10个，郴州地区科协获组织奖；青少年微电脑竞赛，获湖南省二等、三等奖各1个；小发明、小创造、小技术“三小”竞赛获湖南省二等奖1个，三等奖4个；小论文《小小涡虫——向人类发出警告》获全国二等奖。1993年1月4日至6日，第十届湖南省青少年发明创造比赛暨科学讨论会在郴州地区科学馆召开，到会代表140人，推动郴州青少年科技教育活动深入开展。1997年，郴州市再次组队参加全省青少年生物百项评比活动，获奖项目24个，其中获湖南省一等奖2个，二等奖8个，三等奖7个。1998年，市内71所中小学校1.9万名学生参加第十五届湖南省青少年发明创造和科学讨论会，共获奖项10项。是年，郴州市二中、铁路中学、桂阳县三中被确定为湖南省青少年科技活动示范基地。1999年，市科协和市青少年科技活动中心组织全市中小学生参加湖南省第五届青少年生物和环境科学探索活动，获湖南省项目一等奖1个、二等奖2个、三等奖3个，活动一等奖1个。

2000年，在湖南省第二十一届青少年科技创新大赛中，郴州市获湖南省项目一等奖8个，二等奖32个、三等奖21个；郴州市二中学生赵浩生作品“火星移民地设计”获湖南省一等奖，并入选参加全国青少年科技创新大赛。2001年，在第六届湖南省青少年生物环境实践活动中，郴州市共获奖16项。其中：宜章县一中青少年科技辅导教师谢保忠制作的“电容式平抛实验器”获全国一等奖，宜章县养正中学辅导教师张永强的“科技实践活动——德育教育的探索”论文获湖南省一等奖。2002年，宜章县第一中学被命名为“湖南省青少年科技教育基地”。2004年4月，第二十五届湖南省青少年科技创新大赛在宜章县一中举行，郴州市推荐参赛作品45件，获奖项目43项，其中获湖南省优秀项目一等奖5个（居全省第四位）。是年，宜章县一中获得全国优秀组织奖，谢保忠老师获全国优秀科技辅导员奖。

2005年，郴州市科协组织参加第二十六届湖南青少年科技创新大赛，全市收集作品358件，向湖南省推荐37件作品参赛，获奖项35个。同年，参加第十三届全国青少年科技辅导员论文征集和第五届全国教育工作发明与科教制作展评，郴州推荐9篇论文和4件作品，获二等奖4个，三等奖1个。

（三）学术活动

郴州市（地区）科学技术协会工作贯彻“三服务一加强”（为科技工作者服务、为学科发展服务、为政府决策服务，加强优秀论文评审和青年科技奖评选），促进郴州学术水平提升、科技工作者成才、企业创新能力增强。

1989年始，郴州市（地区）科协先后开展五届自然科学优秀学术论文评审活动，征集论文876篇。其中评出特等奖12篇，一等奖61篇。采取“请进来、走出去”的方式，开展继续教育和业务培训活动，先后邀请中国科学院院士、中国科协兼职副主席、著名超导物理学家赵忠贤教授，中国工程院院士何继善教授，旅美科学家谷继教授等62名国内外知名专家教授来郴州作学术报告；同时每年组织市（地）级学会（协会、研究会）赴外地学习考察，参加全国或湖南省的学术交流活动；

举办继续教育和业务培训班1315期，培训8.17万人次；举办学术交流会议1112场次，参加活动的会员7.39万人次，出版期刊15.33万册，交流学术论文3.76万篇，其中6698篇论文在市级以上期刊上刊登，有近1000篇论文在全国学术性会议上交流。科技工作者向政协提出建议、意见420件，有383件被政协采纳并移送相关部门办理。同时，市科协及时将党委、政府的重大决策和对科技人员的要求向各学会（协会、研究会）传达贯彻，促使科技人员围绕各项中心工作尽职尽责提供科技服务。

1989—2005年，郴州市科协和各企业科协组织，评为国家级先进个人2人，省级先进集体8个、先进个人26人。其中2001—2005年，各企业科协组织科技人员参与立项1369项，完成项目992项，技术攻关785项，技术论证711项，推广新技术707项，提合理化建议5136条，实现和增加经济效益共计1.6亿元。

第五节 郴州市归侨侨眷联合委员会

一、组织机构

1989年3月，郴州地区侨联为正县级机构。事业编制由原定2名增加到5名，实有5人。按社团组织性质进行登记。华侨事务仍归口郴州行政公署办公室管理。1990年，侨联编制增加到8名。是年5月25日，地区行署办公室成立郴州地区侨务事业发展基金会，为侨民侨眷服务的民间团体，属地区侨联二级机构。

1995年，郴州撤地建市，郴州地区侨眷联合委员会改称郴州市侨眷联合委员会。1997年11月24—26日，郴州市第一次归侨、侨眷代表大会在郴州宾馆召开。出席大会正式代表95人，中共郴州市委、市人民政府领导，郴州市侨务办公室负责人及有关单位特邀代表参加大会，大会贯彻中国共产党第十五次全国代表大会精神，研究新时期侨联工作；讨论和通过《致郴州市归侨侨眷〈倡议书〉》。湖南省侨联主席高鸿基、郴州市委副书记杨顺初到会并分别讲话。大会选举郴州市归侨侨眷联合委员会第一届委员会，李先学当选侨联主席。聘请徐哨军为名誉主席、顾问。

2002年12月21日至22日，郴州市第二次归侨侨眷代表大会在郴州苏仙宾馆召开。出席大会代表100名，特邀代表10名，参会人员共120名。马驰作《与时俱进、发挥优势，为我市改革开放和经济建设作新的贡献》工作报告。湖南省侨联主席高鸿基、中共郴州市委副书记盛茂林、郴州市人民政府副市长潘碧灵参加会议，并分别在大会上讲话。大会选举郴州市归侨侨眷联合会第二届委员会委员23名，选举马驰为主席。聘请李先学、彭世美为市二届侨联顾问。是年，郴州实行机构改革，郴州市乔联归口郴州市旅游外事侨务局管理，市侨联办公室核定全额拨款事业编制3名。2005年，市侨联人员、机构设置未变。

1989—2005年郴州市（地）侨联主要负责人名录

表7-2-5-1

单位	姓名	职务	任职时间
郴州地区（市）侨联办公室	李先学	主任	1989.03—1997.11
郴州市侨联第一届委员会	李先学	主席	1997.11—2002.12
郴州市侨联第二届委员会	马驰	主席	2002.12—

二、主要工作与活动

郴州地区侨联工作于1985年全面起步。是年，郴州地区侨联在归侨侨眷较多的永兴县、桂东县开展宣传祖国统一大业和中国共产党的统一战线工作。

随着改革开放深入开展，郴州归侨侨眷逐步增多，1989年接近5万人。是年4月，郴州地区侨联积极发展侨汇公司和侨属企业，全区侨属企业发展到17家，其中，郴州地区直属侨企两家，即郴州地区华侨企业公司、郴州地区华侨物资贸易公司。郴州友谊华侨商场应运而生。侨汇公司与侨办企业，首开郴州利用外资和招商引资工作。是年末，北京发生政治风波，郴州招商引资工作和创汇工作以及侨眷企业生产一度受到影响。为此，侨联在归侨和侨眷中开展正面宣传，动员发动侨胞侨眷向港澳台地区和南洋地区亲朋好友写家书、报实情，很快消除负面影响，侨眷企业生产和出口创汇逐渐恢复。1990年5月，香港同胞徐余华先生向郴州地区捐赠1台日产丰田面包车。

1991年1月1日，《中华人民共和国归侨、侨眷权益保护法》正式施行，郴州地区侨联工作进一步加强。1992年2月，郴州行署成立郴州地区引进国外智力工作领导小组，领导小组办公室设地区外事办公室，其日常工作主要由侨联承担。是年3月，行署组织各县（市）外事办主任、地直经贸系统有关部门和郴州地区面粉厂、烟厂、麻纺厂等21家企业负责人赴长沙、湘潭等地引资引智和学习参观。1993年，地区侨联与有关单位举行“三胞经贸洽谈会”引进港澳台经贸项目16个，签约（引进）资金120.8万美元；区内侨属办经济实体36个，完成投资208.4万元，年产值2081.6万元。是年，郴州地区召开第一次侨属企业劳动致富奔小康工作会议，表彰4个先进集体和48个先进个人。1994年，地区侨联围绕中共郴州地委、郴州行署“开放兴郴”战略部署，举办侨联干部培训班，学习《邓小平文选》和保护归侨侨眷法律法规，鼓励华侨、侨眷和“三胞”在经济建设中敢想、敢干、敢冒；组织侨务对象外出考察，建立侨务经济协作网点。侨务工作为全区新增三资企业40家；利用外资4000万美元，完成外贸收购4亿元。是年，郴州地区侨联受到中国侨联表彰，是当时湖南省唯一受到中国侨联表彰的地市级侨联组织。

1995年，郴州市侨联把工作重点放在引资与引智，开展“基层活动服务年”“企业服务年”“海外华侨、华人百名博士回国考察”活动。元旦、春节期间向港澳台“三胞”发出邀请、慰问信和贺卡等185封。1997年6月30日，市侨联在郴州旭辉大酒店举行郴州侨界“迎香港回归”联欢晚会，湖南省、郴州市主流媒体对晚会活动进行专题报道。1998年，市侨联编辑出版发行《郴侨风采》集。

2000年2月，郴州市侨联编写《郴侨风景》一书，宣传13名郴州侨界先进人物；还积极响应中国侨联六届二次全会作出的《中国侨联关于开展“基层组织建设年”活动的决定》，组织开展此项活动，加强基层组织建设工作；同时组织开展“新千年献爱心，迎新春送温暖”、侨心工程首届“世界华人小学生作文大赛”、“联系困难企业联络下岗职工”、“推荐侨界人大代表，政协委员”等活动；召开《一个中国原则与台湾问题》研讨座谈会。共计召开各种座谈会12场次，联谊活动15场次，参加当地经济活动21次。2001年8月中旬，郴州市侨联积极配合郴州市人大代表，对郴州市侨务（侨联）法律法规的执行情况执法检查，依法为侨胞服务。11月，中国侨联、国务院侨办、《法制日报》联合举办《中华人民共和国归侨侨眷权益保护法》知识竞赛活动，郴州市侨联发动归侨侨眷和侨务工作者1500多人参加。

2003年，市侨联通过侨属开发北湖区"梦里故乡"旅游区。是年9月，全市开展侨情普查工作。2004年，各级侨联组织继续宣传和建设"学习型、服务型机关"教育活动。6月30日，全市外事侨务工作会议在郴州宾馆召开。会议传达湖南省侨办会议精神和省侨联第四届五次会议精神，贯彻执行中共湖南省委、湖南省人民政府《关于进一步简化因公出国（境）审批手续的通知》精神，方便与境外侨胞联络工作。

2005年，市侨联组织参加中国侨联举办的学习贯彻中国共产党十六届四中全会理论研讨会活动，市侨联选送的2篇论文分别获得"中国侨联学习党的十六届四中全会理论研讨"论文比赛三等奖和优秀奖，这也是湖南省侨联选送参赛获奖的唯一论文。是年末，全市有330家侨属企业，其中规模企业86家，侨属企业年上交税金900万元。2000年至2005年，市侨联招商引资累计金额6亿元；侨属企业共上交国家税收5200多万元，安排就业700人。在维权工作中，共处理来信来访760余件，接待来访者3000多人次。

1989—2005年，市侨联维权，协助有关部门查处侵侨事件64起，帮助解决侨眷子女升学、就业、继承侨业问题480人次，引进外资（项目合同签订）147个，外资2.93亿美元，人民币19.27亿元，接收捐赠1177万元人民币。

第六节 郴州市工商业联合会

一、组织机构

1984年，郴州地区各县（市）着手恢复工商联组织。1986年各县（市）工商联组织相继成立。1988年12月，湖南省工商联郴州地区办事处成立，定编2名，为党政干部编制，与中共郴州地委统战部经济科合署办公。其主要职能是团结新老工商界人士，在改革开放中发展非公有制经济。至1990年，全地区工商联联络处有会员2382人，其中企业会员838人，团体会员85个，个人会员1459名；工商业联合会组织27个。

1995年5月，中共郴州市委批准成立郴州市工商联筹委会。11月，郴州市第一次工商联会员代表会在郴州迎宾馆召开，出席会议代表105人。会议听取周卓诚关于市级工商业联合会成立筹备工作的报告；选举产生郴州市第一届工商联执行委员会，选举委员69名，其中常务委员会委员34名；曾民生当选为会长，李友生等11人当选为副会长，涂尧山任秘书长。会议通过《致全市工商联老会员的致敬信》《致全市非公有制经济人士的倡议书》及会议《政治决议》。市工商联内设办公室、会员部、经济联络部，定编9名，实有9人。至年底，全市共有市、县（市、区）、乡（镇）工商联组织45个，会员4200人。1997年，市工商联组建非公有制经济服务中心，为市工商联二级机构，事业单位，经费自收自支，编制12名，实有11人。1996—1998年，全市工商联新组建乡（镇）分会11个，县私营企业者协会3个，同业分会、行业协会、市场分会4个。1999年，按照工商联章程，全市对会员重新进行登记，共有个人会员2573人，企业会员120个，团体会员6个。

2000年4月，市工商联第二次会员代表会在郴州国际大酒店召开，到会代表233人。会议听取和审议第一届执委会工作报告，选举产生郴州市工商联第二届执委会，选举委员75人，其中常委42名；选举正副会长13名，曾民生当选为会长。4月13日，市工商联妇女工作委员会成立。是年，市工商联发展直属企业会员30个，组建基层城市分会1个，年末有会员2748人，其中老会员580人，新会员2168人。市工商联机关设立办公室、会员部、经济联络部，人员编制9名，实有10人。

2005年1月，郴州市工商联第三次会员代表会在郴州国际大酒店召开，到会代表242人。会议听取和审议第二届执委会工作报告，通过《加强组织建设发挥工商联作用的决定》《第三次会员代表大会决议》《给全市老工商业者的致敬信》《给全市非公有制经济人士的倡议书》；选举第三届执行委员会，委员81名，其中常委47名；选举李庭为会长，选举副会长14人。至2005年年底，市工商联机关机构、编制未变。全市有市、县（市、区）工商联机构12个、乡镇分会64个、市场分会4个、同业行业分会21个、同业行业协会14个；全市工商联共有会员5190人，其中企业会员1945人、团体会员99人、个人会员3146人。

1989—2005年郴州市工商联主要负责人名录

表7-1-6-1

单　位	姓　名	职　务	任职时间
郴州市工商联第一届执行委员会	曾民生	会　长	1995.11—2000.04
郴州市工商联第一届执行委员会	周卓城	党组书记	1995.11—1998.05
郴州市工商联第一届执行委员会	盘王生	党组书记	1998.05—2000.01
郴州市工商联第二届执行委员会	曾民生	会　长	2000.04—2003.12
郴州市工商联第二届执行委员会	李　庭	会　长	2003.12—2005.01
郴州市工商联第二届执行委员会	李友仁	党组书记	2000.01—2002.10
郴州市工商联第二届执行委员会	康等生	党组书记	2002.10—2005.01
郴州市工商联第三届执行委员会	李　庭	会　长	2005.01—

二、主要工作与活动

（一）参政议政

1989—1990年，郴州地区各级工商联组织其人大代表、政协委员认真履行职责，收集和整理商界意见、要求和反映，共提出提案、议案127件。在全地区治理经济环境工作中，与各级中共党委、人民政府保持一致，147人参加清理公司、规范经济行为。1993年，提出议案、提案、意见、建议共187件，被采纳113件，采纳率68.4%。

1995年，郴州市工商业联合会成立。市工商联参与政府发展经济、开拓市场有关政策的研讨制定。1996年，市工商联围绕改善非公有制经济发展外部环境，组织工商联的人大代表和政协委员，深入各县（市、区）私营企业进行为期两个月的调研，写出专题调查报告15篇。向市、县两级人大、政协提交“松绑放权发展民营经济”和“减轻负担、优化环境”的提案共65件。1997年3月，市工商联主要领导带领相关人员就非公有制经济发展，先后赴浙江、青岛、哈尔滨、西安、成都等地考察，撰写专题考察报告。市政协根据市工商联的考察报告，向中共郴州市委、市人民政府提出《关于加快发展我市个体私营经济的建议案》。中共郴州市委、市人民政府认真采纳此建议案，于当年12月印发《关于进一步加快发展个体私营经济的决定》。是年，针对市城区个体中巴车运营行业存在收费多、管理部门重复，国营、集体、个体不公平竞争等突出问题，市工商联组织会员广泛深入调查，形成《中巴出租车行业管理亟待加强》的提案，在当年的市政协全会上作重点发言，引起市人民政府重视，市长龙定鼎召开有关职能部门协调会，解决出租车行业重复管理、乱收费等问题。1998年，市工商联积极参加市政协组织的调研活动，提出的发展个体私营经济的建议，促成资兴市、宜章县、桂阳县、苏仙区政府制定进一步发展个体私营经济文件。是年，全市工商联召开各种座谈会48次，撰写论文16篇，提案、议案、建议共164件。1999年5月下旬，市工商联又与郴州市技术监督局至苏仙、北湖两区部分非公有制企业协商加强技术监督工作，制订行之有效的措施。市工商联与市政协提案委于是年6月，就治理经济环境深入北湖、苏仙两区及桂阳、嘉禾县10家企业调查，撰写出治理对企业乱收费、乱摊派、乱罚款专题的调查报告，为市政府治理经济环境提供决策依据。

2001年1月，市工商联会员、市政协委员王尤仁在市政协二届二次会上，提出“对重点民营企业实行挂牌保护”的建议列为重点提案，被中共郴州市委、市人民政府予以采纳，由市纪委监察局牵头，为8家私企挂牌保护。4月，市工商联组织人员到各县（市、区）走访私营企业，赴温州市、厦门市考察取经，写出《关于郴州市个私经济发展环境的调查报告》《关于发展我市民营经济的一些看法》交市政办，市政协认真研究后形成建议案，供中共郴州市委、市人民政府决策参考，得到中共郴州市委、市人民政府认可，促成《关于鼓励和推动民营经济发展的若干意见》出台。2002年在市政协全会上，市工商联的《规范城管监察，提高城管水平》的发言被评为优秀提案，并被政府采纳，促使郴州市中心城区成立统一的城管执法队。市工商联在市人大、市政协换届中认真做好市内各级人大代表、政协委员的推荐工作，是年，全市各级工商联组织共推荐工商界非公有制经济人士227人。2003年，市政协工商联活动小组通过对郴州市中心城区的视察提出建议被采纳实施。2005年5月，市工商联各界委员活动小组与市政协人资环委会和北湖区政协，就“仰天湖旅游资源保护开发”进行专题调研，调研报告被郴州市政协评为优秀提案，其保护和开发仰天湖旅游资源的建议和措施被市、区两级政府采纳。是年，《加强发展行业组织，促进市场经济体制完善》的发言，被列入市政协重点提案督办。

1989—2005年，郴州市（地区）工商联会员被选为全国工商联执委1名；选为省人大代表5名、省政协委员8名；选为市人大代表18名、市政协委员48名；选为县（市、区）人大代表60名、政协委员409名。任地市级领导职务2人、处级领导职务13人。

（二）引导非公有制经济发展

1989年，郴州地区有个体工商户、私营企业5.43万户，从业人员7.01万人，商品零售总额8.07亿元。地、县两级工商联按照中共中央发展非公有制经济的精神，多次召开非公有制经济代表人士座谈会，鼓励非公有制经济发展，加强与有代表性的经营大户保持联系，帮助他们解决实际困难。临武县工商联为支持李作明创办造纸厂，为其多方联系筹集资金4000万元，帮助解决场地、供电、销售等问题，促成造纸厂顺利投产。

1996年，市工商联成立法律顾问室，聘请专职律师担任法律顾问，当年，为个体民营企业会员调解经济纠纷78起。1997年，市工商联组建非公有制经济服务中心，当年，市工商联法律顾问室为6家企业担任常年法律顾问，为会员代拟合同26份，为工商业者调解各种纠纷203起，排忧解难解决问题335个，为会员挽回经济损失161万元。市、县两级工商联非公有经济服务中心帮助会员融资366万元。1998年，市工商联从策划、购地、融资到建厂，扶持私营企业主李晓辉引进998高级植物营养素，建成998营养素生产基地。帮助郴州裕湘面业有限公司融资贷款。1996年至1998年，有120名非公有制企业厂长、经理参加市工商联举办的普法知识学习班，免费选送12名会员到湖南农业大学养殖和生产技术培训班学习，选举16名非公有制经济人士参加湖南省社会主义学院和中共中央社会主义学院学习。1999年，市工商联帮助私营企业融资、贷款300万元，解决周转资金短缺困难。是年11月与湘潭大学联合开办非公有制企业厂长经理本科班，送培学员47名。2000年在湘潭大学开办经济管理本科班，送培学员41名。

2001年，市工商联制订非公有制经济单位职称评定细则，与人事部门协作组织对非公有制经济专业技术人员技术职称评审。当年全市共有555人评定技术职称（含1989年以来的）。其中高级职称41人、中级职称427人、初级职称87人。2002年4月，特邀北京大学企业研究中心顾问、教授王林来郴州讲授"入世民营经济发展"。2003年，市工商联联系的两家私营企业开发产业项目，被选定为湖南省级重点扶助项目单位，得到湖南省人民政府财政支持。是年，市工商联与郴州市质监局联合成立"质量信得过单位"评审委员会，对全市民营企业申报质量信得过单位进行考察。2004年，23家工商企业被评为省、市"质量信得过单位"。郴州市裕湘面业有限公司被评为全国质量信得过单位，受到全国工商联表彰。是年12月，特邀中南大学吴金明教授为100多名私营业主作《企业与区域发展战略规划与管理》专题讲座。2005年，市工商联与中共郴州市委统战部、市建行联合举办银企合作恳谈会，当场与银行签约12个合同，银行承诺贷款1.2亿元。是年，临武县、嘉禾县、苏仙区工商联为会员企业解决贷款600万元。

（三）自办企业与招商引资

郴州市工商联成立之初的1995年，即着手规划自办企业。1996年，市工商联首创红都歌舞厅。至1999年，共创办民生汽车客运公司、民生光彩实业有限公司、民生酒楼、民生石油燃气公司、民生房地产公司、民生实业公司等7个会办企业。2000年，组建的民生房地产开发有限公司，经过2年建设，建成郴城首个明桂园高档住宅区，建筑面积5391平方米，实现销售收入2246万元，交纳各种契税227.6万元。民生房地产公司入围湖南省房地产20强，被评为湖南省诚信单位。

2002年，市工商联根据中共郴州市委、市人民政府的部署，积极开展招商引资工作，成立招商引资小分队，引进资金50万元，建成郴州民生彩瓦厂，实现当年引资当年产生效益。在招商引资工作中，各级工商联注重通过横向交流，促进经济发展。2003年4月19日，郴州市工商联与上海卢湾区工商联结为友好商会，签约仪式在郴州市国际大酒店举行。2004年5月，市工商联组织两个组分赴上海、深圳招商引资，组织客商参加郴州市人民政府在上海举行的招商引资推介会，引进资金1500万元，建成永兴湘阴渡镇兴湘综合市场。是年，郴州市工商联与全国27个城市工商联结成友好商会，签订友好商会合作公约。2005年，市工商联协助郴州市人民政府在温州、厦门举行招商活动，完成招商引资1500万元。帮助指导北湖区工商联与全国9个城市商会结成友好商会。2002年至2005年，全市工商联共引进项目60个、资金2亿元，其中郴州市工商联引进项目4个、资金2450万元。

（四）光彩事业

1996年，郴州市工商联实施光彩事业。当年6月市工商联、市私营企业者协会在活动中组织"一帮一"结对助学活动，帮助北湖区南溪乡12名失学儿童复学。是年，由会员参与实施的光彩事业项目22个，投入资金2207万元，发动会员为公益事业捐款293万元。1997年，汝城县工商联引进项目创税收110万元，并组织8名会员，在县内4个省级贫困乡开展项目投资1791万元，安置贫困人员就业358名，为贫困乡年创税收212万元；还到福建、广西革命老区投资项目2个，投入资金786万元，安置老区294人就业，为当地年创税收67万元。1998年，全市工商联为长江中下游、东北松嫩平原特大洪灾捐款40万元，其中个人捐款1万元以上的7人。宜章县工商联副会长刘贤玉将自己出资13万元购置的配电房转让给所在村委会，可为该村年均创利润20万元；将经数年投资培植的茶场和果场无偿捐给当地学校，解决该村小学长期困扰的办学资金不足困难。刘贤玉的事迹在全市非公有制经济人士中影响广泛，受到湖南省光彩促进会的表彰。全市工商联号召非公有制企业为'98郴交会捐款14.9万元。1999年至2002年，市工商联组织私营企业会员筹集资金助学救灾，扶助贫困生上学，共捐款14万元，支助128名贫困学生；在工商联所属企业中接收和安排2000名大中专毕业生就业；为抗洪救灾捐款捐物（折合人民币）495.9万元。其间，宜章鑫源矿业公司总经理王尤仁、郴州市豫湘贸易公司总经理彭邵琳被评为湖南省光彩事业先进个人。民营企业裕湘面业有限公司、得月楼酒店因捐助抗洪救灾事迹突出，受到中共郴州市委、市人民政府表彰。

2005年，市工商联组织实施光彩事业项目31个，投入资金5.3亿元，全市民营企业参与援建贫困乡（镇）卫生院筹资100万元，安排城镇下岗职工再就业5916人。据统计，1995—2005年，全市工商联会员共实施光彩事业项目131个，捐资2.3亿元，安排就业者7856人，扶助199名贫困学生上学。

第七节　郴州市社会科学界联合会

一、组织机构

郴州社会科学界联合会的前身，是1986年成立的郴州地区哲学社会科学联合会（简称地区哲学社科联）。至1988年，郴州地区哲学社科联未配备专职正副主席，其负责人由哲学社科代表大会选举产生的兼职正副主席担任，未设工作机构。地区哲学社科联的日常工作由中共郴州地委宣传部理教科指定1名干事承担。联合会下只有“哲学”“经济”“党史党建”“科学社会主义”4个专业学会，会员68人，各学会挂靠郴州地委党校开展活动。

1988年，中共郴州地委给地区哲学社科联配备专职副主席职数，定事业编制3人，设办公室，从地委宣传部理教科析出，独立办公。1991年12月，经地委研究决定，郴州地区哲学社会科学界联合会更名为“郴州地区社会科学界联合会”。1992年4月，郴州地区社会科学界代表大会在郴州召开，选举朱忠懋（兼）为主席。是年，全区共有社科类专业学会、协会、研究会27个，其中：经济类6个、政治类5个、文史类6个、新闻出版类3个、综合性7个，会员发展到1万余人。1995年，郴州撤地建市，郴州地区社会科学界联合会更名为郴州市社会科学界联合会。

2001年12月27—28日，郴州市社会科学联合会第一次会员代表大会在郴州召开。参会代表120名，其中正式代表85名，特邀代表35名。中共郴州市委副书记盛茂林到会讲话，陈万福作工作报告。会议通过《郴州市社会科学界联合会章程》和《郴州市社会科学界联合会学会管理办法》。大会选举产生委员45名、常委15名；选举陈万福为主席。2002年机构改革，市社科联机关内设办公室，核定事业编制4人，其中领导职数2人。2003年8月，张光月任主席。2004年4月，陈忠勇任专职副主席。2005年，市社科联内设机构与人员与2002年相同。是年年底，市社科联共有各类学（协、研究）会28个，会员1万余人，其中具有大专以上学历、中级以上技术职称者分别占95.6%。

1992—2005年郴州市（地区）社科联主要负责人名录

表7-2-7-1

单位	姓名	职务	任职时间
郴州地区（市）社会科学界联合会	朱忠懋	主席	1992.04—2001.12
郴州市社会科学界联合会	陈万福	主席	2001.12—2003.08
郴州市社会科学界联合会	张光月	主席	2003.08—

二、研究与交流

1989—1991年，郴州地区社科联组织开展社会主义商品经济、市场经济理论与实践学习研讨活动。1992年，重点开展如何办好郴州改革开放过渡试验区研究。1995年至1998年，深入开展邓小平理论学习与研究。1999年，郴州市社科联共举办学术交流会和研讨会、座谈会19次，收集有关社会科学类研讨文章653篇，出版研讨会专辑12部。参加省级以上研讨会9次52人次，有55篇文章在省级以上交流中获奖，在《郴州日报》上组织理论专版。

2000年，全市开展中国加入WTO研究。2002年，开展县域经济文化研究，并在全市全面开展"社科普及宣传月"活动。先后组织以"推进工业化、城镇化、农业产业化""依靠科技进步，加强现代管理""发展经济，壮大财政""开发人才资源、推进人才强市"为主题的宣传活动。2003年，开展郴州倚北接南发展战略研究，邀请湖南师范大学教授、博士生导师唐凯麟和中青年经济学家苏明、王朝才等专家学者来郴州举办专题报告会。2004—2005年，开展湘南地区新型农民培训体系研究和文化体制改革研究。

1989—2005年，郴州市（地区）社科联及各学会、研究会会员共撰写各种理论文章7589篇，其中在省级以上报刊公开发表2642篇，出版专著467部，获市级以上党政部门表彰奖励的科研成果723项。

三、成果评审

从1992年开始，郴州地区社科联开始组织开展第一届社会科学优秀成果评审，以后每2~3年举办一届。至2005年，由地区社科联资助、辞学爱好者黄库主持的辞类研究，其研究成果300万字的《辞类》，被国内知名学者称为"填补国内空白"。王发兴教授撰写的专著《郴州市域经济发展研究》、江元保撰写的《新时期财源建设》、赵运明参与主编的专著《湖南失业保障社会系统工程研究》、李新生撰写的专著《农村基层党组织建设之道》、曹石珠主编的《形貌修辞学》、李明主编的《鲁迅自我小说研究》，均有相当高的学术价值，受到各专业学术界称赞。1992年至2005年，全市共举办五届社会科学优秀成果评审。全市（区）社科联共评出一等奖55项，二等奖102项，三等奖150项，优胜奖126项。郴州社科联共推荐256项成果参加省级以上社会科学成果评奖，向《湖南社会科学优秀论文选》择优推荐理论文章91篇，有19项课题被国家级立项，38项课题被湖南省级立项。向湖南省社科规划办公室推荐资助出版著作10项，推荐永兴县成为湖南省县域文化研究基地，郴州师专为“江泽民青年思想研究基地”。郴州地区文物工作队李荆林撰写的《女书与史前刻划符号研究》在美国举行的第22届国际汉藏语言会上宣读。

第八节 郴州市文学艺术界联合会

一、组织机构

郴州市文学艺术界联合会最早成立于1958年12月，时称“郴县专区文学艺术界联合会”（简称郴县文联）。主席放平（原名许文）。内设机构：办公室、联络组、创作组、艺术组、资料组。联合会下有4个专业协会，即文学工作者协会、美术工作者协会、音乐工作者协会、戏曲工作者协会。1960年，郴县文联并入郴县专区文化科；1963年，文联机构从文化科析出，改名为“郴州地区文学艺术界联合会’（简称地区文联），只配副主席杨源和干事1人。“文化大革命”期间，地区文联组织瘫痪。1978年，郴州地区文联恢复，与郴州地区文化局合署办公。1983年，机构改革从地区文化局析出独立办公，为正县级单位。主席缺，副主席由陈庆雷、欧植竹、郭垂辉担任。至1988年，地区文联内设机构有办公室、《五岭文学》编辑室，均为正科级；地区文联在区内成立文学、美术、音乐、戏曲4个工作者协会。

1989年，郴州地区文联组织内设机构和专业学会没有变化。先后有陈第雄、欧植竹、郭垂辉、李涛、张家文、徐晶荣、王邦建在文联担任领导职务。1995年12月22日，郴州市文学艺术界联合会第一次代表大会在郴州召开，选举产生第一届委员会。张家文任主席。1996年，中共郴州市委明确市文联的主要职责是：联络、协调、服务、指导全市文化艺术工作，为正县级单位，事业编制5人，由财政全额拨款。市文联下辖直属机构2个，即《郴州文学》编辑部、郴州书画院，均为正科级事业单位。1997年7月，郴州市委任命邓存健任市文联主席，张家文任专职党组书记。在市文联第一届委员会中，曹知法、石金安先后任市文联党组书记。

2001年12月24日，郴州市文学艺术界联合会第二次代表大会在郴州相思宾馆召开，选举市文联第二届委员会。邓存健任主席。2002年2月，郴州市委办公室印发《郴州市文学艺术界联合会机关机构改革方案》，明确文联的工作职能为联络、协调、服务全市文学艺术工作；核定全额拨款事业编制6名，内设办公室、组织联络部。保留二级机构《郴州文学》编辑部和郴州市书画院，均为正科级全额拨款事业单位，编制各2名。2003年6月，经郴州市编委批准，市书画院加挂“郴州市文艺创作中心”牌子，为自收自支单位。至2005年年底，市文联内设机构和二级机构及人员编制均无变化。文联所属协会增至16个，另有县级文联组织10个。

1989—2005年郴州市（地区）文联主要负责人名录

表7-2-8-1

单 位	姓 名	职 务	任职时间
郴州地区文学艺术界联合会	欧植竹	主 席	1990.06—1994.04
郴州地区文学艺术界联合会	李 涛	党组书记	1990.06—1994.12
郴州地区文学艺术界联合会	张家文	主 席	1994.12—1995.12

续表 7-2-8-1

单位	姓名	职务	任职时间
郴州市文学艺术界联合会第一届委员会	张家文	主席	1995.12—1997.07
郴州市文学艺术界联合会第一届委员会	邓存健	主席	1997.07—2001.12
郴州市文学艺术界联合会第一届委员会	张家文	党组书记	1997.07—1998.03
郴州市文学艺术界联合会第一届委员会	曹知法	党组书记、（市委宣传部副部长兼）	1998.04—2000.10
郴州市文学艺术界联合会第一届委员会	石金安	党组书记	2000.10—2002.11
郴州市文学艺术界联合会第二届委员会	邓存健	主席	2001.12—
郴州市文学艺术界联合会第二届委员会	张本文	党组书记	2002.11—

二、重要活动

1989 年郴州地区文联书法、摄影、舞蹈、诗社各专业协会在节假日和重大活动中，组织协会会员开展诗词歌舞、摄影照相等群众文化娱乐活动，郴州籍中国作协会员古华领军的文学创作开创郴州本土文学创作新局面。戏曲创作也在农村兴起。自编自导自演的小折子戏活跃乡村田间地头。

1990 年 7 月，郴州地区文联在苏仙岭举办全区农村小戏曲改稿笔会；8 月又在七四二九工厂办青年文学笔会。1996 年 6 月，郴州市文艺协会在郴州科学馆举办喜迎香港回归诗书画展，活泼生动，观展者川流不息。1999 年 12 月，市文联在郴州体育训练基地腾飞馆举办郴州市千人书画长卷迎澳门回归展，弘扬郴州人民爱国主义的情怀。2002 年 5 月，郴州市文联与韶关市文联、赣州市文联联合，借三地政府召开红三角经济发展座谈会之机，分别在三地举办“红三角诗歌节”系列活动。当年 7 月，市文联举办第二届“香港铭源”文学夏令营活动。2003 年 9 月，市文联特邀著名学者余秋雨来郴州讲学。同年，市文联在市文艺创作中心举办郴州市首届矿物晶体奇石展览。

2004 年 8 月，市文联与辽宁省锦州市文联联合举办“郴州—锦州书法联展”，促进两地书法交流。是年 10 月至 2005 年 4 月，市文联兼职副主席、安仁县文联主席罗范懿、李绿森、陈赞文组织开展“文化长征”活动，引起中宣部和湖南省委领导的关注和支持，中央电视台、《光明日报》等全国主要媒体对此进行专题报道。2005 年 11 月，市文联与深圳福田区文联在深圳联合举办“湖南郴州风光美术摄影作品展览”，向外界推介美丽郴州。

三、文艺创作阵地与活动

（一）创作阵地

20 世纪 80 年代末至 90 年代，郴州地区文联成立《五岭文学》编辑室、《郴州文学》编辑部和郴州市书画院，为专业文艺工作者、广大文艺业余爱好者开辟和提供发表锤炼文艺作品的平台。进入 21 世纪，全市先后创办《郴州风》《郴州作家》《五岭》《郴江诗词》《郴州联苑》《郴州美术》《东江湖》《银都风》《莽山风》《武水》《庐阳文艺》《榕城》《珠泉》《北湖》《郴江潮》《永乐江》近 20 个内部资料性文学艺术刊物，为业余作者提供作品发表园地。2003 年，郴州文联创办《郴州作家网》《五岭诗风网》《诗屋网》新兴网络文学阵地，扩大了文学艺术作品向更广泛领域快速传递和交流。至 2005 年网络传输新文学作品有长足发展。

（二）创作活动

20 世纪 80 至 90 年代，古华著作的《芙蓉镇》轰动全国，作品被改编成各种文艺形式，取得广泛社会认同，开辟改革开放文艺作品写真求实新风。进入 21 世纪，小小说、网络作品迅猛发展。全市作家每年出版文学著作 30 余部，在省级以上报刊发表文学作品近万篇。王琼华在全国公开发表小小说 760 篇．小小说集《心事》被作为中国小小说典藏品出版和珍藏，同时被《小小说选刊》刊登。2001 年，曹辉的书法作品获中国文联“中国根”全球华人书画大赛二等奖。2002 年，湖南省昆剧团优秀青年演员傅艺萍获全国戏剧表演艺术“梅花奖”，孙纯田的油画《乡村棋盘》获文化部全国群星奖优秀作品奖，朱珉辉的《温副总理和灾区孤儿》获全国地市州盟报新闻摄影作品金奖、《热血军魂护大坝》获银奖；曹广文的《晨光如歌》获第十届中国国际摄影艺术展览自然风光类星条奖，尹干良的《天山脚下》入选第六届上海国际影展。

2003 年，冯之创作的剧本《乡里法官》获中共中央宣传部第九届“五个一工程”优秀戏剧奖和田汉戏剧文学一等奖；冯之、罗范懿、张少生联合创作的大型花鼓戏《药都传奇》获文化部、中国剧协第七届映山红民间戏剧节银奖。刘乐生油画《龙门》入选全国小水彩画展。唐凤鸣《山那边》入选全国第二届中国画展。唐卯《湘南风光图》入展文化部举办的世界华人书画展。

2004 年，刘衡《红红火火过大年》在 1 月 24 日《人民日报》头版发表。桂阳县文化馆创作的舞蹈《戴架》获“全国少年儿童艺术风采展示大赛”金奖。郴州市楹联学会 2004 年被中国楹联学会评为“弘扬楹联文化先进集体”，艾振民获先进个人称号。

2005 年，曾庆清、祝亦宜作曲的《跳春光》《踩花山》获第六届“文化之春·中国民族歌曲演创大奖赛”金奖。谢铁云出版《公仆三部曲》等 5 部长篇小说。王琼华被《小小说选刊》杂志社和小小说作家网评为 2005 年度中国小小说创作十大新锐之一。游杰辉被誉为“中国卵石巧雕第一人”，唐荣的书法作品入展全国首届“兰亭奖”书法作品展，胡雄的书法作品入选全国首届“兰亭奖”书法作品展。岳瑾作曲的《啊，队长》获公安部优秀剧目汇演三等奖。市舞协青少年宫代表队在湖南省第四届少儿国际标准舞大赛中捧回 6 个金杯。《诗画东江》摄影作品入选美国纽约第 32 届国际摄影展。

第九节 郴州市残疾人联合会

一、组织机构

1984 年，郴州地区设立湖南省盲人聋哑人协会郴州盲人聋哑人办公室，编制 2 名，为湖南省盲人聋哑人协会派出机构，由郴州地区民政局代管。1990 年 6 月 12 日，撤销原湖南省盲人聋哑人协会郴州地区盲人聋哑人办公室，成立湖南残疾人联合会郴州地区联络处，为副处级事业团体，为省残疾人联合会派出机构，仍由地区民政局代管，事业编制由原来的 2 人增加到 5 人。2000 年 12 月，郴州市残疾人联合会第一次代表大会在郴州召开，选举市人民政府副市长易佩康为郴州市残联第一届主席团主席，选举产生第一届残疾人联合会执行理事会，理事长、副理事长、理事。赵昌华担任理事长。市残联为正处级单列群众团体，归口市政府办公室系统管理，地方事业编制增加到 10 人。

残联分设盲人、聋哑人、肢残人3个协会和精神病人、智障人亲友会，均为社团组织，在市残联指导下开展活动。2002年3月，机构改革，市残联核定事业编制13人，其中领导职数3人，设理事长1人，副理事长2人。市残联内设办公室、康复就业部、宣传文体与基金部；辖直属事业单位2个，即郴州市残疾人劳动就业服务部、郴州市残疾人康复中心。全市11个县（市、区）均成立残疾人联合会，至2003年，11个县（市、区）残联进入政府序列、机构升格为正科级单位，人员编制由36人增至89人。随着郴州市残联工作开展，残联事业逐步向乡（镇、街道办事处）、厂矿企业延伸。至2006年底，全市258个乡镇街道全部成立残联组织，132个社区和78%的村委会有残协组织。

1989—2005年郴州市（地区）残协组织主要负责人名录

表7-2-9-1

单　位	姓　名	职　务	任职时间
郴州地区（市）残疾人联络处	赵昌华	主　任	1990.06—2000.12
郴州市残联第一届执行理事会	易佩康	主　席（兼）	2000.12—
郴州市残联第一届执行理事会	赵昌华	理事长	2000.12—2005.07
郴州市残联第二届执行理事会	彭善英	理事长	2005.07—

二、主要工作与活动

（一）康复保健

1990年，郴州地区成立残疾人三项康复工作领导小组，全区民政、卫生、教育、残联部门通力合作，开展造福残疾人的三项康复工作。地、县两级人民医院为残疾人三项康复定点医治单位。全地区采取财政拨、社会捐、民政助的办法筹集三项康复资金35万元，并组织一支医疗队到6个县进行小儿麻痹矫治手术。至1995年年底，郴州市4148名“三项残疾”人员得到康复治疗。其中实施白内障复明手术2582人，脱盲率98.5%；矫治小儿麻痹后遗症1430人，显好率为80%；实施聋儿听力、语言康复训练136名。

1997年，市残联争取卫生部和全国残联联合派出“视觉第一中国行动”医疗队，到永兴、桂阳县和资兴市开展白内障手术。市（县、市）区卫生部门年内选派28名医务人员到北京参加小儿麻痹矫治手术培训。翌年6月，郴州市盲人复明中心在郴州医专附属医院挂牌成立，承担全市白内障复明、低视力矫治和初级眼保健任务。资兴市、桂阳县、永兴县特殊教育学校和北湖区福利院也相继开办聋儿语言训练班。1996—2000年，郴州市地方财政投入残疾人“三项康复”经费166万元，使5196名白内障失明、低视力、肢残、聋哑智障的残疾人得到不同程度的康复治疗，其中白内障复明2600例，脱盲率100%；低视力配用助视器913人，完成率100%；肢残人康复886例；聋儿语言训练235名，智障儿童训练413人，供应残疾人医疗保健用品5000件。在特殊人群中补碘76.04万人以预防残疾发生。其间，每年的爱耳日（3月3日）、爱眼日（6月6日）、世界精神卫生日（10月10日），市县两级卫生、残联、宣传等部门均组织力量在城镇设点普及相关卫生保健知识，开展义务诊治。

2001年4月，郴州市人民政府印发《郴州市残疾人事业“十五”计划纲要》；6月，市政府召开常务会议，专题研究残疾人康复工作，调整郴州市残疾人康复工作领导小组。2002年11月，市政府召开残疾人康复工作会议，会议决定把残疾人康复工作纳入经济和社会发展计划，拟定提高残疾康复财政预算经费。2003年6月，经申报卫生部批准，郴州市人民政府组织实施香港“健康快车”在郴州行动，免费为1317名贫困白内障患者实施复明手术，复明率达100%。中央电视台对此作专题宣传报道。是年，经中国残联批准，北湖区、安仁县被列为全国精神病防治康复工作示范县（区），实行“社会化、综合性、开放式”精神病防治康复工作模式。2004年，全市把残疾人康复工作列入社区建设总体规划，新建14个残疾人康复社区指导站，开展社区残疾人康复训练。是年，市残联争取到长江新里程计划专项（即香港李嘉诚赞助普及型假肢装配项目），新建郴州市假肢装配站。

2001—2005年，郴州市完成白内障复明手术5332例，低视力患者配用助视器436人，聋儿语言训练346人，装配假肢348件，实施畸残者矫治手术28例。供应残疾人用品用具7301件、矫形器534件。期间，全市积极开展低视儿童和聋儿家长培训，普及相关医治保健知识。北湖区、安仁县监护精神病人917人，显好率81%，肇事率低于0.5%。

（二）劳动就业

1989年，郴州地区残疾人工作联络处贯彻湖南省人民政府《关于进一步扶持社会福利生产的通知》，制订扶持发展社会福利企业措施，落实福利企业扶助优惠政策，提高残疾人群中劳动就业比例。至1995年，全市拥有福利企业51家，安置残疾人员436人，占企业职工总数的39%。随着市场竞争的日趋激烈，一些福利企业生产经营陷入停滞状态，到2000年，全市福利企业仅存33家，14家集体性质企业均实行“关停并转”，残疾人劳动就业面临新的困境。是年12月，市政府召开全市残疾人劳动就业工作会议，决定采取“集中安排就业与分散组织个体谋业相结合”的办法，要求全市机关团体和企事业单位按本单位上年度在职职工（不含下岗人员和临时工）总数比例的1.5%安排城镇残疾人就业，乡村企业按本单位职工总人数2%的比例安排农村残疾人就业；努力拓宽残疾人自谋职业渠道，各地加大财政扶助、税费减免、技术救援措施，帮助残疾人找到就业门路，谋求生活保障。2001—2002年，全市安排残疾人就业395人，征收残保金220万元。从2003年始，市政府将按比例安排就业任务和残保金的征收列入年度目标管理考核内容。至2005年底，全市多形式集资投入8.11亿元，兴办福利企业65家，安置残疾人员920人，占福利企业在职职工总数的55%。福利企业生产总值达51.59亿元，上交税收6.25亿元（退税4.90亿元），资助社会公益事业391万元；残疾职工年人均收入7798元，生活得到保障。全市28.6万残疾人中实现劳动就业10.17万人，就业率35.6%，其中集中安置就业1200人，分散按比例安排就业1540人，自愿个体从业者9.9万人。曾在国家福利学校专修按摩的桂阳县欧阳海乡五里村盲人李爱保，在县民政部门帮助下，在县城开展保健理疗按摩，成为桂阳县残疾人身残志坚、勤劳致富的榜样。

（三）助残扶贫

自1989年始，全地区将特困残疾人家庭列入城乡重点扶助对象，采取“国家助、集体扶、邻里帮”的办法，在资金、技术、物质上予以帮助。1992年，国家发放残疾人康复扶贫贷款，至1996年，郴州市残联机构、农业银行部门组织，争取康复扶贫贷款500万元，帮助3.2万户残疾人家庭解决生产、生活上的困难，其中1.32万户依靠救助资金投入生产，有了基本生活收入保障。

1998年，全市22万残疾人中尚有9.8万人未解决温饱问题。郴州市人民政府残疾人工作委员会、市扶贫开发工作领导小组会同相关部门制定《郴州市残疾人扶贫攻坚计划（1998—2000）》。1999年安排残疾人扶贫资金100万元，扶持残疾人开发脱贫项目6个。到2000年，2.8万名残疾人得到资金扶持，3.2万残疾人接受实用农业技术培训，汝城县、安仁县建立残疾人扶贫基地。市残工委、市扶贫办又制定《郴州市农村残疾人扶贫开发计划（2001—2010）》。2001年，全市落实残疾人康复扶贫贷款700万元。翌年，郴州市将残疾人扶贫工作列入农村建整扶贫工作重点，市残联与共青团市委配合，组织全市青年志愿者与残疾人贫困户“结对”助残，当年上门送政策、送技术、送资金8600人（次）。2003年3月，市政府安排残疾人扶贫资金50万元，直接到户资助贫困残疾人1600户。是年，全市组织开展向残疾人献一份爱心，捐一天工资活动，全年共募集残疾人福利资金300万元。2004年，启动中国残联彩票公益金危房改造项目，国家、省、市、县四级财政配套共给每户残疾人危房改造补助8500元，重点帮助安仁、汝城、宜章3县残疾人无房户、危房户新建住房。

2005年，郴州市城镇残疾人9638人享受最低生活补助，农村残疾人享受最低生活保障的5637人。由市、县（市、区）政府安排残疾人扶贫专项资金200万元，扶助兴建残疾人扶贫项目26个；落实残疾人康复扶贫贷款1200万元，扶助兴办以种植、养殖业和加工业为主的残疾人扶贫经济实体860个；争取残疾人建房资金160万元，帮助180户农村贫困残疾人新建住房；农业、科技、民政、残联等部门共培训残疾人1.6万人次，在助残日上门为残疾人做好事1.02万件。1989—2005年，先后有2.2万多户残疾人贫困家庭脱贫，贫困残疾人家庭脱贫率达70%。

（四）法律援助

1990年12月，《中华人民共和国残疾人保障法》颁布实施，郴州地区广泛开展宣传，印发宣传提纲1万份、残疾人保障法1万本，地、县（市）组织法律咨询活动34次。1993年，全区开始建立残疾人援助体系。1996年，郴州市发动和依靠法律援助机构（律师事务所、公证处、法律服务所），建立志愿者服务机构为补充的残疾人法律维权援助的服务网络，开展对残疾人的法律援助。2001年，郴州市人民政府办公室印发《关于纪念〈中华人民共和国残疾人保障法〉颁布10周年活动的通知》。市、县（市、区）两级人民政府召开贯彻落实残疾人保障法座谈会。举办“与爱同行”大型助残文艺晚会。市司法局组织法律工作者上街为残疾人提供法律咨询服务，市人民广播电台开设专栏与残疾人对话，提供依法维权舆论支持。是年6月，市、县（市、区）两级人大常委会组织开展执法检查，并由市人大常委会办公室、市政府办公室通报检查情况，就残疾人优惠政策兑现难、劳动就业难等问题研究出台解决措施。是年，市残联成立残疾人信访工作领导小组，实行信访接待制度。2003年，市残联举行郴州市残疾人维权示范岗授牌仪式，北湖区向荣法律服务所、宜章县城关镇司法所、资兴市唐洞街道司法所、嘉禾县城关镇司法所获“全国第二批残疾人维权示范岗”称号。2004年，市人大常委会组织开展残疾人保障法专项执法抽查，并向市政府交办检查意见与建议。是年，全市受理残疾人来信1621件，来访6318人（次），重大信访件的结案率达100%。其间，苏仙区残联被省残联评为湖南省残疾人信访工作先进集体。2004—2005年，郴州市建立残疾人法律援助中心16个，为残疾人提供法律服务620人（次），免费援助38名残疾人进行法律诉讼，帮助残疾人挽回经济损失800万元。

（五）特殊教育

1989年，郴州地区无特殊教育机构，残疾儿童采取个人就地随班就读的方式入学。1990年，资兴市财政投入500万元，创办郴州地区第一所聋哑学校，年内招收20名学生。全区其他县（市）则选择35所学校开设残疾学生相对集中就读的教学点。至2000年，安仁、桂阳、永兴3县相继兴办特殊教育学校。至此，全市有600名残疾儿童进入特殊教育学校学习，6300名残疾儿童在学校教学点就读，残疾儿童入学率由1990年的55%提高至80%，45名残疾考生先后被高等学校录取。北湖区社会福利院对残疾儿童实行“三早”（早期发现、早期矫治、早期教育）的经验，被联合国儿童基金会推介。2001年，郴州市政府将残疾儿童义务教育、残疾青少年扫盲纳入教育事业整体发展规划，实施专项彩票公益金助学项目。2004年，兴办郴州朝阳儿童康复训练中心，招收培训智障学生 44 人。2005 年 2 月，永兴县公安局、县民政局、县残联派员至县特教学校现场办公，为学生统一办理城镇户口、低保手续和残疾人证，还给每名学生送去 1000 元的助学金。截至 2005 年年底，全市残疾适龄儿童入学 7392 人，入学率升至 86%，其中盲、聋、弱智三类残疾儿童入学 728 人，入学率 80%。其间，先后给 2319 名贫困残疾学生每人资助学费 500~1200 元。

（六）文体活动

1989 年 4 月，郴州市肢残女运动员萧海英在全国残疾人射击、田径邀请赛中获取 100 米、400 米和跳远 3 枚金牌。1994 年、1996 年，湖南省第三届、第四届残疾人艺术调演，郴州组团参赛，共拿回 14 个奖项（杯）。2000 年 12 月，郴州市残疾人艺术交流团一行 20 人，其中肢残人演员 14 人，应台湾“截肢青少年辅健会”邀请，赴台湾参加第六届“弦月之美”残障人士才艺大展，受到好评。2002 年 5 月，市文化局、市残联在苏仙影剧院举行“与爱同行”大型捐残文艺晚会，53 个参加演出的残疾人均得到捐助。是年 8 月，市残联组织参加湖南省残疾人书法、绘画、摄影作品比赛，参赛 38 件作品，其中 14 件作品获奖。2004 年，雅典残奥会上，伍启发获 1 枚铜牌。运动员萧海英、宁赛礼、李菊芳因刻苦训练，赛绩优异，被共青团湖南省委、湖南省妇联分别授予“新长征突击手”和“三八红旗手”称号。田径教练周小平被评为全国十佳残疾人教练员。是年，市残联被评为全国残疾人体育工作先进单位。1989—2005 年，郴州先后以郴州体育学校、龙女温泉、郴州市第三中学为依托，建立残疾人田径、游泳和乒乓球 3 个体育培训基地，组织开展残疾人经常性体育训练活动，残疾人竞技体育取得令人瞩目的成绩。在湖南省、全国乃至残奥会等大型体育赛事中，郴州残疾运动员先后获各项奖牌 158 枚，其中金牌 74 枚。

第十节　中国国际贸易促进委员会郴州支会

一、组织机构

中国国际贸易促进委员会郴州支会，是由郴州经济贸易界有代表性的人士、企业和团体组成的对外经济贸易民间社团组织。1988 年，设立郴州地区贸促会秘书处，挂靠郴州地区对外经济贸易委员会，机构人员由外经贸委指派人员兼任。1997 年，市贸促会定为正处级社团机构，归口郴州市对外经济贸易委员会。1998 年 11 月 8 日，市贸促会在郴州苏仙宾馆召开第一次贸促会会员代表大会，选举产生第一届理事会，理事会由 59 家企业组成；李查荣当选为会长。同时，加挂中国国际商会郴州商会牌子。2001 年 9 月，市贸促会从市外经贸委析出，并成立市贸促会党组。2002 年 4 月，郴州市贸促会第二次会员代表大会在郴州召开，选举产生由 72 家企业组成的第二届理事会，京福利当选为会长。市贸促会内设办公室、国际联络展览部、会务法律部，核定财政全额拨款编制 9 名，参照公务员管理。郴州贸促会下属二级机构为郴州国际交流服务中心，正科级事业单位，独立法人，核定自收自支事业编制 6 名。市贸促会为郴州市对外经贸合作和交流，促进全市国际招商引资，联络国际经贸组织，负责指导、协调市内行业分会和县（市）国际商会工作，为市内企业提供有关国际经贸、金融、投资、技术转让等方面的法律咨询服务。2005 年，市贸促会机构人员、职能未变。

1989—2005 年中国国际贸易促进委员会郴州支会主要负责人名录

表 7-2-10-1

单　位	姓 名	职　务	任职时间
中国国际贸易促进委员会郴州支会第一届理事会	李查荣	会　长	1998.11—2001.01
中国国际贸易促进委员会郴州支会第一届理事会	陈耀辉	会　长	2001.01—2001.09
中国国际贸易促进委员会郴州支会第二届理事会	京福利	会　长	2002.04—

二、主要工作与活动

（一）招商引资

1989—1998 年，中国国际贸易促进委员会郴州支会挂靠郴州地区（市）外经贸委，配合外经贸委工作。1999 年开始，郴州市贸促会设立《郴州之窗》开展网上招商，发布招商项目和经贸政策信息。2003 年 10 月 20 日至 11 月 2 日，市贸促会组织 23 人的企业代表团，赴日本、韩国招商，签约项目 6 个，金额 6050 万美元。2005 年 6 月，市贸促会组织郴州市企业再次赴日本、韩国招商，在日本东京召开郴州招商引资说明会，共签订投资贸易合同 4 个，合同引进外资 1780 万美元，外贸加工出口定单 1500 万美元。8 月，在首届中国湖南郴州"泛珠三角洲"招商推介暨投资洽谈会上，引进广东格之瑞塑胶有限公司恒温混凝土制品项目，引进台州郴环餐具生产项目和湛江投资者在郴州注册 2000 万元成立君鑫集团有限公司。是年，市贸促会组织开展全市投资环境状况问卷调查，就外资企业反映强烈的问题进行专题调研。针对外资企业海华公司生产面临困境问题，撰写《行地方保护，损人不利己》调查报告；针对香港郴高房地产开发有限公司项目建设受阻问题，撰写《郴高面临问题和工作建议》调查报告；针对新创举房地产公司香雪大道项目周边施工环境问题，撰写《重视解决外来投资项目周边环境问题》调查报告。市领导对上述调查报告十分重视，及时召开协调会议，积极解决报告中反映的问题，维护郴州市招商诚信和招商承诺，优化外商投资环境。

（二）对外联络

1998 年始，市贸促会组织工商企业开展对外联络，加强与全国各地商企横向联系，拓展郴州经济内引外联。当年协助市外经贸委组织代表团赴缅甸商务考察。2001 年，组织市土木建筑学会部分企业赴欧洲商务考察。2002 年，组织工商联合会的 20 多家企业赴欧洲商务考察，与当地商（协）会和企业进行商务洽谈。同年 11 月，组织商会 10 余家副会长单位赴广州经济技术开发区商务考察，走访南海汽车制造厂、南燕机械厂、金敦集团等企业，就经贸合作事宜进行交流和探讨。2003 年 1 月，市贸促会组织商会部分企业赴中国台湾商务考察。4 月，组织商会企业赴澳大利亚、新西兰商务考察。同年 11 月下旬，与香港贸发局武汉代表处在郴举办"香港郴州贸易服务推广研讨会"，增进两地相互了解与合作，确立长期合作关系。2004 年 3 月，市贸促会组织部分会员企业赴浙江经贸考察；8 月，组织有关单位和企业代表赴台湾商务考察；12 月，促成郴州市与日本群马县安中市达成友好城市意向。2005 年，邀请美国杜格公司、法国 CED 公司、日本三系统株式会社、印度西孟邦外国商务团到郴州考察，促成法国 CED 公司与郴州绿丰竹业有限公司签订销售合同，促成郴州市与法国维勒佛兰奇市签订建立友好城市关系意向书，促成日商岛津久仁与郴州建工集团签订向日本派遣研修生、技能实习生业务合作协议。

（三）组织展览

1999年5月，市贸促会协助郴州市人民政府组织企业参加“'99昆明世界园艺博览会”和“'99昆交会”。10月，协助组织企业赴北京参加第二届国际招商引资暨贸易洽谈会。2001年5月，市贸促会组织8家企业参加北京高新技术国际周，签订合同8项，总金额4765万美元。6月，组织舜华鸭业、裕湘面业、海吉雅矿泉水等28家企业参加香港—湖南国际商品博览会暨经济技术合作洽谈会，参展营业额47.1万元，签订合同11个，合同金额610万元，列地市州参展团中第一名。2002年5月，市贸促会组织8家企业参加北京国际科技产业博览会，共签订引资合同和协议15个，协议金额1.18亿美元；7月，组织9家企业参加“广州博览会”，达成协议金额1亿元，签订合同金额2100万元；8月，在郴州举行2002年郴州百强商家春节物资展销会。2003年10月，市贸促会首次组织嘉禾小五金企业参加2003年香港国际小五金展，签订销售合同400万美元，意向合同2000万美元；组织考察组对广东花都、番禺、中山、顺德、东莞等地的贸促工作进行考察，先后撰写和编辑《关于郴州市会展业发展的几点思考》《关于郴州市行业协会发展的几点意见》《中小企业如何制定最佳融资决策》《做好资本运作，发展区域经济》《专家学者话招商》等文章，为市委、市人民政府决策提供实情资料。2004年5月，组织20多家企业参加“北京国际科技产业博览会”；是年，组织郴州市粮油机械有限公司参加泰国—中国商品博览会；是年12月，应邀到印度西孟邦参加印度第18届工业商贸博览会，签订两地商会友好合作备忘录。2005年6月，市贸促会在郴州举办夏季服装博览会，邀请参展企业100余家；12月，又举办2005湖南郴州绿色食品博览会，邀请参展企业、商家120家。

（四）服务与劳务

2001年，市贸促会成立中国贸促会中国国际商会郴州调解中心，负责调解涉外经贸和海事纠纷，为企业担任法律顾问，提供法律帮助；10月，成立郴州国际商会铋行业分会，加强信息共享，共同应对国际市场行情。积极开展对外劳务输出，与相关分会培训远洋渔工120人，其中向印尼外派远洋渔工31人，外派工程师、厨师各2名，全年共输送各种劳务人员706人。2002年6月，市贸促会建立出口产品原产地出证认证点，协助企业进一步打开走向国际市场的大门。2003年，协助威王打火机（郴州）有限公司申请银行贷款；4月，参加湖南省政府调研团到郴州市组织的外向型经济发展研讨会；5月，配合郴州市财政局、市外经贸局深入外商企业进行专题调研，为企业的发展和政府的正确决策提供第一手资料；6月，参加香港霍英东先生构筑和发展韶关、赣州、郴州“红三角”经济圈研讨会论文征集活动，提出发展“红三角”经济圈应构建发挥民间商会作用的建议。2004—2005年，针对国家出台调整出口退税政策的情况，市贸促会深入企业和相关部门进行专题调研，形成专题调研报告，引起有关部门高度重视，出口退税政策得到及时落实。

郴州市志（1989—2005）

第八篇

军事

郴州地处“绾毂南北，扼制东西”的中南战略腹地和军事要冲，为历代兵防要地。

自1989年始，郴州军分区系统及驻郴部队，贯彻落实中共中央军委对军队建设“政治合格、军事过硬、作风优良、纪律严明、保障有力”的总要求，全面加强部队和民兵革命化、现代化、正规化建设。坚持“党管武装”原则，加强部队思想政治建设，一切听从党指挥。是年春夏之交北京发生政治风波，军分区及驻郴部队旗帜鲜明，始终与党中央保持高度一致。

20世纪90年代始，郴州军分区和驻郴部队官兵广泛开展“创建学习型军营，培养高素质人才”和学雷锋、学李向群等英雄模范活动，从严治军，按纲施训，部队的政治素质和军事素养明显提升。1997年，湖南省军区在郴州军分区召开部队正规化管理工作现场会，推介郴州军分区的工作经验。期间，各县（市、区）人民武装部（简称人武部）在由地方建制划为部队建制移交工作中，实现了无债务、无遗留问题、无军地纠纷和“三好”（好班子、好队伍、好家庭）、“三满意”（军队满意、地方满意、人武部满意）目标；各县（市、区）力推人武部建设。1999年10月，经广州军区组织检查验收，全市11个县（市、区）人武部正规化建设全部达标合格。北湖区、宜章县、资兴市人武部被广州军区评为落实人民武装部3年建设规划先进单位。汝城县、临武县、北湖区人武部获“湖南省全面建设先进人武部”称号。

民兵整组、国防战备、人民防空，部队参建参治、兵役等工作整体推进。全面完成民兵整组和组训任务。全市基本形成以专业技术分队、应急分队为重点的民兵组织建设新格局。至2005年，全市年内民兵参训率、军事考核及格率均达100%，优秀率达55%。广大民兵在新形势下为推进经济社会发展发挥更为重要的作用。国防战备工作不断推进，郴州军分区与郴州国防教育委员会齐抓共管，推动各县（市）乡镇（社区）、厂矿和学校普遍开展以爱国主义为核心的全民国防教育，教育覆盖面达100%。修订完善地（市）、县（市、区）两级兵员动员、救灾抢险等各种战备方案，国防交通、通讯网络建设明显改善。境区人防工程不断改造和提质，基本适应“打、走、藏、消”的要求，并努力拓宽人防设施开发利用渠道。郴州市人防工程建设纳入《郴州市城市建设总体规划》，市人防指挥中心和5个省级人防重点县（市）人防指挥所实现“双百”合格达标。2005年，郴州市被评为“广州战区人民防空先进城市”。兵役工作严肃征兵纪律，确保兵员质量。1995—2000年，全市征兵实现连续6年无一责任退兵，宜章县1989—2005年连续17年实现无责任退兵。在此期间，郴州军分区、各县（市、区）人武部及驻郴部队发扬拥政爱民光荣传统，维护地方社会治安，支持和参与地方建设，完成军民联防、守护执勤、打击犯罪和抢险救灾、扶贫攻坚各项任务，为郴州经济发展和社会进步做出重大贡献。1989—2005年，郴州军分区系统及驻郴部队相继涌现出一大批英模人物，先后有400余名官兵在部队建设、维护社会治安、军民共建及抢险救灾活动中立功受奖。

第一章　军事组织

第一节　军事领导机关

一、郴州军分区

郴州军分区是郴州地区（市）党委军事工作部门和政府的兵役工作机构，主要负责民兵、预备役部队建设，国防动员和兵员征集工作。郴州军分区隶属于湖南省军区，接受湖南省军区和郴州市委（地委）的双重领导，行使师级党委权力。郴州军分区直辖郴州陆军预备役工兵团、郴州军分区干休所，下辖郴州11个县（市、区）人民武装部。

1989年，郴州军分区机关内设司令部、政治部、后勤部。1992年、1997年、2002年，机关编制进行3次调整精减。2004年军分区整编调整。整编后的司令部下设作训科、装备科、动员科；政治部下设组织干部科、宣传保卫科；后勤部下设战勤科、供应科。

按照党管武装的原则，郴州市委（地委）书记兼任军分区党委第一书记，军分区一名主官进入中共郴州市委（地委）常务委员会，任常委。

1989—2005年郴州军分区领导成员名录

表8-1-1-1

单位	姓名	职务	任职时间
湖南省军区郴州军分区	蒋松生	司令员	1988.07—1991.02
湖南省军区郴州军分区	黄景贤	司令员	1991.08—1998.03
湖南省军区郴州军分区	祝青云	司令员	1998.03—1999.09
湖南省军区郴州军分区	潘兴国	司令员	1999.09—
湖南省军区郴州军分区	王月清	政治委员	1985.11—1994.04
湖南省军区郴州军分区	王振杰	政治委员	1994.04—1996.03
湖南省军区郴州军分区	钟六华	政治委员	1996.03—2004.03
湖南省军区郴州军分区	魏永景	政治委员	2004.03—
湖南省军区郴州军分区	黄景贤	副司令员	1983.06—1991.08
湖南省军区郴州军分区	梁炳光	副司令员	1991.08—2004.01
湖南省军区郴州军分区	宁登发	副司令员	2004.01—
湖南省军区郴州军分区	张炳汉	司令部参谋长	1983.06—1989.07

续表 8-1-1-1

单 位	姓 名	职 务	任职时间
湖南省军区郴州军分区	梁炳光	司令部参谋长	1989.06—1991.08
湖南省军区郴州军分区	王 丹	司令部参谋长	1991.08—1992.12
湖南省军区郴州军分区	祝青云	司令部参谋长	1992.12—1998.03
湖南省军区郴州军分区	姜友德	司令部参谋长	1998.03—
湖南省军区郴州军分区	钟林章	政治部主任	1983.06—1989.07
湖南省军区郴州军分区	雷翔仁	政治部主任	1989.06—1992.06
湖南省军区郴州军分区	梅荣保	政治部主任	1992.04—1998.03
湖南省军区郴州军分区	王春陪	政治部主任	1998.03—
湖南省军区郴州军分区	袁贤继	后勤部部长	1980.07—1989.05
湖南省军区郴州军分区	杨正武	后勤部部长	1989.06—1992.12
湖南省军区郴州军分区	朱礼先	后勤部部长	1992.12—1998.03
湖南省军区郴州军分区	王召大	后勤部部长	1998.03—2001.03
湖南省军区郴州军分区	罗发旺	后勤部部长	2001.03—

二、人民武装部

1989年，郴州地区11个县（市）军事领导机关为该县（市）人民武装部（简称“人武部”）。1995年，郴州撤地建市，分别撤销郴州市人武部和郴县人武部成立北湖区、苏仙区人武部。全市县级军事领导机关为各县（市、区）人武部。至1996年3月，郴州市11个县（市、区）人武部属地方建制，受地方、军队双重领导，军事工作主要由军队系统领导；为副县级单位，保留党委会；具体担负所辖区域内同级党委的军事工作和政府的兵役工作，同时负责军事后备力量建设、兵役和国防动员各项工作。

1996年4月，根据中共中央指示，各县（市、区）人武部收归军队建制，隶属于郴州军分区，恢复正团级单位，设军事、政工、后勤3个科。其工作性质和任务不变。各县（市、区）人武部建有训练、生活设施比较完善的民兵训练基地，每年对专职武装干部、民兵干部、基干民兵、预备役人员进行正规化军训。

2005年，郴州市257个乡（镇）、7个街道办事处均设立人民武装部，121家中央、省属驻郴及市属企事业单位设立基层人民武装部。共配有专职武装干部579人。乡镇（街道）人武部配部长1名，企事业单位配部长、副部长或武装干事1至2人，主管本地（单位）的民兵和兵役工作。基层人民武装部属非现役机构，接受同级地方（单位）党委、政府和县（市、区）人武部双重领导。武装部长一般均为当地（单位）党委成员。

第二节　武装部队

一、武装警察郴州支队

1989 年，中国人民武装警察部队郴州地区支队（简称武警郴州地区支队），属湖南省武警总队和郴州地区行署双重领导，下辖 × 个直属中队和各县（市）武警中队。担负缉捕、看守、押解罪犯、内卫执勤和处置突发事件的任务。

1995 年，郴州地区撤地建市。是年 6 月，中国人民武装警察部队郴州地区支队改称“中国人民武装警察部队郴州支队”（简称武警郴州支队），为正团级单位，下辖 × 个直属中队和各县（市、区）武警中队。原郴州市中队改为北湖区武警中队，郴县中队改为苏仙区武警中队，其他县（市）中队编制名称未变。

1989—2005 年，武警郴州市（地区）支队圆满地完成各项缉捕、看守、押解、执勤和处置突发事件，以及守护南岭隧道、东江电厂和重大节会及抗洪抢险任务。1998 年 1 月，武警桂东县中队被中国人民武警总部记集体二等功（该队自组建实现 49 年执勤无事故）。2002 年，武警郴州支队在抗洪抢险中被中国人民武警总部记集体三等功。2003 年，武警郴州支队被中共中央政法委员会和全国综治办评为“全国打黑除恶先进单位”。2004 年 1 月，武警桂东县中队被中国人民武警总部授予“全国武警标兵中队”称号。2002 年、2004 年、2005 年武警郴州支队连续 3 年被湖南省武警总队评为落实《军队基层建设纲要》先进支队。

1989—2005 年武装警察郴州支队主要负责人名录

表 8-1-2-1

单位	姓名	职务	任职时间
武装警察郴州支队	李汉梅	政治委员	1987.03—1992.12
武装警察郴州支队	全天生	政治委员	1993.07—1998.12
武装警察郴州支队	曾庆忠	政治委员	1999.01—2001.12
武装警察郴州支队	欧阳玉雄	政治委员	2002.01—2003.12
武装警察郴州支队	陈建华	政治委员	2004.01—
武装警察郴州支队	李阳英	支队长	1993.07—1995.05
武装警察郴州支队	玉松林	支队长	1995.06—1996.01
武装警察郴州支队	于洪礼	支队长	1996.02—1999.12
武装警察郴州支队	黄友土	支队长	2001.01—2005.08
武装警察郴州支队	甘其斌	支队长	2005.09—

二、武装警察郴州消防支队①

1989年，郴州地区公安消防支队隶属武警序列，消防官兵为现役军人，消防工作由公安机关负责管理，称“中国人民武装警察部队郴州地区公安消防大队”。担负消防宣传、督查消防设施建设、火灾隐患排查以及扑火抢险任务。1993年5月，郴州地区公安消防大队改称“中国人民武装警察部队郴州地区消防支队”，为正团级单位，机关设正营级科（处、室）机构 × 个，辖 × 个直属消防中队和各县（市）消防中队。隶属关系和担负的任务不变。

1995年5月，郴州撤地建市，中国人民武装警察部队郴州地区消防支队改称“中国人民武装警察部队郴州市消防支队”（简称武警郴州市消防支队），内设副团级机关机构 × 个。隶属关系和担负任务未变。各县（市、区）消防中队改称消防大队，升格为正营级。

1999年6月，武警郴州市消防支队组建支队轮训队，对消防官兵进行专业技能培训。2004年1月，郴州市成立特勤消防队。2005年，郴州市建立志愿消防站11个，企事业专职消防队、义务消防队伍169支；全市95个社区均完成消防建设任务，85个建制镇有67个完成消防规划编制。业务上受市消防支队指导。

三、郴州陆军预备役工兵团

2005年5月，郴州陆军预备役工兵团成立，属湖南省军区建制，接受省军区、郴州军分区和中共郴州市委、郴州市人民政府的领导和管理。团机关设司令部、政治处、后勤处和装备处，下辖道路桥梁营、筑城伪装营、舟桥营及6个直属分队。预备役工兵团主要负责组织预备役官兵集中进行正规化专业军事训练，保障战时快速转为现役作战部队，执行应急作战和反恐怖活动等各项战斗任务。郴州陆军预备役工兵团营区占地3.65公顷，总建筑面积17287平方米，生活保障和军事训练设施基本完善。时预备役工兵团团长为王元国、政治委员为周雄韧。

① 参见第九篇第二章第四节“交通管理与消防”。

第二章 民兵建设

第一节 组织整顿

1989年以后，郴州军分区按照中央军委总参谋部关于“减少数量、提高质量、抓好重点、打好基础”的方针，对民兵组织不断进行整编调整。1989—1993年，郴州军分区根据上级有关全面调整民兵组织的指示，启动对全地区民兵组织进行第一次整编，调整民兵数量，优化组织结构。整组中，把过去的普通民兵、基干民兵、武装基干民兵3种组织，改为基干民兵和普通民兵2种组织层次，即以乡（镇）为单位建立基干民兵连，以行政村为单位建立普通民兵营。到1993年年底，全区民兵总数由1989年的503942人精减至453760人，减少50182人，减少9.96%。组织人员结构得到优化。3072名建制村民兵营长中有村支部、村委会委员2931人，占总数的98.3%。通过整编，基本达到规模适当、编组科学、结构优化、便于管理的要求。

1994年，对民兵组织进行第二次整编。全区按照“有利于领导、有利于提高质量、有利于执行任务、有利于平衡负担”的要求，突出加强交通要道、大型厂矿重点区域的民兵布局和编组调整。永兴县、北湖区、苏仙区、宜章县以三线（京广线路、107国道、京珠高速公路）、厂矿附近乡（镇）为重点组建基干民兵组织，以自然村连片建连编排，在企事业单位则独立建制。既保证重点区域的民兵组织建设，又有利于提高民兵队伍的应急能力。

从1996年始，郴州市以中央军委关于新时期的军事战略方针为指导，为提高民兵组织专业化水平和应急能力，着力组建民兵专业和应急队伍进行第三次整编。是年，圆满完成民兵专业分队、民兵应急分队的组建任务。全市从基干民兵中选入“两队”民兵4752人，组建市、县两级民兵专业分队和民兵应急分队，作为配合公安、武警部队应付突发事件以及抢险救灾的骨干力量。1999年4月7日，市委、市政府，军分区召开全市民兵工作调整改革会议，根据抗洪抢险的需要部署全市民兵组织进一步调整。2000年，郴州市组建抗洪抢险民兵舟桥连，北湖区、苏仙区和资兴市各组建一个民兵舟桥排，成为全市抗洪抢险机动力量。2003年5月9日，市政府、军分区召开全市城市民兵工作改革电话会议，印发《郴州市城市民兵工作改革方案》。郴州城市民兵组织作进一步调整，初步形成以企事业单位为基础，以大中型企业为骨干，以街道、社区为依托的城市民兵组织格局。2005年，这种城市民兵组织格局得到进一步巩固。

第二节 政治教育

1989年始，郴州军分区、县（市）人武部在将毛泽东人民战争思想、政治时事、革命光荣传统教育作为民兵政治学习必修课的同时，还着重对民兵进行邓小平新时期军队建设思想和“三个代表”重要思想的教育。民兵政治教育实行平时教育和参训教育相结合，基干民兵以连为单位每季度组织一次、普通民兵每年不少于两次集中教育。集中参训的政治教育课时，按不低于训练时间的15%安排。是年，结合北京发生的政治风波，对全区民兵重点进行反对资产阶级自由化思潮的教育。

进入20世纪90年代，郴州军分区，县、乡两级人武部着力民兵政治教育阵地和活动场所建设，不断丰富教育内容。乡（镇）、企事业单位普遍创办“民兵政治夜校”“青年民兵之家”活动场所。1990年结合海湾战争进行战备思想教育。之后，各地结合纪念红军长征胜利60周年和瞻仰革命纪念地等活动，开展向英雄学习当好共和国卫生、增强国防意识和革命英雄主义观念的教育。一些地方民兵组织把政治教育与文化（技术）教育结合起来，取得良好效果。资兴市东江镇木市村1992年投资30余万元，建起政治教育室、国防教育室、图书室、文体活动室的“四室”民兵学习、活动之家。定期开放，进行政治思想和文化技术教育。全村106名民兵政治思想素质不断提升，自发地利用所学到的实用技术，采取“一帮一”的办法帮困致富。到1997年，木市村年人平产值达4万元，人平年纯收入3115元，使该村提前进入小康村行列。

1996年4月，各县（市、区）人武部收归军队建制后，人武部结合全军开展的创“人武之星”和军分区组织的各项“争先创优”活动，形式多样地开展民兵政治教育。各县（市、区）人武部针对农村生产体制改革后“民兵流动性大、学习难组织”的新情况，积极创新政治教育方式，分别采取函授教育、举办知识竞赛、巡回演讲和征文等灵活多样的形式，加强民兵政治思想教育。桂东县人武部创办《沤江民兵》，定期刊登民兵政治教材，发（邮）至民兵手中学习。临武县人武部除创办《临武民兵》适时编发《政治教育讲课提纲》外，还先后3次向全县民兵发起“国防教育大家谈”“国防与经济”“市场经济下的民兵”征文，收到稿件2000余篇。同时还举办民兵“国防、武装、民兵”演讲比赛以及“民兵预备役工作百题”函授作业赛，多形式、多渠道地增强民兵的政治素质。

2001—2005年，全市民兵政治教育以“学习‘三个代表’重要思想，为建设小康社会做贡献”为主题积极推进。在活动中，郴州军分区在临武县预备役人员中先行开展试点，其实行“联系思想学，联系实际干，联系贡献争”的经验，在全市乃至被推广到全省民兵队伍中。至2005年，郴州市共有1.1万民兵投身重大工程建设，1.34万名民兵参加抢险救灾，6000多名民兵与贫困家庭、失学少年儿童结成帮扶对子，开展帮困助学活动。

第三节 军事训练

一、专职武装干部与基干民兵训练

自20世纪80年代末期始，郴州军分区在抓专职武装干部和基干民兵军训中，贯彻总参谋部关于“减少训练人数、精简训练内容、改革训练方法、提高训练质量”的要求，从农村生产体制变革后人员相对分散的实际情况出发，对民兵参训对象、内容、训练形式、时间进行调整和改革。逐步实现由就地分散型训练到县民兵训练基地集中规范训练，由普遍训练到重点训练的转变。

1989年，军分区开始推行专职武装干部三级军训负责制、实行分级负责组训。即新任专职武装干部由军分区组织培训，复训专职武装干部和新任民兵营长由县（市）人武部组织培训，复训民兵营长由乡（镇）人武部组织培训。各地坚持集中训练与分散面授相结合。从20世纪90年代起，郴州地区基干民兵训练由过去小型、就地分散的训练形式，逐步改为每年集中到县民兵训练基地进行一个周期30天的训练。郴州军分区、各县（市）人武部坚持依法治训，严格施训，确保人员、时间、内容、质量指标“四落实”，年年完成年度基干民兵训练任务。1990年9月，郴州行署、郴州军分区联合组织全区专职武装干部军事比武活动，进行实弹射击和军事理论知识竞赛，各县（市）110名参赛选手获优秀综合成绩的达85%。1991年，郴州地区遭受历史罕见旱灾，军分区系统克服抗灾任务重、地方财力紧的困难，仍完成基干民兵年度集训2000名的任务，及格率100%，优秀率达42%。1993年，按照总参谋部下发的《民兵军事训练若干规定》，推行民兵规范化训练。是年4月23日，湖南省人民政府、湖南省军区在郴州地区召开全省民兵工作会议，郴州军分区、郴州市（今北湖区）人武部、宜章县人武部在会议上作民兵建设工作经验介绍。是年，郴州地区实训民兵3400名。1995—1997年，郴州市以总参谋部《民兵军事训练大纲》和湖南省军区《民兵规范化训练实施细则》为依据，支持按纲施训，强化民兵军事训练全过程全要素的规范管理，3年内实训基干民兵 × 人，超额完成军事训练任务，经郴州军分区组织考核评估，参训民兵80%以上达到良好成绩。

2000年始，专职武装干部训练突出强化现代专业技术训练。2003年4月和6月，郴州军分区先后两次组织专职武装干部进行为期30天的强化训练。是年，军分区和桂阳县人武部在湖南省军区组织选点的“中南一预1号”演习中，基干民兵圆满完成各项演练任务。在当年湖南省军区组织的军事比武中，郴州参赛队伍分别取得师、团团体总分第六名。2000年至2005年，郴州市先后举办专职武装干部培训班18期，培训人员1562名；举办基干民兵集训班121期，培训基干民兵16520名。2004年至2005年，军分区加强信息战的训练，分别两次组织专职武装干部进行网上训练。

二、专业技术分队训练

1989年，郴州军分区依照战时兵员动员计划和组训专业的分工，加强对民兵专业技术兵防化、高射机枪、高射炮、军械修理、通信、工兵、迫击炮和侦察专业分队的训练。民兵军训由过去着重抓步兵训练转移到以抓专业技术训练为主。是年8月，军分区组织94名经专业技术训练的高炮分队队员携带6门37高射炮，参加湖南省军区在常宁县汤市靶场举行的实弹射击演习，成绩优秀，受到广州军区、湖南省军区通报表扬。继后每年每项专业技术训练一个周期均按40小时安排训练内容。

1996年，郴州市重点组织高炮、工兵、通讯分队训练，参训的 × 名专业技术兵技能明显提高。1997年9月，北湖区民兵高炮分队参加湖南省军区在沅江市靶场举行的实弹射击比赛，获优良成绩。2000—2005年，郴州市转入每1~2年对民兵应急分队、抗洪抢险民兵舟桥连进行专业技能集训1次，5年间，参加专业技术训练的民兵9710人次。

三、训练基地建设

郴州各县（市）民兵训练基地始建于1983年，至1986年全部建成投入使用。1989年后，各训练基地进一步完善基础设施建设。资兴市人武部1990年搬迁至唐洞新市区，遂多渠道筹集资金在人武部院内建起一幢2000多平方米的双层训练（基地）楼外，还建成3个标准化训练场，其中队列训练场有检阅台和夜训灯光，射击和投弹训练场占地1.4公顷，战术场占地2公顷、四周砌有护坡和围墙。资兴市训练基地在完成民兵训练任务的同时，对外开放开展创收，“以劳养武”提高自我发展能力。1995 年，苏仙区人武部多方筹资 230 余万元兴建民兵训练基地。1997 年，资兴市民兵训练基地被评为湖南省民兵基地建设先进单位。2004 年，安仁县政府根据原民兵训练基地原靶场周边建有民房存在安全隐患的情况，组织采取“以租代征”的办法，拨专款租用城郊军山乡新安村近 4 公顷荒地，新建起一处符合安全训练要求的民兵射击场。

2005 年，郴州军分区和 11 个县（市、区）民兵训练基地，全部实现标准化的生活设施、训练场地、教学队伍、教材器材“四配套”。训练基地用房总面积达 × 万余平方米，射击、队列、战术训练场“三场”占地 26.7 公顷。每个县级训练场可接受 1500 多人参训，实现了民兵训练基地化、基地训练正规化。

第三章 兵役

第一节 兵役制度

一、义务兵与志愿兵

1989年，郴州行署按照《中华人民共和国兵役法》，认真贯彻执行义务兵与志愿兵相结合的兵役制度。当年征兵办公室按照湖南省政府、湖南省军区的征兵命令，负责组织征集当年12月31日前满18周岁的男性公民和少量女性公民入伍服役义务兵。未被征集服现役的适龄青年，在22周岁以前，仍可被征集服兵役。视部队需要和个人自愿，也可征集当年未满18周岁的男、女公民入伍服役。

1990年，国防部对征集义务兵的身高和文化程度有了新要求。男性青年服役身高1.6米以上，女性青年身高在1.55米以上。城镇入伍青年要具有高中以上文化程度，农村青年具有初中文化程度。2003年，开始征集在校大学生服兵役，对在校大学生入伍，实行“报名、体检、政审、定兵”四优先政策。2005年，征兵对高中毕业以上的青年可放宽至17~21周岁，企事业单位职工放宽到21周岁；大专以上文化程度的青年放宽到22周岁，23周岁的大学本科以上学历者也可应征服现役。

1989—2005年，郴州市（地区）共征集义务兵×万余名补充部队。其间，郴州军分区和驻郴部队，根据义务兵与志愿兵相结合的兵役制度，从超期服役的专业技术骨干中选拔志愿兵，志愿兵的服役年限从义务兵改为志愿兵之日算起，至少服役8年，一般不超过12年，年龄不超过35岁。17年间，郴州军分区系统及驻郴部队从义务兵中选拔转为志愿兵的士官共400余人。他们分布在通信、车辆驾驶、计算机应用和坦克、枪械修理等多种岗位上。

二、民兵与预备役

自1989年始，郴州军分区和各县级人武部依照国家兵役法，实行民兵与预备役军人相结合的兵役制度。基干民兵为一类预备役，普通民兵为二类预备役，同时对未建立民兵组织单位中的符合服兵役的男性公民和退伍军人，分别进行一类和二类预备役登记工作。是年10月31日，国防部通报表彰全国民兵预备役工作先进单位和先进个人，宜章县委书记黄孝健被授予“全国民兵预备役先进工作者”称号。至1993年，全地区完成民兵与预备役队伍的整组任务，并把预备役的组建、训练、装备工作与民兵工作结合进行。每年结合民兵整组，在完成民兵的出、入、转队的同时，完成一类预备役转为二类预备役和免除服预备役人员的登记工作。县、乡两级人武部和基干民兵组织在举办比武、国防知识竞赛、文体活动时，注意吸收民兵预备役人员参加；凡未服过现役的第一类预备役人员，均组织参加一个月的军训。

1995 年，郴州军分区和有关部门按照《中华人民共和国预备役军官法》，进一步做好预备役军官的登记、统计、授衔工作，逐步建立储备数量适当、分布合理、政治可靠、训练有素的预备役干部队伍。根据有关文件规定，郴州市对 1988 年 9 月 1 日至 1992 年 3 月 31 日前未满 40 周岁的政治表现好、身体健康的退役军人，按军衔等级进行登记；对 1992 年 4 月 1 日以后转业的干部，符合登记条件的，由部队在批准其转业的同时，批准转服预备役和确定专业名称、专业编号。是年，郴州完成预备役军官分类登记统计工作。

1996 年，郴州市对 1988—1995 年转业安置在郴州境内工作的 631 名转业干部，逐人进行调查登记。经军衔鉴定与评定、审批，由军队给 500 名预备役军官授予军衔。

1999 年 4 月 7 日，郴州市召开民兵工作调整改革会议，根据 1998 年底新颁布的《中华人民共和国兵役法》，会议部署对民兵预备役人员分类作出调整，规定 35 岁以下退出现役的士兵、专业对口的技术人员，和 28 岁以下未服过现役的男性公民编为一类预备役士兵；未服过现役的 18~30 岁的男性公民和专业对口的同年龄女性公民，编入二类预备役士兵。全市从 1999 年始至 2005 年，每 1~2 年进行一次民兵预备役人员摸底登记，及时做好人员的分类调整工作。

第二节 兵役登记与征兵

一、兵役登记

1989年，郴州军分区和各县（市）人武部进一步加强对预征对象的兵役登记，兵役登记列入地区、县（市）、乡（镇）三级正常的年度登记工作。县、乡两级成立兵役登记工作领导小组，县（市）长、乡（镇）长任领导小组组长，各有关部门主要负责人参加，下设办公室组织实施兵役登记工作。当年年满 18 岁的男性公民，由村、街道办事处、机关、厂矿企事业单位登记报县武装部备案，按照年度征集兵员条件择优确定预征对象。此后，各县（市）每年召开部署兵役登记专题会议，组织人员登门串户，走访适龄青年，动员适龄青年报名登记应征。兵役登记时，各地以乡（镇）为单位或分片设立兵役登记站（点），以方便广大适龄青年应征报名登记。

2000 年后，各地针对应征适龄青年外出打工增多、流动性趋大的新情况，周密部署，加强对外出适龄青年的兵役登记工作。2002 年 8 月初，郴州军分区接湖南省军区《关于搞好兵役登记工作的通知》，经市委、市政府研究决定，充实加强以军分区参谋长为组长的兵役登记领导小组。《郴州日报》、郴州人民广播电台、郴州电视台登载播发国务院征兵工作条例、郴州市兵役登记通告。各县（市、区）人民政府随后相继发布兵役登记通知，使兵役登记政策家喻户晓。全市各乡镇（街道）和设立兵役机构的企事业单位都建立兵役登记站，方便适龄青年应征登记。各地按照“自下而上，逐级把关，择优选定”原则，经目测、政审后确定预征对象。是年，全市共有 × 名适龄青年参加兵役登记，其中 × 名适龄青年被确定为预征对象，圆满完成兵役登记工作。

2003—2005 年，各地兵役登记工作普遍做到宣传力度到位，跟踪服务到位，检查指导到位，分期分批对专职武装干部进行兵役登记业务培训。各地印发“兵役登记表”“外出青年联系卡片”，积极推行采用微机系统进行兵役录入登记造册，形成兵役登记联通网络，推进各县（市、区）年年按时完成年度兵役登记任务，保证征兵工作顺利进行。

二、征兵

1989年，根据中央军委和解放军总参谋部的指示，改由历年的冬季征兵为当年的3月春季征兵。1990年为春、冬两季征兵。自1991年，停止春季征兵。郴州各级党委和政府在征兵工作中，注重加强领导，加大国防教育宣传力度。同时积极推进拥军优属日常工作，营造“当兵光荣”氛围。广大适龄青年以当兵为荣，踊跃报名应征入伍。

自1995年始，郴州军分区和各县（市、区）人武部根据广州军区征接兵的改革方式，实行征兵与接兵双方签订兵员质量责任状制度。在体检、政审、监察环节层层建立责任制，分解落实各自责任，严把政审调查、体格检查和定兵交接等征兵质量关。

1999年征兵期间，市、县两级兵役机关征兵中的设立举报电话、信箱，及时查处征兵工作中的违纪违规现象，查处率达100%，有效地杜绝了“后门兵”“关系兵”。2000年5月，在总参谋部举办的全国征兵工作业务集训会上，推介了郴州的经验。

2003年11月，郴州军分区印发《关于认真做好人武部政务公开工作的通知》。各兵役机关根据这一通知要求，把纪检监察工作贯穿征兵工作全过程，坚决实行征兵全过程公开制度，加大征兵工作接受社会监督的力度，确保兵员质量。

至2005年，郴州年年圆满完成征兵任务。1994年，临武县人武部被国防部授予“廉洁征兵先进单位”（1961年到1994年征兵工作实现连续32年无责任退兵）。1997年，宜章县征兵办公室被国防部授予“全国征兵工作先进单位”称号（自1979年征兵工作连续17年未发生退兵现象）。1994—1999年，全市（地区）连续6年实现无责任退兵事故。

第三节　兵役机构

郴州军分区、各县（市、区）人民武装部，是郴州市人民政府（郴州行署）及各县（市、区）人民政府的兵役工作机关。在当地政府和上级军事机关的领导下，主要负责辖区内的兵役工作。具体组织实施兵役宣传动员，兵役登记和兵员的征集；预备役人员整组与军事训练；协同组织、人事、劳动、民政部门做好退役军人安置；拟订战时国防兵员动员方案，组织民兵参战支前等工作。

郴州市（地区）和县级征兵领导小组是区域内征兵工作的领导机构，下设征兵办公室，为征兵办事机构。市（地）、县两级征兵领导小组分别由同级政府和军分区、人武部主要领导任正、副组长，由同级党委宣传、纪检部门与同级地方公安、卫生、财政、教育、交通、交警部门负责人组成。年度征兵期间，征兵办由军分区、人武部和地方党委、政府有关部门抽调人员组成，在同级征兵领导小组的领导下，根据兵役法和国务院征兵命令以及上级指示精神，具体组织开展征兵宣传教育、应征公民体检和政审及新兵交接、起运等工作。乡（镇）人武部负责本乡（镇）的兵役工作。1995年5月，郴州撤地建市，原郴州地区征兵领导小组改称郴州市征兵领导小组，征兵办公室随之相应更改名称。至2005年，征兵领导机构的组成方式无变化。

第四章 党管武装·国防动员

第一节 党管武装

1989—2005年，郴州进一步落实党管武装工作，先后建立健全一系列党管武装的工作制度，推动党管武装工作基本实现“四纳入”：人武（人民武装）工作纳入党委、政府全年工作规划；人武专职干部纳入地方干部队伍统一培养；人武工作经费纳入同级财政统一预算；人武工作纳入当地年度工作综合考核内容。至2005年，郴州先后涌现一批党管武装的先进党委和个人。资兴市委、宜章县委被湖南省委、省人民政府、湖南省军区授予“党管武装先进单位”称号，宜章县委书记袁佳游、临武县委书记樊忠达、桂阳县委书记钟本强、苏仙区委书记陈敏被评为“湖南省党管武装好书记”。

一、党管武装工作制度

（一）双重领导制度

郴州军分区、各县级人武部坚持服从和接受当地地方党政领导。郴州军分区积极为地方党委、政府当好参谋和助手，及时向地方党委、政府提出依法开展武装工作的建议、及其有关配套措施和办法。1996年，各县（市、区）人武部收归部队建制，仍为地方党委、政府的军事部门，实行军队和地方党委双重领导制度。各级党委加强对武装工作领导，始终把武装工作列入重要工作职责，及时为部队排忧解难和指导人武工作发展。1989—2005年在民兵整编、建立预备役工兵团和组建民兵专业分队工作中，市委（地委）和市政府（行署）先后主持召开工作动员、部署会议9次，市委（地委）主要领导人专题听取相关情况汇报10多次，及时研究解决具体问题，推动了这些工作的稳健发展。

（二）军事日制度

从1986年开始，郴州市（地区）、县市区两级党政部门领导每年都要在中国人民解放军“八一”建军节前后集中到驻郴部队参加军事日活动，了解军事形势，学习军事知识，增强国防观念和帮助解决一些人民武装和军队建设中需要帮助解决的问题。2003年8月1日建军节，市委、市人大常委会、市政府、市政协、军分区领导班子成员深入驻军76327部队过军事日，体验部队生活，观看部队指战员军事表演，与连队战士座谈了解训练生活情况，现场研究解决部队建设中的一些实际问题。

（三）市委议军会议制度

1989—2005年，郴州市（地区）每年召开一次市委常委、市政府、军分区及相关部门负责人参加的议军会议（必要时适时召开），及时研究解决军分区系统、人武部、驻郴部队及国防建设中需要由地方解决的重大问题。并以“市委议军会议纪要”行文印发，部署执行。2001年7月，在桂阳召开的中共郴州市委议军会议上表彰156个（名）党管武装先进单位和个人，并根据新形势下党管武装工作中出现的新特点，议定由市委组织部、市财政局等10个部委局联合印发《关于加强人武部和民兵预备役建设若干问题的意见》，对乡（镇）基层人武部机构设置、干部配备、民兵建设经费投入事项提出指导性意见。2003年5月，市委议军会议研究并制定出台《关于加强党管武装工作的暂行规定》，部署推行市、县两级（军分区、人武部）党委第一书记开展党管武装述职工作制度。2004年，市委议军会议就组建郴州陆军预备役工兵团、巩固“全国双拥模范城”成果工作进行专题研究部署。是年底，根据市委议军会议决定，市委、市政府、军分区联合组织对全市民兵、预备役工作进行督导。2005年，市委议军会议研究出台《关于建立健全党管武装工作机制的意见》，并议定率先推行县（市、区）人民武装委员会主任述职工作制度。

（四）联系点制度

1989年，全区地、县两级党政领导、分管武装工作的党委领导以及乡镇（街道办事处）党委书记，分别到基层建立军事工作联系点，以点带面推动民兵工作。1996年，各县（市、区）人武部收归部队建制，个别地方出现“地方可以不管人武工作”的思想情绪。市委主要领导针对这一情况，在自己的联系点宜章县总结并推广该县的经验，即人武部由地方建制变为军队建制后，县委、县政府对武装工作的领导力度不变、所需资金投入不变、对人武工作感情不变。宜章县县委、县政府还及时印发《关于新形势下加强党管武装工作的决定》。这一经验在全市推广后，促进了各级党委、政府一如既往地关心和支持人武部工作。2000年，有的乡（镇）在机构改革中，以编制有限为由不再设专职武装部长或改由党政副职兼任武装部长。市委、市政府领导在联系点发觉这一问题后，即时指示有关部门督促予以纠正，全市免去9名“兼职部长”，在机构改革中被精减的14名专职武装部长又恢复原职。至2005年，市、县、乡三级党委领导始终坚持建立军事工作联系点工作制度。

（五）述职制度

2003年，郴州军分区党委第一书记（中共郴州市委书记兼任）和各县（市、区）人武部第一书记（县、市、区委书记兼任），推行向上级军事机关党委进行党管武装工作述职 制度，汇报当地党管武装工作的情况。是年5月7日，市委、市政府、军分区召开党管武装述职暨市委议军会议，6个县（市、区）人武部第一书记在会上述职，5个县人武部党委第一书记交了书面述职报告，进一步推进党管武装工作开展。是年，北湖区区委书记李和平关心和督促安置部队转业和退伍军人工作，使3名转业团职干部、15名随军家属以及165名城镇退伍士兵得到妥善安置。2005年，经市委议军会议决定，郴州市率先在湖南省推行县（市、区）人民武装委员会主任述职制度。这一做法得到广州军区、湖南省委、省政府和省军区的肯定，省委办公厅、省政府办公厅和省军区司令部、政治部联合行文予以推介。

二、组织机构

（一）国防教育委员会

1989年1月，宜章县在郴州地区率先成立国防教育领导小组，县委书记任组长。1990年8月，湖南省颁布《湖南省国防教育条例》，全区地、县两级相继成立国防教育委员会。国防教育委员会分别由地委、行署、军分区，县（市）委、政府，县（市）人武部主要负责人任主任、副主任，教育、财政、司法、共青团、民政、工会、妇联相关部门和武警支队、新闻单位的负责人为委员会成员。国防教育委员会内设办公室，具体组织实施国防教育工作。各乡（镇）和地、县两级所属厂矿、企业组建国防教育委员会和国防教育领导小组。各级国防教育委员会及其办公室主要担负研究决定国防教育工作规划和实施措施，组织协调国防教育工作开展以及编写教材、培训骨干的任务。

（二）人民武装委员会

1989年，郴州地区人民武装委员会（简称“武委会”）由23名成员组成。地委分管武装工作的副书记任主任，行署分管领导及军分区主要领导任副主任，有关单位的负责人任成员。武委会主要是根据上级有关民兵预备役建设的方针政策，研究部署本地区民兵预备役重大工作，动员协调社会各界投入人民武装后备力量建设，充分发挥党管武装的职能作用。之后，这一组织机构不断调整和充实。1995年地改市后，郴州地区人民武装委员会改称郴州市人民武装委员会，由中共郴州市委书记任主任。

（三）国防动员委员会

1996年8月，郴州市国防动员委员会成立，随后各县（市、区）国防动员委员会相继成立。原郴州市人民武装委员会职能转入郴州市国防动员委员会。市国防动员委员会由市委、市政府、军分区主要领导担任主任、副主任，市直相关部门负责人为委员会成员。委员会下设国防动员综办公室、武装力量动员办公室、国民经济动员办公室、人民防空办公室、交通战备办公室、政治动员办公室。各办公室分设军分区、市经委、市人防办、市计委（发展改革委）等相关部门。郴州市国防动员委员会负责拟定和编制郴州市国防动员工作的发展规划和实施措施，协调和领导军事、经济、社会方面的国防动员工作，组织开展人民武装、国民经济动员、人民防空和交通战备等工作。

第二节 国防动员

一、国防战备动员

（一）拟制国民经济动员预案

1989年始，郴州市（地区）多次组织拟制和修订国民经济动员预案。2002年，郴州市政府、军分区召开市、县有关部门及中、省驻郴企业共30多个单位参加的国民经济动员预案修订工作会议，部署开展国民经济动员预案修订工作，继后完成郴州市国民经济动员预案及其国民经济动员指挥、编组预案和医疗卫生、燃料储备、粮油储备、车辆维修保障等17个分项预案，汇编成册上报湖南省国防动员委员会得到肯定。2003年，郴州市国民经济动员办公室会同郴州市有关部门对全市国民经济实力进行系统调查，范围涉及工业、农业、交通运输、医疗卫生、生活物资、科技教育、邮电通信多个领域，全面掌握郴州市战时经济动员潜力的第一手资料。继而对原制定的国民经济动员预案进行调整修订，使预案更贴近国民经济建设的实际。

（二）国防教育

1990年，随着市（地区）、县两级国防教育机构的建立，国防教育工作纳入党政领导的议事日程。各地聚力开辟国防教育学习活动阵地，县、乡镇（街道办事处）、村三级普遍建有国防教育活动室或国防教育活动中心（与青年民兵之家合二为一），11个县（市）的国防教育室配有放映、投影、兵器模型设施。国防教育由军分区、县（市）人武部牵头，会同地方党委、政府、宣传、教育部门制定教育计划，编写印发教材。是年始，全市普遍坚持基干民兵一年4次、普通民兵一年2次的国防教育学习制度。各级教育行政部门按照湖南省国防教育条例，认真组织学校落实国防教育训练计划，各级各类学校除将国防教育有机融入课堂教学外，一般均增设国防教育课。同时在每届新生入校时集中组织进行军事训练，开展国防知识教育。

1993年，郴州地委、行署决定从当年始将每年的9月定为国防教育宣传月，主要由郴州军分区组织开展国防教育活动。自此每年在宣传月中，各地分别采取上街宣讲，举办文艺晚会、国防教育电影周、演讲比赛、征文、书画展览等形式，宣传湖南省国防教育条例和国家兵役法、军事设施保护法等法律法规，郴州电视台、郴州日报社分别开辟"国防园地""国防园"国防教育宣传专题专栏。

1995年，郴州市国防教育委员会制定印发《国防教育三年实施规划》，要求各地国防教育走出过去长期以"准备打仗"的单一化"战备"教育圈子，突出党史、军史、近代史"三史"教育，注重提高全民国防素质，各地坚持集中上课与灵活多样的教育方式相结合，是年，在全市范围内进行国防知识书面答卷函测竞赛，收回试卷76150份，收回率达95%。1997年桂东县组织155个村（居）委会党支部和村居委员会主要领导进行国防教育培训。是年7月16日，郴州市全民国防教育办公室获全国"强我国防、兴我中华"国防知识竞赛组织奖。

2001年，市委、市政府、军分区将每年八月一日定为"国防教育日"。2002年、2003年，郴州市国防教育委员会连续两年举办优秀中学生"夏令营活动"，组织学生到革命旧址接受国防教育。其间嘉禾县人武部编写印发教材《国防教育20讲》，坚持每年组织国防知识竞赛一至两次；该县还根据民兵外出打工多、流动性大的特点，在农忙、中秋、春节、征兵期间组织返乡民兵集中上课，使全县民兵每年接受国防教育的人数达90%以上。2004年，在国防教育月中，军分区组织开展"爱国防、颂双拥、兴人防"军旅歌曲大赛。宜章县在县城开辟"国防教育宣传一条街"。

2001—2005年，市、县两级于全民国防教育日中，在城区设立国防教育咨询点88个，印发国防教育法宣传资料20余万份，举办国防教育知识讲座150多场，放映国防教育影片130余场；市、县两级分管领导在发表国防教育电视讲话13场。郴州市先后将湘南起义纪念馆、宜章年关暴动指挥部旧址、邓中夏烈士陵园、桂东中国工农红军纪念馆、毛泽东颁布"三大纪律六项注意"旧址、永兴人民公园（黄克城公园）定为全民国防教育基地。2005年，郴州市举办大、中学生第一届军用枪射击比赛，并组队参加湖南省军用枪射击比赛。郴州市第七完全小学被全国少工委、国家国防教育办、中国少年军校总校命名为"全国少年军校示范学校"。1989—2005年，全市大中专、高级中学参加国防教育军训的学生达30余万人。

二、组织机构、队伍和设施

（一）国防动员组织机构建设

郴州是广州军区主要的后勤保障基地。郴州市（地区）、县两级党政机关历来十分重视国防动员组织机构正规化建设，不断调整充实郴州市国防动员委员会及下属各办公室的力量。从1989年始，郴州地区加强交通战备组织机构正规化建设，带动全区建立健全相关组织机构。是年3月，郴州地区召开有地、县相关部门负责人参加的全区交通战备机构组织正规化建设会议，部署国防动员机构正规化建设工作。随即地、县两级交通部门成立交通战备领导小组，组建专门工作机构，配备专职人员，建立健全工作制度。1990年，在湖南省交通战备工作检查中，郴州地区交通战备组织机构建设综合考核为良好，有5个交通战备办公室正规化建设达到合格标准，获国务院、中央军委交通战备领导小组颁发的合格证。是年，郴州地区交通战备办公室会同资兴市、郴县（今苏仙区）交通战备办公室编制《东江大桥三级重点目标保障方案》。之后，全区推广交通国防动员组织机构建设的经验，带动各系统各战线继组建相应的国防战备领导小组和工作机构。2005年，郴州市、县两级在设立5个国防动员办公室的基础上，又增设"国防政治动员办公室"。

（二）国防动员队伍建设

组建应急保障队伍 1989年始，郴州地区突出加强战时应急保障队伍建设。1994年，郴州行署根据广州军区关于编制应急保障计划有关问题的通知，迅速组建交通应急保障队伍，确保战时京广铁路、国道、省道和三南公路运输畅通。8月，郴州地区组建交通应急保障大队，下设 × 个应急保障支队：各县（市）组成应急保障运输车队，辖 × 个中队各县（市）公路段组建公路应急保障抢修大队，下设 × 个中队，有抢修机械103台（件）；京广铁路沿线各乡（镇）组建铁路应急抢修队。

1997年，郴州市按照国家经贸委《关于做好交通专业保障队伍整组工作的通知》，着手交通专业保障队伍的整组工作。依照规模适度、编制合理、专业齐全、工种配套的原则，市交通战备办公室对各保障队伍进行重新编组，加强应急保障队伍专业训练，提高应急处置能力。1999年，郴州遭受特大洪灾，郴州市交通战备办公室紧急出动23个抢险小分队、车辆百余台，抢修国道22千米、铺设电缆近80千米，恢复程控电话8000余门，保障了全市抗洪抢险通信正常、运输畅通。

2003年，交通专业保障队伍经精减整组为郴州交通专业保障团，下设运输、公路抢修、通信3个营；配备客、货车辆125台，通信设备12台。有兼职队伍人员共360人。

组建预备役部队 2004年5月10日，中共郴州市委召开议军会议，研究部署组建郴州陆军预备役工兵团事宜。会后迅速成立班子，组织军分区和县（市、区）人武部深入调查、摸底、审定工兵团组建方案，选定营房地址。在人员组编问题上，工兵团除现役军官外，还选配退役军官任职，按士兵预编的原则挑选符合条件的士兵进行编组。是年5月18日，中国人民解放军郴州陆军预备役工兵团举行营房奠基仪式。6月，投资4000万元的营区正式投工建设。

2005年5月23日，以民兵为主体兵员的郴州陆军预备役工兵团正式成立。当日，市委、市政府和军分区在郴州五岭广场举行预备役工兵团成立大会暨阅兵式。随后，北湖区、苏仙区、资兴市、桂阳县相继建立工兵营。预备部队的组建，加强了国防后备力量建设和提升了其适应各种急、难、险、重任务的能力。

（三）国防动员设施建设

1989年后，郴州重点加强国防交通和通讯网络设施建设。1990年，郴州地区新修战备迂回公路 × 条，全长 × 千米；修通乡（镇）之间联网断头线路6条，全长82.5千米；修筑桥梁20座和水运码头6座。是年，全地区开通程控电话5000门，有1万门交换机容量并入全国自动网，可通达100多个国家和地区。同时，增加资兴市鲤鱼江镇至资兴市区、郴州至桂阳县两条长途线和27套长途载波设备。"九五"期间（1996—2000年），郴州市投入资金1800万元用于维护改造国防公路、桥梁和驻军进出道路。郴州国防公路S322线、X057线、X091线相继竣工投入使用。境内各后勤保障部队均有三级以上公路或固化水泥公路相连，路况保障良好。驻军铁路专用线维护优良，运输保持顺畅。

至2005年，全市建设交通战备三级重要保障目标2处，军事重点保障目标1处。境内拥有公路线里程6861千米、国家和地方铁路线275千米，水路通航里程450千米，且运输保障良好。其中公路密度高于全省平均水平。

第五章 人民防空

第一节 人防工程

一、工程建设

郴州属国家人防重点区域城市。从20世纪70年代末加强城市防空工程建设至1989年底，郴州市城区防空工事建成有配套的掩蔽工事、指挥所、医疗救护工事、仓库等人防工程，均为防控有效面积。

1996年，《中华人民共和国人民防空法》颁布实施。郴州市政府依法将人防工程建设规划纳入郴州市城市建设总体规划，并将人防经费列入地方财政预算。是年，市政府在市城区某地破土动工兴建地下战时人员掩蔽工程，于1998年5月竣工投入使用。"九五"期间（1996—2000年），郴州市5个省级人防重点县（市）相继建成人防平战结合工程和人防基本指挥所。2004年，郴州市城区一批高层民用建筑，均按照人防要求修建防空地下室。年内还投入资金如期完成人防通讯指挥网络建设，实现现代通讯对接联通。

2005年，郴州市加强对民用建筑建设人防工程的审查和审批工作。是年，郴州市竣工使用的人防工程基本形成防护体系，基本达到能"打、走、藏、消"的战备要求，城区防空抗毁能力明显增强。

二、工程维护

1989年至20世纪90年代初期，郴州地区人民防空办公室对全地区5个省级人防重点县（市）的人防工程进行检查、鉴定和分类，建立工事档案，制定维护管理规划和措施。1999年，郴州市人防办公室制定印发《郴州市人防工程维护管理达标升级的办法》，高标准推行人防工程维护达标升级。各县（市、区）人民政府象抓重点项目建设一样抓人防工程建设，汝城县当年从县财政拨出专款用于人防工程升级达标建设，使县城人防工程修缮一新，达到升级达标标准。

2004年，郴州中心城区对已建人防工程进行清理和督促维护，对全市人防公共工程建立维护档案。2005年，郴州市人防办公室加强对公共工程和主干道工程的维护管理，投入专项资金，对分散、小型、质量差的早期工程全部按"灯明、水畅、路洁、安全、美观"的标准进行改造，郴州市中心城区的早期坑道式人防工事，已形成相对规模化的人防网络工程，全部达到省级人防工程达标升级标准。是年，郴州市对人防工程全面展开维护和加固改造。11月，郴州市人防工程在湖南省单位工程达标验收中获一等奖，郴州市对早期人防工事实行"连片扩容、集中维护"的做法，在湖南省人防系统推广。

三、工程利用

1989 年以后，郴州落实贯彻“平战结合”方针，大力开展人防工程的开发利用。各地充分利用人防工事冬暖夏凉的优势贮存种子，种植蘑菇、天麻，开办加工作坊、文化娱乐室、冷饮室和澡堂等对外经营场所。20 世纪 90 年代初期，郴州卷烟厂在高温季节将人防工事的凉爽空气抽入生产车间，每年节约降温费 1.8 万元。1997 年，国营 711 矿投资 2.8 万元开发利用人防工程地下热水养殖牛蛙，3 个月即收回全部投资；该矿还利用工程地热水含有丰富硫磺的特点，开辟深受游客欢迎的洗浴保健服务。此间，郴州市人防办公室利用郴州城区临街人防工口部事改成经营门面，并进行伪装房改造利用，积极开发既有利于工程维护，又有利经营创收的立体人防工程。

2002 年 11 月，湖南省人防工程口部建设与开发利用现场会在郴州召开。2004 年，郴州市人防工程平战结合收入稳定增长，开发利用率达 56% 以上，年产值达 3000 余万元，上缴国家税收 60 余万元，提供就业岗位 1500 个。1989—2005 年，郴州市仅人防口部伪装房建成 69 处，累计实现产值 1.70 亿元、利税 1320 万元。每年还为社会创造就业岗位 400 多个。

第二节 组织指挥

一、城市防空预案

1989 年，郴州行署、郴州军分区、郴州市人防办公室组织力量编制《防范空袭预案》，编制市城区重点保护目标人口早期临战疏散、人防通信警报、医疗救护、物质供应、供水、供电、交通、消防、治安等防空袭保障应急预案。1992—1993 年，为适应新形势下现代化实战要求，郴州地区又一次组织修改拟制防空袭预案。1998 年，根据湖南省人民政府、湖南省军区指示和借鉴中东海湾战争、欧洲波黑空袭的教训，市人防办牵头组织相关部门组成预案修订办公室，通过一年调查研究，再一次修改城市防空预案，将原有市、街道两级预案设为市、区、街道三级预案，增加铁路疏散和重要经济目标防护的内容。修订后的预案，于 1999 年 10 月通过湖南省专家组评审验收，由郴州市人民政府颁布实施。至 2005 年，郴州遵照广州军区主要经济目标防护会议精神，还完成重点目标防护方案的拟制和修定。全市交通、通信、工程机械行业的单位，被列为人防重要经济目标防护。

二、地面指挥所建设

2002 年，鉴于原人防指挥所空情收集、警报发放等配套设施、附属工程不适应新需求的状况，市政府行政划拨用地，新建郴州市人防地面指挥所（指挥中心）。工程建设方案经省、市专家评审取得上级有关部门批准后，快速完成地质勘察、通水、通电前期工作，2005 年 9 月正式在郴州市城区－地破土动工兴建。2005 年，郴州市各县（市、区）均建有人防地面指挥所，设有值班室、空情标图室、警报室、自动化控制防空指挥设施。人防地面指挥所成为集空情接收、警报发放、信息控制、网络办公于一体的人防指挥中心。

三、通信警报建设

进入20世纪90年代，郴州人防通信警报建设快速发展，逐步淘汰过去以有线通信为主，以运动呼唤和简易通信为辅的通信警报方式。1991—1996年，郴州市人防办先后购进程控交换总机、单边无线电台，实现由人工接转分机与湖南省人防部门联网直接收发空情，并实现单边带无线电台成功并入湖南省人防无线通信网络。1996年，郴州城区架设人防总机至各骨干工程的地下通信电缆，初步建成先进的人防通信网络。

1998—2003年，郴州市政府投资专款在市人防地面指挥所安装数字式程控电话交换机，实现人防总机与电信网络联通；投资安装新型电动防空警报器、更换控制盒和新增全新电声警报器，并安装遥控终端。其间，全市初步建成技术先进、功能完善的多媒体综合通信警报系统，形成有线无线通信网络，报警系统实现社会化管理。2003年，市人防办公室建成集空情接收警报发放、信息控制、网络办公于一体的防空报警指挥中心，并通过省级检查验收。

2004年，郴州市本级和5个重点县（市）初步建成技术先进、功能完善的多媒体综合警报系统，完成市本级和5个重点县（市）的防空报警“双百”（警报鸣呼率、覆盖率百分之百）建设任务。是年11月，湖南省防空警报建设总结表彰会议在郴州召开，郴州被评为“湖南省防空警报建设先进城市”。

第三节　机构队伍

一、人民防空委员会

1989年，设郴州地区人民防空委员会。1995年5月，郴州撤地建市，原郴州地区人民防空委员会更名为郴州市人民防空委员会。人民防空委员会由市党、政、军负责人任主任、副主任；市委宣传部、市政府办公室、郴州军分区、市计委、经委、卫生局、环保局、公安处、财政局、商业局、邮电局等部门负责人为委员会成员，下设人民防空办公室。人民防空委员会主要担负制定和组织实施人民防空事业发展规划，指导人防工程建设与利用；制定防空预案和章程等工作。1996年8月，郴州市国防动员委员会成立，取消原郴州市人民防空委员会，其职能由国防动员委员会履行，直至2005年无变化。

二、人民防空办公室

1989年，郴州中心城区的人防工作由郴州市（北湖区）人防办公室统一管理（郴县未设立人防办）。其他县（市）仍设立人民防空办公室。郴州市人防办公室内设综合、工程、指挥通信3个科，辖工程维修所、规费征收办公室两个二级事业单位。市人防办公室主要担负郴州市城区人防工程、指挥通信建设和人防宣传教育任务，战时根据市政府和郴州军分区的命令，采取保护措施，防范和减轻空袭危害。1995年郴州撤地建市，成立地级郴州市人民防空办公室（简称“市人防办”），是郴州市人民政府的常设工作机构，受市政府和军分区双重领导。直至2005年，郴州市人防办工作机构和工作职能未变。

三、人民防空专业队

1989年，郴州地区沿袭自1986年形成的建制，由人防办独立组建人民防空专业队。1998年，郴州市人防办根据防空预案和专业队员“精而专”的要求，对人民防空专业队进行全面调整，从市直相关部门选配兼职防空专业队员，组成专业队。2005年，又调整专业队，配备、更新装备械具。人民防空专业队不定期召集队员进行现代战争条件下救援救护、抢修抢险等人防专业技能训练，各队基本达到“召之即来，来之能战，战之能胜”的要求。各县（市、区）从实际出发，均组建规模适宜的人民防空专业队伍。

1995—2005年郴州市人防办主要负责人名录

表8-5-3-1

单 位	姓 名	职 务	任职时间
郴州市人民防空办公室	张本文	主 任	1995.10—2001.09
郴州市人民防空办公室	白广华	主 任	2001.09—2003.12
郴州市人民防空办公室	何建湘	主 任	2003.12—

说明：1995年地改市前郴州市人防办为县级郴州市（北湖区）防空办公室

第六章 参建参治

第一节 维护治安与扶贫帮困

一、维护治安

1989年，驻郴州部队、全区民兵紧密配合公安部门参加“严打”（严厉打击刑事犯罪）、扫黄（扫除淫秽书刊和音像制品、卖淫嫖娼）、禁赌、处置突发事件等项任务。上半年，郴州市（北湖区）人武部还组织民兵配合公安部门，开展“防特、防盗、防破坏，护街、护线、护路”活动，破获刑事案件48起，盗窃案104起、涉赌案75起、卖淫嫖娼案22起。1990年6月23日，武警临武县中队中队长李书文带领4名战士在临武县麦市乡奋不顾身擒获身捆炸药劫持人质犯罪嫌疑人周作文，解救了人质。10月11日，李书文出席武警总部在北京召开的武警先进集体先进个人表彰会，受到中共中央总书记江泽民的接见。是年，全地区有1.82万名民兵配合公安部门开展“严打扫黄”斗争，协助侦破刑事案件453件，捉拿不法分子嫌疑人743人。1993年9月11日，永兴县马田镇马田村与井岗村发生有3000余人参加的宗族械斗，武警郴州地区支队紧急出动兵力112人，劝导疏散群众并连续警戒执勤7天，直到事件平息。

1995年，在郴州组织开展新一轮严厉打击违法犯罪斗争中，郴州军分区和各县（市、区）人武部组织出动民兵1100余人，协助公安机关破获各类刑事案件70余起，处理治安纠纷18起。是年4月12日早晨，从衡阳地区流窜来郴州的两名歹徒混进湘南烟草集团公司办公楼，企图将董事长扣为人质勒索巨款。烟厂基干民兵、保卫干事秦文祥挺身而出与歹徒搏斗，被歹徒开枪击伤后仍抓住歹徒不松手，直至员工赶来将歹徒抓获归案（秦文祥1997年被公安部记一等功，1998年被评为全国烟草行业先进个人）。

1996年，在组织开展“扫黑除恶”严打斗争中，各县（市、区）人武部为提高民兵组织在维护社会治安中的快速应急能力，挑选基干民兵组建专项斗争民兵应急分队。北湖区组建民兵摩托应急分队，在“五一”、国庆、春节节假日上街巡逻维护社会治安，配合公安机关捣毁黑恶犯罪团伙7个、吸毒窝点1个、捉拿犯罪嫌疑人42人。是年9月4日，桂阳县洋市镇不法分子煽动一些不明事实真相的人，挑起事端冲击并打、砸、抢洋市镇政府。武警郴州支队奉命火速赶赴现场，不顾危险一举擒拿首犯，全力说服和疏散围观群众，及时平息了事态。1997年5月17日，嘉禾县龙潭乡一不法分子劫持1名人质，武警郴州支队、武警嘉禾县中队火速出动兵力赶赴现场，通过政策攻心，生擒犯罪嫌疑人，成功解救人质。武警嘉禾县中队政治指导员苏林平和副班长刘默强立三等功。

武警郴州支队在处置各类重大突发事件、捕捉犯罪嫌疑人和执勤守护等维护社会治安要务中，愈益发挥出重要作用。2000年3月31日至4月7日，汝城县延寿、岭秀、小垣三个乡（镇）因涉费引发聚众打、砸乡（镇）政府的非法事件。4月8日，武警郴州支队快速调集160多名官兵赶赴现场，历经15天的警戒执勤，圆满完成疏导群众、捉拿首犯、平息事态的任务。2001年，为追捕犯罪嫌疑人，打击黑社会性质犯罪团伙，武警郴州支队配合公安机关先后出动兵力5760人次，配合公安抓捕、堵截犯罪嫌疑人130人，缴获一批行凶枪支、刀具和雷管炸药。1989—2005年，武警郴州支队还圆满完成在郴州举办的“中国郴州生态旅游节”“湖南省农民运动会”“第七届亚洲跳水锦标赛”“全国中学生无线电测向越野赛”等重大节会安全保卫工作；完成党和国家领导人来郴路线警卫20多次。

至2005年，全市（地区）组织民兵参加社会治安综合治理483次，出动民兵、武警1.6万人次，配合公安机关破获、捣毁犯罪团伙36个，追捕、抓获不法分子540余人；制止、平息恶性群体械斗28起。

二、扶贫帮困

郴州军分区，各县（市）人武部和驻郴州部队响应地方党委和政府的号召，积极开展扶贫帮困工作，支援地方经济建设。1990年，郴州军分区系统组织全区农村基层民兵成立帮困组3648个，义务帮工16.55万人次；广泛开展民兵“一帮一”结对扶贫帮困活动，当年扶助贫困户11469户。1993年4月，中共郴州地委、郴州行署、郴州军分区印发《关于进一步组织发动民兵参加经济建设，继续深入开展以劳养武活动的决定》，各级军事机关动员广大民兵在参加经济建设中开展“带头富、帮民富、共同富”活动，组织民兵用资金、劳力、科技、信息、智力扶助贫困家庭，把扶贫帮困工作推向深入。

1995年2月，郴州军分区党委动员部署各县（市）人武部，组织民兵实施丘岗山地开发助推实施扶贫工作计划。是年，军分区先后3次组织工作组到基层武装部督导，并于当年10月在桂阳县召开扶贫工作现场经验交流会。1996年，郴州军分区和县（市、区）人武部均选派工作组进驻扶贫联系点。军分区扶贫点为安仁县自然条件恶劣的灵官镇莽山特困村，军分区政委钟六华驻村与干部群众制定莽山村整体搬迁规划，全力组织实施。从1996年至2000年，军分区领导带头人平捐款1600元，同时组织军队干部、职工及驻郴州部队共捐款43万元，捐献钢材11吨、水泥20吨支助莽山村，建设移民新村。至2000年年底，扶助莽山移民建成住宅120套，面积1.36万平方米，使莽山村摆脱恶劣的自然条件实现整体搬迁，走上依托市场和交通优势的脱贫致富之路。是年，湖南省人民政府将这一做法在全省推广。汝城县南洞乡三山村176户散居在崇山中的87个自然村，进山走的是羊肠小道，照明靠点竹条、松枝。1996—2000年，汝城县人武部派工作组进驻该村扶贫，组织民兵和群众修筑通村公路48千米，整修山塘11口，修筑水渠4500米，架通高压电线25千米，还建起电视卫星接收站、有线广播站，全村实现“水、电、路、广播电视”四开通。人武部还多方争取资金60多万元建起村办小学，组织干部职工捐款6万多元资助100多名贫困家庭子女就读。同时，请来农技员帮助该村种植皇冠梨、反季节蔬菜，推广杂交水稻、杂交玉米，使村民人平年纯收入增加200余元，全村面貌焕然一新，摆脱贫困。村民们主动为驻村人武部干部请功，驻点人武部干部欧别海立三等功。在此期间，驻郴部队积极支持地方经济建设，为群众排忧解难。广州军区房管局郴州房管处利用区位优势，与地方职能部门配合共建“165水果批发市场”“165布匹服装市场”“165停车场”，为下岗职工和社会富余人员提供就业岗位1000多个。1996—2005年，郴州军分区、各县（市、区）人武部建立扶贫联系点17个，投入扶贫金76.7万元（自有资金）；另多方集资捐款214.7万元，全力帮助扶贫点改善生产、生活条件。

1989—2005年，郴州先后有4000多名部队官兵与贫困家庭和学生结成帮扶对子，与村民一道建立生产开发扶贫基地250公顷；军分区系统组织兴办以民兵为主体的各类经济实体44个，帮助2200多户家庭摆脱贫困，3万多人解决温饱问题。

第二节　抢险救灾

一、抗旱抗洪

1998年，郴州遭遇大旱，郴州军分区组织部队和民兵预备役人员15.5万人次参加当地抗旱保收。1999年8月12—13日，郴州突降百年不遇的特大暴雨，11个县（市、区）的143个乡镇严重受灾。郴州市城区受涝严重，部分房屋倒塌，许多群众被围困在洪水中。13日凌晨4时，军分区紧急部署，动员组织驻郴部队官兵及民兵应急分队1112人火速分赴郴州城区14个灾情严重的区域抗洪。军分区司令员祝青云、政委钟六华、参谋长姜友德一直顶风冒雨坚守在险情最严重的洪灾区指挥抗洪抢险。广州军区169医院郴州分院和军分区卫生所开设前线救护所，救治伤病员320名，发放预防救治药品价值2.5万元。在郴州城区抗洪抢险中，共出动部队官兵5000余人次、民兵2万余人次，组织排险89处，营救转移群众6700人。全市11个县（市、区）调动部队兵力9204人次，出动民兵预备役人员2.1万人次，出动车辆1200台次，冲锋舟、橡皮艇30艘，营救群众28877人，转移疏散群众5509人，运送救灾物资250吨，为抗洪救灾做出突出贡献。

2000年9月1–2日，资兴市和桂东、汝城、宜章县暴雨成灾。资兴市连坪乡山体滑坡公路被冲毁，1000多村民被洪水围困，处于无房、无水、无粮的困境。郴州军分区机关干部、驻军和武警、抗洪抢险民兵舟桥连共300多名官兵紧急出动，在军分区政委钟六华、政治部主任王春陪的率领下，徒步翻山越岭35千米，将救灾物资及时送到被困群众手中。洪水退却后，全体官兵和民兵预备役人员坚持在灾区连续奋战15天，转移群众2000余人，运送救灾物资50余吨。帮助群众重建家园，抢修水毁公路40余千米。军分区系统和郴州驻军还组织向郴州市灾区捐款16.21万元和一批衣物。9月9日，广州军区还派一驾直升飞机先后起落58驾次，向资兴市灾区空运大米28吨，衣物、食品、药品12吨，转运受灾群众400余人。2003年，郴州因久旱导致34万农村人口出现饮水困难，郴州军分区和各县（市、区）人武部组织民兵为灾民送水，协调处理生产生活用水纠纷，帮助灾民度过旱灾难关。

1989—2005年，郴州军分区系统及驻郴部队投入较大规模的抗洪抗旱20余次。抗旱中，郴州军分区先后出动民兵高炮分队协助地方气象部门实施人工降雨16次，有效地缓解了旱情。

二、抢险解危

郴州境内山林多，易发生森林火灾。郴州军分区、驻郴州部队和广大民兵视护林防火为己任，多次在扑灭森林火灾中完成急难险重任务。1990年，全地区民兵组建护林防火队891个。与此同时，驻境区部队积极组织参加重大事故和灾害的抢险解危及救援，英勇无畏地保护国家利益和人民生命财产安全。

1995年2月25日12时30分，资兴市清江乡黄桥村39名学生乘渡船过东江，因超重在江中翻船，经抢救仍有13人下落不明。郴州军分区闻报急派参谋长祝青云率领官兵赶赴现场，与资兴市人武部干部和民兵应急分队一道打捞，维持秩序。2月27日与前来支援的海军南海舰队打捞队共同努力将溺水身亡的13名学生打捞上岸。1997年2月10日，桂东籍38572部队海军战士郭虎平在回家探亲途中因车祸身负重伤，他不顾个人安危，忍着伤口巨痛，带领先上岸的乘客从被翻到河水中的车厢里救出乘客32名。1999年1月24日，东江湖湖区一艘游船起火，武警郴州支队直属三中队官兵赶赴现场营救，奋战2个多小时，将大火扑灭，挽回经济损失1000余万元。

2002年8月8日15时，郴州市市郊乡四清水库受强洪流袭击，大坝出现大面积滑坡，严重威胁下游郴州城区几十万人民生命财产和京广铁路、京珠高速公路、107国道的安全。郴州军分区司令员潘兴国火速率领抢险官兵开赴水库大坝。军分区领导钟六华、姜友德、王春陪、罗发旺相继赶赴抢险现场，组织指挥部队和民兵筑坝抢险。武警郴州支队支队长黄友土、政委欧阳玉雄身先士卒背沙袋、扛石头。参战的2255名部队官兵和1000多名民兵以"人在大坝在，誓死护水库"的英雄气概投入护坝抢险，有的战士高烧39度不下火线，有的干部亲人病故也不肯离开大坝。广大官兵和民兵经过7个昼夜奋战，搬运推砌片石6090立方米，沙石3970立方米，筑起一道长180米、宽18米、高8米的坚固护坝，确保了四清水库的安全渡汛。人民解放军、武警和民兵奋不顾身的抗洪抢险精神，受到前来四清大坝工地视察抗洪抢险战斗的国务院副总理温家宝的赞扬。

1989—2005年，郴州军分区系统、驻郴部队和民兵组织参加扑灭山火、排除山洪险情、处置意外事故等抢险救援任务4800余起。仅2005年，郴州市武警、消防部队扑救火灾接警出动436次，出动警力4471人次，车辆957台次，抢救遇险群众32人，保护和挽回经济损失1.6亿元。

第三节 军民共建

一、精神文明共建活动

1989年，郴州军分区和驻郴州部队响应中央军委关于"军民共建精神文明"的号召，积极投入与驻地群众携手共建社会主义精神文明活动，先后与地方共建文明乡（镇）、文明村、文明厂矿、文明学校、文明街道（路）联系点345个，涌现一批军民共建的先进典型。郴州军分区干休所与湖南省少管所（现为湖南省郴州监狱）成立"共建"（共建文明、共育新人）领导小组，干休所老干部常到少管所与失足青年谈心、交朋友，给他们购买生活、学习用品，经常举办帮教对象座谈会、上革命传统课，以及一同举办文体活动，教育、激励失足青年改过自新。至1994年，郴州军分区干休所重点帮教的136人，先后有33人减刑、假释，有47人在少管所立功受奖。军分区干休所先后被评为湖南省"关心下一代先进单位""学雷锋先进单位"，获"全国老有所为先进集体创新奖"。是年，还被中共中央宣传部和解放军总政治部授予"全国军民共建先进单位"称号。

1995年6月，中共中央宣传部批准宜章年关暴动（湘南暴动）指挥部旧址、邓中夏故居为湖南省省级爱国主义教育基地。郴州市委、郴州市人民政府、郴州军分区利用这些基地和唐天际纪念园、湘南起义纪念馆、桂东"三大纪律六项注意"军规场等革命纪念地开展爱国主义、革命英雄主义教育，共同组织推进社会主义精神文明建设。1996年，郴州军分区和宜章县、资兴市、北湖区、苏仙区人武部，协调、组织107国道沿线驻军部队、民兵与沿途村民开展共建文明路段活动，军民一同上路宣传文明行车、行路规章，义务清路、养路和护路，确保郴州境内145公里的107国道文明、安全、畅通，1998年，该路段全面通过湖南省省级验收，总评分排全省首位。1995—1998年，驻郴州76131部队与就近学校和苏仙区桥口镇白溪村开展军民共建文明校园、文明村活动，官兵定期给学生上革命传统课，挤出资金34万元为学校改善办学条件和支助贫困子女入学。部队还帮助白溪村村民种植花、草、果林经济作物，使全村走上致富之路。自1999年，广州军区后勤部房管局郴州房产管理处在开展军民共建文明经营一条街活动中，成效显著。2005年7月，该处被评为"全国军民共建社会主义精神文明先进单位"。

二、共建双拥模范城

1989年，地委、行署加强对"双拥"（拥政爱民、拥军优属）工作的领导，推进"双拥"工作。1995年始，郴州军分区系统和驻郴州部队与郴城人民一道，开展共建全国"双拥模范城"活动。郴州军分区系统和驻郴州部队发扬拥政爱民光荣传统。每年3月，郴州军分区、驻郴州城部队官兵上街学雷锋做好事，打扫街道卫生，种植"双拥林"；积极选派官兵进校开展军训和国防教育，义务当好校外辅导员。驻郴州城区解放军169医院从1995年至2005年，在开展拥政爱民活动中，以优质的服务为地方救治危重病人8100多名。同时还组织96个医疗队上街下乡，先后为群众义务巡诊4500人次。郴州军分区把城区下湄桥区域作为共创"双拥模范城"的联系点，军分区领导经常带领机关干部战士到当地清理水沟，扫除垃圾。1999年，广州军区后勤部房管局郴州房产管理处与八一路商业步行街商家开展军民共建文明经营一条街活动，房管处官兵经常深入八一路商业街890多家经营门店开展文明经商宣传，协助规范各项文明管理制度。是年12月，郴州被湖南省政府、省军区评为"全省双拥模范城"，2001年，八一路商业步行街先后被国家质量技术监督局、国家工商局以及省物价局评为"全国购物放心一条街""全国打假维权消费者满意一条街""湖南省明码标价示范点"，并荣膺湖南省首条"全国百城万店无假货示范街"。此间，在人民群众遭灾受困的时候，各军事单位积极派人派车，捐款捐物，帮助灾民生产自救，重建家园。2004年1月9日，全国双拥模范城命名表彰大会在北京召开，大会授予郴州市为"全国双拥模范城"荣誉称号。

三、参与地方经济建设

1989—1991年，郴州军分区和各县（市）人武部组织部队官兵和民兵参与农业综合开发，先后组建和率领民兵队伍参加水利建设、农田改造、垦山造林等农业生产开发项目28项。继后，郴州军分区系统和驻郴部队为发展地方经济愈益做出贡献。1995年，桂阳县人武部根据市、县关于丘岗山地经济开发的部署，下发《关于组织民兵参加丘岗山地开发的通知》，县人武部官兵全力投入，动员组织城郊乡、仁义乡民兵分别开66.67公顷的丘岗山地经济示范基地，垦荒种植名优果树。1996年郴州市人民政府在桂阳县召开现场会，推介桂阳县人武部组织民兵投入丘岗山地经济开发的做法。1995—2000年，驻军53712部队为支援苏仙区石面坦电站改造、五里牌乡集贸市场建设等12项工程项目建设，先后派出车辆（机械）260多台次，投入施工兵力850多人次，优惠或无偿援助水泥、钢材、油料44吨，木材80立方米，为驻地经济建设投建工程节省经费20余万元。2000—2002 年，北湖区人武部精心策划，选派干部在蹲点的华塘镇以民兵为骨干，带动邻近 4 个乡镇 3000 多名民兵参加“稻仙园”水稻生产开发工程，建立 4 个近千亩的优质水稻生产基地。2000—2005 年，人民解放军郴州境区部队为农村经济开发项目建设累计投工 44.8 万个工日，调动参与施工车辆 1800 余台次，捐款捐物计 84 万元，推动了当地经济建设。

郴州市志（1989–2005）

第九篇

政法

1989—2005年，郴州政法机关在推进社会治安综合治理，打击、严惩违法犯罪，全面开展社会依法治理中，精心组织开展系列“预防、打击、整治、建设”工作，促进社会安全状况日趋好转，为郴州改革开放、经济发展、社会稳定起到保驾护航作用。同时，全市政法机关在维护社会稳定、创建平安和谐郴州过程中，充分发挥组织、协调、督导作用。

1989年，中共郴州地委政法委员会按照中共郴州地委部署，及时组织警力全力遏制、清除春夏之交北京政治风波带来的危害和影响，维护社会政治稳定。继后，郴州地（市）、县两级政法机关致力推进社会政治稳定和治安综合治理。1993年7月，郴州推行对县（市）及地直综治成员单位实行社会治安综合治理（简称综治）目标责任管理。组织开展创建“平安郴州”“安全文明小区”“治安模范单位”和推行边境“睦邻友好”等活动。同时，着力推进综治基层基础工作。到2000年，郴州市258个乡镇（街道办事处）均建立综治办和矛盾纠纷调处中心，创建安全文明乡镇、小区、治安模范单位覆盖率分别达84%、79%和75%。1996年和2004年，全省社会治安综合治理基层基础工作现场经验交流会分别在嘉禾县和资兴市召开。其间，郴州市县两级政法机关多次组织、部署多警齐动、多管齐下展开“严打”专项整治斗争；协调、支持司法机关依法行使职能；协同抓好政法队伍思想、业务建设，开展执法监督，提高执法质量。1989—2005年，郴州政法机关多次获省、部级授予的各项荣誉称号。资兴市先后被中共中央政法委、中央综治委和中共湖南省委、省人民政府授予全国、全省“社会治安综合治理先进县市区”称号；汝城县、桂东县被评为湖南省平安县。市委政法委李日顺、周友才被中央综治委、人事部评为“全国社会治安综合治理先进工作者”。

公安机关围绕确保一方平安，加强社会治安防范与整治，着力推进案件侦破、预审、看守、交通、消防及户政、出入境等工作的管理，加强科技强警建设，致力建设一支作风硬、业务精的公安干警队伍，建立统一、高效、灵敏的预警机制和危机处置、安全防范等工作机制体系。1989—2005年，全市（地区）公安机关受理治安案件234434起，查处216354起，查处率达96.1%。在打击刑事犯罪中，公安机关先后组织开展“夏季严打”“冬季侦破会战”“百日严打大会战”等严打整治专项行动；公安干警不畏艰险，重拳出击，累计刑事立案139910起，破案84385件。郴州市“110”报警服务台自1997年成立至2005年，果敢出警，被誉为“人民群众的保护神”，人民群众先后赠予各种褒奖锦旗180多面。

检察机关依法行使职能，不断提升检察工作的质量和效率。忠实履行法律赋予的检察职权，围绕“执法为民、公正司法”这一主线，大力推进对刑事、民事行政、控告申诉等案件的检查和督办工作，加强预防职务犯罪工作机制建设，为打击犯罪、维护国家法律正确实施和人民群众的合法权益发挥了应有的作用。1989—2005年，刑事检察共审结批捕案犯32192人，起诉案犯28305人；侦查、查处贪污贿赂及渎职侵权案件4029件4765人；受理、起诉在押犯重新犯罪案件214件245人，均被法院判决加刑；就超期羁押人犯提出书面纠正意见1285人次，纠正超期羁押2816人；累计接待控告申诉来信来访37759人次，其中受理举报控告类、申诉类案件2725件；应用检查技术共受理案件9218件，办结9146件，提升了办案的准确率和办结率。期间，郴州检察机关获国家级荣誉称号的集体8单位次、个人11人次；获省级荣誉称号的集体31单位次、个人58人次。先后有永兴县人民检察院被最高人民检察院记一等功，郴州市人民检察院被共青团中央、最高人民检察院命名为“全国优秀青少年维权岗”等。有13个集体单位和54名检察官的先进事迹被最高人民检察院编入《中国检察官荣誉档案》文集。

审判机关围绕“公正与效率”目标，积极稳妥地推进审判制度改革，不断加强审判队伍和法院办案技术装备建设，充分发挥人民法院“打击、调节、保护、监督”的审判职能作用。1989—2005年，郴州市（地区）各级人民法院相继组织开展创“一流法庭”“人民满意好法院（庭）”，争当“人民满意好法官”及“审判质量年”“案件执行年”等活动，推动法院工作全面进步。全市（地区）审判机关依法审结刑事、民事、经济（商事）、行政等各类一审案件267164件、二审和再审案件22405件，一审、二审案件综合审结率99.61%，在法定期限内结案率99.3%，再审案件改判准确率100%；市、县两级法院累计受理执行案件120859件，执结107477件，执结率88.92%，执结标的金额22.9亿元。17年间，郴州法院系统获国家级荣誉称号的集体21单位次、个人16人次。郴州市中级人民法院先后被最高人民法院授予“全国法院政治工作先进集体”“全国法院法警工作先进集体”称号。

司法行政机关以“一五”至“四五”普法教育为主线，推进法律普及、依法治理以及人民调解、法律服务、监所管理、安置帮教等各项工作迈上新台阶。在实施四期（每期5年）普法教育规划中，先后组织普及学习日常行为法律法规260部，全市（地区）有348.5万名普法对象接受法律法规学习。同时广泛开展依法治县、治乡、治村、治厂、治街、治校、治店工作和争创遵纪守法文明家庭活动。其间境内年评选遵纪守法户、五好家庭户、双文明户的总数占城乡家庭总户数85%以上。人民调解工作初步形成覆盖全市城乡的调解网络，全市基层常年拥有一支7100多名以兼职为主的人民调解员队伍，城乡90%以上的矛盾纠纷通过基层调解组织得以及时排查化解。律师事务日愈加强。市、县、乡三级普遍开通“148”法律服务专用电话，法律援助在自启动迄2005年的9年间，免费为特困群体办理法律援助案件1983件。此外，监所管理工作加强，刑释解教人员安置帮教体系日臻完善。17年间，司法行政系统先后有36人次和25个单位获省、部级授予的各项荣誉称号。

第一章 政法综治

1989年，中共郴州地委政法委员会（简称“政法委”）由政法委书记、副书记，公安局局长、检察院检察长、法院院长、司法局局长组成。1991年3月成立郴州地区社会治安综合治理委员会（简称“综治委”）办公室，与地委政法委实行一个机构两块牌子。1994年8月，郴州地区国家安全局成立，为政法委归口单位。1995年郴州撤地建市，中共郴州地委政法委改称中共郴州市委政法委。1998年10月，市委政法委增设郴州市确保社会政治稳定工作领导小组办公室，翌年1月改称郴州市维护稳定领导小组办公室（简称“维稳办”）。2005年，郴州市政法委内设办公室（研究室）、政治部、维稳办、综治科、执法监督室等5个职能科室，有工作人员25人。

1989—2005年，郴州市（地区）政法委作为党委主管政法工作的职能部门，积极组织、督导开展维护社会稳定、社会治安综合治理、执法监督和政法队伍建设等工作，协调和支持公、检、法、司机关依法行使职能，促进政法系统各项工作依法、快速、高效运行。

第一节 维护社会稳定

自1990年始，郴州市维护社会稳定工作开始转入加强基层基础建设，逐步建立防控长效机制。地委政法委遵照中共中央“稳定压倒一切”的战略方针，正确处理改革、发展和稳定的关系，将实现“四无”（无群体性游行示威，无重大群体性械斗、堵塞交通、罢工罢课，无集体赴省赴京上访请愿事件，无敌对势力和非法组织活动）纳入维护社会稳定工作考评的重中之重，纳入公安机关和县、乡、村三级治安组织的重要任务，相继建立检查、考评、奖惩等常规化管理制度。1993年在全区维稳综治工作考评中，对发生重大群体性械斗事件的宜章、永兴两县处以黄牌警告，责令其限期整治到位。同时，郴州地、县两级政法机关在国家重大活动和节会前夕，均组织政法系统人员下乡下厂（矿）排查、化解社会不稳定因素。

1997年3月，郴州成立由郴州市委书记任组长、市委政法委书记兼任办公室主任、38个市直有关部门负责人为成员的郴州市维护社会稳定工作领导小组。建立集中处理信访突出问题和群体性事件联席会议制度和维稳三道防线，即以乡镇、街道为主体，纵向抓到底的基层防范的基础线；以各部门、单位为主体，横向抓到边的部门抓疏导的职能线；以市县两级党委政府为主体，党政领导总揽全局的责任控制线。1998—1999年，市政法委、市综治委先后出台《维护稳定工作责任制度和相关工作规范》《维护稳定工作责任查究实施意见》，郴州市社会治安综合治理和维护社会稳定工作逐步形成党政一把手负总责、分管领导具体抓、部门相互配合抓的齐抓共管格局。1998年，全市排查和基本化解有关特困企业、工农纠纷、农民负担、边界权属等热点难点焦点问题63个。

全市注重在社会维稳“重点期”及早排查处置各类矛盾纠纷和信访突出问题。2004年，在全国、全省和全市分别召开的人民代表大会和政治协商会议（“两会”）期间，以及元旦、春节、清明、国庆等节会和农村矛盾纠纷易发季节，全市累计排查各类社会矛盾纠纷13570件，调处办结率90%以上。市、县两级维稳办分别建立矛盾纠纷调处台账，明确责任单位、责任领导和化解期限，并以督办卡和领导包案表的方式，逐一进行交办解决。桂阳县荷叶镇周某某因其弟1998年被人打成重伤后，因久拖不处，周赴省进京上访达6年之久。当年，由市委副书记刘湘娥负责对此案进行包案督办，使该案迅即得以审结，2名主犯被依法判刑，并依法赔偿受害人医疗费17万余元。是年，在召开全国全省人大、政协“两会”期间，全市没有发生一起赴省进京上访事件。2004—2005年，市委、市政府领导带头包案处理信访突出问题93件。

第二节　社会治安综合治理

一、基层基础建设

1989年，郴州地区开始形成以政法部门为主、专门机关与群防群治相结合，实行条条与块块协调共管的社会治安综合治理（简称“综治”）网络。是年，成立郴州地区社会治安综合治理领导小组，254个乡镇、328个企事业单位均相继成立相应机构。全区设有基层公安派出所139个、法庭71个、检察室9个、司法所175个；建立基层治保协会2100多个、治安联防队633个；人民调解组织2732个。

1991年8月，中共郴州地委下发《关于加强社会治安综合治理的通知》，要求加强基层综治组织和工作机制建设，把社会治安综治保障措施落到基层，落实于基础性工作。至年末，全区乡（镇）厂矿企业组建综治办596个，配备专职办事人员。1993年4月，郴州地区综治办在宜章县城南乡西门村和郴州市人民路办事处西街居委会开展“三评一帮”（评遵纪守法、五好家庭、双文明户，帮教违法人员）工作试点，随后在全区推广。是年，全区评出遵纪守法户81.79万户、五好家庭户7.94万户、双文明户3.74万户，“三户”评选数占城乡家庭总户数的95.1%。凡评为“三户”家庭的，都分别授予荣誉门牌，群众说：有了小小红牌子，依法管好一家子。

1994年8月，在桂阳县召开全区农村综治基层基础工作现场会，推广该县依法治村创“五好”的经验，即基层组织建设好，乡、村责任落实好，村规民约制定好，法制教育宣传好，依法治村管理好。1996年7月，共青团湖南省委在郴州召开现场会，推广郴州市组织团员青年下乡下厂（矿）参与基层社会治安综合治理的经验。这一做法得到中央综治办和共青团中央的通报表扬。同年10月，在永兴、安仁县召开全市综治基层基础工作现场会，推广两县健全乡、村、组综治工作网络，在相邻乡、村交界处和集贸市场树立“戒赌碑”禁赌的经验。1997年6月，组织全市开展综治知识学习竞赛活动，向社会印发60万份200道综治试题。1998年，全市推广临武县综治工作“以村（居委会）为主”和建立综治宣传“一条路”“一条街”，以及对劳改劳教回归人员进行“心连心”“一帮一”帮教的经验。

1999年6月，全省社会治安综治治理基层基础暨安全创建工作现场经验交流会在嘉禾县召开，重点推介该县对综治责任人实行目标考核和广泛开展争创“安全文明家庭”的经验。

2001年，资兴、北湖、苏仙、嘉禾等地联手当地企业开展“企地共建”安全文明社区活动。此后，全市加强基层综治防控体系建设。到2003年，全市建立社区警务室118个，郴州市中心城区、重点城镇组建治安巡逻队24个；259个乡镇（街道办事处）均建立矛盾纠纷调处中心和“两劳”（劳改、劳教）回归人员安置帮教工作站，有95%的村（居）委会确定3名综治信息员。2004年11月，全省在资兴市召开加强基层综治建设现场经验交流会。当年，郴州市258个乡镇配备综治专干530人，司法员259人；142个基层公安派出所有民警1271人，41个法庭有工作人员141人。基层治安力量队伍建设进入全省市、州前列。

2005年，郴州在加强社区警务、治安巡逻队伍建设的同时，强力推进“村为主”的村级群防群治组织建设。行政村普遍设立“一办二会三员”（综治办，治保会、调委会，维稳信息员、纠纷调解员、法制宣传员）。村民小组则实行“十户联防”制。年内，市政法委对嘉禾县塘村镇、苏仙区大奎上乡、桂阳县荷叶镇等7个社会治安重点地区（部位）实行挂牌督办整治，使其社会治安混乱状态得到有效整改。

在这一时期，郴州还积极开展相邻边界睦邻友好活动，推进综治基层基础工作。郴州市（地区）多次召开各县（市、区）边界乡镇联合依法治村睦邻友好会议，桂东、汝城、安仁、宜章等9个与省内外交界的县（市），经常与边界地区开展乡村互访互助活动，签订睦邻友好“公约”。17年间，边界纠纷引发的群体性事件渐趋减少。至2005年，全市乡村边界纠纷退出维稳和综治工作的重点治理范畴。

二、推行目标管理责任制

1993年7月10日，郴州地委、行署召开推行社会治安综治目标管理责任制会议。各县市党政一把手和地直综治成员单位主要负责人，向郴州地区党政一把手签订递交综治目标管理责任状。并由县（市）综治办上交一定的风险责任抵押金。综治目标管理将领导责任、社会稳定、社会治安、严打整治、基础工作细化量化为具体指标，成为“看得见、摸得着”的考评标准。县、乡、村三级随之推广这一方法，逐层签订相应的责任状。省委政法委向全省政法系统推介实行郴州社会治安综合治理目标管理责任制的做法。

从1994年起，地（市）委政法委每年按照《郴州地区社会治安综合治理目标管理责任状》，组织对各县（市、区）和地直综治成员单位进行年中、年终考评。打分排名靠前的评为先进县市区，给予1万元至8万元不等的奖励；名次排末的给予黄牌警告或评优评先一票否决。

1994—2005年，通过实行综治目标管理责任制，郴州11个县市区先后被郴州市委、市政府评为综治目标管理先进县（市、区）41个次，评为先进单位502个（即乡镇、市属企业及市直党政机关）、先进个人922名。处以“一票否决”的县处级单位5个，处以黄牌警告的县处级单位6个，实行重点管理的县（区）2个，通报批评3个县。2000年3—4月，汝城县岭秀乡、延寿乡和小垣镇因乱集资收费问题，酿成对乡（镇）政府进行打砸烧的群体性事件，造成直接经济损失300多万元，打伤干部10余人。在当年综治目标责任管理考核中，市委、市政府对汝城县予以“一票否决”。汝城县以此为戒，吸取教训，坚持在全县普遍推行涉农收费公示制，次年砍掉农民不合理收费600多万元。2001—2005年，汝城县再没发生一起因涉农收费问题引发的群体事件，连续5年跃入郴州市综治目标考核先进县行列。2002年，汝城县获全市综治目标责任管理考评一等奖，获奖金8万元。同年，郴州市城管支队因执法不当，致1名群众死亡，引发大规模游行和严重打砸抢事件，按综治目标管理责任制规定，对其实行一票否决；2003年，郴州宾馆因发生3起重大刑事案件，造成死2人、重伤2人、轻伤2人，即对其实行黄牌警告。至2005年，凡被处以一票否决和黄牌警告的单位，都能吸取教训，切实整改，推进了社会治安综合治理工作。

三、社会治安“严打”整治

1989年2—5月，郴州地区在社会治安“严打”整治中，采取统一行动、集中搜捕、集中打击的措施，重点开展“两整两打”（整顿治安、交通秩序，打击刑事和经济犯罪）斗争，共破获刑事案件1755起，捣毁犯罪团伙131个、抓获违法犯罪嫌疑人员490人；查处治安案件3303起。同年8—9月，开展扫除“车匪路霸”专项行动，捣毁犯罪团伙127个、抓获违法犯罪嫌疑人员685人。当年10月至1990年3月，开展打击“卖淫嫖娼，制作贩卖传播淫秽物品，拐卖妇女儿童，私种、吸食贩卖毒品，聚众赌博和利用封建迷信骗钱害人”（简称“六害”）专项斗争，破获“六害”犯罪案件1856起，查处“六害”涉案人员24341人。

1990年6月1日凌晨，郴州市（北湖区）公安局在集中追逃统一行动中，将劫车10辆、抢劫数万元、杀害15人、杀伤13人，被公安部6次通缉的山西省太原市特大在逃嫌犯王彦青在郴州捕获。公安部为郴州市公安局记集体一等功，公安干警王生录获“二级英模”称号。1993年，郴州全境在开展“三打两整一查禁”（打击车匪路霸、抢劫和重大盗窃、拐卖妇女儿童犯罪；整顿交通秩序和重点地区路段治安秩序；查禁卖淫嫖娼）中，先组织后展开“金剑行动”“畅安工程”“正风行动”三大专项整治行动。

1994年2月，设立郴州地区见义勇为奖励基金会。每年由郴州地区（市）财政局拨款10万元用于奖励勇于维护社会治安、救护人民生命财产的先进分子。

1995年1—6月，针对一些公路干线出现车匪路霸和盗抢的状况，郴州政法机关组织开展以打击车匪路霸、盗抢及“黄、赌、毒”的统一整治行动。之后，先后组织展开重点打击地痞地霸、流氓恶势力和严重刑事犯罪专项行动，集中开展“春夏严打整治”“冬季严打整治”专项活动。1995—1996年，成功侦破一批影响大、危害大的重特大恶性疑难案件，整治一批治安乱区。两年间，共破在榜刑事案件7457起，其中重特大案件3517起；捣毁犯罪团伙1699个，抓获违法犯罪嫌疑人12226名，追回“三逃”（批捕在逃、批劳教在逃、负案在逃）人员1164人。

1998—2000年，郴州市委政法委相继组织开展打击拐卖妇女儿童（打拐）、扫黑除恶、打击暴力犯罪、制毒贩毒，以及整治娱乐场所和清理盲流人员等专项行动。2000年上半年在“打拐”专项斗争中，全市破获拐卖妇女、儿童案件745起，抓获人贩子456名；摧毁拐卖妇女、儿童团伙16个，解救妇女、儿童3964名。当年，郴州在湖南省“打拐”综合评估中名列前茅。

在此期间，政法机关还组织对31个社会治安混乱，各类治安隐患较多，黑恶势力活动猖獗的地区进行重点整治。北湖区鲁塘镇与桂阳县相毗邻地区，一些流氓恶势力因利益纷争常挑起群众性械斗事件，给人民群众生命财产带来严重危害。2001年市委政法委组织市、县（区）150余人，分成5个组进驻鲁塘周边地区，经3个多月的不懈努力，公安机关侦破各类案件125起，摧毁流氓恶势力团伙17个。这一地区社会治安明显好转。

2001—2002年，重点开展为期两年的“打黑除恶”和“治爆缉枪”专项整治斗争。全市摸排的251个涉黑涉恶团伙案全部侦破，抓获涉案成员1342名。同时还查处一批为黑恶势力充当保护伞的党政干部及政法干警。公安部先后7次通过会议、简报等形式推介郴州市“打黑除恶”的经验。全市共查处涉枪涉爆案件587起，收缴各类枪支27890枝，土炮669门，管制刀具4186把，炸药7.86万千克及一批雷管和导火索。在郴州市科学馆举办五天“治爆缉枪”成果展览，全市治爆缉枪成果列全省市州第二。其间，检察、审判和司法行政机关协同一道投入“严打”整治工作。检察机关10天内将公安部挂牌督办的郴州城区姜某某等25人涉黑犯罪团伙案审结向法院起诉。仅2001年，全市法院一审从快从严审结“严打”刑事案件1513件2332人。司法行政部门组织服刑和劳教人员，到各县（市、区）开展“现身说法”警示教育活动632场次，配合社会治安“严打”整治斗争开展法制教育。

2004年，全市相继开展“春雷行动”“飓风行动”“命案攻坚”、打击地下“六合彩”和“冬季大会战”等专项社会治安“严打”整治行动。公安机关共侦破刑事案件10398起，查处治安案件11868起，查破地下“六合彩”赌博案件1730起，查处作案人员4421名。法院审结中华人民共和国成立以来郴州境内最大的毒枭肖新传、杨泰光等制毒贩毒案，5名主犯均被处以死刑。

2005年，政法机关重点组织深入开展命案侦破、打黑除恶、打击地下“六合彩”、禁毒等一系列专项行动，共破获刑事案件10159起，抓获犯罪嫌疑人5121名，逮捕3205名。年内全市命案发案93起，侦破84起，破案率为90.32%。检察机关健全侦检协作体制，即时审结批捕3450人，起诉2743人。法院狠抓审判质量与效率，所有治安刑事案件100%在法定期限内审理结案。

1994—2005年，为发挥见义勇为者在维护社会治安中的教育和激励作用，郴州共表彰奖励自1994年设立见义勇为基金始涌现的见义勇为先进个人104人（其中牺牲18人，受到全国、全省见义勇为基金表彰奖励的见义勇为人员14人）。他们当中有挺身而出制服杀人恶魔、保护24名小学生生命的学校工友王得春，有为抓捕逃犯受伤、落下右手残疾的农民邓佑义等人。

第三节 执法监督

自1989年始，郴州地委政法委完善政法系统执法监督制约机制，加强执法检查监督，促进公、检、法、司机关高效、公正行使执法职能。每年政法委都要组织1~2次执法检查，进行案件督查督办，纠错问责，促进执法公正。1990—1991年，全区政法机关开展作风整顿，清查出自1988年执法中存在的各种问题1492人次，清退乱收费、乱罚款、乱摊派金额109.9万元，受贿金额3661元；对26个派出所私设的关押“小黑屋”一律撤销，责成非法关押群众的责任人向群众赔礼道歉和予以赔偿，并调离不适合从事政法工作的干警30名。同时，加强推进在案人员的督查督办。1996年苏仙区法院受理郴州市中级法院临时工雷某将上访人周某殴打构成轻伤一案后，久拖不审。郴州市政法委获悉后直接跟踪督办，使该案得到依法审判。

1996年7月，市委政法委向社会各界聘请执法执纪监督员30名，帮助政法系统进行执法监督。同年11月，市委政法委就临武县公安局将3起应判有期徒刑和无期徒刑的7名刑事案犯作罚款处理一案发出通报，对相关负责人予以通报批评。

自1997年3月始，全市政法监督实行专项督查案件台账管理，一案一卡，逐案记载，分别一月一报或一季一报其督办结果。1998年5月，市、县两级政法机关组织103个执法督查组，对1997年后承办的各类案件进行清查。共检查案件7007件，发现有问题的案件731件，均督促全部予以纠正。1999年10月，市政法委组成6个执法检查组，对市、县两级公、检、法机关的执法情况进行集中检查验收。全市自清自查案件26823件，其中发现有问题的案件1120件，当即纠正处理782件。全市法院系统在发现有问题的383件案件中，属超期审理284件，程序违法54件，不合格24件，错案21件。

2000年，政法系统各部门结合“三讲”教育，开展反对司法腐败，确保司法公正专项教育活动，重点解决办“三案”（关系案、人情案、金钱案）和行“三乱”（乱罚款、乱收费、乱摊派）问题。全年组织查案23486件，发现有问题的902件，纠正处理837件，查处违纪违规办案干警32人。

在2001—2003年间，重点开展解决超期羁押和规范取保候审专项治理活动。2003年清理超期羁押219人，取保候审案件1852件，对167件超期羁押和有问题的取保候审案件，全部进行纠正，其中市、县两级政法委协调处理142件。年内，市委政法委对35件“执行难”案件实行挂牌督办。2004年，市委政法委和市检察院通报批评在暂予监外执行人员中出现的脱管、脱逃问题，责令限时纠正。

2005年6—12月，全市政法系统集中开展“规范执法行为，促进执法公正”专项整改活动。采取内部自查和外部揭摆相结合的方式，查出自2004年来群众反映强烈的有重大问题的案件48件，深挖整改干警执法中存在的问题。市、县两级政法机关修改和完善各项规章制度178项，新立规章制度85项，进一步规范干警执法行为。市委政法委还将全市“十佳政法干警”先进事迹汇编成《郴州政法之光》一书，印发给广大干警学习。当年，湖南省规范执法行为工作经验交流会推介郴州市政法委组织开展执法专项整改的经验。

1989—2005年郴州市（地）委政法委主要负责人名录

表9-1-3-1

单位	姓名	职务	任职时间
中共郴州地委政法委员会	刘　政	地委委员、地委政法委书记	1985.09—1989.10
中共郴州地委政法委员会	彭长鸿	地委委员、地委政法委书记	1989.10—1990.07
郴州地（市）委政法委员会	王镇鑫	地委委员、地委政法委书记 市委常委、市委政法委书记	1990.07—1995.04 1995.04—2000.05
中共郴州市委政法委员会	李日顺	市委常委、市委政法委书记	2000.05—2005.07
中共郴州市委政法委员会	赵立民	市委常委、市委政法委书记	2005.07—

第二章 公 安

第一节 治安管理

一、公共场所秩序整治

20 世纪 80 年代后期，郴州境内歌舞厅、录像放映厅、桌球室、电子游戏室、美容美发和按摩场所以及书报摊点等增多，给公共场所治安管理带来新的难度。1989 年 7—9 月，郴州地区公安机关会同工商、税务、交通等部门抽调 870 人，展开公共场所整治行动，先后出动宣传车 80 多台次，召开行业动员会 70 多场次，清查各类公共复杂场所 257 处。查封各类违法经营舞厅、康乐球室、电子游戏室 47 家，清除在车站违章摆设叫卖摊点 485 个，收缴黄色书刊 3.64 万本，黄色录音、录像制品 944 盒，破获各类刑事案件 428 起，查处治安案件 1147 起，抓获盗扒、抢劫、卖淫嫖娼和赌博人员 1800 多名。1990 年始，公安机关开始对公共娱乐场所实行统一的安全许可证管理制度，到 10 月底全区文化娱乐场所全部登记办证。1994 年，郴州市城区在“三清三整”（清理整顿非法生产、销售和穿着警服、警服标志，清理整顿枪支弹药、爆炸物品和警械警具，清理整顿文化娱乐场所）行动中，停业整顿或限期整改文化娱乐场所 12 家，在公共场所查获各类违法犯罪嫌疑人 64 人。

1995 年，郴州市在组织开展“强化治安管理百日竞赛”活动中，将城区公共场所列为治理重点。全市公共场所立治安案件 580 起，查获各类违法犯罪嫌疑人 858 名。1996 年，郴州市公安局与北湖、苏仙分局联手对郴州市城区内的 297 家公共场所（旅馆、歌舞厅、桑拿浴池、美容美发室及电子游戏室等）进行全面清理整顿，取缔非法营业 37 家，限期停业整顿违规经营 12 家，发出整改通知书 15 份，换发安全许可证 25 本。年内，市公安局还着手整顿城区治安联防组织，撤销城区治安联防队 16 个，辞退联防队员 143 名，规范城区治安执法秩序。

1998 年始，郴州市公安局对文化娱乐场所普遍推行“办证管理与检查督促相结合”的管理新模式。市治安巡警支队“点线结合”地对城区内公共场所实行重点巡查。全年查处治安案件 1588 起，纠正车辆违章停放 4.36 万辆次。1999 年 4—6 月，全市清理整治按摩服务场所 1623 家，提出整改意见 1923 条，发出整改通知书 651 份，治安处罚违法人员 105 名。2000 年，全市落实互联网用户备案 1.6 万户，清理整顿网吧 180 家，对违法违规经营者分别予以警告、停业整顿、取缔、处罚的处理。当年，郴州市城区 818 家服务娱乐场所被依法取缔 364 家，依法取缔率 44.5%；原有电子游戏室 100 余家依法取缔至 23 家。

2002 年，全市公安机关全面清查出租房屋和“外流无业”人员，仅郴州市城区取缔非法出租房屋 1200 余间（套）、收容遣送“外流无业”人员 3000 余名。当年突出查破社会反映强烈的公共场所“两抢”（抢劫、抢夺）案件。全年全市查破“两抢”案件3042起，抓获“两抢”犯罪嫌疑人2424名。郴州市中心城区的“两抢”发案由上年日均7.5起降至1.5起。2003年，市治安部门在防治“非典”时期，在郴州市城区公共场所查处制售假冒预防“非典”消毒液案1起，涉案百余人。2004—2005年，重点开展整治汽车站、火车站和学校周边治安秩序的专项行动，查处治安案件31起，治安处罚74人，郴州市城区治安案件发案率较之前两年下降30%~50%。人民群众的安全感普遍增强。

二、查禁“黄、娼、赌”

进入20世纪80年代末，随着经济的发展及腐朽生活观念的侵入，境内制售黄色音像制品、卖淫嫖娼和赌博歪风开始蔓延。1989年10–12月，郴州地区、县两级公安机关组织开展“除六害”统一行动，查获“六害”案件1856起，其中卖淫嫖娼案件居首，赌博案件居次。查处“六害”违法犯罪人员4409人，其中逮捕82人，劳动教养60人，收容教育31人，收容审查141人，治安处罚3276人，其他处理819人。是年，鲤鱼江电厂保卫科大力宣传国家相关法律法规，细心做好思想工作，使176名参赌者自首登记，立下戒赌书面保证。全区推广这一以思想教育为主的戒赌做法。

1991—1997年，全区（市）连年开展查禁赌博、取缔卖淫嫖娼专项行动。1991—1994年，全区铺开打击“娼、赌”的“正风行动”，共查处卖淫嫖娼案件2658起，抓获卖淫嫖娼人员4499人，摧毁卖淫嫖娼团伙137个，依法逮捕16人，送劳动教养138人，收容教育561人，治安处罚3801人。1995—1997年，郴州市公安机关继续对“娼、赌”开展“严打”专项斗争。查获卖淫嫖娼案件2107起，摧毁卖淫嫖娼团伙50个、抓获团伙成员269名；查处赌博案件3992起，捣毁赌博窝点107个，对聚赌涉案人员依法劳教372人，收容教育162人，治安处罚30005人。

1998年，市公安局治安巡警支队排除阻力重拳出击赌博多发地带和公共场所。先后多次出警查处嘉禾县塘村镇、宜章县梅田镇、汝城县三江口开发区、资兴市东江“避暑山庄”、宜章县南京洞开发区等地开设的赌场，抓获参赌人员345名，缴获赌资15万元。2003年，郴州城区开展清理整治麻将馆专项行动，清查麻将馆224家，依法取缔聚众赌博90家，查获涉案人员145人。是年，市区查破地下“六合彩”赌博案件962起，捣毁地下“六合彩”投注点81个。2004年郴州市中心城区开展代号为“清风”的禁赌行动，永兴、临武、桂阳、嘉禾等县还组建专门打击地下“六合彩”队伍。是年查处地下“六合彩”赌博案件639起，抓获涉案人员1732人，捣毁地下“六合彩”窝点41个。2005年，全市查处赌博案件1390起，抓获涉赌违法人员3724人，没收赌资129.59万元；查处卖淫嫖娼案件294起，抓获涉案人员564人。其中破获特大贩卖淫秽光碟案1起，缴获淫秽光碟5600张，案犯刘某某、李某某被判处有期徒刑。

在此期间，公安机关查禁“黄、娼、赌”取得重大成果，但违法犯罪人员逃避打击的伎俩趋于隐蔽、多变，以致证据难取，查处打击难度增大。

三、特种行业管理

1989年，郴州地区公安、工商等部门对全区特种行业进行清查摸底，全区在册特种行业经营户1856家，其中旅店业989家，洗浴、歌厅、按摩店以及机动车修理业458家，废旧金属收购业265家、刻字业51家、印刷业93家。特种行业分布“小、广、杂、散”，与社会治安密切相关。为此，当年全区公安机关组织培训特种行业从业人员 2964 名，宣讲相关法律法规和行业道德。1992 年，全区特种行业发展到 2228 家，比 1989 年增加 20%。1996 年，郴州市公安机关开展清理整顿特种行业专项行动，清查店铺 1543 家，从中破获刑事案件 65 起，查处治安案件 1567 起，抓获犯罪嫌疑人 3305 人。1998 年 11 月，全市从事机动车修理业的 992 名从业人员，分别与治安部门签订责任状，严禁非法拼装、改装机动车辆及非法经营废旧车辆。1999 年，全市清理整顿印刷业 256 家，收缴非法印刷黄色书刊 2.34 万册及非法出版物 3621 册；清理按摩服务场所 1623 家，查处卖淫嫖娼人员 105 名。

2000 年，湖南省以郴州为试点，推行旅馆业治安管理信息系统联网工作。至 2004 年，全市联网旅（宾）馆达 119 家，录入上传旅客住宿信息 19.53 万条，通过系统报警当即抓获犯罪嫌疑人 5 名，其中抓获涉嫌诈骗的全国网上通缉逃犯谷某。2005 年，全市清理整顿特种行业经营场所 2864 家，破获刑事案件 89 起，查处治安案件 3346 人，其中治安拘留 365 人，治安罚款 2984 人。同年，市公安局治安支队会同郴州市中心城区人民路、郴江、南塔派出所，就特殊行业场所的治安管理进行创优上等级活动。郴州市城区首批纳入等级评定的行业场所 213 家，其中旅馆业 166 家，歌舞娱乐服务场所 47 家。这一管理方式起到激励行业自律创优的效果。

四、危险物品管理

1989 年 4 月，湖南省公安厅下发《关于清理收缴枪支弹药、爆炸物品和管制刀具、警械警具的通知》。郴州地区公安机关随即加强对易燃易爆化学物品、枪支弹药、管制刀具、剧毒及放射性物品等危险物品的管理。是年，全区组织收缴非法持有枪支 516 枝、子弹 934 发、土炮 113 门、炸药 5615 千克、黑火药 27 千克、雷管 3.51 万发、导火索 2.25 万米、各式管制刀具 2097 把。依法刑事处罚 28 人，治安处罚 135 人。

1991 年后，境内开矿业对爆炸物品的需求量逐年增大，爆炸物品流通一度混乱，出现非法购销、转让和私藏爆炸物品的现象，导致爆炸案件、事故增多。1991 年 3 月，全区召开民用爆炸物品清理整顿现场会，11 个县（市）成立清理整顿爆炸危险物品工作领导小组，抽调警力 459 人，清理整顿炸药库、储存点 1029 处。其中查处地区水电建设公司职工李某某利用职务之便非法转让、销售给个体采矿户炸药 67 吨，雷管 73 万发、导火索 26 万米的大案。此次清查行动，共收缴散失在社会上的各类炸药 2490 千克、雷管 5000 发、导火索 1450 米，查处违法人员 269 人。1993 年，地区公安处根据上级有关通知精神，联合相关单位封存 4 家使用军用枪支的营业性射击场，收回手枪、步枪、冲锋枪、轻机枪计 18 枝。1994 年，宜章县公安局查获张某某私自制造、出售单管火药枪一案，缴获其出售的火药枪 12 枝、钢珠弹 20 枚及造枪工具。1995 年，郴州市人民政府下发《关于禁止在市区内销售和燃放烟花爆竹的通知》。1996—1997 年，全市按照国家枪支管理法，收缴不再具备配枪条件的 55 个企事业单位军用枪支 130 枝。1998 年对 386 名符合持枪条件的人员进行培训，全年申办补发"公务用枪持抢证"3655 份。

2001 年，郴州市开展治爆缉枪专项集中统一行动，共收缴各类枪支 2517 枝、子弹 9.82 万发、土炮 61 门、土手榴弹 31 枚、管制刀具 3118 把和一批炸药、雷管、导火索；取缔烟花爆竹非法家庭作坊 1457 家，收缴非法生产的烟花爆竹 2.98 亿万响；查处涉枪涉爆违法案件 141 起，依法刑事拘留 14 人，治安处罚 225 人。当年收缴非法枪支数量列湖南省市州第二。2003 年，在治爆缉枪行动中，还收缴疑似"毒鼠强"等剧毒鼠药 32.17 千克、其他剧毒化学品 370.85 千克，查处涉案人员 65 人。

自2004年始，公安治安部门以“查隐患、堵漏洞、严打击、促规范”为基线，对民爆（民用爆炸）物品实施封闭管理。全市成立统一民爆物品配送中心4家，民爆服务站8家。2004年5—10月，北湖公安分局侦破一起郴州历来最大的非法买卖爆炸物品案，收缴雷管3.85万枚、炸药192千克，查获犯罪嫌疑人9名。2005年，全市检查整治涉爆单位1779个，取缔（消）爆炸物品作业许可证298件，并对武器弹药库进行安全检查，即时整改存在的安全隐患。是年，市内有合法民用枪支70枝（含猎枪、运动枪）、公务用枪4000余枝，配枪人员经报省公安厅审查合格后，发给“公务用枪持枪证”，并统一建立公务用枪持枪人员管理档案。全市非法制造、持有枪支和民爆物品的状况基本得到遏止，贻害社会的治安隐患得到有效整改。

五、“110”报警服务

1996年之前，群众治安报警求助主要通过日常电话、信函或上门到公安机关联系，既不方便群众又往往贻误时机。1997年3月10日，郴州市公安局“110”报警服务台（即报警专线电话，简称110）正式挂牌成立，以提高对治安报警、求助的快速处置能力。“110”报警服务履行“有警必接、有警必处、有难必帮、有险必抢、有求必应”和“严格执法，热情服务”的社会承诺，接警员实行24小时全天候接受报警和求助，处警大队民警集中住宿，实行“三班制”轮流值班，一有处警任务即刻出动，快速处置。是年，市公安局“110”接到群众拨打的报警电话2.02万次，处警大队出警处理各类有效报警4873起，直接破获刑事案件78起，查处治安案件978起；调解各类纠纷399起，救助群众451人次。是年5月3日中午，“110”报警服务台接警获悉有人伪造桥口氮肥厂煤炭收购票据，“110”指挥中心速派干警顺线追查，当晚便在的市麻纺厂家属区捣毁伪造企业票据的窝点，避免企业再遭受经济损失。

随着“110”快速处警在维护社会治安中的作用日益凸显，群众报警、求助的电话日趋增多。2000年，市公安局“110”接报警电话6.03万次，日均165次，“110”处警大队出警5325次，直接侦破刑事案件92起，查处治安案件275起，调处各类纠纷1073起，救助群众1591人次。2001—2002年，全市公安机关“110”报警服务台日均接警增至505次，其中有效报警39%。群众报警主要有刑事案件、治安纠纷、聚众斗殴、群众遇险、急难求助、交通事故、事务咨询以及其他报警。2004年，市公安局“110”接各类报警电话42.57万次，日均接警电话由2000年的165次增至1166次。当年市公安局“110”处警大队干警处置危险警情186起，当即抓获持刀持枪抢劫、杀人、绑架、轮奸等歹徒198人。

2005年，市、县两级公安机关实现“110”“119”“122”报警“三台合一”。当年，郴州市公安局“110”共接警62.74万次，日均增至1719次；全年有效报警18.82万次，占30%。1997—2005年，市公安局“110”处警大队出警9.65万次，直接破获刑事案件1044起，查处治安案件1.28万起，调解各类纠纷2.42万起，解危救助人民群众4.19万人次。市公安局“110”报警服务台获人民群众赠予的各种褒奖锦旗180多面，受到各级表彰奖励和授予的荣誉称号190多人次。社会上赞誉“110”是“人民群众的保护神”。

六、突发事件处置

1989年，郴州公安机关对于突发性群体性社会治安事件和重大安全事故，加强快速出警，即时妥善处置，力避事态恶化带来更严重的恶果。2月26日下午，嘉禾县塘村镇清水村村民与相邻的零陵地区蓝山县大洞乡大洞村村民因地界、山林权属发生纷争，对方持枪械斗，打死嘉禾方3人，伤2人。为报复对方，嘉禾清水村一些村民冲进嘉禾县人武部，抢走枪支41枝，县人武部官兵当场夺回21枝枪，并抓获3名为首抢枪村民。事发后，郴州地县两级迅即组织500多名公安、党政干部和民兵，分四路进行平息事态和追缴武器。经三天艰苦细致的工作，将20枝枪如数追回。其间，公安机关进一步健全和完善快速出警、有效处置工作制度，处置突发事件的效率和能力进而提高。1995年，郴州市成功处置东江水库沉船等42起重大突发事件，预防和制止纠纷械斗、非法闹事等群体性事件64起，排除不安定因素129起。1996年，全市公安机关处置群众性突发纠纷闹事事件231起，生产安全突发事件312起。同年9月4日，桂阳县洋市乡少数烟贩非法高价收购烟叶，引发烟农与县烟叶销售稽查人员产生冲突，导致发生一起1000余人参与的群体性闹事事件。公安、武警快速出动，采取"政策攻心、武力威慑、控制现场、瓦解犯罪、打击首恶"的方法，迅速平息事态，抓捕聚众闹事首犯23人。

1998年后，全市公安治安部门注重获取预防突发事件的有价值信息，以便及早预防处置，将事态消灭在萌芽状态。当年，获取预警性强的信息350条，及时成功处置郴州市区摩托车、出租车、社会营运中巴车司机群体上访闹事等事件。2000年，郴州两级公安机关成功处置汝城县延寿、岭秀、小垣三个乡镇突发群体性上访闹事、"5·25"北湖区下湄桥村民堵塞国道、"6·9"苏仙区良田镇村民堵塞国道、"9·12"北湖区鲁塘镇与桂阳县清和乡群体械斗等恶性事件。2005年，公安机关参与并妥善处置"3·11"桂阳县民警因鸣枪示警致他人死亡而引发的大规模群体性事件、资兴市鲤鱼江煤矿改制职工封堵公路事件、"9·6"北湖区、桂阳县边界村民因矿山纠纷致人死亡引起的突发群体性事件。全年全市公安机关成功处置各类突发事件112起。

1989—2005年郴州市（地区）治安案件查处情况统计表

表 9-2-1-1

项目/年份	全年受理治安案件（起）	查处治安案件（起）	查处违法人员（人）	治安处罚人数（人）	其中		
					治安拘留（人）	警告（人）	罚款（人）
1989	12596	12078	17020	17020	3873	3504	9643
1990	11237	10430	15648	15648	4030	3775	7843
1991	12491	11727	17937	17937	4762	3641	9534
1992	17393	15536	29637	26157	4973	4875	16309
1993	14470	12389	23536	20235	4500	4735	11000
1994	12556	11670	24332	20975	4100	5140	11735
1995	15173	14268	28039	24399	4300	5187	14912
1996	14594	14125	28875	26230	4700	6110	15420
1997	14238	13793	31097	28764	3230	5818	19716
1998	13510	13338	27826	25170	3054	4673	17443
1999	14294	12699	25313	30231	2817	23090	4324

续表 9-2-1-1

项目／年份	全年受理治安案件（起）	查处治安案件（起）	查处违法人员（人）	治安处罚人数（人）	其中		
					治安拘留（人）	警告（人）	罚款（人）
2000	13695	13534	26442	26001	5111	6442	14448
2001	14381	14130	25348	24174	2489	4493	17192
2002	10724	9313	15901	16007	1789	4100	10118
2003	13365	10329	11789	11642	1600	3812	6230
2004	12166	11233	11233	14726	3507	2978	8241
2005	17551	16649	20664	20664	6139	3751	10774
总　计	234434	216354	380637	365980	64974	96124	204882

第二节 刑事侦查

一、严重刑事案件侦查

1989 年，郴州地区公安机关加强对严重刑事犯罪案件的侦查。是年，全区破获重特大刑事案件 1120 起，其中严重暴力犯罪案件 36 起（绑架 1 起，麻醉抢劫 2 起，持枪抢劫 26 起，其他 7 起）。其中，被公安部多次通缉在逃的特大盗枪、持枪抢劫、杀人案嫌犯王彦青，江西劫持列车、绑架人质嫌犯胡昭安，望城县特大劫持杀人嫌犯周海军、周建科以及长沙烈士公园抢劫杀人嫌犯邓孝汉，均一一被郴州警方抓获。这些被破（抓）获的严重刑事犯罪案犯，均被公安部列入当年全国严厉打击刑事犯罪斗争的重大成果之列。

1994—1996 年，着力提高侦查严重刑事犯罪案件的时效。郴州公安机关在其三年内破获的 4945 起严重刑事犯罪案件中，属当天破获的 765 起，占 15.5%；3 天内破获的 671 起，占 13.6%；5 天内破获的 1053 起，占 21.3%；10 天内破获的 1691 起，占 34.2%，10 天以上破获的 765 起，占 15.5%。1997 年，郴州市公安机关强力侦破一批现行命案，命案侦破率呈上升趋势。7 月，市公安局刑侦支队联合宜章、苏仙、资兴 3 县、市、区公安机关，破获公安部挂牌督办的“5·10”宜章县特大枪杀案，抓获杀害该县天塘乡三名治安巡逻执勤人员的犯罪嫌疑人李雄伟、曹文军、陈一平（三犯经审判均被处死刑）。1998 年，市公安局刑侦支队和苏仙、北湖分局刑侦大队联手，及时侦破郴州市第九完小一学生被杀害案，侦破 “10·10”原郴州卷烟厂厂长黄某某情妇被杀焚尸劫案。

1999 年 6 月 3 日，郴州市公安局由局长孙湘隆负总责的刑侦支队专案组，破获中华人民共和国成立以来郴州发生最大的“5·20”金行抢劫案，仅用 10 余天即在福建漳州抓获犯罪嫌疑人首某某、张某某、首某某。郴州市委、市政府召开表彰大会，并颁发奖金 1 万元，湖南省公安厅亦颁发奖金 5000 元。年内全市还破获 3 起命案和 1 起特大蒙面入室抢劫轮奸案。

2000年，全市公安机关完善领导包案负责制，综合运用各种侦查措施和现代技术手段，主动出击，提高刑事重案的侦破率。当年，破获刑事重案708起。宜章县“1·11”劫持人质案、临武“3·18”摇控爆炸案、宜章“9·9”特大抢劫案、苏仙区“7·20”杀人案系列大案要案，均成功侦破。2001—2002年，开展严打整治行动，共破获杀人案149起，爆炸、抢劫案1463起，绑架案46起；还破获2001年前积案231起。2003年，一批重大刑事犯罪案又相继被侦破。2004年，全市公安机关力攻命案侦破，全年侦破命案91起，现行命案破案率92%，抓获命案逃犯40名（其中外省逃犯7人）。当年全市公安机关投入80万元加强防暴反恐特警装备建设，实施《郴州市公安局防暴反恐总体预案》，防范、打击暴力犯罪。

2005年，全市共立放火、爆炸、伤害、强奸、绑架、抢劫六类重案2326起，占刑事立案总数的72.4%。是年，公安机关全力攻坚侦破一批重大、特大刑事犯罪案。如9月23日，省、市、县三级公安机关刑侦人员，联合侦破公安部挂牌督办的2004年10月10日发生于临武的特大纵火案，抓获犯罪嫌疑人。永兴县破获震惊全国被省公安厅挂牌督办的发生于2005年2月25日该县法院家属区爆炸案，犯罪嫌疑人黄某某落网。汝城县公安人员一连辗转奔波4省51个县（市），成功破获“1·24”绑架一9岁男孩撕票案，将3名犯罪嫌疑人抓捕归案。

二、黑恶势力与“车匪路霸”案件侦查

（一）黑恶势力案件侦查

1999年11月，根据中央综治委关于开展打击黑恶势力斗争的部署，郴州市公安机关随即组织开展集中“打黑除恶”专项行动。至年底，共抓获带黑社会性质的流氓团伙、黑恶势力成员227人，捣毁犯罪团伙29个，缴获枪支2枝、子弹108发和各类管制刀具91件。2001年，全市公安机关先后组织“打黑除恶”专案组127个，开展集中搜捕行动67次，摧毁涉黑涉恶犯罪团伙205个， 其中摧毁被公安部和湖南省公安厅督办的涉黑、涉恶团伙各4个，抓获黑恶势力团伙成员1062名，并查处为犯罪团伙充当保护伞的党政领导干部和公安民警4人。2002年，汝城县以欧涛为首暴力获取非法经济利益的黑社会性质犯罪团伙，成为公安部督办的要案。市、县两级公安机关一举抓获首犯欧涛在内的34名团伙成员，并挖出为该团伙充当保护伞的汝城县政法委原书记朱某和汝城县三江口管委会原主任谭某某等人。

2004年，郴州市委、市政府对发生在郴州中心城区的13起涉恶团伙案件实行挂牌督办。市公安局刑警支队集中力量攻坚，摧毁涉黑涉恶团伙11个，其挂牌督办的13起涉恶案件年内全部告破。是年7月3日起，在郴州市城区和资兴、永兴、桂阳、宜章等6个县（市、区）统一组织开展 “飓风行动”和“冬季大会战” “打黑除恶”行动，共捣毁涉黑涉恶团伙14个。2005年，全市确定永兴、苏仙、资兴、桂阳、宜章、嘉禾、临武7个县（市、区）为“打黑除恶”重点区。是年，共侦破涉恶团伙75个、涉黑团伙2个，抓获团伙成员569名。全年破获涉黑涉恶案件575起。市公安局会同永兴县公安局摧毁被公安部督办的以该县曾某某为首的带黑社会性质的犯罪组织，并从中深挖线索，破获各类案件24起，缴获枪支18枝、子弹185发、炸药包2个。当年，市公安局挂牌督办的15个涉恶团伙全被摧毁，抓获涉恶团伙成员149人。

1999—2005年，郴州对涉黑案件的侦查办案打破境内地域、警种界线，从各地选调精干民警组成专案班子，实行封闭特办。积极利用技侦手段、特情耳目和网上追逃，捣毁黑恶团伙。7年间，公安部、省公安厅督办的涉黑涉恶案全部告破。

（二）“车匪路霸”案件侦查

1989年8—9月，郴州地区公安机关组织警力“上公路，进车厢”，开展打击“车匪路霸”专项斗争。共抓获在车上抢劫、盗窃等违法人员1994人，摧毁犯罪团伙127个，破获各类刑事案件1135起（其中重、特大案件139起），缴获赃款赃物35万元。“车匪路霸”较为猖獗的永兴县马田圩路段通过专项打击整治，基本改变往日“火车好坐，马田难过”“公路好过，马田丢货”的治安状况。

1995年1—2月，地区公安处副处长张湘鄙带领刑侦大队15名民警进驻“车匪路霸”为害严重的宜章县黄沙堡路段，集中侦查办案两个月，破获车匪路霸案件252起，其中大案81起，特大案件36起，该路段治安状况明显好转。1996年郴州市公安机关破获车匪路霸案件191起，破案率79.6%。一批在郴州境内公路上强行拦（堵）车辆敲诈、抢劫的车匪路霸团伙相继被捣毁。1997年7月10日晚8时许，宜章县境区107国道发生一起特大拦车抢劫杀人案。郴州市和宜章县公安刑侦部门历经11个月的艰辛侦查，案件成功告破，3名犯罪嫌疑人全部落网。

2003年6月12日，郴州市公安局召开部署打击境区1842省道沿线“车匪路霸”专项斗争会议。历时半年的严打整治，在该道沿线破获“车匪路霸”案件219起，捣毁抢劫团伙23个，抓获犯罪嫌疑人79名。该道沿线的桂阳县公安局捣毁以谭某、欧某某为首在1842线抢劫作案18起的犯罪团伙；临武县公安局破获“5·29”特大拦车抢劫案，抓获犯罪嫌疑人5名。2004年8月至2005年，针对国道、省道郴州路段车匪路霸活动有所抬头、城区公交车扒窃活动多发的状况，全市公安机关统一部署开展打击“车匪路霸”集中行动，捣毁车匪路霸团伙10个，抓获犯罪嫌疑人86名。

三、拐卖人口案件侦查

1989—1990年，郴州地区将“打击拐卖人口”（以下简称“打拐”）列为“除六害”工作的重点。桂阳县为湖南省重点县之一。地区组成专门“打拐”领导班子，组织摸清全区人贩子底数（861人）及拐卖活动轨迹。查清1989年全区被拐卖妇女117人、儿童25人。1990年，全区有效出击，侦查抓获处理人贩子184名，解救被拐卖妇女、儿童327名。地区公安处组织赴粤解救组，历经4个月，不畏艰辛，辗转24个县市深挖细查，落实被拐骗妇女、儿童88人，取证100余份，解救返家人员24名。当年郴州地区公安处被湖南省公安厅评为解救拐卖人口工作先进单位。1995年7月，郴州市公安局组织9人“打拐”工作组，赴广东省5市10县的40个乡镇开展调查，抓获人贩子1名，解救被拐妇女2名，并查清54名被拐卖妇女的去向。1999年，通过微机上网检索、比对，全市认定并抓获人贩子312名，即时解救被拐卖妇女820名、儿童114名。

2000年2月，公安部部署在全国统一开展“打拐”专项斗争。郴州市随即“打拐”专项斗争进入全面攻坚阶段，确定宜章、临武、桂阳、资兴、北湖5县（市、区）为“打拐”重点。年内全市共侦破拐卖妇女、儿童案件745起，抓获人贩子456名；摧毁拐卖妇女、儿童团伙16个，瓦解团伙成员71名；解救被拐卖妇女3486名，被拐卖儿童478名。年内，宜章县公安局经组织力量，历时一个多月，涉足湘、粤、川3省12县，行程奔波2万多千米，成功告破号称“湘南打拐第一案”的宜章县一六镇、岩泉镇李某某家族特大拐卖妇女儿童案。这一由34人组成的拐卖妇女儿童团伙，组织严密，形成“拐、运、销”一条龙，先后作案76起。2001年以后，全市对此类案件侦查未再做专项数据统计。

四、“三逃”人员案件侦查

1989—1990 年，郴州地区公安机关将追捕“三逃”人员（批捕在逃、批劳教在逃、负案在逃）当作重要案件侦查。全区共抓获本地区在逃人员 1427 名，其中重大在逃人员 403 名。1994 年上半年，全区开展农村社会治安专项整治，地、县两级公安机关共投入追逃经费 70 万元，出动车辆 2830 台次，追回在逃人员 746 名。是年，全区抓获“三逃”人员 1221 名，其中批捕在逃 291 名，批劳教在逃 60 名，负案在逃 870 名。

1997 年，桂阳县公安局改进追捕逃犯方法，将侦查追捕任务，分配到刑侦中队和“三逃”人员户籍所属基层派出所，实行“定领导、定人员、定任务、定时间，包抓获”的“四定一包”责任制。年内共侦查追捕外逃犯罪嫌疑人 93 名，占在册外逃人员的 89.2%，其中 10 名在逃重特大犯罪嫌疑人 9 名被抓获。郴州市公安机关普遍推行桂阳县“四定一包”的做法，加强“三逃”人员案件侦查。1998 年，全市公安机关开展“侦破百日会战”，力捕“三逃”人员。1996—1998 年，共追回在逃人员 1102 名，其中重大在逃人员 751 名。

1999 年正式启动“网上追逃”行动。7—9 月，全市公安机关利用网上信息成功追捕逃犯 621 名，其中公安部督捕逃犯 1 名，湖南省公安厅督捕逃犯 5 名，市公安局督捕逃犯 19 名，追逃捕获人数名列全省市、州第三位。2001 年 9 月 20 日至 11 月 7 日，全市公安机关集中力量抓获在逃人员 458 名，其中网上追捕逃犯 259 名，破获刑事案件 205 起。2002 年，全市追捕在逃犯 1309 名，一批公安部、省公安厅督捕的逃犯相继被抓获落网。

2003 年 4 月，公安部当月版《全国在逃人员信息光盘》下发并安装，为追逃案件侦破提供颇具价值的线索和资料。当年郴州追捕在逃人员 714 名，同时新建逃犯指纹信息卡 2.84 万份。是年，市公安局刑警支队与广东警方合作，先后在列车上和郴州火车站堵截抓获在逃的“4·18”澳门赌场特大抢劫犯罪嫌疑人唐某某，和深圳市“6·16”特大持枪入室抢劫案 4 名犯罪嫌疑人，受到公安部、省公安厅通报嘉奖。2004 年，全市公安机关抓获本市“三逃”人员 521 名，其中网上命案逃犯 40 名，并协助外地公安机关抓获一批逃犯。2005 年，市（县、区）公安刑警部门组织精兵，全力抓回“三逃”人员 816 名，其中批捕在逃 50 名，批劳教在逃 45 人，负案在逃 721 名。1989—2005 年，全市（地区）追捕“三逃”人员计 11250 名。

五、毒品案件侦查

1989 年，郴州地区禁毒工作由公安刑事侦察部门负责。1992 年 2 月，郴州地区公安处成立禁毒专案组。当年，专案组经 5 个余月的侦查，于 12 月 2 日在郴县迎宾楼一客房抓获一贩毒团伙，主犯胡某某、邓某某被依法判处死刑。1994 年，全区共破获吸贩毒品案件 152 起，其中大案 101 起，擒拿贩毒分子 144 人，查获吸毒人员 557 名，缴获海洛因 557 克，铲除罂粟 564 株。同年 4 月，侦破桂东县普乐乡徐洞村新屋组村民黄某在自家菜园多年种植罂粟一案，为中华人民共和国成立后该县首例非法种植罂粟案，黄被依法查处。

1995 年，郴州市被列为湖南省八大毒品犯罪重灾区之一。全市公安机关采取全面清查与重点抽查相结合的办法，集中开展毒品犯罪案件的侦查。当年查获吸毒人员 155 人，抓获毒贩 26 人，捣毁贩毒团伙 12 个 42 人。1996 年 9 月 3—6 日，破获郴州市首起特大境外人员渗透的特大制造冰毒案件，抓获来自香港、台湾的四名毒枭，捣毁制毒窝点，缴获麻黄素 500 千克，氯化钯

2000克及制毒设备，为中华人民共和国成立后湖南省侦破的第二起特大制毒案。同年11月6日，市公安局禁毒专案组在个体私营药店，查缴国家管制的精神药品即三唑仑230瓶1.15万片，安非拉酮5瓶250片，堵控新型“毒源”。

2001年，郴州市公安局禁毒支队成立。同年5月15日，郴州市委、市政府召开“治爆缉枪、禁毒战役”动员大会，下发《郴州市禁毒专项斗争实施方案》。在专项打击行动中，全市抓获各类毒品违法犯罪嫌犯315人，摧毁吸贩毒团伙14个，破获毒品违法犯罪案件264起。同年8月21日全市又开展“百日禁毒专项整治行动”，6个被列为重点整治的县（市、区）共侦查摸排吸毒人员2376人，毒品犯罪嫌疑人143人。2002年3月29—31日，全市开展代号为“破冰”的整治歌舞娱乐场所毒品问题专项行动，清查歌舞娱乐场所67家，当场擒获并审查出吸毒人员41人，捣毁吸毒窝点1个。

2002年底，全省历年来最大的制贩毒品案件在宜章县新华乡侦破。郴州市公安局和宜章县公安局干警多次潜入新华乡一可疑化学物品制造厂侦探，认定涉嫌加工生产冰毒并一举告破。抓获犯罪嫌疑人26名，缴获冰毒成品804.02千克、半成品7.05千克、易制毒化学品1740千克，枪支5枝和毒资数百万元，同时收缴大量制毒设备及化学试剂。2003年5月，郴州市发现并捣毁首例毒品海洛因加工窝点。同年8月，全市公安机关连续奋战，再破两起特大贩毒案件。2004年1月6日，《湖南省禁毒条例》公布。市公安局禁毒支队全年查破毒品案件47起，抓获犯罪嫌疑人98名。2005年7—10月，全市开展“百日禁毒”专项整治，破获涉毒案件509起，其中毒品刑事案件220起，行政案件289起，抓获涉毒人员533人，摧毁涉毒团伙11个，刑事拘留71人，报捕82人，强制戒毒368人。清查整治娱乐场所26家，缴获毒品海洛因690.35克、K粉50.7克、摇头丸1166粒。

六、涉税案件与其他刑案侦查

（一）涉税刑事案件侦查

1989—1998年，郴州涉税刑事案件由公安刑侦机构负责。1999年5月郴州市公安局组建税侦支队，专司涉税案件侦查。1999年8月至年底，市公安局税侦支队侦办涉税案件49起（大案8起，特大案4起），其中偷税案37起，抗税案7起，虚开增值税发票案3起，其他涉税案件2起，挽回税款135.4万元。2001年，全市公安机关加强税侦机构力量，配备公安民警63人，税务干部46人。是年受理初查涉税案件232起，查获涉案税款3900万元。

2003年4月，郴州市召开首届25个市级职能单位参加的全市打击经济涉税犯罪工作联席会议。2004年，召开第一次全市经侦工作会议，重点研究涉税犯罪案件侦查，建立涉税案件协作侦办机制事宜。当年受理各类经济犯罪案件181起，立案115起，破案102起，涉税金额3.6亿元，挽回经济损失324.16万元。当年湖南省最大的“7·23”虚开抵扣税款发票案成功告破。该案涉及广东和湖南5市9个单位，虚开金额高达17.1亿元，其中郴州市涉案金额3.4亿元。2005年10月，市公安局税侦支队成功破获公安部督办的郴州市金峰家具有限公司涉嫌虚开骗取出口退税发票的“6·10”案件。

（二）其他刑事案件侦查

郴州公安机关在重点查处七类刑事重案的同时，严厉打击盗窃、诈骗、走私、制贩假币假货等其他刑事犯罪。1989年，郴州地区公安内保部门破获盗窃通信线路案件18起，协助铁路部门破获盗窃案件12起，抓获犯罪嫌疑人10名（逮捕2人，收审8人），通缉在逃犯6名。同年，郴州地区有7个单位财会室被撬盗保险柜9个，盗走现金1万余元。公安机关历经三个月细查线索告破此案，案犯郭某落入法网。1996年3月15日，郴州市公安局刑侦支队破获中华人民共和国成立后郴州最大的一起走私贩运文物案件，抓获犯罪嫌疑人1名，查获走私珍贵文物11箱86件。1998年，全市公安机关破获走私、盗窃机动车案件624起，追缴机动车333辆，侦破城区街头敲诈行骗犯罪案件181起。2000年4—10月，全市开展打击制贩假币犯罪联合行动，共立制贩假币案73起，破69起，抓获犯罪嫌疑人97人，摧毁犯罪团伙9个，追缴假人民币和假美元85.25万元；查处制贩假盐案47起，抓获犯罪嫌疑人24人。2001年，汝城县破获1996年以来发生在湘粤赣三省11个县市的300多起系列摩托车被盗案；嘉禾县破获一起警用手枪被盗案。2003年，郴州城区基础设施工程建设系列电缆被盗案件成功告破，涉案价值达100万元，抓获犯罪嫌疑人19人。市公安局刑侦支队年内捣毁盗窃电线、光缆犯罪团伙3个，破获系列盗窃电线光缆案件52起。2005年，全市公安机关立各类刑事案件14354起，除七类严重刑事犯罪重案2326起外，立盗窃案7582起、诈骗案465起、其他案3981起；破获10159起，破案率70.8%；抓获犯罪嫌疑人5121名，查获犯罪团伙150个682人。

1989—2005年郴州市（地区）刑事案件侦查情况统计表

表9-2-2-1

项目 \ 年份	刑事案件立、破案数（件）						抓获犯罪嫌疑人	摧毁犯罪团伙		挽回经济损失（万元）	打击处理				
	立案	破案	其中					个数	人数		抓获“三逃”人员	逮捕		刑事拘留（人）	劳教（人）
			立大案	破大案	立特大案	破特大案						案件数	人数		
1989	12030	5709	2163	1120	128	112	7810	200	2748	327	596	1211	2121	359	159
1990	11705	6373	2236	1381	118	88	8200	610	2474	269	831	269	2736	782	239
1991	11699	6865	2416	1464	108	99	8534	893	3613	478	706	1015	1972	404	398
1992	5810	3708	1400	1104	104	94	5109	784	3160	417	245	760	1332	419	414
1993	6071	4126	1866	1326	134	118	5651	863	3333	760	291	799	1317	155	631
1994	5635	4054	1909	1257	200	171	5822	772	2821	1152	1221	658	1312	306	766
1995	5540	4137	2161	1643	177	170	5902	759	2857	1312	469	620	1161	68	400
1996	4211	3270	1984	1522	190	182	4503	654	2984	1223	588	805	1514	796	768
1997	3662	2787	1796	1290	125	111	4020	549	1870	1210	310	624	990	1835	766
1998	3849	2884	1157	1037	127	112	4303	533	2172	1255	204	983	1545	1082	670
1999	4214	2851	1189	830	123	99	4067	462	1757	1065	881	996	1605	1109	229
2000	4612	3201	—	—	—	—	4244	298	1251	5099	118	987	1626	4147	992
2001	4636	3274	—	—	—	—	4842	384	1526	2538	1430	1531	2247	3973	826
2002	15816	4859	—	—	—	—	4500	375	1529	1120	1309	1440	2435	3658	488
2003	13282	5680	—	—	—	—	3675	131	546	3468	714	1510	2634	2928	231
2004	12784	10398	—	—	—	—	4421	110	419	4253	521	1719	2683	3004	310
2005	14354	10159	—	—	—	—	5121	150	682	3959	816	1836	3393	3528	347
合计	139910	84385	—	—	—	—	90724	8527	35742	29905	11250	17763	32623	28553	8634

说明：自2000年公安部实行新的报表统计制度后，刑事案件不再分大案、特大案进行统计

第三节 户政与出入境管理

一、户口管理

从1989年4月1日起，原由县级公安机关承办的“农转非”户口审批权，上收到郴州地区公安机关，并实行“政策、指标、对象”三公开办事制度。郴州公安治安部门将户口分为常住户口（亦称正式户口）、暂住户口（亦称临时户口）进行管理。至1989年底，郴州地区常住人口106.67万户418.72万人。其中非农业人口61.93万人，农业人口356.79万人；男216.71万人、女202.01万人。

自1990年始，人口管理方式由“以户口管人”的静态模式向“以房屋管人（落脚点）”的动态模式转变。1993年至1996年6月，湖南省放宽“农转非”的计划指标管理，解决一批人员的“农转非”和进城落户问题。1998年8月，宜章县粟源镇和永兴县马田镇被湖南省人民政府列为小城镇户籍管理制度改革镇。1999年，推行小城镇户籍管理，即凡在小城镇有合法固定住所和相对稳定收入的农村人口，本人要求进城镇落户的，应当为其办理城镇居民常住人口落户手续。2001年10月始，提出取消划定“农业、非农业户口”，改革原农业、非农业户口“二元制”管理模式。2002年2月，郴州市人民政府转发市公安局《关于户籍管理制度改革实施意见的通知》，就进一步简化进城镇落户手续提出具体要求。2003年5月，郴州市人民政府又下文规定进城镇落户人口不再实行计划指标管理，以准入条件取代落城镇户口的计划指标。同年11月，省政府在长沙召开深化户籍管理制度改革会议，明确郴州市、常德市为全省率先进行“一元化”户籍改革试点单位。2004年5月，郴州市委、市人民政府下发《关于深化户籍管理制度改革实施意见》，并召开新闻发布会，规定和公布从2004年5月1日起，在全市实行城乡统一的户口登记管理制度，统称为“居民户口”。同时，对城镇流动人口实行清理、登记和办发暂住证制度。

1989—2005年，全区（市）每年平均流动人口约6万人，每年办理暂住证4万本左右。2005年4—9月，全市对流动人口、出租房屋开展清理整顿。全市共清理出租房屋1.5万户，清理暂住人口3.97万人，查处取缔非法出租户538户，处罚非法出租户133户。由于流动人口情况复杂、流动量大，而警力又有限，流动人口管理尚存在不少漏洞。2005年年底，全市有户口145.09万户，总人口460.88万人。其中男性居民240.63万人，女性居民220.25万人。

二、居民身份证与人口信息管理

（一）居民身份证管理

郴州地区自1987年5月始试点制发居民身份证，1988年在各县、市全面推行使用、查验居民身份证制度。截至1991年3月，郴州地区完成基础制证273万人证，按1989年度全区人口计算，已领证人数占应发证总人数的65.3%。从1995年起，全国开始换发新版居民身份证，当年郴州市换发新版身份证230万人证。1998年全面展开身份证纠错工作，居民身份证号码由系统自动生成，避免出现新的“错、重、多”号证。2004年1月1日起实施《中华人民共和国居民身份证法》，在全国范围内逐步换发第二代居民身份证。2005 年 7 月，郴州市北湖区被列为湖南省换发第二代居民身份证试点单位之一。9 月 1 日，全市正式启动第二代居民身份证办证工作。湖南省公安厅下达给郴州当年换发二代证任务为 32 万人证，时间短、任务重。第二年，全体户政工作人员竭力工作，全市完成换发证任务 199 万人证。继后，第二代居民身份证办证工作强力推进。

（二）人口信息管理

自 1989 年始，郴州地区公安机关户政管理部门逐步推广使用计算机管理人口信息，由 286 微型计算机单机管理开始，至升级转入全国公安人口计算机管理百城联网。1995—2004 年，郴州市公安局建成中心数据库，各派出所建立综合信息管理系统。截至 2005 年，全市公安人口管理机构含 128 个派出所共有计算机 400 余台；市公安局中心数据库录有人口信息 457 万条，16 周岁以上人口上头像 390 万张，暂住人口信息 7.85 万条；公安派出所工作对象 3.17 万人，其中重点人口 1.37 万人。自此，全市人口信息全部进入计算机网络管理。

三、出入境管理

（一）中国公民因私出国境管理

1988 年 11 月，湖南省公安厅授予郴州行署公安处审批公民出国和签发护照权。1992 年，郴州地区公安处将出入境管理工作从政保科析出，成立出入境管理科，负责因私出国护照审批、制作、发放。1990—1995 年，全区（市）批准公民出国 309 人。1997 年，国家旅游局、公安部发布实施《中国公民自费出国旅游管理暂行办法》，放宽出国旅游条件。是年，郴州市公民出国 234 人。1998 年 9 月，省公安厅印发《湖南省居民出国从事商务、培训等非公务活动的暂行规定》。郴州市据此降低审批条件，方便居民出国从事商务、培训等经贸活动。2000 年，公民因商务、劳务、就业等出国境手续进一步简化，审批时限缩短。年底，省公安厅在郴州启动 97 版护照，出入境工作步入规范化、科技化管理。之后，全市出国人数逐增。2001 年，全市批准公民出国 962 人次，2004 年 2458 人次，2005 年增至 3204 人次。

（二）中国公民往来港澳台地区管理

1989 年，按当时的管理办法，经批准去香港、澳门定居者，发给“单程”的中华人民共和国“前往港澳通行证”；短期去香港、澳门探亲或会亲者，发给“双程”的中华人民共和国“往来港澳通行证”。由于海峡两岸当时尚未直接通航，大陆居民往返台湾须途经香港。故大陆赴台湾公民需由户口所在地的县、市公安机关受理，凭入台许可手续批准，领取“往来港澳通行证”。1990 年全区批准赴港澳探亲 166 人次、赴台探亲 18 人次；1991 年批准赴港澳探亲 130 人次、赴台探亲 41 人次。之后，郴州赴港澳台地区探亲、旅游和进行商务活动的人员渐增。1996 年 8 月启用“往来台湾通行证”，大陆居民赴台湾不再使用“往来港澳通行证”。是年年底，郴州市公安局出入境管理科获公安部授权审批、制作、发放大陆居民往来台湾通行证。1997 年香港回归后，对单程赴港澳的申请，全国实行电脑打分排队，申请人达到规定分数即可依法安排出境；对短期去港澳的申请，在限定出境时间和停留期限的前提下，则按配额审批安排出境。当年全市有 584 人赴港澳探亲访友．批准赴台探亲访友 277 人（次）。1998 年，公安部进一步简化大陆人员赴台出境手续。1999 年 4 月，再次简化商务赴港手续。同年 5 月始，对赴港澳夫妻再探，父（母）子（女）等直系亲属再探的申请，实行一年可申请出境两次，并简化申请手续，缩短审批时限，将法定的审核材料上报时间 30 天缩短为 15 个工作日。继后，郴州赴港、澳、台地区人员渐趋增多。2005

年批准赴港、澳人员5054人次。

（三）港澳台地区及外国人员往来国（境）管理

1986年12月，公安部公布《中国公民因私事往来香港地区或澳门地区的暂行管理办法》，规定港澳居民来内地须申请领取“港澳同胞回乡证”，该证有效期10年，其间可多次使用。同年，公安部、外交部发布《中华人民共和国外国人入境出境管理法实施细则》，规定外国人入境，应当向中国的外交代表机关、领事机关或者外交部授权的其他驻外机关申请办理签证。1990年，来郴探亲、旅游、贸易、技术交流的境（海）外人员1764人，其中外国人170人、外籍华人14人、华侨3人、港澳居民210人、台胞1367人。1991年12月，国务院发布《中国公民往来台湾地区管理办法》，规定台湾居民来往大陆必须申请办理台湾居民来往大陆通行证等有效旅行证件，台湾居民来往大陆通行证有效期5年，实行逐次签注，签注分一次往返有效和多次往返有效。1991—1992年，全区临时入境至郴州人员3015人，其中外国人163人，外籍华人27人、华侨18人、港澳台同胞2807人。全区公安机关加强出入境管理，严查极少数入境人员的不法行为，维护国家安全利益。1994年6月，1名印度人、1名瑞士人和2名台湾地区人员乘郴州大部分县（市）遭到特大洪涝灾害之机，窜至资兴市、桂东县等地刺探情报，企图煽动灾民不满心理制造混乱。此事被地区公安处出入境管理科获悉并及时予以制止。1995年3月，郴州地区公安局把入境人员管理工作纳入基层派出所的业务范畴。1996年，各基层派出所登记入境临时人员1702人，查处涉外案（事）件13起17人。1997年4月，将原由统战部门受理台湾居民回湘定居改由公安机关受理，公安机关、统战部门联合审批。2000年4月，中共中央办公厅、国务院办公厅下发《关于台湾居民来祖国大陆定居审批问题的通知》，将由公安、统战联合审批又调整为由公安机关一家受理审批。此后，每年入境来郴人员增多。2001—2004年，临时入境来郴的外国人、华侨、港澳台同胞3.72万人（次）。市公安机关为各类入境人员办理签（注）证、证件及其延期、加注、变更手续234人（次），处理各类涉外案（事）件12起16人。2005年，全市公安机关查处涉外案（事）件18起20人，查处非法入境人员3起6人，遣返6人。桂阳县公安局查实该县敖泉镇湘山村廊门组非法收留被拐卖越南妇女陈某、赖某一事后，旋即赴当地将其遣送出境。

第四节　交通管理与消防

一、车驾及交通安全管理

（一）车辆与驾驶员管理

车辆管理　1989年，郴州地区公安交通管理机关（交警队）除管理汽车、摩托车和其它专用机动车外，还担负除农用拖拉机外的四轮、三轮农用运输车及非农口拖拉机的管理任务。负责对各类机动车进行登记、入户、审核、签发车牌号和行驶证，及对车辆进行年检年审和办理车辆报废、改型、转户等业务。是年，全地区有各类机动车2.04万台（不含农用拖拉机），其中汽车1.54万台。同年，全区第一个机动车辆安全技术检测站—资兴市站开始启用。1991年，郴州地区机动车辆安全技术检测站建成并投入检测，当年检测车辆1.53万台。此时，郴州地区除资兴市检测站只限检测本市原有车辆外，其他车辆及各县（市）车辆一律到地区检测站进行年度检测。自

20世纪90年代始，随着境内矿业开采兴盛和客运市场趋向扩大，私人购买客货车辆数量剧增。至2000年，郴州市拥有各类机动车8.35万辆。同时，私人购买小轿车也不断增加。为此，交警部门改革车检办法，加大车检工作力度。2001年始，除大型客车、右置方向盘汽车、延缓报废的机动车外，郴州市车主在外地营运凡机动车回本市检验有困难的，均委托当地公安交通管理机关检验车辆。2005年，郴州拥有各类机动车21.44万辆，共检测车辆4.32万台；办理车辆注册（上户）2.4万台，车辆转户761台。

驾驶员管理 郴州市（地区）交警支队负责组织驾驶员培训、考核办照（驾驶执照），进行安全教育和对驾驶执照进行年审等工作。1989—1990年，全区只有一所郴州交通驾校。是时，为便于对机动车驾驶员的管理和教育，对有6辆车以上的机关、厂矿企事业单位普遍成立车队，在农村及城镇不足6辆车的则按行业、系统或乡镇区域组建交通安全联组，各车队、联组均配备安全员负责驾驶员日常安全管理。1990年，全区11个县市共建立车队和联组454个。1991年1月，郴州地区交警支队开办机动车驾驶员培训学校。同年，行署召开全区交通安全基层基础工作现场经验交流会暨表彰会议，表彰先进车队、联组34个和先进个人50名。1994年，临武县在全区率先成立机动车驾驶员协会，加强自我教育、自我管理。到2005年，机动车驾驶员培训实行社会化，在交警部门的监管下，全市办有驾校10所，共有发照驾驶员18.67万人；有机动车驾驶员协会8个，联组、车队284个。

（二）道路交通安全管理

1989年，郴州地区公安交警部门举办《中华人民共和国道路交通管理条例》学习宣传活动172次，出动宣传车460台次，开办安全知识培训班94期、违章肇事人员学习班102期。同年，全区公安交警部门开展道路清障专项行动。先后整顿阻塞道路的农贸市场18处，拆除道路两旁违章建筑198处，搬迁马路占道摊店384个，清除占道堆放物1.59万平方米。查处违章车辆2.42万台次、违章驾驶8048人（次）。增设道路交通标示牌、警告牌423块，新划分道路标线6.16万米。在郴州市城区主要道路的机动、非机动车道和人行道之间，添设隔离护栏花池和绿化带。1990年，公安交通管理部门开展道路交通管理法规和交通事故典型案例宣传教育活动，组织清障撤除各类公路检查站117个，保留设置道路检查站51个。1991年，地区交警支队投入3.6万元，为107国道郴州沿线的4个县（市）购买雷达测速仪4台。次年，又为4县（市）添配巡逻执勤车12台，雷达测速仪10台，酒精检测仪16个。

自1993年1月始，郴州公安交警部门以境内国道、省道主干线路段为重点，开展纠正交通违章，保证道路畅通专项整顿。5月，在全区公路主干线开展整治“车匪路霸”、非法站卡、严重违章占道的“畅安工程”。当年，郴州地区被评为湖南省“畅安工程”先进单位。1995年，在开展道路安全检查中撤除非法站卡55个。在开展城镇交通秩序整顿百日竞赛活动中，检查纠正交通违章行为10.43万起，暂扣违章车辆1771台，整治马路市场8个，消除路障1127处。同年，还对主要道路交通标志、标牌、标线、护栏隔离墩进行翻新改造。1997年，组织开展道路交通管理体制改革十周年宣传月、中小学生交通安全宣传教育日活动，并在郴州主要宣传媒体开辟《红绿灯下》《道路交通》《交通安全纵横谈》等栏目，宣传道路交通法规知识。

1999年，郴州市开展创建“平安大道”活动。全年共检查纠正交通违章车辆4.6万台次，查处3000台次，查扣无牌无证车900辆；处理交通事故320起，及时化解交通事故纠纷380起，避免可能发生的堵车事件510起；整治路边店2610家，马路市场6个，拆除违章摊店902个，清除非公路标志牌3900块、违章占道堆放物1830处、违章占道厂棚摊店384处。是年，郴州市交警支队直属二大队石盖塘中队获“全国创建平安大道模范中队”称号。2001 年，全市投入“畅通工程”建设资金 4.07 亿元，仅在郴州市中心城区就扩建、改建、新建道路 25 条。市交警支队投入 1600 万元改善郴州城区交通设施条件。当年经公安部、交通部验收，郴州市城区道路达 D 类城市三等管理水平以上目标。

2002—2003 年，全市交警部门持续开展以预防事故为重点，对交通安全实行综合治理的“畅通工程”。共出警 4.5 万人次，检查各种车辆 10.56 万台次（其中客运车 2.58 万辆次），纠正交通违章 8.41 万辆次。对交通违章行为分别作出暂扣机动车辆、暂扣和吊销驾驶证及治安拘留处罚。2005 年，全市开展“百日交通整治”行动，对发生重大伤亡交通事故 80% 以上的路段，实行重点安全管理；突出整治无牌无证、客运车辆超载、人货混装、酒后驾车、超速行驶、疲劳驾驶等动态式交通违法行为。年内全市新排查出事故危险点段和多发点段 1016 处，先后 3 次开展反“双超”（超载、超速）统一行动，查处超速、超载违法行为 2 万余起；检查纠正处罚各类交通违章、违法行为 42.82 万起，暂扣、吊销驾驶证 1152 本，撤销驾驶证 129 本。当年春运全市 11 个县级交警大队有 9 个大队辖区道路实现交通事故“零死亡”。此外，投入 2600 万元，完成“96122”交通报警系统指挥综合工程，全市城区 30% 实现电子警察交通监控，开发“电子卡口”、建立交通岗亭 33 个。

（三）道路交通事故处理

1989 年，郴州地区公安交警部门依据交通法规规章，将道路交通事故按轻微、一般、重大、特大事故四大项分类进行处理。构成交通肇事罪的，依法追究刑事责任。是年，全区发生交通事故 715 起，死亡 184 人。是 1989—2005 年每万辆车发生事故次数最多的一年。1995 年，郴州市发生交通事故 899 起，当年处理结案率 92.5%，办案准确率 99%，作伤残评定 131 人。是年 8 月 22 日，桂阳县雷坪乡上田坊村邓某某无证驾驶 35-40029 小四轮车违章载客 52 人，造成翻车死 32 人、伤 20 人的特大交通事故。事故发生后，市交警支队队长熊恩敬、政委赵敏率交警疾赴现场处置。交警队先全力组织紧急抢救伤员，后现场勘查进行责任认定。邓某某无牌无证驾车载客，交警部门认定其对这一特大事故负全部责任。鉴于其本人和妻子、小孩均已死亡，无法赔偿，交警部门遂多次出面尽力帮助申请由政府补偿或救济死者和伤者。

1989—2005 年，郴州境内共发生道路交通事故 18006 起，死亡 5095 人，受伤 15603 人，经济损失 7648.9 万元。较之 1989 年，2005 年平均每万辆车发生事故次数由 348 次降至 32 次；每万辆车事故死亡人数由 90 人降至 10 人，降低 9 成多。交通事故查处结案率年均在 98% 以上，特大交通事故均在法定时间内处理完毕。

1991—2005 年郴州市（地区）重、特大交通事故原因归类统计表

表 9-2-4-1

发事年度	项目	合计	酒后驾车	超速行驶	违章超车	违章装载	无证驾驶	行人过失	机件故障	其他
1991	事故次数	182	2	44	10	17	15	40	1	53
	死亡人数	207	2	53	12	23	16	40	1	60
1991	事故次数	182	2	44	10	17	15	40	1	53
	死亡人数	207	2	53	12	23	16	40	1	60
1992	事故次数	177	3	47	2	5	10	35	1	74
	死亡人数	198	4	37	2	9	10	35	1	100

续表 9-2-4-1

发事年度	项目	合计	酒后驾车	超速行驶	违章超车	违章装载	无证驾驶	行人过失	机件故障	其他
1993	事故次数	235	1	57	10	6	14	49	6	92
	死亡人数	258	1	65	10	6	14	49	6	106
1994	事故次数	286	2	79	30	0	14	39	2	120
	死亡人数	313	2	89	34	0	16	41	2	129
1995	事故次数	239	3	69	17	1	13	18	10	108
	死亡人数	294	3	76	23	1	15	18	41	117
1996	事故次数	297	1	74	18	3	31	45	17	108
	死亡人数	336	1	80	19	3	36	45	17	135
1997	事故次数	301	3	77	20	4	39	31	18	109
	死亡人数	380	3	86	23	4	40	31	50	143
1998	事故次数	292	6	81	24	2	26	37	25	91
	死亡人数	325	9	91	28	2	26	37	25	107
1999	事故次数	335	1	67	15	1	103	26	1	121
	死亡人数	395	1	74	30	1	116	26	12	153
2000	事故次数	303	2	22	12	3	136	29	7	92
	死亡人数	362	3	31	12	3	162	29	8	114
2001	事故次数	306	1	20	8	1	125	22	8	121
	死亡人数	356	4	23	9	1	152	22	8	137
2002	事故次数	317	1	34	10	3	108	13	10	138
	死亡人数	390	1	48	12	3	131	15	13	167
2003	事故次数	280	0	20	5	0	160	12	5	78
	死亡人数	326	0	22	5	0	196	12	5	86
2004	事故次数	285	3	37	15	3	109	8	3	107
	死亡人数	336	3	47	17	5	130	9	3	112
2005	事故次数	230	15	89	88	9	13	6	9	1
	死亡人数	90	2	37	29	6	6	6	4	0

二、消防

（一）消防组织

公安消防队 1989—1993 年，郴州消防部队属武警序列，消防工作由地区公安处负责管理，全称“中国人民武装警察部队郴州地区公安消防大队”。担负消防宣传、督查消防设施建设、火灾隐患排查以及扑火抢险任务。1993 年 5 月，武警郴州地区公安消防大队改称武警郴州地区消防支队，正团级。1995 年 5 月改称武警郴州市消防支队，内设司令部（办公室）、政治处、后勤处、防火监督处 4 个副团级机构。各县（市、区）消防中队改称消防大队，升格为正营级，接受市消防支队和县（市、区）公安局双重领导。1999年6月，郴州市消防支队组建支队教导队，对全市消防官兵进行消防技能培训及政治、文化教育。至2005年，全市11个县（市、区）均设消防大队。除桂东县外，其余10县（市、区）建立特警消防站并正式驻兵执勤。全市拥有各类消防车40台、个人防护装备3600件（套）、灭火抢险救援装备202件（套）。形成由有线、无线、图像传输、计算机等先进技术装备组成的消防通讯指挥网络，建有高科技技术装备的“119”火警报警系统和消防指挥调度中心。

企业专职消防队 1989年，郴州地区厂矿企业有专职消防队10个190人，消防车20辆（含水罐车5辆、泡沫车4辆、指挥车1辆）。厂矿企业专职消防队在做好本单位防火灭火工作的同时，接受当地公安消防部门的调度，协同公安消防队扑救火灾。其队伍的建立或撤销，由地（市）公安机关审批。至2005年，由于企业改制等原因，只保留中国核工业集团公司711矿（1961年组建，26人，2辆车）、资兴矿务局矿业集团（1978年组建，24人，2辆车）、郴州市石油分公司（1973年组建，12人，1辆车）3支企业专职消防队。

群众义务消防队 1989年，武警郴州地区消防大队在厂矿企业组建群众义务消防队2658个、有3.73万人，消防车14辆、机动泵363台、水枪1856枝、灭火机3.38万台、消防桶2.11万个、水池1408个、消防栓406个。到2003年，郴州市消防支队指导社区建立志愿者义务消防队8个91人。郴州市和平路社区华宁花园组建的志愿者义务消防队，有队员9人，消防战斗服4套，消防斧及灭火器若干。至2005年，由于专业消防队伍的加强，加之企业、农村行政建制的变化，全市义务消防队减少至15个172人。

（二）火灾预防与扑救

火灾预防 自1989年始，消防工作坚持“预防为主，防消结合”的方针，依照“谁主管，谁负责”的原则，明确各系统、各单位防火责任，一些防火重点单位以抵押金式与消防管理部门签订防火承包责任书。此后，一直坚持这一管理制度。1990年，全市出动宣传车300余辆，举办防火演示60多场次，张贴宣传标语和横幅3万条。1992年，郴州确定“119”作为火灾报警电话。此后，每年定在11月9日开展“119消防宣传日”或“宣传周”“宣传月”活动。公安消防机构每年组织大规模的火灾隐患排查整改活动，对新建、改建、扩建的建筑工程（含室内装修）实行防火配套建设审核和验收。1998年成立消防执法队，依法督查、落实各类建筑工程消防的审核与验收工作。严禁未经消防部门审核的建筑工程上马施工，和未经消防部门验收的工程投入使用。其间，全市着力加强企业专职消防队伍建设。1999年湘南烟草集团消防队被评为全省消防执勤先进单位，郴州市石油公司消防队被评为湖南省消防队伍管理先进单位。1999年6月30日，郴州市万达市场发生特大火灾，全市由此开展为期三个月的商场、农贸市场消防安全专项治理。2000年开展加油站消防专项治理。2001年后，加大公众聚集场所、易燃易爆场所、旅游风景区消防安全专项治理，及时排查火灾隐患，督促完善消防设施和防火安全制度。公共娱乐场所须持“消防安全经营许可证”方可营业。2005年，市长挂牌督办的八处重大火灾隐患单位，全部排查整改。市消防支队对消防产品的生产、经营、维修、安装企业，一律实行许可证和登记注册制，和国家消防产品强制检测制度，严防伪劣产品混入，防止出现火灾难灭、灾情扩大的情况。

1989—2005年，全市（地区）进行消防检查单位5.83万家（次），发现各类火灾隐患8万余处，督促、帮助整改6.5万处；审核建筑工程、装修工程2231个，验收工程1484个，提出消防整改意见5970条，经整改消除火灾隐患4650处。

火灾扑救 驻境消防部队贯彻“迅速扑救火灾，积极抢救人命，保护和疏散物资，集中优势兵力打歼灭战”的工作方针，实行“先控制、破重点、后消灭”的战术，准确及时地进行消防灭火。1989年5月6日晚8时许，从广州开往贵州的1782次货车驶经耒阳枣子车站时，一节内装易燃易爆物品的车厢突然起火。永兴县公安消防接警后，于当晚9时40分赶至现场，与耒阳消防官兵速用泡沫向起火的闷罐车灭火。晚23点35分，武警郴州地区公安消防大队又速调郴州市（今北湖区）公安消防中队赶赴火场合力组织灭火。大火于凌晨3点30分扑灭，避免了一次特大爆炸、伤亡事故。1995年后，随着城镇化、工业化进程的加快，一些地方因忽视消防安全建设和教育，火灾事故呈增多之势。武警郴州市消防支队狠抓部队管理和训练，改善和加强消防装备、消防公共设施建设。1999年，建成高标准多功能的接警指挥中心，部队官兵在全省第二届消防军事运动会比赛中获团体总分第一名。当年全市消防部队出警323次，扑救火灾87起，挽回经济损失近7000万元。1998—1999年，武警郴州市消防支队连续两年被省公安消防总队评为先进单位，支队长李元贵1999年11月被公安部记二等功一次。2002年2月22日零时，郴州市郴汽集团副食、水果、配件市场发生特大火灾，市消防支队指挥中心接警后，立即调动北湖区消防中队赶赴火场扑火。在郴州卷烟厂、郴州石油公司专职消防队的增援下，经过2个多小时苦战，将大火扑灭。

1989—2005年，全市（区）消防官兵灭火扑救2156次，先后4人立二等功，94人立三等功。

1989—2005年郴州市（地区）火灾事故统计表

表9-2-4-2

项目 年份	火灾起数（次）	死亡人数（人）	受伤人数（人）	直接经济损失（万元）
1989	56	3	41	70.8
1990	92	5	19	233.4
1991	72	10	20	91.7
1992	54	3	6	74.9
1993	51	0	9	95.5
1994	46	14	6	71
1995	51	3	8	21.2
1996	54	11	27	305.5
1997	97	31	10	174.4
1998	150	11	9	240.2
1999	96	4	14	446.6
2000	151	3	8	204.6
2001	206	2	3	143.8
2002	233	4	4	483.3
2003	339	6	7	121.2
2004	199	2	3	115.8
2005	209	6	6	289.2
合计	2156	118	200	3183.1

第五节 预审与监管

一、预 审

1989年，郴州地区行政公署公安处内设预审科，县（市）公安局设预审股。当年，全区受理预审5988人，其中审结向检察院提请逮捕828人。郴县（今苏仙区）看守所在预审中用政策攻心，应用审讯对策，使73名犯罪嫌疑人交待余罪91起，揭发各种犯罪线索72条，由此深挖破积案、漏案28起，增捕人犯6名。该所先后召开宽严兑现大会6次，分别从宽、从严处理24名犯罪嫌疑人。1993—1994年，全区收审9911人，通过预审起诉逮捕1805人。1994年着力扩大办案成果，预审中经深挖线索牵破各类刑事案件264起，占当年公安机关所破刑事案件总数的6.7%；经预审增捕各类人犯148人，纠正错捕案件1起。1995年，郴州市公安机关加力提高预审办案效率，全年案件及时审结率93.1%。1996年，市公安局预审监管支队成立，其工作由单纯的指导型转为既指导又参与预审。是年，市公安局预审监管支队受理预审案件119件241人，报捕案件75件145人。全市在预审中采取多种策略深挖案情破获案件286起，增捕45人，摧毁犯罪团伙17个，抓获逃犯101人。

1998年5月，公安机关机构改革，全市公安系统预审部门与刑事侦查部门合二为一，由负责案件侦查人员直接进行预审。市公安局预审监管支队改为市公安局监所管理支队，负责对全市看守所进行业务指导。2002年，全市公安机关开展一系列提高办案质量竞赛活动，力降漏人、漏案、漏罪、漏脏的“四漏”率。当年通过监所预审在押犯罪嫌疑人，从中深挖犯罪线索355条，抓获犯罪嫌疑人44人。此后，预审工作一般由刑事侦查部门进行。

二、监 管

1989年，郴州地区行政公署公安处与所辖11个县（市）公安局共建有看守所12所。各看守所警戒工作由武警郴州地区支队承担。是年6月，北京政治风波波及郴州局部地区，监外、监内少数不法分子乘机作乱，给看守执勤工作增加难度。武警地区支队连续下发有关加强看守执勤工作的指示、通报、方案、命令34次，确保看守工作秩序正常，当年各看守所实现安全无事故。同时，各看守所推行依法、严格、科学、文明管理，既严格教育和改造在押人员，又切实保障在押人员的合法权益。1990年始，政府相继拨出专款改善在押人员的住宿和生活条件，看守所院内基本形成监狱区、工作区、生活区、生产区、营房区为一体的格局。同时，逐步建立和完善各种管理制度，提高监所管理水平。

1992年，武警嘉禾县中队采取“四个主动”“三个监督”的执勤办法（主动了解犯情、主动参与监所活动、主动接受监督、主动介绍犯情动态；中队与看守所互相监督、看守所长与中队领导互相监督，值班干警与哨兵互相监督），使监所管理与看守执勤工作双双联动提质。年底，武警郴州地区支队与地区公安局、地区检察分院联合对12个看守所进行执法守纪大检查，发现问题及时整改。1994年7月25日，武警郴县中队监房哨兵廖延友发现3名在押人员集体越狱，及时报警，中队官兵与看守所民警配合，在3个小时内将逃犯全部抓获。1996年，武警郴州支队、郴州市公安局突击到驻所各中队查铺查哨804人（次），经查在岗在哨情况良好。当年全市有看押人员和收审人员6446名，武警官兵和公安干警细化看守管理工作，齐心合力制止在押人员自杀事件14起14人、逃跑7人（次）。

1997年，新修订的《中华人民共和国刑事诉讼法》实施后，看守所不再关押收审人员，关押对象为刑拘与逮捕的犯罪嫌疑人以及刑期一年以下或余刑不满1年的罪犯。当年，全市关押人员7301人。是年，汝城县看守所实现连续29年安全无事故，被公安部记集体一等功。1998年，武警郴州支队开展“对所有执勤目标检查一遍、到用兵单位走访一遍、将执勤情况分析一遍”的“三个一遍”活动，和支队领导深入各看守所对武警执勤岗位实行“包检查、包走访、包整改、包效果”的“四包干”责任制。年内支队领导在看守所走访检查中发现处置人犯事故隐患5起7人（次），查处执勤违纪问题3起10人（次）。

2000—2001年，郴州市开展打击刑事犯罪“百日大会战”，12所看守所关押人员增至7000人以上，给看守工作带来极大压力。武警支队官兵加强看守执勤，圆满完成看守押解任务。其间，全市看守所共深挖犯罪线索108条，从中破获大案11起。宜章县看守所利用在押犯罪嫌疑人“信息库”，深挖犯罪线索42条，破案20起，抓获犯罪嫌疑人9名。2002年，根据公安部、湖南省公安厅文件规定，全市拘留所、收容教育所、强制隔离戒毒所归口市公安局监所管理支队管理。2004年4月批准立项建设市公安局监所管理中心。该中心包括监管支队办公楼、市看守所及武警营区、市拘留所及收容教育所、市强制隔离戒毒所、市特殊人群涉毒人员收治中心。工程用地15.09公顷，监管管理中心总建筑面积4.02万平方米，总投资5550万元。2005年，这一工程全面铺开建设。

2002—2005年，全市看守所年关押人员4000~4500人。各看守所监室配置高清晰度的电视监控装备，2004年，全市看守所完成模拟视频监控系统建设，利用现代科学技术提高安全管理效率。同年，郴州市公安局监所管理支队成立深挖犯罪侦查大队，各监所成立深挖犯罪小组。汝城看守所一在押犯罪嫌疑人，经管教民警耐心的政策教、感化，举报一重大犯罪线索，据此破获一起绑架杀人案，抓获立案在逃犯罪嫌疑人1名。当年，全市公安监所深挖犯罪线索418条，破获刑事案件38起，增捕犯罪嫌疑人32名。2005年全市收押犯罪嫌疑人4588人，其中直捕233人，年底在押2647人。2003—2005年，市武警郴州支队监所看守执勤工作连续3年经省总队考评列全省支队第一，连年受到嘉奖。

第六节 警务管理与科技强警

一、警务管理

（一）执法检查

1990年始，郴州地、县两级公安机关相继组建法制科（股），主要审核刑事、治安疑难案件，实施执法检查监督。同年6月，公安机关成立执法检查领导小组。1990—1991年，郴州地区公安处组织对1989年来全区公安机关执行法律法规情况进行2次全面检查，共检查291单位次，阅卷4588件。逐一查处整改无证搜查公民住宅、无法律手续关押人犯、无证传唤、超期羁押、治安处罚畸轻畸重等违法违规执法行为。

1993年夏、秋、冬三季，全区公安系统相继开展执法大检查，共检查治安案件2769件、刑事案件1843件、交通案件413件、劳动教养案件203件。经检查，纠正应当提请而未提请检察机关批捕的案件35件、检察机关作出免诉决定不当而应提请复议却未提请复议的案件23件、该呈报劳教而未呈报劳教案件41件、该起诉而未起诉的案件17件。1996年，市公安局接受市人大常委会、市政协对公安执法工作的监督检查，书面答复市人大代表提出的建议17件，市政协委员提案10件。1998年，充实执法检查力量，市、县两级公安机关下设执法检查工作机构35个，配备专职干警180名。1999年，郴州市公安局制定《局属单位民警违法违纪追究领导连带责任的规定》。2000年，全市公安系统处理15起民警违法违纪案件，追究领导连带责任6人，其中停止职务4人。2001年，市公安局组织考核评议县级公安机关执法质量，评出执法质量良好单位5个，达标单位5个，不达标单位11个。

2002年，全市公安系统执行郴州市委、市人民政府下发的《关于对损害经济行为实行纪律追究的暂行规定》，严肃查处民警有损经济发展的违法违纪行为。2003年5月，郴州市公安局法制科对2001年度11个执法质量考核不达标单位办结的刑事、行政案件进行检查，重点整改办案过程中存在的执法基础台账混乱、扣押物品管理不善、法律手续不完备等问题。2004年，市公安局法制科更名为市公安局法制办公室。当年，该办组织专项检查，全市取保候审、监视居住、刑拘转捕、扣押涉案财物等执法行为，调阅案卷5400卷，审查各类执法基础台账112本，经查认定执法情况基本正常。2005年，市公安局法制办按照湖南省公安厅《执法质量考核办法》，对11个看守所、10个拘留所，36个基层股、所、队进行执法质量考核，一一督促整改发现的问题。

（二）警务督察

1997年8月郴州市公安局组建警务督察队，督察警容风纪，确保警务形象，警令畅通，提高警务效率。1997年8月—1998年4月，警务督察队接待群众来信来访120人次，施行警务督察230人次，到所属各级公安机关、基层单位现场督察58次。经督察，撤销治安错案8起，变更11起，督促基层单位治安立案13起，督办案件4起。纠正违规使用警牌、警灯、警报器35起；调解公安内部工作纠纷2起。

2000年，开展警务专项督察整治行动。市公安局先后出动督察警力纠正警容风纪行为83人次，纠正违反警车管理使用规定50辆次，收缴非法使用警用标志和警用物品55件，责令停止执行职务2人，关禁闭5人，下发督察决定书、建议书27份，督察函17份。2001年2月，市公安局警务督察队挂牌成立。同年，安仁县公安局在警务督察中实行末位淘汰制，决定对在警务目标管理考核中两次落于后两名的承坪、清溪派出所所长予以就地免职。2003年，市、县两级公安机关成立行风建设领导小组，将各项禁令制成卡片让民警随身携带约束自己。市公安局警务督察队采用明察暗访、突击检查、定点观察等方式进行警务督察。对公安民警违法违纪问题做到有案必查，全年立民警违纪违法案件21起26人，较上年23起32人减少2起6人。

2005年，在组织警容风纪整顿中，市公安局警务督察队出动警力630人次，明察暗访420人次，接待处理群众投诉案件231件，查结184件；下发督察决定书、建议书、督察函120份。当年对违纪、违规民警实施关禁闭6人，停止执行职务3人。同年7月，有群众联名向《湖南日报》写信，反映桂阳、嘉禾县公安机关对部分路段抢劫过往运煤车辆财物的案件查处不力。市公安局警务督察队获悉后迅速赶赴两县进行明察暗访，及时将调查情况向两县公安机关通报，责成集中整治，加大查处力度。两县公安局随后组织警力集中整治两月余，破获一批案件，打击了车匪路霸的嚣张气焰，其路段抢劫案件基本被遏制。是年10—12月，市公安局组织警务督察队民警深入郴州城区及县、市宾馆、酒楼、茶楼、娱乐场所，暗访公安民警遵纪守规情况。当年，湖南省公安厅几次派员到郴州暗访均未发现公安人员有违犯禁令现象，予以好评。

1998—2005年，郴州市公安警务督察队受理警务投诉1449件，经调查落实，对违纪违规人员处禁闭30人，停止执行职务19人。

二、科技强警

（一）公安通信科技

1989年，郴州地区公安有线通讯已实现将磁石电话交换机更换为供电式电话交换机。1991年公安机要通信在原开通文字传真的基础上，开通密码传真加密通信网，次年又开通县级公安机关的普通密码传真通信网。公安无线通信开通150兆无线指挥调度系统。1994年随着计算机、通信和网络技术的发展，公安密码通信中先后使用计算机查询通信、计算机相片处理传输和建立机要电报登记管理系统等。1995年，郴州市公安局自筹资金，加上财政拨款投入80万元，购进数字程控交换机，安装300部程控电话，开通会议程控交换机。至此，结束使用供电式电话的历史。

自1998年始，全市公安系统着力发展无线通信。当年，郴州市公安局建成350兆无线调度指挥常规台，在五盖山、苏仙岭、市公安局一号院建立3个基地台，租用电信部门64KDDN电路，开通郴州至省公安厅的公安计算机网络。2000年，郴州公安专网带宽提高到2兆。2003年，实现市公安局至湖南省公安厅的公安语音和数据两网合一。2004年，市、县两级公安机关投资66.8万元，建成郴州市公安三级网，实现与全国公安机关的语音、数据互联互通。年底，省到市的公安专网带宽由6兆升级到40兆，开通电视电话会议系统，实现二级网数据、语音、视频三网合一。

2005年，市至县（市）的公安专线带宽由2兆升级到4兆，投资98万元建成市公安局至县（市）公安局的视频会议系统，实现三级网的数据、语音、视频三网合一。同年9月，全市派出所、看守所、拘留所、戒毒所与全国公安网实现联网。全年投资116万元建成郴州市公安局综合查询和办公自动化系统，完成郴州公安信息港网站建设及全市县（市）级公安机关计算机网站建设。年底，市公安局启动建设卫星通信项目。公安通信科技的发展，提高了公安系统办案、出警、处置的时效，逐步形成快速反应的作战能力。

（二）智能报警和数据库建设

智能报警 1997年1月，郴州市公安局组建“110”报警服务台，投入55万元建成数字智能型报警系统。同年3月加挂市公安局信息指挥中心牌子。是年7月，市交警支队启用“122”事故报警服务台，开通DID直拨电话。1998年，市公安局指挥中心开通与金融系统有线联网的报警系统。2001年，投资1800万元在原“110”“122”报警服务台的基础上，组建高科技的“110”“122”“两台合一”的公安指挥系统。2002年9月，新组建单列的指挥中心，实现由过去值班型向参谋指挥型转变。指挥中心集指挥、控制、通信、信息和城区交通管理为一体，包括受理报警、指挥调度、计算机辅助决策、警用地理信息、录音录像、电视监控、公安情报信息、社会联动和道路交通监控8个职能系统的综合运行。

2003年在郴州承办湖南省“农运会”、全国“五城运动会排球赛”期间，发生少数人上访闹事事件。“110”指挥中心依靠数字智能报警系统作出快速反应，及时进行调度指挥处置，将事件迅速平息。2004年，市公安局信息指挥中心确保全国人口信息百城联网24小时与全国公网互联互通，实现技术侦察支队公安G网、政治部管理系统与湖南省公安厅相关部门资料共享。当年，信息指挥中心接警大队被授予全省“巾帼文明示范岗”称号，指挥中心处警大队被中央综治委、共青团中央、公安部等八部委命名为“全国优秀青少年维权岗”荣誉称号。2005年，郴州市、县两级公安机关实现“110”“119”“122”数字智能报警系统“三台合一”。

数据库建设 2005年7月，郴州市公安机关完成23个一类应用系统和8个数据库入网建设。全市128个派出所、11个看守所、10个拘留所、11个消防大队全部通过2M线路接入公安网，接入率100%，实现户政网、交警网与公安网的完全合并。此外，全市人口管理、派出所综合管理、违法犯罪人员信息、在逃人员网上追逃、禁毒工作管理、公民出国境管理等信息系统基本建成。同时，先后建成IP地址数据库系统、网吧监控平台、互联网侦控系统，并利用其先进的技术功能实行对有害网站全封堵，先后侦破传播淫秽物品案30多起，利用现代网监手段协同侦破刑事案件200余起。公安工作效率和质量显著提高。

（三）刑事技术

1990年，郴州地区公安处刑侦科的刑事技术室晋升为二级技术点，所辖11个县市公安刑事技术室升为三级技术点，共有技术人员65人，其中中级职务8人（地区公安处3名）。1991年，全区运用技术串并案件163起，破获145起。

1996年，市公安局刑事技术室建设投入15万元，增添刑事技术勘验设备和仪器。公安派出所刑事侦察技术亦随之提升。当年，宜章县22个派出所设有21个刑事侦察技术室。年内，全市配备68名刑事技术人员，其中具有高级技术职务1人、中级技术职务29人；应用刑侦技术侦办杀人、抢劫、绑架等各类恶性案件53起。1998年，市公安局技侦科运用技侦手段搜集情报信息38条，协同侦破各类重特大刑事案件60起，其中运用刑事技术直接破案22起。

1999年，市公安局刑事技术室通过更换工作设备，建立起“追逃”工作站，并实现与公安部、湖南省公安厅联网。永兴、嘉禾、桂阳、资兴、北湖等县（市、区）公安机关也购进相应的“追逃”工作设备。当年7月、8月、9月三个月，全市公安机关从网上成功追回在逃人员621名。2000年，市县两级公安技术室法医勘验尸体511具，活体检验2175人次，物收集检验518案次，理化检验鉴定30起，出具刑事技术鉴定书2405份。全年利用刑事技术手段直接破案411起。

2005年，全市两级公安机关刑事技术室均达三级标准以上，其中资兴、北湖为一级技术室，汝城为二级技术室。全市技侦室人员大要案现场出勘率为100%，出具痕迹物证鉴定书927份，在案件侦破中起重大作用的鉴定书逾95%。当年12月，市公安局技术侦察支队运用科技手段，跟踪深挖出郴州城区一涉资近40亿元人民币的非法炒卖金银及外汇期货窝点。经郴州警方与深圳警方联手，成功破获此案。

1989—2005年，郴州市、县两级公安技术刑侦机构共出勘案件现场7.57万次，提取痕迹物证10.33万起，利用痕迹物证刑侦10.33万起，运用刑侦技术会同破案17.76万起。

（四）技术侦查

1990年4月，郴州地区行政公署公安处组建技术侦查科（对外称七科），共20人，专司技术侦查手段。1994年，部分技侦手段成建制划归郴州地区国家安全局。1995年，郴州市公安局技术侦查科重设技侦手段。1999年，干警邓丽芳代表湖南省公安厅参加公安部在青岛举办的全国技侦手段比赛，获三等奖。2001年，郴州市公安局采用技术侦察手段侦办各类重大刑事、经济案件90起，破获案件73起。其中，利用现代技侦手段协助破获“桂阳第一霸”何某某黑恶团伙犯罪案。2002年，郴州市公安局技术侦查科改建为郴州市公安局行动技术支队。2003年，该支队采用技术侦查手段，协助破获郴州市政府副秘书长肖某某被害案。2004年，又协助抓获贪污、挪用市住房公积金1.18亿元人民币的犯罪嫌疑人李树彪（时任郴州市政府住房公积金管理办公室主任）。当年，市公安局技侦支队因之首获郴州技侦史上的集体二等功。2005年，郴州市公安局行动技术支队正规化、现代化建设通过公安部达标验收。

第七节 公安机构

一、公安局机关

（一）郴州市（地区）公安局（处）

1989年，郴州地区行政公署公安处内设机构22个，直属单位4个，定编248名。1995年5月郴州撤地建市后，郴州地区行政公署公安处更名为郴州市公安局。1996年，市公安局内设12个职能科（处）室，辖11个直属单位、1个事业单位。局机关内设12个职能科（处）室，即办公室（指挥中心）、政治处、纪委（与监察、审计室合署办公）、出入境管理科、户政管理科、机要通讯科（通信保卫科）、计算机管理监察科、行政装备科、法制科、信访科等。市公安局机关定编113名（专项编制）。11个直属单位：刑事侦察支队，治安管理（巡警）支队，经文保支队，预审监管支队，市公安局看守所（保留收审所牌子），市公安局戒毒所，收教所，市公安局治安拘留所，市公安局城区分局，市公安局交通警察支队，郴州市公安干校。1个事业单位：市保安服务公司。

2002年4月，郴州市公安局根据职能变化进行机构改革，内设11个职能科（室、队、委），辖17个直属单位、3个分支派出机构，1个事业单位。11个内设、职能科（室、队、委）为：警务督察队、办公室（加挂信访办公室牌子）、政治部暨警务科、宣传科、监察审计科（与纪委计科合署办公）、出入境管理科、公共信息网络安全监察科、户政管理科（加挂郴州市流动人口治安管理办公室牌子）、法制科、装备财务科、直属机关党委。市公安局机关核定专项编制79名。17个直属单位为：指挥中心、经济犯罪侦查支队、刑事警察支队、治安管理支队（加挂市公安局警卫处牌子）、防暴特警支队、监所管理支队、禁毒支队、刑事技术中心、市第一看守所、市第二看守所、戒毒所、收教所、治安拘留所、交通巡逻警察支队、警官培训中心等。3个分支派出机构为：市公安局北湖分局，市公安局苏仙分局，市公安局森林分局。1个事业单位为：市保安服务公司。2003年12月，撤销郴州市公安局户政管理科，设立郴州市公安局人口管理支队。2004年5月，郴州市公安局刑事警察支队和刑事科学技术研究所合并，重新组建郴州市公安局刑事警察支队。2005年4月，设立郴州市公安局城市管理支队；撤销郴州市公安局法制科（郴州市劳动教养委员会办公室），设立郴州市公安局法制办公室（加挂郴州市公安局直属分局牌子）和郴州市劳动教养管理办公室。同年6月，撤销郴州市公安局公共信息网络安全监察科（郴州市公安局网络侦察队），设立郴州市公安局公共信息网络安全监察支队；设立市公安局信访科；郴州市公安局经济与涉税犯罪侦查支队更名为郴州市公安局经济犯罪侦查支队。

（二）县（市、区）公安（分）局

1989年，郴州有11个县（市）公安局。郴州市公安局、资兴市公安局、郴县公安局、桂阳县公安局、嘉禾县公安局、临武县公安局、宜章县公安局、永兴县公安局、安仁县公安局、汝城县公安局、桂东县公安局。县（市）公安局实行当地党委、政府与上一级公安机关双重管理体制。1995年郴州撤地建市后，原郴州市公安局和郴县公安局分别更名为郴州市公安局北湖分局、郴州市公安局苏仙分局。至2005年年底，全市设2个公安分局、9个县（市）公安局。

二、城乡基层公安派出所

1989年郴州地区公安机关下设派出所140个，有民警573人，平均每所4人。派出所负责所在辖区的社会治安管理，协助相关案件的侦破，实行所长负责制。1990年，全区撤销73个4人以下的派出所，设立98个中心派出所。1994年8月，为实现一乡一所，湖南省编委、人事厅、公安厅两次为郴州地区增编246名，地、县（市）党委、政府解决公安地方编制270名。当年全区新建派出所22个，恢复派出所40个。1995年，郴州市有基层公安派出所153个，1998年增至181个，配备警力946人。之后派出所不断合并、精简，力量配备逐年优化。至2005年，全市有城乡基层公安派出所134所，实有128所（有6所合并后仍保留其牌子），配备警力1363人，每所警力均在10人以上。全市基层公安派出所干警员工中有中共党员1006人，具有大专以上学历892人。干警全部被授警衔，其中授予警督650人，警司696人，警员10人。

1990—2005年，全市（地区）投入公安派出所建设资金2705.78万元，干警工作和生活条件逐步改善。

三、厂矿企业公安机构

1989年，郴州地区规模较大的国有企业单位有253个，共建立公安机构78个。其中建立企业公安分处3个（711矿、资兴矿务局、水电八局），公安分局6个（柿竹园矿、瑶岗仙矿、小垣矿、黄沙坪矿、宝山矿、香花岭矿）；设企业公安派出所、室、科69个（厂矿企业公安派出所25个、湘运公安所6个、公路公安所10个、郴嘉铁路公安所2个、林业公安所20个，值勤室3个，公安科3个）。有干警890人（其中林业干警203人），归口地区公安处经济文化保卫科管理。1999年9月，郴州市所有企业公安机构和人员全部收编，纳入地方公安系列。原企业公安机构“桂阳黄沙坪矿公安分局”“资兴矿务局公安分处”“711矿公安分处”“柿竹园矿公安分局”，分别改为郴州市公安局“黄沙坪分局”“三都分局”“茅塘分局”“柿竹园分局”，归口郴州市公安局经济文化保卫支队管理。2004年，公安机构实行改革，郴州市公安局黄沙坪分局、三都分局、茅塘分局、柿竹园分局撤销，其人员通过考试，转入地方公安机关工作。至此，厂矿企业一律改设保卫科（股）或保卫处，负责本单位的安全保卫工作，不再设立列入公安系列的公安机构。

1989—2005年郴州市（地区）公安局（处）主要负责人名录

表9-2-7-1

单位名称	姓名	职务	任职时间
郴州地区行政公署公安处	吴开达	处长	1989.01—1991.03
郴州地区行政公署公安处	吴开达	行署副专员、公安处党组书记	1991.04—1994.08
郴州地区行政公署公安处	侯全礼	处长	1991.03—1994.03

续表 9-2-7-1

单位名称	姓 名	职 务	任职时间
郴州地区行政公署公安处	颜国良	处 长	1994.03—1995.06
郴州市公安局	颜国良	局 长	1995.06—1997.01
郴州市公安局	孙湘隆	局长（市政府助理巡视员）	1997.01—2004.07
郴州市公安局	赵立民	局 长	2004.07—2005.07
郴州市公安局	赵立民	局长（期间任郴州市委常委、政法委书记）	2005.07—

第三章 审判

第一节 审判制度改革

一、审判方式改革

1989年前，法院审判民事案件的基本模式为“先定后审”，即先基本查清案件事实，分清是非责任，在确定判决结论之后才开庭审理和判决。1989年，民事审判开始改“先定后审”为“先审后定”，以强化庭审功能。即确定法官作为裁判者的中立地位，让双方当事人及其代理人有理辩在法庭，有举证在法庭，案件事实调查在法庭；法官对证据审查、认证和裁判都能在庭审中完成，从程序上杜绝和减少“暗箱操作”，节约诉讼资源和成本。自当年起，郴州法院系统90%以上民事案件均推行“先审后定”的方式进行审判。

1996年始，“先审后定”的审判方式由民事审判逐步推行至刑事审判。1997年1月新修订的《中华人民共和国刑事诉讼法》（下简称刑事诉讼法）颁布实施，郴州市市、县两级法院在刑事审判过程中改“纠问式”为“控辩式”，强化庭审的公正性和透明度。群众称“这样打官司，不再是打关系、走后门，而是庭上打证据，依法定输赢”。与此同时，以公开促公正，大力推行公开审判制度，市中级人民法院（简称市中级法院）要求依法应予以公开开庭的一审案件公开开庭率100%，二审民事案件公开开庭率80%；依法不能公开审理的案件应基本做到公开宣判，逐步提高当庭审判率。公开审判中允许旁听和媒体报道，公示合议庭成员的姓名、照片。并设立审务公开栏，向社会公开法院的受案范围、立案标准、办案程序及收费办法、举报方式等内容。至2000年，市、县两级法院一审案件（除法律规定不能公开审理的案件）公开开庭率达100%，民事、经济、行政的二审案件公开开庭率为82.6%。此外，市、县两级法院改革审判形式，加大对农村、大中型企业的服务力度，走出法院，推行下乡进厂（矿）上门办案，以“流动法庭”“巡回办案”等形式到基层审结大批涉及经济、民事、行政纠纷案件。

2002年，郴州市所辖11个基层法院采用“先审后定”的方式审判刑事案件373件，每件平均结案时间为27天，比法律规定的45天节省18天，其中要求上诉的仅43件；二审改判仅5件，无发回重审案件。资兴市法院做深做细“先审后定”审判工作，当年审判的81件刑事案件，全部当庭宣判，被告人均服判息诉，无一件上诉案件。当年，湖南省高级人民法院在资兴市召开全省法院刑事审判方式改革现场经验交流会。

至2005年，“先审后定”的审判方式全面推行。年内，全市法院公开开庭率100%（含二审案件），当庭审判率72%，申诉复查、减刑、假释案件公开听证率40%。

二、推行错案责任追究制

自20世纪90年代中期，为解决长期来形成的审案者不判案、判案者不审案（由主管副院长或院长决定和签发法律文书）的现象。郴州两级法院开始放权于合议庭（含独任审判员），规定除重大的或疑难的案件交由审判委员会集体讨论决定外，其余案件一律由合议庭裁决。法院在确立法官职业地位的同时，依法对其实行承担错案的责任追究，相继制定一系列推行错案责任追究的规章制度。

1995年，郴州市中级法院组织评定法官等级573人，根据法官评定等级赋予相应的审判职权和应承担的审判责任，提高审判质量和效率。1998年，全市法院对1992年以来办理的5144件案件开展自查与检查，查出问题案件582件，其中实体上有问题的172件，程序上有问题的410件，涉及重点人18名。市、县两级法院依照相关规定分别实行法官错案责任追究制，其中给予党纪处分4人，政纪处分2人，调离法官队伍4人，免职6人，追究刑事责任2人。1999年全市自清自查案件13088件，涉及责任追究9人，其中党内严重警告处分1人，开除党籍1人，撤销职务2人，开除公职1人，追究刑事责任4人。2001年，市中级法院组织专题调研，制定《关于错案责任追究办法》，完善错案责任追究制度，提高实施功效。2005年，湖南省高级法院组织抽查郴州153件案件（市中级法院40件），平均考评得分93.8分（市中级法院为97.62分），居全省市、州法院案件考评得分第二名，受到省高院通报表彰。

三、实施审判流程管理

1997年始，郴州市中级人民法院实施审判环节既分工协作又互相监督的案件审判流程管理。全院将案件审理流程分解为立案、送达、排期、开庭、结案、评查、归档七个环节，然后确定各个环节的相应负责部门和工作时限、目标，实行电脑排期、流程跟踪和案件质量评查管理。到2000年，全市11个县（市、区）法院皆推行审判流程管理。2001年，市中级法院成立审判流程管理办公室和案件质量评查组，制定《审判流程管理规程》。到2002年，各县（市、区）法院全部成立审判流程管理和案件评查办公室，负责对审判工作各个环节和各个部门的工作，进行全流程跟踪督查和管理。使审判工作规范有序、高效优质运转，提高法定期限内的结案率，降低二审案件改判发回重审率。是年，全市法院法定期限内结案率99.3%；二审案件改判、发回重审率比上年下降4.7%。2005年，全市法院法定期限内结案率升至99.7%，二审案件改判、发回重审率降至9.4%。

第二节 刑事审判

一、国家安全刑事案件审判

1989年至1997年9月，郴州中级法院依照时施行的《中华人民共和国刑法》相关规定，对凡是危害国家安全的犯罪行为，以反革命罪定罪量刑。其间，共审结特务案件11件11人，审结反革命宣传煽动案件2件2人。汝城县何某与台湾敌特机关勾联，在大陆发展组织成员，向台湾搜集传递情报。1991年5月郴州地区中级法院以特务罪判处何某有期徒刑5年，剥夺政治权利3年。

自1997年10月1日起，新修订的《中华人民共和国刑法》（下称刑法）取消反革命罪名，修改为“危害国家安全罪”，并规定基层人民法院无此类案件管辖权。1997年10月至2005年底，郴州市中级人民法院共审判危害国家安全刑事案件7件9人。曾因聚众扰乱交通秩序被判刑4年的何某，在刑释后多次与境外所谓的“民主分子”联系并接受其资助，从事危害国家安全的犯罪行为。1999年，郴州市中级法院以何某构成向境外非法提供情报、危害国家安全罪，判处其有期徒刑10年，剥夺政治权利5年。1989—2005年，郴州审结危害国家安全案件（反革命案件）43件。

二、社会治安刑事案件审判

1989年2月中旬至5月中旬，郴州地区重点开展严厉打击故意杀人、抢劫、强奸、重大盗窃、拐卖人口等严重刑事犯罪（简称“严打”）。是年，地区中级人民法院审结此类一审刑事案件67件78人。1990年，全区集中开展第二次“严打”违法犯罪活动。郴州地区两级法院共抽调184名干警，组成30个合议庭，从速审结暴力犯罪、车匪路霸、涉毒涉枪和拐卖妇女儿童、重大抢盗和诈骗、破坏国家财产、流氓犯罪等刑事一审案件697件1247人；审结此类二审刑事案件113件，二审改判17件。

1991—1992年，郴州地区集中开展打击“车匪路霸”、反“内盗”、扫“六毒”的专项斗争。两年间，全区两级法院及时审结一审刑事案件3843件7485人，其中判处5年以上有期徒刑、无期徒刑、死刑的犯罪分子1122人。1993年3月始，全区两级法院开展“三打”（打击“车匪路霸”、打击抢劫和重大盗窃、打击拐卖妇女儿童犯罪）、“两整”（整顿农村社会治安、整顿城市治安秩序）、“一查禁”（查禁卖淫嫖娼）刑事专项审判活动。召开宣判大会，依法判处一批首恶犯罪分子。

1994—1996年，郴州连续三年开展整治农村和城镇社会治安专项斗争，全区（市）人民法院从重从快审判杀人、抢劫、盗窃、流氓团伙以及“贩毒”“贩黄”和拐卖妇女儿童的犯罪分子。1994年令人震惊的邝国华、邓和跃杀害空军少校黄某某一案和宜章李嗣兴杀人碎尸一案，地区中级法院刑一庭均在7天内审结，依法判处被告人邝国华、邓和跃、李嗣兴死刑。1995年，全市两级法院在“春季严打攻势”期间，共审结一审刑事案件374件472人。当年11月至1996年3月，全市开展集中整治农村社会治安专项行动，市中级法院、市检察院、市公安局联合发布《关于督促刑事犯罪分子限期投案自首的通告》，在限期（1996年1月10日前）内，有73名违法犯罪分子投案自首，受到司法机关依法从轻处理。

1997年10月起，全市法院刑事审判执行修订后的刑法。当年，全市法院审结严重暴力犯罪、涉毒犯罪、带黑社会性质团伙及流氓恶势力犯罪、重大盗窃犯罪等一审刑事案件1228件1505人。判处5年以上有期徒刑、无期徒刑、死刑的638人，占总数的42.4%。郴州市中级法院审结发生在宜章县境内震惊湖南省的陈一平、李雄伟、曹文军抢劫杀人案。3人行劫时用自制手枪杀害盘查的3名治安执勤人员。经市中级法院一审、湖南省高级法院二审并经复核，3名被告被判处死刑，于当年12月执行死刑。

自1999年，全市法院相继开展“审判质量年”“案件执行年”，争创“人民满意的好法院”、争当“人民满意的好法官”四项活动，致力提高法院队伍的思想、业务素质。2000年，市、县两级法院展开重点打击涉黑团伙犯罪专项行动。是年6月，市中级法院审结最高法院督办的以姜某某为首的涉黑团伙犯罪案件。被告人姜某某和刘某某等24人为获取非法利益，结伙称霸一方，自1997年以来，吸毒贩毒，非法买卖储存枪支弹药，使用暴力胁迫手段强收“保护费”，有组织地实施敲诈勒索、寻衅滋事、强奸妇女等犯罪活动，为寻求保护伞还用金钱美女拉拢腐蚀国家工作人员。市中级法院依法判处姜某某死刑缓期两年执行，判处刘某某无期徒刑，并没收、追缴非法所得。其余22名被告人均被依法严惩。2002年，市中级法院审结3起涉案60人的涉黑犯罪集团案，同时对充当资兴市袁某某、袁某某等为首的涉黑犯罪势力“保护伞”的谢某某等进行审判，以滥用职权罪、受贿罪数罪并罚判处谢某某有期徒刑5年，没收所得赃款8万元。2003年，临武县广发乡原纪检书记王瑞华纠集团伙贩毒被判处死缓。王成为中华人民共和国成立后郴州第一例党政机关干部因贩毒而被判重刑的人。

2004年7月16日，郴州市中级法院在开展反涉毒犯罪专项审判中，审结自中华人民共和国成立以来郴州最大的制毒贩毒案。台湾籍毒枭肖新传、杨泰光、吕某某纠集林能谦、卓祖诚、廖大礼等16人窜至宜章县乡下秘密建立冰毒制造加工点，先后制造冰毒达2600千克，贩卖冰毒723千克，非法获利400余万元。市中级法院一审判决其中10名制毒分子死刑（含死缓），后经省高院二审和报最高法院复核批准，对肖新传、杨泰光、林能谦、廖大礼、卓祖诚5名主犯执行死刑。当年，全市判处和执行死刑的涉毒犯罪分子13人。

2005年，市中级法院和北湖、苏仙区法院突出审理郴州市中心城区街头“两抢”（抢劫、抢夺）、故意杀人和致人重伤等严重暴力犯罪案件。市、区法院共受理此类一审刑事案件674件1031人，审结603件935人。当年全市两级法院审结一审刑事案件2017件3233人。市中级法院受理的所有刑事案件均在法定期限内结案。

1989—2005年，郴州两级法院共受理危害社会治安一审刑事案件22239件，审结20254件26113人，二审受理危害社会治安刑事上诉案件2234件，审结2119件2460人，判处5年以上有期徒刑的7321人。

三、经济犯罪刑事案件审判

1989年8月15日，最高人民法院、最高人民检察院发布《关于贪污受贿、投机倒把等犯罪分子必须在限期内自首坦白的通告》（以下简称两院通告）。郴州地区中级法院随即成立坦白自首和检举揭发接待室，实行24小时值班受理。并组织人员深入城乡以及看守所、拘留所宣讲通告精神。在通告有效期间，全区先后有500多名经济犯罪人员到司法机关投案自首。法院受理经济犯罪案件26件35人，审结22件30人；召开宣判大会9场，从严判处9人，从宽判处21人。地区中级法院还通过对基层法院贯彻两院通告情况的检查，纠正一批量刑畸轻的案件。永兴县柏林镇卫生院原会计李某、永兴县原人大代表李某及永兴县城关派出所原副所长王某3人合伙倒卖白银1148千克，价值136.5万元，非法获利11万元，此案非法经营额和非法获利额均达到当时刑法规定的“数额特别巨大”的限额，然永兴县法院仅判处3被告人1至3年有期徒刑，显然判决畸轻。地区中级法院按审判监督程序发回重审后，3名被告人分别获刑12年、5年和4年。

从1994年起，国家税收启用新版发票和增值税专用发票，郴州两级法院严厉打击少数不法分子伪造、倒卖、盗窃发票等犯罪活动。为确保审理经济犯罪大案要案信息传递及时准确，地区两级法院建立经济犯罪大案要案登记立卡报告制度。1994年，郴州地区两级法院审结2件2人属于立卡报告的大要案件；审结一审经济犯罪案件83件99人，其中贪污受贿案件57件58人，伪造发票案

2件3人。

其间，郴州两级法院在加强经济犯罪案件审判的同时，加大为经济发展服务的力度。1994年至1995年5月，审结涉及企业的各类刑事犯罪及经济、民事、行政纠纷案件1.54万件，通过法律手段为企业收回各种拖欠款2.96亿万元，使204家企业摆脱资金困境。还帮助243家企业改善内部财务管理，建章立制堵塞经济犯罪漏洞，提高经营效益。

1995—1998年，郴州市两级法院重点开展“三打”（打击贪污受贿、挪用公款，打击偷税、漏税、抗税，打击金融诈骗）和打击其它严重破坏经济秩序的犯罪。1995年审结各类一审经济犯罪案件126件155人，其中“三打”案件43件62人。1998年全市两级法院全力打击贪污、贿赂等职务性经济犯罪和破坏经济秩序犯罪。全年审结此类案件114件122人，含万元以上大案34件，涉及副处级以上干部2件2人。此外，审结破坏市场经济秩序经济犯罪16件22人，挽回国家经济损失1870万元。

1999年，全市重点查办“三机关一部门”（党政、司法、行政执法机关，经济管理部门）中发生的职务经济犯罪案件，特别是县处级以上领导干部中的犯罪案件。是年，全市两级法院共审结一审各类经济犯罪案件120件143人。2000年还依法专项审判“三假”（假农药、假化肥、假种子）涉农犯罪案件12件；依法审结偷税抗税、制售假冒伪劣产品、金融诈骗等犯罪案件21件22人。

2002年1月20日，郴州第一起虚开增值税专用发票大案在市中级法院开庭审理，被告人许某等5人犯虚开增值税专用发票罪、行贿罪、受贿罪，一审判处主犯无期徒刑，其余分别被判处有期徒刑。同年9月3日，市中级法院一审以受贿罪判决郴州市环保局原局长文某某、副局长谢某某、李某某、总工程师王某某，排污收费站原站长周某某10年至5年不等有期徒刑。当年审结的经济犯罪案件中，有7名副处级以上领导干部因经济犯罪而获刑。

1989—2005年，郴州两级法院共审结各类一审经济犯罪案件2255件，二审经济犯罪案件373件。

四、未成年人犯罪案件审判

1989年，郴州地区各县（市）人民法院在刑事审判庭，专门设立未成年人犯罪案件审判合议庭。为贯彻“惩教结合，寓教于审”的审理方针，法院还聘请学校老师、离退休干部担任陪审员，共同负责对未成年人犯罪案件的庭前调查、庭上教育和庭后延伸帮教工作。当年全区法院审结未成年人犯罪案件139件231人，均依法实施减轻、从轻刑事处罚，其中59人免予刑事处分。

1992年4月，郴州市（北湖区）人民法院在设立少年刑事犯罪审理合议庭的基础上，建立全区第一个“少年刑事审判庭”。同年6月，地区中级法院在湖南省各中级法院中率先设立少年刑事审判庭，配备审判经验丰富、善于做少年思想转化工作的专业人员担任审判员。其时对已满14周岁未满18周岁的青少年罪犯一般不作公开审判，在查明确犯有故意杀人，放火、投毒、故意伤害（重伤）、强奸、贩毒等罪行时，依法裁决承担刑事责任；在量刑时，16岁以上至17岁一般作从轻处罚，14周岁至16周岁一般作减轻处罚；对未成年犯的减刑、假释也依法适当从宽裁决。1994年11月，郴州地区中级法院少年刑事审判庭被最高人民法院评为“全国少年案件审判工作先进集体”。

其间，由于受不良社会风气的影响，青少年失足现象逐增。1989—1998年，郴州两级法院共审结未成年人刑事犯罪案件1649件1774人，年均165件177人。较之1989年，年均犯罪案件数增26件，未成年人刑事犯罪案件年均递增率15%以上。

1989—2005年，郴州两级法院共审结未成年人犯罪案件4560件5661人。在郴州两级法院共审结危害社会治安刑事案件（含二审）22373 件 41465 人中，其中未成年人犯罪案件数与人数，分别占其比重的 20.78% 与 13.65%，占比率处较高状况。

五、减刑、假释案件审判

1989—1997 年，郴州境内各监所提出的对罪犯予以减刑、假释案件，由郴州市（地区）中级法院刑事审判庭第二庭审理。中级法院刑二庭人员经常深入监所，就地召开减刑、假释宣判大会，借以促进监所罪犯改造。1997 年实施新修订的刑法和刑事诉讼法，明确规定累犯、严重暴力犯罪等不再适用假释。

1998 年始，减刑、假释案件改由郴州市中级人民法院刑事审判庭第一庭审理。1998—2004 年，市中级法院刑一庭严把减刑、假释案件审查关，坚持深入监所，实地调查罪犯服刑期间的现实表现与报送鉴定材料的一致性和真实性。2000 年，市中级法院对减刑、假释案件推行公开听证审理，实施执法“阳光工程”，避免“暗箱操作”，促进案件审理公开、公正。2005 年，减刑、假释案件由市中级法院审判监督庭审理。当年，审结减刑、假释案件 2238 件，其中公开听证审理 1620 件，公开听证审判率 72.4%。所审结案件实现案件当事人服气、监所单位满意。

1989—2005 年，郴州市（地区）中级人民法院共审结减刑、假释案件 24997 件，其中裁定减刑 24346 人，准予假释 651 人。

1989—2005 年郴州两级法院一、二审刑事案件审结分类统计表

表 9-3-2-1　　　　单位：件

项目 / 年份	一审刑事案件					二审刑事案件				减刑假释案件
	审结数	其中				审结数	其中			
		国家安全	社会治安	经济犯罪	其他		社会治安	经济犯罪	其他	
1989	1433	17	824	231	361	189	81	21	87	823
1990	1704	2	1211	209	282	230	143	27	60	907
1991	2491	2	1579	229	681	238	151	19	68	1114
1992	1352	1	914	137	300	171	104	13	54	1031
1993	1433	2	926	122	383	139	79	11	49	1329
1994	1649	3	1203	83	360	191	107	18	66	1015
1995	1693	4	1301	126	262	183	119	24	40	1187
1996	1517	1	1097	128	291	174	121	14	39	934
1997	1228	3	914	103	208	176	113	20	43	1433
1998	1671	1	1300	138	232	213	139	27	47	1302
1999	1321	1	893	120	307	188	131	15	42	1741
2000	1489	0	1045	92	352	186	125	21	40	2003
2001	1701	1	1199	117	384	211	116	27	58	1827
2002	1897	1	1403	104	389	237	138	31	48	2036

续表 9-3-2-1 单位：件

年份＼项目	一审刑事案件					二审刑事案件				减刑假释案件
	审结数	其中				审结数	其中			
		国家安全	社会治安	经济犯罪	其他		社会治安	经济犯罪	其他	
2003	1997	2	1429	117	449	231	137	34	60	1994
2004	2263	1	1597	84	581	271	166	29	76	2083
2005	2017	1	1419	115	482	223	149	22	52	2238
合计	28856	43	20254	2255	6304	3451	2119	373	929	24997

说明：1. 未成年人犯罪案件统计在内 2. 按统计要求，减刑假释案另列项统计

第三节 民商事与行政审判

一、民事审判

1989年以后，郴州两级法院在推进民事审判的同时，协同做好民间纠纷调解工作，防止矛盾纠纷激化。1991年《中华人民共和国民事诉讼法》（以下简称民诉法）颁布实施后。全区法院广泛启动适用督促程序，一批旧存积案得到清理与审结。1994年各县（市）法院在农村设立审判接待室91个，方便农民群众就近诉讼。1997—1999年，全市法院连年开展争创“一流法庭”活动。2002年按照最高法院“大民事”审判的要求，市中级法院和北湖、资兴法院民事审判庭先后由1个增设至3个。2004年，郴州两级法院围绕“维权工程”推进民事审判，相继设立各类民事维权合议庭，全年审结各类维权案件2133件。2005年为“司法调解年”，郴州两级法院依法加大民事案件调解力度，年内民事案件调解率61.3%。

1989—2005年，郴州两级法院共受理民事一审案件132175件，审结131699件，审结率99.64%。其中调解结案52383件，判决结案74725件，其他方式结案4591件。审结民事二审案件9030件。

（一）婚姻纠纷案件审判

婚姻纠纷案件历占民事案件之首。1989年郴州两级法院审结婚姻纠纷案件2301件，占当年审结民事案件的33.7%。在审理婚姻纠纷案件中，法院始终本着有利于保护妇女儿童合法权益和制裁违法行为的原则，坚持以“调节为主”，既保障婚姻自由，又反对轻率离婚。1989—2000年，郴州市（地区）两级法院审结婚姻纠纷案件3.88万件，其中调解结案2.08万件，判决结案1.8万件（调解、判决离婚的2.39万件，撤诉、调解、判决不准离婚的14857件）。2001年，新修订的《中华人民共和国婚姻法》（以下简称婚姻法）正式实施，郴州两级法院加大对因重婚或非法同居引起的离婚案件中无过错方的保护力度，在动产分割、不动产归属、子女抚养等方面向无过错方倾斜；对因家庭暴力引起的离婚案件，判令施暴者赔偿损失。2001—2005年，郴州市两级法院共审结婚姻纠纷案件2.53万件，其中调解判决离婚的1.57万件，撤诉、调解、判决不准离婚的9623件。

（二）抚养、赡养、扶养纠纷案件审判

郴州两级法院按照权利与义务对等原则审理抚养、赡养、扶养案件。1989年，郴州地区法院共审结抚养案件88件，扶养案件23件，赡养案件95件。在审理此类案件中，法院坚持保护妇女、儿童和老年人的合法权益，宣传"赡养父母、尊重老人"的传统美德。1990年嘉禾县人民法院审理村民肖某某夫妇诉三个儿子赡养纠纷案时，将法庭搬至肖某某夫妇村里公开开庭，说法明理并邀请全村百余人旁听。该案公开审理后，促使该村有8起类似案件按赡养义务自行调处，起到"公审一案、教育一片"的效果，在当地传为佳话。1989—2005年，郴州两级法院审结一审抚养案件803件，扶养案件221件，赡养案件941件。

（三）继承纠纷案件审判

1989—2005年，郴州两级法院坚持男女继承权平等，养老育幼，互助扶助，权利与义务相一致的原则审理财产继承案件。一批因历史原因引起的冤案、错案人员平反后引起的继承案件，也逐步得到落实。此间，共受理继承案件566件，审结558件，其中调解结案216件。一般以女方要求继承的案件居多。此后，随着普法教育和人民调解工作的广泛开展，群众法律意识增强，家庭因继承财产纠纷而诉至法院的案件逐年减少。2005年，全市法院受理继承案件14件，为1989年后受理此类案件最少的一年。

（四）房屋纠纷案件审判

1989—1992年，郴州地区两级法院依照《中华人民共和国民法通则》和国务院颁布的《城市私有房屋管理条例》，共审结房屋纠纷一审案件579件。坚持"有利城乡建设，有利群众生产，有利安定团结"的原则施审。1993年起，国家启动住房制度改革，房屋作为商品进入市场，房屋纠纷案件随之增多。1993—2001年，郴州两级法院共审结房屋纠纷案件2437件。此时以房屋拆迁、房屋质量、房屋买卖、房屋抵押、房屋租赁、房屋确权等纠纷案件居多。2002—2005年，郴州两级法院审结房屋纠纷案件404件。主要是房屋拆迁、土地所有权转让、商品房交易、合作合资开发房地产、房屋质监等引起的纠纷案件。

（五）债务纠纷案件审判

1989年后，城乡经济活动日趋活跃，生产经营和商品交换过程中的借贷纠纷随之增多。1989—1991年，郴州地区两级法院审理各类债务纠纷案件8019件，其中借贷纠纷5916件，占73.8%。法院在审理债务纠纷案件中，既依法督促清偿债务，又竭力制止各种非法逼债行为。1991年，汝城县人民法院审理暖水乡一民间债务案时，查明原告因借给被告1300元现金多次催收未还，原告遂准备用炸药炸死被告。审判人员一面规劝原告不能违法以暴力逼债，一面说服被告尽快偿还欠款。结果仅用一天就调解结案并执行到位，防止一起民转刑恶性案件的发生。1992—2001年郴州两级法院共审结债务纠纷案件28719件，其中民间借贷纠纷19820件，占同期各类债务案件的69%。2002—2005年，对债务纠纷案件在审理中均依法作出裁判，其中借贷尤其是高利借贷纠纷案仍有上升。债务纠纷案件约占民事案件的25%。

（六）损害赔偿案件审判

1989年，郴州地区两级法院受理、审结各类损害赔偿案件810件。1990年后，损害赔偿案件收案范围逐渐扩大，除财产和人身损害赔偿外，公民与法人因著作权、商标权等知识产权及姓名权、肖像权、名誉权等人身权益受到侵害而诉至法院的不断增多。1990—1999年，郴州两级法院审理各类损害赔偿案件1.05万件，其中涉及知识产权与姓名、肖像、名誉等人身权益案件24件，占同期损害赔偿案件数的0.22%。2001年，最高人民法院颁布《关于审理触电人身损害赔偿案件若干问题解释》，郴州在审理高度危险业务致人损害案件中，适用举证倒置原则，除能证明损害是由受害人的故意所造成之外，均判令有关当事人赔偿受害人的损失。当年审结各类损害赔偿纠纷案件794件，其中高危业务致人损害案61件。2000—2005年，郴州两级法院审结损害赔偿案件4397件，其中涉及财产损害案898件，涉及人身损害案3499件（含高危业务致人损害案184件）。

（七）建筑承包合同纠纷案件审判

1989—2005年，郴州两级法院共受理建筑承包合同纠纷一审案件1525件，占整个民事纠纷案件的1.2%。审结建筑承包合同纠纷一审案件1518件，审结率99.54%，其中调解结案588件，判决结案717件，进入二审审结案件11件，其他方式结案212件。建筑承包合同纠纷的产生，主因系发包方与承包方各自价值取向不同而又缺乏必要沟通所致。法院干警树立“民事无小事”的理念，始终坚持对承包合同的合法性、合同条款的构成要素一一精心审理，由双方对自己的主张各自举证，然后查明违约原因，依法作出裁决。必要时还邀请建筑设计部门的专家进行技术鉴定。

（八）土地、山林、水利等不动产案件审判

农村实行家庭联产承包生产责任制后，因土地、山林、水域界定权属等引发的地界纠纷案件逐年增多。此外，行政区划的变动及城乡建设用地的增多，也酿成一些土地、山林、水域的权属变更及征用补偿等矛盾纠纷。1989—1999年，郴州两级法院采取“先行政、后裁决”的办法，依法受理此类不动产案件5049件，审结4825件，其中土地纠纷案件3484件，山林纠纷案件1024件，水利纠纷案件317件。人民法院根据土地、山林、水利纠纷具有积怨久、爆发性强、极易引起群体性事件的特点，采取“诉之即理，理之即审，审之即决”的举措进行快审快结快执行。2000—2005年，全市人民法院受理不动产纠纷案件2712件，审结2712件。

1990—2005年郴州两级法院民事一审案件分类统计表

表9-3-3-1　　单位：件

项目/年份	收案数	审结数	其中							
			婚姻案	抚、赡扶养案	继承案	房屋纠纷案	债务案	损害赔偿案	建筑合同案	不动产案
1989	7065	6829	2301	206	26	105	2599	810	68	714
1990	8885	7629	2392	255	45	140	3504	861	47	385
1991	9100	7823	4130	106	48	142	1916	860	57	564
1992	9784	7236	2913	120	67	192	2492	988	51	413
1993	9386	7612	2818	145	39	199	2960	995	65	391
1994	10211	8319	2471	141	44	199	3929	984	89	462
1995	11293	9601	3421	129	40	187	4056	1237	98	433
1996	9828	9198	2974	125	45	263	3810	1420	81	480
1997	10461	10228	4815	81	39	388	3305	1190	87	323
1998	10044	9961	5528	115	31	250	2690	857	69	421
1999	8920	7550	2803	102	25	472	2562	1075	85	426
2000	7093	5617	2203	83	20	212	1782	907	83	327

续表 9-3-3-1　　单位：件

项目 年份	收案数	审结数	其中							
			婚姻案	抚、赡扶养案	继承案	房屋纠纷案	债务案	损害赔偿案	建筑合同案	不动产案
2001	6587	5058	2192	84	26	267	1133	794	85	477
2002	6967	6324	5307	48	18	75	0	397	81	398
2003	8297	7645	6002	78	16	136	0	742	158	513
2004	7643	7213	5609	92	15	94	0	740	142	521
2005	8332	7856	6213	65	14	99	0	817	172	476
合计	149896	131699	64092	1975	558	3420	36738	15674	1518	7724

说明：收案中含旧存积案数；"不动产案"指土地、山林、水利等其他不动产纠纷案；2002年后，由于司法统计口径变更，债务纠纷不再独立统计

二、商事（经济）审判

1989年，郴州两级法院设立经济审判庭，承担经济纠纷案件的审判职责。到1994年，郴州地区经济纠纷案件剧增。郴州地区中级法院制定《关于加强经济纠纷案件管理的若干规定》，明确地、县两级法院分别受理经济纠纷案件的范围，严禁违规抢案创收而影响审判质量。法院定期检查法律服务中心合议庭所办经济纠纷案件的数量与质量，严格错案责任追究制。是年，经济审判庭审判人员增至75名，占全区法院干警总数的10%。1998年，市中级法院进一步规范经济审判秩序，经济纠纷案实行统一立案，统一归口审理。1999年，湖南省高级人民法院依法调整民、经案件收案范围。2002年，郴州两级法院在机构改革中将经济审判称为商事审判，并入大民事审判之内，并加强民事审判机构和队伍建设。1989—2005年，郴州两级法院共审结各类商事（经济）案件10.29万件，标的总金额192.85亿元。

（一）经济纠纷案件审判

在各类经济纠纷案件中，经济合同纠纷案件所占比重较大，且呈上升趋势。1989年，郴州地区两级法院受理的经济合同纠纷案件主要有购销、加工承揽、货物运输、供用电、仓储保管、财产租赁、借款、财产保险、科技协作等方面的案件。当年宜章县法院以审理经济纠纷促外资引进，全年审结外地投诉的经济纠纷124件，挽回经济损失84万元，继之引来外地客商大胆前来宜章投资办企业。是年，全区两级法院审结一审经济合同纠纷案件5720件，诉讼标的5642.6万元。通过办案，为国家、集体和当事人挽回经济损失4284万元。

1990年，结合整顿金融信贷秩序，郴州两级法院依法审结借款合同纠纷案件3527件，为信贷部门收回逾期贷款720万元；审结购销合同纠纷案件646件，清理和追回"三角债"2000余万元。1991年，组织开展清理"三角债"案件的专项审判活动，全区法院审理纠纷案件293件，为企业追回债务653.94万元。1992年5月，全区法院运用审判职能，配合开展清欠专项服务，年内通过诉讼和非诉讼措施审理企业欠款案件8636件，为企业收回欠款1.78亿元，使185户陷入资金困境的企业恢复正常生产。

在1994年，全区组织法院369名审判人员深入银行、税务、国土、商业、城建、工交、物资等单位和部门，依法采取协商函、协商书、协商会、支付令、诉讼"五管齐下"的措施，简便、快

速审结一审经济合同纠纷案件6908件，解决诉讼标的2.08亿元，其中涉及企业的各类合同纠纷案件5043件。1995年，郴州两级法院在审结的众多合同纠纷案件中，审结在市场经济体制建立过程中出现的企业借款保证、保险、期货、居间合同纠纷等新类型案件19件。是年，市中级法院依法审理首起期货合同纠纷案件。1996年，开展为乡镇企业服务专项审判活动。全年全市法院审结相关案件1705件，结案标的3467万元。依法为乡镇企业收回大笔欠款，促进企业生产经营正常运转。

1997年，全市掀起招商引资、发展经济热潮，市中级法院经济审判庭成立外商投资咨询服务中心，热诚为外国、港澳台和省内外客商来郴州投资提供法律服务。当年全市两级法院审结涉及“三资”企业经济纠纷案件95件，为外商挽回经济损失900多万元，并帮助51家“三资”企业审查和完善合同137份，提出司法建议31条，预防周边经济纠纷28起。1998年，郴州两级法院审结国有企业在改制转体中，涉及企业兼并、联营、租赁、出售、承包等各类经济纠纷案件732件，使39家国有企业实现平稳转换体制；审结涉及国有企业贷款、合伙等经济纠纷案件1780件，帮助国有企业收回欠款5084.8万元；还审结一批借贷、股票、债务、传销、票据等金融证券纠纷案件。

1999—2002年，郴州两级法院在参加“两会一部”（农村合作基金会、农村救灾扶贫互助储金会、供销社股金服务部）资金拖欠追收工作中，采取开协商会、发协商函、强制执行等措施，共审结此类案件8099件，为“两会一部”追回拖欠资金1.12亿元，预防金融支付和挤兑危机，稳定农村金融秩序。

2000—2002年，组织开展“依法服务国企改革与发展”专项审判活动。郴州市中级法院印发《关于为国有企业改革与发展提供司法保障和服务的实施意见》，至2002年全市人民法院审结涉及国企改革与发展的各类经济案件3480件，为国有企业实际收回债款2.25亿元。2003年，开展创建“金融安全区”专项审判活动，全年全市审结涉及金融机构诉讼案件962件，为金融机构追回不良贷款1.41亿元。2005年，郴州两级法院审结各类一审合同纠纷案件4172件，其中审结金融机构诉讼案件1020件，追回不良贷款5430万元；审结国有企业在生产、流通领域中出现的各类合同纠纷案件886件；审结涉民营经济合同纠纷案件1013件，为民营企业收回欠款8400万元。

1989—2005年，郴州市市、县两级法院共审结经济合同纠纷一审案件102026件，标的总额39.4亿元，为国家、集体和当事人实际收回欠款、货款28.6亿元；郴州中级法院审结经济合同纠纷二审案3902件，其中维持原判1552件，改判987件，调解撤诉428件，其他处置935件。

（二）破产案件审判

1992年，郴州两级人民法院依照《中华人民共和国企业破产法（试行）》，开始审理企业破产案件，促进企业开展“两个置换”（置换产权、置换身份）的改制转体。当年，审理破产案件4件，其中全民所有制和非全民所有制企业各2件，债务标的计2386万元。1994—1996年，郴州两级法院审结企业破产案件81件，涉及债务标的3.93亿元，帮助收回债务1.47亿元。审结破产终结的29家企业，重组股分制企业或股份合作制企业27家，安置再就业7492人，安置率为56.8%。资兴市法院审结宣告资兴市建材厂破产后，协助职工将安置费带资入股，重新组建符合现代企业制度要求的股份有限公司，第一个月生产就实现利润2万元，其后每月盈利近10万元。1997年，郴州市法院受理破产案件91件，依法驳回7件，审结55件，涉及债务总额5.7亿元。协助21家破产企业进行资产重组，安置职工再就业3400余人。

1998—2002年，法院在审理企业破产案件中坚持对破产财产实行清算、评估、拍卖、清偿“四分开”，防止国有资产流失。此间，全市两级法院审结企业破产案件254件，审结破产债权额24.2亿元，清偿破产债权额14.76亿元，盘活企业闲置资产9.13亿元，协助职工实现再就业1.12万人。

2003 年，在审理企业破产案件中，试行“出租资产、边租边破”方式，使企业能在破产改制中不影响生产经营。当年，市中级法院受理湖南金磊水泥集团有限公司的破产申请后，根据该厂生产的水泥尚有市场的实际情况，决定让企业破产与企业租赁生产同步进行，使该企业年内租赁生产经营产值达 1.29 亿元，完成利税 1531.6 万元，原企业 1678 名职工也在租赁企业找到新的就业岗位，职工情绪稳定，整个破产改制工作进展平稳。同时在审理企业破产案件中，注重拓展审判延伸服务，推进破产企业资产变现工作。为提高破产企业资产变现率，法院一方面通过中介机构公开拍卖，另一方面扩大招商引资，推动企业破产重组。当年，全市法院系统协同引进外资 1.58 亿元，使 32 家破产企业的资产变现率达到 51.6%。2004 年，全市法院落实招商引资项目 21 个，金额 1.1 亿元。当年香花岭锡矿破产后，市中级法院会同临武县法院协助企业引进资金和人才，重组香花岭锡业有限责任公司，是年生产总值达 8790 万元，实现利润 2570 万元，上缴税费 1420 万元，一举扭转企业破产前重组长期亏损的局面。2005 年，法院积极支助破产企业资产变现，全年破产企业资产拍卖成交额 5.84 亿元，同时引进民营资金 3.54 亿元。当年破产企业资产变现率 80.5%。

1992—2005 年，郴州两级法院受理企业破产案件 839 件，审结 726 件，其中国有企业破产案件 709 件，非全民所有制企业破产案件 17 件，标的总金额 153.45 亿元。

三、行政审判

1989 年 4 月 4 日，《中华人民共和国行政诉讼法》颁布（次年 10 月 1 日正式实施，以下简称行政诉讼法）。随即，人民法院依法全面展开行政审判工作。1989 年至 1990 年 9 月，郴州两级法院对行政案件的受理范围仅限于国家法律规定的“对行政处罚不服可以向人民法院起诉”的行政案件；法院行政审判庭裁决行政案件则依照《民事诉讼法》第三条第二项之规定进行操作。此间，共受理行政案件 117 件，审结 111 件。

1994 年 4 月，在永兴县召开全区法院行政审判工作会议。会议根据在推进行政审判中出现的突出问题，及个别地方甚至干预行政审判的现象，要求行政机关树立“法律面前人人平等”的观念，打破“民不告官”的禁区，切实保护公民、法人和其他组织的合法权益。会后，一些行政审判要经审批的束缚渐被解开。郴州地区中级法院乘势采取以会代训、现场审判观摩、集中办班授课等方式，培训法院行政审判人员和行政单位执法人员，以适应行政审判工作的需要。是年，全区法院系统受理行政案件 258 件。1995 年增至 427 件。受案范围不断拓展。

1997 年，加大对社会反映强烈的行政诉讼案的审判。是年，全市法院审理农村减负行政案件 144 件，减轻农民负担 30 万元；审理向企业乱收费、乱罚款、乱摊派行政案件 16 件。以维护农民和企业的合法权益。一些行政领导机关以实际行动执行行政诉讼法，支持依法作出的行政判决。1998 年 8 月 18 日，郴州市人民政府作出郴政土行决字（1998）第 4 号《土地权属争议案件行政决定书》。原告（苏仙区白鹿洞镇白鹿洞村 7 组）不服该决定，以郴州市人民政府为被告，向郴州市中级人民法院提起行政诉讼。经法院公开开庭审理认为：被告作出的《土地权属争议案件行政决定书》认定事实不清，证据不足，适用法律不当。依照相关法律条款，逐于 1999 年 6 月 8 日判决撤销郴州市人民政府对此作出的土地权属争议案件行政决定，将土地权属由原认定为国家所有确权为白鹿洞村 7 组村民集体所有。判决送达后，原告、被告及第三人均表示服判，维护了村民的合法权益。

2000 年，全市法院共受理行政案件 438 件，审结 415 件；市中级法院受理二审行政案件 31 件，审结26件。当年除裁定不予受理的案例外，其他所有案件坚持公开开庭审理，一审、二审公开开庭率均为100%。

2001—2005年，各法院坚持“公正与效率”工作主题，坚持年度案件质量考评，促使行政案件的改判和发回重审率逐年下降，办案效率明显提高。在行政诉讼法颁布15周年之际，市中级法院院长在电视台发表全面贯彻实施行政诉讼法的电视讲话。邀请新闻媒体对法院审理的典型行政案件进行公开报道。其间，湖南经视台、湖南都市台、郴州电视台就郴州市南街张某等65户居民诉郴州市政局、郴州市环保局不履行环境保护法法定职责案，进行现场报道，收到较好的审判效果。

1989—2005年，郴州两级法院共受理一审行政案件3925件，审结3857件。其中，判决维持被诉具体行政行为的742件；判决撤销被诉具体行政行为以及判决被告履行法定职责的891件；判决变更被诉具体行政行为的206件。在诉讼程序中，因被告主动纠正自己作出的具体行政行为，原告申请撤诉的1593件；以其他方式结案（包括行政赔偿案件调解结案的）187件；法院依法裁定不予受理的238件。一审结案率98.28%。受理行政机关申请法院强制执行的非诉讼行政案件17534件，执结16971件，执结标的5748.28万元，执结率96.8%。其间，郴州市（地区）中级法院行政审判庭受理各类行政上诉案件907件，审结890件。其中维持原判724件，改判和发回重审156件，其它方式结案10件，尚有17件未结案件，二审结案率98.13%。

第四节 审判监督与国家赔偿

一、审判监督

1989年，郴州地区两级法院均设告诉申诉审判庭，凡当事人不服生效法院裁判的归口告诉申诉审判庭受理，经审理认为需要立案再审的，再按刑事、民事、经济、行政案件的类别移送相关庭室，按再审程序审理。当年进入再审的刑事案件64件、民事案件26件，法院遵循“实事求是，有错必纠”的审判监督宗旨，其中维持原判31件，改判41件。

1995年始，全市法院审判监督实行“立案、审案分离”改革，撤销告诉申诉审判庭，分别成立立案庭和审判监督庭。是年，全市法院受理审判监督案件364件，审结372件（含积案14件），其中维持原判125件，改判78件。到1998年，全市两级法院进一步做好群众来信来访工作，拓宽审判监督渠道。全年接待群众来访5141人次，其中正、副院长接待487人次；办理人大代表对审判机关提出的批评建议和意见78件（市中级法院办理9件），接受人大代表、政协委员视察法院工作36人次；全市两级法院聘请执法执纪监督员96名（市中级法院办理8名），召开审监座谈会237人次。同时聘请一批社会人士担任人民陪审员，年内请其参与审理未成年人犯罪案件和妇女、儿童、老年人合法权益保护案件314件。

1999年，郴州市中级法院先后出台4个有关案件质量内部监督管理的规范性文件，突出完善错案责任追究制。年底，全市组建8个案件质量评查小组，评查审判案件498件。2000年，全市法院广开审判监督“绿色通道”，即建立起接受人大常委会法定监督、政协民主监督、检察机关法律监督、新闻媒体舆论监督和人民群众信访社会监督的5条审监通道。全市法院广泛接受监督，年内二审案件和审判监督案件依法改判 454 件，占当年其案件结案总数的 4.17%，其中受理检察院抗诉案件 102 件，审结 88 件，依法改判 19 件。

2001 年始，全面推行审判流程管理，加强审限监督，实行案件督办制和超审限案件责任追究制。市中级法院规定经批准延长审限的案件不得超过年度案件总数的 10%。各法院同时推行公开审判制度，实行将刑事再审案件纳入公开开庭范围，所有再审案件开庭率达 100%。是年，全市法院审结再审案件 241 件，依法改判 57 件。经质量评查，件件达标。

2003 年全市开展司法大检查。重点抽查市中级法院及上级法院改判或发回重审、超审限及群众反映强烈的三类案件 4709 件，及时纠正和处理存在瑕疵的案件 47 件。当年，全市两级法院审结各类审判监督案件 139 件，对确有错误的 41 件进行改判（其中全部改判 2 件，部分改判 39 件）。2005 年办理申诉、申请再审案件 725 件，其中进入再审 283 件（市中级法院 63 件），通过再审改判 176 件（市中级法院改判 14 件）。

1989—2005 年，郴州两级法院共受理刑事、民事、经济（商事）、行政审判监督案件（简称四大审判）5739 件，审结 5132 件。在审结案件中维持原判 1687 件，改判 1661 件，调解结案 191 件，余以其他结案方式办结。此间，由于一审、二审质量的不断提高，全市“四大审判”进入审判监督程序的案件，自 2000 年后呈逐年递减趋势。2005 年较之 2000 年，“四大审判”进入审判监督程序的案件由 378 件降至 147 件。

1989—2005 年郴州两级法院审判监督案件统计表

表 9-3-4-1　　单位：件

项目	收案					结案					结案方式					
年份	小计	刑事	民事	经济商事	行政	小计	刑事	民事	经济商事	行政	维持原判	改判	调解	发回重审	驳回	其它
1989	105	56	27	16	6	109	64	26	13	6	41	45	1	2	0	20
1990	326	232	69	22	3	282	222	39	18	3	123	102	2	3	0	52
1991	395	274	87	29	5	376	300	43	28	5	173	162	1	3	2	35
1992	485	283	149	40	13	419	275	112	23	9	159	192	1	3	8	56
1993	332	156	109	60	7	322	197	80	38	7	133	129	5	4	0	51
1994	294	127	108	57	2	239	120	74	43	2	108	87	4	2	13	28
1995	364	150	157	55	2	372	151	130	45	1	125	78	8	2	23	136
1996	439	138	216	81	4	412	134	201	73	4	154	148	21	7	13	69
1997	482	97	272	106	7	455	99	257	95	4	162	142	9	13	19	110
1998	591	81	354	144	12	521	70	319	127	5	91	148	27	20	98	137
1999	514	47	267	169	31	480	47	249	158	26	88	95	41	24	82	150
2000	378	39	195	124	20	339	39	175	106	19	61	101	14	3	50	110
2001	412	35	225	142	10	353	35	190	119	9	72	66	9	8	58	140
2002	151	12	50	88	1	107	10	38	58	1	42	39	12	0	4	11

续表 9-3-4-1 单位：件

项目 年份	收案					结案					结案方式					
	小计	刑事	民事	经济商事	行政	小计	刑事	民事	经济商事	行政	维持原判	改判	调解	发回重审	驳回	其它
2003	175	4	45	123	3	139	3	36	98	2	61	41	19	6	0	12
2004	149	4	51	92	2	120	6	39	73	2	42	39	5	5	1	28
2005	147	5	50	89	3	132	5	43	81	3	52	47	12	5	0	16
合计	5739	1740	2431	1437	131	5132	1777	2051	1196	108	1687	1661	191	110	371	1161

说明：收案和结案数中含旧存积案

二、国家赔偿

1989—1994 年，郴州地区对政府职能部门及其工作人员在履行公务时，给公民、法人造成损害的案件，系按《中华人民共和国宪法》相关的原则规定，由政府行政机关协调给予受损人以一定的补偿。非真正法律意义上的国家赔偿。

1995 年 1 月 1 日，《中华人民共和国国家赔偿法》（简称《赔偿法》）正式实施。郴州市中级法院成立赔偿委员会，下设赔偿委员会办公室（简称“赔委办”），与行政审判庭合署办公。全市 11 个县（市、区）法院相继成立相应机构。年内，桂阳县法院协助县政府举办 6 期《赔偿法》培训班，结合培训教学依法受理审结 9 起行政赔偿案件。

1995—1997 年，全市法院受理国家赔偿案件 23 件，审结 22 件，赔偿金额 14.5 万元。市、县两级政府皆大力支持实施国家赔偿法。资兴市人民政府自 1995 年起，每年预算 5 万元列为法院司法赔偿专用资金，并逐年追加金额。苏仙区人民政府自 1996 年起，每年专列预算国家赔偿项目资金 30 万元。1998 年 9 月，资兴市谭某某申请刑事赔偿案，经市中级法院审理，决定撤销原有罪判决，一次性兑现赔偿受害人谭某某无罪羁押 4089 天的损失近 10 万元。1999 年 7 月，市中级法院赔委办成为单列机构，各基层法院均确定一名副院长主管赔偿工作。当年，全市法院受理国家赔偿案件 8 件，审结 7 件，其中 1 件调解结案，余 6 件均作出赔偿决定，赔偿金额计 27.4 万元。

从 2002 年 6 月起，郴州市两级法院将听证制度引入国家赔偿案件审理，以增强案件审理透明度，扩大教育面。全年受理赔偿案件 7 件，审结 7 件，作出赔偿决定 1 件。年底，湖南省法院系统国家赔偿审判工作会议在郴州召开，推介资兴市、苏仙区法院做好国家赔偿审判工作的做法。2002—2005 年，郴州市和嘉禾、桂阳、宜章、安仁、北湖、临武、永兴、汝城、桂东 9 县（市、区）人民政府，先后将国家赔偿金列入当地财政预算。2003—2005 年，全市法院受理国家赔偿案件 41 件，审结 26 件，决定赔偿 16 件，赔偿金额计 67.66 万元。

1995—2005 年，郴州市中级法院受理国家赔偿案件 97 件，立案审结 91 件。其中裁定撤回赔偿请求、不赔偿、维持、调解的案件 45 件；决定赔偿案件 46 件，赔偿金额计 162.26 万元。

第五节 案件执行与司法鉴定

一、案件执行

1989年8月，郴州地区中级法院以及郴州市（今北湖区）、资兴市、桂阳、宜章、嘉禾、汝城、临武、永兴8县（市）人民法院先后成立执行庭，专司案件判决兑现执行工作。1990年，郴州地区两级法院执结案件1427件，其中桂阳县法院188件，执行标的40余万元。1991年，全区11个县级法院均建立执行庭。此后，全区法院执行案件逐年有增，执行标的金额愈益增多。1994年，全区法院系统受理执行案件12969件（其中申请执行12784件，移交执行165件，委托执行20件），实际执行率100%。其中自行履行8787件，和解586件，终结84件，不予执行90件，强制执行3158件，其他254件，执行标的总额8826.42万元。

1995年，加快推行"立审分立""审执分立"工作，业务审判庭只审不执，执行庭只执不审。当年，试行审、执分立的先后有安仁、永兴、临武、资兴、宜章、桂阳、苏仙区7个县（市、区）法院。全市（地区）法院年内执结案件1.44万件，执行标的金额1.19亿元。

1998年，郴州市中级法院制定判决兑现《执行工作细则》《执行操作规程》《执行工作若干问题的规定》等制度规范。各法院开展集中清理执行积案专项活动，将执行庭与法警队合署办公，抽调年轻、素质较高的干警充实执行队伍。全年全市法院执结老、难积案2346件，执结标的金额2896.5万元。

1999年全市法院开展"案件执行年"活动。法院将申请人为农村"两会一部"案件，被执行人为骗买骗卖、买空卖空的皮包公司案件，被执行人为行政事业单位和有履行能力企业的案件，国有特困企业申请执行的4类案件，作为"执行年"活动纨绔的重点。当年全市两级法院受理执行案件1.3万件，执结1.05万件，执结标的金额2.19亿元，其中涉及农村"两会一部"案件6888件，执结标的金额9929.3万元；涉及国有困难企业案件26件，执行标的金额1312.7万元。市中级法院为郴州外贸等特困企业执行追回资金1000余万元。

2000—2001年，全市两级法院采取责令被执行人定期向法院申报财产、举报被执行人财产有奖、对被执行对象实行公开曝光、召开债权债务人兑现大会等措施，巩固和扩大案件执行效果。2000年，市中级法院召开执行兑现大会3场，当场兑现案件106件，兑现标的金额406.2万元。对6名拒不履行法院生效判决裁定的"老赖"（赖账）当事人当场予以拘留，起到震慑作用。2001年，郴州市委清理执行积案领导小组决定将执行工作纳入社会治安综合治理目标管理。全市法院推行执行决定权、执行实施权、异议审查权"三权分离"制度，对执行案件进行工作流程管理。同时推行执行听证、审计执行、债权凭证等制度，确保案件执行的公正与效率。2001年全市法院执结4798件，执结标的金额刷新纪录，达2.6亿元。

2002年，郴州两级法院成立执行工作局。当年以治理暴力抗法为重点，开展"解决执行难"专项活动。年内执结和清理执行积案3244件，5名拒不履行法院生效判决、裁定已构成犯罪人员，被依法判处徒刑。市中级法院全年执结重大案件153件，执结标的金额达1.46亿元。是年，湖南省高院在郴州召开全省法院执行工作经验交流会。

2003—2005 年，全市两级法院规范执行工作流程管理，限期消化执行积案。三年间共受理执行案件 1.33 万件，执结 1.16 万件，执结率 87.2%。其间，在全省开展的集中清理执行积案活动中，全市法院执结和部分执结积案 5936 件，执结标的金额 1.98 亿元，清理积案工作居全省前位。

1989—2005 年，全市（地区）法院共受理执行案件 120859 件，执结 107477 件，综合执结率为 88.9%，执结标的金额 22.9 亿元。

1989—2005 年郴州两级法院案件执行情况统计表

表 9-3-5-1

项目 年份	受理（件）	执结（件）	执结标的金额（万元）
1989	1339	1154	286.37
1990	1918	1427	383.92
1991	3826	3298	1543.81
1992	7222	6544	1817.59
1993	7823	7213	3093.90
1994	12969	12969	8826.42
1995	15075	14446	11892.39
1996	9832	8729	7564.13
1997	9311	8234	7173.03
1998	10297	8836	8950.86
1999	12992	10499	21860.48
2000	5139	4510	14300.00
2001	5431	4798	26000.00
2002	4353	3244	33000.00
2003	4832	4420	37100.00
2004	4019	3256	21616.00
2005	4481	3900	23627.00
合计	120859	107477	229036.10

二、司法鉴定

1989 年 2 月，郴州地区中级法院设立法医技术工作室，配备法医 2 名，负责验尸和鉴定伤情等司法医学鉴定业务。随后桂阳、宜章、临武、安仁、嘉禾、桂东、汝城 7 县人民法院相应设立法医室。地区中级法院法医鉴定室同时负责复核县（市）公安局、检察院法医鉴定案件的鉴定。1991 年全区法院系统配备法医 12 人，法医受理就诊人数 3112 人，其中出具法医鉴定书 1263 件。在地区中级法院鉴定的 687 件案件中，受理公安、检察机关及基层法院委托重新鉴定的 32 件，由重伤变更为轻伤 16 件，轻伤变更为轻微伤 5 件，维持原鉴定结论 11 件。

1992 年郴州 11 个县（市）人民法院均设立法医室。是年 9 月，地区中级法院举办全区法院系统第一期法医知识学习班。汝城县法院法医室副主任王书荣运用所学知识，年内在审核 CT 报告中，发现一份伪造的 CT 检验结果报告单，防止一件错案发生。

1996 年 8 月，郴州市中级法院法医室成立诉讼证据鉴定所，拓宽司法鉴定业务项目范围。当年受理工程预算、工程质量、司法会计、房屋评估等鉴定案件 20 件。1997 年，全市法院系统受理鉴定案件增至 2683 件，制作鉴定书 2656 件。市中级法院受理司法鉴定 442 件，其中建筑工程质量、装璜预决算、司法会计等鉴定案件 44 件，鉴定标的金额 1.23 亿元。年底，市中级法院对 442 件鉴定案件质量组织自查，合格案件 433 件，合格率 97.96%。

1999 年 6 月，郴州市中级法院制定《郴州市法院系统司法技术鉴定工作细则》，对鉴定工作管辖范围、鉴定人资格及其职责、案件受理、阅卷、检验鉴定书的制作，均作出详细规定。2002 年 7 月 3 日，桂阳看守所在押犯罪嫌疑人何某某，因头痛等症状被送至桂阳县人民医院治疗，后因医治无效于 7 月 7 日死亡。其亲属认为是看守所干警打伤致死，数十人到相关机关围攻闹事。郴州市法医鉴定中心会同市第一人民医院病理科医生对死者实行尸体解剖检验，进行病理分析。其鉴定结论为死者何某某系因高血压（III 级）引起头颅内出血而死亡。死者家属依然不服，后经湖南省法医鉴定委员会对何的死因进行鉴定，此鉴定结论与郴州市法医鉴定中心鉴定结论一致，方使事态平息。2005 年 9 月 30 日后，司法鉴定工作管理归属于郴州市司法局。

1989 年至 2005 年 9 月，郴州两级法院共受理各类司法鉴定案件 25184 件，结案 25095 件，其中市中级法院受理 8976 件，结案 8963 件。

第六节 审判机构

一、审判委员会

1989 年，郴州地区地、县两级法院设立审判委员会，审判委员会一般由院长、副院长、审判庭庭长和资深审判员若干名人员组成。郴州地区中级法院审判委员会由 11 名委员组成，各基层法院审判委员会成员一般为 5~7 名。2005 年，郴州市中级法院审判委员会有成员 17 名，各基层法院审判委员会成员 9~11 名。审判委员会的主要工作职责为总结交流审判工作经验，讨论决定重大、疑难案件审理和其他有关的审判工作。

二、法院机关

（一）郴州市（地区）中级人民法院

1989 年，郴州地区中级人民法院诉讼辖区为郴州市（北湖区）、资兴市、郴县（今苏仙区）、桂阳、宜章、永兴、嘉禾、临武、安仁、汝城、桂东 11 个县（市）。法院内设 13 个科、庭、室。有在职干部职工 114 人，其中审判人员（含正副院长和助理审判员）74 人，占总人数的 64.9%。地区中级法院院长、副院长由湖南省人大常委会任免，正副庭长由本院遴选，报省人大常委会任免。助理审判员由地区中院任免。郴州地区中级人民法院审理辖区内的重大一审经济民事、刑事、行政案件；审理不服所辖各县（市、区）人民法院一审判决的经济、民事、刑事、行政上诉二审案件，作出终审判决（裁定、调解）。

1995年5月，郴州地区中级人民法院更名为郴州市中级人民法院。市中级法院院长由郴州市人民代表大会选举产生、呈报湖南省高院审核任免，副院长、审判委员会委员、正副庭长、审判员由郴州市人大常委会任免，助理审判员由市中级法院任免。其审判职能不变。

2005年年底，郴州市中级人民法院内设机构为21个：刑一庭、刑二庭，民事一庭、二庭、三庭，林业庭、行政庭、审判监督庭、立案庭、执行局（内设执行一庭、执行二庭）、办公室、研究室、司法行政装备科、司法技术室、法官培训中心、案件质量评查组、审判流程管理办公室、法警支队、政治部、纪检监察室、直属机关党委。全院在职干部职工128人，其中具有审判职称的94人（高级法官17人，法官77人），司法警察10人，书记员和其他审判辅助人员24人。全院在职干部职工中具有法律、法学硕士学位以上的6人，本科学历63人，本科及其以上学历占总人数的54%；有中共党员109人，占总人数的85.2%。

（二）县、市、区人民法院

1989年，郴州地区所辖11个县（市）设人民法院，负责审理判决本辖区内的一审经济民事、刑事、行政案件。县（市）法院一般内设办公室、刑一庭、刑二庭、民事庭、经济庭、行政庭、林业庭、执行庭、法医技术室、政工室等10个庭（室）及若干个派出机构——人民法庭。县（市）法院院长由同级人民代表大会选举产生，报地区中级法院（1995年后为市中级法院）审核任免；副院长由同级人大常委会审核任免，正副庭长、审判员由同级人大常委会任免，助理审判员由所在县（市）法院任免。当年，县级人民法院有干部职工641人，其中审判人员（含正副院长和助理审判员）448人，占总人数的69.9%。

1995年5月，郴州市人民法院更名为北湖区人民法院，郴县人民法院更名为苏仙区人民法院。其内设机构、职能不变。至2005年底，郴州11个县（市、区）人民法院内设机构：办公室、立案庭、刑事庭、民事一庭、民事二庭、行政庭、林业庭、审判监督庭、执行局、司法技术室、法警大队、政工室、纪检监察室、案件质量评查室15个庭、室（局、队），以及若干个派出机构——人民法庭。全市县级法院有在职干部职工736人，具有法官（审判职称）资格的590人（其中高级法官26人），司法警察92人，书记员和其他审判辅助人员54人；有中共党员469人，占总人数的63.7%；有硕士研究生以上学历2人，本科学历166人，本科以上学历占总人数的22.8%。

（三）人民法庭

人民法庭为县、市、区人民法院派出机构，担负审理辖区内的轻微刑事、民事案件，以所属县、市、区人民法院署名制作判决书（调解书）。1989年，郴州地区投资300万元，帮助新建人民法庭25个。1990年，全区11个县、市人民法院共设立人民法庭71个。1995年，郴州地改市后随着行政区划变化和县（市、区）法院审判机构的调整，全市基层人民法庭总数比1990年减少4个。1996年，郴州市中级法院按“调整、巩固、充实、加强”原则，陆续撤并一批力量相对薄弱、办案条件较差的法庭，优化组建中心法庭。

2005年，全市调整设为43所人民法庭，配备干警139人。其中具有法官资格的57人，本科学历12人，大专学历61人，中共党员36人。是年，全市落实建设土地26.7公顷和一定启动资金，筹备新建28所审判庭和人民法庭。

1989—2005年郴州市（地区）中级人民法院主要负责人名录

表9-3-6-1

单 位	姓 名	职 务	任职时间
郴州地区中级人民法院	李彤兵	院 长	1989.05—1994.01
郴州地区中级人民法院	李日顺	院 长	1994.01—1995.05
郴州市中级人民法院	李日顺	院 长	1995.05—1996.03
郴州市中级人民法院	刘炳炎	院 长	1996.03—1999.03
郴州市中级人民法院	段光忠	院 长	1999.03—2000.05
郴州市中级人民法院	李晓龙	院 长	2000.05—

第四章 检 察

第一节 刑事检察

一、审查批捕

自1989年7月1日起，郴州检察分院对历年来批捕质量较好的永兴、桂阳、临武、汝城、桂东、资兴、郴州市7个县（市）检察院实行备案审查制度改革，精减上报案件备案审查种类，使之在下半年就办理批捕不备案审查案件393件，占审结数的31.3%，经复查无一例错捕。

1990年，郴州地区检察机关坚持“稳定压倒一切”的方针，全力维护社会稳定配合公安机关、人民法院集中打击刑事犯罪，及时批捕案犯3077人，其中重特大案犯1131人。年内全区检察机关建立与公安机关内部联系制度，提前介入公安机关对重特大案件的侦查、预审活动222件650人。公安部通缉的特大刑事嫌犯王彦青被抓捕后，郴州检察分院办案人员于凌晨2时赶至现场参加突审。随着治安状况好转，1991年，全区批捕人数呈下降趋势，当年批捕1922人，比上年减少37.54%。1992年批准逮捕人数仍有下降。1993年，全区检察机关坚持重点打击与一般打击、湖南全省性专项打击与区域性专项打击相结合的原则，防止审查批捕畸重畸轻倾向。9月11日，永兴县马田镇井岗村李姓与马田村刘姓发生大规模宗族械斗，酿成中断京广铁路运输的恶性大案。永兴县检察院对这一区域性要案快审快结，即时批捕33名人犯。1995年，郴州市、县两级检察机关全力参与全省和全市组织的集中打击严重刑事犯罪行动16次，其中批捕人犯占全年批捕总数的59.1%。全年提前介入重特大案件70件167人。轰动全国的汝城县三江口经济特区农林牧种源公司祝某等4人销售假林木种子案，检察机关提前介入侦查，公安机关报捕当天就作出批捕案犯的决定。

1996年4月，中共中央作出严厉打击违法犯罪的决定。郴州市检察院成立由检察长任组长的“严厉打击违法犯罪”领导小组，实行定时间包批捕责任制。全市检察机关当年批捕1439人，为上年的1.33倍。同时，检察机关严格审查，慎重批捕，防止漏捕、错捕人犯。桂阳县公安局因抢劫案报捕肖某1人，县检察院审查发现肖某案另涉5人也构成犯罪，即时将5人增捕。全年仅桂阳县就增捕犯罪嫌疑人19名。1989—1996年，全区（市）共批捕反革命犯13人，流氓犯410名。1997年新修订的《中华人民共和国刑法》（以下简称《刑法》）取消反革命罪和流氓罪两个罪名。

1998年全市检察机关开展“办案质量年”活动，刑检部门进一步完善岗位职责和监督考核机制，确保批捕案件质量。1998—1999年，全市检察机关批捕犯罪嫌疑人2847人（其中危害国家安全犯罪嫌疑人2人），经案件质量考核，未发现错捕现象。1999年市检察院刑事检察一科更名为审查批捕科。

自2000年始，推进检察机关审查逮捕制度改革，审查批捕部门将过去的“阅卷笔录”“审查报告”“审批表”三合一改为“审查逮捕案件意见书”，简化办案程序、文书，强化证据分析。同年8—11月，市检察院在查办贪污贿赂、渎职侵权等职务犯罪大要案“百日大会战”中，通过简化审查程序、文书，受理提请审查逮捕案406件628人，审结371件553人，批准逮捕508人，审结效率提高。2001年，全市检察机关竭力投入“打黑除恶”专项斗争。市检察院审查批捕科提前介入最高人民检察院挂牌督办的刘某黑社会组织案，使其团伙成员姜某、雷某、段某等犯罪嫌疑人于报捕次日即被批准逮捕。桂阳县检察院一天即审结公安部挂牌督办的何某“黑恶势力”团伙案，并追加逮捕4名案犯。

2001—2002年，全市检察机关即时办理公安部、最高人民检察院、湖南省人民检察院挂牌督办案件6件，批捕116人，其中追加逮捕漏报犯罪嫌疑人8人，增加罪名4条，改变报捕定性2件。2002年,全市检察机关快审快结批捕涉爆涉枪犯罪嫌疑人42人、黑恶势力犯罪嫌疑人105人。2003年，全市两级检察院批捕1539件2567人，比上年增加9.56%，案平均办结时间由上年的2.83天降至2.20天。2005年全市检察机关受理公安机关报捕案件2193件3709人，审结批捕2058件3450人。永兴县检察院在受案当天就审查批捕震惊全国的永兴法院“2·25”爆炸案犯罪嫌疑人黄某。

1989—2005年，郴州地区（市）、县两级检察机关共受理公安机关提请批准逮捕36955人，审结34908人，批准逮捕32192人，不批捕2716人。检察机关通过审查追加逮捕309人。同时，认真做好自侦案件嫌犯的审查逮捕、审查起诉工作，重点查处经济违法犯罪和渎职侵权、贪污贿赂等违法犯罪案件。共决定逮捕1490人，其中法纪案件246人、经济案件1244人。2005年，郴州市检察院经快侦快审快结，决定逮捕郴州市原副市长雷渊利等受贿窝案串案嫌疑人。雷渊利为郴州检察机关自侦案件中决定依法逮捕的最高级别行政官员。

二、立案监督

1993年，临武县检察院在郴州地区率先开展刑事立案监督3件7人。是年8月，该县某派出所为创收将彭某等3人轮奸案作卖淫嫖娼案罚款处理。郴州检察分院分管领导贺茂林知案后即赴临武县核查，经协调决定立案侦查，同时深挖出彭某等3人另一起情节更严重的强奸案和一起容留妇女卖淫案。临武县检察院立案后，相继抓获案犯7名，提起公诉，均作有罪判决。临武县检察院当年立案监督数为湖南省县级检察院之首。1994年全区检察机关直接立刑事案件2件2人，建议公安机关立案8件19人。1995—1996年，全市检察机关直接立案9件18人，建议公安机关立案7件。

1997年起，依照新修订的《中华人民共和国刑事诉讼法》（以下简称《刑事诉讼法》）规定，全市检察机关刑检部门依法对立案活动实行监督。在审查批捕、起诉中对公安机关应立案侦查而不立案侦查，或被害人向人民检察院申诉立案的案件，均根据事实和法律，通知或建议公安机关立案侦查或直接立案。当年3月中旬，宜章县公安局一六镇警务站民警谭某串通农民李某冒充县公安局刑侦队抓赌，携“五四”手枪、手铐、工作证一连两次驱车闯入企业抓赌，搜走赌资370多元，并以收条形式处以罚款，后欲在天堂乡作案时被截获。宜章县公安局拟以涉嫌“敲诈”将谭某作“开除公职”处理。继宜章县检察院认为此为典型的“罪案纪处”，经向上级检察院汇报后获批，以涉嫌抢劫对谭某、李某直接立案侦查，经逮捕、起诉，各被判处有期徒刑10年、剥夺政治权利2年。该案是郴州市检察机关依照新修订的《刑事诉讼法》第81条规定自行立案侦查的第一案。2001年，北湖区检察院通知区公安机关立案侦查陈某某涉嫌故意杀人特大刑事案，次年8月犯罪嫌疑人被抓获归案，2003年4月陈某某被执行死刑。这是一起久拖6年未决，亦为全市检察机关自开展刑事立案监督首例量刑最重的案件。2004—2005年，全市检察机关受理立案监督案件线索23件（人），要求公安机关说明不立案理由21件，公安机关接通知后直接立案16件22人；认为公安机关不立案理由不成立而通知立案4件4人，公安机关立案3件3人；纠正公安机关不该立而立的案件6件9人。其间，安仁县检察院针对王某某非法行医致人死亡案进行立案监督，使王被依法判处有期徒刑10年零6个月并处罚金1万元，赔偿被害人亲属人民币18万余元。

1997—2005年，全市两级检察机关按照修订出台的《刑事诉讼法》相关法规，共受理立案监督线索264件，检察机关要求公安机关说明不立案理由205件，公安机关直接立案71件82人；建议、通知公安机关立案101件161人，公安机关立案88件145人；向公安机关提出书面纠正违法通知31件，公安机关纠正23件。

1997—2005年郴州市检察机关刑事立案监督情况统计表

表9-4-1-1

年度	合计	受案				要求公安机关说明不立案理由					公安机关执行情况								书面纠正违法	
		办案发现（件）	（人）	下级检察院报告（件）	其他（件）	合计（人）	控申部门提出		批捕部门提出		公安机关直接立案		通知公安机关立案		立案		未立案		提出纠正	已纠正
							件	人	件	人	件	人	件	人	件	人	件	人	件	件
1997	17	12	2	3	—	4	—	—	—	4	—	—	3	8	3	8	—	—	—	—
1998	37	16	9	—	12	30	—	—	—	30	3	3	17	33	16	31	1	2	6	6
1999	52	24	18	—	10	40	—	—	—	40	1	1	36	49	29	39	7	10	5	3
2000	56	27	19	—	10	43	—	—	—	43	18	18	14	19	15	24	—	—	2	2
2001	44	19	21	—	4	36	—	—	—	36	18	18	15	27	15	29	—	—	10	4
2002	23	13	10	—	—	19	—	—	—	19	7	7	8	13	3	3	5	10	1	1
2003	12	9	2	—	1	12	—	—	—	12	8	13	4	8	4	8	—	—	1	1
2004	3	2	1	—	—	1	—	—	—	1	3	3	1	1	1	1	—	—	—	—
2005	20	17	2	—	1	20	—	—	—	20	13	19	3	3	2	2	1	1	6	6
合计	264	139	84	3	38	205	—	—	—	205	71	82	101	161	88	145	14	23	31	23

注：此表从1997年开始设置，1993—1996年相关数据已在文中体现

三、侦查监督

1989—1991年，郴州地区检察机关在侦查监督中，发现违法行为149件，向公安机关发出纠正违法行为通知书14份。1992年，资兴市检察院审查唐某妨害公务案，发现该案承办人全是案中当事人，收集的证据与事实有出入，即书面通知公安机关纠正，并介入配合公安机关重新调查取证，使公安机关的侦查活动严格依法进行。之后，全区检察机关坚持备案审查、疑难案件请示汇报、重

大案件调查复核等制度，推进侦查监督规范化。

1997年，郴州市检察机关强化侦查监督意识，加强与公安机关的协调，建立“执行监督专用卡”，对批捕和不捕执行情况进行跟踪监督。1998年向公安机关发执行监督纠正违法通知书18份，其中监督未执行逮捕5份，监督未执行不捕7份，监督违法变更强制措施6份。2001年，全市检察机关建议公安机关报捕56人，检察机关直接追加逮捕85人。2002年建议公安机关增捕74人，检察机关直接追加逮捕73人。2004年，全市检察机关追加逮捕30人。其中宜章县检察机关追加逮捕的“7·9”特大冰毒制贩案犯罪嫌疑人林能谦、吕福营，一审均被判处死刑。是年，临武县检察院发现县公安局以涉嫌寻衅滋事罪，拘留2名未满16周岁未成年人，即发出纠正违法通知书，使之得以解拘。

2005年，市、县两级检察机关重点监督刑讯逼供、暴力取证、滥用和随意改变强制措施、违规延长侦查羁押期限等侦查违法行为。年内口头和书面纠正违法64件（次）。嘉禾县检察院审查廖某故意伤害案时，发现公安机关报捕时已超期羁押5天，遂发出《纠正违法通知书》和《检察建议书》要求及时整改。是年，市检察院与市公安局联合下发《关于建立侦检协作长效机制的意见》，市检察院制定《检察机关侦查监督部门执法质量评价标准（试行）》《侦查监督部门工作流程（试行）》等规章，做到监督与侦查同步进行，提高侦查监督质量和能力。

四、审查起诉

（一）刑事案件审查起诉

1989年，郴州地区检察机关受理公安机关移送刑事案件1376件2421人，经审查向法院起诉七类案犯786人，占起诉总人数42%，分5批执行死刑52名。1991—1992年，全区检察机关推进办案工作规范化、制度化、科学化建设，严把审查起诉办案质量关，追诉漏犯76名。

1993年，主要解决审查起诉积案问题，郴州检察分院积案数较1992年减少20%。是年，全区检察机关出现对免诉人员收取“保证金”“考查金”的做法，仅一季度全区刑事案件免诉高达30%。郴州检察分院即时将情况向湖南省人民检察院（简称省检院，后同）报告，省检院及时下发《关于严禁在检察活动中收费的通知》，使这一现象在湖南省范围内得到制止。1994年，郴州检察分院重点检查超期羁押和积案问题。当年6月23日—9月23日共审结积案68件129人，推动全区审结案件259件418人，一举扭转积案多、压力大的被动局面。年内郴州检察分院受理各类一审案件117件263人（含上年积存25件68人），起诉86件178人，起诉率和结案率分别比上年提高28%和20%。

1995年10月，郴州市检察院制定《全市刑检起诉工作目标管理考核办法》，要求办案人员主动掌握案情，参与案件分析，提前收集证据，提高起诉的质量和效率。11月，宜章县破获黄祥林等3人特大抢劫杀人碎尸案，市检察院实现1天起诉，市中级法院7天判决，报湖南省高级法院裁定和最高法院核准后，一月内执行处决。1996年，全市检察机关起诉案犯879人，其中被法院判处死刑136人，无期徒刑48人。

1998年，市检察院开展处理积案攻坚战，逐案落实到人，限期结案，实行责任追究制度。1999年，市、县两级检察机关开展“办案效果年”活动。年内全市检察机关受理一审案件1245件1904人，分别比上年上升39.3%和40.2%。2000年，全市检察机关开展办案“百日大会战”，当年受理各类案件 394 件 604 人，提起公诉 292 件 430 人，均在法定时限内审结。2001 年全市两级检察院受理案件 1452 件 2364 人，当年案件审结率和准确率 100%，无罪判决为零。2002 年全市持续保持严厉打击刑事犯罪高压态势。汝城县欧某等 27 人涉黑和资兴市袁某等 28 人恶势力团伙犯罪案件，涉嫌罪名 18 个，案情重大复杂。市检察院分管领导坐镇指挥审理，在 10 日内起诉。其中 8 名充当涉黑恶势力“保护伞”的国家工作人员被依法追究刑事责任。

2003 年，重点办理黑社会性质组织案、严重暴力犯罪案，抢劫、盗窃、抢夺等多发性犯罪案及涉毒、“六合彩”赌博犯罪案。当年，全市检察院起诉此类型案件 1095 件 1795 人，分别占起诉总数的 85.15% 和 84.1%。市检察院和宜章县检察院成功审结涉及 6 省 16 人（其中台湾籍 7 人），涉案冰毒一吨多的特大走私、制造、运输毒品案。全市公诉部门结合办案实际，积极探索公诉改革，继续推行主诉检察官办案责任制。

2005 年，全市检察机关认真抓依法指控犯罪，加强诉讼监督，优化办案质量。市检察院制定《郴州市检察机关审查起诉工作办案规程》《审查起诉案件检查制度实施细则》等规定。当年，全市检察机关受理公安机关移送审查起诉案件 2178 件 3655 人。经审查，起诉 1717 件 2743 人，不诉 39 件 64 人。全市检察机关坚持客观公正的原则，排除非法证据 110 件，发出检察建议 28 份，向有关部门移送构成犯罪案件 10 件，在审查起诉中发现并追诉遗漏罪犯 41 名。

1989—2005 年，郴州检察机关受理公安机关移送起诉案件 21290 件 36427 人，退查重报 3450 件 7154 人，审结 17725 件 29640 人，决定起诉 17020 件 28305 人，决定免予起诉 385 件 776 人，决定不起诉 320 件 559 人。

（二）自侦案件审查起诉

1989 年，郴州两级检察机关受理自侦案件 404 件，起诉贪污贿赂案 90 件 105 人，其中从严处理 31 人。另对投案自首、坦白交待、积极退赃、检举立功的 302 人依法免诉处理。1990 年起诉自侦案件 224 件 269 人，免诉 335 件 386 人。1991 年，起诉贪污贿赂案件 165 件 192 人。1992 年，执行最高人民检察院《关于贪污受贿案件免予起诉工作的规定》，严格坚持上级审批和备案审查制度，自此至 1995 年自侦案件免诉率大幅下降。1996 年，全市检察机关对一些久拖不决的案件作出免诉决定，使免诉人数上升，仅贪污贿赂案就免诉 129 人。

自 1997 年始，全市检察机关对自侦案件实行专人审查、优先办理，注意与自侦部门和法院协调配合，形成合力。逐步扭转自侦案件积案多、审结率低的被动局面，审结起诉案件质量进一步提高。2001 年，检察机关受理自侦案件 137 件 173 人，经审结向法院起诉 96 件 118 人，法院均作有罪判决，起诉审结率、判决率 100%。2002 年，全市起诉渎职侵权案 17 件 20 人、贪污贿赂案 69 件 85 人，法院作有罪判决 82 人，其中处级干部 7 人。2003 年，北湖区检察院提前介入建区以来涉案人员级别最高，涉案数额最大（58 万元人民币）的何某、王某（均系正处级干部）受贿案，3 日内提起公诉，案犯均被判刑。2004 年，郴州市检察院起诉李树彪等 15 人挪用住房公积金 1.2 亿元人民币案件。2005 年苏仙区检察院在审查崔某抢劫案时，发现其 3 名被告人遭刑讯逼供，遂移送渎侦部门立案侦查，将涉嫌刑讯逼供的 3 名公安人员逮捕起诉，追究刑事责任。

1989—2005 年，郴州检察机关共审查起诉自侦案件 1999 件 2425 人。其中起诉法纪案件 405 件 523 人，经济案件 1470 件 1757 人，监所检察案件 110 件 127 人，控申、民事行政检察案件 14 件 18 人。

1989—2005年郴州市（地区）检察机关审查起诉刑事案犯统计表

表 9-4-1-2

年份＼项目	本期受理		退查重报		审结		决定起诉		决定免予起诉		决定不起诉	
	件	人	件	人	件	人	件	人	件	人	件	人
1989	1376	2421	80	191	1199	1977	1141	1863	56	112	2	2
1990	1726	3589	99	257	1496	2936	1444	2808	52	128	—	—
1991	1322	2358	87	206	1212	2160	1173	2087	35	68	4	5
1992	887	1620	82	182	808	1370	764	1289	42	77	2	4
1993	867	1496	76	179	718	1276	641	1120	77	155	—	1
1994	837	1484	66	134	725	1214	675	1124	50	89	—	1
1995	746	1386	115	306	605	1072	572	994	33	71	—	7
1996	961	1780	151	407	817	1531	777	1453	40	76	—	2
1997	749	1176	192	308	575	873	562	846	—	—	13	27
1998	894	1358	188	330	731	1084	716	1060	—	—	15	24
1999	1245	1904	326	610	906	1422	881	1380	—	—	25	42
2000	1106	1823	323	587	889	1414	852	1352	—	—	37	62
2001	1452	2364	306	574	1104	1786	1050	1701	—	—	54	85
2002	1601	2582	368	790	1301	2124	1241	2007	—	—	60	117
2003	1526	2632	263	534	1329	2212	1286	2134	—	—	43	78
2004	1817	2799	292	590	1554	2382	1528	2344	—	—	26	38
2005	2178	3655	436	969	1756	2807	1717	2743	—	—	39	64
合计	21290	36427	3450	7154	17725	29640	17020	28305	385	776	320	559

1989—2005年郴州市（地区）检察机关起诉案犯统计表

表 9-4-1-3

年份＼项目	合计		刑事检察		法纪检察		经济检察		监所检察		监所自行侦查		控申、民行检察	
	件	人	件	人	件	人	件	人	件	人	件	人	件	人
1989	1279	2033	1141	1863	44	58	90	105	1	3	—	—	3	4
1990	1668	3077	1444	2808	40	52	154	180	29	36	—	—	1	1
1991	1409	2375	1173	2087	53	75	165	192	16	18	—	—	2	3
1992	904	1463	764	1289	32	46	90	106	16	20	—	—	2	2
1993	744	1240	641	1120	28	36	46	54	28	29	—	—	1	1

续表 9-4-1-3

项目 年份	合计		刑事检察		法纪检察		经济检察		监所检察		监所自行侦查		控申、民行检察	
	件	人	件	人	件	人	件	人	件	人	件	人	件	人
1994	808	1278	675	1124	34	41	81	94	16	17	—	—	2	2
1995	684	1128	572	994	33	43	72	80	2	2	3	7	2	2
1996	852	1552	777	1453	24	30	48	64	—	—	2	2	1	3
1997	632	932	562	846	17	27	51	57	2	2	—	—	—	—
1998	849	1217	716	1060	10	14	123	143	—	—	—	—	—	—
1999	1006	1518	881	1380	14	14	111	124	—	—	—	—	—	—
2000	969	1488	852	1352	13	13	104	123	—	—	—	—	—	—
2001	1146	1819	1050	1701	14	14	82	104	—	—	—	—	—	—
2002	1327	2112	1241	2007	17	20	69	85	—	—	—	—	—	—
2003	1366	2232	1286	2134	6	7	74	91	—	—	—	—	—	—
2004	1596	2437	1528	2344	10	14	58	79	—	—	—	—	—	—
2005	1785	2838	1717	2743	16	19	52	76	—	—	—	—	—	—
合计	19024	30739	17020	28305	405	523	1470	1757	110	127	5	9	14	18

五、出庭公诉与抗诉

（一）出庭公诉

1989—1996 年，郴州地（市）、县两级检察机关出庭发表公诉词 6219 篇（次），占出庭总次数的 98.8%。对贪污贿赂案件派员出席一审法庭 992 次，二审 8 次。之后，郴州检察机关采取评选优秀公诉人、优秀公诉词及出庭观摩等形式，进一步提高公诉水平。2002 年 8 月，市检察院公诉科 8 名检察官出庭公诉以欧某和袁某为首共 57 名被告人的两个涉黑大案，通过公诉人的努力工作，出庭举证详实周全，辩论明理正法，使该案中 28 名翻供的被告人认罪服法，2 名骨干成员当庭下跪谢罪。

1989—2005 年，郴州检察机关派员出席一审法庭公诉 12321 次，出席二审法庭公诉 38 次。

（二）提起抗诉

1989 年，郴州地区检察机关结合出庭公诉加强审判监督。是年，向人民法院依法抗诉 10 件 11 人，该院改判 6 件 8 人。郴州检察分院起诉的何某某等 4 人共同抢劫案，市中级法院一审判处何某某、何某无期徒刑。郴州检察分院以量刑不当（太轻）提出抗诉，湖南省高级人民法院改判两犯为死刑。1990—1994 年，全区检察机关强化审判监督职能，共抗诉 66 件，法院改判 24 件。1996 年始，拓宽审判监督渠道，当年全市检察机关对法院刑事审判中违法行为提出纠正意见 58 条，依法提出抗诉 11 件。

1997 年，全市检察机关树立应当抗诉的坚决抗诉的执法观念，力推审判监督。年内抗诉 13 件，其中市检察院抗诉 2 件，得到省检院支持。1998 年，市检察院针对以往抗诉多、改判率低的问题，加强对抗诉的业务指导，同时与法院主动沟通起诉情况，形成共识。全年提出抗诉11件，提请抗诉1件，撤回县检察院抗诉4件，法院审结5件，改判3件。

2001年突出纠正法院判决对案件定性、适用法律、决定刑期不当等问题。全市检察机关提起抗诉4件6人，法院改判1件1人，维持2件3人，市检察院撤回1件2人。宜章县检察院办理曹某抢劫枪支一案时，一审法院以抢夺枪支定罪判处曹某有期徒刑4年，县检察院以适用法律条款和量刑不当提出抗诉，二审法院改判为抢劫枪支罪判处曹某有期徒刑14年。2002年，全市两级检察院将抗诉重点放在重罪轻判和审判人员徇私枉法案件上，当年提出抗诉4件13人，法院改判1件1人。2003年提出抗诉4件6人，提请抗诉3件。受省检院支持抗诉的文某、李某等5人受贿案，二审由原判分别1~5年改判为4~11年有期徒刑。2004—2005年全市检察机关共抗诉7件，法院全部改判。提请抗诉1件，得到省检院支持。

附：

“青少年维权岗”创建活动

1999年5月，共青团中央和最高人民检察院下发《关于在全国检察机关开展创建“青少年维权岗”活动的通知》后，郴州市人民检察院（下简称市检院）即成立创建“青少年维权岗”领导小组和未成年人办案组。6月，先在市检院及北湖、苏仙区，宜章、桂阳县检察院5个单位启动“青少年维权岗”创建活动，继而在全市全面展开。

其间，市、县两级检察机关在创建“青少年维权岗”活动中，严打各种侵犯青少年合法权益和破坏青少年健康成长环境的犯罪活动，充分发挥自身法制教育的特殊作用，全力做好“感化、教育、挽救”青少年工作。北湖区检察院在办理应届初中毕业生邓某抢劫案时，见初中毕业会考在即，经与多方联系，专门在市二看守所设立考场让他参加会考，此举开初中毕业会考全省之先河。市检院制定《未成年人司法保护工作实施细则》《办理未成年人犯罪案件工作图表》和“维护未成年人合法权益案件登记卡”。检察机关在批捕、起诉、监所检察三部门设置“维权卡”，实行“一人一卡，卡随案走”，督促维权落实到位。当年“维权”中纠正各种违法违纪27件（次）。

到2000年，全市选择重点学校或周边社会环境复杂的学校，建立未成年人司法保护、法制教育联系点26个，配备法制副校长、法制教官21人。当年，举办法制教育60多场次，组织模拟法庭开庭6次，受教育8万余人；市检院将未成年犯罪分8个课题进行调研，编印25万字的《托起明天的太阳——郴州市青少年法制读本》，发至青少年。郴州市一中16岁女学生黄某无辜被何某某用硫酸伤害致残。检察机关提前介入侦查，在公安机关报捕当天即作出批捕犯罪嫌疑人何某某的决定，案件在2天内就向市中级法院提起公诉，案犯何某某被依法严惩。是年，省检察院在郴州召开现场经验交流会，推介郴州市创建“青少年维权岗”的作法与成效。2001年，郴州市检察院被共青团中央、最高人民检察院评为“全国优秀青少年维权岗”。

2002年，市检察院设立“维护青少年合法权益热线电话”。全年依法打击损害青少年合法权益和破坏其成长环境的犯罪嫌疑人476人，起诉421人；向有关单位提出相关检察建议32份，对公安机关应立案而未立案的21起侵犯青少年合法权益案进行立案监督。是年，《检察日报》专题报道郴州市检察机关维护青少年合法权益的做法和成效。2003年，郴州市检察院副检察长许庆生获“全国维护妇女儿童权益先进个人”称号。2004年，市检察院罗志卫评为2002—2003年度“全国创建优秀青少年维权岗”活动先进个人。同年，市检察院在市一中、市六中、市一完小等毗邻学校，制作百块展板，组成青少年思想道德与法制教育长廊。2005年，市检察院又主编33万字的《为了明天的太阳——郴州市青少年思想道德建设读本》，与市教育局、市妇联联袂印发1万本。至2005年，先后有永兴县、桂东县还评为全省“优秀青少年维权岗”。

第二节 职务犯罪侦查与预防

一、贪污贿赂案件检察

1989年1月，郴州地区检察机关在永兴县召开打击贪污、受贿犯罪誓师动员大会，贯彻中共中央关于惩治腐败的决定，深入开展反贪污反贿赂斗争（简称“两反”斗争）。3月，桂阳县检察院以政策攻心，促使26人携赃款6.7万元投案自首，由此深挖查获67名烟叶收购人员贪污48万多元一案。全区随即推广桂阳经验。8月15日，最高人民法院、最高人民检察院发出《关于贪污受贿、投机倒把等犯罪分子必须在限期内自首坦白的通告》（简称“两高”《通告》）。全区检察机关与执纪执法部门紧密配合，抽调100名干警到70个重点单位宣讲“两高”《通告》，敦促经济罪犯投案自首。经过2个多月的宣传发动，全区共受理举报线索785件，立案249件。资兴市检察院以该市烟草公司经理陈某为突破口，挖出基建行业一批贿赂连环案，立案百余起。年内，全区召开宽严兑现大会17次，依法对114名自首坦白、积极退赃、检举有功的被告人免予起诉；对59名对抗“两高”《通告》拒不自首的案犯，分别予以逮捕和拘留。全区在“两高”《通告》规定期限内（10月31日止）共有549人投案自首。其中受贿382人，贪污63人；涉案县处级干部10人，科级干部98人；万元以上39人，自首总金额154万元，退赃91万元。当年，全区检察机关共立经济案件649件，其中查处连环案329件394人，大案198件，要案18件18人，打破查处要案“零”记录。挽回经济损失1082.3万元。

1990年，郴州检察分院和郴州市（北湖区）检察院经济检察科分别更名为反贪污贿赂工作局，其他10县（市）检察院经检科更名为贪污贿赂检察科，侦查干警增到118人。全区在反贪污贿赂重点单位设立检察室37个，配备专、兼职检察干部37人，任命单位检察人员94人。全区瞄准煤炭、经营流通、基建等贪污贿赂的高发行业展开查处，全年侦查终结贪污、贿赂等经济罪案753件842人。1991年，全区检察机关相继在一些基层单位召开法制宣传大会，敦促29人投案自首。全年立贪污、贿赂案件41件44人。年内通过办案帮助195家企业挽回经济损失1615万元，使21家濒临倒闭的企业恢复生机，92家企业经济效益有了提高。是年，郴州市检察院获最高人民检察院通令嘉奖。

1992年，郴州地区反贪污贿赂工作排除所谓“经济要上路，‘两反’要让路”思潮的干扰，坚持不懈地开展“两反”案件侦查，力求为经济发展创造良好的内部环境。各县（市）检察院果决到那些“企业垮台、个人发财、群众利益受损”的单位抓“耗子”、挖“蛀虫”。全区仅在第二季度侦破战役就立案181件，其中贪、贿案136件。年内，全区10个县（市）检察院贪污贿赂检察科统一更名为反贪污贿赂局。

1993年，全区反贪工作机关突出重点，集中力量查办大要案件。当年抽调240人组成65个办案组开展“两反”侦查，8—12月立案99件115人，其中万元以上大要案49件，首次立案100万元以上特大案4件。1994年区内各县（市）检察院采取开新闻发布会、播电视公告、设举报奖励基金等多种形式，发动群众举报经济犯罪案件线索。全区受理举报线索726件，比上年增长35.7%。桂阳县检察院查出黄沙坪铅锌矿党委书记何某（副厅级干部）为首的贪污受贿人员49人，涉案金额上千万元的大要案。在查案的同时，检察人员会同企业确保正常生产生活秩序。当年该矿生产总产值反比上年增长4.5个百分点。

1996年，郴州市检察机关把“三机关一部门”（党政、司法、行政执法机关，经济管理部门。下同）作为办案的重点部位。年内查办此类经济大要案127件，占全年立案经济罪案的73%，其中副处级以上干部案犯9人，6人获有罪判决。是年底，全市力克贪污、贿赂案件侦办，新老案件全部侦查终结，无一积案。但同时也出现少数基层检察院执法不严，撤案比例过高的现象。全市当年撤案49件70人，人数占结案的29.4%。

1998年，严格执行最高人民检察院颁布的“九条卡死”①规定，突出纠正违法违纪办案行为。是年，郴州市检察院与市纪检、监察部门创新办案方式，联手查处湘南烟草集团公司原党组书记、董事长黄某某受贿30.5万元大案。年内，全市两级检察院侦查终结案件124件，刑检部门起诉123件，法院判决142件（含上年移送案件）。市检察院实现无错案、无违背“九条卡死”规定办案行为、无安全事故。2000年8月1日—11月10日，全市检察机关开展“反贪百日侦破”战役，全市两级检察院抽调精干力量充实办案第一线，落实办案责任制。集中立案查办一批在当地有影响的案件，其中要案12件12人（正处级干部4人）、大案58件83人、“三机关一部门”案件70件85人。2001—2002年，全市检察机关着力提高办案质量和效率。此间立案侦破的“红松”纸业公司董事长欧某、市环保局局长文某、党组书记谢某和市林业局副局长骆某等贿赂系列案的专题材料，被最高人民检察院作为办案质量较高的案例印发推介。

2003—2005年，全市检察机关采取统一案件线索管理，统一侦查，统一指挥，上下联动的“一体化”侦查模式，成功立案查办一批贪污（挪用）贿赂大要案、窝案、串案。2004年，市检察院立案侦查市住房公积金管理中心主任李树彪涉嫌挪用公款赌博案，历经一年艰辛侦查，查清李树彪从1999年9月至2004年1月先后作案44次，贪污公款5848.9万元，挪用公款5952.6万元的犯罪事实，立案10件15人，为国家挽回损失3700余万元。李树彪一审被郴州市中级法院判处死刑。该案是郴州查处的涉案金额最多的职务犯罪大案，也是全国住房公积金第一案。2005年7月6日，湖南省检察院将时任郴州市副市长雷渊利涉嫌受贿、挪用公款、贪污案移交市检察院办理。市检察院经过四个多月将该案侦结，立案24人。并将该案带出的其他18起案件交北湖、苏仙、资兴、桂东、桂阳、永兴等县（市、区）检察院办理。挽回经济损失3000余万元。

1989—2005年，郴州检察机关侦查贪污（挪用）、贿赂案件，立案3624件4242人，其中贪污案1200件1530人，贿赂案1603件1694人，挪用421件479人，其他案400件539人。先后结案3491件4099人，其中移送审查起诉1859件2177人，移送审查免诉1298件1489人，移送审查不起诉25件38人，撤案309件395人。挽回经济损失1.54亿元。

---

①“九条卡死”即1.严禁超越管辖范围办案；2.严禁对证人采取任何强制措施；3.立案前不得对犯罪嫌疑人采取强制措施；4.严禁超期羁押；5.不得把检察院的讯问室当成羁押室，讯问一般应在看守所进行，必须在检察院讯问室进行的，要严格执行还押制度；6.不得违反规定使用技术侦查手段；7.凡在办案中搞刑讯逼供的，先停职，再处理；8.因玩忽职守、非法拘禁、违法办案等致人死亡的，除依法依纪追究直接责任人员外，对于领导严重失职渎职的，要依照法定程序给予撤职处分；9.严禁截留、挪用、私分扣押款物。

1989—2005 年郴州检察机关侦查贪污贿赂案件统计表

表 9-4-2-1

项目 数量 年份	受案	立案					结案	
		合计		大案		要案	合计	
	件	件	人	人	件	人	件	人
1989	1453	649	767	198	239	18	336	408
1990	1066	504	550	121	141	18	753	842
1991	681	366	411	84	—	4	398	447
1992	635	289	323	80	—	—	309	349
1993	535	157	187	64	—	5	137	159
1994	670	187	247	121	—	7	201	256
1995	681	172	199	107	—	4	154	187
1996	617	174	215	127	—	9	194	238
1997	474	148	166	112	—	5	120	136
1998	493	137	157	42	—	6	124	140
1999	451	149	165	45	45	11	144	161
2000	285	145	184	58	83	8	135	174
2001	210	124	145	51	60	7	126	147
2002	173	119	155	61	81	12	116	146
2003	121	102	119	58	77	14	91	108
2004	97	93	130	56	91	5	72	105
2005	121	109	122	48	57	6	81	96
合计	8763	3624	4242	1433	—	139	3491	4099

续表 9-4-2-1

项目 数量 年份	结案								挽回经济损失
	移送审查起		诉移动审查免诉		移送审查不起诉		撤案		
	件	人	件	人	件	人	件	人	万元
1989	84	97	246	304	—	—	6	7	484.19
1990	259	289	463	512	—	—	31	41	659.34
1991	177	202	200	224	—	—	21	21	437.97
1992	82	93	178	195	—	—	49	61	355.25
1993	67	74	44	55	—	—	26	30	194.47
1994	119	144	57	75	—	—	25	37	424.28
1995	100	120	35	42	—	—	19	25	355.95
1996	77	93	68	75	—	—	49	70	595.48
1997	86	95	7	7	—	—	27	34	361.73
1998	112	128	—	—	6	6	6	6	785.41
1999	131	142	—	—	1	1	12	18	2428.98
2000	123	159	—	—	1	4	11	11	1002.01
2001	109	127	—	—	4	5	13	15	1411.46
2002	100	120	—	—	6	14	10	12	889.00
2003	88	101	—	—	1	2	2	5	752.31
2004	71	104	—	—	—	—	1	1	3886.11
2005	74	89	—	—	6	6	1	1	403.05
合计	1859	2177	1298	1489	25	38	309	395	15426.99

说明：1. 大案数源于反贪局工作总结，其中 1991—1998 年涉案人数总结未体现

2.1998 年始贪贿、挪用公款大案标准分别由 1 万元、5 万元以上调至 5 万元、10 万元以上

二、渎职侵权案件检察

1989年，郴州地区渎职侵权案件由地、县（市）检察院法纪检察科（股）受理，主要侦查玩忽职守、徇私舞弊、滥用职权、徇私枉法、非法拘禁及刑讯逼供等渎职侵权犯罪。1989—1991年立渎职侵权案270件348人。1991年所立51件重特大事故案中煤矿事故案占44件，多系监管不力的无证个体小煤窑，死亡80人。是年，永兴县检察院邓立绢被最高人民检察院授予全国法纪检察系统优秀侦查员。

1992年，郴州地区检察机关查处的渎职侵权案由上年7类增加到9类，除突出查办重大责任事故和玩忽职守案件外，还查办司法人员渎职侵权案3件4人。1993—1994年，全区共立渎职侵权案件131件。查处的典型案件有乡镇党政领导滥用职权非法拘禁审讯村民、和强行搜家，以及审判人员徇私枉法让犯罪嫌疑人脱逃监管等。

1995年，郴州市检察机关把徇私舞弊、刑讯逼供、非法拘禁、玩忽职守和重大责任事故五类案件，作为法纪检察查处重点。全年查办“五类”重点案74件，占立案数的88.1%。永兴县检察院26天内办结黄泥乡泉田村煤矿瓦斯爆炸死亡14人的特大案件，公开逮捕玩忽职守的该矿矿长。1997年新修订的《中华人民共和国刑法》《中华人民共和国刑事诉讼法》颁布施行。当年3月20日，宜章县检察院在全市第一个成立渎职犯罪侦查局，至7月，全市两级检察院法纪检察科（股）均更名为渎职犯罪侦查局。是年将重大责任事故、“人质型”非法拘禁等案件移交公安机关管辖，全市检察机关仍立案44件58人，其中重特大案件30件。年内，全市检察机关突出查办“三机关一部门”有影响的渎职侵权大要案，共立案侦查国家机关工作人员19人，其中司法工作人员8人。1999—2000年，全市检察机关重点查办玩忽职守、徇私舞弊、滥用职权等职务犯罪案件。2000年7月9日上午，嘉禾县第一中学高考考点发生震惊全国的严重考场舞弊事件，市检察院渎侦局分别对县教育局副局长胡某、县一中校长兼嘉禾一中考点副主任雷某立案侦查并逮捕、起诉。雷某因犯滥用职权罪被判处2年有期徒刑。

2001—2002年，全市检察机关先后组织三次“百日侦破战役”，排除阻力查办一批党政干部充当黑社会“保护伞”的案件。如：郴州市政法委原副书记谢某充当资兴市以袁某为首恶势力“保护伞”的滥用职权案，汝城县谭某、朱某（县政法委原书记）充当欧某黑社会团伙“保护伞”等案，均一一被检察机关侦办、起诉至法院审判。2003年，郴州市检察院渎职犯罪侦查局被最高人民检察院评为全国检察机关查办黑恶势力“保护伞”犯罪案件先进集体。

2004年，市检察院与19个市直单位联合制定《郴州市刑事执法与行政执法衔接工作机制规定》，形成查办案件合力。当年全市两级渎侦部门无空白办案单位。2004年5月—2005年6月，全市检察机关共查办国家工作人员利用职权侵犯人权案件17件25人，其中要案1件1人，重特大案件8件12人。资兴市公安局原政委兼三都公安分局局长张某非法拘禁案，苏仙公安分局桥口派出所原副所长李某等4人刑讯逼供案，均被立案查处。2005年下半年，市、县两级检察机关开展查办“涉矿”重大责任事故渎职犯罪专项行动，共受理线索11条，立案查处6起。同时查处一批涉及林业、金融、工商、财政、煤炭、住房公积金管理等行业的职务犯罪案件，立重特大案11件11人。

自1997年设立渎职犯罪侦查局至2005年，郴州市检察机关共立渎职侵权案257件307人，结案213件255人，其中移送起诉181件210人。1989—2005年，郴州检察机关对审判机关判决渎职侵权案提出抗诉11件，改判1件。

三、税务案件检察

1987年3月，郴州检察分院成立驻郴州地区税务局检察室，受理由经济检察部门移交的偷税抗税等涉税案件。1989年，地、县两级税务检察室受理偷税、抗税及税务工作人员贪污贿赂案95件，经初查立案59件，其中大案31件，追缴税款55.43万元，协助追补税款、罚款、收回赃款200多万元。1989—1992年，全区共立案侦查涉税案235件，年均立案59件。1993年查处的刘某团伙骗税案，案涉9省（市）21家外贸单位，其虚开“汝城县工业企业产品销售发票”71份计5989万余元，开出“出口产品已征税证明”27份，从中骗取国家出口退税款388.8万余元。郴州检察、税务机关通力协作办案，全部挽回国家税款损失。

1993—1997年，随着税务管理的加强，税务检察立案下降。5年立案66件86人，年均13.2件。1994年新税制实施后，税检人员扩展为由检察、国税、地税、财政局农税四家机构组成。此间，把查处骗取出口退税、虚开增值税发票和法人重大偷税案件作为税务检察工作重点。1994—1995年，检察机关查处张某4人伪造、虚开增值税专用发票骗取出口退税一案，避免税款损失4000多万元。1995年，重点打击暴力抗税。当年郴州市内发生抗税案20起，其中暴力抗税6起，打伤税务人员9人。税检部门会同公安部门严厉打击违法犯罪分子，行政拘留5人，逮捕2人，立案查处2人。同时，协助税务部门全力追缴税款。1996年，郴州市首家税务检察局在桂阳县挂牌成立。

1997年，涉税案件转由公安机关管辖。是年8月，湖南省检察院通知停止立案。1989年至1997年8月，全市（区）税检部门受理涉税案件406件，立案查处301件，还立案查处税务系统贪污贿赂等其他案件56件。协助税务部门为国家挽回直接经济损失2922.05万元，避免经济损失6465.11万元。

四、职务犯罪预防

1996年，郴州市检察院在反贪局设立预防预审科。随之各县（市、区）院配备预防预审专职干警。年末，全市建立预防联络室32个，聘请联络员98名，及时掌握职务犯罪动态，及早预防。1997年5月，市检察院召开预防贪污贿赂工作会议，12月，又牵头召开有人民银行、郴化集团总公司等13个单位参加的预防职务犯罪工作座谈会。1998年后，郴州市委、市人民政府把预防贪污贿赂犯罪工作，纳入各级党委、政府廉政建设和社会治安综合治理进行总体部署。1996—2000年，全市检察机关结合办案抓个案预防100余件，发送检察建议200余份，挽回经济损失737.5万元。

2001年11月，郴州市委办公室转发市检察院《关于进一步加强预防职务犯罪工作的报告》。2002年5月，市委、市政府将预防职务犯罪列入社会治安综合治理目标管理考评责任制，实行“一票否决”。6月，市检察院成立职务犯罪预防科。7月，市委成立以主管政法的市委副书记为组长，有35个市直相关单位参加的市预防职务犯罪工作领导小组。至年末，在烟草、工商、税务、电信、银行等行业及重点国有企业，建立预防职务犯罪联络室、联系点53个，聘请预防联络员129名；市检察院与83个单位建立预防职务犯罪联席会议制度，全年召开联席会议15次。是年，市检察院为预防职务犯罪对湖南烟草集团提出的“改革烟叶收购方式”的检察建议，被最高人民检察院评为2003年全国检察机关预防职务犯罪优秀检察建议。2003年，会同市石油公司推行取消油票、油折，实行IC加油卡，以杜绝用旧油票套现和套取油票差价行为，抑制燃油销售领域职务犯罪。是年9月起，郴州市检察机关启动为期三年的共和国“阳光行动”。当年，协同《郴州日报》开设《廉政之窗·预防动态》栏目，推介预防职务犯罪的作法和先进典型。并投资20万元制作预防职务犯罪宣传牌2万余块、广告灯箱100个、宣传挂图800套。与市纪委组织全市副处级以上干部观看大型反贪警示剧《但愿人长久》。

2004年，突出抓好职务犯罪的系统预防、专项预防和个案预防工作。郴州市检察院在郴州监狱建立“预防职务犯罪警示教育基地”，与市国税局编写《预防职务犯罪工作手册》和《职务犯罪警示录》，作为预防教育读本。全年开展重点个案预防项目21个，有3个项目在湖南省评比中获奖。到2005年8月，市、县两级检察院均设立职务犯罪预防局，在行政执法机关及职务犯罪多发行业建立预防职务犯罪工作联络网，聘请预防联络员516名，构建社会化大预防格局。

第三节 民事行政检察

一、民事行政案件抗诉

1990年9月，最高人民检察院、最高人民法院下发《关于开展民事（经济）行政诉讼法律监督试点工作的通知》，民事行政检察工作开始启动推进。1991年6月，郴州检察分院设立民事行政检察科，至1992年底，11个县（市）检察院均设立民事行政检察机构。主要受理不服法院判决、裁定的民事（经济）、行政案件，及对法院民事、行政案件审判进行法律监督。1991—1993年，地、县两级检察机关共接待来信来访480人次，受理不服法院判决、裁定的民事行政案件161件（民事113件、经济33件、行政15件），立案审查62件，审结处理49件。其中提请抗诉13件，提出检察建议7件，不予抗诉29件。但时因近半数县（市）检察院民事行政检察股仅配备干警1人，加之尚未理顺检察完、法院两家这一工作关系等原因，普遍存在案源不足现象。

1994年伊始，检察、法院两家理顺办理此类案件工作关系，检察机关逐步解决办案从法院调卷难问题。同时检察机关加强与律师事务所联系，广辟案源，自此受案、立案数开始上升。是年，全区受理民事、行政申诉案件152件，建议提请抗诉案10件，经审查向地区中级人民法院提出抗诉7件，实现抗诉案件“零”的突破。郴州检察分院对法院执行活动明显违法和判决明显错误已提请抗诉的案件，建议暂缓执行。年内全区检察机关建立法律服务点9个。1995年，市中级人民法院对（下称市中级法院）12起抗诉案件首次下达指令再审裁定，开庭审理3件，均获改判（其中1件调解结案）。

1996年，郴州市检察院与市司法局、市律师协会联合下发《关于积极开展律师担任民事经济行政诉讼案件申诉代理业务的通知》，广辟案源。当年，共提请抗诉23件，提出抗诉16件，提出抗诉比上年增加1.3倍。办理非诉讼调解案和提供法律服务52件，为企业挽回经济损失510万元。1997年3—6月，全市检察机关开展民事行政检察办案“百日竞赛”活动，共办理提请抗诉案35件，建议提请抗诉案15件，超额完成办案任务。但办案亦还存在材料不全、适用法律不准、抗诉条件不符等问题。

1998年，在全市检察机关开展“办案质量年”活动中，市检察院民事行政检察科坚持“三为主”（以当事人举证为主，以检察机关审查为主，以指导基层检察院办案为主）的办案方法，驱动提高民事、行政检察办案质量。全年市检察院向市中级法院提出民事行政抗诉案件74件，法院再审72

件，再审改判 53 件，调解 17 件，维持 2 件；提出检察建议 7 件，法院采纳改判 5 件。1999 年，市检察院深入 9 县（市）指导和参与办案，年内全市办理提请民事、行政申诉案 113 件，经审查，向该院提出抗诉 86 件，法院再审 57 件，其中改判 49 件。2000 年市、县两级检察院民事行政检察部门开展下基层找案源办案竞赛活动。2001 年，市、县两级检察院派出 20 名民事行政检察官，参加市、县两级人大常委会组织的评议法院个案审查，拓展监督空间。安仁县检察院在全市率先开展庭审监督试点，听庭 16 场次，获取申诉案件线索 11 件。当年，全市 11 个县（市、区）检察院有 7 个检察院提请的抗诉案件采纳率为 100%。

2002 年，全市民事行政检察部门转变办案观念，与法院沟通，凡能通过检察建议解决问题的尽量使用检察建议。当年向法院提出检察建议 19 件，抗诉 49 件。2003—2004 年，检察机关提出检察建议 33 件，执行和解 15 件，法院再审调解 13 件，提请抗诉案件有所下降。2005 年，市检察院制定《郴州市检察机关民事行政检察管理流程规范》，规范办案程序。

1991—2005 年，郴州检察机关共受理各类民事行政申诉案件 3285 件，立案审查 1376 件，经审查，决定建议提请抗诉 150 件，提请抗诉 652 件，提出抗诉 534 件，提出检察建议（意见）150 件。法院再审 426 件、改判 309 件，发回重审 11 件、维持 38 件、再审调解 68 件。

二、公益诉讼

1989—2001 年，企业在产权制度改革中常出现国家和集体公共利益被侵害，以及集体财产受到损害时，却没有权利主体为之维权的现象。公益诉讼明显滞缓。2002 年始，湖南省检察院作出关于积极开展支持公益诉讼试点工作的部署，郴州市市、县两级检察院随即选择损害国家、公共、集体利益案作为突破口，采取支持起诉和提起刑事附带民事诉讼两种方式，开展公益诉讼。当年，安仁县矿产品公司以退还个人集资款为由，3 次擅自将国家划拨的 2818 平方米土地以低价转让给个人，其最低转让价仅为市场价格的 17.8%，致使巨额国有资产流失。安仁县检察院积极支持县财政局起诉，经请求，法院确认该公司转让行为无效，维护了国有资产安全。是年，全市 6 个基层检察院办理公益诉讼案 14 件，法院审结 9 件，全部采纳检察机关的意见。

2003—2004 年，郴州两级检察机关通过采取民事公诉、行政公诉、提起行政诉讼、发出纠正行政违法建议等方式，办理公益诉讼案 48 件，法院采纳 46 件。此间，嘉禾县检察院办理全国首例针对具体行政行为，以支持起诉的方式保护国有资产的公益诉讼案件。嘉禾县国土资源局在办理一起单位间地产转让合同中，以 70 万元转让金擅自将土地使用权证颁发给城关镇卫生院前任院长黄某等 5 人。城关镇卫生院因此向县检察院申诉，检察院遂向县国土资源局发出检察建议书，指出其认定受证主体错误属违法颁证，应予撤销。县国土资源局不予采纳。县检察院随之支持城关镇卫生院以颁证单位即县人民政府为被告，向县法院提起行政诉讼。法院采纳起诉意见，撤销县政府将国有土地使用证颁发给黄某等人的具体行政行为，使 120 万元国有资产免遭流失，促进政府部门依法行政。2003 年 6 月，临武县检察院对一起滥伐林木案提起刑事公诉并提起附带民事诉讼。法院据此判处被告缓刑，并根据民事诉讼请求，判处被告人补种林木 1478 棵，规定成活率 95% 以上。此种劳务赔偿方式维护公益的创新引起法学界关注，当年《当代法制报》在头版以《审个小案子，跨出一大步》为题报道此案。2004 年，全市 11 个县级检察院均办理一件以上公益诉讼案件。2005 年，公益诉讼有所突破，开始办理妨害公务损害赔偿、破坏公用电讯设施损害赔偿案，全年办案升至 36 件。

2002—2005 年，全市检察机关共办理公益诉讼案 98 件，法院审结 93 件，采纳检察机关意见 86 件，采纳率92.5%。为国家、集体挽回或避免经济损失1067万元，另使59.8公顷被失火、滥伐等损毁的山林以劳务赔偿方式得以补植复造林。

三、查处“四四三”案件

1994年，按照《中华人民共和国民事诉讼法》（简称《民事诉讼法》）第四十四条第三款规定，郴州地区检察机关开始查办审判人员在民事审判活动中因贪污贿赂、徇私舞弊、枉法裁判行为，而导致裁判不公的案件（简称“四四三”案件）。1996年，资兴市检察院民事行政检察股查办该市法院林业审判庭审判员黄某贪污诉讼费1200元，并伙同其他3名审判员收受当事人贿金1.3万元的违法违纪事实。黄被清理出政法队伍。至1997年，全市查处“四四三”案件4件7人。

1998年，郴州市检察院民事行政检察机构会同反贪、渎侦部门形成合力，查处审判人员贪污、受贿、徇私枉法“四四三”案6件16人。桂阳县法院太和法庭庭长龚某贪污诉讼费、索要财物徇私办案被判刑，另受到党纪政纪处理4人、通报批评1人，追缴赃款7000元、没收非法所得1.5万元。桂阳县纪委深查此案又收缴非法所得8万元。1999年全市检察机关受理“四四三”案件举报、申诉8件，初查5件17人。其中，成功查处市中级法院和永兴县法院共9名法官，在裁判承包纠纷和涉台遗产继承纠纷案中受贿4.9万元一案，对其涉案人员均依法依纪作出处理。

2000年9月，湖南省查办“四四三”案件经验交流会在郴州召开，重点推介郴州检察机关合力查办此类案件的做法和成效。2001年，最高人民检察院发文赋予民事行政检察部门对“四四三”案件的立案侦查权。当年，市检察院在审查刘某不服临武县法院民事判决的申诉材料时，发现该案可能涉及法官枉法裁判问题，当即调卷查阅并正面接触担任该案审判员的陈某。市检察院检察长赶至现场指复查，最终查明因陈某枉法错误裁判而致刘某损失21万元的大案。法院判处陈某有期徒刑3年6个月，并依法对刘某案进行改判。2002—2004年，市检察院查办北湖、苏仙法院“四四三”案件4件6人，1名法官获刑，5名法官受到党纪政纪处分。2005年，市检察院摸排掌握“四四三”案件线索3件并立案审查。

1994—2005年，郴州检察机关共初查、协查或立案侦查、移交有关部门处理“四四三”案件23件50人，其中7名审判人员受到刑事追究，其余受到党纪政纪处理。

1991—2005年郴州民事行政检察案件情况统计表

表9-4-3-1

项目 年份	受理	立案审查	建议提请抗诉	提请抗诉			抗诉	检察意见	采纳意见	法院再审					公益诉讼案件办理
				小计	县级院	市院				合计	改判	发回重审	维持	再审调解	
1991	5	1	—	—	—	—	—	—	—	—	—	—	—	—	—
1992	54	26	—	4	2	2	—	3	—	—	—	—	—	—	—
1993	102	35	6	9	4	5	—	4	1	—	—	—	—	—	—
1994	152	69	10	17	16	1	7	21	5	1	1	—	—	—	—
1995	153	45	10	10	6	4	7	14	5	3	3	—	—		—
1996	185	40	10	23	13	10	16	18	—	8	6	—	2	—	—
1997	382	164	15	63	60	3	60	6	1	18	6	10	2	—	—

续表 9-4-3-1

项目 年份	受理	立案审查	建议提请抗诉	提请抗诉			抗诉	检察意见	采纳意见	法院再审					公益诉讼案件办理
				小计	县级院	市院				合计	改判	发回重审	维持	再审调解	
1998	532	175	15	86	78	8	74	7	5	72	53	—	2	17	—
1999	378	152	15	113	92	21	86	5	5	57	49	—	8	—	—
2000	345	134	20	70	62	8	72	9	1	74	53	1	6	14	—
2001	372	114	7	71	56	15	61	5	3	67	52	—	8	7	—
2002	224	81	12	66	60	6	49	19	7	51	34	—	5	12	14
2003	167	123	15	36	10	26	48	12	2	25	16	—	—	9	14
2004	129	114	10	31	9	22	30	21	13	30	21	—	5	4	34
2005	105	103	5	53	14	39	24	6	—	20	15	—	—	5	36
合计	3285	1376	150	652	482	170	534	150	48	426	309	11	38	68	98

说明：民事行政检察始于 1991 年，故统计年份自该年起

第四节　监所检察

一、刑罚、劳教执行监督

1989 年，郴州检察机关监检部门对湖南省第五监狱（以下简称“省五监”）和湖南省少年犯管教所（以下简称“省少管所”）上报的 997 人减刑、假释和 112 人减教的材料，一一审查，依法监督。同时开展保外就医罪犯专项检察。1990 年，全区 11 个县（市）检察院建立驻地看守所检察室，开展驻所执法检察。1991 年，郴州检察分院监所检察科对全区 671 名监外执行人员进行考察，对不符合监外执行条件的 27 人发出检察建议，后被依法收监。安仁县监检部门发现几名假释犯未分到承包责任田，生活无着，即向县政府提出建议使之得到解决。1993 年 10 月，全区监检部门对监外执行罪犯进行专题检察，就监外执行罪犯的交付及考查管理提出纠正建议 110 条（次）。1995 年 8 月，郴州市检察机关对人犯留看守所服刑组织专题检察，发现不符合《中华人民共和国监狱法》规定的留所服刑条件的人犯占 16.3%。提出纠正建议后，基本送监服刑。驻监驻所检察干警严格犯人收押、释放检察，严格监督看守所执行国务院颁布的《看守所条例》。年内检察发现违法收押 12 人，违法释放 2 人，均提出纠正建议。

1996 年，全市检察机关加大对罪犯减刑、假释、留所服刑的检察力度，发现各类违法行为 361 起，纠正 336 起。1997 年新修订的《中华人民共和国刑事诉讼法》取消公安机关收审制度，监检部门督促有关单位清查收审人员，依法更换手续或送劳教或释放。专题检察保外就医罪犯 283 人，发现 40 人不符合条件，经建议全部收监。1998 年，市检察院会同苏仙区检察院专题检察“先行劳教”情况，审阅 1997 年以来该区入所的 1200 名劳教人员档案，发现 7 名“先行劳教”人员未移送司法机关处理，遂发出撤销劳教决定检察建议书，通知公安机关立案侦查。1999 年，检察机关在监所检察中，

发现监狱、看守所出现违规向减刑、假释犯人及其家属收取各项“费用”现象。经严肃提出检察建议，这一现象得到有效遏制。

2000年，市检察院监检科对减刑、假释案件实行公开听证审理。2002年，针对监狱保外就医罪犯严重超保及长期脱管现象，市检察院监所检察检科发出检察建议14份予以纠正。年内在资兴矿务局，宜章、临武县开展厂矿、乡镇监外管理试点工作。2003年，市检察院制定留看守所服刑人员呈报审批制度。当年对留看守所服刑人员管理问题提出检察建议30余条。安仁县检察院对留所服刑人员实行试用期和评分考核制。2004年，检察机关开展劳改犯人“减刑、假释、保外就医”检察，查出83个问题，提出纠正意见98条（次）、检察建议57件。监管、审判机关接受监督纠正54件；公安、监管机关对保外就医条件消失的罪犯收监25人，对刑期3年以上的罪犯一律不予留在看守所服刑。

2005年，湖南省检察机关开展整改违法减刑、假释、保外就医专项活动，郴州市两级检察院成立以检察长为组长的专项整治领导小组。市检察院监所检察科将2004年8月以来罪犯保外就医登记表、审批表、《保外就医保证书》、《初（复）检疾病鉴定表》、执行机关回执及相关病历检查资料全部建档，由市检察院检察技术科进行鉴别检查。提出纠正违法通知和检察建议69份，随之公安、监管机关收监16人。

二、诉讼时限检察

1989年，郴州监管场所人犯大幅增加，看守所超期羁押有所回升，经检察处置，情况好转。1990年，区内看守所出现久押未决、积案较多的状况，驻所检察人员加强羁押期限检察，发催办单2411张。地区检察分院每月通报各县（市）超期羁押情况，以引起重视。1993年，超期羁押仍居高不下，郴州检察分院印制起诉、免诉、退补通知单，以便准确掌握办案时限。经督办，当年超期羁押比上年下降37.7%，其中桂东、安仁两县消除超期羁押人犯。

1995年，郴州市检察机关要求驻所监检干警“勤清、勤问、勤催、勤跑”进行诉讼时限检察，超期羁押人数减至历年最少。1998年，湖南省检察院部署清查在押人犯久押不决问题，郴州12所看守所超期羁押3年以上的完全消化，纠正率为100%。到1999年4月底，全市尚有超期羁押案件118件155人，全市检察机关立即逐案发出检察建议，重点案件发出纠正违法通知书。是年，全市超期羁押1年以上案件全部纠正。

2000年，郴州市检察院严格执行提示函和换押制度，拟定超期羁押责任追究细则。2002年，全市开展集中清理、纠正超期羁押专项整治，制定“收案登记”“移送换押”“提前提示催办”及纠正违法等诉讼期限管理制度，清楚掌握在押人员在侦查、批捕、起诉、审判各环节的诉讼时间，适时使用提示、催办函提醒办案单位掌握诉讼的法定期限。全年发出提示函70余份，基本杜绝超期羁押现象。

2003年，根据最高人民检察院、省人民检察院统一部署，全市集中开展清理纠正超期羁押专项检察。郴州检察机关上半年清理公、检、法三家超期羁押219人，对严重超期羁押的18人速与当地协调，提出消化处理意见及时限。市检察院推广苏仙区检察院驻第二看守所检察室设立超期羁押公布栏，推动纠正超期羁押的作法，并督促公诉部门全部纠正超期羁押案件。当年，全市检察机关发出口头纠正意见473人次、提示函546份、纠正违法通知书147份，纠正224人。其中羁押4年之久的故意杀人嫌疑人邓某和伤害嫌疑人陈某，送司法鉴定后分别被重新起诉、送精神病医院监护治疗。安仁、临武、桂阳3县当年无超期羁押案件。2004年，发出提交、催办函1800余份，促成较长时间无超期羁押现象。2005年，全市实现无超期羁押案件。

1989—2005年，郴州羁押人犯首次超期4255人，其中，超拘留期582人，超侦查期1276人，超审查起诉期930人，超审判期1467人。此间，对超期羁押案件先后提出书面纠正意见1285人次，提出口头纠正意见5335人次。纠正超期羁押2816人，占超期羁押人犯的66.2%。

三、监管人员执法检察

1989年，郴州检察分院驻湖南省少管所、湖南省五监狱检察组共办理管教干部贪污、贿赂案2人，均作免诉处理；发现监管干警违法行为758次，均提出纠正意见，挽回经济损失6000多元。1990—1994年，全区立案查处监所监管人员贪污、受贿、玩忽职守案7件7人，其中万元以上1人。查处监管场所打骂体罚人犯，索要、收受人犯家属钱财，为人犯通风报信等违法乱纪案50件。1995年，全市检察机关狠抓监所干警违法犯罪案件查处，立案15件21人，其中贪污受贿、挪用公款2件2人，徇私舞弊、私放罪犯、玩忽职守5件6人，其他8件13人，贪污受贿8万元大案1件。北湖区检察院立案查处一起影响极坏的看守所干警邓某，策划犯人装嫖客以抓卖淫罚款创收的敲诈勒索案件。

1996年后，全市两级检察机关把办理监管人员违法自侦案件放在首位，强化执法检察。当年，既在监管场所设立举报箱，又注重从监管重大事故中发掘线索，全年立案12件12人，其中贪污贿赂3人、玩忽职守3人、徇私舞弊及体罚虐待人犯各1人，其他4人。1997年，嘉禾县检察院从办理该县公安局原政委刘某、县看守所原教导员曾某私放罪犯案中，继而深挖又连带发现县法院副院长雷某涉嫌收受贿赂案，县看守所玩忽职守案。所有涉案人员均依法受到处理。1998年，最高人民检察院缩小检察部门监所案件管辖范围。是年，自侦案件立案数比上年下降50%。2004年，全市初查监所职务犯罪线索3件，立案侦查陈某某、陈某受贿案和黄某失职致使在押人员脱逃案。2005年，全市监检部门加大查办刑罚执行和监管职务犯罪力度，初查自侦案件线索5件6人，立案侦查并移送审查起诉1人，纪律处分、调离各1人，其他处理2件3人。

四、被监管人又犯罪案件检察

1989年，郴州开展从重从快打击被监管人又犯罪活动，受理又犯罪案件34件，比上年上升82.4%，起诉28件40人。1990年，检察机关起诉又犯罪案件33件44人。同时，为将又犯罪消灭在萌芽状态，全区两级检察院到看守所进行个别提审教育1515人，召开宽严大会8次，从宽处理30人。1991—1993年，全区检察机关组织打击牢头狱霸，起诉判刑3人，并案从重处罚32人，从宽处理14人，具结悔过48人；严厉打击监所内又犯罪，起诉45件49人。其中督促湖南省少管所查处服刑犯陈某与其父等5人内外勾结共同策划脱逃、偷越国境的大案。

1994年，郴州检察机关配合看守所清查牢头狱霸89人，重新起诉5人。同时起诉又犯罪案件21件21人。1996年，全市检察机关配合公安机关开展打击牢头狱霸专项斗争，79人主动交待犯罪事实、196人检举揭发牢头狱霸行为，76人列为重点打击对象，监管秩序好转。嘉禾县检察院配合看守所成功制止一起特大集体预谋越狱事件。1997年，永兴县公安局对邓某保外就医期间又强奸妇女行为只作收监处理，县检察院监检股经调查取证认为邓涉嫌强奸罪成立，通知公安机关立案未予采纳，遂直接作又犯罪立案侦查，起诉至法院，邓被处有期徒刑7年。1998—1999年，全市检察机关提前介入又犯罪案件39件40人，起诉36件37人。2000—2001年，郴州市共办理又犯罪案件25件26人，起诉24件25人。2002—2003年，全市检察机关配合监管场所对拉帮结派、打架斗殴、强抢多占、欺压他人的牢头狱霸予以严厉惩处，两年办理又犯罪案件23件25人。2004年，全市看守所推行“约见检察官”制度，年内驻所检察官约见在押人员900余人，借以了解其思想动态，及时进行知法守法思想教育，避免又犯罪。2005年，全市检察机关办理又犯罪案件4件4人。

1989—2005年，郴州检察机关起诉在押犯又犯罪案件214件245人，全部由法院判决予以加刑。

第五节 控告申诉检察与检察技术

一、控告申诉检察

（一）控告检察

1989年，郴州两级检察机关均设控告申诉检察科（室），受理群众来信来访。同年，检察机关成立经济法纪罪案“举报中心”，接受人民群众对经济犯罪案件的举报。全年共受理人民群众来信、来电、来访6964件次，收到举报（控告）线索3208条（郴州分院745条），提供经济犯罪大要案线索122条。临武县检察院举报中心接受举报线索后，立即组织调查，一举侦破香花岭锡矿公安分局政委丁某、矿房产科曾某等4名中层干部受贿窝案，为国家挽回经济损失45万元。永兴县检察院根据举报查处亏损企业县造纸厂厂长胡某和供销、财务人员受贿窝案，追回赃款45万元。1993年起，湖南检察机关开展创建文明接待室工作，郴州两级检察院设立专用接待室，实行信访“检察长接待日”制度。

1995年4月，郴州市两级检察院经济法纪罪案举报中心与控告申诉科合署办公。1996年8月12日《检察日报》头版报道嘉禾县检察院率先推行实名举报承诺制的做法。1997年，全市两级举报中心为自侦部门提供成案线索145件，占自侦立案数的78.8%。1999年，市检察院在接待室安装微机和举报自动受理电话，首次实现信访处理率100%。年内全市检察机关受理举报（控告）线索1803条，初查248条，移送侦查部门立案56件。2000—2002年，检察长接待来访312人次，批阅重要来信716件次。

2003年，全市检察院控告申诉部门全面推行“首办责任制”。并创新检察长接待日制度，试行预约接待、跟踪答复，点名接待、预约答复等方式。嘉禾县检察院试行“检察长（副检察长）轮流天天定时接待”制，苏仙区检察院实行检察长下乡“巡回接待”制等。年内，全市检察机关先后有3个单位被最高人民检察院授予“全国检察机关文明接待室”称号。2004年全市集中处理涉法、涉诉来信来访，清理涉法上访案35件，涉及检察机关21件，全部办结。

2005年，全市检察机关开展“规范执法行为，促进执法公正”专项整改活动。年内办理涉检重大信访案12件，因执法公正，受到群众赞誉。

1995—2005年，全市检察院机关受理举报（控告）线索22153条，其中，贪污、贿赂等经济犯罪案线索17277条，占78%，渎职侵权等法纪案件线索7876条，占22%。检察机关初查9468件，立案侦查3542件，其中金额在万元以上大要案1248件，要案69件。市检察院设立举报奖励基金

75万元，先后奖励举报有功人员200余人次；查处打击报复举报人员案件16起。

（二）申诉检察

1989年，郴州地、县两级检察机关立案复查申诉案13件，其中不服检察院不批准逮捕的申诉案件5件5人，不服检察院免于起诉决定的申诉案件2件2人，不服法院判决的申诉案件4件4人，其他2件2人。检察机关按照“维持有理，撤案有据”的要求立案查处，当年办结14件14人（含上年未结4件4人），其中维持原决定11件11人，改变原决定3件3人。

1990年后，检察机关加快查办申诉案件，特别是不服免诉的申诉案件。坚持“实事求是，有错必纠”的原则，维护法律尊严。2002年，市检察院在受理邝某某不服临武县检察院刑事申诉复查决定的再次申诉案中，通过阅卷审查、取证，发现邝某某交通肇事案的证据不足，依法撤销临武县检察院不起诉决定和刑事复查决定，并对其遭错误逮捕作出刑事赔偿。当年，市检察院办理一被害人不服永兴县检察院对张某某不诉一案时，查实张某某伙同他人先后两次使用暴力手段轮奸未满16岁少女，事实清楚、证据确实充分。经检委会讨论决定，纠正永兴县检察院原不起诉决定，并由原承办单位追捕张某某归案与同伙人一并提起公诉。

2004年，全市开展不起诉案件专项复查，集中复查2003年以来100件不起诉案件，经湖南省检察院督查组复核确定质量不高的案件5件。市检察院遂对这5件案件重新阅卷审查并予以纠正，通报5起案件存在的问题、原因及整改意见。2005年全市检察机关受理刑事申诉案16件，立案复查9件，纠正原决定3件，向法院提出抗诉意见1件。当年，对2004年未办理的申诉复查案件逐案进行专项检查。

（三）刑事赔偿

1995年，郴州市检察机关启动实施《中华人民共和国国家赔偿法》（简称“国家赔偿法”），根据最高人民检察院有关由控申部门承担刑事赔偿工作的决定，当年市、县两级检察院配备专职人员并进行刑事赔偿业务培训。1996年，全市检察机关设置“刑事赔偿工作办公室”，负责办理检察机关及其工作人员在行使职权时，违法侵犯当事人财产权和人身权的赔偿工作。

1997年始，全市检察机关正式办理刑事赔偿工作。是年4月，资兴市检察院受理陈某某（聋哑人）因被指控故意杀人而被错误拘留、逮捕而提出的国家赔偿申请。经立案审查，按国家赔偿法给予赔偿2504.36元，对其造成的损失补偿3977元。成为郴州首起刑事赔偿案件。继后，办理刑事赔偿案件逐年渐增。2004年，宜章县检察院依法办理姚某某赔偿申请案。姚因涉嫌故意伤害罪，而被关押168天，后经查明系错误关押，县检察院立案审查后决定，对姚被错误关押给予赔偿人民币9362.24元。

1997—2005年，全市检察机关受理刑事赔偿申请37件，决定立案28件，办结26件，给予赔偿12件，不予赔偿14件。其中市检察院受理刑事赔偿申请复议9件，维持原决定8件，给予赔偿1件。

二、检察技术

1988年3月，郴州检察分院组建刑事技术科。1989年，全年受理各类送检案件17件，其中文证审查5件、司法会计鉴定2件、法医检验1件、其他9件。1990年，汝城县检察院在全区县级院首设检察技术室。全区技术检察部门受理各类检验鉴定的案件152件，比上年增加7.9倍，办结151件，改变原鉴定结论2件。1991年3月，郴州检察分院成立法医检验鉴定所，扩大受案范围，调配兼职技术人员8人。1992年，全区设检察技术科（室）7个，配专（兼）职技术人员23人。郴州检察分院规定，凡涉及技术鉴定的各类批捕、起诉案件需经技术部门文证审查。是年8月，重点抽查郴州市、汝城县检察院和郴州分院技术科办案质量，检查各类检验鉴定案件135件，无一错案。

1993年，郴县（今苏仙区）检察院成立司法会计检验鉴定室，汝城、郴州市（今北湖区）开办法医门诊所。当年全区办结各类检验鉴定案件292件，出具各类检验鉴定文书181份，为办案提供技术证据225件，出具鉴定书71份。郴州检察分院法医欧矿生受理嘉禾县送检的张某伪证案时，发现张在医院所拍伤情照片系他人所替，检验张某头部也属轻微伤，遂纠正原重伤结论，刑检部门据此对被告作出不批捕决定。1994年，郴州检察分院新建技术大楼，全区检察机关有18人经考核取得检察技术鉴定资格。

1995年，全市检察机关办结各类检验鉴定案件501件，基本达到上级关于有鉴定权者年人平办案25~30件的要求。法医鉴定368件，人平办案90件以上。全年文证审查21件，改变原结论10件，退回补充侦查2件。1996年，北湖区反贪局立案查处人民路城市信用社会计周某伪造储蓄存单冒领14万元现金案，周已批捕关押两年，因证据不足尚未结案。此案移送市检察院鉴定，补充证据20余份。最终结案并起诉，一审以贪污罪判处周有期徒刑8年。

到1997年，郴州市11个县（市、区）检察院全部设立技术科（股、室），配备2~3名专（兼）职技术人员。市检察院和苏仙区，宜章、嘉禾、永兴、安仁、临武县检察院建成电视监控审讯室；资兴市建成检察技术大楼。是年，全市有5人专门从事视听门类工作，全年物证录像24件、现场勘验42件、重大责任事故现场勘验录像2件、重大渎职犯罪现场物证录像1件。1998年，资兴、汝城、桂东3县（市）检察院均投资过百万元建成监控系统。检察技术的进步，促进了办案质量和效率的提高。安仁县检察院在办理县建筑公司经理侯某和李某贪污案中，因证账据不足，被告拒不供述，案件一时搁置。市检察院司法会计刘年定深入发案单位一一清点往来账目万余笔，从中获取两人贪污证据，查清犯罪事实，使两犯获罪。

1999年后，检察机关拓宽技术检察办案面，健全完善检察技术门类。是年，全市受理各类检察技术鉴定845件，其中法医鉴定725件，比上年增长10.9倍；办结各类鉴定案件849件，比上年增长4.7倍。2000年，以市检察院为中心，全市初步形成技术门类齐全、技术网络互补的检察技术框架。2002年10月，市检察院成立技术鉴定中心，设有法医、视听、司法会计、文检、保险鉴定等技术门类，检察技术门类得以健全完善。年内，拓宽技术检察办案面，为国企保险业办理保险理赔鉴定和识破保险理赔欺诈案件120件，挽回经济损失230万元。

2003年，郴州市检察院将信息化建设列为检察技术中心内容。2004年，开通内部数字程控交换机，实现专网电话、公网电话通信；开通办案审讯监控系统。全市检察机关建成局域网系统并试运行。是年，市检察院利用技术手段，技术鉴定中心人员通力配合，出具司法会计检验鉴定结论文书43份，协助成功破获李树彪贪污、挪用公款11.8亿元大案。

1989—2005年，全市检察技术部门受理各类检察鉴定案件9218件，其中检验鉴定案件8101件，文证审查案件276件，其他案件841件；办结9146件，出具各类检验文书8179件，其中鉴定书7173件，检验报告50件，分析意见书110件，其他846件。

第六节 检察机构

一、检察委员会

郴州市（地区）、县两级检察院均设检察委员会。检察委员会由检察长、副检察长以及资深检察员若干名组成。1989年，郴州检察分院检察委员会由15名委员组成，各县（市）检察院检察委员会一般由5~9人组成。1997年3月，郴州市、县两级检察院制定《检察委员会议事规则》。次年，对《检委会议事规则》进行修订，明确检察院研究室（办公室）为检委会办事机构，并确定一名兼职检委会秘书做检委会事务工作。

2005年，市检察院检察委员会仍为15名委员组成，各县（市、区）检察院检察委员会为5~11名委员不等。全市两级检察委员会有委员122人，其中正、副检察长60人，占49.2%。检察院检察委员会主要工作职责：讨论决定检察工作重大事务，讨论决定重大、疑难案件查处。

二、检察院机关

（一）郴州市人民检察院

郴州市人民检察院的前身是湖南省人民检察院郴州分院（简称郴州检察分院）。1989年，郴州检察分院内设8个业务科室、4个综合科室，在职人数80人。郴州检察分院检察长、副检察长、检察委员会委员和检察员均由湖南省人民检察院检察长提请湖南省人民代表大会常务委员会任免；助理检察员、书记员由检察院检察长任免。

1995年，湖南省人民检察院郴州分院更名为郴州市人民检察院（简称郴州市检察院）。市检察院检察长由郴州市人民代表大会选举产生，报湖南省人民检察院，由省检察院检察长提请湖南省人大常委会任免；副检察长、检察委员会委员和检察员由市检察院检察长提请郴州市人大常委会任免；助理检察员、书记员由市检察院检察长任免。

2005年年底，郴州市检察院内设12个业务科、局、室、队和8个综合科室委。12个业务科局室队为：侦查监督科、公诉科、反贪污贿赂局（加挂“侦查指挥中心”牌子）、渎职犯罪侦查局（内设侦查一室、二室）、监所检察科、民事行政检察科、控告申诉检察科（加挂“举报中心”“刑事赔偿工作办公室”牌子）、职务犯罪预防局、检察技术科、驻郴州监狱检察室、林业检察科、法警支队。8个综合科室委为：办公室、政治部（内设组织人事科、宣传教育科）、法律政策研究室、行政装备科、监察室、纪检组（与监察室合署办公）、机关党委、检察官培训中心（加挂“湖南电大省检察院分校郴州辅导站”牌子）。在职人员116人，其中正副检察长6人、检察员77人、助理检察员6人、书记员5人、法警12人、其他行政人员4人、工勤人员6人。

（二）县（市、区）人民检察院

1989年，郴州地区所辖郴州市、资兴市、郴县、桂阳县、宜章县、永兴县、安仁县、临武县、嘉禾县、汝城县、桂东县11个县（市），均设立人民检察院，共有在职人员465人。县（市）人民检察院检察长由各县（市）人民代表大会选举产生，经郴州检察分院报湖南省人民检察院检察长提请湖南省人大常委会任免；副检察长、检察委员会委员和检察员由县（市）人民检察院检察长提请各县（市）人大常委会任免；助理检察员、书记员由县（市）人民检察院检察长任免。

1995年5月，郴州市、郴县人民检察院分别更名为北湖区、苏仙区人民检察院。其他9个县（市）检察院无变化。至2005年底，各县（市、区）人民检察院一般内设机构11个，共有在职人员549人，其中正、副检察长54人，检察员323人，助理检察员3人，书记员61人，法警37人，其他行政干部22人，工勤人员49人。

（三）派驻检察室、联络室

1987年3月，郴州检察分院组建驻地区税务局检察室。1990年，分院先后设立驻地区农业银行、工商银行、烟草公司（烟草专卖局）、供销社、商业局、郴州卷烟厂、建设银行检察室。县（市）院设检察室30个，配备专兼职检察干部37人，由检察机关任命所驻单位检察人员94人。1991年派驻检察室增至51个。1995年，除税务检察室外其他派驻检察室于当年10月全部撤销。是年底，税务检察室扩展为检察、国税、地税、农税四家组成。1997年，涉税案件划归公安机关管辖，11月税务检察室被撤销。

1996—1997年，全市检察机关在大中型厂矿和易发、多发经济违法犯罪的单位与部门建立检察联络室37个，聘请联络员91人。1999年根据上级指示精神，各检察联络室撤销。2002年，全市在金融、烟草、卫生、建筑、工商等系统和行业建立预防职务犯罪联络室55个，聘请联络员60名。2004年12月，最高人民检察院制定《关于实行人民监督员制度的规定（试行）》，全市两级检察院聘请96名人民监督员。至2005年，全市在重点行业共聘请预防职务犯罪联络员516名。

1989—2005年郴州市（郴州）人民检察院（分院）主要负责人名录

表9-4-6-1

单 位	姓 名	职 务	任职时间
湖南省人民检察院郴州分院	赵恒湘	检察长	1987.07—1993.03
湖南省人民检察院郴州分院	齐大德	检察长	1993.03—1995.05
郴州市人民检察院	齐大德	检察长	1995.05—2000.05
郴州市人民检察院	贺茂林	检察长	2000.07—2003.09
郴州市人民检察院	许庆生	检察长	2004.04—

第五章 司法行政

第一节 普法与依法治理

一、法制宣传教育

1989年，郴州地区地、县两级司法行政部门结合贯彻最高人民法院、最高人民检察院《关于贪污受贿投机倒把等犯罪分子必须在限期内自首坦白的通告》，以及整顿社会治安等工作，广泛组织开展《中华人民共和国宪法》（以下简称宪法）、《中华人民共和国刑法》（以下简称《刑法》）、国务院《治安管理处罚条例》等法律、法规的专项宣传教育活动。年内全区出动宣传车1304台次，办法制宣传专栏1.23万期，广播讲座2.11万场次。在法制宣传过程中，协同处理治安纠纷案3560起、教育转化违法人员4800人次。1990年，全地区各级共组织9万余人参加湖南省"三湘普法杯"法律知识竞赛学习，普法活动形成热潮。

1992年新修订的宪法颁布实施十周年。5月，开展"宪法宣传月"活动，郴州地区司法系统举办"宪法在我心中"演讲比赛和"学宪法、爱祖国"征文比赛，推动各行各业学宪法、守宪法。全区涌现县级以上学法用法先进单位69个、先进个人115名。东江水泥厂和资兴市唐洞街道办司法助理员熊士高，分别被全国普法办、司法部授予全国"二五"法制宣传教育工作先进集体和先进个人称号。

1996年4—10月，配合严打刑事犯罪专项斗争，全市开展以宣传学习刑法为主要内容的法制宣传教育。市、县两级举办各类违法人员学习班206期，参学人员2万人次。1997年8月开展刑法学习宣传月活动，全市印发刑法宣传资料7万份，设立普法进村咨询点接受群众咨询13万人次；郴州市委政法委组织干警开展《刑法》知识考试，参考率100%。1998年，市委宣传部、市直机关工委、市司法局联合举办全市"走向法制"演讲比赛，带动全市广泛开展法制宣传教育。

2000年后，郴州市注重结合中心工作开展普法教育，以工作带动学法，以学法促进工作。在农村集中开展 "讲法制，送温暖，聚民心，保安全"活动。市、县两级选派机关干部和普法骨干3000多人深入农村结合送温暖办实事开展普法宣传，户赠《农村普法简明读本》一册；举办政策法律培训班5600场次，参学者74万人次。是年，桂阳、永兴两县在社会治安综合治理中，将与衡阳市交界地区的乡村作为社会治安整顿重点，采取送法进村入户的方式广泛进行学法用法宣传。驱使边界地区相继结成"睦邻友好乡（村）"，随之在解决边界纷争中出现"有疑问学法规，有纠纷依法调解"的新气象。

2002年4—10月，配合党员干部"廉洁自律"教育，郴州市委纪委、市委政法委组织服刑、劳教人员，到市直机关和各县（市、区）开展"现身说法"警示教育49场次，接受警示教育的干部职工6万人次。2003年在非典型性肺炎防治期间，全市先后组织9300多名干部和法制宣传员，下村入户结合“非典”防治工作开展专项法律知识宣传，发放《中华人民共和国传染病防治法》《突发公共卫生事件应急条例》等资料123万份，依法推进传染病防治工作。

2005年，郴州市司法行政部门结合全市“万名干部下基层排忧解难”这一中心工作，先后组织开展第四届农村法制宣传教育月、青少年法制宣传周、“6·26”国际禁毒日和“12·4”法制宣传日等活动。采取办培训班、上法制课、设咨询点，和举办图片展及文艺演出等灵活多样的形式，重点宣传当年中共中央一号文件及农业方面的“一法四条例”（《中华人民共和国种子法》《农药管理条例》《植物检疫条例》《基本农田保护条例》《植物新品种保护条例》）。北湖区、桂阳县、嘉禾县把发生在农民身边的典型法治案例，编成文艺节目巡回演出，把法律常识编成“三字经”、顺口溜在村民中传诵，使法制宣传教育通俗易懂，群众喜闻乐见。当年市、县两级组织“送法下乡”250次，发放法制宣传资料200万份（册），举办法制宣传讲座1200场（次），接待法律咨询群众52万人次。

二、普法规划实施

1986—2005年，郴州市（地区）司法行政部门根据国家统一部署，持续组织实施四个五年普法规划，向广大公民普及法律常识。1986—1990年，郴州地区组织实施第一个五年普法教育规划（简称“一五”普法）。地区成立普法依法治理领导小组，制定全区公民普及法律常识五年规划，组织普法对象重点集中学习《宪法》《刑法》《刑事诉讼法》《民事诉讼法（试行）》《婚姻法》《兵役法》《经济合同法》《森林法》《民族区域自治法和治安管理处罚条例》（简称“九法一条例”）。1990年经验收，全区285.1万名普法对象中有257.17万人参加普法学习，占普法对象总人数的90.2%。

1991—1995年，全区（市）组织实施第二个五年普法教育规划（简称“二五”普法）。主要以学习《宪法》为核心，以各行各业专业法律法规的普及为重点。郴州各地编印和发行普法教材35万册，培训法制宣传骨干6.95万人次。领导干部重点学习《中华人民共和国宪法讲话》《社会主义法制建设若干问题讲话》两本书。期间举办地、县级领导干部培训班110期，培训地、县级领导干部3100人次。“二五”普法验收时，先后组织230个考核小组，考核验收5000余个单位，普法教育合格率98.7%；参加验收统考的15万名机关企事业单位干部职工，皆获“二五”普法合格证。城乡居民普法对象90%按要求接受了相关的法律法规学习。

1996—2000年，郴州市组织实施第三个五年普法教育规划（简称“三五”普法）。市、县两级党委（党组）中心学习组，坚持定期集中学法制度。郴州市委中心学习组相继举办9次法制专题讲座，集中学习《宪法》《国家赔偿法》《行政处罚法》《行政诉讼法和国家公务员暂行条例》。全市相继开办普法学习总校、分校、夜校等3.4万所（处）。市、县两级成立普法讲师团。其间，市、县两级人大常委会坚持干部任前法律知识考试制度，对未经考试或考试不合格者，不予任职审议；市普法领导小组与市委组织部发文规定，将普法考试成绩及学法用法情况作为考核、使用、提拔干部的重要依据之一。“三五”普法还将青少年学生纳入普法重点对象。法制教育被列为全日制普通学校的必修课程，通过聘请“法制校长”“法制宣传员”和组织课外法制教育活动等方式，施行学校法制教育。苏仙区在初、高中和中专应届毕业生中推行普法合格证制度，并将其作为劳动就业、兵役应征必备的一种有效证件。2000年，经湖南省组织检查验收，郴州市“三五”普法综合评分92.50分，位于全省市、州前列。2001年5月，郴州市依法治市领导小组办公室被全国普法办、司法部评为“全国‘三五’普法依法治理先进单位”，郴州市市长龙定鼎、市司法局局长陈社招被评为“全国‘三五’普法依法治理先进个人”。

2001—2005年全市组织实施第四个五年普法教育规划（简称“四五”普法）。主要开展以农村法制宣传教育月、青少年法制宣传周、“12·4”全国法制宣传日等活动为载体，重点开展与公民生产生活和社会治安相关法律法规的学习教育。重点普及《刑法》《人口与计划生育法》《税法》《矿产资源法》《安全生产法》《道路交通安全法》《劳动法》《合同法》《环境保护法》《妇女权益保障法》《农业法》《科学技术普及法》《义务教育法》13部法律法规。2001年3月和11月，由郴州市委领导带队，先后分别深入到苏仙区良田镇和嘉禾县龙潭镇进村入户开展“送法下乡”活动。是年，郴州市委、市政府制定《关于加强领导干部学法用法工作的实施意见》。2004年4月，市委、市政府中心学习组邀请国家行政学院、中央修订宪法小组法学专家来郴州举行宪法学习专题报告会。“四五”普法期间，全市举办领导干部和普法骨干法律知识培训班363期，市、县两级领导干部实行一年一次的法律知识考试。全市副科级以上干部参考6.22万人次。全市2289所中小学校配备法制副校长，建立青少年法制教育基地60个。资兴市被中共中央宣传部、司法部授予“全国‘四五’普法先进市”称号。

1989—2005年，全市（地区）普及学习日常行为性法律法规和专业性法律法规260部，接受学习的普法对象348.5万人，先后有9万多人经统考取得“普法合格证书”。

三、依法治理

郴州的依法治理工作起步于“依法治村”。1987—1989年，郴州地区组织贯彻实施《中华人民共和国村民委员会组织法》（简称村民委员会组织法），部分乡镇（街道）开始展开“依法治村”活动，随后在全区推广。1990年1月，全区以“依法治村”为牵引，推进宣传、贯彻村民委员会组织法，在全区2969个行政村实行“依法建制、以制治村，民主管理”工作，相继制定、修改、完善村务管理章程，推行村务公开、财务公开。继而，郴州地区以依法治村为带动，渐次延伸铺开依法治乡、治厂（矿）、治街、治校、治店等活动。到1995年，郴州市涌现出湖南省省级普法依法治理示范村10个、先进村49个。

1996年11月，郴州市普法领导小组更名为郴州市普法依法治理领导小组。是年，全市司法行政系统在依法治理中实施“四项工程”，即为国有企业深化改革提供法律服务的“护航工程”，为发展农村经济和维护农民合法权益服务的“维权工程”，加强司法行政基层基础建设的“基层基础工程”，加强司法行政队伍建设的“形象工程”。1997年，中共第十五次全国代表大会提出“依法治国”方略。1998年2月，郴州市委、市政府召开依法治市动员大会。会后，郴州市人大常委会立即审议通过依法治市的决议，各县（市、区）普法依法治理领导小组随即制定依法治理规划。市、县两级人民政府，人民法院、人民检察院相继制定印发与之相配套的规范性文件。进而依法治市工作在全市全面扎实推开，逐步构成以“基层依法治理为基础、行业依法治理为支柱、地方依法治理为主体”的三大依法治理格局。同年12月，成立郴州市依法治理督查团开展督导工作。1999年2月，郴州市普法依法治理领导小组改设为郴州市依法治市领导小组，由市委书记任组长，市长任第一副组长，市司法局局长任领导小组办公室主任。

1999—2000年，郴州依法治市工作重点转入治理社会反应强烈的热点、难点问题。集中整治乱收费、乱罚款、乱摊派、乱集资（简称“四乱”）行为，重点清理1993年以来当地出台的有关收费文件。市、县两级先后清理收费项目4577个，依法依规取消收费项目1415个，降低收费标准的项目260个。全市对21个行政收费单位实行重点抽查，查处违纪违规收费596.9万元，收缴入财政252万元；全市自清自查单位710个，交叉检查乡镇196个，查出违纪金额43.72万元。2001年，全市开展“依法行政年”活动，及时查处一批违法行政的国家工作人员，制定出台依法规范政府行政行为的文件，推进依法治市工作进程。市委、市政府当年下文规定，凡一个单位一年内发生两起以上因行政违法、违规而严重影响经济环境的典型案件，除严厉查处单位直接责任人外，一把手要引咎辞职或责令辞职。

2003年7月14日，市委、市政府召开全市依法治市工作会议，提出依法治市首先是抓好依法行政。此后，全市采取集中培训和个人自学、以考促学等办法，加强行政执法人员的法制学习与培训。年内，全市1.6万名公务员及司法、行政执法人员参加岗位学法培训和考试，有15人因首次考试不合格，被离岗培训。自当年起，每年年终开展行政执法质量考核评议，促进依法行政、公正司法。如市计划生育委员会和市中级人民法院联合建立计划生育执法机构，依法处理计划生育违法案件。当年全市计划生育综合治理目标管理到位率94.26%，

2004年，郴州市依法治市领导小组下发《关于加强基层民主法制建设的意见》，全面部署全市第六次村委会换届工作。此次整个换届选举历时6个月，共登记选民278.4万人，参加投票选民244.3万人，参加投票率87.8%，选举工作自始至终依法依规展开，规范有序。与此同时，结合“四五”普法在广大农村开展遵纪守法、团结互助、依法治村治家等教育。全市开展创建“民主法治示范村（社区）”“遵纪守法户”“五好家庭户”“依法办事示范窗口”等活动，推进把依法治理落实在基层和家庭。1989—2005年，全市（地区）有28个单位被湖南省依法治省领导小组命名为“全省依法办事示范窗口”，20个村和8个社区被授予“全省民主法治示范村（社区）”称号。

附：

郴州法学研究概况

郴州市法学会成立于1986年12月（原为郴州地区法学会）。1995年，撤地建市后更名为郴州市法学会。下设行政法学、青少年法学、监狱劳教法学、刑法法学、民法和经济法学6个法学分会。

1989—2005年，郴州市（地区）法学会注重发挥分会单位和会员在法学方面的“人才库”“智囊团”作用，坚持理论与实践相结合的学术研讨原则，积极组织会员开展调查研究，根据司法实践中出现的新情况、新问题、新典型，进行专题法学理论探讨与创新。在此期间，组织和引导会员结合司法工作实践撰写论文、案例剖析、调查报告2958篇。其中，选至全省、全国法学系统各类学术活动进行交流的596篇，在相关法学论坛、学术报刊发表364篇，获省级以上学术论文奖25篇；获全国社会科学优秀成果一等奖1篇，二等奖2篇。组织召开法学理论研究会20余次，及时将法学研究理论新成果呈送相关领导与部门，为促进全市依法治理工作积极发挥“参谋”作用。

郴州法学会注重发挥人才优势，主动服务全市法制宣传、普法培训、基层法律服务和依法治市等工作。在此17年间，共组织印发普法宣传资料、学习书籍800万余册（份），协同有关单位举办法律知识讲座1630场（次）、普法骨干培训班2750期，并采用多种形式义务解答法律咨询100万人次。2005年，学会还选派律师为38家政府职能部门担任常年法律顾问，运用学会研究成果为政府提供法律意见书和决策法律论证47份。参与处理尚未形成诉讼的各类重大纠纷4起。定期召开会员代表大会，刘正和宋光华先后当选郴州地区法学会第一届、第二届会长；1995年郴州撤地建

市后，市委常委、市委政法委书记王镇鑫和赵立民先后当选郴州市法学会第一届、第二届会长。

第二节 人民调解与基层法律服务

一、人民调解

（一）人民调解组织

1989年6月17日，国务院颁布《人民调解委员会组织条例》，郴州地区以此为契机，至年底在全区建立村民（居民）委员会调委会、村民小组调解小组和厂矿企业调解组织3202个，配备兼职和专职调解员2.53万名。1995年撤地建市后，调整规范人民调解工作的业务、组织、队伍，到1997年，全市人民调解组织发展到由人民调解工作领导小组、人民调解委员会和人民调解小组所构成的三级调解网络。并根据人口聚居出现的新情况，在城乡商贸市场、经济开发区、流动人口聚居地和行政区划接边地区，建立跨地区、跨行业、跨部门的调解组织639个。

1998年，郴州市推广北湖区和苏仙区组建“十户调解员”“义务调解员”“纠纷信息员”队伍的试点经验，全市义务调解员和纠纷信息员队伍发展至2.87万人。2000—2001年，郴州突出加强乡镇人民调解组织建设，全市258个乡镇（街道办事处）均建立由乡镇（街道）领导和驻乡镇（街道）单位负责人参加的司法调解中心。2002年，全市开始推行“首席调解员”制度，挑选能力强、业务精、工作负责的调解员为乡镇（街道）首席调解员，负责处理辖内重大疑难纠纷和调解员指导工作。2004年，郴州市司法局制定《人民调解工作规范要求》，对人民调解工作机构的设施建设、内务建设、制度建设等方面提出规范性要求。人民调解委员会随之实现“五有”（有标识牌、有印章、有办公场所、有调解回访记录簿、有统计台账）目标。

2005年，人民调解基层组织形成“乡镇（街道办事处）—村（居）委员会—村（居）民小组”的三级调解网络；建立起调解“四支队伍”（人民调解员、司法助理员、基层法律服务工作者和“12348”人民调解热线工作队伍），构成多层次、全方位、全社会共同参与的“大调解”工作格局。是年年底，全市建立各级各类人民调解组织3661个，配备专、兼职人民调解员1.37万人，义务调解员和纠纷信息员2.8万人。

（二）矛盾纠纷调解

1989—1992年，郴州地区贯彻落实《人民调解委员会组织条例》，重点组织防范与调处季节性争水争地纠纷和地域交界地群体性纠纷。此间，在群体性纠纷械斗易发的县与县、乡与乡、村与村交界地区，组织开展睦邻友好联谊活动，增进边界地区和谐相处。在此四年间，以调解民间和地域纠纷为重点，成功调解各类纠纷13.1万余件。1995—1997年郴州市在湖南省内外接边交界地区联合召开各级睦邻友好联谊会147次，签订睦邻友好协议书360份，相互走访2063次。郴州所属嘉禾、桂阳、临武与零陵所属的蓝山、新田、宁远、祁阳7县接边地区，一同调处各类纠纷244起，处理各类矛盾纠纷引发的大小事件974起。通过调解促友谊，两地七县联手架桥36座，修路49条长126千米，建渠120条长48千米。同时，全市开展“百乡千村创‘四无’（无因纠纷缴化引起的自杀、无民转刑事件、无群体性械斗、无群体性上访闹事）”活动。全市每年各级组织干部进村入户找纠纷，抓调解，帮助创建“四无”乡（镇）、村。此间，评出“四无”乡镇163个、“四无”村1967个。

嘉禾、桂东县成为全市第一批达到“四无”标准的县，苏仙、北湖、汝城、资兴、永兴5县（市、区）“四无”乡镇达80%以上。郴州市司法局、嘉禾县司法局先后被湖南省司法厅评为“创‘四无’乡镇‘安宁杯’活动组织工作先进单位”。1999年，临武县城关镇东城村调解委员会被司法部授予“全国模范人民调解委员会”称号，嘉禾县广发乡白觉村村委会调解员廖名学、永兴县柏林镇马桥村村委会调解员王贵义被司法部授予“全国模范人民调解员”称号。

2002年，最高人民法院和司法部相继出台《关于审理涉及人民调解协议的民事案件的若干规定》和《人民调解工作若干规定》，赋予人民调解协议的法律效力。全市开展基层维稳“民安工程”活动，成功调解一批久拖不决的矛盾纠纷。嘉禾县行廊镇定里村与水冲村从1970年开始为一块17公顷的山地权属产生诉争，虽经湖南省、郴州市、嘉禾县三级人民法院判决，仍难执行。2002年9月，经行廊镇组织两村人民调解委员会进行反复协商调解，终使这起历经32年的诉争成功化解。

2003—2005年，全市组织开展“调解矛盾纠纷，创建平安郴州”活动。市内各级调解组织本着依法、自愿和保护当事人合法权益的原则，调解大量恋爱、婚姻、赡养、抚育、继承、债务、财产及宗族、边界等民事纠纷，对一些未构成刑事犯罪和违反治安管理轻微伤害纠纷也进行了及时调处。2003年，汝城县外沙乡通过人民调解化解5起5~16年的村民历史积怨纠纷；北湖区同和乡、苏仙区荷叶坪乡、桂阳县团结圩乡3乡创建“联防联调联建”工作模式，实现民间纠纷“小不出组，大不出村”，就地调解。2004年，嘉禾县司法局、苏仙区雅市坪村调委会、桂东县新坊乡溪源村调委会主任李建平被司法部分别授予“全国人民调解宣传工作先进单位”“全国模范人民调解委员会”“全国模范人民调解员”称号。2005年5月，郴州市委、市政府召开人民调解暨刑释解教人员安置帮教工作经验交流会，表彰和重奖为调解工作做出突出贡献的3个先进集体和78名先进个人。

1989—2005年，郴州市（地区）共调处民间纠纷37.76万件，调解成功35.48万件，调处成功率94%；通过调解，防止群体性纠纷械斗5698起，防止“民转刑”案件8316起。随着社会法律意识和文明素质的提高，2005年调解纠纷件数由1989年的4.05万件减少至1.03万件，同比下降74.6%。

二、基层法律服务

（一）法律服务所服务

1989年，郴州地区司法行政机关设立乡镇（街道）法律服务所192所。由乡镇司法助理员担任法律服务所主任，聘请基层法律工作者599人，与乡镇（街道）司法所（办）合署办公。自1994年始，推广嘉禾县坦坪乡实行法律服务所与司法所“两所分离”改革试点经验。至1996年底，郴州市建立基层法律服务所243所，有法律服务工作者571人，60%以上的法律服务所与司法所分离，成为独立自主的法律服务实体。是年，全市法律服务所广泛开展“送法宣传下乡进厂、送法律服务上门到户”活动，受聘为1609家企业担任常年法律顾问，完成诉讼代理3267件，非诉讼代理3569件。

1999年，郴州市基层法律服务所参与清理整顿农村“两会一部”（农村合作基金会、农村救灾扶贫互助储金会，农村供销社股金服务部）工作，担任“两会一部”法律顾问121家，代理诉讼253件，非诉讼代理208件，追回资金4200多万元，为化解农村金融风险做出贡献。基层法律服务工作者贴近基层，心系群众，不辞辛劳地为基层提供法律服务。2000年5月29日，在耒阳红卫煤矿打工的桂阳县塘市镇农民黄承绍井下作业时，因翻斗车接簧突然失控被压死。矿方以黄未与矿方签订劳动合同为由，声称对事故不负任何责任。塘市镇法律服务所副所长欧阳伦接案后，冒着高温酷暑几次奔波至该矿交涉，依法据理力争，终使矿方承担应负责任，予以赔偿死者抚恤金、丧葬费、抚养费等计15.29万元，依法维护了死者的合法权益。当年，随着基层法律服务机构各项建设的不断加强，全市经过优化组合的152家法律服务所实现“五有”（有牌子、有房子、有章子、有制度、有票子）和“四公开”（公开办案制度、公开收费标准、公开财务管理、公开接受监督）要求。

2003年1月，成立“郴州市基层法律工作者协会”，对全市基层法律工作者依法实施行业管理。2003—2004年，全市规范基层法律服务所的设置，并进行兼并优化组合。资兴市合并为6个片区法律服务所；临武县将全县19所法律服务所精简合并为金龙法律服务所和城关中心法律服务所；宜章县则在精简原基层法律服务所的基础上增设“宜章县维权法律服务所”。在管理体制上，有的为自收自支事业单位，由县（市、区）司法局或当地人民政府主管；有的为社会中介机构，由市、县法律工作者协会实行行业管理。其业务接受当地司法局指导。

至2005年年底，全市有乡镇（街道）法律服务所49家，法律工作者263人。1989—2005年，全市（地区）基层法律工作者先后为5100家单位担任法律顾问；为群众代理诉讼事务1.37万件，代理非诉讼事务1.97万件，协助调处各类矛盾纠纷4.53万件；解答法律咨询39.7万人次，代写法律文书4.2万件。累计为当事人避免和挽回经济损失2.5亿元人民币。先后有桂东县东升法律服务所、桂阳县城关法律服务所被司法部授予“优秀基层法律服务所”“文明法律服务所”称号。

1989—2005年郴州两级法院案件执行情况统计表

表9-5-2-1

项目 年份	法律服务所（所）	担任单位法律顾问（家）	诉讼代理（件）	非诉讼代理（件）
1989	192	261	365	1010
1990	206	319	338	1074
1991	214	451	613	819
1992	2251	875	737	1210
1993	228	1265	1503	1839
1994	241	1747	1064	1747
1995	241	2235	1693	2218
1996	243	1609	3267	3569
1997	129	1009	1963	3605
1998	124	348	5600	1927
1999	110	967	570	4256
2000	110	1217	6100	4987
2001	110	1230	3600	4451
2002	72	1105	1563	1894
2003	66	215	1500	1647
2004	49	58	428	679
2005	49	79	657	724

（二）“148”法律服务专线

1999年年初，根据司法部、湖南省司法厅关于启动“148”（“要司法”的谐音）法律服务专用电话建设的精神，郴州市司法局和郴州市电信局联合成立推广“148”法律服务专用电话协调工作领导小组。5月，市综治办、市司法局、市电信局联合下发《关于做好开设“148”法律服务专用电话有关问题的通知》，要求利用电话“专线”及时、便利地为广大群众提供法律咨询服务，当年并在郴州市司法局设立“‘148’协调指挥中心”。郴州市委、市政府即时将“148”专线建设工作纳入全市社会治安综合治理目标管理内容，相继启动嘉禾、桂阳、临武三个试点县的“148”专线建设工作。6月3日，嘉禾县率先在全市开通“148”法律服务专用电话，半月内就接到电话法律咨询75件。桂阳、临武两县也分别于当月开通“148”法律服务专用电话。是年底，全市11个县（市、区）投入110万元，全部开通“148”法律服务专用电话，并在司法局设立“148”协调指挥中心。全年“148”法律服务专用电话共接待法律咨询来电1750人次，来访1100人次，调解纠纷836起，进行法律咨询回访107人次。

2000—2001年，“148”法律服务专用电话逐步向乡镇一级扩展。桂阳县流丰镇开通高标准的“148”法律服务专线。宜章县以城关、城南、梅田、浆水、麻田等地为试点，开通乡镇级“148”法律服务专线。2000年全市各级“148”专线共接待来电法律咨询5830次，来访2356人次。到2001年，全市258个乡镇（街道）均开通“148”专线。2002—2005年，全市重点抓好“148”法律服务专线的规范管理和服务质量，纳司法调解、普法工作为一体，增强整体服务功能。随之，群众来电来访进行法律咨询数量上升。2002年，原“148”专线改设为“12348”专线。市司法局设立“12348”人民调解热线接待室。至2005年，“12348”专线年均每线接待群众来电来访2000人次以上。

第三节 律师与公证事务

一、律师事务

自1989年始，郴州地区和各县（市）法律顾问处统一更名为律师事务所，有律师工作者133名，其中取得律师资格的51名。1993年，改革律师制度，律师事务所成为自收自支事业单位。迄1995年，郴州市建有律师事务所15家。是年10月，成立郴州市律师协会，负责全市律师管理、注册、培训及提出处罚建议。1996年《中华人民共和国律师法》颁布，律师队伍在受聘为法律顾问、进行刑事辩护及其他代理和法律咨询中，愈益发挥出积极的作用。2000年全市国资律师事务所实行全面脱钩改制，至2005年有22家律师事务所执业，其中市直12家，县（市、区）10家。22所中属合伙所17家、合作所3家、国办所2家。全市有注册律师267人，除2人为兼职律师外，余均为专职律师，其中高级职称4人，中级职称24人。

（一）法律顾问

20世纪80年代末，桂阳县政府在郴州地区率先组建设立桂阳县法律顾问处，该处律师先后受聘担任县政府常年法律顾问和县内18家企事业单位的常年法律顾问，其在法律事务工作中发挥重大作用。1990年，桂阳县法律顾问处获司法部授予的“从业清廉先进集体”称号。《法制日报》多次报道该处先进事迹。

1991年2月，郴州地区行署下发《关于批转桂阳县政府关于发挥政府法律顾问在依法行政中作用报告的通知》，要求各县（市）人民政府、地直有关单位参照桂阳县人民政府的做法，抓好聘任政府法律顾问工作。之后，各县（市、区）先后聘请一批律师担任政府机关法律顾问。到1996年郴州市有245家企事业单位、国家机关、社会团体及个体经营户聘请律师担任常年法律顾问，年内办理各类案件3456件。1998年3月，郴州市司法局选拔7名律师分别担任郴州市委、市政府主要领导的法律顾问。2002年，又陆续推荐市内8名优秀律师组成市政府法律顾问团。当年顾问团律师为宜章、临武两县矿产资源纠纷的调处出具法律意见书，依法调处纷争，促进政府依法决策和管理。

1989—2005年，全市（区）律师接受企事业单位、国家机关、社会团体的聘请，先后担任法律顾问单位5275家（次）。律师依照法律规定，为聘请单位完善健全生产、经营管理体制和制度，并为其在开展重大经济活动、调解经济纠纷中提供法律帮助。在国有企业改制期间，顾问律师先后依照相关法律法规为40家改制企业审查修改改制合同328份，审查改制方案32份，拟出职工安置讨论方案27份。其间，尤其是受聘担任各级政府机关的法律顾问，适时提供法律帮助促进依法决策。2005年，市政府法律顾问团为42个政府职能部门担任法律顾问，依法为其提供法律意见书或决策法律论证65份，参与政府及时处理尚未形成诉讼的重点纠纷8起。

（二）刑事辩护

1989—1991年，郴州地区开展严打刑事犯罪和整治农村社会治安专项斗争，律师担任刑事辩护次数大幅增加，3年间承办刑事辩护3437件，年均1145件。主要接受案件当事人及其家属、亲友的委托，参与刑事诉讼辩护活动。此后，全区律师年承办刑事辩护呈下降趋势。1992年至1995年承办数分别为803件、631件、701件、523件。1997年修订后的《中华人民共和国刑事诉讼法》规定，在公安机关侦查阶段，犯罪嫌疑人第一次被讯问后，即可委托律师，提供法律帮助。律师受理刑事案件可以提前介入公安机关的侦查阶段。此为律师正确分析、把握案情，确保执法公正提供重要保障。随着法制的完善，刑事辩护又呈上升趋势。1997年，全市律师共受理刑事辩护案773件，通过律师出庭辩护，其中法庭宣告无罪5件，改变案件起诉性质22件，数罪改一罪3件，死刑改无期或有期徒刑4件，从轻减轻处罚162件。1989—2005年，全市（地区）律师受人民法院的指定或刑事案件被告人的委托，共承办刑事辩护案件14403件。刑事辩护成为律师的一项主要工作。

（三）其他代理

1989年，郴州境内律师事务所从维护公民合法权益，依法推动经济社会事业发展出发，积极开展民事、行政诉讼与非诉讼代理，代写法律文书、解答法律咨询。全年承办民事代理1665件。1990年承办民事代理1186件，代理行政诉讼案件4件。1990年10月1日《中华人民共和国行政诉讼法》正式颁布施行，继而1991年又公布施行修订后的民事诉讼法，律师代理民事诉讼和行政诉讼业务随之增多。1991—1997年，全区（市）律师代理民事诉讼案件1.03万件，年均1466件。代理范围扩展至招商引资、国企改制、投资决策、环境保护、知识产权保护等方面。1994年律师代理行政诉讼案件由1990年的4件增至184件。涉及国有企业改制法律事务，代理合同谈判与签订等非诉讼代理亦渐趋增多。

1997—1998年，市内律师受委托代理诉讼，帮助国有企业索回赔欠款8000多万元，引进资金9500多万元；依法帮助企业完成改制、改造16家，实行承包经营19家、租赁经营17家；运用法律手段帮助35家企业解决改制中发生的各类纠纷127件。1998年湖南恒义律师事务所律师曾垂安在为郴州路必达公路工程有限公司引资承办非诉讼代理中，不分昼夜悉心出具法律意见书，促使该公司按时引资750万美元，保证了郴资桂高等级公路的正常施工。1999年在防范、化解金融风险中，律师为市内金融机构代理各类诉讼案件121件，帮助委托方追回贷款2.2亿元。2000年1月8日，苏仙区邓家塘乡邓家塘村12组、14组村民因饮用水被砷毒污染，造成集体中毒，遂起诉苏仙区郴州砷制品有限责任公司、郴州市环境保护科学研究所等13家相关责任单位，提出应赔偿因生产违规排污及监管不力等原因所造成的环境污染损害。代理律师唐升家承办这一民事诉讼后经深入实地调查取证，在庭审时以大量确凿的证据，证明损害事实与环境污染的因果关系，最终有12家被告单位造成原告砷中毒的事实得到法庭确认，法院裁定原告获赔偿100余万元。

1989—2005年，全市（地区）律师接受民事、经济案件当事人的委托，担任代理人参加诉讼2.67万件，其中民事案件1.47万件，经济案件1.2万件；代理行政诉讼案件2239件，承办非诉讼代理2.69万件。

1989—2005年郴州市（地区）律师业务统计表

表9-5-3-1

项目 年份	律师事务所（所）	执业律师（人）	担任单位法律顾问（家）	刑事辩护代理（件）	民事代理（件）	行政诉讼代理（件）	非诉讼代理（件）
1989	14	133	231	984	1665	—	432
1990	14	133	248	1323	1186	4	565
1991	14	136	278	1130	1363	97	690
1992	14	139	263	803	1012	89	773
1993	14	188	261	631	1387	178	914
1994	15	213	245	701	1435	184	1151
1995	15	234	246	523	1492	157	1103
1996	16	254	245	692	1695	132	1144
1997	16	253	329	773	1878	121	1150
1998	16	247	357	661	1779	111	1431
1999	17	232	357	897	2127	158	2226
2000	18	223	359	854	1399	162	2230
2001	19	230	362	867	1488	171	2243
2002	21	234	365	892	1299	178	2251
2003	22	212	392	879	1672	165	2679
2004	22	263	411	890	1865	170	2868
2005	22	267	435	903	1987	162	938

二、法律援助

1996年6月，司法部印发《关于迅速建立法律援助机构开展法律援助工作的通知》，要求为需要求助法律，而又无力承担律师费用的困难公民提供法律援助。1997年6月，郴州市法律援助中心成立，负责全市法律援助工作的指导、管理和协调事宜，直接办理全市有影响的法律援助案件。至年底，该中心办理法律援助案件191件，减免代理费38万元。随后，全市11个县（市、区）相继成立法律援助中心。

1998年2月，郴州市司法局印发《市直律师事务所及律师具体履行法律援助义务试行办法》，并组织开展法律援助进军营、进社区、进农村、进厂矿、进校园的“五进”活动。年内，市、县两级先后成立涉军法律援助中心，承办涉军法律援助事务256件，义务解答涉军法律咨询3780人次。年内除涉军法律援助外，全市以法律援助中心为依托，另办理法律援助案件262件，其中为下岗工人办理法律援助案件19件，减免代理费45万元。1999年，全市法律援助“三项工作指标”（机构建设、内部管理、业务开展）经湖南省司法厅组织考核，居全省市、州前列。

2001年年初，郴州市法律援助中心在市属桂阳监狱设立“法律援助工作站”，成为湖南省第一个开展“法律援助进高墙”的法律援助机构。6月，嘉禾县法律援助中心接嘉禾县行廊镇白茅冲自然村关于周边煤矿无度开采给当地造成损害、要求赔偿的申请后，即指派法律援助律师承办此案。经过几个月的调查取证，认为该村地表下陷，给村民生产、生活造成的损害，确属周边煤矿无度开采所致。白茅冲村村民在多次上访仍无果的情况下，终于通过法律援助诉讼，依法获赔60余万元。当年湖南省人大常委会副主任罗桂求在《湖南省法律援助条例》颁布实施新闻发布会上，将此法律援助案称之为“湖南省最有影响、最成功的法律援助案例”。

2003年，郴州市总工会成立法律援助中心。至2005年，该中心组织援助律师和公证员为下岗分流和遭遇不幸的困难职工，提供各项法律援助事务4630件。2003年1月10日，父母离异、家境贫寒的郴州少女王法媛在深圳美伟成公司打工期间，不幸患上系统性红斑狼疮，生命垂危。事发后，该公司仅支付王法瑗8天住院费后就不闻不问，随即还将其辞退。市法律援助中心依据王及其母的申请，指定湖南众望归律师事务所及时提供法律援助。此案一审以人身损害赔偿向深圳市宝安区人民法院起诉，后经查，王在2003年因患红斑狼疮与用人单位产生争议时年仅15周岁，属于未成年人，承办律师遂又以非法用工关系上诉至深圳市中级人民法院。2005年，法院判决被告美伟成（深圳）公司承担王法媛医疗费、人身损害费等8万元。12月18日，中央电视台《今日说法》栏目将本案作为全国“法律援助在行动”的典型案例进行报道。

2004年，市法律援助中心承办的“张世英等65人诉市政管理局、市环保局不履行法定职责”的法律援助案，被司法部评为“全国十大法律援助典型案例”。9月，郴州市司法局因组织开展妇女儿童、困难职工及涉军法律援助成效显著，被司法部授予“全国法律援助工作先进集体”称号。2005年，永兴县法律援助中心在县内阳某的非法揽储案中，通过法律援助依法维护1000余名储户（涉案金额186万元）的合法权益，及时化解一起重大信访案件。

1997—2005年，郴州市各级法律援助中心共承办刑事、民事法律援助案件1983件，义务提供法律咨询1.44万人次，代书各类法律文书8000余份，帮助化解群众集体上访56起。到2005年，全市投入法律援助组织网络建设资金97万元，建立法律援助机构116家，有法律援助工作人员203人，初步搭建市、县、乡三级法律援助服务工作网络。

三、公证事务

1989年，郴州地区11个县、市设立公证处，开展公证事务并开始试办常年公证业务。1993年4月，郴州地区公证处成立。1995年10月郴州地区公证处更名为郴州市公证处，原郴州市和郴县公证处分别更名为北湖区、苏仙区公证处。其间，全市公证系统开展行业文明创建活动，公证服务拓展至经济、社会生活各个领域。1996年，陈新才被评为湖南省首届“十佳公证员”。2001年3月，郴州市公证处被全国城镇妇女巾帼建功活动领导小组授予"全国巾帼文明示范岗"称号。至2005年底，全市有注册公证处12家，注册公证员30名，其中三级公证员7人，四级公证员9人，公证辅助人员14名。

1989—2005年，全市公证机构办理经济合同、民事权益、涉外事务等各类公证555995件。其中国内公证544487件，涉外（境）（含港澳台）公证11508件。

（一）经济合同公证

自1989年始，郴州地区公证机构围绕深化国有企业改革、发展农村经济和维护公民合法权益，大力开展经济合同公证。1990年汝城县公证处在办理公证业务中，结合地域特点，推行公证与林业部门联姻，实行"先办公证后拨款"的有偿投资造林原则，推进提高造林效益。全年办理林业公证1076件，涉及山林面积2.34万公顷。是年，全区公证事务不断拓展，在招标、投标、拍卖等公证事项实现"零"的突破，共出证63件，涉及金额1250万元。

1991年全地区开始推行现场监督公证，仅一年便办理借贷、抵押、租赁、承包经营及劳务合同等现场公证1358件，涉及商业交易金额1.09亿元。1993—1995年，郴州地区公证处对全区20期涉及销售金额1亿元的有奖销售实行公证，从奖券的印制、开奖，到重点奖品的领取等环节进行全程指导和监督，维护消费者利益，扩大销售市场。

1996年，郴州市公证处全面拓展建筑工程招标、投标公证业务。先后为郴州医专教学楼、"两江口—枫树下—欧阳海"110千伏电网线路、郴资桂高等级公路建设等工程重点的招标、投标进行全过程公证，赢得招、投标双方的信任和好评。汝城县公证处吸取在全国有影响的汝城假种子案件的经验教训，向县政府提出运用公证强化制种管理的建议。当年该县公证处依照法律程序为农户办理制种合同公证2436件，涉及制种面积9000公顷，避免生产假种、劣种现象的发生。

其间，全市各公证处主动介入国家重点工程建设、农村土地承包和农业开发项目。2002年宜章县公证处与县林业局联系，在对《宜章县世界银行贷款（FDPA）合同书》进行依法公证的基础上，还对全县退耕还林合同进行公证。横跨临武、宜章两县的320隧道资源补偿纷争不断，2005年郴州市公证处受理此补偿款提存公证后，使400万元补偿款按要求迅速发放到位，困扰当地政府多年的由此引发的纠纷终被解决。

1989—2005年，全市共办理经济合同类公证141377件。公证事务在维护国家、集体、个人经济利益，推进社会经济发展中起到积极作用。

（二）民事权益公证

1989—1996年，郴州市（地区）办理房屋买卖及拆迁补偿合同、公民身份证明、职工置换身份协议书，以及收养子女、遗嘱、继承、赠与等民事权益公证10766件。1996年北湖区公证处对郴州市健康路38户共1900平方米的房屋拆迁补偿合同依法进行公证，解决旧城改造拆迁难的问题。1998年，安仁县公证处针对外出打工需要随身携带身份证，而是时公安部门又停办临时居民身份证的境况，主动"走出去"为外出务工人员和下岗职工办理临时身份证明2248件。2000年，苏仙区公证处在辖区"三峡移民"居住区开展公证法制宣传讲课2场，宣传公证工作。2001年，全市公证机关积极为政府中心工作提供法律服务。郴州化工集团在实行股份制改造过程中，需要与职工签订"置换全民制身份协议书"，市公证处依据申请依法对"协议书"进行公证，在短短15天内就为该公司所属单位的4079名职工办理所有公证，为企业改革发展赢得时间。2004年，全市公证处为下岗工人、残疾人等弱势群体提供公证法律服务3100人次，减免公证收费107万元。1989—2005年，全市公证机关办理各类民事权益公证403110件。

（三）涉外（境）公证

自1989年始，随着对外开放的扩大，涉外公证事务愈益增多。是年，郴州地区公证机关办理涉外公证91件。1994年增加到579件。涉外公证涉及申请出入境探亲、定居、投资、合资、联营、继承国外遗产及证明亲属关系、出身、死亡、结婚、离婚、经历、学历等业务范围。1998年7月，郴州市司法局举办全市公证员业务培训班，邀请湖南省资深公证员讲授涉外、涉港澳台公证和国内经济公证业务知识。2003年，全市办理涉外和涉港澳台地区公证1083件，2005年达到2123件。1989—2005年，全市共办理涉外公证和涉港澳台地区公证11508件。

（四）常年公证

1989—1992年，郴州市公证处先后与郴州卷烟厂、郴州地区招待所、南国农贸市场等单位建立定点常年公证服务。1992年常年公证单位郴县华塘氮肥厂因内部管理不善，生产设备老化，资金匮乏而停产。郴县公证处及时出面设法外引内联，最后促成郴县建设银行与该厂联合办厂。经过公证，建行即时注入资金，使该厂迅速恢复生产，当年完成产值80万元。1994年，全区公证机关为13家亏损企业开展常年公证服务，办理经济合同公证5090件，涉及标的金额1.55亿元；通过办证促使引进资金120万元，出具强制执行公证书12件，执行后收回资金46万元；调处经济合同纠纷144起，挽回损失243万元。1999年，郴州市公证机关为常年公证单位拒绝出具不合法公证251件，避免经济损失7900万元；出具强制执行公证书56件，收回贷款430万元。2000年，郴州市公证处在办理市农业银行一起以兑汇票形式贷款300万元给一私营业主时，经审查发现该企业注册资金只有50万元，且无合法的抵押或担保，遂依法拒绝贷款公证。事隔月余，该私营业主因另有诈骗嫌疑被逮捕，从而使市农业银行避免一次巨额放贷风险。2005年，郴州市公证处按照与市公路桥梁建设总公司签订的《长年公证法律服务合同》，当年为该公司办理各类公证46件，并为其对外招标提供公证法律支持，使公司在工程招标中争取到建设资金达3亿元的工程项目。

1989—2005年郴州市（地区）公证业务统计表

表9-5-3-2　　单位：件

项目 / 年份	合计	国内公证			涉外（境）（含港澳台）公证
		小计	其中		
			综合合同公证	民事及其他公证	
合计	555995	544487	141377	403110	11508
1989	11776	11685	4144	7541	91
1990	4834	4727	3722	1005	107
1991	9257	9051	6802	2249	206
1992	10521	10184	4691	5493	337
1993	15515	15042	3365	11677	473
1994	44164	43585	10479	33106	579
1995	42287	41662	12301	29361	625
1996	43911	43371	7500	35871	540
1997	48242	47722	12685	35037	520
1998	49687	49269	18362	30907	418

续表 9-5-3-2　　　　单位：件

项目 / 年份	合计	国内公证			涉外（境）（含港澳台）公证
		小计	其中		
			综合合同公证	民事及其他公证	
1999	52641	52040	19373	32667	601
2000	36834	35848	16190	19658	986
2001	35751	34860	6253	28607	891
2002	36792	35841	3104	32710	978
2003	36838	35755	3115	32640	1083
2004	36890	35940	2830	33110	950
2005	40055	37932	6461	31471	2123

说明：常年公证数分别统计于经济合同公证和民事与其他公证中

第四节 监狱与劳教管理

一、监狱 劳教所

1989 年，郴州境内有湖南省第五监狱、湖南省少年犯管教所和（简称少管所）郴州地区劳改队 3 所监管改造场所、1 所劳教场所（郴州地区劳动教养管理所，简称劳教所）。2005 年，境内有湖南省郴州监狱、湖南省桂阳监狱 2 所监狱和郴州市劳教所。其中湖南省郴州监狱属湖南省司法厅、湖南省监狱管理局直接管理；湖南省桂阳监狱、郴州市劳教所隶属于郴州市司法局管理。

（一）湖南省郴州监狱

湖南省郴州监狱前身为湖南省少管所（对外称湖南省油泵厂）。1995 年 8 月 19 日更名为湖南省郴州监狱。2001 年 11 月 12 日，根据司法部（司发函〔2001〕227 号批复）及湖南省监狱布局调整方案，将湖南省春陵监狱（原湖南省第五监狱）并入湖南省郴州监狱。自此，合并后的湖南省郴州监狱为一监两地布局结构，下设 41 个机构和单位，其中有 19 个机关科室、14 个监区和 8 个服务、警备及生产经营单位（医院、警备大队、营销公司、水电管理站、郴城公司、汽车大修厂、鸿图印刷厂、机械修理厂）。2002 年 11 月原春陵监狱留守处全部人员、资产搬迁至郴州监狱。2005 年，湖南省郴州监狱下设 10 个押犯监区、10 个辅助性监区级单位、22 个业务科室。是年 12 月，监狱实行管理体制改革。郴州监狱新成立湖南鑫裕实业有限责任公司，实现监狱与企业职能分开，收支、资产、机构和人员分开，建立新型的监狱管理体制和公司运行机制。

（二）湖南省桂阳监狱

湖南省桂阳监狱前身为郴州地区劳改队，设桂阳县城郊乡境内。系副处级建制，隶属郴州地区司法局。1992 年 12 月更名为郴州地区劳动改造管教支队，1995 年 5 月更名为湖南省桂阳监狱，2001 年升格为正处级单位，隶属关系不变。2003 年 12 月，湖南省监狱布局调整，湖南省桂阳监狱被司法部、财政部、国家发改委确定为保留扩容监狱。2005 年底，桂阳监狱下设 13 个科室（所、队）

和 3 个监区。

（三）郴州市劳教所

郴州市劳教所前身为郴州地区劳教所，设郴州市城区。1989—1993 年，郴州地区劳教所为正科级单位。1994 年 12 月，升格为副处级单位，内设机构 14 个，隶属关系不变。1995 年，郴州地区劳教所更名为郴州市劳教所。1997 年始，市劳教所新建戒毒学员宿舍楼、习艺楼、劳教大院、办公楼和职工家属楼等。1999 年，经湖南省劳教局批准，市劳教所成立戒毒大队，当年收容戒毒学员 111 名。至 2005 年，该所初步实现省级现代化文明劳教所的标准，实行管教区、办公区、生活区"三区分离"的管理格局。是时郴州市劳教所内设 9 个职能科室，下设 3 个劳教大队。

二、狱政 所政管理

（一）狱政管理

1989 年，境内湖南省第五监狱、湖南省少管所和郴州地区劳改队，加强狱政管理，建立健全依法管理工作机制，用制度保障狱政管理规范有序。湖南省第五监狱、湖南省少管所常年在押人员均逾千余名，监管任务甚重。监狱管理机关之后对罪犯实行规范化管理验收达标、开展百分制考核和"三分"（分管、分押、分教）管理。同时狱务公开，在办理罪犯减刑、假释时严格按"四把关、三榜公布"程序操作。并推行执法"阳光工程"，施行公开听证审理。

1995 年，湖南省桂阳监狱主要收押境内判处有期徒刑 5 年以下的成年男犯。1996 年，桂阳监狱发生湖南省监狱系统头号脱逃要犯邓某一案，邓某脱逃后虽然在 7 天内被抓捕归案，但根据监管工作有关规定，桂阳监狱当年受到湖南省监狱管理局黄牌警告，并被处以停止收押罪犯的处理。1997 年，桂阳监狱以此为戒，下力从规范化管理，硬件、软件设施建设等方面全面整改，年底通过省监狱管理局验收，恢复收押管理资格。监狱卫生科科长雷裕铜还获湖南省司法系统"十佳警官"称号。此后，桂阳监狱力推监狱工作"法制化、科学化、社会化"管理，先后制定出台《罪犯行为规范准则》《对罪犯实行考核计分、以分折奖考核办法》《罪犯分级管理实施方案》等制度。推行狱务公开，对罪犯减刑、假释，坚持实行由分监区报监区审查、狱政部门审核、监狱奖惩委员会审批的"三审三榜公布"制。同时，严惩把减刑、假释、监外执行、会见、同居、准假探亲、连接亲情电话等刑事、行政奖励，当作收费创收手段的违规行为。1998 年，桂阳监狱投资 4 万元解决犯人喝开水、用热水问题，投资 3 万元改善犯人医疗条件，投资 40 万元购置程控电话交换机，解决打电话难问题。当年，桂阳监狱自建狱来首次实现"四无"（无脱逃、无重大责任事故、无非正常死亡、无传染病流行）目标，被湖南省监狱管理局授予年度"监管工作优胜单位"称号。

1995 年 8 月湖南省郴州监狱新组建后，致力建设现代化文明监区。尤自 1999 年后监狱内不断绿化、美化、亮化，面貌一新，并组建犯人生活物资供应站、劳动再就业服务中心，不断改善押犯劳动、生活条件。桂阳监狱自 1999 年始为服刑人员建立心理咨询档案，启动与犯人亲属签订帮教协议活动。1999—2001 年，该监狱先后投入 500 万元对监房进行维修改造，使在押犯人人均生活面积达到 12 平方米，超过国家规定的人均生活面积。还在监狱接见大厅安装全省监狱系统第一套微机管理系统。是年，桂阳监狱获共青团中央、司法部援予的全国司法行政系统"优秀青少年维权岗"称号，为全省监狱系统首获此殊荣的监狱。2003 年创建"省级现代化文明监区"，桂阳监狱以全省监狱系统最高分通过省监狱局检查验收。1989—2005 年，郴州监狱有 2580 名罪犯先后依法被减刑，假释。1998—2005 年，桂阳监狱连续八年实现"四无"，进入全省监管工作先进行列。

（二）所政管理

1989 年，郴州地区劳教所贯彻国务院《劳动教养试行办法》，对劳教人员的教育、劳动、安全、生活和卫生，实行依法、文明管理，制定实施劳教人员守则，以及请假、会见、所外就医、奖惩和禁闭等 56 项规章制度。对劳教人员的日常行为规范实行百分制考核。建立“劳教人员民主管理委员会”，对劳教人员推行民主监督管理。1991 年，该所获湖南省劳教系统“‘三无’（无重大事故、无逃跑、无非正常死亡）先进单位”称号，第二大队的第一、二中队被湖南省劳教局评为“五好中队”。

1995 年，市劳教所改革创新劳教工作方法，率先在全省劳教系统推行“百分制考核”与“类别考核”（即因人制宜地实行不同类别的考核目标）相结合的管理办法，所政科学管理水平明显提高。1998 年，市劳教所开展创“四无”（无逃跑、无非正常死亡、无重大安全事故、无所内作案，下同）竞赛活动，劳教人员获减教期奖励面达 95%。1997—1998 年该所连续两年实现“四无”目标。1999 年，创建省级现代化文明劳教所通过省劳教局验收，并被评为全国劳教系统管教工作先进单位。2000 年，积极创建省级文明医务室，建立健全劳教人员就诊登记，病历、体检记录等医疗档案，提升劳教人员医疗救治水平。劳教人员实现入所体检率 100%，疾病救治康复率 99%。

自 2005 年始，市劳教所根据劳教人员个人生活成长史、本次罪错和违法行为，以及现实表现和社会、家庭的帮教条件等因素，实行封闭式、半开放式、开放式三种分类分教管理模式；分别施行不同的管理制度和管教方式，并实行三种模式互转的动态化管理，驱动提高管教效能。

1989—2005 年，郴州市（地区）劳教所依法收容劳教人员 6872 人，其中办理减教 1183 人次，加教 572 人次；受理劳教人员行政复议 10 人次。

三、教育改造

（一）监狱教育

1989 年，郴州地区劳改队按照“因人施教、分类教育、以理服人”的原则，大力推行个别教育、辅助教育，切实加强对罪犯的教育改造。1990 年湖南省第五监狱加强对罪犯的“三课”（政治、技术、文化课）教育，1991 年又推行“三分”（分管、分押、分教）管理法，实行规范化科学管理。期间，湖南省少管所倾力稳定监管改造秩序，聘请社会老干部、老工人进所开展帮教活动，监管质量日渐提高。

1993 年，湖南省第五监狱创办“湖南省育才职业学校”，当年被评为“全省特殊学校先进单位”。之后，桂阳监狱亦开办“郴州市育新职业学校”，监狱根据服刑人员多文化低、年纪轻的特点，办学形式灵活多样，以“一节”（监区文化艺术节）、“两队”（篮球队、文艺队）、“三报”（黑板报、墙报、《启新报》）、“四室”（电教室、广播室、图书室、阅览室）为载体，开展生动丰富的政治技术文化教育。至 2005 年，郴州市育新职业学校先后有 400 余名服刑人员经学习培训，取得文化扫盲证和职业学校技术结业证。

1998—2000 年，桂阳监狱配合郴州市“严打”（严打刑事犯罪）整治行动，重点打击监狱“牢头狱霸”。为遏制牢头狱霸的滋生，监狱建立罪犯心理咨询室、图书室、文娱室和电脑室等辅助教育设施，多形式地对罪犯进行教育改造，使之在监狱不再重新违法犯罪，牢头狱霸现象明显减少。危顽犯雷某曾两次预谋脱逃，后在干警耐心教育的感化下安心服刑，并成为改造积极分子。仅 2000 年统计，桂阳监狱罪犯的改好率 70%，受表扬、记功、评为改造积极分子的 128 人次，获减刑及假释 98 人。

2001年，桂阳监狱在湖南省监狱系统率先成立法律援助工作站，由郴州市法律援助中心委派律师，每月定期来监狱为服刑人员提供法律咨询。2003年，郴州监狱围绕“三个转变”（从封闭监管向开放与社会相结合的格局转变；从狭义的“三课教育”为主向教育、管理、劳动相结合的大教育格局转变；从传统的改造模式向适应现代化要求的模式转变），对服刑人员全面实行军事化约束、文明化管理、人性化教育和环境激励教育。郴州市司法局与民进郴州市委联合签订帮教方案，一同开展“送法送教”进高墙和“文明守法共建”活动，并与监狱签订帮教协议。当年，监狱服刑人员改好率达97%，重新犯罪率低于全省平均率的3个百分点。

2005年，监狱创新监管教育改造工作。郴州监狱实施执法质量考评制度，桂阳监狱实行监狱领导挂牌攻克危顽犯制，还在服刑人员之间开展“一帮一”结对帮教活动。与此同时，郴州、桂阳两所监狱还善于利用创业有成的刑释人员教育在押的服刑人员。当年两所监狱邀请临武县出狱后艰辛创业办水泥厂成效显著的刑释人员雷某，来狱为服刑人员作重新做人和创业的报告，激励服刑人员增强改造信心。

（二）劳教教育

1994年10月，郴州地区劳教所创建苏新学校，成为对劳教人员进行“三课”（思想、文化、技能）教育的基地。二大队副大队长李日升在学校担任兼职教师的三年间，年均授课230节以上、找劳教人员进行教学辅导和个别谈话教育400人次以上，有10余名危顽分子经他教育转化为改造积极分子。他所授课程参加湖南省劳教系统统考，合格率均为100%。1997年李日升被司法部授予“全国优秀兼职教师”称号。1998年，郴州市劳教所苏新学校经考评，由初级劳动教养学校升格为省级劳动教养学校。1999年，市劳教所投入101万元配套资金，完善学员综合习艺楼设施建设。2000年，苏新学校122名参加扫盲文化学习和汽车驾驶、电脑操作、苗木花卉培育等职能技术培训的学员，经有关部门组织考核均获取相关合格证书。

2004—2005年，郴州市劳教所注重人文关怀，创新教育挽救方式。在继续办好该所教育品牌《心灵之窗半月谈》之报的同时，先后开通亲情电话、组建女警施教中心、开办“学员之声”广播站、成立劳教人员事务服务中心。2005年，邀请社会知名人士、法律专家来所开展人生观、学法守法教育，与所联手展开心理矫治活动。是年，市劳教所每半月分析一次劳教人员思想动态，采取个别谈话教育方式进行“矫治点滴半月谈”的作法，在全省劳教系统个别教育形式经验交流会上被重点推介。

四、劳动生产

（一）监狱生产

境内监狱坚持“教育改造与生产改造”相结合的方针，积极组织开展劳动生产，在生产劳动中促进罪犯思想改造。1989年，郴州地区劳改队的生产项目以土地耕作，苗木花卉培植、果树种植、畜禽饲养及兴办小型砖厂为主。湖南省第五监狱除农业生产外，还兼办小型工业企业。

1990年后，劳改经济体制、经营运行机制逐步改革。省五监狱普遍推行生产承包责任制，支持企业技改。湖南省少管所以工业生产为主，1990年生产的油泵产品通过省级鉴定。1993年，湖南省第五监狱创办以郴城公司为龙头的第三产业，并承接毛织、彩灯等加工生产。

1994年监狱生产进行内部经营机制改革，实行监狱宏观指导，监区自主产销，激活各监区生产劳动潜力。年内省五监狱监区农副业生产垦复荒地160公顷，同时大搞农田水利基本建设。1995年，湖南省少管所从市场与监狱实际出发，由外劳逐步转入内劳。1997年监狱重点组织服刑人员开展“自种、自养、自加工”生产。各监、所在抓好罪犯劳动改造的同时，重视对其合法权益的保障，严控超时、超负荷劳动，严格加班审批程序，及时配备防寒、防暑设施和药品。从1999年起，桂阳监狱每年安排15万~20万元用于确保服刑人员生活卫生经费“五到位”（生活费、医疗卫生费、教育经费、伙食标准费、零花钱到位），改善服刑人员生活卫生条件，确保服刑人员食品安全。

2002年，桂阳监狱实现从室外劳动向室内劳动、农业劳动向工业劳动的转变。2003年合并重组后的郴州监狱2003年启动新劳务监区建设。监狱加强生产现场管理，开展插流动红旗竞赛活动，产品质量稳步上升，年内原材料成本消耗下降5%。

（二）劳教生产

郴州地区（市）劳教所于20世纪90年初中期先后贷款引进技术和设备，办起电器冲体厂，五金工具厂，还引进彩灯、炭片加工和服装缝制等生产项目，改变了过去单一农事劳动的生产结构，劳动教养人员实现向“一专多能”转变。继后，所属的锑品厂、工具厂根据有关规定停办，并逐步取消所外劳务生产。2000—2005年，所内生产项目皆为来料加工。其中投入450万元改善所内工作、生产生活条件，促使生活卫生工作水准由三级跃入一级（部级）标准。

五、安置帮教

1987年，郴州地区行署成立刑释解教人员接茬安置帮教工作联络组，由行署社会治安综合治理委员会负责组织实施这一工作。随后，地区和各县（市）成立以社会治安综合治理委员会领导为组长，公安、司法、工商、劳动保障、税务、民政、共青团、妇联等部门负责人为成员的领导小组，在司法局下设办公室（简称安帮办），负责管理辖区内刑释解教人员的安置帮教工作。大中型企业、乡镇（街道）则组建相应的管理机构，在基层单位成立帮教组织。至1994年，全区组建刑释解教人员帮教小组1578个，有帮教成员7486人，其中处级以上领导18人。

1995年，加大刑释解教人员的衔接管理和安置帮教工作力度。当年，郴州市刑释解教人员安置帮教工作领导小组要求各地严格把好刑释解教人员“接茬、安置、帮教、管理”四道关，采取“超前、定期、结对、重点、跟踪”五种模式抓帮教。年内，全市先后组织进行刑释解教人员跟踪调查和安置帮教基地普查，重点督促各地落实安置基地建设。

1996年5月，郴州市召开首次刑释解教人员安置帮教工作经验交流会。临武县麦市乡振兴煤矿、汝城县井坡镇杨梅垅综合养殖场等6个单位介绍了安置帮教的作法和成效。1997年成立第二届郴州市刑释解教人员安置帮教工作领导小组，由郴州市委分管副书记任组长。11月，全市召开刑释解教人员安帮工作经验交流会暨睦邻友好理论研讨会。1998年10月，郴州市政府办公室转发市综治办、市安帮办等10家单位印发《关于做好刑释解教人员安置帮教工作有关问题的意见》，部署各地要积极创办刑释解教人员经济实体及安帮基地，扩展安置帮教场所。

1999—2002年，全市开展创建“刑释解教人员无重新违法犯罪乡（镇）、街道”活动。资兴市黄草镇前程村袁晋锋解教回村后，在村、镇帮教组织的教育转化下，立志求进，择善而从，2000年在当地一次学生沉船事故中，他见义勇为第一个跳入湖中，先后救出5名学生。当年，袁晋锋先后被镇政府和资兴市综治委授予“见义勇为先进个人”称号。到2002年，乡镇（街道）通过贯彻落实安置帮教政策，按照“回归一个，安置好一个，帮教好一个”的要求，全市实现湖南省司法厅提出的“95%以上乡镇（街道）无刑释解教人员重新违法犯罪，年累计重新违法犯罪平均不超过2%，重特大重新犯罪率不超过0.3%”的工作目标。桂东、嘉禾、北湖3县（区）实现年刑释解教人员重新犯罪率为零。2003年，全市各级安置帮教组织健全完善刑释解教人员安置帮教台账、档案管理，将其基本情况输入电脑，实行户籍化动态管理。

2004年，贯彻落实中央八部委下发的《关于进一步做好刑释解教人员促进就业和社会保障工作的意见》文件精神，全市各级安帮组织采取创建基地、出台政策、大力扶持“三项措施”抓安帮。至2005年，全市先后扶助建立汝城县井坡镇杨梅垅综合养殖场、永兴县悦来乡成悦纺织厂、临武县麦市乡振兴煤矿等17个刑释解教人员过渡性安置帮教基地。资兴、汝城等地将特困“三无”（无家可归、无业可就、无亲可投）刑释解教人员纳入社会“低保”范围。1989—2005年，通过真情帮教、妥善安置，一批回归社会的刑释解教人员成为社会有用之才和致富带头人。永兴县湘永煤矿的朱运坤刑释解教后，勤奋进取，不仅成为矿里的技术能手，还被职工选举为该矿一工厂的副厂长。临武县麦市乡刑释回归人员蒋利军致富不忘乡亲，先后捐资23万元修建村级公路。与此同时，社会各界人士对安置帮教工作也鼎力相助，临武县麦市乡振兴煤矿矿长周华平，将振兴煤矿办成临武县的刑释解教人员的安置帮教基地。2005年，全市628名新近回归社会的刑释解教人员生产生活得到妥善安置，各地热诚帮教，使其年累计重新犯罪率实现低于1.8%的工作目标。

1994—2005年，全市（地区）共有8337名回归社会的刑释解教人员，组织安置就业7700人。经安置帮教，刑满回归人员年均重新犯罪率1.7%。

第五节 司法行政机构

一、司法局机关

（一）郴州市（地区）司法局

1989年，郴州地区司法局内设5科一室，设局二级机构6个。1995年，郴州地区司法局更名为郴州市司法局。到1996年7月内设机构9个：办公室、政治处、监狱劳教工作管理科、教育培训科、基层工作管理科、公证律师工作管理科、法制宣传科（市普法领导小组办公室）、计划财务装备科、监察室。1998年，市局直属事业单位为6个：市第一律师事务所、市第二律师事务所、市国际商务律师事务所、市公证处、市司法干部学校和市法律援助中心。2000年，国办律师事务所（市第一、第二律师事务所，市国际商务律师事务所）全部脱钩改制，成为自收自支、自负盈亏的事业单位。

2001年年底，在政府机构改革中，郴州市司法局直属事业单位保留市公证处、市法律援助中心两个二级机构，新设市律师协会办公室，撤销市司法干部学校。2005年12月，市律师协会办公室撤销，设立市律师协会秘书处，编制并入市法律援助中心。是年，市司法局内设机构维持1996年的设置未变；直属二级机构有市公证处、市法律援助中心和市律师协会秘书处3家。年底，市司法局有人员编制65人，其中有专项编制59名，事业编制6名。

（二）县（市、区）司法局

1989年，郴州11个县（市）均设立司法局，为当地县（市）人民政府工作部门，担负本县（市）法制宣传教育、人民调解、公证律师管理和“两劳（劳改劳教）回归人员”安置帮教等工作职能。县（市）司法局内设机构3~5个股室，基本职能股室有办公室、宣教股、基层工作股，局属二级机构有公证处、法律顾问处（律师事务所）。1995年，郴州市司法局更名为郴州市北湖区司法局，郴县司法局更名为郴州市苏仙区司法局。2002 年，全市按照职能、机构和人员编制“三定”方案实行机构改革，各县（市、区）司法局增加司法考试指导管理和司法鉴定工作职能。县级司法局内设机构一般设为 4~6 个。截至 2005 年年底，全市 11 个县（市区）司法局专项编制为 547 人，其中局机关 250 人，乡镇街道司法所 267 人，其他 30 人。

二、乡镇、街道司法所

1989 年，郴州地区各乡镇（街道）设司法办公室（简称司法办），由政法系统专项编制中安排 1 人担任专职或兼职司法助理员。司法助理员一般担任乡镇（街道）人民调解委会员主任和基层法律服务所所长（主任）。乡镇（街道）司法行政工作主要依靠司法助理员会同调解委员会和法律服务所履行职责。1990—1994 年，全区乡镇（街道）司法办陆续改称司法所。1994 年年底，开始实行“两所”（司法所、法律服务所）分离，司法所履行管理职能，法律服务所施行服务功能。1995 年 12 月，郴州市委办公室、市政府办公室下发文件，明确乡镇（街道）司法所为县（市、区）司法局的派出机构，司法助理员收归司法局管理。至 2000 年，全市 258 个乡镇（街道）全部建立司法所，建所率 100%，配备司法助理员 294 人。2002 年全市实施司法所规范化建设。至 2005 年，全市 259 个司法所（含资兴市东江开发区司法所、桂东县宋坪林场司法所），全部实现“五有”（有办公室、有档案柜、有牌子、有章子、有工作制度和业务资料），且按要求建立调解室。

1989—2005 年郴州市（地区）司法局主要负责人名录

表 9-5-5-1

单 位	姓 名	职 务	任职时间
郴州地区司法局	李孔长	局 长	1987.04—1992.09
郴州地区司法局	何惠林	局 长	1992.09—1995.05
郴州市司法局	何惠林	局 长	1995.05—1997.04
郴州市司法局	陈社招	局 长	1997.04—2001.12
郴州市司法局	谢新福	局 长	2001.12—

郴州市志（1989—2005）

第十篇

民政·机构编制·人事·劳动

1989—2005 年，民政工作本着“以人为本，关注民生，为民解困，服务群众”的宗旨，推进工作创新，加强城乡基层群众自治组织建设；做好拥军优属、抚恤优待、离退休军队干部职工和退役军人安置、烈士褒扬和军供保障工作；开展救灾救助和各项社会事务管理，为郴州经济社会发展做出重要贡献。1992–2005 年，随着改革开放的深入开展，民政工作出现新形势，面临诸多挑战。在基层群众自治组织管理方面，民政部门组织力量深入城乡基层，指导基层群众自治组织开展民主与法制建设、思想文化建设、经济和基础设施建设。至 2005 年，全市 420 个城镇社区居委会和 2952 个农村村委会全面实行居民自治、民主管理、村务公开。在退役军人安置方面，由于国有、集体企业改革改制或破产重组，可供安置的就业岗位减少。民政部门采取国有企业、私营企业、机关事业单位工勤岗位安置和自主择业、自主创业相结合的方法妥善安置退役军人。1995–2005 年间，全市接受退伍军人 23392 人，其中城镇安置 9761 人，农村安置 13141 人，自主择业或自主创业 490 人。在社会救助方面，废除传统的强制收容遣送制度，实行“资源救助，无偿救助”，为城市生活无着的流浪、乞讨人员和在外遇困人员提供生活、医疗和返乡救助。建立流浪儿童救助中心，加强对流浪儿童的救助和保护。2005 年，全市救助城市流浪和遭遇临时困难人员 10383 人次。对城镇和农村困难居民实行最低生活保障制度。2005 年全市为城镇“低保”对象发放“低保”金 9400 万元。为农村纳入“低保”的居民发放“低保”金 1606 万元。在社会福利方面，突出抓好老年人和儿童社会福利，对老年人实行一系列优待政策。加强儿童福利机构建设，发展孤残儿童福利事业。2005 年，全市 1800 多名 18 周岁以下父母双亡、无人抚养或残疾少年儿童均得到政府救助。与此同时，民政部门加强婚姻登记管理，发展民间组织，搞好地名勘界工作，实行殡葬改革。至 2005 年，全市村民专业经济协会发展到 248 个，为农业产、供、销提供“一条龙”服务。全面完成地域勘界工作，基本解决了长期以来省界、市界、县市区界不清、纠纷不断的问题。

机构编制工作加强制度化、规范化管理，成效显著。1989 至 2005 年，郴州地区（市）机构编制部门推进机构编制制度化、规范化管理，坚持深入机关基层调查研究，及时纠正擅设机构、增加编制、编外进人和“吃空饷”等行为，维护机构编制的科学性、严肃性和权威性。在 1993–1996 年、2001 年 –2002 年、2005 年的三次机构改革中，市编办根据中央和省编办指示精神，从郴州实际出发，制定机构改革实施方案，开展行政机构“三定”（定职能、定机构、定编制）工作，健全机构编制管理制度，建立机构编制管理台账，巩固机构改革成果。其间，随着经济社会的快速发展，机构编制工作不断发生变化，以适应经济社会发展的需要。2005 年，有市、县（市、区）党政群团政法机关机构 720 个（另有乡镇、街道办机构 257 个），定编 20713 人，在职实有 21668 人，超编 955 人。与 1989 年相比，市、县（市、区）机构减少 61 个，编制增加 6971 人，在职实有人数增加 2965 人。

在此 17 年间，人事管理部门工作从传统的干部调配、干部录用、大中专毕业生分配、军队转业干部安置、干部工资福利管理和干部任免奖惩，逐步扩展到国家干部培训考核、军队转业干部上岗前培训、专业技术人员培养和职称评聘、专业技术人才市场的培育和专业技术人才流动等领域。至2005年年底，全市有国家公务员和专业技术人员102721人，其中党政群团机关和公检司法系统21668人，各类专业技术干部81053人。

在改革开放的大潮中，劳动就业、劳动保护、劳动管理、社会保障等工作不断创新和推进。自1989年始，郴州国有集体企业管理体制、经营机制和用工制度经历重大改革，一些中小国有、集体企业经过改革改制、破产重组，逐步退出市场，被非国有企业所取代。郴州各级劳动管理部门及时从职工调配、招工培训、劳动工资福利管理、劳动保护等工作，扩大到组织职工技能培训、扶助下岗职工再就业、加强劳动力市场培育与管理、劳动监察与仲裁、社会保障等方面。经过17年的改革与发展，全市就业情况发生重大变化。2005年，全市就业总人数274.36万人，其中国有企业下降到19.7万人，城镇集体企业下降到2.01万人，城镇个体私营企业增加到26.54万人，其他非公有制经济就业4.76万人。农村拥有劳动者219.89万人。1989—2005年，全市城镇失业率始终控制在2.7%左右。社会保障体系逐步完善。2005年底，全市参加养老保险单位1225家，参保人数167924人，参保覆盖率和养老金足额发放率均为100%；职工医疗保险参保覆盖率100%；参加失业保险24.39万人、工伤保险10.63万人、生育保险18.53万人。

第一章 民 政

1989年以后，随着改革开放的不断深入，民政工作任务更加艰巨繁重。郴州民政部门指导城乡基层开展群众自治组织建设、民主与法制建设、思想文化建设，推进当地经济社会发展。2005年，全市420个城镇社区和2952个行政村全部建立社区居民委员会（社区党支部委员会）和村民委员会（村党支部委员会）。社区和行政村普遍建立民主与法制教育园地，党员活动、劳动就业服务和文化体育活动中心、社会治安管理机构和社区事务（村务）公开制度等，组织党员和群众开展各项活动，为居民和村民提供服务。在拥军、优抚工作方面，市委（地委）、市人民政府（行署）支持部队建设，为部队解决训练场地等困难，配合部队举办培训班，培养军地两用人才。贯彻国务院《军人优待抚恤条例》，结合本地实际，不断提高优待抚恤标准。20世纪90年代以后，国有、集体企业改革改制，退伍军人安置就业的岗位减少。全市民政部门贯彻执行国务院《退伍义务兵安置条例》，动员各行各业优先安置退伍军人就业。同时，制定优惠措施鼓励和扶持退伍军人自主创业。郴州境内自然灾害频繁，特别是水旱灾害不断。民政部门筹集抗灾救灾款物，及时帮助灾民渡过难关，重建家园。民政部门长期以来为城乡困难居民提供经济和物资帮助；建立救助站和流浪儿童救护中心，为城市生活无着落的流浪乞讨人员和流浪儿童提供救助与保护。在社会福利方面，民政部门重点抓好老年人和儿童福利。对老年人实行一系列优待政策，保证老年人老有所养、老有所医、老有所乐；加强儿童福利机构建设，发展孤残儿童福利事业。与此同时，加强婚姻登记、民间组织管理，搞好地名、勘界工作；实施殡葬改革，促进社会文明与进步。

第一节　基层群众自治组织建设

一、城镇居民自治组织建设

（一）城镇居民委员会建设

1989年，郴州地区81.6万名城镇居民，有居民委员会141个。12月26日，《中华人民共和国城市居民委员会组织法》（简称居民委员会组织法）颁布，郴州行署成立实施居民委员会组织法领导小组，行署专员赵毅拯带队深入郴州市北湖街道的升平路和四普庄等地，考察城镇居委会建设情况。1990年2月6日，行署专员办公会听取地区民政局关于全区居委会建设情况汇报，研究开展城镇居民自治的措施和安排。4~6月，行署在郴州市（今北湖区）北湖街道办事处和郴县（今苏仙区）良田镇开展城镇居民自治试点。10月，召开全区城镇居委会建设工作会议，贯彻湖南省《〈中华人民共和国城市居民委员会组织法〉实施办法》，介绍试点工作经验。

1991年2月，郴州行署发出《关于加强城镇居民委员会建设的通知》，部署全区城镇居委会统一换届选举。6月，全区城镇成立366个居委会，选举产生居委会干部2562人。各级政府依法赋予居委会职能职权，规定办理有关城镇招干、招工、招生、征兵、户口迁移、婚姻登记、计划生育等事宜都必须经居委会审查、签署意见。各级政府从政策、经费、办公场地等多方面支持居委会的工作。地区财政局每年安排20万元资金扶持居委会发展集体经济。年内全地区90%的居委会办有小型工商企业或商贸服务网点，优先安排城镇待业人员、残疾人员和失足青年就业。从1993年起，地县两级财政对居委会办公经费补助从每年300元提高到3000元。同时，将男45岁以下、女40岁以下在居委会连续工作6年以上的居委会主要干部招收为大集体工人，参照国家干部标准，由街道办事处统筹参加社会养老保险。

1994年6月，第一届居委会任期届满，进行换届选举。全地区436个居委会选举产生居委会干部2967人。县、市民政部门举办培训班，培训居委会主要干部，提高居委会干部素质。同时，把帮助居委会发展集体经济、建立居民服务网点作为工作重点。1995—1996年，湖南省财政厅和郴州市财政局下拨居委会专项补助资金96万元，安排居委会集体经济周转金31万元。1996年年末，全市居委会有集体经济项目262个，年产值3099万元，年创利润338万元。

1997年6月，第二届居委会任期届满。市县两级政府抽调1395名干部下基层指导换届选举。全市435个居委会选举产生居委会干部1882名，比上届减少1085名。居委会干部平均年龄41岁，其中中共党员868人，县市区乡镇人大代表和政协委员56人，有大专以上文化的255人，妇女579人。新一届居委会成立以后，民政部门和街道办事处指导居委会制定岗位职责、干部任期责任目标和财务公开制度。1999年10月，市民政局组织县市区民政工作联合考察组，赴衡阳市、湘潭市、株洲市、永州市和广东省清远市、韶关市考察居委会建设情况，向市委、市政府提交考察报告。市政府召开市长办公会议，专题研究学习外地经验加强居委会建设工作，决定从当年起每年给市中心城区居委会增加补助30万元。同时，要求各级政府切实加强对居委会工作的指导，给予优惠政策，多方筹集资金，解决当时居委会办公用房困难的实际问题。

2000年6月，全市第三届居委会任期届满，进行第四次换届选举。全市364个居委会选举产生居委会干部1705人，其中中共党员995人，县市区乡镇人大代表和政协委员58人，具有大专以上文化的319人，妇女895人。市民政局给新当选的居委会干部颁发“当选证书”。在民政部门和街道办事处的指导下，各地居委会建立健全人民调解、治安保卫、公共卫生、社会福利、劳动就业工作委员会；建立健全居民大会、居民代表会议、党员大会制度，修订居民公约和居委会事务公开、居委会财务监管制度。

（二）城镇社区建设

2000年11月9日，中共中央办公厅、国务院办公厅批转民政部《关于在全国推进城市社区建设的意见》。2001年12月，湖南省城市社区建设工作会议要求城镇在原居委会的基础上建立新型社区。郴州市委、市人民政府成立郴州市基层政权和社区建设工作领导小组，筹划城镇社区建设工作。

2002年1月，市委、市人民政府召开城镇社区建设工作会议，印发《关于调整合并社区和选举产生首届社区居民自治组织的意见》，郴州市中心城区据此将原94个居委会整合为59个社区，其中北湖区35个、苏仙区24个，各县市城镇271个居委会整合成61个社区。新的社区选举产生居委会干部，建立社区居民党支部和社区警务室。11月2日，市委办公室、市人民政府办公室下发《关于进一步加快推进城市社区建设的意见》，明确社区党建工作的指导思想和工作目标，要求社区居民委员会和社区党支部委员会成员中的党员干部交叉任职，实行社区党支部书记、居委会主任“一肩挑”，党支部委员会中的居委会专职干部不少于二分之一。

2003年11月12日，市委、市人民政府召开郴州市中心城区社区联点扶建工作会议，决定从2003年起，用两年时间，为中心城区社区居委会建设办公用房和公益性服务设施。市财政安排200万元作启动资金，社区办公用房用地实行无偿划拨，免除建房行政事业性收费，水、电、通信部门无偿提供和安装水、电、通信设施。市中心城区共筹措资金2500万元，建成社区办公用房49处，建筑面积2.24万平方米，平均每个社区居委会用房400多平方米。全市社区居委会建立各类服务网点1300多个，安排就业3.1万多人，其中下岗职工占65%，实现营业收入2.2亿元，创利税1743万元。12月30日，郴州市第一家社区居民卫生服务中心在燕泉路社区开业。该中心承担9个社区7万多居民的疾病预防、保健、康复、计划免疫工作。此后，郴州市中心城区分片设立7个社区医疗卫生服务站。

2004年3月，郴州市政府办公室印发《郴州市城市社区管理暂行规定》，赋予社区居委会宣传教育、社会治安、社会救助、劳动就业、社会保障、计划生育、公共卫生管理等多项职能。是年，市人民政府推行企业退休职工社会化管理，社区开始承接企业退休人员的管理和服务。年末，湖南省人民政府组织全省社区建设检查验收，北湖、苏仙两区和资兴市定为全省社区建设示范县（市、区），苏仙区被评为全省城镇社区建设先进区。

至2005年，全市420个城镇社区有358个新建办公和服务用房，办公用房面积平均300多平方米。按照中央文明办等十部委的通知，全市开展法律、科技、文体、卫生、教育、警务工作“六进社区”，城镇社区建立党员、老年人、残疾人活动中心和各类社区服务中心195个，社区志愿服务队269支，各类服务网点1264个，从业人员计5.7万人。至是年末，郴州市中心城区社区居委会接受273个改革改制企业3.3万名与企业解除劳动关系的和退休职工的管理工作。

二、农村村民自治组织建设

1984年，郴州地区撤销226个人民公社、2569个生产大队、2.68万个生产队，建立224个乡、3个民族乡、27个镇和2872个行政村、30023个村民小组。

（一）民主选举

1989年1月，郴州地委、行署根据《中华人民共和国村民委员会组织法》（试行），召开实施村民委员会组织法加强农村基层建设工作会议。会后，地、县、乡三级政府组织1.28万名干部下农村，结合完善土地承包责任制，指导村成立村民委员会（简称村委会），实行村民自治。1990年上半年，全地区2946个行政村选出村干部1.24万名，成立村民委员会。村委会相继建立工作、会议、学习、财务管理制度，制定村级经济发展规划，完善村规民约。

1993年上半年，全地区村委会换届选举，引入竞争机制，实行差额选举，2960个行政村新选举产生村干部1263名，成立村民委员会和村党支部委员会，建立村支两委工作制度。

1996年上半年，村委会进行换届选举。郴州市人民政府成立郴州市村委会换届工作领导小组，制定换届工作方案，县、乡镇干部下村组，发动和指导群众参选。全市250个乡镇的2969个行政村登记选民244.6万人，参加投票选举228.5万人，参选率达93.4%，共选出村委会成员1.58万人，其中中共党员9454人，具有初、高中文化的9771人，大专文化的91人，50岁以下的1.51万人，整体素质有了提高。1997年4月，市委农村工作部、市财政局、市民政局联合行文，明确现任村党支部书记、村委会主任、村委会秘书（会计）纳入农保补助范围，每年每人由市财政补助 80~100 元，县、乡财政补助 150 元。

1999 年，全市村委会换届选举，2967 个行政村登记选民 253.1 万人，参加选举投票 238.2 万人，参选率为 94.1%，选出村委会成员 14125 名，其中中共党员 7684 人，具有大专以上文化的 50 人，有技术专长的 606 人，妇女 2962 人，平均年龄 42 岁。

2002 年上半年，全市进行村委会换届选举，各县市区鼓励村民参加竞选，充分尊重村民意愿，坚持“直选、公平、差额、无记名”选举原则，同时提高妇女候选人比例，要求每个村至少有一名妇女当选村委会干部。全市 2967 个行政村登记选民 259.3 万人，245.4 万人参加投票，参选率为 94.6%，选出村委会成员 1.23 万人，其中中共党员 6317 名，妇女 2983 名，平均年龄 40.8 岁。

2005 年上半年，全市进行村委会换届选举，废除联名推荐和酝酿协商产生候选人的办法，实行由村民提名干部候选人并直接投票选举的“海选”式直接选举。选举机构组织候选人发表竞选演说，回答选民提问，选民秘密写票，委托投票须由本人书面委托，并只允许代投一张。流动票箱只用于因病不能到选举现场投票的选民。全市 2953 个行政村登记选民 278.4 万人，实际参选率为 95%，选出村委会成员 1.1 万名；村委会领导职数减少，平均每个村 3.72 名。

（二）民主管理

1989 年，县、乡两级党委组织干部深入农村，指导和督促村支两委建立村民会议制度，明确村民大会和村民代表会讨论、决定事项的范围，规定“村里大事由村民公决”，村集体土地、公益事业、资产处置、干部补助等问题，都要交村民大会或村民代表会议讨论，按多数人的意见作出决定。1995 年，汝城县全面推行村民自治和村务公开工作，起步早，成效好，省人民政府授予汝城县 1997 年度“湖南省村民自治模范县”称号。

1998 年 5 月，市委办公室、市政府办公室联合印发《关于在全市农村普遍建立村务公开制度进一步推进村民自治工作的意见》。5 月 21 日，市人民政府召开全市村务公开工作会议，随后在北湖区郴江乡、苏仙区良田镇的 10 个行政村进行村务公开试点，并在全市推广试点经验。是年底，全市 2969 个行政村有 2770 个建立村务公开制度和村务公开栏，2780 个开展财务清理。各村建立村委会工作报告制度，每年向村民大会或村民代表会报告工作，接受村民评议监督。对于不称职的村委会干部，有五分之一以上村民联名提出罢免意见的，即交由村民大会或村民代表会表决决定。

1999 年上半年，全市农村结合村委会换届选举，开展村委会任期财务清理，清出违纪违规金额 189.37 万元，不合理开支 264.1 万元，查处违规违法人员 304 人，移送司法机关处理 4 人。财务清理推动了村务公开，100% 的村建立村务公开栏，986 个村建立民主理财小组。汝城县被民政部评为 1998 年度“全国村民自治模范县”。2000 年，省民政厅对郴州市创村民自治模范单位进行检查验收，评出模范县 2 个、模范乡镇 2 个，模范村委会 4 个，优秀村委会主任 6 人。市人民政府评选村民自治模范乡镇 26 个、村民自治模范村 439 个。民政部授予资兴市“全国村民自治模范市”称号。

2004 年，全市贯彻中共中央办公厅、国务院办公厅《关于健全和完善村务公开和民主管理制度的意见》，各县市区制订《村务公开民主管理工作实施方案》，印发《村务公开民主管理手册》，建立政府主导、民政牵头、部门配合、齐抓共管的村务管理协调机制，村务公开进一步规范化。2005 年 3 月，市委组织部、市民政局、市农经委联合印发《关于进一步加强和改进村级组织建设的若干规定》，规范村党支部、村委会、村级经济组织的职责与权利、工作制度与工作方法。全市所有行政村均建立村务公开制度、村民大会和村民代表会议制度，成立民主理财小组和村务监督小组。

各县市区财政提高村组干部的经济补助标准，北湖区村党支部书记、村委会主任每月补助500元，村委秘书、计划生育专干补助400元，其他县市区村干部的补助在300~400元之间。

第二节　拥军·优抚·安置

一、拥　军

1989年7月31日，郴州地委和郴州市（今北湖区）委举行盛大集会和军民联欢晚会，庆祝"八一"建军节。1991年"八一"建军节前，地委、行署组织慰问团赴广西、云南边防部队慰问郴籍官兵（共有官兵4556名，其中英雄模范25名，团以上干部14名）。是年9月，地委、行署、郴州军分区成立由党政军主要领导、33个军地有关部门负责人参加的郴州地区双拥（拥军优属、拥政爱民）工作领导小组，下设办公室负责日常工作。各县市也相继成立"双拥"工作领导小组及其办事机构，把"双拥"工作纳入两个文明建设重要内容。1992年，"八一"建军节前后，全区各地在"双拥"活动中，组织报告会91场，新闻媒体发表文章21篇，文艺演出88场，展览图片668幅，给部队官兵发出慰问信6638封，赠送慰问品1.22万件。

1993年4月，湖南省人民政府、省军区授予郴州市"双拥模范县（市）"称号。1994年2月10日，回乡探亲的永兴籍广州军区某部战士刘志艳临危不惧为抢救6名小孩不幸被土炮炸成重伤，失去右手掌。湖南省、郴州市党政军机关分别授予刘志艳"舍己救人爱民模范""舍己救人模范战士""雷锋式青年"荣誉称号。中国人民解放军海军南海舰队授予刘志艳二级英模奖章和证书。

1996年，市委、市人民政府、郴州军分区制定"九五"期间（1996—2000年）《郴州市双拥创建工作规划》和《创建双拥模范城基本标准》。是年，汝城县被湖南省人民政府、省军区评为"拥军优属模范县（市）"。1997年2月10日，桂东籍海军战士郭虎平在回乡探亲途中遇车祸身负重伤后，不顾个人安危，强忍伤痛，率领脱险乘客从翻入河水中的车箱里救出32名乘客。共青团郴州市委授予郭虎平"合己救人英雄"称号，海军后勤部为其记一等功。1998年8月初，市委组织慰问团赴湖北省慰问参加抗洪抢险的驻郴部队官兵，赠送慰问金10万元，并给当地灾区人民捐款200万元。

1999年8月13日，郴州发生百年不遇的洪灾。郴州军分区组织839名官兵，投入80多台车辆、50多艘船只、1200多件救生器材，参加抗洪救灾，解救被洪水围困的群众，清理街道淤泥，连续奋战三天三夜。武警郴州支队解救群众1548人。8月26日，市委、市人民政府召开表彰大会，表彰"8·13"抗洪救灾的先进单位和个人，授予郴州军分区司令部作训科"抗洪抢险先进单位"称号，授予郴州军分区凌小平、资兴市人武部肖建斌"抗洪抢险功臣"称号，授予王大召等44名官兵"抗洪抢险勇士"称号。9月25日，市委召开老红军、老地下党员、老战士、老游击队员座谈会，热烈庆祝郴州解放50周年。是年12月，湖南省人民政府、湖南省军区授予郴州市"湖南省双拥模范城"，授予宜章县"湖南省双拥模范县（市）"称号。

2000年10月25日，市委、市人民政府召开纪念中国人民志愿军赴朝作战50周年座谈会，褒扬抗美援朝保家卫国的郴籍战士的英雄壮举。2001年，市委、市人民政府、郴州军分区印发郴州"十五"（2001—2005年）双拥工作规划，要求各级党委和政府积极支援国防和军队建设，落实拥军优属、拥政爱民工作。

2005年8月1日，市委、市人民政府召开大会，纪念中国人民解放军建军78周年、世界反法西斯战争暨中国人民抗日战争胜利60周年。市领导分头走访275位抗日老战士，给每位老战士颁发纪念章和慰问品，共赠送慰问金23万元。一些机关、学校、企事业单位、社区邀请抗日老战士作抗日斗争报告，进行革命传统教育。

1989—2005年，郴州市投入资金8000多万元，无偿划拨土地56.67公顷，帮助郴州军分区系统和驻郴部队建立民兵和部队训练基地42个、蔬菜生产基地19个。地方劳动部门办培训班38期，为部队培训军地两用人才6000人次。市军供站接待过往部队499批12万人次，妥善安排官兵生活。2004年1月，全国双拥工作领导小组、民政部、中国人民解放军总政治部授予郴州市“全国双拥模范城”荣誉称号。

二、抚恤优待

（一）国家抚恤

“三属”抚恤金 1989—2005年，郴州市（地区）共追认革命烈士175名。1989年，郴州地区民政部门按照国务院《军人抚恤优待条例》，对革命烈士、因公牺牲和病故的军人按其死亡时的月工资标准，发给家属40个月、20个月、10个月标准工资的一次性抚恤金。生前获得荣誉称号或立功受奖的，按规定增发一次性抚恤金。1993年，国务院和民政部统一规范革命烈士、因公牺牲和病故军人一次性抚恤金的计发标准。

其间，“三属”（革命烈士家属、因公牺牲军人家属、病故军人家属）中无劳动力，或无固定收入不能维持基本生活的，由国家发给定期抚恤金（1989年，全地区共有“三属”定期抚恤对象1215人）。烈属和因公牺牲军人家属，在城市的每人每月抚恤金50元，在农村的每人每月35元。病故军人家属，在城市的每人每月抚恤金45元，在农村的每人每月30元。1993年，全区对“三属”定期抚恤对象进行一次核查，取消一些不符合定期抚恤条件的人员，统一换发定期抚恤证书。至2004年，国家先后12次调整提高定期抚恤金标准。是年10月，新修订的《军人抚恤优待条例》颁布以后，革命烈士、因公牺牲和病故军人一次性抚恤金的计发标准分别由原来的40个月、20个月、10个月标准工资提高到80个月、40个月、20个月的标准工资。2005年，全市共有“三属”定期抚恤对象1847人，其中烈属1477人，因公牺牲军人家属122人，病故军人家属248人。烈属年抚恤金，在城镇的提高到4200元，在农村的提高到2640元；因公牺牲军人家属年抚恤金，在城镇的提高到3900元，在农村的提高到2520元；病故军人家属年抚恤金，在城镇的提高到3600元，在农村的提高到2340元。此外。国家对在城镇的“三属”定抚人员的粮油补贴，先后5次调整提高，由每人每月8~10元，提高到44元；在农村的“三属”定抚人员，从2001年起发放粮油补贴，每人每月14元，2003年增至19元。

革命伤残人员抚恤 国家对革命伤残人员实行定期定量抚恤。1989年，郴州地区有革命伤残人员512人，特等革命伤残人员每年抚恤金1200元，三等乙级革命伤残人员每年发给抚恤金272元。1990年，按照民政部和省民政厅的通知，全地区民政部门为583名革命伤残人员换发伤残证书。1994年，特等革命伤残人员年抚恤金提高到2240元，三等乙级革命伤残人员年抚恤金提高到442元。1997年，市民政局制定《郴州市革命伤残人员抚恤管理工作细则》，是年，全市有革命伤残人员647人。1999年，全市有革命伤残人员676人，其中在职174人，在乡502人。特等革命伤残人员年抚恤金增至5340元，三等乙级革命伤残人员年抚恤金增至780元。2001年，市委、市人民政府要求企事业单位不得解聘在职伤残军人，要扶持已下岗的伤残军人再就业，原所在单位空岗或增岗时，优先安排伤残军人上岗。伤残军人自谋职业，工商、税务等部门要给予优惠待遇。同时明确规定，伤残军人报考国家公务员、高等或中等专业学校，在同等条件下要优先录取。伤残、复员、退伍军人和“三属”人员在住房分配、购买公房时享受优先、优惠待遇。居住在农村的由当地政府帮助解决其建房困难。2004 年，全市民政部门进行军人残疾等级套改工作，将原来的“四等六级”套改为“1 至 10 级”，并换发新证。1991 年至 2005 年，国家 10 次调整提高革命伤残人员抚恤金标准。2005 年，全市有革命伤残人员 2215 人，其中伤残退役军人 2148 人，伤残人民警察 20 人，伤残国家机关工作人员 40 人，伤残民兵民工 7 人。8 级 ~1 级革命伤残人员年抚恤金为 11200 元 ~1500 元。是年，全市发放抚恤金补助 3260 万元。

（二）国家补助

按照《军人抚恤优待条例》，国家对退伍红军老战士、在乡西路军红军老战士（市内无此类人员）、红军失散人员、在乡老复员军人、带病回乡退伍军人实行定期生活费补助。1989 年，全区有在乡退伍红军老战士 3 人，每人每月补助 100 元；红军失散人员 190 人，每人每月补助 25 元；在乡老复员军人每人每月补助 20 元；带病回乡退伍军人人月均生活补助 8.7 元。

2005 年，全市健在退伍红军老战士 1 人，住临武县光荣院，生活补助标准经过 12 次调整后，提高到每月 800 元，已去世的红军老战士配偶由政府继续给予生活补助。健在红军失散人员 137 人，生活补助提高到每月 204 元。在乡健在老复员军人 11642 人，生活补助经过 7 次调整提高到每月 184 元。带病回乡退伍军人 8426 人，各县（市、区）民政部门根据其困难大小，按总人数 3% 的比例，每年给予一定的生活补助。是年，全市发放在乡老复员军人等优抚对象医疗补助费 180 万元。

（三）优待照顾

1989—1994 年，郴州地区农村义务兵每年发给优待金 300~400 元，由乡镇统筹，村民负担，当年兑现或由义务兵自愿留存，自愿留存的待退伍后一次性发给。城镇义务兵家属生活有困难的，由政府给予适当的资金补助，入伍前是在职人员的，由原单位按入伍前本人标准工资的 70% 发给优待金。

1995 年，汝城、永兴、宜章、临武、桂东、资兴等县市改革农村义务兵优待办法，试行优待金县（市）统筹，由农民负担改为全民负担，优待金标准提高到每年每人 500~600 元。是年，全市发放优待金 310.4 万元。1997 年，全市全面推行优待金以县市区为单位进行社会统筹，当年发放优待金 428 万元，人均 712 元。1998 年，优待标准提高到每年每人 780 元。

1999 年，郴州市人民政府印发《关于实行义务兵优待金社会统筹的通知》，明确以县（市、区）为单位实行社会统筹，提高优待标准，在基本优待、困难补助的同时实行奖励优待：义务兵在服役期间荣立一等功或授予荣誉称号的优待金增发 100%，荣立二等功的增发 60%，荣立三等功的增发 30%，评为优秀士兵的增发 20%。2000 年，农村义务兵优待标准人均调高到 800 元，市民政工作部门筹集资金 77 万元，解决城镇义务兵家属的临时困难。

2002 年，郴州市实行农村税费改革，义务兵家属优待金纳入农业税统一征收，以县（市、区）为单位，统一筹集和使用。2003 年，郴州按照省民政厅、省财政厅印发的《关于城镇义务兵家属实行优待照顾的通知》，及省民政厅印发的《关于执行城乡义务兵家属优待金指导性标准的通知》精神，根据地域经济水平和城乡消费水平，落实优待标准。其中桂阳县城镇义务兵优待标准每年每人 1500 元，汝城县为 800 元，其余县市区均在 1000 元以上。农村义务兵的优待标准也相应提高，每年每人为 800~1000 元。

2004年，全国取消农业税，义务兵优待金全部纳入财政预算。2005年，全市有城乡义务兵4362人，共发放优待金389.2万元。

三、退伍军人与离退休军队干部职工安置

（一）退伍士兵士官安置

1989年，郴州地区行署根据国务院《退伍士兵安置条例》规定，实行从农村入伍的士兵主要回原籍安置，荣立二等功以上及因战、因工致三等以上伤残的士兵，在城市安排工作；有一定专长的由民政部门向有关部门推荐录用；荣立三等功的、超期服役的和退伍女兵适当照顾安置。从城市入伍的退伍义务兵安排在城市工作。

1990年后，城市户籍退伍士兵的安置出现新情况：国有企业改制转体、破产清算或转为民营企业，可供安置退伍士兵的岗位越来越少，指定性安置难以落实。一些单位安置退伍士兵采取“接受不上岗”“在册不在岗”“边安置边下岗”的办法，安置工作遇到困难。1993年，郴州城市退伍义务兵安置开始实行劳动合同制，民政部门保证退伍士兵实现第一次就业。但一些企业仍拒绝接受退伍士兵，有的企业甚至向退伍士兵征收就业基金。1994年冬，郴州地区组织大力宣传、贯彻国务院、中央军委发出的《关于1994年冬安置退出现役义务兵工作的通知》，按规定纠正一些单位以种种理由拒绝接受退伍义务兵的做法，当年全市974名转业复员士官和城市退伍义务兵全部得到安置。

1997年，省民政厅、省人事厅联合行文，要求各地尽量安排城市退伍士兵到财政差额拨款单位、自收自支事业单位和机关后勤岗位。1998年，新修订的《中华人民共和国兵役法》，规定退伍士兵实行统一安置与自谋职业相结合，逐步把退伍士兵安置推向劳动力市场。1999年，郴州市民政部门开展退伍士兵自谋职业试点，并向非国有企业单位推荐退伍士兵。是年，全市接受退伍义务兵2060名，需政府统一安置的993人，实际安置986人，7人自谋职业，其余回农村安置。

2000年，郴州市进行城镇退伍士兵安置工作改革，实行“政府安置、扶持就业、经济补偿、自主择业”相结合的政策，共接受退伍义务兵2390人，其中在城市安置1231人，自主择业7人，农村安置1152人。2002年，省人民政府批转省民政厅、省财政厅制定的《湖南省退役士兵安置任务有偿转移管理暂行办法》，进一步改革城镇退伍士兵安置工作，对自谋职业的城镇退伍士兵，由当地政府给予一次性经济补助，鼓励和扶持其自谋职业，自主择业。2004年，国务院办公厅转发民政部等九部委《关于扶持城镇退役士兵自谋职业优惠政策的意见》，出台一系列优惠政策。市人民政府随之印发《关于筹措城镇退役士兵自谋职业一次性补偿费的通知》，要求将安置补偿费纳入市、县（市、区）财政预算。是年，全市自谋职业城镇退伍士兵增至137人，发放自谋职业一次性补偿费274万元，人均2万元。2005年7月，市民政局下拨补助费25万元，集中清理、妥善解决历年城镇退役士兵安置的遗留问题。1989—2005年，郴州市（地区）共接收退役军人3.44万人，其中城市安置1.54万人，农村安置1.85万人，城镇退伍义务兵自谋职业495人。

1989—2005年郴州市（地区）接受安置退役士兵统计表

表10-1-2-1　　单位：人

年度＼项目	退役军人总数	其中			城镇安置人数	自谋职业人数	农村安置人数
		转业复员士官	退伍义务兵				
			城镇	农村			
1989	2361	58	722	1581	780	—	1581
1990	1094	104	458	532	562	—	532
1991	1932	71	1082	779	1153	—	779
1992	1950	270	1004	676	1274	—	676
1993	1727	55	841	831	896	—	831
1994	1979	61	913	1005	974	—	1005
1995	1399	123	693	583	816	—	583
1996	1807	119	734	954	853	—	954
1997	1380	87	680	613	762	5	613
1998	2041	200	829	1012	967	62	1012
1999	2060	149	844	1067	986	7	1067
2000	2392	212	1028	1152	1231	9	1152
2001	2436	145	1001	1290	1137	9	1290
2002	2552	121	899	1532	1007	13	1532
2003	2427	98	755	1574	753	100	1574
2004	2679	134	679	1866	676	137	1866
2005	2197	68	658	1471	573	153	1471
合计	34413	2075	13820	18518	15400	495	18518

（二）军队离退休干部职工安置

1984年，郴州地区成立军队离退休干部休养所，集中安置军队离退休干部职工。至1993年年底，接受军队离退休干部安置76名，其中离休干部37名，退休干部38名，无军籍退休职工1名。1994年接受安置无军籍退休退职职工7名。1996年接受安置28名，其中退休干部2名，无军籍退休退职职工26名。1997年接受安置军队退休干部3名。1998年接受安置6名，其中离休干部2名，退休干部4名。2000年接受安置15名，其中退休干部3名，伤病残退休士官5名，无军籍退休退职职工7名。2001年接受安置32名，其中离休干部11名，退休干部2名，无军籍退休退职职工19名。2002年接受安置14名，其中退休干部11名，无军籍退休退职职工3名。2003年接受安置9名，其中退休干部8名，退休士官1名。2004年接受安置退休干部1名。2005年接受安置退休干部6名。1989年至2005年年末，郴州市（地区）共接收安置军队离退休退职人员187名，其中离休干部40名，退休干部78名，其他退休退职人员69名。其随军家属随离退休干部一并调动，均得到妥善安置。

（三）军队离退休干部职工待遇

1989年后，郴州市（地区）民政部门按照国家关于“基本政治待遇不变，生活待遇略为从优”

的原则，进一步落实军休干部的政治和生活待遇。市（地）委、市政府（行署）按县团级单位给军队离退休干部休养所发送文件，离退休干部按职级阅读上级文件。1991年，中央军委决定给符合条件的军队离休干部授勋和颁发荣誉证书。全地区有26位军队离休干部分别被授予红星功勋荣誉章、独立功勋荣誉章和胜利功勋荣誉章及荣誉证书。并分别享受政府每月20~30元生活津贴。1998年，在住房制度改革中，郴州市军队离退休干部休养所向55位军休干部出售公有住房3936.38平方米，收回售房款49.92万元，留存20%作住房维修基金，其余上交湖南省民政厅。2005年5月，市民政局下拨军休干部住房补贴119.82万元，80%发给个人，20%用于公共部位维修。同时军队离退休干部和无军籍退休退职职工全部实行公费医疗，因公致伤、病、残的按残废等级，给予残废抚恤金，生活不能自理的发给一定生活补贴金。所需经费由中央财政下拨，不足部分由地方财政补贴。市（地区）财政每年补贴医疗费均在10万元以上，2004年补贴24万元，2005年补贴60万元。郴州市军队离退休干部休养所配备专职服务人员，为离退休人员提供学习、生活服务，组织离退休人员开展有益身心健康的文化娱乐活动。

四、烈士褒扬

郴州市（地区）各级党委、政府按照民政部和省民政厅有关文件规定，依法依规申报追认革命烈士。1989—2005年，经湖南省人民政府批准，郴州市（地区）追认革命烈士175名，其中旧民主主义革命时期4名，新民主主义革命时期149人，社会主义革命时期22人。至2005年底，郴州市（地区）追认（市民政局登记在册）革命烈士7520人。为褒扬革命先烈，郴州建立革命烈士公园（陵园）纪念馆、烈士墓地15处。其中有著名的革命先烈邓中夏、夏明震、朱青勋革命烈士陵园（陵墓），宜章年关暴动纪念馆，湘南起义纪念塔和纪念馆，欧阳海广场和雕像等。各级党委、政府、群众团体、民间组织和企事业单位把烈士纪念地作为爱国主义教育阵地，组织党员、干部、群众和青少年儿童参观革命遗址、烈士陵园，向烈士敬献花圈、花篮，凭吊革命先烈。1998年，市委、市政府召开纪念湘南起义70周年大会，邀请革命老前辈或其子女、中央、省党政军领导和有关部门负责人齐集郴州，回顾郴州光辉革命斗争历史，缅怀革命前辈的丰功伟绩，追悼祭奠革命先烈。此间，郴州市（地区）党史资料征集办、地区民政局、文联组织力量先后编纂《湘南起义史稿》《郴州英杰》《郴州英烈传》丛书。《郴州英杰》《郴州英烈传》收录郴州277位英雄烈士的传记，计出版发行5万册。湖南省有关部门编纂《三湘英烈传》，郴州上报英烈传记286篇，已出版的《三湘英烈传》1~10卷，收录郴州英烈传记116篇。各县市区相继编纂本地英烈传记，其中出版《宜章英烈》三集、《郴县英烈》三集、《嘉禾英烈》三集、《资兴英烈》一集、《永兴英烈》一集、《汝城英烈》一集、《桂东英烈》一集、《安仁英烈》一集、《桂阳英烈》一集、《北湖英烈》一集、《临武英烈》一集。

第三节　赈灾·救助

一、赈灾

郴州地区处中亚热带季风性湿润气候区，气候多变，自然灾害常有发生。尤以水、旱灾害为重。

1989年5月上旬，永兴、郴县、桂阳、宜章、嘉禾县遭受特大暴雨袭击，受灾面积5800多平方公里，占全区总面积近三分之一，3.39万公顷水稻、烤烟、蔬菜被淹失收，冲毁水利工程7730处，冲毁渠道5.9万米，毁损房屋1.68万间，死亡9人，直接经济损失4.3亿元。灾害发生后，郴州地委、地区行署组织6个工作组迅速赶赴重灾区，组织群众抗洪救灾。各级党委、政府组织71.7万农民，投工680万个，两个多月时间，修复水毁工程80%，修建房屋1万多间。9月下旬至12月，全地区大面积长时间干旱，347座水库水位降至最低点，4500口山塘干涸，117条溪河断流，198个乡镇的16.95万人饮水困难，农作物受灾6.79万公顷，粮食减产8.1万吨，直接经济损失1.2亿元。为赈灾救助，行署下拨救灾款382.8万元、粮食1000吨，各县市安排救灾款148.9万元，发放社会捐款179万元，帮助灾民渡过难关。1991年4至7月，郴州地区总降雨量仅324毫米，比特大干旱的1963年还少13.5毫米。11个县市249个乡镇受旱，受旱农作物16.25万公顷，占播种面积的73.6%，其中绝收5.86万公顷，粮食减产29.8万吨。地委、行署多次召开紧急会议，传达中共中央和国务院关于抗灾救灾指示。各县市组织万名干部，分赴灾区组织150万劳力抗旱，抢种秋冬作物。地、县市向灾区计筹集发放救济款1300多万元，拨发救济粮2500余吨和大批衣被、药品和生产资料等救灾物质。

1994年4月下旬、5月初和6月中旬，郴州境内3次遭受暴雨袭击，累计受灾人口376.73万人，因灾死亡71人，直接经济损失14.81亿元。地委、行署和县市政府先后动员万名干部、解放军、武警战士和150多万群众抗击灾害，解救被洪水围困群众5000多人。派出121个医疗队、1009名医务人员赴灾区防疫治病。下拨救灾资金1538万元，接受赈灾捐款986万元，发放救灾粮6600吨，调拨水泥、化肥等物资，帮助群众安排生活，恢复生产，重建家园。

1996—1997年，市、县两级财政设立自然灾害救济科目，建立救灾预备金制度。市本级财政每年安排救灾资金400万元，救灾粮食差价补助160万元。各县市区财政每年安排救灾资金100万元以上。1998年4月，全市实施《中华人民共和国减灾计划（1998—2010）》，市委、市政府将防灾减灾与生态环境保护、社会经济发展相结合，加强封山育林、退耕还林，加强水土保持；加强江河治理，清除行洪障碍，提高泄洪能力；加强山塘水库除险加固，提高蓄洪能力。郴州市中心城区把治理郴江河作为重点，投资2.43亿元，分三期完成石榴湾大桥至环城桥4.84千米河道清淤清障、河堤加高加固工程，提高郴江河防洪泄洪能力。

1999年8月13日，郴州市发生百年不遇的洪灾。8月12日20时至13日20时，苏仙、北湖区24小时降水量达294毫米，引发郴江河水暴涨，中心城区的郴江河两岸300~500米内的街道、房屋大部被淹，洪水最深处达7米。洪水造成城区80多人死亡，3223人受伤，7.78万人被洪水围困，直接经济损失19亿元。洪灾发生后，市党政军领导迅速组织力量抗洪救灾，出动军、警官兵2924人，投入车辆160余台、舟艇60余艘、防汛器材5300多件，紧急转移灾民5.3万人。国务院工作组和省党、政、军领导赶至郴州察看灾情，慰问灾民。郴州军民顽强自救，仅用2个多月时间，中心城区人民就恢复正常生产、生活。从2000年起，根据民政部、财政部的通知精神，市县两级建立救灾物资储备制度和救灾物资应急采购制度，修建救灾物资储备库。但市内储备设施大多因陋就简由旧房改造而成，安全质量无法保证，同时缺乏专项资金，救灾物资储备数量有限。

2002年，市、县两级人民政府完成自然灾害应急预案初编工作。是年，郴州境内遭受暴雨、洪涝、低温阴雨多种灾害袭击，因灾死亡99人，直接经济损失近30亿元。8月7日至8日，全市普降暴雨，北湖区四清水库大坝严重渗漏，出现管涌和滑坡。这一库容1180万立方米的水库一旦垮坝，危及下游十几万人民的生命财产和京广铁路、107国道、京珠高速公路安全。为确保四清水库安全，驻郴部队、武警和消防官兵紧急出动 2170 人，动用车辆 349 台次，连续战斗 7 天 6 晚，堆砌石块 6090 多立方米，浇注水泥沙浆 3970 多立方米，筑起一条长 150 米、宽 18 米、高 3 米的水库护堤，使四清水库安全度汛。

2005 年，郴州市、县（市、区）人民政府进一步完善自然灾害应急预案，规定市内灾害发生 24 小时内，灾民能得到食品、饮用水、衣物、临时住所和医疗卫生等救济。是年 7 月，郴州遭 2 次大暴雨，9 个县市区 91.75 万人受灾，死亡 2 人，粮食减产 3.3 万吨，直接经济损失 3.36 亿元。市委、市人民政府筹集救灾资金 1702 万元，向灾区发放求助卡 4.2 万张，衣物 3000 余件、棉被 2300 床，帮助 46.8 万灾民克服困难，开展生产自救。

1989—2005 年，郴州市（地区）因自然灾害死亡 576 人，被毁农作物 83.07 万公顷，水毁水利工程 2 万多处，毁损房屋 14.4 万间，死亡大牲畜 9.64 万头，粮食减产 171.8 万吨，直接经济损失 150.84 亿元。据不完全统计，其间各级政府发放救济金 2.69 亿元、粮食 2.03 万吨、棉被 7.12 万床、还调运投放大量物质；接受社会捐助 9263.54 万元、衣物 39 万件、水泥 400 吨、化肥 180 吨、大米 4.83 吨，全部分发给受灾单位和受灾群众。

二 社会救助

（一）城市居民困难救助

1989 年，郴州地区继续执行第八次全国民政工作会议确定的“依靠群众、依靠集体、互助互济、生产自救，辅之以国家必要的救济和扶持”的城市社会救助方针，对城市无固定职业、无稳定收入、无生活费来源的居民实施救助。1994 年，全地区城镇贫困人口约 11 万人，政府定期定量特困救助 5754 人，发放救济款 151.20 万元，人均 263 元。

1995 年后，市内一批国有、集体企业改革改制，下岗职工失去稳定工资收入，一些困难企业减发或停发工人工资，市民政部门对这部分特困职工给予必要的生活救济。1997 年 7 月，市人民政府批转市民政局《关于加强我市城市居民最低生活保障制度和农村居民生活保障制度建设的意见》，确定城市居民最低生活费标准为每人每月 100 元。9 月 24 日，郴州市社会保障体系建设领导小组成立后，组织机关干部深入城市基层调查摸底。北湖、苏仙两区城市常居居民 5.98 万户 21.72 万人，月人均收入低于 100 元的 957 户 3476 人，占居民总数的 1.6%。10 月，市人民政府在北湖、苏仙两区开展城市“低保”工作试点。1998 年，北湖、苏仙区委、区人民政府将城市低保工作纳入“民心德政工程”，办理城市低保 2844 人，发放低保金 18 万元。是年 10 月，北湖区燕泉街道办事处举行低保金首发仪式，为 23 位居民发放低保金 1656 元，人均 72 元。1999 年 6 月，全市 11 个县市区均建立城市居民最低生活保障制度，国家级贫困县汝城、桂东和省级贫困县宜章、安仁 4 县确定低保标准为月人均收入低于 80 元，其他 7 个县市区低保标准为月人均收入低于 100 元。是年 8 月，城市低保标准上调 30%，分别由原来的 80 元、100 元提高到 104 元、130 元。年底，全市纳入城市低保对象 1.69 万人，全年发放低保金 1129.7 万元。

2000 年，市民政部门把中央在郴矿山所属集体企业未参加养老保险的 3792 名职工纳入低保范围，所需资金由中央财政转移支付。2001 年，市人民政府成立郴州市城市居民最低生活保障中心，各县市区也专设低保管理机构。市、县两级按照国务院办公厅《关于进一步加强城市居民最低生活保障工作的通知》精神，把符合保障条件的城镇贫困人口纳入低保范围，纠正一些地方按人口比例下达保障指标的错误做法。是年年底，全市城镇纳入低保的居民 5.66 万人，发放低保金 1540 万元。

2003年，市人民政府出台《郴州市城市居民最低生活保障制度实施办法》，进一步完善城市居民低保工作政策、措施和操作程序，全市已保对象8.9万人，全年发放低保金6860万元，基本实现动态管理下的应保尽保。2004年，全市提高城市低保金发放标准：北湖、苏仙、资兴3市区，月人均提高到146元；桂阳、嘉禾、临武、永兴4县月人均提高到130元；汝城、桂东、宜章、安仁4县月人均提高到120元。是年年底，全市城镇纳入低保的居民增加到9.36万人，发放低保金9020万元。2005年末，全市城镇纳入低保的居民10.58万人，占全市城镇非农业人口的6.1%，全年发放低保金9400万元，其中中央、省财政补助7200万元，市、县两级财政支付2200万元。

对城市生活困难居民除政府发放低保金以外，有关部门还制定一系列优惠措施。此期间，劳动部门免费培训享受低保居民，推荐下岗职工再就业。医疗部门免收低保居民门诊挂号费，治疗费减半收取。低保户租住政府直管公房或私房的，每月给予一定的住房补贴。低保户每月免交4吨水费和6千瓦时生活照明用电费，子女入学免交义务教育阶段的学杂费。

（二）农村居民困难救助

20世纪80年代初，农村实行家庭联产承包责任制，对农村困难居民的救助，由各地实行村组提留、乡镇统筹、国家补助的办法筹措资金救助。郴州地区继续贯彻《湖南省农村五保户供养办法》，推广桂东县乡镇统筹与村组提留供养相结合的经验，对农村无依无靠丧失劳动能力的居民实行“五保”（保吃、保穿、保住、保医、保安葬或未成年人保教）。1989年，全地区农村有“五保”对象1.74万人，其中乡镇统筹供养的2475人，其余由村组提留供养。1991年，全地区农村生活困难人口6.99万人，各级政府发放救济金233.5万元，其中特困定期定量（简称“两定”）救助5780人，发放救济金115.5万元。1992年，乡镇统筹供养面不断扩大，多数“五保户”由乡镇统筹供养，供养人数1.31万人，支付供养金376.92万元。1994年1月，国务院颁布《农村“五保”供养工作条例》，明确“五保”供养，由民政部门主管，乡镇政府负责组织实施，国家、集体和社会共同出资。是年，全地区“五保”供养对象1 42万人，发放供养经费880万元。除此以外，对特困“五保户”还实行临时救济，全年救济488人次，救济金额17.6万元。

郴州农村贫困人口主要集中在“老、少、边”地区农村。全市各级党委和政府积极探索农村社会保障制度建设，采取“政府为主，部门配合，社会参与”的办法筹集解困资金。1996年12月17日，苏仙区廖家湾乡发放农村特困户救助金，郴州市市长龙定鼎亲临现场，为该乡人均年收入不足480元的36户特困户、“五保户”、残疾人发放救助金1.65万元。2001年，全市加强乡镇统筹“五保”供养经费，建立“五保”老人照料责任制，加强敬老院建设，全市1.79万名“五保”老人，每人每月发给生活费45元~50元，每年供应粮食300千克，食油3千克。

2002年，全市农村开展税费改革，减轻农民负担，少数村出现集体公益金筹集困难的状况，以致原由乡镇和村集体承担的救助资金难以为继。2003年8月，市民政局印发《关于做好农村特困户救济工作的通知》，继在临武县召开全市农村特困户救助工作会议，推介临武县发动社会赞助筹资解困的经验。随后，郴州市人民政府出台《农村特困户救助暂行办法》，要求各级党委、政府和民政部门多方筹集解困资金。是年，全市认定农村特困救助对象4.22万人，即时发给“救助证”，从10月起每人每月发给生活补助费5元。“五保户”供养资金改由农业税附加和农业特产税附加予以保证，形成以国家财政供养为主，集体保障和社会帮扶为辅的供养模式。当年全市为“五保”对象1.44万人发放供养资金1191万元，人均825元，同时拨专款为500户“五保户”修缮住房。

2004年4月，市人民政府在汝城县开展农村最低生活保障试点，汝城县政府制定《汝城县农村居民最低生活保障暂行办法》，县民政局将民政、扶贫、教育、民族宗教部门以及社会捐赠的救济、扶助资金集中管理，统一使用，确定农村低保标准为每人每年660元，全县纳入农村低保10026人，发放低保金334.3万元。

2005年1月，市人民政府下发《关于在全市建立农村最低生活保障制度的通知》，各县市区借鉴汝城县的经验，建立农村居民最低生活保障制度。全市农村纳入低保对象5.5万人，苏仙区、嘉禾县、桂东县确定低保标准每人每年600元，北湖区、永兴县、汝城县660元，临武县625元，桂阳、宜章县720元，资兴市800元。是年，全市共发放农村低保金1452万元。

1989—2005年，全市推行集中供养“五保”老人，各级采取政府拨款、社会投资、民政部门从福利彩票公益金中筹资等办法，陆续兴建和扩建一批敬老院。敬老院住房配备电视机、电冰箱、洗衣机等设备，院内设医务室、娱乐室。2005年，全市有敬老院184所，床位4644张，有服务人员466人，其中医护人员40人。年末，全市在院集中供养“五保”老人3578人。

（三）流浪乞讨人员收容救助

1989年，郴州地区民政部门贯彻执行国务院《城市流浪乞讨人员收容遣送办法》和民政部、公安部《城市流浪乞讨人员收容遣送办法实施细则》，将无合法证件、无固定住所、无正当生活来源流落街头的“三无”人员，纳入收容遣送范围。1989—1992年，全地区收遣站收容遣送“三无”人员18300人次。

1993年，民政部确定郴州地区收容遣送站为全国对口遣送站，承担广东省转送过来的外流人口中转遣送任务。1994年4月，《湖南省城市流浪乞讨人员收容遣送条例》颁布实施，将流落街头的精神病患者、智障人员和主动向收遣站求助的人员列为收容遣送对象。1996年6月，广州市大尖山农场及韶关、清远市收遣部门将外流人员1000多人的遣返移交至郴州市。这些人大多体弱病残，且游惰习气较重，郴州市收遣部门尽力做好工作，及时收容遣送返乡948人。1998年5月，市民政局印发《关于认真做好社会收容遣送服务联动工作的通知》，要求全市各级民政部门及相关单位，密切配合，尽职尽责做好收容遣送工作，不得非法扣留被收容人员的财物，不得克扣供应被收容人员的物资，不得检查扣留被收容人员的邮件，不得扣压被收容人员的申诉、控告材料，不得差使被收容人员为工作人员服务，不得殴打、侮辱、虐待被收容人员。是年，全市收容遣送站收遣12973人次。

2000年，市民政局筹资160万元，兴建郴州市流浪儿童救助保护中心。2001年，全市各级民政部门贯彻国务院《中国儿童发展纲要（2001—2010年）》，设立流浪儿童收容教育机构，加强对流浪儿童的救助和保护。2002年3月，市流浪儿童救助保护中心竣工，建筑面积1564平方米，28间住房，158个床位，生活设施配套齐全，可同时收容158名流浪儿童。

2003年6月23日，国务院印发《城市生活无着的流浪乞讨人员救助管理办法》，废止《城市生活无着的流浪人员收容遣送办法》，民政部制定《实施细则》，明确“自愿求助，无偿救助”原则。郴州市收容遣送站更名为郴州市救助管理站，全面清理在站人员，对流浪乞讨人员给予必要的资助帮助其返回原籍，对痴呆智障人员、精神病人及治疗中的重病人员，继续提供生活照料和医疗救治。同时，在城市街头设立救助引导牌，在社区设立救助咨询点，为流浪乞讨人员和遇到困难的群众发放食品、衣物等生活物资，为流浪乞讨病人及时提供医疗救助。2004年，市、县两级政府将救助站列为财政预算内的事业单位，办公经费和救助经费由财政全额拨款。是年，省民政厅确定郴州救助站为跨省救助站，承担跨省流浪乞讨人员的接转任务。市救助站全年救助街头流浪乞讨和遇困人员5375人次，其中儿童406人次。

2005年，全市救助服务机构有郴州市救助站和桂阳、宜章、嘉禾县救助站。没有设站的县市民政局安排专干负责救助工作。省、市财政拨款38万元，支持市救助站建立被救助人员信息网络系统，实行全国联网，救助工作进入信息化管理。年内全市救助流浪乞讨人员和遇困群众1.04万人次，其中少年儿童468人次，老年人765人次，残疾人481人次，精神病和危重病人40人，其他外流受困人员8600多人次，跨省接送23人。1989—2005年，郴州市（地区）民政部门共收遣救助流浪乞讨人员和遇到困难的群众17.99万人次，其中儿童2726人次。

第四节 社会福利

一、老年人社会福利

1989年，按照国务院规定，郴州地区国家机关企事业单位实行干部职工基本养老保险制度和公费医疗制度。1990年10月，地委、行署贯彻《湖南省老年人保护条例》，各县市人大常委会相继出台《关于保护老年人合法权益的决议》。政府有关部门对90周岁以上的老年人开展定期慰问，对百岁以上老年人每人每月发给保健费60元，每年免费进行一次体检。1993年，各县市给曾长期担任村支两委主要干部的老农村基层干部按月发给生活补助金。1995年，全市建立和实施企业职工社会统筹和个人账户相结合的养老保险制度。

1996年10月1日，《中华人民共和国老年人权益保障法》颁布实施，市、县、乡三级人民政府组织干部深入基层慰问5万多位老年人，发放慰问金500多万元、慰问品10余万件。是年，全市参加养老保险社会统筹企业1066户（其中非国有企业139户），职工12.02万人（其中非国有企业职工1万多人）；参加离退休人员医疗费用社会统筹企业159户1.72万人。市人民政府为559个单位的2.83万名离退休职工调高养老金，人均月退休金661元。

1999年5月17日，市人民政府行文规定离休干部和60岁以上老年人进入市城区公园、展览馆、电影院的门票费减半或全免；到县级以上医院就诊免交挂号费和优先就诊；优先安装有线电视、住宅电话，并分别按收费标准的50%、80%收费；65岁以上老年人免费乘坐城区公共汽车。各县市区也出台相应的优待政策，农村老年人免交农业税。2001年5月，市委、市人民政府作出《关于加强老龄工作的决定》，市、县两级开展百岁老人普查登记工作，为51名百岁老人颁发省人民政府统一制发的“百岁寿星光荣证”和寿匾，为百岁老人每人每月发放200元长寿保障补助金。2005年，全市有百岁老人133人，发放长寿补助金28.84万元，并为90岁以上高龄老人发放生活补贴。

1989—2005年，郴州市（地区）老龄委先后为8万多名老年人办理优待证。市公共汽车公司为7万多名65周岁以上老年人办理老年人乘车优待卡，免收乘车费。全市共发放百岁老人长寿补助金108万元。市人民政府规定农村独生子女户、两女户的夫妻双方年满60周岁后，每人每年奖励600元。

二、儿童社会福利

1989年，郴州地区民政局对弃婴和孤残儿童采取集中收养与分散收养相结合的办法，少数由社会福利院和乡镇敬老院收养，多数由民政部门委托有爱心、有经济能力的家庭抚养。1991 年，全地区收养育婴和孤残儿童福利院 160 名、乡镇敬老院 50 名、社会服务机构 20 名、家庭 1030 名。

1992 年，全地区贯彻实施《中华人民共和国残疾人保障法》《中华人民共和国未成年人保护法》《中华人民共和国收养法》，地、县两级建立儿童收养机构，配备专职工作人员，收养遗弃、外流儿童。同时组织打击弃婴犯罪行为。是年 9—11 月，地区民政局举办外流儿童培训班 4 期，培训外流儿童 140 多名。1994 年，全区规范儿童收养登记工作，建立孤残外流儿童档案。福利机构收养的遗弃儿童，实行分类管理。次年，全市实施残疾儿童康复工程，投入 50 多万元，为 300 多名残疾儿童开展手术矫治和康复训练。北湖区福利院设立聋哑儿、脑瘫儿康复训练中心，常年开设特教、康复训练班。

1997 年，全市各级人民政府把保障孤残儿童权益列入经济和社会发展规划。全市儿童福利院收养孤残儿童 112 人，养老机构收养 4 人。1998 年 5 月，国务院批转民政部制定的《中国公民收养子女登记办法》和《外国人在中华人民共和国收养子女登记办法》，拓宽孤儿收养渠道。至 2000 年，全市不育夫妇依法收养儿童 216 名。1992—2000 年，郴州市（今北湖区）福利院依法涉外送养孤儿 300 名。

2001 年 2 月 6 日，民政部出台《儿童社会福利机构基本规范》后，市县两级民政部门及儿童福利机构先后投资 120 多万元，完善儿童福利机构设施，增加管理服务人员，提高收养儿童生活费标准。2003 年，全市 3 所儿童福利院收养弃婴 152 名，养老机构收养弃婴 3 名。

2004 年 8 月，市民政局、市教育局联合开展郴州市孤残儿童教育状况检查，投入专项经费 60 多万元，完善儿童福利机构教育设施，增加专职教师 5 名，开设教育科目 5 个，并且启动“残疾孤儿手术康复计划”，送 21 名残疾儿童去省级医院实施手术矫治和康复治疗。

2005 年，市民政部门实施“明天计划”，调查孤残少年儿童状况，全市有 16 周岁以下父母双亡和无人抚养的未成年人 1732 人，其中由政府主办的儿童福利机构收养 150 人，养老机构收养 1 人，享受城市“低保”900 人，享受农村“五保”1 人，享受农村特困救助 500 人，民间慈善机构救助 180 人。是年，全市依法办理涉外送养儿童 92 名，港、澳、台胞收养 3 名，内地居民收养 73 名。1989—2005 年，全市（地区）共收养、救助孤残儿童 4194 名，依法涉外送养 400 名。

三、社会福利生产

1989 年，郴州地区在帮助残疾人自食其力、脱贫致富、提高社会地位中，开办各类福利企业 55 家，其中民政部门办的 14 家，社会办的 41 家；职工总数 1229 人，其中残疾人 483 人；固定资产 424 万元，年总产值 2420 万元、利润 110 万元，职工人均月工资 130 元，残疾人 100 元左右。国家支持福利企业安置残疾人就业，减收或免收企业税费。

1991 年，郴州行署根据民政部、国家税务总局清理整顿福利企业的指示，组织对区内社会福利企业（公司）进行清理整顿，地区工商局注销 4 家不符合条件的福利企业。年末，郴州地区有福利企业 55 家，职工 1401 人，其中残疾职工 572 人，年产值 3773.24 万元，纳税 209.43 万元（国家减免税 202.34 万元），盈利 90.61 万元。1992 年 5 月，地区民政局成立郴州地区社会福利生产管理办公室，行使福利企业行政管理职能。7 月，成立郴州地区社会福利生产开发购销总公司，负责福利企业原材料供应和产品销售。是年，全地区社会福利企业发展到 60 家，职工 1401 人，其中残疾职工 567 人，年产值 3691.50 万元，纳税 288.34 万元，盈利 71.99 万元。

1995 年，郴州市民政局推行社会福利企业厂长（经理）负责制，职工工资与经济效益挂钩，企业经济效益提高，盈利 209 万元。1998 年，市民政局帮扶 11 家处于停产和半停产状态的福利企业走出困境，全市 40 家福利企业纳税 220.8 万元，盈利 205.6 万元。

1999 年 5 月，市民政局、市国税局、市地税局联合下发《关于建立社会福利生产发展基金扶持福利生产的通知》，以建立发展基金扶持福利生产。全市社会福利企业有所发展。2000 年，因一些地方福利企业税收优惠政策难以落实，加上市场竞争加剧，企业产品销售不畅，福利企业纷纷关停只剩 27 家，比上年减少 21 家，安置残疾人员 262 人，比上年减少 215 人。

2002 年，市县两级民政局重点扶持效益好的企业进行技术改造，社会福利企业发展到 40 家，比上年增加 19 家，安置残疾人员 298 人。2005 年，市民政局帮助福利企业落实税收优惠政策，解决流动资金困难。至年底，社会福利企业恢复和发展到 70 家〔其中乡镇（街道）办 65 家〕，职工总人数 1857 人，安置残疾人 920 人，年销售收入 5.25 亿元。是年，按照省民政厅规定，市、县两级民政部门与社会福利企业全部脱钩，民政部门不再开办福利企业。

第五节 福利彩票发行

1989 年，郴州地区有奖募捐委员会（简称地区募委）发行福利彩票。福利彩票发行到县（市），无固定场所（网点），规模有限，全区全年发行福利彩票仅 112 万元。

1990 年 2 月 6 日，行署同意地募委办公室为独立核算、自负盈亏、自主经营的常设事业单位，隶属郴州地区民政局，业务受湖南省有奖募捐委办公室（简称省募办）领导，核定自收自支事业编制 3 名。至 1993 年，按省募办的规定，福彩发行奖金返还率 35%~40%，发行费用占 15%，社会福利公益金占 45%~50%。社会福利公益金由中国有奖募捐委员会与发行地区募委会按三七分成，用于社会福利公益事业。

1994 年，福彩发行开始设置固定网点，“双色球”“3D”游戏上市后，发行网点逐年增多，发行队伍不断壮大，群众认购踊跃。1995 年全市福彩发行达到 3124 万元。中国人民银行对福彩发行实行监管，民政部规定福彩奖金不低于 50%，发行费用不高于 20%，社会福利公益金的比例不低于 30%。

1996 年 5 月，市委机构编制办公室核定市有奖募捐委员会办公室为自收自支事业单位，定编 5 名。1997 年 2 月，郴州市也相应成立福利彩票发行中心（简称“市福彩中心”），与市募委办公室合署办公。1998 年 6 月，经市资产评估市福彩中心积累资金 168 万元。市、县（市、区）福彩发行中心（站），业务接受上级彩票发行机构管理，财务实行独立核算，人事由同级民政部门管理。1999 年 10 月，根据民政部文件精神，撤销市、县两级募委办公室，保留福彩发行中心（站），隶属同级民政局直接管理。

2000 年 8 月，财政部对福彩收入使用实行监管。2002 年 1 月 1 日起，福彩资金构成比例调整为：福彩奖金比例不低于 50%，发行费用不高于 15%，社会福利公益金比例不低于 35%。

2004 年 12 月，郴州市福彩发行中心自收自支事业编制增至 7 名，全市新增发行网点 30 个。2005 年，市、县两级福彩发行机构 12 个。市福彩发行中心设有综合、财务、电彩发行、网点即开、中福在线即开 5 个业务部门。福彩机构以《中国福利彩票销售人员培训大纲》为主要教材，先后举办培训班120多期，培训站点工作人员2000人次、彩民5万多人次。是年，全市有电脑彩票投注站点267个，刮刮乐中心投注站5个，中福在线发行厅4个，福彩发行网络终端337个，覆盖全市城区和30%以上的乡镇。全年福彩发行9146万元，是1989年的189.36倍。彩票资金构成比例调整为奖金返还65%，发行成本15%，社会福利公益金20%。

1989—2005年，郴州市（地区）福彩发行累计3.6亿元，提取福利公益金1.18亿元，其中上交中国福利彩票发行中心5004.65万元，上缴湖南省福利彩票发行中心1388.23万元，市本级留用1456.28万元，县市区留用3901.15万元。全市利用福彩公益金资助社会公益性建设项目145个：其中投入资助光荣院、福利院、敬老院扩建和残疾人康复项目71个，“星光老年之家”建设项目74个；资助非设施类项目有安仁县使用福彩公益金30万元帮助134名白内障患者重见光明。此外还多次资助灾区人民恢复生产，重建家园。

1989—2005年郴州市（地区）社会福利彩票发行和公益金使用情况一览表

表10-1-5-1　　单位：万元

项目 年度	彩票发行额			提取社会福利公益金					社会福利公益金使用	
	总量	电脑票	即开票	合计	上交中央	上交省	本市留用		资助项目	投资额
							市本级	县市区		
1989	112	—	112	33.6	5.6	2.8	2.8	22.4	—	—
1990	147	—	147	44.1	7.35	3.68	3.67	29.4	—	—
1991	540	—	540	162	27	13.5	13.5	108	—	—
1992	556	—	556	166.8	27.8	13.9	13.9	111.2	—	—
1993	630	—	630	189	31.5	15.75	15.75	126	—	—
1994	693	263	430	106.71	17.7	8.89	8.89	71.23	—	—
1995	3124	224	2900	937.2	156.2	78.1	78.1	624.8	—	—
1996	2120	220	1900	636	106	53	53	424	12	184
1997	855.7	135.7	720	255.91	42.65	21.33	21.32	170.6	14	151
1998	1112	328	784	333.6	55.6	27.8	27.8	222.4	3	14
1999	1015	81	934	304.5	50.75	25.38	25.37	203	16	182
2000	1340	286	1055	414	69	34.5	34.5	276	13	63.85
2001	1830	885	945	549	91.5	45.75	45.75	366	5	40.35
2002	3148	—	—	1101.45	629.4	157.35	127.33	187.37	20	130
2003	4808	—	—	1682.8	961.6	205.25	243.47	272.48	19	189
2004	4880	—	—	1638.35	936.2	234.05	255.63	212.47	54	234.6
2005	9146	—	—	3195.3	1788.8	447.2	485.5	473.8	48	217
合计	36056.7	2422.7	11653	11750.32	5004.65	1388.23	1456.28	3901.15	204	1405.8

第六节 社会事务管理

一、婚姻登记

1989年，郴州地区婚姻登记在乡镇、街道办事处办理，全年为婚龄男女办理结婚登记3.08万对，办理离婚登记770对。1992年，郴州行署决定在人口相对集中的城市，由县级民政部门直接办理婚姻登记，在交通不便的边远山区仍由乡镇政府办理。1993年初，地区民政局统一制作县市人民政府婚姻登记专用章，交县市民政局掌管使用。地区民政局对全区婚姻登记员进行培训。地县两级民政部门指导乡镇建立和完善婚姻登记、离婚调解、登记出证、档案管理、经费管理、检查评比各项制度和登记员工作守则。是年5月15日之前，按照民政部关于外国人、华侨华人、港澳台同胞同中国大陆居民结婚的有关规定，郴州地区居民涉外婚姻登记由湖南省民政厅安排在衡阳市登记办理。5月15日，经省民政厅批准，郴州地区民政局办理涉境外婚姻登记，当年办理涉港澳婚姻登记14对。

1994年2月1日，民政部颁发新的《婚姻登记管理条例》，赋予县级民政部门办理婚姻登记职责。随后，行署发出通知，明确原设在乡镇的婚姻登记机关，归口县民政部门管理，由乡镇民政助理员办理婚姻登记。是年，全地区办理结婚登记3.05万对，其中涉外婚姻32对；办理离婚登记1185对。是年11月，地区民政局在全区开展《婚姻法》执法检查，对违法婚姻作出处理，其中补发结婚证100对，动员分居30对，收回结婚证10份，移交司法机关查处违法婚姻案13起。

1996年2月，郴州市民政局印发《关于转发湘民电〈关于严禁利用婚姻登记搭车收费的紧急通知〉的通知》，组织力量抽查33个婚姻登记机关，访问100对婚姻当事人，严肃查处利用婚姻登记搭车收费行为。1998年7月，市民政局、市公安局、市工商局联合印发《关于进一步加强婚姻介绍管理工作的通知》，组织力量对郴州市婚姻介绍（简称婚介）机构进行清理整顿，取缔非法涉外婚介机构3个，查处非法涉外婚介案7起。10月，市民政局印发《关于进一步加强婚姻登记管理工作的通知》，要求各县市区民政部门进一步加大婚姻登记执法力度，坚决打击违法婚介行为。

2000年9月，省委书记杨正午在安仁县检查工作时，对该县灵官镇婚姻登记搭车收费提出严肃批评。市委、市人民政府随之进一步要求民政部门严格婚姻登记管理工作。2001年8月，市民政局印发《关于进一步加强婚姻登记管理，全面推行婚姻登记收费公示制度的通知》，违法登记、搭车收费问题进一步得以遏制。2003年10月1日，国务院《婚姻登记管理条例》颁布施行，进一步规范婚姻登记工作，明确办理涉外婚姻登记机关为省民政厅，市、州民政局只办理域内涉港澳台居民的婚姻登记。

1989—2005年，郴州市（地区）民政部门共办理国内居民结婚登记50.29万对，办理涉外结婚登记949对；办理国内居民离婚登记2.75万对，离婚率平均每年以8.37%的速度递增；办理涉外离婚登记22对；办理复婚登记280对。

1989—2005年郴州市（地区）婚姻登记统计表

表 10-1-6-1　　单位：对

年度＼项目	结婚登记		离婚登记	
	国内结婚	涉外结婚	国内离婚	涉外离婚
1989	30794	—	770	—
1990	38349	—	957	—
1991	38052	—	1109	—
1992	38369	—	1102	—
1993	31617	17	952	—
1994	30549	32	1185	—
1995	28716	38	1525	—
1996	25013	59	2224	—
1997	28241	84	1525	—
1998	27874	77	1878	1
1999	31125	79	2068	—
2000	26583	114	2041	—
2001	26379	91	1350	—
2002	26800	97	1100	5
2003	20914	86	860	6
2004	26372	103	3284	5
2005	27131	72	3593	5
合计	502878	949	27523	22

二、民间组织管理

1989年10月13日，国务院颁布《社会团体登记管理条例》，为新形势下公民结社和社会团体管理提供法律依据。1990年，郴州地区民政局成立社团管理科。年内，组织对社会团体进行全面清理，全区有社团组织611个，其中全区性社团163个，县市域内的224个，乡镇域内的224个。由于长期缺乏规范管理，一些社团组织存在违规违法问题。

1991年4月，郴州地委、地区行署发出通知，明确地县两级民政部门为本级政府的社团登记管理机关，政府有关部门以及政府授权的组织为社团组织的业务主管单位，按照国务院办公厅批转的《民政部关于清理整顿社会团体的请示》，决定从当年6月至1992年6月，用一年时间对全区范围内的社团进行一次清理整顿。至1992年3月，社团清理整顿、复查登记工作提前完成。全地区登记注册社团1102个，其中全区性社团117个（法人社团51个，非法人社团66个）；县市区域性社团252个（法人社团92个，非法人社团160个）；乡镇区域性社团733个。处理社团139个，其中延缓登记26个，撤并24个，责令自动解散89个。1992年4月24日，地区民政局召开社团组织大会，宣传贯彻《社会团体登记管理条例》，颁发社团登记证书。

1996年9月，郴州市委、市人民政府根据中共中央办公厅、国务院办公厅联合下发的《关于加强社会团体和民办非企业单位管理工作的通知》，行文明确“民办事业单位”为“民办非企业单位”，统一由地县两级民政部门注册登记，实行登记机关与挂靠单位或业务主管单位双重管理。

1997年7月，市委、市人民政府再次部署开展社团清理整顿，严格审查社团组织的政治方向、组织人事、业务活动、财务管理、遵纪守法、国际交流情况，帮助社团建立健全各项规章制度和重大活动报告制度。经清理审查，全市保留社团252个，其中全市性的123个，各县市区129个；限期整改社团45个，其中整改合格予以重新登记的10个，整改未达到要求予以注销的35个；39个重复设立的社团合并为28个。至此全市有社团组织共290个。

1998年，民政部规定：社会团体、基金会等民办非企业单位，统一使用“民间组织”称谓，各级民政局社团管理机构也更名为民间组织管理机构。1999—2002年，全市民政部门对社团分支机构、代表机构进行清理整顿，有符合保留条件的49个分支机构和23个代表机构，继续统一颁发备案证书，并且重申社团分支机构、代表机构不得单独发展会员、设立账号、收取会费，违反规定的予以注销。

2003年，全市各级民政部门根据国务院、省人民政府有关部门关于积极培育、大力发展农村专业经济协会和基层慈善公益性民间组织的精神，放宽登记条件，简化登记程序，具备法人条件的，及时予以登记，不具备法人条件的予以备案，免收登记费、公告费。是年，全市有民间组织434个，其中农村专业经济协会发展到248个。郴州市养殖业协会、资兴市蔬菜营销协会、资兴市渔业协会、汝城县花豆协会等民间组织，成为郴州组织、协调、指导农产品生产经营的排头兵。2004年2月，市民政局印发《关于贯彻落实民政部〈关于加强农村专业经济协会培育发展和登记管理工作的指导意见〉的通知》，召开全市农村专业经济协会工作会议，推动农村专业经济协会发展。是年，全市新登记的农村专业经济协会160个。

2005年，全市民间组织发展到1173个，其中农村专业经济协会618个。有21个民间组织被湖南省民政厅评为先进单位，桂阳县敖泉镇冰糖橙种植业协会、桂东县田丰无公害蔬菜生产协会、永兴县冰糖橙种植业协会、资兴市白廊乡白廊村养猪协会，被评为“湖南省农村专业经济协会示范单位”。市委、市人民政府授予10个农村专业经济协会为“郴州市第二届十佳农村专业合作经济组织”称号。

三、地名勘界

（一）地名管理

1989年，郴州地区地名委员会组织郴州市（北湖区）、郴县（今苏仙区）等6个县市开展地名标志设置工作，共设置各类地名标志3483块，其中：街、路、巷牌345块，栋牌361块，单元牌190块，门、户牌2560块，指路牌16块，自然地理实体牌4块，城区交通示意牌6块，县市简介牌1块。

1990年1月，湖南省地名委员会在郴州召开全省地名标志工作现场会，推广郴州地区及宜章县地名标志工作经验。郴州地、县两级地名办按照上级统一部署，进行中华人民共和国成立以后的第二次地名普查和资料更新工作。普查耗时3年，投入资金60多万元，对全区4000多个地名的汉字、汉语拼音、别名、名称来历等资料进行全面审查，按照国家文字改革委员会颁布的《关于地名用字的若干规定》，进行标准化处理。

1993—1994年，郴州地区地名委员会学习长沙市城市地名管理作法，建立地名命名申报审批制度，听取地名专家和社会各界意见，力求命名、更名充分体现历史文化底蕴和地方特色。对区内城镇街、路、巷和建筑物的名称进行全面审查，更改地名40多个，审批城镇新地名200多个。

1995—1998年，郴州市地名委员会按照民政部《关于加强城镇建筑物名称管理的通知》，对县城以上新建居民住宅小区、商贸大楼等建筑物的名称进行全面审查，纠正“大、洋、古、怪、名不副实”的地名40多个；更改有损民族尊严、格调低俗的地名20多个；废止相同地名10多个；改正书写不规范的地名50多个。其间，市民政局、市地名委员会组织开展辖区内国道、省道两侧村组名称调查，完成国道、省道沿线两侧500米范围内的乡镇、行政村标牌设置工作。

1999年，郴州市人民政府组织重新设置城区道路街巷地名标牌。市地名委员会编纂的《郴州地名志》，汇集各类地名信息5008条，其中行政区划和居住地名称3450条，自然地理实体和人工建筑物名称1080条，革命纪念地和名胜古迹、景区、景点地名168条，行政企事业单位名称310条。2003年，市地名委员会、市民政局开展地名数字采集工作，建立地名数据库。同时，根据《湖南省城市地名标志设置工作总体方案》，把郴州市城市地名设标工作列为为民办实事和完善城市功能的重要项目。1995—2005年，全市先后开展3次地名补查工作，增加新地名1000个，更正有错地名60多个，恢复历史地名100多个。

2005年，郴州市中心城区和县市城区的街、路、巷和重要建筑地名标志、住宅小区楼栋门牌以及乡镇行政村村名的标牌设置工作全面完成，解决了有路无标、有村无名、有楼无牌、有门无号、名称混乱和书写不规范的问题。市地名委员会开展地名公共服务工程，建立数据库和网络服务平台，制定地名公共服务内容和标准，出台实施方案。

（二）边界勘定

新中国成立后，郴州地区各级区划地界虽经人民政府调整和边界争议调处，划定过部分行政区域界线，但仍有“法定线”“习惯线”“争议线”三线并存的问题。边界线不清影响边界地区经济发展和社会稳定。1989年2月3日，国务院颁布《行政区域边界争议处理条例》，地委、行署组织宣传贯彻《条例》，调处边界争议，边界纠纷逐步得到遏制。

1994年3月，郴州、零陵两地区在嘉禾县召开睦邻友好联谊会。郴州地委书记赵毅拯和零陵地委书记邹金鹫分别率两地相邻的县、乡党政负责人出席会议。会上两地区负责人就友好协商处理两地区边界争议达成共识，会议要求两地区各自做好边界乡村群众的思想政治工作，防止边界纠纷发生。

1997年1月，按照国务院的统一部署，湖南省人民政府布置开展勘定行政区域界线工作。市委、市人民政府成立郴州市勘界工作领导小组，下设勘界办公室，制定勘界工作总体方案，计划用4~5年时间，完成涉郴省际边界2条，市际边界3条，市内县市区界21条的勘界工作。市勘界办根据省勘界办下达的任务，启动市界衡郴线和确定衡（阳）株（洲）郴（州）、衡（阳）郴（州）永（州）2个三交点的地界勘定工作。各县市区根据市勘界办下达的年度勘界任务，全面开展县市区边界起止点的勘定工作。至年底，勘定市界衡郴线344千米，占全线的81%；勘定8条县市区界线295千米，占全线的83.1%；确定三县市区交会点7个。

1998年4月10日，郴州市和永州市在永州召开两市联合勘界联席会议，研究部署郴永线的勘界工作。会上审议通过《双边联合勘界实施方案》，上报省勘界领导小组批准实施。9月16—19日，湘粤勘界第二次联席会议在郴州召开，商定汝城、仁化、乐昌、宜章、连州共7条558.3千米边界线，妥善解决100个争议点。国务院勘界办在郴州举行签字仪式，湘粤两省勘界办负责人和郴州、永州、韶关、清远四市及边界12个县市政府负责人在勘界协议上签字。10月，市界郴永线完成定界工作，进入埋桩测绘阶段；湘赣线郴州段210千米边界线定界；市内宜资、安永、北临、苏永边界完成定界工作。

1999年9月，省界湘粤线、湘赣线总长660千米，全线勘定；市界郴衡线、郴永线完成埋桩测绘，进入汇总验收；郴株线完成协商定界，进入埋桩测绘阶段。市内8条县市区界有7条完成定界进入埋桩测绘。至年底，桂阳、嘉禾、临武、宜章县、资兴市边界全线定界，桂东县省界全线定界。

2000年3月17日，市人民政府召开勘界工作会议，要求各县市区人民政府加强领导，全面做好勘界工作决战之年的工作，并于5月21日印发《关于搞好勘界扫尾工作的紧急通知》。2001年3月，为解决省界湘粤线乳源—宜章猛坑石段旅游景点、林权争议遗留问题，广东、湖南两省人民政府领导和民政部、国家勘界办、国家林业总局的领导到现场踏勘和实地调查，双方经多次协商，签署联合勘界协议报请国务院裁决。5月23日国务院批复，裁定乳源—宜章猛坑石争议地段界线。乳源—宜章猛坑石段边界争议得以解决。

从2002年起，根据民政部《关于认真做好勘界收尾和界线管理工作的通知》要求，郴州市勘界工作进入整理资料档案、编制标准地图、建立信息系统、编写《勘界纪实》和勘界总结等后续工作阶段，年底，郴州市勘界工作圆满结束。

四、殡葬管理

（一）殡葬改革

1989年，郴州地区继续提倡移风易俗、丧事从简，大力提倡进行改土葬为火葬和规范墓葬的殡葬改革。1990年，全地区火化遗体2240具，火葬区火化率提高到7.1%，比上年提高1.1个百分点。

1991年6月，中共中央下发《关于党和国家高级干部逝世后丧事改革的通知》，郴州各地以此为契机，开展殡葬改革“宣传月”活动，号召共产党员和广大干部带头实行火葬。全地区首次开展丧俗督查，查处80多起占用耕地建坟、乱埋乱葬事件，平坟、迁坟150多座。是年，全区火化遗体2793具，火葬区火化率提高到8.5%。

1994年，根据国务院《关于殡葬管理的暂行规定》，地区民政局牵头，会同有关部门开展国家干部职工逝世后安葬情况专项整治，查处违规土葬34起，迁坟、平坟27座。1995年10月，市人民政府贯彻湖南省公墓建设工作座谈会精神，查处17起非法经营墓地行为，并且规定从1996年1月1日起，全市各地骨灰墓每穴不得超过1平方米，遗体墓每座不得超过4平方米。

1997年7月21日，国务院颁布实施《殡葬管理条例》，市委、市人民政府根据条例要求，成立郴州市殡葬改革领导小组，下设办公室，由市民政局局长兼任办公室主任。各县市区和市中心城区街道办也先后成立殡葬改革领导小组，进一步加大殡葬改革工作力度，开展殡葬专项整治。当中查处违规土葬16起，平坟90余座，迁坟220多座。1998年5月，市人民政府发布《关于严禁在城市规划区内乱葬坟墓的布告》，对城市规划区内乱埋乱葬的现象进行清理整顿，平坟、迁坟1000多座。1999年，全市火化遗体3470具，火葬区火化率提高到13.8%，名列全省榜首。

2002年2月，郴州市成立殡葬管理处，隶属市民政局，为副处级事业单位，负责全市殡葬日常管理工作。2003年4月，市委、市人民政府加强殡葬改革工作领导，增加市公安局局长、市城管局局长担任市殡葬改革领导小组副组长，市民政局、各县市民政局相继组建殡葬管理执法队。市中心城区实行殡葬改革工作责任制。7月9日，市人民政府召开郴州市殡葬改革动员大会，市人民政府与市直机关部门、市属以上企事业单位和各县市区人民政府签订殡葬改革责任状。是年，全市查处违规殡葬行为30多起、平坟210多座、迁坟1000多座。火化遗体3490具，火葬区火化率上升到

14.6%。

2004年3月17日，郴州市殡葬改革领导小组印发《关于对白鹿洞、郴江、市郊两镇一乡殡葬改革工作实行目标管理的通知》，继后两镇一乡与所辖村（居）委会签订殡葬改革工作责任状。7月16日，市殡葬改革领导小组召开市中心城区清查违章墓葬工作会议，督促北湖、苏仙两区对苏仙岭风景区内的墓葬进行彻底清理，平坟36座。2005年，全市进一步加大殡葬改革力度，投资2000多万元用于殡仪馆、公墓建设和火化炉升级。全市火化遗体3555具，火葬区火化率16.5%，与1989年比，火葬区火化率提高10.5个百分点。

（二）殡仪馆建设

1989—2005年，郴州市（地区）累计投入资金2亿多元，划拨土地92公顷，在郴州市郊区和9个县市城郊建起10座服务功能配套、环境较好的经营性殡仪馆和陵园，建墓穴4.4万多个。其中规模较大、配套设施较完善的有郴州市、永兴县、资兴市、安仁县殡仪馆。

郴州市殡仪馆（香山陵园） 建于1968年4月，位于郴州市（今北湖区）城南香花冲。1972年1月投入使用，火葬场占地3.5公顷，建墓穴3027个，有火化油炉2台。1995年更名为北湖区火葬场，由北湖区民政局管理，12月被定为国家三级殡仪馆。1999年，按照郴州市中心城区总体规划，北湖区火葬场拟整体搬迁，11月9日，北湖区火葬场成建制上收，由郴州市民政局管理。2001年年初，郴州市人民政府决定在苏仙区白露塘镇香山坪村欧家冲新建殡仪馆和香山陵园，由郴北矿业有限公司投资兴建并经营管理20年。6月19日动工，2003年7月建成。殡仪馆和陵园占地21公顷，总投资4000万元，分为办公区、生活区、悼念区、火化区、墓葬区。有悼念厅6个，高档火化炉2台，中档火化炉3台，已建墓穴1万个，可建墓穴3.6万个。

永兴县殡仪馆（永兴县龙华陵园） 位于永兴县城郊。1995年，永兴县人民政府投资150万元建成，占地0.67公顷，总建筑面积880平方米。2000年，永兴县人民政府决定在县城城郊鱼鼓垅新建龙华陵园，由县民政局与开发商联合投资建设。陵园占地4.8公顷，投资400万元，可建墓穴2万个，已建4300个。

资兴市殡仪馆（资兴市凤凰山陵园） 位于资兴市城郊李家坳。2001年9月动工兴建，2003年5月建成使用，占地6.7公顷，可建墓穴1.5万个，已建3200个。2005年投资500多万元，建成集餐饮、休息、接待于一体的综合楼。

安仁县殡仪馆（安仁县万寿山陵园） 位于安仁县城关镇北郊村石灰窑组。2004年筹建，2005年年底竣工使用，总投资260万元，占地5公顷，有悼念厅2座，中档火化炉1台。陵园可建墓穴3.5万个。

第七节 民政工作机构

一、管理机构

1989年，郴州地区民政局内设9个科室：办公室、计划财务科、优抚科、救灾救济科、基层政权建设科、监察科（兼管人事、政工）、革命老区办、军队离退休干部安置办、退伍军人安置办，定编36名，实有36人。1990年，地区建委的地名办和地名工作队划归地区民政局，民政局增设区划地名科，同时，增设军队离退休干部服务站、社团管理科、残疾人工作联络处（副处级建制，定编5名），并将监察科更名为人事监察科。

1995年，郴州市机关机构改革，市军队离退休干部安置办和市退伍军人安置办对内仍作为郴州市民政局的内设科室。1998年，市民政局设立纪检组，纪检监察和人事合署办公。全局行政编制增至42名。2002年，郴州市机关机构进一步改革，市民政局增加民办非企业单位登记管理、城市居民最低生活保障管理职能，基层政权建设科更名为基层政权和社区建设科，兼婚姻登记管理。2003年6月，社团管理科更名为民间组织管理科（加挂郴州市民间组织管理局牌子，局长高配副处级）；原为挂靠单位的军队离退休干部安置办和退伍军人安置办，合并为军队离退休干部退伍军人安置科（加挂郴州市军队离退休干部安置工作领导小组办公室和郴州市退伍军人安置办公室牌子）。2004年3月，市民政局办公室加挂信息中心牌子。

2005年年末，市民政局内设机构14个，定编70名，实有70人。有直属事业机构11个：郴州市社会救助站、郴州市城镇居民最低生活保障中心、郴州市社会福利院、郴州市社会捐助接受工作站（郴州市慈善总会）、郴州市婚姻家庭服务中心、郴州市老年公寓服务中心、郴州市社会福利彩票发行中心、郴州市军队离退休干部服务站、郴州市军队离退休干部休养所、郴州市军供站、郴州市殡葬管理处，共定编117名，其中财政拨款88名，自收自支29名。挂靠单位2个：郴州市革命老根据地经济开发促进会办公室、郴州市老龄工作委员会办公室，共有全额拨款事业编制7名，实有7人。

二、县市区和乡镇街道民政工作机构

1989年，郴州地区11个县市设民政局，254个乡镇和街道办事处配备专职民政助理员。1995年，郴州撤地设市，原县级郴州市民政局、郴县民政局更名为北湖区民政局、苏仙区民政局。乡镇、街道办事处成立民政（社会事务）工作领导小组，下设办公室，办公室配备专职或兼职民政助理员。城市居委会和农村村委会成立民政委员会，由村、居委会秘书兼任主任委员，负责基层民政事务工作。2005年，全市11个县市区民政局共有干部职工487人；257个乡镇（街道）有民政助理员258人。全市市、县、乡三级民政机构工作人员定编815名，实有815名。

1989—2005年郴州市（地区）民政局主要负责人名录

表10-1-7-1

单位名称	姓名	职务	任职时间
郴州地区民政局	欧孝维	局长	1983.12—1992.9
郴州地区民政局	刘春雨	局长	1992.9—1993.11
郴州地区民政局	谢守志	局长	1993.11—1995.5
郴州市民政局	谢守志	局长	1995.5—2001.8
郴州市民政局	陈少忠	局长	2001.8—

第二章 机构编制

1989年以后，郴州市（地区）机构编制委员会推进机构编制工作规范化、制度化管理。机构编制委员会办公室工作人员深入机关、基层调查研究，及时纠正擅设机构，违规机构升级、增加职数、编外进人和“吃空饷”等现象，维护机构编制的严肃性、科学性和权威性。在1994—1996年、2001—2002年、2004—2005年的三次机构改革中，郴州市委机构编制委员会办公室根据中央和省委机构编制委员会办公室的指示精神，从郴州实际出发，制定机构改革实施方案，开展机构“三定”（定职能、定机构、定编制），健全机构编制管理制度，建立机构编制管理台账，巩固机构改革成果。其间，随着改革开放的不断深入，改革和创新，以适应全市机构编制工作不断发展。

第一节 市（地区）、县（市、区）机构编制

1989年，郴州地区辖9县2市254个乡镇（街道办事处），时经原湖南省委编制委员会办公室（简称省编办）批准，郴州地、县（市）两级设置党政群司法系统机构781个，其中地本级71个，县（市）级710个，实际已超过省定机构限额。省编办核定行政编制11045名，时在职实有13389人，超编2344名，超编21.22%。其中地本级行政编制1829名，实有2583人，超编41.22%；县市级行政编制9216名，实有10806人，超编17.25%。全区司法系统专项编制3922名，在职实有3810人，余编112名。其中地本级编制779名（含交警编制164名），实有714名，余编65名；县市级编制3143名，实有3096人，余编47名。

针对党政群机关机构超限、人员超编等问题，1990年，地区机构编制办根据地委、行署指示，用三个多月时间，开展机构编制大清理，查出近百个部门或单位擅设机构、违规机构升级、改变机构名称、超编进人、雇用临时工作人员等问题。地委、行署决定，撤销或合并增设机构221个，其中地县市党政一级机构4个、一级机构的内设机构75个、事业机构119个、事业机构的内设机构23个；降低行政级别机构7个；收回增扩编制459名，清退编外雇用工作人员680多人。

1992年，按照省委编制办统一部署，地委机构编制办进一步开展机构编制现状调查，为机构改革做准备。1993年，地委、行署在汝城、永兴两县进行机构改革试点。1994年至1995年，全市机构改革全面开展。1994年12月25日，地委、行署召开地直单位机构改革动员大会，宣布经省委、省人民政府批准的《郴州地区党政机构设置方案》，印发《关于郴州地区地级党政机构设置的通知》，明确：地委工作机构8个，行署工作机构34个，部办委管理的机构3个（地委老干部工作局、地区技术监督局、地区国有资产管理局），不占机构限额的议事协调机构3个（地委保密委员会办公室、

地区调处纠纷领导小组办公室、地委行署联合信访办公室），行政机构改为事业单位的5个（地区档案局、地区广播电视局、地区体育运动委员会、地区旅游局、地委行署接待处），归并后仍保留现状的机构1个（地委纪律检查委员会和地区监察局合署办公），由行政机构转为经济实体的8个（地区冶金局、地区机械电子局、地区化工局、地区建材局、地区二轻工业局、地区商业局、地区物资局、地区医药管理局）。

1995年1月5日，地委、行署根据国务院《关于同意湖南省撤销郴州地区设立地级郴州市的批复》，成立地级郴州市筹备工作委员会，着手撤地设市工作。地委机构编制办按照国家二类市的机构框架，设置市级党政群司法系统机构，并根据实际需要，报省编委请求增设物价管理、城乡建设规划、市政管理、房产管理、政府法制管理等5个机构，增加行政编制545名。从原县级郴州市、郴县上收机构79个，编制2186名，人员2696人。4月15日，省机构改革领导小组和省委编办批复郴州市机构设置方案，并批准增设郴州市人民政府法制办公室（加挂郴州市人民政府行政复议办公室牌子）、郴州市物价局、郴州市规划局、郴州市市政管理局、郴州市房产管理局。在撤地设市机构设置中，地委机构编制办贯彻中共中央关于冻结国家机关机构编制精神，坚持超编单位人员只出不进，平编单位先出后进，余编单位进人从同类性质的超编单位调入，超编单位人员退休不补员。在制定市级机构设置方案的同时，11个县市区的机构也进行相应调整。5月22日，郴州市人民代表大会常务委员会、郴州市人民政府、中国人民政治协商会议郴州市委员会挂牌。5月29日，郴州市人民政府办公室印发《关于原行署机关事业单位改冠名称的通知》，市人民政府下属机构名称统一由“郴州地区”改称“郴州市”。6月，全市机构改革进入机构编制“三定”（定职责、定机构、定编制）阶段。1996年10月，市、县两级党政群司法系统机构“三定”方案全部批复并实施到位。机构改革后，市、县（市、区）两级共设置党政群机构452个，比1983年省委编办批复的机构限额减少114个，比1991年实有机构减少250个。其中，市直党政群机构51个，比1991年实有数减少20个；县（市、区）级机构401个，比1989年减少299个。市直党政群机构定编1465名，县（市、区）机构定编6297名。全市司法系统专项编制5147名。

1997年5月，根据中共中央办公厅和省委办公厅文件精神，市委办公室、市政府办公室下发《关于切实加强机构编制管理巩固机构改革成果的紧急通知》，市委机构编制办对市直和县（市、区）党政机构改革后的情况进行检查，遏制机构编制反弹现象。同时，健全和完善规章制度，加强机构编制制度化、规范化管理。市委成立由分管党群的副书记、常务副市长和组织、人事、编制、财政、劳动部门主要负责人组成的7人机构编制调配领导小组，坚持集体领导和主管领导“一支笔”审批制度。是年，全市县（市、区）以上党政群机关行政编制7810名，实有7829人，超编19名，后勤服务人员编制840名，实有808人，余编32名；司法系统专项编制5147名，实有5475人，超编327名。

1998年，为加强机构编制日常管理，市委机构编制办严格执行机构编制管理规定，同时借鉴外地成功经验，推行“机构编制管理证”制度，便于机构编制管理部门督查、掌握各部门各单位用编情况，也为持证单位申请编制、安排领导职数、办理工资关系、核拨各项费用提供依据和凭证。在严格控制机构编制增加的同时，市委机构编制办配合有关部门做好政策性安置人员所需编制安排，下发《关于全市军队转业干部、复员退伍军人、大中专毕业生安置分配有关问题的通知》，使政策性安置工作顺利进行。是年，市、县（市、区）党政群机构总编制8807名，实有8876人，超编69人；全市司法系统专项编制5206名，实有5532人，超编236名。1999年，省编办统一部署，改革工商行政管理机关和技术监督机关管理体制，上收由省局垂直管理；调整药品监督管理机构职能，组建郴州市药品监督管理局；严格冻结全市机关事业单位机构编制和人员调入，控制行政事业单位人员不合理增长。

2000 年，市委机构编制办根据市委、市人民政府的部署，积极做好郴州撤地设市以后第二轮党政群机构改革准备工作，下发《关于认真做好机构改革准备工作的通知》《关于开展市直党政群机关职能调查的通知》，就转变政府职能，实行政企分开，建立廉洁高效、运转协调、行为规范的行政管理体制开展调查研究，广泛征求意见。市委机构编制办工作人员走访 26 个市直单位，发现机构编制中存在问题 59 个，收到建议 132 条。同时深入各县市区征求党委、政府工作人员意见，召开全市编办主任座谈会，专题研讨机构设置问题。在这个基础上，制订市、县两级党政机关设置方案。进而加强机构编制日常管理，做好"机构编制台账"，使用"机构编制管理证"用编通知单，坚持机构编制由主管领导"一支笔"审批，严格查处"混岗混编""吃空饷"现象。

2001 年 2 月，中共中央、国务院召开全国市、县、乡机构改革工作会议以后，市委、市人民政府全面部署机构改革工作。8 月 30 日，市委、市人民政府召开机构改革动员大会，下发《郴州市机构改革方案实施意见》《关于中共郴州市委、郴州市人民政府机构设置的通知》《关于印发〈郴州市机构改革人员分流的实施方案〉和〈郴州市机构改革人员定岗实施方案〉的通知》等一系列文件，规定市委工作机构不超过 9 个，县（市、区）委不超过 7 个；市人民政府工作部门不超过 30 个，县（市、区）人民政府工作部门不超过 22 个。根据中央关于市县乡三级机关编制精简 20% 的要求，以 1998 年年底的人员编制为基数，确定各类机关编制精简比例。其中市人民政府机关精简 30%，市委、人大、政协、群团、民主党派机关各精简 20%；县（市、区）党政机关精简 20%；全市司法系统机关精简 10%；乡镇机关精简 20%。同时，精简领导职数，市县两级政府部门的领导职数一般为 2~3 名，任务较重、编制较多的部门可增加 1 名副职。经过这次改革，全市党政群机构由原来的 457 个减少为 297 个，精简 160 个；行政编制由原来的 12764 名减少为 9928 名，精简 2836 名。司法系统的专项编制由原来的 5448 名减少为 5214 名，精简 234 名。市直党政群机关由原来的 56 个减少为 43 个，精简 13 个；行政编制由 1354 名减少为 995 名，精简 26.5%。县（市、区）党政群机构由原来的 401 个减少为 254 个，精简 147 个；行政编制由原来的 5844 名减少为 4480 名，精简 23.3%。

在第二轮机构改革顺利完成以后，全市党政机关按照"有进有退，有所为有所不为"的原则，实行政事、政企、政社分开，调整优化工作职能。市直党政机构调整职能 152 项，下放职能 42 项，取消 26 项；县（市、区）党政机关调整职能 1041 项，下放职能 51 项，取消 323 项。市人民政府把城建、环卫、园林、规划、房产等部门的部分执法职能剥离出来，成立城市管理综合执法队，实行一家综合执法，避免多头交叉执法。取消党政机关各部门的会计核算职能，成立市会计核算中心，统一集中处理市直机关财务会计业务。同时，对由 8 个工商管理部门转为经济实体的单位进行改革，整合为 4 个行业管理办公室，负责所属企业的产权制度改革和职工安置。

2003 年，机构改革以后，一些单位要求新设机构、机构升级、增加编制和领导职数。市委机构编制委员会据之制定下发操作性更强的《郴州市机构编制管理办法》，进一步健全机构编制管理规章制度，坚持所有机构编制事项，都要提交机构编制办办公会议或机构编制委员会会议集体研究决定，并在开会之前，派人深入申请单位进行调查研究，论证增设机构、增加编制的合理性。市委机构编制办与市人事、财政部门衔接，规范部门、单位用编进人程序，与市人事局联合制定编内招考（聘）人员制度和办法。

2004 年，按照省委、省人民政府的统一部署，全市启动新一轮党政机构改革工作。市委、市人民政府成立机构改革领导小组及其办公室。市委机构编制办工作人员深入市直单位及各县（市、区）

进行调查研究，结合本市实际情况，拟定机构改革方案及实施意见。将郴州市城市管理行政执法支队升格为局，落实综合执法范围和责任；改革广播电视、国土资源、环境保护管理体制，将北湖、苏仙两区的对应机构上收作市局的分局。严格执行省委、省人民政府下发的《关于进一步加强机构编制管理工作的通知》，机关事业单位机构编制异动实行内部调剂或部门之间划转，对要求机构升级和增加编制的报告一律不予受理。按照精简、统一、效能的原则，规范市人民政府驻外办事处、市级各部门的行业（联合）工会的人员编制和领导职数，出台市直机关各部门信息化工作机构及各县（市、区）矿产品税费征收机构的设置意见。2004 年，全市党政群机关未出现机构超限、人员超编现象。是年 12 月 13 日，市委、市人民政府召开全市机构改革工作会议，机构改革进入实施阶段。

2005 年 10 月，市县两级党政机构改革工作全面完成。年底，市、县两级党政群、司法系统机构共 720 个，总编制 20526 名，在职实有 21618 人，超编 1092 名。其中党政群机关编制 14314 名，在职实有 15497 人，超编 1183 名；司法系统专项编制 6212 名，在职实有 6121 人，余编 91 名。

第二节 乡镇机构编制

1989 年，郴州地区 248 个乡镇，内设机构 1225 个，人员编制 5532 名，由于一些干部不愿下基层到乡镇工作，在职实有 5314 人，余编 218 名。部分乡镇为了应付工作，自设机构、自雇临时工作人员。1992—1995 年，地、县（市）机构编制管理部门对乡镇机构和编制进行调整，但人少事多、人员结构不合理的问题未得到解决。1996 年 3 月，全市乡镇机构改革进入准备阶段。10 月，市委机构编制办在宜章县进行乡镇机构改革试点，乡镇内设机构及人员配置以乡镇人口、土地面积、工农业总产值和财政收入四项指标为依据，将乡镇分为特大、大、中、小四种类型。特大乡镇设党政人大、农业工业、社会事务、综合治理、财经商贸、乡镇建设 6 个办公室；大乡镇设 5 个办事机构，比特大乡镇减少乡镇建设办公室；中等乡镇设 4 个办事机构，不设乡镇建设办公室，将社会事务与综合治理合并为 1 个办公室；小乡镇只设党政人大办公室和综合办公室。领导职数原则上不超过行政编制总数的 40%。试点结束以后，市委机构编制办召开县、市、区编办负责人现场研讨会，总结推广宜章县的做法和经验。随后，全市乡镇机构改革全面铺开，12 月底结束。1997 年，全市乡镇行政编制 5588 名，后勤服务人员事业编制 447 名，共 6035 名，实有 6046 人，超编 11 名。

1998 年，全市乡镇行政编制 5588 名、后勤服务事业编制 452 名、共 6040 名，实有 6410 人，超编 370 名，乡镇机构和人员出现反弹。1999 年，市委、市人民政府成立有编制、人事、财政等部门负责人参加的乡镇机构改革及人员分流领导小组及办公室，确定嘉禾县为乡镇机构改革试点县。市委机构编制，办深入调查研究，对乡镇重新进行分类，规划内设机构，核定人员编制，于 9 月 17 日将《嘉禾县乡镇机构改革方案》上报省编办。市委、市人民政府印发《关于严格规范乡镇机构编制切实做好乡镇人员分流推动乡镇“清赤减债”工作有关问题的意见》，市、县两级政府调整乡镇岗位职责，清退临时雇用人员 2275 人。是年年底，全市乡镇编制 5930 名（同比增加 342 名），其中行政编制 5497 名，后勤服务事业编制 433 名，实有 6255 人，超编 325 名。人员超编加重乡镇财政负担，也是乡镇乱收费、乱罚款、乱摊派的重要原因。

2000 年，省委、省人民政府确定永兴县为乡镇机构改革试点和农村税费改革试点。市委机构编制办工作人员赴永兴县湘阴渡、马田、黄泥、樟树和千冲等乡镇进行考察，撰写专题调查报告，就如何搞好乡镇机构改革提出意见和建议，制定《永兴县乡镇机构改革实施方案》，报省委、省人民政府。

2001年，市委、市人民政府调整充实乡镇机构改革领导小组，制定《郴州市乡镇机构改革方案》和《郴州市乡镇机构改革人员分流实施方案》，于是年8月在全市实施。改革方案将全市251个乡镇分为四类，一类3个，二类33个，三类192个，四类23个。一二类乡镇内设机构5个，三四类乡镇内设机构3个。乡镇领导职数，一类乡镇不超过11名，二三类乡镇不超过9名，四类乡镇不超过7名。乡镇机构改革于年底结束。全市251个乡镇内设机构由1989年的1225个精简为825个，精简32.7%；人员编制由1989年的5532人精简为4463人，精简19.3%。

2005年，市县两级机构编制办加强乡镇机构编制管理，巩固机构改革成果。市委机构编制办对全市乡镇机构及人员编制进行全面调查，撰写《郴州市乡镇机构及人员编制情况的调查报告》，上报市委和市人民政府。县（市、区）委机构编制办对乡镇工作人员实行实名制管理，定编定岗定人后，将工作人员的有关情况张榜公布，接受社会监督，防止违规进人和“吃空饷”等行为。

第三节　事业单位机构编制

1989年，郴州地区有事业单位7159个，其中地属202个，县市属6957个，另有乡镇事业单位115个。事业单位中，有财政全额拨款的6382个，差额拨款的327个，自收自支的450个。核定事业编制57635名，其中全额拨款的36586名，差额拨款的10139名，自收自支的10910名。

1991年前，政府对事业单位实行行政化管理，事业单位缺乏自主权和发展活力。1991年起，地委、行署根据上级指示精神，改变行政化的管理方式，实行政事分开，取消事业单位行政级别；调整事业机构布局，打破条块分割，推行事业单位发展多元化；核定编制类别，加强经费预算管理，精简全额拨款事业编制。将事业单位分为5类：体育、广播电视类，由行政机构改为事业单位，保留行政职能，机构编制参照党政机关设置，实行全额拨款；中小学校类，做好结构性、区域性调整，控制编制总数，实行全额拨款；医院类，具有社会公益性又有创收能力的，向自收自支转变，建立自律机制；规费征收单位，控制编制，全额拨款，实行收支两条线管理；宾馆、招待所类，实行自收自支，逐步走向市场。1994年年底，全地区有事业单位8095个，实有人员72408人，其中财政全额拨款的47819人，财政差额拨款的17492人，自收自支的7097名。

1995年，市委机构编制办对事业单位实行分类管理后，严格控制全额和差额拨款单位增编增人，实行逢进必考、优化组合、竞争上岗，提高人员素质；自收自支单位增人适当放宽审批，扩大单位自主权。是年3月至6月，全市事业单位的机构、编制、实有人员等数据，全部输入电脑，建立数据库，实行全省联网管理。

1996年8月，《湖南省事业单位登记管理办法（试行）》颁布实施，市、县机构编制管理部门相继成立事业单位登记管理办公室，建立事业单位登记管理制度。1997年2月，全市开展事业单位登记工作，首批申报登记的事业单位8780个，受理登记8413个，受理登记单位全部在《郴州日报》上公示，并为这些事业单位颁发“事业单位法人证书”或“事业单位证书”。是年年底，全市事业单位编制总数99377名，实有102532人，超编3155人。1998年，全市完成事业单位登记工作，按类别、系统建档、立卷、归档。同时，首次开展事业单位年检，检查单位8246个，定为A类的7860个，定为B类的377个，未通过年检予以注销的9个。是年，全市事业单位编制96099名，实有103098人，超编6999人。

1999年，在教育系统进行事业单位机构改革。市委机构编制办下发《关于认真搞好教育系统事业单位机构改革与内部管理体制改革的通知》，按照“调整布局结构，核定人员编制，规范岗位设置”的思路，通过改革实现学校“四制一化”（校长负责制、教职工聘任制、岗位责任制、结构工资制、后勤服务社会化）。全市中小学（含教学点）由改革前的3990所调整为3523所，减少467所，清退5628名代课教师。

2000年2月，郴州市委、市人民政府下发《关于进一步做好调整农村学校布局和推进中小学人事制度改革的通知》，全市撤并学校（含教学点）667所。宜章县吸收社会资金1280万元，将宜章县第一中学初中部剥离出来，创办民办养正中学，一年减轻财政负担200万元。市内其他完全中学也相继仿效。桂阳县把全县1200多个事业单位划分为公益型、行政型、服务型、经营型四种类型，县财政保一块——公益型，控一块——行政型，转一块——服务型，放一块——经营型，增强事业单位活力，减轻财政负担。是年，市委、市人民政府着手全市大中专院校改革重组。市委机构编制办下发《关于全市大中专院校资源重组期间有关事项的通知》，冻结全市大中专院校的人、财、物，为改革顺利进行做准备。是年，全市8467个事业单位（法人2759个，非法人5708个）通过年检年审，评出优秀事业单位40个。

2001年，全市事业单位机构改革继续实行“脱钩、转制、放权、搞活”原则，改革现行管理体制。将科研、企业化管理的事业单位与财政供养脱钩，政府部门对事业单位实行宏观管理；按照国务院办公厅制定的《中小学教职工编制配备标准》，进一步核定中小学教职工编制，精简教师队伍，清退编外人员，指导学校内部改革用人制度、分配制度和福利制度。

2002年，市委机构编制办开展事业单位考核，考核3247个单位，评为A级的3035家、B级的157家、不予通过的27家、给予警告处罚的28家。完成1100多家非法人事业单位过渡工作。2003年，市委机构编制办配合市人民政府办公室开展调查研究，制定郴州市事业单位改革方案。与工商、物价、审计等部门协调，开展事业单位法人代表任期经济责任审计，进一步规范事业单位年检年审制度。

2004年，全市加快事业单位改革步伐，市委机构编制办出台《郴州市事业单位改革总体方案》，冻结事业单位机构编制，市直事业单位机构编制异动坚持内部调剂或部门之间划转。对全市4197家事业单位进行年审和等级评定。

2005年，全市全面实施事业单位机构改革。对市招商局、市国家出口加工区管理局、市委党校、市第六人民医院、市地方海事局、市文物管理处、市政务中心、市信息化办公室等单位重新核定机构编制，调整领导职数，重新批复机构设置方案。纳入国家行政编制的具有公共事务管理职能的事业单位，不再增加后勤服务事业编制，凡有后勤服务事业编制需要增加后勤人员的，须经市委机构编制办同意后向社会公开招聘。年底，全市有各类事业单位6817个，其中财政拨款的5831个，经费自理的942个，企业化管理的44个。事业单位人员编制总数96350名，实有100132人，其中财政拨款的78552人，经费自理的19101人，企业化管理的2479人。上述事业单位中，有市直事业单位391个，定编15459名，实有13969人。其中财政全额拨款的单位213个5151人，差额拨款的单位43个3025人，经费自理的单位135个5793人。

第四节 机构编制管理机构

1954年7月，郴县专员公署设立编制委员会，管理全区机关事业单位机构编制工作。1958年，精简机构，编制委员会被精简，不久又恢复。“文化大革命”期间，机构编制委员会瘫痪。1978年12月，设立郴州地区机构编制委员会。1989年10月，郴州地区机构编制委员会办公室内设综合科、地直机构编制科、县市机构编制科。1992年5月，郴州地区机构编制委员会办公室更名为中共郴州地委机构编制委员会办公室，内设科室不变。1995年5月，郴州撤地设市，设立中共郴州市委机构编制委员会办公室，是市委、市人民政府的工作机构，列入市委机构序列，内设综合科、行政机构编制科、事业机构编制科、事业单位法人登记管理办公室（事业机构编制服务中心）。2002年8月，市委机构编制委员会办公室内设：综合科、机构编制管理科、机构编制审核统计科、事业单位登记管理科（对外称郴州市事业单位登记管理局），定编13名，实有13名，其中常务副主任1名，副主任2名，纪检组长1名，科长、副科长6名，科员3名。2005年，机构编制审核统计科更名为机构编制监督检查科，其余科室未变。

1989—2005年中共郴州市委（地委）机构编制办公室常务负责人名录

表10-2-4-1

机构名称	姓名	职务	任职时间
郴州地区机构编制委员会办公室	刘振良	常务副主任	1989.01—1992.01
中共郴州地委机构编制委员会办公室	李秀仙	常务副主任	1992.01—1995.05
中共郴州市委机构编制委员会办公室	李秀仙	常务副主任	1995.05—1998.02
	李美发	常务副主任	1998.02—

说明：机构编制办公室主任由时任市委（地委）组织部部长兼任

第三章 人 事

1989年以后，郴州地区人事管理部门的职能从传统的干部调配、干部录用、军队转业干部安置、干部工资福利管理和干部任免奖惩，逐步扩展到国家干部培训考核、军队转业干部上岗前培训、专业技术人员培训、专业技术人员职称评定、技术人才市场培育和技术人才流动等。

1996年，全市实施《国家公务员暂行条例》，市委、市人民政府制定实施国家公务员制度方案。1997—1998年，全市市、县（市、区）、乡镇762个国家机关单位的9722名国家干部过渡为国家公务员，170个行使部分国家行政职能的事业单位的5278名国家干部也过渡为国家公务员，至1998年，全市共有国家公务员1.5万名。此后，国家工作人员分为国家公务员、国有企事业单位行政管理人员、专业技术人员三类。人事部门对国家工作人员进行分类管理，管理工作趋向更精细、更规范、更科学。2005年年底，全市有在职国家公务员15416名，国有企事业单位行政管理人员15916名，各类专业技术人员71389名，总共102721名国家工作人员。

第一节 干部管理

一、干部录用

郴州市（地区）国家干部主要来源于招收录用、军队转业干部安置、大中专院校毕业生分配和外地调入。1989年，全地区国家干部总数42388名，其中国家机关18703名，事业单位12914名，国有企业单位10771名。

从1990年开始，干部选拔录用制度实行一系列改革。组织、人事和教育部门从城乡知识青年、企业职工、民办教师和大中专毕业生中选拔录用一批优秀人才充实国家机关和教师队伍。1995年、1996年两年，按照省人事厅下达的指令性计划，全市选拔录用国家干部2900名，其中录用在机关干部岗位的工人480名，从乡镇聘用人员中录用900名。同时根据郴州经济社会发展的需要，从外地引进急需人才220名，向省外输送富余人才580名。

1997年后，全市人事系统坚持“凡进必考”原则，确保公务员队伍素质。郴州市人事局会同市委组织部制定《党政机关和具有行政职能的事业单位补充国家公务员和工作人员的若干规定》及《考试录用干部实施办法》，规范进入公务员队伍的程序和办法。1997年，全市有27个单位面向社会公开考试录用公务员174人。

1998年，全市人事部门加强公务员队伍“进、管、出”三个环节的管理，抓各项管理制度的落实，顺利通过省公务员制度落实情况检查验收。坚持公开考试考核、择优录用原则，全市37个单位选拔录用公务员133人。同时，向市内人才匮乏的边远山区、乡镇学校、卫生院输送国家不包分配的大中专院校毕业生781名。

1999年，市人事局组织国家公务员选拔考试21场次，近3000人参加选拔竞争，经招考从中择优选拔269人充实到公务员队伍。同时，通过公开考试，选拔39名应届高校毕业生到农村基层锻炼。还结合公安体制改革，在企事业单位考试录用173名职工充实到人民警察队伍。是年，分流乡镇富余人员3063人，清退乡镇临时雇用人员和代课教师8751人，减轻财政和农民负担。

1990—2000年，全市（地区）从农村基层干部、厂矿企业职工、机关工人、大中专院校毕业生和城镇待业青年中选拔录用干部4524名，录用民办教师为公办教师8472名，接受安置军队转业干部748名。

2001年，市、县、乡三级国家机关进行机构改革和人员分流工作。省委、省人民政府要求，市人民政府机关工作人员精简30%，市委、人大、政协、群团、民主党派机关精简20%；县级人民政府机关工作人员精简25%，党委、人大、政协、群团、民主党派机关精简20%；乡镇机关工作人员精简20%。市人事局制定《关于机构改革期间人员调动问题的处理意见》，实行“增人计划卡”制度，严把人员“进口”关。全市行政机关人员保持负增长，事业单位人员增长得到有效控制。

2002年，全市各级人事部门严格执行《湖南省国家公务员录用办法》，组织1595人参加全省选拔国家公务员和机关工作人员考试，择优录用162人充实到国家机关。同时为市直机关单位公开考试选调国家公务员172人。

2003年，按照“控制总量，调整结构，提高素质”的原则，从严控制机关事业单位增加人员。市人事局组织1384人参加国家公务员招考，择优录用119人充实到3个省属驻郴单位、26个市直单位和8个县市区机关。组织4218名报考者参加事业单位招聘考试，102个用人单位从中择优选聘719人。

2004年，市委、市人民政府安排机关事业单位增人计划2269人。按单位性质分，国家机关513人，事业单位1756人；按层次分，市直单位837人，县乡单位1432人。市人事局严格执行市人民政府办公室印发的《关于进一步规范财政拨款事业单位新进人员公开招聘工作的意见》，除政策性安置、领导班子配备和同级同类单位之间调动外，一律面向社会公开考试考核，择优录用。当年6227名报考者经过笔试、面试、体检、考核等程序，356个用人单位从中择优录用1756人。全市250个乡镇通过公开考试考核，择优录用动物防疫员750名。通过公开招考程序，选拔43名应届高校毕业生到农村基层锻炼。

2005年，全市人事部门从严控制财政拨款单位进人，适当放宽自收自支事业单位用人。全市国家机关计划进人575名，事业单位计划聘用1343名。全市2209人报名参加全省统一选拔录用国家公务员和机关工作人员考试，通过资格审查、笔试、面试、体检、政审、公示等程序，55个用人单位择优录用177人。

1989—2005年，全市（地区）国家机关、事业单位和国有企业选拔录用干部63722人。2005年，全市在职国家公务员15416名，国有企事业单位行政管理人员15916人，各类专业技术干部71389人。共有国家工作人员102721名。

二、干部调配

1989年，郴州地区地直各单位干部的配备，由组织、人事部门在编制内按计划调配，严格控制从企业单位调入干部。地委组织部、地区人事局规定：地直机关从县市机关或企事业单位调人，由地区人事局、地委组织部和地委分管领导层层审批。是年，地区直属单位调配干部326人，其中因工作需要和干部异地交流调动194人，因照顾夫妻关系和解决家庭特殊困难调动132人。

1990年，地委组织部规定：地直机关和事业单位补充人员，应在相同编制性质单位之间调整，不能从县市及企业单位调入；国家统一分配的大中专毕业生和吸收录用的国家干部在未转正定级前不得借用，也不得变更工作单位；专业技术拔尖人才的调动，要报地委组织部及地委分管领导审批。全地区工农业战线及科研、教学、医院等单位的33名专业技术拔尖人才，由地委组织部直接管理。

1996年8月28日，郴州市委印发《关于加强干部管理工作的暂行规定》，规定全市各级党政群（含人大、政协、公、检、法）机关补充工作人员，一律从市内在编工作人员中公开招考选调。市人事部门组织市直52个机关单位公开选调干部，经考试考核，从4615名报考人员中选调352名干部。是年，市、县两级人事部门为国有企事业单位近7000名干部颁发干部聘用证书。

1997年2月13日，市人事局印发《郴州市国家公务员职位轮岗转换暂行规定》和《郴州市国家公务员任职回避暂行规定》，规定公务员在同一职位工作3~5年，应转岗轮换，特殊岗位经批准可提前或延期轮换；国家公务员间有夫妻关系、直系血亲关系、三代以内旁系血亲关系的，不得在同一机关工作。1998年应转岗轮换2516人，实际安排转岗转换2000人。1999年，轮岗1625名，占应轮岗人数的71%。组织人事部门严格执行须具有公务员身份的人员方可在实行公务员管理的机关之间调动，事业单位工作人员实行合同聘用，企业单位的管理干部和专业技术人员由市场配置等规定。

2001年8月，市委组织部、市人事局在机关内部推行竞争上岗。各级党委、人大常委会、政府、政协、法院、检察院和人民团体内的科级以下（含科级）职位，在机关内部进行竞争上岗；某些岗位不能形成竞争机制的，经组织、人事部门同意，在本系统或跨部门实施。机密岗位或法律法规规定不宜公开竞争的岗位不列入竞争上岗范围。竞争上岗人员，须具备国家公务员资格或参照国家公务员法管理的人员，并符合任职条件。

2003年，全市国家机关、国有事业单位干部调配，坚持按照“总量控制，调整结构，提高素质”的原则进行。2003—2005年，市直机关、国有事业单位干部调动689人，其中通过公开考试选调进入机关的356人。

三、干部任免

1989年至1995年4月，郴州地区国家机关工作人员按干部管理权限和审批程序任免。行署所属机关、企事业单位局处级干部由地委决定，地区人事局办理任免手续。县级人事部门承办县人民政府所属机关、企事业单位科局级干部的任免。

1995年5月，郴州撤地设市，市直机关、企事业单位局处级干部由市委决定，市人事局办理任免手续，其中市人民政府组成单位的行政正职由市人大常委会任免。是年，市人事局办理局处级干部任职119人次，免职24人次。

根据人事部《国家公务员职务任免暂行规定》，市委于1996年8月制定《关于加强干部管理工作的暂行规定》，明确市人民政府工作机构的局处级干部和县市区长，正职由市人大常委会任免，副职和市人民政府直属机构、委办局归口管理的机构及事业单位处级干部的任免，由市委提名经市人民政府常务会议研究决定，交市人事局办理。市直各单位内设科室的负责人，由单位党组研究经主管部门同意后任免。中省驻郴部门和双重管理单位的干部任免，由主管方征求协管方意见后办理。

2003年，全市深化干部任免制度改革，实行领导干部任前公示制和试用期。市委制定实施市、县（市、区）党委常委会讨论决定干部任免投票表决办法。是年，市县两级党委召开16次常委会，先后对63名县（市、区）、乡镇党政正职拟任人选和推荐人选进行表决。

1989—2005年，郴州市（地区）人事局承办处级干部任职1756人次，免职749人次。

四、干部培训与考核

（一）干部培训

1989年，郴州行署筹资380万元建成4300平方米的干部培训中心，开展军队转业干部上岗前培训。1990年，地区和县市人事部门设立教育培训机构，对新进干部队伍人员进行业务技能培训，先后开设行政管理、计算机应用、实用英语等课程，举办干部培训班30期，培训干部5000多人（次）。

从1991年开始，地区组织、人事、司法部门，将法律法规学习作为干部培训的重点。第二个五年普法教育（1991—1995年，简称"二五"普法）期间，各级各部门组织干部学习《社会主义法制建设若干问题讲话》《"二五"普法干部读本》等，97%的科级以上干部、95%的国家工作人员先后参加普法培训班学习。1995年底举行"二五"普法验收考试，全市53名地厅级领导干部参考，合格率100%。1996年，"三五"（1996—2000年）普法教育开始，全市建立干部考取普法合格证制度，考试合格者统一颁发普法合格证。是年，结合国家公务员制度建设，全市组织、人事部门组织公务员进行初任、任职业务知识更新培训。举办公务员过渡培训班，学习《国家公务员暂行条例》和《国家公务员制度概要》等法规和课程，全市参加国家公务员过渡培训10.23万人（次）。

1997年，全市组织市直机关45岁以下人员参加计算机知识培训，经考核合格率100%。1999年，组织国家公务员学习行政管理知识，新录用干部、大中专毕业生进行入门培训。先后举办培训班156期，培训2.14万人次。

2003年，市县两级组织、人事部门将干部培训作为单位年度工作考核内容，作为干部任职、晋升依据之一，干部培训工作走向规范化、制度化。市、县（市、区）人事部门完成公务员计算机中级培训。2004年，全市人事部门组织国家公务员分期分批参加《中华人民共和国行政许可法》知识培训。

2005年，市、县两级均建立公务员培训基地，开展信息技术知识与电子政务业务培训。

（二）干部考核

1989年，郴州地区全面推行国家机关企事业单位干部德能勤绩考核制度，年终考核按优良、合格、不合格3个档次评定级别。60065人接受年终考核考评，其中评为优良的7208人，占12%；合格的52737人，占88%；不合格的120人，占0.2%。给予表彰奖励的5894人，其中记大功33人，记功662人，评为先进工作者5199人。对违纪违规的干部沿用警告、记过、记大过、降级、降职、撤职、开除留用、开除8种处分。

1993年，地委推行局处级干部公开述职、民主评议制度，对局处级干部的德、能、勤、绩进行考核评议，确定干部为优秀、称职或不称职。地区人事局设立"一事一奖"，奖励爱岗敬业有功者、勤政廉政有为者和为保护人民生命财产与违法违纪行为作斗争的见义勇为者。奖励种类分为记功、记大功、升级、授予荣誉称号等。荣誉称号有"见义勇为先进分子""五四青年奖章""十佳教育公仆""十佳勤政廉政公仆"。1994年，奖励种类改为嘉奖、记三等功、二等功、一等功、授予荣誉称号5种。

自1996年6月始，全市实施国家公务员制度，凡连续两年考核合格及以上者晋升工资级别，考核“不合格”者不予晋升工资、降职或调整工作岗位。1997年，全市实行国家工作人员行政过错责任追究制，127人受到行政处分，其中警告28人、记过38人、降职14人、撤职24人、开除23人。

1998年，全市组织、人事部门对市、县、乡三级机关国家公务员和企事业单位管理人员进行年度考核，考核11.4万人，其中定为优秀的1.51万人，占13.3%；称职的9.48万人，占83.2%；不称职的208人，占0.18%；不定等次的3836人，占3.3%。考核结果向本人反馈，并存入本人档案，与增资晋级、职务晋升挂钩。对考核不称职的208人分别进行处理，其中17人被辞退。

1999年，干部考核推进按干部分类进行年度考核。市委组织部负责市直副处级以上干部考核，其余工作人员由市人事部门负责考核。2000年，考核等级增加“基本称职”一级，由原来的3个等级变更为4个等级。是年，年度考核中定为“基本称职”的548人，由党委组织部门对其进行诫勉谈话。

2002年，市委部署对县处级领导班子及其1494名县处级干部进行年终考核评议。评出优秀领导班子60个、合格160个、基本合格2个、不合格3个；评选优秀领导干部269名、称职1207名、基本称职16名、不称职2名。继后对不合格的领导班子和不称职的领导干部进行调整。安仁县政府助理调研员、县水利局局长何贵平等10人被评选为“十佳勤政廉政公仆”，宜章县人民政府县长张长发等10人被评为“勤政廉政先进个人”。

2003年，市组织、人事部门细化公务员考核办法，制定以“德、能、勤、绩”为主要内容的20条年终考核具体标准，对县处级领导干部进行经济责任审计和重大工作岗位履职情况专项考核。2004年，全市县处级领导班子年度考核中，有76个被评为优秀领导班子，332名县处级干部被评为优秀领导干部。

2005年，全市在国家机关和企事业单位干部年度考核中，考核10.27万人，评为优秀的1.46万人（其中记一等功1人，记二等功68人、记三等功834人、嘉奖13710人），称职的8.69万人，基本称职的148人，不称职的205人，不定等级的808人。

五、实施国家公务员制度

（一）国家公务员职位设置

1993年8月14日，国务院颁布《国家公务员暂行条例》。1995年5月，湖南省人民政府印发《湖南省国家公务员制度实施意见》。1996年6月，郴州市委、市人民政府颁布实施国家公务员制度方案，要求全市各级国家机关按照以事设人、精干效能、突出重点的原则设置职位，报上级审批后执行。县及县以上国家机关和具有国家行政职能、参照国家公务员制度管理的其他县级以上单位，除设置领导职务以外，可设置非领导职务：办事员、科员、副主任科员、主任科员；助理调研员、调研员；助理巡视员、巡视员。非领导职务任职必须符合规定资格条件，按干部管理权限审批和管理。

（二）向国家公务员过渡

国家机关干部过渡为国家公务员，由本人提出书面申请，愿意履行国家公务员义务，并参加公务员考试，接受组织考核。考试成绩不合格者允许补考一次，考核内容主要是近两年来德、能、勤、绩情况。考试考核合格者，转为国家公务员。

1996年6月，全市市、县、乡三级同时铺开国家机关干部过渡为国家公务员工作。1997年5月，全市50个市直机关1629人、454个县市区直机关5317人、258个乡镇机关2776人过渡为国家公务员。公务员总人数为9722人。1998年，市直12个、县市区直158个行使国家行政职能的事业单位的5278名工作人员也过渡为国家公务员。有30名干部因不符合条件而未过渡为国家公务员。全市共有国家公务员1.5万名。从此，国家工作人员分为国家公务员、企事业单位行政管理人员、专业技术人员三类。

为了提高国家公务员的整体素质，市委、市人民政府加强国家公务员队伍建设。2002年，全市组织、人事部门组织国家公务员学习《国家公务员行为规范》，要求公务员践行“政治坚定、忠于国家、勤政为民、依法行政、务实创新、清正廉洁、团结协作、品行端正”三十二字行为规范。2004年，贯彻执行人事部颁发的《国家公务员通用能力标准框架》，组织公务员学习政治和业务知识，提高自身政治素质和工作能力。

2005年年底，全市在职国家公务员15416名，其中：地厅级34人，占0.22%；县处级820人，占5.32%；乡科级8346人，占54.14%；科员及办事员6216人，占40.32%。大学本科及以上学历占35.54%，大学专科学历占46.26%，中专及以下学历占19.2%；35岁以下人员占42%，36岁至40岁人员占17.3%，40岁至45岁人员占17.32%，45岁至50岁人员占12.31%，50岁至55岁人员占7.41%，55岁以上人员占3.63%。女性占22.95%。

第二节　专业技术人员管理

一、职称评聘

1989年，郴州地区专业技术职称评定，由上级层层下达指标，各单位按职称要求的学历、资历、工作业绩或技术成果推荐申报，初级职称由地直各部门和县市评审委员会评定，中级职称由地区评审委员会评定，高级职称由地区评审委员会评审推荐，报省评审委员会评审通过。每年组织一次职称评审。专业技术人员获得职称后，由单位进行职称聘任，职称与工资挂钩。是年，全地区4万多名专业技术人员中，有高级职称的1059人，有中级职称的3.12万人，有初级职称的3.03万多人。

从1992年起，专业技术职称评定改单一的评审为“以考代评”和“考评结合”，初、中级职称评定采用考试方法，高级职称采用考与评结合方法。专业技术职称考试实行国家统考，属地组考阅卷。是年，全地区经考试评审10人获得正高职称，222人获得副高职称，1376人获得中级职称。

1995年，全市评定高级职称210人，中级职称2113人。

1997年，全市深化职称制度改革，完善专业技术职称聘任制度，普遍实行分级分类签约聘任，建立职称激励机制。市人事部门组织1.29万多名专业技术人员参加全国统一命题的职称资格考试和外语水平考试。同时，在乡镇企业、非公有制企业开展专业技术职称评定。

1998年，职称评定采用分级审查、量化评审、考试答辩和专家评定相结合的综合评审办法，增强职称评定的客观性和科学性。乡镇企业、非公有制企事业和司法系统也评定一批内部认可的专业技术职称。2000年，全市启动农民技术人员职称评定试点工作，200多名农民参加考试，13人获得农业技术中级职称，8人获得初级职称。

从2001年开始，专业技术职称实行评聘分离，专业技术人员获得职称以后，所在单位按岗位职称职数配比，择优聘用。全市国有企事业单位技术业务岗位按比例确定职称职数，其中中小学校教学岗位职称职数配比，由省、市教育主管部门下达，自收自支的单位由单位自行确定。全市开展乡镇企业、非公有企事业单位工程、会计、经济三个系列的职称评定，675人参加职称考试，通过574人。另外，办理职称转换，认定中级职称541人，初级职称623人。

2002年，全市人事部门进一步改进专业技术职称资格申报和评定办法。全面清理事业单位专业技术岗位职称职数配比，严格执行“结构比例”和评聘分离原则。

2003年，全市首次开展工人技师资格评聘试点，市人事部门组织工业、农业、交通等5个行业11个工种符合技师申报条件的人员，参加全省技师技术理论考试和技术操作考核，经推荐报省人事厅评审通过231人。中、省驻郴单位1076名参加原行业职称评定取得的专业技术职称，市人事部门给予资格转换和认定。

2004年，全市人事部门组织机关企事业单位325名工人参加全省技师考试考核，全部获得技师资格。组织机关事业单位3789名工人参加升级考试，2946人晋升技术等级，其中升为高级工的1269人、升为中级工的1677人。全市实施乡村实用人才工程，市人事局出台《郴州市农村实用人才职称评定办法》，510名乡村能工巧匠和种植养殖能手通过考试考核，获得相应技术职称。同时，选拔38名基层农业技术人员参加全省农业新技术培训班学习，作为农业科技带头人培养。

2005年，市人事部门组织全市机关企事业单位工人参加技师资格考试考核，244人获技师职称。组织农村能工巧匠、种植养殖能手、农副产品加工营销人员参加技术职称考试考核，38人获得中级职称，361人获得初级职称。是年，全市有在职各类专业技术人员71389人，其中有高级职称的2813人，中级职称的26563人，初级职称的35701人。按专业分：工程技术人员占9.76%，农业技术人员占3.15%，卫生技术人员占19.02%，教学人员占58.63%，科学研究人员占0.15%，其他专业技术人员占9.29%。全市有技师800人，高级工12391人，总体高技能人才比例小，技能单一，文化程度偏低。

1989—2005年郴州市（地区）高中级技术职称评审认定情况一览表

表10-3-2-1 单位：人

年度	正高级	副高级	中级
1989及以前	1059		11200
1990	6	179	1406
1991	7	214	1652
1992	10	222	1376
1993	8	227	1524
1994	11	234	1391
1995	7	203	2113
1996	2	211	2344
1997	11	239	4191
1998	5	262	3202
1999	9	294	2472
2000	18	304	2403
2001	22	430	2545
2002	16	413	1596
2003	17	517	1449
2004	13	476	2126
2005	11	563	2661
合计	173	4988	45651

二、专业技术人员培养与管理

（一）遴选享受政府特殊津贴专家

1990年，中共中央、国务院决定给有突出贡献的专家、学者、技术人员发放特殊津贴。1991年至2005年，郴州市（地区）人事局先后开展遴选、推荐享受政府特殊津贴专家活动11次。经市（地区）人事局推荐，省人事厅审定，人事部批准，郭卫民、钟拔阶、首章北等35人享受国务院特殊津贴。1995年前批准的专家每人每月发放特殊津贴100元，直至终生；1996年以后批准的专家（学者、技术人员）每人一次性奖励5000~2万元。

（二）评选专业技术拔尖人才

1990年5月，地委、行署决定在全区开展专业技术拔尖人才评选活动。全区科研、教学、经济、技术、文化、艺术、卫生、体育、新闻、出版等部门，具有中级以上职称、曾获得国家级或省（部）级以上科技成果奖的技术骨干，由所在单位推荐、经地区组织、人事部门考核审查，地委、行署批准，颁发"专业技术拔尖人才证书"，一次性奖励5000元。地区组织、人事部门及专业技术拔尖人才所在单位在专业技术拔尖人才职称评聘、科研经费安排、进修考察、学术交流等方面予以优先安排。1990年至2002年，全市（地区）先后5次共评选出邓维琪、孙国成、吕宗友等152位专业技术拔尖人才，受到市委（地委）、市政府（行署）的表彰和奖励。

（三）选拔培养学术、技术带头人

1997年8月，市委组织部、市人事局联合印发《关于开展选拔培养学术、技术带头人工作的通知》。1997年2005年，经基层单位推荐，专家评议、组织人事部门审查，市委、市政府批准，在全市科研、教学、经济、技术、文化、艺术、体育、卫生等部门，选定政治思想好、有专业特长、有培养前途的中青年学术、技术骨干52人作学术、技术带头人培养（另有后备人选70人）。各级党委、政府和有关单位为学术、技术带头人的成长营造良好的社会环境，提供优越的工作条件。湘南学院为本院12位被选定为学术带头人的教师、医师每年报销学习资料费2000元；具有副高级职称的列入"教授工程"培养对象；具有博士学位和正高级职称的每人配备一部手提电脑，每年提供科研经费5000元；获得省以上科研项目的，学院按1∶1.5的比例拨给科研经费。

第三节　军转干部安置与毕业生分配

一、军转干部安置

郴州市（地区）把接收和安置军队转业干部及随军家属，作为支持国防建设的大事，成立了军队转业干部安置办公室，每年召开专门会议，按照国家政策和干部管理权限，由组织和人事部门分工负责安置。1989年，地区人事局筹集资金建立军队转业干部培训中心，对军队转业干部上岗前进行培训。

1993年10月，地委、行署召开全区安置军队转业干部工作表彰会议，总结历年来军转干部安置工作的成绩和经验，表彰先进单位和个人。授予郴州卷烟厂、郴州电业局、湖南省少年犯管教所、湖南省五监狱、汝城县公安局5个单位“军队转业干部安置工作先进单位”称号，授予王生录等106人“军队转业干部先进个人”称号。

1995—1996年，全市接受军队转业干部148人，组织、人事部门克服困难，尽量做到安置工作使每个军转干部满意。

1997年，全市接受军队转业干部72名，随军家属16名，一次性安置到位。1998年，全市妥善安置军队转业干部79名，随军家属25名，优秀退役运动员4名。1999年，全市接受安置军队转业干部120名，随军家属27名，帮助43名现役军官的配偶解决就业问题。2000年，安置军队转业干部的任务较大，组织、人事部门与有关单位沟通协调，妥善安置123名军队转业干部和23名随调家属。郴州市人事局被评为全省军队转业干部安置工作先进单位，被国务院“军转办”评为全国军队转业干部安置工作先进单位。

2001年，按照国务院颁布的《军队转业干部安置工作暂行条例》规定，军队转业干部安置采取组织分配与自主择业相结合的办法进行安置。对选择自主择业的军队转业干部，政府给予住房补贴，同时享受国家公务员同等医疗保险待遇。是年，全市接收军队转业干部62名，随调家属10名，其中自主择业8名，其余安排在党政机关、事业单位或中省驻郴国有企业。市组织、郴州市公安局何怀贤被评为“全国模范军转干部”，受到国务院和中央军委的表彰。

2002年，军队转业干部安置继续实行组织分配与自主择业相结合的办法。市组织、人事部门加强对自主择业军转干部的服务工作，督促有关部门兑现政策，落实待遇。是年，接收安置44名军转干部和10名随调家属。

2003年，全市接收军转干部132名，其中33名自主择业。市组织、人事部门帮助军转干部办理各种手续，确保按时足额领取退役金，按规定享受医疗保险待遇。同时，调查了解市内1590名军转干部的工作、生活、健康情况，与有关单位协调，落实养老、医疗保险待遇，并为生活困难的军转干部申请政府困难补助。

2004年，为全面落实军转干部安置工作政策，市人事局组织力量全面调查了解2391名在企业的军转干部的工作和生活情况，建立军转干部个人资料卡和电子台账，对军转干部的来信来访来电给予热情接待和答复。经与有关部门协调，使部分企业拖欠军转干部的687.5万元工资、医药费、养老金全部补发补交到位，1290名生活困难的军转干部得到补助，355名退休军转干部退休金低于全市职工退休金平均金额的部分得到增补，企业军转干部全部参加养老保险和医疗保险，55名下岗失业的企业军转干部有26人重新就业。是年，129名军转干部和14名随调家属全部妥善安置。

2005年，全市接收军转干部126名和随调家属11名，其中自主择业73名。市组织、人事部门为自主择业的军转干部办理医疗保险卡和人才信息档案。为部分企业军转干部发放解困资金138.2万元。

1989—2005年，全市（地区）共接受安置军队转业干部1393名，其中师职2名，团职217名，营职481名，连排职427名，专业技术干部266名。安置随调家属263名。

二、大中专毕业生分配

1989年6月，郴州行署印发《关于1989年大中专毕业生分配工作的若干规定》，明确国家计划内招收的毕业生由政府分配派遣。派遣计划由地区计委和地区教委共同制定。派遣工作由地区计委、教委和学校共同负责。毕业生的主要去向是县以下单位，原则上哪个县来哪个县去。坚持择优安排、合理使用的原则，尽可能按专业对口安排。对志愿去桂东和汝城工作的毕业生，给予支持与鼓励。不分配毕业生进机关工作。计划外自费生和结业生不包分配，自行联系接受单位后，由地区大中专毕业生分配办公室出具介绍信。是年，全地区共分配派遣大中专毕业生2220名。

1990年，回郴州的大中专毕业生大幅度增加，达到3659人，供求矛盾突出，分配压力加大。为此，地区计委和教委采取按行业对口分配和由学生来源县市统筹的办法进行安排。委托培训的毕业生，按“谁委托，谁用人，谁接收”的原则办理。此后，随着自费大中专毕业生增多，就业压力随之增大。1991—1992年，全地区共分配派遣大中专毕业生7120名。

为缓解毕业生就业分配压力，1993年，地区大中专毕业生分配办进行毕业生分配工作改革，扩大学校分配自主权、用人单位择优录用权和毕业生自主择业权。区内各大中专学校推行“双向选择”就业，鼓励毕业生自主择业和到乡镇企业、农村文教卫生事业单位以及集体所有制企业工作。1995年，大中专毕业生主要通过供需见面双向选择的办法就业，毕业生的主要去向是基层单位。1993—1996年，全地区（市）共安置大中专毕业生1.43万名，近三分之一的毕业生自主择业。

1997年10月，市计委、市教委印发《〈湖南省国家不包分配大中专毕业生择业管理暂行办法〉实施细则》，明确国家计划外招收的大中专毕业生按照“个人自主择业，单位自主选人”的双向选择原则就业。国家机关和国有事业单位录用毕业生，按有关规定申报计划，经批准后办理录用手续。是年，市人事部门为958名大中专毕业生办理聘用手续。1998年1月6日，市计委、市教委转发湖南省人事厅《关于印发〈湖南省人才市场管理办法〉实施细则的通知》，进一步明确大中专毕业生通过人才市场双向选择实现就业。

1999年，市计委、市教委与学校合作做好毕业生的思想工作，帮助毕业生改变就业观念，鼓励毕业生自主择业和自主创业。2000年，市计委、市教委按照“老生老办法，新生新办法”的原则，国家计划内招收的学生继续由市计委、市教委分配派遣，其余一律自主择业。

从2001起，大中专毕业生不再由政府统一分配，按照新的就业政策即在国家政策指导下自主择业。毕业生将本人档案存放在人事部门的人才交流中心保管，主要通过人才招聘市场在本地或去外地就业。

第四节　人才流动与人才市场

一、人才流动

1988年10月，郴州行署成立郴州地区人才开发交流中心，各县市相继成立对应机构，地直单位配备1~2名专职或兼职人才信息联络员。人才开发交流中心搜集和掌握人才信息，建立人才信息档案，为用人单位提供人才信息。同时，人事部门加强与郴州籍在外地工作的专家、学者、企业家、华侨华人、留学生联系，采取聘用、借调、兼职等方式，引进人才。

1990年，全地区从工业、农业、科研、文化、教育、卫生等部门选拔录用国家干部580人。1991年，地、县市人事部门建立流动人才人事档案。地区人才开发交流中心建立境内外人才信息档案3101册。

2000年12月，市委办公室、市政府办公室印发《关于加强人才引进和开发工作的意见》，就稳定现有人才、开发潜在人才和引进紧缺人才工作，提出要求和实施办法。

2003年12月，市人民政府组织33家民营企业参加湖南省首届民营企业人才交流会，引进紧缺人才166名。全市各用人单位通过人才招聘会等形式，招聘各类人才495名，其中博士11名、硕士484名。

1989—2005年，郴州市先后引进各类专业技术人才和管理人才5000多名，其中高层次人才285名。郴州市人才开发交流中心推荐输出业务各类人才1898名。湘南学院、郴州市第二中学、郴州明星学校等单位分别从美国、加拿大、英国、澳大利亚、南非、印度等国家引进英语教师70名，有2名外籍教师获湖南省芙蓉奖，1人获潇湘友谊奖。

二、人才市场

1993年，郴州地区人事局建立人才市场，制定人才市场管理办法，各县市也相继建立人才市场。全地区人才市场与境内1200多家企事业单位及衡阳、韶关等周边地区人才市场建立业务联系，收集人才供求信息1万余条。至1996年，郴州人才市场引进各类专业技术和管理人才221人，推荐输送296名大学毕业生到广东、浙江省就业。1997年，市人才市场向企事业单位推荐436名应届大中专毕业生，其中168人实现就业。1998年，市人事局按照"服务郴州经济，面向全国市场"的思路，抓人才资源开发与人才市场培育，对外人才交流进一步扩大，与广东、浙江、福建、上海等省市的230多家企事业单位建立合作关系，引进、输出人才共641人。

2000年，郴州市建立网上人才市场，人才开发交流服务实现全省联网，全市企事业单位专业技术人员、管理人员信息全部录入市人事部门的信息数据库。市、县两级人才开发交流中心公布求才单位718家，求才信息8283条，荐才信息1667条，引进、输出人才252人。

2002年6月，郴州市人才市场召开大型人才招聘会，市内外79个用人单位到会招贤纳才，提供372个职位近1000个岗位，前来择业应聘7600多人，360人当场签订聘用合同。此后，市人才市场每月召开1~2场人才招聘会。

2003年6月，市人民政府组织68家企业在长沙举办"中国湖南人才市场郴州专项人才招聘会"，3800人入场求职，达成意向协议328人，签约168人。2004年，全市举办各类人才招聘会48场，招聘各级各类人才1579人，其中有副高以上职称的18人，硕士研究生13人。桂阳县100多家农业、工矿产品加工和高新技术开发企业引进技术和管理人才320多人。

2005年，市人事市场举办人才招聘会24场，526家用人单位进场招聘，进场求职1.2万人（次），1830多人达成就业意向，其中为广东肇庆中杰鞋业有限公司输送人才239名。

第五节 干部工资与福利

一、干部工资

1989—1992年，郴州地区机关事业单位仍实行等级工资制。1993年，全区启动工资制度改革，机关工作人员实行职级工资制，即在基础工资、工龄工资、职务工资的基础上增加级别工资。基础工资，每人每月90元；工龄工资，每年1元；职务工资，按担任职务确定工资档次，并随职务的变化而变化；级别工资，分15级，15级至1级每月55元至470元。从1993年10月1日起，建立正常的工资升级制度。年度考核等级为优秀或称职的，每两年晋升一个级别工资档次，考核不称职的，不晋升工资。连续5年考核称职或连续3年考核优秀的晋升一个级别工资。机关工人工资，由岗位工资、技术等级工资和奖金三部分构成。事业单位的工资制度，实行分类管理：全额拨款单位和差额拨款单位，执行国家制定的工资制度和工资标准；自收自支单位，执行事业单位工资制度，实行工资与经济效益挂钩，单位工资总额增长低于经济效益增长。

1996年，全市机关事业单位干部职工工资升级，人均月增资21.3元。1997年，调整机关事业单位工作人员工资标准和晋升级别工资档次，基础工资由每人每月90元调整为110元，工龄工资、职务工资和级别工资标准不变，同时提高生活补贴，人均月增资72元。1998年，全市机关事业单位干部职工调整工资，人均月增资23.8元。1999年7月，调整机关事业单位工作人员基础工资和级别工资标准，基础工资每人每月由110元提高到180元，级别工资15级至1级提高到85至720元，人均月增资124.75元。同时，提高机关工人的岗位工资和技术等级工资标准。2001年，全市人事部门根据国务院办公厅、人事部、省政府办公厅、省人事厅的有关文件精神，为机关事业单位干部职工调整工资，人均月增资200元。2003年，再次调整工资标准，基础工资由每月180元提高到230元，职务工资由100~850元分别提高到130~1150元。机关工人和事业单位职工的工资也相应提高。

2005年，全市机关事业单位工作人员年均工资12979元，为1989年的6.43倍。其中，国家机关工作人员年均工资13838元，事业单位工作人员年均12777元。

二、干部福利

（一）公费医疗

1989年至1993年9月，郴州地区国家机关事业单位干部职工实行公费医疗制度，医疗费用由个人、单位、公费医疗办共同负担。全额拨款的机关事业单位干部职工住院费按比例报销，最高公费负担80%，最低为50%。门诊医药费按工龄长短核定年包干基数，超过部分自负5%~20%。1949年10月1日以前参加革命工作的老干部除自费药品以外，实报实销。1990年，全区机关事业单位享受公费医疗7.19万人，支出医疗费790.6万元，人均110元，比1989年增长16.65%。

1993年10月9日，郴州行署印发《郴州地区本级公费医疗制度改革暂行规定》和《郴州地区本级公费医疗改革实施细则》，从当年10月1日起，地区机关事业单位干部职工实行“定点医疗、定额费用医院代管，超支二八分担，节余四六分成。实行由3家（个人、单位、公费医疗办）共同负担”的公费医疗管理办法。

1999年，为控制公费医疗费用增长过快，市公费医疗办实行“总额控制，超支自负”的办法。2000年，全市实行“社会统筹医疗基金与个人医疗账户相结合”的基本医疗保险制度，个人缴费标准为月工资的2%，其余由财政拨款，劳动部门统一管理。是年，市直机关事业单位参保干部职工1.40万人，除个人缴费外，财政拨付医疗费153万元，支出医疗费510万元，人均364元。

2005年，市直机关事业单位参加基本医疗保险3.03万人，除个人缴费以外，财政拨付医疗费4012万元，支出医疗费3200万元，人均1057元。县市区机关事业单位干部职工医疗保险改革与市直单位同步进行。

（二）补助

1989年，郴州地区机关事业单位干部职工每人每月补助交通费5元，书报费8元，洗理费8元；

每年补助取暖费40元，防暑降温费21元，直至2005年未变。其间，市（地区）财政按机关事业单位在职人员工资总额的2.5%，预算干部职工的困难补助和慰问经费。各县市区根据本地财政状况比照市直标准执行。

（三）抚恤

1989年，机关事业单位工作人员因公死亡的，仍按其本人20个月的基本工资发给遗属一次性抚恤金。正常死亡的，对其生前供养的直系亲属，按人口多少每月发给一定的生活补助费。1949年10月1日以前参加革命工作的干部去世以后，其供养的直属亲属的生活补助费标准稍高。1989—2005年，一次性抚恤金和生活补助费进行3次调整。

（四）丧葬费补助

1989—1992年，机关事业单位工作人员因公死亡丧葬费补助400元；非因公死亡丧葬费补助300元。1993年，因公死亡丧葬费补助增至700元，非因公死亡丧葬费补助增至600元。1997年5月起，因公死亡丧葬费补助增至1300元，非因公死亡丧葬费补助增至900元。从2001年10月起，因公死亡的丧葬费补助增至2000元，非因公死亡丧葬费补助增至1500元。

（五）休假

1989—1991年，郴州地区机关事业单位干部职工的探亲假执行国务院的有关规定。1991年6月15日，国务院发出《关于职工休假问题的通知》，湖南省人民政府制定实施办法，规定机关事业单位工作人员按工龄长短实行工休假，工龄满1年以上不满10年的年休假5天，工龄满10年以上不满20年的年休假10天，工龄满20年以上的年休假15天。此规定至2005年未变。

1989—2005年，女职工正常生育产假90天，难产增加15天，多胞胎生育，每多生一个增加15天。领取独生子女证的，增加产假1个月，实行晚婚晚育的增加产假1个月。产假休假期间工资照发。

第六节 干部离退休

1989年，郴州地区机关事业单位干部职工离退休执行国务院规定，男年满60周岁、女满55周岁离退休。对确因工作需要的高级专业技术人员，经地区人事局审核、报行署和省人事厅批准，可延长5~10年退休。1994—1995年，在机构改革中，为精简机构分流人员，未到正常退休年龄，男满55周岁工作满30年，女满50周岁工作满20年的，经本人申请、组织批准，可提前退休，提高一个职级工资作为计发退休费的基数。1996年，省人事厅规定，具有副教授级以上专业技术职称的女专家，党政群机关县（处）级以上的女干部，能正常工作且本人愿意，退休年龄可延长至60岁。2003—2005年，为精减机构、人员，市委、市人民政府决定，年满57周岁的正处级干部，年满56岁的副处级干部和正副处级非领导职务的干部；男满55周岁和女满52周岁的科级及科级以下人员可提前离岗，其工资、福利按原任职务不变，待到正常退休年龄时再办理退休手续。2005年年末，全市有机关事业单位离退休人员2.63万人，其中机关离退休人员7205人，事业单位离退休人员1.91万人。

离退休人员的养老金，随在职干部职工工资升级而相应增加。1996年，全市机关事业单位干部职工工资升级，人均月增资21.3元，机关离退休人员人均月增资26.15元，事业单位离退休人员人均月增资33.25元。1998年，根据省人事厅文件精神，机关事业单位干部职工调整工资标准，人均月增资 23.8 元，机关事业单位离退休人员人均月增资 40.39 元。1999 年，按照市委、市人民政府的部署，全市机关事业单位干部职工提高工资标准，人平月增资 124.75 元，离退休人员人均月增加养老金 107.53 元。2001 年，全市人事部门根据国务院办公厅、人事部、省政府办公厅、省人事厅有关文件精神，为全市机关事业单位离退休人员调整养老金标准，人均月增资 200 元。2005 年，全市机关离退休人员人均年退休金 14926 元，事业单位离退休人员人均年退休金 13955 元。

第七节　人事工作机构

1989 年，郴州地区人事局，属地委、行署工作机构，主要职责是贯彻执行人事工作的政策和规定，做好人事管理工作。内设 5 个科室，即：办公室、干部调配科、任免奖惩科、军队转业干部安置办公室、工资福利科。核定行政编制 18 名，实有 20 人。是年 10 月，成立郴州地区军队转业干部培训中心，为地区人事局二级机构，正科级事业单位，核定全额拨款事业编制 12 名。1990 年 9 月，成立郴州地区人才开发交流中心，为地区人事局二级机构，正科级事业单位，核定全额拨款事业编制 7 名。1991 年 3 月，增设综合计划科。1992 年 8 月，撤销地区科委管理的郴州地区科技干部局，在地区人事局内设科技干部科。1994 年 9 月，成立郴州地区人事局考试指导中心，为地区人事局二级机构，正科级事业单位。

1995 年 5 月，郴州撤地建市，郴州地区人事局改名为郴州市人事局，为市政府组成机构之一。1996 年 1 月，市政府办印发《郴州市人事局职能配置、内设机构和人员编制方案》，市人事局为市政府综合管理全市人事工作的职能部门，内设办公室、调配安置科（加挂转业军官安置办公室牌子）、综合计划科、工资科（加挂市工资改革领导小组办公室牌子）、奖惩任免科、保险福利科（加挂退休工作科牌子）、科干科（加挂市职称改革工作领导小组办公室牌子）、录用培训科共 8 个职能科室。核定市人事局机关编制 28 名，其中行政编制 24 名、机关后勤服务人员事业编制 2 名、地方事业编制 2 名。领导职数为局长 1 名、副局长 3 名、纪检组长和非领导职数按有关规定配备。市人事局下设事业单位 4 个，即：郴州市军队转业干部培训中心，事业单位性质，正科级别，定编 12 名。郴州市考试指导中心，事业单位性质，正科级别，定编 4 名。郴州市人才开发交流中心，事业单位性质，正科级别，定编 7 名。郴州市机关事业单位社会保险处，事业单位性质，定编 10 名。1998 年 11 月，成立郴州市人事局信息中心，核定自收自支事业编制 3 名。1999 年 11 月，信息中心编制改为全额拨款事业编制 3 名。

2001 年，实行新一轮机构改革。仍设郴州市人事局，为市人民政府主管全市人事工作和推行人事制度改革的工作部门。2002 年 1 月，从市政府外事侨务办公室划入智力引进、到郴工作的外国专家及国家机关和企事业单位人员出国（境）管理职能，将机关、事业单位社会保险管理职能，划入市劳动和社会保障局。根据职能职责和机构改革的要求，市人事局内设机构设办公室、公务员管理科（加挂郴州市机关事业单位工作人员考核委员会办公室牌子）、专业技术人员与外国专家管理科（加挂郴州市职称改革工作领导小组办公室牌子）、军转干部安置与流动调配科（加挂郴州市军队转业干部安置工作小组办公室牌子）、工资福利与离退休工作科（加挂郴州市机关事业单位工资制度改革领导小组办公室牌子）、综合计划与人事仲裁科、教育培训科共 7 个职能科室。纪检（监察）机构按有关规定设置，人员编制在局机关行政编制总数内单列。市人事局机关行政编制为 20 名。市人事局直属事业单位4个，即：郴州市转业军官培训中心（加挂郴州市国家公务员培训中心牌子），正科级事业单位，定编13名，其中全额拨款事业编制8名、自收自支事业编制5名；郴州市人才流动服务中心（加挂郴州市人才市场牌子），正科级事业单位，定编7名，经费实行全额拨款；郴州市人事考试中心，正科级事业单位，定编4名，经费实行全额拨款；郴州市人事信息中心，正科级事业单位，定编3名，经费实行全额拨款。2003年5月，成立郴州市自主择业军转干部管理服务中心，为市人事局直属正科级事业单位，定编2名，从市人事局现有人员中调剂，经费实行全额拨款。

至2005年年底，郴州市人事局内设机构、直属事业单位没有变化，编制也未作调整。人事局机关实有31人、直属事业单位26人（含临时聘请人员8人）。

1989—2005年郴州市（地区）人事局主要负责人名录

表10-3-7-1

单位名称	姓名	职务	任职时间
郴州地区人事局	卓志诚	局长	1981.01—1994.12
郴州地区人事局	王贤国	局长	1994.12—1995.05
郴州市人事局	王贤国	局长	1995.05—1997.07
郴州市人事局	李发宾	局长	1997.07—2001.08
郴州市人事局	王存湘	局长	2001.08—

第四章　劳动与社会保障

1989年以后，随着社会主义市场经济体制的建立，国有、集体企业改革改制，城乡个体私营经济和“三资”企业蓬勃发展，国家改革劳动用工制度和社会保险制度，郴州各级劳动行政管理部门职能从职工调配、招工培训、劳动工资福利管理、劳动安全保护等扩展到职工技能培训、扶助下岗职工再就业、劳动力市场培育与管理、劳动监察与劳动争议仲裁和社会保障等。1989年，全地区劳动就业人数203.29万人，其中国有企业24.75万人，城镇集体企业5.89万人，城镇个体私营企业1.9万人，农村劳动者170.75万人。经过17年的改革与发展，至2005年全市劳动就业情况发生重大变化。2005年，全市劳动就业人数274.36万人，其中国有企业下降到19.71万人，城镇集体企业下降到2.01万人，城镇个体私营企业增加到26.54万人，其他经济类型4.76万人，农村劳动者219.89万人，其他社会劳动者1.56万人。1989—2005年，全市城镇职工登记失业人数在1.35万人~2.4万人之间，失业率控制在2.7%左右。社会保障体系逐步完善，2005年年底，全市参加企业养老保险单位1225家，参保职工16.79万人，参保覆盖率和养老金足额发放率均为100%，参加职工基本医疗保险31.92万人，参加失业保险24.39万人，参加工伤保险10.63万人，参加生育保险18.53万人。

第一节　劳动就业与再就业

一、劳动力资源

（一）劳动力数量

1989年，郴州地区劳动年龄人口256.51万人，占全区总人口的61.26%。其中，城镇劳动年龄人口40.92万人，占全区劳动年龄人口的15.95%；农村劳动年龄人口215.59万人，占全区劳动年龄人口的84.05%。

1995年，郴州市劳动年龄人口262.75万人，占全市总人口的60.79%，比1989年增加6.24万人，增长2.43%。其中，城镇劳动年龄人口45.5万人，比1989年增加4.58万人，增长11.19%；农村劳动年龄人口217.25万人，比1989年增加1.66万人，增长0.77%。

2000年，全市农村劳动力继续流向城镇，城镇劳动力呈上升趋势，农村劳动力趋向下降。全市劳动年龄人口比1995年增加11.35万人，增长4.32%。其中城镇劳动年龄人口比1995年增长38.7%；农村劳动力年龄人比1995年下降5.73%。

2005年，全市劳动年龄人口285.09万人，占全市总人口的61.86%，比2000年增加16.5万人，增长6.14%。农民工返乡创业，全市劳动力发生变化，城镇劳动力减少，农村劳动力增加。其中，城镇劳动年龄人口58.03万人，比2000年减少5.08万人，减幅1.89%；农村劳动年龄人口227.06万人，比2000年增加21.58万人，增长10.5%。

（二）劳动力文化素质

1990年，郴州行署组织对全区劳动年龄人口的文化状况进行调查，239.78万劳动年龄人口中：本科文化程度的0.54万人，占0.23%；大专文化程度的2.57万人，占1.07%；高中及中专文化程度的3.14万人，占1.31%；初中文化程度的69.29万人，占28.89%；小学文化程度的107.92万人，占45%；文盲半文盲28.14万人，占11.73%。小学文化及以下的占56.73%，劳动年龄人口文化程度很低。

2000年，全市274.1万名劳动年龄人口中：本科及以上文化程度的1.86万人，占0.68%，其中研究生以上文化程度的0.05万人，占0.02%；大专文化程度的7.83万人，占2.86%；高中及中专文化程度的42.55万人，占15.24%；初中文化程度的124万人，占44.24%；小学文化程度的92.01万人，占33.57%；文盲半文盲5.85万人，占2.13%。初中及以上文化程度的比1990年增加99.34万人，增长131.51%。小学文化及以下的占35.7%，比1990年下降21.03%。整体文化程度有较大提高，但离经济社会发展的需求还有一定距离。

2005年年末，全市劳动年龄人口285.09万人中：本科及以上文化程度的6.96万人，占2.44%，其中研究生以上文化程度的0.26万人，占0.09%；大专文化程度的15.69万人，占5.5%；高中及中专文化程度的49.82万人，占17.47%；初中文化程度的148.33万人，占52.02%；小学文化程度的60.45万人，占21.2%。基本扫除青壮年文盲半文盲。高中以上文化程度的共71.76万人，占劳动年龄人口总数的25.42%。与1990年和2000年比，全市劳动年龄人口文化程度有很大提高。

二、就业安置

（一）城镇居民就业安置

1989年，郴州地区城镇居民就业由用工单位根据劳动部门下达的指令性计划招收录用。所招收的工人多为全民固定工和集体工，有一部分为劳动合同制工人。用人单位（包括国有、集体、私营、外资、合资企业）招收工人，由单位申请，劳动部门批准，劳动服务公司办理录用手续。是年，省下达郴州地区城镇居民就业安置任务1.25万人，实际招收录用1.44万人（其中合同制工人1565名），除去已就业转待业1116人，实际新增就业1.33万人，完成年计划的106%。

1992年7月，国务院颁布《全民所有制工业企业转换经营机制条例》，赋予企业用工自主权，城镇居民就业逐步由政府指令性计划安置改为指导性计划管理。同时，实行“合同制”用工制度。是年，全地区企业在职职工34.23万人，其中：全民所有制企业26.91万人，占78.62%；集体所有制企业5.13万人，占14.99%；个体、私营企业2.19万人，占63.98%。

1994年7月，《中华人民共和国劳动法》颁布实施，郴州地区国有、集体企业推行全员劳动合同制用工制度。1995年末，全市实行劳动合同制的国有、集体企业300家，职工20.5万人。私营企业荣畅食品有限公司在全市率先推行集体合同用工制度，成为湖南省私营企业实行集体合同制用工示范企业。随后，全市有90家私营企业推行合同用工制度。

1997年，国家实行“劳动者自主择业，市场调节就业、政府促进就业”的就业方针，郴州市逐渐形成以市场为寻向的就业机制。由于国有、集体企业改制转体，工人大量下岗，安置下岗职工再就业成为劳动管理部门的工作重点之一。全市劳动管理部门对下岗失业人员进行就业指导或转业培训，组织他们参加劳动力市场招聘会争取再就业。对关停并转企业中的困难职工，发放失业救济金。

对失业人员自愿组织起来自谋职业或创业的职工，在资金、场地方面给予支持，税收给予优惠。是年，全市共有下岗职工 50005 人，其中，国有企业下岗 39680 人，集体企业下岗 10325 人。通过再就业工程，有 24764 名下岗职工实现再就业，再就业率 49.5%。全市城镇就业人员 46.9 万人，其中国有企业 28.9 万人，占就业总人数的 61.62%；集体企业 4.37 万人，占就业总人数 9.32%；个体私营企业 12.75 万人，占就业总人数的 27.19%。其他经济类型企业 0.88 万人，占就业总人数的 1.88%。国有、集体企业仍是就业主渠道。

2000 年，郴州市劳动管理部门改革劳动用工制度，企事业单位不再招收全民、集体固定工，全部招收劳动合同制工人。2002 年，企业用工不再报劳动行政管理部门审批，用工单位根据需要自主招工。劳动行政管理部门负责调查社会用工情况，提供用工信息，组织招聘活动，协调处理用工单位与工人的关系。是年，全市城镇就业人员 50.34 万人，其中，国有企业 24.90 万人，占就业总人数的 49.46%；集体企业 3.14 万人，占 6.24%；个体私营企业 19.56 万人，占 38.86%，其他类型经济 2.74 万人。

1997 年至 2003 年年底，全市累计培训下岗职工 3.97 万人，其中 2.1 万人实现再就业，再就业率 52.9%。2004 年，市人民政府出台一系列优惠政策，促进下岗职工再就业，为 5.8 万名下岗职工办理“再就业优惠证”，为 1.68 万名下岗职工创业减免 5179.9 万元税费，为 5618 名下岗人员支付社保基金 984.7 万元，为 1297 名下岗职工担保小额贷款 2698 万元。

2005 年，全市城镇就业人员 53.02 万人，其中国有企业 19.71 万人，比 1994 年减少 8.02 万人；城镇集体企业 2.01 万人，比 1994 年减少 2.33 万人；城镇个体私营企业 26.54 万人，比 1994 年增加 20.67 万人；其他经营类型企业 4.76 万人，比 1994 年增加 4.46 万人。就业去向发生重大变化。

1989—2005 年郴州市（地区）劳动就业情况统计表

表 10-4-1-1　　单位：万人

项目/年度	就业总人数	其中					
		国有企业	城镇集体企业	城镇个体私营企业	其他经济类型企业	农村劳动者	其他劳动者
1989	203.29	24.75	5.89	1.90	—	170.75	—
1990	215.63	25.98	5.26	2.63	—	181.76	—
1991	221.85	26.82	5.28	2.22	—	187.53	—
1992	224.44	26.91	5.13	2.19	—	190.21	—
1993	226.36	26.71	5.02	2.46	0.17	191.01	0.99
1994	232.18	27.73	4.34	5.87	0.30	192.96	0.98
1995	234.89	27.93	4.20	6.71	0.56	194.26	1.23
1996	244.73	28.34	4.33	12.76	0.78	197.38	1.14
1997	243.21	28.90	4.37	12.75	0.88	195.23	1.08
1998	248.87	28.32	4.01	15.05	2.09	198.53	0.87
1999	249.66	28.53	3.78	15.85	1.99	198.66	0.85
2000	250.20	28.02	3.72	11.65	1.59	204.54	0.68
2001	258.19	25.49	3.42	15.73	3.05	209.60	0.90
2002	259.55	24.90	3.14	19.56	2.74	207.89	1.32

续表 10-4-1-1　　单位：万人

项目 年度	就业总人数	其中					
		国有企业	城镇集体企业	城镇个体私营企业	其他经济类型企业	农村劳动者	其他劳动者
2003	262.68	24.49	2.55	19.05	2.66	212.53	1.40
2004	267.35	23.67	2.51	21.86	3.43	213.89	1.99
2005	274.47	19.71	2.01	26.54	4.76	219.89	1.56

说明：此表统计数个别项目数据与第十一篇第三节统计表数据略有出入

1989—2005年郴州市（地区）城镇新增就业人数统计表

表 10-4-1-2　　单位：人

项目 年度	合计	就业主要来源					就业去向		
		从城镇招收	从农村招收	大中专技校毕业生	录用退伍军人	其他	国有企业	城镇集体企业	其他经济类型企业
1989	16626	5015	3275	4170	596	3570	11848	4778	—
1990	11093	3818	1076	2651	439	3109	7682	3411	—
1991	3142	1565	129	1073	256	119	2261	881	—
1992	3554	1048	531	855	285	835	2260	1294	—
1993	11893	2308	1389	5260	825	2111	8725	2971	19.7
1994	15555	3765	1552	4976	872	4390	12712	2046	797
1995	18369	4208	2510	6836	911	3904	14648	2763	958
1996	22888	2779	2042	7048	809	10210	19189	2235	1464
1997	22603	2662	2326	7289	814	9512	18136	2348	2119
1998	17561	1569	1229	5712	706	8345	14807	1142	1612
1999	15170	994	1659	5312	726	6479	12589	862	1719
2000	15078	1469	768	5317	617	6907	12321	773	1984
2001	14455	991	2304	2324	837	7999	11119	335	3001
2002	12530	1582	2316	1874	693	6065	8971	333	3226
2003	11302	1477	1308	1657	612	6248	5515	3874	1913
2004	13426	950	3442	2041	495	6498	9037	221	4168
2005	12513	1485	3505	1504	515	5504	7556	407	4550

（二）农村劳动力就业与劳务输出

1989年以后，大量农民工自发进城务工或从事各种经营活动，一些企业使用临时工、季节工、合同工，为农民工提供就业机会。进城务工的农民工主要从事建筑、饮食、搬运、环卫、机械、化工等行业的工作。

1992年，地区劳动部门开始有计划的组织农民工出省、市务工，当年向沿海地区及其他地方输出农民工 1.12 万人。宜章县劳动部门与广东省和海南省的一些企业，建立劳务合作关系，根据对方需要培训、输送农民工。年内仅安仁县在郴州和外地从事建筑业的农民工达 2 万多人。

1995 年，各县市区劳动部门借鉴宜章县的做法，根据外地需求，开展农民工技术培训。郴州的农民工多到广东、福建、浙江等沿海地区务工。是年，全市劳务输出 50 万人，嘉禾、桂阳、临武、汝城、桂东县是输出农民工的大县，均占本县农村劳动力的 50% 以上。

2000—2004 年，全市农村每年劳务输出 70 万人以上，其中劳动部门组织输出 1.9 万人。

2005 年，全市劳务输出 88 万人，其中有组织的输出 1.2 万人。农民工主要从事第二、三产业，一部分农民工开始从"务工"尝试"创业"，自办企业。

1991—2005 年郴州市（地区）劳务流动人数统计表

表 10-4-1-3　　单位：人

项目 / 年度	劳务输入			劳务输出		
	合计	市外省内输入	省外输入	合计	输出市外省内	输出省外
1991	874	869	5	1000	981	19
1992	892	888	4	11171	1278	9893
1993	7170	7028	142	8164	6970	1194
1994	6653	6567	86	6294	5659	635
1995	8815	8695	120	8480	8124	356
1996	7459	7361	98	5782	5559	223
1997	4831	4767	64	4916	4763	153
1998	5856	5827	29	5279	5179	100
1999	3600	3561	39	3903	3828	75
2000	3484	3459	25	3417	3265	152
2001	5717	5673	44	4645	4576	69
2002	—	—	—	—	—	—
2003	4212	4178	34	3566	3476	90
2004	4094	4080	14	3728	3651	77
2005	3398	3380	18	2850	2682	168

说明：此表统计数为劳动部门掌握和办理登记手续之数，不含农民工自动外出务工数。2002 年缺统计数据

第二节　职业技术教育与职业技能鉴定

一、职业教育

郴州市（地区）职业技术教育，主要由技工学校和劳动行政主管部门设立的就业培训中心以及厂矿企业举办的技术培训班承担。1989 年，郴州地区有地区技工学校、地区供销技校、地区化工技

校、郴州建筑学校、郴州艺术学校、黄沙坪矿技校、汝城钨矿技校、瑶岗仙矿技校、资兴矿务局技校、香花岭矿技校等，开设车工、钳工、电工、烹饪、食品加工、核算、经营管理、棉纺、麻纺、铸造、锅炉维修、化工、会计、建筑、采矿等30多个专业。学制分两种：高级技工班招收初中毕业生学制5年，招收高中毕业生学制两年；中级技工班招收初中毕业生学制3年，招收高中毕业生学制2年。有的专业经省劳动厅批准，学制可缩短一年。技校招生实行全地区统一报名、考试、录取，毕业时实行统一分配。是年，全地区技校招收新生1310名，毕业学生954名，统一分配到企事业单位，年底技校在校学生2452名。劳动行政管理部门举办的就业培训中心和企业单位开办的培训班，主要开展新职工上岗前培训、特殊工种培训、转岗转业培训、推广应用新技术培训等。1989—1994年，全地区共培训在职职工9.2万人次。

1995年，全市职业教育引入市场机制，建立多形式、多层次的职业教育体系。全市技校挖掘教学潜力，扩大招生规模，招收新生2871名；12所就业培训中心，加强教学设施建设，年培训能力达1.4万人次；社会力量办学校26所，办培训网点53个，初步形成培训能力。技工学校和培训中心改革招生、分配制度，根据企业需要设置专业、选用教材，狠抓学生实习环节，教学质量明显提高。是年，郴州市中级技校毕业生参加技术等级考试，四级工合格率达74.9%，五级工合格率达14.7%。

1996年，郴州市劳动局对12所培训中心和26所社会职业培训机构进行检查评估，规范职业技术教育和社会办学秩序，提高教学质量。是年，全市培训机构培训各类职业技术人员1.35万人（次），其中为乡镇企业和个体私营企业培训技术骨干2600名，接受外省委托、代培技工360名。

20世纪90年代后期，郴州市国有、集体企业纷纷改制重组或破产清算，大批职工下岗，技校毕业生的就业安置空间大大压缩，严峻的就业形势也给招生工作带来负面影响。国家取消技校计划招生和统一分配政策，把招生、培训、分配引向市场。各技校与广东、江苏、浙江等地的企业建立合作关系，签订委培、代培合同，外地需要什么工种、专业，就开办什么工种、专业。同时，根据社会需要，开展就业前培训、在职培训、转业转岗培训和特殊工种培训。市劳动局以办学条件较好的市中级技校和市湘南技校为中心，将全市8所技工学校、12所培训中心、54所社会办职业培训机构联合组成“集团化”培训机构，实行生源、师资、设施、信息和利益共享，形成年培训学员1万人次的培训能力。

1998年年初，市劳动局成立再就业培训指导小组，制订《郴州市国有企业下岗职工再就业培训实施办法》，拨付80万元转岗培训经费，在湘南烟草集团、黄沙坪矿、宝山铜矿等10多个企业举办转岗培训班，培训下岗职工1.16万人次。面对严峻的招生和就业压力，各技工学校实行“任务到人、经费包干、奖罚兑现”措施，动员全体教职工参与招生工作。当年招收新生也仅1490人，比上年减少47%；2144名毕业生安置90%，其中71%输送到外省企业就业。

1999年，全市各技工学校为适应劳动力市场的需要，累计投入299万元完善教学设施，培训师资队伍。同时，增设办公自动化、电信传呼、公关文秘、电脑应用、旅游、酒店管理等新兴专业，开发机电一体化、焊钳等复合型专业。是年，全市技校招生1400名，仅完成计划的67%。2160名毕业生，80%输送到沿海地区就业。

2000年，全市各技工学校贯彻“招得进、教得好、输得出”的方针，继续在招生与就业安置上下功夫。教职工下乡进厂、走村入户招生，计划招生2000人，实际招收2181名，同比增加56%。1360名毕业生全部实现省外就业。市劳动和社会保障局进一步规范社会职业培训机构，社会办学实行“双证制”（社会办学许可证、教师资格证），提高社会职业技术培训质量。

经过几年的努力，全市职业技术教育逐步适应劳动就业市场。2001年，全市发展以郴州技术学院为基地的高级技工教育，巩固以湘南技校为模式的中级技工教育。全市技校招生2683人，创自1998年来新高。1363名毕业生有1295名实现当年就业。全市劳动和社会保障部门举办下岗职工技术业务培训班26期，免费培训1500人，帮助14530人实现再就业。

2004年，市劳动和社会保障局（简称社保局）贯彻市人民政府“科教兴郴、人才强市”战略，制定实施《郴州市职业培训计划》和《郴州市职业技能振兴行动方案》，建立以郴州技术学院、湘南技校为龙头，覆盖市、县、乡镇（街道）、村（社区）的四级职业培训网络，全年组织职业技术培训12.69万人次，其中，为农村贫困户子女、移民户子女免费举办培训班11期，推荐就业889人。

2005年，全市职业技术教育步入“快车道”，技校招收新生6776名，是1989年的5.17倍；毕业学生4901名，是1989年的5.14倍；年底在校学生1.26名，是1989年的5.13倍。是年，全市组织职业培训13万多人次，其中再就业培训1.9万人次，农村劳动力转移就业培训5.8万多人次，企业在职职工培训3.7万多人次，劳动预备制培训1.6万多人次。

二、职业技能鉴定

1995年，郴州市劳动局成立“郴州市职业技能鉴定中心”，启动职业技能鉴定工作。同时，在郴州市中级技校、郴州市湘南技校、郴州市供销技校、郴州市交通技校和资兴矿务局技校设立机械修理、电工、财会、汽车修理、计算机操作等7个职业技能鉴定站。是年，2530名企业职工参加职业技能鉴定，全部取得职业资格证书。

1997年9月，市劳动局印发《关于切实开展企业职工职业技能培训考核发证工作的通知》。市职业技能鉴定中心考核鉴定范围扩大到21个工种、专业。是年，3351名职工参加考核鉴定，中级工合格率达到78%，高于全省平均70%的水平，其中有10人取得技师资格证书。6000多名下岗职工通过培训、考核鉴定，取得职业资格证书，创造重新就业条件。

1998年，各县（市、区）均设立职业技能鉴定所。市劳动局在郴州筑路机械厂等7家企业开展职工职业技能考核鉴定发证试点，3880多名职工参加考核鉴定，3770人获得技术等级证书。

1999年，职业技能鉴定工作全面推开，全市有32家企业的3910多名职工参加职业技能考核鉴定，3830多人获得职业资格证书。

2000年，劳动部要求将职业技能考核鉴定扩大到全社会各行各业，将要求持证上岗的工种（专业）增加到90个。全市4142名职工参加职业技能考核鉴定，其中初级工1767人，中级工1922人，高级工453人。

2002年，全市职业技能考核鉴定部门开展技师考评，20名职工取得技师资格证书。

2004年，全市1.24万多名职工参加鉴定，其中583人获得高级工证书，117人获得技师资格证书，7人获得高级技师资格证书。

2005年，全市厂矿企业组织职工开展职业技能比赛。10月，由市委组织部、市劳动和社会保障局、市总工会、共青团郴州市委共同组织的郴州市职业技术大赛决赛在郴州技术学院举行，全市42家机关、企事业单位的职工以及下岗职工、外地在郴务工人员、在校学生计4000人参加比赛。廖庆军、何建亮、范华斌、朱天红4名选手分别获得“郴州市技术能手”或“郴州市职工创新能手”荣誉称号和奖励。

1995—2005年，全市7.45万名职工参加职业技能考核鉴定，6.93万名职工获得职业资格证书，其中初级工1.23万名，中级工5.25万名，高级工4377名，技师210名，高级技师10名。

1995—2005 年郴州市职业技能鉴定情况统计表

表 10-4-2-1　　单位：人

年度	考核鉴定总人数	取得职业资格证书人数	其中				
			初级工	中级工	高级工	技师	高级技师
1995	2530	2530	379	1897	254	—	—
1996	2909	2880	432	2160	288	—	—
1997	3351	3284	493	2463	328	—	—
1998	3887	3770	565	2827	378	—	—
1999	3916	3837	575	2878	384	—	—
2000	4142	4142	1296	2511	335	—	—
2001	8103	7704	1864	5505	335	—	—
2002	9580	9003	2236	6212	535	20	—
2003	9473	9176	1800	6915	428	33	—
2004	12499	10860	1301	8852	583	117	7
2005	14120	12138	1309	10257	529	40	3
合计	74510	69324	12250	52477	4377	210	10

说明：1995 年之前郴州市未设立职业技能鉴定中心，无统计数据

第三节　职工工资与福利

一、职工工资改革

1989，郴州地区国营、集体企业实行效益工资，439 户国营企业实行工资总额同经济效益挂钩，其中地属企业 71 户，涉及职工 7.48 万人。1990 年，继续实行效益工资，采用两种计算方法。一些企业将基本工资的一部分或全部与奖金捆在一起，叫“捆绑工资”；一些企业把基本工资、工龄工资、津贴组合为基础工资，再加岗位（职务）工资、技能工资、奖金，称之为“结构浮动工资”。1993 年，全区改革工资管理体制，地区财政局和企业主管部门给企业下达工资总额，企业在工资总额内自主确定工资等级、工资标准、工资升级。是年，全地区企业职工人均年工资 3434 元。

1994 年，全地区贯彻劳动部、国家经贸委、国家体改委颁发的《关于全民所有制企业工资总额管理暂行规定》，企业继续实行效益工资，财政和企业主管部门按企业利税增长幅度确定企业工资总额，利税增长较大的企业，按 12.6%~18% 的幅度增加工资；税利有所增长的企业，按 8%~12.5% 的幅度增加工资；利税负增长，但有效益的企业，按 8% 以下的幅度增加工资。全区有 865 户企业增加工资总额，其中 60% 的企业按 12.5% 的幅度增加工资总额；15% 的企业按 18% 的上限增加工资总额。1995 年，全市实行工资基金宏观调控的企业 806 户、19 万名职工。企业根据“多贡献、多奖励”的原则，实行超产奖、节支奖、质量奖、创造发明奖和特殊贡献奖。市属国有企业发放奖金 1929 万元，职工人均 701 元。

1996年，全市国有、集体企业深化工资改革，进行职工工资标准套改和工资升级。1027户企业（国有企业614户，集体企业413户）12.14万名职工（国有企业职工9.56万人，集体企业职工2.58万人）进行工资标准套改，月增加工资总额252.03万元，人月均增资20.77元。586户工效挂钩企业（国有企业369户，集体企业217户）进行效益工资升级，6.97万名职工工资升级，月增资总额129.5万元，人月均增资18.59元。郴州市麻纺厂试行经营管理者“年薪制”。随后工业、交通、商贸领域管理基础和经济效益较好的25户企业，也试行经营管理者年薪制。

1997年5月，省劳动厅印发《湖南省工资指导线制度试行办法》。市劳动局据此首次推出郴州市企业工资指导线，制定劳动力市场工资指导价。1998年，市劳动局发布32个职位工资指导价，并根据劳动部、财政部、国家审计署联合下发的《国有企业工资收入监督检查实施办法》，对市属23户国有企业的工资收入进行监督检查。检查证实各用工单位均根据劳动力市场工资指导价位，确定企业内部分配方式和各类人员的工资水平。2005年，大多数企业实行指导价位工资形式，职工最低月工资标准为420元，比1995年增加245元。全市实行经营管理者年薪制的企业有电力、电信、石油、自来水公司等少部分企业，年薪最高10万元。

二、职工工资调整

1990年1月，郴州地区进行职工工资调整，国营企业6.97万名职工增加一级标准工资，月增资总额84.52万元，人均增资12.12元；集体企业2.77万名职工增加一级标准工资，月增资总额32.18万元，人均增资11.6元；提高2468名新参加工作人员工资，月增资总额1.62万元，人月均增资6.5元。提高2.47万名离退休人员退休金，月增资总额3.08万元，人月均增加14.6元，其中，中央、省属驻郴企业退休职工8263人，人月均增加14.83元。

1994年9月，境内企业职工进行等级工资调标和绩效工资升级。按照劳动部的规定，以人月均50元增资额核发给企业，直接计入企业生产成本（或费用）。在具体操作中，由于郴州地区原工资标准较低，按照新拟标准套改，实际月增资人均超过50元，实行等级工资制的企业，人均月增资94元。

1999年，全市中、高级专业技术人员工资调整升级，有中级职称者增加1~2级工资，高级职称者增加2~3级工资。是年，全市国有企业进行职工等级工资指导标准和企业职工岗位技能工资标准套改，1010户企业12.01万名职工按本人现行标准工资额就近高套新的工资指导标准，人均月增资36.1元。

2002年，企业职工工资调整。企业根据经济效益，由企业职工代表大会讨论决定。

2005年，全市26.48万名国有企业职工，工资总额36.76亿元，人年均工资由1989年的1959元增加到13883元，增长7.09倍。

1989—2005年郴州市（地区）国有（营）企业职工工资增长情况一览表

表10-4-3-1

年份	职工人数（万人）	工资总额（万元）	年人平工资	
			工资额（元）	同比增长（%）
1989	30.75	60239	1959	—
1990	31.24	67333	2155	10.02
1991	32.10	73070	2276	5.63

续表 10-4-3-1

年份	职工人数（万人）	工资总额（万元）	年人平工资	
			工资额（元）	同比增长（%）
1992	32.04	86131	2688	18.11
1993	31.85	107205	3366	25.22
1994	31.88	139379	4372	29.89
1995	32.69	166239	5085	16.32
1996	33.45	177984	5321	4.64
1997	34.16	189506	5548	4.26
1998	34.42	197856	5748	3.61
1999	34.29	211411	6165	7.26
2000	33.33	228552	6857	11.23
2001	31.98	252258	7888	15.03
2002	30.78	281651	9150	16.00
2003	29.70	302215	10176	11.21
2004	29.61	347891	11749	15.46
2005	26.48	367629	13883	18.17

1995—2005 年郴州市各县市区执行最低工资标准情况一览表

表 10-4-3-2　　单位：元

年度	县市区执行情况		
	桂东县标准	北湖、苏仙、资兴标准	其他县标准
1995	160	190	175
1996	175	205	190
1997	175	205	190
1998	185	215	200
1999	205	220	220
2000	225	275	275
2001	245	305	305
2002	280	340	340
2003	340	380	380
2004	348	400	400
2005	400	420	420

三、职工福利

（一）离休退休退职人员待遇

1989 年，郴州地区各级劳动部门执行国务院《关于工人退休、退职的暂行办法》和《安置老弱病残干部暂行办法》，全地区国有、集体企业有办理职工退休5819人，退职67人；办理干部离休57人。离休、退休、退职人员的养老金和各项福利由原企业支付。离休人员除按原工资标准发给养老金外，第一二次国内革命战争时期和抗日战争时期参加革命工作的分别增发一个半月、一个月标准工资的养老金。

1990年以后，由于一些企业经济效益不佳，离休、退休、退职人员的养老金难以保证。国务院和省人民政府有关部门要求各级政府和企业确保养老金的发放，并适当提高养老金标准，退休退职人员最低养老金每月从25元提高到55元。

1995年以后，全市国有、集体企业退休退职人员养老金实行全市统筹和按新的计算方法计发养老金，即按照职工连续工龄和养老保险金缴费年限以及缴费金额计发。1995—2000年，企业离休退休退职人员两次调整提高养老金标准。

1997年10月，郴州市人民政府制定《郴州市市直企业离休干部离休费供给和管理暂行办法》，决定从1998年1月起，市直企业单位离休人员的养老金统一由市财政负担，并且规定离休人员按原职级每月增发生活补贴，其中厅级260元、处级230元、科级及其以下200元。离休人员的医疗费仍由原企业承担，各种福利享受在职职工同等待遇。

2001—2005年，全市企业离休退休退职人员养老金进行5次调整，养老金有较大提高。2005年，市直国有、集体企业共有离休退休退职人员41012人，其中离休人员922人，退休人员39863人，退职人员227人。养老金由市劳动和社会保障局统一发放，按时、足额发放率100%。

（二）休假待遇

节日假 1989—1994年，郴州市（地区）统一执行1979年国务院发布的休假规定，每年元旦、春节、国际劳动节、国庆节共休假8天，每周星期日休假1天。1995年，国务院颁布《关于职工工作时间规定实施办法》，每周星期六、星期天休假两天，“三八”国际妇女节和“五四”青年节，分别安排妇女、青年休假半天。1999年9月，国务院发布《全国年节及纪念日放假办法》，全市执行国家新的休假制度，全年节日休假10天。法定节假日不能休息的，轮班制工作人员安排轮休、补休，因工作需要不能休假的，由单位增发不低于本人日工资1~3倍的报酬。

婚、丧、产假 1989—2005年，郴州市（地区）职工结婚婚假按国家规定执行，即按法定年龄结婚的，给婚假3天；实行晚婚的，增加婚假12天，休假期间工资照发。丧假假期3天，丧事在外地料理的，给予路途假，休假期间工资照发。产假按国家规定为56天，为鼓励计划生育和晚婚晚育，一对夫妻一生只生一个孩子的，正常产假90天，难产增加15天；多胞胎生育，每多生一个增加产假15天；领取独生子女证的，增加产假1个月；实行晚婚晚育的，再增加假期1个月。小产，孕期不满4个月的给假15~30天，4个月以上的给假42天。产假工资照发。允许女职工因怀孕、哺乳请长假，时间不超过2年（包括产假在内），假期发给本人标准工资的60%。

探亲假 1989—2005年，郴州市（地区）国有、集体企业按照国家规定，不能利用工休日团聚的已婚职工和工休日不能与父母团聚的未婚职工给予探亲假。对未随军的军队干部配偶，企业按国家有关规定给予探亲假。

（三）伤残、死亡待遇

郴州市（地区）国有、集体企业职工因工致伤致残，享受公费医疗和相关生活补助。工伤治愈后，经伤残鉴定享受国家规定的伤残待遇。因工因病死亡的，按规定发给丧葬补助费和抚恤金。出国援外人员因工牺牲的，定为革命烈士；因病死亡者，一般不定为烈士，其抚恤金参照国内因工死亡职工的抚恤标准发给。

（四）生活困难补助

企业职工生活有困难的，由单位给予困难补助。有的企业在元旦、春节期间，企业领导、工会干部登门慰问困难职工，发给一定数额的慰问金。

第四节 劳动保护

一、锅炉压力容器管理

1989 年，郴州地区锅炉压力容器监测和安全使用监管由劳动行政管理部门负责，地县两级建立锅炉压力容器年检制度。全地区登记在役锅炉 800 台，是年应检锅炉 475 台，实检 451 台。同时，对全地区新安装的 120 台锅炉进行全面验收，其中 51 台发给运行许可证。全年全区检查验收各种压力容器 400 台，检验率 90%，发给压力容器使用许可证 185 本。

1990—1995 年，全地区发生锅炉爆炸事故 8 起，重大事故 32 起，直接经济损失 38 万元。劳动部门加强锅炉、压力容器常规检查和监管，同时开展专业技术工人的业务培训，累计培训 1409 人，经考试考核，143 名焊工、796 名司炉工、419 名水质处理员、41 名锅炉检验员、10 名无损检测人员取得从业资格证书。

1996 年，全市劳动行政管理部门对锅炉压力容器进行全面监测检验，检验锅炉 561 台、压力容器 453 台、各类气瓶 2400 只、安全阀 600 只；监测锅炉水样水质 103 个；督促使用单位清洗锅炉 36 台；全程监督 40 台新旧锅炉的安装或维修。

1997 年 3 月，《湖南省锅炉压力容器安全监察办法》颁布实施，市劳动监管部门组织各种压力容器设计、制造、安装、使用、检验、维修的单位和个人认真学习，帮助有关单位制定锅炉压力容器制造、安装、使用管理制度和岗位职责。

1999 年，市劳动监管部门举办焊工、司炉工、水处理工培训班，培训特种专业技术人员 241 人（次），换发司炉证 428 个，换发水处理证 35 本。在锅炉安全运行监察中，查出事故隐患 132 处，责成有关单位及时整改到位。

2000 年 11 月，全市锅炉压力容器、压力管道、特种设备安全监察职能和人员，由市劳动局划转至市质量技术监督局（简称质监局）。至年底，市质监局举办特种设备设施操作管理培训班培训 381 人，发证 375 本。2001—2003 年，市质监局把特种设备的普查登记、定期检验和特种设备操作、维修、管理人员的培训考核发证作为一项经常性工作。其间，全市普查登记特种设备 2921 台（套），查处非法安装和无证使用锅炉 182 台，查出重大事故隐患 248 起，签发监察意见书 336 份，查封违规使用的设备 467 台（套），报废设备 38 台（套），整改事故隐患 293 处，普查整治工作通过省级验收。

2003 年 6 月，国务院《特种设备安全监察条例》颁布实施，市质监局对特种设备逐台建立档案，实行微机管理。根据市人民政府办公室的通知，年内开展石油液化气气瓶、快开门压力容器、起重设备安全专项整治。排查市内近 60 台快开门压力容器，对安全附件不符合技术规范的，下达整改意见书或停用通知书。检查 76 个单位的 265 台起重设备，对存在安全隐患的 53 个单位下达安全监察意见书，其中关停 14 台，限期整改 136 台。

2004年3月，郴州市特种设备行业协会成立，会员单位81个。协会开展特种设备操作管理人员培训，共培训234人。从8月起，市质监局根据国家质监总局统一部署，对全市81个单位的压力管道进行普查，查处安全隐患10多处。

2005年，市质监局在“安全生产万里行”“质量月”活动中，联合市安监局、环保局开展危险化学品、气瓶安全专项检查整治，查出安全隐患26处，下达安全监察指令书6份。年末，全市登记在册的特种设备有锅炉914台、压力容器1563台、压力管道33千米、各类气瓶21.9万只、电梯410台、起重设备720台、游乐设施32台（套）、景区观光索道1条。

二、工业卫生监督

1989年5月，《湖南省工业企业劳动卫生管理条例》颁布实施，全地区288个县属以上工矿企业建立工业卫生档案和职工个人健康档案。全区劳动和卫生管理部门开展尘肺病的普查防治，对工矿企业作业环境进行卫生监测，监测覆盖面达80%以上。地区劳动局、财政局、审计局联合印发《关于加强劳动保护用品管理的通知》，对地区6家劳动保护用品定点生产企业产品质量和383家企业劳保用品使用情况进行全面检查，给5家考核合格的劳保用品生产企业发给生产许可证，纠正9家企业“以缴钱代劳保”的错误作法。

1992年，地区职业病防治所普查80个县属以上工矿企业3640名接触砷、铅和噪声的工人，发现因噪声造成耳聋的37人；普查乡镇企业2965名接触有毒有害物质的工人，发现铅中毒23人，铅吸收46人，阳性率58.47%。

1994年，全地区有中小企业1374家，职工15万人，其中，接触粉尘的职工占1/3。地区劳动部门和地区职业病防治所将尘肺病（灰尘肺）患者，统一安排在工矿企业职工医院或当地人民医院治疗、疗养。地区职业病防治所设立职业病病房，每年收治职业病人50~70人。

1996—1998年，全市开展4次尘肺病普查，检查75个企业粉尘作业点，查出621人患尘肺病，占参检职工的10.95%，其中煤尘肺病占尘肺病患者的43.39%。2000年，市疾病预防控制中心普查30个企业，参检职工3418名，查出189人患有尘肺病，占参检职工的5.52%。

2002年5月，《中华人民共和国职业病防治法》发布实施，全市各级人民政府和厂矿企业组织干部职工认真学习贯彻。2005年，市人民政府制定《急性职业中毒事故应急救治预案》，建立和完善职业中毒事故报告制度，规范职业病的防治措施。桂阳县一冶炼厂因矿物废渣污染水源，致44名职工铅、砷中毒，由于市县两级政府处理及时，措施得力，未造成重大安全事故。是年，全市进行职业病普查，检查2.42万名工人，查出905人患有职业病，其中尘肺病人656名。市疾病预防控制中心监测有毒有害作业点3800个，合格率62.1%，责令有关单位对不合格的作业点进行整改。

三、女工特殊保护

1989年3月，郴州地区卫生局、总工会、妇联联合行文，要求全区企事业单位认真学习贯彻执行国务院颁布的《女职工劳动保护规定》，并翻印3.5万册发给女职工，组织检查女职工特殊保护措施的落实情况，纠正违反女职工劳动保护规定的事例65起。

为了更好地落实女职工“四期”（经期、孕期、产期、哺乳期）劳动保护规定，1992年3月，地区劳动局行文规定企事业单位不得安排女职工在高空、高温、井下、有粉尘等劳动强度大的岗位工作。

1995年1月1日，《中华人民共和国劳动法》施行以后，全市劳动管理部门加强女工劳动保护，严禁企业以女职工怀孕、生育、哺乳为由解除劳动合同。2000年，市县两级劳动监察部门对195家企业女职工劳动保护工作进行检查，依法纠正53起违反女工“四期”劳动保护规定的事例。

2001—2005年，市县两级劳动管理部门和工会多次检查郴州经济开发园区内企业女职工的特殊劳动保护，要求女职工较集中的企业设置女工活动室、女工休息室、女工澡堂，确保女职工“四期”保护规定落实。

第五节 劳动监察与劳动仲裁

一、劳动监察

1989年，郴州地区劳动监察由地区劳动局承担。1992年9月，地区劳动监察大队成立。劳动监察内容包括：企业内部劳动规章制度，用人单位与劳动者签订的劳动合同，有无使用未成年工，女职工特殊劳动保护、执行工作时间和休息休假规定、工资支付、参加社会保障和缴纳社会保险金及职业技能培训和职业技能考核鉴定等方面的情况。是年，资兴矿务局700名职工上访，要求由集体工转为全民合同工；高亭司煤矿50名女职工因企业转制问题集体上访。地区劳动监察大队依法及时处理，化解矛盾。地区劳动监察大队全年监察劳动违法案件32起，结案30起，审查劳动合同2.06万份，纠正违规违法条款100多处。

1995年，全市开始实行劳动年检年审制度。国有、集体企业，个体私营经济组织，与劳动者建立了劳动关系的机关、企事业、社会团体和其他用人单位均接受年检年审。审查内容包括工商营业执照、职工档案、劳动合同、工资发放名册和参加社会保险凭证等。9月，郴州市劳动监察支队成立，各县市区也相继成立劳动监察大队。市县两级劳动监察部门对全市1219户企业进行劳动执法检查，涉及职工16.39人，查出违法违规行为1568起，清退未成年工14人，清退企业非法集资205万元，督促企业补发拖欠的养老金240万元。

1999年，全市劳动监察部门年审1310个单位，占应审单位的88.29%。年审中，下达整改指令974份，提出整改意见1783条，督促用人单位补签劳动合同4600份，补交用工服务费6.2万元，催交社会保险金720万元、失业保险金246万元，补发拖欠职工工资7.15万元。

2000年，全市劳动监察部门受理职工投诉劳动纠纷案213起，立案192起，查处192起，结案173起。2001年，全市劳动执法检查1245家用人单位，补签劳动合同6451份，补发拖欠工资7.3万元，查处使用童工364名。2002年，检查1345家用人单位，补签劳动合同3780份，催缴社保基金1401万元，补发拖欠工资19万元。受理举报案216件立案查处201件，为农民追回拖欠工资56万元。

2003—2005年，市劳动监察支队共监察劳动用人单位6890个，查处投诉举报案4146件，清欠农民工工资5615.3万元，责令支付经济补偿563万元，清退未成年工204人，催缴社会保险费1892万元；纠正用人单位劳动管理规章制度中的违法条款270处，对严重违反劳动法律、法规的用人单位罚款 187 万元。

二、劳动争议仲裁

1989 年 7 月 14 日，郴州行署印发《郴州地区国营企业劳动争议调解委员会调解暂行办法》和《关于劳动争议开庭仲裁办法》。地区劳动局举办学习班 25 期，培训地县两级劳动部门及规模以上企业劳动争议调解员 1504 人。在国有企业成立劳动争议调解委员会（或调解领导小组），调解委员会成员由企业工会代表、行政方代表和职工代表组成。

1993 年，根据国务院《企业劳动争议处理条例》和劳动部《劳动争议仲裁委员会办案规则》，地县两级劳动局在人民法院的支持配合下，成立劳动争议仲裁机构，开展劳动争议仲裁工作。1995 年，全市受理劳动争议案件 108 起，全部依法仲裁。

1996 年，全市国有和集体企业有劳动争议调解委员会 674 个，调解员 3000 名，部分劳动争议由调解员在企业就地解决。市劳动局对外国及大陆港澳台地区在郴就业人员实施管理，企业聘用外国人员及港澳台人员必须到县级以上劳动主管部门办理用工申请手续。是年，全市有外商投资企业 42 家，从业人员 4614 人。市劳动仲裁部门共受理外商投资企业劳动争议 109 起，调处仲裁 93 起。与此同时，劳动争议仲裁工作向乡镇延伸。市人民政府印发《关于建立乡镇劳动争议调处委员会的若干意见》，全市 201 个乡镇建立劳动争议调解委员会。1998 年，全市劳动争议仲裁机构实行法律援助，免费受理 196 名困难职工仲裁申请。全年仲裁劳动争议 34 起，为 1945 名职工追回工资或补偿 247.5 万元。2000 年，全市各级劳动仲裁委员会立案仲裁劳动争议案 352 起，涉及职工 430 人。2001 年，劳动仲裁案继续增加，全市立案仲裁劳动争议案 411 起，涉及职工 1923 人。

2005 年，全市劳动仲裁机构加大企业拖欠农民工工资案的裁处，受理企业拖欠农民工工资案 59 起，涉案金额 1369.4 万元，为农民工追回拖欠或无理克扣的工资 1039.7 万元。受理外商和境外来郴务工人员劳动争议 121 起，协商处理 115 起。

1989—2005 年，全市（地区）劳动仲裁机构共受理劳动争议案 3906 件，涉及职工 8573 人。其中：国有企业发生的劳动争议案 2941 件，占 75.3%；集体企业发生的劳动争议案 631 件，占 16.2%；其他经济类型企业发生的劳动争议案 334 件，占 8.6%。共调解仲裁处理 3816 件，占受理案件总数的 97.7%。其中：调解结案 2823 件，占 74%；仲裁结案 367 件，占 9.6%；其他方式结案 626 件，占 16.4%。此外，县市区乡镇和企业内部调解委员会受理劳动争议案 9031 件，结案 7923 件，结案率 87.7%。

第六节　社会保障

一、养老保险

1989 年年初，郴州地区国营、集体企业职工养老保险试行地区统筹，全地区参加统筹的单位 663 家，参保职工 13.91 万人，其中在职职工 11.68 万人，离退休职工 2.23 万人。是年，地区实行企业养老保险制度改革，国有、集体企业职工养老保险扩大到计划内合同制职工，2.35万名合同制工人纳入养老保险统筹范围。驻郴中央、省属企业按在职职工工资总额的12.08%和离退休职工退休金的50%缴纳养老保险基金；地区、县属企业按在职职工工资总额的10.5%和离退休职工退休金的50%缴纳养老保险金；职工个人按月工资额的2%缴纳。合同制工人由用人单位按工人工资总额的18%缴纳，合同制工人按本人月工资的3%缴纳。是年，全地区企业缴纳养老金7855万元，支出养老金3620万元。

1990年，全地区除邮电、电力、铁路部门实行养老保险企业统筹外，驻郴中央、省属企业，地区、县属国有、集体企业均参加以地区为单位的养老保险统筹。全地区参加养老保险统筹单位712个，参保职工11.32万人。行署印发《郴州地区社会保险机构离退休养老基金管理制度》，对养老保险基金的征缴、管理和使用作出明确规定，并实行养老金定期审计。

从1991年7月起，提高养老保险基金征缴比例。中央、省属驻郴企业由1990年的12.08%提高到13.6%，地区和县属企业由1990年的10.5%提高到11.8%。9月，郴州地区在湖南省率先开展企业补充养老保险改革，在20家经济效益较好、职工收入较高的企业进行补充养老保险改革试点（1996年4月取消，已缴金额退给本人）。1989—1993年，地区养老保险基金为停产半停产企业3.34万名离退休职工拨付离退休费2.2亿元。

1993年，郴州在湖南省率先实行国有企业全民工、集体工、合同工养老金统筹并轨。郴州行署印发《郴州地区国有企业职工退休费地级统筹实施细则》，养老金的征缴和使用实行统一标准、统一管理、统一调度。

1994年，全地区国有企业职工实行全员劳动合同制，打破企业职工身份界线，统一养老保险基金征缴比例：国有企业和自收自支企业化管理的事业单位，按职工工资总额和离退休费（统筹项目）总额之和的20%征缴，其他各类企业按职工工资总额的18%征缴，参保职工本人按工资总额的2%征缴。是年，一些县市养老保险基金出现缺口，地区为县市调剂养老金381万元。

1995年6月，郴州市人民政府印发《郴州市企业职工养老保险实施细则》，企业按本单位上年度职工月平均工资总额的24.5%缴纳养老保险金，离退休费不再作为缴费计算基数；职工个人按上年度本人月平均工资的3%缴纳，以后每两年提高1个百分点，最终达到8%。是年，全市停产半停产和破产清算国有企业145家，无力缴纳养老保险金。市养老保险处为132家停产、半停产企业的5163名离退休职工支付养老金545万元，为13家破产企业的386名离退休职工支付养老金109万元。全年征缴企业养老基金9854万元，支付基本养老金6688万元，当年收支相抵结余3166万元。

1996年1月，企业养老保险参保对象扩大到财政差额拨款和自收自支事业单位的职工。养老保险基金征集数额有较大增加。是年，全市征集养老保险基金1.28亿元。

1998—2000年，因国有企业改制，企业拖欠养老基金的现象严重，累计欠缴养老基金2.31亿元。“三资”企业、个体工商户参保人数增加，全市有40家“三资”企业和个体工商户共3.32万名职工参保。

2001—2005年，全市劳动行政管理部门加大养老基金征缴力度，扩大养老保险覆盖面，养老金收缴率99%。五年间，争取中央财政转移支付养老补助资金和湖南省养老保险调剂资金共2.76亿元。

2005年，全市企业养老保险参保单位1225个，参保人数16.81万人。其中，国有企业参保职工11.96万人，参保覆盖率和养老金足额发放率均为100%；个体私营企业、“三资”企业参保职工4.85万人，参保覆盖率为12.5%。全年征缴养老保险基金2.70亿元，发放3.37亿元。

1989—2005 年郴州市（地区）企业养老保险基金征缴支付统计表

表 10-4-6-1　　单位：人、万元

年份	参保人数	征缴基金	离退休人数	养老金支出
1989	139139	7855	22284	3620
1990	113225	6105	28501	4879
1991	111994	6837	29670	5356
1992	1110000	7798	23200	6208
1993	108184	8701	33412	7195
1994	85521	9440	28959	7244
1995	133219	9854	29556	6688
1996	123225	12782	29746	10984
1997	121937	13433	30485	12332
1998	121916	13909	31051	15737
1999	130539	13067	33037	16866
2000	125911	16754	34042	17947
2001	122531	18411	35492	19102
2002	129128	20173	37775	22691
2003	132696	22494	41326	25816
2004	149519	30269	48278	30997
2005	168094	26996	50242	33725
合计	—	244878	—	247387

二、医疗保险

1989—1999 年，郴州市（地区）医疗保险覆盖国家机关、社会团体、国有和集体企事业单位的干部职工。国家机关、社会团体、国有事业单位的离休、退休、在职干部职工的医疗费用由政府承担，按规定报销。国有、集体企业单位干部职工医疗费用由企业负责，各企业根据国家规定和企业经济状况，提留职工所需医疗费用。少数企业按职工工龄计发医疗费。

根据国务院《关于建立城镇职工基本医疗保险制度的决定》和湖南省《建立城镇职工基本医疗保险制度实施意见》，2000 年 7 月，郴州市人民政府制定《郴州市建立城镇职工基本医疗保险制度实施办法》，全面启动职工医疗保险制度改革。按照低水平、广覆盖和属地管理原则，除铁路、电力系统外，全市国家机关、社会团体、企事业单位的干部职工均参加基本医疗保险；乡镇企业职工、城镇个体私营企业主及其从业人员，在试点基础上逐步纳入基本医疗保险范围。城镇职工基本医疗保险费由用人单位按本单位上年度在职职工平均工资总额的 6% 缴纳。用人单位职工年平均工资总额，高于统筹地区上年度职工年平均工资总额 300% 以上的部分不作缴费基数；低于 60% 的以 60% 为缴纳基数。职工个人按上年度本人工资额的 2% 缴纳，退休人员不缴纳医疗保险费。国有企业下岗职工，由再就业服务中心按全市上年度职工平均工资的 60% 为基数，代缴保险费。是年 8 月，为减轻职工个人医疗费用负担，市人民政府出台《郴州市城镇职工大病医疗互助暂行办法》。职工大病医疗互助费缴费标准，市直单位按每人每年 80 元缴纳，其中：职工个人缴纳 40 元。基本医疗保险基金实行社会统筹与个人账户相结合的管理方式。个人缴纳的基本医疗保险费全部存入个人账户，单位缴纳的基本医疗保险费按比例划入职工个人账户。社会统筹基金用于支付住院和门诊特殊病种及特定检查项目的医疗费。参保人员迁往市外居住的，其个人账户余额退还本人；参保人员在市内流动的，其个人账户余额转移至迁入地的医疗保险经办机构。参保人员死亡的，其个人账户余额可依法继承，并办理医疗保险终止手续。

2001年，按照省劳动和社会保障厅的规定，企业单位将提前退休人员退休工资的80%计入单位缴纳医疗保险基金的基数，个人不再缴费，本人达到法定退休年龄，再按正常退休人员享受医疗保险。是年8月，因退休人员医疗支出占医疗保险支出的50.24%，给医保基金支出带来很大压力。市人民政府印发《关于对企业事业单位征缴退休人员基本医疗保险费的通知》，从8月1日起，企事业单位按本单位退休人员退休费的4%缴纳退休人员医疗保险费。

2002年12月，市委办公室、市政府办公室印发《关于建立离休干部医药费保障机制暂行办法》，对离休干部医疗保障实行专项统筹。市劳动和社会保障、组织、财政部门联合印发《郴州市市直单位离休干部医疗保障管理实施细则》，明确从2003年3月1日起，市直国家机关、人民团体、企事业单位离休干部医疗保障实行全市统筹，医药费以市本级上年度离休干部人均开支数为标准，按实有离休干部人数筹集，由市劳动和社会保障局会同市财政局商定。市直破产、转制企业离休干部医疗保障费用由所在单位从资产变现收入中提留，一次性向市医疗保险处缴纳5年的医疗备用金，5年后转由市财政负担；停产、半停产及严重亏损不能正常发放工资的企业（包括自收自支事业单位），无力缴纳离休干部医疗统筹费的，由市财政给予补助。是年8月，市人民政府印发《关于进一步推进市属企业改革改制若干问题的通知》，适当降低改革改制企业退休人员（含提前5年退休人员）缴纳基本医疗保险费的比例，按每人1万元的标准预交10年的基本医疗保险费。同年9月，根据省、市劳动和社保部门的有关规定，个体私营业主及其从业人员以及与用人单位解除劳动关系的失业人员和灵活就业人员，纳入社会医疗保险统筹。

2004年6月，为解决无固定经济收入离休干部配偶、遗孀的医疗保障，市政府办公室转发市委组织部《关于市属国有改革改制企业离休干部管理和待遇落实工作实施意见》，明确由离休干部所在单位为这部分人员一次性缴纳10年的医疗保险费和大病互助费，纳入统筹管理。是年，离休干部门诊医疗费实行定额管理，每人每年1800元，节余部分归个人。离休干部在定点医疗机构住院，由收治医院给予12%的优惠；离休干部门诊、住院诊疗项目及用药范围，按《郴州市基本医疗保险药品目录》执行，未纳入基本医疗保险的乙类药品费用按10%的比例自付。在乡老红军、二等乙级以上革命伤残军人的医疗待遇，参照离休人员的标准执行。

2005年年底，全市有2100个单位31.92万人参加城镇职工基本医疗保险，全年征收基本医疗保险基金1.65亿元，大病互助费1828万元。

2000—2005年郴州市城镇职工基本医疗保险基金征缴统计表

表10-4-6-2　　单位：人、万元

年度	参保人数			基金征缴			大病互助费征收
	合计	退休	在职	合计	统筹基金	个人账户	
2000	26563	3984	22579	698	408	290	213
2001	27197	4267	22930	5450	3233	2217	991
2002	163451	30684	132767	13338	6013	7325	1359

续表 10-4-6-2 单位：人、万元

年度	参保人数			基金征缴			大病互助费征收
	合计	退休	在职	合计	统筹基金	个人账户	
2003	268454	58469	209985	15838	7103	8735	1745
2004	303570	77265	230305	21932	11589	10343	2717
2005	319187	77632	241555	16454	8739	7715	1828
合计	—	—	—	73710	37085	36625	8853

三、待业保险

1989 年，根据国务院《国营企业职工待业保险暂行规定》，郴州地区参加待业保险单位 1759 个，参保职工 17.65 万人，征缴待业保险金 211.5 万元。1993 年，郴州地区在湖南省率先将待业保险覆盖范围扩大到城镇集体企业职工。待业保险费职工个人每人每月缴费 1 元。当年征收待业保险基金 719 万元。从当年起，将待业保险基金收支结余的 30% 作为再就业扶持基金，再按 3∶6∶1 的比例分为转业培训费、生产自救费、职业介绍费。

1995 年，待业保险基金改为市和县市区分级管理，基金收入不敷支出的由财政兜底。是年，市待业保险基金向 92 家特困企业发放救济金 170 万元，救济困难职工 2.87 万人。

1999 年，根据国务院《待业保险条例》及《湖南省实施〈待业保险条例〉办法》的规定，待业保险覆盖范围扩大到外商投资企业、城镇私营企业、事业单位、国家机关的工勤人员。全市参保单位 2616 个，参保职工 23.12 万人。全年征收待业保险基金 2560 万元。当年起，待业保险金按缴费年限计发，缴费满 1 年的计发 4 个月；然后缴费年限每增加 1 年加发 2 个月，最多发 24 个月。待业保险金发放标准按当地最低工资标准的 80% 发给。

2000 年，全市待业保险基金市级统筹，开始探索市、县（市、区）分级管理，省市两级调剂使用的管理模式。各县市区按上年度入库基金的 10% 上交市待业保险经办机构，作为市级调剂金。市待业保险经办机构按上年度入库基金的 5%，上交湖南省待业保险经办机构，作为省级调剂金。

2005 年，全市待业保险参保单位 2378 个，参保职工 22.9 万人，征缴待业保险金 4101.3 万元。1989—2005 年，全市累计征缴待业保险金 3.05 亿元，为 5.68 万名待业人员支付待业保险金 7919 万元，为 5.64 万名下岗职工支付待业保险金 1.1 亿元，为 9.56 万名下岗待业人员支付转岗培训费 2758 万元和职业介绍费 805 万元。

四、工伤保险

1989 年，郴州地区职工工伤医疗费由所在单位负担，工伤医疗期间工资照发。工伤待遇、各项费用支出按国家规定执行。因工伤丧失劳动能力办理退休的发本人标准工资的 80%；生活不能自理的发标准工资的 90%；因工死亡的丧葬费补助为本企业职工 3 个月的平均工资，供养直系亲属 1~3 人的抚恤金，分别为本人月标准工资的 25%、40% 和 50%。

1996 年 8 月，执行劳动部《企业职工工伤保险试行办法》，工伤、职业病医疗费用全额报销，工资照发，治疗期间享受生活津贴。工伤治愈后按规定评定伤残等级，享受相关待遇。因工伤或职业病医疗期间死亡的，以及被鉴定为1级~10级伤残在享受抚恤期间死亡的，按规定给予丧葬费补助和供养其直系亲属。

2004年1月，市人民政府制定印发《郴州市实施〈工伤保险条例〉办法》，全市企业启动工伤保险，实行市级统筹，市、县两级管理。用人单位根据本单位工伤风险程度按上年度职工工资总额的0.5%、1%、2%上缴工伤保险基金。职工个人不缴纳工伤保险基金。是年，全市建立工伤保险储备金制度，提取当年工伤保验基金总额的10%作储备金。储备金主要用于重大事故工伤保险待遇的支付，财政专户管理，储备金不足支付时，由当地政府财政垫付。

2004—2005年，全市有896家企业10.63名职工参加工伤保险，筹集工伤保险基金666万元，其间共为69名职工支付工伤保险金202.3万元。

五、生育保险

1989—1994年，按照国务院《女职工劳动保护规定》和劳动部《关于女职工生育待遇若干问题的通知》精神，郴州地区女职工分娩的检查费、接生费、手术费、住院费和药费由所在单位负担。产假期间工资照发，产假期满仍不能工作的，经医院证明，其超假期间的工资待遇，按病假的有关规定办理。

1995年3月，劳动部印发《企业职工生育保险试行办法》。1997年，郴州市人民政府在资兴市开展生育保险试点，并于当年10月印发《郴州市企业职工生育保险试行办法》，决定在企业建立女职工生育保险制度，实行生育保险基金社会统筹。按照“以支定收，收支基本平衡”的原则，参保单位按本单位上年度职工工资总额的1%缴纳生育保险费。参保女职工符合计划生育有关规定的均可享受生育保险待遇。是年年底，全市6个县市建立职工生育保险制度，7万多名女职工参加生育保险。

1999年9月始，全市城镇职工计划生育手术费用由政府承担，没有参加生育保险和城镇职工基本医疗保险的单位，职工计划生育手术费用由原渠道解决。职工计划生育手术产生并发症的治疗费用，由基本医疗保险基金支付。

2001年8月，市属企业和资兴市、北湖区企业职工生育保险管理，由企业养老保险经办机构移交给医疗保险经办机构，其他县市区的生育保险管理工作仍由养老保险经办机构负责。2003年11月，按照《湖南省城镇职工生育保险办法》，市人民政府将生育保险覆盖范围由企业扩大到行政机关、事业单位、社会团体、私营企业、个体工商户。

从2004年4月1日起，全市全面启动城镇职工生育保险，生育保险费由用人单位按本单位职工工资总额的1%缴纳。女职工生育、节育所发生的医疗费用，按规定从生育保险基金支付。参保单位女职工下岗，在领取失业救济金期间生育的，从生育保险基金中一次性领取生育补助金。职工无工作单位的配偶生育第一胎，由生育保险经办机构一次性支付生育补助金，补助标准为统筹地区上年度平均生育医疗费用的50%。

2002—2005年，全市先后有18.53名女职工参加生育保险，征缴生育保险金1844万元，为2334名女职工支付生育保险金797万元。

第七节　劳动社保管理机构

一、管理机构

1989年，郴州地区劳动局机关内设办公室、计划调配科、工资科、劳保福利科，社会劳动管理科、矿山安全监察科，锅炉压力容器监察科、培训科7科1室，定编27名，实有32人。1990年增设监察室。

1995年5月，郴州撤地设市，郴州地区劳动局改名为郴州市劳动局。局机关内设机构由原来的7科2室增至10个科室，即办公室、计划与工资科、就业科、劳动关系与监察科、劳动争议仲裁科（加挂郴州市劳动行政复议办公室牌子）、职业技术开发科、社会保险科、职业安全卫生监察科（加挂郴州市安委会办公室牌子）、矿山安全监察科、锅炉压力容器安全监察科。定编32名，其中行政编制30名，事业编制2名，实有32人。

1999年8月，郴州市劳动局更名郴州市劳动和社会保障局。

至2005年，市劳动和社会保障局职业安全卫生监察、矿山安全监察、锅炉压力容器安全监察职能，先后转划归郴州市质量技术监督局。2005年，市劳动和社会保障局机关内设9个科室，即办公室、政工科、就业与失业保险科、培训科、规划财务科、劳动工资法规监察科、劳动争议仲裁科、医疗保险科、社会保险基金监督科。定编22名，其中行政编制20名，事业编制2名，实有22人。

二、二级机构

（一）郴州市劳动监察支队

1992年9月，郴州地区劳动监察大队成立。1995年机构改革中，地区劳动监察大队升格为郴州市劳动监察支队，为市劳动局副处级二级机构，定编5名。1998年增加事业编制1名，2005年，定编6名，实有6人。

（二）郴州市社会保险处

原名郴州地区社会保险管理处，地区劳动局副处级二级机构，定编7名，实有9人。1990年5月，更名为郴州地区社会保险处，编制和人员不变。1993年3月，编制增至18名，内设4个职能科室。1995年5月，更名为郴州市社会保险处，编制增至25名，实有21人。1996年，内设机构由4科室增至6科1室，即办公室、宣传教育科、微机管理科、财务科、业务一科、业务二科、工伤医疗保险科。至2005年，机构职能不变，编制25名，实有人员21人。

（三）郴州市就业服务处

原名郴州地区劳动服务公司，地区劳动局副处级二级机构，内设办公室、就业培训科（郴州地区就业培训中心）、职工待业保险科、企业经营管理科、计划财务科。定编26名，实有26人。1991年9月，增设职业介绍所。1993年5月，就业培训科从公司析出，由郴州地区劳动局直接管理。1995年5月，郴州地区劳动服务公司更名为郴州市劳动就业管理处，与郴州市劳动力市场服务中心合署办公。2001年12月，郴州市劳动就业管理处更名为郴州市就业服务处。2002年5月，郴州市就业服务处内设办公室、失业保险基金征缴科、失业保险管理科、劳动服务企业管理科。2003年，增设农村劳动力就业科，劳动服务企业管理科更名为城镇社区就业科。至2005年，机构不变，定编17名，实有17人。

（四）郴州市中级技工学校

1985年创办，原名“郴州地区技工学校”，全额拨款副处级事业单位。1990年12月，升格为正处级单位，更名为郴州地区中级技工学校。1995年5月，更名为郴州市中级技工学校。2000年8月，经劳动部批准为高级技工学校，更名为郴州技术学院。学校先后开设车工、钳工、电工、水泥、棉纺、麻纺、烹饪、机电、模具、计算机、电脑科学、财会等20多个专业。至2005年，为社会培养输送技术工人1.7万多人。

（五）湘南技校

1995年，在郴州地区就业培训中心的基础上创办湘南技校，实行湘南技校、培训中心、转业训练基地“三位一体”。内设办公室、总务科、教务科、财会科、学生科、招生分配科、保卫科。2005年，定编55名，实有55人。

1989—2005年郴州市（地区）劳动局主要负责人名录

表10-4-7-1

单位名称	姓 名	职 务	任职时间
郴州地区劳动局	张永忠	局 长	1986.01—1991.03
	陈光庭	局 长	1991.03—1995.06
郴州市劳动局	郭章印	局 长	1995.06—1999.08
郴州市劳动和社会保障局	吴合生	局 长	1999.08—2003.12
	谢革非	局 长	2003.12—